榆中县志

（1991—2010）

榆中县地方志编纂委员会办公室　编

甘肃文化出版社

图书在版编目（CIP）数据

榆中县志. 1991—2010 / 榆中县地方志编纂委员会办公室编. -- 兰州 : 甘肃文化出版社, 2019.9
ISBN 978-7-5490-1898-7

Ⅰ. ①榆… Ⅱ. ①榆… Ⅲ. ①榆中县—地方志—1991-2010 Ⅳ. ①K294.24

中国版本图书馆CIP数据核字(2019)第219617号

榆中县志(1991—2010)
榆中县地方志编纂委员会办公室 | 编

责任编辑 | 周桂珍
封面设计 | 莫丽霞

出版发行 | 甘肃文化出版社
网　　址 | http://www.gswenhua.cn
投稿邮箱 | press@gswenhua.cn
地　　址 | 兰州市城关区南滨河东路520号 | 730000(邮编)

营销中心 | 王　俊　　贾　莉
电　　话 | 0931-8454870　　8430531(传真)

印　　刷 | 甘肃天河印刷有限责任公司
开　　本 | 787毫米×1092毫米　1/16
字　　数 | 1144千
印　　张 | 75
插　　页 | 46
印　　数 | 1-3080
版　　次 | 2019年9月第1版
印　　次 | 2019年12月第1次
书　　号 | ISBN 978-7-5490-1898-7
定　　价 | 388.00元

榆中县第七届地方志编纂委员会

（2005 年 4 月—2005 年 7 月）

主　任：丁祖全

副主任：严志坚　徐大武　马得屏　魏万宏　刘正堂

委　员：宋锦荣　蔡泽雄　常千宗　敬育昆　许继平

赵同庆　王维中　李得亮　赵祥华　张文玲

榆中县第八届地方志编纂委员会

（2005 年 7 月—2010 年 5 月）

主　任：徐大武

副主任：谢志明

委　员：蔡泽雄　韩悌勇　丁小蔚　杜吉平　赵菊珍

张丽霞　刘正堂　白炳升　杨锡辉　孙彦华

张宗福　金培贤　白兴奎　张文玲　周学海

榆中县第九届地方志编纂委员会

（2010 年 5 月—2019 年 5 月）

主　任：王　林

副主任：郁积鹏　姜晓东　蒋睿智　张宗福　杜吉平

席应奇　刘正堂　赵成军　杨锡辉　白炳升

杜永鹰　周学海

委　员：敬育昆　金培贤　白兴奎　杨见澍　沈明江

豆巨霞（按照任职时间排序）

榆中县第十届地方志编纂委员会

（2019 年 5 月—　　　）

主　任：刘学强

副主任：蒋睿智　张宗福　王文平　杨锡辉　刘燕霞
　　　　颜　芳　杜永鹰　周学海

委　员：朱小荣　王廷宏　豆怀荣　牛利兵　钱宏魁
　　　　杨见澍　沈明江　豆巨霞

《榆中县志（1991—2010）》终审委员会

吕林邦　韦青祥　高生军　邓　明　周朝阳　于　彪
刘学强　蒋睿智　张宗福　王文平　杨锡辉　刘燕霞
颜　芳　杜永鹰　周学海　王廷宏　牛利兵　徐　鹏
贾婉妮

《榆中县志（1991—2010）》编修人员名单

主　　编：周学海

常务副主编：沈明江

副 主 编：高春玲

编　　辑：杨见澍　张德馨　石伟倩　桑菊兰　豆巨霞
　　　　　汉光科　裴绍宏

摄　　影：窦　实　魏致忠　周厚春　张文玲　周学海
　　　　　杨见澍　杨　春　陈旭东　梁迎春　蒋智勤

封面摄影：杨　春

工作人员：羊国俊

序

《榆中县志（1991—2010）》续修工作，历时十二年，经三次广泛征集资料，认真核实，精心编纂，终于付梓了，这是榆中人民政治生活中的一件大事，也是榆中科学文化发展史上的盛举。在此，向辛勤笔耕、无私奉献的编纂人员表示诚挚问候和良好祝愿，向省、市志办领导的精心指导和专家学者及社会各界人士的大力支持、帮助，表示衷心的感谢！

盛世修志，这是中华民族的优良传统，它对于记载历史、服务当代、垂鉴后世、育人兴邦具有十分重要的意义，是一项功德无量、名垂青史的大好事。

榆中历史悠久、文化底蕴深厚。根据垲坪湾文物考古发掘和有关史料记载，早在1万年前的旧石器时代，榆中境内就有原始人类生活，新石器时代的遗迹遗址更是遍布县境。秦始皇三十三年（前214）始建兰州地区历史上第一个县——榆中县，距今已2233年的历史。

两千多年来，勤劳勇敢的榆中人民自力更生，奋发图强，以聪明才智建设美好家园，使古老的榆中大地发生了天翻地覆的变化。特别是党的十一届三中全会以后，榆中人民高举中国特色社会主义伟大旗帜，坚持以马克思列宁主义、毛泽东思想、邓小平理论、“三个代表”重要思想、科学发展观、习近平新时代中国特色社会主义思想为指导，大刀阔斧地进行改革开放，工农业生产阔步前进，文化教育事业蓬勃发展，城乡建设日新月异，卫生健康和劳动保障都取得了前所未有的成就。

《榆中县志（1991—2010）》运用述、记、志、传、图、表、录等体裁，记述本辖区内的山川河流、自然风情、物产资源、风土人情、名人古迹，科学地反映历史沿革、经济发展、文化繁荣、社会变革等进程，它详略得当、记述公允，不失为一方自然与社会科学性文献史料。同时，它也是有益当代、惠及子孙的民生工程、德政工程。因此，我们要把这一“百科全书”学好、用好、传承好，为深入贯彻省委、省政府全面启动生态创新城、推进兰州大学“双一流”和兰州副中心建设努力奋斗。愿全县人民凝心聚力、奋勇拼搏，为建设经济繁荣、人民富裕、生态良好、社会和谐的美好家园而做出更大贡献。

中共榆中县委书记

榆中县人民政府县长

2019 年 12 月

前志概述

榆中旧志由清康熙二十六年（1687）知县耿喻主修，李迎德、邹喻同纂《金县志》2卷，4册（刊本）。道光二十二年（1842），知县恩福修、冒蕖纂《续修金县志》13卷，4册（刊本）。光绪三十四年（1908），窦秉璋纂辑《金县新志稿》2卷（抄本）。民国二十六年（1937），窦秉璋等纂辑成《重修榆中县志稿》（又名《榆中新志稿》）（抄本）15卷。另有1938年杨巨川撰《青城记》1册，着重记榆中县青城镇清代至民国二十七年（1938）间事物，此记为甘肃仅存的一部乡镇志。

《榆中县志》（榆中县第一部社会主义新方志）由榆中县志编纂委员会编，主编张文玲，副主编王旭明（常务）、孙永乐、汉光科。甘肃人民出版社2001年10月出版。16开本，精装护封。获甘肃省地方史志优秀成果一等奖。该志编修从1988年9月组建编委会，下设办公室开始启动，县政府召开修志工作会议，组织各部门共100多名编修人员学习地方志编修知识，讨论县志篇目，给49个县直部门下达专业志编写任务。在充分收集资料的基础上，完成专业志和资料长编工作，并由志办编辑分编总纂，统稿后分送各有关方面及专家顾问审读，征求意见。后因志办人员变动，工作间断。1998年8月，明确主编、常务副主编后，坚持合并调整、统一体例、删繁就简、层次分明的原则，对志稿进行全面修改。13年寒暑春秋，编纂人员同心协力，广征史料，博采口碑，殚精竭虑，收一方之风情，集千年之史实，终于完成百万字的地情巨著。

打开该志，首先映入眼帘的是1995年12月24日中共中央总书记江泽民看望榆中北山贫困户的亲切照片。其后127幅照片次第而排，陇右名山兴隆山、风物特产十分亮眼，历史照片相间而排，对比明显。接置榆中县地图、地形图、县街区图。有序文2篇，凡例12则。正文概述冠前，大事记相衔。上追事物发端，下限迄至公元1990年。主体内容按照事以类聚，类为一志的原则，大编体设章置节，依次为第一编地理，辖8章26节；第二编经济，辖

14 章 63 节；第三编政治，辖 10 章 43 节；第四编文化，辖 9 章 47 节；第五编社会，辖 7 章 26 节。其中包含人物 1 章，立传 34 人;简介 24 人;表录明清时期科举人物 168 人，革命烈士 73 人，国民党抗日阵亡烈士 24 人，省、部级劳模、先进工作者 12 人，副县级、副高职称以上干部 435 人。附录收载 1991 年至 1999 年榆中县国民经济和社会发展纪略、榆中县移交兰州市基本情况、重要考证及旧志述略。后有索引、编修始末、跋而收束全志。凡 5 编，48 章，205 节，计 99.8 万字。

榆中地处甘肃中部，早在秦始皇三十三年（前 214）“蒙恬斥逐匈奴”始置榆中县，“以河为境，累石为城，树榆为塞，因地处榆塞之中，故名榆中”，是为兰州地区最早的行政建置。榆中又是省会兰州的东部门户，战略地位十分重要，历代为兵家必争之地。榆中古代经济以农牧并重，近代至今以农业为主，这些特点在该志中都有重点记述。除此之外，榆中又是中国共产党在兰州最早活动的地区。为突出这一特点，该志在政治编专设中国共产党榆中地方组织一章，首列民国时期党的组织和活动，详细记述了抗日战争时期中共甘肃工委在榆中建立的秘密组织，如金崖党支部、城关党支部及中共榆中县委；记述了解放战争时期，中共皋榆工委所属的党组织如水家坡党支部、青城党支部、中共金崖工委及中共洮衔工委所属的新营、中上庄、小康营党支部。并在人物中对甘肃最早的中国共产党党员张一悟、张亚衡、窦时寻等的革命活动详细记载，充分展现了榆中人民的光荣革命传统和优秀代表人物。另外，在地理编自然资源中专设一节旅游资源，详细记述了陇右第一名山——兴隆山、马衔山、石门、万眼泉、牡丹园、唐家峡和黄河小三峡等自然景观。又在文化编专设一节古建筑，对兴隆山古建筑群详加记载。对来紫堡肃王墓、朱家湾金墓、兴隆山卧龙湾革命烈士陵园记述尤详，充分彰显了榆中县潜在的和已经开发的旅游景观景点。颇值一赞的还有一点，即在附录中系统地收录了秦榆中县考、子城考、《水经注》苑川考、榆中县历史沿革考等，很有学术价值和资料价值。特别在志后编有索引，内容分为地名、机构 (单位) 名、人名、图表、主要事件共五个部分。地名、人名以首字笔画为序排列，其余以编、章、节、目为序排列，方便检索，内容较全，另有英文的县志内容简介，为他志罕有。

榆中县地形地貌影像图

苑川河上游　（1991 年摄）

苑川河中游　（1991 年摄）

小康营川　（1992 年摄）

马坡 （1992 年摄）

银山河谷 （1992 年摄）

贡井乡吕家岘 （1992 年摄）

南部山区地貌 （1992 年摄）

兴隆山　（2001 年摄）

分水岭　（2004 年摄）

桑园峡　（2004 年摄）

兴隆山　（2008 年摄）

县城变迁

榆中县城 （1992 年摄）

榆中县城 （2009 年摄）

2003—2010 年榆中县城变迁图

县城局部　（2010 年摄）

县城局部　（2010 年摄）

县城局部
（2010 年摄）

城乡建设

县城小公园　（2000 年摄）

县城中心广场　（2001 年摄）

县委、县人大、县政府、县政协、县纪检委办公楼（2001 年摄）

文成路住宅楼　（2001 年摄）

兴隆小区　（2004 年摄）

兴隆家园

栖云小区　（2004 年摄）

榆中县发放第一期廉租房钥匙　（2010 年摄）

金牛山变迁

金牛山原貌　（2000 年摄）

金牛山公园开工建设　（2003 年摄）

五牛群雕　（2004 年摄）

金牛山生态园　（2007 年摄）

金牛广场　（2008 年摄）

金牛山生态园　（2008 年摄）

来紫堡乡冯湾新农村　（2004 年摄）

定远镇定远村

来紫堡乡黄家庄新农村　（2008 年摄）

连搭乡连搭村

城关镇兴隆山村新农村

夏官营供水加压站

高原夏菜

大田甘蓝

菜花

草莓

娃娃菜

番瓜

商品马铃薯基地
（2004 年摄）

夏官营无公害蔬菜基地

反季节油桃

甘蓝

茄子

紫色花椰菜

芹菜

西红柿

蒋家营村高原夏菜集散地

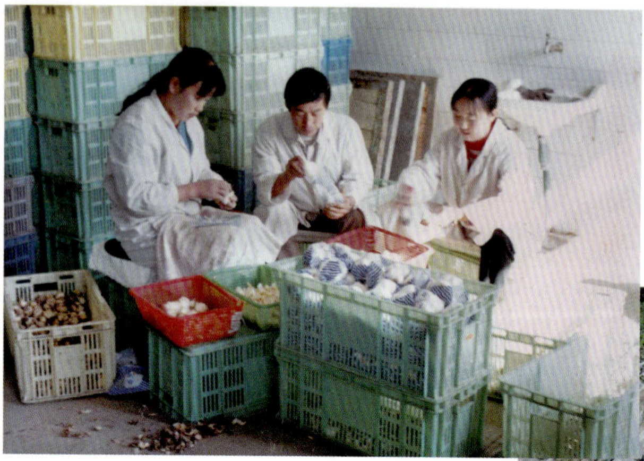

百合加工　（2000 年摄）

双垄沟地膜蔬菜　（2001 年摄）

榆中县第一座蔬菜保鲜库——蒋家营蔬菜保鲜库（2004 年摄）

分选菜花　（2009 年摄）

蔬菜收购　（2000 年摄）

蒋家营蔬菜保鲜库收购蔬菜
（2004 年摄）

农民出售蔬菜 （2004 年摄）

北关蔬菜市场 （2009 年摄）

运往南方的高原夏菜 （2004 年摄）

农民地头卖菜 （2009 年摄）

设施农业

蔬菜检测 （2004 年摄）

设施农业

三角城乡草莓种植 （2004 年摄）

亚盛设施农业 （2005 年摄）

金崖镇邴家湾村蔬菜基地 （1991 年摄）

冷凉型蔬菜种植 （2004 年摄）

夏官营镇太平堡村韭黄种植基地 （2004 年摄）

地膜玉米种植 （2004 年摄）

金崖镇岳家巷大田蔬菜 （2009 年摄）

水利建设

高崖水库 （1992 年摄）

七岘口提灌站一泵房取水口
（1992 年摄）

哈岘乡梯田建设
（1999 年摄）

引洮工程一期一干三支渠李家磨渡管

引洮工程榆中县支渠

集雨节灌工程　（2004 年摄）

兴隆灌渠　（2004 年摄）

龛谷水库　（2005 年摄）

工业企业

甘肃陇神戎发药业股份有限公司

兰州庄园牧场股份有限公司
（2005 年摄）

宏祥电力集团公司

金川科技园　（2005 年摄）

亚兰药业

瑞鑫西北食品采购基地

甘草水泥集团公司

奇正藏药　　（2005 年摄）

酒钢集团榆中钢厂（2005年摄）

酒钢集团长虹焊接材料股份公司

钢铁深加工

钢结构生产加工

工业产品

高纯铜

高纯金属镍

高纯钴

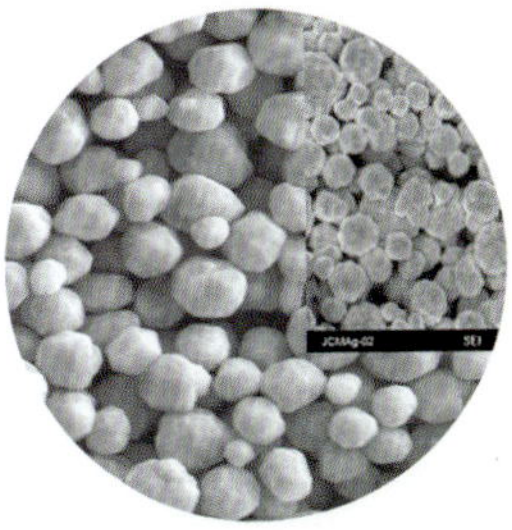

球形银粉

优级纯硝酸银

建筑钢材

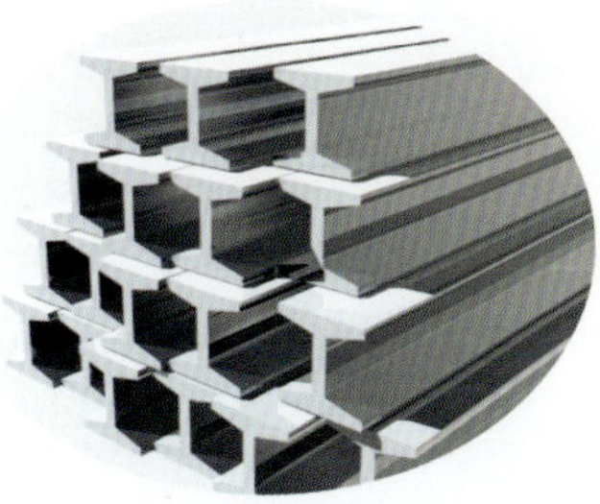

工字钢

线形钢材

原煤

石灰岩

焊接材料

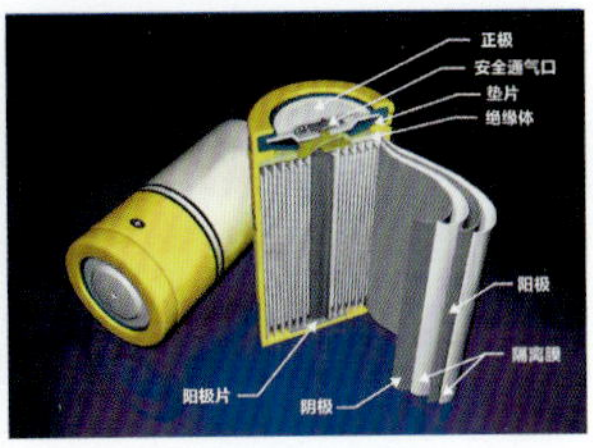

新型电池材料

栖云阁酒店　（2010 年摄）

名园欣悦酒店　（2010 年摄）

兴隆山庄　（2010 年摄）

陇鑫国际大酒店
（2010 年摄）

夏官营火车站 （2001 年摄）

县城至石头沟段公路 （2001 年摄）

榆中县西环路建设开工仪式 （2003 年摄）

县城西环路 （2004 年摄）

兰渝铁路许家台车站 （2004 年摄）

榆中县第二汽车站 （2004 年摄）

榆中县货运站 （2004 年摄）

和平镇金川大道 （2004 年摄）

连霍高速公路三角城出口 （2004 年摄）

兰州东城区城市一级主干道和（和平）定（定远）公路建成通车（2009 年摄）

文化活动

县城元宵节社火调演　（1991 年摄）

县城元宵节社火调演　（1998 年摄）

榆中县文化宫　（2000 年摄）

市作协在农民作家金吉泰家举办纪念毛泽东延安文艺座谈会讲话发表 60 周年活动

（2002 年摄）

青城首届民俗文化旅游节开幕式　（2005 年摄）

甘肃省情系陇原艺术团赴和平镇慰问演出（2005 年摄）

连搭乡政府接社火　（2008 年摄）

马坡乡羊下村文化活动广场竣工典礼（2009 年摄）

甘草店镇文化活动中心　（2010 年摄）

榆中县首届民俗文化节在新营沿川湖开幕　（2009 年摄）

榆中县庆祝中华人民共和国成立 60 周年“我和我的祖国”演唱会在健身广场举行

（2009 年摄）

榆中县文化馆

非物质文化遗产

和平镇马家山太符灯舞
（2004 年摄）

丁武明微雕作品——
嘉峪关关城全景微缩模型

兰山鼓子

马衔山原生态秧歌

七月官神接神仪式

青城道台狮子（柴山）

青城城隍爷出府

摄影作品

人勤春早　马子平　摄

哺鹃图　赵成军　摄

荷塘风韵　王在军　摄

隆山争秀　　杨　春　摄

新农村　许鹏刚　摄

田园诗意　张永平　摄

兴隆仙境　陈旭东　摄

山乡社戏　陈旭东　摄

农家婚礼　梁迎春　摄

古遗址

水泉湾墩

甘草店东村烽火台

来紫堡遗迹　（2004 年摄）

夏官营古城（勇士城）遗址

风光名胜

石门风光　（2004 年摄）

牡丹园　（2006 年摄）

云雾山　（2009 年摄）

菜籽山银泉农家院　（2010 年摄）

马衔山风景区　（2010 年摄）

南河公园　（2010 年摄）

官滩沟秋色
（2010 年摄）

石源景区
（2010 年摄）

栖云山 （2010 年摄）

官滩沟 （2010 年摄）

兴隆山成吉思汗文物陈列馆 （2010 年摄）

朱德纪念亭 （2010 年摄）

清代栖云山全图

兴隆山握桥
（2010 年摄）

历史文化名镇 | 金崖镇

金崖古戏楼 （2009 年摄）

金崖古砖雕门楼照壁 （2009 年摄）

苑川七月官神
（2000 年摄）

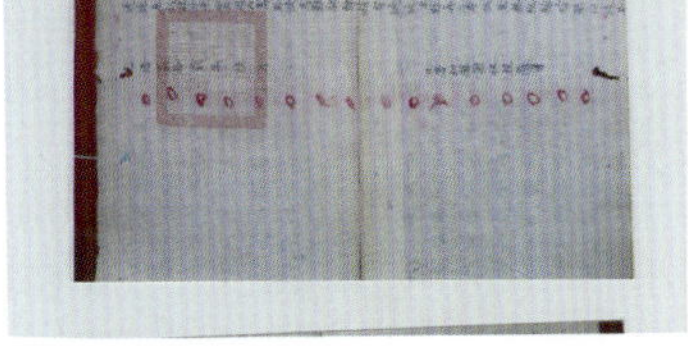

金崖驿站文书 （2008 年摄）

水烟和水烟瓶 （2009 年摄）

金崖水烟制作 （2009 年摄）

历史文化名镇

青城镇

大峡电站　（2004 年摄）

青城游客接待中心

青城烟坊　（2004 年摄）

青城全貌　（2010 年摄）

青城古镇文化旅游节

青城古镇百亩荷塘

青城牌坊门

青城镇古民居四合院

罗家大院

青城书院　（2004 年摄）

青城仿古一条街

青城隍庙　（2004 年摄）

青城镇高家祠堂　（2004 年摄）

榆中县委旧址（朱家沟学校）（1992 年摄）

解放兰州时彭德怀在连搭乡大柳树村住过的房屋 （1993 年摄）

张一悟故居 （2009 年摄）

第一野战军解放兰州时指挥部旧址　（2004 年摄）

窦家山战斗遗址——暗堡　（2009 年摄）

皋榆工委协军团（六十三军政治部）旧址
（2009 年摄）

窦家山战斗遗址——堑壕
（2009 年摄）

张一悟纪念馆　（2009 年摄）

少先队员向张一悟铜像献花篮
（2009 年摄）

青少年缅怀革命先烈活动
（2010 年摄）

兴隆山烈士陵园

教育教学

县政府召开教育质量分析暨教育工作会议（2002年摄）

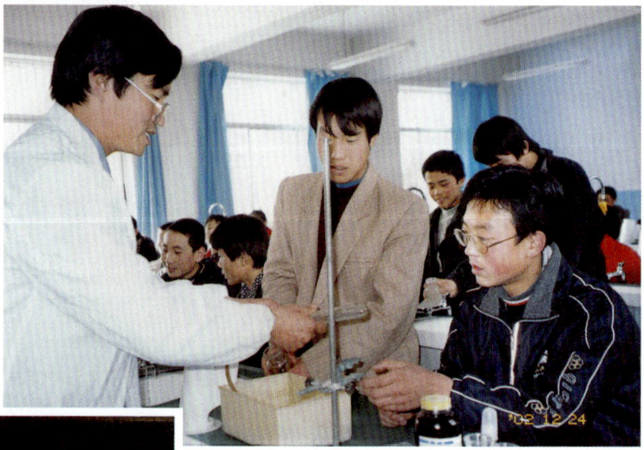

榆中县第七中学物理实验课（2005年摄）

连搭中学电教课 （2004年摄）

连搭中学举办交通安全知识竞赛（2004年摄）

校园建设

夏官营中心幼儿园 （2010 年摄）

榆中县文成小学（2004 年摄）

榆中县第一中学（2004 年摄）

王保营小学 （2006 年摄）

兴隆小学 （2010 年摄）

朱恩馀看望恩玲中学师生 （2010 年摄）

恩玲中学 （2010 年摄）

驻榆院校

兰州大学榆中校区
（2009 年摄）

西北民族大学榆中校区　（2009 年摄）

兰州商学院陇桥学院　（2009 年摄）

夏官营大学城　（2009 年摄）

兰州资源环境职业技术学院
（原兰州气象学校）

甘肃省银行学校

兰州外语职业学院

卫生事业

榆中县中医院 （2001 年摄）

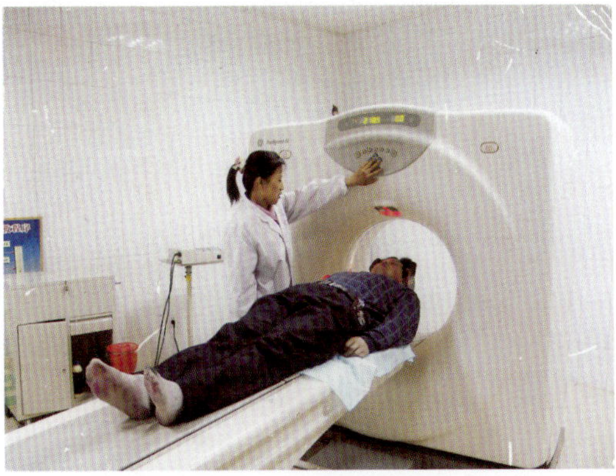
县第一人民医院 CT 检查 （2005 年摄）

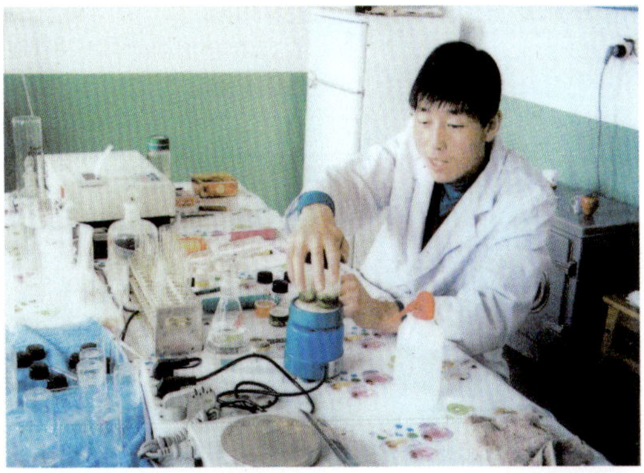
榆中县妇幼保健站分析检测儿童营养
（2001 年摄）

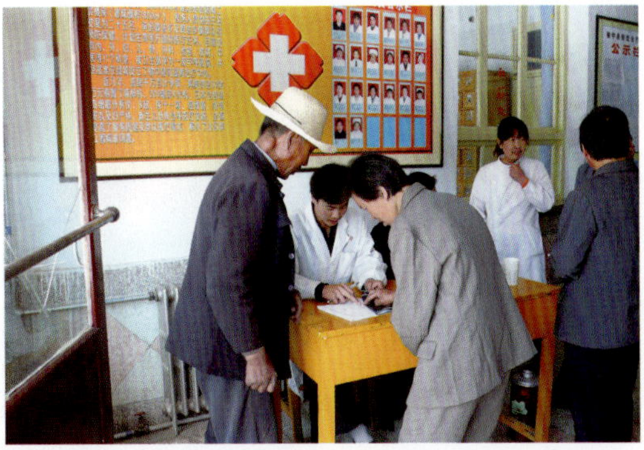
榆中县农民参加新农合免费健康体检
（2007 年摄）

贡井中心卫生院落成暨县第一人民医院贡井门诊部揭牌仪式 （2008 年摄）

榆中县第一人民医院

榆中县首届残疾人运动会　（2004 年摄）

榆中县体育场
（2005 年摄）

榆中县体育馆
（2009 年摄）

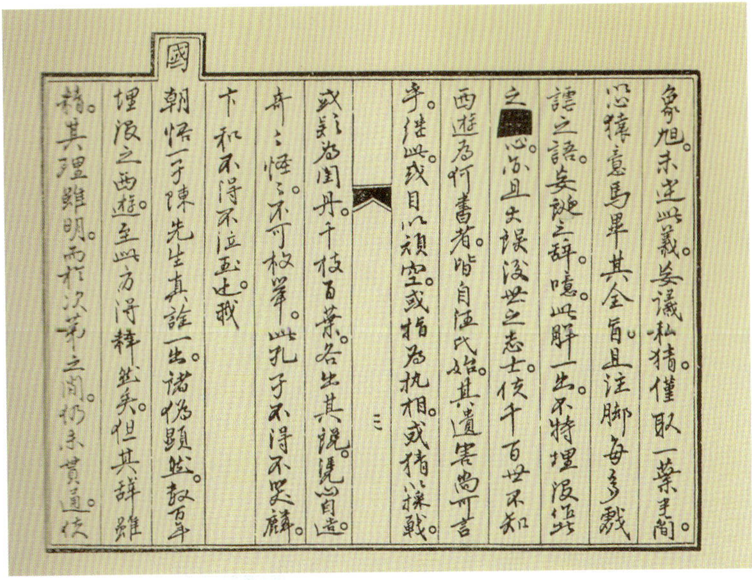

西游原旨序　［清］刘一明　书

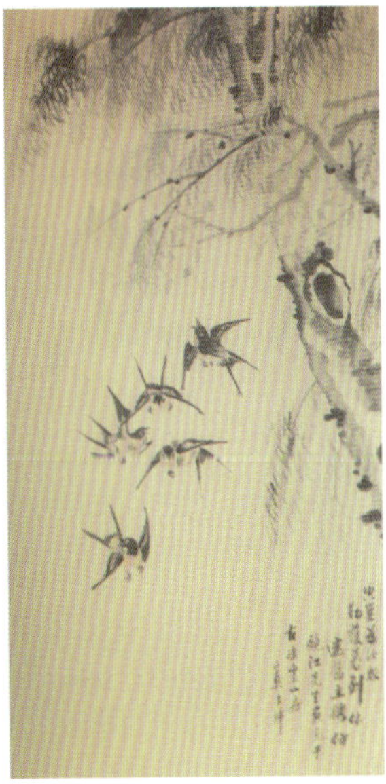

春燕　窦秉璋　画

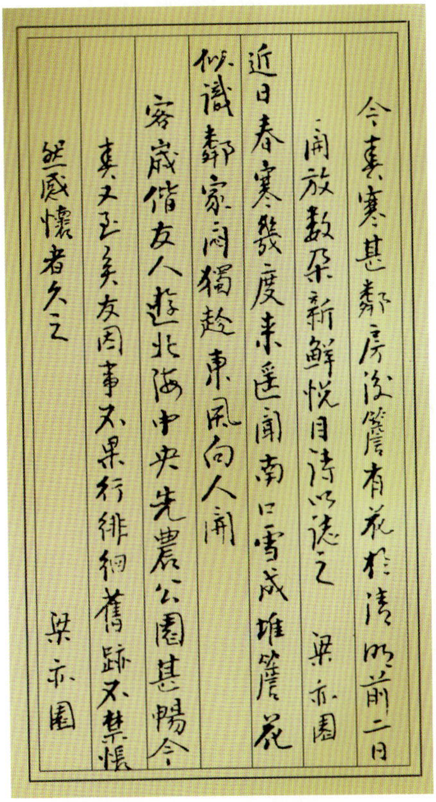

游园感怀　［清］梁登瀛　书

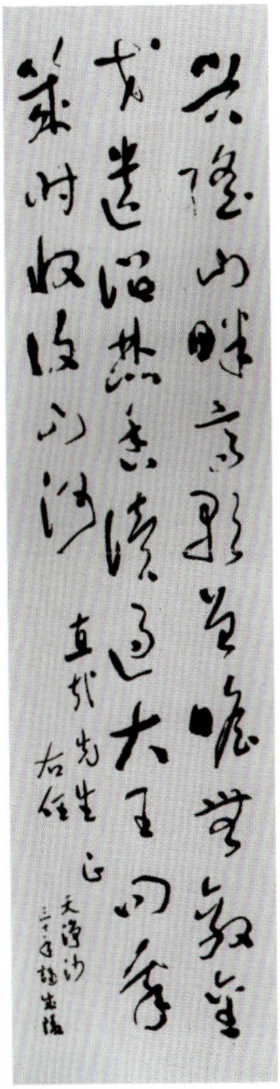

天净沙·兴隆山畔高歌

于右任　书

鹰　白剑泽　画

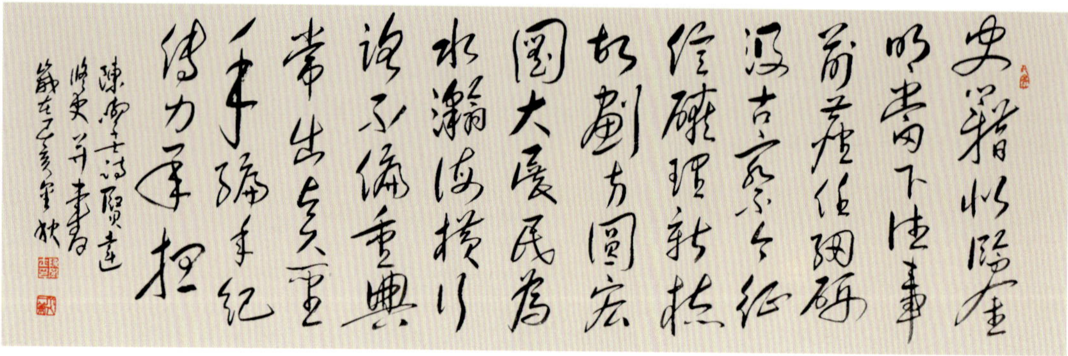

陈学士　书

吴定川　画

王巨洲　画

张永平　画

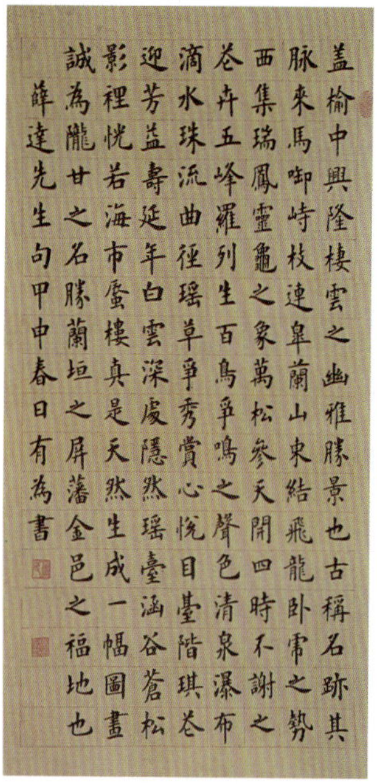

张有为　书

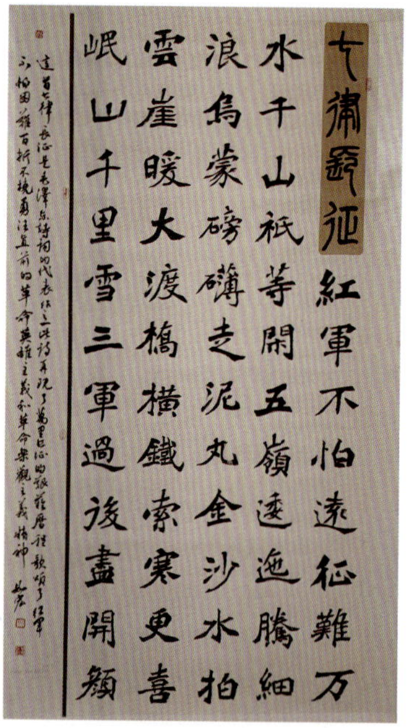

邴如宏　书

魏存国　画

春雪　白毅志　画

合欢永年　邴光全　画

新城春融融　李常洲　画

桑作楷　书

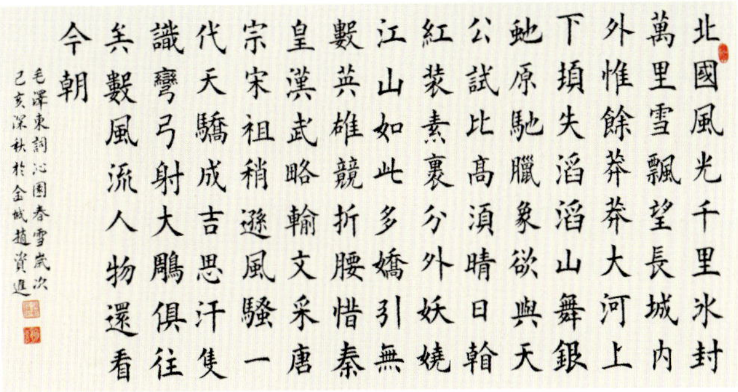

赵资进　书

大漠之魂　梁玉龙　画

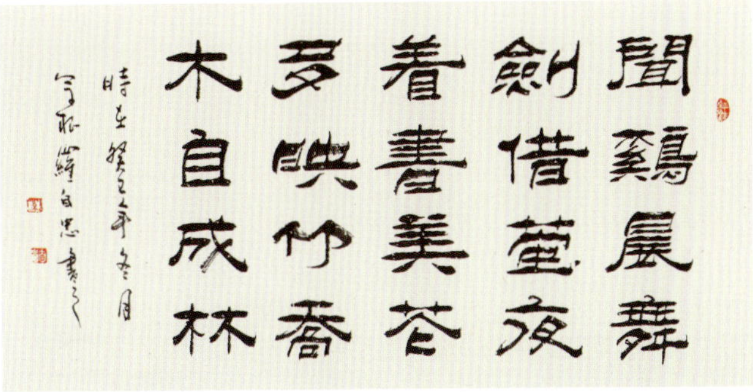

罗自忠　书

丛林小溪　李贵平　画

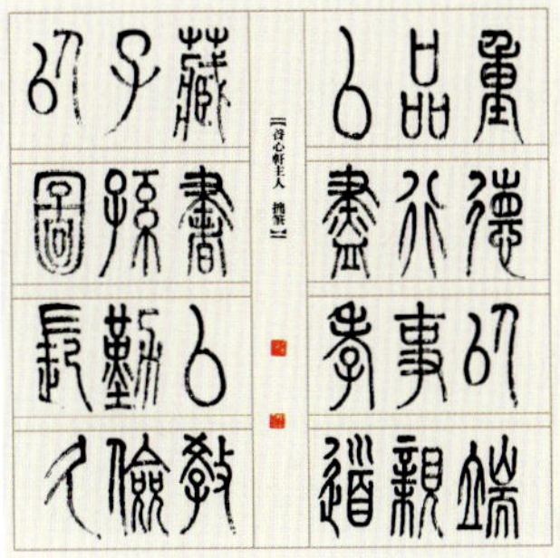

张伟德　书

陈建国　书

中央党史研究室副主任李忠杰指导榆中县党史工作　（2008 年摄）

中国地方志指导小组副组长邱新立调研榆中县地方志工作　（2007 年摄）

榆中县地方史志成果

榆中县党史成果

《康熙金县志》《道光重修金县志》《光绪金县新志稿》《民国重修榆中县志》校注本和《榆中县志》

《榆中县志（1991—2010）》编纂人员　前排左起：裴绍宏、周学海、汉光科、杨见澍；后排左起：豆巨霞、羊国俊、沈明江、高春玲、桑菊兰、石伟倩、张德馨

《榆中县志》（榆中县第一部社会主义新方志）首发式

（2001 年摄）

电影《陇上英烈张一悟》拍摄现场

（2001 年摄）

电影《陇上英烈张一悟》在榆中县恩玲中学首映

（2001 年摄）

榆中县地方志续修工作会议 （2005 年摄）

“榆中县党史教育基地”授牌仪式暨《榆中史话》首发式 （2006 年摄）

1991—2010年榆中县地区生产总值及增速

1991—2010年榆中县粮食总产量

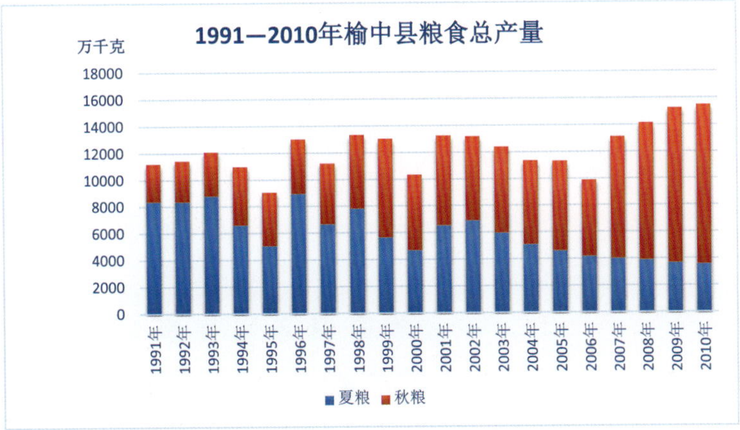

1991—2010年榆中县农业总产值

1991—2010 年榆中县工业总产值

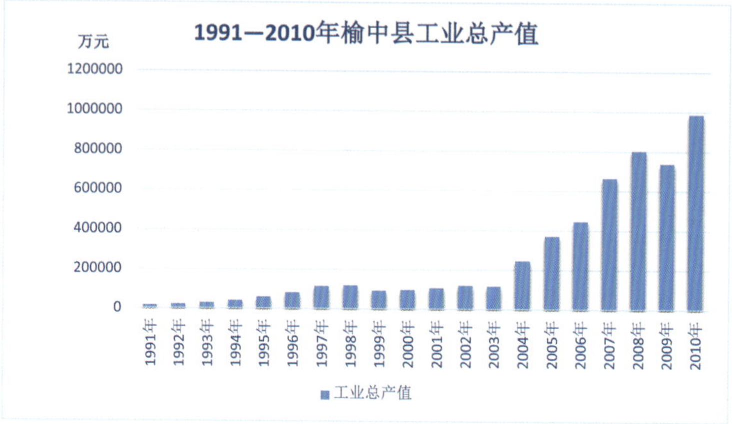

1997—2010 年榆中县固定资产投资总额

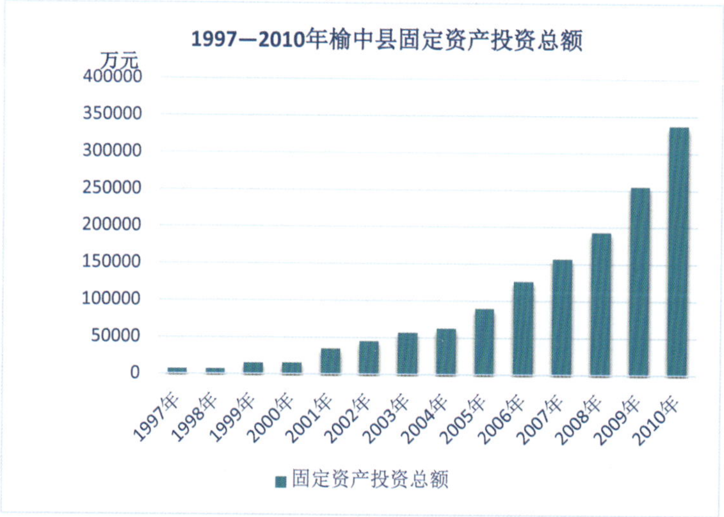

1991—2010 年榆中县社会消费品零售总额

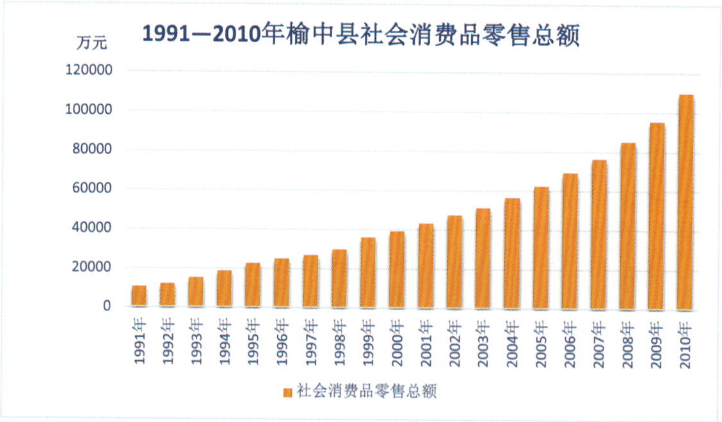

1995—2010 年榆财政收支情况

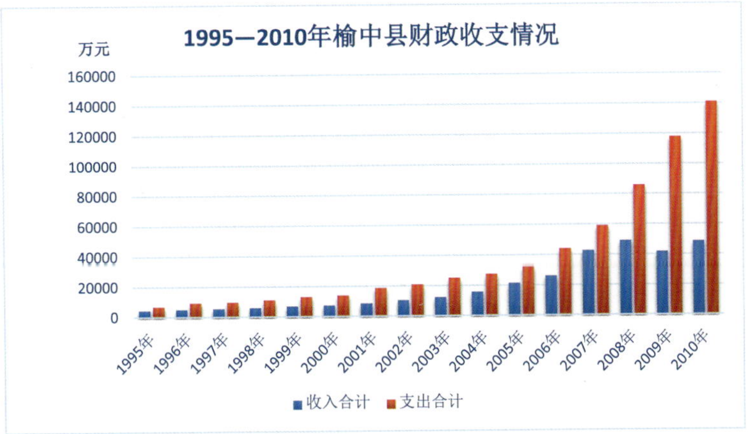

1993—2010 年榆中县人口情况

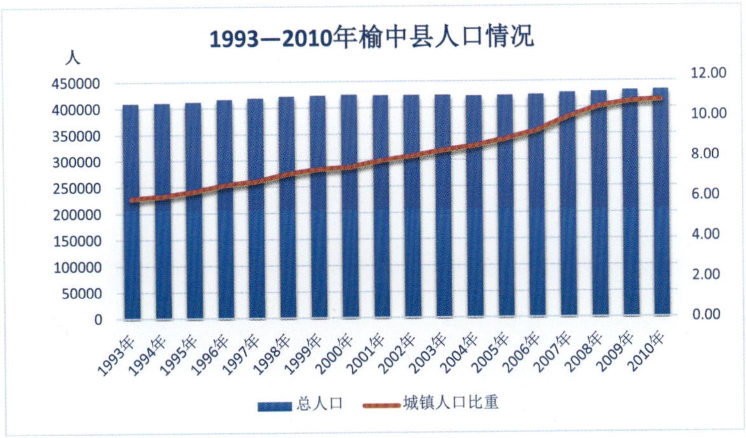

1991—2010 年榆中县农民人均纯收入

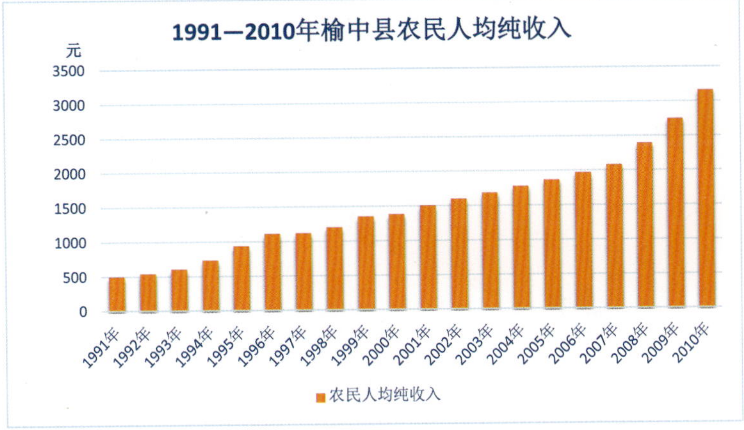

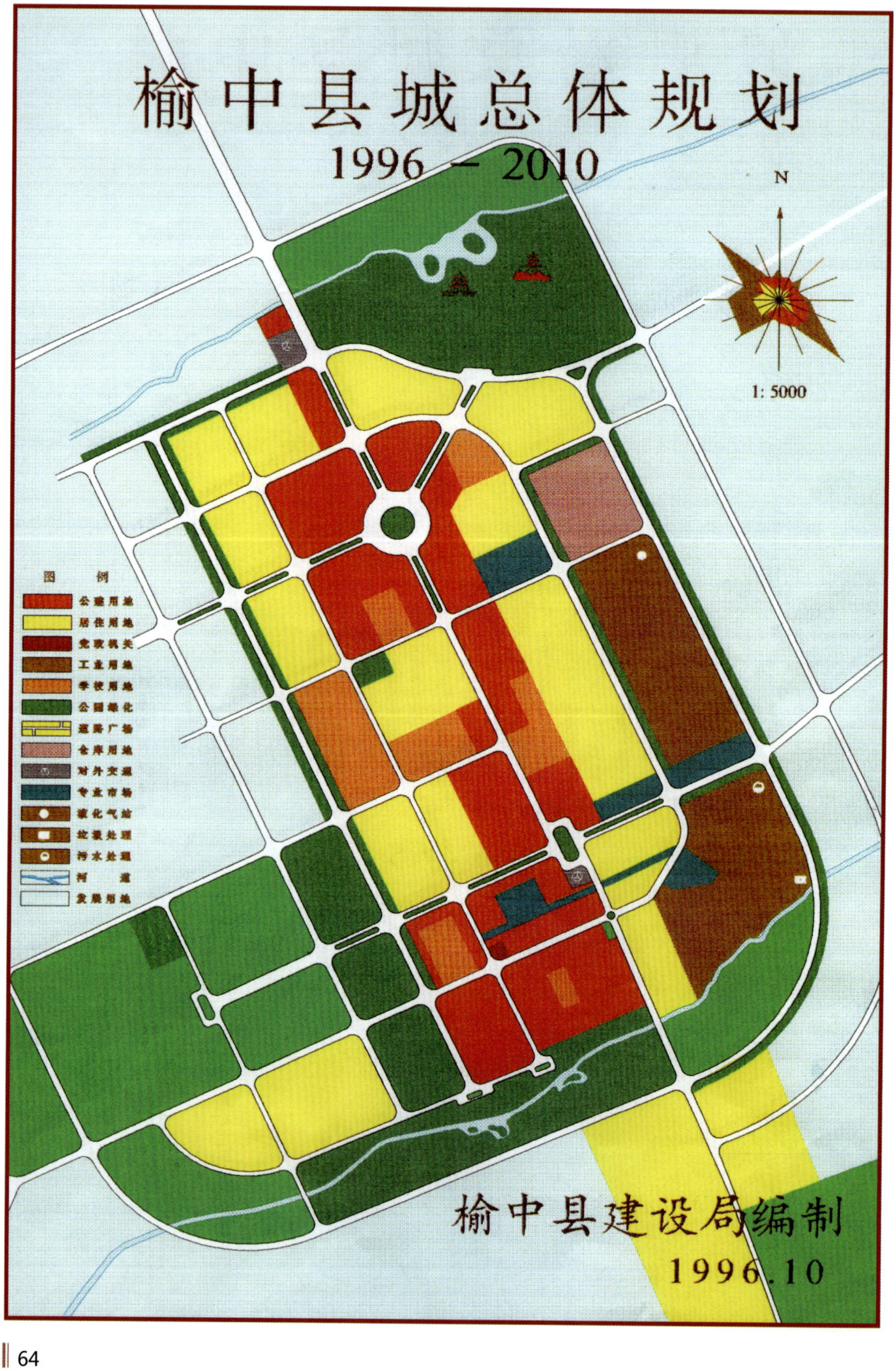
榆中县城总体规划
1996 — 2010
N
1: 5000
图例
公建用地
居住用地
党政机关
工业用地
学校用地
公园绿化
道路广场
仓库用地
对外交通
专业市场
液化气站
垃圾处理
污水处理
河道
发展用地
榆中县建设局编制
1996.10

凡　例

一、本志以马克思列宁主义、毛泽东思想、邓小平理论、“三个代表”重要思想、科学发展观、习近平新时代中国特色社会主义思想为指导，坚持辩证唯物主义和历史唯物主义的立场、观点、方法，实事求是地记述榆中县改革开放以来的历史与现状。

二、本志记述空间为2010年的榆中县境域，以县属事物为主，突出全县特色，以辖区事物为辅，体现全县的实力。本志采用横排门类、纵述始末的体例。

三、本志记述时间一般为1991—2010年。为增补缺漏及修改前志重要错讹，适度记述1991年前事物。

四、按照凡入志者皆应作为正式篇、章、节、目的原则，事以类聚，类为一志，并据榆中县的实际情况，全志分为“建置区划”“环境”“基础设施”“政治”“政协　民主党派　群团”“政法　军事”“农林牧业”“工商业”“财政　税务　金融　保险”“经济管理”“文化旅游　体育”“教育　卫生”“科技”“社会”“人物”15篇，篇下根据实际情况设置相应章、节、目、子目，不强求整齐划一。

五、志书内容依次为序、前志概述、彩插、地图、凡例、目录、概述、大事记、志文、索引及后记。

六、本志遵循生不立传原则，人物传收录已故人物。有可记述的生人，按以事系人的原则，在相关章节记述。《人物》由传、表组成，人物传记主要是对社会有较大影响的本籍人士，表录人物记述副县级、副高职称以上及各行业中的优秀人物代表，荣誉收录市级以上荣誉。

七、本志采用规范的语体文记述。文字遵行1986年10月10日国家语言文字工作委员会公布的《简化字总表》。标点符号遵行 2011 年 12 月 30 日由国家质量监督检验检疫总局、国家标准化管理委员会发布的《标点符号用法》。

八、凡人物直书姓名，或职务、职称加姓名。凡机关、单位、团体名称首次出现用全称，其后用简称。

九、本志数字使用遵行 2011 年国家质量监督检验检疫总局、国家标准化管理委员会发布的《出版物上数字用法》。为表述简洁，本志中括注的公元纪年统一不加“年”字。

十、数据一般以县统计局公布的为主，部门单位适当补充。若表格中数字为空，表示无此项数据或此项数据不详。

十一、计量单位遵行 1984 年 2 月 27 日国务院发布的《中华人民共和国法定计量单位》。计量单位除摄氏温度等特殊单位外，其余一律用中文全称。

十二、本志中图片一般注明拍摄时间，没有注明的均为 2010 年拍摄；本志中图片拍摄者在《榆中县志（1991—2010)》编修人员中集中注明，艺术照片直接注明作者。

十三、本志中列表人物中县内文教工作者以职称评定时间为序，同一年的以出生时间为序排列；其他表以人物出生时间为序排列。

十四、本志资料来源于档案、文献、部门志、县内各部门提供的资料为主，知情人口述资料为参考，使用时一般不注明出处。

十五、本志索引采用笔画排序，相同笔画的字采用汉字笔画顺序排序。

目　录

第三篇　基础设施

第四篇 政 治

第五篇 政协 民主党派 群团

第六篇　政法　军事

第七篇　农林牧业

第八篇　工商业

第九篇　财政　税务　金融　保险

第十篇 经济管理

第十一篇　文化 旅游　体育

第十二篇 教育 卫生

第十三篇 科 技

第十四篇 社 会

第十五篇 人 物

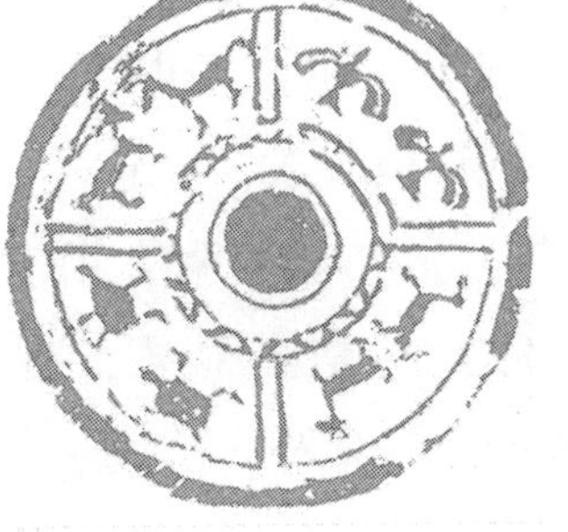

概　　述

榆中县位于兰州市境东郊，东接定西市安定区，白银市会宁县、靖远县，南以马衔山为界与定西市临洮县毗邻，西靠兰州市七里河区、城关区，北隔黄河与皋兰县、白银市白银区相望。位于东经103°49′15″~104°34′40″，北纬35°34′20″~36°26′30″。南北长96.9千米，东西宽66.4千米，总面积3301.64平方千米。2010年，全县辖8镇、15乡、268个行政村。人口43.3万人，农业人口38.62万人，占89.21%；城镇人口4.67万人，占10.79%。汉族42.85万人，占总人口的98.97%，有回族、藏族、满族、东乡族、土族、黎族、土家族、蒙古族、苗族、维吾尔族、裕固族、壮族、朝鲜族、撒拉族、瑶族、傣族、傈僳族、畲族、拉祜族、锡伯族、保安族21个少数民族4440人，占总人口的1.03%。县政府设在城关镇，距兰州市38千米。

榆中县始建于秦始皇三十三年（前214），以“树榆为塞”得名。汉武帝时，恢复榆中县，后建勇士县。三国时勇士县并入榆中。东晋时，榆中先后被前凉、前秦攻占。孝武帝太元十年（385）西秦建立。北魏时，境内置子城县。隋炀帝大业三年（607），子城县改为金城县。唐高祖武德年间并入五泉县，代宗宝应元年（762）陷于吐蕃。金世宗大定二十二年（1182）置定远、龛谷二县。金哀宗正大三年（1226）置金州，辖定、龛二县。明太祖洪武二年（1369）降州为县，称金县。民国八年（1919）恢复榆中县，现属兰州市辖。道光二十二年（1842），面积约2200平方千米。民国三十年（1941），县域面积3589.7平方千米。1953年将金家园子划入靖远县，1958年4月将什川、符川2个乡分别划入皋兰、定西二县，将皋兰县定远区所属6个乡、银山区所属4个乡划归榆中县。同年7月，将银山、和平乡分别划入兰州市七里河区和东岗区。1963年10月，将银山、和平乡划归榆中县。1964年6月，将七里河区兰山公社划归榆中县，县域面积3301.64平方千米。此后，县域面积稳定。

境内地势呈马鞍形，南部为石质高寒山区，海拔2200~3670.3米；北部为黄土丘陵区，海拔2000~2495米；中部为川塬沟壑区，海拔1500~2200米。1991—2010年，全县年平均气温7.2℃，比历史平均值上升0.2℃。年平均降水量376.7毫米，与历史平均值持平。年日照时数2665.9小时，日照百分率为60%，年太阳总辐射量103.2~130.5千卡/平方厘米，无霜期84~140天。

2010年，全县有劳动力19.41万个，其中从事农林牧业12.69万人，占65.39%；从事工业、建筑业2.74万人，占14.12%；从事商业服务业7287人，占3.75%；从事其他行业2.6万人，占13.4%。有耕地105.21万亩，人均2.43亩，其中旱田105.11万亩，水田1003亩；有效灌溉面积29.92万亩，保灌面积23.9万亩，梯田44.42万亩。有森林44万亩，其中天然林29万亩，人工林15万亩。黄河流经北部4乡，高崖水库以上有地表径流，多年平均径流量390.10万立方米。苑川河有较大支流6条，多年平均径流量1969.7万立方米。有野生动物5纲、48科、104属、150种，其中马麝、猞猁、金雕属国家二级保护动物。植物203科、620属、1495种。农作物20种，以小麦、玉米、马铃薯为主。经济作物40多种，其中高原夏菜在沿海城市和东南亚享有盛誉。有矿产15种。有10处自然风景区，其中兴隆山被誉为“陇右第一名山”，为AAAA级风景区。境内肃王墓和青城古民居为国家级文物保护单位。青城、金崖两镇为国家级历史文化名镇。有省级文物保护地6处、省级非物质文化遗产5项，兴隆山风景区和张一悟纪念馆为甘肃省爱国主义教育基地。

境内发展环境优越，陇海电气化铁路长73.65千米，宝兰二线铁路长59.7千米，兰渝铁路经来紫堡、金崖等8个乡镇，在夏官营设有货运站。宝兰客专进行前期规划。巉柳高速公路途经甘草店、清水驿等7个乡镇，国道312线长43.61千米、309线长74.57千米，省道101线长51.68千米。全县公路通车里程2256千米，其中农村公路总里程1945千米，268个行政村全部通硬化、砂化路。全县电话交换机容量9.77万门，其中市内电话交换机容量1.77万门，农村电话交换机容量8万门。有固定电话用户9.36万户，小灵通用户1400户。有移动（包括联通）用户35万户，乡镇覆盖率100%。电话普及率25.6部/百人。有宽带ADSL端口年容量1.47万线，有互联网用户2万户，其中宽带用户5000户。农电拥有6~10千伏线路18条1015.24千米，0.4千伏线路660条1637.94千米，配电变压器1191台69316千伏安。城市供电运行公网配电变压器1087台，容量12.16万千伏安，售电量5.6亿千瓦·时。

1991—2010年，榆中县委、县政府认真贯彻落实中央和国家各项方针政策，紧紧围绕“农业稳县、工业强县、科教兴县、三产活县”的发展思路，全力推进榆中的改革和社会经济的发展，各项事业发展迅速。

国民经济发展跨入快车道。1995年，完成国民生产总值5.1亿元、工农业总产值8.38亿元、工业总产值6.12亿元、乡镇企业总产值12亿元、粮食产量9.02万吨、财政收入4310.9万元、农民人均纯收入845元，分别比1991年增长1.56倍、1.55倍、4倍、4倍、2倍、89.5%，农村贫困面下降到17.02%。2000年，完成国内生产总值7.94亿元、人均国内生产总值1875元、工农业总产值10.46亿元、农业总产值2.75亿元、工业总产值3.28亿元、第三产业总产值1.91亿元、财政收入7410万元、社会消费品零售总额3.9亿元、农民人均纯收入1381元。1999年，粮食产量13.02万吨，创历史最高纪录，人均占有粮食332千克。2010年，全县生产总值40.88亿元、农业增加值9.38亿元、工业增加值

17.58 亿元、全县地区性财政收入 4.86 亿元、社会消费品零售总额 10.97 亿元，分别比 2005 年增长 2.41 倍、99.57 倍、2.91 倍、2.26 倍、76%。一、二、三产业结构比调整为 23:53:24。

农业发展走上产业化道路。1991—1995 年，全县完成各类科技兴农试验、示范项目 128 项，增加经济效益 6500 万元。1995 年，地膜覆盖和大棚种植面积 4.14 万亩。其中地膜粮食种植面积 2.62 万亩，建成塑料暖棚 11.5 万平方米，高效日光节能温室 1704 亩。有效灌溉面积 31.7 万亩，保灌面积 24.02 万亩。建成庭院集雨蓄水工程 21276 户。1996—2000 年，新增有效灌溉面积 1.92 万亩，发展集雨节灌 7.01 万亩；地膜粮种植 20 万亩；发展高效节能日光温室 6824 亩；以蔬菜和百合等农副产品加工保鲜为主的支柱产业初步形成。2005 年，榆中县成为全国无公害蔬菜生产示范基地县和质量安全监管试点地。2010 年，完成粮食播种面积 78.55 万亩，夏秋比调整为 31:69，粮食总产量 16.01 万吨。高原夏菜播种面积 28 万亩，蔬菜总产量 68 万吨，销售收入 7.8 亿元，马铃薯种植 22.9 万亩，产量 21.43 万吨，中药材 5.1 万亩。完成覆膜 30.21 万亩，引进主导蔬菜新品种 69 个、特色蔬菜新品种 31 个，申报有机食品 20 个品种。落实各类农业新技术试验 89 项、示范 29 项、推广 9 项，试验示范 10.65 万亩，引进新品种 414 个。全县合作社总数 283 家，辐射带动农户 3.87 万户，注册国家商标 5 个。新增土地流转面积 3.52 万亩。形成无公害蔬菜、商品马铃薯、双垄全膜玉米、特色优势产业四大支柱产业。

工业体系逐步完善。1991 年，全县有工业企业 112 家，其中县属国营企业 8 家，县属集体企业 15 家。主要产品有原煤、水泥、水烟丝、机制纸、砖、石灰等。2010 年，有工业企业 322 家，其中规模以上企业 30 家，工业门类较为完善，基本形成以贵金属研发、金属冶炼、药材生产、建材、塑编、化工等为主的工业体系。

乡镇企业异军突起。1991—1995 年，开发引进新、扩、续和技改项目 360 项，投资 4.05 亿元。1995 年底，全县乡镇企业固定资产 3.48 亿元，从业人员 5.77 万人，有企业 3876 家。基本形成造纸、建材、建筑、水烟、化工五大支柱产业。获省一级企业 1 家，省二级企业 5 家，省、市乡镇明星企业 15 家，部优产品 2 项，省优产品 4 项。2000 年完成总产值 24 亿元，增加值 4.45 亿元，上缴税金 4000 万元，占全县财政收入的 54%。和平开发区被农业部批准为“全国乡镇企业东西合作示范区”。2010 年，全县乡镇企业 4638 家，资产总额 63.26 亿元；产值 85.71 亿元，增加值 19.82 亿元，占全县 GDP 的 40%；从业人员 5.53 万人，农民人均从乡镇企业获得工资收入 660 元，占全县农村人均收入的 35%。

城乡建设日新月异。1991 年，全县建成房屋 30 万平方米，其中新建平房 1865 间 5.98 万平方米，老旧平房 10.79 万平方米，楼房 118 幢 13.23 万平方米。2010 年底，全县有成套住宅 1.57 万套，建筑面积 147.3 万平方米。县城居住用地面积 125.1 万平方米，人均居住占地 26 平方米。1991 年，建成广场小游园 1 处。2005 年，建成县城中心广场。2010 年，建成金牛广场和金牛山生态园。1991 年，县城日供水 1400 立方米。1998 年，建成库容 10 万立方米水库 1 座。2010 年，供水 155 万立方米。1991 年，县城供热面积 27 万平方米。1997 年，集中联片供热面积 7 万平方米。2010 年，全县改造既有居住建筑分户计量面积 77 万平方米。2003 年开始新农村建设，至 2010 年，全县建成省部级联建示范村 1 个、省级示范村 1 个、市级示范村 11 个和县级重点推进村 20 个。

社会事业蓬勃发展。1991—1995 年，榆中有线和榆中教育两个差转台相继开播，农村电视普及率 62%。基本普及初等教育，基本扫除青壮年文盲；累计建成标准化小学 59 所，排除危房 5.7 万平方米。累计建成标准化卫生院 27 所。1996—2010 年，新建学校 84 所，建成标准化学校 148 所，排除危房面积 21.7 万平方米，“两基”达标通过国家验收。新建乡镇综合文化站 11 个。全县电视覆盖率 85%，农村电视普及率 90%。建成村标准化卫生所 86 所，新建县第一人民医院住院部大楼。社会保障体系不断完善，养老、工伤、生育、医疗、失业保险运行得到规范，建立社会救助机制。

政治体制改革稳步推进。1996 年 5 月，榆中县进行机构改革。改革后县委工作机构由10个减少到5个，精简50%；县政府机构由36个减少到25个，精简30.6%。2002年，榆中县进行机构精简，县委设6个工作部门，政府设22个工作部门。2010年，榆中县人民政府进行机构改革，县政府设置工作部门25个，精简机构11个。

榆中人杰地灵。榆中山水孕育出无数仁人志士。东晋孝武帝太元十年（385），鲜卑族乞伏国仁建立西秦，传3世，历46年。北魏孝文帝太和二十一年（497），榆中人麴嘉被推举为高昌王，传10世，历139年。金元明三朝，蒲察俊几代为统军都指挥、大将军、都元帅、中书佐丞、金元定会都元帅等，累世才俊。清乾嘉年间，刘一明在兴隆山阐释道教，著述颇多。张继祖中举人，任京官，回乡倡办金县小学堂和甘肃省图书馆，重教兴文。民国初年，梁登瀛反对段祺瑞解散国会，反对曹锟贿选，弹劾陈炯明，赴上海追寻孙中山，被称为“忠实党员”。杜堃在忻口战役中率部与日军作战23天，歼敌1万余人，受到国民党军事委员会的通令嘉奖。1919年5月4日，张一悟、丁益三、张亚衡等参加五四运动，发出了陇原人民向往民主自由的呼声。1925年冬，张一悟创建甘肃特支，在千里陇原点燃了革命的熊熊烈火。此后，窦时寻、金自山、金天华、靳虎、鲁瑞林、徐承俊、郑重远、窦志安、陆长林、陈成义、高健君、杨静仁等大批榆中志士加入中国共产党，投身反帝反封建斗争，为民族独立和人民的解放事业做出了贡献。中华人民共和国成立后，榆中县许多人走上中央和省、地、县各级党、政、军、经济、科技、教育、文化、卫生等各条战线领导岗位。杨静仁1980年9月任国务院副总理，1983年6月任全国政协副主席。鲁瑞林任广州军区副司令员，周永顺任沈阳军区副政委，农民企业家吕全福被农业部评为劳动模范、李海珊被国务院评为全国劳动模范……

回顾过去，我们走过了一条辉煌的发展之路；展望未来，榆中发展前景无限美好。全县人民在县委、县政府的坚强领导下，紧紧抓住生态创新城、兰州城市副中心和国家全域旅游示范县的建设，艰苦奋斗、励精图治，把榆中建设得更加美好。

大事记

1991年

2月

27日　撤销中共榆中县工商行政管理局总支部委员会，成立中共榆中县工商行政管理局委员会。

3月

4—8日　县政协第三届委员会第二次会议召开。

7日　县个体劳动者协会和县私营协会成立。

9日　县委、县政府为周秉礼等50名从事村级工作30年以上的干部颁发荣誉证书。

11—15日　县第十二届人民代表大会第二次会议召开。

4月

9日　县经济技术开发领导小组成立。

5月

1日　乡镇计划生育办公室更名为计划生育工作站。

是月　全县农村开展争创“十星级文明农户”教育活动。

是月　首届兰州牡丹花会在和平牡丹园举办。

6月

6日　县关心下一代工作委员会成立。

是日　林业部副部长刘广运调研榆中兴隆山自然保护区。

9日　新营乡部分村社遭受暴雨袭击。

15日　省委书记顾金池调研金崖乡第二造纸厂、张家湾村科学种田情况。

16日　哈岘、贡井、中连川3个乡遭受暴雨和冰雹袭击。

18日　城关镇两次降暴雨。

是日　和平乡遭受暴雨袭击。

18—20日　县工商业联合会第七次会员代表大会召开。

20日　中共榆中师范学校委员会成立。

22日　县人大常委会决定，赵资英代理榆中县人民政府县长。

26日　省委书记顾金池、省长贾志杰与内蒙古自治区民委副主任荣盛等参加兴隆山“成吉思汗文物陈列馆”开馆典礼。

26—28日　县总工会第七次代表大会召开。

7月

23日　县妇女儿童工作协调委员会成立。

25日　榆中县兴隆书画协会成立。

8月

16日　县委、县政府表彰吕全福等13名优秀农民企业家、刘福等37名乡镇企业优秀厂长、李守仁等2名乡镇企业优秀思想政治工作者。

20日　县计划生育宣传技术指导站更名为县计划生育服务站。

9月

10日　二角城农业中学更名为榆中县农职业中学。

13日　榆中县消费者协会、苑川文学社成立。

15日　榆中县摄影学会成立。

是月　乡镇党委设立纪律检查委员会，党委副书记兼任纪检委书记。

10月

12日　县委决定在全县乡镇、机关及企事业单位开展中国特色社会主义教育。

17日　县社会劳动保险所更名为县社会保险事业管理局。

是月　榆中县博物馆成立。

11月

25日　榆中县农学会成立。

12月

4日　榆中县盐务管理站成立。

13日　省长贾志杰察看榆中北山旱情。

是年　县离休干部陈昌虞获全省“老有所为精英奖”，参加全国老有所为先进个人表彰大会。

1992年

1月

5日　全县265名民办教师参加选招公办教师考试。

7—11日　县政协第三届委员会第三次会议召开。

13日　新建成的县邮电大楼开始营业。

14—18日　县第十二届人民代表大会第三次会议召开，赵资英当选县人民政府县长。

15日　兰州市计划委员会批准成立甘肃榆中农药厂。

2月

15日　全县开展小麦麦茎蜂综合防治工作。

27日　县上开征农村教育费附加。

3月

14日　榆中县在县城广场召开公捕公判大会，对11名持刀抢劫者公开宣判。

20日　恢复榆中县地名委员会。

4月

29日　县成人教育、职业技术教育委员会成立。

是日　兰州市保安服务公司榆中分公司组建。

是日　新营、三角城、和平、连搭、清水、金崖、来紫堡、小康营和三电管理处9个公安派出所成立。

是日　县水烟管理局成立。

是月　县农业机械学校被农业部授予“四有农机校”（有设备、有场地、有教员、有学员）。

5月

30日　李海珊投资60万元建成容量100立方米的石油液化气供应站。

6月

2日　县科技开发服务中心成立。

是日　县防雹增雨指挥部成立，购买火箭炮专用车1辆。

7月

是月　县邮电局开通1000门长、市、农（长途电话、市内电话、农村电话）“三合一纵横制”自动电话交换机。

8月

3—5日　城关、连搭、定远、和平、兰山、小康营、来紫堡、园子岔、上庄、清水驿、三角城、上花岔、夏官营、新营14个乡镇连续3天遭受暴雨冰雹侵袭。

7日　县文物保护领导小组成立。

是日　县供销社企业集团总公司成立。

是日　榆中县粮油公司成立。

21日　和平、青城、城关三个经济技术开发区指挥部成立。

22日　县公用型汽车站成立。

是日　县土地综合开发公司成立。

是日　县房地产开发公司成立。

9月

30日　县水土保持委员会成立。

是日　县水土保持预防监察站成立。

10月

9日　县住房制度改革领导小组成立。

是日　撤销中共榆中县税务局支部委员会，成立中共榆中县税务局委员会。

20—22日　共青团榆中县第十二次代表大会召开。

是月　市委任命王恩渭为中共榆中县委书记。

11月

7日　县人才交流中心成立。

是日　县城建建筑安装公司成立。

是日　县自来水管理所更名为县自来水公司。

是日　县房地产开发所更名为县城镇建设综合开发公司。

是月　县第一次第三产业普查开始。

12月

22—24日　中国共产党榆中县第十一次代表大会召开。选举王恩渭为县委书记。

27—30日 县政协第四届委员会第一次会议召开。选举王维烈为县政协主席。

是月 县委、县政府批准成立和平经济开发区。

是年 县工商行政管理局恢复。

是年 榆中县获全省农村工作会议梯田、沙田、沟坝田“三田”建设二等奖。

是年 北山水泥厂425号贡马牌普通硅酸盐水泥获农业部优质产品奖。

是年 和平乡沈家河村引进山东寿光日光温室塑料大棚栽培技术，是榆中县最早引进该技术的村子。

1993年

1月

3—8日 县第十三届人民代表大会第一次会议召开。选举李得元为县人大常委会主任，赵资英为县人民政府县长。

3月

9日 撤销中共榆中县县级机关委员会，成立中共榆中县县级机关工作委员会；撤销中共榆中县商业局委员会，成立中共榆中县经济贸易工作委员会。

4月

29日 韦营乡遭受冰雹袭击。

5月

3日 县粮油批发交易市场成立。

12—14日 县妇女联合会第十次代表大会召开。

是月 和平绿化公司获第三届中国花卉博览会银奖。

6月

6日 上花岔、哈岘2个乡遭受冰雹袭击。

13日 龙泉、新营2个乡遭受冰雹袭击。

是日 金崖、鲁家沟、韦营3个乡遭受暴雨冰雹袭击。

7月

6日 连搭、定远、来紫堡、三角城、金崖5个乡镇遭受暴雨灾害。

12—13日 县工商业联合会第八次会员代表大会召开。

13日 撤销县农牧局，设立县农业局和畜牧局。

24日 凌晨3至4时，青城乡持续降暴雨。

是日 兴隆山举办“六月六”山会。

8月

4日 县社会养老保险管理处成立。

15日 全国人大常委会副委员长孙起孟游览兴隆山，并为“朱德纪念亭”题名。

9月

6日 凌晨，上庄、马坡一带突降大雪，两万余亩庄稼绝收。

10月

是月 许家台粮库被国家粮食储备局命名为甘肃榆中国家粮食储备库。

12月

22日 县新华书店改造工程竣工，开始营业。

是年 县上成立农田集雨灌溉示范课题组，在贡井乡贡井村实施庭院集流窖水灌溉塑料大棚蔬菜试验成功，结束北山地区不能种植蔬菜的历史。

是年 榆中县被国家环保局确定为“全国环境监理试点县”之一。

是年 县政府确定20处县级文物保护单位，全县各种文物保护点

196处。

是年 园子岔乡青碾沟小学教师白忠垣获“全国优秀教师”称号。

是年 县委、县政府对蒋得华等84名病残民办教师发放生活补助费，对79名辞退民办教师发放一次性补助费。

是年 榆中师范学校在首届全国中学生数学竞赛中获一等奖、三等奖各1名。

是年 县政府印发《榆中县住房公积金管理办法》。

1994年

1月

14—16日 县政协第四届委员会第二次会议召开。

18—21日 县第十三届人民代表大会第二次会议召开。

2月

17日 县城举办首届迎春灯会。

20日 县委、县政府表彰顾炳科等50名“十星级文明农户”代表。

23日 县委、县政府授予和平乡等54个单位“模范单位”称号；授予吕全福等248人“劳动模范”称号。

是月 县委、县政府命名新民等53个村为“双文明”村。

3月

17日 县残疾人工作协调委员会成立。

21日 县老龄委员会与中共榆中县委老干部工作科合署办公。

是日 撤销中共榆中县工交局委员会，成立中共榆中县工交局总支委员会。

28日 县委、县政府下发《榆中县住房资金管理办法》。

4月

16日 县委、县政府表彰奖励见义勇为者彭生财、李学源、王忠、梁彦德、郑培林等。

30日　撤销县汽车队和县公用型汽车站，成立县客运公司。

是月　县农牧局分设为农业局和畜牧局，农业区划办公室归属县农业局。

是月　启动农村社会养老保险业务，先后有28个乡镇、269个行政村5957名农民参加农村社会养老保险，收缴养老保险金170.6万元。

5月

1日　县政府印发《关于城镇在职人员中征收教育费附加若干问题的规定（试行）》，并从当月开始征收。

是月　榆中县连续八个月未降一场透雨，遭受十年不遇旱情。

6月

2日　县城镇教育费附加管理委员会成立。

3日　县苑川河治理指挥部成立。

是日　县抗旱救灾指挥部成立。

11日　哈岘、中连川、韦营、鲁家沟、高崖、甘草店、清水驿、三角城、金崖、青城10个乡镇遭受冰雹暴雨袭击。

20日　高崖、龙泉、新营、园子岔5个乡镇遭受冰雹暴雨袭击。

25日　县政府将1984年以后招聘的民办教师全部予以辞退，财政局于8月1日起停发补助工资。

7月

1日　园子岔、贡井、中连川3个乡遭受暴雨冰雹袭击。

6—7日　全县普降大到暴雨，8个乡镇受灾。

10日　县委、县政府决定在青城乡保留一所高级中学。

27日　县和平供水工程指挥部成立。

8月

1日、4日、7日　银山、金崖、来紫堡、连搭、园子岔、上花岔、韦营、和平等10个乡镇遭受暴雨冰雹袭击。

5日、17日　县内17个乡镇遭受暴雨洪水灾害。

8日　和平供水工程动工兴建，8月28日竣工。

是月　税务局分设为县国家税务局和县地方税务局。

9月

2日　县委、县政府表彰奖励经济开发成绩突出的和平乡党委、乡政府及乡党委书记韦青祥。

21日　国家民政部部长多吉才让慰问梁坪乡大涝池村贫困户。

是月　县环境监理试点工作通过国家验收，被省上树为“东学榆中、西学武威”的典型之一。

10月

20日　中共榆中县国家税务局委员会成立。

29日　县有线电视台成立。

11月

是月　县人民武装部由地方建制收归军队建制，全称“中国人民解放军甘肃省兰州市榆中县人民武装部”。

12月

13日　县人民政府对外联络处成立，下设驻北京、兰州、乌鲁木齐3个办事处。

是日　县房地产交易所成立。

20日　县上设立见义勇为奖励基金。

是年　北山地区粮食作物集雨灌溉系统试验种植小麦和玉米成功，结束北山地区小麦低产和不能种植玉米的历史。

是年　全县调整学校布局，撤销第三中学高中部，学生合并到第七中学，将第三中学建成县属独立初级中学。

1995年

1月

16—19日 县政协第四届委员会第三次会议召开。

17—19日 县第十三届人民代表大会第三次会议召开。

4月

是月 县铁路护路联防领导小组办公室成立，在县内铁路沿线组建8个护路联防队。

5月

17日 文成小学学生周赟获全国华罗庚金杯少年数学竞赛铜牌。

6月

1日 县委决定成立中共兰州市甘草水泥有限责任公司委员会。

25日 零时，全县电话并入兰州本地网，电话号码由5位数升至7位数。

是月 县物资局由事业单位改制为企业，更名为县物资公司。

是月 县农职业中学由三角城迁往榆中二中。

7月

16日、18日 县内局部降暴雨，苑川河发洪水，来紫堡、金崖2个乡受灾较重。

8月

5日 县内局部暴雨，苑川河发洪水，夏官营、金崖、来紫堡3个乡镇遭受暴雨洪水灾害。

19日 金崖乡古城村遭受雹洪灾害。

28日 县第一个乡镇建筑企业集团——甘肃榆中建筑实业集团公司成立。

是月 县第一次农业普查工作开始。

9月

是月 和平乡和平村被全国绿化委员会命名为“全国绿化造林千佳村”。

10月

17—20日 共青团榆中县第十三次代表大会召开。

23日 县医药管理局成立。

是月 国家农业部批准甘草水泥有限责任公司为“全国乡镇企业集团”，是农业部首批公布的327家“全国乡镇企业集团”之一。

11月

22日 大青山开发指挥部成立。

是月 和平乡被省体改委等部门批准为“全省小城镇综合改革试点镇”。

12月

24日 中共中央总书记、国家主席、中央军委主席江泽民慰问榆中县中连川乡受灾群众和视察集雨节灌示范工程。

是年 县委副书记杨富荣被评为全国百名优秀县委书记之一，参加中央组织部召开的表彰会。

是年 和平卫生院获国家卫生部“一级甲等医院”称号。

1996年

1月

1日 县气象局更名为榆中国家基准气候站，保留县气象局名称。

16—18日 县政协第四届委员会第四次会议召开。

22—25日 县第十三届人民代表大会第四次会议召开。

2月

15日 县上成立石新（石头沟—新营）公路改建工程指挥部。

3月

26日　县政府批准拍卖县种马（牛）场和新建县种畜引进繁育场，保留原马（牛）场牌子，重新组建县种畜引进繁育场。

4月

24日　县政府决定筹建恩玲中学。

6月

11日　县栖云北路拓建工程指挥部成立。

14日　17时29分至18时6分，龙泉、高崖、甘草店、清水驿4个乡镇遭受冰雹灾害，冰雹直径4.5~7厘米。

是日　撤销中共榆中县水电局委员会，成立中共榆中县水利电力局委员会。

25日　17时，定远乡5个村遭受冰雹灾害。

是月　县上开展第四次机构改革。撤销县志办公室；撤销老干部工作科，组建县委老干部工作局；县农业局和畜牧局合并为县农业局，农业区划办公室归属县农业局；县经济贸易委员会更名为县经济贸易局；县教育委员会恢复为县教育局。

是月　中国人民保险公司榆中县支公司分设为中保财产保险有限公司榆中支公司和中保人寿保险有限公司榆中支公司。

7月

2日　中共中央政治局常委、国务院副总理朱镕基视察榆中梁坪、中连川集雨灌溉示范点。

是月　13日、17日、19日、25日、27日，全县发生暴雨洪涝灾害，农作物受灾严重。

8月

8日　全省第一家调味品厂在小康营乡建成投产。

10日　农业部副部长路明视察中连川乡李家岘村。

15日　县价格事务所成立。

21日　县城一千多人上街欢迎参加亚特兰大第26届奥运会的女运动员何丽萍载誉归来。

28日　县一中教育奖励基金会成立。

是月　县大青山土地综合开发办公室成立。

是月　县集雨灌溉办公室成立。

是月　中共榆中县党史资料征集委员会办公室更名为中共榆中县委党史办公室。

9月

1—3日　县南部山区遭遇降雪、霜冻天气，大部分农作物冻死。

10日　凌晨零时起，县国内长途电话在节假日、双休日和夜间实行半价收费。

11日　来自德国和中国科学院的水利专家观摩中连川乡李家岘社、天池峡水保站雨水集流灌溉和“121”雨水集流工程。

25日　县政府命名城关、三角城、金崖、甘草4个乡镇的企业小区为乡镇企业示范区。

10月

30—31日　美国耶鲁大学森林与环境学院院长科恩等和以色列、马来西亚等国家的干旱农业用水工程专家考察榆中北山集雨灌溉农业。

11月

2日　县政府和深圳政业商贸公司、甘肃兰州荣达房地产开发公司、海南环亚经济发展公司签订开发大青山协议。

8日　县百货大楼有限责任公司成立。

17—18日　县残疾人联合会第二次代表大会召开。

12月

8日　县政府和甘肃兰州大青山土地开发有限公司就大青山土地开发

项目达成协议并举行签字仪式。

24日　中国农业发展银行榆中县支行成立。

是月　市委任命施进兵为中共榆中县委书记。

是年　县上对全县131家重点污染源企业实施三年限期治理；对治理无望的企业下达关停决定；拆除分散小锅炉34台，建成联片供热点11个。

是年　榆中县被甘肃省评为“二五”普法、计划生育、“双拥”先进县；被兰州市评为精神文明、综合治理先进县。

是年　香港善源基金会董事长朱恩馀与夫人谢玲玲捐资500万元，新建高级中学1所，命名为“榆中县恩玲中学”，于1997年8月28日建成。

是年　获第26届奥运会女子垒球银牌的榆中县运动员何丽萍受到国务委员李铁映接见。

是年　县政府转发县教育局《关于调整学校布局的意见》，乡（镇）办独立初中、九年制学校的布局调整由县政府统一规划，乡（镇）政府、教育局负责实施。

是年　全县28个乡（镇）建立农民文化技术学校。

是年　县教育工会副主席高积泰获“全国优秀教育工会工作者”称号。

是年　县委常委、纪委书记孙殿福被评为“全国先进纪委书记”。

1997年

1月

17—19日　县政协第四届委员会第五次会议召开。

18—22日　县第十三届人民代表大会第五次会议召开。

31日　全县推行住房公积金制度。

2月

20日　县委、县政府命名青城村等15个村为“五好村”。

3月

是月　撤销县城乡建设环境保护局，设立县建设局、县环境保护局。

4月

3日 各乡镇建立司法所，为司法局在乡镇人民政府的派出机构。

5—9日 中华慈善总会会长崔乃夫考察中连川乡高窑沟村。

5月

18日 中共中央政治局委员、全国人大常委会副委员长田纪云视察榆中县甘草店乡车道岭村集雨节灌农业。

是月 县政府颁布《关于足额征收教育费附加的实施细则》。

6月

1日 定远蔬菜保鲜库建成投产。

2日 国务委员、国务院扶贫开发领导小组组长陈俊生考察榆中集雨节灌农业。

14日 中央政治局委员、国务院副总理邹家华视察榆中县甘草店乡蔡家沟村东岭集雨节灌示范区。

7月

16日 县委、县政府做出榆中师范学校从三角城迁往榆中县城的决定。

是月 县计划生育委员会更名为县计划生育局。

8月

13—14日 林业部原副部长沈茂成考察榆中。

25—26日 县总工会第八次代表大会召开。

9月

28日 苑川河治理工程一期工程（金崖桥—寺隆沟段）开工。

11月

16—18日 中国共产党榆中县第十二次代表大会召开。选举施进兵为县委书记。

12月

14—18日 县政协第五届委员会第一次会议召开。选举王维烈为县政协主席。

17—19日 县第十四届人民代表大会第一次会议召开。选举产生人大常委会主任和政府县长。

1998年

2月

10日 县委、县政府命名和平乡等3个乡为“五好”乡镇，上坪村等39个村为“五好村”。

3月

27日 撤销中共榆中县水烟局委员会，成立中共榆中县水烟局总支部委员会；撤销中共榆中县交通局总支部委员会，成立中共榆中县交通局委员会。

31日 撤销县驻兰州办事处。

4月

7日 全国绿化委员会命名龙泉乡花寨子村为“全国造林绿化千佳村”。

29日 县农电管理局和县农电公司成立。

5月

8—10日 县妇女联合会第十一次代表大会召开。

18日 县委、县政府表彰奖励张壹平等9名见义勇为人员。授予张壹平、魏万彤、方鹏飞、杨克龙、单向军等“榆中县见义勇为积极分子”荣誉称号。

25日 县工商业联合会第九次会员代表大会召开。

6月

6日　外交部驻香港特别行政区特派员公署副特派员刘鸿晓带领5国驻港领事参观榆中县兰山乡路口村集雨节灌工程。

7月

1日　县慈善协会成立。

30日　全国政协副主席、中共中央统战部部长王兆国视察榆中县兰山乡集雨节灌工程。

8月

20日　县委印发《榆中县捐资助学奖励办法》。

是月　县政府决定将原城关镇南关学校改建成九中。一中初中部划拨到九中，恩玲中学初中部划拨到六中和九中，将一中、恩玲中学建成独立高级中学。

9月

17日　县红十字协会成立。

26日　县上举行邮政、电信机构分设挂牌仪式。

10月

29—30日　共青团榆中县第十四次代表大会召开。

12月

2日　国道312线2146千米+200米处发生车祸，7人死亡。

18日　县委召开“纪念党的十一届三中全会召开20周年座谈会暨《历史的足迹》首发式”。

是月　和平、金崖、甘草店3个乡撤乡设镇。

是年　榆中县被评为全省“双拥”工作先进县。

是年　甘草店镇三墩营村党支部被中组部评为全国农村基层组织建

设工作先进党支部。

1999年

1月

8日　县委、县政府决定成立县赈灾福利彩票发行领导小组。

9日　陈德忠发明的“紫斑牡丹人工培育的亲本组合方法”取得国家专利局发明专利证书。

18—20日　县政协第五届委员会召开第二次会议。

18—21日　县第十四届人民代表大会召开第二次会议。

2月

5日　县老龄委员会成立。

3月

1日　县委、县政府命名金崖镇张家湾村、齐家坪村为小康村。

2日　县委、县政府命名高崖镇李家磨等93个村为“安全村”，建设局等16个单位为“安全小区”。

4月

1日　县马铃薯营销协会成立。

5日　一辆庄浪至金昌的客车在国道312线榆中段发生车祸，5人死亡。

22日　县种子管理站成立，与更名后的县种子推广站合署办公。

是日　县矿产资源管理办公室成立。

是日　甘草水泥集团公司治安派出所成立。

6月

是月　和平绿化公司培育的新品种牡丹“菊园新秀”获得中国1999昆明世界园艺博览会铜奖。

7月

26日　县政府印发《榆中县房改房上市暂行办法》。

9月

20日　《榆中县志》（榆中县第一部社会主义新方志）通过终审，市地方志办公室同意出版。

26日　巉柳高速公路榆中段开工。

是月　榆中县通过国家级“两基”（基本实施九年义务教育和基本扫除青壮年文盲）达标验收。

10月

8日　乡镇广播站改为乡镇文化广播站，乡镇广播员改任文化广播员。

是日　县劳动监察中队成立。

20日　县政府下发《关于对兴隆山自然保护区水源污染限期治理的通知》。

25日　国家林业局局长王志宝考察兴隆山。

11月

是月　县农网改造工程开工。

12月

是月　国家环保总局、林业局、农业部、国土资源部授予兴隆山管理局职工马宝贵“全国自然保护区管理先进工作者”称号。

是月　国家林业局、中国花卉协会命名和平牡丹园为全国花卉生产示范基地。

是年　和平镇升为副县级建置。

是年　兰州大学落户夏官营镇，建成占地近5000亩的新校区。

是年　园子岔、青城、上花岔、哈岘、来紫堡、梁坪、贡井、韦坪、和平、定远、金崖、夏官营、中连川13个乡镇被纳入全国荒漠化监测范围。

是年　县政府印发《榆中县水资源管理办法》。

2000年

1月

23—26日　县政协第五届委员会召开第三次会议。

24—26日　县第十四届人民代表大会召开第三次会议。

2月

12日　县委、县政府命名金崖镇陆家崖村等8个乡17个行政村为“小康村”。

16日　一辆中巴客车从榆中驶往兰州途中失控发生车祸，6人死亡。

3月

6日　县委、县政府决定，将鲁家沟乡的鲁家沟、崖头岭、佐提、郝家湾4个村分别划拨给贡井乡、夏官营镇管辖。

29日　县公安局被公安部授予“全国优秀公安局”称号，政委黄大功被授予“全国特级优秀人民警察”称号。县委、县政府奖励县公安局1万元。

是月　县第五次全国人口普查工作开始。

4月

11日　县南北两山环境绿化工程指挥部成立。

25日　县委、县政府命名甘草店镇东村等88个村为“安全村”，水电局等26个单位为“安全小区”。

26日　全国农林工会主席王平视察兴隆山。

是日　县政府印发《榆中县林木管护办法》。

28日　国道312线2163千米+100米处发生车祸，6人死亡。

6月

2—3日　中国少年先锋队榆中县第一次代表大会召开。

20日　国家林业局副局长马福一行考察兴隆山。

7月

1日 县气象局建成电视天气预报制作系统。

23日 县城郊公交车试运行。

29日 全国人大环境资源委员会副主任、前林业部部长高德占考察兴隆山。

8月

11日 国道312线榆中县连搭乡境内发生一起重大车祸，6人死亡。

18日 县军粮供应站成立。

26日 全国政协副主席任建新视察兴隆山。

10月

26日 县政府决定将和平、定远、金崖、甘草店、连搭、清水驿、夏官营、三角城8个乡镇确定为综合配套改革试点镇。

30日 县政府采购工作领导小组成立。

12月

27日 县城镇职工基本医疗保险制度和医疗卫生体制改革协调领导小组成立。

是日 县招商局成立，县经济信息中心、大青办归并招商局。

是年 榆中县被甘肃省政府评为“义教工程”（国家贫困地区义务教育工程）先进县，被甘肃省教育厅、财政厅、计划发展委员会和兰州市政府评为省、市“两基”工作先进县。

是年 县检察院被省检察院命名为人民满意检察院。

是年 榆中县被国家批准为退耕还林工程试点县。

2001年

1月

16—18日 县政协第五届委员会召开第四次会议，选举孙殿福为政协主席。

17—18日　县第十四届人民代表大会召开第四次会议。

7月

是月　榆中县医疗保险局成立，与榆中县社会事业管理局合署办公。《榆中县城镇职工医疗保险暂行办法》实行。

8月

24日　全国人大常委会副委员长许嘉璐视察榆中县定远镇安家营村扶贫开发综合示范点和蒋家营蔬菜保鲜库。

是日　县委党史办与兰州市委党史办、兰州电影制片厂联合摄制的电影《陇上英烈张一悟》举行首播式。

10月

24日　县工商业联合会第十次会员代表大会召开。

是月　巉口至柳沟河高速公路首座黄土隧道——赵家楞杆梁隧道竣工。

11月

1—2日　共青团榆中县第十五次代表大会召开。

15日　电视电影《陇上英烈张一悟》在榆中有线电视台播出。

是日　国家教育部教育司暨欧美驻华使馆人员考察榆中县银山中学救助项目实施情况。

12月

18日　县委、县政府举行《榆中县志》（榆中县第一部社会主义新方志）首发式。

是月　教育部部长陈至立调研兰州大学榆中校区。

是年　县检察院被省检察院记集体二等功一次。

2002年

1月

25日　县"爱心助残"专项募捐活动启动。

是日 恩玲中学被市政府命名为兰州市示范性中学，并奖励15万元。

2月

5日 县委、县政府举行台北曹氏基金会捐赠轮椅接收仪式。

26日 县上选调甘草店镇等14支社火队在县体育中心表演。

3月

2—4日 县政协第五届委员会召开第五次会议。

3—5日 县第十四届人民代表大会召开第五次会议。

6月

8日 连搭乡石头沟村发生锅炉爆炸事故，4人死亡，1人受伤。

26日 定远乡党委获“全国农村‘三个代表’重要思想学习教育活动先进集体”称号。

7月

16日 奇正藏药集团落户榆中。

17日 省送光明扶贫医疗队到榆中开展白内障复明手术工作。

24日 兴隆山国家级自然保护区森林公安局举行揭牌仪式。

25日 金川集团公司决定金川科技园和工业园两个项目在“十五”期间落户和平开发区。

8月

13—14日 青城、韦营2个乡遭受冰雹灾害，最大冰雹直径2厘米，持续约13分钟。

23日 县委下发《关于表彰奖励榆中县人民法院荣获全国法院系统“人民满意的好法院”称号的决定》。

26日 农业部副部长齐景发一行考察榆中农业和农村工作。

是日 第十届“兰洽会”上，县政府和金川集团有限公司签约金川科技园和工业园区建设项目，与甘肃奇正实业（集团）有限公司签约奇正藏药生产基地项目。

是月 甘草环保建材股份有限公司获兰州市“诚信纳税50强企业”称号。

9月

4日 县维护社会稳定办公室成立，隶属县政法委。

12日 国家粮食局副局长郄建伟调研榆中许家台国家储备库。

19—20日 县总工会第九次代表大会召开。

10月

19日 县第十五届人民代表大会召开换届选举大会，部署全县换届选举工作。

11月

10—12日 中国共产党榆中县第十三次代表大会召开。选举李森洙为县委书记。

17—20日 县政协第六届委员会召开第一次会议。选举孙殿福为县政协主席。

19日 县第十五届人民代表大会召开第一次会议。选举钱其帅为县人大常委会主任，丁祖全为县人民政府县长。

12月

26日 酒钢兰泰榆中钢厂动工新建。

2003年

2月

9日 县委授予金崖镇党委“六好标兵乡镇党委”和金崖镇张家湾村等5个村党支部为“五好标兵党支部”称号。

是日 县房屋拆迁管理办公室和危旧房屋安全鉴定办公室成立。

3月

8日 县西环路建设工程开工。

是日 县乡镇企业管理局和金崖镇获得“兰州市企业发展奖”。

28日 县残疾人联合会第三次代表大会召开。

4月

2日 县政府下发《县城道路交通管理暂行办法》。

21日 县政府办印发《榆中县非典型肺炎应急处理预案》。

是月 榆中县农业生产资料行业协会成立。

5月

13—14日 县妇女联合会第十二次代表大会召开。

28日 省道101线岗子顶至三角城道路改扩建工程开工。

6月

14日 甘肃农业大学动物医学院榆中教学实习基地在县畜牧兽医中心举行挂牌仪式。

27日 酒钢榆中钢厂铁路专线开通。

5月下旬—6月 榆中县川区小麦普遍发生条锈病。

7月

7日 兰州市区至金崖镇的公路改建工程开工。

8月

1—3日 兰州市2003年武术比赛观摩交流大会在县南苑学校举行。

8日 奇正藏药集团兰州GMP一期工程竣工。

17—18日 甘肃省/联合国儿童基金会CES项目“卫生少年”夏令营活动在榆中举行。

22日 县委下发《关于在全县举办毛泽东同志诞辰110周年纪念活动的通知》。

26日 在第十一届兰州贸易洽谈会上，榆中签订4个项目。

29日 国家人口与计划生育委员会国际合作司司长郝林娜一行考察

榆中县“中国与联合国人口基金生殖健康/计划生育项目”实施情况。

是月 中国民主建国会榆中支委会召开成立大会。

9月

9日 县政府印发《榆中县饮用水源保护区划分方案》。

13日 全国著名书法家蔡祥麟为夏官营中心小学优秀教师和10名家庭困难、品学兼优的学生捐款1.6万元。

16日 定远镇猪嘴岭村打出一眼深250米的水井。

18日 兰州市农村乡土人才开发现场会在青城镇召开。

19日 李嘉诚基金会现代远程教育项目第二批设备由县教育局向22个边远乡村的40所小学发放。

22日 日本林业专家南福正治一行考察高崖镇裴家岔、来紫堡乡卧龙川退耕还林工程。

29日 县汽车站被省公路运输管理局核准晋升为二级车站。

30日 县民兵应急连军事训练考核在国防教育学校、武警指挥学校举行。

是日 空军后备军官选拔培训工作办公室在兰州大学榆中校区挂牌。

是月 国际抗结核病与肺部疾病联合会提供全球性经费支持三项研究课题之一——“结核病控制FIDELIS中国甘肃项目实施计划”榆中部分正式启动。

是月 华东超市榆中店开业。

10月

11日 国际雨水集蓄利用技术培训班全体学员考察榆中县甘草店镇车道岭村集雨节灌工程。

是日 来紫堡乡冯湾村首批厂（酒钢集团）村共建小康住宅举行落成剪彩仪式。

18日 定远加油站发生1起持枪抢劫案件。36小时后，5名犯罪嫌疑人被县公安局擒获。

21日 榆中县中医院举行门诊大楼落成典礼。

23日 加拿大渔业专家唐纳德·丁曼顿一行考察金崖镇、来紫堡乡和兴隆山虹鳟鱼养殖场。

30日 甘肃省军区主要领导检查指导榆中武装工作。

31日 榆中县养羊协会成立。

是月 甘草店镇6000亩退耕还林（草）工程启动。

11月

26日 国务院贫困地区培训中心兰州分院副院长刘小岚调研榆中《"十五"期间全省贫困地区扶贫培训规划》实施情况。

12月

2日 撤销县卫生防疫站，设立县卫生局公共卫生监督所、县疾病预防控制中心。

是年 榆中县被农业部确定为全国第二批创建无公害农产品生产示范基地县。

是年 县公安局被中央文明委评为创建全国文明行业工作先进单位。

是年 县政法委被中央综治委评为全国铁路护路联防工作先进集体。

是年 县妇联获全国妇联"大地之家·母亲水窖"项目组织奖。

2004年

1月

17日 榆中县和平镇农民陈德忠编写的《中国紫斑牡丹》由金盾出版社出版。

29日 2004年春节文化体育活动及春节灯展开幕。

是月 榆中县被甘肃省爱国卫生运动委员会确定为甘肃省卫生县城。

2月

17日 中央农村工作领导小组调查榆中农村工作。

28日 甘草店镇被省体改办列为全省小城镇综合改革试点镇。

是月 县交通局工人李培荣获得“全国交通技术能手”称号。

3月

6日 北京天鑫创富科技公司总经理敬小平、中国人口福利基金会副会长苗霞、中国林科院教授王木林考察榆中林业和乡镇企业项目建设。

10日 阿尔及利亚水资源部国科司司长斯里米考察榆中县甘草店镇东岭村、定远镇歇驾嘴村集雨节灌高效农业示范区。

30日 县水利局设立抗旱防汛办公室。

是月 省政府体改办将金崖、甘草店和夏官营列为全省小城镇综合改革试点镇。

4月

5日 甘肃兴隆山乳品有限公司成立。

8日 榆中县蔬菜协会成立。

14日 榆中县青城农民科技协会成立。

17日 中共中央政治局常委、中央政法委书记罗干慰问榆中县马坡乡贫困户。

19日 甘肃省教育培训中心在省银行学校举行揭牌仪式。

21日 全国首条750千伏输变电示范工程——兰州东变站工程在小康营乡开工建设。

24日 青城文化旅游及景区项目研讨会在兰州召开。

是月 榆中县被列为甘肃省/联合国儿童基金会儿童环境与环境卫生项目扩展县，同时被确定为全省农村改厕示范县。

5月

1日 2004年全国青少年“锐克杯”西北区D-15、D-17足球比赛（兰州赛区）在县体育场举行。

16日 黑龙江团省委负责人到榆中考察西部计划项目实施情况。

31日　全县普通话大赛在榆中师范开赛。

是日　榆中县质量技术监督协会成立。

6月

4日　国务院两西开发办、国家林业局检查组检查榆中退耕还林工作。

12日　榆中兴隆文化研究会首届理事会召开。

17日　三电西四码头发生整体滑塌事故，造成直接经济损失25.56万元。

19日　国家知识产权局党组副书记王东锋考察榆中西部计划实施情况。

30日　东（东岗镇）金（金崖）公路建成通车。

7月

3日　国家农业部委派北京市农委、农业、工商、绿色食品监测及食品监督协调办考察榆中无公害蔬菜种植生产。

9日　泥炭地保护、恢复与可持续利用国际研讨会在兴隆山召开。

10日　中国民主同盟会榆中总支召开第二次盟员大会。

是日　团县委创建的“榆中青年网”网站开通。

15日　兰州市2004年农业生产现场观摩会在榆中召开。

16日　甘肃省鲜活农产品运输绿色通道在榆中县定远镇蒋家营蔬菜保鲜库举行开通仪式。

17日　澳大利亚文化交流团到榆中交流文化。

26日　县委统战部举行黄埔军校同学庆祝黄埔军校成立80周年座谈会。

8月

19日　美国扶贫教育基金会会长张文基一行考察全国台联援建的希望小学——三角城乡王家营小学和甘草店镇三墩营小学。

24日　“九三”学社榆中支社成立。

31日　榆中县公安局获“全国人民满意的公务员集体”称号。

是月　和平镇被国家农业部确定为全国无公害蔬菜生产示范点，是兰州市唯一的国家级无公害蔬菜生产示范点。

9月

8日　国家旅游局“创建全国优秀旅游城市”验收工作领导小组到兴隆山验收兰州市创建全国优秀旅游城市工作。

16日　县地税局通过省级文明单位验收。

17日　榆中县首届“供热杯”残疾人运动会开幕。

26日　榆中县举行宣传文化中心落成暨县文化馆、博物馆、图书馆创建50周年庆典。

27日　县委、县政府和市公安局联合召开表彰大会，表彰奖励获“全国人民满意的公务员集体”称号的县公安局。

30日　西北民族大学在夏官营大学城举行新校区建设开工典礼。

10月

14日　榆中县举行农村部分计划生育家庭奖励扶助金首发仪式。

15日　丹麦马士基集团董事长穆勒捐款50万元新建的王保营希望小学教学楼落成使用。

20日　甘草店镇获“全国体育先进镇”称号。

21日　国家福利彩票资助残疾人就业福利项目落户榆中。

25日　国际可持续发展研究院院长大卫·鲁诺斯和瑞典环境部前国务秘书、国合会副主席孟斯·朗诺斯一行考察榆中甘草店镇东岭集雨节灌工程。

是日　定远蔬菜保鲜库被甘肃省农业产业化领导小组评为甘肃省农业产业化龙头企业。

26日　中国残疾人联合会负责人一行督查榆中县国家彩票公益金危房改造项目。

是日　美国农业专家考察团一行专项考察榆中“畜产品安全”运行

情况。

11月

1日　国家计生委计生扶助制度落实情况检查小组检查榆中计生扶助制度实施情况。

是月　县农业节水灌溉工程项目2004年度建设任务完成。

12月

7日　县地方志编纂委员会成立，恢复地方志办公室，与县委党史办合署办公。

20日　中央宣传部检查组检查榆中宣传、文化工作。

29日　国家农业部评估验收专家组评估验收榆中县创建全国无公害蔬菜生产示范基地工作。

30日　县委党史办获“全省党史工作先进单位”称号。

是月　榆中县被中共甘肃省委评为“全省农村基层组织建设先进县”。

是月　县环境监理站通过省、市环保局环境监察机构标准化建设验收小组验收，成为全省第一家国家一级环境监理站。

2005年

1月

1日　榆中县医疗保险协会成立。

6—9日　县政协第六届委员会召开第三次会议。

7—10日　县十五届人民代表大会召开第三次会议。

28日 省委主要领导慰问榆中优抚对象、困难群众和老党员。

3月

3日　香港“爱心力量”教育考察团考察榆中教育环境和教学设施。

22日　省委主要领导调研榆中工作。

24—27日　中国美术家协会会员、中国书协会员、河北省国画院副院长张磊画展在榆中展出。

25日　全省旱地玉米全膜覆盖双垄沟播栽培技术现场示范会在清水驿乡建营村举行。

26日　省道309线甘草店至蒲滩段县际公路工程举行开工典礼。

31日　县委命名城关镇北关村张一悟故居、金崖镇文化站（金崖工委旧址）、连搭乡朱家沟小学原榆中县委遗址、青城“兴生棉毛纺织社”遗址、连搭乡乔家营村一野司令部遗址、兴隆山革命烈士陵园为榆中县党史教育基地。

4月

4日　县委、县政府举行《榆中史话》首发式。

15日　省委主要领导调研榆中。

5月

1日　兴隆山旅游管理处和兰州市老年书画协会举办的“兴隆情”老年书画作品展在兴隆山开幕。

8日　首届榆中牡丹节暨投资贸易洽谈会在和平牡丹园开幕。

8—10日　塞尔维亚黑山共和国莱斯克瓦茨市议长一行参观榆中县定远镇歇驾嘴村农村温室大棚蔬菜、花卉种植。

14日　夜间至15日凌晨，市县气象局人工影响天气办公室在贡井、园子岔等乡镇联合实施人工增雨作业。

25日　县法院举行审判大楼开工奠基仪式。

27日　市国家税务局爱税教育基地在县国税局和平分局正式挂牌。这是全国第一家正式命名的“爱税教育基地”。

28日　宁夏回族自治区固原市原州、彭阳、西吉等6个县区的农业技术人员观摩学习榆中县旱地玉米双垄全膜覆盖集雨沟播栽培技术。

是日　19时至20时30分，城关、定远、三角城、马坡、韦营、清水驿等乡镇遭受特大暴雨和冰雹袭击。

30日　榆中县乡镇企业协会成立。

31日　利比亚国家外交、财政、农牧扶贫部门考察团考察省扶贫开发示范点定远镇安家营村集雨节灌、农业生产扶贫等情况。

6月

4日　国务院法制办副主任汪永清一行到夏官营中心小学、三角城中学就《义务教育法》修订进行专题调研。

8日　中国书画研究院副院长张敏钧一行到和平镇送文化下乡。

11日　清水驿乡柳树湾村蒋家圈社发生地面裂缝地质灾害。

12—13日　共青团榆中县第十六次代表大会召开。

13日　亚洲开发银行项目专家史迪文、罗伯特考察榆中“121”雨水集流工程和全国妇联中国妇女发展基金会“大地之爱·母亲水窖”项目。

27日　县委常委会议建议徐大武任中共榆中县委副书记、榆中县人民政府县长。

是月　榆中县投资400万元加固龛谷、高崖两水库。

是月　县委宣传部编印的《榆中宣传》正式发行。

7月

27日　世界银行贷款甘肃文化自然遗产保护项目识别团考察青城镇文化保护及旅游区开发项目。

8月

3日　省委常委、市委书记陈宝生调研榆中。

16日　国家信访局副局长卫金木一行调研榆中信访工作。

29日　《人民日报》副总编辑江绍高一行调研榆中。

9月

1日　县地税局报税服务大厅投入使用。

8日　青城民俗文化旅游节新闻发布会在兰州召开。

21日　国家信访局局长王学军一行调研榆中信访工作。

26日　恩玲中学学生公寓和图书实验楼落成剪彩，香港善源基金会董事长朱恩馀参加仪式。

是日 全国首条“电力高速”在榆中诞生，750千伏输变电示范工程建成投入运营。

10月

9日 省委常委、市委书记陈宝生调研榆中城市建设规划。

是日 山西寿阳农业考察团一行参观榆中县蔬菜保鲜库及无公害蔬菜种植基地。

16日 县广电局干部白宗忠创作的电影《向我看齐》开机拍摄。

22日 香港电影演员梁朝伟在榆中拍摄“大地之爱·母亲水窖”五周年续写行动宣传片，并为窦家岘村捐款修建40眼母亲水窖。

31日 榆中县农资协会成立。

11月

8日 县食品药品监督管理局成立。

12日 榆中县兴隆文化研究协会成立。

17日 县城环城西路及排水工程竣工验收会议召开。

18日 国家民委“嘉宝莉民族班”挂牌及助学金发放仪式在榆中县连搭乡麻家寺学校举行。

21日 金崖镇农贸市场一期工程竣工投入运营。

26日 省委常委、市委书记陈宝生，市长张津梁等调研榆中县经济建设工作。

12月

6日 国家农业部、卫生部等8个部门联合组成的“全国31个城市食品安全综合评价小组”到榆中县检查食品安全。

18日 兴隆山滑雪场开业庆典暨“全球通”首届兰州冰雪旅游节开幕。

20日 省委常委、市委书记陈宝生调研榆中基层组织建设。

2006年

1月

2—5日　县政协第六届委员会召开第四次会议。

3—5日　县第十五届人民代表大会召开第四次会议。

9日　县人民政府政务大厅投入运行。

2月

16日　榆中县被评为全市招商引资工作先进单位。

27日　县一中新校区举行开工仪式。

3月

7日　省委常委、市委书记陈宝生调研榆中县金崖镇保持共产党员先进性教育活动情况。

9日　和平镇举行“全国创建文明村镇工作先进村镇”揭牌仪式。

10日　国家出版总署计财司司长孙明一行调研榆中农村文化工作。

26日　国家人口和计划生育委员会调研组调研榆中独生子女和两女贫困家庭生产情况。

4月

7日　省长陆浩调研定远镇猪嘴岭村、来紫堡乡冯湾村新农村建设进展情况。

16日　中国残疾人福利基金会理事长江上舟一行检查榆中县第二次残疾人抽样调查情况。

19日　国际货币基金组织驻华首席代表瑞·布鲁克斯到榆中访问。

23日　兰州无公害蔬菜贮运加工集散中心在定远镇定远村奠基。

5月

13日　榆中县检察院办公大楼举行奠基仪式。

18日　榆中县首届“双拥杯”职工运动会在榆中师范学校开幕。

6月

10日　国家环保总局、省市环保局生态环境监察试点审核组现场验收审核县生态环境监察试点工作。

12—13日　共青团榆中县第十六次代表大会召开。

14日　新疆哈密地区党政考察团考察榆中县农业和新农村建设情况。

17日　国家农村计划生育奖励扶助制度试点评估项目课题组调研榆中县农村计划生育奖励扶助制度实施情况。

7月

7日　中央农业广播学校农民培训“三进村”活动暨农民“移动学习平台”启动仪式在定远镇猪嘴岭村举行。

13日　国家农业部调研榆中无公害蔬菜生产与销售。

15—16日　全省旱作农业现场会在榆中召开。

18日　国家新闻出版总署署长龙新民一行考察榆中“农家书屋”。

是日　农业部副部长牛盾调研榆中县和平镇祁家坡村无公害蔬菜标准化示范基地、定远镇蒋家营省级龙头企业——蒋氏农产品有限公司蔬菜市场。

27日　17—18时，贡井、韦营两乡部分村社遭受冰雹灾害。

28日　榆中县举行农业承包合同仲裁委员会仲裁庭揭牌暨开庭仪式，首次公开审理纠纷仲裁案件。

8月

4日　夏官营、金崖、青城、清水驿4个乡镇遭受冰雹和洪水灾害。

12日　中国国民党革命委员会榆中总支召开成立大会。

17日　兰州金川科技园举行国家镍钴新材料工程技术研究中心建设启动仪式。

21日　县工商局办公楼竣工。

24日　新疆巴里坤哈萨克族自治县考察团考察榆中县农村经济发展情况。

9月

1日　兰州东扩供水工程夏官营段通水。

7日　县农业节水日元贷款项目通过全市检查验收。

8日　县上举行凤凰教育基金会贫困生资助仪式。

10日　中国土地勘测规划院副院长谢俊奇调研榆中土地利用规划情况。

14日　全国重点文物保护单位明肃王墓保护管理开发利用研讨会在来紫堡乡黄家庄村召开。

25日　青海省海东地区党政考察团考察榆中招商引资、工农业发展及新农村建设情况。

26日　榆中县第一座人行天桥——栖云北路天桥建成使用。

27日　国土资源部副部长汪民调研榆中县基层国土资源管理所建设工作。

是月　县委党史办被中央党史研究室评为“全国党史系统先进集体”。

10月

18日　北京利通市政工程公司为榆中县上花中学捐款10万元用于新建学生宿舍。

22日　定远镇举行小城镇建设暨水（水岔沟）骆（骆驼巷）公路城区段道路工程奠基仪式。

24日　全国台湾联谊会会长梁国扬检查榆中全国台联援建学校建设与使用情况。

是日　榆中县文化市场发展协会成立。

28—30日　中国共产党榆中县第十四次代表大会召开。选举胥波为县委书记。

31日　县工商业联合会第十一次会员代表大会召开。

11月

2日 国家环保总局、监察部到榆中专项检查硅铁企业污染治理情况。

10日 银山乡中心卫生院举行综合办公楼落成典礼暨兰州市民营医院支援农村卫生捐款仪式。

12日 全国妇联副主席、书记处书记莫文秀等带领的完美“母亲水窖”6周年回访团回访金崖镇瓦子岘村“大地之爱·母亲水窖”项目。

12月

5日 县公安局治安大队成立。

是日 国家建设部节能增效专项调查组调查榆中供热节能、分户计量等节能措施实施情况。

9日 县四中举行太阳能教学楼、实验楼和学生公寓楼落成仪式。

15日 县公安局在健身广场举行警用车辆治安巡逻启动仪式。

21日 县第三人民医院金崖门诊部挂牌成立。

2007年

1月

3—5日 县政协第七届委员会召开第一次会议。选举黄宗利为县政协主席。

4—6日 县第十六届人民代表大会召开第一次会议。选举冯德三为县人大常委会主任，徐大武为县人民政府县长。

11日 省委常委、市委书记陈宝生和市长张津梁调研榆中基层组织建设及新农村建设工作。

是日 国家食品放心工程综合评价组检查榆中食品放心工程实施情况。

22日 榆中县举行首届“龙潮杯”秦腔大奖赛。

3月

2日 县委对中纪委、人事部、监察部授予“全国纪检监察系统先进集体”的县纪委（监察局）给予2万元奖励，对中央党史研究室授予“全国党史系统先进集体”的县委党史办给予1万元奖励。

14日 电视剧《老柿子树》在青城镇开拍。

是月 榆中县被兰州市委评为“全市党史工作先进县区”，县委党史办被市委评为“全市党史工作先进单位”。

4月

3日 县残疾人抽样调查办公室获“全国残疾人抽样调查先进集体”称号，县委常委、常务副县长、残疾人抽样调查领导小组组长郑元平获“全国残疾人抽样调查工作先进个人”称号。

16日 甘肃榆中农村合作银行召开成立大会暨第一届股东代表大会。

5月

20日 榆中县公开招考乡镇事业干部笔试在榆中师范学校进行。

6月

2日 团中央国际项目合作中心主任汤本渊到榆中检查中日青年小渊基金青城镇生态绿化项目实施情况。

25日 和平薇乐大道和732号道路建设工程开工。

是日 国家农业部新农村建设调研组调研定远镇猪嘴岭村、来紫堡乡冯湾村新农村建设工作。

28日 兰州市农村基层干部专修学校在榆中成立。

是日 榆中县人民法院举行迁址及升旗仪式。

7月

13日 12时55分至17时，清水驿、三角城、甘草店、金崖、银山、韦营等6个乡镇遭受冰雹、洪水、大风灾害，雹粒直径1~1.5厘米，持续时间10~20分钟。

17日　省委常委、市委书记陈宝生调研兰州商学院和平新校区。

19日　榆中县举行兴隆山“六月六”山会暨文化广场落成典礼。

26日　“兴隆之夏”锅庄舞大型篝火晚会在县体育中心田径场举行。

28日　21时30分，韦营乡的孙家岔、武家窑和中连川乡的鞑靼窑、中庄窠等村遭受冰雹、暴雨袭击。

31日　全国人大华侨委员会主任委员陈光毅调研榆中县经济社会发展情况。

8月

4日　国土资源部副部长、国家测绘局局长鹿心社调研榆中县国土资源管理情况。

9月

1日　全市农民书画交流展、农民摄影作品展、榆中历史文物陈列展、古建模型展在县文化中心开幕。

6—7日　全市双垄沟全膜覆盖栽培技术现场观摩会在榆中召开。

7—10日　第二届兰州农民艺术节在榆中县举行。

12日　恩玲中学举行建校十周年校庆暨恩玲餐饮中心落成仪式，香港善源基金会主席朱恩馀参加庆典。

20日　县人民检察院举行办公大楼落成暨乔迁庆典仪式。

23日　县体育中心举行全民健身馆开工奠基仪式。

10月

11日　县委宣传部、文体局举办的“歌颂党、歌颂榆中”大合唱在县城健身广场开幕。

11月

2日　凤凰教育基金会会长艾伦士考察榆中贫困学生家庭情况。

12月

2日　国务院扶贫办儿童贫困状况调研组到榆中调研。

10日　县残疾人联合会召开第四次代表大会。

23—24日　县总工会召开第十次代表大会。

2008年

1月

7—10日　县政协第七届委员会召开第二次会议。

8—11日　县第十六届人民代表大会召开第二次会议。

18日　悉尼歌剧院首席男高音——榆中籍歌手丁毅在金城大剧院举办个人音乐会。

3月

24日　“兴隆商贸城”暨鑫泉丽都项目举行开工典礼。

4月

3日　2008年青城民俗文化旅游节开幕。

27日　县地方志办在清水驿乡岘坪村邴登第家发现一块清代光绪十一年（1885）陕甘总督部堂颁发的“武魁”牌匾。

5月

4日　以“与青春同在，与奥运同行”为主题的“庆五四·迎奥运”中学生街舞比赛在县城健身广场举行。

7—8日　县妇女联合会召开第十三次代表大会。

15日　团县委、县工行、广电局等部门联合举行“抗震救灾、众志成城”捐助活动。

18日　榆中党建网暨全县农村党员干部现代远程教育网开通。

19日　14时28分，榆中县社会各界向四川汶川大地震遇难同胞致哀。

28日　中央电视台科教节目制作中心《齐民要术》纪录片摄制组到榆中采访。

29日　百事可乐项目经理、百事可乐基金会董事克莱尔一行到清水驿乡回访百事可乐基金会捐建的“母亲水窖”使用情况。

6月

3日　“和定城市一级主干道”举行开工仪式。

6日　县城城中村改造暨新农村建设试点项目——北关花园奠基仪式在城关镇北关村举行。

18日　全国玉米地膜覆盖免耕栽培技术交流与培训会代表观摩连搭乡石头沟示范种植基地玉米全膜双垄沟播栽培技术。

19日　榆中县南河公园工程动工。

7月

5日　县秦剧团举行流动舞台车剪彩仪式。

10日　以色列林业部专家约拉姆·古德林为榆中林业工作者讲授干旱造林技术。

15日　榆中县举办“全民健身与奥运同行”“迎奥运”系列活动。

是日　台湾县市农会考察团一行考察学习榆中农业种植技术。

8月

1日　县政协开通“民情热线”。

5日　全省乡村干部和科技示范带头人兰州培训班在榆中开班。

8日　榆中县举办“同一个世界，同一个梦想”庆奥运书画摄影作品展。

是日　兰州联合重工有限责任公司出城入园建设项目在定远镇奠基。

12日　全省全膜双垄沟播技术研讨会在榆中召开。

15日　全省基层农业技术推广体系改革与建设座谈会在榆中召开。

9月

1日　电影演员杨童舒到榆中资助贫困大学生。

是日　县2007年农村中央广播电视节目无线覆盖二期工程接受省市专家组验收。

3日　参加全国农田节水会议的国内农业专家、代表参观连搭乡石头沟、小康营樊家山两个千亩旱作农田节水技术示范点“双垄全膜覆盖集雨沟播栽培技术”试验。

14日　全省双垄沟播种技术现场会在连搭乡石头沟村召开。

是日　县食品药品安全委员会召开“三鹿婴幼儿奶粉事件”清查工作会议。

15日　“中医中药中国行”大篷车走进榆中义诊活动在和平镇中心卫生院举行。

16—18日　全县“迎国庆、纪念改革开放三十周年”文体活动在健身广场举行。

18日　农业部副部长危朝安一行考察榆中旱作农业。

20日　利比里亚全国主席查尔斯克拉克考察榆中集雨人饮工程。

23日　卫生部检查组到榆中检查“降消”项目实施情况。

10月

9日　夏官营镇经三路高校服务区项目正式启动。

11日　全省双垄沟播技术农机具演示现场会在连搭乡石头沟村召开。

13日　中央文明办负责人蒋希伟等检查和平镇创建全国文明村镇工作。

17日　北山中心敬老院举行竣工暨入住仪式。

是日　县理工职业学校举行落成典礼暨揭牌仪式。

19日　榆中县举行2008年公开招考医学类岗位人员笔试。

11月

4日　中国土地勘测规划院院长朱留华检查榆中耕地保护责任落实情况。

5日　市长张津梁调研大青山东部物流市场建设项目进展情况。

16日　新疆维吾尔自治区哈密地区党政考察团一行考察榆中设施农业、园区和新农村建设。

17日　榆中县城区生活垃圾卫生填埋场开工建设。

18日　榆中县召开2008年出租汽车有偿使用公开招、竞标大会，60辆出租汽车经营权竞拍成交。

26日　中央党史研究室副主任李忠杰检查指导榆中党史工作。

12月

12日　国家水利部调研组调研榆中大型泵站更新改造情况。

23—25日　县政协第七届委员会召开第三次会议。

24—26日　县第十六届人民代表大会召开第三次会议。

是年　榆中县启动村干部养老保险工作，有791名村干部参加养老保险。

2009年

1月

5日　榆中县成功创建国家食品安全示范县。

2月

24日　国家扶贫办发展中心主任助理武永东调研榆中扶贫开发工作。

3月

3日　县委、县政府在小康营乡举行榆中县第一届桃花节。

4月

3日　2009青城古镇民俗文化旅游节开幕。

7日　县上召开兰渝铁路征地拆迁工作动员会。

15日　国家住房和城乡建设部、发改委、财政部、民政部、农业部5部委组成的联合调研组调研榆中县农村危房改造工作。

25日　国家土地督察西安局第一督察组督察榆中县土地开发、土地项目建设工作。

28日　中央扩大内需新增项目专项督察组专项督察榆中县夏官营镇污水处理厂、农村饮水安全建设项目。

是日　银山乡旋马滩、小水子、斜路屲3个行政村突发群体性食物中毒事件，兰州市和榆中县紧急抽调40多名医护人员开展医疗救治。

5月

1日　榆中县县乡（县直）信息化密码通讯系统工程开通使用。

8日　“榆中高原夏菜生产技术推广及产业开发”项目通过省级专家验收。

11日　美籍华人资助榆中贫困生“王冠川珍珠班”签约仪式在县一中举行。

19日　教育部调研组调研榆中义务教育阶段学校布局调整工作。

22日　县委办、政府办印发《榆中县机关干部作风建设问责办法》。

6月

2日　榆中县首期新闻发言人培训班开班。

3日　兰州农副产品物流中心开工奠基仪式在大青山举行。

6日　青城镇举行纬一路红岘沟大桥奠基仪式。

16日　县兴隆商贸步行街开工奠基。

26日　国家质检总局局长、党组书记王勇检查指导榆中质量技术监督工作。

7月

6日　榆中县举办体育馆落成典礼暨军地篮球联谊赛开幕仪式。

9日　县委、县政府在一悟小学举行纪念张一悟115周年诞辰暨张一悟纪念馆开馆、故居开放和铜像揭彩仪式。

4—5日　共青团榆中县委召开第十七次代表大会。

28日　县兽医局、畜牧水产技术服务中心、农村能源办公室、动物卫生监督所、动物疫病预防控制中心等单位揭牌成立。

30日　甘草水泥集团举行日产2500吨新型干法水泥熟料生产线项目开工奠基仪式。

31日　夏官营污水处理工程开工奠基。

9月

1日　榆中县首届民俗文化节在新营乡沿川湖畔开幕。

20日　世界银行贷款甘肃自然文化遗产保护与开发项目青城景区道路工程举行开工奠基仪式。

10月

7日　由县委党史办与省电视台文化频道联合拍摄的4集电视专题片《张一悟》在甘肃电视台播出。

11月

11日　青城黄河大桥工程开工奠基。

19日　甘肃金山集团双120型混凝土生产基地在来紫堡乡桑园子村建成投产。

12月

2日　兰州东城区城市Ⅰ级主干道——和平至定远段建成通车。

13日　榆中县被确定为国家首批新型农村社会养老保险试点县。

2010年

1月

6—8日　县政协第七届委员会召开第四次会议。

7—9日　县第十六届人民代表大会召开第四次会议。

7日　榆中县首届十大道德模范颁奖仪式在县体育馆举行。

8日　国务院新农保督察组检查榆中新型农村社会养老保险试点工作。

13日　县引洮工程受益区工程建设领导小组及工程项目部成立。

16日　国家发改委调研组调研榆中金川科技园和高原夏菜集散中心——亨通蔬菜保鲜库。

19日　县委、县政府在小康营乡举行榆中县第二届桃花节。

2月

3日　全省首批新农保养老金发放仪式在来紫堡乡黄家庄村举行。

是日　2010年农民春节文艺晚会在县广电局演播大厅上演。

4月

7日　陇鑫大酒店暨榆中会展中心开工奠基。

8日　三电西干一泵站改建工程完工正式通水。

9—10日　驻兰部队派出50多辆送水车为北山地区学校送水。

20—26日　县上组织“魅力榆中”旅游推介团赴银川、武威、张掖、金昌等市进行旅游推介活动。

21日　县委、县政府举行为青海玉树地震灾区捐款活动，县委部门、县直单位近700名机关干部捐款10.52万元。

29日　县上召开首届“政银企”合作洽谈会。

5月

10日　县委追授小康营乡洪亮营村党支部书记洪玉线“一心为民好支书”称号。

14日　榆中综合市场建设项目开工奠基。

18日　县农电局首座35千伏变电站投入运营。

21日　团中央书记处书记汪鸿雁调研榆中基层团组织建设工作。

是日　前往兰州参加全市中小学篮球比赛的榆中县文成小学学生乘坐的车辆在城关区桃树坪遭遇重大车祸，致5名学生身亡。

6月

3日　甘肃省老年基金会“情暖特困老人救助工程”在连搭乡中心敬老院启动。

是日　兰州市少儿图书馆举行榆中分馆授牌仪式。

4日　清水驿、小康营、三角城、和平、定远、中连川6个乡镇27个村遭受暴雨、冰雹灾害。

22日　斯里兰卡公共与内政部副部长迪兰·佩雷拉带领执政联盟干部

考察团考察榆中县旱作农业。

23日　国家农业部、农机推广中心及陕、甘、宁、晋四省（区）联合调研组调研榆中县旱作农业示范推广工作。

7月

5日　榆中县西部农村饮水安全工程建设项目部成立。

8日　榆中县小额贷款信用担保中心成立。

14日　县上举行餐饮环节食品安全监督信息公示牌发放仪式。

15日　柬埔寨人民党中央宣传教育委员会副主席盖本兴率领人民党青年干部考察团参观考察榆中县。

17日　“一千元改变命运”慈善盛典“幸福工程——救助贫困母亲行动”项目点落户榆中县。

是日　国家发展和改革委员会危旧房改造项目稽查组检查榆中县农村危旧房改造工作。

19日　全省双垄沟播玉米田间管理暨高产创建工作座谈会在榆中县召开。

8月

7日　榆中县遭遇特大暴雨和冰雹袭击。

8日　三角城乡、金崖镇遭受暴雨洪水袭击。

11日　国道312线2179千米+700米处发生车祸，致6人死亡。

27日　县人力资源和社会保障局挂牌成立。

31日　甘肃省农村青年创业小额贷款项目在三角城乡高墩营村启动。

9月

2日　县委党史办、团县委组织清水中学的学生到清水驿乡清水村为抗日烈士唐谦祭扫陵墓。

10月

10日　全国政协委员、全国台联副会长史茂林一行到榆中县开展捐资助学活动。

11日 第四届兴隆山金秋红叶旅游节在兴隆山文化广场开幕。

17日 国家宗教局培训中心主任丛国庆考察榆中宗教场所。

18日 县“建设杯”运动会开幕式暨文艺晚会在县城健身广场举行。

23日 “兰州卡特兰·榆中青少年艺术培训基地”揭牌仪式在县青少年活动中心举行。

25日 香港善源基金会主席朱恩馀参加恩玲中学博雅楼落成剪彩仪式。

是月 县工业和商务局正式组建并揭牌。

11月

17日 县城南关桥改建工程正式竣工通车。

18日 县劳动争议与医疗纠纷人民调解委员会、县人民法院劳动争议与医疗事故巡回法庭揭牌成立。

29日 国家水利部调研组调研榆中县水利工作。

是月 县中心敬老院和北山中心敬老院被省民政厅授予全省“示范敬老院”称号。

12月

7日 国家气象局局长郑国光一行调研榆中县清水驿乡防雹炮点、国家基准气候站运行情况。

13—15日 县政协第七届委员会召开第五次会议。

14—16日 县第十六届人民代表大会召开第五次会议。

31日 榆中县51户城镇低收入家庭入住首批廉租房。

是月 兰州市气象灾害防御工程落户和平镇。

第一篇　建置区划

第一章 政 区

第一节 位 置

榆中县位于东经103°49′15″~104°34′40″，北纬35°34′20″~36°26′30″。地处甘肃省中部、省会兰州东郊，东接定西市安定区和白银市会宁县、靖远县，西靠城关区、七里河区，南与临洮县毗邻，北与皋兰县、白银市白银区、靖远县相望。县人民政府驻城关镇，距省会兰州市38千米。

第二节 建 置

榆中上古时为羌、戎住地，后被匈奴占据。秦始皇三十三年（前214），置榆中县，隶属陇西郡。秦汉之际，复被匈奴攻占。汉武帝元朔二年（前127）复置榆中县，隶属陇西郡。元狩二年（前121），置勇士县，辖榆中苑川河东北部。后榆中、勇士二县改属天水郡。汉昭帝始元六年（前81），设金城郡，榆中县改属金城郡，勇士县仍属天水郡。汉明帝

图 1-1-1　西秦都城遗址

永平十七年（74），改天水郡为汉阳郡，辖勇士县，榆中县仍属金城郡。灵帝中平元年（184），勇士县北部被羌胡占据。三国时（220—265），榆中县为曹魏政权金城郡属县。

晋穆帝永和十一年（355），榆中县被前凉李俨所占。孝武帝太元元年（376），前秦灭前凉，榆中属前秦。太元十年（385）鲜卑族乞伏国仁在苑川筑勇士城，建立西秦，置苑川等12郡，榆中县隶属苑川郡。

北魏太武帝太延五年（439）废县，设榆中镇。孝明帝正光五年（524）废榆中镇，恢复榆中县，隶属金城郡。北周废榆中县，其地并入子城县，仍属金城郡。

隋文帝开皇元年（581）置兰州，领金城郡，金城郡领子城县。文帝开皇三年（583），实行州县两级行政建置，兰州领子城等4县，治所在子城县。隋大业三年（607），改兰州为金城郡，将子城县改为金城县。唐武德元年（618），金城郡改为兰州，废金城县，其地并入五泉县，属兰州。高宗咸亨二年（671），五泉县改为金城县。玄宗天宝元年（742），又改为五泉县。代宗宝应元年（762），榆中全境陷于吐蕃。

宋仁宗景祐三年（1036），西夏赵元昊攻占榆中地，据吐蕃康古城。庆历三年（1043），赵元昊改康古城为龛谷城。神宗元丰四年（1081），宋熙河路经略使李宪率部攻克西夏龛谷城，改城为寨。元祐七年（1092），废龛谷寨，庆州知府穆衍筑定远城。绍圣三年（1096）复修龛谷寨为堡。崇宁三年（1104），今榆中县西部部分地区属兰州兰泉县。绍兴元年（1131），金人攻占榆中全境。

金世宗大定二十二年（1182），升龛谷堡、定远城为县，属会州。哀宗正大年间置金州，辖龛谷、定远二县，州治在龛谷。正大四年（1227），为蒙古人所攻取。元世祖至元七年（1270），龛谷、定远二县入金州。金州成为不领县的州，改属陕西行中书省管辖。

明太祖洪武二年（1369），降金州为金县，治所移至今城关镇，属临洮府。宪宗成化四年（1468），改属兰州。

清初，金县改属临洮府。清乾隆三年（1738）划归兰州府。

图1-1-2　咸宁门楼

民国二年（1913），金县属兰山道。民国八年（1919）八月，因与奉天（今辽宁）金县同名，改为金城县，十月恢复榆中县。民国十六年（1927），榆中县属兰山区。民国十七年（1928），榆中县直隶于甘肃省。民国二十五年（1936）五月，隶属第一行政督察专员公署。民国三十年（1941）八月，直隶于省政府。民国三十三年（1944）十二月，隶属第九行政督察专员公署。

1949年8月，榆中县隶属会宁专员公署。9月，改属定西专员公署。1970年4月，划归兰州市管辖，至2010年仍为兰州市榆中县。

第三节　区　划

1991年，榆中县辖城关、高崖、夏官营3个镇，金崖、青城、甘草店、来紫堡、三角城、清水驿、和平、兰山、小康营、马坡、上庄、定远、龙泉、新营、银山、连搭、上花岔、梁坪、贡井、中连川、韦营、园子岔、哈岘、鲁家沟、垲坪25个乡，269个行政村，1607个村民小组，3个居民委员会。

1998年12月，甘草店、和平、金崖3个乡改设为镇。

2000年3月，撤销鲁家沟乡。将郝家湾村整体划归夏官营镇，佐堤村的哈家窑、白条湾村民小组划归夏官营镇，佐堤村其他村民小组划归贡井乡，鲁家沟村、崖头岭村整体划入贡井乡。同时，将哈家窑、白条湾村民小组并入郝家湾村。崖头岭村的细腰湾、周家岘村民小组并入新成立的佐堤村；鲁家沟村并入新成立的崖头岭村。至此，全县辖268个行政村。

2002年7月，定远乡改设为镇。同年12月，榆中县成立兴隆路、栖云北路、一悟路、文成路4个社区。

2003年1月，青城撤乡设镇。

2004年3月，撤销梁坪、垲坪、兰山、上庄4个乡，将梁坪乡的大涝池、大耳朵、瓦子岘3个村划归金崖镇，宣家岔村划归哈岘乡，套岔岘村划归贡井乡；将垲坪乡整体并入中连川乡；将兰山乡整体并入和平镇；将上庄乡整体并入马坡乡。

2010年，全县辖城关、夏官营、高崖、金崖、和平、青城、甘草店、定远8个镇，连搭、来紫堡、三角城、小康营、清水驿、贡井、哈岘、上花岔、韦营、中连川、园子岔、马坡、银山、龙泉、新营15个乡，4个社区，268个行政村，1617个村民小组。

第二章　乡　镇

第一节　镇

一、城关镇

（一）位置境域

城关镇位于东经103°59′20″~104°09′31″，北纬35°45′40″~35°52′56″，地处榆中县中南部，东邻小康营乡，西南与马坡乡接壤，西北和连搭乡交接，东北与三角城乡相连。镇政府驻地北关村，距兰州市38千米。辖区面积89.2平方千米，东西最大距离12千米，南北最大距离11千米。

（二）建置沿革

清道光二十年（1842）至民国十五年（1926）属金川里。民国二十三年（1934）设栖云镇。1949年8月，设城关、三堡、峡口等乡属栖云区。1955年，撤区并乡设立城关乡。1958年9月，设立城关大队。1961年7月，设城关人民公社。1983年5月，改为城关镇。2010年，辖城关、北关、南关、下汉、东湾、金家圈、大营、李家庄、分豁岔、上蒲家、朱家湾、兴隆山、南坡湾、杨家庄14个行政村，97个村民小组，栖云北路、兴隆路、一悟路、文成路4个社区居委会，29个居民小组。辖区人口5.75万人，其中城镇常住人口3.15万人，城镇化率54.8%。

（三）地貌与气候

境内为陇中黄土高原侵蚀、冲积形成的山川地貌。西南部兴隆山是突出于黄土高原之上的石质山地，最高点海拔3250米，东北部属于切割破碎的黄土地貌，水土流失严重。平均海拔1970米，整个地势由西南、东南、东北三面向西北倾斜。年均日照时数2665.9小时，年均气温6.6℃，1月平均气温-7.8℃，7月平均气温18.7℃。年均降雨量450毫米，年均蒸发量1450.1毫米。全年无霜期138天。境内有生长于兴隆山的马麝，为国家一级重点保护动物。

（四）经济状况

2010年，城关镇有耕地3.66万亩，其中水浇地1.96万亩。农业产值1.27亿元，农民人均年纯收入3840元。粮食播种面积3.45万亩，产量1.02万吨。蔬菜产量3.78万吨，水果产量221吨。养殖奶牛1066头，舍饲养羊6169只，养猪1.14万头，上市肉禽2.5万只。拥有工业企业436个，从业人员4600人，工业产值8996.1万元。商业网点1000个，从业人员4000人，销售额6000万元。

（五）文教卫生

境内有文物点16处，其中新石器时代遗址6处：分豁岔遗址、陶家窑遗址、麻家沟遗址、卧牛山遗址、地椒沟遗址、刘家桥遗址；明代遗址2处：东湾烽燧、榆中县城旧址；古墓葬3处：唐代石棺墓、宋金朱家湾砖雕墓、清代刘一明墓；清代建筑1处：兴隆山握桥；近现代文物4处：兴隆山烈士陵园、张一悟墓、张一悟故居、蒋公楼。省级文物保护单位有兴隆山握桥；县级文物保护单位有分豁岔遗址、朱家湾砖雕墓、烈士陵园、张一悟墓、张一悟故居、蒋公楼等。2010年，镇内有民间文化艺术团体4个，文化站1个，农家书屋14个，藏书3万册，建成5个村民文化健身广场，文化行业从业人员1200人。全镇有小学9所，学生788人，教职工111名；标准化村卫生所14个，医务人员14人，护士12人；参加新型农村合作医疗2.4万人，参合率95.42%；学校体育场地9处，健身活动广场5个，安装健身器材的村有5个；全镇开通“村村通”广播电视工程，能收看50多个频道的54套节目，电视综合覆盖率100%。

（六）社会保障

2010年，全镇有城镇低保户1378户3368人；农村低保户693户2212

人；农村五保户分散供养89人，支出16.02万元；全年大病救助116人次，总计27.51万元；为14人发放高龄补贴1.54万元；为205户低收入家庭落实廉租住房8000平方米，发放廉租住房补贴148户16万元。

（七）交通通信

镇内交通便利，省道101线、县道石新公路纵横交错，距陇海铁路线12千米，距G310高速公路入口6千米。2010年，全镇有邮政网点1个；固定电话2.01万部，移动电话2.41万部，互联网用户1250户。

（八）镇区建设

2010年，全镇有街道8条，长42千米；镇区有自来水厂1座，铺设干线水管48千米，居民自来水普及率95.8%；垃圾箱64个，垃圾集中清理车辆7辆，环卫工人93人。

二、和平镇

（一）位置境域

和平镇位于东经103°52′00″~104°00′31″，北纬35°50′16″~36°02′11″，地处榆中县西北部，东邻定远镇，南接马坡、银山乡，西连兰州市七里河区、城关区，北靠来紫堡乡。镇政府驻和平大道66号，距县城34千米，距兰州市6千米。辖区面积132平方千米，东西最大距离10千米，南北最大距离20千米。

（二）建置沿革

清乾隆三年（1738）至民国时期，和平镇属皋兰县。1950年1月，设皋兰县和平、兰山、沈家河、祁家坡、菜籽山、方家泉、大池泉、古城8个乡；1956年合并为和平、兰山2个乡。1958年3月，和平、兰山划归榆中县。同年12月，和平划归兰州市东岗区，成立和平人民公社；兰山划归兰州市阿干区，成立兰山人民公社。1963年1月，和平人民公社划归榆中县。1964年6月，兰山人民公社划归榆中县。1983年5月，撤销人民公社，恢复原和平乡、兰山乡建置。1998年12月，和平撤乡建镇。2004年3月，兰山整乡并入和平镇。2010年，辖和平、袁家营、沈家河、祁家坡、高营、菜籽山、范家营、马家山、窦家山、路口、邵家泉、直沟门、陈家庄13个行政村，68个村民小组。辖区人口3.29万人，其中城镇常住人口3813人，城镇化率11.57%。

（三）地貌与气候

镇内地势由南向北倾斜，东南、西南较高，中间较低，呈一半环形盆地，南部为马衔山林区，中部和北部属马衔山山前冲积、洪积形成的川地丘陵地带，面积较为平坦。海拔1744米（和平）至3251米（烟末岔）。年太阳总辐射量130.29千卡/平方厘米，有效辐射量为68%。年日照时数2767.8小时。年均气温7.7℃，1月平均气温-7.4℃，7月平均气温20.3℃，无霜期125天。年均降雨量400毫米。

（四）经济开发区建设

1992年12月，成立和平经济开发区。1993年12月，县城乡建设环境保护局完成《和平发展区总体规划》（1994—2014年），1994年《榆中县和平发展区总体规划方案》由市政府通过。1995年11月，和平乡被省体改委等11个委、厅、局联合批准为全省小城镇综合改革试点镇。1996年12月，国家农业部批准和平乡镇企业示范区为“全国乡镇企业东西合作示范区”。1998年，和平镇被确定为省级小城镇综合改革试点镇。2004年3月，被农业部确定为“无公害蔬菜生产示范基地”，同年4月被建设部等五部委确定为“全国城镇建设重点镇”，被国家发改委等部门列为全国200个发展改革试点镇之一。2010年，镇内拥有企业85家，其中高新技术企业2家，从业人员1630人，工业增加值4.52亿元。商业网点468个，从业人员1200人，社会商品销售总额1.96亿元。较大规模的企业有兰州同健生物科技有限公司，1992年入驻和平镇，1996—1997年，研制开发的酪元酸钠填补国内空白，被列为国家级“火炬计划”项目；兰州金川科技有限公司，2002年成立，是金川集团的全资子公司；兰州方圆建化有限责任公司，始建于1987年，是一家集生产、储存、销售、运输为一体的化工生产企业；兰州腾龙电信器材有限公司，2002年在和平投资建厂，主导产品为通信器材、五类线、电话线、钢绞线、线路金具、油杆等；甘肃陇神戎发药业股份有限公司，2002年成立，是一家集新药研发、中药材加工和生产经营为一体的企业；甘肃亚兰药业有限公司，成立于2003年4月，是国家唯一指定的药用罂粟壳的收购、加工单位，此外主要生产经营中药材、中药材饮片、中药材提取、原料药及中药材制剂等产品；兰州宏祥电力技术开发有限责任公司，是一家集电力科技产品的科研、开发、生产、销售为一体的企业，产品三大类，16个系列、120种；兰州和平自来水有限公司，成立于2000年11月，设计供水量5000立方米/日，年供水182.5万立方米，承担着和平镇3万多人的供水任务。

1991—2010年，和平镇获得多项荣誉称号。2004年3月，被中共甘肃省委、省政府、省军区授予“全省拥军优属工作”先进单位。同年4月，被评为“全省小城镇建设先进镇”。7月，被甘肃省建设厅授予“全省村镇建设先进镇”。2009年1月，被中央精神文明建设指导委员会评为“全国文明村镇”。

（五）经济状况

2010年，和平镇有耕地3.6万亩，其中水浇地1.54万亩。农业产值8440万元，农民人均年纯收入3771元。农作物有小麦、玉米、蚕豆、马铃薯等，经济作物有蔬菜、药材、花卉等。沈家河村、祁家坡村建成蔬菜新品种试验示范基地，范家营村建成“黑美人”马铃薯种植基地。全年种植粮食作物2.56万亩，产量6440吨。种植经济作物1.4万亩，其中大棚蔬菜200亩，产量400吨，收入600万元；大田蔬菜1.2万亩，产量2.4万吨，收入4800万元；种植药材500亩，产量108吨，收入1000万元；种植瓜果900亩，产量900吨，收入2700万元。全镇有大牲畜2175头，鸡存栏1万只，羊存栏4501只，猪存栏4038头。

（六）文教卫生

境内有文物点16 处，其中新石器时代遗址9处：沈家河遗址、党家山遗址、大池泉遗址、高营遗址、九条路口遗址、梁家山遗址、邵家泉遗址、阳屲遗址、庙顶遗址；古墓葬5处：大池泉汉墓群、靳家庄汉墓群、靳家庄汉墓葬、汉代荒凉谷堆墓、魏晋时范家营瓮棺墓；明清石碑2处：肃府官滩四至碑、党家山石碑。旅游景点有官滩沟、牡丹园、云雾山、苏家花园、柳沟店堡、石源山庄等。2010年，镇内有镇综合文化站1处，村文化活动室13个，农家书屋13个，藏书1.7万册；有沈家河、菜籽山、路口、袁家营4个村健身广场；特色文化活动有马家山太符灯舞、兰山鼓子。小学11所，学生2119人，专任教师148人；中学2所，学生1050人，专任教师94人。辖区内现有国家级研究院1所（金川公司镍钴研究院）；省级研究院1所（甘肃陇神药物研究院）。投入科技研发创新活动经费3500万元。被国家授权的专利13项。承担国家级重大科研课题2项，省级科研课题3项。医院1所，村卫生室13所，个体诊所7个。农村安全饮用水普及率100%，农村卫生厕所普及率4%，新型农村合作医疗参合人数2.7万人，参合率96.12%。

镇内开展武术、篮球、田径、乒乓球、象棋等体育活动，有学校体育场地13处，85%的村安装健身器材。全面建成“村村通”广播电视工程，能收看到50多个频道的54套节目，电视综合覆盖率100%。和平镇是驻榆院校的聚居区，镇内有兰州商学院、兰州外语职业学院、兰州商学院陇桥学院、兰州交大博文学院、甘肃省水利水电学校和陇大国际学校。

（七）社会保障

2010年，全镇有城镇低保户18户27人，支出5.34万元；农村低保户754户2286人，支出172万元；农村五保户集中供养1人，支出2200元；农村五保户分散供养41人，支出9.02万元；农村医疗救助1508人次，民政部门资助参加合作医疗96人次；农村临时救助3人次，支出1.5万元；国家抚恤、补助优抚对象87人，支出28万元；新增就业人员12人。

（八）交通通信

连霍高速公路、312、309国道、兰02省道等穿境而过，区内形成由国道312线、薇乐大道、和平大道、金川大道主干道构成的交通运输网络。邮政网点1个，投递点3个。

三、定远镇

（一）位置境域

定远镇位于东经103°56′24″~104°02′49″，北纬35°51′28″~36°00′09″。

地处榆中县西部，东接连搭乡，南以马衔山为界与临洮县毗邻，西接和平镇，北接来紫堡乡。镇政府驻定远村，距县城19千米，距兰州市22千米。辖区面积68平方千米，东西最大距离7千米，南北最大距离18千米。国道312线、309线、连霍高速公路和水骆公路形成“井”字形格局，交通便利，信息畅通，水电充足，区位和资源优势明显，是市区东扩的重要连接点，是甘肃省“西菜东调”“北菜南运”的集散地和蔬菜物流中心。

（二）建置沿革

金哀宗正大元年（1224）以定远城置定远县。定远地处交通要道，曾置驿站。清宣宗道光二十二年（1842）至民国十五年（1926），定远镇属丰和里，部分村庄属皋兰县瓯脱地。民国二十三年（1934），设定远乡。1949年8月，设立皋兰县定远区政府。1958年3月，划归榆中县。1961年成立定远人民公社。1983年，恢复定远乡。2002年7月，撤乡设镇。2010年，辖定远、张老营、蒋家营、猪嘴岭、董家湾、歇驾嘴、安家营、邓家营、水岔沟、陈家沟、矿湾、转嘴子12个行政村，46个村民小组。辖区人口1.88万人，其中城镇常住人口830人，城镇化率4.41%。

（三）地貌、气候与矿藏

镇内地势西南高，东北低。正西水岔沟、矿湾、邓家营、陈家沟、安家营为丘陵山区，正南转嘴子为石质高密山区，中下部定远、歇驾嘴、董家湾、张老营、蒋家营、猪嘴岭为川塬区。年均降雨量400毫米，年均气温7.5℃，1月平均气温-7.5℃，7月平均气温20℃，年日照时数2669小时，日照率为60.01%，无霜期159天。境内探明矿藏有煤、中碎屑岩。煤贮藏量2084.3万吨，中碎屑岩储藏量3.2亿吨。煤矿位于水岔沟村，矿区面积53平方千米，年产量9万吨。

（四）经济状况

2010年，定远镇有耕地4.3万亩，其中水浇地1.59万亩。农业产值1.26亿元，农民人均年纯收入4130元。粮食作物有玉米、蚕豆、马铃薯等，经济作物有蔬菜、鲜切花卉等。种植粮食作物1.52万亩，产量 3663吨。种植鲜切花卉0.08万亩，产量800万枝；蔬菜2.2万亩，产量5.4万吨。全镇蔬菜保鲜库14家，一次性库容7.5万吨，其中较大的菜库有蒋氏和瑞泰。蔬菜收购辐射兰州、定西、白银、张掖、武威、天水、陇西、平凉等省内地区及宁夏、青海等外省区，产品远销日本、马来西亚等东南亚国家及中国香港、澳门等地区和东南沿海13个省的50多个批发市场。农业科技示范园有定远村盆景示范园、兰州百花园艺示范园、玉泉现代农业示范园。全镇饲养大牲畜676头、猪5497头、羊3660只、家禽5500只。镇内拥有工业企业33个，其中较大的企业有汉毯居工艺挂毯厂、雨中情防水材料厂、富源自来水有限责任公司、博天彩板厂等。商业网点360个，个体住宿饮食业134个，从业人员4500人。

（五）文教卫生

境内有文物点7处。其中新石器时期遗址3处：定远遗址、水岔沟遗址、转嘴子遗址；明代遗址1处：葛家湾烽燧；汉代墓葬1处：定远汉墓群；明清古建筑2处：安家营双神庙、龙泉寺。2010年，镇内有文化站1个；农家书屋11个，藏书5万册，文化行业从业人员13人。幼儿园2所，在园幼儿450人，教师16人；小学10所，学生1233人，教师105人；中等职业学校1所，学生1300人。村卫生室12所，个体诊所4个。中心卫生院实施国家基本药物制度，实行基本药物零差率销售；城乡居民规范化电子健康档案建档率80%。新型农村合作医疗参合1.6万人，参合率95.7%；农村安全饮用水普及率32.1%。有线电视覆盖率99.6%。

（六）社会保障

2010年，全镇有城镇低保户8户8人，支出1.76万元。农村低保户478户1583人，支出123.47万元。农村五保户集中供养8人，支出1.76万元；农村五保户分散供养90人，支出19.8万元。农村医疗救助97人次，民政部门资助参加合作医疗1583人次，支出58.23万元。农村临时救助11人次，支出3.2万元。国家抚恤、补助优抚对象22人，支出8万元。救灾支出19.62万元。

（七）交通通信

连霍高速公路过境，境内长10千米，有出口；国道312线 、309线过境，境内长均为10千米；县乡级公路4条，总长26千米。2010年，完成客运17.5万人，货运80万吨。移动用户7500户，联通用户1000户。邮政网点1个，投递点12个。

（八）镇区建设

2010年，镇区规划面积36万平方千米，建城区4平方千米，城区常住人口4800人。镇区有街道4条，总长10千米。自来水厂1座，铺设干线水管30千米，生产能力4000吨/月，年工业用水3万吨，生活用水2万吨；排水管道10千米。供电站1座，负责供应定远、连搭、金崖、来紫堡的用电。

四、金崖镇

（一）位置境域

金崖镇位于东经104°14′25″~104°22′54″，北纬35°56′42″~36°03′53″。地处榆中川西部。东邻贡井乡，南接定远镇、连搭乡、夏官营镇，西依来紫堡乡，北靠哈岘乡。镇政府驻金崖村，距兰州市16.7千米，距县城20千米。辖区面积 260.85平方千米，东西最大距离10千米，南北最大距离26千米。金崖镇历史悠久，保留下来的文物古迹众多，2010年，被住房和城乡建设部命名为“中国历史文化名镇”。

（二）建置沿革

清宣宗道光二十二年（1842）至民国十五年（1926），金崖一带属广积里，部分村庄属皋兰县瓯脱地。民国二十五年（1936年），设金崖镇，辖10保、84甲。民国三十年（1941），皋兰县瓯脱地划归榆中县。1949年8月，废除保甲制，设金崖区，辖岳家巷、金崖、邴家湾、什川、接官亭、黄家庄、来紫堡、火家店8个乡。1958年2月，将皋兰县的齐家坪、陆家崖、敬家坪、龙儿沟、张家湾、窦家营村划归金崖乡。同年4月，撤区设金崖乡。1961年7月，改为金崖人民公社。1983年5月，恢复为金崖乡。1998年12月，金崖撤乡设镇。2004年3月，将梁坪乡的大涝池、大耳朵、瓦子岘3个村划归金崖镇。2010年，金崖镇辖金家崖、窦家岘、寺隆沟、邴家湾、永丰、古城、梁家湾、齐家坪、陆家崖、张家湾、窦家营、大耳朵、瓦子岘、大涝池14个行政村，79个村民小组。辖区人口2.58万人，城镇常住人口1122人，城镇化率4.35%。

（三）地貌、气候与矿藏

镇内地势东北高西南低，由北部山区和南部苑川河谷区组成，最高处位于北部山区的瓦子岘村大疙瘩，海拔2321米；最低处位于寺隆沟村苑川河床，海拔1500米。北部山区是典型的黄土高原丘陵沟壑区，海拔1750~2321米。南部苑川河谷区地势平坦。气候属中温带半干旱大陆性季风气候。年太阳辐射量130.52千卡/平方厘米，年日照时数2665.9小时。年均气温8.4℃，1月平均气温-7.1℃，7月平均气温21.3℃。年均降水量350毫米，蒸发量1368.3毫米，平均无霜期169天。苑川河为流经境内最大河流。季节性河流有巴石沟、寺儿沟、鸦儿沟、陆家河、窦家沟等，流入苑川河。麋鹿沟流经瓦子岘村，经青城镇入黄河。岳家沟流经梁家湾村，张家沟流经古城村，入苑川河。镇内巴石沟花岗岩藏量丰富，寺儿沟、岗岔岘粗砂、绵砂藏量多，可为建筑行业提供砂石原料。

（四）经济状况

金崖镇苑川河谷土地平坦肥沃，水资源丰富，农耕历史悠久。隋唐时期，苑川河两岸栽种水稻。清代引种绿烟，烟业栽培加工兴盛300多年，其产品“兰州水烟”远销东南沿海诸省，以高品质享誉全国，成为地方一大优势品牌产业。20世纪90年代，调整种植结构，逐年减少粮食作物播种面积，镇内川水区扩大蔬菜种植面积，逐步成为全县重要的蔬菜、林果、烟叶生产基地及奶牛、鸡、鸭、鱼养殖基地。2010年，金崖镇有耕地4.19万亩，水浇地1.95万亩。农业总产值7833万元，农民人均年纯收入4129元。建成标准化无公害蔬菜生产基地1.23万亩，生产优质芹菜、西兰花3.5万吨。全镇养奶牛621头、驴418头、猪2176头、羊8100只、鸡7005只、特种禽4000只。

20世纪80年代中期，有以造纸、水烟加工为主的工业企业18家，从业人数2327人；90年代中后期乡镇企业发展到化工、建材、造纸、食品、养殖、塑料等十多个行业80余种产品，主要产品有包装纸、箱板纸、卫生纸，油毡原纸、油光纸、书写纸、油毡、农膜、塑料编织袋、泡花碱、食用植物油等。2000年后，金崖镇被确定为省、市、县小城镇改革试点镇与县列非公有制经济园区。2005年引进国有企业酒钢集团兰州长虹焊接材料有限责任公司。2010年镇内有工业企业43家，省二级企业3家，省内优质产品4个系列6个品种，企业从业人员5500人，其中年产值5000万以上的3家，产值1000万元以上的5家，500万元以上的11家。非公经济产值11.9亿元，非公经济工业产值8.12亿元，固定资产投资1.03亿元。商业网点448个，社会商品销售额1.83亿元。

（五）文教卫生

境内有文物点68处。其中新石器时代遗址3处：大涝池遗址、獾猪岔遗址、敬家坪遗址；明代遗址2处：卧龙川烽燧、金崖烽燧；古墓葬2处：敬家坪汉墓群、寺龙沟明墓；清代古建筑61处：永丰村金氏家祠、周家祠堂、郑家祠堂、黄家祠堂、谈氏家祠、张氏家祠、金崖村金氏家祠、水烟手工作坊、金崖驿站、三圣殿、白马庙、雷祖庙及49处古民居。镇内传统民间文化活动有社火、秧歌、秦腔、眉户等，民间艺术有民歌、音乐、书画、剪纸、刺绣、雕塑等。

光绪七年（1881），由本地绅士张敬铭倡议地方乡绅奏请榆中县令封汝弼豁免兵车银创建“丰广书院”，为镇内兴教之始。民国八年（1919）设金崖女子初级小学，民国二十九年（1940）设县立金崖乡中心国民学校。镇内药店兴起于民国时期，有陕西人经营的“庆仁堂”“复兴堂”等，著名中医有金应诚、金镇彦等。2010年，镇内有文化站1个，农家书屋17个，藏书3.4万册。小学9所，在校学生1318人，教师130人；初中1所，在校学生794人，教师68人。卫生院1所，村卫生室15所，参加新型农村合作医疗2.25万人，参合率93.36%。

（六）社会保障

2010年，全镇有城镇低保户106户218人，支出13.32万元。农村低保户734户1983人，支出159.6万元。农村五保户集中供养7人，支出1.26万元，分散供养83人，支出14.94万元。

（七）交通通信

镇内陇海铁路、连霍高速公路、312国道、309国道、夏金兰（夏官营镇—金崖镇—兰州市）公路、东金（兰州市城关区东岗—金崖镇）公路、定张（定远镇定远村—金崖镇张家湾村）公路纵横贯通。2010年，全镇有农用三轮车1830辆、四轮车500辆，大中型货用汽车147辆，大中型客运车52辆，摩托车1783辆，私家小轿车110辆。邮政网点1个，快递投递点14个。固定电话用户1500户，普及率19.7%；移动电话用户6647户，普及率87.3%；互联网用户509户，普及率6.7%。

五、青城镇

（一）位置境域

青城镇位于东经104°10′42″~104°20′40″，北纬36°12′43″~36°22′45″。地处榆中县最北端，东连上花岔乡，南与哈岘乡相邻，西、北隔河与皋兰县什川镇、白银区水川镇相望。镇政府驻青城村，距县城120千米，距兰州市90千米，距白银市25千米。辖区面积138平方千米，东西最大距离15千米，南北最大距离10千米。2007年，被建设部命名为“中国历史文化名镇”。2010年，被住房和城乡建设部与国家旅游局公布为“全国特色景观旅游名镇”。

（二）建置沿革

清宣宗道光二十二年（1842）至民国十五年（1926），青城镇属广积里，部分村庄属皋兰县瓯脱地。民国二十三年（1934），设青城乡。民国三十年（1941），将青城乡皋兰县瓯脱地划归榆中县。中华人民共和国成立初设崇兰、长寿、上滩、下滩乡。1953年，设青城区。1955年，撤区设青城、东滩乡。1958年4月，青城、东滩两乡合并为青城乡。1961年7月，设青城人民公社。1983年5月，改为青城乡。2003年1月，撤乡设镇。2010年，辖苇茨湾、青城、城河、瓦窑、新民、改地、红岘、东滩、上坪、下坪、三合、建亭、大园子、红湾14个行政村，71个村民小组。辖区人口2.17万人，其中城镇常住人口817人，城镇化率3.76%。

（三）地貌与气候

镇内地形东西长，南北窄，呈狭长地带，且南（山岭）高北（川地）低。海拔1450米~2219米。年均日照时数2665小时。年均气温9.3℃，1月平均气温-7.3℃，最低温度-21℃（2008年1月30日），7月平均气温20.3℃，最高温度42℃（2010年7月31日）。年均降雨量280毫米，年均蒸发量1400毫米。无霜期190天。黄河流经青城、城河、新民、瓦窑、上坪、下坪、东滩、建亭、大园子等村，境内总长12.45千米，流域面积98平方千米。

（四）经济状况

青城镇地处黄河岸边，水力资源丰富，农业生产主要以蔬菜、西瓜、林果、水稻、玉米种植和养殖为主。日光温室、高架大棚、舍饲养羊等设施农业发展迅速。2010年，青城镇有耕地1.88万亩。农业总产值1.55亿元，农民人均年纯收入4020元。种植蔬菜1.2万亩，产量4.2万吨，其中反季节蔬菜4193亩，设施农业8160亩。全镇养猪6.04万头、羊2.27万只、家禽6.14万只。

（五）文化旅游

镇内有文物点61处。其中新石器时代遗址3处：麋鹿沟遗址、猪头岘子遗址、青城遗址；明代遗址9处：鹿谷子墩烽燧、青城龙头堡、青城长城、青城石滩堡、尖山湾烽火台、东滩烽火台、东怀山烽火台、峡口烽火台、乌金峡烽火台；清代古建筑49处：高氏祠堂、青城书院、青城城隍庙、东滩戏楼及45院古民居。省级文物保护单位有高氏祠堂；县级文物保护单位有青城城隍庙、青城书院、东滩戏楼及45院古民居四合院。其建筑古朴典雅，砖雕木刻精美绝伦。传统民间文化有隍爷出府、柴山、烧秦桧、青城西厢小调、英雄武鼓、棒棒鼓、青城高跷、城河铁芯子、建亭皮影戏、旱船、火狮子、剪纸、刺绣等。剪纸、刺绣生动逼真，作品有《葵花向阳》《百鸟朝凤》《威震四方》等；地方小曲久唱不衰，作品有《西厢调》等；秦腔表演源远流长，代表作有《柜中缘》《探春宴》《女英贤》等。悠久的历史孕育了众多的地方特色产品，青城长面做工精细，风味独特；青城陈醋色浓味香，青城糁饭美味可口，青城西瓜、葡萄等久负盛名。青城水烟曾一度享誉海内外，是当地经济的命脉。清至民国时期，青城水烟加工作坊众多，青城街上有名的字号有：“源兴号”“巨顺号”“文懿恒”“名顺堂”“保寿堂”“永顺成”“德胜昌”“建兴号”“兴顺源”“宏兴源”“兴顺恒”等；东滩街上有：“德玉恒”“源顺号”等。有大峡风光、小河烟雾、黄崖滴水、黄河鸟岛、大川古渡、百年梨园、庭院葡萄、千亩稻田、百亩荷池、魏家坪农业生态示范园等众多的自然景观。2010年，有个体商店150家，从业400人；农家乐30家，从业人员300人；全年接待游客5万人，收入500万元。镇内有文化艺术团体12个，从业人员232人。剧场3个，年演出150场，观众10.5万人。文化站1个，农家书屋14个，藏书5万册。从事文化旅游人员325人。有线电视用户6131 户，入户率99%。

（六）教育卫生

2010年，镇内有幼儿园1所，在园幼儿55人，教师4人；小学8所，学生947人，教师122人；初中2所，学生314人，教师40人。卫生院1所，村卫生室12个，个体诊所3个。农村安全饮水普及率97.3%，卫生厕所普及率3%。新型农村合作医疗参合1.96万人，参合率91%。城乡居民规范化电子健康档案建档率81.03%。

（七）社会保障

2010年，全镇有城镇低保户28户59人，支出11.1万元；民政部门资助参加合作医疗584人次，支出2.9万元；农村低保户597户1691人，支出140.3万元。农村五保户分散供养55人，支出9.9万元；农村医疗救助78人次，民政部门资助参加合作医疗310人次，支出35.7万元；农村临时救助500人次，支出20万元；国家抚恤、补助优抚对象43人，支出19.5万元；新增就业人员357人。

（八）镇区建设

2010年，青城镇有邮政网点1个，投递点2个。固定电话用户654户，普及率10.6%；移动电话用户872户；互联网用户123户，普及率2.1%。街道18条，其中新建1条，扩改14条，街道总长11千米；街道硬化18条。自来水厂2座，铺设干线水管356千米，生产能力1.7万吨/月，年生活用水12万吨，居民自来水普及率100%，年人均生活用水6吨；铺设排水管道15.2千米。

六、夏官营镇

（一）位置境域

夏官营镇位于东经104°07′32"~104°20′40"，北纬35°54′55"~36°02′26"。地处榆中县中部，苑川河下游。东接中连川乡，南连三角城乡、清水驿乡，西靠金崖镇，北与贡井乡毗邻。镇政府驻地夏官营村，距县城12千米。辖区面积136平方千米，东西长约16千米，南北长约11千米。

（二）建置沿革

东晋太元十年（385），西秦建都于夏官营西侧的古城堡。清宣宗道光二十二年（1842）至民国十五年（1926），夏官营镇属广积里，部分村庄属皋兰县瓯脱地。民国二十三年（1934）十二月，设凤山乡，辖太平保、红柳保、大兴保、官营保、凤仪保、五佛保、卧虎保等保。民国三十年（1941），将凤山乡瓯脱地划归榆中县。1949年8月，设凤山区辖大兴营、夏官营、红柳沟、太平堡、过店子等乡，同年12月划入金崖区。1953年6月，设夏官营区。1955年9月，撤区并乡。1956年，将红柳沟、大兴营乡合并到夏官营乡，将太平堡乡合并到过店子乡。1958年4月，将过店子乡合并到夏官营乡，同年9月公社化时为金崖基层社夏官营大队。1961年7月，设夏官营人民公社。1983年5月，改为夏官营乡。1985年8月，改设夏官营镇。2010年，辖夏官营、彭家湾、红柳沟、中河堡、太平堡、过店子、高家崖、郝家湾8个行政村，46个村民小组。辖区人口1.75万人，其中城镇常住人口1363人，城镇化率5.47%。

（三）地貌、气候与水文

境内地势东北高西南低，由北部山地沟壑区和南部苑川河下游河谷区呈两梯级分布而成。山区沟壑纵横，厚覆黄土，平均海拔2380米。川水区属苑川河谷平川区，地势平缓，黄土覆盖浅薄，平均海拔1720米。

北部山区植被稀少，水土流失较为严重。苑川河两岸中河堡至过店子段耕地山洪冲刷切割严重。年均日照时数2576.9小时。年均温度7.8℃，1月平均气温-7.3℃，7月平均气温20.5℃。年均降雨量350毫米，年蒸发量为1369毫米，全年无霜期159天。黄河一级支流苑川河经清水驿乡流入，流经中河堡、红柳沟、夏官营、太平堡、高家崖、过店子6个村21千米。境内有11条山洪沟汇入苑川河，其中拐沟流经中河堡村，红柳沟流经红柳沟村，蔡阳沟、路沟、庙子沟流经太平堡村，绿草沟、刘家沟、土沟、牙岘沟、庙沟、拴马沟流经过店子村，流域面积70平方千米。

（四）经济状况

2010年，夏官营镇有耕地3.62万亩，其中水浇地1.99万亩。农业总产值8646万元，农民人均年纯收入3673元。农作物有小麦、玉米、糜谷、蚕豆、马铃薯等。全年播种粮食1.71万亩，产量3995.9吨，收入799.2万元。

2000年，夏官营镇蔬菜种植形成规模，成为兰州高原夏菜生产基地。高家崖村以种植草莓为主，太平堡村与红柳沟村以连片种植韭菜为主，夏官营村以种植红萝卜为主，过店子村以种植花椰菜为主，彭家湾和郝家湾村以马铃薯种植为主。全年种植经济作物1.86万亩，其中大棚蔬菜180亩，产量720吨，收入400万元；大田蔬菜1.9万亩，产量3.8万吨，收入5700万元；油料2905亩，产量282吨；药材132亩，产量6吨，收入18万元；种植瓜果164亩，产量301吨，收入301万元。名优农特产品有草莓、韭菜等。2009年，全镇建成夏官营、高家崖、红柳沟、裴家窑4个奶牛养殖场，奶牛存栏160头，在高家崖、太平堡、红柳沟三村建成3个舍饲养羊养殖场，舍饲养羊1800只，散养羊3500只。2010年，全镇饲养大牲畜550头、猪5255头、羊8619只、家禽5500只。镇内有兰州远东化肥有限责任公司、榆中桥奇建筑石材有限责任公司、甘肃欧圣装饰材料公司等工业企业20个，从业人员338人。全镇有个体商店105个，从业人员132人，社会零售总额1240万元。

（五）文教卫生

境内有文物点7处。其中宋代遗址2处：夏官营古城、王家崖堡；明代遗址1处：红柳沟堡；明清遗址3处：夏官营城遗址、太平堡、宋家窑堡；明清古建筑1处：过店子古建筑。省级文物保护单位有夏官营古城。2010年，镇内有文化艺术宣传队8个，从业人员120人。文化站1个；农家书屋8个，藏书2.48万册，文化行业从业人员245人。2010年，有幼儿园1所，在园幼儿270人，教师15人；小学5所，学生898人，教师145人。镇内有卫生院1所，村卫生室8所，个体诊所1个。病床37张，专业卫生人员26人。新型农村合作医疗参合1.51万人，参合率97.56%；统筹地区政策范围内平均住院补偿率78.5%。辖区内9所医疗卫生机构实施国家基本药物制度，实行基本药物零差率销售；城乡居民规范化健康档案建档率80.2%；创建省级卫生村1个。

镇内开展的体育项目有田径、篮球、排球、乒乓球、单双杠、跳绳、棋类等。2004年获县“太保杯”中小学生田径运动会儿童组团体总分第一名。2005年获县“建设杯”中小学生田径运动会儿童组团体总分第二名，有5名选手被选拔代表榆中县参加兰州市五运会。2006年获县中小学田径运动会小学组团体总分第三名。2010年，全镇有农民文化健身场地6个，实施全民健身工程3批，健身路径6条。镇内有线电视用户400户，其中数字电视用户50多户，电视综合覆盖率99%。

（六）社会保障

2010年，全镇有城镇低保户92户184人，支出58.46万元；农村低保户503户1555人，支出199.69万元。农村五保户分散供养68人，支出18.47万元。农村临时救助738人次，支出12.08万元。国家抚恤、补助优抚对象39人，支出15.72万元。全年帮助28户零就业家庭实现每户一人就业。

（七）交通通信

镇内有陇海铁路、兰渝铁路、101省道、夏金公路通过，其中101省道境内长4千米。2010年，有邮政网点1个，快递投递点5个；固定电话895部，宽带303部，移动电话2万多部。

（八）镇区建设

2010年，镇区规划面积1.63平方千米，建城区面积0.9平方千米；有街道4条，其中新建1条，街道总长2.5千米；自来水厂1座，铺设干线水管11千米，居民自来水普及率96.4%。

（九）驻榆高校

镇内有驻榆高校2所。其中兰州大学1999年落户夏官营，校区占地5392.33亩，其中建设用地2353.03亩，绿化用地3039.3亩，房屋建筑面积57万平方米，绿化面积78万平方米，在校学生1.2万人。西北民族大学榆中校区始建于2004年，占地2444亩，建筑面积37.2万平方米，在校学生1.1万人。

七、甘草店镇

（一）位置境域

甘草店镇位于东经104°12′53″~104°23′15″，北纬35°43′33″~35°51′51″。地处榆中县东南部，苑川河中游。东与定西市安定区景泉乡交界，东北和韦营乡毗邻，南接高崖镇，西南毗连新营乡，西北和清水驿乡接壤。镇政府驻东村35号，距县城25千米。辖区面积130平方千米，东西最大距离15千米，南北最大距离15.6千米。

（二）建置沿革

清宣宗道光二十二年（1842）至民国十五年（1926），甘草店镇属长乐里，部分村庄属皋兰县瓯脱地。民国二十五年（1936），设甘草店镇。民国三十年（1941），将甘草店镇属皋兰县瓯脱地划归榆中县。1949年8月，设甘草区，辖甘草、清水、车家庄、三墩营、李家磨、浣涝、韦营、黄家窑、苏堡、杨河等乡。1952年，将黄家窑、李家磨两个乡划入高崖区。1955年，撤区并乡，设立甘草店乡。1958年9月，设甘草店大队。1961年7月，设甘草店、车道岭人民公社。1964年，将车道岭人民公社并入甘草店人民公社。1983年5月，恢复为甘草店乡。1998年12月，撤乡设镇。2010年，辖东村、西村、三墩营、果园、咸水岔、蔡家沟、车道岭、项家堡、郭家湾、浣涝、唐家岔、钱家坪、好地岔13个行政村，87个村民小组。辖区人口1.75万人，其中城镇常住人口1032人，城镇化率5.89%。

（三）地貌、气候与水温

甘草店镇地处榆中盆地东部边缘与北部黄土高原的衔接带，属黄土高原丘陵沟壑区，平均海拔1860米。西部地势较平坦，东部多分布梁峁沟壑，谷地南北长而东西窄，东西两侧为连绵丘陵，地势南高北低。苑川河由南向北穿过河谷中央，将甘草谷底分为两半，河流流量小，冬春多干涸。年均气温7.5℃，1月平均气温-7.6℃，7月平均气温19.5℃。年均降雨量400毫米，年均蒸发量为1400毫米，平均无霜期159天。苑川河是境内最大的河流，属黄河一级支流。由高崖镇进入，有苟家河、树梓沟、木林沟和咸水岔溪水注入，河道长7千米，流域面积13.7平方千米。

（四）经济状况

2010年，甘草店镇有耕地7.66万亩，其中水浇地9656亩。农业总产值3868万元，农民人均年纯收入3430元。农作物有小麦、玉米、马铃薯、胡麻等，双垄沟播玉米、商品马铃薯等产业初具规模。种植玉米2万亩，产量4880吨；马铃薯2.5万亩，产量2500吨；胡麻等油料作物1.2万亩，产量720吨；蔬菜500亩，产量600吨；药材500亩，产量105吨。全镇有大牲畜2645头，羊存栏4122只，猪存栏3939头，鸡存栏5703只。林场1处1.8万亩，退耕还林面积1100亩，森林覆盖率26.45%。

（五）城镇建设

明清时，陕甘大道穿镇而过，交通便利。咸丰年间形成集市，药商云集，曾开办“万和堂”“广泰堂”“广积堂”等药店。1999年，被列为县级小城镇建设试点镇。2004年，被省体改办批准命名为全省小城镇综合改革试点镇。2005年，被确定为全省发展改革试点镇。同年有乡镇企业26家，其中工业企业21家，全年实现乡镇企业产值6.53亿元，增加值1.68亿元，工业产值2.96亿元，工业增加值8704万元。全镇个体经营户348家，临时摊位115个，从业人员5200人，主要经营日用百货、糖酒副食、水果蔬菜、餐饮、理发、服装、汽车维修、配件、五金交电、图书刊物等，年实现利税620万元。2010年，镇内有非公企业15家，以甘草水泥集团公司为龙头，行业涉及建材、建筑、化工、塑料制品、农产品加工、餐饮服务、汽车运输等，从业人员3742人，名优产品有甘草水泥、长城蜂窝煤等，非公经济增加值3.18亿元。拥有个体商户94家，从业人员102人，集市贸易年交易额 470万元。

（六）文教卫生

镇内有文物点13处。其中新石器时代遗址4处：郭家湾遗址、果园遗址、刘家湾遗址、西村遗址，郭家湾遗址属省级文物保护单位；明代遗址8处：西村窑址、墩墩堡烽燧、双墩烽燧、郝家铺堡烽燧、上河滩堡、车道岭堡、甘草堡、岘阳墩堡；汉代古墓葬 1 处，施家庄汉墓群。

2004年，获得“全国亿万农民健身活动先进乡镇”称号。2010年，镇内有综合文化站1处，农家书屋12个，藏书2.6万册。小学3所，教学点2处，学生839人，教师102人；幼儿园1所，在园幼儿284人；寄宿制小学1所，学生210人。卫生院1个，村标准化卫生所13个，建立居民健康档案3289户，建档1.33万人，建档率80.0%。新型农村合作医疗参合人数1.55万人，参合率94.16%。镇内有学校体育场地7处，村级健身活动广场8处，经常参加体育锻炼的人占常住人口的18.6%。有线电视用户1300户。

（七）社会保障

2010年，全镇有城镇低保户65户119人，支出22.03万元；城镇医疗救助201人次，支出2.9万元；农村低保户545户1716人，支出136.95万元；农村五保户分散供养76人，支出16.72万元；农村医疗救助84人次，临时救助8人次，支出2.4万元；国家抚恤、补助优抚对象59人，支出39万元；救灾支出8万元。全年实现失业人员再就业29人，帮助5户零就业家庭实现每户至少1人就业。

（八）交通通信

陇海铁路、在建的兰渝铁路、宝兰客运专线、312国道、连霍高速、省道109线穿境而过。2010年，全镇有硬化通村道路7条36.48千米，砂化村社道路15条67.58千米。邮政网点1个，投递点8个。固定电话用户739户，普及率16.2%；移动电话用户2966户，普及率65.1%；互联网用户189户，普及率4.1%。

八、高崖镇

（一）位置境域

高崖镇位于东经104°13′13″~104°19′58″，北纬35°34′16″~35°40′28″。地处榆中县东南部，东接定西市安定区秤沟驿镇，南靠龙泉乡，西邻新营乡，北连甘草店镇。镇政府驻地高崖村，距县城40千米。辖区面积74.12平方千米，东西最大距离11千米，南北最大距离12千米。

（二）建置沿革

清宣宗道光二十二年（1842）至民国十五年（1926），高崖镇属长乐里，部分村庄属皋兰县瓯脱地。民国二十三年（1934），设清源乡。民国三十年（1941），将清源乡属皋兰县瓯脱地划归榆中县。1949年8月，设高崖乡。1958年9月，设高崖大队。1961年7月，设立高崖人民公社。1983年5月，恢复高崖乡。1985年8月，改为高崖镇。2010年，辖高崖、马家集、李家磨、裴家岔、小营子、新窑坡、关门口、砂河、马家嘴、树梓沟、湖滩11个行政村，68个村民小组。辖区人口1.23万人，其中城镇常住人口2178人，城镇化率17.74%。

（三）地貌、气候与水文

镇内地势西南高、东北低，地形狭长，呈盆地状，东西为山地丘陵相互交错，中部为川台低丘河谷，海拔1928~2393米。年均气温6.4℃，1月平均气温-7.9℃，7月平均气温18.5℃，年均降雨量400毫米，年蒸发量1350毫米，无霜期136天。苑川河是流经境内最大的一条季节性河流，境内长24千米，径流量50%集中在夏季，多为暴雨形成的洪水径流。树梓沟水系是苑川河上游的一条支流，源于湖滩村南坡，向东北方向流入李家磨水坝，其流域面积8.8平方千米，河道长7.5千米，年径流量19.4万立方米。

（四）矿藏

境内矿产资源主要有黏土、石灰岩、红砂矿。黏土主要为水泥黄土矿，分黄土和泥岩两种，其中黄土层东西宽300米，南北长480米，北部厚度约10米，南部厚度66米；泥岩东西长235米，最大厚度11.35米，累计探明B+C级储量476.4万吨，D级储量103.9万吨。石灰岩矿累计探明C级储量67万吨，D级储量148万吨，年产生石灰4万吨。红砂石矿年产红砂10万吨。

（五）经济状况

2010年，高崖镇有耕地2.21万亩。农业产值3283万元，农民人均年纯收入3440元。全镇种植粮食作物4.18万亩，粮食产量6189.2吨，其中种植双垄沟地膜玉米2.23万亩。种植无公害蔬菜1000亩，产量883吨。种植胡麻2000亩，产量118吨。全镇养大牲畜1448头、猪4700头、羊4071只、家禽1.65万只。名优农特产品有马铃薯、水果玉米、胡麻等。镇内有工业企业8个，主要生产石灰、空心砖、玻镁平板等，工业产值5598万元，从业人员587人。个体商店170个，从业人员170人，社会零售额230万元。

（六）文教卫生

境内有文物点9处。其中新石器时代遗址7处：湖滩遗址、红崖头遗址、王家庄遗址、马家集遗址、常家庄遗址、青石岴遗址、杨家庄遗址，湖滩遗址属县级文物保护单位；汉代古墓葬2处：高崖打狗台汉墓、李家磨汉墓。2010年，镇内有综合文体站1处，占地302平方米。农家书屋11个，藏书3万册。小学5所，学生734名，教学班35个，教师62名。医院1所，医护人员65人，床位64张；村卫生所11所，从业人员11人。新型农村合作医疗参合9686人，参合率95.02%。全镇有篮球场地22处，乒乓球活动场地22处，安装体育器材16处，标准化活动场地4300多平方米。全面开通“村村通”广播电视工程，能收看54套节目，电视综合覆盖率99%。

（七）社会保障

2010年，全镇有农村低保户422户1404人，支出164.46万元；农村五保户分散供养40人，支出11.27万元。农村医疗救助974人次，民政部门资助参加合作医疗674人次，支出153万元。农村临时救助7人次，支出2.4万元。国家抚恤、补助优抚对象51人，支出22.42万元。劳务输出2600人，其中境外就业6人。

（八）交通通讯

陇海铁路、兰渝铁路、212省道、甘黄公路穿境而过。2010年，全镇有硬化村社道路21千米，砂化道路112千米。邮政网点1处，投递点多个，村社通邮率100%。固定电话用户506户，普及率14.3%；移动电话1417户，普及率40.1%；互联网用户133户，普及率3.8%。

第二节　乡

一、连搭乡

（一）位置境域

连搭乡位于东经103°57′41"~104°07′51"，北纬35°51′21″~35°59′01″。东邻城关镇，南与马坡乡交界，西接定远镇，北连金崖镇。乡政府驻连搭村33号，距县城8千米，距兰州市30千米。辖区面积133平方千米，东西最大距离18千米，南北最大距离11千米。

（二）建置沿革

清宣宗道光二十二年（1842）至民国十五年（1926），连搭乡大部分属丰和里。民国二十三年（1934）十二月，属定远乡。1950年1月，属皋兰县定远区。1953年4月，设连搭区，辖乔家营、胡家营、朱典营、石头沟、大柳树、连搭、麻家寺7个乡。1955年，合并为连搭、麻家寺乡。1958年3月，划归榆中县。1958年9月，设连搭、麻家寺大队。1961年，设连搭、麻家寺人民公社。1964年，麻家寺人民公社并入连搭人民公社。1983年5月，恢复为连搭乡。2010年，辖连搭、胡家营、金家营、孙家坡、魏家营、麻启营、乔家营、马家山、麻家寺、石头沟、朱家沟、秦启营、薛家营、寇家沟、魏家沟、肖家嘴、张家坪、朱典营18个行政村，97个村民小组。辖区人口3.34万人，其中汉族3.08万人，回、撒拉、东乡等少数民族0.26万人。

（三）地貌、气候与水文

乡内地势由南向北逐渐倾斜，三面环山，中部平坦，东南高，西北低，平均海拔1950米。年太阳辐射量130.57千卡/平方厘米，年均气温6.6℃，1月平均气温-7.8℃，7月平均气温18.8℃。年均降雨量450毫米，年蒸发量1368.3毫米；无霜期139天。境内河流曳木岔河，源于兴隆山北麓，北流至麻家寺进入连搭，至陆家崖东汇入苑川河，干流长24.5千米，流域面积61.9平方千米，年径流量为230万立方米。

（四）经济状况

2000—2010年，连搭乡形成以蔬菜种植为龙头、以养殖业为突破，以花卉、药材等经济作物为辅助的发展模式，其中胡家营、金家营、乔家营等11个川区村建成无公害蔬菜生产基地；秦启营、马家屲等村百合和药材种植形成规模；肖家嘴村建成花卉实验基地；石头沟、朱家沟等村联片种植双垄沟地膜玉米形成规模；建成规模养殖场8家。2010年，全乡有耕地7.12万亩。农业产值9200万元，农民人均年纯收入3650元。全年种植粮食作物4.18万亩，产量1.26万吨。蔬菜产量6.13万吨，水果产量131吨。花卉日光温室200座350亩，特色产品有卡罗拉玫瑰、黑玫瑰。全乡有大牲畜2779头，其中牛1353头。猪存栏4612头，羊存栏4255只，鸡存栏8900只。工业企业33家，主要产品为建材、包装泡沫，工业产值1430万元，从业人员350人。个体商店123个，从业人员230人，社会商品销售额2560万元，集市贸易成交额38万元。

（五）文教卫生

乡内有文物点16处。其中新石器时代遗址8处：马家屲遗址、孙家坡遗址、雪家山遗址、秦启营遗址、尤阜山遗址、麻家寺堡子遗址、朱家沟遗址、胡家湾遗址；明代遗址2处：郭家圈烽燧、二沟墩烽燧；汉代古墓葬3处：马莲山汉墓群、石头沟墓群、安家岭古墓；清代古建筑1处，连搭村文昌阁；近现代文物2处：朱家沟回民小学（中共榆中县委旧址）、乔家营第一野战军指挥部旧址。省级文物保护单位有马家屲遗址；县级文物保护单位有中共榆中县委旧址、乔家营第一野战军指挥部旧址、连搭村文昌阁。有风景旅游点1处，为石门度假村。

连搭乡群众文化丰富。20世纪50年代，乡内有社火、皮影戏、秦腔，春节期间群众自发组织表演。2000年后，组建8支文艺演出队，每年为群众义演50场。2010年，有乡文化站1个，农家书屋18个，藏书5.4万册，文化行业从业人员120人，收入350万元。幼儿园8所，在园幼儿850人，教师32人；小学15所，教师175人；初中2所，在校生1115人，教师73人。乡卫生院1个，村卫生所18个，个体诊所8个，病床24张，专业人员37人。农村安全饮水普及率92.5%，卫生厕所普及率36.55%，新型农村合作医疗参合3.06万人，参合率96.2%。辖区内19个医疗卫生机构实施国家基本药物制度，实行基本药物零差价销售；城乡居民规范化电子健康档案建档率82.3%。全乡实施3批全民健身工程，建有11条健身路径。能收看到52个频道的52套节目，有线电视用户1500户，电视综合覆盖率100%。

（六）社会保障

2010年，全乡有城镇低保户59户108人，支出19.8万元；农村低保户858户2583人，支出212.2万元；农村五保户集中供养13人，支出3.9万元；五保户分散供养82人，支出14.76万元；农村医疗救助96人次，支出68.5万元；农村临时救助3人次，支出0.8万元；国家抚恤、补助优抚对象35人，支出3.4万元。

（七）镇区建设

2010年，投资实施连搭主街及旧村庄改造工程。新建 48户、235间、4750平方米的农户住宅及商铺；铺设条砖人行道1.4万平方米，硬化人行道2千米；硬化小区道路300米；安装道牙2.1千米；埋设排污主管道2.2千米；安装太阳能路灯30盏；粉刷临街建筑物外墙6.8平方千米。连霍高速公路、312国道过境，境内长分别为8.3千米、13.2千米。县乡公路18条，境内长48.2千米。邮政网点1个，投递点2个。

二、来紫堡乡

（一）位置境域

来紫堡乡位于东经104°10′51″~104°21′06″，北纬35°57′10″~36°07′27″。

地处榆中县西北部，东邻金崖镇，西接兰州市城关区东岗镇，南与定远镇、连搭乡、和平镇相连，北与皋兰县什川镇相接。乡政府驻地西坪村，距县城35千米，距兰州市10千米。辖区面积117平方千米，其中陆地115.44平方千米，水域1.56平方千米，南北长15千米，东西宽14千米。

（二）建置沿革

北宋神宗元丰四年（1081）设质孤堡。明朝至民国时期叫“买子堡”，后取“紫气东来”意改名来紫堡。明天顺八年（1464）至民国三十年（1941），方家泉、万眼泉、桑园子、响水子（含大水洞、东西坪）、冯湾（含李家庄、冯家湾）、上伍营、施家巷、黄家庄、拐角子、买子堡（来紫堡）、骆驼巷、郭家庄村属皋兰县瓯脱地。1949年8月，方家泉（含万眼泉）、大水洞、冯家湾（含李家庄、冯家湾、郭家庄）划入皋兰县定远区，骆驼巷为皋兰县委驻地。1955年，将火家店、黄家庄乡并入来紫堡乡。1958年4月，将划归榆中县的原皋兰县桑园子、冯湾、方家泉、大水洞乡并入来紫堡乡。1961年7月，设来紫堡人民公社。1983年5月，恢复来紫堡乡。2010年，辖黄家庄、郭家庄、火家店、骆驼巷、冯家湾、东坪、西坪、大水洞、桑园子、方家泉10个行政村，44个村民小组。辖区人口2.17万人。

（三）地貌、气候与水文

来紫堡乡位于苑川河下游及黄河两岸，为金城关断裂带东段。北部村庄属Ⅱ级阶地，施家坪、骆驼巷、金家坪属Ⅲ级阶地。西北部黄河沿岸，因地壳上升作用，形成峡谷和盆地。桑园峡在境内长12千米。平均海拔1676米。年均气温8.6℃。1月平均气温-7.2℃，7月平均气温21.6℃。年降雨量400毫米，蒸发量1368.3毫米。黄河流经境内12千米，沿途有柳沟河、苑川河等水流汇入。

（四）经济状况

2000—2010年，来紫堡乡以蔬菜种植、储运、销售和规模养殖为龙头的多元化、多结构的农业产业初具规模，日光温室、高架大棚、蔬菜保鲜库、养殖场发展迅速，形成现代城郊农业发展格局；以酒钢集团榆中钢厂和金盾混凝土责任有限公司为主导的一批钢铁、建材、化工企业建成投产；以明肃王陵、万眼泉、黄河风情线等旅游景点为依托，建成常青园、老年公寓、竹园休闲会所及50家农家乐。

2010年，有耕地2.1万亩，其中水浇地1.6万亩。全年农业产值8400万元，农民人均年纯收入3920元。种植粮食作物7600亩，产量3435吨，其中小麦3400亩，玉米4200亩。经济作物主要有蔬菜、瓜果，其中蔬菜产量3.51万吨，瓜果产量287.1吨。全乡饲养大牲畜252头，其中牛244头；鸡存栏3.64万只；羊存栏4333只；猪存栏1765头。名优农特产品有花椰菜、黄瓜、青笋。非公经济企业198家，其中年产值1000万元以上企业6家，年产值500万元以上43家，500万元以下149家。个体商店164个，从业人员180人。

（五）文教卫生

境内有文物点9处。其中新石器时代遗址1处：平顶山遗址；明代遗址4处：罗泉湾烽火台、虎皿山1号烽火台、虎皿山2号烽火台、大河坪烽火台；明代古墓葬1处：明肃王墓属国家级文物保护单位；清代古建筑3处：萃英寺、龙王庙、娘娘庙。2010年，乡内有文化艺术团体10个，年演出10场次，观众5000人。文化站1个，农家书屋10个，藏书3.2万册。全乡有幼儿园5所；小学8所，教师119名，学生1298名；初中1所，教师27名，学生223名；民办学校有兰州科技外语学校。卫生院1个，村卫生所10个，社区门诊4个。新型农村合作医疗参合1.02万人，参合率95.2%。能收看52个频道52套节目，电视综合覆盖率100%。

（六）社会保障

2010年，全乡有农村低保户549户1615人，支出165.72万元；农村五保户分散供养33人，支出6.24万元；农村医疗救助63人次；农村临时救助支出9.63万元；国家抚恤、补助优抚对象27人，支出13.16万元。

（七）交通通信

陇海铁路横穿全乡，境内长13千米，设有骆驼巷、桑园子两个四等车站。国道312线、309线、省道102线、县道121线、东金公路过境，通车里程23.67千米。境内乡村道路主要有4条，长21.5千米。2010年，有邮政所1处，固定电话用户1680户，电话普及率30.3%，移动电话用户5163户，互联网用户1560户。

三、三角城乡

（一）位置境域

三角城乡位于东经104°05′34″~104°13′33″，北纬35°50′24″~35°56′17″，地处榆中县中部，东邻清水驿乡，南接城关镇和小康营乡，西靠连搭乡和金崖镇，北接夏官营镇。乡政府驻地三角城村，距县城3.7千米，距兰州市37千米。辖区面积70.45平方千米，东西最大距离10千米，南北最大距离12千米。

（二）建置沿革

清宣宗道光二十二年（1842）至民国十五年（1926），三角城乡大部分属金川里，部分村庄属皋兰县瓯脱地。民国二十三年（1934）十二月，属金川乡。民国三十年（1941），金川乡瓯脱地划归榆中县。1949年8月设三角城、丁官营、陈家庄、双店子乡。1955年，合并成立三角城乡。1958年9月，设立三角城、双店子大队。1961年7月，设立三角城、双店子人民公社。1964年6月，将双店子人民公社并入三角城人民公社。1983年5月，恢复三角城乡。2010年，辖三角城、周前、丁官营、孙家营、化家营、敬家山、接驾嘴、双店子、下彭家营、大兴营、詹家营、高墩营、龚家屲等13个行政村，91个村民小组。辖区人口2.65万人。

（三）地貌、气候与水文

乡内地势西南高，东北低，东西两端有敬家山、龚家屲两山对峙，呈马鞍状，中间平川占总面积的90%。土壤类型主要有灰钙土和黄绵土，其中新堡川和东岭川属白土带；毛家川属于兴隆大河和龛谷河流域，为沙质土；龚家屲和敬家山为干旱山区。平均海拔1717米。年均气温7.1℃。1月平均气温-7.6℃，7月平均气温19.5℃ 。年日照时数2576.9小时，年均降雨量400毫米，年蒸发量1368毫米，无霜期148天。境内有三条季节河穿乡而过，汇聚苑川河流入黄河。

（四）经济状况

三角城乡地处榆中川塬地区，地势平坦、土壤肥沃、土地资源丰富，同时“三电引黄工程”渠网纵横交错、遍布全乡12个行政村，机井120多眼，水资源相对充足，是20世纪80年代以来榆中县产粮大乡。2000年，全乡形成以蔬菜、粮食种植、奶牛养殖和设施农业为主的农业发展体系。引进亚盛高科技农业生态园、白虎山生态园和天荣种养开发公司、兰州丰盛保鲜库、三角城介实保鲜库和庄园乳业等“农”字牌龙头企业11家。2010年，三角城乡有耕地4.88万亩，其中水浇地4.19万亩。农业总产值2.35亿元，农民人均年纯收入3950元。全年粮食产量1.23万吨，蔬菜产量9.61万吨，油料产量1007吨，水果产量908.5吨。全乡饲养大牲畜3149头，猪1.19万头，羊5809只。规模工业产值3.15亿元。个体商店110个，从业人员160人。

（五）文教卫生

境内有文物点8处。其中新石器时期遗址3处：岳家庄遗址、大兴营遗址、大坡坪遗址；唐代遗址1处：三角城城址；明代遗址2处：白虎山烽燧、接驾嘴烽燧；新石器时期墓葬1处：白虎山墓葬群；宋明时期墓葬1处：龚家凸墓。县级文物保护单位有白虎山墓葬群。2010年，全乡有文化艺术宣传队2个，从业人员23人。乡文化站1个，农家书屋13个，藏书3.8万册，从业人员15人。乡内有文化健身场地9个，定期举办社火、广场舞、篮球、乒乓球、拔河等体育活动。8个行政村实施农民体育健身工程。有线电视用户3800户，入户率75%。有学校18所，在校学生2414人，其中九年制学校1所，教学班17个，在校生678人（寄宿生397人）；小学11所，教学班70个，学生1184人；民办幼儿园5所，教学班18个，在园幼儿552人；民办英语培训学校1所。卫生院1个，村卫生室13个，个体诊所1个。新型农村合作医疗参合2.43万人，参合率96.7%。辖区内14个医疗卫生机构实施国家基本药物制度，实行基本药物零差率销售，城乡居民规范化电子健康档案建档率92%，创建省级卫生村1个。

（六）社会保障

2010年，全乡有城镇低保户127户237人，支出44.02万元；农村低保户698户2242人，支出292.97万元；农村五保户分散供养45人，支出9.45万元；农村临时救助11人次，支出3.5万元；国家抚恤、补助优抚对象80人，支出30.49万元。全年帮助就业困难人员再就业548人，126户零就业家庭实现每户1人就业。

（七）交通通信

国道312线、省道101线、榆白公路、连霍高速公路、陇海铁路纵横交错、穿越全境，交通便利。2010年，全乡有邮政网点1个。固定电话8215部，宽带658部，移动电话1.02万部。

四、小康营乡

（一）位置境域

小康营乡位于东经104°04′50″~104°12′18″，北纬35°43′45″~35°52′13″。地处榆中县东南部，东接新营乡，南与马坡乡相望，西依城关镇，北靠三角城乡。乡政府驻地南北关村328号，距县城8千米，距兰州市45千米。辖区面积93平方千米，东西最大距离9千米，南北最大距离15千米。

（二）建置沿革

明肃庄王朱楧出巡金县，勘查王圹（墓地），宿营小龛里，适逢天雨半月，难以出行。官军粮食尽绝，收当地小米（黄米）供官军食用，朱楧将吃小米的日子称为小康生活，小康营名由此而来。

宋元丰四年（1081）置龛谷寨。金升寨为县，以龛谷为金州治所直至明洪武二年（1369）。明初，设小龛里。清宣宗道光二十二年（1842）至民国十五年（1926），小康营乡属金川里，部分村庄属皋兰县瓯脱地。民国二十三年（1934），设龛谷乡。民国三十年（1941），龛谷乡瓯脱地划归榆中县。1949年8月，设龛谷、王保营、泉头、徐家峡、浪街、郭家营乡。1955年，合并为小康营、王保营乡。1961年5月，设立小康营、王保营人民公社。1964年6月，将王保营人民公社并入小康营人民公社。1983年5月，改为小康营乡。2010年，辖小康营、窑坡、永红、南北关、红寺、翟家湾、孟家庄、郭家营、王保营、洪亮营、刘家营、上彭家营、李家营、浪街、徐家峡、深沟、樊家山17个行政村，135个村民小组。辖区人口2.81万人，其中汉族2.73万人；回族和东乡族735人，居住在深沟子的大壑岘，徐家峡的新窑湾、南北关的尕七队。

（三）地貌、气候与水文

境内地势东西两侧是黄土丘陵区，中部凹陷，呈马蹄形，南部为石质二阴区，九子坪是最高峰，海拔3021米。东南部系以东山为主的黄土丘陵区，西北部系以东湾山为主的黄土丘陵区，三面环山，东西两山之间是川塬沟壑区，平均海拔2070米，地形由东南向西北倾斜。年均气温6.2℃，1月平均气温-7.9℃，7月平均气温18.3℃，无霜期139天。年降雨量450毫米，年蒸发量1368.3毫米。地表水主要有龛谷河地表径流，流域面积63.8平方千米，年径流量359.2万立方米，河道常年有水。唐家峡和徐家峡河是两条主要支流，源于兴隆山的九子坪，其中唐家峡河长6.7千米，流域面积8.9平方千米，年径流量59.2万立方米；徐家峡河长15.2千米，流域面积10.3万平方千米，年径流量90.4万立方米。

（四）矿藏

境内矿产资源主要有石灰岩和水泥粘土（高岭土）。凤泉沟石灰岩矿探明D级储存量1121.31万吨，鸡冠梁石灰岩矿探明D级储存量683.12万吨，陈沟峡石灰岩矿储存量1.74亿吨，曹家沟水泥黏土矿黄土层分布厚度10米。

（五）经济状况

小康营乡粮食作物有小麦、豌豆、扁豆、蚕豆、玉米、谷子、糜子、马铃薯等；经济作物有胡麻、油籽、甜菜、药材等；蔬菜主要有辣椒、花椰菜、番瓜、甘蓝等。2000年以来，改变农业种植结构，上彭家营、李家营、刘家营、王保营、洪亮营、浪街等川区村大面积种植蔬菜，形成高原夏菜基地。2005年后，永红、窑坡、小康营、徐家峡、樊家山、红寺、深沟子等山区村推广种植双垄沟播玉米，并逐渐形成连片规模种植。2010年，小康营乡有耕地5.45万亩。农业总产值0.89亿元，农民人均年纯收入3360元。全年种植粮食作物3.55万亩，产量1.13万吨；油料作物6500亩，产量340吨；蔬菜2.6万亩，产量5.4万吨。全乡饲养猪5347头、羊3854只、牛1559头、家禽1.12万只。全乡林地3.24万亩，占全乡面积的21.23%，其中天然林1.07万亩，占林地的32.93%；牧草地2.32万亩，占全乡面积的15.21%。全乡有企业236家，其中集体企业5家，私营企业10家，个体企业221家，从业人员2430人。工业企业6家，主要产品为水泥、建材。工业产值1804万元，从业人员217人。商业网点62个，从业人员71人，社会商品销售额91万元。

（六）文教卫生

境内有文物点14处。其中新石器时代遗址13处：红寺遗址、窑坡遗址、唐家峡遗址、庙儿沟遗址、洪亮营遗址、堡子湾遗址、王保营遗址、董家磨遗址、紫家营遗址、樊家山遗址、徐家峡遗址、张家窑遗址、小康营遗址，红寺遗址属省级文物保护单位，窑坡遗址、唐家峡遗址属县级文物保护单位；明代遗址1处：堡子湾烽火台。2010年，乡内有文化站1个，农家书屋17个，藏书1.7万册，文化行业从业人员23人。小学11所，学生1354人，教师146人；初中1所，学生763人，教师66人。卫生院1所，村卫生室17所，有病床69张，专业卫生人员71人。辖区18所医疗卫生机构实施国家基本药物制度，实行基本药物零差率销售，城乡居民规范化电子健康档案建档率为100%。电视用户7686户，入户率100%。

（七）旅游

乡内旅游资源有龛谷峡、唐家峡、徐家峡。龛谷峡左边山梁有石堡子古城，石堡子山脚下有龛谷水库。峡东面有凉耳山，是榆中八景之一“凉耳听莺”之地。东面山腰有一山洞，洞边有宋代摩崖石刻，书写“黄猴洞”楷书大字。洞右有“石马勺”，积满泉水，泉水旱不枯，涝不溢，十分奇特。对面山腰有一泉眼“天深井”，泉水与泉边沿相平，旱涝如常。唐家峡口有“石门槛”，石门槛有三级石台自然形成台阶。峡门古树苍郁，林壑优美，中间有一人穿行的林间小道。行200米，豁然开阔，峡中有一巨石，高2米，传说鲁班担石去塞桑园峡，行至山脊，扁担断裂，一石滚落于唐家峡，一石滚落于陈沟峡。西南面山腰有“女娲宫”，洞内可纳百人。另有小水窑、石鼓石等景观。徐家峡由南岔和冰沟组成。两沟之内林木茂密，中间流水潺潺。

（八）社会保障

2010年，全乡有农村低保户792户2441人，支出27.3万元；农村五保户分散供养74人，支出13.32万元；民政部门资助参加合作医疗564人次，支出5.95万元；农村临时救助20人次，支出4万元；国家抚恤、补助优抚对象74人，支出32.36万元；救灾支出16万元。

五、清水驿乡

（一）位置境域

清水驿乡位于东经104°10′51″~104°21′06″，北纬35°44′06″~35°57′39″。地处榆中县东北部的川塬丘陵区，东接韦营乡、甘草店镇，南临新营乡桦岭村，西与小康营、三角城乡接壤，北与夏官营镇、贡井乡为邻。乡政府驻清水村83号，距县城15千米，距兰州市48千米。辖区面积159.1平方千米，东西最大距离11千米，南北最大距离23千米。

（二）建置沿革

清朝时期设立清水镇，属长乐里，部分村庄属皋兰县瓯脱地。民国二十三年（1934），设立清水乡。民国三十年（1941），清水乡瓯脱地划归榆中县。1949年8月，设苏堡、杨河、清水、三墩营、岘坪、东古城6个乡。1955年9月，将部分乡合并，境内有清水、东古城、杨河（苏堡合并在杨河乡，岘坪合并在东古城乡，三墩营乡合并在清水乡）3个乡。1958年4月，将东古城、杨河乡并入清水乡。1958年9月，设清水和苏堡大队。1961年7月，清水、苏堡大队改为人民公社。1964年6月，苏堡人民公社并入清水人民公社。1983年4月，清水人民公社更名为清水驿人民公社。同年5月，清水驿人民公社改设清水驿乡。2010年，辖清水、方家沟、赵家岔、苏堡、柳树湾、杨河、稠泥河、红坪、建家营、王家湾、杨家山、孟家山、天池峡、东古城、岘坪子、太子营16个行政村，103个村民小组。辖区人口2.13万人。

（三）地貌、气候与水文

境内地势东北、西南高，中部低，呈马鞍形。中部川区属苑川河中游河谷地带，是兴隆山倾斜冲积、洪积平原，南北长14~16千米，东西宽5~10千米，海拔1760~1900米。西南部山岭属马衔山余脉，海拔2100~2300米。东北部属低山丘陵，是华家岭和铁木山隆起西延部分，海拔在2000米以上。河谷深切，基岩出露，黑池沟、蓝家窑一带较为典型。年均气温7.4℃，1月平均气温-7.5℃，7月平均气温19℃，无霜期148天。年均降水量400毫米，年蒸发量1406.8毫米。苑川河是流经乡内最大的一条河流。经甘草店镇的三墩营村折向西北进入王家湾村，有燕麦湾沟、杨家河（赵家岔沟）、天池峡（黑池沟）、龛谷河等河沟的水流汇入苑川河。

（四）经济状况

清水驿乡农作物有小麦、玉米、糜谷、蚕豆、马铃薯等，经济作物有蔬菜、药材、瓜果等。2000年以来，全乡调整种植结构，扩大川区村蔬菜种植面积、二阴山区药材和双垄全膜覆盖玉米种植面积，同时打坝蓄水，新修黄河水提灌工程，支持打井提灌，改善农业基础设施。川区形成高原夏菜基地，二阴山区形成中药材和双垄沟播玉米规模种植基地。2010年，清水驿乡有耕地7.2万亩。农业总产值1.5亿元，农民人均年纯收入3616元。全乡种植粮食作物6.27万亩，产量1.22万吨；油料作物300亩，产量28吨；蔬菜2.1万亩，产量5.31万吨。全年养猪1.4万头、羊9417只、牛112头、家禽1.69万只。名优农特产有甜玉米，绿色环保农产品有脱毒马铃薯、砂地西瓜、侧膜谷子等。

清嘉庆年间，清水驿就有较繁华的贸易市场，有金铺、粮行、药店、当铺、杂货铺等，每旬三、六、九是集日，最繁华的时期为道光、咸丰年间。2010年，乡内拥有企业20多家，大多数为小型原材料加工企业，其中砖瓦厂3家，铁合金厂1家，采砂场数家，年产值4450万元。个体商店60个，从业80人，社会零售总额150万元。

（五）文教卫生

乡内有文物点8处。其中新石器时代遗址5处：方家沟遗址、祁家崖湾遗址、洪家坪遗址、孟家山遗址、红坪遗址；魏晋南北朝时期遗址1处：东古城；明清时期遗址2处：清水驿城址、清水驿堡。省级文物保护单位有方家沟遗址，县级文物保护单位有祁家崖湾遗址。2010年，全乡有群众性文化团体19个。乡文化站1个，农家书屋16个，藏书5万册。幼儿园2所，在园幼儿176人，教师10人；小学9所，学生899人，教师126人；初中1所，学生561人，教师57人。卫生院1所，村卫生室16所，病床19张，专业卫生人员29人。农村安全饮用水普及率50.64%，卫生厕所普及率24.13%，新型农村合作医疗参合1.96万人，参合率92.1%。辖区17所医疗卫生机构实施国家基本药物制度，实行基本药物零差率销售。2010年，有线电视延伸到16个村的1100户，其中数字电视用户600户，电视综合覆盖率100%。能收看38套节目。

（六）社会保障

2010年，全乡有城镇低保户72户116人，支出 20.8万元；城镇医疗救助56人次，支出5万元。农村低保户655户2104人，支出278万元；五保户分散供养90人，支出23.36万元；临时救助16人次，支出4.6万元。国家抚恤、补助优抚对象88人，支出48.9万元；救灾支出15万元。

（七）交通通信

清水驿乡自古以来为交通要道，明清时陕甘大道经过清水，设有驿站1处。中华人民共和国成立后，陇海铁路、312国道、连霍高速相继贯通，并穿越全境。2010年，全乡有硬化道路41.5千米，砂化道路44.2千米。电信所1个，邮电支局1个，投递点26个。固定电话用户756户，普及率13.5%；移动电话用户4551户，普及率80.9%；互联网用户231户，普及率4.1%。

六、龙泉乡

（一）位置境域

龙泉乡位于东经104°11′43″~104°19′44″，北纬35°34′16″~35°40′28″。地处榆中县城东南部，东邻定西市安定区符川镇，南与临洮县云谷乡相接，西和新营乡相连，北靠高崖镇。乡政府驻银川村，距县城60千米。

辖区面积84平方千米，东西最大距离13千米，南北最大距离11千米。

（二）建置沿革

清宣宗道光二十二年（1842）至民国十五年（1926），龙泉乡属泰康里。民国二十五年（1936），属清源乡。1949年8月，设水坡、骡子滩、广川乡。同年12月，将骡子滩乡改为龙泉乡。1955年10月，将广川、水坡乡并入龙泉乡。1958年9月，设龙泉大队。1961年7月，改为龙泉人民公社。1983年5月，改为龙泉乡。2010年，辖银川、骡子滩、花寨子、武家庄、李家岔、大坪、水家坡、张家窑、水泉湾、杨家嘴、庙嘴、洞口12个行政村，76个村民小组。辖区人口1.09万人。

（三）地貌、气候与水文

乡内地势东南、西南高，西北低，平均海拔2160米。年均气温5.5℃，1月平均气温-8.2℃，7月平均气温17.3℃。年均降水量400毫米，蒸发量1402毫米，无霜期121天。境内有水坡河，总长23.2千米，流域面积82.5平方千米。境内的官川河是黄河水系祖厉河的支流，经龙泉乡入定西市秤钩镇，主流长34.2千米，流域面积45.88平方千米。

（四）经济状况

龙泉乡粮食作物主要有小麦、玉米、马铃薯、蚕豆，经济作物有胡麻、中药材、大蒜。2010年，全乡有耕地4.88万亩，其中梯田3.36万亩。农业产值5120万元，农民人均年纯收入3068元。全年种植粮食作物4.67万亩，产量4563吨；经济作物2100亩。全乡有大牲畜3126头，其中牛1206头，驴1438头，骡481头；猪存栏3140头，羊存栏3620只，鸡存栏1.8万只。乡内有工业企业2个，主要生产砖瓦和淀粉，工业产值377万元，从业人员43人。个体商店57个，从业人员64人，社会商品销售额285万元。

（五）文教卫生

乡内有文物点2处，属新石器时代遗址，为大坪遗址和水坡遗址，其中大坪遗址为县级文物保护单位。2010年，全乡有影剧院3个，乡文化站1个，文化室7个；农家书屋11个，藏书2.3万册。小学教学点7个，寄宿制小学1所，学生645人，教师72人。卫生院1个，村卫生室12个，个体诊所

2个。病床34张，专业卫生人员33人。新型农村合作医疗参合9845人，参合率91.8%；卫生厕所普及率8.1%。城乡居民规范化电子健康档案建档率8.6%。农民文化健身场地1个，学校体育场地7处。全乡实现“村村通”广播电视工程，能收看54套节目，电视综合覆盖率98%。

（六）社会保障

2010年，全乡有城镇低保户16户30人，农村低保户660户1983人。农村五保户分散供养76人。农村医疗救助37户，民政部门资助参加合作医疗1001人。农村临时救助12户，国家抚恤、补助优抚对象33人。

（七）交通通信

2010年，境内有县级公路高内路（高崖镇—定西市安宁区内官营镇）20千米，村社硬化道路2.4千米。有汽车站4个，日发送客车6辆，年客运量5400人，货运量2万吨。固定电话用户325户，普及率11.3%；移动电话用户5600户；互联网用户20户，普及率0.7%。

七、新营乡

（一）位置境域

新营乡位于东经104°03′13″~104°14′03″，北纬35°37′10″~35°44′46″。地处榆中县南部，东邻高崖镇，南连临洮县马营乡，西靠马坡乡，北与清水驿乡、甘草店镇、小康营乡接壤。乡政府驻新营村，距县城52千米。辖区面积139平方千米，东西、南北最大距离均为15千米。

（二）建置沿革

宋时，西夏修筑瓦川会城。明初，肃王在黄坪筑城，修仓藏料豆，喂养贡马。明万历三十七年（1609），中贵张养吾见其堡隘而地僻，请命于朝廷，明神宗朱翊赐旨俞允在乔家岔山水会合处筑新堡，后人将新堡所在地称新营，旧城所在地称旧营。清宣宗道光二十二年（1842）至民国十五年（1926），新营属泰康里，部分村庄属皋兰县瓯脱地。民国二十五年（1936），设新营镇。民国三十年（1941），新营镇瓯脱地划归榆中县。1949年8月，设新营区，辖黄坪、祁家河、新营、沿川、桦岭等乡。1958年4月，撤区并乡，保留黄坪、新营乡。同年9月，设立黄坪、新营大队。1961年7月，成立黄坪、新营人民公社。1964年6月，将黄坪人民公社并入新营人民公社。1983年5月，改为新营乡。2010年，辖新营、清水沟、红土坡、杨家营、八门寺、刘家湾、窝子湾、桦岭、谢家营、罗景、黄坪、寨子、祁家河13个行政村，102个村民小组。辖区人口1.98万人，其中汉族99.88%，回族0.12%。

（三）地貌、气候与水文

乡内地势呈“一叶瓦”形，东部较平坦，西部多高山沟壑，南北长而东西窄，且东西两侧为连绵丘陵，地势南高北低，相对高差在70~198米，苑川河由南向北穿过河谷中央。平均海拔2760米。年均气温5.3℃，1月平均气温-8.3℃，7月平均气温17℃。年均降雨量553.1毫米，无霜期118天。苟家河，又称新营河，为境内最大的河流，是苑川河上游重要支流。有二源：魏家河源于黄石崖，流经苟家坪；祁家河亦名黄坪河，源于马衔山石棺材山梁北侧。二河汇合于大庄，流入高崖水库。河流全长24千米，流域面积146平方千米，径流量560.6万立方米。

（四）经济状况

新营乡粮食作物主要有小麦、玉米、蚕豆、马铃薯、双垄沟播玉米等，经济作物有冷凉型蔬菜、中药材、胡麻等。2010年，全乡有耕地8.16万亩，其中水浇地8820亩。农业产值9961万元，农民人均年纯收入3240元。全年种植粮食作物5.73万亩，产量9730吨，其中双垄沟玉米1.55万亩，产量4342.8吨；马铃薯2万亩，产量3600吨。种植冷凉型蔬菜1.28万亩，产量3.2万吨；胡麻等油料作物1.1万亩，产量1100吨；药材300亩，产量45吨。全乡年末牛存栏1185头，羊存栏4600只，猪存栏4042头，鸡存栏6万只。名优产品有胡麻油、蒜苗。

乡内探明的矿藏有4种，其中白云岩和石灰岩储量最多。明代始有木、铁器和农副产品加工业。清代出现煤炭开采、淘金业，并烧制石灰、砖瓦。中华人民共和国成立后，集体工业建立，私营工业在改造中发展。2010年，全乡拥有企业23家，工业产值4626万元，实现工业增加值3234万元，从业人员220人。

宋代就有市场，交易粮食、牲畜、家禽、农副产品及铁器、木制手工产品。明清按照二、五、八设集，每月9次。民国时期，新营是榆中5个粮食市场最大的一个，隶属新营同业工会管理，有斗行30家，每集上市交易粮食37.5~75吨。1953年，新营供销社建立。1956年，实行公私合营。1979年后，国营、集体、私营商业并举，网点增加。2010年，拥有商业网点118家，从业人员665人，社会商品零售额2351万元；城乡集贸市场2个，年交易额1251万元。

（五）文教卫生

境内有文物点11处，其中明代遗址7处：马家岖烽燧、黎家庄烽燧、郭家庄烽燧、夏家岖烽燧、杨家营烽燧、新营堡、五台山城堡；明代墓葬2处：圹背后明肃王圹址、新营墓葬群；北宋时期石刻1处：黄猴洞石刻，属县级文物保护单位；清代古建筑1处：新营宗神殿。2010年，乡内有乡综合文化站1处，建筑面积260平方米，农家书屋13个藏书1.3万册。小学12所，教学点5个，学生2072人，教师106人；中学1所，学生1038人，教职工47名。卫生院1所，标准化卫生所13个。建立健康档案3336户1.68万人，建档率80.1%。乡内9个村建成村民健身广场。村村通用户4260户，电视综合覆盖率100%。

（六）旅游

乡内旅游景点为沿川湖生态园，位于新营乡东南角，地处罗景村、谢家营村、寨子村三村交界处。始建于2006年，分生态农业、宗教文化、村镇民俗、旅游度假四大版块，占地面积6000亩。

（七）社会保障

2010年，全乡有城镇低保户25户39人，支出7.42万元；农村低保户264户918人，支出31.09万元；农村五保户分散供养112人，支出29.12万元；农村医疗救助102人次，临时救助50人次，支出13.26万元；国家抚恤、补助优抚对象350人，支出12万元；救灾支出36万元。全年帮助365户零就业家庭实现每户至少1人就业。

（八）交通通信

省道甘临（甘草店—临洮县）公路、县道榆黄（榆中县城关镇—新营乡黄坪村）公路过境。2010年，全乡硬化村道10条25.14千米，拓宽砂化村社道路46条114.4千米。邮政网点1个，投递点9个。固定电话用户401户，普及率8.4%；移动电话用户2073户，普及率42.8%；互联网用户55户，普及率1.1%。

八、马坡乡

（一）位置境域

马坡乡位于东经103°54′56″~104°08′24″，北纬35°41′35″~35°50′30″。地处榆中县西南部高寒二阴山区，东邻新营乡，南靠临洮县，西接银山乡，北依兴隆山。乡政府驻马坡村40号，距县城15千米。辖区面积149.32平方千米，东西最大距离20千米，南北最大距离15千米。

（二）建置沿革

马坡乡分东、西两片。东片民国时期属榆中县。1949年8月，设马滩、白堡、天堡乡。1955年10月后，合并为双堡乡。西片河湾、哈班岔2个村民国时期属皋兰县瓯脱地，由皋兰、榆中两县共管。马坡、窑沟、羊上、羊下、后沟、太平沟、张家寺7个村属皋兰县柴沟乡。1949年8月后，设马坡和羊寨乡。1956年4月，将马坡乡并入羊寨乡。1958年4月，划归榆中县。同年11月，东片和西片划归城关人民公社。1961年7月，西片9个村成立马坡人民公社。1962年4月，东片6个村成立上庄人民公社。1983年5月，恢复马坡、上庄乡。2004年3月，将上庄乡并入马坡乡。2010年，辖尖山、马滩、上庄、白家堡、旧庄沟、阳疝、河湾、马坡、哈班岔、窑沟、羊上、羊下、后沟、太平沟、张家寺15个行政村，100个村民小组。辖区人口1.71万人，其中藏族、回族2个少数民族21人。

（三）地貌、气候与水文

乡内地势东高西低，尖山等8个自然村分布在山头，其他村沿马衔山沟谷坡地分布。尖山村岭上为榆中县最高居住地，海拔2870米。最低为河湾村的三伏石骨岔，海拔2450米左右。天然林植被区域为黑土，其他区域为麻黄土或黄土。部分山体出产石英、白云石、鸽子石和石灰岩。年均气温3.2℃，1月平均气温-9℃，7月平均气温14.1℃。年均降雨量550毫米。无霜期84~115天。地表水由发源于马衔山的多条溪流组成，以分水岭为界流入县内兴隆峡、小康营峡和七里河区柴沟河。

（四）经济状况

马坡乡粮食作物有小麦、青稞、豌豆、蚕豆等，经济作物有蔬菜、中药材、胡麻、马铃薯等。2006年后，全乡推广冷凉型蔬菜栽培技术，利用二阴山地扩大冷凉型蔬菜和中药材、百合等经济作物种植面积。2010年，全乡有耕地4.5万亩。农业产值6317万元，农民人均年纯收入3242元。种植粮食作物2.4万亩，产量4220吨。经济作物1.7万亩，其中冷凉型蔬菜1.5万亩，产量2万吨；药材2000亩，产量482吨。饲养大牲畜4099头、猪6228头、羊2778只。

2005年，乡内有企业20多家，主要为原材料加工企业。其中铁合金厂规模较大，主要生产含硅68%的硅铁，月产量300吨，年产值1000万元。后随着产业的转型升级，大多数企业逐渐关停。2010年，全乡有个体商店116个，从业人员116人，社会零售额200万元。

（五）文教卫生

境内有文物点5处。其中新石器时代遗址1处：下阳寨遗址；两晋南北朝时期遗址2处：大湾城址、上庄尖山堡；明清遗址1处：马坡堡；宋代石窟寺1处：尖山大佛寺。县级文物保护单位有尖山大佛寺。2010年，全乡有文化艺术团体1个，从业人员8人。文化站1个，农家书屋15个，藏书7.8万册。小学9所，教学点1所，在校生1082人，专任教师104人；初中1所，在校生594人，专任教师39人。卫生院1个，卫生所15个，病床16张，专业卫生人员36人。乡卫生院服务半径30千米，覆盖全乡15个行政村及周边乡镇群众2万人，新型农村合作医疗参合1.5万人，参合率96.8%。全乡电视覆盖率100%。

（六）旅游

马坡乡地处马衔山脚下，夏天气候凉爽，景色宜人，是兰州市休闲避暑旅游的好去处。主要景点有马衔山，名胜古迹有尖山村大佛寺、白银洞、古城、三伏回族巴巴爷墓葬遗址、羊下村的关帝庙。民间文化有社火、小曲、“花儿”等，接待餐饮中心有官磨滩度假村、沁馨园等。

（七）社会保障

2010年，全乡有农村低保户827户2491人，支出193.49万元。农村五保户分散供养90人，支出19.8万元。农村医疗救助47人次，民政部门资助参加合作医疗227人次，支出1.14万元。农村临时救助12人次，支出3.3万元。国家抚恤、补助优抚对象32人，支出13.41万元。

（八）交通通讯

省道101线经过河湾、马坡、羊上、羊下、张家寺村，截至2010年，全乡维修新修村社道路60千米，硬化村社道路16千米。全乡4个村通水泥路。有邮政网点1个，投递点100个。邮政快递业务每年1300个，代办业务有电话费、机票、车票等。

九、银山乡

（一）位置境域

银山乡位于东经103°49′21″~103°57′17″，北纬35°44′11″~35°52′20″。地处榆中县西南角，东接马坡乡，南靠马衔山，西连临洮县太石镇，北接七里河区阿干镇。乡政府驻孙家湾村，距县城30千米，距兰州市30千米。辖区面积73平方千米，东西宽9千米，南北长15千米。

（二）建置沿革

清至民国时期，银山乡属皋兰县。1950年，设皋兰县银山乡。1952年为兰州市阿干区银山乡。1954年属皋兰县银山区银山乡。1958年3月划入榆中县，同年8月划入兰州市阿干区。1961年并入七里河区，设银山人民公社。1963年10月再次划入榆中县，沿用银山人民公社。1983年改名银山乡。2010年，辖高家湾、孙家湾、打磨沟、大滩、茨坪、小水子、斜路屲、旋马滩8个行政村，43个村民小组。辖区人口9276人。

（三）地貌、气候与水文

境内地势东南高，西北低，一山一沟，地形分山区和沟壑区。主要山脉属马衔山山系，境内最高海拔2841米，最低海拔2100米，东西高差741米。打磨沟河自东南向西北流过。属南山二阴高寒山区气候，寒冷、湿润，降水量较多，年降水量550毫米以上，年蒸发量940毫米。年均气温4℃，1月平均气温-9℃，7月平均气温16℃，全年无霜期106天。年主导风向为西南风，平均风力2.5级，最大冻土深度1.4米，且开冻早、解冻迟。境内主要河流有雷坛河、大滩河两条河流。雷坛河发源于马衔山，贯穿全乡，呈东西走向，境内流程15千米。大滩河呈南北走向，境内流程13千米，水流量随季节变化较大。

（四）经济状况

2000—2010年，推广新技术和调整产业结构，沿沟发展冷凉型蔬菜，小水子、斜路岇、旋马滩等村发展百合、中药材种植，大滩、茨坪等村发展牛羊养殖。2010年，全乡有耕地1.61万亩，林地2590亩。农业产值5104万元，农民人均年纯收入3245元。全年种植粮食作物4580亩，产量910吨。经济作物7420亩，其中冷凉型蔬菜3950亩，产量7250吨；药材1480亩，产量300吨。全乡有大牲畜2035头，其中牛1042头、羊存栏900只、猪存栏3200头、鸡存栏1.2万只。名优农特产品有冷凉型蔬菜、百合。

1991年起，乡镇企业发展以建材业为主的石头经济。2005年，工业产品有硅钡合金、餐巾纸、轻钙、重钙、水磨石、水泥等，乡镇企业年产值1.22亿元，工业产值4794.3万元。2006年后，随着产业结构的调整，部分工矿企业关闭或转型。2010年，全乡有工业企业5家，主要产品有水泥、方解石、轻钙等。

（五）文教卫生

2010年，全乡有文化舞台1个，文化站1个，农家书屋8个，藏书1.86万册。小学5所，教学点1处，学生499人，教师78人；初中1所，学生397人，教师25人。卫生院1所，村卫生室8所，个体诊所1个，病床50张，专业卫生人员26人。农村安全饮用水普及率86.4%，卫生厕所普及率43.2%，新型农村合作医疗参合8371人，参合率90.24%。辖区内8所医疗卫生机构实施国家基本药物制度，实行基本药物零差率销售；城乡居民规范化电子健康档案建档率79.5%。全乡实施全民健身工程，建成健身广场2个，安装健身路径2条，电视全部覆盖。

（六）社会保障

2010年，全乡有城镇低保户539户1662人，支出13万元。农村低保户531户1648人，支出12万元；五保户分散供养23人，支出4.14万元。农村临时救助126人次，支出5.6万元。国家抚恤、补助优抚对象8人。

（七）交通

境内有省道101线和普银公路（定西市临洮县普家寺—银山乡）过境，总里程20.61千米，其中省道101线银山段长15千米，普银公路境内长5.61千米。

十、贡井乡

（一）位置境域

贡井乡位于东经104°11′10″~104°28′16″，北纬35°56′42″~36°10′45″。地处榆中县东部，东南邻中连川乡，西靠夏官营镇、金崖镇，北与哈岘、上花岔乡接壤。乡政府驻地吕家岘村，距县城45千米。辖区面积289.5平方千米，东西最大距离27千米，南北最大距离15千米。

（二）建置沿革

清宣宗道光二十二年（1842）至民国十五年（1926），贡井乡属广积里，部分村庄为皋兰县瓯脱地。民国二十三年（1934）至1949年8月，设贡井保，辖10甲，属哈岘乡。民国三十年（1941），贡井瓯脱地划归榆中县。1949年8月后，设贡井乡。1958年9月，设贡井大队。1961年7月，设贡井人民公社。1983年5月，改为贡井乡。2000年3月，将鲁家沟乡的鲁家沟、崖头岭、佐堤村划归贡井乡。2004年3月，将梁坪乡的套岔岘村划归贡井乡。2010年，辖贡马井、吕家岘、大坪屲、石台、地湾、古坝、崖头岭、佐堤、套岔岘9个行政村，56个村民小组。辖区人口8261人。

（三）地貌、气候与水文

乡内地势依次向四面伸展降低，呈伞形。地表经长期侵蚀，形成山梁、沟壑地带。境内低山丘陵是华家岭和铁木山的西延部分。山岭之间，沟谷深切，比高300~500米。坡麓明显，出坡呈凸形。局部地区冲沟发育，尤其在一些沟谷的下游，形成10~20米的冲沟，并迅速溯源侵蚀，沟谷中基岩裸露，谷坡陡峻，多形成“V”形谷。平均海拔2370米。境内最高点为吕家岘，海拔2494.9米。年均气温为4.5℃，1月平均气温-8.6℃，7月平均气温15.8℃，无霜期104天。年均降水量300毫米，蒸发量1368.3毫米。境内主要河流有巴石沟河、红柳沟河、黑池沟河。巴石沟河发源于大坪村柳井垴和套岔岘村柳井池，年径流量122.3万立方米，最大洪峰流量350立方米／秒，流域面积158.8平方千米。红柳沟河发源于吕家岘经鲁家沟，流域面积55.6平方千米，河道长22千米，年径流量48.9万立方米。黑池沟河发源于吕家岘，经贡井、中连川、韦营、清水驿汇入苑川河，流域面积326.5平方千米，河道长26.5千米，年径流量385.3万立方米。

（四）经济状况

贡井乡粮食作物有小麦、豌豆、马铃薯、双垄沟玉米等，经济作物有中药材、胡麻、商品马铃薯等。2010年，全乡有耕地5.12万亩。农业产值4388万元，农民人均年纯收入3045元。全年种植粮食作物4.86万亩，产量6331吨；药材2.1万亩；胡麻2070亩，产量31吨；马铃薯2.4万亩，产量2478吨。全乡饲养大牲畜1832头、猪4243头、羊1.2万只、家禽0.41万只。造林面积2.47万亩，其中退耕还林0.79万亩。

明清时期，贡井就有集贸市场。民国时期，市场归商会管理。1953年，国有商业建立。1956年，实行公私合营。1979年后，国营、集体、私营商业并举，网点增加。2010年，全乡有个体商店56个，从业人员138人，社会商品销售额127万元，集市贸易额468万元。

（五）文教卫生

境内有文物点7处。其中新石器时代遗址4处：菊米岔遗址、下古坝遗址、古坝遗址、营盘山遗址；清代遗址1处：贡井村窑址；清代墓葬1处：杏树湾墓群；清代古建筑1处：贡井文昌阁。2010年，全乡有农家书屋9个，藏书2.3万册，文化行业从业人员32人。小学6所，教学点2个，学生390人，教师53人；初中1所，学生678人，教师82人。卫生院1所，村卫生室9所，个体诊所3个。病床15张，专业卫生人员27人。农村卫生厕所普及率12.2%，新型农村合作医疗参合人数7853人，参合率98%。辖区10所医疗卫生机构实施国家基本药物制度，实行基本药物零差率销售；城乡居民规范化电子健康档案建档率75%；创建省级卫生村2个。乡内有农民文化健身场地1处，举办的体育活动有篮球、象棋、乒乓球、拔河等。2009年，134个自然村开通“村村通”广播电视工程，2010年，能收看54套节目，电视用户1980多户，电视综合覆盖率98%。

（六）社会保障

2010年，全乡有城镇低保户10户21人，支出1.21万元。农村低保户481户1649人，支出123.97万元。农村五保户集中供养11人，支出2.42万元；农村五保户分散供养40人，支出8.8万元。农村医疗救助201人次，民政部门资助参加合作医疗1214人次，支出6.07万元。农村临时救助120人次，支出2.4万元；国家抚恤、补助优抚对象24人，支出11.52万元。自然灾害受灾人口183人，救灾支出1.6万元。

（七）交通通信

乡内过境道路有309国道、白榆公路，其中309国道境内长18.5千米；白榆公路境内长20千米。县、乡级公路5条，长30千米。汽车站1个，年客运量3.89万人，货运总量4000吨。邮政投递点9个。

十一、韦营乡

（一）位置境域

韦营乡位于东经104°18′09″~104°26′43″，北纬35°46′41″~35°56′56″。地处榆中县东部，东邻定西市安定区鲁家沟镇，南和甘草店镇接壤，西靠清水驿乡，北与中连川乡相毗邻。乡政府驻孙家岔村320号，距县城50千米。辖区面积123平方千米，东西最大距离9千米，南北最大距离15.3千米。

（二）建置沿革

清宣宗道光二十二年（1842）至民国十五年（1926），韦营属长乐里。民国二十三年（1934）十二月，设韦营保，属清水乡。1949年8月后，设韦营乡。1958年9月，设韦营大队。1961年7月，成立韦营人民公社。1983

年5月，恢复韦营乡。2010年，辖韦家营、李家坪、郭家沟、黄家岔、全家岔、孙家岔、武家窑7个行政村，35个村民小组。辖区人口6039人。

（三）地貌与气候

境内地形以山沟梁峁为主，局部地区冲沟发育，尤其在一些沟谷的下游，形成10~20米的冲沟，并迅速溯源侵蚀，谷坡陡峻，多为"V"形谷。境内海拔2320.2~2270米，落差50.2米。年均气温6.7℃，1月平均气温－8.4℃，7月平均气温16.7℃。年降水量350毫米，蒸发量1668毫米。泉水出露点少，水量少，矿化度高，只有少量可供牲畜饮用。

（四）经济状况

韦营乡粮食作物有小麦、马铃薯、豌豆、双垄沟全膜覆盖玉米等；经济作物有胡麻。2010年，全乡有耕地4.78万亩。农业产值1549万元，农民人均年纯收入3030元。全年种植粮食作物3.42万亩，产量4834.5吨，其中双垄沟全膜覆盖玉米1.6万亩。油料作物830亩，产量41.5吨。全乡饲养大家畜1677头、猪3221头、羊9500只、鸡1.2万只。全乡有个体商店36个，从业72人，社会零售额45万元。

（五）文教卫生

乡内有新石器时代遗址4处：牛骨头岭遗址、李家坪遗址、郭家沟遗址、韦营遗址。2010年，建成农家书屋5个，健身广场3个。学校8所，其中五至九年级学校1所，一至四年级教学点7所，教师60人，教学班33个，学生524人。卫生院1个，村卫生室6个，个体诊所4个。参加新型农村合作医疗5499人，参合率92.8%。有体育社团7个，体育指导员7人。建成韦家营、黄家岔移动信号基站2座，实现1000户农村卫星电视村村通工程。

（六）社会保障

2010年，全乡有农村低保户379户1253 人，年发放金额90.48万元。落实53名五保户、230名残疾人优惠政策。参加新型农村养老保险2984人，参保率98%。

（七）交通通信

至2010年，全乡建成乡道、村道8条42千米，其中硬化道路3.5千米。

全乡有邮政网点1个，投递点7个。

十二、哈岘乡

（一）位置境域

哈岘乡位于东经104°12′12″~104°21′26″，北纬36°06′23″~36°18′45″。地处榆中县北部，东接上花岔乡，南与贡井乡、金崖镇毗邻，西靠皋兰县，北与青城镇相接。乡政府驻地仁和村，距县城78千米。辖区面积194.77平方千米，东西最大距离12千米，南北最大距离21千米。

（二）建置沿革

清宣宗道光二十二年（1842）至民国十五年（1926），哈岘乡属广积里，部分村庄为皋兰县瓯脱地。民国二十三年（1934）至1949年8月，设哈岘乡。民国三十年（1941），哈岘瓯脱地划归榆中县。1953年，分为仁和、哈岘两乡。1956年，将仁和乡并入哈岘乡。1958年9月，设哈岘大队。1961年7月，设哈岘人民公社。1983年5月，改为哈岘乡。2010年，辖哈岘、仁和、柳树、杨岘、纪尔、张湾、宣家岔7个行政村，41个村民小组。辖区人口5022人。

（三）地貌、气候、水文与矿藏

境内地势由南向北倾斜，属黄土高原长期侵蚀、切割形成的梁峁、沟壑地带。平均海拔2300米。年均气温4.8℃，1月平均气温-8.5℃，7月平均气温16.3℃，无霜期110天。年均降水量300毫米，蒸发量1400毫米。境内主要河流有王岘沟、红岘沟。王岘沟发源于苦井岭，流经哈岘、青城一带，沟道长30.3千米。红岘沟发源于烈鸽梁，流经哈岘、青城一带，沟道长26.0千米。均为季节性河流，暴雨时有水流。境内有黄铁矿、黄钾铁矾矿2种，矿点5处。

（四）经济状况

哈岘乡粮食作物有小麦、马铃薯、豌豆、双垄沟播玉米、糜谷等；经济作物有中药材甘草、板蓝根，胡麻等。全乡有耕地3.75万亩。农业产值1797万元，农民人均年纯收入2960元。全年种植粮食作物3.1万亩，产量3677.5吨；中药材、胡麻等经济作物5000亩。全乡饲养大家畜1551头、猪2082头、羊8631只、家禽8700只。名优农产品有“黑美人”马铃薯、土鸡蛋、胡麻油、北山羊等。2010年，全乡有个体商店16个，从业32人，年社会零售额192万元。

（五）文教卫生

乡内有文物点4处。其中新石器时代遗址1处：魏家湾遗址，属县级文物保护单位；明代遗址1处：魏家湾烽燧；清代遗址1处：仁和城堡；清代古建筑1处：哈岘白马庙。2010年，全乡有文化站1处，农家书屋5个，藏书1.5万册，文化行业从业人员8人。小学1所，教学点5个，学生220人，教师45人。卫生院1所，村卫生所6所，全乡实现110个自然村开通“村村通”广播电视工程，能收看54套节目，电视综合覆盖率98%。

（六）社会保障

2010年，全乡有农村低保428户1252人，支出116.44万元。农村五保户分散供养28人，支出5.04万元。国家抚恤、补助优抚对象41人，支出15.18万元。

（七）交通通信

全乡有公路35.65千米，其中县乡级公路3条30.2千米。邮政网点1个，投递点8个。

十三、上花岔乡

（一）位置境域

上花岔乡位于东经104°16′01″~104°27′39″，北纬36°08′08″~36°22′56″。地处榆中县北部，东邻园子岔乡，南接贡井乡，西靠哈岘乡、青城镇，北隔黄河和白银区水川镇相望。乡政府驻地上花岔村，距县城87千米。辖区面积175.37平方千米，东西最大距离4千米，南北最大距离48千米。

（二）建置沿革

清宣宗道光二十二年（1842）至民国十五年（1926），上花岔乡属广积里，部分村庄为皋兰县瓯脱地。民国二十三年（1934）至1949年8月，属哈岘乡。民国三十年（1941），上花岔瓯脱地划归榆中县。1949年8月后，设新庄、老鞑乡。1953年5月，将新庄乡辖上花岔村划归青年乡。

1958年4月，设立上花岔乡，同年9月设立上花岔大队。1961年5月，设上花岔人民公社。1983年5月，改为上花岔乡。2010年，辖上花岔、平湾、百碌、黑虎、王湾、大岔6个行政村，43个村民小组。辖区人口7587人。

（三）地貌与气候

境内地势南高北低，沟壑纵横，东西起伏较大，平均海拔2350米，最低点大岔村大浪沟海拔1320米。年均气温4.5℃，1月平均气温-8.5℃，7月平均气温15.9℃。年均降雨量300毫米，蒸发量1400毫米，全年无霜期110天。

（四）经济状况

粮食作物有小麦、豌豆、扁豆、马铃薯、双垄沟全膜玉米等，经济作物有中药材、百合和胡麻等。2010年，全乡有耕地4.5万亩。农业总产值5000万元，农民人均纯收入2969元。全年种植粮食作物3.9万亩，产量5002.4吨；中药材甘草5100亩，百合500 亩。全乡养羊1.2万只、猪2719头、梅花鹿27只。

（五）文教卫生

境内有文物点10处，其中明代遗址7处：张家湾烽燧、马儿岔堡、大岔堡、大狼沟堡、大狼沟墩、朱家沟1号烽火台、朱家沟2号烽火台；清代遗址3处：石圈子堡、响崖子堡、王湾堡。2010年，全乡有文化艺术团体2个，乡俱乐部 1个，建筑面积30平方米，农家书屋6个，藏书0.8万册；文化行业从业人员8人。小学1所，在校生336人，教师20人；初中1所，在校生365人，教师25人。卫生院1所，卫生所6所，专业卫生人员15人。新型农村合作医疗参合3058人，参保率96%，农村卫生厕所普及率30%。村民健身活动广场1个。电视综合覆盖率100%。

（六）社会保障

2010年，全乡有农村低保户474户1512人，支出112.64万元。农村五保户集中供养6人，支出10.56万元，农村五保户分散供养48人，支出10.56万元。国家抚恤、补助优抚对象25人，支出3.37万元。

（七）交通通信

白榆公路自北向南穿境而过。2010年，全乡有硬化村道5条7.2千米，砂化村道16条41.6千米。年客运量5万人。邮政网点1个，投递点1个。固定电话用户186户，普及率9.1%；移动电话用户523户；互联网用户17户。

十四、园子岔乡

（一）位置境域

园子岔乡位于东经104°21′52″~104°30′48″，北纬36°09′43″~36°26′36″。地处榆中县东北部。东与靖远县若笠乡隔沟相望，南与中连川乡相接，西与上花岔乡、青城镇相连，北与白银市四龙镇、靖远县平堡乡遥相呼应。乡政府驻地小岔村，距县城98千米，兰州市95千米。辖区面积269.82平方千米，东西最大距离10千米，南北最大距离35千米。

（二）建置沿革

清宣宗道光二十二年（1842）至民国十五年（1926），园子岔乡属广积里，部分村庄为皋兰县瓯脱地。民国二十三年（1934）至1949年8月，设金园保属哈岘乡。民国三十年（1941）皋兰县瓯脱地划归榆中县。1949年8月，设园子岔乡。1953年6月，增设三台、青年乡。1955年9月，将青年乡合并到园子岔乡。1958年4月，将三台乡合并到园子岔乡，同年9月设园子岔大队。1961年7月，建园子岔人民公社。1983年5月，恢复园子岔乡。2010年，辖万羊、青碾、小岔、柏木、大岘、金营6个行政村，40个村民小组。辖区人口8340人。

（三）地貌、气候与矿藏

境内地势西南高东北低，属黄土高原丘陵干旱区，海拔1860~2254米。境内地表植被稀疏，生态环境脆弱。年太阳辐射量125千卡/平方厘米以上，有效辐射量68%。年均气温4.8℃，1月平均气温-8.5℃，7月平均气温16.3℃。年均降雨量300毫米，蒸发量1250毫米，全年无霜期101天。大理石、锰矿石、水晶石、桃花玉石、花岗岩、铁矿石等矿产资源丰富，其中锰矿有部分开采。

（四）经济状况

2005—2010年，粮食作物推广双垄沟地膜玉米种植，经济作物依托帮扶单位扶持农户种植耐旱经济作物百合，双垄沟地膜玉米、百合种植逐渐形成规模。2010年，全乡有耕地4.9万亩，其中退耕还林1.1万亩。农业总产值1583万元，农民人均年纯收入3000元。全年种植双垄沟地膜玉米1.5万亩，百合2000亩。全乡养猪3076头、羊1.08万只、家禽1800只。名优农特产品有百合、山羊。全乡有小型木材加工点1处，榨油坊2处，面粉加工点6处，个体商贸户30余家，个体餐饮户4家。

（五）文教卫生

境内有文物点7处，其中新石器时代遗址5处：大岘遗址、园子岔遗址、青碾曲子遗址、石井沟遗址、柏木沟遗址；新石器时代古墓葬1处：麻眼坡古墓群；明代遗址1处：大岘烽燧。2010年，全乡有文化站1个；农家书屋6个，藏书1.2万册，文化行业从业人员2人。小学5所，在校生385人，教师50人；初中1所，在校生317人，教师30人。卫生院1所，村卫生室6所，个体诊所1个，专业卫生人员25人。新型农村合作医疗参合人数7313人，参合率88.9%；农村卫生厕所普及率11.2%。辖区内7所医疗卫生机构实施国家基本药物制度，实行基本药物零差率销售；城乡居民规范化电子健康档案建档率65.5%。乡内有彩色电视机1850台，卫星直播系统综合接受解码器1800台。

（六）社会保障

2010年，全乡有城镇低保户3户3人，支出0.52万元。民政部门资助参加合作医疗241人次，支出1.21万元。农村低保户530户1745人，支出130.33万元。农村五保户集中供养4人，支出0.72万元。农村五保户分散供养38人，支出6.84万元。农村医疗救助37人次，农村临时救助5人次，支出1.6万元。国家抚恤、补助优抚对象19人，支出9.19万元。

（七）交通通信

境内有开往县城的客运车2辆，开往兰州市区客运车2辆，开往靖远县平堡乡的客运车1辆。2010年，全年客运量2.5万人，货运总量6000吨。邮政网点1个，投递点1个。全乡有移动电话2500部，电信电话1580部。

十五、中连川乡

（一）位置境域

中连川乡位于东经104°20′26″~104°34′28″，北纬35°55′46″~36°11′52″。地处榆中县东北部，东与白银市会宁县、定西市安定区接壤，南与韦营乡相连，西与贡井乡相邻，北同园子岔乡、白银市靖远县箬笠乡接壤。乡政府驻地高窑沟村，距县城70千米。辖区面积238.38平方千米，东西最大距离12千米，南北最大距离40千米。

（二）建置沿革

清宣宗道光二十二年（1842）至民国十五年（1926），中连川乡属广积里，部分村庄为皋兰县瓯脱地。民国二十三年（1934）至1949年8月，属哈岘乡。民国三十年（1941）中连川瓯脱地划归榆中县。1949年8月，属贡井乡。1953年5月，新增中连川、什子川、垲坪乡。1958年4月，什子川乡合并到中连川乡，垲坪乡合并到贡井乡。1958年9月，设中连川、垲坪大队。1961年7月，设中连川人民公社。1983年5月，从贡井乡分出垲坪乡。2004年3月，将垲坪乡整体并入中连川乡。2010年，辖高窑沟、鞑靼窑、中庄窠、中连川、野韭川、撒拉沟、大湾、刘家岘、陡泉湾、高家渠、垲坪、黄蒿湾12个行政村，66个村民小组。辖区人口1.04万人。

（三）地貌与气候

境内地势以孟家岘为分水岭，向东北和西南逐渐倾斜，地貌属陇中黄土长期侵蚀、剥蚀形成的梁峁、沟壑地带，地面破碎，沟壑纵横。海拔高度2000~2428米。年均气温4.8℃，1月平均气温-8.5℃，7月平均气温16.3℃，平均无霜期110天。年均降水量350毫米，蒸发量1400毫米。

（四）经济状况

中连川乡粮食作物有小麦、玉米、荞麦、豌豆、糜、谷、马铃薯等，主要经济作物有胡麻、中药材等。2010年，全乡有耕地5.05万亩。农业产值3901万元，农民人均纯收入3296元。种植粮食作物4.72万亩，产粮1048吨，胡麻等油料作物2479亩。养猪4146头、羊1.56万只、家禽4367只。地方土特产有胡麻油、小杂粮、北山马铃薯、北山羊肉等。2010年，有个体商店38个，从业人员38人，社会商品销售额57万元，集市贸易成交额68万元。

（五）文教卫生

境内有文物点5处。其中旧石器时期遗址1处：垲坪滩遗址，属县级文物保护单位；新石器时期遗址4处：韩家湾遗址、陡泉湾遗址、垲坪遗址、小散岔遗址。2010年，全乡有农家书屋12个，藏书2.4万册，文化行业从业人员13人。小学12所，学生613人，教师82人；初中1所，学生151人，教师9人。卫生院1所，村卫生室12所，个体诊所4个。新型农村合作医疗参合1万人，参合率98.1%；农村卫生厕所普及率10.9%。辖区内13所医疗卫生机构实施国家基本药物制度，实行基本药物零差率销售。开通"村村通"广播电视工程，能收看54套节目，电视综合覆盖率98%。

（六）社会保障

2010年，全乡有城镇低保户26户56人，支出9.88万元。农村低保户724户2074人，支出243.33万元。农村五保户分散供养60人，支出18.78万元。农村医疗救助51人次，民政部门资助参加合作医疗541人次，支出2.71万元。农村临时救助9人次，支出2.4万元。国家抚恤、补助优抚对象27人，支出15.53万元。

（七）交通通信

国道309线过境，境内长6千米，经高窑沟、中连川、野韭川、大湾、撒拉沟5个行政村。全乡有110千伏电网48千米。邮政投递点13个。

第二篇　环　境

第一章　自然资源

第一节　土地资源

一、农业用地

1991年，榆中县有农用地413.48万亩。其中耕地188.62万亩，园地1.60万亩，林地5.18万亩，牧草213.36万亩，水域4.72万亩。1996年，榆中县有农用地413.42万亩。其中耕地145.36万亩（灌溉水田0.07万亩、水浇地28.39万亩、旱地116.65万亩、菜地0.24亩）；园地1.6万亩；林地48.32万亩；牧草213.36万亩；水域4.78万亩。2010年，榆中县有农用地262.25万亩。耕地169.54万亩，占土地面积的34.31%，其中水田0.2万亩；水浇地37.15万亩；旱地132.19万亩。园地1.03万亩，其中果园0.93万亩。林地53.18万亩。牧草地16.03万亩，全部为天然牧草地。其他农业用地22.47万亩。

二、建设用地

1991年12月，榆中县有建设用地18.28万亩，其中城镇建设用地3239.0亩，农村居民点建设用地11.05万亩，工矿建设用地8397.9亩，特殊建设用地4.62万亩，铁路建设用地5096.9亩，公路建设用地8464.9亩，水利建设用地861.8亩。1991—2005年，净增建设用地2.88万亩，其中城镇用地1.04万亩，农村居民点用地3139.6亩，独立工矿用地7314.2亩，特殊用地100.0亩，铁路用地1513.7亩，公路用地5670.5亩，水利建设用地677.3亩。其中1991—1995年，新增建设用地1651.46亩；1996—2000年，新增建设用地2305.84亩；2001—2005年，新增建设用地2.48万亩。至

2005年12月，榆中县有建设用地21.15万亩，其中城镇建设用地1.36万亩，农村居民点建设用地11.37万亩，工矿建设用地1.57万亩，特殊建设用地4.63万亩，铁路建设用地6610.6亩，公路建设用地1.41万亩，水利建设用地1539.1亩。2010年，榆中县有建设用地 22.46万亩，其中城镇建设用地3.93万亩，农村居民点建设用地14.55万亩，采矿用地4785亩，铁路建设用地4440亩，公路建设用地1.35万亩，水库水面建设用地1245亩，其他建设用地1.52万亩。

三、其他土地

1991年，榆中县有其他土地 61.43万亩。1996年，榆中县有其他土地64.39万亩，其中裸岩石地18.71万亩、田坎42.67万亩，其他类型3.01万亩。2010年，榆中县有其他土地209.5万亩，其中水域4.07万亩（河流水面0.69万亩，滩涂3.38万亩），自然保留地205.43万亩（其他草地186.09万亩，裸地19.34万亩）。

第二节　水资源

一、地表水

1991—2010年，榆中县境内地表水由降水、客水、自产水三部分构成。客水是指流经县境的黄河水，除青城普泽渠自流引水外，三电、和电、青电、七电4处电灌区，动力提取，年提取黄河水近1亿立方米。县内自产水主要来自苑川河，由东南向西北流至黄河，全长80千米，流域面积1801平方千米。高崖水库以上有地表径流，多年平均径流量390.10万立方米。苑川河有较大支流六条，多年平均径流量1969.7万立方米，其中龛谷峡径流量472.1万立方米，徐家峡90.6万立方米，兴隆峡715.5万立方米，分豁岔150.3万立方米，烟沫岔230.1万立方米，水岔沟146.1万立方米，官滩沟119.7万立方米。

二、地下水

（一）榆中—三角城平原

位于榆中盆地山间断拗构造的东段，地貌为向北倾斜的山前平原，由更新统、全新统砾卵石和砂土组成，地下水分布于砾卵石层中。在城关镇郝家庄到连搭咬家河一线，发育有北西向隐伏断层，在断层南侧底盘隆升，第四厚度较薄，含水层厚度5~20米，潜水埋深小于100米。在断层北侧基底下沉，第四厚度增大，含水层厚度大于50米，潜水埋深加深到150米以上，并向北逐渐变浅，至苑川河南侧潜水埋深为50~10米不等。含水层岩性自南而北为第四系上更新统、全新统冲积、洪积相泥砂质漂砾卵石层、泥砂质卵石层及泥砂质砾卵石层。含水层颗粒分选和磨圆度较差，但中、北部好于南部，因此富水性中、北部高于南部，南部单井涌水量500~1000立方米/天，渗透系数15~30米/天。中、北部单井涌水量2000~3500立方米/天，渗透系数30~100米/天。地下水允许开采量1857.80万立方米。

（二）连搭—定远平原

位于兴隆山至北山断拗的中段，东西两侧有埋藏高阶地发育，并构成盆地边界。连搭、定远至榆中、三角城之间的高阶地发育，并构成盆地边界。连搭、定远至和平之间的高阶地的基座部分为下更新统半胶结砾岩，是透水的，局部地段如万眼泉有水力联系，隔水底板亦为中新统砂岩，底板顶面倾向北北西，坡度仍以南陡北缓趋势形成。

含水层为上新统砾卵石层，在北部张家坪、金家营、蒋家营一带有承压水分布（水头1~2米）。受断层影响，断层线北侧，水位埋深大于150米，向北递减到苑川河谷南侧，为50米左右，在断层线以南的潜水埋深小于100米，含水层颗粒较细，含较多的黏土成分，因而，尽管厚度20~50米，富水性仍较差，单井涌水量不到200立方米/天。在北部泄流河谷地段，水量1000立方米/天以上。地下水允许开采量706.07万立方米。

（三）和平平原

位于兴隆山至北山断拗构造的两端，北邻黄河，面积50平方千米，含水层主要为上更新统砾卵石层，其次为全新统和下更新统含水层。第四系含水层之下为第三系隔水底板，其顶面向北倾斜，总趋势向北、北西方向倾斜。本区的含水层厚度在南部大于50米，向北逐渐变浅至方家泉，含水层厚度数米。和平镇以北富水性较强，单井涌水量1000~2500立方米/天。地下水允许开采量371.87万立方米。

（四）苑川河河谷平原

苑川河河谷潜水主要贮存于河漫及Ⅰ、Ⅱ、Ⅲ级阶地中，含水层以全新统砾卵石层为主，其次是上更新统卵石层（Ⅲ级阶地）。含水层厚度2~20米不等，清水以南小于2米，清水至王家崖壁为5~20米，王家崖到骆驼巷为10米左右，最厚14.5米，骆驼巷到河口小于5米，富水性强，单井涌水量一般在1000~5000立方米/天。地下水允许开采量1119.52万立方米。

（五）黄河河谷平原

主要分布于黄河河谷青城平原的漫滩和Ⅰ、Ⅱ级阶地砾卵石层中，潜水埋藏浅，最大不超过10米，含水层厚度10~20米，富水性强，单井涌水量可达5000立方米/天。地下水允许开采量41.43万立方米。

三、地下水水质

县内地下水水质最主要的特征是随自然地理条件变化而变化，从南山到北山表现出明显的水平分带现象。

南山及其山间丘陵，地下水化学类型为HCO_3^-–SO_4^{2-}–CL^-–Ca^{2+}–Na^+–Mg^{2+}型，矿化度一般小于0.5克/升，总硬度150~200毫克/升，以重碳酸型水为主。

榆中盆地地下水在运移过程中，不断进行溶滤作用，使潜水的主要离子相应交替，水化学类型由南部的HCO_3^-–SO_4^{2-}–Ca^{2+}–Mg^{2+}–Na^+型向北逐渐变化为CL^-–SO_4^{2-}–Na^+–Mg^{2+}–Ca^{2+}型，矿化度也随之升高，盆地南部和中部矿化度小于1克/升，至苑川河谷南侧矿化度为3~5克/升。

苑川河河谷潜水水化学呈现垂直河谷的横向分带现象。河床洪流线附近矿化度1~3克/升，河谷边缘矿化度3~5克/升，部分大于5克/升，水化学类型以SO_4^{2-}–CL^-–Na^+–Mg^{2+}–Ca^{2+}型为主。1991—2010年，榆中县地下水水质恶化主要发生在苑川河河谷平原 。促使苑川河河谷地下水水质恶化的主要因素是黄河水灌溉，灌溉回归水对土壤中可溶盐的溶解能力越来越强，或处于矿物易于积累地段，促使水质向高矿化方向发展，在地下水位较高地段发生土壤次生盐渍化；大规模开采地下水，加大水力坡度和地下水的径流速度，使部分劣质水进入含水层中，加剧水质的矿化进程；工业和生活污染物进入地下，使地下水中有害元素及其矿物质不断增加。

第三节　矿产资源

县内探明的矿产品种有48种，石灰岩、白云岩、石英石、大理石等储量较大；兴隆山八盘岭以北山麓的红土地湾、簸箕湾、水岔沟、矿湾至花岔沟一带，蕴藏有煤炭，煤田分布长约7.5千米，南北宽200~2000米，含煤面积3.2平方千米，可开采煤度0.6~2.7米；总地质储量2792.7万吨。在哈岘、青城交界的铁背沟，蕴藏有硫黄矿，折合矿石储量约29.8万吨，含硫品位29%。西南地区的马衔山北麓，从高崖的救驾沟起至马坡的高家湾，均蕴藏有量多质高的石灰岩。仅尖山子藏量约267万吨，含碳酸钙46%，最高可达53%；含氧化镁0.15%~0.26%，三氧化二铝0.88%~0.27%，是烧制石灰和水泥的极好原料。在新营乡小清水沟至银山一带均有白云岩，总藏量约1662万吨。在中连川的灰条沟和韦营的倒岭子，藏有白云母，地质储量约112.59吨。

第四节　森林资源

至2010年，县内兴隆山保护区森林面积22417.78公顷，林木总面积11745.67公顷，其中天然林10123.65公顷，人工林1622.02公顷。林木总蓄积量70.76万立方米，其中天然林63.12万立方米，人工林7.64万立方米。

品种由乔木、疏林、散生木组成。主要树种有云杉林、落叶松林、油松林、侧柏、杨林、桦林、栎林、针阔混交林、阔叶混交林9种。分布有脊椎动物160种，隶属于5纲、23目、50科，鸟纲占绝对优势，哺乳纲次之，鱼纲最少。其中鸟纲留鸟41种，夏候鸟60种，过路鸟11种，冬候鸟11种。保护动物有59种，列入国家级保护动物14种。其中一级有4种，二级有10种。列入国际贸易公约保护动物19种，其中一级有1种，二级有11种，三级有3种。列入中日候鸟保护协定26种。列入中澳候鸟保护协定6种。

第五节　牧草资源

南部山区主要有禾本科的早熟禾、老芒麦、勃氏针茅；豆科的野苜蓿、野豌豆；菊科的茵陈蒿、铁蒿、麻蒿、蒲公英；蔷薇科的蕨麻、扁麻；杂草有地椒、车前、沙葱、骆驼蓬等。北部山区和川原地区主要有禾本科的老芒麦、野冰草、赖草、丛禾、芨芨草、猫尾草；菊科的野菊花、茵陈蒿、铁蒿、冷蒿、蒲公英、小檗、马刺盖；豆科的野苜蓿、野豌豆、甘草；藜科的灰条、棉蓬、刺蓬；沙草科的苔草、小蒿草；其他杂草、沙葱、骆驼蓬等。该区草场面积大，因干旱缺雨，植被覆盖度差，产草量低，载畜量受到限制。与南部山区比较，草质硬，偏碱性，适宜放牧羊只。

第二章　气候与水文

第一节　气　候

一、气温

（一）气温的年际变化

1991—2010年，榆中县年平均气温7.2℃，比历史平均值上升0.2℃。年平均最高值出现在2006年，为8.1℃，年平均最低值出现在1992年，为6.0℃，变化幅度2.1℃。年平均气温呈波动上升趋势。

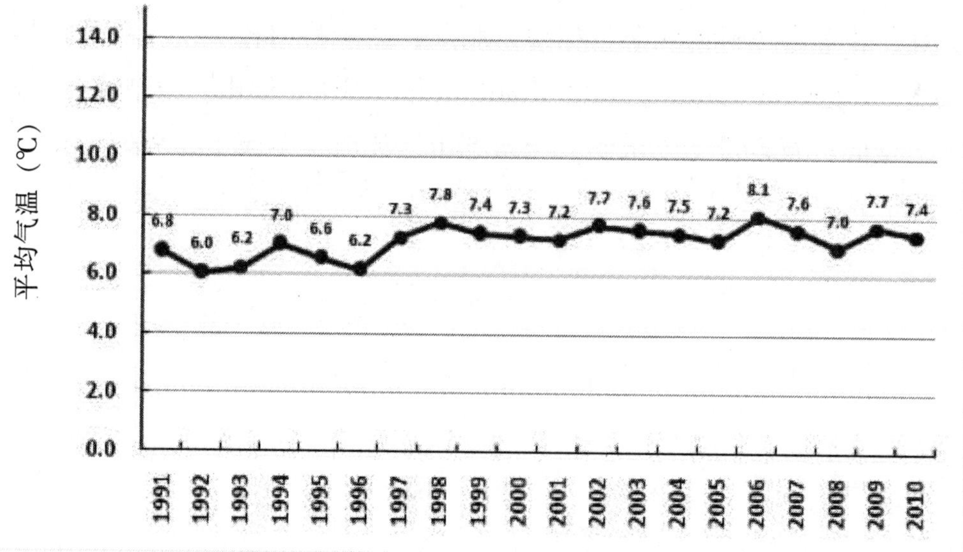

图 2-2-1　1991—2010 年年平均气温分布图

1991—2010年年平均气温

表2-2-1　　　　单位：℃

年份	1991	1992	1993	1994	1995
平均气温	6.8	6.0	6.2	7.0	6.6
年份	1996	1997	1998	1999	2000
平均气温	6.2	7.3	7.8	7.4	7.3
年份	2001	2002	2003	2004	2005
平均气温	7.2	7.7	7.4	7.4	7.2
年份	2006	2007	2008	2009	2010
平均气温	8.1	7.6	7.0	7.7	7.4

（二）气温的月、季分布

1991—2010年，榆中县月平均气温最高值出现在每年的7月份，其间最高值为19.6℃，最低值出现在1月，为-7.5℃。春季（3—5月）平均气温8.6℃，夏季（6—8月）平均气温18.4℃，秋季（9—11月）平均气温7.1℃，冬季（12—2月）平均气温-5.4℃。

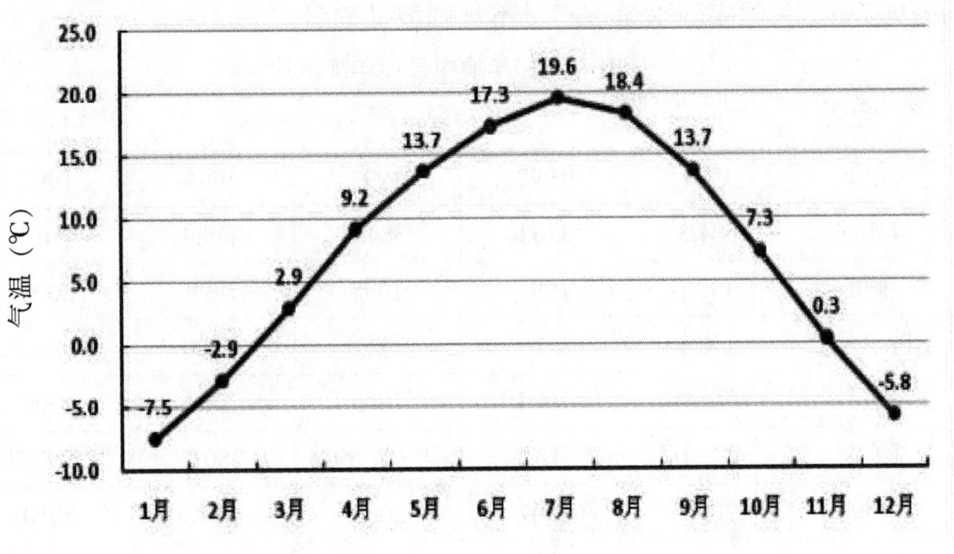

图2-2-2　1991—2010年榆中县逐月平均气温示意图

1991—2010年榆中县逐月平均气温

表2-2-2 单位：℃

月份	1	2	3	4	5	6	7
平均气温	–7.5	–2.9	2.9	9.2	13.7	17.3	19.6
月份	8	9	10	11	12	年平均	
平均气温	18.4	13.7	7.3	0.3	–5.8	7.2	

（三）气温极值

榆中县高温天气（日最高气温≥32.0℃）出现在7—8月。1991—2010年，年平均最高气温14.2℃、年平均高温日数2天，极端最高气温36.4℃，出现在2010年7月30日。低温天气（日最低气温≤–15.0℃）出现在12月至次年2月份。20年间共出现295个低温日，平均每年出现15个低温日。极端最低气温为–25.8℃，出现在1991年12月28日。

二、降水

（一）降水的年际变化

1991—2010年，榆中县年平均降水量376.7毫米，与历史平均值持平。年最多降水量555.5毫米，出现在2007年；年最少降水量231.1毫米，出现在1997年。其间年降水量逐年呈不规则波动趋势。

1991—2010年榆中县逐年降水量

表2-2-3 单位：毫米

年份	1991	1992	1993	1994	1995
降水量	304.3	376.6	384.4	439.4	416.4
年份	1996	1997	1998	1999	2000
降水量	456.5	231.1	392.0	409.0	414.8
年份	2001	2002	2003	2004	2005
降水量	279.1	313.7	387.5	280.1	436.4
年份	2006	2007	2008	2009	2010
降水量	304.9	555.5	386.9	299.8	332.3

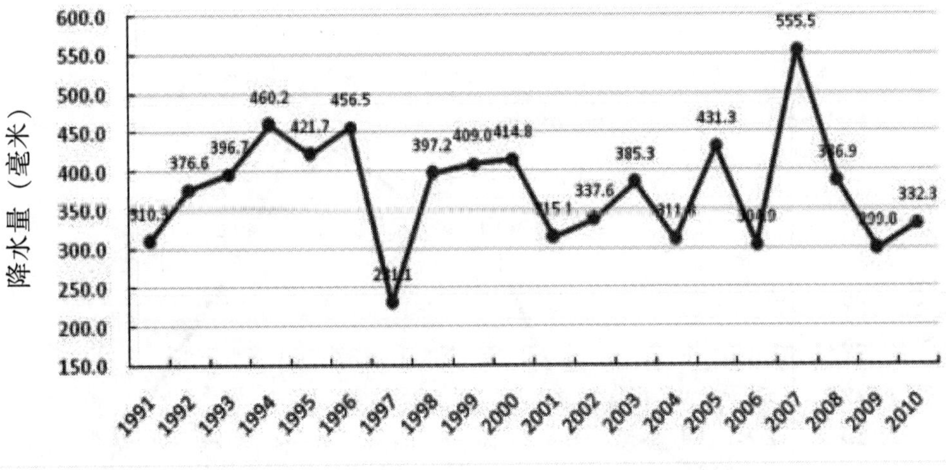

图 2-2-3　1991—2010年榆中县逐年降水量

（二）降水的月、季分布

1991—2010年，榆中县月平均降水量8月最大为79.0毫米，12月最小为0.9毫米。月平均降水分布从1月开始逐月增大，7月最大，之后缓慢减小，12月减到最小。月最多降水量169.2毫米，出现在1995年8月。在20年的240个月中，有11个月滴雨未降，分别出现在1996年12月，1997年10月、12月，1998年11月、12月，1999年11月、12月，2000年12月，2001年3月，2007年2月、12月。春季（3—5月）降水量78.2毫米，占年降水量的21%；夏季（6—8月）降水量206.8毫米，占年降水量的56%；秋季（9—11月）降水量79.7毫米，占年降水量的21%；冬季（12月至次年2月）

1991—2010年榆中县逐月平均降水量

表2-2-4　　单位：毫米

月份	1	2	3	4	5	6	7
平均降水量	2.7	4.0	10.4	18.7	49.1	58.1	69.6
月份	8	9	10	11	12	年平均	
平均降水量	79.0	49.1	27.2	3.4	0.9	372.3	

降水量7.6毫米，占年降水量的2%。

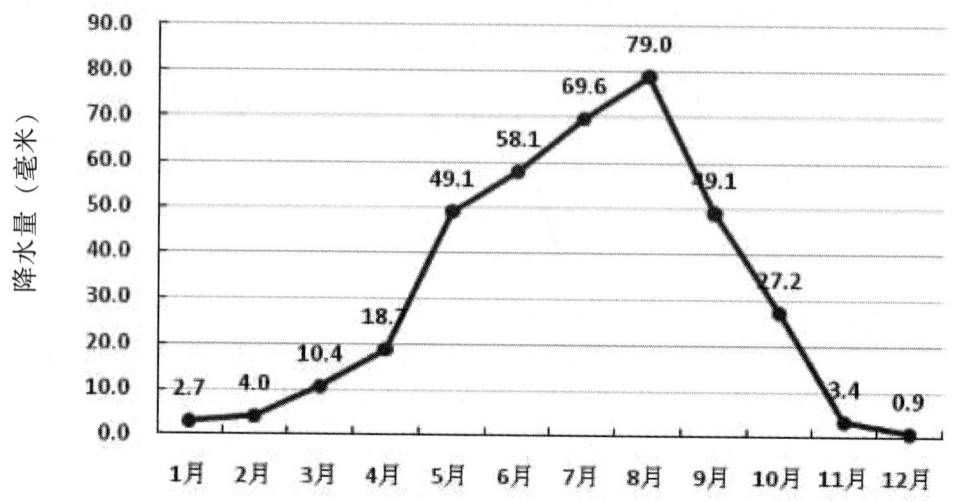

图 2-2-4　1991—2010年榆中县逐月平均降水量

（三）降水日数

1991—2010年，榆中县出现≥0.1毫米降水日数1565天，平均每年78天；出现≥5.0毫米降水日数357天，平均每年18天；出现≥10.0毫米降水日数201天，平均每年10天；出现≥25.0毫米降水日数42天，平均每年2天；出现≥50.0毫米降水日数2天。

（四）降水强度

1991—2010年，榆中县任意10分钟最大降水量为17.2毫米，出现在2010年8月9日；30分钟最大降水量为30.2毫米，出现在1994年8月3日；1小时最大降水量为39.0毫米，出现在2005年6月30日；12小时最大降水量74.5毫米，出现在2007年6月16日；24小时最大降水量为97.3毫米，出现在2007年6月16日。

三、地温与冻土

（一）地面温度

1991—2010年，榆中县年平均地面温度10.5℃，年平均最大值为

11.9℃，出现在2006年，最小值为8.9℃，出现在1996年。地面的年际变化呈缓慢波动上升趋势。

地面温度月变化与气温的月变化基本一致，月平均地面温度最高值出现在7月，最低值出现在1月，月变化与气温一致，呈单峰型。平均地面温度春季（3—5月）13.0℃，夏季（6—8月）23.5℃，秋季（9—11月）

1991—2010年年平均地面温度

表2-2-5　　单位：℃

年份	1991	1992	1993	1994	1995
地面温度	10.2	9.0	9.3	10.2	9.9
年份	1996	1997	1998	1999	2000
地面温度	8.9	10.8	10.7	10.5	10.7
年份	2001	2002	2003	2004	2005
地面温度	10.4	10.4	10.5	10.8	10.9
年份	2006	2007	2008	2009	2010
地面温度	11.9	10.9	11.3	11.5	11.2

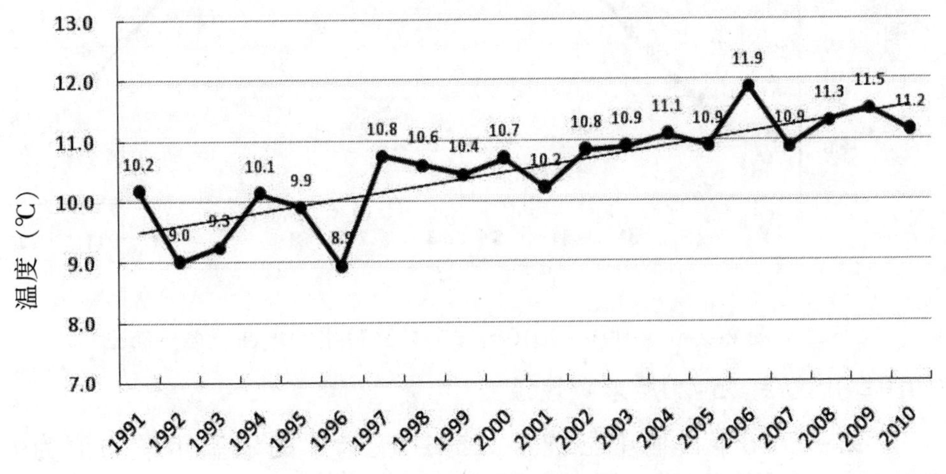

图 2-2-5　1991—2010 年年平均地面温度分布图

9.5℃，冬季（12月至次年2月）-3.9℃。

地面温度的年变化幅度比气温的年变化幅度要大，极端最高、最低地面温度高（低）于极端最高、最低气温。地面极端最高温度为70.3℃，出现在2004年7月4日；极端最低温度为-33.1℃，出现在1991年12月28 日。

1991—2010年榆中县逐月平均地面温度

表2-2-6 单位：℃

月份	1	2	3	4	5	6	7
平均气温	-6.2	-0.6	6.1	13.7	19.2	23.4	24.7
月份	8	9	10	11	12	年平均	
平均气温	22.4	16.8	9.6	1.9	-4.8	10.5	

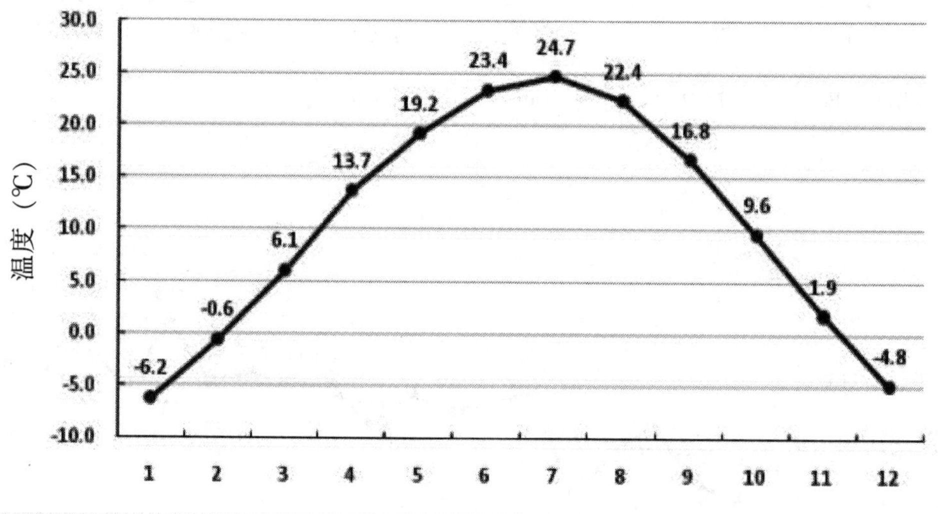

图 2-2-6 1991—2010年榆中县逐月平均地面温度分布图

（二）浅层（5~20厘米）地温

1991—2010年，榆中县浅层（5~20厘米）的地温年平均值为9.1~11.4℃。浅层地温的年变化振幅随深度的增加而减小。5厘米地温的年变化28.1℃，10厘米地温的年变化27.3℃，15厘米地温的年变化26.4℃，20厘米地温的年变化25.8℃。

（三）深层（40~320厘米）地温

深层（40~320厘米）地温的年平均值在10.2~11.4℃，年变化振幅在19.9~22.7℃。随深度的增加年平均温度最大（小）值出现的时间滞后性明显。40厘米年平均温度最大值出现在7月，最小值出现在1月；80厘米年平均温度最大值出现在8月，最小值出现在1月；160厘米年平均温度最大值出现在8月，最小值出现在2月；320厘米年平均温度最大值出现在9—10月，最小值出现在4月。

（四）冻土

1991—2010年，榆中县土壤冻结时间一般在10月到次年的4月之间。年最大冻土深度在73~126厘米。

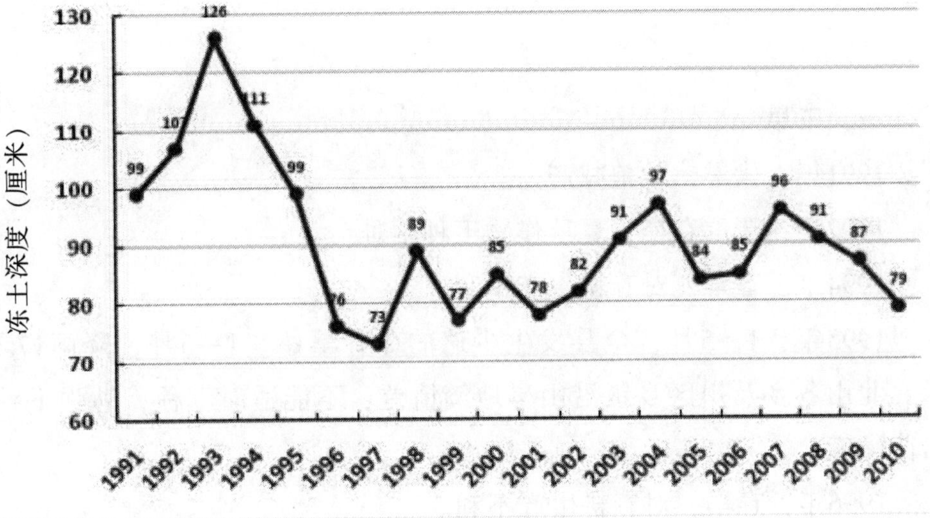

图 2–2–7　1991—2010年榆中县最大冻土深度图

1991—2010年榆中县最大冻土深度

表2-2-7 单位：厘米

年份	1991	1992	1993	1994	1995
深度	99	107	126	111	99
年份	1996	1997	1998	1999	2000
深度	76	73	89	77	85
年份	2001	2002	2003	2004	2005
深度	78	82	91	97	84
年份	2006	2007	2008	2009	2010
深度	85	96	91	87	79

第二节 自然灾害

一、干旱

1991年，伏旱，秋粮减产。

1992年，严重春旱，夏秋作物下种困难。

1994年，春旱，对春耕生产不利。

1995年，1—5月，全县发生少遇的冬春旱象。1—5月，降雨17.1毫米。北山各乡及川区乡镇沿山旱地墒情差，不能适时下种，勉强下种者出苗稀疏。

1996年，春旱，对春耕生产不利。

1997年，相继出现春末初夏旱和伏旱，粮食减产。全县平均降雨量231.1毫米，比历年减少40%，旱情严重，北山地区尤甚，人畜饮水困难。

1998年，上年冬至春季，持续干旱。北山地区人畜饮水困难，大片农田不能下种。5月，旱情缓解。

1999年，上年秋冬至当年春季，三季连旱，180天不曾出现有效雨雪，北山农田干土层深达15厘米。全县68.6万亩农田受旱。

2000年，上年8月至当年6月上旬，10个月未降一次有效的雨雪，降水比历年偏少63%。立春后沙尘暴频发、气温偏高，旱情日趋严重。全县旱地干土层厚20厘米，北山地区更甚。农作物受旱面积73.1万亩，成灾49.6万亩，因旱不能出苗的15.4万亩，出苗近半的10.6万亩，有4万余亩枯死绝收。6月，北山各乡均发生人畜饮水困难。其中有37个村、2750户、11482人、6875头牲畜严重缺水。

2001年，春旱、春末初夏旱连严重伏旱，粮食产量下降。

2002年，春旱和伏旱，粮食减产。

2003年，伏旱，秋粮歉收。

2004年，从3月开始，旱象露头，旱情持续发展，农田土壤失墒严重。北部山区浅山区10余万亩庄稼绝收。北山6个乡、川区5个乡的88个村的4.2万人、5.7万头（只）牲畜、猪、羊发生饮水困难。

2005年，从上年秋末至当年初夏，降雨稀少，旱情连续240多天。全县70万亩旱地农作物春播出苗不齐，秋粮不能下种，大幅度减产。有11个乡镇、102个村、510个社、15671户、1.72万头大牲畜、6.8万头（只）猪、羊缺水。

2006年，1—6月降雨量119.5毫米，较往年同期偏少14%，北山地区降雨量73.3毫米，北部山区夏粮大面积绝收，粮食减产3.5万吨，经济作物损失0.3亿元。人畜饮水困难，出售大家畜2537头、羊1.6万只。

2007年上半年，旱情较重，山区人畜饮水困难，全县109村、626社、1.23万户、4.75万人、1.28万头大牲畜、2.48万头（只）猪羊缺水。

2009年，气温偏高，降雨少，加之上年冬土壤封冻较迟，储水情况差，跑墒明显。水库蓄水较少，地下水位下降，井水干枯，自流水源流量减少，农田蓄水较少，全县旱情较重。山区人畜饮水困难，全县有7000户、2.83万人、7517头大牲畜、2.51万头（只）猪羊缺水。

2010年，旱情较重，山区人畜饮水困难，全县有1.04万户、4.91万人、0.95头大牲畜、2.32万头（只）猪羊缺水。

二、冰雹

1991年6月5日、16日相继降雹，冰雹最大直径17毫米，4064亩小麦和1.04万亩经济作物减产。

1992年8月3—5日、11日、22日出现冰雹、暴雨天气，造成5人死亡，11.7万亩农作物受灾，直接经济损失373.2万元。

1993年6月5日、7月7日降雹，38个村、10.42万亩农作物受灾。

1999年5月17日、7月10日，川区乡镇遭受特大雹洪灾害袭击，直接经济损失3240万元。

2002年6月10日，降冰雹，川区7个乡镇、60个行政村、343个社受灾，经济损失1776.8万元。

2003年7月4日、9日、22日，园子岔、三角城、小康营、甘草店、韦营等乡镇遭受冰雹袭击，蔬菜、粮食作物受灾严重。

2004年8月18日、19日，50个行政村235个社遭受冰雹、暴雨袭击；9月10日，夏官营镇5个村遭受冰雹、暴雨袭击，金崖镇9个村遭受冰雹袭击，农作物不同程度受灾。

2005年5月28日部分乡村降冰雹，农作物受灾面积6.1万亩，造成直接经济损失1502.6万元，其中农业直接经济损失1350.6万元。6月25日，2乡5村受冰雹、洪水袭击，173.33公顷作物受灾，经济损失25万元。

2006年5月30日18—20时，马坡、贡井、清水驿、甘草店、韦营、银山6个乡镇、23个行政村、59个社遭受冰雹袭击。成灾面积1.05万亩，其中成灾面积3~5成的9936亩，5~8成的560亩。冰雹造成双垄沟地膜破裂，植株叶片撕裂，农业直接经济损失63.8万元。6月11日、27日，连搭、金崖、夏官营局地遭受冰雹、暴雨袭击，造成直接经济损失147.5万元。7月27日、28日，韦营、贡井、龙泉3个乡部分村社遭受特大冰雹、暴雨袭击，农作物受灾面积3.08万亩，部分耕地、道路被冲毁，直接经济损失1270万元。9月3日，新营、高崖、甘草店的11个行政村、31个社遭受冰雹袭击，直接经济损失650万元。

2007年7月13日，韦营、清水驿、三角城、银山4个乡遭受特大雹洪袭击，28日韦营乡部分村社又遭特大雹洪袭击，农作物受灾面积3.7万亩，部分耕地、道路被冲毁，直接经济损失1185万元。8月12日，哈岘、中连川、贡井乡的部分村社遭受雹洪袭击，农作物受灾面积1.2万亩，部分道路、房屋被冲毁，造成经济损失98万元，农业直接经济损失84万元。

2008年6月16日，新营、高崖2个乡镇遭受冰雹灾害，农作物受灾面积1.41万亩。损失粮食3.6万千克，农业直接经济损失135万元。7月18日，马坡乡遭受冰雹袭击，冰雹造成蔬菜等2017亩农作物受灾，直接经济损失6.05万元。8月6日下午，金崖、来紫堡、园子岔等乡镇突降暴雨并伴有阵性冰雹。

2009年7月28日18时至19时30分，清水驿、中连川部分村社农作物受到不同程度的冰雹灾害，农作物受灾面积5620亩，直接经济损失68.6万元。

2010年6月4日16时30分至16时50分，小康营乡王保营、郭家营、刘家营等8个村社突降冰雹，1.35万亩农作物受灾，直接经济损失358.5万元。6月19日，高崖镇出现冰雹天气，最大冰雹直径10毫米，农作物受灾面积3847亩，农业直接经济损失275万元。7月31日，来紫堡乡遭受暴雨及冰雹袭击。5个村、24个社、1.03万人、6180亩农作物受灾，直接经济损失1538.3万元。同日20时37分，新营乡遭受冰雹灾害，冰雹直径0.5~3厘米，持续时间20~25分钟。4个村、751户、3233人、1.39万亩农作物受灾，直接经济损失880万元。8月8日18时至20时30分，来紫堡乡、金崖乡、连搭乡、三角城乡遭受冰雹和暴雨侵害。灾害涉及4个乡镇、16个村，受灾面积1.38万亩，受灾人口 2751户1.12万人，直接经济损失6919.5万元。

三、霜冻

1991年5月1日，霜冻，地面最低温度为-4.6℃。

1993年5月2日，霜冻，地面最低温度为-1.5℃。

1994年5月3日，霜冻，地面最低温度为-6.9℃，重灾。

1995年5月4日，霜冻，地面最低温度为-3.3℃。

1996年5月11日，霜冻，地面最低温度为-2.1℃。

1999年5月17日，霜冻，地面最低温度为-1.4℃。

2001年5月1日，霜冻，地面最低温度为-1.7℃。

2004年5月3—5日，连续出现强霜冻天气，地面最低温度为-4.8℃，青城、来紫堡、金崖、夏官营、三角城、城关、小康营、连搭、定远、和平、清水驿、甘草店、高崖13个乡镇的21.57万亩农作物受灾，成灾面积10.73万亩，其中油料受灾5.79万亩，成灾面积2.49万亩；玉米受灾8.13万亩，成灾面积5.13万亩；蔬菜受灾7.15万亩，成灾面积2.78万亩；地膜马铃薯、瓜类及经济林受灾6500亩，成灾面积3336亩，造成经济损失830万元。

2005年5月6日，霜冻，地面最低温度为-1.0℃。

2006年5月14日，霜冻，地面最低温度为-1.0℃。

2010年5月18日，霜冻，地面最低温度为-1.2℃。

四、寒潮

1991年12月下旬，连续降温，出现寒潮天气，12月28日，最低气温-25.8℃，属榆中县历年次低值。

1993年5月10—12日，出现寒潮天气，48小时降温达15.4℃。

1998年3月18—19日，出现寒潮天气。

1999年4月25日，出现寒潮天气过程。

2001年4月9日，出现寒潮天气，定远等乡镇的1万亩温棚、地膜蔬菜受灾。

2003年5月5日，出现寒潮天气。

2004年11月23—25日，出现一次寒潮天气。

2006年2月16日、3月12日、4月10—12日出现寒潮天气。

2008年4月21日，出现寒潮天气。

2010年4月11—12日，10月23—25日，出现寒潮天气。

五、洪涝

1994年8月5日、17日，17个乡镇连续遭受暴洪灾害袭击，1.71万亩农作物受灾，119只羊死亡，经济损失741.95万元。

1995年8月19日，金崖镇古城村遭受雹洪袭击，3人死亡，1人重伤，158间房屋倒塌，冲走生猪142头、羊80只，冲毁农田340亩，直接经济损失826.3万元。

1996年7月13日、17日、19日、25日、27日，连续出现暴雨洪水天气，2.33万亩农作物受灾，经济损失488.8万元。

2005年6月30日，7个乡镇25个行政村遭受暴雨、洪水袭击，1.02万亩农田受灾，粮食损失919吨，农业经济损失197万元；死亡1人、伤5人。

2009年8月3日，出现暴雨。

2010年8月8日19时30分，甘草店、三角城、连搭、金崖、城关、来紫堡遭受暴雨、大风、洪涝灾害，粮食损失7020.7吨，经济损失8181万元，农业直接经济损失8125万元。

六、地震

1991年8月13日12时25分，发生2.1级地震，震中位置北纬35°56′，东经104°08′，银山一带有震感。

1992年6月1日15时20分，发生2.5级地震，震中位置北纬36°00′，东经104°00′，马坡一带有震感。

1993年9月2日17时57分，发生2.8级地震，震中位置北纬35°54′，东经106°01′，定远镇水岔沟一带有震感。

1995年1月16日15时38分，发生1.4级地震，震中位置北纬35°42′，东经104°47′，马坡一带有震感。

同年3月19日6时32分，发生1.4级地震，震中位置北纬35°33′，东经104°06′，连搭一带有震感。

1996年4月21日8时3分，发生1.6级地震，震中位置北纬35°45′，东经103°58′，北山一带有震感。

1997年3月27日14时4分，发生1.5级地震，震中位置北纬35°44′，东经104°10′，北山一带有震感。

1998年5月8日17时56分，发生2.3级地震，震中位置北纬35°42′，东经103°52′，阿干镇以南榆中地带有震感。

同年5月31日12时9分，发生1.2级地震，震中位置北纬36°03′，东经103°58′，桑园子一带有震感。

2000年2月10日15时15分，发生2.6级地震，震中位置北纬35°30′，东经104°13′，金崖一带有震感。

2002年3月10日18时08分，发生3.1级地震，震中位置北纬35°50′，东经104°34′。甘草店镇咸水岔、裴家岔、蔡家沟、小营子、车道岭一带有16户84间房屋倒塌，震坏水窖36眼，个别院落出现细小裂缝。震感较强，人们大多跑出户外。震前有宏观前兆，如咸水岔村前湾社张全明15米的水井震前 10 小时发现井水混浊，不能饮用，震后恢复正常；震前1~2小时，吴永茂家中的猫狂跑到房后山上不回家，驴、鸡惊慌不安。

同年11月29日18时56分，发生2.9级地震，震中位置北纬35°36′，东经104°23′，甘草店镇一带有震感。

2004年4月3日10时23分，发生2.0级地震，震中位置北纬35°45′，东经104°56′，北山一带有震感。

同年5月27日22时53分，发生3.1级地震，震中位置北纬35°49′，东经104°36′，青城一带有震感。

同年6月28日11时16分，发生1.7级地震，震中位置北纬36°01′，东经104°01′，定远一带有震感。

2005年2月8日13时15分，发生1.8级地震，震中位置北纬35°33′，东经104°13′，新营一带有震感。

同年4月1日12时01分，发生2.2级地震，震中位置北纬35°28′，东经104°06′，马衔山一带有震感。

同年4月23日8时7分，发生1.9级地震，震中位置北纬35°32′，东经104°12′，龙泉一带有震感。

同年6月26日9时11分，发生1.8级地震，震中位置北纬35°33′，东经104°11′，龙泉一带有震感。

同年7月20日10时20分，发生2.0级地震，震中位置北纬35°28′，东经

104°04′，马衔山一带有震感。

同年7月30日19时18分，发生1.9级地震，震中位置北纬35°24′，东经104°10′，韦营一带有震感。

同年8月16日20时10分，发生2.3级地震，震中位置北纬35°29′，东经104°36′，中连川一带有震感。

同年11月6日21时11分，发生2.1级地震，震中位置北纬35°28′，东经104°13′，新营一带有震感。

2006年1月22日12时18分，发生1.9级地震，震中位置北纬 35°75′，东经104°22′，清水驿一带有轻微震感。

同年1月25日12时31分，发生1.8级地震，震中位置北纬 35°80′，东经104°23′，清水驿一带有轻微震感。

同年3月12日16时34分，发生2.1级地震，震中位置北纬 35°73′，东经104°18′，新营一带有轻微震感。

同年4月27日15时21分，发生2.1级地震，震中位置北纬 35°73′，东经104°13′，马坡一带有轻微震感。

同年5月26日13时03分，发生1.8级地震，震中位置北纬 35°75′，东经104°25′，甘草店一带有轻微震感。

同年7月11日14时06分，发生2.2级地震，震中位置北纬 35°73′，东经104°13′，马坡一带有轻微震感。

同年8月7日13时01分，发生1.9级地震，震中位置北纬 35°75′，东经104°17′，小康营一带有轻微震感

同年8月19日16时45分，发生3.0级地震，震中位置北纬 35°75′，东经104°00′，马坡、银山、城关等一带震感明显。

同年8月21日1时00分，发生2.0级地震，震中位置北纬 35°77′，东经104°02′，马坡一带有轻微震感。

同年8月30日20时04分，发生2.0级地震，震中位置北纬 35°77′，东经104°10′，小康营一带有轻微震感。

同年9月30日23时12分，发生1.8级地震，震中位置北纬 35°73′，东经

104°12′，马坡一带有轻微震感。

同年11月22日13时43分，发生1.8级地震，震中位置北纬35°77′，东经104°22′，清水驿一带有轻微震感。

2007年6月7日12时02分，发生1.9级地震，震中位置北纬35°67′，东经104°07′，新营一带有轻微震感。

同年12月22日12时16分，发生2.1级地震，震中位置北纬36°05′，东经103°98′，来紫堡一带有轻微震感。

2008年6月22日19时44分，发生1.9级地震，震中位置北纬35°73′，东经104°13′，马坡一带有轻微震感。

2009年1月16日17时16分，发生1.9级地震，震中位置北纬35°72′，东经104°13′，新营一带有轻微震感。

同年1月19日17时35分，发生2.0级地震，震中位置北纬35°77′，东经104°08′，城关一带有轻微震感。

同年3月6日14时12分，发生2.1级地震，震中位置北纬35°70′，东经104°10′，新营一带有轻微震感。

同年12月20日16时47分，发生2.2级地震，震中位置北纬35°72′，东经104°13′，青城一带有轻微震感。

2010年1月8日12时39分，发生2.1级地震，震中位置北纬35°82′，东经104°20′，上花岔一带有轻微震感。

同年6月17日20时06分，发生2.2级地震，震中位置北纬36°05′，东经104°13′，金崖一带有轻微震感。

同年9月17日12时38分，发生2.3级地震，震中位置北纬35°95′，东经104°38′，韦营一带有轻微震感。

同年12月28日13时46分，发生2.1级地震，震中位置北纬35°75′，东经104°08′，青城一带有轻微震感。

第三章　国土规划与利用

第一节　土地规划

1991年6月，《榆中县土地利用总体规划》编制完成。该规划明确了1990—2000年全县土地利用结构调整方案。依照各乡（镇）自然条件和社会经济发展水平，土地区域及区位差异，将全县划分为南部高山土地利用区、中部河谷川地土地利用区和东北部低山丘陵土地利用区，提出土地利用方向。确定8个基地（林业基地、粮食基地、畜牧业基地、油料基地、蔬菜基地、果品基地、绿烟基地、甜菜基地）和8个开发保护治理区（基本农田保护区、中低产田改良区、水土保持区、土地开发区、苑川河综合治理区、城镇建设区、风景旅游保护区、名优特稀产品保护区）。《榆中县土地利用总体规划》侧重于耕地保护和农牧业发展需要，对城镇建设用地安排较少，1990—2000年安排居民点及工矿建设用地7800亩。1998年3月，榆中县人民政府修编《榆中县土地利用总体规划》。新修编的《榆中县土地利用总体规划》维持原规划的结构和内容，在土地利用结构和布局、土地利用管制规划等章节进行调整。增加国家、省、市及榆中县重点建设项目用地规划和乡镇土地利用总体规划的内容。将柳忠高速公路、陇海铁路、榆中师范学校、兰州军区菜篮子工程、兰空培训基地、兰州供电局330千伏变电所等项目纳入规划。新设县城建设区、和平示范区、非公有制经济园区等三个建设用地规划区。2004年6月，开展榆中县土地利用总体规划编制实施情况和土地利用总体规划基础数据调研工作，提出土地利用总体规划修编意见和建议。2006年，县国土资源局完成《榆中县土地利用总体规划基础数据调研报告》《榆中县土地利用总体规划实施评价调研报告》；收集23个乡镇268个行政村规划修编资料、图件和数据，修编《榆中县土地利用总体规划修编实施方案》。2010年，启动第三次《榆中县土地利用总体规划》修编工作。将全县农用地由2009年的262.25万亩调整到2015年的262.09万亩和2020年的262.03万亩。支持交通、能源、电力等重大基础设施建设用地，根据人口向城镇集中的趋势，调减农村居民点规模，增加城镇工矿用地规模。建设用地由2009年的22.46万亩调整到2015年的24.83万亩和2020年的25.85万亩，分别增加2.37万亩和3.38万亩。其他土地面积由2009年的209.5万亩调整到2015年的207.28万亩和2020年的206.33万亩，分别减少2.22万亩和3.17万亩。其他土地主要开发为耕地、园地、林地和建设用地。

第二节　耕地保护与土地开发

一、耕地保护

1991年，在全县范围内划定基本农田保护区51.87万亩，占全县耕地的35.55%。1999年，划定基本农田保护面积124.8万亩，占耕地的85.5%。至2005年，县政府与乡镇政府、乡镇政府与村民委员会、村民委员会与村民小组签订《基本农田保护责任书》，订立《保护基本农田村规民约》，设立基本农田保护标志28块。

二、土地开发

2001—2005年，榆中县争取项目资金3154万元，同时利用社会筹资、自筹、贷款等渠道资金开垦造地9884.42亩。采取机械推运、水冲淤地、熟土还原、构筑防洪大坝等方式在高家崖、东坪、白家坪、圈湾子、郭家庄、火家店、冯湾等村开垦造地。2006—2010年，榆中县在和平镇徐家山、来紫堡乡冯湾、定远镇蒋岭山、马坡乡石窑沟、夏官营镇红柳沟、金崖镇卧龙川、高沿山等11处开垦造地2.08万亩。其中2007年投资7500万

图 2-3-1　冯湾土地开发项目（2002 年摄）

元，在和平镇徐家山开发储备土地960亩；投资1017万元，在来紫堡乡冯湾村新开垦耕地2075亩；投资286万元，在定远镇蒋岭山新开垦耕地595亩；投资167万元，在马坡乡石窑沟新开垦耕地450亩。2008年，投资161万元，在夏官营镇红柳沟村新开垦耕地335亩；投资785万元，在金崖镇卧龙川新开垦耕地1635亩；争取省财政支持资金6065万元，在高沿山开发土地1.22万亩，新增耕地9092亩。2009—2010年，榆中县实施土地整治项目4个，争取国家项目资金400万元，争取省级投资1222万元，开发土地3207.75亩，整理面积332.25亩。

第三节　土地储备

2002年，榆中县开始收购储备国有土地。2002—2005年，收购储备国有土地860亩，支付收购补偿费6000万元。挂牌出让土地17宗211亩，实现土地增值收益1343.59万元。利用土地收益新建和平金川大道、县城环城西路和夏官营经三路等城镇道路。2006—2010年，投入资金1.23亿元，收购储备土地1280亩，实现土地出让收益1.05亿元。利用土地收益支持和定路等城市基础设施建设。

第四节　地籍与矿产资源管理

一、地籍调查

1991—2005年，榆中县完成87平方千米的790宗国有土地城镇地籍调查，其中完成地籍测量4平方千米。完成268个行政村70平方千米、87250宗（户）的村庄地籍调查。详细调查土地权利人使用土地的界址、面积、坐落、用途、使用条件等内容，现场标定土地权属界址点、线，绘制宗地草图，填写勘丈表等。2003年，榆中县第一次对农用地分等，按自然质量等别分为14等地，按农用地利用等别分为12等地，按农用地等别分为5等地。2004—2005年，榆中县将3295.27平方千米的土地利用类型按照国土资源部颁布的新三级土地利用分类系统划分成农用地、建设用地和未利用地三大类，其下共分为15个二级类型、71个三级类型。针对变化较大的中部川区和南部地区，利用最新的卫星数据资料对变化地进行判读调绘、野外调查、校核，对土地利用的地类图斑、各种注记进行数字化录入，更新2003年建立的土地利用数据库。同时将城镇地籍调查成果、新增建设用地勘测定界成果纳入土地利用系统。更新调查所使用的卫星数据资料。形成2004年榆中县土地利用数据库、榆中南部地区1:1万分幅卫星影像平面图（电子数据），附有卫星影像的2004年1:1万分幅土地利用现状图（纸介图和电子数据），由数据库形成各乡镇土地利用现状图、各类用地数据，完成榆中县土地利用更新调查报告、数据库更新调查报告。2007年，全面调查全县建设用地占地及土地开发整理面积、范围，更新数据库，1:10000土地利用数据库更新成果通过省市验收。调查任务包括：农村土地调查，查清每块土地的地类、位置、范围、面积、分布和权属情况；城镇地籍调查，掌握每宗土地的界址、范围、界线、数量和用途；基本农田调查，将基本农田保护地块（区块）落实到土地利用现状图上，并登记上证、造册；建立土地利用数据库和地籍信息系统，实现调查信息的互联共享。在调查的基础上，建立土地资源变化信息的统计、监测与快速更新机制。上报国家级控制点资料和田坎系数样方的外业调查工作，购置榆中县城市坐标系统、高程系统及定远、和平调查区1:500和1:1000地形图。2008年，成立城镇地籍调查、地籍测量、技术检查、数据入库等12个专业组，抽调测绘技术人员26人，投入GPS（1+1）1套，全站仪2套，水准仪1套，电脑15台，绘图仪（BO）1台，打印机2台，扫描仪2台，完成川区和南山地区16个乡镇1:1万地形图矢量化工作168幅。2009—2010年，全面展开外业调查。

二、土地登记

（一）国有土地登记

1991—2005年，榆中县开展国有土地使用权登记发证工作，登记的土地使用权类型主要为划拨国有土地使用权。至2005年12月，全县经申请、地籍调查、权属审核、注册登记后，由县国土资源局代表县人民政府颁发国有土地使用证782本，其中城镇住房用地30本。2006—2007年，试点分割登记县城城镇住房国有土地使用权248户。

（二）集体土地登记

榆中县集体土地登记主要是依法对集体土地使用权、所有权的登记。1990—2005年，对全县乡镇、企业、工商、学校等集体土地建设用地经申请、地籍调查、权属审核、注册登记后，颁发集体土地建设用地使用证200本。2005年5月至年底，集体土地所有权确权登记调查，确认村与村、国有与集体土地之间的界线。2006年，完成和平、来紫堡、城关、夏官营等14个川区乡镇、224个行政村、443万亩集体土地所有权证图件编制打印、审批填证。2007年，完成23个乡镇、268个行政村集体土地所有权登记发证。集体土地使用权登记发证80宗，面积310.58亩。2008年，农村宅基地使用权登记发证89763宗，占应发证94243宗的95.25%。

三、矿产开发

（一）矿产资源规划

2004年2—8月，编制完成《榆中县矿产资源总体规划》。该规划经过全面调查、科学预测，对矿产资源利用现状、开发状况、规划战略、生态保护、监督检查等方面进行论证和编制。确定2002—2010年矿产资源开发利用与保护的指导思想、基本原则、调控方向及开发利用布局和规划分区。将全县矿产资源总体布局划分为北部、中部、南部三个地区，明确勘察开采区、限制开采区、禁止开采区及矿种。该规划被国土资源部评为优秀成果二等奖。

（二）矿产资源管理

1991—2002年，榆中县矿产勘查和开采实行行政审批制度。矿山企业的设立符合国家规定资质条件，审查批准，收取矿产资源补偿费。2003年3月，成立榆中县矿业权招标拍卖挂牌出让领导小组，榆中县矿业设立由行政审批制走向有偿使用制。至2005年12月，全县有采矿企业66家，其中煤矿2家，石灰岩矿石10家，方解石矿1家，建筑石料矿9家，建筑白云岩矿2家，水泥用黏土矿1家，砖瓦用黏土矿37家，建筑用砂4家。另有地质勘查部门取得探矿权14家。依法出让取得采矿权的企业64家，收取采矿权价款61.8万元。2006—2010年，实行矿产资源有偿使用制度，加强矿产资源勘查过程的监督管理；落实矿山地质环境恢复与治理保证金制度；加强矿产资源综合利用的激励机制建设；运用法律、经济、行政手段规范全县矿产资源开发秩序。至2010年12月，全县有采矿企业65家，其中煤矿1家，石灰岩矿11家，方解石矿1家，建筑石料矿7家，建筑白云岩矿4家，水泥用黏土矿1家，砖瓦用黏土矿36家，建筑用砂4家。另有3家地质勘查部门取得探矿权。依法出让取得采矿权的企业65家，收取采矿权价款56万元。

四、地质灾害防治和地质环境保护

（一）地质灾害防治

2005年，榆中县开始地质灾害防治工作，委托甘肃地质灾害防治勘察设计院编制《榆中县地质灾害调查与区划报告》和《榆中县地质灾害防治规划》。全县有地质灾害隐患点77处，其中滑坡25处，泥石流24处，山体崩塌22处，地面塌陷6处，受威胁1.21万人。同时，完成《榆中县地质灾害应急抢险救援预案》，成立领导小组。清水驿乡岘坪村采取有效监测和避险措施，避免一起山体崩塌人员伤亡事故。县政府奖励清水驿乡政府和岘坪村委会现金5000元，表彰县规划国土资源局、清水驿乡政府。县乡人民政府发动群众、学校教师和机关干部采取回填、夯实的措施治理甘草店镇钱家坪村地质裂缝灾害。反复调查核实定远镇矿湾村滑坡、裂缝、地面塌陷，连搭乡新庄岭村地面裂缝、塌陷，青城镇沙帽山地面沉降、滑坡及大园子村老君山山体滑坡等地质灾害隐患，聘请地质灾害防治专家做出地质灾害危险性评估及治理措施。2006年，编制《榆中县突发性地质灾害应急预案》和《榆中县2006年地质灾害防治方案》，建立县乡村地质灾害防治网络，培训全县23个乡镇、相关部门、主要隐患点村社、乡镇教育办负责人100多人。甘草店镇钱家坪村阳坡滑坡治理完工。确定青城镇改地村地质灾害整体搬迁总体方案，委托专家编制《地质灾害危险性评估》和《可行性研究报告》。2007年，专项检查和动态巡查全县地质灾害防治工作，准确排摸各地质灾害隐患点和危险地段的基本情况。2008年，成功预报避让来紫堡乡西坪村山体崩塌灾害1起。完成青城沙帽山、大园子，定远矿湾，来紫堡西坪等受地质灾害威胁的83户331人搬迁避让。2009年，成功预报避让上花岔乡黑虎子村地质灾害1起。2010年，编制完成“十二五”防灾减灾规划。

(二）地质环境保护

2005—2010年，调研伴生在定远乡水岔沟煤矿中的中型锗镓矿的储量、贮存状态及回收利用途径。水泥灰岩开发总量限制在140万吨/年的水平。煤增速稳定在20%左右；限制或淘汰实心黏土砖瓦，鼓励生产新型建筑墙体材料空心砖，其增速不能超过10%。在统一规划下，整合资源利用，扩大开发规模，水泥灰岩>5万吨/年，砖瓦黏土>6万吨/年，煤>9万吨/年，关闭规模过小的开发点，新增2个水泥灰岩大中型矿山。全面落实矿山地质环境恢复治理保证金制度和土地复垦费制度，加强矿山地质环境保护执法监管力度。矿山环境污染和生态环境恶化的状况得到初步控制。新建矿山地质环境恢复治理率、矿山土地复垦率100%，历史遗留矿山地质环境恢复治理率40%以上。矿山土地复垦率40%以上。

五、矿产资源调查与勘查

2005—2010年，开展遥感综合调查、地质生态环境调查。开展石油天然气勘查、地热勘查、榆中南部山区岩溶水勘查。实施金儿沟一带铁矿普查、香水沟钨矿普查、园子岔地区锰矿普查和张家坪至刘家坪一带地热勘探。

第五节　国土资源执法监察

1991—2010年，榆中县国土资源执法监察主要对单位和个人违法占地、违法供地、违法批地、违法转让出租国有土地和集体土地的行为，以及未经批准违法探矿、违法采矿、越界开采、破坏性开采等行为调查处理。

一、集体土地执法监察

集体土地执法监察主要监察农村集体土地和基本农田保护，监督检查农民宅基地使用情况。1997年，查出非法打庄盖房用地970宗，违法占地300亩；同年在全县非农业用地清查中查出违法用地293宗548.03亩，依法处理。2003年3月，县委、县政府印发《榆中县进一步治理整顿土地市场秩序实施方案》，成立领导小组，整顿城关、和平、定远、夏官营、三角城等乡镇及城乡接合部、公路沿线商业旅游、娱乐、房地产开发等经营性用地和2002年7月1日后国有土地使用权招标拍卖挂牌出让中存在的问题。处理租用集体土地用于公益事业的2宗土地80亩；租用集体土地用于学校建设的2宗土地108.51亩。2006年4月，配合省市巡查和平、定远、连搭、金崖、城关、夏官营等乡镇违法用地情况，查处违法用地16宗。同年10月，调查全县乡镇企业用地状况，查处已批未建用地9宗348.03亩，以租代征163宗8932.92亩。2007年，动态巡查86人次，查处违法用地18宗，违法占地面积142.2亩，处理群众举报信访案件及接待来电、来访群众24人次，答复、口头解释24人次，直接接待涉地来访群众16人次。2008年，动态巡查128人次，发现违法用地26宗，立案查处14宗，违法占地面积182.5亩，现场制止12宗。处理群众举报信访案件及接待来电、来访群众35人次，答复、口头解释35人次，直接接待涉地来访群众21人次。2009年，动态巡查156人次，发现违法用地18宗，立案查处12宗，违法占地面积266.5亩，现场制止6宗。处理群众举报信访案件及接待来电、来访群众42人次，答复、口头解释42人次，直接接待涉地来访群众28人次。2010年，进行动态巡查276人次，发现违法用地28宗，立案查处17宗，违法占地面积601.6亩，现场制止11宗。处理群众举报信访案件及接待来电、来访群众59人次，答复、口头解释59人次，直接接待涉地来访群众32人次。

二、国有土地执法监察

2003年，处理未经批准擅自改变划拨用途搞房地产开发的7宗土地27.28亩，补缴土地出让金，办理土地出让手续。2006—2010年，处理未经批准擅自改变划拨用途搞房地产开发的83宗土地291.73亩，补缴土地出让金，办理土地出让手续，其中2006年7宗23.75亩、2007年 12宗45.28亩、2008年18宗63.5亩、2009年21宗75.8亩、2010年25宗83.4亩。

三、矿业市场执法监察

2003年后，探矿权、采矿权全部实行招标拍卖挂牌出让，集中整治未取得合法采矿权的非法业主。2004年，查封取缔金崖镇巴石沟6家非法采石场，炸封关闭违法开采的砂洞。2005年，关闭苑川河流域22家非法砂场。同年12月，炸封连搭乡马家岔村13家违法小煤洞。同时，制止非法开采马衔山白云岩矿活动。2006年，采取停电、停供民用爆炸物品等措施，制止15家未申请延续登记、未申办非煤矿山安全生产许可证的矿山企业非法采矿；向8家无证或持过期采矿证的矿山发出《责令停止矿产资源违法行为通知书》，限期整改。2007—2010年，吊销15家矿山企业采矿许可证；责令52家存在安全隐患的矿山企业限期整改；关闭25家非法占用耕地建窑、取土、烧砖的建材厂。

第六节　土地勘测与档案管理

一、土地勘测

1992—2002年，榆中县土地勘测工作业务以委托专业单位完成为主。2003年，调进专业技术干部1名，培养技术工人4名，聘用技术人员1名，正式开展业务。采用全球卫星定位导航测绘仪（RTK-GPS）、全站仪、彩色绘图仪测绘制图。全年测绘土地8900亩，其中新增建设用地勘测定界项目5个4900亩，主要有兰新康体中心、750千伏变电所、西北油漆厂、金川科技园、榆中钢厂；土地开发复垦项目2个3000亩，主要有荞麦岔沟—枣树沟、七岘沟项目；土地确权地籍测绘117宗1000亩。2004年，勘测土地1.2万亩，其中新增建设用地勘测定界项目7个4600亩，主要有榆中钢厂、兰州商学院榆中校区、奇正藏药、夏官营科教城、金川科技园、县城西环路等项目；土地开发复垦工程5个5000亩，主要有郉家湾、寺隆沟、黄家庄、七岘口、岗子顶等项目；土地确权地籍调查80宗2800亩，同时完成青城古镇控制测量，金川大道、牡丹路、金牛广场等市政工程放线。2005年，更新县城规划区1:500地形图146幅，建立地图库。建立覆盖县域四大经济板块10个乡镇近30个点的D级GPS测量控制网。勘测土地8200亩，其中新增建设用地勘测定界1800亩，主要有金川科技园三期、金川大道西侧、科教城经三路、兰州供水集团榆中供水等项目；土地开发复垦项目2300亩，主要有和平火家源、大青山北桑园子村等项目；土地确权地籍测绘70宗3700亩。2007年，勘测定界5个1600亩，其他零星征地项目勘测定界8个400亩，土地开发复垦工程勘测规划项目7个6600亩，零星土地确权发证、地籍调查146宗3300亩。2008年，勘测定界约1000亩，主要有定远开发区、定远物流产业区、庄园乳品有限责任公司等。城关镇北关村储备用地525亩，定远猪嘴岭村储备土地150亩，卧龙川土地开发复垦工程1665亩。2009年，勘测定界450亩；土地开发复垦项目工程5个约1.32万亩，主要有青城五坪、金崖邴家湾、胡麻岭、鸦儿沟、桑园子等项目。2010年，勘测土地约1000亩，主要有武警甘肃省总队土地勘测定界、华光置业有限责任公司土地勘测定界等项目；地籍变更测绘金川科技公司约1500亩。

二、土地档案管理

1991年起，国土资源管理部门对积存的档案资料收集、系统整理、分类登记、编目造册，完成全县详尽的土地资料。1993年，被甘肃省档案局评为机关档案管理省一级；1995年，被甘肃省土地管理局评为全省土地档案管理先进单位。至2005年底，整理档案资料5378卷（册），其中文书档案201卷，财务档案338卷，土地利用规划档案23卷，建设用地档案300卷，地籍档案4566卷（宅基地档案3020卷，国有、集体土地发证档案909卷，航片、统计表档案328卷，1:10000地形图164张，土地利用现状统计表145卷），土地监察档案183卷，图书67本。至2010年，整理档案资料11143卷（册），其中文书档案3843卷，财务档案694卷，土地利用规划档案151卷，建设用地档案560卷，地籍档案5409卷（宅基地档案3142卷，国有、集体土地发证档案1630卷，航片、统计表档案328卷，地形图164张，土地利用现状统计表145卷），土地监察档案 419卷，图书67本。

第七节 机 构

一、局机构

1991年，榆中县城乡土地管理局有行政编制13名，下设建设用地股、地籍管理股、执法监察股、办公室。领导职数3名。1993年，更名为榆中县土地管理局。2002年，更名为榆中县规划国土资源局。2005年，有干部职工43名，其中公务员12名，事业人员31名。2007年4月，成立和平、城关、夏官营、贡井、马坡、甘草店国土资源中心所，事业性质，每所核定编制5名。2010年6月，更名为榆中县国土资源局，有干部职工67名，其中行政编13名，事业编54名，下设土地利用股、办公室、地籍股、国土资源执法监察股、档案室和派出机构和平、城关、夏官营、贡井、马坡、甘草店6个国土资源中心所。领导职数3名。

二、局属机构

（一）榆中县矿产资源管理办公室

1999年，榆中县矿产资源管理办公室成立，科级建制，自收自支的事业单位，属榆中县计划委员会。2002年，办公室及人员划转榆中县规划国土资源局，核定编制5名。2010年，编制5名，其中行政管理人员1名，专业技术人员3名，后勤管理人员1名。

（二）榆中县测绘室（榆中县土地勘测规划室）

榆中县测绘室的前身是成立于1992年的榆中县土地勘测规划室，为榆中县国土资源局所属的事业单位。2005—2010年，编制6名，其中领导职数 2名。

（三）榆中县国土资源执法监察大队

榆中县国土资源执法监察大队成立于2007年7月，科级建制，事业性质，编制9人。2010年，编制9名，其中行政管理人员2名，专业技术人员6名，后勤管理人员1名。

（四）榆中县土地登记交易信息中心

榆中县土地登记交易信息中心成立于2007年5月，科级建制，事业性质，核定编制8名，领导职数2名。2010年，编制8名，其中行政管理人员2名，专业技术人员6名。

三、其他机构

2002年8月，成立榆中县土地储备中心，科级建制、事业性质，隶属于县政府。编制6名，其中领导职数2名。2007年12月，与榆中县城市发展投资有限公司合署办公，性质、建制、编制、供给渠道、隶属关系均不变。

第四章　环境保护

第一节　环境状况

一、环境质量

1991年起，榆中县落实污染减排任务，开展建设领域环评检查、重点行业环保专项检查、兴隆山水源保护、农村环境综合整治试点和冬季大气污染防治等工作。2005年，全县烟尘控制区和噪声达标区达标率100%，空气质量优良天气数350天，占全年天气数的95%，森林覆盖率11.26%。2008年，开展污染源普查，普查登记542家污染源，其中一般污染源129家，重点污染源84家，生活污染源328家，集中式污染源1家。同时，组织力量动态调查全县辖区内污染源，摸排56家动态污染源，进行分类管理，减少污染物的排放，改善辖区环境质量。2010年，全县烟尘控制区和噪声达标区达标率100%，空气质量优良天数96%，饮用水源水质达标率100%。

二、大气污染

1991—2005年，榆中县大气污染是以二氧化硫为主的烟煤污染和水泥、铁合金企业的粉尘污染。1993年，开始推行联片供暖。至2005年，全县取缔分散小锅炉房186座，县城建成连片供热点11个，供热面积123万平方米，全部采用麻石水浴除尘技术，烟尘排放达标率100%。2006—2010年，榆中县的大气污染是典型的煤烟型污染，主要来源于工业生产、冬季锅炉供暖及居民生活采暖燃煤，其次是日益剧增的机动车尾气污染和秸秆焚烧及建筑工地扬尘、道路扬尘等低空面源污染。采取关停一批能耗高、经济效益差、污染严重的石灰企业和硅铁厂，淘汰小型供热站点和在水泥行业安装除尘设备等措施，减少主要大气污染物的排放量。二氧化硫排放量控制在10221吨，化学需氧量控制在889吨，工业企业污染治理率83%。

三、水源污染

1991—2005年，榆中县水污染主要是兰州百美纸业有限公司、兰州市化肥厂等造纸和化工企业造成的污染。排放的污水污染夏官营镇、金崖镇、来紫堡乡地下水，影响居民饮用水，造成土壤碱性化，粮食、蔬菜受到污染，给当地农业生产造成一定的损失。1996年起，县上整治造纸、化工企业。至2005年，一批重点污染源得到治理。2006—2010年，榆中县水污染主要是生活和工业污水，其中生活污水排放量约占废水排放量的85%左右。关停一批造纸、化工企业，工业废水排放量逐年降低。至2010年，全县造纸企业全部淘汰和取缔。兴隆山水源保护区是县城集中水源地，水质达标率保持在100%，达到国家一类水质标准。

第二节　环境监测

一、水环境监测

兴隆山自然保护区是榆中县生活饮用水唯一水源涵养区，水资源丰富，年径流量5349万立方米，保护区水质优良，符合国家饮用水标准，许多指标优于国家指标。2003年，县政府将全县11条河流划定为一级保护区、二级保护区和准保护区，规定各级保护区饮用水质标准。

2003—2010年，县环保局每年定期监测兴隆山饮用水源保护区水质。2010年，联合省环境科学研究院将兴隆山饮用水源保护区划为一级保护区、二级保护区和准保护区。监测兴隆峡、龛谷峡、黄坪等水源地水质120次。

2005年兰州市环境监测站对榆中县饮用水监测数据

表2-4-1

项目	监测数据	地表水环境质量标准（一级）	生活饮用水水质标准	评价
pH	8.43	6—9	6.5—8.5	符合Ⅰ级
COD	6.7	15		<Ⅰ级
BOD	1.0	3		<Ⅰ级
Cr^{6+}	0.002	0.01	0.05 毫克/升	<Ⅰ级
LAS	0.025	0.2		<Ⅰ级
氨氮	0.02	0.15		<Ⅰ级
总氮	0.250	0.2		<Ⅰ级
高锰酸盐指数	1.2	2		<Ⅰ级
硫化物	0.01	0.05		<Ⅰ级
氰化物	0.002	0.005	0.05 毫克/升	<Ⅰ级
挥发酚	0.001	0.002	1.0 毫克/升	<Ⅰ级
总磷	0.01	0.02		<Ⅰ级
溶解氧	7.95	7.5		<Ⅰ级
石油类	0.02	0.05		<Ⅰ级
粪大肠菌群（个/L）	190	200 三类 1000	3 个/升	<Ⅰ级
氟化物	0.27	1.0	1.0 毫克/升	<Ⅰ级
砷	0.001	0.05	0.05 毫克/升	<Ⅰ级
硒	0.00003	0.01	0.01 毫克/升	<Ⅰ级
汞	0.00002	0.00005	0.001 毫克/升	<Ⅰ级
铜	0.002	0.01	1.0 毫克/升	<Ⅰ级
铅	0.010		0.05 毫克/升	<Ⅰ级

续表

项目	监测数据	地表水环境质量标准（一级）	生活饮用水水质标准	评价
锌	0.025		1.0 毫克/升	<Ⅰ级
镉	0.002		0.01 毫克/升	<Ⅰ级

二、大气环境监测

1991年，县环境监测站按照国家新标准先后监测全县67台锅炉、33台茶炉、9台食堂灶的烟尘浓度和烟气黑度。检查全县62台锅炉的除尘设施，除尘器完好率98.4%。县城烟尘控制区有锅炉42台，其中运行42台，茶炉29台，食堂灶9台，锅炉烟尘浓度达标35台，达标率83.3%；黑度达标40台，达标率95.2%；茶炉达标26台，达标率89.6%；食堂灶达标8台，达标率88.9%。1995年，全县烟控区有锅炉67台，茶炉33台，工业窑炉3台，食堂灶23台。经检查监测，锅炉烟尘浓度达标60台，超标7台，达标率89.5%；烟气黑度达标67台，达标率100%；茶炉达标30台，达标率89.6%；食堂灶烟气黑度达标23台，达标率100%。2000年，按照《国家锅炉烟尘测试方法》及标准，监测3平方千米烟尘控制区内所有炉、窑、灶。烟控区内运行的61台锅炉烟尘浓度达标58台，达标率95%；二氧化硫排放达标61台，达标率100%；2台工业窑炉烟尘浓度、二氧化硫均达标；23台茶炉、10座食堂灶烟气黑度全部达标，达标率100%。2005年，监测全县132台炉、窑、灶，烟尘排放达标率96%，二氧化硫排放达标率98.5%。2006—2010年，按照《国家锅炉烟尘测试方法》及标准，全面检查监测3平方千米烟尘控制区内所有炉、窑、灶，二氧化硫达标率90%，烟尘排放达标率96%。

三、声环境监测

1991年，县城新建0.5平方千米噪声达标小区，累计建成噪声达标小区1.5平方千米。噪声环境监测主要对象有交通运输噪声、工业噪声、建筑施工噪声、社会生活噪声。一类噪声达标区北至兴隆路、南至南大河、东至栖云南路、西至县妇幼保健站。二类噪声达标区兴隆路以北、县医院以南、东起三电渠、西至环城路。在达标区设置标志牌，在兴隆路与政府路十字设置交通管制灯，将兴隆路设置为汽车喇叭禁鸣路段。按照国家噪声监测技术规范，使用AWA6218全自动监测仪器现场监测、记录达标区内的噪声源。2000年，颁布《榆中县噪声达标区管理办法》，公布噪声污染举报电话。利用全自动监测打印仪器，检查、监测一、二类标准适用区内52个固定声源，绘制《榆中县噪声达标区环境噪声监测污染状况图》《榆中县噪声达标区固定声源、建筑施工工地分布图》。2004年，全面复测建成的1.02平方千米一类噪声达标区、0.48平方千米二类噪声达标区，绘制《区域环境噪声污染现状图》。2005—2010年，声环境监测重点管控噪声达标区和日常管理工作。

四、污染源监测

1991—2005年，榆中县重点污染企业主要分布在小康营、连搭、金崖、来紫堡、甘草店、和平、高崖、银山、夏官营、三角城、定远、清水驿、城关13个乡镇。污染源以造纸、化工企业废水污染、水泥、铁合金企业粉尘污染、燃煤锅炉烟尘污染等为主。污染源监测工作由县环境监测站承担。2005年，环境监测设备有微电脑烟尘平行采样仪1台、林格曼黑度仪3台、声级计3台、电光分析天平1台、全自动电子分析天平1台、笔式pH计3台、水质快速测定仪1台、干燥箱1台、干燥器2个、电脑2台、打印机1台。全县排放二氧化硫0.05万吨、烟尘0.83万吨、工业粉尘0.138万吨、化学需氧量（COD）0.21万吨、工业固体废物0.3万吨，工业企业污染治理率83%。2006—2010年，全县废气监测项目主要有烟尘浓度、烟气黑度等，定期开展锅炉、工业窑灶、食堂灶烟尘监测。二氧化硫控制在10221吨，化学需氧量控制在889吨，工业企业污染治理率83%。

第三节　环境治理

一、烟尘治理

1991年，县水泥厂投资3万元对烟尘浓度超标、噪声污染严重的家属院锅炉安装消声器和水浴除尘器。高崖水泥厂投资27万元，安装3台布袋收尘器，更换2台静电收尘器。县水泥厂投资32万元，完成节能改造和在9个主要粉尘排放口安装粉尘回收设施。1993年，建成县物资局和饮食服务公司2个连片供热点。1996年，烟尘浓度超标排放的县水电局、县林业局锅炉房投资7万元更新安装除尘器。甘草水泥厂投资73万元，安装静电除尘器2台，更换布袋除尘器7台，完成窑炉治理任务。北山水泥厂投资35万元，安装静电除尘器1台。金崖造纸厂建成二次沉淀池1座，对方家泉冶炼厂烟尘排放超标的冶炼炉安装湿式除尘器1台。1998年，兴隆山管理局、甘肃省银行学校、三电管理处3家单位完成3项锅炉除尘设施和2项锅炉消声器的治理任务。三星磷肥厂对原有生产工艺及设备进行更新改造，安装废气处理设施。1999年，县城烟控区取缔分散小锅炉22台，新建连片供热点4个，粮食局、榆中宾馆、乡企局、广场4个供热点锅炉安装水浴式除尘设施和消声设施。兰州化肥厂建成拷胶脱硫装置1套，改造工业锅炉1台，安装麻石除尘设施。甘草水泥集团公司对新、旧两线主要排放口除尘设施全面改造，安装静电除尘设施9台（套）；高崖水泥厂、县水泥厂、北山水泥厂、银山水泥厂各安装静电除尘设施1套。2000年6月，县环保局查封城关粮管所、县医院、银行学校、兴隆山管理局、国税局、九中、塑料厂、机械厂烟尘超标锅炉。2002年，县城烟控区继续实行连片供暖，恩玲中学等17家单位拆除小锅炉21台，新增南关、北关2个供热点。连片供热面积120万平方米，占县城供暖面积的91%，县城烟控区年烟尘排放量减少210吨，采暖期县城良好天气90%以上。2004年，连片供热点增加为11个，连片供热面积123万平方米，炉、窑、灶二氧化硫排放达标率100%，二氧化硫减排3.23吨，大气环境质量优良率95%以上。2005年，贡马水泥厂投资3800万元的新型干法生产线，环保投资800万元，安装脉冲布袋除尘和高效静电除尘设备，经县环境监测站监测，粉尘排放量比改造前降低50%以上，80%以上排污口实现达标排放。2006年，榆中鸿鑫硅铁厂、清水驿天远铁合金厂分别投资100多万元采用的旋风布袋除尘技术通过省市环保部门验收，处理后的烟气排放优于国家排放标准。2007—2008年，鸿鑫、上庄、清水驿、银山、榆中5家硅铁厂分别投资100多万元治理烟尘。甘草集团投资130万元，全面治理20万吨立窑生产线烟尘、粉尘，在水泥窑安装布袋除尘装置，减轻水泥粉尘的排放量。关停燃煤锅炉7座，锅炉10台。连片集中供热点减少为7处，年节煤2000吨，年削减烟尘33.2 吨，削减二氧化硫194.8吨。2009年，淘汰不符合国家产业政策的上庄硅铁厂、榆中硅铁厂，引进湖北京兰水泥公司日产4600吨干法水泥生产线，整体收购重组工艺落后、污染严重、环保欠账多的榆中县水泥厂。2010年，县环保、国土、经贸等部门及小康营、银山、高崖、清水等乡镇联合行动，清理整顿辖区内15家小石灰窑，县政府下达关闭全县小石灰窑的通知，工商部门吊销小石灰窑营业执照，供电部门采取断电措施，从源头上治理烟尘排放。

图 2-4-1　起爆小石灰窑（2010 年摄）

二、废水治理

1991年，督促三角城造纸厂安装2台10吨链条式新锅炉。1994年，三角城造纸厂安装1台悬浮物处理设施，金崖第一造纸厂安装悬浮物处理设施1套。金崖第二造纸厂另上了1台悬浮物处理设施，维修沉淀池。小康

图 2-4-2　百美公司蒸球（2010 年摄）

营碳酸钙厂新建废水闭路循环装置。1997年，关闭明星造纸厂、黄河油品化工厂、三星纸浆厂、鸿远电镀厂、定远造纸厂石灰法制浆生产线和定远锻造厂电镀车间。下达限期治理的有榆中造纸厂、金崖造纸厂等22家企事业单位。1998年，金鹏造纸厂建成300立方米沉淀池3个，废水循环使用。1999年，县第一人民医院、中医院安装医疗废水处理装置。金山造纸厂建成3个300立方米沉淀循环池，废水循环利用率达到60%。2000年，组织6家造纸企业厂长、经理到山西运城等地进行废水治理专项考察。采取控制新鲜用水、增加循环用水、减少排污等综合治理措施。金崖造纸厂投资70万元，安装造纸废水综合处理装置1套。2001年9月，县政府下达甘草集团榆中造纸厂、贡马水泥有限责任公司等企业停产治理的决定。2002年，甘草集团兰州造纸厂（雁儿湾）投资510万元，建成7000吨/日造纸废水处理厂，处理后的废水70%循环使用，年污水排放量减少150万吨。2003年6月，由环保、公安、监察、经贸、乡企、技监、工商、供电等部门组成联合执法小组，吊销治理步伐进展缓慢、擅自恢复生产的甘草集团榆中造纸厂、金崖民生造纸厂的营业执照，查封设备，实施断电措施。查封榕航轧钢厂、腾达型材厂、首峰轧钢厂、新华轧钢厂等“五小”企业。2004年，金崖民生造纸厂、兰州百美纸业有限公司列入黄河甘肃段水污染挂牌督办治理企业限期治理。2005年10月，金崖造纸厂、金山造纸厂、小康营草浆厂、福利包装厂草浆生产线、兰州百美纸业有限公司列为第二批省级挂牌督办企业，小康营草浆厂、福利包装厂草浆生产线被依法关停，金崖造纸厂、金山造纸厂、兰州百美纸业有限公司被限期停产治理。同年，兰大、民大投资1300万元，建成污水处理工程，日处理废水1.2万吨，年节水400万吨，中水用于校区绿化灌溉及校区周边荒山绿化。奇正藏药、薇乐花园等相继建成污水处理设施，实现水资源的循环利用。2007—2010年，关闭金崖民生造纸厂、金崖陆家崖造纸厂、榆中金鹏造纸厂、金山造纸厂、兰州玉林商贸有限公司5家小造纸企业。

三、生态环境保护和建设

1991—1998年，榆中县环境治理历史欠账较多，水土流失严重，水资源短缺。兴隆山旅游风景区新建许多餐饮娱乐场所，加之保护区附近村民的过度放牧、开采行为影响到生态环境的保护，1999年，县环保部门下达兴隆山饮用水源污染限期治理的决定。2001年6月，由县环保局牵头，兴隆山管理局、监察局、国土局、工商局等单位联合开展生态环境执法检查。2002年，整治兴隆山饮用水源污染工作，铺设排污管网1094米，修建仿古长廊160米，拆除小餐饮摊点21家，增设环保公厕8个。2003年，国家环保总局确定榆中县为全国生态环境监察试点县。县政府颁布《榆中县饮用水源划分方案》，将水源保护区300平方千米划分为一级水源保护区、二级水源保护区和准保护区，涉及8个乡镇、109个自然村、16万人口。2004年，《榆中县饮用水源保护和污染防治办法》颁布施行，明确保护区范围和污染防治措施。2005年，在兴隆山公路两旁的空闲地和车辆入口处实施大苗造林，栽植黑刺围栏，设置防护栏10千米，设立生态水源保护标志牌、宣传牌140个，全封闭保护景区河道。2006年，榆中县全国生态环境监察试点工作通过国家验收，获得全省最高分93分，被评为全国试点工作先进单位，2人被评为全国试点工作先进个人。2007年11月，县环保局清查兴隆山自然保护区及周边地区乡镇、村社、居民、耕地、人口及水源情况。同时，县环保局与兰州交通大学联合完成《兰州东城区建设生态系统服务功能优化及生态设计研究课题》。2009年，联合省环境科学研究院编制《榆中县兴隆山饮用水源地划分技术方案》，将兴隆山饮用水源保护区划为一级保护区、二级保护区和准保护区。2006—2010年，经兰州市环境监测站饮用水源地水质监测，榆中县兴隆山水质达标率均为100%。全县创建绿色单位15家，奇正藏药、兴隆小区被评为市级绿色单位，榆中一中被评为省级绿色单位，薇乐花园被评为国家级绿色单位。

第四节　机　构

一、局机构

1991年，设榆中县城乡建设环境保护局。1997年3月，榆中县城乡建设环境保护局改为榆中县建设局、榆中县环境保护局，“一个机构，两块牌子，合署办公”。2002年6月，榆中县环保局被列为县政府直属事业单位。2005年4月，县环境保护局被列为县政府工作部门，核定行政人员6名，其中领导职数2名，后勤事业人员1名。2010年，县环境保护局有行政人员7名，其中领导职数3名，下设环境监理站、环境监测站、综合业务室、局办公室。

二、局属机构

（一）环境监测站

1991年，榆中县环境监测站，事业性质，经费自收自支。1996年3月，县环境监测站增编4名。2000年10月，县环境监测站增加1名领导职数。环境监测站编制12名。2010年，榆中县环境监测站编制7名，其中行政管理人员1名，专业技术人员5名，工人1名。

（二）环境监理站

1992年3月，成立榆中县环境监理站，与环境监测站合署办公，一套班子，两块牌子，隶属县城乡建设环境保护局，核定编制6名，其中领导职数1名，干部3名，工人2名，经费自收自支。2004年8月，成立榆中县生态环境监察大队，与环境监测站合署办公，一套人马，两块牌子。

第五章　城乡规划与建设

第一节　城乡规划

一、总体规划

1993年底，出台《榆中县和平发展区总体规划》。1994年5月20日，批准实施。同年，启动第四次县城总体规划。1996年，完成县城总体规划。1998年10月，批准实施。将县城定性为政治、经济、文化、贸易中心，以旅游为主导，发展文教科研、轻型加工业，开拓良好居住空间的生态化小城市。规划期限1996—2010年。县城城镇人口：2000年增加到3万人，2010年增加到5万人。用地规模：县城建成区规模2000年增加到3平方千米，2010年增加到5平方千米。

1999年，编制夏官营城镇建设总体规划，经县政府批准实施。2004年6月，出台夏官营科教城总体规划。规划范围：西起白虎山（萃英山），东北至陇海铁路，南至巉柳高速公路，占地面积约33平方千米。规划性质：夏官营高科技园以大学城、高新技术产业园区为主体，具有科教、研发、产业、居住、休憩等多种职能的综合功能。规划规模：夏官营高科技园规划区现状人口2.4万人，2010年人口规模7.6万人（其中5万人为高校新增学生及教职员工），建设用地规模0.6平方千米，人均建设用地119平方米/人。

2004年11月，出台《兰州市和平地区城市总体规划》。将和平定性为贵金属材料研究和生产基地，甘肃省重要的高等职业教育基地，兰州城市向东扩展的新市区。规划范围：西起大青山（窦家山），东至猪嘴岭，北起营盘山，南至汪家坪，规划面积约30.1平方千米。其中建设用地规模15.65平方千米，占规划用地的55%，水域和其他用地13.54平方千米，占45%。人口规模：至2020年城市人口15万人。人均建设用地110平方米/人。规划区结构为：一城三区两轴一心。一城即和平城区；三区即中心区、北区和西区。中心区建设用地面积10.79平方千米，其主要功能是特色产业、科研文教和居住，也是行政办公、商业金融、文化娱乐中心；北区建设用地面积2.86平方千米，为二三类工业、仓储物流区；西区建设用地2.56平方千米，为二类工业和部分军事、科教和居住区。两轴是沿208号路为居住、科教等综合轴线，金川大道为产业发展轴线；一心是指规划区的城市中心，由体育中心、中央公园绿带和与之相连的行政办公、文化娱乐、商业金融等构成，是规划区的结构核心和景观中心。同年，编制来紫堡乡冯家湾村、黄家庄村，和平镇袁家营村总体规划。

2005年，出台苑川工业园区总体规划，规划范围：东起金崖镇古城村、来紫堡乡李家庄村，南北沿苑川河两侧各1.25千米，东西长约7.6千米，范围15平方千米。规划性质：以钢铁工业、加工工业、物流、居住为主导功能。规划规模：规划区非农业人口2010年4.5万人，建设用地0.33平方千米，人均建设用地109平方米。

2006年，组织专家评估1996版《榆中县城总体规划》实施情况，全面启动县城总体规划修编工作；将定连（定远、连搭）盆地规划与兰州市第四版城市规划衔接，提出定连地区城乡总体发展框架。规划建设五个主要的功能分区：东部为工业和仓库用地，西部为旅游发展和文教科研区，南部为居住和公园绿化区，北部为居住和公园绿化区，中部为行政机关、公共活动、居住及县城中央商务区。在统筹城乡发展，加快社会主义新农村建设的要求下，编制金崖镇邴家湾、窦家营、小康营乡洪亮营、连搭乡肖家嘴、城关镇北关、三角城乡高墩营、贡井乡吕家岘、定远镇定远村16个村建设规划和村域产业发展及基础设施规划。2009年，编制兰州东扩区发展总体规划、榆中盆地总体规划、榆中城乡一体化发展总体规划、榆中城市空间拓展等概念性规划和研究。编制青城、定远、金崖、甘草店、高崖5个镇和贡井、小康营2个乡总体规划。

二、控制性详细规划

1999年1月22日，《榆中县和平发展区中心地段控制性详细规划》批准实施。将和平发展区中心地段定性为行政、经济、科研、文化的中心，兰州市工业和生活居住的扩展空间。规划范围：发展区用地面积24.02平方千米。规划区西起大青山，东到张子文店，南到袁家营，沿原312国道两边各1千米，规划面积10.25平方千米，占和平面积的42.67%。规划期限：近期1998—2010年；远期2011—2020年。人口规模：2010年人口规模5万人，2020年人口规模10万人。2006年，修编和平地区控制性详细规划。2009年，编制县城规划区的控制性详细规划。同期，编制青城、定远、金崖、甘草店等4个市级重点镇和20个新农村村庄控制性详细规划。

三、规划管理

榆中县按照总体规划要求对县城实施统一管理。县城规划区范围：东到县第一建筑公司向东500米处，西到省水文站，南至园艺场，北到大营村清河沟，规划区面积5平方千米。在规划区的土地利用必须符合城市规划，在用地方面遵守"一书两证"制度（《规划选址意见书》、建设用地规划许可证和建设工程规划许可证）。1991—2005年，办理"一书两证"732项，其中建设用地规划许可证192项，用地面积1.3万亩，建设工程规划许可证640项，建筑面积385.24万平方米。查处违法建设案件516件。2006—2010年，办理《建设项目选址意见书》49件、建设用地规划许可证139件、建设工程规划许可证184件、临时建设工程许可证53件。查处违法建设案件120项，其中责令停工72项，拆除26起。

第二节 城市建设

一、城区道路建设

1994年，建成长55米、面积440平方米的西关新村路，沥青砂段配基层。1996年，建成长986米、面积1.58万平方米的兴隆路（一中桥—探矿厂），沥青灰基路。1998年，改造兴隆路（城关镇政府—探矿厂）。1999年，拓宽改造政府路（兴隆路—南大河），新建长1千米、宽40米、面积4万平方米的太白东路（中心广场—县汽车站）。2000年，改造政府路（一悟路—太白西路）、一悟路（清真寺—兴隆市场口）、栖云北路大营段（交警队—312国道），其中栖云北路大营段长3千米、宽20米、面积6万平方米；建成长800米、宽40米、面积3.2万平方米的太白西路（广场—政府路），沥青砂石稳定基路。2001年，建成长200米、宽40米、面积8000平方米的太白西路西段（政府路—西环路口）。2002年，拓宽改造长500米、面积1万平方米的文化路（银行学校—六中），沥青灰土基路。2003年，建成长1.2千米、宽16米的栖云南路（南关桥—园艺厂）。2004年，建成长1千米、面积4万平方米的金牛山广场及奇正大道，沥青水稳砂基路。2003—2004年，投资3829.5万元，建成长3505米、宽40米的环城西路拓建工程。2006—2010年，投资4.9亿元，建成城市主次干道14条，长19.6千米、面积46.4万平方米，砖化人行道长7千米、面积6.95万平方米，形成“三纵四横”的城市道路网骨架。其中有投资2.5亿元的和平至定远道路、

图 2-5-1 西环路（2010 年 6 月摄）

投资696.36万元的太白路改造工程、投资1017万元的榆中县环城东路南段拓建工程、投资859.94万元的文兴路新建工程、投资556.95万元的文成路和大成路改造工程。

二、城市房屋建设与管理

（一）城市房屋建设

1991年，全县建成房屋30万平方米，其中新建平房1865间5.98万平方米，老旧平房10.79万平方米，楼房118幢13.23万平方米。楼房中办公楼48幢7.06万平方米，住宅楼70幢6.17万平方米。2005年底，全县建成各类房产753幢204.76万平方米，其中住宅430幢108.22万平方米，办公用房87幢7.5万平方米，商业用房74幢33.10万平方米，文化教育用房58幢22.46万平方米，其他用房104幢33.48万平方米。房改房6723套57.8万平方米。房地产二级市场新建2201套18.26万平方米。城镇人均建筑面积29.24平方米。2006—2007年，建成兴隆小区、兴隆家园、栖云小区、东苑小区、西关一区、西关二区、西关三区、教育花园、北苑小区、华光园、梦馨园、锦云欣城等小区，建成商品房51.58万平方米，其中住宅面积38.4万平方米，非住宅面积13.18万平方米。2008年，开始建廉租住房，当年在栖云南路建成廉租住房50套，2009—2010年在栖云北路恩玲中学西侧建成廉租住房113套。2010年，实施城关镇上街巷城中村改造工程，新建5900平方米住宅楼1幢，安置拆迁农户14户，建安置房2300平方米，硬化和绿化巷道1千米。投资6000万元，改造原榆中宾馆、电影院、文化宫等建筑设施，建成华光广场。当年建成亨威璟苑、新元绿洲、金绒尚都、薇乐花园等住宅33.22万平方米，建成兴隆

图 2-5-2　薇乐花园（2010 年 6 月摄）

步行街、夏官营云鼎学府商业广场等非住宅15.6万平方米。至2010年底，全县有成套住宅1.57万套，建筑面积147.3万平方米。县城居住用地面积125.1万平方米，人均居住占地26平方米。

（二）住房制度改革

1. 公有住房出售

1993年，榆中县出台《榆中县住房制度改革实施方案》《榆中县公有住房出售办法》《榆中县公有住房提租办法》等10个住房改革配套政策。5月，召开全县住房制度改革实施动员大会，全县住房制度改革全面展开。当年出售直管公房18套662平方米，回收资金8.4万元，出售单位自管公房2.71万平方米，回收资金349.46万元。1998年，部分产权的房屋向完全产权过渡，出售4877套35万平方米。同年11月，停止住房实物分配，加快经济适用住房建设，解决中低收入家庭住房困难。1999年，制定《榆中县房改房上市暂行办法》，启动房改房二级市场。2004年12月，修改《榆中县房改房上市暂行办法》，全县房改房上市工作步入正常。至2005年12月，全县上市交易房改房946套9.49万平方米，成交金额2.83亿元。出售单位集资房和经济适用住房6470套48.9万平方米。2006—2010年，全县建廉租房329套、经济适用房530套、公共租赁房602套；发放住房租赁补贴451.06万元，其中2007年发放259户9.32万元，2008年发放补贴409户88.34万元，2009年发放补贴422户91.15万元，2010年发放补贴377户81.432万元。

2. 住房公积金制度

1993年，制定出台《榆中县住房公积金管理办法》，在全县推行住房公积金制度。当年有8个单位缴纳住房公积金，收缴公积金9000元。1997年，有16个单位缴纳住房公积金，缴纳人数350人，收缴公积金117万元。1998年，将行政事业单位公积金单位补贴部分列入财政预算，住房公积金收缴全面推开，建立住房公积金制度的单位166个，缴纳人数7000人，收缴公积金307万元。2004年8月，全县住房公积金业务移交兰州市住房公积金管理中心。

3. 住房清理工作

1999年11月—2000年9月，榆中县开展住房清理工作。全县参加住房清理的单位186个，职工1.37万人，单位和职工申报登记率分别为99%和98%。清理出多占房35套2170平方米，清退25套，以市场价购买8套，转移子女2套，处理率100%；超标住房60人，补交差价款4.85万元。建立健全《职工住房档案》《无房职工档案》《县级领导住房档案》等档案资料。

（三）城市房屋产权管理

1991—2005年，整理装订档案2.5万卷。其中房产买卖1787卷，商品房2792卷，房改房上市833卷，其他40卷，初始登记1258卷，变更登记360卷，转移登记436卷，总登记21卷，房改房6726卷，私房改造61卷，清房档案188卷，房产抵押1.05万卷。排摸出遗留问题25件，其中产权产籍问题10件，产权交易问题15件，解决20件。2005年，产权登记120件（处），登记面积30万平方米，产籍测绘120处，测绘面积30万平方米；办理房地产交易1009件，交易额8000万元，建筑面积10万平方米；办理抵押登记1204件，面积19.94万平方米，抵押额1.2亿元；办理房屋租赁98件，面积2603平方米；危旧房屋安全检查鉴定20宗，面积1.23万平方米；代征契税和土地收益金140万元。2006—2010年，房屋所有权登记972件，登记面积181.9万平方米；产籍测绘97处，测绘面积78万平方米。房产抵押登记业务1.2万件，面积248.7万平方米，抵押额23.3亿元。办理产权交易6632件，交易面积2107万平方米，交易额8亿元，代收契税和土地收益金1077万元。办理商品房预售许可证70件，预售面积68万平方米。

（四）物业管理

1991—2002年7月，物业管理由单位代管或居民小区自主管理。2002年8月，榆中县物业管理所成立，开始统一的物业管理。至2003年底，县物业管理所接管的有政府家属院、公安局家属院、工行家属院、东苑小区、建设局家属院、城建开发楼、煤炭公司家属院、水烟公司家属院等9个小区、829户、7.1万平方米，当年物业管理县城212幢楼，清运垃圾1.3

万吨，上缴税金1.1万元。2004年，接管的有六中家属院、电信局家属院、吕一平开发楼、北山水泥厂家属院、西关二区等家属院479户、3.7万平方米，物业管理县城225幢楼，管理面积11.5万平方米，清运垃圾1.64万吨。至2010年，全县有物业服务企业18家，从业人员640人，物管小区设置监控视频探头487个。住宅楼院211个，面积150万平方米，其中物管楼院76个，物管面积110万平方米，占总住宅楼面积的73%；“三不管”楼院110个，住宅面积30万平方米，主要集中在县城内；单位自管（业主委员会）住宅楼院15个，住宅面积10万平方米。

三、市政设施建设

（一）排水设施

1992年，建成政府路排水（文成路—兴隆路）长388米，安装检查井9座、雨水井7座。1999年，建成政府路排水（一悟路—太白西路）长400米，安装检查井9座、雨水井18座。同年，建成一悟路排水（清真寺—兴隆市场）、农灌渠排水混合管道长550米；建成太白东路排水（广场—县汽车站）长1千米，安装检查井20座、雨水井40座。2000年，建成中心广场排水，安装检查井2座、雨水井14座。2001年，建成太白西路排水（广场—西环路口）长1千米，安装检查井20座、雨水井40座。2001年，建成大营路排水（交警队—大营—社口）长1.5千米，安装检查井30座、雨水井60座；建成文兴路排水（银行学校门口—六中）长500米，安装检查井10座、雨水井20座。2004年，延伸太白东路排水（汽车站—周前河），长1.2千米，安装检查井13座；建成西环路排水（金牛广场—太白西路西口）长3.2千米，安装检查井60座、雨水井120座；建成金牛广场、奇正大道排水，全长1千米，检查井20座，雨水井40座。2006—2010年，敷设排水管道19千米，新设置污水检查井193座，雨水井359座，管网设施发展到17.8千米。

（二）城市路灯

1991年，县城有路灯106盏，专用路灯线路长6.5千米，容量12.5千瓦，配电设备有总路控制箱1个，分路配电箱2个。1998年，在兴隆路安装路灯48盏。1999年，安装路灯82盏，其中栖云北路75盏，文化路7盏。2000年，安装路灯91盏，其中文成路19盏，政府路10盏、一悟路20盏、广场草坪灯32盏、广场庭院灯10盏。2001年，安装路灯142盏，其中大营路118盏，太白西路24盏。2002年，安装路灯49盏，其中栖云南路35盏，太白西路14盏。2003年，安装广场椰树灯8盏。截至2005年，县城安装高杆灯25米、30米各1盏，高压钠灯773盏，高压汞灯53盏，草坪灯32盏，庭院灯12盏，柳树灯8盏，广告灯箱70个，路标灯箱60个。路灯供电线路长42千米，功率310千瓦。电缆穿管，地下埋设管网，灯杆采用不锈钢镀锌钢管。灯头单臂437盏，采用250瓦光源；双臂162盏，采用250瓦、150瓦混合光源；多头灯72盏，采用9瓦、15瓦节能光源。电路控制系统有配电箱10个，配电室2个，采用光时控制开关。至2010年，县城安装路灯652盏，其中高杆灯25米2盏、30米1盏，高压钠灯509盏。路灯供电线路长59.15千米。电缆穿管，地下埋设管网，灯杆采用不锈钢镀锌钢管。灯头单臂356盏，双臂153盏。电路控制系统有配电箱8个，配电室3个，采用光时控制开关。

（三）县城防洪渠道

1999年，建成长800米的兴隆排洪管道（兴隆路东段—太白东路东口）；建成长600米大营路排洪管道（大营路—奇正藏药后沟）。2000年，建成长1千米的一中桥排洪管道（城关卫生院—南大河），渠水面积1平方千米。2005年，建成环城西路防洪坝，坝长194.4米。2008—2010年，投资1600万元，治理南河河道1.2千米，衬砌河堤2.4千米，改造桥梁1座，修筑溢流坝1座。

（四）城镇桥梁

2006年，投资115.33万元，建成栖云北路天桥，主街跨度21米，采用钢混凝土组合结构，主桥宽3.3米，桥梯道长36.5米、宽2.1米。2010年，投资596万元，新建南关桥，建成跨径34.8米、宽24.5米的双曲空腹拱桥，同年11月17日建成通车。

四、城镇绿化

（一）概况

1991年，全县城镇绿化覆盖率5%，人均绿地3平方米。1995年，全县城镇绿化覆盖率11%，人均绿地5平方米。2000年，全县城镇绿化覆盖率16%，人均绿地6.5平方米。2005年，全县城镇绿化率18%，人均绿地9平方米。2010年底，全县建成区园林绿化覆盖面积60公顷，园林绿地面积59公顷，人均占有公共绿地面积5.9平方米，建成区绿化覆盖率11.2%，绿地率10.9%，公共绿地26公顷。全县有综合性公园2个、城市主干道11条、广场3个，有绿化达标单位41个、园林化单位35个、花园式单位8个、园林化标兵单位3个。

（二）街道绿化

1996—2000年，在政府路、太白西路、太白东路、文化路街道主要栽植油松、柏树和国槐、垂柳等景观植物。栽行道树国槐2000株、常青树1000株、花灌木2万株。1998年，改造兴隆路，在两旁人行道上开辟花坛5300平方米，栽植迎春、丁香、玫瑰、牡丹、一串红、大丽花等观赏花卉。

（三）花园式单位建设

1991—2005年，动员各单位进行园林化单位建设。至2005年，获花园式单位的有恩玲中学、兰大榆中分校、和平陇桥学院、兴隆住宅小区、甘肃武警指挥学院榆中分院5个单位。经兰州市绿化委员会、兰州市园林局审批挂牌，获园林化标兵单位的有甘肃省银行学校、榆中供电局、城建培训中心3个单位。获园林化单位的有榆中一中、省探矿厂、县第一人民医院、麻家寺通讯团、和平铜材厂、夏官营太阳能基地、高崖部队弹药库等35个单位。获绿化达标单位的有榆中县财政局、水电局、一悟小学等11个单位。2006—2010年，全县广泛开展绿化达标单位、园林化单位、花园式单位创建活动。至2010年，全县庭院绿化达标单位41个，园林化单位35个、花园式单位8个。涌现出银行学校、恩玲中学、武警甘肃省总队训练基地、兰州商学院榆中分校区、甘肃省女子戒毒劳教所等一批绿化先进单位。

（四）公园建设

1991年，在榆中县城电影文化小区有广场小游园1处。盆景池建在下沉式广场中心。小游园东南角有花窑1处，长6米，宽4米，深3米。栽种数十种乔灌木近百株。1991—1995年，建成兴隆路与栖云南路大十字圆形交通岛，占地700平方米。2001—2005年，投资2000万元，建成占地15亩的县城中心广场。种植草坪5300平方米，广场中心观礼台中央建“崛起雕塑”1座，配有8个红黄绿叶树灯。2006—2010年，建成占地55亩的金牛广场，其中花坛占地23亩，栽植常青树、乔木5000株，雪松、银杏、合欢等优质树木200株，草坪7000平方米。建成占地200亩的金牛山生态园，栽植乔、灌木2万株。南河自然主题公园建成武园、棋院、戏苑、人行景观桥、农家乐5院、拦砂石坝、河道造景、栏杆安装、游廊、亭廊、公园小品、河道亲水平台、假山和特色水景等工程。

图 2-5-3　金牛广场（2010 年 6 月摄）

五、城区供水

1991年，县城供水主要由兴隆山大峡河水、兴隆山泉水、南河滩1口深水井供给，日供水量1400吨。1995年，投资80万元在城关镇杨家庄村建成占地4.2亩的水厂。1998年，贷款300万元、自筹100万元在城关镇朱家湾村建成占地60亩、库容10万立方米的水库1座。2005年，水源地有机井5眼、地表渗渠1处，雨水充沛时日产水6000立方米，天旱少雨时日产水不足3000立方米。水厂内建有无阀自动反冲洗滤池2座，日处理水6000立方米，建有加氯消毒车间，安装二氧化氯发生器2台，每天进行4项常规化验检测，按检测数据，及时调整产水工序，保持水质符合国家生活饮用水标准。埋设供水主干管32千米，城区供水管网互联，管网系统建有闸阀井95座，供水压力监测井15座，消防专用取水井30座。当年供水120万立方米。2010年，水源地有机井6眼、10万立方米库容水库1座、占地4.2亩的水厂1处。水质每天进行10项常规检测，每年委托省疾控中心对水源水和出厂水进行1次水质全分析。城区埋设供水主干管52千米，供水服务面积5平方千米，当年供水155万立方米。

六、城区供热

1991年，县城供热面积27万平方米，采取单位分散供热的方式。1997年，将原城建系统供热锅炉房归口管理，设立城建供热点，集中联片供热面积7万平方米。1998年，将县政府锅炉房、榆中宾馆锅炉房归口管理，建成西关住宅区锅炉房、人行锅炉房2个供热点，集中联片供热面积增至12万平方米。1999年，建成乡企局、粮食局、广场供热点，将县五金公司锅炉房归口管理，集中联片供热面积增至20万平方米。2000年，建成一中供热点，集中联片供热面积增至32万平方米。2001年，建成一建公司供热点，集中联片供热面积增至64万平方米，开始与用户签订《供用热合同》。2002年，建成南、北关2个供热点，集中联片供热面积增至100万平方米。2003年，关停五金公司和人行锅炉房。2004年，将榆中列为供热分户计量收费改革试点县区，选择县城文化小区、玉园小区住宅楼和恩玲中学、信合大厦2个单位进行分户计量收费制度改革试点。至2005年底，全县建成集中联片供热点11处，集中联片供热面积125万平方米，用户1.43万户，县城集中联片供热普及率98%以上。拆除、停用、免建分散小锅炉房180座，锅炉240台，埋设、改造管网43千米。至2010年，全县改造既有居住建筑分户计量面积77万平方米。攻关的“甘肃省建筑节能分户供热计量标准化”课题获甘肃省建设科技进步一等奖、2010年甘肃省科技进步三等奖。

第三节　乡村建设

一、重点小城镇建设

（一）和平乡（镇）

1993年，和平乡始建小城镇，当年投资50万元，建成乡政府办公楼主体工程；投资40万元，建成城区水泥路3.5千米；建成工贸综合市场一条街；投资42万元，接通开发区输电线路和工贸一条街公用照明路灯；投资30万元，建成日供水能力400吨的供水服务公司。1995年，投资400万元，建成甘肃陇大国际学校；投资60万元，建成和平康复医院；投资315万元，建成开发区供水二期工程。2001—2005年，投资5200万元，建成110#、208#、金川大道和牡丹路“两纵两横”4条城市主干道7.3千米；建成日供水5000吨的自来水厂，埋设供水主管道23千米；投资167万元，在312国道、金川大道、牡丹路和208#道路安装路灯334盏；投资30万元，在城市主干道人行道栽植高档行道树1750株，发动辖区内企事业单位在牡丹园及周边义务植树10万株；建成和平农贸市场。2006—2010年，薇乐花园二期投资8亿元，建成40万平方米的住宅楼及30幢别墅；新元绿洲住宅小区项目一期工程投资2.02亿元，建成10万平方米住宅楼；金川科技园投资1亿元，建住宅楼，安森住宅小区、和平嘉园、和平雅苑等房地产投资8000万元，开发商业和居民住宅用房。兰州商学院、博文学院、外语学院等一批高等院校和事业单位入驻和平镇，投资20亿元用于教学楼、图书馆、学生公寓、办公用房等基础设施建设。投资6300万元，建成薇乐大道和牡丹路等城市主干道。投资1800万元，绿化和美化和平大道、薇乐大道、金川大道、牡丹路等城市主干道。兰州市自来水公司安装日供水2万吨的和平供水工程加压站和供水主管道，向和平四所大学供水。

（二）夏官营镇

1999年，始建夏官营小城镇。同年，兰州大学落户夏官营。兰州大学榆中校区占地面积5392.33亩，其中建设用地2353.03亩，绿化用地3039.3亩，有房屋57万平方米，绿化面积78万平方米。有26个学院，64个本科专业，在校学生1.2万人。2004年，夏官营列为全省小城镇综合改革试点镇，同年，西北民族大学落户夏官营。西北民族大学榆中校区占地2444亩，其中建设用地1386亩，绿化用地1058亩，投资7.2亿元，建成各类建筑物50.7万平方米，建成单体建筑43栋，其中教学楼8栋，学生宿舍17栋。开设专业37个，在校学生1.1万名。筹资6000万元，建成商贸楼2.8万平方米，服务店铺260家，其中信息化服务20家，餐饮94家，服饰52家，娱乐36家，干鲜水果店18家，招待所21家。投资500万元，新建集中供热站；筹资250万元，铺设供排水及供暖地下管网；投资100万元进行主干道绿化、亮化工程及经三路阴沟美化处理；筹资320万元，新建镇中心幼儿园；投资800万元，进行旧街改造，建商铺160间7400平方米。2007年，夏官营镇被列为全省小城镇建设重点镇。2009年，被列为市级城乡一体化建设试点镇。同年，投资6947.33万元的榆中夏官营污水处理工程开工。项目占地41.9亩，设计处理规模2015年处理1.5万立方米/天，到2020年处理2.9万立方米/天。项目包括污水处理工段、污泥处理工段、附属及生活设施，服务范围为县城城区及夏官营科教城部分区域。

（三）金崖镇

2000年，出台《金崖镇小城镇改革试点方案》，定位为工业主导、商贸流通型小城镇。2003年，实施小城镇一期、二期工程建设，投资900万元，建成十字东部主体楼群2座9000平方米。2004年，投资380万元，实施小城镇三期工程，建成三层砖混附设地下室4000平方米；投资600万元，建成6000平方米商住楼；投资217万元，完成东金公路（东岗镇—金崖镇）征地拆迁；投资80万元，改造桥头十字供排水地下管网工程；筹资220万元，拓建桥头十字道路，拆迁商铺25家1800平方米；改造固定电话系统5000门，新建数字移动电话发射塔2座。2003—2006年，争取小城镇建设补助资金80万元，吸纳社会资金500万元，新增小城镇楼房建筑面积6250平方米。小城镇桥头十字东西南北以商贸流通为主的四期工程完工投入使用，建成主体楼群4座，大型农贸综合市场1处。2008年，争取兰州市小城镇建设扶持资金1000万元，自筹726.6万元，拓宽东金公路(桥头—文章公司)；引进兰州升华自控科技有限公司投资1000万元，建设金崖集中供热站；完成卧龙川1650亩土地整体开发项目。建立垃圾集中处理点1处。

二、新农村建设

图 2-5-4　袁家营新农村（2009 年 6 月摄）

榆中县新农村建设始于2003年，首先在来紫堡乡冯湾村试点。2006年，在经济条件较好的川西乡镇实施，每个乡镇确定1到2个村进行新农村建设，因地制宜、制定规划，建设新农村住宅和配套水电路等基础设施。至2010年，全县建成省部级联建示范村1个、省级示范村1个、市级示范村11个和县级重点推进村20个。和平镇在袁家营村柳沟河社建成新农村住宅135户、袁家营社建成新农村住宅60户。金崖镇建沼气池200个、卫生厕所100个。投资600万元，建成邴家湾村130平方米2层小康别墅楼30座；投资25万元，建成邴家湾村渠道配套工程；在窦家营村规划建设第四代日光温室高效农业示范园区，建成种植经济效益较高的反季节油桃温室57座；建成衬砌U型渠9.75千米，硬化村社道路1.2千米，修建220立方米人饮水塔、村民文化活动中心及文化广场主体工程。城关镇建沼气池750户，卫生厕所550户。兴隆山村投资3600万元，实行新农村统一规划、统一建设，一户一院。来紫堡乡建成新农村住宅580户，实行一户一院。

三、危房改造

榆中县大面积的农村危房改造始于2009年。当年将省市农村危旧房改造项目和特困群众危房改造项目资金进行整合，落实国家农村危旧房改造试点工作任务4080户，省、市下达农村危旧房改造任务1.27万户。重点扶持农村五保户、低保户、残疾户、二女结扎户、独生子女户、复退军人无房和住房困难户。2010年，落实省级农村危旧房改造2000户、国家扩大农村危房改造750户、市级节能改造示范户100户，其中省级农村危旧房改造每户补助4000元，国家扩大农村危房改造每户补助6000元，市级节能改造示范户每户补助2000元。

第四节　建筑业管理

一、建筑市场管理

1991—2010年，建筑市场管理业务有开工（施工）许可证、工程质量监督手续、招投标手续、施工合同审查、安全施工备案。1999年10月，建设工程监督覆盖面全面扩展，受监工程面积突破20万平方米。2000年1月，实行工程质量终身负责制。2001年10月，建设部检查榆中县在建工程质量，其中1项受监工程获得白塔奖。2003年7月，省建设厅在榆中县开展执法大检查，参与监督的1项工程获得飞天奖，受监督的3项工程获得白塔奖。2004年4月，全面开展工程质量结构检测。至2006年，接受监督工程642项，建筑面积200.87万平方米，其中优良工程6项，建筑面积2.39万平方米。验收的工程中获白塔奖的4项，建筑面积4.38万平方米；获飞天奖的1项（参与监督），建筑面积2.75万平方米。2006—2010年，开展招投标项目203项；核发施工许可证244件。发出监督日志通知书874份，质量问题通知书5份，局部停工通知书2份，现场督促检查中存在的问题，限期治理纠正。

二、墙体材料改革

1998年3月，榆中县启动墙改节能工作，墙材结构由黏土实心砖向黏土多孔砖、黏土空心砖、砼空心砖、轻质隔墙板等新型墙体材料发展。

当年完工和在建的25项工程中，县财政局办公楼、师范教学楼、老干部活动中心等工程，不同程度地使用黏土空心砖、加气砼砌块等新型墙体材料3800立方米。同时对甘肃大地实业有限公司榆中彩色金属墙体材料厂进行认可证管理制度，首度开展新型墙体材料产品质量资格认可管理。1999年，向市墙改节能办公室申请新型墙体材料发展资金25万元，将榆中县洪亮营砖厂改建成年产黏土空心砖、多孔砖1200万块标砖的新型墙材企业。2000年，全县有新墙材企业6家，年产标砖623.4万块，新墙材建筑竣工量2.36万平方米。2003年，全县有新墙材企业15家，年产标砖6006.1万块，品种有砖、块、板三大类10个品种，新墙材建筑竣工面积15.54万平方米。2004年，开始使用热流巡回检测仪测定建筑物墙体传热系数。2004—2006年，全县有新墙材企业18家，年产标砖7042.6万块，新墙材产量占墙材量的33.64%。

1999—2005年，累计节约土地494.3亩、生产能耗1.86万吨标煤、采暖能耗1.66万吨标煤，利废4.06万吨，新墙材产品3亿块标砖。2007年后，建成区全面“禁止”实心砖，推广应用新型墙体材料，鼓励发展保温隔热好、轻质高强的砌块和墙板。至2010年，全县新建改建新墙材企业24家，年产标砖8000万块；累计节约能耗4万吨标煤；改造既有建筑节能面积1.28万平方米。维护改造全县新建建筑、既有建筑，改造采暖系统热计量，在新农村建设中利用太阳能，推广生物质能、被动式太阳房、太阳能热水器、太阳灶。榆中县成为创建国家级可再生能源利用示范县。

三、房屋拆迁管理

2003年2月，拆迁城关镇南关村农户85户，拆迁面积6976平方米。2004年3月，拆迁城关镇地椒沟村农户68户，拆迁面积6530平方米；同年4月，甘草店镇拓建道路，拆迁面积3580平方米。2005年5月，拆迁和平镇袁家营村农户住房、商铺及附属物面积6.04万平方米；同年7月，工商局新建办公楼，拆除旧办公楼2000平方米。2006—2010年，按照项目合法、程序合法、主体合法、补偿标准合法和补偿资金到位的“四合法一到位”工作法，提高拆迁工作质量，从源头上预防和减少拆迁纠纷。累计拆迁房屋19.77万平方米。

四、承接建筑工程

1992—1997年，承建工程31项。1998年，承建工程10项，建成房屋2.73万平方米。1999年，承建榆中县交通大厦工程。2000年，承建工程14项，其中甘草水泥集团有限责任公司综合楼工程获兰州市优良工程。2001—2004年，承建工程58项。2008年，承建工程8项，建筑面积4.84万平方米，工程造价5613.3万元。2009年，承建工程6.68万平方米，工程造价6814万元。2010年，承建工程8.34万平方米，工程造价9357万元。

五、建筑企业

（一）甘肃陇鑫实业集团有限公司

甘肃陇鑫实业集团有限公司先后组建多家公司，涉及房地产开发、建筑、物业管理、综合服务等多个方面，主要有甘肃兴隆房地产开发有限公司、甘肃建华建筑工程有限责任公司、甘肃兴隆物业管理经营有限公司3个2级资质企业以及榆中陇鑫山庄、兰州兴隆节能环保有限公司、液化气站等子公司。

1995年，被国家工商总局、中国企业评价协会评为全国500家私营企业，连续11年被甘肃省工商局评为“重合同守信用”单位；被省委、省政府授予甘肃省“50强私营企业”和“私营明星企业”，被市委、市政府授予“1997年度私营企业30强”“私营企业四十佳”。2002年，被甘肃省委、省政府授予“全省发展非公有制经济先进企业”。2004年，被国家农业部授予“全国诚信守法乡镇企业”称号，被市委、市政府评为“兰州市精神文明单位”。2005年，被市委、市政府评为“优秀非公有制企业”。2010年10月，被中国住宅网评为“最受尊敬企业”，同年11月被兰州市总工会评为“劳动关系和谐企业”。

至2010年底，累计开发商品房面积150万平方米，建筑施工面积160万平方米，物业服务面积100万平方米。资产总额3.85亿元，流动资金1.39亿元，净资产2.46亿元。

（二）甘肃裕兴建筑实业集团有限公司

前身为榆中县第二建筑工程公司。1991年，产值5100万元，建成房屋面积4100平方米。1994年，取得国家房屋建筑施工总承包二级施工企业资质。同年，更名为甘肃榆中建筑实业公司。2008年8月，完成企业改制，注册变更为“甘肃裕兴建筑实业集团有限公司”。2010年，公司注册资金3980万元，固定资产净值3334万元，公司有技术人员2200人，下设9个分公司、82个项目部，有200个施工队，产值2亿元。公司工程获得“白塔奖”工程2项，拉卜楞宝塔奖1项，文明工地5项，优良工程12项。公司多次被省、市、县工商部门评为“重合同守信誉”企业，被甘肃省建筑业联合会评为“甘肃省优秀建筑业企业”，被甘肃省乡镇企业管理局评为“全省诚信守法乡镇企业”，被兰州市委、市政府评为“市级文明单位”、兰州市乡镇企业“贡献奖”、重合同守信誉企业。

第五节　市容卫生

一、道路清扫

1991年，全县清扫街道5.18万平方米。2000年，全县有街道清扫作业人员53人，清扫面积8.7万平方米。2005年，全县有道路清扫作业人员66人，清扫面积20.6万平方米。2008年，全县有道路清扫作业人员115人，清扫面积42万平方米（人行道纳入作业范畴）。同年，成立“野广告”清理专业队伍，清理街道路面、墙壁和电线杆上书写的广告。2010年，落实“一日三扫、全天保洁”和“六净五无”的标准，清扫面积49.2万平方米。

二、垃圾清运

1991年，全县清运垃圾2000吨。2000年，租用农用车4辆，设置果皮箱75个，垃圾箱13个，清运垃圾4500吨。在县城以南2.5千米的庙坡山建成全县第一座露天垃圾场，填埋生活垃圾。2005年，全县街旁设置果皮箱95个，垃圾箱13个，清运垃圾1.2万吨。2007年，更换果皮箱116个，喷漆刷新果皮箱80个、垃圾箱10个，整修垃圾台2个，维修、喷漆、统一编号架子车20辆。清理县城及“四出口”死角垃圾及废弃土方1.3万吨，清运垃圾3.5万吨，无害化处理生活垃圾5.3万吨。和平镇垃圾处理厂一期工程完工投入使用。2008年，投资20万元，购置1辆压缩式垃圾清运车。更新、更换果皮箱72个，安装大容量垃圾箱10个。同年9月，和平镇垃圾处理厂二期工程开工。2009年，在县城新设置2个大容量垃圾箱，更新、更换果皮箱20个。2010年，在县城兴隆路、太白路、栖云路新增果皮箱70个，设置大容量垃圾箱2个。购置小型装载机1辆和压缩式垃圾车1台。清运并无害化填埋垃圾5.3万吨。

三、公厕卫生

1991—2000年，全县有公厕5座，其中水冲式厕所3座，旱厕2座。2001—2005年，全县新建水冲式厕所8座，改造旱厕1座。2005年底，全县有公厕13座，其中水冲式厕所12座，旱厕1座。2006年，改造旱厕1座，至此，全县有水冲式公厕13座。2007年，将位于栖云北路、栖云南路、兴隆路等路段的3座公厕向社会公开承包，由承包者自主经营，环卫所按照《公厕标准》监督管理。2008年起，由环卫所和爱委会每两个月检查一次公厕卫生。2010年，按照“五净六无一好”的要求，督查公厕卫生。

第六节　机　构

一、局机构

（一）榆中县住房和城乡建设局

1991年，榆中县城乡建设环境保护局领导职数3名，其中局长1名，副局长2名。1997年3月，与环保局分设，设立榆中县建设局。2005年12月，将榆中县城市管理局从建设局分出。2010年6月，设立榆中县住房和城乡建设局，编制18名，其中行政人员15名，工勤人员3名。领导职数4名，其中局长1名，副局长3名。

（二）榆中县城市行政执法管理局

2003年6月，将市容中队、市政设施管理所、园林绿化管理所、环卫所合并成立榆中县城市管理局，隶属榆中县建设局管理，编制37名，领导职数4名，其中局长1名，副局长3名。2005年12月，更名为榆中县城市行政执法管理局，与榆中县建设局单设，市政设施管理、园林绿化管理职能归属建设局。2010年，城市行政执法管理局编制8名，领导职数2名，其中局长1名，副局长1名。

二、局属机构

（一）榆中县规划管理局

1991年，设榆中县城乡建设环境保护局规划建设股。1993年，更名为规划室。2007年4月，撤销规划室，设立榆中县规划局，属榆中县建设局所属的科级建制事业单位。2010年，榆中县规划管理局编制10名，领导职数2名，其中局长1名，副局长1名。

（二）榆中县建设工程质量监督管理站

1991年，设兰州市建筑工程质量监督站榆中分站，股级建制，事业性质，经费自收自支。1993年7月，升为科级建制。1997年，更名为榆中县建设工程质量监督站，同榆中县建筑管理站、造价站、招标投标办公室合署办公，一套班子，四块牌子。内设办公室、质监股、建管股、造价股、招标办、财务室。2010年，榆中县建设工程质量监督管理站有职工12名，领导职数2名，其中站长1名，副站长1名。

（三）榆中县自来水公司

1991年，设榆中县水管所，有职工16名。1994年，成立榆中县自来水公司，科级建制，事业性质，经费自收自支，设经理1名。2010年，榆中县自来水公司有职工57名，领导职数3名，其中经理1名，副经理2名。

（四）榆中县墙体材料革新建筑节能管理办公室

1998年3月，成立榆中县墙体材料革新建筑节能办公室，科级建制，事业性质，经费自收自支。2008年6月，变更为财政全额拨款事业单位。

2010年，榆中县墙体材料革新建筑节能办公室编制10名，其中行政管理1名，专业技术人员1名，工人4名。

（五）榆中县房屋拆迁管理办公室

2003年2月，成立榆中县房屋拆迁管理办公室，隶属榆中县建设局，科级建制，事业性质。下设综合办公室、动迁股、检查股。2010年，榆中县房屋拆迁管理办公室编制3名，领导职数1名。

（六）榆中县房地产管理局

1991年，榆中县房地产管理所属榆中县城乡建设环境保护局所辖的股级事业单位。1998年3月，升格为科级建制。2010年，更名为榆中县房地产管理局，编制21名，领导职数3名，其中局长1名，副局长2名。

（七）榆中县供热管理站

1997年，成立榆中县供热管理站，属榆中县建设局所辖的科级建制事业单位，经费自收自支，内设东、南、西、北4个供热管理片、办公室、收费室、过磅站、材料库、供热质量监督室。2010年，榆中县供热管理站有职工38名，领导职数3名，其中站长1名，副站长2名。

（八）榆中县物业管理所

2002年8月，成立榆中县物业管理所，属榆中县建设局所辖的科级建制事业单位，经费自收自支。同年，将榆中县建设局管理的垃圾清运队归口榆中县物业管理所。2010年，榆中县物业管理所有职工2名，领导职数1名。

（九）榆中县市政公用设施管理所

1991年，榆中县市政设施管理所属榆中县城乡建设环境保护局所辖股级建制事业单位。2002年3月，下设市政中心（市政公司）。2010年，有职工10名。

（十）榆中县园林绿化管理所

1991年，榆中县园林绿化管理所属榆中县城乡建设环境保护局所辖的股级建制事业单位。2010年，有职工12名，其中专业技术人员3名，工人9名。

（十一）榆中县开发建安总公司

1992年11月，成立榆中县城镇建设综合开发公司，隶属于榆中县城乡建设环境保护局的全民所有制企业，科级建制，实行独立核算、自主经营、自负盈亏。1993年7月，成立榆中县城建建筑安装公司，隶属于榆中县城乡建设环境保护局，具有工民建施工、安装的综合企业，下设16个工程处、4个工程队、1个钢门钢窗厂。2005年3月，合并成立榆中县开发建安总公司。2010年，榆中县开发建安总公司有职工29名。

（十二）榆中县物业中心

2002年9月，成立榆中县物业中心，为榆中县建设局直属企业，隶属县物业管理所，下设办公室、财务室、9个物业管理小区。2010年，有职工30名。

（十三）建筑规划设计室

1991年，榆中县建筑规划室属榆中县城乡建设环境保护局所辖的股级事业单位，资质丁级设计单位。1992年，将榆中县规划设计室变为全民企业，科级建制，自负盈亏。2010年，有职工7名。

三、其他机构

（一）榆中县住房制度改革领导小组办公室

1992年10月，成立榆中县住房制度改革领导小组办公室，与榆中县经济体制改革委员会办公室合署办公，负责全县房改工作，定编专职人员5名，办公室主任由体改办主任兼任。

（二）榆中县住房资金管理分中心

1996年12月，成立榆中县住房资金管理分中心，事业性质，自收自支，编制3名，与县房改办合署办公。2003年5月，县房改办与体改办分设，单独办公，隶属县政府办公室。2004年8月，住房公积金业务移交兰州市住房公积金管理中心。

第三篇　基础设施

第一章　水利设施
第二章　电　力
第三章　交　通
第四章　邮政通信

第一章　水利设施

第一节　水利工程

一、电力提灌

（一）青城电力提灌工程

青城电力提灌工程（以下简称“青电”）位于榆中县北部的青城镇境内，灌区范围西自峡口村，东至黄崖口社，辖峡口、城河等13个行政村、68个社，人口2.08万人。2004年底，投资改建红岘、西堡一级泵站。工程计划投资292万元，到位资金160万元（红岘90万元、西堡70万元）。青电红岘一级泵站改建工程新建临河岸边式固定泵站1座，设计提水流量0.145立方米/秒，安装水泵3台套，装机容量115千瓦；泵房建筑面积142.8平方米；泵站敷设直径377毫米上水压力钢管1条，长740.6米；新建出水池1座、闸阀井3座；架设6千伏输电线路0.4千米。青电西堡一级泵站改建工程新建临河岸边式固定泵站1座，设计提水流量0.17立方米/秒，安装水泵5台套（其中人饮机泵2台套，设计用水量1000立方米/天），装机容量216千瓦；泵房建筑面积164.4 平方米；泵站敷设3条上水压力管道，长2.82千米；新建出水池1座、闸阀井3座；架设6千伏输电线路0.34千米。2010年，投资505.75万元改造青电红岘上水工程，更换压力管道2.90千米，改建原红岘二级泵站114.56平方米。至2010年底，青城电力提灌工程建成一级提水泵站8处，其中直接从黄河提水的泵站5处，从普泽渠提水的泵站3处，设计提水流量2.0立方米/秒，实际提水流量1.8立方米/秒，设计扬程399米。二级泵站6座，三级及支泵站5座，干渠9条9.86千米，支渠26条

16.16千米，斗农渠80千米。装机容量2210千瓦。架设6千伏高压输电线路1条39.18千米。

（二）三角城电力提灌工程

1991—1994年，三角城电力提灌工程（以下简称“三电”）利用两西项目资金328.6万元，对东干四支渠、东干七支渠、甘草三支渠、甘草九支渠等26项工程进行改建加固，翻夯衬砌渠道12.61千米，预制安装渡槽997米，建斗门36座、车桥8座、桥式倒虹1座100米、跌水3座。1995年，利用两西项目资金53万元，增容改造陆家崖、麻启营两座35千伏变电站。1996—1998年，除险加固干支渠及更新改造机电设备，钢丝网抹面处理经常出现漏水的总干一级渠渠道620米，加固改建总干一级渠、总干二级渠、东干坟堆沟至豆家沟隧洞分水闸阀渠段、东干齐家坪渠段、总四分水口至龙家沟渡槽进口渠段等20项干支渠工程。改造总一至总四、东一至东四、西一至西三、西七、西八、甘一、甘二泵站等15座泵站。1999年，投资116.7万元，新建甘草八泵站和拐沟泵站。2000年，投资330.8万元，新建东干后坪泵站2座。2003年，投资774万元，承建榆钢上水泵站工程。2004年，投资736.73万元，其中三电灌区总干三泵站改造工程投资202.78万元，小峡水电站库区淹没三电一泵站加固处理工程，投资410.95万元。2005年，投资530万元，实施东干1号、2号隧洞除险改造工程与东干三级渠改建工程。2009年，投资1127.4万元，实施东干渠、甘草支干渠及西干渠、三电西干三级渠除险改造工程和东干一级渠兰渝铁路穿越段改建工程。2010年，投资3438.5万

图 3-1-1　三电一泵站（2005 年 6 月摄）

元，实施泵站改造项目，更换主水泵14台、主电机14台、排污泵5台、真空泵5台、阀门44台、高低压配电柜46面、钢管287.47吨、球磨铸铁管26.88吨。新建高沿坪提灌工程，建成50立方米进水池2座、300立方米高位出水池2座、泵房1座，安装水泵机组4台套，敷设压力管道5.59千米。至2010年12月，三角城电力提灌工程建成干渠4条91.59千米，支渠62条175.96千米，各类建筑物1818座；泵站65座，装机192台套，装机容量52742千瓦，其中三电管理的干渠泵站35座，装机151台套，装机容量50902千瓦，村社管理的支渠泵站30座，装机41台套，装机容量1840千瓦；变电所2座，高压输电线路26条158.9千米；最高提水17级，总扬程728.6米，单泵最高扬程140.2米。斗渠470条474.25千米，农渠1.43万条2578.45千米。

（三）和平电力提灌工程

1991年，投资3.7万元，改建四干高营填方矮墩渡槽3272米、五支倒虹吸150米、四干渠调坡500米和新建一泵房围墙80米。1992—1999年，投资187万元，实施新建和改造工程。2000年，争取田间配套资金60.33万元，改建二泵站泵房、管理房、防洪堤进水池、渠道等工程。2002年，争取国投节水资金27万元。2003年，争取国投资金22万元，日元贷款资金14.77万元。2004年，争取小峡电站淹没补偿资金55.45万元。2007—2010年，投资443万元，改扩建八泵站，改造渠道4.2千米，新建泄水渠道200米。至2010年，和平电力提灌工程建有泵站23座，装机51台套，装机容量1.31万千瓦。设计扬程659.24米，流量为1.5立方米/秒，主干渠9级提水。支渠建有小型泵站14座。泵站所在灌区专门建设变电所1座，电压6千伏，装机容量1.13万千瓦。灌区泵站九级提灌，干渠长17.56千米，其中管道长3.71千米，渠道长13.85千米；支渠15条长54.43千米，渠道长5.28千米，明渠长49.15千米。

（四）七岘口电力提灌工程

1995年，自筹资金1万元，建成赵家沟支渠1条0.25千米，建筑物5座。1999—2000年，投资30.55万元，配套灌区田间工程，建成斗渠33条，U

型槽衬砌62.03千米，建筑物1076座。2002年，投资35万元，对部分高压输电线路迁移改造，改造后输电线路总长度7.66千米。2004年，投资88万元，建成岸边泵站1座，安装电机水泵3台（套）容量262千瓦，提水流量0.36立方米/秒；在郭家庄村建成小提灌1处，安装50千伏安变压器1台，安装电机水泵2台（套），容量44千瓦，提水流量0.08立方米/秒；在邴家湾村建成临时上水泵站1处，安装125千伏安变压器1台，安装电机水泵1台（套），容量75千瓦，提水流量0.08立方米/秒。截至2010年，七岘口电力提灌工程有主干泵站4座，装机12台套，装机容量919千瓦。有干渠1条8.19千米，支渠1.58千米，斗渠6条2.16千米，农渠220条13.32千米。

（五）小提灌

1991年，榆中县有电力提灌工程211处，安装电机水泵300台（套）。2005年，全县有电力小提灌217处，其中机提2处，装机2台，装机容量37千瓦；电提215处，装机308台，容量9657千瓦。电力提灌干渠配套249条209.75千米，其中衬砌17条16.2千米；支渠118条150.7千米，衬砌12条11千米。2005年后，投资重点由发展有效灌溉面积向改善灌区供水保障转变，开始实施大中型泵站更新改造及灌区续建配套与节水改造项目，千亩以下小提灌工程很少安排专项资金进行改造升级。2010年，全县有千亩以下小提灌工程217处，其中机提2处，装机2台，装机容量37千瓦；电提215处，装机309台，容量9694千瓦。电力提灌干渠配套257条215.88千米，其中衬砌22条52.8千米；支渠132条163.94千米，衬砌19条87.5千米。

二、水库

1991年，榆中县有水库4座。其中中型水库1座：高崖水库；小（一）型水库1座：龛谷水库；小（二）型水库2座：漫洼窑水库、套子沟水库。漫洼窑水库由新营乡人民政府管理，套子沟水库由龙泉乡人民政府管理。2004年，漫洼窑水库、套子沟水库淤积严重，失去调蓄作用，经省水利厅批复报废。2010年，榆中县有高崖、龛谷2座水库。

（一）高崖水库

1998—2000年，投资69.4万元，衬砌灌区渠道27.40千米，其中1998

年衬砌渠道13.77千米，1999年衬砌渠道11千米，2000年衬砌渠道2.63千米。2000年9月，高崖水库列入全国病险水库除险加固规划，2001年12月完成初步设计报告。2002年2月，省水利厅批复工程项目，2003年3月27日开工建设，2004年6月30日竣工。投资860万元，新建溢洪道1座，包括闸室、泄槽、消力池、启闭机室、公路桥各1座；大坝加固并加高2米；安装弧形闸门3扇，平板检修门1扇，安装闸门启闭机4台；安装大坝自动观测系统1套；新建管理房1座680平方米；完成土石方12万立方米，浇筑混凝土4100立方米。高崖水库除险加固后库容1160万立方米。高崖水库自除险加固之后，由于天气原因，上游一直没有来水，至2010年底，水库一直处于空库运行状态。

（二）龛谷水库

龛谷水库位于黄河一级支流苑川河上游龛谷峡，距榆中县城15千米，控制流域面积56平方千米，设计库容117.5万立方米，坝高33米，坝顶宽9.6米，长66米，属小（一）型水库。1991年，蓄水115万立方米，灌地9583亩。1993年，下游坝脚出现3处管涌和较大面积渗流。水库采取边蓄边排、控制水位高度、低水位运行等措施。2000年7月，省市水利专家对龛谷水库大坝进行安全鉴定。2002年9月，水利部同意龛谷水库列入全国病险水库除险加固项目。2003年10月，完成龛谷水库除险加固工程初步设计报告，水库除险加固后库容125.16万立方米，兴利库容28.5万立方米，属四等小（一）型工程，主要建筑按4级设计，次要建筑物为5级，防洪标准按50年一遇洪水设计，500年一遇洪水校核，保灌面积1.1万亩。2004年6月，省水利厅批复工程投资。2005年8月10日开工，2006年10月完工。工程投资372.14万元，其中建安工程286.22万元，设备投资28.01万元，待摊投资57.8万元。坝体帷幕灌浆开挖钻孔47眼，总进尺1282.39米，完成检查孔4眼，进尺92.4米，耗用水泥1140吨。改建加固附属工程先后建成管理房1座85平方米，启闭机房1座17.55平方米，架设高压输电线路0.88千米；浇筑高23米钢筋混凝土闸墩1座，浇筑钢筋混凝土涵洞50米，完成浆砌石明渠53米，加固输水洞135米，完成浆砌石防浪墙的加高，完成永久输水洞上坝道路250米，完成下游坝坡的整修及坝坡防渗施工。

三、机井

1991年，榆中县配套电井487眼，安装电机水泵497台套，容量1.36万千瓦，有效灌溉面积2.77万亩，保灌面积2.13万亩。同年，县水政水资源办公室成立，依照水法、施行取水许可制度，规范打井管理秩序，给电井办证。过量开采地下水，出现一些问题，如夏官营部分地区地基沉降。1999年，县政府出台《榆中县水资源管理办法》，整治县内违法打井活动，控制地下水滥采、超采，合理配置水资源。2000年，随着种植结构的调整，金崖、定远、夏官营、三角城等以种植蔬菜为主的乡镇，对机井灌溉的需求量增大，同时1990年前所打机井设备老化，水量减少、使用价值下降，榆中县出现打井高峰，全年打新井60眼。2004年，榆中县利用日元贷款项目打井。同期榆中县打井逐年加深，一般为100~300米。至2005年底，榆中县配套电井587眼、安装电井水泵579台套、容量1.78万千瓦，年取水量4323.31万立方米，电井干渠配套492条358.3千米，其中衬砌51条17.7千米；支渠517条428.64千米，衬砌23条21千米。机井干渠2条11千米。机提干渠2条0.13千米。其中城关镇11眼、三角城乡109眼、小康营乡32眼、连搭乡43眼、定远镇50眼、和平镇55眼、清水驿乡54眼、夏官营镇83眼、金崖镇74眼、来紫堡乡21眼、甘草店镇25眼。有效灌溉面积6.15万亩，保灌面积4.5万亩。至2010年底，全县在用机井557眼，年取水量4323.31万立方米。其中城关镇11眼、三角城乡109眼、小康营乡32眼、连搭乡43眼、定远镇50眼、和平镇55眼、清水驿乡54眼、夏官营镇83眼、金崖镇74眼、来紫堡乡21眼、甘草店镇25眼。

四、渠系配套与节水灌溉

（一）渠道衬砌

1991—1992年，榆中县投资303.5万元，在三电灌区实施田间配套工程，配套支渠20条，修建斗农渠166条，衬砌U型渠23.4千米，受益面积8万亩。1998—2000年，县委、县政府争取国家补助351万元，衬砌渠道886.81千米，其中1998年国家投资补助64万元，灌区和受益乡镇自筹111

图 3-1-2　渠系配套工程（2010 年 6 月摄）

万元，发动群众投劳折资131万元，衬砌渠道160千米（兴隆灌区50千米，龛谷灌区55千米，高崖灌区55千米）。1999年，国家投资160万元，灌区和受益乡镇自筹282万元，发动群众投劳折资631万元，衬砌渠道407.39千米（兴隆灌区86.05千米，龛谷灌区61.63千米，高崖灌区59.45千米，七电灌区63.83千米，青电灌区50.37千米，和电灌区47.66千米，三电灌区38.43千米）。2000年，国家投资127万元，灌区和受益乡镇自筹257万元，发动群众投劳折资334万元，衬砌渠道319.78千米（兴隆灌区33.11千米，龛谷灌区50.4千米，高崖灌区39.2千米，七电灌区25.13千米，青电灌区45.45千米，和电灌区20.05千米，三电灌区20千米，城关50.2千米，三角城4.05千米，清水2.02千米，连搭18.03千米，金崖10.1千米，马坡2.01千米）。衬砌渠道，减少灌区渠道渗漏，渠系水利用系数由原来的0.58提高到0.65。2003—2004年，榆中县在连搭乡连搭村、魏家营村，三角城乡孙家营村，甘草店镇果园村衬砌支渠3条3208米，配套面积1.37万亩，配套斗渠25条2.06万米，农渠141条2.33万米，建筑物2008座，灌溉渠系水利用率提高17%，平均亩节水72立方米。

（二）节水灌溉

1991—1993年，榆中县在来紫堡、定远、连搭、金崖、夏官营、三角城、小康营等乡镇推广节水灌溉。推广落实节水灌溉面积12.85万亩，亩均节水34.31立方米，节电52.22千瓦·时。1994年起，在城关、清水驿、甘草店等乡镇推广节水灌溉。2002年，利用以工代赈资金90万元，在三电灌区配套建成渠道节水灌溉面积4300亩，在和电灌区配套建成低压管道节水灌溉面积1200亩。2004年，实施农业节水灌溉工程（日元贷款）项目，设计投资2239.74万元，其中合同资金1602.32万元（合同资金中外资折合人民币1137.65万元，占合同资金的71%；合同资金中内配资金464.67万元，占合同资金的29%）。合同外资金637.42万元，合同外资金由政府投资、水费投资、投劳折资、群众自筹四部分构成。榆中县农业节水灌溉工程（日元贷款）项目分渠灌、管灌、喷灌、滴灌四种灌溉类型，节水面积5.3万亩，其中渠灌3.55万亩，管灌1.54万亩，喷灌0.12万亩，滴灌0.09万亩，主要分布在城关、小康营、青城、和平、夏官营、三角城、定远、甘草店、金崖、连搭、来紫堡11个乡（镇），涉及三电、和电、兴隆、龛谷四个灌区，项目实施区内有66个村462个社10.23万人受益。2004—2006年，三电、和电完成高效节水灌溉面积8.5万亩。2007年，投资153.8万元，在定远蔬菜基地实施节水灌溉工程，铺设管道3条7200米，配套面积1.5万亩。全县完成常规节水3.5万亩。2010年，投资443万元实施青电灌区节水改造工程，对青电峡口、西堡、白崖头、上坪4座泵站的部分厂房、压力管道、机电设备、高低压电气设备及干渠进行更新改造，新增灌溉面积245亩。至2010年底，全县有节水灌溉面积27.48万亩，其中渠灌节水面积26.19万亩，喷灌0.11万亩，滴灌0.06万亩，管灌1.11万亩。

五、苑川河治理

1994年8月，县政府组织编写《甘肃省榆中县苑川河（夏官营—李家庄段）防洪治河意向书》。1995年10月6日，经专家论证，形成《苑川河（夏官营—李家庄段）治理规划论证意见》。1996年，完成《苑川河（巴石沟—李家庄段）治理工程规划设计报告》。1997年4月，省水利厅、省计划委员会组织苑川河治理工程现场会议，决定分年进行治理。5月，市水电勘测设计院完成《苑川河（金崖桥—寺隆沟段）治理工程扩大初步设计报告》。8月4日，省水利厅、省计划委员会审查批复《苑川河（金崖桥—寺隆沟段）治理工程扩大初步设计报告》，分三期进行治理。1997年9月28日，苑川河治理工程一期工程（金崖桥—寺隆沟段）开工。河段长2.5千米，按10年一遇洪水设计，造床流量163立方米/秒，河道纵坡1/105，河道纵向稳定系数2.24，断面河相系数13.66，整治河宽140米，工程批复新修河堤长3.48千米，核定投资210万元，其中省计委以工代赈补助100万元，市县筹措110万元，实际新修河堤长3.77千米，实际投资270.45万元，2000年4月竣工。2001年3月，苑川河二期治理工程（寺隆沟—荞麦岔沟段）开工，按10年设防治理，治理河道2.97千米，新建河堤6.31千米，工程以工代赈投资489.7万元，2003年8月完工。2003年5月，苑川河三期治理工程（小郭家沟—李家庄段）开工，委托市水电勘测设计院按50年一遇防洪标准设计，河堤等永久性建筑物按三级设计，修堤防4.58千米，防洪河堤采用俯斜重力浆砌石护岸形式，工程以工代赈投资1273万元，2005年6月完工。2008年10月，市水电设计院设计完成《苑川河（岳家巷—金崖桥段）堤防工程初步设计报告》。2009年7月31日，省水利厅和省发改委批复工程投资464万元，其中以工代赈资金360万元，市县自筹资金104万元。苑川河（岳家巷—金崖桥段）堤防工程，设计治理河道长度2.9千米，设计新建河堤6.81千米，其中左岸2.85千米，右岸2.75千米，巴石沟左右岸各0.4千米，陆家沟左右岸各0.2千米，确定河堤护坡总高4.7~5.2米，河堤顶宽3米，河堤为梯形断面，迎水面坡比1:1.5，背水面坡比1:1.25，迎水面采用混凝土或浆砌石衬砌，混凝土护坡衬砌厚度12~20厘米，砌石护坡衬砌厚度30~40厘米。治理河宽为120米。按10年一遇洪水设防，为五等小型防洪工程。

六、饮水工程

2002—2003年，榆中县全面实施农村饮水解困工程，投资767.87万元（利用国债资金472万元），建成饮水解困工程849处（水窖819眼，集中供水工程30处），解决23个乡镇、76个村、4774户、1.98万人和2.65万头（只）牲畜的饮水。2004年，建设项目涉及工程7项，解决6个乡（镇）、8个村、48个社、2820户、1.2万人和1867头大牲畜、1.1万头（只）猪羊的饮水。投入劳力6万个工，消耗水泥350吨、砂石料1600立方米、钢筋66吨。2005年，建成青城镇农村安全饮水工程。投资84.59万元，其中国家补助64.14万元，自筹20.45万元。工程配套安装水泵1台套，完成300立方米、100立方米钢筋混凝土蓄水池各1座，铺设UPVC管道9.32千米，阀门（检查）井19座。完成挖填土方3.43万立方米，砌砖68.18立方米，混凝土及钢筋混凝土117.81立方米，消耗水泥35吨，洗砂145立方米，钢材7.92吨。投入劳力1.68万个工日。解决青城、新民两村980户、3540人、1.16万头（只）牲畜的饮水。至2005年底，全县修建人畜饮水工程134处，全县饮水基本安全人口19.98万人，不安全人口18.98万人。2006—2010年，榆中县投资8734.43万元，建成6项农村饮水安全工程，解决14个乡镇、90个行政村、19万人的饮水安全。其中青城镇上、下片农村饮水安全工程投资626.19万元，维修改造泵房1座，维修改造净化水厂1座，新建净化水厂1座，供水站管理房220平方米，维修蓄水池2座，新建蓄水池1座，铺设输配水管道81.03千米，新建闸阀井1167座，解决10个行政村、1.5万人、1.21万头大小牲畜的饮水安全。中部农村饮水安全工程投资4421.69万元，建成截引工程2处，新建龛谷净化水厂1座、兴隆峡净化水厂1座、周前管理所1座、夏官营镇管理站1座，新建蓄水池15座，铺设输配水管道784.63千米，闸阀井1499座，解决城关、小康营、清水驿、三角城、夏官营、金崖、来紫堡7个乡镇、

图3-1-3　县城蓄水池（2010年6月摄）

50个行政村、2.33万户、12.5万人和1.57万头（只）大小牲畜的饮水安全。清水驿乡东部农村饮水安全工程投资320.64万元，新建泵站1座、300立方米蓄水池2座，阀门井143座，铺设管道33.72千米，解决清水驿乡2村4164人的饮水安全。青城镇新民农村饮水安全工程和青城上片净水站工程投资480.52万元，新建净水车间1座，300立方米清水池1座，闸阀井98座，敷设管道23.5千米，改造泵站1座，架设80千伏安变压器1台，解决青城镇青城村、城河村、新民村、瓦窑村4个村、22个社、1964户、3540人的饮水安全。新营乡红土坡村农村饮水安全工程投资58.83万元，新建100立方米水池2座，铺设管道长12.3千米，修建闸阀井23座，解决了新营乡红土坡村6个村民小组、260户、1052人的饮水安全。西部农村饮水安全工程投资2826.56万元，修建引水（截引）枢纽1处、3万立方米调蓄水池1座、净水车间1座、加压泵房1座、二层管理房1座，新建蓄水池13座，利用旧蓄水池15座，埋设输配水管252.33千米、引水管2.2千米，修建闸阀井547座，解决了连搭、定远、金崖、来紫堡乡4个乡镇、27个行政村，1.23万户、4.6万农村居民和32所学校、6281名师生的饮水安全。

第二节　“121”工程和集雨节灌

一、“121”工程

1991—2005年，北山地区建集雨窖4.09万眼，其中“121”集雨窖2.35万眼，群众自建水窖1.15万眼，其他工程建设水窖5851眼，户均2.5眼。集流面65.39万平方米，其中“121”工程配套60万平方米，群众自建集流面5.39万平方米。2006年，投入资金257万元，水泥4858吨，砂石料2.04万立方米，投工投劳6.2万个工日，完成工程量4.37万立方米，新建集雨面40.6万平方米。2007—2008年，投入资金885万元，下拨水泥1.5万吨，在18个乡镇的138个干旱村新建庭院集雨面110.98万平方米，新建水窖1949万眼。同时，辐射18个乡镇、107个干旱村社的159所中小学和卫生院、乡村办公场所，配套集雨面1.5万平方米，建成水窖100眼，改善和解决了全县干旱区住户2.2万户8.8万人和1.3万名学校师生的饮水安全问题。

二、集雨节灌

1993年，县上成立农田集雨灌溉示范课题小组，在海拔2340米的贡井乡贡井村利用庭院集流窖水灌溉塑料大棚蔬菜获得成功，种植的辣椒、茄子、西红柿、黄瓜、番瓜等蔬菜亩产2500~7500千克。1994年，在北山开展粮食作物集雨灌溉试验，种植小麦4.7亩，平均亩产200~250千克，是当地旱地小麦亩产的2~2.5倍，小麦和玉米带田3亩，亩产397.6千克，是当地旱地小麦亩产的4倍，地膜玉米0.7亩，亩产429千克，是当地旱地小麦亩产的4倍。1995年，在10个月大旱未雨、山旱地绝收的情况下，贡井乡贡井村和韦营乡孙家岔村用窖水灌溉的13亩试验田亩产160.8千克。1996年，榆中县制定《全县总体发展规划》，将北山干旱贫困地区“121”庭院雨水集流工程向旱田集雨节灌发展，结合地下水合理开采利用、小水工程维修利用、小流域水土综合治理、兴修梯田和地膜覆盖、大棚温室、发展农田经济林等，采用滴灌、渗灌、微喷等节灌技术，增加投入，落实管护办法和措施，实施规范化、多形式、综合性的配套建设。当年全县建集雨窖1.98万眼，其中30立方米集雨窖5150眼，配建工程面积1.25万亩。在贡井、梁坪、中连川、李家岘村相继建起4个示范点，建立145户示范户，建成集雨面2.3万平方米，建水窖460眼，集蓄雨水6900立方米，发展集雨节灌农田238亩，试种小麦、玉米、豌豆带田以及地膜马铃薯等作物，栽植百合、葵花、果树和塑料大棚蔬菜等经济作物。1997年，全县建集雨水窖1.77万眼（30立方米集雨窖5214眼），修建涝池5个，塘坝12座，配建工程面积2.87万亩。开展大田示范，建成梁坪、贡井、中连川、李家岘、甘草东岭、崔家湾、兰山路口7个大田示范点360亩，小麦亩产250~300千克，带田亩产300千克以上，地膜玉米250千克，平均产量比大田普遍增加188.6千克。其中甘草东岭地膜小麦100亩，地膜玉米210亩，地膜小麦玉米带田50亩，地膜蔬菜27亩，塑料大棚15座，经济林15亩。粮食作物平均亩产370千克，亩增产262.5千克。兰山路口村建立高效示范田，地膜小麦、玉米、糜谷等亩产200千克，亩增产100千克；种植辣椒、笋子100亩。

2000年，建集雨水窖1.43万眼（30立方米集雨窖5055眼），涝池4个，塘坝7座，配套面积2.45万亩。在11个乡镇14个点配套“山顶戴帽”混凝土集流面3万平方米，建集雨水窖3000眼，蓄水涝池3个，引水渠30千米，安装输水设备300套，投入地膜2吨，配套面积4390亩，投资307.3万元。在全县11个乡镇77个点种植地膜小麦9000亩，玉米12000亩，马铃薯1万亩，蔬菜550亩，建大棚320座，经济林5000亩，植树种草1800亩。示范种植2128亩，其中玉米1516亩，马铃薯200亩，蔬菜233亩，侧膜谷子154亩。二次补灌面积1.69万亩，在夏官营、银山、垲坪发展养殖户10户。2004年，建集雨水窖0.24万眼（30立方米集雨窖1451眼），塘坝6座，水池258个，配套面积0.63万亩。同时在12个乡镇选建12个重点示范综合配套工程。至2005年底，全县集雨节灌建成集流水窖10.59万眼，15立方米集流水窖6.3万眼，30立方米集流水窖4.29万眼，蓄水量180万立方米，配建集雨灌溉有效工程田9.86万亩；建成蓄水池350个，容量13.4万立方米，配建节灌面积0.67万亩；建成蓄水塘坝52座，容量29万立方米，配建节灌面积1.4万亩，涝池42个，容量17.68万立方米，配建节灌面积0.74万亩。配套建成集雨面1014.4万平方米，其中利用公路有效集雨面55万平方米，乡村道路集雨面153万平方米（新修0.95万平方米），荒坡面598万平方米，屋面场院集雨面163.4万平方米，水泥硬化混凝土面积95万平方米；配套修建标准引水渠986.98千米，沉淀池8.5万个；配发滴水、渗水、微喷等节灌管网设备380套，手压上水泵6800台，汽油机60台，电泵10台，注水注肥设备60套。投入砂石料42.6万立方米，投劳投工754.6万个工日，其中市、县和近郊三区383个单位、部门、企事业、厂矿及驻省、驻兰部队向北山义务运送砂石料1.23万立方米，驻兰、驻榆部队为工程建设送水375吨；乡镇、村、社和群众自筹投入资金2500万元；县上争取和投入资金435万元。省政协、兰大试验室、中华慈善协会、德国“爱德基金会”等单位捐助工程资金195万元。2006—2010年，集雨节灌工作转入建成工程的管理使用。

第三节　农田水利建设

一、基本农田建设

1999年，县委、县政府制定下发《榆中县生态环境综合治理工程管理办法》《榆中县生态环境建设综合治理工程实施意见》《榆中县生态林业建设实施方案》，成立生态环境建设领导小组。领导小组与各责任单位层层签订目标责任书，对工程建设数量、质量、期限做出明确规定和要求。工程建设中，实行县领导包乡、部门包村、一般干部包社制度，建立相应的考核机构。县生态办向银行贷款120万元，购进推土机8台，维修推土机30台，定做架子车1405辆，分配到乡镇和施工点。同时，鼓励乡镇租借和雇用推土机，加大机械作业面，加快工程建设进度。1999—2001年，在坡地改梯田工程建设中投入推土机300台、挖掘机10台。群众投工投劳373.23万个工日，完成工程量1768.2万立方米。其中“坡改梯”工程投劳248万个工日，完成工程量1670.2万立方米；小型水利水保工程投劳7.33万个工日，完成工程量38.7万立方米；生态林业工程投劳115万个工日，完成

图3-1-4　打磨沟塘坝（2010年6月摄）

工程量58.1万立方米；农村能源工程投劳2.9万个工日，完成工程量1.2万立方米。完成“坡改梯”面积5.7万亩，其中1999年完成3.05万亩，2000年完成1.59万亩，2001年完成1.06万亩。2006—2010年，由县水保站牵头，按照“集中连片，规模建设，整村、整乡、整区域推进”的原则，规划梯田建设项目，建立统一的质量标准，统一检查验收。成立“榆中县梯田建设实施领导小组”，负责梯田建设、工期、质量、资金、验收等工作。全县新修梯田7.79万亩。

2006—2010年农田基本建设情况统计表

表3-1-1 单位：亩

乡镇	小计	2006	2007	2008	2009	2010	备注
金崖	10170	300	300	150	4350	5070	
来紫堡	1563	405	405	390	363		
夏官营	748.8	195	195	195	117		
城关	615	195	195	195	30		
小康营	1552.5	195	195	195	472.5	495	
定远	4320	195	195	195	840	2895	
连搭	9900	600	495	495	4275	4035	
和平	1503	195	195	390	528	195	
清水驿	3364.5	705	600	600	454.5	1005	
甘草店	6840	705	600	600	60	4875	
高崖	2577	600	495	495	282	705	
马坡	858				63	795	
新营	1890	195	195	195		1305	
龙泉	900	300	300	300			

续表

乡镇	小计	2006	2007	2008	2009	2010	备注
贡井	6360	495	600	600	1380	3285	
上花岔	2490	495	600	600		795	
园子岔	2400	495	600	600		705	
哈岘	2715	495	600	600		1020	
中连川	8415	735	735	705	1545	4695	
韦营	8760	495	195	495	1950	5325	
合计	77895	7995	7995	7995	16710	37200	

二、水土保持

全县多年平均径流深24.4毫米、径流系数0.057，径流模数平均2.44万立方米/平方千米，径流总量8056万立方米，折合每亩每年流失水土16.3立方米。全县土壤侵蚀深度平均2.43毫米，土壤侵蚀模数平均每年3400吨/平方千米，年侵蚀量1123万吨，相当于每亩土地每年流失地表土2.27吨。水土保持生态建设中，以改土治水项目建设为中心，采取新修梯田、植树造林、荒山荒坡种草和封山育林、封坡育草等措施。至2010年，榆中县综合治理水土流失土地189.83万亩，占全县水土流失面积459.9万亩的41.28%。其中2006—2010年综合治理水土流失面积16.98万亩。

2006—2010年水土保持综合治理情况统计表

表3-1-2 单位：亩

年度	综合治理面积	梯田	造林	封山育林	荒坡种草	封坡育草
2006	33000	7995	18525		2235	4245
2007	30000	7995	5497.5		4755	11752.5
2008	27000	7995	13515		2730	2775
2009	29400	16710	3300		1605	7770
2010	50400	37200	690	1545		10965
合计	169800	77895	41527.5	1545	11325	37507.5

三、小流域治理

1996年，以小流域为单元，开展小流域治理工作。1997年，组织技术人员对韦营乡的李家坪、甘草店乡的瓦房川、东岭和连搭乡的连搭沟流域进行现场测绘，列入黄河中上游第一期重点治理流域。1998—2001年，榆中县新修梯田1.71万亩，保存1.66万亩；发展乔木林6390亩，保存5100亩；发展灌木林1.31万亩，保存1.18万亩；发展经济林3765亩，保存2979亩；封山禁牧治理1.87万亩，保存1.73万亩；人工种草5206.5亩，保存4725亩；新建水窖2265眼，骨干坝2座，谷坊78座，沟头防护1道。完成土方713.27万立方米，投工期139.69万个工日，投资1159.75万元，其中国家投资237.50万元，地方配套投资314.44万元，群众自筹资金607.81万元。2004—2009年，榆中县建设连搭沟坝系，加强生态建设。投资2223万元（其中国家投资1134万元，自筹及投劳折资1089万元），建成淤地坝59座（其中骨干坝12座、中型淤地坝12座、小型淤地坝35座）。总控制面积78.72平方千米，总库容978.7万立方米。

2006—2010年小流域治理情况统计表

表3-1-3　　　　单位：亩

时间	涉及流域名称	小计	梯田	水保林	荒坡种草	封山育林	封坡育草
2006	骡子滩	3150		1900.5	499.5		750
	青石岔	2250		1005	750		495
	金嘴沟	3600		1099.5	499.5		2001
	四岭沟	3000		1500	499.5		1000.5
2007	骡子滩	2250		1005	499.5		750
	青石岔	2250		1005	750		490
	金嘴沟	4500		1995	510		1995
	四岭沟	3000		1500	499.5		1000.5

续表

时间	涉及流域名称	小计	梯田	水保林	荒坡种草	封山育林	封坡育草
2008	转嘴子	2250	495	1500			255
	韦家营	2250		1500	499.5		255
	骡子滩	2250		1005	499.5		750
	青石岔	2250		990	810		450
	四岭沟	3000		1520	499.5		990
2009	转嘴子	3045	840	1290			915
	韦家营	2974.5		240	240		2494.5
	骡子滩	4485		990	499.5		3000
	青石岔	1500		300	750		450
	四岭沟	1510.5		495	100.5		915
2010	转嘴子	885		480		405	
	韦家营	1740	1455	150		135	
	骡子滩	4500				1005	3495
	青石岔	3495					3495
	四岭沟	4005					4005
	郭家沟	4606.5	4429.5	70.5	106.5		
	车道岭	3252	3129	49.5	73.5		
合计		71998.5	10348.5	21585	8563.5	1545	29956.5

第四节 灌 溉

一、电力提灌灌溉

1991—2010年，榆中县使用电力提灌的主要有三角城、和平、青城、七岘口四个大的灌区。

（一）三角城电力提灌

1991年，三角城电力提灌灌溉面积14.58万亩，全年累计灌水45.07万亩，灌溉配水量4507万立方米。1998—2002年，三角城电力提灌灌溉面积逐年减少。2002年，灌溉配水量1635万立方米。2003年后，灌溉面积逐步回升。2004年，配水量2220万立方米。2005年，水电费按照0.278元/立方米的标准执行。2006—2010年，累计上水运行880天，农业灌溉配水量1.28万立方米，干渠水利平均利用率86.75%，灌溉农田144.29万亩。至2010年，组建农民用水者协会10个，参与用水户3333户。

（二）和平电力提灌

1991—2005年，和平电力提灌工程设计年供水能力1036万立方米，其中承担农业灌溉面积1.35万亩，年用水605.5万立方米，人畜饮水395万立方米，工业用水21万立方米。2006—2010年，灌溉面积12.59万亩，农业灌溉配水量1975万立方米。其中2006年灌溉2.53万亩，配水410万立方米；2008年灌溉面积最大，全年灌溉2.55万亩，配水量414万立方米；2009年、2010年灌溉面积下降，农业灌溉配水量减少，全年灌溉1.81万亩，配水量261万立方米。

（三）青城电力提灌

1991年后，青城电力提灌工程由于连续运行多年，灌溉面积不足1万亩。2004年，随着泵站改造工程的实施，灌溉面积部分恢复。2005年，灌溉面积1.12万亩。2006—2010年，灌溉面积1.2万亩。

（四）七岘口电力提灌

1991—2005年，七岘口电力提灌承担着金崖镇邴家湾、寺隆沟和来紫堡乡黄家庄、郭家庄、火家店5个村4793亩耕地浇灌、肃王墓3000亩荒山绿化以及1.2万人、1.5万头（只）牲畜饮水的供水任务，年均提水量170万立方米。1991—1992年，水电费按照0.054元/ 立方米的标准收取。1993年，调为0.07元/立方米；1995年，调为0.12元/立方米；1996年，调为0.16元/立方米； 1997年，调为0.21元/立方米； 1999年，调为0.236元/立方米； 2000年，调为0.265元/ 立方米。2006—2010年，灌溉面积5600亩。

二、自流灌溉

（一）兴隆渠

兴隆灌区是榆中县最大的自流万亩灌区。1991年后，维修新建部分总支干渠。其中1991—2005年，投入维修资金29.8万元，加固维修南干渠7.5千米，北干渠1千米，旱坪支渠1.5千米险段及水毁老化的5千米。1998—1999年，国家投资55.91万元，灌区发动群众投工投劳，新建南支渠1条3.1千米，维修南干渠4.1千米、旱坪川支渠1.2千米、斗农渠衬砌22条13.5千米。2004—2005年，兴隆灌区争取日元贷款节水灌溉项目资金223.96万元，新建总干渠1.7千米、旱坪川干渠1条2.1千米、斗农渠67条20.96千米。

（二）龛谷渠

1991—1997年，龛谷渠年久失修破损严重。尤其龛谷水库至渠首段利用河道输水，渗漏问题突出，加之高崖水泥厂、北山水泥厂和甘草水泥厂采矿厂废弃的矿石涌入河道，堵塞窑坡和榆中县水泥厂处部分泉眼，水源逐年递减。1998—1999年，灌区发动群众投工投劳，对4条干渠进行打底和补修，同时衬砌西干渠的紫家营至寇家坪3千米的土渠，衬砌东山根董家磨至杨家新庄段3千米的支渠，延长衬砌盘山渠末端浪街前庄路口至浪街五社后大路2.5千米渠道。2003年，龛谷灌区争取日元贷款节水灌溉项目资金，衬砌干支渠6.7千米，衬砌斗农渠及田间配套渠道39.18千米，新修斗门等大小水利设施1037座。

1991—2005年灌溉期间，龛谷渠来水量最小的一年是1995年，全年引水量174万立方米，灌地面积1.2万亩，孟家庄、浪街、翟家湾等村社的部分耕地未得到灌溉。水量最大的一年是2003年，全年引水量418万立方米，灌地面积3.1万亩。

（三）普泽渠

普泽渠由青城镇管理。1991年，白崖漩段汛期时，大量泥沙流入渠道，造成渠道淤积、阻塞、渠堤决口。向国家申请资金10万元，浆砌、石浆砌白崖漩渠堤500米，维修排洪建筑物、加固部分渠堤。2002年，黄河水位降到有史以来最低水位，引水渠无法将水引入。镇政府、水委会组织人员用石头、沙子垒成坝，将水引入渠口；用水泵从黄河提水入普泽渠然后自流灌溉，确保2000亩水稻、800亩鱼池的用水。2003年，争取资金15万元，延伸引水渠口30米。灌区灌溉由青城镇政府监督，东滩水委会具体管理，有管理人员7人，由东滩各受益村抽调1人组成。2005年，普泽渠有效灌溉面积7837亩。2009年6月，组建青城镇东滩农民用水户协会，参与农户2700户，农业人口1.2万人，管理灌溉面积1.1万亩。2010年，引水量1500万立方米，收入13万元，其中管理费7万元，运动场承包费6万元。

（四）定远渠

定远渠由定远镇政府管理。1994年，镇政府投资22万元，安装U型干渠10千米，铺设水泥管5千米。1995年，水源来水量减少，农田灌溉无法保障。1998年，灌溉工程报废。2003年4月，工程重新开工，投资420万元，从水岔沟村至定远村铺设PVC管道2条40千米，11月建成。承担180户、5个单位的人畜饮水和水岔沟村的灌溉用水。人畜饮水按照1.3元/立方米的标准收取水费，灌溉用水不收水费。2010年底，定远渠衬砌干渠1条15千米，支渠4条5千米，有效灌溉面积900亩，保灌面积800亩。

（五）新营渠

新营渠由新营乡政府管理。2004年，上游赵家铺社村民投资6万元，打井1眼，铺设管道850米，保证赵家铺社的农田灌溉。中下游社，夏、秋来水量多时，用新营渠水灌溉。2005年，新营渠有效灌溉面积1530亩。至2010年底，新营渠衬砌干渠1条9.05千米，支渠3条2.59千米，有效灌溉面积1100亩，保灌面积100亩。

（六）黄坪渠

黄坪渠所在的灌区属于较湿润的二阴地区，加之山泉水水温低，灌水不太适合作物生长。1991—2005年，当地农作物不灌夏灌，秋灌只灌溉蔬菜，冬灌全部灌溉。2005年，有效灌溉面积1960亩。至2010年底，黄坪渠有干渠1条8千米，支渠8条15千米，有效灌溉面积1300亩，保灌面积400亩。

（七）上庄渠

1991—2003年，上庄渠属上庄乡政府管理，2004年后，属马坡乡政府管理。2005年，上庄渠有效灌溉面积3260亩。至2010年底，上庄渠有干渠7条21.1千米，支渠23条28千米，有效灌溉面积2200万亩，保灌面积300亩。

（八）银山渠

1991—2005年，银山渠有管理人员2人。1991年，银山渠有效灌溉面积1900亩，保灌面积866亩。2005年，银山渠有效灌溉面积2200亩，保灌面积1166亩。至2010年底，银山渠有干渠12条34.5千米，支渠8条13千米，有效灌溉面积1500亩，保灌面积800亩。

（九）和平渠

1991—2000年，和平渠属和平乡政府管理。水费每小时10元。2001年，和平镇渠交祁家坡村委会管理。2002年，村委会投资1.32万元，修建混凝土渠道440米。2004年，祁家坡村委会将西干大渠4.5千米土渠改造成水泥U型渠。2005年，和平渠有效灌溉面积3400亩，保灌面积3000亩。2008年，祁家坡村委会将东干大渠5千米土渠改造成水泥U型渠。2010年，和平渠有效灌溉面积4900亩，保灌面积4400亩。

（十）分豁岔渠

分豁岔渠由隶属于城关镇政府的分豁岔水管所管理。分豁岔水管所聘用管理配水人员3名，负责分豁岔、李家庄、朱家湾、上蒲家、大营5个村、28个社、2103户、9107人的灌溉配水调度、水费征收及灌溉渠道清淤、维修和日常管护工作。2005年，分豁岔渠干渠长11.33千米、衬砌8.93千米；支渠长25千米、衬砌5.54千米。年供水167万立方米。其中灌溉用水87万立方米，生活用水80万立方米。有效灌溉面积4041亩，实灌面积3200亩。至2010年底，分豁岔渠有干渠1条11.33千米，支渠4条25千米，有效灌溉面积2800亩，保灌面积200亩。

（十一）徐家峡渠

徐家峡渠属小康营乡政府管理，灌溉徐家峡、浪街、深沟、小康营、南北关村5个行政村的土地。1991年，小康营乡政府投资6.8万元，徐家峡水管所出劳动力，铺设管道2条5千米，减少沙河渗漏。当年，徐家峡渠有效灌溉面积2025亩。1999年，乡政府投入砂子、水泥，水管所、村社出劳动力，维修干渠4千米。2003年，灌区聘用人员4人，负责灌区渠道的维修和水费的收取等工作。2005年，徐家峡灌区有效灌溉面积3175亩，保灌面积1500亩。至2010年底，徐家峡渠有干渠2条3.5千米，支渠6条15.25千米，有效灌溉面积2100亩，保灌面积1000亩。

（十二）麻家寺渠

1991年，麻家寺渠由麻家寺水利队管理，有管理人员5人，承担12个村的农田灌溉和人畜饮水。1993年，水利队投资8000元，维修地下管道1千米，闸阀井井盖10个，渠道500米，闸阀井房1座。1995年4月，水利队投资10万元，新打机井1眼，当年完成灌溉5600亩。1997年春，水利队投资7700元，维修加固三道湾渠段300米、薛家营段100米、渠道清淤1000米。1999年，水利队投资1.1万元，更换主干PVC管道120米，三道湾段管道200米，闸阀井5座。2002年，水利队投资9500元，维修石头沟段U型渠300米，铺设水泥管秦启营至三道湾2处150米，堡子梁30米，闸阀井2座。全年灌溉面积1万亩。2005年，水利队投资5000元，维修衬砌三道湾段渠道100米，堡子梁管道2处30米，黄家坡段50米。当年，麻家寺灌区有干渠4.97千米，衬砌渠道4.5千米；支渠25.56千米，衬砌渠道11.14千米。灌溉7个村、30个社，有效灌溉面积1.1万亩。2006年1月，麻家寺渠交榆中县水利局管理。2007—2010年，投入专项资金51.5万元，维修衬砌干渠渠道5.15千米，维修衬砌支渠渠道8.97千米，农斗渠5.72千米。2006—2010年，麻家寺渠提供农业灌溉用水946万立方米，年均提供灌溉用水189万立方米。2010年，麻家寺渠有效灌溉面积1.1万亩，保灌面积6000亩。

三、井灌

1991年，榆中县配套电井487眼，安装电机水泵497台套、容量1.36万千瓦，有效灌溉面积2.77万亩、保灌面积2.13万亩。2005年，配套电井587眼，安装电井水泵579台套，容量1.78万千瓦，有效灌溉面积6.15万亩，保灌面积4.5万亩。2010年底，全县有机井557眼，年取水4323.31万立方米，电井干渠配套492条358.3千米，衬砌51条17.7千米；支渠517条428.64千米，衬砌23条21千米。

第五节　抗旱防汛

一、抗旱

1991—1996年，榆中县主要采取建集雨水窖、集雨面和发展集雨节灌等方式抗旱。1997年3月上旬，县委、县政府部署抗旱春播工作，以提黄灌溉为主，井灌、自流灌、小提灌一齐上，至9月底，完成灌溉面积79.49万亩，抵御干旱威胁。1999年，榆中县自上年入秋以来至4月底，秋、冬、春三季连旱。县政府动员群众全力投入抗旱，政府投资40万元，灌区村、社、群众自筹71.15万元，投工1.24万个，清理渠道110.92千米，维修渠道42.56千米、输电线路96千米及水泵、电机、变压器、开关柜、闸阀等设备1032台，修复机井96眼，提前完成春灌3.85万亩，夏灌一水28.56万亩，二水25.92万亩，三水15.88万亩，并投资172.25万元，新建三电甘草八泵站，扩建红柳沟泵站、和电猪嘴岭二泵站、青电二泵站，扩大灌溉面积2.01万亩，降低旱灾损失。2000年，连续10个月没有一次有效降雨。县政府相关部门及群众全力投身抗旱生产，电灌、机井、小提灌一齐上，扩大灌溉面积。推广科学配水、节水措施，点浇点种，发放节水设备2060套，输水管214.2千米，滴灌带206千米，集雨节灌种植77个区点5万亩。从外地调进小日月粮种25吨分发到灾情严重的乡村，降雨后抢墒播种。下拨拉水补助款10万元，由驻兰部队出车辆，给北山6个乡拉水55车275吨，缓解31个村、1600户6000人、1100头大牲畜的饮水困难。2004年，春、夏旱情持续，土壤失墒严重。北山6个乡人畜饮水困难。县政府在抓好川区乡镇灌溉的基础上，组织民政、水利等部门给北山缺水群众送水，缓解人畜饮水困难。2005年，县委、县政府以抗旱生产为中心，成立分管副书记任组长、分管副县长任副组长的抗旱领导小组，下设办公室、农技指导组、水利工程组、生活安排组，组织协调抗旱工作。各灌区提灌、机井以及自流灌溉满负荷运转。全县完成春灌5.19万亩，夏灌一水34.3万亩、二水15.7万亩、三水6.02万亩。筹措抗旱拉水补助资金295万元，下拨到11个乡镇，解决102个村、570个社、1.65万户、4.65万人、1.72万头大牲畜、6.8万头（只）猪羊和117所中、小学1.19万名师生的饮水困难。2006—2010年，主要采取发展双垄沟播玉米种植和集雨节灌工程修建的水窖与集雨面抗旱。

二、防汛

1991年6月至9月，全县有15个乡镇遭受暴雨、冰雹、洪水灾害。县防汛抗旱指挥部下拨防汛抢险经费1.2万元，汽油4吨，柴油7吨，动员灾区群众投工投劳，抢修水利设施，清除疏通淤填渠道。1992年8月，全县14个乡镇连续3天遭受暴雨冰雹袭击，89个村、10万人受灾，死亡5人，部分房屋倒塌。县委、县政府成立救灾领导小组。组织3个工作组，动员灾区群众开展生产自救。下拨专项经费1.2万元、汽油3吨、柴油10吨，抢修险区险段和水毁工程。县上领导慰问重灾户，动员干部职工1250人，帮助抢收灾区成熟的庄稼，动员群众抢种复种秋粮及经济作物2.4万亩。县民政局、粮食局对因灾绝收的2400户，1.13万人的灾后生活给予赈济和安排。1993年7月24日，暴雨突袭青城，大量洪水泥沙涌入农田、民宅和陶瓷厂院内。县政府下拨抢险救灾资金6.3万元，用于水毁工程修复和抢险预留经费。陶瓷厂组织180多人的抢险队，进行清淤排水和水毁设备的修复。1994年7月6日、7日，苑川河流域的甘草店、清水驿、夏官营、金崖、来紫堡5个乡镇的沿河村社农田及水利设施、人饮管道受到洪水侵袭。县委、县政府召开紧急救灾会议部署救灾措施，号召各部门机关干部职工到受灾较重的三电甘草支渠等地支援救灾工作。县水泥厂、甘草水泥厂、北山水泥厂为县煤矿送去水泥40吨。1995年7月16日、18日和8月5日，榆中县局地暴雨成灾，金崖镇古城村发生洪灾，市、县领导奔赴灾区，慰问受灾群众。县总工会捐献衣物4000件、面粉1吨、煤6吨、应急食品10箱和1000元现金。民政、财政、水电等部门拨付水毁工程救灾款2.2万元。国道309线梁坪至金崖段多处塌方，一处15米长的混凝土桥被洪水冲毁，市、县领导和市县公路段组织460人的抢险队，用5天时间使309线恢复通车。1996年7月25—27日，来紫堡、青城发生洪灾。县政府下拨防汛抢险经费6万元，用于水毁工程的修复。动员灾区群众开展抗灾自救生产，清淤排水，补种秋粮蔬菜。1999年7月14—15日，苑川河下游来紫堡乡火家店和郭家庄村出现险情，危及100多户农民的住宅、财产及生命安全。县委、县政府组织民政、水电、防汛等部门负责人赶赴灾区，制定抢险方案，下拨防汛抢险经费3万元，紧急调动救灾物资和挖掘机、装载机、推土机6台，塑编袋8500条、铅丝600千克，修筑拦洪坝（墙）2处，分别长255米和180米，改变洪水流向，减轻对堤岸的冲刷，解除险情。

2004年8月18日，9个乡镇大面积降暴雨，苑川河洪水暴涨，沿岸的清水驿、夏官营、金崖、来紫堡4个乡镇受灾较重。洪水来临时，夏官营镇过店子砖厂12名工人未能及时撤出，被洪水围困，县政府及水利、农业、民政、公安等部门组织人力，将12名被困工人救出。

2010年8月8日，金崖镇遭遇特大暴雨袭击，造成苑川河支流马莲沟2座淤地坝超负荷蓄水，下游淤地坝坝面出现裂缝沉陷。截至8月9日下午3时，大坝蓄水4万多立方米，对马莲沟下游13户农户、中心十字西南侧60

家商铺、东金公路沿线5家企事业单位（农行、地税局、文章公司、金土地塑料有限公司、宛川综合化工厂）和农贸市场造成严重威胁。市、县党政主要领导亲临现场，组织抢险和疏散群众。发动镇村干部、群众300人，协同200名官兵搬运沙袋，堵住管涌。县水利局安装大功率抽水泵7台，自吸管道3套。截至11日0时，排水5.4万立方米，库内见底，险情得到控制。

第六节 水资源管理

一、水源管理

1991年1月，榆中县被确定为全省水利执法体系第一批扩大试点单位。同年2月22日，成立榆中县水利执法体系试点领导小组，制定《榆中县水利执法体系建设试点方案》。按照试点方案的安排，制定《榆中县取水管水暂行办法》《榆中县河道、洪道管理暂行规定》《榆中县农田设施管理和保护暂行办法》《榆中县水利工程管理和保护暂行办法》《榆中县水资源费征收和使用暂行管理办法》《榆中县水政监察员管理暂行办法》《榆中县水资源管理和保护暂行规定》。1999年10月28日，《榆中县水资源管理办法》经榆中县第十四届人民政府第22次常务会议讨论同意，于1999年11月1日颁布执行。2000—2010年，办理取水许可证612本(其中地下水办证583本、地表水办证29本)，按照省、市文件精神，取用地下水采取“只减不增”的管理办法，逐年压减，实现采补平衡。2006—2010年，征缴水资源费500万元。

二、水费征收

1991年，榆中县电灌区和自流灌区水价执行不同的标准，三电、和电水价0.08元/立方米，青电水价0.05元/立方米，七电水价0.07元/立方米，兴隆、高崖水价0.047元/立方米，龛谷水价0.049元/立方米。1994年，按计量水费加基本水费征收水费，在1991年水价的基础上按灌溉面积每亩每年加收1元的基本水费。1995 年，调整各灌区水价，三电、和电、七电水价0.12元/立方米，青电水价0.06元/立方米，兴隆、龛谷水价0.07元/立方米，高崖水价0.08元/立方米，基本水费仍按每亩每年1元征收。1996年3月29日，再次调整各灌区水价，三电、和电、七电水价0.16元/立方米，青电水价0.09元/立方米，兴隆、龛谷水价0.10元/立方米，高崖水价0.11元/立方米，基本水费按每亩每年2元征收。1997年，调整三电、和电灌区水价，三电灌区水价0.216元/立方米，和电灌区水价0.218元/立方米。1998年，调整三电、和电、七电灌区水价，三电灌区水价0.236元/立方米，和电灌区水价0.238元/立方米，七电灌区水价0.23元/立方米。1999年，将青电灌区水价调整为0.12元/立方米。2000年，将三电、和电灌区水价调整为0.278元/立方米，七电灌区水价调整为0.265元/立方米，青电灌区水价调整为0.15元/立方米。2005年，三电、和电灌区水价0.2788元/立方米，青电灌区水价0.15元/立方米，七电灌区水价0.265元/立方米，兴隆、龛谷灌区水价0.10元/立方米，高崖水库灌区水价0.11元/立方米。基本水费均按灌溉面积每亩每年2元征收。2008年，兴隆水管所农业灌溉价格调整为0.18元/立方米（含村社水管理费0.03元/立方米）、城市生活供水价格调整为0.45元/立方米，龛谷水管所农业灌溉价格调整为0.18元/立方米（含村社水管理费0.03元/立方米），高崖水库农业灌溉价格调整为0.18元/立方米（含村社水管理费0.03元/立方米）、工业用水价格调整为0.90元/立方米。调价后的收费标准从2009年春灌开始实行。2010年11月，三电灌区农业灌溉用水扬程在300米以上的由0.278元/立方米调整为0.33元/立方米，扬程在300米以下的由0.15元/立方米调整为0.23元/立方米；工业用水按照成本加利润再加水资源费（0.10元/立方米）和税金的要求测算，其价格为0.92元/立方米。

第七节　水利法治

一、水法宣传

1991年，《中华人民共和国水法》试点工作开始，出动宣传车1辆，巡回宣传4天，出墙报黑板报124期，设固定横幅标语1240幅，张贴标语2410条，印制宣传手册290册。1992年，出墙报黑板报50期、设固定横幅标语1000幅、张贴标语2100条、印制宣传手册300册。1993—2010年，结合普法教育，在学“雷锋日”“世界水日”“中国水周”“法制宣传月”等活动中，向广大干部群众进行水法及配套法规宣传。其中，1993—2005年，召开法制宣传会31场，出动宣传车8次，出墙报黑板报200期，设固定横幅标语850幅，张贴标语1.56万条，散发传单3500张，在有线广播播出 40天，印制宣传手册5530册，在有线电视播出50天。2006—2010年，张贴标语2450条，散发传单6000张，印制宣传手册1380册。

二、水利执法

1991—2005年，农电和水利工程案件立案1项，办结 1项；水利治安案件立案20件，办理7件；水资源案件立案70件，办结70件；调处水事案件20件，水土保持案件12件，处理河道水事违法案件18件。配合公安机关查处2起团伙破坏水利设施案件：一起破坏农用变压器8台；一起破坏村社动力、照明输电线路108杆，窃割导线88档11605米，价值8469.22元。2005年7月1日—8月29日，县水利局会同国土资源局、安监局、园区管委会、公安局、工商局清理整顿苑川河流域河洪沟道内采沙场。对占用河道采沙阻碍行洪的26家采沙业主下达《责令限期整改通知书》和《责令停止违法行为通知书》。国土资源局对18家占用耕地采沙业主下达《行政处罚听证告知书》，责令停止违法行为，限期回填治理损坏耕地，疏通河道。存在安全隐患但没有采沙业主的遗留沙坑建议村委会设立警示警语牌、防护警戒线。通过集中清理整顿，流域内的59家采沙场按要求清理疏通河道。2006年12月31日，县水利局对兰州和平新型建材厂拖延缴纳水资源费一案责任人依照《中华人民共和国水法》第七十条之规定，给予行政处罚。2007年12月14日，行政处罚三角城乡高墩营村四社拖延缴纳水资源费一案的相关责任人。2008年8月，县水利局水土保持预防监察站依法对兰州宏祥电力技术开发有限公司拒绝办理水保方案，拒不缴纳水土流失危害补偿费及罚款，违反水保法规定给予行政处罚。

第八节　机　构

一、局机构

1991年，榆中县水电局有行政人员6名，其中领导职数4名。1996年，撤销榆中县水电局，成立榆中县水利电力局。2000年，榆中县水利电力局编制14名，其中行政编制13名，事业编制1名，领导职数3名。2002年，撤销榆中县水利电力局，成立榆中县水利局。2010年6月，榆中县水利局更名为榆中县水务局。2010年底，榆中县水务局编制10名，其中领导职数4名。

二、局属机构

（一）榆中县水土保持工作站

1991年，榆中县水土保持工作站隶属于榆中县水电局，科级建制，事业单位。2000年，有编制17名。2008年1月，县水土保持工作站调整为全额事业单位。2010年，有编制10名，其中专业技术人员9名，工人1名。

（二）榆中县水政水资源办公室

1991年8月，成立榆中县水政水资源办公室。科级建制，事业性质，经费自理，编制8名。2010年，榆中县水政水资源办公室编制28名，其中领导职数1名，专业技术人员5名，工人22名。

（三）榆中县水土保持预防监察站

1992年10月，成立榆中县水土保持预防监察站，与县水保站合署办公，事业性质，自收自支，人员内部调剂。1999年2月，核定编制4名。2000年4月，增加编制4名。2010年，编制9名，其中领导职数1名，专业技术人员6名，工人2名。

（四）榆中县连搭水管所

1998年10月，成立榆中县连搭病改水工程管理站，事业性质，企业管理，自收自支，核定编制5名。2000年4月，增加4名编制。2006年2月，榆中县连搭病改水工程管理站更名为榆中县连搭水管所。2010年，榆中县连搭水管所有编制15名，其中专业技术人员3名，工人12名。

（五）榆中县水政监察大队

2003年2月，成立榆中县水政监察大队，科级建制，事业性质，隶属县水利电力局领导。与县水政水资源办公室合署办公，一套班子，两块牌子。

（六）榆中县抗旱防汛办公室

2004年3月，成立榆中县抗旱防汛办公室，科级建制。2010年，编制5人，其中领导职数1名，专业技术人员4名。

（七）榆中县集雨办公室

1996年8月，成立榆中县集雨灌溉办公室，科级建制，核定行政编6名，其中主任1名，副主任2名，干部3名，事业司机编1名。2005年4月，调整为依照公务员管理的事业单位，隶属县水利局，其建制、职能、人员身份不变。2010年，榆中县集雨办公室编制6名，其中行政管理人员5名，工人1名。

（八）榆中县和平电灌工程水利管理处

1991年，榆中县和平电灌工程水利管理处是县水利局所属的自收自支事业单位，科级建制，其中领导职数3名。2005年，编制97名，其中专业技术人员20名，工人76名，其他人员1名。2008年，纳入县级财政差补单位，差补经费由市县两级财政承担，2009年1月1日起列入市、县财政年度预算。2010年，编制106名，其中领导职数4名，专业技术人员27名，工人75名。

（九）榆中县农村饮水安全工程龛谷管理所

2008年5月，成立榆中县农村饮水安全工程龛谷管理所，股级建制，事业性质，核定编制20名，经费自收自支。2010年，编制20名，其中专业技术人员2名，工人18名。

（十）榆中县引洮工程建设管理局

2010年1月，成立榆中县引洮工程建设管理局，与县水利局合署办公。局长由县水利局局长兼任。

（十一）榆中县河道治理管理站

2000年12月，成立榆中县河道治理管理站。科级建制，事业性质，隶属县水电局领导。核定编制6名，其中领导职数2名，干部2名，工人2名，经费自收自支。2003年9月，编制调整为13名。

（十二）榆中县北山水土保持站

1991年，榆中县北山水土保持站为科级建制，事业性质。2002年6月，核定编制17名，隶属水利局管理，股级建制，全额财政拨款。

（十三）榆中县天池峡水土保持试验站

1991年，榆中县天池峡水土保持试验站为科级建制，事业性质。2002年6月，核定编制17名，隶属水利局管理，股级建制，全额财政拨款。

（十四）榆中县高崖水库管理所

1991年，榆中县高崖水库管理所为企业管理、自收自支的事业单位。2008年11月，转为全额财政拨款事业单位，核定全额事业编制22名，隶属县水利局管理，股级建制。

（十五）榆中县龛谷水管所

1991年，榆中县龛谷水管所事业性质，隶属县水电局管理。2008年11月，龛谷水管所转为差额财政拨款事业单位，核定差额事业编制32名，股级建制。

（十六）榆中县兴隆水管所

1991年，榆中县兴隆水管所，事业性质，隶属县水电局管理。2008年11月，转为差额财政拨款事业单位，核定差额事业编制37名，股级建制。

三、其他机构

1991年，榆中县三角城电灌工程水利管理处属县政府直属事业单位，县级建制，有人员549名，其中干部49名，工人228名，其他人员272名。下设办公室、工程科、机电科、灌溉科、财务科、总干水管所、西干水管所、东干第一水管所、东干第二水管所、甘草水管所及机械制造厂、电石厂、民用建材厂、汽车队、建筑安装公司。2000年，编制453名，其中管理人员26名，专业技术人员50名，工人377名。2008年，将三电、青电、青城农村安全人饮管理所、七电合并为一个灌区，名称沿用榆中县三角城电灌工程水利管理处（以下简称“三电水管处”）。核定单位人员编制418名，内设机构14个。同年，将三电水管处定性为准公益性财政差额补贴事业单位，“两费”缺口资金由市、县财政按6:4比例分担，2009年1月1日起列入市、县财政年度预算。2010年，编制488名，其中行政管理人员34名，专业技术人员40名，工人414名。

第二章　电　力

第一节　农　电

一、供电范围

1991—2010年，榆中县农电承担着哈岘、上花岔、园子岔、贡井、中连川、韦营、清水驿、甘草店、小康营、高崖、龙泉、新营（部分行政村)、来紫堡（部分行政村)、金崖（部分行政村)、三角城（部分行政村)、城关（部分行政村)、夏官营（部分行政村）17个乡镇、152个行政村、843个社的供电任务，供电区域1912.5平方千米。至2010年，榆中县农电有用户4.48万户、18.19万人。

二、供电量

榆中县农电由兰州供电公司、兰州市农电公司、定西供电公司实行趸售。1998—2005年，年供电量约4000万千瓦·时，其中居民生活用电占20%，非居民生活用电占1%，农业生产用电占7%，非普工业（中小企业）用电占24%，商业用电占2%，农业排灌用电占46%。2006—2010年，年供电量约6000万千瓦·时，其中居民生活用电占24%，非居民生活用电占1%，农业生产用电占5%，一般工商业用电占36%，农业排灌用电占34%。

三、电价结构与标准

1991—1999年，榆中县农电电价执行1~10千伏目录电价。2000年5月，农电电价主要分两类，6~10千伏高压供电用户执行1~10千伏目录电价，“网改”的“四到户”用户执行农村综合分类电价。按不同用电类别，主要有居民生活电价、非居民生活电价、农业生产电价、非普工业电价、商业电价和农业排灌电价。2003年1月，居民生活用电实现全省同网同价。2006年7月，非居民生活用电、商业用电实现同网同价。2008年7月，非普工业用电实现同网同价，与商业用电统一归并为一般工商业用电。

1~10千伏目录电价

表3-2-1

用电类别		执行电价〔元/(千瓦·时)〕
居民生活		0.48
非居民生活		0.7437
商业		0.8687
非普工业		0.5737
农业生产		0.389
地下水提灌	100 米及以下	0.187
	100 米以上	0.15
地表水提灌	101~200 米	0.085
	201~300 米	0.075
	301 米及以上	0.055
	三电提灌	0.045
综合用电		按实际用电比例核定

农村综合分类电价

表3-2-2

用电类别	执行电价〔元/(千瓦·时)〕
居民生活	0.49
非居民生活	0.7537

续表

用电类别		执行电价〔元/(千瓦·时)〕
商业		0.8787
非普工业		0.8077
农业生产		0.625
农业排灌	100 米及以下	0.306
	100 米以上	0.21

四、电力设备

2004年，农电拥有 6~10千伏线路16条978.8千米，0.4千伏线路620条1542千米，配电变压器1080台（网改621台、独立459台）56691千伏安。2010年，农电拥有6~10千伏线路18条1015.24千米，0.4千伏线路660条1637.94千米，配电变压器1191台69316千伏安。

五、农网改造

1991—2010年，榆中县农电管理的农网大规模改造工程有两次。第一次大规模农网改造工程1999年11月开工，2004年11月竣工。投入资金6802万元，新建10千伏线路177.86千米，改造10千伏线路435.01千米，全面改造卡脖子线路和迂回线路，将16平方毫米的导线换为35平方毫米以上的导线，将10千伏的绝缘子换为15千伏的绝缘子；新建0.4千伏线路648.59千米，改造0.4千伏线路893.78千米；新建配电变压器362台14732千伏安，改造配电变压器259台9302千伏安；新安装负荷开关22台，电容器无功补偿装置69台，新增电压监测仪46台，新装断路器37台。17个乡镇、138个行政村、760个社、4.21万户、17.1万人受益，四到户率93.8%。第二次大规模农网改造工程2008年开工，2010年竣工。投资3756.2万元，新建改造10千伏线路50.96千米，新建改造0.4千伏线路242.8千米，新建35千伏线路2条27千米，新建改造配电变压器99台2095千伏安，改造户表2215户，新建35千伏变电所2座32000千伏安。11个完全行政村、14个行政村的部分社共86个社、2749户、1.1万人受益。农网改造后农村照明电价由0.6~2元/(千瓦·时）降到0.49元/(千瓦·时)。

六、机构

1991年，榆中县农电管理站属榆中县水电局辖的科级建制事业单位。1998年4月，撤销榆中县农电管理站，成立榆中县农电管理局和榆中县农电公司，实行一套班子，两块牌子。1999年3月，由兰州供电局代管。2004年，榆中县农电局获甘肃省2003—2004年度农电培训先进单位称号。2005年，榆中县农电局内设行政办、营销办、生产办、安监办和财务办，辖三角城、金崖、甘草店、清水驿、高崖、贡井和上花岔7个供电所，1个汽车班，1个急修班，1个校表室。有职工142人，其中正式职工111人，招聘31人。2010年，有职工154人，其中正式职工106人，招聘48人。榆中县农电局内设行政办、营销办、生产办、安监办和财务办，辖三角城、金崖、甘草店、清水驿、高崖、贡井和上花岔7个供电所，1个汽车班，1个95598客户服务组，1个校表室。

第二节　兰州供电榆中分公司

一、供电范围

兰州供电公司榆中分公司担负着西起桃树坪、东至新营、北至清水驿、南到兰山榆中8个乡镇及大电力客户的供电任务，供电半径约70千米。2005年，有用电客户5.18万户，其中高压客户221户，低压客户5.16万户，趸售客户3户，容量32.37万千伏安。2010年，有用电客户5.28万户，其中高压客户298户，低压客户5.25万户，趸售客户3户，容量66.2万千伏安。

二、供电量

2005年，年售电量4.19亿千瓦·时，平均电价0.279元/(千瓦·时)。2010年年售电量5.6亿千瓦·时，平均电价0.32元/(千瓦·时)。

三、电力设备

图 3-2-1　三角城变电所（2007 年 7 月摄）

1991年，管辖6~10千伏输变线路10条239.65千米。辖变电所5座，有变压器264台，总容量1.92万千伏安。2005年，管辖配电线路27条503.6千米，其中电缆线路33条11.24千米。辖变电所7座，其中110千伏3座，35千伏4座，主变压器13台，总容量22.31万千伏安。高压断路器125台，高压隔离开关239组，110千伏及以上互感器58台。2010年，辖变电所9座，主变压器16台，容量34.05万千伏安。运行公网配电变压器1087台，容量12.16万千伏安，其中箱式变压器10台，容量4460千伏安。

四、农网改造

1999年10月—2006年8月，兰州供电公司榆中分公司实施辖区农网改造工程，新建和改造直供区6~10千伏线路18条800千米，涉及8个乡镇、63个行政村。新建变台612台，改造变台57台，新建开关29台。

五、机构

1991年，兰州供电局榆中电力局有职工134名，其中领导职数3名。2000年，兰州供电局榆中电力局有职工125名。2005年，撤销兰州供电局榆中电力局，设立兰州供电公司榆中分公司。2010年，有职工69名，其中领导职数3名。

第三节　和平电灌工程水利管理处供电

一、供电范围

和平电灌工程水利管理处（简称“和电”）承担着和平镇13个行政村和镇区行政事业单位、企业、个体工商户的供电工作。2010年，和电有用户6000户，其中农户5000户，其他用户1000户。

二、电力设备

1991年，和电有35千伏线路5.6千米，6千伏线路68.12千米，安装配电变压器66台，容量4810千伏安。2005—2010年，和电辖变电所1座，有变压器2台，装机容量1.13万千瓦。6千伏安输电线路5条96千米。方一线2.94千米，其中主线2.74千米，支线0.2千米；配电变压器3台，总容量305千伏安，其中工程275千伏安，民用30千伏安；总负荷1635千瓦，其中工程1460千瓦，其他175千瓦。方二线2.02千米，其中主线1.62千米，导线支线0.4千米；配电变压器4台，总容量185千伏安，其中工程105千伏安，民用80千伏安；总负荷4005千瓦，其中工程3900千瓦，其他10千瓦。方三线11.08千米，其中主线6.67千米，支线2.33千米，民用2.08千米；配电变压器14台，总容量1215千伏安，其中工程115千伏安，民用40千伏安；总负荷2835千瓦，其中工程2545千瓦，其他290千瓦。方四线15.06千米，其中主线11.98千米，支线0.5千米，民用3.58千米；配电变压器16台，总容量1200千伏安，工程114千伏安，

图 3-2-2　和电 10 千伏输电线路（2010 年 6 月摄）

民用60千伏安；总负荷2297千瓦，其中工程1720千瓦，其他577千瓦。方五线35.32千米，其中主线12.04千米，支线1.5千米，民用支线23.08千米；配电变压器28台，总容量1915千伏安，其中工程125千伏安，民用640千伏安。

三、农网改造

2002—2005年，和电进行农网改造，投资272万元，改造农网2330户，涉及和平、高营、菜籽山、祁家坡、直沟门、窦家山、邵家泉7个行政村。安装变压器45台，容量1456千伏安；架设6千伏输电线路21条15.84千米；架设0.4千伏输电线路38条41.61千米，安装动力户49户。2007—2010年，和电实施马家山和沈家河2个行政村的农网改造工程。

第三章　交　通

第一节　公　路

一、县乡公路

（一）概况

1991—2005年，投资1.84亿元，新修和改造公路25条567.58千米，其中投资6049.1万元，公路铺油11条231.97千米；投资7213.8万元，改造公路10条378.98千米。农村通达工程投资2862.81万元，建成公路68条380.47千米，其中通乡公路铺油改造5条46.3千米，通村公路铺油改造3条12.9千米，水泥硬化21条68.7千米，砂化39条252.57千米。2006—2010年，全县投资1.22亿元，实施农村公路建设项目342项，新修和改造公路1005千米，其中通畅工程206项530.3千米，通达工程130项382.2千米，通乡油路6项92.5千米。

图 3-3-1　县乡道路（2008 年 8 月摄）

（二）新修道路

1. 夏方公路

夏方公路途经夏官营、金崖、来紫堡3个乡镇16个行政村，全长25.73千米。1991年4月动工，1995年通过竣工验收，按农村公路三级标准设计，核定资金631万元。在工程建设中，移动土方52.41万立方米，拆迁房屋2163间，占用耕地267亩，移动高压电杆132根，铺沙砾路面25.13千米，完成涵洞163道873.5米，防护挡墙1335米砌石2301立方米，修建纵向排水设施2634米，漫水桥过水路面6处90米，农管钢管渡槽2处108.7米。建桥3座，其中铁路立交桥1座、东西坪大桥1座、桑园子大桥1座。2009年，投资702万元，重修金崖至夏官营段。

2. 东金公路

东岗至金崖公路，全长17.14千米，按山岭重丘区二级公路技术标准修建，路基宽12米，路面宽9米，桥涵构造物设计荷载为汽车—超80级、挂车—120级。路面采用高级路面结构形式，面层为3+4厘米沥青混凝土，上基层15厘米水泥稳定层沙砾，下基层20厘米石灰稳定沙砾，并设20厘米天然沙砾垫层，路肩采用20厘米水泥石灰稳定沙砾土基层。2003年7月1日动工，2004年10月竣工。

3. 省道101线岗子顶至三角城段

省道101线岗子顶至三角城段起始于兰州大学榆中校区门口，至三角城与国道312线接壤，全长7.94千米。全线采用平原微丘二级公路技术标准设计，路基宽12米，桥涵设计荷载量为汽车—20级，挂车—100级，设计洪水频率1/50，地震基本烈度8级。路面结构形式面层为3厘米厚细粒式沥青混凝土+4厘米厚中粒式沥青混凝土，基层为30厘米厚水泥稳定沙砾土，18厘米厚天然沙砾垫层，工程投资2900万元。2003年5月28日动工，2004年上半年竣工。

4. 白榆公路

白榆公路榆中境内全长104.46千米，途经榆中县青城、上花岔、哈岘、贡井、清水驿、三角城、小康营7个乡镇，全线按山岭重丘三级、四级公路标准设计，路基宽分别为8.5米、7.5米、6.5米，行车道4.5~6.5米，路面结构为15厘米天然沙砾垫层+20厘米水泥稳定层+5厘米沥青碎石面层。桥涵设计荷载汽车—20级、挂车—100级。投资5591.61万元。2003年4月中旬动工，2005年竣工。

5. 上平公路上花至园子段

上平公路上花至园子段起自上花岔乡上花岔村，至园子岔乡小岔村，全长11千米。全线按农村公路一级标准设计，路基宽6.5米，路面宽5.5米，路面结构采用20厘米石灰沙砾基层+3厘米沥青表面处置，涵洞设计荷载汽车—10级，履带—50绷，设计洪水频率1/25。浆砌片石急槽、边沟1526米，现浇混凝土边沟257米，沥青表面处置路面6.35万平方米，新建钢筋混凝土圆管涵洞7道59.57米。项目投资260.68万元。2003年3月动工，10月竣工。

6. 高内公路

高内公路始于高崖镇与S309线相接，经高崖镇、龙泉乡与定西市安定区花寨子村相连，全长21.1千米。全线按山岭重丘三级标准修建，路基宽7.5米，路面宽6.5米，设计时速30千米/小时，最大纵坡8%。路面结构采用15厘米水泥稳定沙砾基层+3厘米沥青表面处置。涵洞与路基同宽，按二级公路技术标准设计，设计洪水频率1/25。项目投资740万元。2005年7月开工，2006年10月竣工。

7. 中韦公路

中韦公路起点中连川乡撒拉沟，与国道309线相接，终点至韦营乡政府，全长25千米。按四级公路技术标准设计，路基宽6.5米，行车道宽5.5米，投资1036.26万元。2007年12月竣工。

8. 石头沟至定远镇公路

石头沟至定远镇公路起点连搭乡石头沟村，终点至定远镇与国道312线相接，全长14千米。按微丘区三级公路技术标准设计，路基宽8.5米，路面宽7.0米，投资708.6万元。2007年12月交付使用。

9. 张家湾至定远镇公路

张家湾至定远镇公路起点金崖镇张家湾，经来紫堡乡骆驼巷村、定远镇蒋家营村、张老营村，终点至定远镇政府，全长12.5千米。按三级公路技术标准设计，路基宽6.5米，路面宽5.0米，投资569万元。2008年11月竣工。

10. 榆新公路园艺场至小康营段

榆新公路园艺场至小康营段起点城关镇南关村的甘肃农业科学园艺

试验场，途经小康营村，终点至小康营乡窑坡村，全长7.5千米。按三级公路技术标准设计，路基宽7.5米，路面宽5.5米，投资332万元。2009年8月交付使用。

2005年榆中县县乡公路统计表

表3-3-1

公路名称	长度（千米）	等级
白榆公路	100.62	三、四级
夏方公路	25.77	二、三级
高内公路	19.8	二、三级
榆新公路	24.6	二、三级
峡北公路	3.5	三级
定远东西街	2.2	三级
柳东公路	6.91	三级
定张公路	11.4	三级
石定公路	14.8	三级
普银公路	9.61	四级
王青公路	4.8	四级
清建公路	9.5	等外
兴黄公路	21.63	等外

二、境内国道、省道建设

（一）巉柳高速公路

巉柳高速公路东起定西市安定区十八里铺，西接柳忠高速公路，是国道主干线连云港至霍尔果斯组成路段。全长77.75千米，投资21.84亿元。1999年9月开工，2002年10月建成通车。按照交通部《公路工程技术标准》设计，全立交、全封闭，控制出入，供汽车四车道分道行驶，服务水平二级。设计行车速度80千米/小时。路基宽度整体式24.5米，分离式2×12.5米。桥涵与路基同宽，承载汽车—超20级，挂车—120级的荷载，设计抗震烈度8度。沿国道312线布设，途经县内甘草店、清水驿、三角城、连搭、定远、来紫堡、和平7个乡镇。境内有白虎山、赵家楞杆、新庄岭3处6座隧道。在和平、定远、三角城、甘草店设置互能式立交，布设收费管理站。

巉柳高速公路隧道统计表

表3-3-2

序号	入口桩号	隧道名称	隧道分类	隧道长度（米）
1	1705.668	白虎山隧道	2-长隧道	1235
2	1707.253	赵家楞杆隧道	3-中隧道	973.3
3	1708.548	新庄岭隧道	2-长隧道	1455

（二）国道312线

1997年，国道312线改线，由甘草店镇翻越车道岭进入定西市安定区改为途经咸水岔村穿越隧道进入定西市安定区。

2005年榆中县境内省级公路统计表

表3-3-3

公路名称	境内长度（千米）	等级
国道 312 线	43.61	二级
国道 309 线	74.57	三级
省道 101 线	51.68	三级
省道 309 线	36.11	三级

（三）省道309线

2005年，投资1952万元，改造省道309线，路面标准由三级升为二级。

三、桥梁建设

1991—2005年，榆中县新建县乡公路桥8座，其中大桥2座，中桥2座，小桥4座。宛川河大桥采用转桥式桁架新技术建造。巉柳高速公路榆中县境内新建桥梁51座，其中大桥2座，中桥37座，小桥12座。2009—2010年，排除县乡公路危桥5座。2009年，投资58.5万元，改造东古城桥。2010年，投资1050万元，改造宛川河桥；投资318万元，改造过店子桥；投资145万元，改造太平堡桥；投资48万元，改造清水驿桥。

巉柳高速公路榆中县境内桥梁统计表

表3–3–4　　　　单位：米

序号	中心桩号	桥梁名称	桥梁分类	桥梁全长
1	1677.72	K29+720 天桥	3–中桥	52
2	1678.86	K30+860 天桥	3–中桥	52
3	1682.753	K34+753.28 分离式立交桥	3–中桥	32.18
4	1683.829	K35+829.65 分离式立交桥	3–中桥	30.44
5	1685.85	K37+150.65 互通式立交桥	3–中桥	46.54
6	1688.469	K40+469 天桥	3–中桥	55.18
7	1962.523	K44+523 小桥	4–小桥	25.78
8	1696.86	K48+160 宛川河大桥	2–大桥	124.8
9	1697.54	K48+840 天桥	3–中桥	55.18
10	1697.831	K49+1317 分离式立交桥	4–小桥	35.24
11	1698.34	K49+640 小桥	4–小桥	28.55
12	1699.16	K50+460 中桥	3–中桥	85.78
13	1700.696	K51+946.5 分离式立交桥	4–小桥	35.24
14	1700.79	K52+090 中桥	3–中桥	96.6
15	1701.903	K53+203.5 通道桥	4–小桥	26.24
16	1703.495	K54+795 互通式立交桥	3–中桥	65.44

续表

序号	中心桩号	桥梁名称	桥梁分类	桥梁全长
17	1703.807	K55+107.59 分离式立交桥	4-小桥	24.6
18	1704.634	K55+908 中桥	3-中桥	51.96
19	1705.495	K56+795 通道桥	4-小桥	19.8
20	1707.342	K59+342 中桥	3-中桥	51.96
21	1712.04	K63+340 渡槽	3-中桥	55.18
22	1712.335	K63+635 天桥	3-中桥	55.18
23	1712.847	K64+147 中桥	3-中桥	51.96
24	1712.998	K64+298.7 渡槽	3-中桥	55.18
25	1713.269	K64.569 中桥	3-中桥	51.96
26	1714.136	K65+436 天桥	3-中桥	55.18
27	1714.422	K65+722 天桥	3-中桥	55.18
28	1714.71	K66+010 渡槽	3-中桥	55.18
29	1714.942	K66+242.5 天桥	3-中桥	55.18
30	1715.25	K66+550 渡槽	3-中桥	55.18
31	1715.444	K66+744.5 天桥	3-中桥	55.18
32	1715.776	K67+076 中桥	3-中桥	51.96
33	1717.2	K68+500 中桥	3-中桥	51.96
34	1717.35	K68+650 天桥	3-中桥	55.18
35	1717.449	K68+749 渡槽	3-中桥	55.18
36	1717.55	K68+850.7 渡槽	3-中桥	55.18
37	1717.76	K69+060 天桥	3-中桥	55.18
38	1718.026	K69+326 分离式立交桥	3-中桥	56.01
39	1718.714	K70.014 小桥	4-小桥	25.04

续表

序号	中心桩号	桥梁名称	桥梁分类	桥梁全长
40	1719.162	K70+462 定远镇互通式立交桥	3–中桥	43.76
41	1719.787	定远镇立交小桥 ZDK0.039	4–小桥	19.8
42	1719.788	定远镇立交小桥 ZDAK0+270	4–小桥	19.8
43	1719.897	K71+197 分离式立交桥	4–小桥	21.6
44	1720.29	K71+590 中桥	3–中桥	52
45	1720.88	K72+180 天桥	3–中桥	55.18
46	1722.27	K73+570 天桥	3–中桥	55.18
47	1724.14	K75+440 天桥	3–中桥	55.18
48	1724.372	K75+672 天桥	3–中桥	55.18
49	1724.392	K75+692 通道桥	4–小桥	19.14
50	1724.71	K76+010 太平沟大桥	2–大桥	358.8
51	1725.401	互通式柳沟河立交中桥 ZAK0.348	3–中桥	85.44

榆中县县乡公路桥梁统计表

表3-3-5 单位：米

公路名称	桥梁（隧道）				备注
	名称	桥长	桥型	位置	
白榆公路	青城吊桥	323	钢索吊桥	K25+368	特大桥
白榆公路	东古城桥	45.6	双曲拱	K112+020	小桥
白榆公路	火车桥	49	T形梁	K112+270	中桥
白榆公路	旱川桥	28	T形梁	K118+900	小桥
夏方公路	夏官营桥	99.8	工字梁	K1+500	中桥
夏方公路	莱阳沟桥	14	板拱	K2+890	小桥
夏方公路	过店子桥	16.2	板拱	K6+250	小桥

续表

公路名称	桥梁（隧道）				备注
	名称	桥长	桥型	位置	
夏方公路	寺隆沟桥	17	铪空心板	K13+300	小桥
夏方公路	黄家庄桥	9	铪空心板	K15+400	小桥
夏方公路	宛川河旧桥	117	桁架	K21+000	大桥
夏方公路	宛川河新桥	130	T形梁	K4+000	特大桥
夏方公路	桑园子桥	132	T形梁	K24+700	特大桥
高内公路	水坡桥	37	钢架拱	K6+500	中桥
高内公路	龙泉桥	27	钢架拱	K13+900	中桥
榆新公路	新营桥	8	平板	K23+400	小桥
峡北公路	峡口桥	9	板拱	K0+685	小桥
定远东西街	东村桥	10.5	平板	K0+230	小桥
定远东西街	定远桥	34.6	T形梁	K1+650	中桥
柳东公路	方家泉桥	25	平板	K2+332	小桥
柳东公路	东岗桥	50	平板T形	K6+663	中桥
定张公路	蒋家营桥	15.3	板拱	K3+340	小桥
定张公路	骆驼巷桥	11.5	平板	K6+532	小桥
定张公路	窦家营桥	5	平板	K8+729	小桥
石定公路	咬家河桥	6.8	平板	K12+000	小桥
石定公路	定远上街口桥	6.8	平板	K13+800	小桥
普银公路	银山桥	23	钢架拱	K0+080	中桥
王青公路	王岘沟桥	36	双曲拱	K0+371	中桥
王青公路	红岘沟桥	30	拱架	K3+960	中桥
清建公路	清水桥	30	拱架	K1+213	中桥

续表

公路名称	桥梁（隧道）				备注
	名称	桥长	桥型	位置	
兴黄公路	新窑湾桥	9.8	平板	K11+800	小桥
兴黄公路	渭河桥	6	平板	K18+050	小桥
兴黄公路	烧炭沟桥	6	平板	K19+800	小桥
合计					32 座

四、公路养护

1991—2005年，榆中县养护公路2119.9千米，其中优良里程1912千米。清理边沟12.8千米，修建水毁公路388处1.89万平方米，排除危险路段16处3099平方米，拉运砂石10987立方米，铲刮路面搓板48.46万平方米。修补油路面411处5015平方米。公路养护好路率95%。2006—2010年，养护公路4328.25千米，其中县道及主要乡道991.3千米，一般乡道282.61千米，村道3054.34千米。日常养护和维修公路投资572.35万元。

第二节 铁 路

一、宝兰二线

宝兰二线铁路东与陇海宝成、宝中铁路相连，西与包兰、兰新、兰青铁路相通。1999年9月23日，国务院批准宝鸡至兰州增建第二线。宝兰二线全长489千米，投资108.9亿元。榆中县境内59.7千米，2000年1月开工，2003年底建成投入使用。

图 3-3-2 宝兰二线铁路（2004 年 6 月摄）

宝兰二线天兰段主要技术标准表

表3-3-6

项目	既有线	二线
铁路等级	1	1
正线数目	单	双
限制坡度	6‰、双机 12.5‰	6‰、双机 13‰
最小曲线半径（M）	300	400
牵引类型	电力	电力
机车类型	SS1/SS3	SS3
牵引质量（T）	3350/2500	4000/4000
到发线有效长（M）	810	850、双机 870
闭塞类型	继电半自动	自动闭塞

二、兰渝铁路

兰渝铁路是兰州至重庆的国铁一级客货共线双线电力牵引自动闭塞铁路，全长886千米，设计旅客列车速度160~250千米/小时，2008年9月开工。县内经过来紫堡、金崖、夏官营、三角城、清水驿、甘草店、高崖、龙泉8个乡镇，在夏官营设有货运站1座，境内较大的隧道有胡麻岭隧道和桃树坪隧道。

第三节　运　输

一、交通工具

1991年，县内出行的主要交通工具有自行车、汽车、农用拖拉机、摩托车和火车。全县有各种机动车7096辆，其中货车696辆，客车71辆，客货车182辆，吉普车、小轿车138辆，摩托车226辆，大中型拖拉机499台，手扶拖拉机5284台。2000年，县城和城乡交会处出现出租车和三迪摩托车，农村拖拉机出行被农用三轮车（三码子）取代。2005年，全县有货车2571辆，客车359辆，小轿车1488辆（出租车151辆，家用小轿车100多辆），摩托车2587辆（三迪摩托车400辆），农用三轮车1.06万辆。2010年，县内出行的主要交通工具有汽车、农用三轮车和摩托车。全县有货车7447辆，客车472辆，出租车238辆，农用三轮车1.18万辆。

全县出租车发展状况

表3-3-7

年　份	出租车数（辆）	座位数（座）
2000 年	68	408
2001 年	68	408
2002 年	66	396
2003 年	64	384
2004 年	132	792
2005 年	151	755
2006 年	159	1004
2007 年	180	1236
2008 年	201	1264
2009 年	242	1049
2010 年	238	1432

注：同期榆中县的出租车多为7座小面包车。

二、客运

1991年，全县有营运线路18条，营运里程3277千米，客运量142.01万人，客运周转量4983.3万人/千米。2001年，榆中县汽车站建成，占地面积1.04万平方米，建筑面积2119平方米，停车面积6303平方米。承担县城发往兰州市和各乡镇客运班车排发班，同时承担发往定西市安定区、临洮县等地客运班车周转。年输送旅客170万人。2005年，有营运线路47

条，日营运里程2088千米，日发班车751次，实现每个乡镇通班车。2010年，客运量416万人次，客运周转量34200万人/千米。

2005年榆中县客运线路表

表3-3-8

线　路	车　辆（辆）	座　位（座）
榆兰线	120	3000
夏金兰	26	650
榆中至金崖	23	437
榆中至夏官营	17	323
榆中至石门沟	10	190
榆中至新营	9	154
青城至白银至兰州	8	120
榆中至大兴营	8	152
榆中至小康营	6	114
榆中至临洮	5	110
榆中至高崖	3	54
榆中至龙泉	2	38
榆中至上庄	2	38
榆中至园子岔	1	19
榆中至中连川	1	19
榆中至垲坪	1	19
榆中至哈岘	1	19
榆中至黄坪	1	19
榆中至陶家窑	1	19
榆中至青城	1	19

续表

线　路	车　辆（辆）	座　位（座）
榆中至武家窑	1	19
榆中至韦营	1	22
榆中至站滩	1	22
榆中至钱家坪	1	19
榆中至谢家营	1	19
兰州至园子岔	2	38
兰州至哈岘	2	38
榆中至李家岔	1	19
合　计	256	5709

三、货运

1991年，全县货运量87.34万吨，货运周转量1050万吨/千米。2000年，投资406万元，新建货运站1座，占地12.09亩，按国家三级货运站设计，建成5层框架2030平方米办公楼，硬化停车场7000平方米。全年货运量256万吨，货运周转量5913万吨/千米。2001—2007年，货运量年增加21万~119万吨，周转量年增加321万~1937万吨/千米；2008—2010年，货运量年增加3万~37万吨，周转量年增加9800万~11640万吨/千米。2010年，全县货运量614万吨，货运周转量40500万吨/千米。

第四节　交通管理

一、安全管理

1991—2005年，组织执法人员学习贯彻《中华人民共和国道路交通安全法》《中华人民共和国公路法》《中华人民共和国道路运输条例》

等法律、法规，查处违规人员、违章车辆，杜绝安全隐患。组织司乘人员每周学习一次，加强安全教育。按照“五不出站”规定，定期检测客运车辆。适时排除路面事故隐患，保证公路畅通。同时给司乘人员发放宣传品5万份，张贴宣传标语2000份，制作宣传栏160期，出动宣传车宣传安全管理知识1000次。2006—2010年，安排人员在客运站轮流值班，检查客运经营户的从业资格、营运证、二级维护及技术性能检测等手续，查堵无牌无证经营，取消不符合要求车辆运营资格，杜绝“病车”上路。定期巡查辖区路面，排除安全隐患。运用横幅、宣传栏等多种手段，宣传安全常识，落实“门检”制度和车辆回场检查制度，杜绝客车超员、“病车”上路。在春运、清明、五一、中秋节、十一等重点时期，组织运管、客运、公路养护等部门研究旅客运输工作，制订工作计划和突发事件应急方案。

二、路政管理

1994年，开始路政管理工作，当年清除公路路肩堆放砂554立方米、石料833立方米、粪土1118立方米、麦草755吨、作物秸秆1810吨、原煤302立方米、红砖72万块、垃圾822立方米；出动路政巡查174人次，处理行道树7株，处理案件4起，向法院起诉5户，收取公路损失赔偿费4221元。1995—2000年，拆除违章建筑286平方米，清理公路“三堆”（粪堆、柴堆、砂堆）75.25万立方米，收取公路赔偿费1.49万元。2001—2005年，查出路政案件21起，拆除违章建筑11处1.26万米，拆除电杆70根，收取公路占用费2.23万元。2009年，榆中县拖拉机收费站更名为榆中县路政大队，专门负责县道、乡道路政管理工作。管理县道6条219千米，主要乡道5条48.9千米，一般乡道11条409.3千米。2010年，办理路政许可案件3起，收取赔偿费2.4万元；查处擅自挖掘公路案件2起，收缴罚款1.5万元；查扣恶意超限车辆45起；查处公路倒垃圾案2起，收缴罚款4000元；制止新增违法建筑2处68平方米；清理公路堆积物120处1500平方米；出动宣传车260辆次，发放宣传材料900份，制作宣传墙1处。

三、运政管理

1991—2005年，监督管理全县道路旅客运输、货物运输、汽车维修、搬运装卸、运输服务行业。培训从业人员6400名。发放经营许可证549户、道路运输证3706户。查处违章148件，结案148件。2006—2010年，开展“百日整治”“春晓行动”等专项整治行动7次，出动稽查人员3218人次、车辆545台次，查处违章车辆2957辆次，查扣车辆501辆。建成130个村级停靠站点。在县城划定客车、出租车停放位置215处，划定临时停车场20处。实行货运车辆进货运站停放。制定出台《榆中县客运出租汽车管理办法》和《榆中县2008年客运出租汽车经营权有偿使用实施细则》。2008年11月18日，召开第一次出租汽车经营权有偿使用拍卖会，确定60辆出租汽车经营权的归属。严格审查客运车辆司乘人员，禁止没有从业资格证的人员上岗。开展机动车维修市场和“黑驾校”的整顿，取缔手续不全的违规驾校。上交公路运输管理罚没收入95.9万元。

四、拖拉机养路费征稽

1991—2008年，拖拉机养路费征稽对象是全县范围内营运性拖拉机、农运三轮车，征集养路费1428.05万元。其中，1991年征稽拖拉机养路费25万元；2000年征稽96万元；2003年是历年征稽最高的一年，当年征收养路费182万元；2008年征稽45万元。2009年不再征收拖拉机养路费。

1991—2008年榆中县拖拉机（农运三轮车）养路费征收统计表

表3-3-9

年　度	拖拉机养路费（万元）	年　度	拖拉机养路费（万元）
1991 年	25	2001 年	150
1992 年	36.45	2002 年	155
1993 年	33.2	2003 年	182
1994 年	37.8	2004 年	170
1995 年	56	2005 年	110
1996 年	80	2006 年	100

续表

年　度	拖拉机养路费（万元）	年　度	拖拉机养路费（万元）
1997 年	95.6	2007 年	54
1998 年	99	2008 年	45
1999 年	103	合计	1428.05
2000 年	96		

第五节　机　构

一、局机构

1991年，设榆中县工业交通局。1994年3月，撤销榆中县工业交通局，成立榆中县交通局，有行政编制7名，其中领导职数3名，干部3名，工人1名。2000年，有编制9名，其中行政编制8名，事业编制1名，领导职数3名。2010年6月，撤销榆中县交通局，设立榆中县交通运输局，辖公路局、运管所、路政大队3个事业单位和客运有限责任公司，编制 11名，其中领导职数4名。

二、局属机构

（一）榆中县公路局

1991年，榆中县县乡公路管理段属榆中县工业交通局辖的正科级事业单位，有编制23名，其中领导职数3名。2009年，撤销榆中县县乡公路管理段，成立榆中县公路局。2010年，榆中县公路局有编制23名，其中行政管理人员2名，专业技术人员4名，工人17名。

（二）榆中县运输管理所

1991年，榆中县运输管理所属榆中县工业交通局辖的正科级事业单位，领导职数3名。2000年，编制18名。2010年，编制21名，其中行政管理人员3名，专业技术人员7名，工人11名。

（三）榆中县路政大队

1991年，榆中县拖拉机养路费征稽站属榆中县工业交通局辖的正科级事业单位，有编制8名，其中领导职数3名。2000年，编制17名。2009年7月，撤销榆中县拖拉机养路费征稽站，成立榆中县路政大队，编制18名，其中行政管理人员2名，专业技术人员14名，工勤人员2名。

（四）榆中县客运有限公司

1995年5月，榆中县汽车队与汽车站合并成立榆中县客运有限公司。2005年，有职工106名。2010年，编制30名，其中专业技术人员4名，工人26名。

第四章 邮政通信

第一节 邮 政

一、邮路

（一）省内邮路

1991—2006年，榆中境内（青城邮政所除外）进出邮件由兰州至天水自办汽车邮路逐日输送，沿途设有和平、定远、县局三个交换点。青城进出邮件由白银至水川自办汽车邮路输送，青城邮政所在水川镇邮政支局接取。2007年1月后，榆中境内邮政所进出邮件全部由兰州至天水自办汽车邮路逐日输送，青城进出邮件改由榆中至白银班车委托输送，每周六班，单程130千米。

（二）县内邮路

1991—1997年，榆中县开设县城至新营自办汽车邮路，每周6班，单程长58千米。1998年，省邮政局取消麻家寺、夏官营、甘草店3个点的邮件交换，县内自办邮路逐渐增加。至2005年底，榆中县内自办邮路从县城起沿途交换麻家寺、夏官营、兰州大学、西北民族大学、许家台、甘草店、高崖、新营、小康营9个网点进出邮件，往返160千米。榆中县城至上花岔委办汽车邮路每周6班，单程130千米。榆中县城至贡井委办汽车邮路每周6班，单程90千米。榆中县城至马坡委办汽车邮路每周6班，单程17千米。

2006—2010年，榆中县开设县城至新营、县城至马坡自办汽车邮路两条，每周6班，单程长85千米。自办汽车邮路自县城起沿途交换许家台、甘草店、高崖、新营、马坡5个网点进出邮件，往返170千米。榆中县城至上花岔委办汽车邮路每周6班，单程80千米。

二、邮政业务

（一）投递

1. 县城投递段

1991—2005年，榆中县城有3个投递段，分别是城投南段、城投北段、城投终端。南段投递行程单程7.5千米，北段投递行程单程5千米，中段投递行程单程6.5千米，每周6班。机关单位的邮件投递到收发室或门卫，私人邮件投递到信报箱或到户，特快专递投递到收件人。县城机要投递段1条。2006—2010年，南段投递行程单程15千米，北段投递行程单程10千米，中段投递行程单程10千米。

2. 农村投递段

1991年，全县有农村投递段道62条，单程1511千米，戳记考核点148个，其中自行车段道62条，单程1496千米；步班1条，单程15千米。1998年，邮电分营后，调整投递段道，减少投递频次。至2005年底，全县有投递段道66条，单程1774千米，戳记考核点144个，其中隔日班16条，每周3班24条，每周2班14条，每周1班12条。除步班1条外，其他段道为自行车投递。

2006—2010年，全县有农村投递段道70条，单程1694千米，其中每周6班7条，每周5班11条，每周3班26条，每周2班12条，每周1班14条。全部为自行车投递段道。有投递员37人。乡镇通邮率100%，行政村通邮率100%。

（二）函件

1991年，邮寄的函件有信函、明信片、印刷品、盲人读物、邮政快件、邮简、邮送广告、邮政限时信函、邮政混合信函等。国内平信每20克本埠0.10元、外埠0.20元，挂号费0.30元。1996年12月1日起，国内平信每20克0.50元，挂号费1.00元，其他明信片、印刷品、邮政快件资费适当提高，国际及港澳台邮政资费根据比例关系相应调整。1998年7月1日起，取消邮政快件业务。1999年3月1日起，国内平信资费在城区和行政县范围内通信首重资费每20克提高到0.60元，发往城区外及行政县外的首重资费每20克提高到0.80元，挂号费提高到2.00元，其他明信片印刷品资费适当提高。1997—2005年，榆中县邮政局函件收入273.49万元，其中1999年函件收入同期最高，年收入40.98万元；2000年函件收入同期最低，年收入23.55万元。2008年，重点推进邮送广告、账单业务。2009年，加大书信大赛、邮资封、片、卡、贺卡业务的推广营销，增加业务收入。2006—2010年，榆中县邮政局函件收入257.25万元，其中2006年函件收入同期最低，年收入23.55万元；2010年函件收入同期最高，年收入64.31万元。

（三）包裹

1991年，邮寄包裹主要以个人普通包裹为主，商品包裹、纸质包裹寄递量少。同期邮寄包裹年收入4.4~4.5万元。1996年12月1日起，取消商品包裹、纸质包裹。1998年，邮寄包裹7619件，业务收入7.3万元。2001年，开办快递包裹业务。2005年，邮寄包裹1.39万件，业务收入19.64万元。2006年后，每年的6月和12月榆中县邮政局组织人员到西北民族大学、兰州商学院及驻扎在高崖、金崖的部队军营收寄大学生和军人的包裹，增加包裹的寄递量。2006年，邮政包裹收入33.06万元。2010年，包裹收入37.97万元。

（四）报刊发行

1991—1997年，榆中县报刊发行主要由邮政发行，自办发行处于起步阶段，直接寄递的数量不大。订阅报刊结构逐步发生变化，公费订阅逐年下降，私费订阅不断扩大，教辅类和生活娱乐类报刊逐年增长，党报党刊订数逐年下降。1994年，榆中县邮政发行报刊流转额87.40万元，收入20.90万元。1998年，配合县委宣传部搞好党报党刊发行，报刊发行业务回升，当年邮政发行报刊流转额186万元。2001年11月，成立报刊零售中心，负责报刊零售业务的监督指导、进货、调配统计报刊收缴、核发报刊代办费、报刊亭的管理等。在县城主要街道及大学城设置报刊亭6个。2002年，报刊流转额和收入同期最高，报刊流转额213.1万元，收入

50.07万元。2004年，取消报刊零售中心，将零售报刊业务移交到报刊发行管理部门。2010年，榆中县邮政发行报刊流转额262.51万元，收入66.80万元。

（五）集邮

1991年，榆中县邮政局销售集邮票约4万元。1997—1998年，榆中县集邮票发行量迅速扩大，其中1997年销售集邮票41.80万元，1998年销售集邮票55.70万元。集邮票品的超量发行，影响集邮业务，新发行集邮票品贬值，集邮爱好者流失，集邮票销售额下降。2000年，销售集邮票27.38万元。2003—2005年，清退上缴销毁库存集邮票品8.64万元。2003年，销售集邮票14.18万元。2006年后集邮票销售有所好转，其中2006年销售集邮票48.88万元，2007年销售集邮票18.58万元，2008年销售集邮票36.86万元，2009年销售集邮票42.82万元，2010年销售集邮票24.03万元。

（六）特快专递

1993年2月1日起，榆中县开办国内国际特快专递业务。当班收寄，当班封发。邮件直封兰州市速递分局。2006年，榆中县特快专递收入29.32万元。2007年9月28日，开办省际经济快递业务，寄达全国（西藏、海南、新疆除外）的特快专递业务开办局，特快业务量和收入逐年增加，高校较集中的夏官营、和平和经济较发达的县城、金崖地区交寄量较大。当年特快专递收入40.92万元。2010年，特快专递收入137.22万元。

三、邮政设施设备

1991年，榆中县邮政有1辆邮件运输汽车和1辆提送款汽车，处理业务主要通过手工来完成。同年11月，建成面积2500平方米的邮电综合通信大楼。至1998年底，更新改造全县基层邮电局所房屋，土木结构变为砖木结构，砖木结构改造为砖混结构，高崖、甘草店、夏官营、金崖、定远、麻家寺、和平、桑园子8个邮电所建起综合通信生产楼。邮电分营后，在栖云北路征建设用地10.84亩。1999年开始，营业在前台，内部处理业务，办公、邮件投递等方面配备信报箱、计算机、传真机、点钞机、自动柜员机、邮资机、电子秤等设施设备。2001年6月，建筑面积3829平方米的榆中邮政生产大楼竣工。7月，邮政局机关、生产班组整体搬入新址办公。2004年11月，15个邮政营业网点储蓄实现全国联网，通存通兑。12月，出口包裹应用计算机打印袋牌。2005年5月，特快专递投递信息录入联网计算机，实现全国联网查询，商业信函投递信息录入联网计算机，实现全国邮政系统内部查询。县局营业室、大学城邮政所建成全国统一的电子化联网网点。6月，实现储蓄资金和汇兑资金合并使用，大小生产汽车增加到5辆。

2006—2010年，分批改造装修营业网点。自动取款机、宣传电子显示屏、复印机、身份证鉴别仪、叫号机、打印机、监控摄像头、安全报警系统等设备在金融网点逐年配备或更新。2007年7月1日，15个营业网点实现电子化联网。2009年8月，开通公文处理应用办公自动化（OA）系统。2010年3月，配备30辆邮政投递专用摩托车，结束自行车投递的历史。同年新配2辆提送款车。

四、经营管理

1991—1997年，榆中邮政经营管理相对滞后，经营管理的重点在电信方面，其中1995年全县邮政业务收入115万元，邮政储蓄额1825万元。1998年，邮电分营后，新设立的榆中县邮政扩大服务市场，发展金融业务，在体制、人事、分配三方面改革，推进邮政业发展。当年全县邮政业务收入236万元，邮政储蓄额 3389万元。2000年，企业管理人员实行聘任制。2001年，实行收支差额管理，收入和支出考核。2002年9月，将三角城、夏官营、许家台、清水驿、新营、小康营、兴隆山、马坡、麻家寺、连搭、定远、桑园子、来紫堡、金崖、贡井、上花岔、青城17个经营亏损的农村自办邮政所改为委代办所，33名职工与企业解除劳动合同关系。2003年，企业管理人员实行竞聘上岗。除原有的业务外，开办代收话费、代办保险、绿卡、农资配送、电子商务、代售飞机票等多种新业务。2005年，全县邮政业务收入464万元，邮政储蓄额1.66亿元。2006年6月，开展邮政短信业务，主要有邮政汇兑短信、邮政储蓄短信、速递短信、其他业务短信。在邮政所开设“三农”服务。2008年1月1日起，中层管理人员的薪酬由市局直接发放，员工的薪酬由各单位考核发放。2010年1月起，推行营业网点损益核算工作，以单个营业网点为主体，根据营业网点效益绩效考核和评价网点员工与支局长。2010年，榆中邮政业务收入867.09万元，邮政储蓄余额3亿元，按标准建成“三农”服务点41处，销售化肥473吨、玉米种子14.45吨。

五、机构

（一）局机构

1991年，榆中县邮电局为科级建制，行政、业务归属兰州市邮政局管理，党务工作归地方管理，内部设邮政业务主管局长1名，邮政业务股1处。1997年1月，榆中县邮电局整建制划归兰州市电信局管理。1998年9月，撤销榆中县邮电局，单独设立榆中县邮政局，纳入国家邮政3个生产班组，辖21个邮政所。2005年底，榆中县邮政局内设3个职能部室、2个生产班组，辖邮政营业网点22个，其中自办网点8个，委代办点14个。2006—2009年，榆中县邮政局设局长1名，副局长2名。2010年，设局长1名，副局长1名，内设综合办公室、邮政业务部、金融业务部、物流分销部、财务室、集邮部、大客户部7个管理部门，邮政班、发投班、押运班3个生产班组，辖20个营业邮政所，其中16个营业网点开办储蓄代办业务。

（二）邮政（电）所

1991—1998年8月，榆中县设一悟路、三角城、夏官营、许家台、清水驿、甘草店、高崖、新营、小康营、兴隆山、马坡、麻家寺、连搭、定远、和平、桑园子、来紫堡、金崖、贡井、上花岔、青城邮电所。1998年9月，邮电分设后，在邮电所的基础上设立邮政所，原办公地点不变。1999年，停办清水驿、来紫堡、连搭邮政所。2001年7月，设立栖云北路、兴隆路、大学城邮政所。2002年9月，三角城、夏官营、许家台、清水驿、新营、小康营、兴隆山、马坡、麻家寺、连搭、定远、桑园子、来紫堡、金崖、贡井、上花岔、青城邮政所改为委代办所。2004年4月，三角城邮政所迁址城关镇栖云南路更名为栖云南路邮政所。2005年8月，桑园子邮政所迁址来紫堡乡政府所在地西坪村，更名为西坪邮政所。2005年9月，设立民族大学邮政所。2010年，榆中县邮政局辖栖云北路、兴隆路、一悟路、栖云南路、新营、高崖、甘草店、夏官营、大学城、民大、金崖、西坪、和平、定远、麻家寺、贡井、许家台、马坡、上花岔、青城营业邮政所。

（三）邮政储蓄

2006年12月，成立金融业务室，编制2名。2008年3月，邮政储蓄与邮政分离，成立中国邮政储蓄银行有限责任公司兰州市分行榆中县支行。2008年7月，邮政调拨7名员工到支行。

第二节　电　信

一、固定电话

1991年，榆中县有固定电话用户750户。1995年，全县有固定电话用户2601户。2000年，有固定电话用户2.41万户。2005年，有固定电话用户6.3万户，有人值守、IP超市、智能公话等公用电话1万部，形成以IC卡电话为主的卡式电话、室外201电话等。2010年，有固定电话用户9.36万户。

二、电报

1991年，榆中县有话传电报业务20处，电路总数21路，榆中至兰州转电路进入兰州256自动转报网，增设MT100汉字电传，实现自动码译汉语。随着电话拥有量的增加，办理电报业务的用户逐渐减少。2005年11月，取消公众礼仪和鲜花礼仪电报。从此无用户到营业厅办理电报业务。

三、无线寻呼

1993年5月，榆中县开通126无线寻呼业务系统，126属人工台。1994年，开通127无线寻呼业务，127属自动台。1995年后，又开通几家寻呼台。2000年后，随着手机和小灵通的普及，寻呼业务逐渐退出历史舞台。

四、小灵通

2000年8月，榆中县开通小灵通业务，小灵通通话质量好，话费便宜，携带方便，深受用户青睐，当年有小灵通用户972户。2005年，全县有小灵通用户1.63万户，县内小灵通业务发展到最高峰。2005年之后，小灵通用户逐年减少。2010年，有小灵通用户1400户。

五、互联网

1995年，榆中县开通拨号上网业务，俗称“窄带业务”，用户通过公共电话线路拨打163或169接入号连接因特网。2000年，榆中县有互联网用户（含非注册用户）183户。2003年，首先在县城开通ADSL等宽带接入服务，然后在夏官营、和平地区开通宽带业务，满足大中专院校、网吧及单位群体对宽带上网的需求。2005年，全县有互联网用户534户。2010年，有互联网用户2万户，其中宽带用户5000户。

六、其他业务

1991—2010年，榆中县电信工作除开展固定电话、电报、无线寻呼、小灵通、互联网业务之外，还开展固网增值业务如家家E、18农家听听乐、11800电话伴我行以及小灵通短信等业务。

七、电信设施设备

1991年11月，建成装4000门纵横制交换机的邮电综合通信大楼。1992年7月，开通1000门长市农三台合一纵横制自动电话交换机，县城长市话实现自动拨号，微机计费，长途进入全国自动拨号网，结束沿用四十多年的“摇把子”历史。1995年3月，引进HD-04程控交换机，实现交换程控化。2000年8月，开通县城无线市话网络，改造30个模块点交换设备及网络，建成2个622兆的传输环保网、2个155兆的传输链。2005年，开通新一代无线接入电话系统。国际国内长途电话向全自动直拨方向发展。建成由光纤、微波传输手段构成的国际国内长途数字传输网。至2005年底，全县电话交换容量9万门，有分组交换端口3个，DDN（数字数据网）端口64个，ADSL（宽带）端口132个，LAN用户端口72个。全县布放电缆3140皮长千米，杆路1800杆千米；敷设光缆509皮长千米，架设小灵通基站69台。宽带ADSL端口，2006年容量4450线，实占3762线；2010年容量1.47万线，实占1.28万线。至2010年底，全县电话交换容量9.77万门，其中市内电话交换机容量1.77万门，农村电话交换机容量8万门。

八、机构

1991年，榆中县电信工作由邮电局承担，设局长1人，副局长3人，内设办公室、电信股、邮政股、计财股、机线组等11个班组，辖25个农村电信所；在册职工252人。1998年9月，成立榆中电信局。1999年，移动和寻呼分离。2000年，结束政企合一的经营模式。2002年，进行体制、人事、分配三项制度改革，同时启用新的电信标识。2003年，建立大客户经理、商业客户经理、社区经理制和农村统包责任制，开辟客户绿色通道，完善客户服务。2004年8月，榆中县电信局更名为甘肃省电信有限公司榆中分公司。2010年，榆中分公司设总经理1人、副总经理3人，内设办公室、经营部、维护站等8个班组，辖2个城市支局、6个农村支局；在册职工74人；自有网点29个，社会网点58个；全县有交换中心局1个，模块局56个。

第三节　移　动

一、业务

1991年，榆中县出现移动通信工具“大哥大”，由于价格昂贵，双向收费，只有少数人在小范围内使用。随着手机的出现，“大哥大”逐渐被淘汰。1998年底，全县有移动用户400户。1999年，移动从电信中独立出来，移动业务得到较快发展，新增移动用户800户。全年业务收入300万元，拥有基站5座。2002年，县移动公司重点开拓农村移动市场，在经济条件较好的乡镇开展业务代办点及专营，当年农村代办渠道发展用户780户。2004年初，县移动公司调整营销结构，将全县划为3个片区，由公司基层职工承包业务，采用公司、片区、专营店、代办点、代办员的层级管理模式，加快代销代办渠道建设，扩大业务与服务覆盖面。当年农村代办渠道发展用户1500户。2005年7月，榆中县有移动用户2.8万户，基站43座。2006年后，移动业务得到快速发展。至2010年底，全县有移动用户30万户，基站394个，乡镇覆盖率100%，行政村覆盖率95.90%，自然村覆盖率86.74%。主营移动话音、数据和多媒体业务，还提供传真、数据、IP电话等多种增值业务，具有计算机互联网国际联网单位经营权和国际出入口局业务经营权。拥有"全球通""神州行""动感地带"等客户品牌，用户号码段包括139、138、137、136、135、134（0至8号段）、147、150、151、152、157、158、182、183、184、187、188。

二、机构

1999年，移动、电信分营，设立甘肃移动通信有限责任公司榆中县分公司，在县城有营业厅1家，员工6人。2004年，开设兰大榆中校区、甘草店2个自办营业厅。至2005年12月，榆中县分公司有营业厅3家，专营店7家，员工30人。2010年，榆中县分公司设立营业厅、专营店、自建他营等服务渠道网点340家。

第四节 联 通

一、业务

2002年9月，联通公司进驻榆中，当年用户1000户。公司主营业务3G/4G移动通信服务，集团VPN入网、企事业单位OA办公、集团炫铃、视频会议接入，移动终端销售、单位数据专线、固话业务、电路出租、家庭宽带业务、行业应用及丰富多彩的增值业务。2008年初，率先实现县城宽带光纤到楼及光纤到户。至2010年，榆中县联通用户5万人，其中移动网用户4.5万人，固网用户5000人。网络覆盖全县268个行政村，覆盖范围99%。

二、机构

2002年9月，中国联合网络通信有限公司榆中县分公司成立，自有营业网点1家。2010年，中国联合网络通信有限公司榆中县分公司有自建营业厅7家，其中县城2家、兰大1家、民大1家、甘草店1家、定远1家、和平1家；合作营业厅15家，其中县城5家、乡镇10家；代理渠道200家。公司人员编制30名。

第四篇　政　治

第一章　中国共产党榆中县委员会

第二章　榆中县人民代表大会

第三章　榆中县人民政府

第一章　中国共产党榆中县委员会

第一节　历届党员代表大会

一、中共榆中县第十一次党员代表大会

1992年12月22—24日召开中共榆中县第十一次党员代表大会，出席代表249名。王恩渭作题为《抓住有利时机，加快改革开放，把我县的社会主义现代化建设事业不断推向前进》的工作报告，魏清山作题为《认真学习贯彻党的十四大精神，努力做好新形势下党的纪律检查工作》的报告；选举王恩渭、丁发泰、丁得信、于生明、王民建、王维范、王维烈、田福余、冯德三、孙殿福、李生文、李得元、杨进德、杨富荣、张兴照、陈德忠、金永忠、施进兵、赵资英、侯国民（女）、钱其帅、徐守刚、魏志乐等25人为中共榆中县第十一届委员会委员。十一届一次全委会议选举王恩渭、赵资英、施进兵、杨进德、杨富荣、王民建、于生明、钱其帅、孙殿福、金永忠、魏志乐11人为常务委员，王恩渭为县委书记，赵资英、施进兵、杨进德、杨富荣为副书记。

二、中共榆中县第十二次党员代表大会

1997年11月16—18日召开中共榆中县第十二次党员代表大会，出席代表251名。施进兵作题为《抓住机遇，加快发展，把我县的社会主义建设事业全面推向二十一世纪》的工作报告，孙殿福作题为《中共榆中县纪律检查委员会向中国共产党榆中县第十二次代表大会的工作报告》；选举施进兵、杨富荣、王民建、辛坚、钱其帅、丁祖全、孙殿福、冯德三、黄宗利、屈永芳、丁建贵、王维范、尤占海、白平怀、刘正堂、安如菊

(女)、金培贤、金耀文、周尚华、徐守刚、魏晋和、王维烈、侯守英等25人为中共榆中县第十二届委员会委员，李生文、黄守恒、李锦才、杨晓东4人为候补委员。十二届一次全委会议选举施进兵、杨富荣、王民建、辛坚、钱其帅、丁祖全、孙殿福、冯德三、黄宗利、屈永芳等11人为常务委员，施进兵为县委书记，杨富荣、王民建、辛坚、钱其帅为副书记。

三、中共榆中县第十三次党员代表大会

2002年11月9—12日召开中共榆中县第十三次党员代表大会。出席代表257名。李森洙作题为《与时俱进 加快发展 把榆中县现代化建设事业全面推向前进》的工作报告，田明作题为《贯彻“三个代表”重要思想，与时俱进，努力开创党风廉政建设和反腐败工作新局面》的报告；选举丁祖全、王维忠、田明、白平怀、汉尚斌、冯德三、刘正堂、许尔忠、许继平、孙殿福、严志坚、李得亮、李森洙、宋锦荣、金培贤、周尚华、周尚武、郑元平、钱其帅、徐大武、唐平印、董建梅（女)、蔡泽雄、裴万江等25人为中共榆中县第十三届委员会委员，李成、孙彦华、安富科、张大胜4人为候补委员。十三届一次全委会议选举李森洙、丁祖全、严志坚、冯德三、田明、董建梅（女)、唐平印、郑元平、徐大武、宋锦荣等11人为常务委员，李森洙为县委书记，丁祖全、严志坚、冯德三、田明、董建梅（女）为县委副书记。

四、中共榆中县第十四次党员代表大会

2006年10月27—29日召开中共榆中县第十四次党员代表大会。出席代表265名。胥波作题为《抓住东扩机遇，坚持科学发展，为建设富强民主文明和谐的榆中而奋斗》的工作报告，田明作题为《服务发展大局，全面履行职责，不断开创党风廉政建设和反腐败工作新局面》的报告；选举丁小蔚（女)、丁丙午、丁林华、邓有范、田明、白平怀、白炳升、冯得三、刘会郎、许继平、孙彦华、豆怀荣、李学玲（女)、李得亮、张大胜、张志成、张宗福、岳发达、周尚武、郑元平、赵同庆、郝光林、胥波、徐大武、高峰、陶明贵、黄宗利、常千宗、韩悌勇、敬育昆、曾正满、谢志明、蔡泽雄、裴万江、魏万宏等37人为中共榆中县第十四届委员会委员，白成虎、杨锡辉、沈靖弘、张卫东、岳永健、施军章、高权、李武8人为候补委员。十四届一次全委会议选举胥波、徐大武、田明、陶明贵、刘会郎、魏万宏、郑元平、谢志明、韩悌勇、赵同庆、丁小蔚（女）11人为常务委员，胥波为县委书记，徐大武、田明为县委副书记。

图 4-1-1　榆中县第十四届五次全委（扩大）会议（2007年12月19日摄）

第二节　县　委

一、组织领导

历任中共县委书记名单

书　记　石宝士（1991年1月—1992年10月）

　　　　王恩渭（1992年10月—1996年12月）

　　　　施进兵（1996年12月—1999年7月）

　　　　李森洙（2002年5月—2005年12月）

　　　　胥　波（2005年12月—2010年12月）

副书记　苏福海（1991年1月—1991年6月）

张宗奎（1991年1月—1992年10月）

魏至公（1991年1月—1991年6月）

赵资英（1991年6月—1995年1月）

施进兵（1992年9月—1996年12月）

杨进德（1992年10月—1995年1月）

杨富荣（1992年11月—2000年9月）

王民建（1992年10月—2000年11月）

张兴照（1995年1月—1997年9月）

辛　坚（1996年4月—1998年10月）

钱其帅（1997年11月—2002年10月）

费恒昌（1999年7月—2002年6月）

丁祖全（1999年7月—2005年6月）

冯德三（2000年9月—2006年10月）

万世文（2002年1月—2002年10月）

田　明（2002年1月—2009年8月）

严志坚（2002年10月—2005年6月）

董建梅（女，2002年10月—2006年10月）

徐大武（2005年6月—2010年5月）

王　林（2009年7月—2010年12月）

魏万宏（2010年7月—2010年12月）

二、县委工作机构

1991年，县委设有办公室、组织部、宣传部、统一战线工作部、纪律检查委员会、政法委员会、经济部、调研室、老干部工作科、党校、机要室、信访室、党史资料征集研究委员会办公室、县级机关委员会共14个直属机构。1993年3月，撤销榆中县县级机关委员会，成立榆中县县级机关工作委员会。1996年5月机构改革后，县委工作机构由10个减少到5个。县委保留办公室、组织部、宣传部、统战部、政法委员会。纪律检查委员会与监察局合署办公，一个机构，两块牌子。将政策研究室、督查室、信访办公室、保密局、机要室职能并入办公室，保留信访办公室、保密局、机要室的牌子。精神文明办公室职能并入宣传部，保留牌子。社会治安综合治理办公室职能并入政法委员会，保留牌子。撤销榆中县委经济工作部，人员并入县委办。撤销榆中县关心下一代工作委员会办公室，职能分别交团委、妇联、教育局。撤销榆中县老干部工作科，组建老干部工作局，同党史办归口组织部。撤销榆中县老龄委员会，职能并入老干部工作局及有关部门。榆中县档案局与档案馆合并，一个机构，两块牌子，为事业单位，隶属县委。讲师团职能并入党校，保留牌子。2002年6月，将中共榆中县委党建办公室、组织员办公室、知识分子工作办公室划归县委组织部管理。县委督查室、机要室、保密局由县委办公室管理，调整后中共榆中县委机构有：中共榆中县纪律检查委员会、县委办公室、组织部、宣传部、统一战线工作部、政法委员会、老干部工作局（挂榆中县关心下一代工作委员会办公室的牌子）、县委党校、县档案局、机关工作委员会、党史办、信访室12个工作机构。2010年7月机构改革后，新增县委农工办、机构编制委员会两个工作部门，信访局并入政府办。2010年12月，县委有工作部门13个。

第三节　县委重大决策

一、建立四大经济板块

2004年，县委、县政府提出：抢抓兰州“东扩”战略性发展机遇，加快发展和开发和平科技工业城、夏官营科教城、苑川工业城和县城新城四大经济板块。县城新城以农副产品深加工为龙头，逐步建立起农业及中药材深加工产业区、新材料和环保产业区，从而带动形成具备产业发展区、管理服务区、生活休闲区的经济体系，围绕县城建成新型中心城市；和平科技工业城以金川公司为龙头，建成布局合理、功能完善的新材料研发基地、高等学历和技能培训教育基地、现代物流产业区和高档生活居住区；苑川工业城以酒钢集团榆中钢厂为重点，逐步形成以钢铁、塑编、造纸为主要产业，具有一定规模的工业体系；夏官营科教城依托兰州大学、西北民族大学榆中校区的建设科学规划，建成高等教育基地，建立配套完善、服务功能齐全的科教服务体系。2005年，和平、苑川、夏官营、县城四大经济板块初具规模，入驻企业和院校250多家。

二、政治体制改革

1996年5月，县委、县政府制定《榆中县党政机构改革实施细则》进行机构改革。改革后，县委工作机构由10个减少到5个，精简50%；县政府机构由36个减少到25个，精简30.6%。1997年7月4日，制定下发《榆中县乡镇机构改革实施意见》。1998年初，行政机关干部和事业编制的行政干部纳入国家公务员管理体系。2002年，出台《榆中县机构改革和人员编制精简方案》，县级党政机构由31个减为28个，精简比例9.68%。精简后，县委设6个工作部门，政府设22个工作部门。县级党政群机关行政编制401名，精简22%；乡镇行政编制429名，精简20%；乡镇事业编制506名，精简20%；核定全县政法系统专项编制262名，精简10%。2010年，印发《关于榆中县人民政府机构改革的实施意见》。县政府设置工作部门25个，精简机构11个。组建县发展和改革局、县工业和商务局、县人力资源和社会保障局、县住房和城乡建设局、县交通运输局、县农业局、县经济合作服务局、县文化体育广播影视局，将水利局更名为水务局，将县民族宗教事务局由县政府办公室管理调整为与县委统战部合署办公，将省上下划的县食品药品监督管理局列为县政府工作部门，将县人民政府法制局、县信访局、县机关事务管理科的职责整合划入县人民政府办公室，将县爱国卫生运动委员会办公室的职责划入县卫生局，将县科学技术局、县物价局的职责划入县发展和改革局，将县非公有制经济发展服务局、县粮食局、县旅游局的职责划入县工业和商务局，将县人民防空办公室的职责划入县住房和城乡建设局，将县兽医局、县扶贫开发办公室的职责划入县农业局。

三、国有企业改革

1992年6月20日，县委办公室印发《中共榆中县委榆中县人民政府关于国合商业推行“四放开”改革的意见（试行）》。1993年，成立中共榆中县经济贸易工作委员会。1993年4月，县委、县政府印发《关于加快发展个体、私营经济的意见》。1997年1月10日，县委办印发《中共榆中县委榆中县人民政府关于进一步深化国有企业改革的实施意见》。同日印发《中共榆中县委　榆中县人民政府关于加快全县企业改制试点工作的通知》，决定从1997年1月10日起，用3年左右时间，分3批完成全县国有以及部门集体和乡镇企业的改制工作。11月7日，成立榆中县企业改制领导小组。国营工商企业改革按改制、重组、租赁等方式顺利进展。11月20日，县委制定《关于贯彻党的十五大精神加快推行股份合作制改革的实施方案》。1998年4月29日，县委成立榆中县国有企业领导干部廉洁自律工作领导小组。1998年9月10日，印发《加快全县乡镇企业改革的实施意见》。2000年1月20日，县委印发《关于加快全县工业改革和发展的实施意见》，9月14日，印发《中共榆中县委　榆中县人民政府关于进一步加快国有企业改革与发展的意见》。2001年2月16日，县委、县政府印发《深化乡镇企业改革的实施意见》。2003年2月20日，中共榆中县委办公室榆中县人民政府办公室转发《榆中县厂务公开工作基本规范（试行）的通知》，全县行政区域内的国有、集体及其控股的企事业单位试行厂务公开。2005年5月31日，召开中共榆中县十三届委员会第31次常委会议，审定《榆中县关于进一步加快国有企业改革和发展实施意见》《榆中县关于进一步加快国有工商企业改革和发展实施方案》。2005年6月1日，成立榆中县国有企业改革领导小组。同年6月6日，县委办印发《中共榆中县委榆中县人民政府关于进一步加快国有企业改革和发展的实施意见》。至2010年，县属国有工业企业改制全面完成。

四、招商引资

（一）出台政策

1994年6月26日，县委决定成立榆中县招商引资领导小组，领导小组下设四组一办。2000年5月23日，县委下发《改善投资环境的实施办法》。2001年9月16日，县委、县政府印发《榆中县改善投资建设、干事创业环境实施办法》。2006年3月23日，成立榆中县招商引资和项目工作领导小组，县委书记任组长，领导小组下设一室七组。制定下发《榆中县招商引资和项目工作奖惩暂行办法》，设立招商引资突出贡献奖、招商引资先进单位奖、项目攻坚责任奖和招商引资先进个人奖、项目建设先进奖、争取资金奖等奖项。从2007年起，对全县招商引资和项目建设工作实行县级领导包项目、部门包乡镇责任制。

（二）引进项目

2000年4月，兰州庄园乳业有限责任公司成立，公司生产加工基地设在榆中县三角城工业园区，以“公司+基地+农户”的模式发展奶牛养殖业。2002年7月31日，榆中县在2002年全国乡镇企业东西合作经贸洽谈产品展示展销会上签约3个项目。8月26日，在第十届兰州贸易洽谈会上，县政府和金川集团有限公司签订金川科技园和工业园区建设项目。项目主要围绕有色金属材料研究开发的5个实验室、博士后科研流动工作站、技术交流中心以及有色金属粉体生产线、高纯金属生产线、贵金属生产线展开工作。与甘肃奇正实业（集团）有限公司签订奇正藏药生产基地项目，总投资7660万元，由奇正集团在西藏米林的万亩药材种植基地提供原材料，在榆中非公有制工业园区内建成奇正藏药深加工基地。10月，酒钢集团榆中钢厂落户金崖。2003年8月26日，第十一届“兰洽会”上榆中县签订3个项目。2005年5月8日，在2005首届榆中牡丹节暨投资贸易洽谈会上，签约投资1000万元以上项目10个，总投资4.3亿元。2006年4月22日，甘肃运济水产品有限公司投资1200万元兴建的兰州无公害蔬菜贮运加工集散中心在定远镇奠基。2009年6月12日，在第十五届“兰洽会”上，榆中县签约3个项目，引资26亿元。2010年，引进项目26项，引资237.6亿元，到位资金18.85亿元。

五、工业强县　产业化富民

1997年，县第十二次党代会提出“川区乡镇建龙头，山区乡镇建基地，联合起来拓市场，共同致富奔小康”的思路，农业开始向产业化方向发展，烟叶、马铃薯、玉米、百合、蔬菜、果品、花卉、养殖八大“种养业基地”建设初具规模。2000年1月26日，县委制定下发《关于加强全县工业改革和发展的实施意见》。提出全县工业改革和发展要以市场为导向，以建立现代企业制度为目标，以结构调整为核心，以项目建设为龙头，以科技进步为动力，以改善投资环境为重点，以强化领导为保证，突出工业重点，加快工业发展，促进全县经济持续、快速、健康发展。到“十五”末，在巩固提高现有企业的基础上，开发引进高科技项目，扩大工业经济规模，提高工业企业效益，增强工业整体实力，逐步实现由传统产业向新兴产业转变，由农业大县向工业富县转变。2000—2010年，县委、县政府以项目建设为突破口，实施“工业强县和产业化富民”两大主体战略。加快发展和开发和平科技工业城、夏官营科教城、苑川工业城和县城新城四大经济板块，借助酒钢榆中钢厂、金川科技园、兰州大学、西北民族大学、兰州商学院等重大项目的优势，引进科技含量高、附加值高、经济效益高的企业入驻榆中，提升榆中的发展潜力。同时加大科技兴农工作力度和增加农业投入，调整优化农业产品结构，发展蔬菜、马铃薯和奶牛养殖三大优势特色产业，推广双垄沟地膜覆盖栽培等新技术，增加农民收入。2010年，全县有工业企业225家，其中有新型钢铁、有色金属新材料、生物医药和新型建材、水泥、塑编、乳品加工等产业。形成无公害蔬菜、畜牧养殖和中药材等一大批特色优势产业。南部二阴山区被确定为冷凉型蔬菜出口创汇基地，全县有蔬菜经销企业33家。

第四节　党的组织与党员

一、机关、企事业单位党委

1991年有机关、企事业单位党委5个。1996年有机关、企事业单位党委15个。2000年有7个。2003年有17个。2005年有16个。2009年有17个。

2010年有8个。

二、乡镇党委

1991年，全县有25个乡党委，3个镇党委。1998年12月，金崖、甘草店、和平撤乡设镇，至此全县有22个乡党委，6个镇党委。2000年，撤销鲁家沟乡。2002年，设定远镇。2003年，设青城镇。2004年，撤并上庄、兰山、垲坪、梁坪4个乡。2005—2010年，全县有乡党委15个，镇党委8个。

三、总支与支部

1991年，全县有总支10个，支部572个。1995年，有总支16个，支部585个。1998年，有总支12个，支部547个。2000年，有总支14个，支部584个。2005年，有总支12个，支部583个。2010年，有总支18个，支部631个。

四、党员

1991年，全县有党员11913名，其中女党员1252名，预备党员300名，机关党员1160名。1996年底，全县有党员12733名。1998年，有党员13035名。2001年，发展党员416名，其中高中学历以上295名，35岁以下254名。至2002年初，全县有党员13519名，其中女党员1542名，占党员总数的11.41%。2005年，全县有党员14417名，其中女党员1875名，机关党员1412名。2010年，全县有党员16651名，其中女党员2876名，机关党员1248名。

第五节 文秘综合

一、政务服务

（一）公文处理

1991—2010年，出台《县委办公室公文运行规范》，修订完善《文稿起草签发打印制度》《县委办公室文件传阅工作制度》《县委和县委办公室印章管理使用制度》《县委办公室机要文件和物件收发传递制度》

《县委办公室公文处理工作制度》《县委办公室财务管理制度》《县委办公室考勤制度》。2007年，开通机关自动化办公系统，推行无纸化办公。2010年，对办公室所发文件材料在字数上从严控制，一般性文件材料不超过2000字，综合性的不超过4000字。修改完善办公室《文件办理流程》《会议办理流程》《公务接待流程》《接听电话文明礼仪规范》《文秘工作岗位职责》《信息岗位工作职责》《督查工作岗位职责》等规章制度。起草领导讲话、工作报告、汇报材料及县委、县委办出台的文件100余篇40万字。

（二）会议筹办

1991—2010年，按照“节俭、高效、务实”的原则，实施《会议审签制度》，执行会议审批程序。党代会等大型会议制定筹备方案，全员参与筹办；县委全委（扩大）会、纪委全委会、经济工作会等中型会议实行政务人员归口分工筹办；县直党、政、群机关召开的工作会议及专业性会议协调配合相关承办部门。

（三）事务处理

1991—2010年，保持与县人大、政府、政协办公室紧密联系和衔接。按照“节约、热情、周到”原则做好公务接待。先后制定《县委机关安全保卫制度》《机关食堂管理制度》和《县委机关接待管理办法》，实行专人负责制，随时抽查服务情况，做到管理规范、服务到位。

二、机要保密

（一）机要

1996年5月，县委机要室职能并入县委办，保留牌子。1997年，协助各乡镇配备传真机，对有关人员进行业务培训，做到上情下达和下情上传准确及时。全年收发传真545份，发县委文件89号1.16万份，发县委办公室文件108号1.4万份；签收、处理中央、国务院及省市委、市直有关部门文件510件，签收处理县直部门文件110件、乡镇文件 263 件；整理文件档案197卷。2010年，全年收发传真1.56万份，以县委名义发文45号，以县委办公室名义发文82号；签收、处理中央及省、市有关文件800件，签收处理各乡镇、县属各部门文件信息1670件；整理文件档案50盒。

（二）保密

1996年5月，职能并入县委办，保留牌子。建立《榆中县计算机信息系统保密管理暂行办法》《保密机构职责》《榆中县保密宣传教育制度》《榆中县涉密人员管理制度》《榆中县保密工作监督检查制度》等，为重点保密成员单位征订《保密法制宣传教育挂图》，将保密教育列入党校年度主体班次培训内容，每年对基层保密组织建设、涉密人员管理、涉密文件管理、涉密计算机管理、制度落实等情况开展监督检查，消除泄密隐患。2010年，按照“半军事化管理”的要求，调整县保密委员会，制定下发《关于加强全县计算机保密管理工作的通知》，完善《榆中县复印机和传真机保密管理暂行规定》《榆中县信息公开保密审查制度》《榆中县涉密人员管理制度》《榆中县保密宣传教育制度》《榆中县保密工作监督检查制度》，按照涉密计算机“谁上网、谁负责”的原则，加强对涉密计算机操作人员的监督管理。对涉密文件确定专人负责管理，严格按照保密规定进行传阅。

三、信息督查

（一）信息

1991年以来，围绕全县中心工作，提炼特点、亮点，反映灵敏点，做好信息反馈工作。1995年，向市委信息处提供信息280篇，《信息摘报》采用200篇。2007年，采写上报市委办公厅信息410篇。创办《信息摘编》，刊发18期，将各乡镇、部门和单位工作动态、经验进行选编，为县委领导和相关部门提供决策参考。2010年，采写上报市委办公厅信息480篇，刊发《信息摘编》22期。

（二）督查

1991—2006年，督查室坚持“重在协助，重在推动”的原则采取重点督查与抽样督查、现场督查与会议督查、专项督查与联合督查、分阶段督查与跟踪督查相结合的方法，对上级党委、政府和县委、县政府决定的重大事项及领导批示件、督办件的办理工作情况督查、督办和收集反馈。1995年，制定《县委督查室工作制度》《榆中县党委系统督促检查工作细则》。2007年，深入全县23个乡镇和有关部门，专项督查县委、县政府年初确定的各项重点工作及68项市县列重点项目的落实情况。2010年，督查室坚持“批必查、查必清、清必办、办必果”的原则，开展多形式、全方位的督查。专项督查县委、县政府年初确定的各项重点工作及47项重大项目的进展情况。全年处理群众来信来访21件，接待群众上访80人次。

四、机构

1991年，县委办公室编制24名，其中领导职数8名，干部9名，工人7名。1996年8月，政策研究、督查、信访、保密、机要等职能并入县委办公室，其中信访室、机要室、保密局保留牌子挂靠县委办公室。县委办公室有行政编制24名，其中主任1名，副主任2名。后勤事业编制10名。1997年3月，增加司机后勤事业编制1名。1998年，信访办公室从县委办公室分离。2000年，县委办公室有行政编制24名，事业编制11名。2002年，编制26名，其中机关行政编制17名，后勤事业编制9名。2008年3月，机要室更名为机要局。2010年，县委办编制24名，其中行政16名，工勤8名，领导职数8名。

第六节　纪律检查

一、党风廉政建设

1991—1998年，对党员进行党的路线、方针、政策和权力观教育及反腐倡廉和职业道德教育等。1999年，开展讲学习、讲政治、讲正气的“三讲”教育。2000年，实行党风廉政建设责任制。2003年，在全县党员干部尤其是领导干部中集中开展以“两个务必”为主要内容的作风教育。2004年，开展“两个条例”专题纪律教育。2005—2006年，开展保持共产党员先进性教育、学习贯彻党章、树立社会主义荣辱观主题教育活动，抓《建立健全教育制度监督并重的惩治和预防腐败体系实施纲要》的宣传贯彻等。在“督查警示周”集中开展廉政教育“六个一”活动。与县委组织部、宣传部配合开展反腐倡廉宣传教育，加强党员干部的群众观念、法纪观念和廉洁奉公意识。组织拍摄展示反腐倡廉工作成果的电视专题片《兴隆山麓廉风劲》。开展廉政文化进农村活动，将廉政书籍、电教光盘等宣传品配送到农村基层。在金崖、青城等乡镇建成16家农家书屋，开设廉政书籍专栏。2005年，县纪委监察局案件检查工作被省纪委记集体三等功1次，纪委监察局被省纪委评为纪检监察信访工作先进集体。2006年，榆中县纪委监察局被中央纪委评为全国纪检监察先进集体。2007年，组织开展反腐倡廉“督查警示周”活动，先后开展党员领导干部党纪条规知识测试、“廉政杯”有奖征文、党纪政纪条规及作风建设知识竞赛、党政“一把手”赴兰州监狱接受现身说法警示教育、领导干部家庭助廉教育等多项教育活动，强化党员干部“廉荣贪耻”的思想道德基础。督促各乡镇、各部门结合“五创”活动，开展廉洁从政教育和廉政文化“六进”活动，编印配发廉政书画台历，选送优秀作品参加全市廉政书画展。2007—2008年，榆中县被中央纪委党风室地方处确定为全国农村基层党风廉政建设联系点，并于2008年被评为全国先进联系点。2010年，印发《全县纪检监察宣传教育工作安排意见》，举办廉政建设知识专题辅导讲座5期，培训党员干部850名。组织23个乡镇纪委书记参加全市乡镇（街道）纪委书记培训，并外出学习考察。督促党

图 4-1-2　榆中县第十四届纪律检查委员会第六次全会

（2010 年 3 月摄）

员干部学习并执行《廉政准则》《关于实行党政领导干部问责的暂行规定》等4部新法规，组织全县45名县级领导干部和976名副科级以上干部参加《廉政准则》知识测试；举办全县“迎国庆·树清廉”廉政书画作品展和《廉政准则》及新法规知识竞赛。开展廉政文化“六进”活动，建成并命名市级示范点1个、县级示范点5个。

二、纠正部门行业不正之风

1991—2002年，纠正建房分房、“三招一转”和把自己主管部门、单位当作个人“领地”的三股歪风，党政干部拖欠公款的不正之风，党政机关、党政干部经商办企业，乱涨物价，滥发资金、实物，乱靠工资，公款大吃大喝、请客送礼以及征兵工作中的不正之风。2003—2007年，开展专项整治活动，治理教育乱收费、纠正医药行业不正之风、减轻农民负担、治理公路“三乱”、减轻企业负担、清理和规范行政事业性收费、开展民主评议政风行风活动。2008年，督促医保、合管等部门制定和完善相关制度，杜绝乱检查、乱用药、乱加价、乱收费现象的发生。印发《榆中县中小学收费管理暂行办法》《榆中县中小学违反规定收费处理办法》《关于进一步规范中小学用书的通知》，规范学校收费行为。组织召开政风行风现场测评大会，评议了68个单位和部门。开展党政干部公款出国（境）旅游专项调查摸底、机关楼堂馆所超标违规建设和个人“小灵通”捆绑单位办公电话清理工作。

三、反腐败工作

1991年，重点查办党政领导机关、司法机关、行政执法机关和经济管理部门的违纪违法案件。1992—1993年，立案查处违法违纪案件34件，处理党员干部34人，其中受到党纪处分的21人，受到政纪处分的18人（含双重处分5人）。1994年，检查清理40多所中小学校的收费情况，纠正乱收费资金2.87万元。查处党员干部13人，其中受到党纪处分8人，受到政纪处分6人（含双重处分2人），挽回经济损失12.3万元。1999年，落实行政事业性收费和罚没收入实行“收支两条线”管理的规定，从源头上预防腐败的发生，反腐败工作由治标开始走向标本兼治、综合治理。

2000年，将全县党风廉政建设和反腐败工作任务量化到具体单位和具体工作，分解领导干部廉洁自律、案件查办、纠风、宣传教育、执法监察、调查研究等方面的工作、任务目标、牵头单位、协作单位，明确目标、任务和责任。2005—2006年，贯彻落实中央颁布的《建立健全教育、制度、监督并重的惩治和预防腐败体系实施纲要》，坚持标本兼治、综合治理、惩防并举、注重预防的方针，构建教育、制度、监督并重的惩治和预防腐败体系，出台《2005—2007年榆中县惩防体系建设实施意见》。2006年，受理群众信访举报47件，初查案件4件，转立案4件，处理违纪违法党员干部6人。2007年，受理群众信访举报61件，初核16件，立案查处违纪违法案件6件9人，给予党纪处分7人、行政处分2人。2010年，受理群众来信来访51件，初查案件14件，转立案5件，处理违纪党员、干部6人，给予开除党籍3人，行政处分5人。

四、机构

（一）县级机构

1991年7月，县纪委编制13名。1993年5月，中共榆中县纪律检查委员会与榆中县监察局合署办公，实行一套工作机构、两个机关名称的体制。合署后履行党的纪律检查和行政监察两项职能。在设立办公室、案件检查室、案件审理室的基础上，先后增设党风廉政教育室、信访室、执法监察室。2002年县乡机构改革时，县纪委监察局核定编制22名，其中行政19名，后勤事业3名。2005年12月，增加行政编制2名，增设纠风室，同时成立榆中县民主评议机关工作办公室，与县纠风室合署办公。2006年7月，增设榆中县行政服务投诉中心。2010年，编制30名，其中行政27名，机关工勤人员3名。增设榆中县行政效能建设工作办公室和榆中县政风行风热线工作办公室，共计11个室办。

（二）乡镇机构

1991年9月，榆中县乡镇开始设立纪律检查委员会，由乡（镇）党委副书记兼任纪律检查委员会书记。至1998年11月，全县25个乡、3个镇设立纪律检查委员会。2008年11月，全县公开选拔，配备5名乡镇纪委副书记。2010年，全县15个乡、8个镇设立纪律检查委员会。

第七节　组织工作

一、组织建设

（一）基层组织队伍建设及党员状况

1991年，县委所辖党委、支部616个，党员11913名，其中女党员1252名。1992年，发展党员153名，其中女党员15名。1993年，发展党员236名，其中乡镇发展158名，农民党员60名。1995年，确立重点培养和发展有文化的优秀青年农民及乡镇企业的骨干分子为党的后备力量的思路。全年发展党员261名，预备党员转正241名，培养入党积极分子868名。1998年，重点发展有文化的优秀年轻农民及乡镇企业骨干分子。制定山区村每两年至少发展1名党员，川区村每年发展1名以上，每村培养1~3名入党积极分子计划。集中培训269名农民入党积极分子。发展党员345名，其中高中以上文化程度264名，35岁以下156名，女党员68名；发展农民党员147名，预备党员转正287名。2001年，制定《榆中县2001—2005年发展党员工作规划》，发展党员416名，其中高中以上文化程度295名，35岁以下254名。2005年，发展新党员572名，其中高中以上文化程度364名。2010年底，全县有党员16651名，其中女党员2876名，大专以上文化程度4382名，35岁以下3512名。

1991—2010年榆中县委基层组织、党员队伍建设一览表

表4-1-1

年份	党组织（个）	工委（个）	基层党委（个）	党总支（个）	支部（个）	党员总数（名）	女党员（名）
1991	616	1	33	10	572	11913	1252
1992	622	1	33	10	578	12066	1270
1993	625	1	33	11	580	12165	1285

续表

年份	党组织（个）	工委（个）	基层党委（个）	党总支（个）	支部（个）	党员总数（名）	女党员（名）
1994	633	1	32	15	585	12349	1306
1995	646	1	44	16	585	12474	1320
1996	644	1	44	13	586	12733	1348
1997	647	1	44	13	589	12935	1445
1998	630	1	43	12	574	13035	1486
1999	642	1	43	14	584	13174	1509
2000	642	1	43	14	584	13384	1545
2001	645	1	39	14	591	13519	1542
2002	651	1	39	14	598	13766	1631
2003	659	1	44	11	604	13996	1674
2004	640	1	39	12	589	14293	1804
2005	635	1	39	12	583	14417	1875
2006	642	1	39	13	589	14708	1982
2007	642	1	39	13	589	14708	1982
2008	665	1	40	16	608	15567	2385
2009	669	1	40	18	610	16070	2615
2010	680	1	31	18	630	16651	2876

（二）县直党委组织建设

1991—1995年，县直党委组织建设主要围绕机构改革和职能转变展开，通过加强党组织、党员的思想政治建设，利用党员生活和学习日制度、“三会一课”制度，抓学习、抓教育、抓组织生活作风、抓“三会一课”落实等，依据目标管理民主评议支部工作。2005年，建成县级示范机关党委5个、机关党支部10个。培育公安局党委、农牧局党委等12个教育活动先进单位。2006年，在县直机关党员干部中开展帮助村党支部制定新农村建设规划、规范党员活动室和管理制度、与农村党员过组织生活、办一件实事、包帮贫困户为主要内容的“六个一”联建活动。构建农村、机关、社区、“两新”组织党建工作协调发展。2007年，县直127个机关党组织与98个村党支部结成联建对子，1218名在职党员与4301名贫困党员、贫困户结成帮扶对子，投入资金180.5万元，帮助解决村集体和困难群众问题380件。2009年，围绕机关作风建设，以学习型、效能型、素质型、创新型、服务型机关建设为重点，开展以创新思想观念、创新工作思路、创新服务方式、优化发展环境为主要内容的“三创一优化”活动，完善“一站式”服务、“一个窗口”办理等服务措施，落实首问负责制、服务承诺制、限时办结制。2010年，县直机关、部门135个党组织与农村党支部结成共建对子，2800名机关党员与农村贫困党员或困难群众结成帮扶对子，帮助结对村制定和完善发展规划52个，协调帮扶资金50万元，解决问题150个。

（三）农村基层党建工作

1991年，调整改选21名支部书记，集中抓8个“双文明”示范村建设和25个后进村的整顿。同时部署新建41个双文明村。年底，全县85%以上村健全党支部、村委会，191个村建起办公室，100个村设立活动室。1993年，269个行政村普遍健全党支部、村委会、村联社、共青团、妇代会、民兵连6套班子及阵地。一类支部60%，二类支部40%。当年建成53个“双文明”村。1994—1996年，加快农村脱贫致富奔小康步伐，推动两个文明建设，整顿后进村、帮助后进村、建设“五好”村、争创小康村。1998年，新建28个“五好村”，“五好村”增加到203个，占全县行政村的75%。2000年，筹资8.4万元，建成邵家泉、安家营、朱典营等18个办公阵地。2001年，督察27个乡镇党委的组织建设，考核评价“六好”乡镇党委，巩固提高232个“五好村”。筹措资金120万元，建成30个村委会办公阵地，建立健全村财务制度。2003—2004年，实施以把党员培养成致富带头人、把致富带头人中的先进分子培养成党员、党员带领群众共同发展、党组织带领致富能人不断进步为内容的“双培双带”工程。投资40.2万元，建成81个村办公阵地。建成城关镇等6个县级示范乡镇，李家庄等67个县级示范村。培育和建立“双培双带”工程县级示范乡镇11个、县乡两级示范村134个、示范项目264个、示范带头人2089名。榆中县被中共甘肃省委评为“农村基层组织建设先进县区”。2007年，制定《榆中县农民党员教育管理办法》和《榆中县流动党员管理暂行办法》，促使党员管理工作规范化、制度化。2008年，开展“三级联创”活动。按照“五个好”的要求，创建3个“五好乡镇党委”、20个“五好村党支部”，30个基层党建工作示范点。2010年，以“支部+协会”的方式，在9个村办协会中进行试点。根据党员从事种植、养殖、加工、运输等和党员年龄、性别、特长、业余生活的不同状况，采取“党总支+支部”“党支部+党小组”的方式，在14个村进行试点。

（四）企业党建

1993年，调查、总结17个国有企业和乡镇企业党建工作，召开企业党建研讨会，促进企业党员队伍的发展。1995年，召开企业党建工作座谈会，总结交流企业党建工作的好经验、好做法，有3名以上党员的乡镇企业都建立党组织。1996年，以搞好企业改革、转换企业经营机制、提高经济效益为重点，总结推广县机械厂加强企业党建的经验。1997—2000年，围绕转换机制、提高效益这个中心，壮大企业党员队伍，发挥党组织、党员的先锋模范作用。2002年，摸清甘草店集贸市场、县城一悟路、兴隆市场等非公有制经济组织的党员分布、活动方式、管理情况，组织派出党建指导员21名。2004年，重点推进“两新”组织党的建设工作，在全县各类非公有制经济组织中建立党组织22个，建立非公企业党建工作示范点3个。2005年，新组建4个“两新”党组织。建成市级“两新”组织党建工作示范点3个。建成县级示范点5个。2007年，在非公有制企业中建立党支部15个，党员91名。2008年，在非公有制企业中建立党支部27个，向非公有制企业选派党建工作指导员52名，确定县级党员领导干部联系点8个。26家规模以上非公有制经济组织全部建立党组织，

19家单独建立党组织。建立县委常委非公企业党建工作联系示范点11个，建立市级非公企业党建工作示范点1个，新发展党员20名。2009年，57家农业专业合作组织中建立党支部10个。2010年，召开由工商、经贸、民政、工青妇等参加的非公企业党建联席会议，征求加强非公企业党建的意见建议，安排非公党建工作，向已建立党组织的非公企业派驻党建指导员，向没有建立党组织的非公企业派齐党建联络员。全年发展党员30名。

二、领导班子建设

1991年，重新任命和调整86个科级行政、事业单位的108名领导干部。从县级机关选派32名优秀中青年干部到基层任职或挂职。提拔使用102名后备中青年干部。交流23名领导干部。1993年，乡镇党政领导平均年龄37.2岁，比换届前的40.3岁降低3.1岁。乡镇和县直部门领导干部371名中，大专以上文化程度71人，占19.1%；中专程度105人，占28.3%。

1995年，重点调整乡镇班子22个。调整乡镇党委书记6人、乡镇长8人、乡镇人大主席7人、副书记13人、副乡镇长24人。全县28个乡镇党委书记平均年龄降到39.3岁，其中大专以上11人，35岁以下9人；28个乡镇长平均年龄37.9岁，其中大专以上11人，35岁以下10人。对县直9个党委、乡镇28个党委及政府进行换届选举。新一届党政班子的平均年龄37.3岁，大专以上文化程度45人，中专以上49人。1996年，调整21个乡镇班子和43个县直部门班子。提拔4名做出突出贡献的乡镇企业厂长（经理）、个体企业主为副乡长、副书记。全县建立一支350人的科级后备干部队伍。1999年，考核县直部门及乡镇20个领导班子成员123人。建立由370人组成的科级后备干部队伍，其中85名为妇女干部。2001年，优化23个乡镇领导班子，岗位交流101人。提拔使用78人。2003年，出台《榆中县基层领导干部调配工作管理办法》，提拔干部138名，交流227人。2004年，制定《榆中县党政领导干部交流制度》《榆中县国家公务员非领导职务设置管理办法》《榆中县党政领导班子后备干部工作办法》。通过竞争上岗2人、提拔4人。2006年，修改完善《党政领导班子和领导干部考核办法》，制定《领导干部选拔任用工作办法》《领导干部到龄后改任非领导职务办法》和《乡镇县属部门考核及后备干部民主推荐实施办法》。全县共调整交流干部95人次。2007年，制定榆中县创建“和谐领导班子”活动的实施方案。调整交流干部331人次，其中交流168人，免职42人，新提拔干部121人。2008年，开展“思想解放大讨论”活动和第二批20个单位“和谐领导班子”创建活动。提拔任用133名干部。2009年，制定《榆中县机关事业单位借调人员管理工作暂行规定》，规范机关事业单位借调人员的管理。提拔科级领导干部63名。2010年，制定下发《榆中县认真组织学习和贯彻落实干部选拔任用工作“四项监督制度”的通知》。全县提拔科级干部17人，兼职8人，平职交流32人，机构改革整合任命50人，机构更名改任9人，免职19人，退休8人。建立“80后”优秀干部后备库，选拔100名优秀年轻干部纳入后备干部人才库。

1991—2010年提拔任免正科、副科干部一览表

表4-1-2　　　　单位：名

年度	一般干部提拔副科	副科干部提拔正科	正科干部提拔县级
1991	81	21	2
1992	—	20	2
1993	23	27	8
1994	9	11	—
1995	22	20	3
1996	42	11	—
1997	62	26	—
1998	68	37	—
1999	10	5	—
2000	—	—	—
2001	56	22	—

续表

年度	一般干部提拔副科	副科干部提拔正科	正科干部提拔县级
2002	—	—	—
2003	74	61	3
2004	46	16	—
2005	4	—	1
2006	16	21	—
2007	71	50	—
2008	71	62	—
2009	20	43	—
2010	5	12	—

三、党员教育与管理

（一）专题教育活动

1991年，开展以“为党的思想建设、组织建设和作风建设出主意、想办法、办实事、做贡献”为主题的活动，对广大党员进行“三基本”和形势政策教育。1992年，开展学习邓小平南行讲话精神和党的十四大文件活动，进一步解放思想、转变观念。1994年，按照中央新五条规定廉洁自律的专题开展民主生活会，县委制定副科级以上干部廉洁自律的十条规定，各级党委领导班子对照十条规定召开民主生活会，对个别干部存在的不廉洁问题及时进行处理。1995—1996年，以党的十四届四中、五中全会精神为指导，突出经济建设中心及新党章的学习。1997年，开展“双学”教育，加强党员管理。1998年，开展以“讲学习、讲政治、讲正气”为主要内容的党风教育活动。1999年，学习贯彻落实党的十五届三中、四中全会精神及《中国共产党农村基础组织工作条例》，组织全县各乡镇党委书记、村委、学校、企业党支部书记辅导学习。2001年，在全县党员中组织开展“三个代表”重要思想学习教育活动。开展学习好支书郭秀明活动。2002年，结合“三个环境”年活动及江泽民“5·31”讲话，组织学习十五届六中全会精神，改进组织工作作风。2003年，开展“树组工干部形象”活动。召开“双培双带”工程建设工作甘草、金崖现场会。2005年，开展党的先进性教育活动，举办知识竞赛129场。科级以上党员干部撰写论文680篇，组织编写《榆中县革命先烈和先进人物事迹选编》和《榆中县保持共产党员先进性教育活动优秀论文集》。摄制10部反映榆中先进性教育活动及优秀共产党员先进性事迹的专题片让各单位组织党员观看。2006年，抓好第三批先进性教育活动，建立和完善农村党员学习培训、教育管理、联系服务群众等制度和发挥党员先锋模范作用的长效机制。2009年，在全县42个党（工）委、16个党总支、608个党支部和15567名党员干部中，分两批开展深入学习实践科学发展观活动。2010年，按照“推动科学发展、促进社会和谐、服务人民群众、加强基层组织”的总体要求，以“向洪玉线学习，开展创先争优活动，推动榆中科学发展上水平”为实践主题，结合中心工作、立足本职岗位开展创先争优活动。

（二）常规教育

1991年，利用“三会一课”、冬训、电化教育等形式进行政策教育及行业培训，年初同28个乡镇党委、18个县直党委（总支）签订目标管理

图 4-1-3　中共榆中县委中心学习组理论学习(2009 年 3 月摄)

责任书，全县10872名党员参与活动。1992年，各级党组织举办各类学习班215次，培训党员9500多人次。全县7000多名党员主动带头为群众办好事、办实事8500多件。1993年，以党的基本路线教育为重点，举办各类培训班11期，培训干部680人。1994年，突出抓建设有中国特色的社会主义理论的教育、市场经济知识教育和农村实用技术知识及科学知识教育，举办培训班130期。成立党员电化教育中心，全年播放电教片28部，播放334场次，收看群众6.18万人次。1995年，党员教育突出邓小平建设有中国特色社会主义的理论和新党章主题，加大市场经济知识、农村科技知识学习的分量。用党费为各村党支部订了《党的建设》《风纪窗》，各党委给村上配发《邓小平文选》第三卷和新党章。乡镇党委全年举办各类培训班 140多期，其中科技培训班86期，培训党员8700人。1996年，培训村主任258人、农民入党积极分子230人、科级干部105人、青年后备干部62人、组织纪检干部58人；乡镇党委培训村党支部书记及群团组织负责人3065人。举办骨干培训班6期，培训骨干400人；乡镇党委全年举办各类培训班160期，培训党员8800人。1997年，县委党委集中培训干部1718人。1999年，购买录像带80盘，复制150盘分发到乡镇党委。举办培训班9期，培训716人。举办村党支部书记培训班3期，培训269人；举办科级干部培训班1期，培训55人；举办村文书业务培训班1期，培训99人及农民入党积极分子培训班1期，培训100人。2002年，以总书记江泽民“5·31”讲话和十五届六中全会精神为重点，全年举办培训班21期，培训2437人。2003年，出台《榆中县干部教育培训管理办法》，培训村党

图 4-1-4　全县基层党建工作推进会(2010 年 8 月 2 日摄)

支部书记350人。2005年，县委命名兴隆山烈士陵园、张一悟故居等6个“榆中党史教育基地”，开展“电影电视宣传月”活动，播放26部电视专题片。2006年，制定《榆中县农民党员教育管理办法》和《榆中县流动党员管理暂行办法》。建成多功能党员干部培训示范基地5个、示范点12个。2007年，实施“万名基层党员干部培训工程”，建成农村党员干部现代远程教育站点，形成县有专修学校、乡镇有培训示范基地、村有示范点的三级教育培训网络。举办党员教育培训300多场次，培训党员1.3万人次。2010年，开展农业科技培训37场，培训750人；组织党校培训班6期，培训420人；分3批选送12人到行政学院学习。组织全县9748名农村党员参加“冬训”，参训率98.3%。在301名返乡流动党员中开展“六个一”活动。

（三）表彰与处理

1991年，县委组织全县基层党委、支部进行民主评议工作，表彰奖励成绩突出的党员680名，授予146人优秀共产党员称号。处理不称职党员45名。1995年，深化党员目标管理和民主评议工作，评出优秀共产党员514名，处理7名违纪党员。为180多名流动党员填发流动党员活动证。1997年，实行流动党员活动证制度。甘草店镇三墩营村党支部获中组部表彰奖励。1999年七一前夕，表彰奖励10个先进党委、30个先进党支部、44名优秀党务工作者、100名优秀共产党员。2002年，全县表彰奖励先进党组织20个、优秀党务工作者20名、优秀共产党员80名。定远乡党委获全省农村“三个代表”重要思想学习教育活动先进集体称号。2004年，全县表彰奖励先进党组织18个、优秀共产党员32名、优秀党务工作者16名，其中3人同时受到市委表彰；处理违纪党员5名。2006年，命名教育局、国税局党委，广电局党支部、环保局党支部等6个党支部为“五好”机关党组织；表彰20名党务工作者、33名村干部。2008年，表彰奖励12个先进基层党委、30个先进党支部、5个先进党组、100名优秀共产党员、20名优秀党务工作者。2010年，县委创先争优活动领导小组办公室将三角城乡高墩营村、来紫堡乡冯湾村、县农技中心、兰州文章工贸有限责任公司4个党组织，谈向军、陈希良、范文高3名优秀共产党员向市委创先争优活动领导小组办公室进行推荐并表彰。

（四）党员、干部参观学习

1991年，组织科级以上干部117人，分批参加上级部门在外地举办的培训班，其中领导岗位职务培训35人、“三西”学习班54人、其他培训28人。1992年，组织党员927人，分批参加省、市党校和外地举办的培训班。1997年，银山乡党委组织8个村党支部书记外出考察参观学习。1999年，新营乡组织13个村的党支部书记到皋兰县参观学习。2001年，县委组织老干部外出学习参观。2002—2010年，组织党员干部到张一悟纪念馆、张一悟故居、张一悟铜像广场、兴隆山烈士陵园、第一野战军指挥部旧址、金崖工委（支部）旧址等革命教育基地参观7850人次；组织800名村干部赴山东寿光考察学习现代农业技术；321名非公企业负责人赴华东等城市考察学习非公企业发展情况；76名副乡长、农业局下属单位主管领导赴宁夏考察学习设施农业；240名城乡规划建设人员赴成都考察学习城乡规划建设。

四、知识分子工作

1996年，召开全县知识分子座谈会，6名成绩突出的知识分子介绍经验；确认38名优秀知识分子名单，建立一支350人的科级后备干部队伍。1998年，将69名高级职称以上的人员分别建立个人档案，1102名初级职称以上人员登记造册。召开知识分子工作座谈会，推荐10名知识分子参加市上拔尖人才的评选。2003年，统计调查全县人才队伍状况，转发落实知识分子待遇的有关文件。2005年，下发关于选拔推荐兰州市“151人才工程”的通知，向兰州市选拔、推荐县内优秀人才。2008年，将卫生系统教育经费全额纳入财政预算，实现乡镇卫生院占编人员工资由财政全额供给，保障卫生医疗人才的成长成才环境。2009年，出台《榆中县科学技术奖励暂行规定》《榆中县科技人才工程实施方案》。组织实施“121创新人才工程”，调研全县农村实用人才发展现状，制定三年培训规划。开展农民技术职称评定工作，评审认定农民技术人才693名。2010年，实施榆中县“万名双垄沟种植农村实用技术人才培训工程、万名高原夏菜种植农村实用技术人才培训工程、万名设施农业建设农村实用技术人才培训工程”，在23个乡镇、268个村建成农村党员干部现代远程教育终端接收站点291个，建成市级远程教育示范点2个，县级示范点54个，示范基地5个。

五、机构

1991年，榆中县委组织部编制12名，其中部长1名，副部长2名。内设组织员办公室、党建办公室、知识分子办公室。2000年，有编制19名，其中行政编制17名，事业编制2名。领导职数7名，工勤人员3名。2003年3月成立电教中心。2005年12月，成立人才工作办公室。2010年底，编制14名，其中行政编制12名，工勤人员2名。领导职数6名。下设组织员办公室、知识分子办公室、党建办公室、人才工作办公室。

第八节 宣传工作

一、方针政策宣传

1991年，开展特色理论“两进两入”宣讲对谈活动26场，开展重大惠民政策“心连心”活动。1993年，宣传贯彻十四大精神，在乡镇开展中国特色社会主义理论教育。1994年，以《邓小平文选》三卷为教材，以建设有中国特色社会主义理论教育为主线，加强思想宣传。1996年，围绕“双学”活动开展宣传，在窗口行业和企业开展“爱行业、爱企业”宣传教育。2001年，开展“西部大开发、榆中怎么办”专题宣传。2002年，设立《榆中新闻》《热点报道》《经济桥》《榆中大发展》等16个大栏目，22个小栏目。举办“生态环境”“诚信纳税”“学行为规范，树公仆形象”4个有奖征文活动。2004年，报道全县“普通话大赛”“文明进万家”“四五”普法等知识竞赛和“双培双带”“双明星”“四联四包”活动。2005年，围绕县委“工业强县、产业化富民”两大主体战略，配合保持共产党员先进性教育活动、民主评议行风等活动，开展宣传报道。2006年，重点对中央一号文件的贯彻落实、机构改革、农业产业结构调整、企业改制、招商引资、重点项目、“十一五”规划、新农村建设、兰州东扩、县十四次党代会等工作进行报道。2007年，重点报道东城区建设重大意义、科学规划、基础设施以及六大产业园区建设进展情况。2008年，贯彻党的十七大精神，报道高原夏菜、双垄沟种植、产业结构调整、企业改制、招商引资、新农村建设等工作。2009年，深入宣传“1355”战略、“五抓五推进”思路、中华人民共和国成立60周年、城乡一体化、项目建设等重点工作。2010年，宣传“五抓五推进”工作部署、“建设东城区，打造新榆中”发展战略等，报道全县重大决策部署及经济建设。榆中新闻网发布文章2800篇，图片500幅，累计点击量50万人次。榆中广播播出新闻稿件140组1260篇，专题60组；电视播出稿件217组1280条，专题120部。建立党委（党组）新闻发言人制度。

二、理论学习指导

1991年，对领导干部进行党的基本理论、基本路线和基本知识“三个基本”教育（马列主义和毛泽东思想基本理论教育、四项基本原则教育、党的根本宗旨和党的优良传统教育）。1998年，开展学习邓小平理论和十五大精神的学习活动。1999年，学习中共中央《关于加强和改进思想政治工作的若干意见》等，进行邓小平理论考试和干部理论教育考试。2000年，学习十五届五中全会精神和“三个代表”重要思想，开展“三讲”教育活动和“致富思源、富而思进”教育活动。2001年，开展学习实践“三个代表”重要思想活动。2006年，围绕“三个代表”重要思想，采取理论宣讲、知识讲座等多种方法，加强对科学发展观，构建和谐社会，执政能力建设，十六届五中、六中全会精神及县十四次党代会精神的学习。2007年，重点学习胡锦涛系列讲话、《“三个代表”重要思想学习纲要》《中共中央关于构建社会主义和谐社会若干重大问题的决定》，科学发展观及省、市第十一次党代会，县第十四次党代会精神。2008年，开展推进“继续解放思想，推动科学发展”大讨论活动。举办培训班、研讨班，由县委领导主讲党的最新理论成果，并对学习情况进行考试。

图 4-1-5　榆中县开展构建和谐社会落实治庸计划理论宣讲报告会
(2005年8月23日摄)

组建中国特色社会主义理论体系“进乡镇、入社区，进企业、入校园”宣讲团，在全县23个乡镇、4个县属中学、4个社区开展宣讲活动31场，参与3700人。2009年，开设榆中县“领导干部论坛”，邀请兰州大学、西北民族大学等高校理论专家作报告。2010年，举办全县党委（党组）中心组理论学习交流会和全县主要领导干部研讨班。县委宣讲团开展特色理论“两进两入” 宣讲活动26场。建立由兰州大学、西北民族大学专家学者和职能部门领导干部组成的“辅导报告专家库”。各党委（党组）组建宣讲队伍，开辟思想理论宣讲网上阵地，创建网上大讲堂。开设惠农政策“心连心”、理论热点面对面——七个怎么看、驻兰商会看榆中谋发展、县委书记谈《廉政准则》、科学发展观、创先争优等理论教育专栏和专题。

图 4-1-6　共青团员、少先队员在兴隆山烈士陵园缅怀革命先烈(2010 年 4 月 2 日摄)

三、爱国主义教育

1991—2010年，弘扬以爱国主义为核心的民族精神和改革创新为核心的时代精神，组织各党委中心组结合抗震救灾，开展专题学习讨论。利用兴隆山烈士陵园、张一悟纪念馆、张一悟故居等爱国主义教育基地，在干部群众和广大青少年中开展革命传统和爱国主义教育。每年清明节，组织机关干部、在校师生和当地群众参加祭扫兴隆山烈士陵园活动。利用宣传文化中心、乡镇文化站（室）、文化广场等阵地，采取座谈会、图片展览、演唱会、演讲比赛等形式，弘扬民族精神和时代精神。

四、新闻报道

1991年，开设《新闻》《学科学》《为您服务》《文学节目》等栏目。1993年，报道全县经济建设的主要成就和改革成果，在《甘肃日报》刊登榆中县经济工作会议的主要精神和甘草水泥厂、和平开发区等典型经验。1994年，在《兰州晚报》刊登介绍榆中经济和招商引资的通报。配合媒体宣传报道县委副书记杨富荣的先进事迹。设立《榆中要闻》《专题》等5个栏目。1995—2002年，围绕县委、县政府中心工作，增设《庆七一、迎回归》《学习贯彻十五大精神》《改革开放与西部大发展》《学习实践“三个代表”重要思想》《有线周闻》等新栏目，制作《走进榆中》电视专题片，每年平均制作播出《榆中要闻》50组320条。2004年，开设《十六大和十六届四中全会》《项目建设在榆中》《关注“三农”》《两会专栏》等栏目，报道全县“普通话大赛”“文明进万家”

“四五”普法等知识竞赛和“双培双带”“双明星”“四联四包”活动。2008年，广播全年播出新闻稿件1295篇，专题125组；电视播出稿件145组1306条，专题150个。向省市媒体上送新闻246条，播发189条。2010年，组织大型联合专题采访报道28次。在广播电视媒体发稿303篇，其中中央级4篇，省电视台31篇，黑龙江卫视1篇，市电视台162篇，省广播电台发稿24篇，市电台81篇。央视七套《每日农经》7月13日播出《富硒的高原夏菜》，9月1日播出《生吃的玉米卖价高》。央视新闻频道新闻节目中播出榆中县富硒高原夏菜和供热分户计量的有关报道。

五、对外宣传

1993年，配合兴隆山“六月六”山会和兰交会扩大对外宣传。在《甘肃日报》刊登介绍榆中经济建设和投资环境的专版，摄制电视片《这是一片热土》《乡、镇长采访录》《金城大地行》等专题电视片。1996年，配合兰州日报做好和平经济开发区和北山情况报道宣传；配合《甘肃日报》作“双拥”工作报道，并在头版刊登；配合《兰州日报》采访兴隆山文明小区共建情况；协助甘肃人民广播电台完成《甘肃大地行》榆中章节。2001年，围绕改善投资环境、县城基础设施建设、和平开发区、夏官营大学城建设等制作改善投资环境专题片，在《甘肃日报》、甘肃电视台、兰州电视台等媒体刊出。2004年，重点向外宣传榆中经济发展、加快实施工业强县战略和重点项目建设的成就，在省市报刊、电台、电视台等媒体发表、刊登、播放有关宣传榆中的稿件、图片260篇。2006年，与邮政局联合推出反映榆中经济社会发展成果的信封10万余张(10张/组)，面向全国发行。开通榆中网站，有新闻资讯、政务党务概览、榆中概况、精彩榆中、投资榆中、校企风采、市场信息、思想政治等10个一级频道，下设40余个二、三级频道。2007年，向中央级媒体刊发新闻稿件22篇，其中新华社刊发12篇，《经济日报》8篇，《中国贸易报》《中国质量报》各1篇。2008年，全面客观地宣传榆中县经济社会发展成就、发展潜力和发展前景，重点向外推介榆中县区位优势、资源优势、人文优势。2009年，在中央及省市媒体发稿662篇（其中中央9篇，省级

78篇）。省市电视台播出234条。将榆中网更名为“榆中新闻网”，在每日甘肃网显要位置实现链接。将县有线台榆中新闻上传到榆中新闻网，实现电视节目的网络共享。年内网站共更新时政、经济、社会等稿件4840篇，图片400幅，点击率15万人次。在人民网、新华网等媒体发稿110篇。2010年，邀请新华社、中新社等媒体记者，集中采访报道东城区建设、城乡一体化建设、重点项目和招商引资、抗旱春耕生产、洪玉线先进事迹、双垄沟和冷凉型蔬菜种植、新农保、合作医疗等工作，展现全县亮点工作，提高榆中知名度和影响力。

六、机构

1991年，县委宣传部编制11名。2000年，编制13名，其中行政编制12名，事业编制1名。领导职数4名，工勤人员1名。2002年，县委宣传部与文明办、讲师团合署办公，下设综合办公室、县委报道组、企业政工人员职称评定办公室。2005年3月，县委讲师团增加编制1名，编制3名，其中领导职数1名。2008年11月，设立中共榆中县委对外宣传工作办公室，隶属县委宣传部管理，科级建制，设专职副主任1名。2010年，编制12名，其中行政编制11名，工勤人员1名。领导职数6名。

第九节　统一战线

统一战线工作主要包括多党合作和民主党派工作，民族、宗教工作，非公有制经济统战工作，党外知识分子工作，海外统战工作5个方面。

一、民主党派工作

（一）政治协商

1991年以来，根据中央、省、市有关文件精神，坚持和完善县委召开的民主协商会、情况通报会、座谈会及统战部门与民主党派、工商联负责人、无党派人士的“季度联系会制度”，除坚持在每季度一次的政协常委会议和每年一次的政协全委会议上向政协委员、各界人士通报工作、征求意见建议外，还不定期地根据需要召开民主协商会，邀请民主党派和各界人士参加县委、人大、政府召开的有关会议，就全县政治经济等方面的重大举措、人民生活中的重大问题决策及重要人事安排等进行协商，征求意见，沟通看法，取得共识，坚持协商于决策之前和决策之中，有力推进全县民主政治建设。

（二）参政议政

县委统战部重视民主党派、无党派人士在人大、政协的参政议政作用。1991—2010年，各民主党派、工商联、无党派人士向人大、政协提出议案、提案180件，办结率90%。

二、党外知识分子工作

从1991年起，统战部加强与党外知识分子比较集中的各有关部门和单位的联系，要求用人单位制定规划、明确目标任务，建立人才信息管理系统，抓好党外知识分子队伍建设。2002年在人大、政协换届中，选拔安排1名无党派人士担任县人大常委会副主任，在204名县人大代表中，非党人士41名，占20.1%；在6名县政协副主席中，有3名是党外人士，其中民主党派1人，无党派2人。在172名县政协委员中，非党人士93名，占59.6%；在县人大31名常委委员中，非党人士20名，占62%。2006—2010年，全县新提拔非党干部35名，其中县级4名，科级31名，并建立83名党外干部人才信息库。2010年，全县有党外知识分子5338名，其中非党在职高级职称的104人，中级职称的1358人。主要分布在教育、卫生、县直机关等部门。

三、非公有制经济统战工作

1991年，出台一系列加快非公有制经济发展的优惠政策，鼓励非公有制经济人士参与国有企业改革和再就业工程，参与农业高新开发、生态环境、基础设施和科技教育等重点领域的建设，为榆中经济发展做出新贡献。支持非公有制经济人士在贫困乡村捐资助学，兴办光彩项目和其他公益事业。在人大代表、政协委员中提高非公有制经济代表人士的比例，在非公有制经济人士中推荐省、市人大代表2人，省政协委员1人。

在172名县政协委员中，有非公有制经济人士32人，占17.5%，在县工商联担任副会长的有8人。县委统战部副部长兼任工商联党组书记。2002—2005年，争取资金600万元新建光彩学校13所，爱心学校11所，侨心学校4所；为368户五保户新建住房，每年资助特困大学生10名，中学生50名，小学生50名。帮助解决3000名失业人员就业。2006—2010年，开展以“扶贫济困献爱心”为主题的“献爱心月”活动。争取面粉2018袋，食用油958桶，衣服1000件，棉被415床，总价值29万元，慰问困难群众1700户；开展“一企帮一村、共建新农村”活动，争取资金334万元，实施光彩项目19项。建成光彩学校4所，村级卫生所4所，救助贫困大学生294人。全县非公有制经济人士为四川汶川地震、玉树地震、舟曲泥石流等捐助资金100万元。

四、海外统战工作

1991年，榆中县有去台人员62人，在大陆的亲属310户1555人。台胞36人，侨属180户940人。1994年，成立榆中县归国华侨联合会。2003年，成立对台工作办公室。县委、县政府、对台办领导逢年过节深入台属家中走访慰问，宣传“一国两制、和平统一”的对台方针政策，增强台胞对祖国大陆的向心力。1996—2010年，召开六次由侨属参加的座谈会。向省市台侨部门争取资金150万元，在连搭乡新建台资明德小学1所，建成和平袁家营、三角城周前台资学校。帮助困难台属解决实际困难，慰问贫困台属30户，发放慰问金1.5万元，资助贫困台属大学生14名，发放救助资金3.2万元。向市侨办争取资金12万元，联系国内医疗专家为4名先天性心脏病患儿进行手术治疗，争取轮椅20辆，并按期发放到20名残疾人手中。

五、机构

1991—2000年，榆中县委统战部有编制5名，其中行政编制4名，事业编制1名。领导职数2名。2010年底，编制11名，其中行政编制8名，工勤人员3名。领导职数5名。县委台办、侨办，政府台办、侨办合署，副部长兼任台侨办的主任。政府民族宗教事务局于2009年 9 月同统战部合署办公。

第十节 党 校

一、干部培训

1991—2005年，培训党员干部161期、1.49万人。以《邓小平文选》、社会主义市场经济理论和十四大精神为中心内容，以提高各级领导干部的政治理论素质和党性观念为重点，主办中青年后备干部、村支部书记、村主任等培训班45期，培训3123人。1996—2000年，主办村支部书记、村主任、党委副书记、纪检干部等培训班47期，培训3371人。2001—2005年，围绕贯彻落实科学发展观，深入学习“三个代表”重要思想和党的十六大及十六届三中、四中、五中全会精神，主办村支部书记、村主任、团干、妇干、入党积极分子、新提拔领导干部任前培训等培训班。2006—2010年，举办全县村党支部书记、村主任、农村入党积极分子、

图 4–1–7　榆中县委党校科学发展观理论宣讲（2009 年 9 月摄）

机关单位入党积极分子、妇女干部、青年干部、农村干部创业技能等培训班84期，培训1.18万人。下乡开展“十七大精神专题辅导”“送法下乡”等主题宣讲120场，参训人数1.2万人。2007年，成立兰州市农村基层干部专修学校，举办全市村党支部书记、村主任、村干部、致富带头人、大学生村官等培训班13期，培训1100人。

二、学历培训

1993年8月，开办中央党校函授学院经济管理大专班。1999年8月，开办甘肃省委党校函授学院经济管理大专班。2001年8月，开办甘肃省委党校函授学院经济管理本科班。2004年，开办甘肃省委党校函授学院经济管理农村干部大专班。至2005年底，共招收学员2159人，其中招收专科生1428人，本科生731人；毕业1568人，在校591人。同年，甘肃省委党校函授学院在县委党校设立榆中辅导站，专修经济管理专业，设大专、本科两个学历。2006—2009年，招收大专班4个（包括2004级、2005级特招村干部大专班），毕业155人，招收本科班6个，毕业1019人。大专班于2006年停办，本科班于2009年停办。

三、自身建设

1991年，根据县委《关于认真做好县直机关民主评议党员工作的意见》，党校党员评议按照调查摸底、弄清现状，学习教育、端正态度，自我鉴定、民主评议，总结建制等环节落实。1992年，党支部制定《党校学员党性锻炼管理条例》，分为总则、班级组织建制、政治思想要求、组织纪律建设、端正党的作风、学员守则6条21款。1993年，根据县委组织部和机关党委的要求和安排，开展党员民主评议。评议坚持以党章、准则和十四大精神为指导思想，以“坚持标准，立足教育”为评议方针，达到“振奋精神，锐意改革，增强团结，推动工作”的目的。2001年，开展“三个代表”重要思想的学习教育活动。2005年，参加全县第一批开展保持共产党员先进性教育活动。2006年，制定《中共榆中县委党校关于贯彻〈中共榆中县委关于加强领导班子作风建设的意见〉的方案》，推进思想作风建设、学风建设、工作作风建设、领导作风建设。2010年，开展创先争优活动。组织开展“我们入党为什么”“今天怎样做党员教师”为主题的大讨论，组织“民主评议优秀党员”“模范党员岗”等活动。开展“股室比发展、党员比贡献、干部比服务、支部创五好、股室创先进、党员干部创优秀”活动。

四、机构

1996年5月，榆中县委党校为事业单位。讲师团职能并入党校，保留牌子。设有校长1名，副校长2名，内设办公室、教务处、科研处、总务处。2000年，编制25名。2007年，兰州市农村基层干部专修学校成立，与党校合署办公。同年，确定为参照公务员管理单位。2010年，定编24名，其中公务员10名，专业技术人员12名，工人2名。

第十一节　党史工作

一、资料征集

1991年9月—1996年3月，重点征集民主革命时期的党史资料。走访榆中籍老干部1958人次，征集文字资料24篇，约5万字；征集图片资料151幅；查阅省、县档案馆档案300卷。1996年6月—2007年11月，重点征集社会主义时期的党史资料。2007年12月—2010年，征集老干部回忆录11篇，人物资料55篇，图片资料239幅，采访张华清、苗秀英、丁兰香、丁世清、杜月秋、胡兴国、周培亮等52位知情人，收集、录制榆中党史资料的文字图片资料和音像资料。征集改革开放时期党史资料80篇，图片资料60幅。

二、成果转化

1991—1996年，编纂出版《榆中县革命斗争史汇要》，编印内部资料《榆中县大事记》，发表《论解放战争时期兰州地下党的活动》等论文4篇。1998年，编辑出版《历史的足迹》，1999年，编辑出版《榆中解放五十年》。2001年，编辑出版《中国共产党榆中历史简编》，创作电视剧本

图 4-1-8　县上召开《中国共产党榆中历史简编》审稿会
（2001 年 4 月摄）

并与兰州市委党史办公室、兰州电影制片厂联合摄制电影《陇上英烈张一悟》（上下集）。2006年，拍摄反映史志工作者事迹的电视片《奋进之路》。2007年编辑出版《高擎党徽的人们　榆中人物选辑》。2008年，同甘肃电视总台文化影视频道联合摄制电视专题片《张一悟》《古镇探幽之金崖》，同兰州电视台联合摄制电视片《地下党员张一悟》《向导胡兴国》《新营马坡农民起义》《李自成榆中起义》，制作《金崖镇党史展览》，在文化站常年展出。2009年，编辑出版《陇原火种　甘肃党的创始人张一悟》《兴隆山魂》《张一悟纪念馆陈展大纲与解说词》。2010年，编辑出版《中国共产党榆中历史大事记》。在《甘肃党史》《兰州党史》《兰州日报》发表史志文章46篇。

三、革命遗址普查与保护

2009年5月，投资4万元维修张一悟故居。2010年，对县内革命遗址（1919年5月4日—1949年12月9日）进行系统普查，查明县内共有革命遗址遗迹52个，其他遗址遗迹6个。其中党政军群机关、医院、学校驻地旧址、遗址25个，重要会议遗址2个；战斗遗址6个；烈士陵园（坟、墓）4个；纪念设施（纪念馆、纪念塑像）2个；党史人物故居、旧居12个；历史事件（起义）遗址1个；其他遗址遗迹6个。列入县级文物保护单位的8个，未定的50个。其中兴隆山烈士陵园被列入全省爱国主义教育基地，张一悟墓被列入榆中县爱国主义教育基地，兴隆山烈士陵园、张一悟故居、榆中县委旧址、第一野战军指挥部旧址、金崖工委旧址、兴生棉毛纺织社旧址被公布为榆中县党史教育基地。

四、党史宣传

1991—1996年，举办报告会2次，召开座谈会2次，搞党史知识竞赛活动2次，连续6年举办榆中地方党史展览。1997—2007年，举办纪念抗日战争、毛泽东生平、光辉的历程和县城建设展览4次，举办纪念党的十一届三中全会召开20周年、纪念榆中解放50周年座谈会，召开纪念毛泽东110周年诞辰、邓小平100周年诞辰学术研讨会。2001年，同兰州市委党史办公室、兰州电影制片厂联合摄制电影《陇上英烈张一悟》，被选为向党的十七大献礼片，先后在中央6套、1套和省市县电视台播出。2004年，创作摄制电视专题片《中国共产党在榆中》，分别在兰州电视台公共频道和县电视台播出。2006年，拍摄反映史志工作者事迹的电视片《奋进之路》。2008—2010年，在兴隆山革命烈士陵园和金崖镇文化站设立永久性的展览；在榆中党建网设立《榆中史志》专栏，上传史志文章和工作动态235篇；编印12期《榆中史志简讯》，编发史志工作动态文章106篇；向《甘肃经济日报》《兰州日报》《甘肃党史信息》《兰州党史》及电台、榆中宣传网等提供史志文章300多篇；利用重大节日向党员干部和青少年介绍榆中党史6次；先后向全县268个农村党支部和6所中小学赠送价值4.1万元的党史书籍和光盘；组织召开全县离休老干部纪念国庆60周年座谈会。

五、纪念设施

1998年，维修了张一悟烈士墓。2006年，在兴隆山烈士陵园设置6个展览橱窗。2008年，为革命烈士郝新亚立碑。2009年，筹建包括一个主展区和三个副展区（张一悟故居、一悟小学铜像广场、张一悟纪念亭）的张一悟纪念馆。制作“张一悟同志光辉的一生”“榆中县党史教育基地”“张一悟与他的家庭”展览。在一悟小学修建铜像广场，敬立张一悟铜像，设立“情寄先烈继往开来”展览。维修张一悟故居，设立3个展室，2009年7月1日向社会免费开放。7月9日，县委举行纪念张一悟115周年诞辰暨张一悟纪念馆揭幕、铜像揭彩仪式。邀请甘肃陇鑫公司协助完成张一悟纪念馆初步设计方案。

六、获得荣誉

1991年以来，县委党史办多次被评为“全市党史工作先进单位”“全省党史工作先进单位”，1991年7月和2006年9月两次被评为“全国党史系统先进集体”。2007年4月，榆中县被评为兰州市党史工作先进县区，党史办被评为“全市党史工作先进单位”，周学海被评为全国党史工作先进个人。2010年，县委党史办被评为全省党史工作先进单位。《中国共产党榆中历史简编》，2002年7月荣获甘肃省史志优秀成果文史类一等奖；2007年3月获兰州市优秀科技成果奖。《历史的足迹》获省党史、史志学会颁发的党史类二等奖。《榆中解放五十年》获省党史、史志学会颁发的党史类三等奖。

1991—2010年出版的党史资料登记表

表4-1-3

编纂单位	书名	出版形式	主编	出版时间
县委组织部 县委党史办	《中共榆中县组织史资料》（1937—1987）	内部准印	王旭明	1994年
县委组织部 县委党史办	《中共榆中县组织史资料》（1987—1998）	内部准印	张文玲	2000年
县委党史办	《榆中革命斗争史汇要》	甘肃人民出版社出版	王旭明	1991年
县委党史办	《榆中党史大事记》（1919—1987）	内部准印		1994年
县委党史办	《历史的足迹》	甘肃文化出版社出版	张文玲	1999年
县委党史办	《榆中解放五十年》	甘肃人民出版社出版	张文玲	1999年
县委党史办	《中国共产党榆中历史简编》	甘肃人民出版社出版	张文玲	2001年
县委党史办	《榆中史志二十年》	内部准印	张文玲	2002年
县委党史办	《榆中县革命英烈与先进人物事迹汇编》	内部准印	周学海	2006年

续表

编纂单位	书名	出版形式	主编	出版时间
县委党史办	《高擎党徽的人们　榆中人物选辑》	甘肃文化出版社出版	张文玲	2007 年
县委党史办	《陇原火种　甘肃党的创始人张一悟》	甘肃人民出版社出版	周学海	2009 年
县委党史办	《兴隆山魂》	内部准印	王旭明	2009 年
县委	《榆中改革与发展》	甘肃文化出版社出版	周学海	2010 年

七、机构

1991年，中共榆中县委党史资料征集小组下设办公室，编制5名，与县地方志办公室合署办公。1994年12月，县委党史资料征集与领导小组终止，保留县委党史办公室，同年参照公务员管理。1996年3月，机构改革中县地方志办公室撤销，人员分流，党史办编制4名。1999年编制5名。2006年与县地方志办公室合署办公，编制9名。

第十二节　老干部工作

一、离休老干部

1991年，全县有离休老干部125人，其中事业单位24人，企业33人。享受地级待遇3人，县级及享受县级待遇33人，科级及以下89人。2005年底，全县有离休老干部100人。2010年，全县有离休老干部64人。

二、离休干部待遇

（一）政治待遇

1991—2010年，县委、县政府主要领导向老干部通报全县经济形势，征求意见建议。为老干部每人订阅报刊1份，利用老干部支部会议和老干部自管会议，向老干部提供阅文。让老干部了解全县工农业生产、经济形势、社会治安、城镇建设等方面情况，为老干部参政议政、发挥余热提供政策依据。每年清明节组织离休老干部到兴隆山烈士陵园扫墓，坚持每年一次的老干部考察工农业生产活动。坚持走访慰问，每年开展慰问活动。

（二）生活待遇

1991年后，全面落实离休干部的离休费，医药费实报实销。2003年，榆中县企业离休干部的医药费全部纳入县财政供给，实报实销。落实离休干部医药费“三个机制”管理办法。调整离休干部的护理费标准，每人每月150元。按级别规定落实交通费，地级离休干部每人100元，县级80元，科级60元。落实遗属生活困难补助费，按离休干部参加工作的不同时期，执行标准每人每月200~350元。为易地安置的7名离休老干部安排住房，帮助解决子女的就业问题。

三、老干部发挥余热

1991—2010年，组织老干部开展“老有所为”发挥余热活动，丰富老干部晚年生活。1991年，陈昌虞被评为全省“老有所为”精英奖获得者，参加全国“老有所为”先进个人表彰大会，受到中共中央总书记江泽民的接见并合影留念。朱国彦被榆中县文成小学聘请为家庭学校义务辅导员，被榆中县关心教育下一代工作委员会聘为顾问。孙世民、王钧等撰写回忆文章、诗词，侯永琪被聘请为行风监督员、政协委员等。县委、人大、政协召开的会议特邀老干部代表参加，老干部为全县经济建设和精神文明建设等方面提出许多好的意见建议。

四、老干部活动设施

1991—1996年，在县城南关桥头有老干部活动中心1处850平方米。1997年，由甘草水泥集团集资开发，在原址兴建甘草水泥集团家属楼，划老干部活动中心1处，面积960平方米。活动中心设有阅文室、会议室、棋牌室、乒乓球室。

五、老干部活动经费

2002年12月，调整离休干部特需经费标准，由每人每年150元调至500元，公用经费300元，由离休干部所在单位或上级主管部门每年将特需经费列入预算，用于解决离休干部的特殊困难和必要的活动开支，召开老干部各种会议，平时疾病看望，年终慰问，丧事办理，为老干部订阅报刊等。

六、机构

1996年5月，撤销榆中县老干部工作科，组建榆中县老干部工作局，归口组织部管理，编制5名。2010年，编制5名，其中行政编制4名，机关后勤事业编制1名。领导职数3名。

第十三节　信访工作

一、信访受理

1991—2005年，受理人民群众来信来访4428件次，其中来信2721件，来访1707批次；集体访263批6871人次，重信重访347件次，占信访总数的7.8%。信访局立案1912件次，结案1794件次，结案率93.8%；自办2196件次，自办率49.6%。上级信访部门要求查报结果信访件142件，按期办结136件，按期办结率95.8%。县委、县政府领导阅批群众来信1619件，接待来访群众3556人次。1998年，建立县委、县政府领导接待上访群众制度，每周一定为领导接待日，由县委、县政府领导轮流排班接待上访群众。2001年，修订和完善领导接待日制度，把每周一定时接待和按领导业务分工预约接待结合起来，提高接待和处理信访问题的效率。2006—2010年，受理人民群众来信来访2387件次，其中来信403件，来访1984批次；集体访248批5445人次，重信重访259件次，占信访总数的10.9%。信访局共立案892件次，结案840件次，结案率94.2%；自办1136件次，自办率47.6%。上级信访部门要求查报结果信访件49件，按期办结47件，按期办结率95.9%。县委、县政府领导阅批群众来信313件，接待来访群众302批。

1991—2010年受理信访情况统计表

表4-1-4

年度	信访总量（件次）	来信（件）	来访（人次）	集体访		联名信（件）	重信重访（件次）	办理情况（件）							处理疑难案件（件）
				批次	人数			立案	结案	自办	上级要结	办结	领导阅批	领导接待	
1991	286	160	126	4	40		5	180	171	222	7	7	62	69	15
1992	212	145	67	0	0		10	140	134	149	8	8	41	40	
1993	143	115	28	3	12		3	122	116	101	6	6	48	35	46
1994	161	140	21	0	0		6	105	97	74	5	5	54	31	
1995	134	94	40	1	25		6	122	116	83	12	12	47	32	
1996	238	179	59	4	255		10	184	166	120	2	2	110	218	24
1997	244	172	72	5	60		17	222	200	180	8	7	110	116	13
1998	392	218	174	17	475		28	334	317	285	13	13	130		
1999	516	280	236	31	632	38	37	118	110	184	18	16	212		
2000	342	204	138	30	611	26	30	62	58	128	9	9	158	1991	145
2001	332	216	116	33	611	23	37	56	54	108	12	11	164		
2002	334	214	120	36	1596	29	32	57	51	112	11	10	172		

续表

<table>
<tr><th rowspan="2">年度</th><th rowspan="2">信访总量（件次）</th><th rowspan="2">来信（件）</th><th rowspan="2">来访（人次）</th><th colspan="2">集体访</th><th rowspan="2">联名信（件）</th><th rowspan="2">重信重访（件次）</th><th colspan="7">办理情况（件）</th><th rowspan="2">处理疑难案件（件）</th></tr>
<tr><th>批次</th><th>人数</th><th>立案</th><th>结案</th><th>自办</th><th>上级要结</th><th>办结</th><th>领导阅批</th><th>领导接待</th></tr>
<tr><td>2003</td><td>264</td><td>192</td><td>72</td><td>18</td><td>626</td><td>23</td><td>25</td><td>46</td><td>44</td><td>92</td><td>13</td><td>12</td><td>134</td><td rowspan="3">1024</td><td>86</td></tr>
<tr><td>2004</td><td>346</td><td>184</td><td>162</td><td>34</td><td>1169</td><td>28</td><td>33</td><td>60</td><td>58</td><td>114</td><td>12</td><td>12</td><td>99</td><td rowspan="2">86</td></tr>
<tr><td>2005</td><td>484</td><td>208</td><td>276</td><td>47</td><td>759</td><td>31</td><td>68</td><td>104</td><td>102</td><td>244</td><td>6</td><td>6</td><td>78</td></tr>
<tr><td>2006</td><td>384</td><td>120</td><td>264</td><td>31</td><td>517</td><td>18</td><td>47</td><td>103</td><td>100</td><td>192</td><td>7</td><td>7</td><td>63</td><td>29</td><td>32</td></tr>
<tr><td>2007</td><td>355</td><td>89</td><td>266</td><td>39</td><td>728</td><td>20</td><td>39</td><td>118</td><td>103</td><td>198</td><td>2</td><td>2</td><td>42</td><td>21</td><td>36</td></tr>
<tr><td>2008</td><td>472</td><td>63</td><td>409</td><td>42</td><td>874</td><td></td><td>38</td><td>173</td><td>156</td><td>203</td><td>13</td><td>13</td><td>54</td><td>45</td><td>37</td></tr>
<tr><td>2009</td><td>552</td><td>70</td><td>482</td><td>79</td><td>2506</td><td></td><td>56</td><td>302</td><td>287</td><td>194</td><td>19</td><td>17</td><td>68</td><td>76</td><td>40</td></tr>
<tr><td>2010</td><td>624</td><td>61</td><td>563</td><td>57</td><td>820</td><td></td><td>79</td><td>196</td><td>194</td><td>349</td><td>8</td><td>8</td><td>86</td><td>130</td><td>19</td></tr>
<tr><td>合 计</td><td>6815</td><td>3124</td><td>3691</td><td>511</td><td>12316</td><td>236</td><td>606</td><td>2804</td><td>2634</td><td>3332</td><td>191</td><td>183</td><td>1932</td><td>3858</td><td>493</td></tr>
</table>

注：1. 立案、结案、自办件数2000年后统计口径有变动。2. 联名信数1999年以前未作统计。

二、信访制度

1991—2004年，出台《榆中县人民来信来访处理办法》《信访工作岗位责任制度》《信访工作制度》《信访工作结案程序制度》《信访目标管理办法》《县委县政府领导接待上访群众制度》《榆中县防止和处理越级访、集体访暂行办法》《榆中县信访工作任务》《信访工作人员守则》《榆中县信访工作通报制度》《榆中县信访工作领导小组疑难信访案件协调制度》《榆中县信访工作领导责任制》《榆中县信访工作领导责任制实施细则》《关于对上访群众围堵县委县政府机关的处理办法》和《榆中县协调处理信访问题联席会议制度》等一系列制度、办法，并在实践中不断加以修订和完善，全县信访工作逐步走上规范化、制度化、程序化的轨道。2005年，建立和制定《榆中县信访工作责任追究制实施细则》《榆中县信访问题突出单位定期评比通报谈话问责制度》《榆中县领导包案制度》《榆中县党委政府定期研究信访工作制度》《榆中县信访问题排查调处工作制度》《榆中县信访局督查督办工作制度》，修订和完善《县委县政府领导接待来访群众制度》《榆中县领导批阅来信制度》《榆中县信访工作目标管理考核制度》《榆中县信访局办理群众来信工作制度》《榆中县信访局接待群众来访工作制度》《榆中县乡镇部门办理群众信访事项工作规则》和《来访须知》，编制《榆中县信访局办理群众来信流程图》和《榆中县信访局群众来访事项处理流程图》。2006—2010年，实行办理信访事项“三单一书”（转送单、告知单、交办单、《答复意见书》）制度；统一制定《县级信访工作制度》《机关信访工作制度》和《乡镇信访工作制度》共28项制度，编制《榆中县信访局办理群众来信流程图》和《榆中县信访局群众来访事项处理流程图》，完善领导干部接访下访、矛盾纠纷排查等制度。强化信访工作责任，规范信访事项的办理程序。

三、处理疑难案件

1991—2005年，县信访局通过采取领导包案办理、信访联席会议、部门联合办案等有效形式，妥善处理和化解一大批上访老户问题和群众反映的热点难点问题。其中影响较大的有县教委招办舞弊案、兰山乡线某案、柳某要求落实政策案、县供销联社职工集体上访案、金家圈村征地款分配案等。2006年，协调解决全县100多名退休民办教师反映生活补助偏低的问题，丁某等农民工工资问题；水泥厂困难职工享受低保问题，杨某等9人办理房屋产权证问题及连搭乡石头沟村民遭重大车祸问题等。妥善化解连搭乡连搭村、魏家营村村民两次大规模集体上访。2007年，解决县城公交车主因取消临时站点集体上访问题，甘草水泥集团公司职工联名反映原公司法人代表违纪违法问题，恩玲中学高二学生杨某因生活困难要求救助问题，城关镇北关四社村民集体上访反映粮油市场征地遗留问题，三角城乡周前村群众集体上访反映县城排洪冲毁农田道路问题，甘草店镇咸水岔村宋某反映生活困难问题等。2008年，开展县委书记大接访活动。先后解决全县40余家石灰窑关闭改造重组问题、县煤矿退休职工反映原单位拖欠职业病保健费的问题、退休职工和下岗职工要求参加医疗保险的问题、兴隆市场个体经营户集体上访反映市场拆迁问题等10多件信访突出问题。2009年，开展信访积案化解年活动，解决重大突出信访问题50多件。先后协调化解县水泥厂职工的上访问题，青城镇东滩村村民反映乌金峡占地遗留问题，来紫堡乡方家泉村群众反映1996年大青山开发时签订的协议中给村民每亩补偿2万元的补偿款过低问题，连搭乡乔家营村董某等反映的土地征用、丈量问题。2010年，争取专项资金解决上访老户陈某等19人反映的问题，确保“案结事了，息诉罢访”。

四、基层信访指导

（一）网络建设

1991年，县信访室抓县、乡、村三级信访网络建设。县属52个党政事业单位、28个乡镇均成立信访工作机构，配备专兼职信访干部；269个行政村全部建立健全信访民调组织，配有信调员。1998年5月，县委、县政府办公室印发《县委县政府信访室关于建立信访网络的意见》，推动基层信访网络建设。2010年，全县有信访组织机构348个，专兼职信访干部和信访调解员1376名，基本形成上下联结、纵横畅通、运转规范的县乡村三级信访工作体系。

（二）推广基层经验

1999年3月，在连搭乡开展基层信访工作试点，主要内容是建立健全乡村信访工作机构，规范基层办理信访事项的文书，硬件建设达到“十有”标准，健全各项规章制度和档案。4月23日，在连搭乡召开全县基层信访工作现场会，总结推广连搭乡和寇家沟村信访工作规范化建设的经验和做法。6月21日，县委、县政府在县教育局召开县直机关信访工作现场会，促进县直机关信访工作规范化建设。7月9日，县委、县政府召开全县基层信访工作经验交流会，来紫堡乡、教育局党委等7个单位在会上作经验介绍。2001年9月20日，县委、县政府在小康营乡召开全县信访工作经验交流会，小康营乡、金崖镇、县公安局等8个乡镇和部门从不同侧面、分不同课题对信访工作的实践和认识问题进行探讨和交流。2007年，在全县范围内组织开展矛盾纠纷排查化解工作。在和平镇完成“万名干部下基层排查调处矛盾纠纷”工作试点，并在全县推广。各乡镇、各部门借鉴试点单位经验，整合工作力量，建立健全矛盾纠纷排查调处工作网络，抽调专门人员，负责矛盾纠纷信息的收集、整理、上报，通过试点推广并结合实际，建立全县民事调解组织与公安派出所接处警联动联调社会矛盾纠纷工作机制。2008年，建立和完善县、乡、村、组四级排查调解网络，各乡镇成立矛盾纠纷调解中心，基层单位和村社配备民调员1313名，推行“公调联动联调”和治安综治员、社区信息员、人民调解员“三员合一”的信访矛盾排查调处机制，在全省率先实行农村人民调解员个案奖励制度。

（三）干部培训

1991—2004年，采取集中培训、以会代训、专题讲座、巡回办班等多种方式，培训基层信访干部800人次。2005年5月1日，举办新修订的《信访条例》培训班，分4期对全县536名村支部书记和村主任进行教育培训。2006年3月3—24日，在全县23个乡镇巡回举办《信访条例》培训班，培训乡村社干部1500人。2009年，举办两次以信访工作、《信访条例》、信访案件、司法、维稳、治安为主要内容的信访培训班，全县乡镇干部、司法所及村社民调员1500人参加培训。

（四）信访宣传

1993年，各乡镇、各部门学习宣传《甘肃省信访条例》。1995年，印发《中共榆中县委　榆中县人民政府关于推行逐级上访制度的意见》，推行逐级上访制度。2005年，发放国务院新修订《信访条例》4000册，张贴宣传材料1000份；在县城广场开展《信访条例》集中宣传日活动，现场解答群众咨询120人次。在县广播站、有线电视台和《榆中宣传》等新闻媒体宣传《信访条例》。2010年，在县城中心广场举行两次《信访条例》宣传活动，发放宣传资料300份，组织全县干部观看电影《情暖万家》。

五、机构

1991年，信访室为县委内设直属机构。1996年5月，信访室职能并入县委办公室，保留牌子。2005年4月，信访室更名为榆中县信访局，核定行政编制5名，事业编制1名。2006年5月，增加编制1名，编制共计7名，其中领导职数2名。2010年11月，信访局职责划入县政府办公室，保留县信访局名称，人员编制在县政府办机关调剂。

第十四节　档案工作

一、档案资源与管理

1991年，全县有基层档案室134个，其中11个单位设有档案专用库房。馆藏档案61个全宗、15234卷，资料1974册，主要有历史档案、文书档案、科技档案、照片档案和专门档案等。同年9月，县档案馆被评为“省二级”档案馆。1994年1月，晋升为“省一级”档案馆。1999—2000年，开展村级建档工作，全县27个乡镇、265个行政村建立档案2.7万卷。

2000年底，全县各机关档案室上等升级为省一、二、三级90个，其中“省一级”档案室36个，“省二级”档案室47个，“省三级”档案室7个。馆藏档案81个全宗、2.28万卷，资料2563册。编制卡片2.16万张，目录240本。接待社会各界利用者3860人次，调阅档案1.27万卷（册），涉及编史修志、工作查考、案件取证、群众生产生活等方面。2000年后，档案工作向社区、基层中小学、非公企业延伸，文成路、兴隆路、栖云路、一悟路4个社区建档2000卷；全县27个学区、350所中小学建立档案3.5万卷。指导奇正藏药集团、甘草水泥集团等非公企业建立起规范的档案管理体系。2006年，购置安装档案密集架54列216组、五节铁皮柜64组。2007年起，购置服务器1台、电脑7台、高速扫描仪1台、网络版档案管理软件1套，组建档案管理局域网，全面开展馆藏档案数字化处理工作。2008年，全面维修档案馆，对空间功能重新进行安排布局，增设微机室、档案展室，完善防盗、防火、防光、防尘等设施设备。同年底，全县有档案室117个，专兼职档案人员129人。档案馆建筑面积816平方米，库房面积313平方米，馆藏档案101个全宗、4.24万卷，资料3209册。2010年底，馆藏档案资料104个全宗，由县直党政机关、群众团体、乡镇和部分事业单位（学校、医院）组成，共7.5万卷。馆藏档案中，有历史档案428卷，主要是清代道教档案、民国时期的文件、训令、会议记录等；现代文书档案4.79万卷，其中永久卷2.71万卷、长期卷1.79万卷、短期卷855卷；婚姻档案2023卷；科技档案1135卷；照片档案65盒2904张；人口普查档案342卷；死亡干部档案70卷；印章档案60盒808枚；会计档案7952卷；无投档案1814卷；拓片档案56卷；教学档案6506卷。馆藏资料中，有革命领袖及中央领导人的经典著作和选集；上级各类政策法令；统计、农业区划、文教卫生等专业资料汇编；1964—2010年报刊合订本；20余种新旧志书及史料；兴隆山道士刘一明所著道书部分木刻板及其他资料共3418本（册）。录入案卷级和文件级目录23万条，全文扫描492万幅，基本建立起馆藏档案目录和全文扫描数据库。全县拥有各级各类档案室117个，专兼职档案人员129人。

二、档案整理

1991—1998年，举办档案业务培训班8期，培训1120人次。组织人员参加省档案局培训26人次。按照《机关档案工作条例》和《机关档案工作业务建设规范》要求，开展文件材料的收集、整理、鉴定和管理利用工作。档案工作范围向社区、基层中小学校、非公企业延伸。1999年2月—2000年7月，指导全县265个行政村建立档案2.7万卷。2001年起，各级党政机关、人民团体、企事业单位改革归档文件的整理方法，取消“卷”级整理，实行以“件”为单位的整理方法，调整归档文件的分类、排列、编号、编目、装盒等。2004年3—10月，指导乡镇建立档案1.2万卷；指导奇正藏药集团、甘草水泥集团、兰州蒋氏农产品有限公司等非公企业做好档案资料的收集整理工作。2007年起，指导机关调整文件材料归档范围，改革文书档案保管期限的划分方法，将永久、长期、短期三种保管期限改为永久、定期两种，定期一般分为30年、10年。

三、档案利用

设立档案阅览室，制定《档案资料利用制度》，规范档案利用工作。完善各类检索工具，编制各类卡片2.16万张，案卷级文件目录178本，卷内文件目录240本，归档文件目录42本。开放档案53个全宗、3796卷。利用馆藏提供档案信息咨询、查阅利用服务。1991—2010年，接待社会各界利用者4860人次，调阅档案1.27万卷，出具证明和复制档案3900份。档案利用逐步以机关团体利用为主向以个人利用为主转变。

四、机构

1991年，榆中县档案局（馆）合署办公，一套人员，两块牌子。编制9名。1996年9月，档案馆改归为县委直属事业单位，编制9名。1998年，编制12名。2002年，编制13名，实有12名。2006年，编制13名，实有9名。2010年，编制13名。

第二章 榆中县人民代表大会

第一节 历届人民代表大会

一、榆中县第十二届人民代表大会

1991年3月15日召开榆中县第十二届人民代表大会二次会议，出席代表227名。会议听取和审议县人民政府、人大常委会、法院、检察院工作报告；审查批准《1990年国民经济和社会发展计划执行情况及1991年计划草案报告》《1990年财政决算报告》。

1992年1月17日召开榆中县第十二届人民代表大会三次会议，出席代表224名。会议听取和审议县人民政府、人大常委会、法院、检察院工作报告；审查批准《1991年国民经济和社会发展计划执行情况及1992年计划草案报告》《1991年财政决算报告》。

二、榆中县第十三届人民代表大会

任期5年，共召开5次会议。十三届一次会议于1993年1月3日召开，到会代表235名。会议听取和审议李得元作的《榆中县人大常委会工作报告》、赵资英作的《榆中县人民政府工作报告》和法院、检察院工作报告。选举李得元为榆中县第十三届人大常务委员会主任，郑永让、赵建才、王德琴（女）、牛馥联为副主任；选举丁民、马进禄（回）、马得屏、刘宗祯、安治中、杨克发、杨积孝、陈希全、金自钧、咬世锟、姚德喜、蒋宜温、蒋顺科为委员；选举赵资英为榆中县人民政府县长，魏至乐、刘英（女）为副县长；选举李生文为榆中县人民法院院长，金优和为榆中县人民检察院检察长。

三、榆中县第十四届人民代表大会

任期5年，共召开5次会议。十四届一次会议于1997年12月17日召开，到会代表204名。会议听取和审议侯守英作的《榆中县人大常委工作报告》、县长作的《榆中县人民政府工作报告》和法院、检察院工作报告。选举侯守英为榆中县第十四届人大常务委员会主任，赵建才、牛馥联、刘大孝、马得屏为副主任；选举马正元（回）、马守忠、石守库、安如菊（女）、孙彦华、孙俊祖、孙峻岩、李生文、李秉刚、李映福、张林成、岳存孝、周怀宽、蒋宜温为委员；选举榆中县人民政府县长、副县长；选举李恩崇为榆中县人民法院院长，赵银生为榆中县人民检察院检察长。

四、榆中县第十五届人民代表大会

任期5年，共召开5次会议。十五届一次会议于2002年11月19日召开，到会代表201名。会议主席团成员34名。会议听取和审议杨富荣作的《榆中县人大常委工作报告》，丁祖全作的《榆中县人民政府工作报告》，计划委主任作的《榆中县2002年国民经济和社会发展计划执行情况及2003年计划（草案）的报告》，王维中作的《榆中县2002年财政预算执行情况及2003年财政预算（草案）的报告》和法院、检察院工作报告。选举钱其帅为榆中县第十五届人大常务委员会主任，刘大孝、马得屏、金得玉、岳存孝、赵菊珍（女）、岳光武为副主任；选举马正元（回）、孙俊祖、孙峻岩、李克勤、李映福、李庭仁、李海珊、张林成、陈勋、郝荣才、陶立山等为委员；选举丁祖全为榆中县人民政府县长，徐大武、黄宗利、魏晋和、魏万宏为副县长；选举卓俊林为榆中县人民法院院长，高峰为榆中县人民检察院检察长。补选钱其帅为兰州市第十三届人民代表大会代表。

五、榆中县第十六届人民代表大会

任期5年，共召开5次会议。十六届一次会议于2007年1月4—7日召开，到会代表202名。会议主席团成员35名。会议听取和审议冯德三作的《榆中县人大常委工作报告》，徐大武作的《榆中县人民政府工作报告》及法院、检察院工作报告。听取和审议《榆中县2006年国民经济和社会发展计划执行情况及2007年计划（草案）》《榆中县2006年财政预算执行情况和2007年财政预算（草案）》，并做出相关决议。会议选举冯德三为榆中县第十六届人大常务委员会主任，马得屏、岳存孝、赵菊珍（女）、岳光武、王维中、周尚华为副主任；选举马正元（回）、马武德、石怀军、祁佐忠、孙俊祖、杨见渥、李生科、李庭仁、李海珊、张宏霞（女）、张海云、周唯全、郝志斌、郭堂为委员；选举徐大武为榆中县人民政府县长，郑元平、谢志明、蔡泽雄、张丽霞（女）、李得亮为副县长；选举郝光林为榆中县人民法院院长，高峰为榆中县人民检察院检察长。选举兰州市第十四届人民代表大会代表33名。

第二节　榆中县人民代表大会常务委员会

一、县人大常委会

1993年1月选举产生的县人大常委会由18人组成。其中主任1名，副主任4名，委员13名（其中驻会委员5名）。1993年1月—1997年12月，共召开36次常务委员会议。

1997年12月选举产生的县人大常委会由19人组成。其中主任1名，副主任4名，委员14名（其中驻会委员5名）。1997年12月—2002年11月，共召开32次常务委员会议。

2002年11月选举产生的县人大常委会由19人组成。其中主任1名，副主任6名，委员12名（其中驻会委员6名）。2002年11月—2007年1月，共召开30次常务委员会议。

2007年1月选举产生的县人大常委会由21人组成。其中主任1名，副主任6名，委员14名（其中驻会委员6名）。2007年1月—2010年12月，共召开27次常务委员会议。

二、历届县人大常委会主任、副主任名单

（一）榆中县第十二届人大常委会（1990年1月—1993年1月）

主　任　李得元（1990年1月—1993年1月）

副主任　高登琳（1990年1月—1991年9月）

　　　　张明让（1990年1月—1993年1月）

　　　　郑永让（1990年1月—1993年1月）

　　　　赵建才（1992年1月—1993年1月）

（二）榆中县第十三届人大常委会（1993年1月—1997年12月）

主　任　李得元（1993年1月—1995年1月）

　　　　侯守英（1995年1月—1997年12月）

副主任　郑永让（1993年1月—1996年1月）

　　　　赵建才（1993年1月—1997年12月）

　　　　王德琴（女，1993年1月—1996年1月）

　　　　牛馥联（1993年1月—1997年12月）

　　　　刘大孝（1996年1月—1997年12月）

　　　　马得屏（1996年1月—1997年12月）

（三）榆中县第十四届人大常委会（1997年12月—2002年11月）

主　任　侯守英（1997年12月—2000年1月）

　　　　杨富荣（2000年1月—2002年11月）

副主任　赵建才（1997年12月—2000年1月）

　　　　牛馥联（1997年12月—2002年3月）

　　　　刘大孝（1997年12月—2002年11月）

　　　　马得屏（1997年12月—2002年11月）

　　　　金得玉（2000年1月—2002年11月）

　　　　岳存孝（2002年3月—2002年11月）

（四）榆中县第十五届人大常委会（2002年11月—2007年1月）

主　任　钱其帅（2002年11月—2007年1月）

副主任　刘大孝（2002年11月—2007年1月）

　　　　马得屏（2002年11月—2007年1月）

　　　　金得玉（2002年11月—2007年1月）

岳存孝（2002年11月—2007年1月）

赵菊珍（女，2002年11月—2007年1月）

岳光武（2002年11月—2007年1月）

（五）榆中县第十六届人大常委会（2007年1月—　　　）

主　任　冯德三（2007年1月—2010年12月）

副主任　马得屏（2007年1月—2010年12月）

岳存孝（2007年1月—2010年12月）

赵菊珍（女，2007年1月—2010年12月）

岳光武（2007年1月—2010年12月）

王维中（2007年1月—2010年12月）

周尚华（2007年1月—2010年12月）

三、工作机构

1991年，县人大常委会设办公室和法制、财经、科教文卫3个工作委员会，编制25名。1992年，设立信访室。1996年，撤销信访室。1999年，重新设立信访室。2002年，编制21名。2010年，设两室四委，即办公室、信访室、法制工作委员会、财经工作委员会、教科文卫工作委员会、代表联络工作委员会，编制21名。

第三节　主要工作

一、监督工作

1991—2010年，县人大常委会针对全县各项重点工作、重大事项及人民群众普遍关心、迫切要求解决的热点、难点问题，采取听取专题汇报、视察、检查和调查、组织代表评议等形式强化监督工作，促进全县重大事项决策的民主化、科学化，推动改革开放和各项事业的发展。县第十二届人大常委会召开19次会议，审议101项议题，听取“一府两院”专项工作报告65项，做出决议、决定和审议意见32项。县第十三届人大常委会召开36次常委会议，审议178项议题，做出决议、决定30项。县第十四届人大常委会召开32次常委会议，审议157项议题，做出决议、决定40项，形成审议意见180条。县第十五届人大常委会召开30次常委会议，听取和审议“一府两院”工作汇报和报告84项，做出决议、决定32项。县第十六届人大常委会召开37次常委会议，审议90项议题，做出决议、决定24项。

二、代表工作

1991—2010年，县人大常委会加强与代表的联系，充分发挥代表作用。常委会组成人员坚持分工联系代表、参加代表活动制度，通过视察、调研、召开座谈会等形式，征求代表对人大常委会和“一府两院”工作的意见、建议，认真督促办理落实代表议案和意见、建议。常委会坚持半年政情通报制度，给代表订阅有关报刊资料，编印人大工作通讯，及时通报常委会工作情况，总结交流人大工作和代表工作。其中，县十二届人大常委会办理议案15件，收到代表意见建议350件，办理落实231件，占68.8%。县十三届人大常委会办理议案17件，收到代表意见、建议411件，办理落实301件，办理落实率70.3%。县十四届人大常委会办理代表议案6件，收到意见建议399件，全部办理答复。县十五届人大常委会办理议案4件，收到意见建议304件，全部办理答复，办复率100%。县十六届人大常委会收到意见建议335件，全部办理答复，办复率100%。

三、人事任免

县第十二届人大常委会任免“一府两院”和人大常委会工作部门负责人89名。县第十三届人大常委会任免“一府两院”和人大常委会工作部门负责人148名。县第十四届人大常委会任免“一府两院”和人大常委会工作部门负责人146名。县第十五届人大常委会任免国家机关工作人员104名。县第十六届人大常委会依法任免国家机关工作人员158名，27名人民陪审员。2001年后，根据修改后的榆中县人大常委会人事任免办法，组织所有拟任干部参加任前法律知识考试，考试合格后提请任命。

四、换届选举

1991—2010年，县人大常委会按照《中华人民共和国宪法》《中华人民共和国地方组织法》《中华人民共和国选举法》规定，先后主持4次县乡人民代表大会的换届选举工作。换届选举工作严格按照选举程序，提前报请县委批准《关于县乡两级人民代表大会同步换届选举工作实施方案的报告》，成立县乡选举委员会，召开全县换届工作会议，学习有关法律法规和政策，及时研究解决选举工作中出现的问题，在选民登记、酝酿提名初步候选人、协商确定正式候选人、投票选举等各个阶段深入基层，帮助指导，确保选举代表的各环节严格按照法律规定进行，顺利完成选举任务。其中1992年10月中旬至1993年1月10日，选举产生县第十三届人大常委会，选举产生县第十三届人大代表235名，乡镇人大代表213名。1997年10月中旬至1997年12月底，选举产生县第十四届人大常委会，选出县第十四届人大代表204名。2002年10月中旬至2002年11月底，选举产生县第十五届人大常委会，选出县第十五届人大代表204名。2006年10月中旬至2007年1月，选举产生县第十六届人大常委会，选出县第十六届人大代表204名。

第三章　榆中县人民政府

第一节　组织机构

一、历届政府组成人员

(一) 榆中县第十二届人民政府（1990年1月—1993年1月）

县　长　苏福海（1990年1月—1991年6月）
　　　　赵资英（代理，1991年6月—1992年1月）
　　　　　　　（1992年1月—1993年1月）

副县长　王维烈（1990年1月—1993年1月）
　　　　张昭平（1990年1月—1992年12月）
　　　　赵资英（1990年1月—1992年1月）
　　　　杨富荣（1990年1月—1992年12月）
　　　　马　伟（1991年1月—1993年1月）
　　　　张兴照（1991年3月—1993年1月）
　　　　侯守英（1991年8月—1993年1月）

(二) 榆中县第十三届人民政府（1993年1月—1997年12月）

县　长　赵资英（1993年1月—1995年1月）
　　　　张兴照（代理，1995年1月—1996年1月）
　　　　　　　（1996年1月—1997年4月）

副县长　张兴照（1993年1月—1996年1月）
　　　　侯守英（1993年1月—1995年1月）
　　　　魏志乐（1993年1月—1997年9月）

刘　英（女，1993年1月—1997年12月）
万世文（1993年7月—1997年12月）
金永忠（1995年6月—1997年12月）
丁得信（1995年6月—1997年12月）
丁祖全（1996年3月—1997年12月）
韦青祥（1997年12月—1997年12月）

（三）榆中县第十四届人民政府（1997年12月—2002年11月）

县　长　费恒昌（代理，1999年7月—2000年1月）
（2000年1月—2002年10月）
丁祖全（代理，2002年10月—2002年11月）

副县长　丁祖全（1997年12月—2002年10月）
刘　英（女，1997年12月—2000年9月）
万世文（1997年12月—2002年2月）
金永忠（1997年12月—2002年2月）
丁得信（1997年12月—2002年11月）
韦青祥（1997年12月—2002年11月）
范德忠（挂职，1998年12月—2000年9月）
费恒昌（1999年7月—2000年1月）
黄宗利（2000年9月—2002年11月）
董建梅（女，2001年3月—2002年11月）
寇　明（挂职，2001年4月—2001年11月）
魏晋和（2001年12月—2002年11月）
魏万宏（2001年12月—2002年11月）

（四）榆中县第十五届人民政府（2002年11月—2007年1月）

县　长　丁祖全（2002年11月—2005年7月）
徐大武（代理，2005年7月—2006年1月）
（2006年1月—2007年1月）

副县长　黄宗利（2002年11月—2006年11月）

董建梅（女，2002年11月—2002年11月）
徐大武（2002年11月—2005年7月）
魏晋和（2002年11月—2006年10月）
魏万宏（2002年12月—2006年10月）
郑元平（2003年12月—2007年1月）
谢志明（2006年11月—2007年1月）
蔡泽雄（2006年11月—2007年1月）
李得亮（2006年11月—2007年1月）
张丽霞（女，2006年11月—2007年1月）

（五）榆中县第十六届人民政府（2007年1月—　　）

县　长　徐大武（2007年1月—2010年5月）
王　林（代理，2010年5月—2010年12月）
（2010年12月—2010年12月）

副县长　郑元平（2007年1月—2009年8月）
谢志明（2007年1月—2010年12月）
蔡泽雄（2007年1月—2010年1月）
李　明（挂职，2007年1月—2008年7月）
李得亮（2007年1月—2010年12月）
张丽霞（女，2007年1月—2010年12月）
唐伟尧（2009年8月—2010年8月）
裴万江（2010年1月—2010年12月）
冯　雷（挂职，2010年5月—2010年12月）
王　林（2010年5月—2010年12月）
蒋睿智（2010年8月—2010年12月）

二、工作机构

1991年，县政府有工作机构42个。1993年3月，撤销商业局，成立经济贸易委员会。同年7月撤销农牧局，成立农业局、畜牧局。1994年4月，撤销工交局，成立交通局。1996年5月，机构改革中撤销广播电视局、体育运动委员会、计划生育委员会、水电局、计划经济委员会、经济贸易委员会、教育委员会、科学技术委员会、畜牧局、物资局、城镇集体经济管理局、农业办公室，组建计划委员会、经济贸易局、教育局、科技局、计划生育局、水力电力局、文体局、地方税务局。政府设置机构25个（编委办、工商局、地税局、国税局不占机构限额），比改革前的36个减少11个，精简30.6%。同时，确定保留榆中县经济体制改革委员会、法制局、技术监督局、物价局、劳动争议仲裁委员会办公室、爱国卫生运动委员会办公室、绿化委员会办公室、税收财务物价大检查办公室、旅游局、广播电视局的牌子，职能并入相关部门。1999年11月，成立榆中县事业单位登记管理中心，2001年6月，更名为榆中县事业单位登记管理局。2001年2月，成立招商局。12月，成立榆中县安全生产监督管理局。2002年6月，机构精简后政府设22个工作部门。6月，榆中县广播电视局改称榆中县广播电影电视局。8月，成立榆中县城市经营土地储备中心、经济园区开发建设管理委员会。12月，成立榆中县食品药品监督管理局。2003年4月，成立榆中县经济责任审计局。2005年1月，县政府设24个工作部门（不含合署办公机构）。2006年1月，成立榆中县城市管理行政执法局。2007年12月，榆中县地震办公室改称榆中县地震局。2009年7月，成立榆中县兽医局、榆中县动物卫生监督所。2010年6月，榆中县人民政府调整后设置工作部门25个，成立榆中县住房和城乡建设局，不再保留县建设局、县住房制度改革领导小组办公室。将县招商局、县经济园区开发建设管理委员会整合，组建榆中县经济合作服务局。榆中县广播电影电视局、文化体育局组成榆中县文化体育广播影视局。成立榆中县工业和商务局。保留榆中县非公有制经济发展服务局、榆中县粮食局、榆中县旅游局牌子。撤销榆中县经济贸易委员会、榆中县乡镇企业管理局。同期将县机构编制委员会办公室划入县委工作机构。

县政府工作机构沿革一览表

表4-3-1

	时间	数量	机构名称
	1991 年 1 月	42	办公室 经济计划委员会 物价委员会 人事局 劳动局 统计局 物资局 司法局 法制科 公安局 民政局 手工业联合社 财税局 商业委员会 工业交通委员会 工商局 粮食局 农业委员会 林业局 水电局 农建扶贫办公室 教育委员会 文化广播电视管理局 体育运动委员会 卫生局 城乡建设环境保护局 地震办公室 计划生育委员会 科学技术委员会 农业区划办公室 土地局 外事旅游局 地方志办公室 乡镇企业局 民族宗教科 编制委员会 监察局 审计局 档案局 人民防空办公室 就业服务局 气象局
	1996 年 5 月	25	办公室 计划委员会 人事局 编委办 劳动局 统计局 司法局 公安局 民政局 交通局 乡企局 财政局 国税局 地税局 经济贸易局 农业局 林业局 水力电力局 教育局 文体局 卫生局 城建局 计划生育局 科技局 监察局 审计局 土地局 工商局 粮食局
	2002 年 6 月	22	办公室 发展计划委员会 人事局 劳动和社会保障局 统计局 司法局 公安局 民政局 交通局 财政局 国税局 地税局 经贸委 农牧局 林业局 水利水电局 教育局 文化体育局 卫生局 建设局 计划生育局 科学技术局 监察局 审计局 规划国土资源局 工商局
	2005 年 1 月	24	办公室 发展计划委员会 人事局 劳动和社会保障局 统计局 司法局 公安局 民政局 交通局 财政局 国税局 地税局 经贸委 农牧局 林业局 水利水电局 教育局 文化体育局 卫生局 建设局 环境保护局 计划生育局 科学技术局 监察局 审计局 规划国土资源局 工商局 安监局
	2010 年 6 月	25	办公室 发展和改革局 人力资源和社会保障局 统计局 司法局 公安局 民政局 交通局 财政局 国税局 地税局 工业和商务局 农业局 林业局 水务局 教育局 文化体育广播影视局 卫生局 住房和城乡建设局 环境保护局 计划生育局 监察局 审计局 规划国土资源局 工商局 安监局 民族宗教事务局 城市管理行政执法局 经济合作服务局 食品药品监督管理局

注：1996年机构改革中，编委办、工商局、地税局、国税局不占机构限额，之后的改革中亦不计入；2002年6月与2005年1月机构改革中，县监察局不计入政府机关个数；2010年6月机构改革中县监察局、县民族宗教事务局列入政府工作部门序列，不计入县政府机构个数。

第二节　政务举要

一、历年政府主要工作完成情况

1991年

农业总产值1.85亿元，粮食总产量11.19万吨，乡镇企业总产值2.62亿元，乡以上工业产值1.22亿元，梯田1.96万亩。农民人均纯收入498元，征购粮食6200吨，征购油品233吨；财政收入2245.9万元。人口自然增长率8.9‰。有2620户贫困户越过温饱线，贫困面下降到8.08%。造林1.27万亩，北山梯田地埂插红柳1.1万亩，发展庭院经济4775户，种植经济树木2.94万株，南北山6个乡、49个村建成花椒基地5655亩。安置待业青年381名，其中乡镇企业安置167名。投入资金720万元办成10件实事：排除学校危房8250平方米；建成12所标准化小学；县第二人民医院大楼主体完工；夏方公路路基基本贯通；邮电自动化通讯大楼竣工验收；县汽车站主体完工；完成县城供水一期工程，6个乡20个村人饮工程到位资金全部落实；完成北山1000户庭院集雨储水工程；建成12个乡服务体系；架通10个村55千米的农电线路。

1992年

社会总产值5.2亿元，工农业总产值4.06亿元，乡镇企业总产值3.39亿元，工业总产值2.13亿元。乡以上工业产值1.51亿元，年均递增33.1%。县政府年初确定的北山庭院集雨蓄水工程、自动电话、新建职工住宅、标准化小学、标准化乡镇卫生院、园子岔乡通电、集市完善和乡级服务站等9件实事基本完成。

1993年

社会总产值8.04亿元，国民生产总值3.21亿元，人均国民收入783元，工农业产值5.3亿元，其中农业总产值2.01亿元，乡以上工业产值2.08亿元。乡镇企业总产值5.32亿元，财政收入3278.3万元。粮食总产量12.1万吨，农民人均纯收入587元。贫困面下降至6.3%。人口自然增长率9.76‰。投入资金470.1万元完成6件实事：白虎山广播电视发送塔建成使用；北山3000户庭院集雨蓄水工程全面完成；定远、高崖、金崖3个邮电所自动电话建成开通；和平开发区一期供水工程建成供水；20千米农电线路建成；13所小学和8所乡镇卫生院的条件得到改善。

1994年

社会总产值11.04亿元，国民生产总值4.19亿元。工农业总产值6.75亿元，其中农业总产值2.10亿元，工业总产值4.65亿元。乡镇企业总产值8.18亿元，农民人均纯收入731元，财政收入3805万元，社会商品零售总额1.85亿元，粮食总产量10.96万吨。人口自然增长率8.61‰。办成6件实事：建成3000户庭院集雨蓄水工程水窖，完成配套80%；架设农电线路30千米；4个乡、10个村自动电话建成投入使用；建成标准化小学7所；建成高效日光节能温室622.3亩；改造翻修广播站门口至蔬菜公司门口路段。

1995年

社会总产值14.2亿元，国民生产总值5.1亿元。工农业总产值8.38亿元，其中农业总产值2.26亿元，工业总产值6.12亿元。乡镇企业总产值12.09亿元，农民人均纯收入845元，财政收入4310.9万元，社会商品零售总额2.22亿元，粮食总产量9.02万吨。人口自然增长率11.6‰。办成6件实事：改建县城2条道路；改扩建甘草、新营2个农贸市场，新建上花、中连川2处集贸市场交易点；建成农电线路14.8千米；完成4000门程控电话扩容改建工程；新开46个村自动电话；建成标准化小学10所。

1996年

国民生产总值5.65亿元。工农业总产值10.15亿元，其中农业总产值2.23亿元，工业总产值7.92亿元。乡镇企业总产值17.37亿元，粮食总产量

13万吨，农民人均纯收入1111元，财政收入4928万元，社会商品零售总额2.48亿元。人口出生率19‰。办成9件实事：落实地膜粮食6.89万亩；种植甘草9877亩；完成北山集雨种植试验244亩；向秦王川移民644人；完成六中扩建工程；建成标准化小学15所；完成大营坡改造工程；开通自动电话10村；17村修通111千米高等级乡村道路。

1997年

国民生产总值5.92亿元。工农业总产值12.39亿元，其中工业总产值10.3亿元，农业总产值2.09亿元。乡镇企业总产值24亿元，财政收入5024万元，社会商品零售总额2.7亿元，粮食总产量11.19万吨，农民人均纯收入1116元。完成8件实事：发展集雨节灌农田1万亩；种地膜粮食10万亩；建成标准化小学15所；新开通程控电话20村；发展城乡有线电视用户5000户；修通上等级乡村道路80千米；分段治理苑川河1千米；实施栖云北路拓建工程。

1998年

国民生产总值6.7亿元。工农业总产值14.46亿元，其中农业总产值2.24亿元，工业总产值12.22亿元。乡镇企业总产值30.54亿元，粮食总产量13.31万吨，财政收入5868万元，社会商品零售额2.96亿元，农民人均纯收入1198元。人口自然增长率4.99‰。完成12件实事：发展集雨节灌农田1万亩；建成标准化小学10所；建成标准化村卫生所16所；完成师范搬迁；建成县一中教学大楼；新建县幼儿园；新建老干部活动中心；建成万家庄10万立方米大涝池蓄水工程；完成大营坡改造工程；实施栖云北路拓建工程；建成县城农贸市场；修通上等级乡村道路80千米。

1999年

国民生产总值7.25亿元。工农业总产值9.58亿元，其中农业总产值2.35亿元，工业总产值（新口径）7.23亿元。乡镇企业总产值（新口径）20亿元，粮食总产量13.02万吨，财政收入6778万元，社会商品零售总额3.58亿元，农民人均纯收入1352元。人口自然增长率4.71‰。办成10件实事：完成县城排洪沟治理、县城一纵一横道路改造、县一院住院部大楼、

25所标准化村卫生所、三榆公路铺油、扫除电视盲点、20所标准化小学、300千米乡村道路改造、县城中心广场、太白东西路建设任务。建成省、市、县级文明单位115个。创建安全文明小区17个、安全文明村70个。

2000年

国民生产总值7.94亿元。工农业总产值10.46亿元，其中农业总产值2.46亿元，工业总产值（新口径）8亿元。乡镇企业总产值（新口径）24亿元，粮食总产量10.32万吨，财政收入7370万元，社会商品零售总额3.9亿元，农民人均纯收入1381元。人口自然增长率5.13‰。办成8件实事：完成配套集雨节灌农田1万亩、三电城关镇后坪万亩上水工程、县三馆中心和县第六中学教学实验大楼建设、夏方公路夏金段铺油、文化路改造、25所标准化村卫生所建设、扫除电视盲点、100千米乡村道路建设任务。

2001年

国民生产总值9.2亿元。工农业总产值11.94亿元，其中农业总产值2.7亿元，工业总产值（新口径）9.24亿元。乡镇企业总产值（新口径）28.32亿元，粮食总产量13.23万吨，财政收入8626万元，社会商品零售总额4.3亿元，农民人均纯收入1506元。人口自然增长率5.82‰。办成7件实事：改善3个乡政府、30个村委会办公条件；建成5个乡、30个村科技文化站（室）；完成县一中扩建、县青少年活动中心、县气象地面卫星接收站、县城水果交易市场、高韦公路改造任务；配套集雨节灌农田2.5万亩；完成苑川河治理1.1千米；完成27个乡、103个村、11万人农村电网改造工程，新建改建高压线路498.2千米、低压线路542千米；完成乡村道路217.4千米，其中上等级公路163千米。

2002年

国内生产总值10.39亿元。其中第一产业3.23亿元，第二产业4.57亿元，第三产业2.59亿元。粮食总产量13.17万吨，财政收入8817万元。农民人均纯收入1586.71元。工业增加值3.01亿元，县属工业增加值2.82亿元，限额以上工业增加值2亿元。非公有制经济增加值2亿元，其中工业增加值0.9亿元。引进奇正藏药等非公有制经济重点项目。完成重点技改项目16项，投资1440万元。完成内联签约项目26项，开工建设22项，重点落实9项，引进到位资金3.3亿元。完成南北两山绿化造林面积2.56万亩，成活率88.3%。人口出生率11.3‰。

2003年

国内生产总值11.58亿元。工农业总产值20.36亿元，其中农业总产值6.7亿元，工业总产值13.66亿元。乡镇企业总产值39亿元，粮食总产量12.37万吨，地区性财政收入1.16亿元，社会消费品零售总额5.21亿元，固定资产投资总额16.31亿元，农民人均纯收入1691元。人口自然增长率4.09‰。

2004年

国内生产总值16.21亿元。工农业总产值31亿元，其中农业总产值8亿元，工业总产值23亿元。乡镇企业总产值43.38亿元，粮食总产量11.34万吨，地区性财政收入1.58亿元，社会消费品零售总额5.68亿元，农民人均纯收入1778.5元，固定资产投资总额6.2亿元。人口自然增长率3.45‰。办成9件实事：完成1.4万农村人口饮水解困工程、8个群众参与式扶贫开发整村推进项目、金川大道、白榆公路拓建工程、县城垃圾处理场、五条县城小街巷硬化及排水工程、县一中省级示范性高中建设、新发展冷凉型蔬菜4000亩、学校排危8000平方米等任务。

2005年

国内生产总值20.29亿元。工农业总产值44.43亿元，其中农业总产值8.83亿元，工业总产值35.6亿元。乡镇企业总产值47.5亿元，粮食总产量11.3万吨，地区性财政收入2.14亿元，其中一般预算收入7646万元。社会消费品零售总额6.2亿元，农民人均纯收入1866元，区域性固定资产投资总额14.1亿元。人口自然增长率4.13‰。完成12件实事：建成政务大厅；完成三电东干一号、二号隧洞及东干三级渠改造工程；完成龛谷水库除险加固工程；完成冷凉型蔬菜种植1万亩；完成群众参与式整村推进项目13个；建成3所标准化乡卫生院和7所标准化村卫生所；建成高内公路；完成5条城镇小街巷的硬化工作；建成县四中教学大楼，排除中小学危房

8000平方米；建成县医院传染病大楼；解决100户五保户的住房问题；完成30个村委会阵地建设。

2006年

全县生产总值20亿元，非公有制经济增加值5亿元。地区性财政收入2.61亿元，其中一般预算收入9936万元。全社会固定资产投资总额12.8亿元，粮食总产量9.85万吨，农民人均纯收入1965元。人口自然增长率4.24‰。办成12件实事：完成双垄沟全膜覆盖种植7.6万亩；完成40万平方米集雨面配套建设工程；完成三电总干二级渠改造工程；建成县城文化健身广场；完成南河治理一期工程；投资696万元建成青城镇1.5万人饮水安全工程；完成150千米上等级农村道路及6个乡镇汽车站建设；建成县四中、五中、九中学生宿舍楼；完成12个乡镇卫生院改造和7个标准化村卫生所建设；新开发整理土地1000亩；完成群众参与式整村推进项目9个；完成30个村委会办公阵地建设。

2007年

全县生产总值24.9亿元，固定资产投资总额15.5亿元。地区性财政收入4.27亿元，其中一般预算收入1.34亿元。社会消费品零售总额7.62亿元，粮食总产量13.11万吨，农民人均纯收入2083元。人口自然增长率4.77‰。单位产值能耗降低5%。办成7件实事：完成庭院集雨工程56万平方米，解决7000户3.12万人的饮水困难；完成17个村整村推进项目建设；建成“一池三改”项目2000户；硬化乡村道路150千米，建成通乡油路40千米；完成60个行政村信息网络平台建设；完成中小学危房改造5000平方米；建成30个标准化村卫生所。

2008年

全县生产总值29亿元，固定资产投资19.2亿元。地区性财政收入5亿元，其中一般预算收入1.52亿元。社会消费品零售总额8.4亿元，粮食总产量14.13万吨，农民人均纯收入2392元。人口自然增长率4.52‰。办成12件实事：全民健身馆完成主体工程；完成中部安全饮水一期工程；改拓建榆小、夏金、定张3条通乡油路；硬化通村水泥道路160千米；推广双垄沟地膜种植20万亩；实施定远陈家沟等4个自然村1793人的易地扶贫搬迁；建成“一池三改”清洁能源项目2500户；改扩建县二中等10所学校，新建校舍1万平方米，排除危房5000平方米；改扩建县二院和6个乡镇卫生院，建成15所标准化卫生所；建成二女困难户住房100户6000平方米；完成兴隆路东段拓建工程；建成和平垃圾处理厂。

2009年

全县生产总值33.7亿元，固定资产投资总额26亿元。地区性财政收入4.18亿元，其中一般预算收入1.97亿元（含国有资产处置一次性收入3760万元）。财政总支出11.78亿元。社会消费品零售总额9.5亿元，粮食总产量15.22万吨，农民人均纯收入2748元。人口自然增长率3.69‰。单位产值能耗降低5.4%。办成11件实事：完成中部安全饮水二期工程，解决4.8万人饮水安全问题；推广双垄沟地膜种植25万亩；完成农村通达通畅工程200千米；改扩建农村学校10所，新建校舍1万平方米，排除危房5000平方米；改扩建2个乡镇卫生院，建成20个标准化村卫生所；改造贫困户危房400户2.4万平方米，建成二女困难户住房100户6000平方米；建成廉租房50套2500平方米；建成“一池三改”清洁能源项目4490户；建成8个乡镇综合文化站和100个农家书屋；建成100个村电子政务信息网络；建成县城生活垃圾处理厂。

2010年

全县生产总值40亿元，社会固定资产投资31亿元。地区性财政收入4.65亿元，其中一般预算收入2.02亿元。社会消费品零售总额10.5亿元，粮食总产量15.46万吨，农民人均纯收入3155元。人口自然增长率3.42‰。办成10件实事：完成农村中部安全饮水工程，解决10万人的饮水安全问题；完成农村通达通畅工程100千米；推广农村清洁能源及“一池三改”5000户；完成双垄沟全膜种植30万亩；新修梯田2万亩；新建校舍2万平方米，排除学校危房5000平方米；建成青城黄河大桥；实施新型农村社会养老保险试点工作，覆盖面85%；建成标准化村卫生所40所；完成县城供水扩建工程。

二、政府常务会议

（一）1991年度县政府常务会议

共召开11次常务会议。

1月18日，第二次常务会议同意成立“榆中军事设施保护委员会”。2月22日，第三次常务会议同意成立“榆中县水政水资源管理站”，同意关于修建“城建职工培训中心”和“修筑防洪设施”征用土地案。4月9日，第四次常务会议同意撤销银山、兰山、和平、中连川4个市场，设立榆中县城关一悟路农副产品市场，同意调整兴隆山东山门票收费。5月23日，第五次常务会议同意成立“榆中县人民政府地方病防治领导小组”，成立榆中县中小学、幼儿园奖励基金会。8月28日，第七次常务会议同意将县地震办公室单设，归县政府直接领导。将“榆中县计划生育宣传技术指导站”更名为“榆中县计划生育服务站”。在金崖、来紫堡、三角城乡设立公安派出所。10月17日，第八次常务会议同意将“榆中县社会劳动保险所”更名为“榆中县社会保险事业管理局”。决定成立“榆中县劳动就业工作领导小组”。11月6日，第九次常务会议同意成立“榆中县蔬菜办公室”。决定成立榆中县第三产业办公室。12月27日，第十一次常务会议同意成立榆中县重点农田保护管理领导小组。

（二）1992年度县政府常务会议

共召开9次常务会议。

2月27日，第一次常务会议同意成立榆中县政府农业办公室、榆中县环境监理站、榆中县科教兴县办公室；将县种鸡场定为科级建制；成立榆中县结核病控制贷款项目领导小组；翻建县卫生防疫站；在全县开征农村教育费附加。3月28日，第二次常务会议同意“榆中县政府法制科”更名为“榆中县法制局”，“榆中县经济体制改革办公室”更名为“榆中县公有体制改革办公室”；成立榆中县政府行政复议委员会；增设县武装部军械科。恢复县卫生防疫站和县妇幼保健所。4月29日，第三次常务会议同意设立榆中县见义勇为奖励基金；在全县开展水利工程土地划界工作；成立榆中县成人教育、职业技术教育委员会；组建兰州市保安服务公司榆中分公司；成立新营、三角城、和平、连搭、清水、金崖、来紫堡、小康营和三电管理处9个派出所；成立榆中县水烟管理局。6月2日，第四次常务会议同意成立榆中县防雹增雨指挥部、榆中县禁毒工作领导小组、榆中县科技开发服务中心。8月7日，第五次常务会议同意成立榆中县文物保护领导小组、榆中县供销社企业集团总公司、榆中县粮油公司；兴办龙泉乡福利综合加工厂和连搭乡麻家寺村福利砖厂。8月22日，第六次常务会议同意成立榆中县公用型汽车站、榆中县土地综合开发公司、榆中县房地产开发公司。9月30日，第七次常务会议同意减免农业税；成立榆中县水土保持预防监察站、榆中县水土保持委员会；兴办三角城乡福利综合修造厂。11月7日，第八次常务会议同意成立榆中县人才交流中心；增加基层集体卫生院编制73名；将原“自来水管理所”更名为“榆中县自来水公司”；将原“房地产开发所”更名为“榆中县城镇建设综合开发公司”；成立“榆中县城建建筑安装公司”；收回城建局事业编制18名；成立三电钢厂筹建领导小组。12月18日，第九次常务会议同意提高退休干部的活动经费，由原来的24元提高到50元；增加县第一人民医院编制20名；县财政局内部增设国有资产管理股，增加事业编制2名。

（三）1993年度县政府常务会议

共召开11次常务会议。

2月24日，第二次常务会议同意兴办城关福利院加工厂。3月16日，第三次常务会议同意将一建公司由集体转为私营企业，同意县民政局开展农村社会养老保险。5月3日，第五次常务会议同意改建一悟路农贸市场；建立榆中县粮油批发交易市场、贡井粮油交易所和金崖粮油交易所。8月4日，第七、八次常务会议决定成立榆中县农村社会养老保险管理处。同意设立榆中县石门农贸市场，筹建榆中县有线广播电视台。10月19日，第十次常务会议决定成立榆中县第三产业普查领导小组。同意派出所保留建制，合署办公，小康营派出所并入城关派出所，三角城派出所并入夏官营派出所，清水派出所并入甘草派出所，连搭派出所并入定远派出所，来紫堡派出所并入金崖派出所，上花岔派出所并入吕家岘派出所，新营派出所并入高崖派出所办公。12月17日，第十一次常务会议同意成立县检察院民事行政检察科。

（四）1994年度县政府常务会议

共召开10次常务会议。

3月1日，第一次常务会议决定撤销县工交局，工业部分职能划归经贸委，成立县交通局。同意和平乡政府从汪家坪搬迁到柳沟店。决定成立榆中县环境保护委员会，下设办公室。4月30日，第三次常务会议同意撤销县汽车队和县公用型汽车站，成立榆中县客运公司。同意成立榆中县蔬菜服务中心和榆中县林果服务中心。6月25日，第五次常务会议决定师范类大专以上毕业生按需分配教育系统，中师毕业生和民办教师161名全部分配南北山区15个乡镇，1984年以后的民办教师全部予以辞退。10月29日，第八次常务会议同意成立榆中县有线电视台。12月13日，第九次常务会议决定成立“榆中县人民政府对外联络处”，下设驻兰州、驻北京、驻乌鲁木齐三个办事处。同意成立“榆中县房地产交易所”。

（五）1995年度县政府常务会议

共召开15次常务会议。

3月11日，第一次常务会议决定三电、和电、七电水费调整为0.12元/立方米，青电调整为0.06元/立方米，龛谷水管所调整为0.07元/立方米，高崖水库调整为0.08元/立方米。3月21日，第二次常务会议同意成立“榆中县加强医药管理领导小组”，下设办公室。5月5日，第三次常务会议决定成立“榆中县乡镇企业职工职业技术培训中心”，科级建制，隶属县乡企局；成立“榆中县经济贸易委员会对外经贸处”，与外资办合署办公；旅游局退出政府序列。6月1日，第四次常务会议决定成立“榆中县1%人口抽样调查领导小组”，下设办公室。8月28日，第七次常务会议同意组建甘肃榆中建筑实业集团公司。10月9日，第九次常务会议同意成立“榆中县社区康复领导小组”和“榆中县社区康复专业技术指导小组”。10月21日，第十次常务会议决定成立“榆中县苑川河治理指挥部”。同意成立“榆中县第三次工业普查领导小组”。11月22日，第十二次常务会议同意选拔乡镇招聘干部，补充到各乡镇计生专干队伍。同意将1993年分配到各企业工作的36名大中专毕业生安排到各乡镇工作。12月30日，第十五次常务会议同意成立榆中县种子管理站、榆中县劳动监察工作办公室。

（六）1996年度县政府常务会议

共召开18次常务会议。

3月16日，第二次常务会议同意成立榆中县抗旱服务队。5月12日，第五次常务会议决定成立“榆中县加强肉类市场整顿管理领导小组”，下设办公室。撤销“榆中县蔬菜服务中心”，成立“榆中县蔬菜总公司”。7月14日，第九次常务会议同意建设南关建材市场和青城农贸市场；成立“榆中县减轻企业负担领导小组”。8月15日，第十一次常务会议同意成立“榆中县价格事务所”，与县物检所合署办公。9月25日，第十三次常务会议决定全县所有财政拨款供给单位的工人（包括已退休的工人）划归县人事局管理。同意建立金崖、三角城、甘草、城关四个县级乡镇企业示范区。10月31日，第十四次常务会议同意将榆中县许家台粮库、面粉厂、饲料厂、植物油厂合并为一个独立单位。11月18日，第十五次常务会议同意将榆中县农职中学更名为“榆中县职业技术学校”。12月25日，第十八次常务会议同意成立榆中县蔬菜基地管理站；成立榆中县供热管理站、榆中县住房资金管理分中心。

（七）1997年度县政府常务会议

共召开14次常务会议。

3月25日，第三次常务会议同意建立苑川河工程指挥部。同意动用储备粮180吨用于救济困难群众生活。5月21日，第七次常务会议同意成立榆中县拍卖行，与县价格事务所一套班子，两块牌子。10月16日，第十一次常务会议同意成立榆中县劳动监察中队；成立银山派出所；设立榆中县交通开发服务中心，隶属县交通局领导。11月5日，第十二次常务会议同意开发、新建老干部活动中心。决定将城关托儿所搬到县幼儿园，筹资新建县幼儿园。12月1日，第十三次常务会议同意将县残联调整为县政府直属机构，事业性质，科级建制。

（八）1998年度县政府常务会议

共召开11次常务会议。

3月5日，第二次常务会议同意组建“榆中县墙体材料革新建筑节能办公室”。3月31日，第三次常务会议同意成立“榆中县劳动鉴定委员会”和“榆中县土地利用总体规划修编领导小组”。同意撤销驻兰办事处。同意成立榆中县城市管理办公室。5月11日，第四次常务会议同意成立三电灌区治安派出所。同意成立“榆中县残疾人就业服务所、康复服务中心、用品供应站”，三块牌子，一套人马，隶属县残联管理。同意将榆中县自来水公司变为自收自支、企业管理的事业单位、科级建制。6月23日，第五次常务会议研究同意成立“榆中县残疾人扶贫解困领导小组”、榆中县职业教育中心。7月28日，第六次常务会议同意成立榆中县职业培训中心。8月31日，第七次常务会议同意成立“榆中县农药经营管理办公室”。9月29日，第八次常务会议同意成立“榆中县连搭病改水管理站”。11月17日，第十次常务会议同意将县博物馆、文化馆、图书馆合并为榆中县文化中心。12月21日，第十一次常务会议同意成立“榆中县乡镇企业培训中心”，隶属县乡企局。同意成立“榆中县兽医卫生兽药监督管理所”。

（九）1999年度县政府常务会议

共召开12次常务会议。

1月14日，第一次常务会议同意将县农电局移交给省农电局管理。2月8日，第二次常务会议同意成立“榆中县事业单位法人登记服务中心”；成立“榆中县恩玲中学”，为县属重点中学；将县市容中队、环卫所、垃圾清运公司合并到县城管办；成立“榆中县建设工程造价管理站”，与“榆中县建设工程质量监督站”“榆中县建筑管理站”合署办公；成立“榆中县水土保持预防监察站”。4月22日，第四次常务会议同意成立“榆中县种子管理站”，与更名后的“榆中县种子推广站”合署办公；成立“榆中县矿产资源管理办公室”，科级建制，隶属县计委管理；成立“甘草水泥集团公司治安派出所”。5月20日，第五次常务会议同意新建榆中县体育中心。同意成立“榆中县粮食市场稽查大队”。8月3日，第七次常务会议同意将城关镇南关小学改为县办初级中学，科级建制。10月28日，第十次常务会议同意成立“榆中县劳动监察中队”，科级建制，隶属县劳动局。

（十）2000年度县政府常务会议

共召开15次常务会议。

1月5日，第一次常务会议决定成立榆中县交通治安派出所。3月2日，第四次常务会议同意撤销鲁家沟乡；将榆中师范学校划归县教育局管理。3月20日，第五次常务会议同意合并成立文化中心，保留文化馆、博物馆、图书馆三块牌子。4月25日，第六次常务会议同意县供热管理站为科级建制，增自收自支事业编11名。同意给县水土预防监测站增加4名自收自支编制；给连搭病改水管理所增加3名自收自支编制。6月22日，第七次常务会议议定继续保留大青山开发办公室。经济协作信息中心、非公有制经济办公室、联合服务办保留牌子，合署办公，成立榆中县经济开发办公室，隶属县政府。城管办归口建设局管理。7月18日，第八次常务会议同意青城、定远撤乡建镇。8月18日，第九次常务会议同意合并榆中师范、职业中学、电大工作站，成立榆中县教育中心。保留榆中师范、职业中学、电大工作站3块牌子。同意成立榆中县军粮供应站，事业性质，企业管理，隶属县粮食局；成立榆中河道治理管理站，隶属县水电局，科级建制，事业性质，企业管理。10月25日，第十二次常务会议同意成立榆中县政府采购领导小组，下设办公室和采购中心，科级建制。同意成立榆中县国有资产管理局，在县财政局挂牌办公。11月22日，第十三次常务会议同意成立县人大常委会信访室，增加1名领导职数。12月27日，第十五次常务会议同意成立榆中县招商局，科级建制，编制10名。县经济信息中心、大青办归并到县招商局，继续保留牌子，办公地点设在大青办。

（十一）2001年度县政府常务会议

共召开14次常务会议。

2月19日，第二次常务会议原则同意出台《关于进一步扶持和平开发区发展的若干意见》和《关于加快小城镇综合改革和建设的优惠政策》。5月28日，第六次常务会议原则同意《榆中县残疾人优惠待遇暂行规定》。同意成立2个社区居民委员会；成立榆中县减负办，设在县农业局；县公证处与县司法局脱离行政隶属关系，变为事业单位，自收自支；成立榆中县医疗保险局，科级建制，事业性质，隶属县劳动局；成立榆中县高新技术农业开发区管委会办公室，科级建制，事业性质；榆中县事业单位法人登记服务中心更名为榆中县事业单位法人登记管理局。8月3日，第八次常务会议同意兴隆山申报国家级风景名胜区。同意成立榆中县小城镇综合改革试点暨城镇化建设工作协调领导小组；成立榆中县安全生产监督管理局，科级建制，行政性质，编制5人，隶属县经贸局。12月29日，第十四次常务会议原则同意成立榆中县产业化服务中心，隶属县农业局。

（十二）2002年度县政府常务会议

共召开17次常务会议。

1月15日，第二次常务会议原则同意夏官营镇镇区总体规划方案。2月25日，第三次常务会议同意成立榆中县乡镇企业资产管理中心，事业性质，自收自支，隶属乡镇企业局。3月25日，第四次常务会议同意建设县中医院门诊部大楼。4月4日，第五次常务会议同意成立榆中县土地管理局和平土地管理所，事业性质；成立县物业管理中心。8月7日，第十三次常务会议同意成立榆中县城市经营土地储备中心、榆中县园区建设管理委员会办公室。同意调整设立榆中县城乡居（村）民最低生活保障办公室。9月19日，第十五次常务会议原则同意继续执行粮食定购和保护价收购政策。原则同意《全县水烟企业改制方案》。10月15日，第十六次常务会议同意成立榆中县维护社会稳定办公室、榆中县建设局规划室、榆中县城镇建设领导小组和榆中县大学城规划建设协调领导小组。12月23日，第十七次常务会议同意调整离休干部特需经费标准，由150元/(人·年）调至500元/(人·年)，同意按政策规定提高遗属补助标准。同意成立榆中县水政监察大队。

（十三）2003年度县政府常务会议

共召开13次常务会议。

1月10日，第一次常务会议同意成立榆中县农村财务审计站；成立榆中县林业公安派出所；成立拆迁管理办公室和危房鉴定办公室；撤销三电灌区公安派出所。3月14日，第四次常务会议同意成立榆中县经济责任审计局。5月9日，第六次常务会议同意县委组织部加挂电教中心牌子。同意将市政所、市容监察中心、环节所、绿化所合并，成立县城市管理局；撤销县车辆行业维修管理所，将其职能、人员并入运管所，保留县车辆行业维修管理所牌子；撤销县花卉办、药材办、林果中心。5月28日，第七次常务会议同意成立县体育中心，与县业余体校合署办公；成立榆中县青少年活动中心，与县校外办合署办公；成立榆中县知识产权局，与县科技局合署办公。7月2日，第九次常务会议同意成立县防范和处理邪教领导小组，隶属县委政法委。7月23日，第十次常务会议同意成立“榆中县酒类商品管理局”和“榆中县煤炭管理局”，在县经贸委挂牌，由经贸委授权执法。9月2日，第十一次常务会议同意撤销县卫生防疫站，分别成立县疾病控制中心和县公共卫生监督所。

（十四）2004年度县政府常务会议

共召开12次常务会议。

1月13日，第一次常务会议同意榆中县渔业监督检查站、榆中县农村能源管理站、榆中县农业机械化技术推广站、榆中县农村固定观察站办公室挂牌。2月19日，第二次常务会议同意和平卫生院晋级为县级医院，在县财政局设立农业税收征管办公室、榆中县农业综合开发办公室，在县水利局设立榆中县抗旱防汛办公室。同意榆中县农村社会养老保险办公室从民政局划归劳动和社会保障局。5月11日，第五次常务会议同意成立全县交通运输业税收征管协调领导小组。8月18日，第九次常务会议同意实施榆新路和高韦公路通达工程项目；成立县植物检疫站；成立县自然生态环境监察大队，与县环保局环境监理站合署办公；成立县法律援助中心，隶属司法局。9月23日，第十次常务会议同意成立榆中县公用型汽车站；成立榆中县公交车开通领导小组。11月24日，第十一次常务会议同意成立榆中县博物馆青城文物保护管理所。同意将青城四合院古建筑群、张一悟故居、岂坪沟遗址和连搭乡百子宫文昌阁列入县级文物保护单位。同意成立榆中县地方志编纂委员会，恢复榆中县地方志办公室，与党史办合署办公。

（十五）2005年度县政府常务会议

共召开9次常务会议。

3月18日，第二次常务会议同意成立榆中县乡镇企业发展协调领导小组；成立“榆中县乡镇企业家协会”；将榆中县集雨办调整为依照公务员管理的事业单位。原则同意榆中县禁毒委员会办公室科级建制，事业性质，隶属县政法委管理，与县维护稳定领导小组办公室合署办公。3月30日，第三次常务会议同意成立榆中县殡葬管理所，隶属县民政局。4月27日，第四次常务会议同意成立全县劳务输出领导小组。6月3日，第五次常务会议同意将县环境监测站、环境监理站22名人员经费纳入财政预算。8月29日，第七次常务会议原则同意在县内民营企业范围内安置现有退伍军人。11月8日，第八次常务会议同意成立城市建设投资公司；成立榆中县政务大厅办公室；成立榆中县行政投诉中心和榆中县民主评议机关办公室；成立榆中县人才工作领导小组办公室，隶属县委组织部；成立和平地区规划建设管理办公室，副科级建制；成立榆中县公安局榆钢治安派出所；成立榆中县新型农村合作医疗管理局。12月7日，第九次常务会议同意成立榆中县食品安全委员会。同意成立榆中县城市管理行政执法局。

（十六）2006年度县政府常务会议

共召开9次常务会议。

1月16日，第一次常务会议原则通过农村特困群众医疗救助工作实施细则，同意将原甘霖公司建设用地出让给县一中用于校区扩建。3月16日，第三次常务会议决定成立榆中县国有企业改革破产工作领导小组，原则通过《关于加强县政府领导班子作风建设的实施意见》。4月18日，第四次常务会议原则同意调整后的一悟小学扩建方案，原则同意县水利局、乡企局返建门面商铺；同意县委党校、县林业局、自来水公司、三电建设办公楼及家属楼。6月13日，第五次常务会议原则同意向西北民族大学划拨白虎山荒山1057.85亩，不含弃耕山旱地。7月11日，第六次常务会议原则同意《榆中县社会主义新农村建设规划（2006—2010年）》《兰州市东出口规划道路改造项目征地拆迁补偿安置实施方案》。9月18日，第七次常务会议原则同意定远镇、青城镇总体规划（2006—2020年）；决定调整榆中县房屋拆迁及附着物补偿标准，以县物价局、建设局联合发文执行；决定将和平牡丹园由集体企业改制为民营企业；决定成立榆中县食品药品安全委员会。11月23日，第八次常务会议原则同意转让原县农药厂资产；原则同意成立县公安局治安大队，科级建制，核定编制20名，其中领导职数2名，编制在公安局内部调剂。12月20日，第九次常务会议审定《政府工作报告》，研究干部申请辞职事宜。

（十七）2007年度县政府常务会议

共召开8次常务会议。

4月11日，第二次常务会议原则同意县水泥厂与县机械厂捆绑整体出售方案和县体育馆建设方案，决定在县政府法制办成立兰州仲裁委员会榆中分会。6月11日，第三次常务会议原则同意县综合厂、水烟厂、煤矿3家企业改制事宜，同意建设贡井中心卫生院。8月9日，第五次常务会议原则同意对榆中县客运公司进行股份制改制；启动榆中县城镇职工生育保险工作；成立县安全生产监察大队和县建筑节能监测中心。9月19日，第六次常务会议决定恢复县土地储备中心，和县城市发展投资有限公司合署办公；成立中共榆中县委对外宣传办公室，科级建制；组建榆中县城市管理行政执法大队定远执法中队。11月20日，榆中第七次常务会议原则同意甘肃胜年物流有限责任公司兴办榆中县理工职业学校。同意将城关镇“峡口村”更名为“兴隆山村”；成立榆中县农村能源办公室和农村生态环境管理站，撤销榆中县种子推广站，保留榆中县种子管理站，同时加挂榆中县农作物种子质量监督检验站牌子。

（十八）2008年度县政府常务会议

共召开8次常务会议。

3月17日，第二次常务会议同意实施榆中县中心敬老院建设项目。4月25日，第三次常务会议原则同意建设榆中县货运集散中心。6月4日，第四次常务会议同意将“政府路”和“文化路”分别更名为“大成路”和“文兴路”。8月25日，第六次常务会议原则同意《榆中县科学技术奖励办法(草案)》《榆中县被征地农民社会保障实施办法（试行)》《榆中县客运出租车管理办法》等；成立榆中县交通运政执法大队和县兽医局。11月13日，第七次常务会议原则同意重组整体移交榆中县许家台粮库为中央储备粮库；决定调整自来水公司供水价格，居民生活用水1.95元/吨，行政事业用水3.2元/吨，工业用水3.5元/吨，建筑用水8元/吨，经营服务用水6元/吨，特种用水15元/吨。12月15日，第八次常务会议原则同意将青电、七电合并到三电灌区组建大型灌区，合并后青电、七电隶属三电管理。

（十九）2009年度县政府常务会议

共召开9次常务会议。

2月5日，第一次常务会议原则同意将县房改办工作由县政府办划归县建设局，隶属县建设局，新增编制3名。3月9日，第二次常务会议研究和定路建设项目和相关土地事宜。6月9日，第四次常务会议原则同意《榆中县兴隆山饮用水源保护区划分技术方案》《榆中县农村危旧房屋改造资金管理办法》；研究榆中县计划生育服务站项目建设和相关土地事宜。8月19日，第五次常务会议同意将县建设工程质量监督站转为财政全额拨款单位。10月12日，第七次常务会议研究和定路建设有关问题。11月13日，第八次常务会议决定在环城西路东侧规划新建榆中县综合市场，分两期建设。县级粮食储备规模为3400吨，其中小麦2000吨，玉米1400吨。12月28日，第九次常务会议原则同意《榆中县亮化工程实施方案》；研究新型农村社会养老保险试点工作和11宗土地事宜。

（二十）2010年度县政府常务会议

共召开12次常务会议。

2月23日，第一次常务会议对“十二五”规划编制工作进行安排部署，原则同意《关于加快发展旅游业的决定》。3月25日，第二次常务会议原则同意办理全县财政全额拨款事业单位5004名在职职工工伤保险，个人不缴费。6月17日，第三次常务会议原则同意建设定榆城市一级干道，通过青城、定远等6个乡镇城乡总体规划及兴隆山等3个村新农村建设规划。7月8日，第四次常务会议决定成立榆中县小额贷款信用担保中心，机构设在县就业局，在县政府大厅统一办理业务。原则同意县园艺场建设经济适用住房。7月20日，第五次常务会议研究夏官营污水处理厂工程建设资金及人员问题，原则同意县城市经营土地储备中心对位于和平镇高速公路以北3000亩土地进行收购储备。9月29日，第七次常务会议原则同意另选址新建县中医院。10月26日，第八次常务会议决定重新选址新建县货运集散中心。11月2日，第九次常务会议研究农村低保和扶贫政策两项制度有效衔接，重大动物疫情防控中捕杀动物补偿事宜。12月8日，第十一次常务会议讨论通过《榆中县国民经济和社会发展第十二个五年规划纲要》，研究财政预算和第一期廉租住房配售事宜。12月17日，第十二次常务会议原则同意重新选址新建县公安局办公大楼。

三、提案、议案办理

1991年

人大代表议案办理情况：县十二届人大二次会议决定和第九次人大常委会议审定的代表议案5件，其中办理落实的有3件：关于调整烟叶、

图 4-3-1　县委、县政府工作会议（2010 年 3 月 3 日摄）

烟丝价格，发展水烟生产，增加财政税收的议案；关于修复三电东干四支、七支渠，搞好渠系配套，增加有效灌溉面积的议案；关于要求给北山韦营、中连川、梁坪、凯坪、鲁家沟五乡卫生院公派计划生育手术大夫的议案。

人大代表意见、建议办理情况：县十二届人大常委会第二次会议转交政府办理的意见、建议145件，其中办理落实和部分办理落实65件，占建议总数的44.8%。

政协委员提案办理情况：政协榆中县三届二次会议交由政府办理的提案28件，其中办理落实23件，占82.2%。

1992年

人大代表议案办理情况：县十二届人大常委会第三次会议决定和第十六次人大常委会议审定的代表议案6件，全部办理落实。分别为：关于采取有效措施，搞好麦茎蜂防治，确保粮食增产的议案；关于开征农村教育费附加的议案；关于建议在社会治安综合治理中，加强交通安全教育和管理的议案；关于园子岔乡通电的议案；关于一悟中学搬迁问题的议案；关于加快教育结构改革步伐，发展榆中职业教育的议案。

人大代表意见、建议办理情况：县十二届人大常委会第三次会议转交政府办理的意见、建议113件，其中落实和部分落实的74件，占总数的65.5%。

政协委员提案办理情况：政协榆中县三届三次会议交由政府办理的提案37件，其中办理落实29件，占78.4%。

1993年

人大代表议案办理情况：县十三届人大常委会第一次会议决定和第二次人大常委会议审定的代表议案共5件，全部办理落实。分别为：关于加快贫困山区架设农电线路的议案；关于要求改善开发区通信设施的议案；关于修建县人民法院审判庭的议案；关于多渠道筹措资金，排除南山地区部分学校危房的议案；关于扩建县幼儿园的议案。

人大代表意见、建议办理情况：县十三届人大常委会第一次会议转交政府办理的意见、建议102件，其中办结落实63件。

政协委员提案办理情况：政协榆中县四届一次会议交由政府办理的提案40件，其中办理落实或基本办理落实23件，占57.5%。

1994年

人大代表议案办理情况：县十三届人大常委会第二次会议决定和第九次人大常委会议审定的代表议案5件，全部办理落实。分别为：关于修建文成小学教学楼的议案；关于改造维修小康营地区供电线路的议案；关于县第七中学由县教委统一管理的议案；关于支持发展“一优两高”农业及和平开发区供水工程资金的议案；关于建设金崖农贸市场的议案。

人大代表意见、建议办理情况：县十三届人大常委会第二次会议转交政府办理的意见、建议92件，全部办结答复。其中办理落实和部分落实62件，占67.4%。

政协委员提案办理情况：政协榆中县四届二次会议交由政府办理的提案18件，其中解决和基本解决12件，占66.6%。

1995年

人大代表议案办理情况：县十三届人大常委会第三次会议决定和第十五、十七次人大常委会议审定的代表议案3件，全部办理落实。分别为：关于清理整顿土地隐形市场的议案；关于开通青城及北山地区自动电话的议案；关于调查处理高崖法庭审判员杨某有关问题的议案。

人大代表意见、建议办理情况：县十三届人大常委会第三次会议转交政府办理的意见、建议86件，其中办理落实和部分落实的40件，占总数的46.5%。

政协委员提案办理情况：政协榆中县四届三次会议交由政府办理的提案11件，其中基本落实8件，占73%。

1996年

人大代表议案办理情况：县十三届人大常委会第四次会议决定和第二十六次人大常委会议审定的代表议案2件，全部办理落实。分别为：关于理顺县蔬菜服务中心隶属关系和强化服务功能的议案；关于恢复县四中高中班的议案。

人大代表意见、建议办理情况：县十三届人大常委会第四次会议转交政府办理的意见、建议52件，其中办理落实32件，占总数的61.5%。

政协委员提案办理情况：政协榆中县四届四次会议交由政府办理的提案10件，其中基本落实7件，占提案数的70%。

1997年

人大代表议案办理情况：县十三届人大常委会第五次会议决定的代表议案2件，全部办理落实。分别为：关于加强农村户籍管理的议案；关于加强县城集贸市场管理，保护县城环境卫生，创建文明县城的议案。

人大代表意见、建议办理情况：县十三届人大常委会第五次会议转交政府办理的意见、建议77件，其中办理落实56件，占72.7%。

政协委员提案办理情况：政协榆中县四届委员会收到委员提案253件，经提案委员会审查，其中立案83件，占33%；意见建议158件，占63%；作为来信处理的12件，占4%。

1998年

人大代表议案办理情况：县十四届人大常委会第一次会议决定的代表议案1件，关于在全县大力推广使用植物农药的议案办理落实。

人大代表意见、建议办理情况：县十四届人大常委会第一次会议转交政府办理的意见、建议71件，其中办理落实45件，占63.4%。

政协委员提案办理情况：政协榆中县五届一次会议交由政府办理的提案、意见建议49件。办理落实和部分办理的44件，占提案总数的90%。

1999年

人大代表议案办理情况：县十四届人大常委会第二次会议决定的代表议案1件，关于石新公路部分路段铺油及维修的议案办理落实。

人大代表意见、建议办理情况：县十四届人大常委会第二次会议转交政府办理的意见、建议51件，其中办理落实43件，占84.3%。

政协委员提案办理情况：政协榆中县五届二次会议交由政府办理的提案、意见、建议48件，办理落实38件，占79%。

2000年

人大代表议案办理情况：县十四届人大常委会第三次会议决定的代表议案共1件，关于加强县城卫生管理，创建文明县城的议案办理落实。

人大代表意见、建议办理情况：县十四届人大常委会第三次会议转交政府办理的意见、建议87件，其中办理落实36件，占41.4%。

政协委员提案办理情况：政协榆中县五届三次会议交由政府办理的提案8件，办理落实7件，办理率87.5%。意见、建议47件，办理落实39件，办理率83%。

2001年

人大代表议案办理情况：县十四届人大常委会第四次会议决定的代表议案1件，关于将和平镇列为全县小城镇建设示范点，加快建设步伐的议案办理落实。

人大代表意见、建议办理情况：县十四届人大常委会第四次会议转交政府办理的意见、建议60件，其中办理落实27件，占45%。

政协委员提案办理情况：政协榆中县五届四次会议交由政府办理的提案46件，办理落实37件，占80.4%。

2002年

人大代表议案办理情况：县十四届人大常委会第五次会议决定的代表议案1件，关于小双路铺油或水泥硬化的议案办理落实。

人大代表意见、建议办理情况：县十四届人大常委会第五次会议转交政府办理的意见、建议65件，其中办理落实22件，占33.8%。

政协委员提案办理情况：政协榆中县五届五次会议交由政府办理的提案50件，办理落实34件，占68%。

2003年

人大代表议案办理情况：县十五届人大常委会第一次会议决定的代表议案1件，关于加快土地开发复垦问题的议案办理落实。

人大代表意见、建议办理情况：县十五届人大常委会第一次会议转交政府办理的意见、建议83件，其中办理落实43件，占51.8%。

政协委员提案办理情况：政协榆中县六届一次会议交由政府办理的提案76件，办理落实49件，占64.5%。

2004年

人大代表议案办理情况：县十五届人大常委会第二次会议决定的代表议案1件，关于扩大榆中县广播电视覆盖面的议案办理落实。

人大代表意见、建议办理情况：县十五届人大常委会第二次会议转交政府办理的意见、建议86件，其中办理落实43件，占51.2%。

政协委员提案办理情况：政协榆中县六届二次会议交由政府办理的提案46件，办理落实37件，占80.4%。

2005年

人大代表议案办理情况：县十五届人大常委会第三次会议决定的代表议案1件，关于在县城新建一所小学的议案办理落实。

人大代表意见、建议办理情况：县十五届人大常委会第三次会议转交政府办理的意见、建议71件，其中办理落实36件，占50.7%。

政协委员提案办理情况：政协榆中县六届三次会议交由政府办理的提案98件，办理落实49件，占50%。

2006年

人大代表议案办理情况：县十五届人大常委会第四次会议决定的代表议案1件，关于新建孙家坡水利提灌工程的议案办理落实。

人大代表意见、建议办理情况：县十五届人大常委会第四次会议转交政府办理的意见、建议共63件，其中办理落实26件，占41.3%。

政协委员提案办理情况：政协榆中县六届委员会收到委员提案441件，经审查立案339件。办理落实271件，占80%。

2007年

人大代表意见、建议办理情况：县十六届人大常委会第一次会议转交政府办理的意见、建议70件，其中办理落实42件，占60%。

政协委员提案办理情况：政协榆中县七届一次会议交由政府办理的提案69件，办理落实47件，占68.1%。

2008年

人大代表意见、建议办理情况：县十六届人大常委会第二次会议转交政府办理的意见、建议83件，其中办理落实或基本办理落实49件，占59%。

政协委员提案办理情况：政协榆中县七届二次会议交由政府办理的提案52件，办理落实32件，占61.5%。

2009年

人大代表意见、建议办理情况：县十六届人大常委会第三次会议转交政府办理的意见、建议74件，其中办理落实或基本办理落实37件，占50%。

政协委员提案办理情况：政协榆中县七届三次会议交由政府办理的提案50件，办理落实36件，占72%。

2010年

人大代表意见、建议办理情况：县十六届人大常委会第三次会议转交政府办理的意见、建议63件，其中办理落实或基本办理落实32件，占50.7%。

政协委员提案办理情况：政协榆中县七届四次会议交由政府办理的提案67件，办理解决50件，占74.6%。

第三节　综合政务

一、政务服务

（一）文字综合

1991—2010年，起草全县各类会议政府讲话和省、市召开的有关会议发言材料，专题汇报材料。融会领导工作意图，上传下达，做到全面、准确、及时。处理各乡镇、各部门报送县政府和县政府办公室文件；承担以县政府和县政府办公室名义上报下发的各类文件处理。2001年，以政府名义发送文件230份，以政府办公室名义发送文件86份，会议纪要38份；收文500份。2005年，以政府名义发送文件204份，以政府办公室名义发送文件121份，会议纪要33份；收文2200份。2010年，以政府名义发送文件249份，以政府办公室名义发送文件176份，会议纪要38份；收文1200份。

（二）会议筹办

1991—2010年，承办县政府常务会、县长办公会、县长碰头会及政府召集的各类会议，还有全县经济工作以及农村、城管、商贸等专业会议和全县企业与地方座谈会、商贸企业座谈会等。负责接待省、市领导来县调研会务工作。

（三）事务处理

1991—2010年，负责县政府重大活动和县政府领导公务活动的组织安排；了解掌握各乡镇、各部门的主要工作情况，及时、准确地向县政府领导反映情况；搜集整理省、市和县内外经济和社会发展动态，收集整理各种信息，为县政府科学决策提供服务。指导全县政府系统办公部门的工作。2010年，围绕县政府中心工作和重点工作，抓政务信息工作的规范化、制度化和网络化建设，全年报送信息380条，采用76条。

（四）机构

1991年，县政府办公室行政编制21名，其中领导职数10名，干部9名，工勤人员2名。1995年2月，成立榆中县人民政府驻兰州办事处、榆中县人民政府驻北京办事处，由县政府办公室代管，两个办事处定编4名。1996年，县政府办行政编制30名，领导职数为办公室主任1名、副主任2名。1998年，在县政府办公室挂民族宗教事务科牌子，核定编制2名，其中领导职数1名，干部1名。同年4月，撤销榆中县人民政府驻兰州办事处。2002年6月，政府督查室、法制办公室、经济体制改革办公室由县政府办公室管理。2010年6月，县政府办公室挂县政府法制办公室、县信访室牌子，将县政府法制局、信访局、机关事务管理科的职责整合划入县政府办公室。2010年底，政府办编制32名，其中行政编制20名，工勤人员12名。

二、法制监督

（一）监督工作

1991—2010年，承担县政府依法管辖的行政复议、行政赔偿案件和其他涉及县政府的行政应诉事物；承办县政府规范性文件的审核；承担全县行政执法队伍培训和持证执法工作；组织实施、检查涉及政府行为共同规范的法律、法规、规章；负责全县行政执法责任制的建立、组织协调和监督指导；协调各乡镇、各部门在有关法律、法规、规章实施和行政执法中的矛盾和争议。

（二）行政复议

1992年3月28日，成立榆中县政府行政复议委员会。由赵资英任主任委员，张兴照、白巨恩任副主任委员，牛光虎、张春胜等7人任委员。1999—2003年，县政府办理行政复议案件21件，其中1999年2件，2000年3件，2001年4件，2002年8件，2003年4件。在21件行政复议案件中，经复议撤销被申请人的具体行政行为4件，维持10件，不予受理1件。经协调处理，申请人撤回行政复议申请6件；按类别分类，土地纠纷14件，治安处罚3件，工伤事故1件（不予受理），房产纠纷1件，地震安评1件，药品执法纠纷1件；按被申请人分类，被申请人为乡镇政府的7件，为县直部门及其下属单位的14件。

（三）机构

1992年6月，榆中县人民政府法制科更名为榆中县人民政府法制局。1997年5月，成立榆中县政府法制办，系县政府工作部门。2002年，撤销法制办，成立法制局，属县政府工作部门，机构、人员、编制单列，正科级建制，主任1名，副主任1名，科员2名。2007年，撤销法制局，成立榆中县人民政府法制办公室，隶属榆中县人民政府办公室，编制4名，正科级建制。2010年，设办公室法制办主任1名，专职副主任1名，干部2名。

三、政府督查

（一）督查工作

1991—2010年，督查工作主要为县政府的重大决策和重要工作部署；

县政府重要会议（县政府全体会议、常务会议、现场办公会议和县长办公会议）决定的需要督查落实的重大事项；上级部门转来的领导批示件和上级领导机关交办的事项；县政府领导重要批示件中需查办落实和要求报告办理结果的事项；县人大常委会议案、代表意见建议和政协提案办理落实情况；县政府目标管理实施情况；基层和人民群众反映的带有全局性、苗头性、倾向性的问题；新闻媒体监督报道的需要政府督查整改或落实的事项；政务公开落实情况；县政府领导交办的其他事项。其中2005—2007年，督办市长专线电话转办件251件，其中落实并答复248件。

（二）机构

1994年4月，成立榆中县政府督查室，设主任1名，副主任1名，编制在县政府办公室内部调剂，隶属县政府办公室。

四、政务服务

（一）入驻单位

2005年，有11个部门入驻榆中县政务大厅，分别是卫生局、招商局、国土局、人社局、民政局、环保局、住建局、工商局、国税局、地税局、发改局。每个窗口配备1名工作人员，实行政务大厅和原工作单位双重领导。2008年底，将发改局、民政局、国税局、地税局等窗口单位撤出大厅、增设行政投诉中心合并办公，质监局、工商局窗口入驻大厅，2010年，有住建局、国土局、质监局、工商局、环保局5个单位入驻，住建局、国土局业务较少，质监局办理组织机构代码证的申请、办证，工商局办理企业名称核准的预审，环保局办理排污许可证的年检，全年办理事项4000种。

（二）机构

榆中县政务大厅于2005年12月成立，核定编制主任1名、副主任1名、工作人员2名。至2010年，机构、人员没有变化。

第四节　计划与发展改革

一、计划编制与执行

（一）第八个五年（1991—1995）规划

“八五”期间，全县完成科技兴农试验、示范项目128项，增加经济效益6500万元。1995年，地膜覆盖和大棚种植面积4.14万亩。其中地膜粮食种植面积2.62万亩，建成塑料暖棚11.5万平方米，高效日光节能温室1704亩。有效灌溉面积31.7万亩，保灌面积24.02万亩。建成庭院集雨蓄水工程21276户。引进新、扩、续和技改项目360项，投资4.05亿元，上缴县内税金5240万元，投入2500万元兴办公益事业。至1995年底，全县乡镇企业固定资产3.48亿元，从业人员5.77万人，有企业3876家。形成造纸、建材、建筑、水烟、化工五大支柱产业。荣获省一级企业1家，省二级企业5家，省、市乡镇明星企业15家，部优产品2项，省优产品4项。建成百货大楼、榆中宾馆、五金交电大楼、副食商场、兴隆商厦等一大批商贸基础设施。兴隆市场、甘草农贸市场、牲畜交易市场等10个市场初具规模。

“八五”期间，建成一批办公、商贸、住宅楼，县城二期供水工程开通；4000门程控电话与兰州并网；夏方公路全线贯通，投资139万元，整修乡、村道路63条580千米；榆中有线和榆中教育两个差转台相继开播；农村电视普及率62%；白虎山电视信号发射自立塔改造完毕；开通兰州电视台节目。基本普及初等教育，基本扫除青壮年文盲；累计建成标准化小学59所，排除危房5.7万平方米。投资188万元，累计建成标准化卫生院27所；累计建成住宅楼27.95万平方米，城镇人均住房面积11平方米；农村住房面积共计20.46万平方米，人均16平方米。城乡储蓄存款余额3.9亿元。

（二）第九个五年（1996—2000）规划

“九五”期间，累计投资5.6亿元。宝兰铁路复线、巉柳高速公路、生态县建设等一批国家重点建设项目相继开工。全县完成新技术、新成果推广168项，获国家、省、市奖励8项，创建科技示范乡13个，科技示范村165个。累计投资8909万元，新建学校84所，建成标准化学校148所，排除危房面积21.7万平方米，“两基”达标通过国家验收，为国家输送大、中专人才4272人。新建乡镇标准化文化站11个，县三馆中心开工建设，广电中心主体竣工。全县广播、电视覆盖率分别为81%和85%，农村电视普及率90%。建成“村村通”广播电视转播站115个，新增有线电视用户1500户，累计4500户。有县乡卫生机构31个，卫生技术人员453人，床位568张。建成村标准化卫生所86所，新建县一院住院部大楼。完成县乡公路曲上段和夏方段铺油61.06千米，投资1385万元；乡村道路建设846.9千米，投资1283.13万元。各种客货车辆1445辆，客运量1203.8万人次，货运量832.5万吨。253个行政村通电话，占268个行政村的94.4%；全县电话用户2.2万户，电话普及率达4.2部/百人，17.85部/百户；实现程控交换、光缆数字传输、移动电话和无线寻呼系统与全国联网漫游等。完成县城中心广场、政府路改造、县城排洪沟、供水调蓄水库、联片供暖、县城至兴隆山公路路基等重点城市基础设施建设。全面落实居（村）民最低生活保障，扩大养老、失业、最低生活医疗保障覆盖面；解决失业及下岗职工再就业700人；提供残疾人扶贫贷款205万元，安置残疾人就业96人。城镇居民年人均收入2700元，农民人均年纯收入1381元；城镇新建住房26万平方米，人均居住面积13平方米；农民新建住房103万平方米，人均住房面积8.6平方米。各项存款余额12.29亿元，参加各类社会保险7.5万人，保险金额2400万元。

（三）第十个五年（2001—2005）规划

2005年，榆中县成为全国无公害蔬菜生产示范基地县和质量安全监管试点地。“十五”期间，全社会固定资产投资额累计完成65亿元。社会消费品零售总额6.2亿元。地区性财政收入突破2亿元。“十五”末，三产比重调整为23:59:18。全县人均GDP 4798元；农民人均年纯收入1866元；城镇人均居住面积18平方米；农民人均住房面积12平方米；城乡居民储蓄存款余额17.24亿元，人均4078元。有农技、畜牧、林技等10个技术服务中心，有专业技术人员1129人，高新技术产业增加值占工业增加值的比例达到4%左右。有学校394所，建成标准化初中16所、市级示范性学校5所、省级示范性高中1所。有医疗卫生机构309家，平均每千人有病床0.61张，每万人拥有医护人员27人。

（四）第十一个五年（2006—2010）规划

2006年1月，编制完成榆中县国民经济和社会发展第十一个五年计划纲要。“十一五”末，形成无公害蔬菜、商品马铃薯、双垄全膜玉米、特色优势产业等四大支柱产业。“十一五”期间累计实现旅游直接收入1.09亿元。全县公路通车里程达到2256千米，其中农村公路总里程1945千米，268个行政村全部通硬化、砂化路。解决18.2万农村人口的饮水不安全问题。实施农村和县城电网建设与改造工程，总装机容量8.35万千瓦。电信交换机总容量9.5万门，邮政移动电信业务总量8553万元，固定及移动用户11.08万户，电话普及率25.6部/百人。

“十一五”末全县（含兴隆山自然保护区）林地面积240.7万亩，占全县总土地面积的48.6%，森林覆盖率15.9%。人口自然增长率3.4‰。城镇居民人均可支配收入8663元。农民人均年纯收入3156元。城乡居民储蓄存款余额39.52亿元，人均9155元。

二、重点项目建设

1991年，列入计划的主要建设项目包括：三电工程、上花变电所、县城供水一期、县汽车站综合服务楼、邮电自动化通讯大楼、县二院翻建工程、四中搬迁工程、县一悟小学、夏方公路。1992—1994年，列入计划项目136项，投资8917.57万元。包括栖云北路改建拓宽工程、百货大楼、公用型汽车站、县城供水工程、三电、和电、县广播电视塔、防疫站大楼、榆中宾馆、交电大楼、副食商场等。1995—1996年，新建、改建、续建、技改项目178项，总投资3.21亿元，主要有夏方公路、糖酒公司大楼、标准化学校建设等。1997—2000年，实施县列项目155个，总投资3.87亿元。主要有标准化卫生所建设项目、县城农贸市场、县城中心广场建设工程、苑川河治理工程、夏方公路（夏金段）铺油、栖云北路延伸（大营段）、太白西路拓建、文化路改造、榆兴公路、榆三公路、中心广场及县城绿化、集中联片供热、办公及城镇居民住宅楼、“三馆”中心、第二汽车站、货运站等项目。2001—2005年，完成固定资产投资33.34亿元。实施建设项目主要有：甘泥集团公司30万吨水泥生产线、兰浦制药厂、定元塑料制品公司年产万吨宽幅棚膜生产线、酒钢集团榆中钢铁有限责任公司一期工程、奇正藏药、甘草中药材市场、1.4万人人饮工程、日元贷款节水灌溉工程、集雨节灌工程、发展南部山区冷凉型蔬菜、扶贫开发整村推进、退耕还林工程、兰州金川科技园、庄园二期扩建项目、酒钢集团榆中钢厂、定远高分子聚乙烯管材生产线、西北永新化工产业园、学校危房改造、标准化初中建设、标准化卫生院建设、县城垃圾处理厂、金牛山生态园绿化工程、庄园乳业奶粉生产线、农村公路通达工程、青城古建民居保护工程、西北民大榆中校区、和平开发区新区建设、官滩沟生态农业旅游园区道路建设、夏官营科教城及和平开发区供水工程等。2006—2010年，实施县列重点建设项目250项，总投资327.09亿元，其中2010年实施43项县列重点建设项目，项目总投资121.83亿元；实施4项市列重大建设项目，项目总投资14.28亿元。

三、以工代赈项目建设

1991—1995年，争取以工代赈项目32项（农田水利19项，交通8项，农业养殖2项，经济林及造林工程2项，通信工程1项）。兴修水利，建堤坝、泵站、蓄水池等，开展贫困地区集雨窖、人饮工程。建设县、乡、村道路64千米。金崖镇、青城镇利用水资源优势发展水产养殖。在高崖、甘草、韦营等10个乡发展5000亩花椒种植基地建设，栽植花椒树30万株。在定远陈家沟、矿湾，上庄乡的黑羊嘴、白堡，小康营的孙家大山造林1.05万亩，栽植苗木402万株。在贡井、中连川、哈岘等北山8乡安装自动电话。1996—2000年，实施以工代赈项目92项，总投资4490.5万元，其中以工代赈资金3818万元；省财政配套资金434.5万元；省养路费配套238万元。修建乡村道路821.31千米；桥梁210延米（17座），涵洞36道。投入资金127万元，其中以工代赈资金47万元，县乡自筹80万元，完成北山八乡及青城农话改造工程，实现程控自动交换。发展百合种植4000亩，甘草种植1万亩，建成连搭、新营、园子百合基地；养殖业主要有高崖兴达、高崖宏达、甘草三鑫、园子和平、清水赵家岔养殖场和清水填鸭场等。建成人饮工程23项，新打机井15眼，建蓄水池4座，铺辅水管道5600米，解决62个村8.42万人吃水问题。完成流域治理两项，治理面积9平方千米，新增有效面积400亩。新增梯田3000亩，修复梯田6万亩。新打机井48眼，建小提灌9处，衬砌渠道18.6千米，新增保灌面积1.4万亩，改善灌溉面积7800亩。改造中低产田12.5万亩。治理河道3.77千米。治理保护农田1.4万亩。衬砌渠道4800米，铺辅水管道1200米，新增有效面积4200亩，改善灌溉面积1900亩。2001—2005年，争取以工代赈项目148项，总投资8615万元，其中以工代赈资金5141万元，自筹资金3474万元。分别为农田水利82项，总投资2438万元；交通63项，总投资4320万元；农村支柱产业2项，总投资95万元；河道治理1项，总投资1762万元。完成三角城至兴隆山、岗子顶至三角城、上园、高内、小双、夏方等骨干公路93.6千米，新修乡村道路56条427.9千米，新打机井40眼，建成提灌17处，衬砌渠道31.4千米，新修河堤11千米，新增有效灌溉面积3.45万亩，解决1.31万人0.3万头牲畜的饮水困难。2006—2010年，榆中县实施以工代赈项目92项，总投资6626万元，其中到位中央预算内以工代赈资金4366万元，省财政及省养路费配套资金244万元。2010年，省市下达以工代赈项目12个，总投资938万元，其中中央预算内以工代赈资金616万元，省养路费配套资金102万元，市县自筹220万元。小型水利投资519万元，新增有效灌溉面积0.18万亩；投入资金154万元，治理河道2.3千米；投资257万元，新修乡村公路34千米。

四、易地扶贫搬迁工程

2006—2010年，实施易地扶贫搬迁工程11项，总投资2.84亿元，其中国家专项资金3256.8万元。2006年，易地搬迁项目涉及2个乡镇2个点184户801人，总投资1795.6万元，到位国家专项资金289.3万元。2007年，易地搬迁项目涉及4个乡镇4个点494户2118人，总投资4809.5万元，到位国家专项资金678万元；2008年，易地搬迁项目涉及4个乡镇4个点465户1973人，到位国家专项资金678万元。2009年，易地扶贫搬迁试点工程规划搬迁666户2600人，到位国家易地扶贫搬迁专项资金1290万元，地方配套249.2万元。

五、城乡一体化及新农村试点示范村建设项目

2006—2010年，全县确定新农村试点示范村51个（其中省部联建示范村1个、农业部联系村2个、省级示范村1个、市级试点示范村17个、县级推进村和重点村30个），推进城乡一体化建设市级试点小城镇1个（夏官营镇）、县级试点小城镇1个（城关镇）。投资1.79亿元（其中省级专项337万元，市级专项2739万元），硬化道路35千米，砂化道路19千米，衬砌"U"型渠47千米，建成蓄水池6个，解决6570人的安全饮水，治理河道2.9千米，建成日光温室720座、马铃薯储备保鲜库16座，架设用电线路1.2万米，安装变压器2台，建成核桃经济林基地2000亩，敷设田间灌溉管道3万米，建成农民新居1700套、村民文化活动广场14个，安装太阳能路灯8盏，一池三改6000座。各试点村以"三清四改"为重点，开展村庄整治活动，投资120万元，整治脏乱差180处，清理垃圾4500吨，粉刷墙体1.2万平方米，拆除违章建筑11处。

六、经济信息化建设

2003年5月，成立榆中县经济信息中心，隶属县发展计划委员会。8月，建成"榆中县公众信息网"。2004年3月，改版"榆中县公众信息网"。根据经济社会发展需要，以宣传榆中、服务"三农"、创建投资环境为宗旨，宣传和展示榆中经济、社会、政治、文化等方面的发展。2006年5月，第三次改版 "榆中县公众信息网"。

七、目标管理考核

1991年，三角城、金崖等12个乡镇被评为双文明建设先进单位；青城、兰山等5个乡镇被评为社会治安综合治理工作先进单位；连搭乡、工商银行榆中支行等5个单位被评为精神文明建设先进单位；城关镇、贡井乡、工商局等5个单位被评为党建工作先进单位；劳动局、城建局等5个单位被评为帮乡扶贫工作先进单位；连搭乡、计生委等5个单位被评为计划生育工作先进单位；乡企局、三角城乡等62个单位被评为目标管理一等奖；龙泉乡、团委等25个单位被评为目标管理二等奖。

1993年，三角城乡、金崖乡等10个单位被评为双文明建设先进单位；金崖乡、公安局等5个单位被评为社会治安综合治理工作先进单位；上花岔乡、税务局等5个单位被评为精神文明建设先进单位；三角城乡、机关工委等5个单位被评为党建工作先进单位；连搭乡、中连川乡等5个乡被评为计划生育工作先进单位；青城乡、武装部等69个单位被评为目标管理一等奖；夏官营镇、统计局等11个单位被评为目标管理二等奖。

1994年，纪检委、农行榆中支行、金崖乡等21个单位被评为优秀单位；县委办公室等78个单位被授奖；三角城乡、金崖乡、机关工委等5个单位被评为党建工作先进单位；公安局、水电局、甘草店乡等5个单位被评为精神文明先进单位；和平乡、青城乡、公安局等5个单位被评为综合治理先进单位；小康营乡、夏官营镇、贡井乡等5个单位被评为计划生育先进单位；青城乡等54个单位或个人获得农业保粮增收奖；金崖乡等20个单位获得乡镇企业跨台阶超产奖；城关镇北关村等10个单位被评为发展乡镇企业十佳村；甘草水泥厂等10个单位被评为十佳乡镇企业；太平堡恒温库等8个单位获得新项目开发奖；县水泥厂、和平乡、农行榆中支行等5个单位获得科技进步奖。

1997年，金崖乡、甘草店乡、公安局等9个单位被评为党建工作先进单位；甘草店乡、龙泉乡、经贸局等8个单位被评为精神文明建设先进单位；城关镇、小康营乡、财政局等8个单位被评为社会治安综合治理工作先进单位；乡企局、林业局2个单位获得争创全省先进奖；植物农药厂、集雨办（集雨灌溉作物综合高产栽培试验示范小组）2个单位获得科技进步奖；甘草水泥有限责任公司、县水烟公司、北山水泥厂等5个单位获得纳税大户奖；马坡乡、中连川乡、来紫堡乡等19个单位获得农业重点工作奖；和平乡、甘草店乡、城关镇等7个单位获得发展乡镇企业先进奖；城关镇、甘草店乡、梁坪乡等8个单位获得计划生育工作先进单位称号；

纪委、政法委、农业局等8个单位获得帮村扶贫先进单位称号；甘草店乡、城关镇、青城乡等101个单位获得综合目标奖。

1999年，共有94个单位和乡镇获得综合目标管理奖，其中和平镇、组织部、集雨办等27个单位获得双文明单位称号；三角城乡、县委办、电信局等65个单位获得一等奖；梁坪乡、物价局2个单位获得二等奖；和平镇、马坡乡、宣传部等13个单位获得发展奖；甘草水泥集团有限责任公司、计划委、集雨办等14个单位获得贡献奖；民政局、统计局、城关镇等6个单位获得省级部门表彰；城关镇、建设局、北关村等6个单位获得兴办实事成效显著奖；金崖镇、来紫堡乡、教育局等10个单位获得"两基"达标先进单位称号；尤占海、金得玉、王维中等100人获得"两基"达标先进个人称号；甘草水泥集团有限责任公司、榆中建筑实业有限集团公司、贡马水泥有限责任公司等6个单位获得"五好"企业称号。

2003年，共有119个单位和乡镇（垂直部门25个）获得综合目标管理奖，其中和平镇、国土局、国税局等38个单位获得一等奖；连搭乡、科技局、交警支队等81个单位获得二等奖；规划国土资源局获得特殊贡献奖；酒钢集团榆中钢铁有限公司建设指挥部、金川公司兰州科技园建设指挥部、甘肃奇正藏药集团有限公司3个单位获得项目建设进度奖；和平镇、金崖镇、水利局等9个单位获得项目建设先进奖；财政局、农牧局、夏官营镇等20个单位获得争取资金奖；榆中烟草公司、农村信用社、榆中县电信局等8个单位获得纳税企业先进奖；三角城乡、来紫堡乡、公安局等10个单位获得"社会治安综合治理先进单位"称号；城关镇、金崖镇、工商局等13个单位获得"计划生育先进单位"称号。

2005年，共有101个单位和乡镇（垂直部门20个）获得综合目标管理奖，其中和平镇、水利局、国税局等47个单位获得一等奖；清水驿乡、县委办、食药监局等54个单位获得二等奖；和平镇、教育局、建设局等10个单位获得项目建设先进奖；发改委、教育局、劳保局等29个单位获得争取资金奖；酒钢集团榆中钢铁有限责任公司、甘草水泥集团有限公司、兰州贡马水泥有限公司等19个单位获得纳税企业先进奖；来紫堡乡、上花岔乡2个单位获得“劳务输转工作先进单位”称号；民政局、人事局、建设局等5个单位获得“帮扶工作先进单位”称号；兰州蒋氏农产品有限公司、兰州庄园乳业有限公司、兰州瑞泰绿色食品有限公司等10个单位获得“十佳龙头企业”称号；授予岳善民、张学良、冯康民等10人“十大种植户”称号；授予曾善和、赵正喜、周希知等10人“十大养殖户”称号；兰州大学榆中校区、甘肃省农科院榆中园艺场等5个单位获得“造林绿化先进集体”称号；授予王存福、邵国宏等5人“造林绿化先进个人”称号。

2008年，共有104个单位和乡镇（垂直部门23个）获得综合目标奖，其中和平镇、发改委、政府办、国税局等51个单位获得一等奖；高崖镇、经贸委、组织部等53个单位获得二等奖。财政局、水利局、三电等26个单位获得争取政策性项目资金奖。发改委、交通局、定远镇等6个单位获得市列“打硬仗”项目实施单位奖。农牧局、公安局等7个单位分别获得“全国粮食生产先进县”“全国公安机关‘三基’工程建设先进集体”等国家各部委奖项。

2010年，共有94个单位和乡镇（垂直部门21个）获得综合目标奖，其中和平镇、财政局、法院等41个单位获得一等奖；三角城乡、工业和商务局、县委办等44个单位获得二等奖、哈岘乡、盐务管理局等9个单位获得三等奖。发改局、三角城乡、教育局等32个单位获得争取政策性项目资金奖。教育局、住建局、和平镇等17个单位获得项目建设优秀奖。

八、机构

1991年，设立榆中县计划经济委员会。1996年5月，县计划经济委员会与县物价局、县技术监督局合并组建榆中县计划委员会，物价局、技术监督局保留牌子，职能并入计划委员会。1998年3月，县计划委员会经济信息中心与县经济贸易局经济协作办公室、外资外贸管理办公室合并为榆中县经济协作信息中心，归口县计划委员会。2000年，编制24名，其中行政编制23名，事业编制1名。领导职数5名。2002年6月，榆中县计划委员会更名为榆中县发展计划委员会，内设综合计划办公室、农村经济发展办公室、社会事业发展办公室、项目建设管理办公室，原矿产资源管理办公室的职能划入榆中县规划国土资源局。2005年4月，县发展计划委员会和县人民政府经济体制改革委员会办公室整合组建榆中县发展和改革委员会，隶属机构有县物价局、县经济信息中心，内设股室有办公室、国民经济综合股、经济体制综合股、工业交通发展股、农村经济发展股、社会事业和固定资产投资股。2010年11月，县发展和改革委员会与县科学技术局、县物价局整合组建榆中县发展和改革局，隶属机构有县科学技术局、县物价局、县新农村建设办公室、县重大项目办公室、县经济体制改革办公室，内设股室有办公室、国民经济综合股、经济体制综合改革股、工业交通发展股、农村经济发展股、社会事业和固定资产投资股、榆中县科教兴县领导小组办公室、科技兴农股、科技兴工股、物价检查股。2010年底，编制27名，其中行政编制24名，工勤人员3名。领导职数4名。

第五节　民　政

一、基层政权建设

（一）行政区划

1991年，全县辖25个乡、3个镇（高崖、城关、夏官营）。1998年11月，和平、金崖、甘草店3个乡撤乡建镇。2002年7月，定远乡改设为镇。2003年1月，青城撤乡设镇。至2010年末，全县辖8个镇、15个乡。

（二）撤乡并村

1991年，全县辖28个乡镇、269个行政村、1567个社。2000年4月，撤销鲁家沟乡建制，将鲁家沟村的尾角岔村民小组（14户66人，耕地649亩），中岘子村民小组（15户67人，耕地1138亩），崖头岭村的崖头岭、周家岘、细岔湾、王家湾4个村民小组（149户669人，耕地5114亩），佐堤村的佐堤村民小组（36户159人，耕地1338亩），马圈沟村民小组（12户36人，耕地601亩），共计8个村民小组226户1027人，耕地8840亩，总面积66平方千米划归贡井乡管辖；将郝家湾村的郝家湾村民小组、徐家湾村民小组、宋家湾村民小组（69户304人，2090亩耕地），佐堤村的哈家窑村民小组（27户115人，1737亩耕地），白条湾村民小组（18户61人，755亩耕地），共计114户480人，582亩耕地，总面积31.2平方千米划归夏官营镇管辖；郝家湾、徐家湾、宋家沟、哈家窑、白条湾5个村民小组合并设立郝家湾村民委员会，村址设在郝家湾；划归贡井乡境内的鲁家沟村的鲁家沟、崔家沟、沟渠台3个村民小组（27户124人，2681亩耕地，总面积71.8平方千米），居住偏远分散，不便合并，由县政府负责在县内进行整体搬迁安置，其旧址由县林业局贡井林场负责使用；将原崖头岭村的细腰湾、周家岘村民小组及佐堤村的佐堤、马圈沟等4个村民小组（128户538人，耕地4524亩）合并设立佐堤村民委员会，村址设在周家岘。

2004年4月，撤销梁坪、垲坪、兰山、上庄4个乡。将原梁坪乡的大涝池村（140户594人，耕地3048亩）、大耳朵村（112户410人，耕地5409亩）划归金崖镇管辖；套岔岘村（143户543人，耕地5331亩）划归贡井乡管辖；宣家岔村（83户365人，耕地3181亩）、瓦子岘村（110户440人，耕地4170亩）划归哈岘乡管辖。将原垲坪乡（925户3900人，耕地25268亩）划归中连川乡管辖。将原兰山乡（2022户8468人，耕地11901亩）整体划归和平镇管辖。将上庄乡（1930户7964人，24948亩）划归马坡乡管辖。至2010年底，全县实辖8个镇、15个乡、268个行政村、1617个村民小组。

（三）村委会换届选举

1991—2010年，全县村民委员会共进行6次换届选举，即1995年10月、1999年1月、2001年10月、2004年10月、2007年11月、2010年11月。在每次换届选举工作中，县委、县人大常委会成立由组织、民政、公安、农业、宣传等部门组成的选举委员会，负责指导和监督全县的村民委员会换届选举工作，各乡镇、村也成立相应的选举机构。在选举程序上按照确认选民资格、民主提名、投票选举、公布选举结果、检查指导等程序进行。

二、城市社区建设

2003年3月，县上成立社区劳动保障服务机构，即社区居民委员会，全县按区域划分为4个社区居民委员会。文成路社区居民委员会辖文成路、西关新村、栖云南路的单位及住宅区。兴隆路社区居民委员会辖兴隆路的单位及住宅区。一悟路社区居民委员会辖一悟路、政府路、太白东路及其以南的单位和住宅区。栖云北路社区居民委员会辖栖云北路、太白东路及其以北的单位和住宅区。2006年，争取市上“星光计划”资金40万元，县上协调解决28万元，建成社区办公用房及活动中心。2007年，出台《榆中县关于开展创建“和谐社区”活动的实施意见》，协调卫生、科技、劳动、教育、法律等服务进社区。社区成立“劳动保障服务站”，配备8名工作人员，抓下岗职工再就业和城市低保工作。从低保对象中配备综治员80名，负责社区的社会治安综合治理工作；开发社区服务岗位88个。2010年，制定社区中长期发展规划。

三、社会保障

（一）救济、救灾

榆中县属多种自然灾害多发区，几乎每年都有以干旱为主的各种自然灾害。灾害发生后，县委、县政府及时组织灾民开展生产自救活动。进行倒茬种植，实行以秋补夏，努力将损失降到最低程度；组织灾民实行劳务输出，在有条件的地区开展工副业或通过以工代赈等办法，确保灾民的生活不受大的影响；组织开展邻里互救、互助互济活动。确保部分受灾较重的群众在政府救灾物资到位前的基本生活。在组织灾民开展生产自救、确保灾区群众情绪稳定、灾民基本生活得到保障的同时，向上级部门争取资金和县级财政自筹资金，以最快的速度把救灾款物发放到灾民手中。动员和号召全县党政机关、企事业单位广泛开展“一帮一，手拉手”帮扶活动。通过县级领导干部包乡、部门包村、机关干部包户等措施，确保受灾地区群众特别是重灾户的生产生活不受大的影响。1991—1995年，下拨救灾救济款642.1万元。1996—2000年，下拨救灾款1463.4万元。2001—2005年，下拨救灾款1593.8万元。2006—2010年，下拨救灾款2183万元，其中2010年榆中“8·8”特大暴雨灾害发生后，下拨救灾资金12.4万元，发放大米1200千克、面粉3000千克、食用油600千克、棉被33床、帐篷5顶、棉褥33床、雨披400件。县上四大家领导带队慰问抗洪救灾部队官兵，发放价值10万元的慰问品。

（二）五保户供养

1991年，全县有五保户331户405人，其中连搭、金崖、三角城、甘草店、小康营5所敬老院集中供养37户39人，年人均支出供养经费500元。其经费来源为县、乡、村共同负担，即县民政局从下拨的社会救济款中对五保户给予适当倾斜和照顾，乡（镇）、村社从“两金两费”“公益金”中提取一定比例的资金对五保户给予照顾和救助，确保五保户的生活水平不低于当地村民的平均生活水平。2000年，全县分散供养五保户314户398人。新建和平、定远两所敬老院，全县10所敬老院供养五保户52人。2002年，县民政局下拨资金8.5万元，维修和粉刷金崖、连搭、三角城3所敬老院。2005年农业税取消后，五保户供养经费由国家负担，其

1991—2010年县民政局下拨救灾救济款统计表

表4-3-2　　单位：万元

年度	救灾救济款	年度	救灾救济款
1991	56.3	2002	136
1992	50.7	2003	179
1993	59.8	2004	228
1994	80.3	2005	225.3
1995	395	2006	604
1996	968.9	2007	120
1997	180.5	2008	469
1998	76	2009	655
1999	121	2010	335
2000	117	合计	5882.3
2001	825.5		

供养经费标准为每人每月100元。2005年12月，全县有五保户475户，全部享受每人每月100元的供养标准。所有五保户参加农村合作医疗保险，医药费除在县合作医疗管理局按规定报销外，由县民政局实报实销。2008年，审批发证的农村五保户有1329户1335人，其中集中供养150人，分散供养1185人。2009年，农村五保户人均供养经费提高至1800元。2010年，全县有农村五保户1518户1525人，发放五保供养金274.5万元。

（三）农村特困救助

1991年，农村特困群众指年人均收入不足200元的农村人口，1995年调整为不足300元的，2000年调整为不足400元的，2005年调整为不足600元的农村人口，2010年调整为不足1100元的农村人口。农村特困群众的救助主要通过县民政局下拨的救灾救济款中优先给予救济和照顾。各乡镇、各村社在发放救灾救济款时，优先将本村社特困户纳入救济范围。自然灾害严重时，县、乡政府发动社会各界，通过“手拉手，一帮一”等方式对农村特困群众给予救助。

（四）城乡居民最低生活保障

1998年12月，县政府印发《榆中县城市居民最低生活保障试行办法》，榆中县城市居民最低生活保障制度启动，保障对象是家庭月人均收入低于最低生活保障标准（100元人民币）的榆中县非农业户口的城市居民。1999年，保障人数为582户1728人，发放低保金16.29万元。2003年12月，县政府印发《榆中县城市居民最低生活保障实施细则》，保障对象进一步扩大，保障人数为2.33万户5.39万人，发放低保金437.53万元。2004年8月，将低保对象分为四类，按类发放低保金。在申报时间上，第一、二类人员每半年申报审核一次；第三类人员每季度申请审核一次；第四类人员每月申请审核一次。城市居民最低生活保障资金按照国家补助、地方配套的办法筹措，采取专户存储、专账管理、封闭运行、专款专用的办法予以发放。低保对象凭县民政局核发的甘肃省榆中县城市居民最低生活保障金领取证到代办金融机构领取低保金。2007年，榆中县全面启动农村低保工作。将符合条件的农村困难群众5584户1.66万人纳入保障范围，第一季度发放低保金149.7万元。2010年，城市发放低保金780.95万元，农村发放低保金2315.59万元。

1999年10月—2010年12月榆中县城市居民最低生活保障金发放情况统计表

表4-3-3 单位：万元

年　度	户数	人数	年度金额
1999	582	1728	16.3
2000	582	1728	16.3
2001	840	2496	16.3
2002	12908	30330	256.3
2003	23344	53882	437.5
2004	23391	53306	429.5
2005	23331	53166	462.1
2006	23481	53496	461.1
2007	20409	45660	474.7
2008	23820	51279	532
2009	24648	54359	652.7
2010	25872	56381	781

（五）城乡医疗救助

2006年，榆中县农村特困群众医疗救助工作启动实施，制定出台《榆中县农村特困群众医疗救助实施细则》和《榆中县农村特困群众医疗救助资金管理办法》。发放医疗救助金55.64万元。其中审批救助181人次，支付救助金28.68万元；救助农村特困群众及五保户6355人。2006—2007年，为农村特困群众缴纳合作医疗保险金12.71万元；给475名五保户每人解决医疗费300元，共计14.25万元。2007年，开始救助城市患有重大疾病的困难居民。全县1335名五保户和5880名特困对象全部纳入农村新型合作医疗，个人缴费部分由特困群众医疗资金垫付。2008年，将400名城市

一、二类低保对象纳入城市医疗保险和农村新型合作医疗范畴，对符合医疗救助条件的596名农村特困群众实施大病医疗救助，发放救助资金181万元。2009年，医疗救助患重大疾病的城乡困难群众1075人，救助金额279.64万元（其中农村874人，救助金额230.6万元；城市201人，救助金额49.04万元）。2010年，出台《榆中县城乡居民医疗救助实施细则》，医疗救助患重大疾病的城乡困难群众1654人，救助金额709.40万元（其中农村1493人，救助金额599.74万元；城市161人，救助金额109.66万元）。为农村困难群众6614户21827人缴纳新型合作医疗保险金65.48万元，为城市困难群众3375人缴纳医保金10.13万元。

（六）临时救助

2010年，出台《榆中县困难家庭临时救助实施细则》，救助因火灾、房屋倒塌等灾害造成临时性生活困难的家庭351户1088人，发放临时救助金175.52万元。

四、拥军优属

（一）优待抚恤

1. 农村义务兵家属优待

1991年12月，县政府出台《榆中县军人抚恤优待办法》，对义务兵家属实行以户优待，以乡镇统筹。对在部队立功受奖的给予适当优惠。2001年12月，县政府印发《榆中县义务兵家属优待金以县统筹试行办法》，自2002年起，全县农村义务兵家属实行以县统筹，集中发放。优待标准为全县上年度农民人均纯收入（以县统计局公布的数据为准）。

1991—2010年农村义务兵家属优待金兑现情况统计表

表4–3–4

年度	兑现户数	兑现金额（元）	户均金额（元）	备 注
1991	574	100452	175	优待面 100%
1992	551	129660	235.32	优待面 100%
1993	567	279519	492.98	优待面 100%

续表

年度	兑现户数	兑现金额（元）	户均金额（元）	备 注
1994	586	306209	522.54	优待面 100%
1995	677	431418	637.25	优待面 100%
1996	638	597465	935	优待面 100%
1997	575	415725	723	优待面 100%
1998	542	639560	1180	优待面 100%
1999	590	706820	1198	优待面 100%
2000	339	482934	1424.5	优待面 100%
2001	399	600486	1504	优待面 100%
2002	399	598500	1500	优待面 100%
2003	355	566935	1597	优待面 100%
2004	343	577612	1684	优待面 100%
2005	341	605616	1776	优待面 100%
2006	370	690420	1866	优待面 100%
2007	328	644520	1965	优待面 100%
2008	317	660311	2083	优待面 100%
2009	337	806441	2393	优待面 100%
2010	324	890352	2748	优待面 100%

2. 复员军人定期定量补助

1991年，全县有在乡老复员军人1101名，其中306名系从部队复员安置到地方单位工作人员、1960—1962年精减下放人员，上述人员每人每月享受原在职工资的40%，其余795名每人每月享受25元定期补助。此后随着全县社会经济的发展，在乡老复员军人定期补助金逐年提高。1995年，全县有在乡老复员军人1046人，定期补助标准提高到每人每月30元，1997年提高到每人每月45元，1998年提高到每人每月50元。2000年，全县有在乡老复员军人868人，定期补助金提高到每人每月75元，2002年提高到每人每月90元，2003年提高到每人每月130元。至2005年，全县有在乡老复员军人823人，定期补助金每人每月180元。2009年，全县有在乡老复员军人738人，定期补助金每人每月305元。

在乡老复员军人定期补助金发放统计表

表4-3-5

年份	人数	月人均发放（元）	年发放总数（万元）	备　注
1991	1101	25	33.03	
1995	1046	30	37.66	
2000	868	75	78.12	
2005	823	180	177.8	
2009	738	305	270.11	

3. 伤残军人抚恤

1991年，全县共有革命伤残军人113名，其中特等伤残1名，一等3名，二等甲级5名，二等乙级16名，三等甲级35名，三等乙级53名。2000年，全县革命伤残军人增加到118人。对革命伤残军人的抚恤补助，在乡为伤残抚恤金，在职为伤残保健金。2004年8月，取消伤残军人在职在乡的区别，调整改变伤残等级的称谓，将原特等至三等乙级改变为一至十级。2010年，全县有伤残军人113人。

1990—2005年革命伤残军人抚恤（保健）金变化统计表

表4-3-6　　单位：元

等级	1990 年		1995 年		2000 年		2005 年
	抚恤金（在乡）	保健金（在职）	抚恤金（在乡）	保健金（在职）	抚恤金（在乡）	保健金（在职）	抚恤金
特等（公）	1440	216	2100	420	5840	1150	11200
一甲（战）	920	140	1250	288	2480	515	10440
二甲（公）	830	140	1150	268	2370	495	10080

续表

等级	1990 年		1995 年		2000 年		2005 年
	抚恤金（在乡）	保健金（在职）	抚恤金（在乡）	保健金（在职）	抚恤金（在乡）	保健金（在职）	抚恤金
二甲（病）	760	140	1070	250	2280	475	9600
二乙（战）	656	122	856	231	1680	420	9200
二乙（公）	590	122	780	214	1600	400	8960
二乙（病）	554	122	740	210	1560	390	8400
三甲（战）	416	98	536	174	1050	320	7800
三甲（公）	400	98	516	160	1030	300	7280
三甲（病）							6600
三乙（战）	342	82	442	132	930	265	6000
三乙（公）	342	82	442	132	930	255	5600
三乙（病）							5040
一等（公）	1260	184	1740	342	4470	940	10800

2010年革命伤残军人抚恤金标准表

表4-3-7 单位：元/年

残疾等级	残疾性质	抚恤金标准
一级	因战	28690
	因公	27780
	因病	26870
二级	因战	25960
	因公	24600
	因病	23680

续表

残疾等级	残疾性质	抚恤金标准
三级	因战	22770
	因公	21410
	因病	20040
四级	因战	18670
	因公	16850
	因病	15490
五级	因战	14580
	因公	12750
	因病	11840
六级	因战	11390
	因公	10780
	因病	9110
七级	因战	8660
	因公	7740
八级	因战	5470
	因公	5010
九级	因战	4550
	因公	3640
十级	因战	3190
	因公	2730

注：从2010年10月1日起执行。

4. “三属”抚恤

“三属”指革命烈士家属、因公牺牲军人家属和病故军人家属。

1991—2004年9月30日期间的标准：烈士40个月工资，因公牺牲20个月工资，病故10个月工资。2004年10月1日实行的《军人抚恤优待条例》标准：烈士80个月工资，因公牺牲40个月工资，病故20个月工资。月工资或津贴低于排职少尉军官的，按照排职少尉军官工资标准发给其遗属一次性抚恤金。1991年，全县“三属”总数为113户，其中烈士家属41户，因公牺牲、病故军人家属72户，上述对象全部享受定期定量补助。2010年，全县“三属”总数37户，其中烈属17户，病故军属15户，因公牺牲军属5户。“三属”的定期补助同革命伤残军人一样，也随着社会经济的发展而不断提高。

（二）安置复转军人

1991—1998年，安置符合条件的退役士兵。1998年后，推进城镇退役士兵自谋职业，对符合安置条件，要求自谋职业的城镇退伍军人进行货币安置，发放自谋职业补助金。2006年，对2002年以来未安置或安置未上岗的89名安置对象发放自谋职业补助金165万元。2007年，对89名安置对象发放自谋职业补助金76万元。2008年，对要求自谋职业的7名城镇退伍军人进行货币安置，发放自谋职业补助金16.5万元。2009年，对符合安置条件的52名城镇退伍军人进行货币安置，发放自谋职业补助金66.4万元。2010年，为36名退役士兵及转业士官发放自谋职业补助金71万元。

（三）双拥工作

1991年1月，成立榆中县国防教育、军民共建共育领导小组和榆中县双拥工作协调领导小组，召开全县“双拥”工作会议。同年11月，召开全县争创“双拥模范县”广播动员大会。1992年4月，县双拥办公室出台《“四大班子”联系驻军制度》《军地联谊走访慰问制度》《分级负责处理军地遗留问题制度》《对义务兵服役期间实行优惠制度》和《军地联席会议制度》等双拥规章制度，出台《双拥模范乡、镇标准》《双拥模范村（居）组标准》《双拥先进个人标准》和《双拥先进企业单位标准》。同年11月，榆中县第一次被省委、省政府、省军区命名为全省“双拥模范县”。1995年8月16日至9月5日，“西部-95”演习部队途经榆中

1991—2010年“三属”定期补助标准变化情况统计表

表4-3-8

年份	烈属户数	月补金额（元）	病故军属户数	月补金额（元）	因公牺牲军属户数	月补金额（元）	年补金额（元）
1991	41	25	49	20	23	25	30960
1995	24	60	23	55	13	50	40910
2000	28	135~140	24	130~135	16	135~140	91280
2005	19	195	24	185	6	190	111420
2010	17	662（城镇） 397（农村）	15	558（城镇） 363（农村）	5	593（城镇） 379（农村）	

图 4-3-2　榆中县举办“双拥”军地文艺联欢会
（2006 年 4 月 18 日摄）

县，县委成立榆中县支前委员会，制定支前拥军工作实施方案。举行欢迎演练部队大会，赠送慰问品，举办慰问文艺演出等。1996年12月，榆中县第三次被省委、省政府、省军区命名为全省双拥模范县。1998年，出台《榆中县义务兵家属优待金以县统筹暂行办法》《榆中县退伍士兵安置暂行办法》《榆中县拥军优属、支持部队建设暂行办法》，印发《榆中县1998—2000年巩固发展双拥模范县成果三年规划》。1999年，县政府印发《榆中县义务兵家属优待金以县统筹试行办法》《榆中县义务兵家属优待金以县统筹实施细则》。12月，榆中县被省委、省政府、省军区命名为全省“双拥模范县”。2003年2月，开展特色创建和联片共建活动。重点开展兰（州）天（水）双拥文明线榆中段的创建工作。同年7月，榆中县被市委、市政府、兰州警备区评为“双拥先进县”。2008年，在全市双拥工作会议上，马坡、新营等11个乡镇被评为双拥模范乡镇，小康营、哈岘等3个乡镇被评为拥军优属模范乡镇，县委宣传部、县文体局、教育局等6个单位被评为双拥工作先进单位，2人被评为双拥工作先进个人。2010年，组织开展双拥活动，争创全省双拥模范县“七连冠”。为驻榆部队送图书1000册，举办由16支军地代表队参加的“双拥杯”军地篮球联谊赛，制作宣传牌76块，举办双拥和国防教育大型图片展览。“3·12”植树节驻榆部队官兵参加驻地大型绿化和全民义务植树活动，建成规模较大的国防林、双拥林。

五、社会性事务管理

（一）婚姻登记管理

1991 2001年，婚姻登记工作由乡镇代办，每个乡镇设专职婚姻登记人员1名，负责本乡镇的结婚登记。依法申请登记结婚11470对。其间，男女双方自愿离婚的，须到县民政局办理离婚手续。2002年后，撤销各乡镇婚姻登记管理机构，收回至县民政局统一办理。只在青城、贡井、高崖三乡镇设立登记点。2005年，撤销高崖登记点。2002—2005年，申请初婚结婚登记8493对，再婚136对，申请离婚328对。2006—2010年，申请初婚结婚登记11886对，再婚408对，申请离婚1093对。

（二）殡葬管理

1991—1993年，政府倡导火葬，引导广大群众改变丧葬观念。出台《榆中县土葬改革和殡葬用品管理实施办法》。1994年，和平牡丹园公墓区经省民政厅批准成立。1997年2月，经省民政厅批准，将大青山公墓搬迁至来紫堡乡冯湾村白家坪，成立榆中县殡葬服务中心万眼泉公墓安置区和兰州市东区穆斯林公墓管理所。其中万眼泉公墓安置区占地114.2亩，属公益性公墓安置区。穆斯林公墓管理所占地200亩，属经营性墓地。同年，大青山搬迁至万眼泉公墓安置区的坟墓8273具（其中无主坟墓1971具），由大青山转入万眼泉安置区的预占空穴3782个。2005年4月，成立“榆中县殡葬管理所”。配备专门管理人员，协调解决榆中县和平牡丹园长期遗留的问题。至2005年底，和平牡丹园公墓区售墓穴1437个，其中建墓223个，安葬530个。万眼泉公墓安置区安葬骨灰730穴，由大青山搬迁到穆斯林公墓区的坟穴1303具。

2008年，清理整顿全县公墓和殡葬用品制销商铺。同年，万眼泉公墓区经省、市审批，成为经营性公墓区。2009年清明节期间，开展“殡葬执法周”活动，检查丧葬用品商铺26家，查处违法经营祭祀用品商户4家，查收并销毁封建迷信丧葬用品800件，集中整顿乱葬乱埋，四处零落浪费土地，违法公墓、尸体葬等不良行为和群众反映的强烈问题。2010年清明节期间，组织公安、工商、土地、行政执法等部门检查整治县城及周边乡镇乱摆、乱挂、乱售丧葬用品行为，取缔4户非法经营户，清理整顿城关镇朱家湾村、兴隆山村私自非法买卖墓穴活动，检查牡丹园和万眼泉公墓区卫生状况，清理垃圾10吨。

（三）社团管理

1991年后，民政部门对社会团体的登记管理逐渐纳入。1999年起，依据《社会团体登记管理条例》规定，登记县内开展活动的学术性、行业性、专业性和联合性四类社会团体，纳入正常管理。1999—2005年，登记社会团体24个，并颁发社会团体法人登记证书，全县社会团体在法律规定的范围内开展活动。至2010年底，全县登记社会团体59个。

1991—2010年县民政局登记注册的社会团体名单

表4–3–9

单位名称	主管机关	批准时间
榆中县基督教三自爱国协会	宗教局	1991 年 3 月 24 日
榆中县伊斯兰教协会	宗教局	1994 年 6 月 15 日
榆中县道教协会	宗教局	1995 年 10 月 10 日
榆中县佛教协会	宗教局	1997 年 4 月 22 日
榆中县红十字协会	卫生局	1998 年 9 月 17 日
榆中县个体劳动协会	工商局	1991 年 3 月 7 日
榆中县私营协会	工商局	1991 年 3 月 7 日
榆中县消费者协会	工商局	1991 年 9 月 13 日
榆中县慈善协会	民政局	1998 年 7 月 1 日
榆中县兴隆书画协会	文体局	1991 年 7 月 25 日

续表

单位名称	主管机关	批准时间
榆中县苑川文学会	文体局	1991 年 9 月 13 日
榆中县摄影学会	文体局	1991 年 9 月 15 日
榆中画院	文体局	2005 年 6 月
榆中县农学会	科协	1991 年 11 月 25 日
榆中县文化市场发展协会	科协	2006 年 10 月 24 日
榆中县计生协会	计生局	1998 年 7 月 1 日
榆中县农业生产资料行业协会	县联社	2003 年 4 月
榆中县质量技术监督协会	监督局	2004 年 5 月 31 日
榆中县医疗保险协会	医保局	2005 年 1 月 1 日
榆中县乡镇企业协会	乡企局	2005 年 5 月 30 日
榆中县兴隆文化研究协会	文体局	2005 年 11 月 12 日
榆中县养羊协会	农牧局	2003 年 12 月 31 日
榆中县青城农民科技协会	农牧局	2004 年 4 月 14 日
榆中县农资协会	农牧局	2005 年 10 月 31 日
榆中县城关镇南关幼儿园	教育局	2006 年 8 月 25 日
榆中县琴韵艺术学校	教育局	2007 年 8 月 27 日
榆中县教育发展促进会	教育局	2007 年 12 月 17 日
榆中县理工职业学校	教育局	2007 年 12 月 17 日
榆中县中连川乡中连川村发展互助资金协会	扶贫办	2008 年 3 月 12 日
榆中县中连川乡陡泉湾村发展互助资金协会	扶贫办	2008 年 3 月 12 日
榆中宏大英语培训学校	教育局	2008 年 7 月 8 日
兰州榆中高新农业苗木培育中心	农业局	2008 年 9 月 2 日
榆中县农产品行业协会联合会	县供销联社	2009 年 5 月 26 日

续表

单位名称	主管机关	批准时间
榆中县高崖镇树梓沟村发展互助资金协会	扶贫办	2009 年 10 月 15 日
榆中县银山乡小水子村发展互助资金协会	扶贫办	2009 年 10 月 15 日
青城镇东滩农民用水户协会	水利局	2009 年 11 月 16 日
三角城乡双店子村农民用水户协会	水利局	2009 年 11 月 30 日
连搭乡张家坪村农民用水户协会	水利局	2009 年 11 月 30 日
连搭乡连搭村农民用水户协会	水利局	2009 年 11 月 30 日
来紫堡乡骆驼巷村农民用水户协会	水利局	2009 年 11 月 30 日
夏官营镇裴家窑农民用水户协会	水利局	2009 年 11 月 30 日
榆中县新营镇黄坪村发展互助资金协会	扶贫办	2010 年 1 月 5 日
榆中县龙泉乡水泉湾村发展互助资金协会	扶贫办	2010 年 1 月 5 日
榆中县篮球协会	文体局	2010 年 1 月 19 日
榆中县慈善协会	民政局	2010 年 7 月 19 日
榆中县老年书画协会	老干局	2010 年 9 月 1 日
榆中县金崖镇金崖村农民用水户协会	水利局	2010 年 9 月 1 日
榆中县金崖镇窦家营村农民用水户协会	水利局	2010 年 9 月 1 日
榆中县来紫堡乡方家泉幼儿园	教育局	2010 年 9 月 1 日
榆中县城关镇新苗幼儿园	教育局	2010 年 9 月 1 日
榆中县和平镇阳光幼儿园	教育局	2010 年 9 月 1 日
榆中县连搭乡育英幼儿园	教育局	2010 年 9 月 1 日
榆中县三角城乡丁官营幼儿园	教育局	2010 年 9 月 1 日
榆中县夏官营镇中河堡村农民用水户协会	水务局	2010 年 9 月 20 日
榆中县金崖镇古城村农民用水户协会	水务局	2010 年 9 月 20 日
榆中县定远镇董家湾村农民用水户协会	水务局	2010 年 9 月 20 日

续表

单位名称	主管机关	批准时间
榆中县三角城乡化家营村农民用水户协会	水务局	2010年9月20日
榆中县三角城乡下彭家营幼儿园	教育局	2010年11月22日
兰州市欣远职业培训学校	市人社局	2010年11月22日

（四）收养登记

1991—2010年，依据《中华人民共和国收养法》办理收养登记51人。

（五）慈善事业

1998年，收到捐款24.63万元，支出19.96万元。1999年，收到捐款10.96万元，支出1.7万元。2000年，收到捐款32.75万元，支出8.79万元。2001年，收到捐款9000元，支出8.52万元。2002年，支出3.91万元。2003年，收到扶贫济困捐款5.59万元，支出3.18万元。2004年，支出1.58万元。2005年，收到海啸捐款5.31万元，支出8.33万元。2006年，收到捐款18.5万元，救助74名困难大学生。2008年，全县接收捐款401.4万元，为陇南地区文县、康县、武都区、宕昌县等灾区捐赠现金200万元和价值30万元的救灾物资。全县开展“向地震灾区献爱心、送温暖”活动，收到捐款6.21万元，棉被（褥）401件，棉衣（裤）及毛衣641件，其他物资231件。2009年，组织开展“慈善一日捐”活动，收到来自全县机关、学校、企事业单位捐款50.2万元。2010年，县内持续旱灾期间，动员社会各界捐款、捐物，“慈善一日捐”活动接收捐款16.37万元；驻兰部队为北山6个乡镇送水1200吨。青海玉树发生地震后，动员全县干部群众捐款献爱心，收到捐款76.5万元。

六、机构

1991年，县民政局编制15名，领导职数3名，其中局长1名，副局长2名。1994年，县民政局编制20名（其中民政局12名，残联3名，农村社会养老保险管理办公室5名）。1998年1月，农村社会养老保险业务划归社会保险局管理。1998年3月，县残疾人联合会从县民政局分离，为政府直属工作部门。2000年，编制13名，其中行政编制12名，事业编制1名。领导职数3名。2002年8月，成立“榆中县城乡居民最低生活保障办公室”，事业单位，科级建制。2003年6月，县老龄办归口县民政局管理。2005年，县民政局（老龄办）新增编制1名。2010年12月，编制13名，其中行政编制12名，工勤人员1名。领导职数4名。下设双拥办、低保办、老龄办、婚姻登记办、殡葬管理所、基层政权办、救灾救济办、社团登记办、大病救助办9个办公室（所）。

第六节　人　事

一、机构编制管理

1991年，全县机构设置：县委部门11个，人大工作机构5个，政府工作部门34个，政协工作机构5个，团体4个。乡25个，镇3个。临时性机构25个。全县县级事业机构2个。全县行政编制1378名，实有1225人。全县事业编制7387名，实有6773人。1996年，在机构编制方面进行较大调整改革，改革后，县委设机构5个，县政府设机构25个。全县28个乡镇改革划分为三类，一类乡1个，定编30名；二类乡镇16个，定编21名，三类乡镇11个，定编16名，总编制531名。党政机构设30个，核定行政编制530名，比改革前减少24人，精简4.3%。在1996年完成机构改革后的6年中，机构编制再次呈现回升趋势。2001年底，县直党政群机构增至50个，人员编制756名。2002年6月进行县乡机构改革。改革后，县级党政机构设28个，其中县委部门6个，县政府部门22个。核定榆中县、乡（镇）党政机关行政编制830名，其中县级党政群机关行政编制401名，乡镇机关行政编制429名。政法系统行政编制262名。2005年，榆中县制定《榆中县人民政府机构改革方案》，调整后的县人民政府设置工作部门24个（不含合署办公机构），直属事业单位11个。全县县级党政群政法机关59个，编制821名，实有人员825名，其中行政编制732个，公务员实有729名。全县事业单位167个，编制7129名，实有人员6785名，其中专业技术干部编制5191名，实有人员5301名。23个乡镇行政编制432名，公务员实有400名；事业编制602名，实有人员459名。2010年底，县政府设置工作部门25个，县委工作部门13个。

二、干部管理

（一）干部录用

1991年，榆中县在1984年底以前在册的民办教师中选招公办教师，从国家机关、事业单位工人中择优录用干部，在全民所有制企业中聘任干部，在大中专毕业生中通过统一分配吸收干部。1991—1998年，转正录用民办教师1051名，吸收录用“以工代干”人员213名，录用非在职“五大生”258名。1991—2005年底，接收安置军队转业干部15名。1992年，在全县“五大”毕业生中聘用干部到农村一线工作。当年聘用65名非在职“五大”毕业生。1994年后，凡符合报名条件的非“五大”毕业生参加乡镇聘用制干部和国家公务员的公开招考。1996年，对统招统分的大中专毕业生，分配原则上倾斜于南北山区及企业。1998年，鼓励、引导毕业生到多种所有制形式的企事业单位就业。同年8月，1116名机关工作人员参加公务员过渡考试。1998—2005年底，提拔、招考录用国家公务员222名。接收分配、招考录用专业技术干部419名。聘用工勤人员25名。2000年，大中专毕业生分配采取用人单位和毕业生双向选择、自主择业的就业方式。2001年后，建立“不包分配、竞争上岗、择优录用”的机制，鼓励和引导大中专毕业生到非国有制单位就业或自主创业。2006年3月，分配108名非师范类本科以上毕业生到县内卫生教育系统及乡镇工作。5月，安置10名考核合格的2003年选拔的特困生和“大学生志愿西部计划”的榆中生源毕业生。8月，招聘录用53名本科毕业生和公开招考74名专科毕业生。2007年5月，分配41名卫生类本科毕业生到县内卫生系统工作，分配64名非师范类本科毕业生和乡镇基层服务生到乡镇政府工作。9月，招考聘用83名师范类大专以上毕业生为教师。10月，录用11名高校毕业生为国家公务员。12月，选拔15名“进村（社区）”高校毕业生和37名“三支一扶”高校毕业生到基层农村工作，其中15名“进村(社区)”，4名支教，33名支农、支医。2008年8月，选拔聘用10名师范院校优秀毕业生到县城两所高中任教。9月，在全县师范类大专以上毕业生中公开招聘录用82名教师。11月，招聘91名医疗卫生类大中专毕业生到乡镇卫生院工作。招聘59名非师范类大专以上毕业生到乡镇事业单位工作。招聘13名非师范类大专以上毕业生到县属事业单位工作。2009年2月，安置在榆中县服务期满的15名基层服务生和3名西部志愿者就业。3月，安置17名榆中县2005年以前基层服务生。9月，选拔引进12名师范院校优秀毕业生到县城两所高中任教。11月，安置104名榆中县农村纯农户中零就业家庭普通高校本科以上毕业生就业。招考录用91名普通高校毕业生到乡镇卫生院工作。12月，招考录用13人到乡镇畜牧兽医站工作。2010年3月，安置在榆中县服务期满的17名基层服务生到各乡镇政府工作。7月，选拔引进9名优秀师范院校本科毕业生任教。11月，选拔录用24名普通高校毕业生进村进社工作，173名高校毕业生到乡镇卫生院工作，113名高校毕业生到农村中小学任教。

（二）干部考核

1. 行政干部和国家公务员的考核

1993—1998年，榆中县行政干部实行年度考核，考核的内容包括德、能、勤、绩四个方面，重点考核工作实绩。考核等次为优秀、称职、基本称职三个等次。1999年后，榆中县公务员的考核等次为优秀、称职、基本称职、不称职四个等次，优秀等次掌握在10%左右，最高不超过15%。考核方法实行领导与群众相结合，平时与定期相结合，定量与定性相结合的方法。考核分为平时考核和年度考核，平时考核的分值占年度考核的60%。

2. 专业技术人员的考核

1993—1998年，事业单位管理人员、专业技术人员的考核遵照《事业单位考核工作暂行办法》的规定执行。考核内容包括德、能、勤、绩四个方面，重点考核工作实绩。考核等次为优秀、合格、不合格三个等次。1999年后，考核等次为优秀、良好、合格、不合格四个等次。事业单位管理人员优秀不超过本单位管理人员、工人总数的10%，良好不超过15%。专业技术人员优秀比例不得超过同级人数的10%，良好比例不得超过同级人数的20%。考核结果与单位评选先进、开展奖励表彰工作紧密结合。

三、专业技术职务评聘

1991—1999年，县上根据市上下达的限额向各单位核准下达专业技术职务限额。1999年后，县职称改革领导小组办公室根据各单位专业技术人员实有人数和不同系列比例要求下达各单位专业技术职务限额。通过本人申请，单位考核推荐，由聘任单位提出拟任专业技术职务人员名单，经本单位初审写出推荐意见，主管部门审核，报相应系列相应级别评委会进行任职资格评审。至2005年底，各系列批准任职资格的有5469名，其中高级职务239名，聘任239名；中级职务2126名，聘任2126名；初级职务2599名，聘任2599名；未聘任505名，主要为没有定级的大中专毕业生。2006年，评选高级工程师2人，农艺师7人，兽医师1人，卫生技术高级职称6人，图书专业中级职称2人，工程师专业技术职称5人，盲人医疗按摩专业技术初级职称3人。确认中学高级教师职称50人，中学一级教师职称1人，小学高级教师职称1人。对取得国家承认学历的295名中专以上学历毕业生直接确定相应的专业技术职务。2007年，评选农艺师5人，兽医师5人，工程师15人，林业工程师6人，具备中级专业技术职称19人，卫生技术副高级职称7人，高级讲师职称1人。对取得国家承认学历的283名中专以上学历毕业生直接确定相应的专业技术职务。2008年，评选高级农艺师5人，农艺师15人，兽医师1人，工程师3人，林业工程师3人，具备档案专业馆员职称2人，卫生高级职称9人。确认具备中学一级教师职称32人，中学高级教师职称25人，小学（幼儿园）高级教师职称49人，高级讲师职称1人。对取得国家承认学历的15名中专以上学历毕业生直接确定相应的专业技术职务。2009年，评选高级讲师1人，高级农艺师8人，高级兽医师1人，高级工程师3人，林业工程师6人。对取得国家承认学历的15名中专以上学历毕业生直接确定为相应的任职资格，对2名取得研究生学历的直接确定为中学一级教师专业技术职务任职资格。对取得国家承认学历的643名中专以上学历毕业生直接确定相应的专业技术职务。2010年，对取得国家承认学历的373名中专以上学历毕业生直接确定相应的专业技术职务。对1名取得研究生学历的直接确定为中学一级教师专业技术职务任职资格。

四、工资福利

1991年，榆中县国家机关行政人员、专业技术人员实行以职务工资为主要内容的结构工资制。1993年10月，开始机关、事业单位工资制度改革，机关实行国家公务员职级工资制，事业单位按照不同类型实行5种不同的专业技术人员工资制度。机关人员根据考核结果晋升工资档次，事业单位工资构成中设置活工资部分。2006年7月，公务员法实施后进行新的工资制度改革，按照公务员制度管理和经批准参照公务员管理的单位实行职级工资制，公务员基本工资调整为职务工资和级别工资2项。技术工人仍实行岗位技术等级工资制，基本工资调整为岗位工资和技术等级（职务）工资2项。普通工人仍实行岗位工资制，基本工资构成调整为岗位工资1项。事业单位实行岗位绩效工资制度，岗位绩效工资由岗位工资、薪级工资、绩效工资和津贴补贴四部分组成，其中岗位工资和薪级工资为基本工资。

五、干部培训

1991—1997年，全县每年都有计划地对干部进行轮训。培训内容主要是马列主义、毛泽东思想、邓小平理论及行政管理、经济理论等。1998年，完成公务员过渡培训。1998年后，县人事局每年组织公务员、事业单位管理人员和专业技术人员接受继续教育培训。培训内容有公务员条例、邓小平理论、计算机知识、经济理论、WTO知识、商务英语、项目管理、《中华人民共和国公务员法》等。1998—2005年，举办公务员培训班8期，培训公务员8280人次。1999年起，要求每个专业技术人员每年保证12天、72学时的继续教育公共课培训。2001—2005年，举办专业技术人员继续教育培训班5期，培训专业技术人员2.8万人次。2006—2010年，对全县公务员进行普通话培训测试及公共经济、公共危机、公共管理核心内容、创新与创业实践、公务员健康知识等方面的培训。专业技术人员培训内容有《从和谐自我到和谐社会》《知识产权法基础与实务》《学点经济学》《科学发展与人本管理》等。

六、干部离退休

1991年后，干部职工退休坚持到龄即退的原则。党政机关、群众团体、企事业单位的干部，男年满60周岁，女年满55周岁退休。1993年开始，离休人员实行与同职务在职干部相同的工资标准。1991—2005年，全县批准离休干部184人。1993年，《国家公务员暂行条例》颁布实施后，公务员男年满60周岁，女年满55周岁退休。符合下列条件之一的，本人提出要求，经任免机关批准，可以提前退休：男年满55周岁，女年满50周岁，且工作年限满20年的；工作年限满30年的。2006年起，公务员退休条件调整，公务员工作年限满30年的；距国家规定的退休年龄不足5年，且工作年限满20年的可以提前退休。事业单位干部退休政策参照同期公务员执行。至2005年底，全县有退休干部2090名，其中公务员629名，事业单位专业技术干部1319名。享受副县级以上待遇93名，正科、副科级待遇213名，科员226名，专业技术干部1319名，其他142名。行政事业单位工勤人员134名。2007年，办理退休证69本，审批遗属补助38户40人，审批退休干部43人、工人2人，根据有关政策规定，对322名退休人员的退休费比例提高为100%，月增资1.2万元。审批增加离退休、退职生活费及增加艰苦边远地区津贴2175人，月增资64.3万元。2009年，办理退休证65本，审批遗属补助47户49人，审批退休干部职工147人，调整离休干部护理费标准49人。对421名20世纪60年代精减退职人员进行摸底调查，其中194名人员已去世，对健在的227人提高生活补助，每人每月在原标准基础上增加100元。至2010年底，全县有党政机关、事业单位离退休职工2098人，其中离休干部13人、退休干部1843人、退休工人211人、退休集体人员26人、退职人员5人。

七、人才交流与引进

1991—2005年，榆中县引进交流人才558名，其中引进人才78名。2001年9月，县政府出台《关于实施人才战略、加快人才资源开发的意见》，制定人才开发的基本思路和工作重点。县财政每年从科技三项经费中列支5万元，建立“榆中县培养造就学术技术带头人专项基金”，重点资助“121创新人才工程”人选。对农业第一线专业技术人员实行倾斜政策，在乡镇农业技术推广部门连续从事专业技术工作的大专毕业生20年以上、中专毕业生25年以上可申报副高级技术职务，中专毕业10年以上可申报中级技术职务，外语和计算机成绩不作为必备条件。2004年6月，对23个乡镇工作人员在本乡镇工作满5年以上的公务员和专业技术干部进行部分交流，交流107名，其中公务员54名，专业技术干部53名。2005年，县人事局及个别县属单位率先运用计算机对公务员队伍、专业技术人员队伍、行政事业单位工勤人员队伍状况进行统计数据的输入、审核、汇总，初步建立1个公务员、专业技术人员、工勤人员信息总库和9个分库，统一管理。2006年，为大中专毕业生和县内国有企业、民营企业双向选择提供优质服务，向百士特公司等企业推荐大中专毕业生30人。参加省市人才洽谈会2次，引进急需人才。2008年，为技术监督局等单位推荐人才10名，为县一中和恩玲中学引进人才10名，组织39人参加经济专业资格考试。聘请以色列专家在县委党校为榆中县乡镇、林技中心、绿化所等单位业务人员讲授旱地草木种植和育苗技术。2009年，为科信电力等单位推荐人才14名，为县一中和恩玲中学引进人才14名。引进荷兰测土配方与病虫害防治方面专家，实地查看金崖镇齐家坪村和来紫堡乡骆驼巷村种植情况，向村民讲授测土配方与防治病虫害技术知识。2010年，按照“人才优先、优化结构、突出重点、按需引进”的原则，引进急需高级人才9名，其中县一中2名，恩玲中学4名，五中2名，七中1名。

八、机构

1991年，设榆中县人事局。1992年11月，成立“榆中县人才交流服务中心”，科级建制，事业性质，隶属县人事局。2000年，县人事局编制

12名。其中领导职数3名。2001年9月，成立榆中县人事管理争议仲裁办公室，与人事局合署办公。2005年，县人事局机关行政编制10名，其中局长1名，副局长2名。2010年8月，将原人事局、劳动和社会保障局合并为榆中县人力资源和社会保障局。2010年底，人力资源和社会保障局有编制29名，其中行政编制21名，工勤人员5名，其他编制3名。领导职数4名，其中局长1名，副局长3名。

第五篇　政　协
民主党派
群　团

第一章　政协榆中县委员会

第一节　政协榆中县委员会全委会

一、政协榆中县第三届委员会全委会

（一）政协榆中县委员会第三届第二次会议

1991年2月3—8日召开。会议学习中共十三届七中全会公报，听取和审议三届一次会议以来政协常委会工作报告和提案工作办理情况报告，列席榆中县第十二届第二次人民代表大会，协商讨论县政府工作报告，协商讨论县委、县政府关于制定国民经济和社会发展十年规划和“八五”计划的纲要（草案）的报告，审议通过政协榆中县第三届委员会第二次会议政治决议，审议通过三届二次会议提案审查意见的报告。

（二）政协榆中县委员会第三届第三次会议

1992年1月6—11日召开。会议听取和审议三届二次会议以来政协常委会工作报告和提案工作办理情况报告，列席榆中县第十二届第三次人民代表大会，审议通过政协榆中县第三届委员会第三次会议政治决议，审议通过三届三次会议提案审查意见的报告。

二、政协榆中县第四届委员会全委会

（一）政协榆中县委员会第四届第一次会议

1992年12月27—30日召开。会议听取和审议三届会议以来政协常委会工作报告和提案工作办理情况报告，列席榆中县第十三届第一次人民代表大会，协商讨论县政府工作报告，协商讨论榆中县1992年国民经济和社会发展计划执行情况及1993年计划（草案）的报告、榆中县1992年

财政预算执行情况的报告，阅读并协商讨论县人民法院和县人民检察院的工作报告，审议通过政协榆中县第四届委员会第一次会议政治决议，审议通过四届一次会议提案审查意见的报告。大会选举产生政协榆中县第四届委员会常务委员会，选举王维烈为政协主席，金光华、张乃玲、谢宗堂、吕全福、丁述学为副主席。

（二）政协榆中县委员会第四届第二次会议

1994年1月13—16日召开。会议学习中共十四届三中全会决议和中共中央关于学习《邓小平文选》第三卷的决定，听取和审议四届一次会议以来政协常委会工作报告和提案工作办理情况报告，列席榆中县第十三届第二次人民代表大会，协商讨论县政府工作报告，协商讨论榆中县1993年国民经济和社会发展计划执行情况及1994年计划（草案）的报告、榆中县1993年财政预算执行情况的报告，阅读并协商讨论县人民法院和县人民检察院的工作报告，审议通过政协榆中县第四届委员会第二次会议政治决议，审议通过四届二次会议提案审查意见的报告。

（三）政协榆中县委员会第四届第三次会议

1995年1月16—18日召开，听取和审议四届二次会议以来政协常委会工作报告和提案工作办理情况报告。列席榆中县第十三届第三次人民代表大会，协商讨论县政府工作报告，协商讨论榆中县1994年国民经济和社会发展计划执行情况及1995年计划（草案）的报告、榆中县1994年财政预算执行情况的报告，阅读并协商讨论县人民法院和县人民检察院的工作报告，审议通过政协榆中县第四届委员会第三次会议政治决议，审议通过四届三次会议提案审查意见的报告。表彰提案办理先进单位和在“八个一”活动中的先进委员。

（四）政协榆中县委员会第四届第四次会议

1996年1月16—18日召开。听取和审议四届三次会议以来政协常委会工作报告和提案工作办理情况报告，列席榆中县第十三届第四次人民代表大会，协商讨论县政府工作报告，协商讨论榆中县1995年国民经济和社会发展计划执行情况及1996年计划（草案）的报告、榆中县国民经济和社会发展“九五”计划和2010年远景目标、榆中县1995年财政预算执行情况的报告，阅读并协商讨论县人民法院和县人民检察院的工作报告，审议通过政协榆中县第四届委员会第四次会议政治决议，审议通过四届四次会议提案审查意见的报告。

（五）政协榆中县委员会第四届第五次会议

1997年1月17—19日召开。会议学习中共十四届六中全会决议，听取和审议四届四次会议以来政协常委会工作报告和提案工作办理情况报告，列席榆中县第十三届第五次人民代表大会，协商讨论县政府工作报告，协商讨论榆中县1996年国民经济和社会发展计划执行情况及1997年计划（草案）的报告、榆中县1996年财政预算执行情况的报告，阅读并协商讨论县人民法院和县人民检察院的工作报告，审议通过政协榆中县第四届委员会第五次会议政治决议，审议通过四届五次会议提案审查意见的报告。

三、政协榆中县第五届委员会全委会

（一）政协榆中县委员会第五届第一次会议

1997年12月15—17日召开。听取和审议四届会议以来政协常委会工作报告和提案工作办理情况报告，列席榆中县第十四届第一次人民代表大会，协商讨论县政府工作报告，协商讨论榆中县1997年国民经济和社会发展计划执行情况及1998年计划（草案）的报告、榆中县1997年财政预算执行情况的报告，阅读并协商讨论县人民法院和县人民检察院的工作报告、审议通过政协榆中县第五届委员会第一次会议政治决议，审议通过五届一次会议提案审查意见的报告。大会选举产生政协榆中县第五届委员会常务委员会，选举王维烈为主席，谢宗堂、吕全福、丁述学、彭克坤、丁进魁、金耀文、白文天为副主席。

（二）政协榆中县委员会第五届第二次会议

1999年1月18—20日召开。会议学习中共十五届三中全会会议精神，听取和审议五届一次会议以来政协常委会工作报告和提案工作办理情况报告，列席榆中县第十四届第二次人民代表大会，协商讨论县政府工作报告、协商讨论榆中县1998年国民经济和社会发展计划执行情况及1999

年计划（草案）的报告、榆中县1998年财政预算执行情况的报告，阅读并协商讨论县人民法院和县人民检察院的工作报告，审议通过政协榆中县第五届委员会第二次会议政治决议，审议通过五届二次会议提案审查意见的报告。

（三）政协榆中县委员会第五届第三次会议

2000年1月24—26日召开。会议学习江泽民在庆祝人民政协成立50周年大会上的讲话，听取和审议五届二次会议以来政协常委会工作报告和提案工作办理情况报告，列席榆中县第十四届第三次人民代表大会，协商讨论县政府工作报告，协商讨论榆中县1999年国民经济和社会发展计划执行情况及2000年计划（草案）的报告、榆中县1999年财政预算执行情况的报告，阅读并协商讨论县人民法院和县人民检察院的工作报告，审议通过政协榆中县第五届委员会第三次会议政治决议，审议通过五届三次会议提案审查意见的报告。

（四）政协榆中县委员会第五届第四次会议

2001年1月16—18日召开。会议学习中共十五届五中全会公报，听取和审议五届三次会议以来政协常委会工作报告和提案工作办理情况报告，列席榆中县第十四届第四次人民代表大会，协商讨论县政府工作报告，协商讨论榆中县2000年国民经济和社会发展计划执行情况及2001年计划（草案）的报告、榆中县2000年财政预算执行情况的报告，阅读并协商讨论县人民法院和县人民检察院的工作报告，审议通过政协榆中县第五届委员会第四次会议政治决议，审议通过五届四次会议提案审查意见的报告。

（五）政协榆中县委员会第五届第五次会议

2002年3月2—4日召开。会议学习中共十五届六中全会决定及江泽民在庆祝中国共产党成立80周年大会上的讲话，听取和审议五届四次会议以来政协常委会工作报告和提案工作办理情况报告，列席榆中县第十四届第五次人民代表大会，协商讨论县政府工作报告，协商讨论榆中县2001年国民经济和社会发展计划执行情况及2002年计划（草案）的报告、榆中县2001年财政预算执行情况的报告，阅读并协商讨论县人民法院和县人民检察院的工作报告，审议通过政协榆中县第五届委员会第五次会议政治决议，审议通过五届五次会议提案审查意见的报告。

四、政协榆中县第六届委员会全委会

（一）政协榆中县委员会第六届第一次会议

2002年11月17—19日召开。会议学习中共十六大报告，听取和审议五届会议以来政协常委会工作报告和提案工作办理情况报告，列席榆中县第十五届第一次人民代表大会，协商讨论县政府工作报告，协商讨论榆中县2002年国民经济和社会发展计划执行情况及2003年计划（草案）的报告、榆中县2002年财政预算执行情况的报告，阅读并协商讨论县人民法院和县人民检察院的工作报告，审议通过政协榆中县第六届委员会第一次会议政治决议，审议通过六届一次会议提案审查意见的报告。大会选举产生政协榆中县第六届委员会常务委员会，选举孙殿福为主席，丁述学、白文天、刘正堂、金作福、蒋应琴（女）、魏其璞为副主席。

（二）政协榆中县委员会第六届第二次会议

2003年12月26—28日召开。会议听取和审议六届一次会议以来政协常委会工作报告和提案工作办理情况报告，列席榆中县第十五届第二次人民代表大会，协商讨论县政府工作报告，协商讨论榆中县2003年国民经济和社会发展计划执行情况及2004年计划（草案）的报告、榆中县2003年财政预算执行情况的报告，阅读并协商讨论县人民法院和县人民检察院的工作报告，审议通过政协榆中县第六届委员会第一次会议政治决议，审议通过六届二次会议提案审查意见的报告，表彰提案办理先进单位和优秀提案先进个人。

（三）政协榆中县委员会第六届第三次会议

2005年1月6—8日召开。会议听取和审议六届二次会议以来政协常委会工作报告和提案工作办理情况报告，列席榆中县第十五届第三次人民代表大会，协商讨论县政府工作报告，协商讨论榆中县2004年国民经济和社会发展计划执行情况及2005年计划（草案）的报告、榆中县2004年财政预算执行情况的报告，阅读并协商讨论县人民法院和县人民检察院的工作报告，审议通过政协榆中县第六届委员会第三次会议政治决议，审议通过六届三次会议提案审查意见的报告。

（四）政协榆中县委员会第六届第四次会议

2006年1月2—5日召开。会议听取和审议六届三次会议以来政协常委会工作报告和提案工作办理情况报告，列席榆中县第十五届第四次人民代表大会，协商讨论县政府工作报告，协商讨论榆中县2005年国民经济和社会发展计划执行情况及2006年计划（草案）的报告、榆中县2005年财政预算执行情况的报告，阅读并协商讨论县人民法院和县人民检察院的工作报告，审议通过政协榆中县第六届委员会第四次会议政治决议，审议通过六届四次会议提案审查意见的报告。选举黎正华为政协榆中县委员会副主席。

五、政协榆中县第七届委员会全委会

（一）政协榆中县委员会第七届第一次会议

2007年1月3—5日召开。会议听取和审议六届会议以来政协常委会工作报告和提案工作办理情况报告，列席榆中县第十六届第一次人民代表大会，协商讨论县政府工作报告，协商讨论榆中县2006年国民经济和社会发展计划执行情况及2007年计划（草案）的报告、榆中县2006年财政预算执行情况的报告、县人民法院和县人民检察院的工作报告，审议通过政协榆中县第七届委员会第一次会议政治决议，审议通过七届一次会议提案审查意见的报告。选举产生政协榆中县第七届委员会常务委员会，选举黄宗利为主席，刘正堂、丁述学、魏其璞、蒋应琴（女）、黎正华、朱建新为副主席。

（二）政协榆中县委员会第七届第二次会议

2008年1月8—10日召开。会议听取并审议七届一次会议以来政协常委会工作报告和提案工作办理情况报告，列席榆中县第十六届第二次人民代表大会，协商讨论县人民政府工作报告，协商讨论榆中县2007年国民经济和社会发展计划执行情况及2008年计划（草案）的报告、榆中县2007年财政预算执行情况的报告，阅读并协商讨论县人民法院和县人民检察院的工作报告，审议通过政协榆中县第七届委员会第二次会议提案审查意见的报告，审议通过政协七届二次会议政治决议。

（三）政协榆中县委员会第七届第三次会议

2008年12月23—25日召开。会议听取并审议七届二次会议以来政协常委会工作报告和提案工作办理情况报告，列席榆中县第十六届第三次人民代表大会，协商讨论县人民政府工作报告，协商讨论榆中县2008年国民经济和社会发展计划执行情况及2009年计划（草案）的报告、榆中县2008年财政预算执行情况的报告，阅读并协商讨论县人民法院和县人民检察院的工作报告，审议通过政协榆中县第七届委员会第三次会议提案审查意见的报告，审议通过政协七届三次会议政治决议，表彰奖励七届二次会议以来提案办理先进单位和优秀提案先进集体和先进个人。大会选举白平怀、郭玉林、杨成河为常务委员。

（四）政协榆中县委员会第七届第四次会议

2010年1月6—8日召开。会议听取并审议七届三次会议以来政协常委会工作报告和提案办理情况报告，列席榆中县第十六届第四次人民代表大会，协商讨论县人民政府工作报告，协商讨论榆中县2009年国民经济和社会发展计划执行情况及2010年计划（草案）的报告、榆中县2009年财政预算执行情况的报告，阅读并协商讨论县人民法院和县人民检察院的工作报告，审议通过政协榆中县第七届委员会第四次会议提案审查意

图 5-1-1　政协榆中县委员会第七届四次会议（2010 年 1 月 6 日摄）

见的报告，审议通过政协七届四次会议政治决议。大会选举白平怀为副主席。

（五）政协榆中县委员会第七届第五次会议

2010年12月13—15日召开。会议听取和审议七届四次会议以来的政协常委会工作报告和提案工作办理情况的报告，列席榆中县第十六届第五次人民代表大会，协商讨论县人民政府工作报告，阅读并协商讨论榆中县2010年国民经济和社会发展计划执行情况及2011年计划（草案）的报告、榆中县2010年财政预算执行情况的报告，阅读并协商讨论县人民法院和县人民检察院的工作报告，审议通过政协榆中县第七届委员会第五次会议提案审查意见的报告，审议通过政协榆中县第七届委员会第五次会议政治决议。

第二节　政协榆中县常务委员会

一、领导机构

主　席　李登泮（1991年1月—1992年12月）
王维烈（1992年12月—2001年1月）
孙殿福（2001年1月—2007年1月）
黄宗利（2007年1月—2010年12月）

副主席　王得琴（女，兼，1991年1月—1992年12月）
郭守斌（1991年1月—1992年12月）
马　伟（1991年1月—1991年1月）
金光华（1991年1月—1994年12月）
张乃玲（1992年1月—1997年12月）
谢宗堂（1992年12月—2002年11月）
吕全福（兼，1992年12月—2002年11月）
丁述学（兼，1992年12月—2010年11月）

彭克坤（兼，1994年12月—2002年11月）

丁进魁（1996年1月—2002年1月）

金耀文（1996年1月—2002年1月）

白文天（兼，1997年12月—2007年1月）

金作福（2002年11月—2006年1月）

刘正堂（2002年11月—2010年12月）

魏其璞（2002年11月—2010年12月）

蒋应琴（女，兼，2002年11月—2010年3月）

黎正华（2006年1月—2010年3月）

朱建新（2007年1月—2010年12月）

白平怀（2010年1月—2010年12月）

二、组织机构

1991年，政协榆中县委员会设学习宣传文史资料委员会、经济科技委员会、祖国统一教文卫体委员会、提案法制民族宗教委员会。1996年6月，工作机构改革，将学习宣传文史资料委员会、提案法制民族宗教委员会合并为提案文史委员会，将祖国统一教文卫体委员会并入办公室，称为综合办公室，政协榆中县委员会下设1办2委，即办公室、提案文史委员会、经济科技委员会。2000年，政协榆中县委员会编制17名，其中行政编制13名，事业编制4名。领导职数9名。2002年，工作机构改革，政协委员会下设1办3委，即办公室、教卫文体委员会、经济科技委员会、提案法制民族宗教文史委员会。2010年，编制15名，其中行政编制11名，工勤人员4名。

第三节　参政议政

一、提案工作

政协榆中县第四届委员会提案委员会收到提案253件，其中审查立案83件，占33%；意见、建议158件，占63%；作为来信处理的12件，占4%。重点提案有《加强农业科技工作》《小康营乡永红村东山社移民问题》《狠抓苑川河污染治理》《及时引导农民调整农业种植结构》《加强县城建设与管理》《加强职业技术教育》《纠正医德医风》等。

政协榆中县第五届委员会提案委员会收到提案289件，审查立案278件，办理落实217件，占78%。重点提案有《加大非公有制发展力度、培育发展新的经济增长点》《培养农业科技队伍》《加大力度改造乡村道路》《加强种子市场管理》《保护马衔山生态环境》《整顿客运交通秩序》《制止乱建寺庙》《改善党的作风，密切联系群众》等。

政协榆中县第六届委员会提案委员会收到提案441件，审查立案339件，办理落实271件，占80%。重点提案有《将金崖豆家岘实施整体搬迁》《保护马衔山、兴隆山、石门度假村等地饮用水源》《建立农村经济信息网》《加大三电工程更新改造力度》《因地制宜搞好新农村规划》《加强对南河湾的治理修建》《加大对粮食双垄沟全膜覆盖栽培技术资金扶持力度》《扩大广播电视覆盖面》等。

政协榆中县第七届委员会提案委员会收到提案299件，审查立案242件，办理落实168件，占69.4%。重点提案有《进一步增强县域经济发展后劲》《加快产业优化升级，促进中小企业发展》《促进房地产业健康发展，构建多层次住房保障体系》《加强防范群体性事件，维护社会稳定》《加快农村寄宿制学校建设》《加强网络文化建设和管理》等。

二、视察活动

1991—2010年，政协榆中县委员会组织委员围绕全县政治、经济、文教卫生、社会民生、环境保护等方面进行视察。组织开展全县教育资源配置、廉租房建设和农村危旧房改造、县城市规划建设与管理、榆中县高原夏菜产业发展、重点提案督办、政府实事办理等50项视察活动，撰写视察报告20篇。

三、调研活动

1991—2010年，政协榆中县委员会围绕全县中心工作，组织开展全县农村基层食品药品安全及“一专三员”监督机制运行情况，全县旅游资源整合与开发，全县水利改革，加快全县非公经济发展、增强县域经济实力，榆中县非物质文化遗产保护与开发，榆中县扶贫开发，榆中县医药卫生体制改革，培育新兴产业壮大工业企业等70多项调研活动，撰写70篇调研报告，为县委、县政府科学决策提供参考。

四、文史资料征集

1992年，政协榆中县委员会编辑出版《榆中纪事》，王玑主编。1995年，编辑出版政协榆中县文史资料第三辑《榆中在崛起》，金耀东主编。1999年，出版《榆中文史资料第四辑》，王维烈主编。2003年，编辑出版《榆中书画集》，金作福、魏其璞主编。2004年，编辑出版诗集《榆中之歌》，张克复、孙殿福主编；编印《艺苑珍藏》，孙殿福主编。2010年，组织专人收集整理榆中县60年改革发展资料，编辑出版《风雨沧桑话榆中》《六十年见闻录》和《榆中古诗文选》史料专辑，黄宗利主编。

第二章　民主党派榆中组织

1991年，榆中县民主党派基层组织有中国民主同盟榆中总支，之后成立的民主党派基层组织有中国国民党革命委员会榆中总支、中国民主建国会榆中支部、九三学社榆中支部、中国民主促进会榆中支部、中国农工民主党榆中总支。2010年底，全县共有6个民主党派县级组织，有成员196人。民主党派副科以上干部18名（任实职15名）。

一、中国国民党革命委员会榆中总支

1993年成立，下设3个支部，有成员34人，历任主委有侯永琪、白文天、魏习武。

二、中国民主同盟榆中总支

1983年成立，下设榆中县第一中学、榆中县第六中学、机关综合、榆中县第一人民医院4个支部，有成员62人，历任主委有蒋宜文、金光华、金耀东、马成德、孙志诚。

三、中国民主建国会榆中支部

2003年成立，有成员25人，历任主委有周花、刘生保。

四、中国民主促进会榆中支部

2005年成立，有成员16人，主委火兆亮。

五、中国农工民主党榆中总支

2006年成立，下设3个支部，有成员44人，历任主委有金大凯、张春玲。

六、九三学社榆中总支

2004年成立，有成员15人，主委张学福。

第三章　人民团体与群众组织

第一节　工　会

一、历届工会代表大会和总工会委员会

（一）榆中县总工会第七次代表大会

1991年6月26—28日，榆中县总工会第七次代表大会召开，出席大会的代表240名，列席代表20名，特邀代表24名。咬世锟作题为《充分发挥工人阶级主力军作用，为振兴榆中经济而奋斗》的工作报告。大会审议县工会财务工作报告，选举产生县工会第七届委员会，产生常委7名，咬世锟任县总工会主席，魏敦才任副主席。

（二）榆中县总工会第八次代表大会

1997年8月25—26日，榆中县总工会第八次代表大会召开，出席大会的代表111名。咬世锟作题为《全心全意依靠工人阶级，在两个文明建设中更好地发挥工会作用》的工作报告。大会选举产生县工会第八届委员会，产生常委7名，李映福任县总工会主席，白彪文任副主席。

（三）榆中县总工会第九次代表大会

2002年9月19—20日，榆中县总工会第九次代表大会召开，出席大会的代表149名。李映福作题为《突出维护职能，开创新形势下工会工作的新局面》的工作报告。大会选举产生县工会第九届委员会，产生常委9名，李映福任县总工会主席，白彪文、王邦广任副主席。

（四）榆中县总工会第十次代表大会

2007年12月23—24日，榆中县总工会第十次代表大会召开，出席大

会的代表138名。李成作题为《围绕中心、服务大局，团结广大职工为建设和谐榆中而奋斗》的工作报告。会议选举产生县工会第十届委员会，产生常委11名，周尚华任主席，李成任常务副主席，金香俊、金杰平任副主席。

二、基层工会组织

1991年，县总工会有基层工会86个，职工1.12万人，会员8300人。1996年，有基层工会148个，职工1.24万人，会员9686人。至2009年底，有基层工会159个，会员2.64万人。其中乡镇总工会23个，会员941人；社区工会4个，会员44人；系统工会8个，会员7522人；直属工会13个，会员3621人；非公企业工会108个，会员9417人；村级工会3个，会员1967人。农民工会员2852人；涵盖工会法人单位273个；有工会小组802个。

三、工会工作

（一）维权

1995年，县委转发县总工会《关于贯彻执行〈劳动法〉，发挥工会作用的实施意见》。基层企业工会与企业行政建立健全集体协商制度并签订集体合同，维护职工合法权益。系统工会和乡镇总工会在中小型企业和私营企业集中的地方组建行业性或区域性工会联合会，代表职工与企业签订集体合同，在全县企业中推行集体协商和集体合同制度。协同有关部门制定优惠政策扶持停产半停产企业，保障职工的基本生活。1996年8月，对企业亏损、职工工资停发、拖欠等情况制定应对措施。1998年，成立榆中县工会劳动法律监督委员会，完善维权监督机制。2002—2010年，县总工会开展劳动合同三年行动计划和最低工资标准专项检查活动，实施《集体合同》《工资集体合同》和《女职工权益保护专项集体合同》3项合同计划。建立县工会与县劳动保障局、县经贸委“三方协商”机制，联合检查县属规模企业37户，涉及职工1.59万人，督查农民工工资偏低和拖欠工资、签订劳动合同等问题，处理拖欠农民工工资纠纷9起。

（二）帮扶救助

1990年，县总工会组织人员调查摸底全县企业困难职工情况，排摸出贫困职工450名，制订贫困职工五年脱贫计划。1992年底，实现脱贫106人。1993年7月，成立榆中县职工服务总公司。1998年，建立特困职工动态档案。2008年8月，榆中县困难职工帮扶中心挂牌成立，确定困难职工1962户。建立健全困难职工档案634户，实现对困难职工的动态化和网络化管理。建立特困劳模档案，将5名特困劳模的情况上报市总工会并获得救助，为11名市级以上劳模办理社会医疗保险；筹集资金6400元，对27名全国、省、市劳模进行慰问。向上级工会争取帮扶资金10万元及时发放到困难职工手中。至2008年底，县总工会在元旦、春节期间慰问特困职工、困难劳模及其他生活困难人员6500人次，发放慰问金、慰问品总价值27.4万元。

（三）厂务公开

1991—1998年，县总工会下发《榆中县城镇集体企业职代会制度》《榆中县乡镇企业实行职代会的办法》《企业班组民主管理细则》《关于做好全县厂务、院务、校务公开工作的安排意见》。1999年7月，成立榆中县厂务公开民主监督领导小组，主管全县的厂务公开民主监督工作。县纪委、县委组织部、县工会联合制定《关于在全县实行“厂务公开、民主监督”制度的实施意见》，先在县水泥厂试点，后在全县范围内推广。在财务上，将单位的收入与支出定期向职工公布，接受职工监督；在工作上，设立政务公开公示栏；在人事上，特别是人员调动上采用考核与考试制度。

（四）宣传教育与文体活动

1. 宣传教育

1991—2010年，围绕党的中心工作，进行党的思想政治宣传；结合工会工作，围绕《中华人民共和国工会法》《中华人民共和国劳动法》《中华人民共和国劳动合同法》等法律法规进行宣传教育；围绕不同时期工会工作的主题，进行工作动员宣传教育。坚持每年四五月份上街宣传《中华人民共和国工会法》，在广大基层工会干部和职工中开展《中华人民共和国工会法》知识竞赛。其中2001年11月，在全县基层、系统工会中组织干部职工学习修订后的《中华人民共和国工会法》，开展建功立业奔小康竞赛、“五个十佳”“创建学习型组织，争做知识型职工”活动和技术比武大赛、“安康杯”知识竞赛等活动。

2. 文体活动

1992年，县工会组织举办春秋季职工运动会和职工演唱会，有5895名职工参加60项活动。2001年，参加市总工会举办的《党在我心中》演讲比赛。同年10月，有48个单位的125名选手参加在县城举办的“新世纪卡拉OK大赛”。2004年五一期间，县工会邀请市总工会“心连心”艺术团来榆中县慰问演出；七一期间选出3名职工参加全市庆七一演讲大赛，组织职工参加全市职工乒乓球比赛。2008年，与县文体局、县人事局联合举办体育活动。举办全县职工篮球赛，全县职工拔河比赛，全县职工、中小学生体育活动；参加县文体局和县委宣传部举办的纪念改革开放三十周年文艺会演暨大众广播操比赛。

（五）劳动竞赛与技术创新

1. 劳动竞赛

1996年3月，与县劳动局等4个单位联合开展全县职工岗位练兵比武活动。历时8个月，参加职工800人。通过技术比武，评选出技术状元、技术尖子及技术能手29名，其中4人参加兰州市岗位练兵比武活动，获“兰州市技术能手”称号。2000年后，多次开展职工岗位练兵比武活动，评选代表参加市总工会举办的“效益杯”劳动竞赛活动，县总工会获得市总工会授予的“职工岗位练兵比武活动先进集体”称号。在青年职工中开展争当青年岗位能手，创建青年文明号活动。2004年，开展创建学习型组织，争做知识型职工的争创活动，评选出学习成才标兵6名。2010年，组织职工参加兰州市职工技能竞赛，陇鑫实业有限责任公司朱文安被评为技术能手，禄东民被评为技术标兵；在兰州市“二建杯”建筑行业农民工技能大赛中，朱文安获砌筑工技能大赛第三名，禄东民获抹灰工技能大赛第五名。

2. 技术创新

1991年起，全县职工开展以“小发明、小革新、小改造、小设计、小建议”为主要内容的“五小竞赛”活动。1998年，县水烟厂工会提交的新型无公害农药“净叶宝”被省市劳动竞赛委员会评为合理化建议优秀成果。

四、女职工工作

1991—2010年，榆中县总工会设立女工工作室，把女职工工作提上议事日程，特别是教育、卫生、商业、供销等系统的工会相继成立女职工委员会。

（一）女工组织

在1991年4月28日召开的榆中县总工会第七次代表大会上，选举女职工委员会委员7名。1992年4月，补选产生女职工委员会，金英萍任主任。此后每届选举产生女职工委员会主任。2002年，全县新建基层企业工会48家，发展会员1250人，其中新建女职工委员会33家，发展女会员568人。至2008年底，全县有基层工会女职工委员会102个，吸纳女会员4348人；有女职工小组50个；有专（兼）职女工干部162人。

（二）女工维权

1991年后，县总工会坚持“突出维护职能，依法维护女职工合法权益和特殊利益”的原则，做好女职工工作。2000年，检查全县女职工工作，对有特殊困难的女职工给予特殊照顾，送去慰问金、慰问品。组织女职工参加“女职工保健知识培训班”和修订后的《中华人民共和国婚姻法》培训，举办“爱心援助健康知识讲座”，组织基层工会女职工进行免费健康体检等维护女工权益的活动。

（三）女工培训

1991年起，县总工会不定期培训全县工会的女职工干部，开办服装裁剪班、美容美发班8期，培训女青年240名，其中下岗女职工150名。2002年，县总工会在全县女职工中广泛开展以“读书、学技、成才”为主题的女职工综合素质达标活动，有85名女职工获奖，有5名女职工通过参加公开竞聘走上领导岗位。到2004年，全县女职工学理论达标895人，学知识达标884人，学技术达标394人，学法律达标588 人，学管理达标80人，各项达标共计2840人，占女职工总数的94%。

五、机构

1991年，县总工会有干部职工11名。2000年，编制5名，其中行政编制4名，事业编制1名。领导职数4名。2010年，编制5名，其中行政编制4名，工勤人员1名。领导职数3名。

第二节　妇女联合会

一、历届代表大会

（一）榆中县第十次妇女代表大会

1993年5月13—14日，榆中县第十次妇女代表大会召开，参会代表201名。侯国明作题为《团结带领全县妇女，积极投身改革开放，为加快榆中经济建设步伐再做新贡献》的工作报告；选举侯国明等28人为出席兰州市第十二次妇女代表会议的代表；会议通过《榆中县第十次妇女代表大会关于工作报告的决议》。会议选举侯国明为主任，安如菊为副主任。

（二）榆中县第十一次妇女代表大会

1998年5月9—10日，榆中县第十一次妇女代表大会召开，参会代表204名。安如菊作题为《解放思想，团结奋进，把全县妇女工作推向新的历史阶段》的工作报告；选举安如菊等26人为出席兰州市第十三次妇女代表会议的代表；会议通过《榆中县第十一次妇女代表大会关于工作报告的决议》。会议选举安如菊为主席，金香俊为副主席。

（三）榆中县第十二次妇女代表大会

2003年6月13—14日，榆中县第十二次妇女代表大会召开，参会代表201名。李学玲作题为《解放思想，与时俱进，努力开创全县妇女工作新局面》的工作报告；选举执委31人，常委9人，选举出席兰州市第十四次妇女代表会议的代表22人；会议通过《榆中县第十二次妇女代表大会关于工作报告的决议》。会议选举李学玲为主席，金小平为副主席。

（四）榆中县第十三次妇女代表大会

2008年5月7—8日，榆中县第十三次妇女代表大会召开，参会代表188名。张宏霞作题为《开拓创新，团结奋进，为榆中妇女事业的全面进步而奋斗》的工作报告，大会讨论通过《榆中县第十三次妇女代表大会关于工作报告的决议》。选举产生第十三届委员会委员31人，常委会委员9人。选举出席市十五届妇女代表会议的代表25人。选举张宏霞为主席，唐占萍为副主席。

二、妇女教育

1992年，“三八”期间召开“巾帼建功”动员大会，安排全县“巾帼建功”活动。1994—1998年，举办实用技术培训班194期，5万名妇女接受培训，85%以上的农村中青年妇女学习和掌握了1~2门以上的实用技术，109名技术全面的妇女成为农民技术员。全县结成帮扶对子1213对，扶贫妇女1399人。举办扫盲识字班和提高班83期，6524名妇女基本脱盲。全县职业妇女参加本行业组织的技术比武60次、2000人，受到市县表彰的“巾帼建功”先进个人33人。1997年，组织妇女参加以“庆七一，歌盛世”“展巾帼风采，迎香港回归”为内容的主题晚会、秧歌表演、健身操比赛、巾帼书画展览、知识竞赛等活动。1999—2003年，县妇联发放《科技知识荟萃》读本1万册，农科知识宣传5万份；举办实用技术培训班8期，培训妇女590人。举办实用技术培训班350期，培训妇女4.6万人次。全县妇联干部、致富女能人与贫困户结成帮扶对子808对，帮扶妇女6.5万人，4721名妇女脱贫；输转女劳力9883人。2004年，县妇联组织乡、村14名“双学双比”女能人、科技致富带头人赴山东、北京进行现代农业科技知识的学习。2007年，与县就业局联合举办大龄女青年电脑等技术培训班两期，培训大龄女青年155名，培训结束后，向浙江、天津输出人员20名，其余人员在当地就业。

三、家庭教育

1993—1998年，县妇联举办培训班3期，培训妇联专干、妇代会主任、妇幼保健员、学校教师、医务人员、妇儿工委成员等1354人。全县建起家长学校59所，广大家长在提高认识的基础上展开对家庭教育理论的研究。县妇联收到家教论文15份，上报市妇联6份，2份获优秀论文奖。2005年，全县充实家庭教育领导小组，聘请兰州大学等单位教育专家成立讲师团。至2009年，全县建成家长学校355所，占全县学校总数的92%。涌现出定远镇的张月明、甘草店镇的刘玉林等一批“双学双比”女能手，有93位女能手获得省、市、县妇联的表彰奖励。有39户五好文明家庭、35名优秀家庭成员受到县妇联的表彰奖励，5户五好文明家庭和2名优秀家庭成员受到市妇联的表彰奖励。

四、“母亲水窖”工程

2001年，县妇联争取到“大地之爱·母亲水窖”专项资金108.4万元，为5个村的849户修建1157眼水窖，1座200立方米的蓄水池，硬化集雨面7.66万平方米。解决3436人、865头大牲畜的饮水困难。兴修梯田70亩。配发全国妇联专门为母亲水窖研制的慢滤净水器85台。2007—2008年，县妇联协调县农牧局和县爱卫会为清水驿乡建营村配套后续项目，修建沼气池50座，卫生厕所150座。

五、维护妇女儿童合法权益

1991—1993年，县妇联开展《中华人民共和国妇女权益保障法》宣传月等活动。1994—1999年，结合“二五”“三五”普法，制定普法规划，开展以《中华人民共和国妇女权益保障法》为主，辅以《中华人民共和国刑法》《中华人民共和国婚姻法》《中华人民共和国未成年人保护法》的宣传教育活动。配合公安部门从安徽、定西、兰州等地解救被拐卖妇女3人。协调市妇联和益民伊甸园食品有限公司捐款，在新营乡祁家河小学建起“春蕾”女童班，使44名濒临辍学的女童留在校园并长期受到资助。市人大等单位捐款3万元，为新营乡祁家河小学铺平校园。全县有30名女职工救助50名生活困难的女童。向市财政局争取资金5万元，向县幼儿园配备部分教学设备。县妇女儿童委员会成员单位捐资购买200元的“普九”读物，慰问银山乡的高家湾小学和马坡乡的羊寨小学。

2003—2009年，争取助学项目资金93万元，救助失学、辍学女童865人次，帮助832名贫困女童完成学业。其中争取中国石化“春蕾女童”助学项目资金66.1万元，救助370名女童到小学毕业，救助110名高一女生到高中毕业；争取凤凰教育基金会助学项目资金10.5万元，帮助41名贫困生完成高中学业，为5名贫困大学生解决一年的学费；争取“爱慕·希望女孩”助学项目资金9万元，救助20名贫困女中学生完成学业；争取省、市妇联救助资金4.3万元，救助大、中、小学生126名；县妇联开展“奉献真情、关爱女童、救助贫困女童”活动，发动机关单位和企业捐款3.3万元，救助贫困女童193人次。发放《家庭教育资料汇编》1000本，《家长行为规范》《致家长的一封信》等宣传资料9万份。在全县举办文明进万家有奖知识竞赛活动。先后在定远镇中心小学、邓家营小学建立留守儿童家长学校。县文成小学家长学校先后被全国、省、市妇联评为双合格示范性家长学校。

六、机构

1991—2010年，榆中县妇联编制4名，其中主席（主任）1名，副主席（副主任）1名，妇女儿童办公室主任1名。

第三节　共青团榆中县委员会

一、历届共青团代表大会

（一）共青团榆中县第十二次代表大会

1992年10月6—7日，共青团榆中县第十二次代表大会召开。参加大会的代表214名。安治中作题为《团结带领团员青年为振兴榆中经济而努力奋斗》的工作报告。会议通过《关于共青团榆中县第十二次代表大会工作报告的决议》。选举产生共青团榆中县第十二届委员会委员29名，本届一次全委会选举产生常务委员会委员9名，选举安治中为书记、许民为副书记。

（二）共青团榆中县第十三次代表大会

1995年10月8—9日，共青团榆中县第十三次代表大会召开。参加大会的代表219名。许民作题为《顺应时代、转变职能、更新观念、服务中心，努力开创全县共青团工作的新局面》的工作报告。会议通过《关于共青团榆中县第十三次代表大会工作报告的决议》。选举产生共青团榆中县第十三届委员会委员29名，候补委员6名。本届一次全委会选举产生常务委员会委员9名，选举许民为书记、窦怀荣为副书记。

（三）共青团榆中县第十四次代表大会

1998年10月19—20日，共青团榆中县第十四次代表大会召开。参加大会的代表186名。窦怀荣作题为《高举邓小平理论伟大旗帜，团结带领全县团员青年为实现榆中跨世纪宏伟目标而努力奋斗》的工作报告。会议通过《关于共青团榆中县第十四次代表大会工作报告的决议》。选举产生共青团榆中县第十四届委员会委员25名，候补委员5名。本届一次全委会选举产生常务委员会委员8名，选举窦怀荣为书记、蒋睿智为副书记。

（四）共青团榆中县第十五次代表大会

2001年11月1—2日，共青团榆中县第十五次代表大会召开。出席代表165名。蒋睿智作题为《振奋精神　开拓创新　努力开创新世纪全县共青团工作新局面》的工作报告。大会选举产生共青团榆中县第十四届委员会委员25名，候补委员5名。本届一次全委会选举产生常务委员会委员9名，选举蒋睿智为书记、沈靖弘为副书记。

（五）共青团榆中县第十六次代表大会

2005年6月12—13日，共青团榆中县第十六次代表大会召开。出席代表142名，列席代表15名。沈靖弘作题为《树立新观念　探索新方法　开创新局面　引领青年为榆中加快全面建设小康社会做贡献》的工作报告。大会选举产生共青团榆中县第十六届委员会委员25名，候补委员5名。本届一次全委会选举产生常务委员会委员9名，选举沈靖弘为书记、盛日范为副书记。

（六）共青团榆中县第十七次代表大会

2009年8月4—5日，共青团榆中县第十七次代表大会召开。出席代表136名。金霞俊作题为《坚持科学发展　再谱青春新曲　为促进榆中经济社会又好又快发展贡献青春和力量》的工作报告。大会选举产生共青团榆中县第十六届委员会委员25名，候补委员5名。本届一次全委会选举产生常务委员会委员9名，选举金霞俊为书记、祁辉为副书记。

二、共青团特色工作

（一）青少年思想教育工作

1991—2010年，开展以爱国主义为主线的主题教育活动。组织青年开展“五小公民道德建设”“保护母亲河行动”“当环保卫士建美丽榆中”“抗击非典、与你同心”“‘3·5’志愿者日”活动、“千名共青团员、少先队员公祭革命英烈仪式”“自然之友绿色环保行动”“青春献祖国”“五四街舞大赛”等主题团日活动。2001—2010年，建成兰州市青少年思想道德建设基地3个、兰州市五小公民创建活动示范基地2个，1个单位获得“五小公民创建活动先进集体”称号。

（二）青工青农工作

1991—1998年，培育青年星火带头人20名，其中市级1人，青年经纪人5名，青年产业化带头人39名，1名青年被评为甘肃省十大杰出青年农民，1人入选全国优秀青年创业家。从1999年开始，团县委重点落实跨世纪青年文明工程、跨世纪人才工程、农业产业化青年工程。2001—2010年，全县建成市级青年文明号9个，县级青年文明号14个，培养青年岗位能手64名。推荐5个创业项目参加全市青春创业贷款，推荐1个创业项目加入全国农村青年创业项目库。2004年，榆中县被团省委列为全省四个农村青年中心建设试点县之一，建成城关镇农村青年中心。2006年3月，被团中央授予“全国优秀青年中心”称号。

（三）青少年维权工作

1991年起，全县各级团组织广泛开展法制宣传教育。加强《中华人民共和国未成年人权益保护法》《中华人民共和国预防未成年人犯罪法》

《中华人民共和国婚姻法》等与青少年权益密切相关的法律法规的宣传，设置法制宣传栏2000个，张贴标语7万条，散发法律知识传单12万份。在全县225所学校配备兼职法制副校长。2008年，3名法制副校长获得全市优秀法制副校长称号。与公、检、法等单位加强合作，发挥青少年维权岗的作用，重点跟踪服务涉及侵犯未成年人合法权益以及未成年人犯罪的案件。开展青少年安全放心网吧创建活动，组织5名兰州市安全放心网吧监督员经常监督检查网吧。

（四）少先队工作

2000年6月2—3日，在县城召开中国少年先锋队榆中县第一次代表大会，参加会议的正式代表100名。会议通过蒋睿智作的《面向新世纪、再造新业绩、努力开创榆中县少先队工作新局面》的工作报告。会议选举产生中国少年先锋队榆中县第一届委员会。2000—2010年，全县383所小学建成大队部、中队部、宣传栏等少先队活动阵地。从团市委争取到捐赠图书5万册，组织县城中小学捐书7000册，建成兰州市红领巾图书站3个，榆中县红领巾图书站4个。团县委投入资金30万元，建成县城青少年活动中心。全县专职少先队总辅导员26名，辅导员配备率100%，组织辅导员参加进修班和工作经验交流会。先后调整辅导员11名，组织参加培训班10次，参训100人次，21人受到市级以上表彰奖励，1人被评为全国优秀辅导员。推进雏鹰争章活动，4.1万名少先队员取得达标证书。开展“我做合格小公民”活动，引导学生做好家庭小帮手、同学小伙伴、社会小标兵、环保小卫士、独立小主人；推动手拉手互助活动，县属小学全部确定城乡手拉手对口帮扶学校，农村小学与兰州市区小学新结成手拉手对子3个；在县文成小学、一悟小学、和平小学等有条件的学校成立少年军校。榆中县24名同学被评为世纪之星甘肃省优秀中小学生，1名同学被评为兰州市十佳少先队员，在少年儿童双有活动中获得一等奖2个，在全省青少年书信大赛中获得特等奖1个，一等奖5个，二等奖43个；在省、市举办的手抄报、硬笔书法、现场作文等其他比赛中，榆中县少年儿童获奖700人次。1个少先大队被授予“全国红旗大队”（县文成小学少先大队）称号，1个少先中队被授予“全国红旗中队”称号。

三、项目建设

（一）青年志愿者项目

1999年，榆中县被团中央确定为青年志愿者扶贫接力计划项目县，之后成功实施青年志愿者扶贫接力计划研究生支教团项目8届，先后争取到来自新加坡南洋理工大学、清华大学、对外经贸大学等19所国内外大学的91名志愿者在榆中的14所学校开展支教服务；成功实施支医项目3届，有来自甘肃省人民医院、兰医一院等医院的8名志愿者参与。其中研究生支教团从1999—2008年共10届，151人。2006—2008年，有社会招募志愿者7人。

（二）西部计划项目

2003年7月开始实施西部计划项目，兰州大学、甘肃政法学院、太原理工大学、黑龙江林业大学等22所高校的337名志愿者到榆中县服务。其中2003年43名，2004年35名，2005年37名，2006年46名，2007年51名，2008年38名，2009年50名。

（三）西部计算机实用人才培训计划榆中项目

2002年起实施该项目，争取到捐赠计算机73台，建立培训点13个、培训基地6个，依托志愿者开展培训，培训本地教师380名、学生6800名、青年农民700名。引进人才253名，节省财政开支270万元。通过项目带动，为全县争取资金17万元、图书8000册、教学器材5套，价值27.8万元。被中宣部作为典型列入2002年《精神文明建设年鉴》，项目得到温家宝总理的批示。2005年6月，共青团中央、教育部授予共青团榆中县委员会扶贫接力计划优秀组织奖。

（四）榆中“希望工程”事业

1991—2009年，争取社会捐助款物价值240万元，救助6000人次。2004年6月，团省委指派榆中县20名希望学校学生组队代表甘肃省参加全国首届希望小学运动会，在比赛中赢得6个奖项，受到胡锦涛总书记的接见。

(五）“小渊基金”项目

“日中绿化交流基金”（简称“小渊基金”）是日本政府设立、经中日两国政府首脑批准运营的日本对华环保援助基金。团县委从团中央争取“小渊基金”项目落户榆中县青城镇。项目从2005年9月开始实施，绿化面积6000亩，连续实施3年，总投资5000万日元。

四、组织建设

1991年，制定《关于加强乡、村团干部管理的意见》，建立健全团委工作制度、团的工作目标责任制、推优制度，开展全县团组织整体化建设工作和标准化团支部建设工作。2001年，团县委被县委、县政府评为双文明单位；2002年，被评为甘肃省五四红旗团委、兰州市五四红旗团委标兵、甘肃省大中专学生志愿者暑期文化科技卫生三下乡社会实践活动优秀组织单位。至2005年底，全县辖团委45个，团总支3个，团支部26个，团员1.89万人（其中农村团员8932人）。2006年3月，县委下发《关于加强党对共青团工作领导的意见》，对基层乡镇如何加强团的工作提出明确要求。2009年，荣获市级五四红旗团委2个，五四红旗团支部1个；县级五四红旗团委9个，五四红旗团支部11个，整顿松散瘫痪团支部5个。

五、机构

1991—2010年，共青团榆中县委员会编制4名，其中书记1名，副书记1名，少工委办公室主任1名。

第四节　榆中县工商业联合会

一、代表大会

（一）榆中县工商业联合会第七次会员代表大会

1991年6月18—20日，榆中县工商业联合会第七次会员代表大会召开，参加会议的代表112名。金应昌代表第六届委员会作报告。选举产生第七届执行委员会委员25名，常委9名，选举张有年任主任，王育全任副主任。

（二）榆中县工商业联合会第八次会员代表大会

1993年7月12—13日，榆中县工商联第八届一次会员代表大会召开，参加会议的代表53名。张有年代表第七届委员会作题为《解放思想、转变职能，为开创工商联工作新局面而奋斗》的报告。选举产生第八届执行委员会委员25名，常委9名，选举张有年任主任，王育全任副主任。

1996年12月2日，榆中县工商联第八届二次会员代表大会召开，经无记名投票，等额选举产生八届二次执委会。补选丁丙午为榆中县工商联执行委员会委员、常委、主任、县商会会长。

（三）榆中县工商业联合会第九次会员代表大会

1998年5月28日，榆中县工商业联合会第九次会员代表大会召开，参加会议的代表126名。丁丙午代表第八届委员会作题为《抓住机遇、发挥优势、努力开创我县工商联工作新局面》的报告。选举产生第九届执行委员会委员25名，常委13名。选举丁丙午任主任、会长，明星辰、李海珊、郭万强、金鸿玉兼任副会长。

（四）榆中县工商业联合会第十次会员代表大会

2001年10月24日，榆中县工商业联合会第十次会员代表大会召开，参加会议的代表132人。刘自余代表第九届执委会作题为《迎接新世纪、开创新局面》的工作报告。大会经无记名投票，等额选举产生第十届执行委员会委员39名，常委19名。刘自余任主任、商会会长；李海珊、金鸿玉、火兆亮、蒋宜民、魏万孝、孔玲俐、郑培林、周维全兼任副会长。

（五）榆中县工商业联合会第十一次会员代表大会

2006年10月31日，榆中县工商业联合会第十一次会员代表大会召开，参加会议的代表192名。刘自余作题为《围绕中心、服务大局，进一步开创工商联工作新局面》的工作报告，李海珊代表榆中县光彩事业促进会第一次会员代表大会作题为《奋发图强，恪尽职守，努力把工商联工作推向前进》的报告。大会经无记名投票，等额选举产生第十一届执行委员会委员39名，选举产生榆中县工商业联合会（商会）第十一届执委66

名，常委29名，副会长12名。李海珊任商会会长。

二、参政议政

1991 2010年，一批非公有制企业家被推荐到各级人大、政协任职，参政议政。推荐安排全国工商联执委1名；省工商联副会长、常委1名，省人大代表2名，省政协委员2名；市人大代表11名，市政协委员7名；县人大代表63名，县政协委员58名。全县工商联的人大代表、政协委员向各级人大提交议案、建议360件，向各级政协提交提案400件。

三、光彩事业

（一）开展“爱心月活动”

1991—2010年，县工商联争取市工商联及社会各方扶贫物资捐助贫困户。2001—2006年，举行“献爱心月”活动，捐助物资折价35万元。2007年，开展春节“献爱心月”活动，争取资金及物资折价6.1万元，发放到韦营、新营等乡镇困难群众手中。2010年，筹资3万元，购买面、油、衣物等发放到新营、三角城、贡井等乡镇贫困群众手中。

（二）光彩项目建设

1995年9月，动员28位非公经济人士捐款8万元，在垲坪乡建成刘家岘光彩小学。1996年3月，争取兰州东部市场分会资金18万元，在韦营乡孙家岔村建成东部市场光彩小学。1998年，兰州中良西服有限公司经理季忠良投资15万元，在榆中县定远镇转嘴子村修建中良光彩小学1所。1999年10月，甘肃隆恒公司总经理李国强捐款15万元，在榆中县连搭乡魏家沟村建成国强光彩小学1所。2002年，西北电子商贸城捐款15万元，在清水驿乡方家沟村建成西北电子商贸城榆中光彩小学1所。2005年，兰州佳宝利公司经理朱爱仁捐助连搭中学50名少数民族贫困生初中期间的学费，每人每年500元，并将该班命名为西北民族班。2006年，兰州哥弟公司经理施绍东捐款15万元，修建小康营乡徐家峡小学，命名为榆中县杏林小学。2007年，兰州哥弟公司经理施绍东捐资15万元，在榆中县园子乡青碾村建成凤林小学。2008年，争取市工商联光促会资金15万元、瑞泰公司董事长金大凯捐助5万元，在榆中县金崖镇寺隆沟修建闵兴小学。2009年，争取资金3万元，在金崖镇寺隆沟村新建村级卫生所1所。

（三）参与新农村建设

2007年，县工商联动员组织甘肃远大房地产公司、兰州天鸿金运房地产公司等11家民营企业与吕家岘村、肖家嘴村等贫困村社结成帮扶对子，解决发展资金52万元。2008年，引导企业为帮扶村兴办实事。兰州悦达通讯公司为贡井村沼气建设提供帮扶资金2万元，兰州益通房地产公司为哈岘乡学校建设提供帮扶资金3万元，甘肃远达房地产置业有限公司为夏官营镇太平堡学校建设提供帮扶资金76万元。甘肃天鸿金运公司为连搭乡肖家嘴村修建水利设施建设，提供帮扶资金15万元。甘肃陇鑫实业集团公司为龙泉乡提供帮扶资金8万元。为榆中县贫困村解决“一企帮一村”资金158.2万元。

（四）村级卫生所和五保户住房建设

2002—2005年，引进兰州市非公经济人士捐款184万元，为榆中县21个乡镇368户五保户修建住房736间，占地面积1.9万平方米。2007—2009年，争取资金24万元，建设村级卫生所8所。

四、机构

1991—2010年，榆中县工商业联合会编制5名，其中主任1名，副主任1名。

第五节 科学技术协会

一、科普宣传

1991—1998年，县科技局（协）牵头，完善榆中县科普联席会议制度，每年召开2次科普联席会议，专门安排、研究、总结科普工作，落实科技宣传月、科技下乡、科技活动周、科普日等活动。1999年12月，召开全县科技工作者座谈会，为“科教兴县”建言献策。2000年6月，县委批转《关于〈榆中县科学技术协会关于加强科学技术普及工作的意见〉

的通知》。8月，举办“榆中县科技报告会”，全县副科级以上300名干部参加会议。会议邀请甘肃省专家咨询团的有关专家作报告。2003年7月，召开以“发展县域经济、增加农民收入”为主题的学术研讨会。全县副高级以上职称的科技工作者参加会议。2004年，会同教育等部门在县属各中学开展“探究身边科学”为主题的科普展览及有奖科普征文活动，展出知识展板200块，演示形象直观的科普仪器22台，有1.3万名师生参观展览，收集稿件551份。6月27日，举办“科学普及——你我共参与”主题活动，发放科普宣传资料1.2万份（册）。2006年，在县属中学举办为期7天的“预防艾滋病，珍爱生命”科普宣传活动，展出展板200多块，1.3万名学生观看展出。2007年，建成城关镇北关村、小康营乡洪亮营村等9个农村科普站科普宣传栏。2008年2月，成立“榆中县全民科学素质行动工作领导小组”，出台《榆中县全民科学素质行动纲要实施工作方案》《榆中县全民科学素质行动工作规则及办公室工作规则》。2009年7月，会同其他部门开展反邪教、抵制愚昧迷信活动，在县城健身广场建立1处15米长的科普宣传画廊。1个协会获兰州市科普惠农先进单位，1人获兰州市科普惠农先进个人。2010年，开展科普示范基地命名工作，5个基地命名为县级科普示范基地。

二、科普活动

1991—1995年，开展以粮、油、菜高产栽培技术、中低产田改造、旱作农业、节水灌溉等实用技术为主要内容的科技培训，举办培训班165场次，发放科技资料2万份，参加培训农民5000人次。1996—2000年，以地膜覆盖、塑料大棚构建技术、病虫害防治、配方施肥、新品种、新技术、农产品加工等实用技术为主要内容，举办培训班180场次，发放科技资料5万份，培训农民1.5万人次。2000—2005年，先后建立榆中县马铃薯营销协会、榆中县蔬菜协会、榆中县养羊协会、青城镇农民科技协会等协会组织。以大棚蔬菜栽培技术，茄子、番瓜、西红柿等高产嫁接技术，无公害蔬菜的栽培技术等为主要内容，举办培训班200场次，发放科技资料6万份，培训农民1.7万人次。2006年，组织青城镇农民科技协会、清水驿乡清水村蔬菜协会、小康营乡王保营村蔬菜种植协会、韦营乡郭家沟村养殖协会等开展为期1个月的科技培训，培训农民1.2万人次。与团县委等单位组织开展兰州市第23届青少年科技创新大赛，10所学校5000名学生参与活动。2007年，配合开展全县科技、卫生、文化“三下乡”活动，发放健康知识读本2500册，接受义诊群众350人。在县恩玲中学开展反邪教警示报告会，2500名学生、家长参加。2008年6月，组织兰州市科协“科学发展、促进和谐”主题科普展在全县广场、中小学巡回展出一周。9月，开展以“节约能源资源、保护生态环境、保障安全健康”为主题的科普讲座进校园、进社区活动9场。在全县中小学开展“传播科技奥运、倡导科学健身”为主题的科普有奖征文活动，参赛学生620名。2009年10月，在全县20个乡镇中心和县直中小学开展形式多样的科普实践活动；围绕“百万农民培训”工作，采取讲座、培训班、发放资料等形式，开展各类农村适用人才培训。争取科普宣传站建设资金，在4个乡镇、14个行政村建成科普工作站、科普宣传栏，配送科普图书3300册。2010年，启动农民健康教育行动，在全县10个乡镇、181个行政村开展预防禽流感、炭疽病等宣传活动。同县农业局、县劳保局、团委、妇联等单位联合开展“农业科技入户示范工程”“百名农村青年科技培训工程”“农村劳动力转移培训阳光工程”。

三、机构

1991—2000年5月，县科协和科技局合署办公。2000年5月，独立建制，内设2个股室，即科技普及股和咨询服务股。编制4名，领导职数2名，其中主席1名，副主席1名。2003年6月，与科技局合署办公。2007年1月，单位分设出来，编制4名。

第六节　残疾人联合会

一、残疾人代表大会

（一）榆中县第二次残疾人代表大会

1996年11月17日，榆中县第二次残疾人代表大会召开，应到代表94名，实到代表94名，其中残疾人代表70名，来宾和特邀代表24名。火兆昌作题为《团结奋进、务实求真——努力推动我县残疾人事业不断向前发展》的报告，并通过相应决议。选举丁祖全任榆中县残疾人联合会第二届主席团主席，水生宝、火兆昌、王积德任副主席；选举火兆昌为执行理事会理事长。经理事长提名，并报经组织批准，任命金杰平为副理事长。

（二）榆中县第三次残疾人代表大会

2003年3月28日，榆中县第三次残疾人代表大会召开，应到代表97人，实到代表97人。其中县直部门代表20名，乡镇、企事业单位残疾人工作的领导和残疾人工作者代表23名，残疾人和亲友会代表54名。

图5-3-1　榆中县残疾人联合会第三次代表大会（2003年3月28日摄）

金杰平作题为《与时俱进、求真务实、努力开创全县残疾人事业新局面》的报告，并通过相应决议。第三届主席团第一次会议聘请严志坚为县残联名誉主席；选举徐大武为主席，蔡泽雄等6人为副主席；选举金杰平任榆中县残疾人联合会第三届执行理事会理事长，杨永寿为副理事长。

（三）榆中县第四次残疾人代表大会

2007年12月10日，榆中县第四次残疾人代表大会召开，应到代表99名，实到代表99名，其中县直部门代表16名，乡镇、企事业单位残疾人工作的领导和残疾人工作者代表23名，残疾人和亲友代表60名。钱得行作题为《开拓进取 扎实工作 努力开创残疾人事业发展的新局面》的报告，并通过相应决议。会议选举25名委员组成榆中县残疾人联合会第四届主席团。第四届主席团第一次会议聘请魏万宏为县残联名誉主席；选举蔡泽雄为主席，杨锡辉等6人为副主席；选举钱得行任榆中县残疾人联合会第四届执行理事会理事长，由理事长提名，推举杨永寿为副理事长。

二、残疾人管理

（一）持证残疾人

1991年，全县有持证残疾人1615人，其中视力残疾99人，听力言语残疾25人，肢体残疾679人，智力残疾142人，精神残疾168人，多重残疾502人。2005年，全县有持证残疾人4037人，其中视力残疾375人，听力言语残疾155人，肢体残疾2154人，智力残疾326人，精神残疾361人，多重残疾666人。2010年，全县有持证残疾人4670人，其中视力残疾500人，听力言语残疾213人，肢体残疾2406人，智力残疾379人，精神残疾436人，多重残疾736人。按年龄阶段分：20岁以下有持证残疾人118人，占残疾人总数的2.53%，20~40岁持证残疾人842人，占残疾人总数的18.03%，40~60岁持证残疾人2139人，占残疾人总数的45.8%，60岁以上持证残疾人1571人，占残疾人总数的 33.64%。

1991—2010年榆中县持证残疾人统计表

表5-3-1　　　　单位：人

年份	残疾人数	视力	听力言语	肢体	智力	精神	多重
1991	1615	99	25	679	142	168	502
1992	1812	109	29	809	165	181	519
1993	2018	119	39	959	175	198	528
1994	2311	125	43	1220	187	204	532
1995	2413	163	51	1226	192	235	546
1996	2630	175	55	1407	201	241	551
1997	2931	198	68	1628	225	250	562
1998	3117	201	72	1769	231	265	579
1999	3216	244	86	1775	254	276	581
2000	3317	263	98	1813	261	284	598
2001	3413	295	102	1830	275	298	613
2002	3621	306	112	1988	282	309	624
2003	3816	335	133	2083	309	324	632
2004	3912	356	140	2121	310	336	649
2005	4037	375	155	2154	326	361	666
2006	4198	394	165	2250	332	382	675
2007	4281	415	171	2264	342	401	688
2008	4383	421	185	2305	358	415	699
2009	4476	456	199	2326	365	424	706
2010	4670	500	213	2406	379	436	736

（二）残疾人政策

1995年10月，县政府制定《榆中县扶残优惠残疾人暂行办法》。2001年5月，县政府第45次常务会讨论通过《榆中残疾人优惠待遇暂行规定》，残疾儿童随班就读、少年入学、特殊教育、减免学杂费、职业技能培训、扶贫解困、劳动就业、个体工商户税收减免、农业税减免、最低生活保障、宅基地审批、医院减免床位费、护理费和手术费、用品用具服务等方面提供优惠政策。2010年，榆中县实施新农保政策，一、二级重度残疾人由政府代缴最低标准养老保险金。

（三）残疾人康复工作

2000—2005年，开展低视力康复工作、聋儿康复工作、智力残疾康复工作、社区康复工作、残疾人用品用具供应服务工作、康复扶贫工作等，全县566名白内障患者重见光明，33名肢体患者安装假肢，858名残疾人得到用品用具，21名聋哑儿童得到语言康复训练，配戴助听器16例，为29名低视力患者配戴助视器，为6例肢体畸形患者免费实施矫治手术，为8名智残、脑瘫儿童在家庭接受不同程度的训练。2006—2010年，全县1568名残疾人得到不同程度的康复。

（四）危房改造

2003年，针对榆中县残疾人住房问题，残联通过调查摸底，有23个乡镇的450户1892名残疾人需建房1528间。2004年3月，省、市残联安排榆中县50户彩票公益金危房改造项目，实际建成198间2668平方米，解决了52户人的住房问题。国家、省、市、县提供配套资金30万元。2006—2010年，实施残疾人危房改造1158间1.77万平方米，解决了278户残疾人的住房问题。国家、省、市提供配套资金173.85万元。

三、残疾人扶贫就业

1992年9月，投资10万元和连搭乡麻家寺村联合兴办“榆中县残联麻家寺福利砖厂”解决残疾人就业。1998—2008年，县残联争取中央、省、市残疾人事业专项资金及地方财政资金249万元，帮助全县残疾人脱贫致富。2002年起，在农村地区创建残疾人扶贫基地，以“基地辐射型”模式，推动农村残疾人就业。2005年，先后公开招聘5名符合条件的残疾人作为社区专职委员，让一些下岗、长期待业的大龄残疾人实现非正规就业。至2010年，全县有扶贫基地2个，实施扶贫贷款33万元，安置182名残疾人就业。将1905名符合条件的贫困残疾人纳入社会低保范围，救助和供养三无对象农村贫困残疾人730人次。举办修理业（汽车、手机、电焊、气焊）、服装裁剪、美容美发、按摩、烹饪、种植、养殖培训班30期，培训残疾人6196人次。

四、残疾人文体活动

1998年8月7日，成立榆中县伤残人体育协会。县残联理事长火兆昌任主席，县文化体育局副局长张生雄任副主席。专门协会成立后，通过举办残疾人书画大赛、体育选拔赛、运动会和歌咏比赛等活动，为省、市输送8位运动员。2004年9月17—18日，县残联、县文体局举办榆中县第一届残疾人运动会，分少年男女组、青年男女组，设10个项目，有96名男女残疾人运动员参加。2005—2010年，为省市输送4位运动员。2007年，4个社区举办残疾人乒乓球比赛。

五、机构

1998年4月，县政府批准成立榆中县残疾人联合会，行政编制5名，工人1名。同年5月，成立榆中县残疾人劳动就业服务所、榆中县残疾人康复服务指导站、榆中县残疾人用品用具供应站，股级建制、事业性质，三块牌子、一套人马，隶属县残联，核定自收自支事业编制3名。2000年，编制6名。2003年2月，全县23个乡镇全部成立残疾人联合会。2003年3月，县残联成立盲人、聋人、肢残协会以及智力残疾人亲友会、精神残疾人亲友会5个专门协会。2010年，编制6名。

第六篇　政　法
军　事

第一章 政法工作

第一节 社会治安综合治理

1991—1996年，重点开展“两打、两整顿、三查、五落实”工作(即打击严重刑事犯罪分子；打击破坏农田水利、电力等公用设施的犯罪分子。整顿重点场所；整顿重点行业。查非法所得自行车，查丑恶现象，查流窜、在逃犯。落实综合治理的办事机构，落实宣传动员工作，落实治安承包责任制，落实群防群治措施，落实违法青少年帮教措施)。1997年，榆中县社会治安综合治理以创建“安全村”“安全小区”为重点，抓好“严打”专项斗争，安全防范、依法治县，做好以查禁封建迷信活动为重点的除“六害”工作。至2001年底，全县232个村被县委、县政府命名为安全村，55家单位被命名为安全小区。2003—2005年，加强政法队伍体系和队伍建设，建立专门的政法队伍、保安队伍和社区治安综治员队伍。至2005年底，全县有政法干警342名，保安及内保人员510名，治安综治员720名，群防群治队伍295支2350人。2006年，排查解决一般民事纠纷263件。建立4个社区警务室，聘用保安人员304名、社区治安综治员 300名，充实单位内保人员318名。天兰铁路榆中段67.3千米建成34个无线探头，榆中区域内铁路保护技防全覆盖。2007年，组织开展“打黑除恶”、缉枪治暴、自行车被盗问题等专项行动。全县发展报警联网用户27家，累计达到74家。2008年，组织开展“打黑除恶”“百日追逃猎鹰行动”“打盗抢、抓逃犯”等专项行动。受理公安行政案件1123起，查结1093起。开展平安高校创建活动。建立4个社区警务室、27个农村警务室、8个治安卡口点、44个保安执勤点。全县安装防盗门7715个，有340栋2189个单元的居民住宅楼安装楼宇对讲装置，覆盖面80%。建成榆中县公安局三台合一技防监控中心，安装视频监控探头25个，发展报警联网用户66家。2009年，开展“打盗抢、促防范、保平安百日会战”专项行动。全县受理公安行政案件1658起，查结1593起，查结率96%；受理治安案件889起，查处828起，查结率93.1%。兰大、民大、榆钢等重点单位和住宅小区安装视频监控探头1045个；发展报警联网用户166家，新增智能报警电话162台。2010年，开展冬季百日行动2010年严打整治行动等专项斗争。受理公安行政案件1794起，查结1678起，查结率94%。建立全县综治机构信息库，发展群防群治组织295个，群防群治人员2350名。榆中县创建为省级平安县，18个乡镇创建为市级平安乡镇，23个乡镇、102个单位、39所校园、262个村（社区）达到县级平安标准。同年底，县城安装监控探头50个，智能报警电话2962台，变压器断电报警装置125台，局域监控视频装置290套、2071个探头，3688户农户安装防盗设施。

第二节　禁毒工作

1991年，抓禁贩、禁吸、禁种三个环节。公安、交通、工商、饮食服务等部门密切配合，严防毒品蔓延，从严惩处走私、贩毒、运输、制造毒品的严重犯罪分子；对吸毒成瘾者及时采取强制戒毒，强戒后又吸食的送劳动教养；春播季节在全县范围内开展查禁私种罂粟等毒品原植物活动。1997年，开始在全县范围内开展禁毒斗争，在“6·26”国际禁毒宣传日举行大型宣传活动，在中小学开展禁毒教育课；单位、乡镇、家庭落实对吸毒人员的帮教措施。1999年后，创建无毒社区和无毒县，至2002年底，全县27个乡镇达到无毒社区标准。2003—2005年，以禁吸、禁贩为重点，以打击吸贩零包为突破口，集中人力、物力、财力加大对

图 6-1-1 榆中县举办“远离毒品，珍爱生命，构建和谐社会”大型宣传活动（2005 年 6 月 24 日摄）

重点地方、重点环节的攻坚力度。2003年，榆中县被授予全省“三级无毒县区”称号，小康营、兰山、高崖、甘草店、夏官营、金崖6个乡镇被市禁毒委授予“三级无毒社区”称号。2006年，调整充实“四位一体”帮教小组223个，与被帮教对象签订帮教责任书238份，投入帮教力量950人。2008年，对吸毒人员落实微机动态管控措施，建档立卡。在综治“宣传月”“6·26”国际禁毒日、“12·4”法制宣传日开展集中宣传教育，发放宣传材料1.6万份。强戒吸毒人员14人。2009年，发放宣传资料2000份，展出宣传画板200幅，悬挂横幅30条，手机发送禁毒宣传短信8000条，受教育群众5.6万人。2010年，开展禁毒预防宣传教育、禁毒知识有奖征文、千名领导到千所学校讲禁毒一堂课等宣传活动，发放宣传资料1.2万份，展出宣传画板200幅，悬挂横幅130条，手机发送禁毒宣传短信1.6万条，受教育群众25.6万人。集中对辖区内有可能出现非法种植毒品原植物的地方进行“地毯式”清查3次。

第三节 铁路护路联防工作

1995年，组织开展维护铁路治安和爱路护路宣传教育活动。加大执勤巡逻，站区会车、停留车，坚持守车护货、清站查车，防止闲杂人员、扒车人员靠近或扒乘货车；加强铁路沿线巡逻，防止犯罪分子在区间作案和抢盗铁路设施设备；加强弯道大、坡道大等易发案区段及施工作业地段巡查守候，防止发案。把护路联防工作纳入县委、县政府社会治安综合治理目标，县委、县政府与铁路沿线乡镇签订责任书，与综治等各项工作同部署、同检查、同考核。1998年，开展安全文明铁道线和平安大道创建活动，全县辖区铁路沿线8个乡镇93%的行政村达到安全村。2001年，县护路办被省铁路护路联防领导小组评为全省创建文明铁道线先进单位。2003年开始，把铁路护路联防工作作为农村社会治安防范管理体系建设的重点，建立路地公安、沿线组织“互助、互通、互动”和“点、线、面”结合的铁路护路工作机制和治安防范网络，推进地方治安和铁路治安的协调发展。同年2月，县护路办被中央综治委、铁道部、公安部、中国人民解放军总参动员部授予全国铁路护路联防工作先进集体称号，县护路办原主任李夏播被评为全国铁路护路联防工作先进个人。2006年，调整优化铁路护路联防队伍，有护路队员48名，管理人员3名。召开联席会议4次，安全分析会7次，开展较大规模宣传活动2次，榆中段70.68千米未发生刑事、治安案件。2007年，在天兰线榆中段安装34个无线探头，每个探头辐射区域2千米，与监控室联网，建成覆盖全段的铁护技防网络。2010年，开展平安铁路示范市县创建活动，县护路联防领导小组与铁路沿线8个乡镇签订护路联防责任书，调整充实领导小组成员，铁路沿线8个乡镇和34个行政村普遍成立护路联防基层组织，形成县、乡、村、护路队“四位一体”防护责任网络，促进创建活动深入开展。

第四节　维护社会稳定工作

1991年，成立县综治委及综治办，从县公安局抽调13名干部，在川区13个乡镇配备治安副乡长，专门负责社会治安、综合治理、维稳工作。1999年，落实维护稳定领导责任制，集中排查可能影响社会稳定的苗头和问题；打击和处理破坏农村治安的违法犯罪活动，惩处车匪路霸、农村恶势力和制假贩假等坑农害农的违法犯罪行为；发挥农村基层组织、公安派出所、人民法庭、司法所以及调委会、治保会的作用，调解处理因征地、拓路、污染、草场、矿产资源等问题引发的矛盾纠纷和不稳定因素。2001年，制定《榆中县维护社会政治稳定领导责任制实施办法》《榆中县关于对发生严重危害社会稳定重大问题实施领导责任查究暂行办法》和《榆中县关于积极预防和妥善处置群体性事件的意见》，实行属地管理、条块结合；建立维护稳定的重大事件和重要信息报告制度。2003年，建立县、乡镇、村（居）、村民小组“四级维稳网络”体系，在全县23个乡镇、268个行政村、4个居委会、1615个村民小组均确定维稳工作领导和信息联络员。县委、县政府成立处置群体性和突发性事件领导小组，制定处置工作程序。2006年，下发《关于开展矛盾纠纷集中排查调处活动的通知》，健全完善县、乡、村、社四级维稳网络和“五排查”联动机制。建成清水驿、连搭等13个乡镇民事调解中心。2007年，成立基层社会矛盾纠纷调解工作领导机构，各乡镇、社区相应建立矛盾纠纷调解中心，选聘1~2名排查信息员和纠纷调解员。2008年，建立和规范乡镇矛盾纠纷调解中心23个，社区矛盾纠纷调解中心4个，村级调解室268个，企业调解

图6-1-2　榆中县开展“迎奥运，促平安，社会治安综合治理”集中宣传日活动（2008年3月21日摄）

室6个，有人民调解员1319名，维稳信息员500名。排查出矛盾纠纷306件，调处成功301件，调处成功率98.4%。其中重大矛盾纠纷4件，调处率100%。涉法涉诉信访案件25件，解决20件。通过“公调联调联动”调处矛盾纠纷131件。2009年，排查出矛盾纠纷325件，调处成功率98%。其中重大矛盾纠纷9件。受理涉诉涉法信访案件9件，解决率100%。2010年，健全和规范调处化解矛盾纠纷的网络平台，建立和规范乡镇综治维稳中心23个，矛盾纠纷调解中心23个，标准化司法所23个，社区矛盾纠纷调解中心4个，村级调解室268个，建立行业人民调解组织5个，非公经济调解组织17个，有持证上岗的人民调解员1319名，维稳信息员800名。排查出矛盾纠纷1900件，调处成功1873件，调处成功率98.6%。排查涉诉涉法信访积案25件，解决25件。通过“公调联调联动”调处矛盾纠纷296件、“随手调、口袋调”调处矛盾纠纷1536件，法院确认人民调解协议46件。

第五节　机　构

1991年，成立榆中县社会治安综合治理委员会，下设办公室，与政法委员会合署办公。同年成立榆中县禁毒工作领导小组。1995年4月，榆中县铁路护路联防领导小组成立，下设办公室，与县委政法委合署办公，并在辖区铁路沿线组建8个护路联防队，有护路联防队员54名。1999年4月，成立榆中县维护社会稳定工作领导小组，办公室设在县委政法委。2010年，县政法委编制8名，其中行政编制7名，工勤人员1名。领导职数5名。

第二章　审　判

第一节　审判工作

一、刑事审判

1991年，受理刑事案件181件208人，审结181件191人，在当年生效的判决中判处有罪人员127名，其中10年以上有期徒刑9名，挽回经济损失9.27万元。1995年，受理刑事案件181件，审结180件，判处有罪人员289人。1996年，县法院成立由院长、主管院长、刑庭庭长组成的“严打”领导小组。2000年，受理刑事案件200件，审结198件。公诉案件判处有罪人员111人，其中10年以上有期徒刑6人，宣告无罪6人，挽回经济损失17万元。召开公判大会5次，对24名罪犯进行公开宣判，执行死刑犯5名。2005年，受理刑事案件188件，审结191件（含旧存6件），涉案被告人225人。审理抢劫、盗窃、抢夺等“两抢一盗”案件56件，涉案被告人105人。2006年，受理刑事案件182件，审结182件，其中判处故意杀人、故意伤害、强奸等犯罪案件51件85人；判处抢劫、抢夺和盗窃等犯罪案件58件101人；判处贪污受贿、挪用公款等犯罪案件4件5人，挽回经济损失20多万元；审理未成年人犯罪案件21件30人，判处缓刑12人。2007年，受理刑事案件170件，审结169件，对139名被告人做出有罪判决。其中故意杀人、爆炸、绑架、强奸等侵犯公民人身权利的严重刑事犯罪案件36件60人，“两抢一盗”等多发性的侵犯财产犯罪案件65件111人，破坏社会主义市场经济和职务犯罪案件8件9人。审判中坚持主刑与附加刑并用原则和宽严相济的刑事政策，注重刑事审判领域的人权保障和对未成年被告人的帮教，适用缓刑99人，有2人被依法宣告无罪或免予刑事处罚。2010年，受理刑事案件209件，审结208件，审结率99.5%。判处10年以上有期徒刑25人，判处3年以上10年以下有期徒刑93人，判处3年以下有期徒刑184人，免予刑事处罚6件6人，当庭宣判153案，当庭宣判率73.6%。审结刑事附带民事案件59件，调解52件，调解率88%。审理未成年人犯罪案件11件27人，判处缓刑、免予刑事处罚等非监禁刑16人。

二、民事审判

1991年，受理民事案件366件，审结353件，结案率96.45%，其中离婚案件217件，位于民事案件之首。1995年，受理民事案件556件，审结551件，结案率99.1%。1998年，受理案件711件，审结704件，结案率99.2%。2000—2004年，受理民事案件3410件，审结3387件，结案率99.39%。2006年，受理合同纠纷案件797件，审结782件，解决诉讼标的金额7431.6万元。其中审理买卖合同纠纷案件163件，审理借款合同纠纷案件108件，审理供热、电、水合同和电信合同纠纷案件271件。审理婚姻家庭纠纷案件436件，邻里纠纷案件18件，审理损害赔偿纠纷案件115件，解决诉讼标的金额80.7万元，挽回拖欠农民工工资19.6万元。2010年，受理民商事案件1150件，审结1130件，结案率98%。调撤结案612件，占审结民商事案件的55%。全年适用简易程序审理案件701件，占结案数的63%。全年自动履行的案件211件，履行率19%，履行标的金额264.3万元。

三、经济审判

1991年6月，榆中县三电管理处电石厂诉广东省珠海市南技有色金属公司货款纠纷一案，县法院当天立案，连夜调解，促使被告于次日支付全部货款9.75万元。1992年，受理经济纠纷案件36件，审结35件，结案率92.2%，结案诉讼标的103.3万元。1994年，受理经济纠纷案件46件，审结45件，结案率97.8%，诉讼标的147.1万元。1997年，受理经济纠纷案件152件，审结150件，结案率98.7%。诉讼标的3800万元。2002年，机构改革，撤销经济庭，成立民事审判二庭，原经济审判并入民事审判，经济案件不再单独统计。2006年，打破部门受案范围限制以后，各部门都可受理经济案件，统称为民商事案件。

四、行政审判

1991—1996年，行政审判工作处于起步阶段，配齐审判人员组成行政审判合议庭，审结行政案件15件。1997—2002年，审理土地和养路费征稽、违章建筑等39件案件，全部审结。2003—2005年，受理行政诉讼案件28件，审结2件；受理并审查非诉行政执行案件270件。2006年，受理和审查行政诉讼案件、非诉行政执行案件45件。2008年，受理行政诉讼案件4件，审结4件，结案率100%，其中维持具体行政行为2件，撤销具体行政行为1件，撤诉1件；审查并准予执行非诉行政案件23件。2010年，受理行政案件8件，审结8件，结案率100%。对10件行政非诉执行案件进行合法性审查。建立"诉前沟通、诉中协调、诉外疏导"的新型审判模式。

第二节　执行工作

1990—1991年，受理执行案件166件，执结161件，执结率97%。1992年，受理执行案件58件，执结53件，结案率91.4%。1996年，受理执行案件141件，执结137件，执结率97.2%，执行标的额135.76万元。采取跨地区跟踪执行，追回债款100万元，解决部分企业资金周转困难的问题。2003—2004年，受理执行案件1107件，执结1038件，执结率93.8%。2005年，受理执行案件628件，执结571件，执结率90.9%，执结标的总额1598.8万元。2006年，开展集中清理执行积案、执行案件结案率竞赛等活动，采取强制措施109案次，拘传被执行人48人次，拘留被执行人19人次，执行案件601件，执行率93.6%，执结标的金额2711.3万元。2007年，受理执行案件715件，执结665件，结案标的金额1948.1万元。采取强制措施101案次，拘留20人次，协助执行11案次，依靠执行联络员执结39案次。2008年，受理执行案件361件，恢复执行154件，执结475件，执行率92.2%，完全执结283件，完全执结率55%，执结标的金额663.43万元。全面回访154件中止执行的案件；开展“突击执行、清理积案”活动，向申请人发放《再执行债权凭证》507件，执行积案由原来的1246件降到597件，处理张某、马某等15件上访缠访案件。2009年，受理执行案件1243件，结案1129件，执结标的金额5130万元。集中清理执行积案，对2007年12月31日之前中止的1236件执行案件，全部进行清理。对有财产可供执行的139件案件全部执结；无财产可供执行的案件，按照最高法院“七个一批”的要求，终结本次执行程序。2010年，受理执行案件710件，执结675件，执结率95%，执结标的金额2194万元。建立和完善执行和解制度，全年达成和解199件，和解率32%。

第三节　信访与审判监督

一、信访

1991年，由告诉申诉庭负责来信、来访、来诉的接待工作。1995年3月，在告诉申诉庭设立咨询室，由1名审判员专门负责信访接待工作。1996—1997年，收到信访申诉案件16件，其中刑事案件3件，均驳回；经济案件2件，驳回1件，未立案1件；民事案件11件，立案审查5件，未立案6件，立案审查5件中驳回4件，决定再审1件。1998—2000年，受理信访案件91件，处理87件，接待来访3828人次。2005年8月，开展“大接访”活动，由院长、立案庭庭长在市法院集体接待来访群众28人次，要求办理的案件20件，涉及执行15件，民事案件3件，刑事案件1件，其他3件。2006年，进行诉前指导和诉前风险提示，接待群众来访2370人次，处理申诉和申请再审及来信46件。2007年，接待群众来信来访51人次。2008年，受理来信54件，全部处理完毕。2009年，全年接待来信来访62人次，立案接待3042件次。2010年，全年接待处理人民群众来信来访50件。

二、审判监督

1991—1997年，审判监督工作主要是县人大常委会、市中院的执法检查，县法院对当年已审结的案件组织评查组进行评查，组织评查完毕后，接受市中院评查，评查的情况在全市法院进行通报。1998年后，县法院设立监察室，负责审判监督和纪检监察工作，查处审判、执行工作中的违纪违法行为。2002年6月，撤销监察室，设立审判监督庭，监察室并入政工科，但一直未配备专职纪检监察人员，纪检监察工作由政二科代管。2003年12月，审判监察庭另配备书记员1名，负责全院执法检查、申诉案件的审查处理及办理再审案件、国家赔偿案件等。2006年，受理再审案件9件，审结4件。2007年，受理再审案件4件，审结3件，对在实体和程序方面存在重大瑕疵案件，依法进行改判或部分改判。2008年，受理申诉和申请再审案件6件，全部审结。2009年，审查当事人申诉案件10件，审结再审案件2件，对在实体和程序方面存在瑕疵和纰漏的案件，依法纠错，定纷止争。2010年，审结再审案件1件。

三、法警

1991年，县法院有司法警察7名，分别在刑庭、执行庭、办公室工作，由所在庭室管理。1997年，县法院组建法警大队，人员编制8名，领导职数2名。其中队长1名，副队长一直空缺，法警7名，女法警1名。因县法院书记员缺乏，法警大队始终保持3~4名，其他法警均在业务庭兼职书记员，多在被告人提押开庭、强制执行、中级人民法院调警等工作集中使用。2010年，法警大队编制11名，实有11名。

第四节　人民陪审

1991—1998年，县法院在刑事审判中少量地使用人民陪审员，其他庭审理案件没有使用人民陪审员，也没有设立人民陪审员管理机构。1999年2月，县法院政工科及民事审判庭共同组织，对选举的16名人民陪

图 6-2-1　榆中县人民法院首届人民陪审员培训班（2005 年 8 月 2 日摄）

审员进行培训，随后，各人民法庭正式开始使用人民陪审员，其中使用较好的有金崖、夏官营人民法庭。2005年，榆中县第十五届人民代表大会常务委员会第16次会议任命李自清等25人为榆中县人民法院人民陪审员。2010年5月，进行新一轮的人民陪审员选任工作，按照法官人数的二分之一或略高于二分之一的规定及基层法庭多的实际情况，县人大常委会任命27名人民陪审员。其中男25名，女2名。人民陪审员每年陪审案件在400件以上，人均陪审案件16件，最高陪审案件64件，每件案件补助30~50元。

第五节　机　构

1991年，榆中县人民法院内设刑庭、民庭、经济庭、行政庭、执行庭、告诉申诉庭、办公室7个机构，有7个基层人民法庭，即城关、定远、金崖、贡井、夏官营、高崖、青城。1997年，内设办公室、监察室（纪检)、政治工作科、刑庭、民庭、经济一庭、经济二庭、行政庭、告诉申诉庭、执行庭、司法警察大队11个机构，7个基层人民法庭，行政编制63名。2000年，编制67名，实有65名。2001年，撤销城关、定远、青城人民法庭，保留金崖、和平、高崖、夏官营4个人民法庭。2002年，内设10个机构和4个人民法庭。将原监察室并入政工科，将原民事审判庭更名为民事审判第一庭，经济审判第一庭、经济审判第二庭合并为民事审判第二庭。2005年3月，编制80名。2007年4月，县法院成立中共榆中县纪委派驻纪律检查组，设立榆中县人民法院监察室，恢复贡井法庭建制，在县法院成立研究室。2010年，编制87名。其中政法编制81名，机关工勤人员6名。内设机构13个，分别是办公室、政工科、纪检组、监察室、研究室、审监庭、立案庭、刑事审判庭、民事审判第一庭、民事审判第二庭、行政审判庭、执行局、法警队，有和平、高崖、金崖、夏官营、贡井5个基层人民法庭。

第三章 检 察

第一节 反贪污贿赂检察

1990—1992年，受理贪污案件13件13人。1993—1997年，受理贪污案件19件。1998年，立案侦查6件7人，其中贪污4件4人，挪用公款2件3人。其中10万元以上案件2件。1999—2000年，查办职务犯罪案件，查处村级干部贪污、挪用公款犯罪。立案查处12件，涉案金额77.6万元。初查后决定不立案21件。配合国有企业改革，查处企业管理人员贪污、挪用公款犯罪。查处国有企业职务犯罪嫌疑人6人。2001—2002年，立案查处职务犯罪案件16件。查处“三机关一部门”的贪污贿赂、挪用公款犯罪案件，立案查处7件8人。2003年，立案查处6件8人，其中贪污5件5人，挪用公款1件3人。重点查处村社干部在拆迁、征地、重大基础设施建设过程中利用财务制度不健全、缺乏监督贪污挪用公款犯罪。2004年，立案侦查7件11人，其中贪污4件5人，挪用公款3件6人。反贪污工作受到省市检察院表彰奖励，被省检察院记集体二等功一次。2005年，立案侦查6件10人，其中贪污3件5人，挪用公款3件5人。2010年，立案侦查贪污贿赂等职务犯罪案件12件18人。

第二节　渎职侵权检察

1990—1992年，受理法纪案件22件48人，立案侦查10件26人，其中非法拘禁4件14人，非法侵入他人住宅1件2人，重大责任事故5件10人，依法追究刑事责任26人。协助有关部门对132个单位的安全生产情况进行检查，处理安全隐患4个，发出检察建议5份。1993—1997年，受理法纪案件线索28件，立案侦查6件11人，其中非法拘禁3件8人，玩忽职守1件1人，重大责任事故2件2人。1998—2002年，收到举报线索18件，立案侦查4件7人。其中涉嫌玩忽职守犯罪3件4人，涉嫌滥用职权犯罪1件3人。2003—2005年，查办渎职侵权案件9件。2010年，立案侦查渎职侵权案件4件7人。

第三节　侦查监督检察

一、审查逮捕

1990—1992年，受理提请批准逮捕的刑事案件273件509人，审查批准逮捕244件、450人，不批准逮捕15件32人。配合“两打一禁”“两打两整顿、三查五落实”、反盗窃等专项斗争，提前介入侦查35件，批准逮捕盗窃犯罪嫌疑人196人，破坏农电、水利设施犯罪嫌疑人37人。1993年，突出打击杀人、抢劫、强奸及流氓团伙等严重刑事犯罪。受理提请批准逮捕案件111件230人，经审查，批准逮捕196人，不批准逮捕13人。提前介入25件，受案后当天做出批捕决定的有20件27人。1995年，受理提请批捕犯罪嫌疑人160人，经审查批准逮捕151人，不批准逮捕4人。1998—2000年，受理提请批捕犯罪嫌疑人441人，经审查批准逮捕367人，不批准逮捕60人。批准逮捕杀人、抢劫、强奸、重伤害等严重刑事犯罪嫌疑人150人，占批捕总数的40.9%。开展禁毒和反盗窃专项斗争，共批准逮捕盗窃、涉毒犯罪嫌疑人116人，占批捕总数的31.6%。2002年，开展“打黑除恶”、整顿和规范市场经济秩序等专项斗争。受理提请批捕犯罪嫌疑人192人，经审查批准逮捕173人，不批准逮捕15人。批准逮捕爆炸、杀人、抢劫等严重暴力犯罪嫌疑人55人，占批捕总数的31.8%。2005年，配合公安机关开展打击“双抢一盗”专项斗争，打击刑事犯罪。受理提请批捕案件96件153人。经审查批准逮捕136人，不批准逮捕15人。批准逮捕抢劫、盗窃犯罪嫌疑人72人。开展“青少年维权岗”活动，对初犯、偶犯的未成年人，在法律允许的条件下，尽量不采取逮捕措施，配合学校、家长共同进行教育挽救。2010年，受理提请逮捕刑事案件123件151人，经审查批准逮捕116件144人，不批准逮捕6件6人。

1991—2010年批准逮捕嫌疑人分类统计表

表6-3-1　　　　单位：人

年度	受理	批捕	不批捕	公安撤回	退查	备 注
1991	140	117	16		7	
1992	151	140	3	1	7	
1993	230	196	13	8	13	
1994	177	162	6		9	
1995	160	151	4		5	
1996	200	176	15		9	
1997	148	131	13		4	
1998	159	129	26	4		
1999	136	119	12	5		追加 3 人
2000	146	119	22	5		
2001	255	225	18	12		

续表

年度	受理	批捕	不批捕	公安撤回	退查	备 注
2002	192	173	15	4		
2003	145	134	7	4		
2004	253	239	10	4		
2005	153	136	15	2		
2006	92	87	5			
2007	107	98	8	1		
2008	83	73	7	3		
2009	89	83	2	4		追加 9 人
2010	151	144	6	1		
合计	3167	2832	223	58	54	追加 12 人

二、侦查监督

1991—1992年，通过审查批捕，退回公安补充侦查12件25人，不构成犯罪不批准逮捕4件16人，证据不足不批准逮捕4件6人，无逮捕必要不批准逮捕7件10人。1993—1997年，建议追加和决定逮捕漏网15人，不批准逮捕50人，退回公安机关补充侦查45人，建议公安机关撤回提请12人。1998—2002年，对事实不清、证据不足或不构成犯罪、无逮捕必要的88名犯罪嫌疑人做出不批捕决定，要求公安机关说明不立案理由9件16人。向公安机关发出检察建议5份。2003年，对无逮捕必要的4件7人做出不批捕决定，建议公安机关撤回提请2件4人，向公安机关发出要求说明不立案理由通知书2份，纠正公安机关改变强制措施不当1件1人，追加犯罪嫌疑人2人。2004年，与县工商、卫生、文化、税务等17个行政执法部门签订联系制度，从执法机制上加强监督。从2003年以来行政处罚案件中，发现应当追究刑事责任7件，其中转公安4件，自查2件，通知公安立案侦查1件。对2003年以来的治安处罚案件建议公安立案6件。对证据不足或无逮捕必要的不捕4件9人，向公安机关发出“应当逮捕犯罪嫌疑人意见书”2份，建议追加犯罪嫌疑人6人，发出“要求说明不立案理由通知书”“通知立案书”各1份。2005年，调阅公安机关2004年以来的交通事故案卷49件，治安处罚案卷359件，涉毒案卷7件，经侦案卷22件，监督公安机关立案1件。对不构成犯罪或无逮捕必要的12件15人做出不捕决定，向公安机关发出《提供法庭审判所需证据材料意见书》10份，建议公安机关对18名犯罪嫌疑人的行为予以查清，追加犯罪嫌疑人7人。2006年，通过审查批捕，公安机关撤回2件5人，退查7件18人，中止4人，不诉11件16人。2007年，公安机关撤回4件7人，退查11件19人，移送管辖2件2人，不诉17件35人。落实宽严相济的刑事司法政策，对6名涉嫌犯罪的在校学生做出不捕、不诉决定，对2件轻微案件调解取得谅解后，做出不诉决定。2008年，公安机关撤回3件6人，复议、复核后维持原决定2件2人。对4名涉嫌犯罪的在校学生做出不捕、不诉决定，对2名涉嫌盗窃犯罪的未成年人做出不诉决定，对5名涉嫌盗窃犯罪的在校学生建议法院从轻处罚。2009年，坚持对重大、疑难、复杂案件提前介入，引导公安机关侦查取证。提前介入公安机关侦查案件12件，依法快捕快诉。依法对4名在校学生做出不捕、不诉决定。2010年，评查上年10月以来不捕、不诉、撤案、抗诉未支持的案件，与公安局、法院协调配合，解决执法办案中出现的问题；选派业务骨干提前介入公安机关侦查案件23件。

第四节 公诉检察

一、提起公诉

1990—1992年，受理公安机关移送审查起诉案件294件551人，提起公诉276件500人。1993—1997年，受理公安机关移送审查起诉、免诉刑事案件619件993人，经审查，提起公诉557件866人，报送市检察院处理39件89人。1998—2002年，受理移送审查起诉案件822件1212人，经审查起诉607件808人，上报市检察院48件99人。2004—2005年，受理移送审查起诉338件598人，经审查提起公诉288件486人，上报市检察院13件39人。2006年，受理移送审查起诉案件171件288人，提起公诉146件230人，上报市检察院10件21人。2008年，受理移送审查起诉案件199件304人，提起公诉166件246人，请示市检察院1件22人，公安撤回3件4人，退查7件7人，移送管辖1件1人，不诉15件18人，终止审查1件1人。2010年，受理移送审查起诉案件237件374人。审查后提起公诉207件306人，决定不起诉2件2人，上报市检察院16件35人。

二、侦查监督和审判监督

1990—1992年，复查1989年以前调查的5件自侦案件，复查后决定立案1件，提起公诉1件，不立案2件，撤销立案1件，结案1件。1993—1997年，追加被告人13人，追加罪名8人。对10件认为确定有错误的判决提出抗诉。1998—2002年，追加起诉罪名2人，向公安机关发出检察建议书5份，口头提出检察建议26件。通过对法院判决裁定的审查，对认定事实、判决存在严重错误的提出抗诉7件。2003—2005年，审查后改变定性的7件，改变强制措施2人。决定追加起诉被告人3案10人，追加起诉罪名5件，取消罪名4件，审查后认为需要追究刑事责任，移送公安机关立案2件5人，移送本院侦查监督部门4件。向县法院发出纠正违法通知书1份，发检察意见1份，口头建议5次。2006年，督促交警部门追捕7人，发现错案1件，对原办案民警立案查办。向公安机关发出《要求说明不立案理由通知书》2份，监督公安机关立案2件2人，发出《提供法庭审判所需证据材料意见书》16份。追加犯罪嫌疑人5人，追加漏罪5人；发出《补充侦查意见书》5份，建议对10名嫌疑人的行为予以补充侦查。2007年，追加犯罪嫌疑人10人，追加漏罪9人；对不符合起诉条件的35人做出不起诉决定。追加起诉3人，追加罪名3人，改变定性3件，追加犯罪事实4起，取消罪名1起。2008年，发出《提供法庭审判所需证据材料意见书》48份。

追加犯罪嫌疑人9人。追加起诉4人，追加罪名1起，追加犯罪事实1起，取消罪名1起。改变定性3件，决定逮捕4人。提起抗诉2件5人。2009年，办理立案监督案件2件2人，1人做出有罪判决，监督撤案4件4人。发出《提供法庭审判所需证据材料意见书》47份。纠正漏捕6件9人。追加起诉4人，追加罪名1起，取消罪名1起。追加起诉犯罪事实1起，改变定性1人，改变定性3件，决定逮捕4人。提起抗诉2件5人。2010年，办理立案监督案件3件3人，监督撤案2件2人，追加犯罪嫌疑人5人；追加起诉7人，追加罪名2件，追加起诉犯罪事实3起，改变定性4件，取消罪名2起。

三、出庭支持公诉

1991年，县检察院对提起公诉的案件派员出庭支持公诉，对一些案件复杂、影响较大、公开审理的案件发表公诉词。1993—1997年，县检察院加强证据审查、庭前准备、出庭公诉各个环节的工作。出庭公诉548案，发表公诉词529篇。1998年后，出庭公诉强化证据意识，加强证据审查，推行主诉检察官办案责任制，对提起公诉的案件全部出庭支持公诉，制作和发表公诉词，进行法庭辩论，出庭公诉工作逐步走向规范化。2003—2005年，改革出庭支持公诉工作，对案情明了、被告人供认不讳的案件，推行简易审程序，移送案卷及相关材料后，不再派员出庭支持公诉。至2005年底，实行简易程序的案件182件239人。2006年，对74件可判3年以下的案件，建议人民法院适用简易程序审理，对32 件普通程序起诉在庭审中使用简易审程序。对全部案件在起诉阶段改变定性1人，追加起诉1人，追加罪名3人，移送侦查监督部门立案监督1人，提起逮捕7人。2007年，受理移送审查起诉案件183件284人。经审查提起公诉153件237人，决定不起诉17件35人，上报市检察院5件8人，公安机关撤回4件7人，退回补充侦查11件19人，移送管辖2件2人。2008年，受理移送审查起诉案件199件304人，提起公诉166件246人，请示市检察院1件22人，公安机关撤回3件4人，退查7件7人，移送管辖1件1人，不诉15件18人，中止审查1件1人。2009年，适用简易程序审理案件91件。开展重大案件介入侦查、引导取证7次。2010年，适用简易程序审理案件68件，适用普通程序审理案件143件，占起诉案件68%。运用多媒体出庭公诉2次，开展观摩庭、考核庭3次。开展重大案件介入侦查、引导取证23次。重点抓量刑建议、公诉侦查引导取证、庭前证据交换、公诉答辩支持系统等项。实行主诉检察官办案组模式，运用文证审查纠错补漏，确保案件质量。

第五节　监所检察

1991年起，坚持同每一个在押人员谈话，有针对性地开展悔罪教育。1993—1997年，检查号室24次，提出违法和违章建议38次。加强对“五种人”的考察，逐人建立监改情况档案。对脱管、漏管的建议落实监改措施。1998年，不定期检查号室，提出口头建议5次，书面建议2份。打击牢头狱霸，追究刑事责任2人。1999—2002年，对在押人员逐人逐卡进行登记，不定期检查号室100次，提出纠正意见25次，对30多名监外执行人员进行回访考察。2000年，查处赵某等3名在押人员破坏监管秩序案，依法提起公诉，并配合法院在县看守所进行公开宣判，维护监管秩序。对看守所报请减刑、保外就医的29人逐个进行审查。对各个诉讼环节超期羁押的及时同办案单位联系、催办，保证按时结案，对催办后未按时结案的14人发出催办通知书。2003年，开展清理超期羁押专项活动，清理超期羁押20人，年底纠正18起。对保外就医、减刑的10人进行审查，均符合条件。对监外执行的32人进行考察。对看守所安全、卫生、伙食等进行检查14次。2004年，创建二级达标检察室。2005年，进行安全检查，提出纠正意见9次。纠正超期羁押3人次。深入14个派出所，对161名监外执行人员进行考察，落实监管措施，预防和减少重新犯罪。驻看守所检察室被市检察院评为“规范化检察室”。2007年，驻所人员与在押人员谈话180人次。对号室进行安全检查9次。对2004年7月1日至2007年6月30日判缓刑、假释、保外就医等监外执行人员档案进行分类清理，逐人落实登记。对2004年7月1日至2007年8月底的295名监外执行人员的档案材料进行清理核对，对27名缓刑犯解除监管，21名漏管的予以纠正。2010年，完善监外执行人员脱管、漏管问题的监督制度，加强对违法减刑、假释、体罚虐待被监管人等问题的监督。与看守所实现信息联网、监控联网。配合公安机关办理考验期内再犯罪案件1件，发出检察建议17份，接待来信来访18人次。对150名监外执行人员进行监督考察。

第六节　控告申诉检察

1991年，县检察院设立控告申诉工作部门，对控告申诉、举报、人民来信来访实行归口统一管理，分流查办。至1992年，受理举报、控告申诉及人民来信来访63件次，从中发现犯罪线索13件，为公安机关侦破案件提供关键线索2件。1993—1997年，受理来信来访394件次，立案复查8件，自办111件，转其他部门办理109件，直接答复163件，向县人大报告2件，提请抗诉1件。1998—2002年，实行检察长接待日制度，及时妥善处理重要信访和突发事件。受理控告申诉、来信来访239件次，审查后转其他部门办理34件，立案审查13件，直接答复192件。2000年，控申接待室被评为兰州市检察系统“文明接待室”。2003—2005年，受理来信来访105件次，转办57件，直接答复46件，办理刑事赔偿案件2件。检察长接待群众来访100多人次。2006年，开展“大接访”活动，处理群众来信来访93件次，其中来信17件，来访76件次。向有关部门转办7件，直接答复86件，办理刑事赔偿案件1件。2010年，受理群众来信来访57件次（来信11件，来访46件次），其中转办11件，直接答复46件。初核职务犯罪案件线索3件，实行责任倒查2件，办理刑事申诉案件2件；奖励举报有功人员2人，对刑事被害人实行检察救助27件。

第七节　民事行政检察

1993年，批准设立民事行政检察科。1998年，开始配备人员开展业务，办理不服法院判决的民事行政案件。至2002年，受理不服法院已经生效的民事行政判决裁定申诉案件33件，决定立案审查18件，提请市检察院抗诉7件，答复由当事人向法院直接申诉2件，书面建议法院重新审理2件，终止审查3件，未结1件。2003—2005年，民事行政检察工作得到较快发展。运用抗诉、检察建议、纠正违法通知书等方式，对侵害当事人权益显失公平的案件依法进行监督。受理当事人不服法院已生效的民事、行政判决裁定申诉案件33件，审查后提请抗诉14件，市检察院支持抗诉12件，市中级人民法院发回重审3件。不提请抗诉4件。不立案5件。建议法院再审1件，并做出改判。终止审查8件，未结1件。2006—2010年，受理民事行政申诉案件96件。其中审查后提请抗诉33件，不立案19件，其他案件44件。

图 6-3-1　新落成的县人民检察院办公大楼（2007 年 9 月摄）

第八节　机　构

1992年3月，榆中县人民检察院设立控告申诉工作部门，将监所检察科更名为控告申诉、监所检察科，对人民群众来信来访、举报、控告申诉实行归口统一管理。7月，在县水烟公司成立检察室。1993年12月，成立民事、行政检察科。1995年3月，县检察院驻税务局检察室分设为驻县国税局检察室、驻县地税局检察室。1996年，对内部机构进行调整，增设法律政策研究室，将经济检察科更名为榆中县反贪污贿赂局，将控告申诉、监所检察科分设为控告申诉检察科和监所检察科。至此，有10个内设机构，即办公室、法律政策研究室、刑检一科、刑检二科、反贪污贿赂局、控告申诉检察科、法纪检察科、监所检察科、民事行政检察科、税务检察室。1997年，机构设置再次进行调整和更名，设二室、一局、七科，将原刑检一科更名为审查批捕科，法纪检察科更名为法纪技术检察科。撤销驻县国税局、县地税局、县水烟公司检察室。核定编制39名。检察长1名，副检察长2名，内设领导职数16名，事业编制4名。1998年，成立政工科、法警队。2000年，编制43名。2002年6月，将榆中县反贪污贿赂局更名为榆中县人民检察院反贪污贿赂局。将审查批捕科更名为侦查监督科，将法纪技术检察科更名为渎职侵权检察科，将审查起诉科更名为公诉科。2005年3月，设立职务犯罪预防科。同年11月，榆中县检察院编制48名，其中行政编制44名，事业编制4名。2010年，编制56名，其中行政编制52名。内设办公室、政工科、法律政策研究室、侦查监督科、公诉科、反贪污贿赂局、反渎职侵权局、民事行政检察科、控告申诉检察科、监所监察科、职务犯罪预防科11个机构，均为科级建制。

第四章　公　安

第一节　刑事犯罪

1991年，开展“抓禁毒，反三窃”等专项斗争。全年发生刑事案件257起，破案195起，其中重特大发案64起，破获重特大案55起。1993年，开展保护森林资源专项斗争，查清犯罪分子捕杀林麝42只，并捆绑殴打、抢劫护林人员的恶性事件；在“抓禁毒、反窃车”专项斗争中，查破刑事案件22起，查处治安案件12起，摧毁犯罪团伙6 个。1995年，以反盗窃为中心开展春季攻势。开展“两打、两禁、一追”专项斗争，破获刑事案件25起，其中重大案件8起，抓获违法犯罪分子和违法人员107名。1996年，开展百日“严打”整治斗争；查禁取缔门徒会邪教组织，摸清反动会道门道首骨干分子的底数。破获重特大案件22起，端掉团伙9个，涉及成员35名，查处治安案件99起。1999年，开展“收枪治爆”“扫黄打非”等专项斗争，查处涉枪案件28起，处理违法人员28人，收缴枪支119支，查处涉爆案件5起，没收炸药140千克，处理违法人员13人；查处案件44起。2001年，开展“打黑除恶”专项斗争，重点开展打击有组织犯罪，带有黑社会性质团伙犯罪和严重暴力犯罪；爆炸、杀人、抢劫、绑架等严重暴力犯罪、毒品违法犯罪活动。抓获团伙成员22人，破获抢劫、绑架、伤害、敲诈勒索等案件14起。2003年，打击“两抢”（抢劫、抢夺）、盗窃犯罪专项行动，破获抢劫盗窃等案件86起，抓获上网逃犯8人，打掉盗窃集团3个18人，抓获犯罪分子和违法人员206人。2005年，开展侦破命案行动，发生11起命案，其中杀人6起，伤害致死5起，破案

10起，破案率90.9%。2006年，开展“打黑除恶”专项行动。排摸出案件线索20条，抓获作案成员43人，查获案件28起；开展打击盗窃、破坏通信、电力设备专项行动，破获刑事案件35起，抓获作案成员19名，追回赃物折价6万元。开展为期100天的“陇原风暴”行动，出动警力3211人次，清查公共复杂场所1657处，破获刑事案件48起，抓获违法犯罪人员68人。抓获上网逃犯29人。2007年，开展治理自行车被盗专项行动。出动警力424人次，查扣可疑自行车104辆，清理废旧收购点36处，收缴自行车60辆；开展为期100天的追逃“猎鹰”专项行动。抓获历年逃犯8名，抓获当年逃犯68名；破获酒钢集团榆中钢厂特大盗窃案。2009年，开展“抓现案、破积案、追逃犯”严打整治行动；破获命案6起，破盗窃案101起，破抢劫案35起，破贩毒案6起，收缴海洛因224.85克，破经济案件4起，挽回损失158.33万元。2010年，开展“严打整治行动”和“冬季百日行动”。破获案件376起，其中破命案10起，破案率83.3%；破获毒品案件10起，收缴毒品海洛因17.95克；破获经济犯罪案件7起。

1991—2010年榆中县刑事案件发生与破案情况

表6-4-1　　单位：件

年度	发案数	破案数	重特大案件	
			发案数	破案数
1991	257	195	64	55
1992	182	137	44	41
1993	190	152	56	51
1994	196	177	73	71
1995	187	164	58	55
1996	170	148	52	50
1997	148	133	49	48
1998	167	154	59	57

续表

年度	发案数	破案数	重特大案件	
			发案数	破案数
1999	164	143	52	43
2000	370	179	95	69
2001	393	218	77	58
2002	380	219	86	60
2003	361	229	62	45
2004	331	212	78	59
2005	326	220	60	48
2006	307	193	78	56
2007	308	216	54	41
2008	559	237	67	51
2009	771	274	71	39
2010	933	376	117	64

注：从2000年开始，将原有重特大案件统计标准改为放火、爆炸、劫持、故意杀人、故意伤害、强奸、绑架、抢劫八类重点案件。

第二节　治安管理

一、禁毒斗争

1991年，铲除罂粟4137株，米兰子1.87万株，治安拘留11人，罚款101人，警告3人。1992年，查处私种罂粟者55人，铲除罂粟1362株，米兰子792株。1993年，在19 个重点乡镇45个村庄发现私种罂粟者94人，铲除罂粟、米兰子1771株。1995年，铲除罂粟115株；1997年铲除罂粟1026

图 6-4-1 公安民警向市民宣传禁毒知识（2008 年 6 月 26 日摄）

株，查出私种罂粟人员34人。1998年，铲除罂粟700株，查处私种者15人。1999年，组建禁毒大队。查处毒品案件22起，缴获毒品海洛因33克，处罚私种罂粟人员2人。2000年，破获毒品案件10起，抓获贩毒分子10人，缴获毒品海洛因67.6克。2001年，建立乡镇、派出所、家庭成员“四位一体”的吸毒史人员帮教组织；加强对精神麻醉药品和易制毒化学药品的管理。在县城广场开展“珍惜生命，远离毒品”“不让毒品进我家”万人签名活动，下基层进行图片巡回展300次；破获毒品案件9起，其中重大案件2起，收缴毒品海洛因70.23克。2005年，侦破涉毒案件5起，收缴毒品海洛因625.5克，抓获贩毒分子6人。8月30日，在兰州火车站抓获2名运输毒品的犯罪分子，查获毒品海洛因508.5克，为历年破获、缴获毒品最多的案件。2006年，破获毒品案件5起，抓获犯罪嫌疑人5人；收缴毒品海洛因600.35克。收缴贩毒工具手机2部，摩托车1辆。2010年，破获贩毒案件10起，抓获犯罪嫌疑人10人，收缴毒品海洛因17.95克。

二、行业、场所管理

1991年，全县列入管理的公共复杂场所有161家，其中歌厅13家，卡拉OK厅20家，录像厅8家，书报摊点13家，餐饮娱乐31家，台球室43家，其他33家。县公安局治安科、各派出所与公共场所负责人签订安全责任书，颁发治安许可证。召开培训会400人次，集中检查2次，责令整顿非法出租传播淫秽录像带的摊点11家，治安处罚违法人员12名，收缴淫秽光盘162张，淫秽录像带24盘。1999年，查处场所行业中发生的问题44起，其中嫖娼5起，容留嫖宿暗娼2起，传播淫秽物品4起，赌博5起，不按规定登记20起，三证不齐、包厢不透明8起，处罚83人，罚金16万元。2000年，清理整顿城关地区的148家文化场所，责令停业歌厅3家，取缔电子游戏室7家，收缴查封电脑23台，电子游戏机4台，取缔无证录像放映点3家，关闭录像厅1家，停业整顿1家，查封无证经营出租音像的摊点12处，拆除录像厅、包厢2家5间，收缴盗版光盘176张，查处卖淫嫖娼7起15人，查处赌博窝点32个，参赌人员229名，没收赌资4万元。2002年，查处赌博案件25起，卖淫嫖娼案件7起，违反淫秽物品管理案件1起，收缴淫秽光盘12张。查处违反特行管理案件3起，依法查处违法经营单位2家，取缔无证收购站2家，查处网吧无证违规经营16起，对12名责任人给予处罚。2004年，把工作重心从事前督促转移到事中监督和事后查处上来，收缴淫秽光盘74盘，查处赌博案件36起333人。2006年，重新备案登记娱乐场所和特种行业。登记后有文化娱乐场所17家，餐饮服务场所25家，公共复杂场所381家。规范群众性文化体育活动的安全管理。全县举办大型活动59次，及时审核审批举办申报材料，对3000人以上活动上报市公安局审批，制定安全保卫方案，现场纠正存在隐患，建立档案资料59份。2007年，重新备案登记全县380家娱乐场所、167家特种行业和22家其他场所。查处刑事案件1起，治安案件13起。完成全县63次大型活动的安全保卫工作。2008年，开展旅馆业治安管理信息系统安装工作，全县有旅馆业87家，71家安装了“全市旅馆业治安管理信息系统”。2010年，对全县564家单位、579家行业全部进行建档管理。对县委、县政府、通信、水电、煤气、邮电、通信、车站、超市等69处重点单位和行业严格落实内部安保措施，签订安保责任状，定期不定期开展安全检查，并指导金融部门建立护卫队。

三、枪支弹药、爆炸物品管理

1991年，成立爆炸物品、枪支弹药整顿小组，对管理使用爆炸物品、枪支弹药应注意的事项做出具体规定。1991—1995年，收回散存在民间的猎枪2支、钢砂枪13支、铝制手枪1支、气枪3支、土枪810支。处罚违规人员82人。收缴非法生产、使用的炸药2002千克、雷管377发、导火线1134米、纸炮215箱。对92个烟花爆竹销售单位、74个爆炸物品使用单位、38个储存爆炸物品的单位和242名经过专门培训、考核合格的爆炸员颁发证书。1998年，全县危爆物品储存单位38家，使用单位65家，销售单位1家，治安部门会同派出所签订安全责任书104份。1999年，查处涉枪案件28起，处理违法人员28人，收缴枪支119支，查处涉爆案件5起，没收炸药140千克，处理违法人员13人。2000年，收缴枪支73支、雷管380枚、火药2100克、炸药700千克、自制炸药360千克、导火线50米。2001年，开展“治爆缉枪”专项行动，查处涉枪涉爆案件66起，收缴非法枪支153支、子弹117发、炸药996千克、雷管1.54万枚、导线5840米、烟花爆竹1336万头，抓获违法犯罪嫌疑人41人，逮捕9人。2005年，有64家爆炸物品使用储存运输单位，485家烟花点。收缴炸药475千克、雷管572枚、土枪15支、子弹170发、管制刀具36把、导火索255米。2006年，对30家爆炸物品使用储存单位、1家销售单位、485家烟花爆竹销售点，实行治安科、派出所、责任区民警三级管理，举办培训会1次。收缴炸药764千克、雷管39枚、导火线150米、子弹445发、管制刀具62件、枪支78支。2008年，培训全县危爆物品单位的爆破员、安全员、押运员、库管员，全面检查危险物品单位，发现隐患11处，整改11处。全年收缴炸药65千克、导火索120米、电雷管352发、枪支18支、子弹340发、管制刀具12件、烟花爆竹197件。2010年，收缴枪支44支、子弹263发，查处涉枪案件2起，打击处理2人。

第三节　户政管理

一、常住人口管理

1991年，入户核查8.93万户40.5万人，排摸出3800人未落户，其中出生未落户小孩3194人，死亡未注销户口的2107人。通过入户宣传，新落户1831人，注销死亡人口1407人。1995年，核查9.18万户41.19万人，其中非农业人口2.59万人，出生人员7077人，其中出生未落户3023人，死亡未注销户口的2338人，新落户3231人，注销死亡人口1023人。2000年，全县抽调骨干力量484人进行核户，发现有户无人6577户9237人，解决2068户2657人；有人无户4181户6458人，解决1628户2557人；应销未销1822人，解决1822人；未落常住人口6945人，解决4726人；重人9人，漏人30人，冒名顶替户口5人，变更更正户口项目1874人。解决重错证号29人，重记录766人，户口簿编码4.89万人。全县有10.18万户42.5万人，其中非农业人口3.18万人。2005年，抽调594人，登记有人无户2021户2133人，解决976户750人，登记有户无人1937户2062人，解决554户583人，登记户口待定人员1979人，解决666人，解决应销未销户口1537人，解决重登户口30人，补登82人，变更户口项目2.03万项。接待群众7400人次，办理居民身份证快证320人，边境通行证35人，办理农业户口准迁手续2400人。全县有10.66万户42.26万人，男21.65万人，女20.61万人，其中非农业人口3.75万人，未落常住户口1313人。2006年起，全面进行常住人口的核户及重漏码的纠错工作，及时做好人口数据维护和身份证办理工作。对常住人口中的重点人口做到及时列管并逐一建档、定期考察。对违法青少年采取帮教小组帮教的形式，主要通过学校、街道、村社、社区建立帮教小组进行帮助教育。同年补录空缺项目1.07万人，纠正重错码573人，重户384人，解决人户分离户口2165 人，为群众办理居民身份证3.48万人。2009年，办理、发放二代证2.14万人，其中年满16周岁办证

3037人。全县户籍推行“一站式”办公业务，集中开展人户分离人口调查摸底登记工作，逐人逐项进行辅项核查变更，采集有人无户7716户1.32万人，解决有人无户968户1408人，登记户口待定人员770人，解决402人，解决应销未销户口559人，变更辅项7.65万项。2010年，开展第六次人口普查户口整顿工作。抽调645人，核查全县罗列的24个疑难姓氏，纠正错误姓氏14人，保留正确姓名10人；解决遗漏户口70人，审批办理6周岁以上出生未报户口172人。入户核对9.45万户41.45万人，登记人户分离4994人。录入有人无户55人、有户无人775人，登记户口待定262人，登记政策外生育341人，解决149人。变更户口项目27.05万项，纠正重错号码62对。排查精神病人155名，录入全国精神病人管理系统118人。办理60岁以上群众身份证6000张，解决130名参保群众漏户问题，出动警力81人次，出动车辆36台次，为孤寡老人、残疾人上门采集身份证照片2000人。

二、暂住人口管理

1991—1998年，全县登记暂住人口8730人次。1995年有暂住人口898人，其中男701人，女197人，暂住一个月至一年451人，一年以上的63人，全年实发证317人。2000年，全县有暂住人口3490人，办理暂住证1955人。2005年，开展对辖区出租房屋和流动暂住人口聚集地的清理整顿工作，登记流动暂住人口1450人，办理暂住证1389人，发函调查2016份，查破刑事案件58起，查处治安案件144起，打击流动暂住人口49人。2008年，开展出租房屋和暂住人口宣传月清理整顿工作，确定和平、城关、夏官营、定远为4个重点清理整顿区域，出动宣传车6辆，设立宣传点4个，悬挂横幅5条，发放宣传材料3200张。登记暂住人口161人，办理暂住证922个，盘问可疑人员12人，审查可疑人员5人，破获刑事案件13起，查处治安案件54起，抓获违法犯罪人员10人，罚款53人。2009年，推行流动人口常态化管理和出租屋旅店式管理模式，全县42个责任区，规范流动人口、出租房屋管理台账。为全县440家出租屋进行挂牌、登记、建档，摸清出租房屋底数、规范登记和建档管理。全年发证2697人，发证率99%。2010年，开展流动暂住人口和出租房屋调查登记“百日会战”专项行动。出动警力530人，出动车辆242台次，新登记流动暂住人口3634人，新登记出租屋59家，破获刑事案件2起，抓获逃犯5人，查处治安案件138起，处罚违法人员128人。制定《榆中县出租房屋分类型分层次管理办法》。以城关、和平、夏官营派出所为试点，建立出租房屋信息管理系统，出租房屋全部实行联网管理。全县摸清出租房屋629户，挂牌585户，登记暂住人口7830人，发证7135人，发证率99.8%。

第四节　保安工作

2007年，保安员为公安机关提供案件线索18条，协助破获刑事案件8起，查处治安案件23起，抓获违法犯罪嫌疑人18人（其中吸毒人员2人），查获被盗自行车15辆，挽回经济损失10万元。2008年，在10家单位、商铺安装防盗报警器，联网报警客户57家，300户农家安装防盗“电子狗”。为公安机关提供案件线索26条，协助查破案件42起，抓获违法犯罪嫌疑人23人，其中吸毒人员6人、上网逃犯1人，调解各类纠纷27起，参与消防灭火4次，及时制止其他灾害事故4起，挽回经济损失30万元。2009年，22家单位商铺安装防盗报警器，榆中信用合作银行37个支行分点的联网报警器与报警中心顺利联网，联网报警客户84家，200家农户安装防盗“电子狗”。2010年，人防客户达到35家。全县联网报警客户94家；12家单位商铺安装防盗报警器；120家农户安装防盗“电子狗”，全县“电子狗”用户1.32万户。为公安机关提供案件线索10条，抓获嫌疑人20人，发现和消除盗窃、火灾等重大事故隐患4起，为客户挽回经济损失10万元。

第五节　看守工作

1991年，看守人员及时发现，挫败翟某等6名在押人员密谋越狱逃跑的重大恶性案件。2005年，重点整顿牢头狱霸行为。2006年，深挖犯罪线索35条，经查证侦破案件11起。2007年，收集、甄别、转递坦检线索28条，查破盗窃案件7起，抢劫案件7起，非法拘禁案件2起，私藏枪支案件1起，抓获犯罪嫌疑人5人。2008年，将101名在押人员全部转押于兰州市第一看守所。在原址翻建新所。2010年，新建成的看守所投入使用，月均关押量130人。安装钢网墙蛇腹型刀刺网，安装电子门禁、周界控制、监控巡更、应急报警、应急照明、受虐报告、广播教育、人像采集等12个信息系统。

第六节　消　防

一、检查监督

1991年，县公安局抽调消防干警，对全县50个内保单位的77个物资仓库，50个财务室，40个门卫，4个爆炸物品储存点，5个油库，7个大门市部进行安全检查。1999年，消防工作加大执法力度，规范执法程序，提高依法监督能力，对不符合消防规定的单位发放《限期整改通知书》24份，发放《重大隐患整改通知书》1份，《复查验收意见书》3份，审核建筑工程7项，调查火灾原因21起，参加灭火战斗14场次。2000年，消防部门以河南焦作“3·2”特大恶性事故为教训，采取“广泛宣传、集中培训、彻底清查、重点整治、强化监督”等措施，定期检查全县68家公共娱乐场所，查封5家有重大火灾隐患的单位。2001年，以甘草水泥集团三角城造纸厂草场草垛连续两次发生大火为教训，集中检查、整顿全县消防安全重点单位，加强消防监督。2010年，以上海市静安区“11·15”特大火灾事故为教训，集中检查整顿全县消防安全重点单位，对不符合规定的单位下发《火灾隐患整顿书》。

二、火灾事故

1991年，城关百货商店四组营业处因照明线路老化引发火灾，直接经济损失1.3万元。1998年，发生火灾30起，直接经济损失54.34万元。1999年，发生火灾21起，其中麦场火灾11起，车辆火灾6起，其他4起，直接经济损失52.13万元。2000年，发生火灾14起，损失14万元。2001年，发生火灾14起，损失44.98万元。其中甘草水泥集团三角城造纸厂草场草垛连续两次发生大火，损失较大。2002年，发生火灾23起，损失8.85万元，死亡2人，伤1人。2003年，发生火灾17起，直接经济损失49.66万元。2004年，发生火灾14起，直接经济损失7.5万元，死亡1人。2005年，发生火灾6起，损失4.7万元。2006年，发生火灾4起，经济损失4.32万元。2007年，发生火灾8起，经济损失5.75万元。2008年，发生火灾13起，经济损失1.86万元。2010年，发生火灾13起，经济损失67.94万元。

第七节　交通管理

一、车辆管理

1991—2010年，每年进行一次春运车辆安全技术检验，定期检验辖区“五小车辆”（三轮汽车、拖拉机、二轮摩托车、三轮摩托车、低速载重汽车）。客运车辆、危险化学品运输车、道路施救车、工程作业车、救护车实行台账管理、重点管控。1991年，全县有机动车1096 辆，其中汽车580辆，农用运输车228辆，三轮车159辆，两轮摩托车129辆。2009年12月后，车管分所负责“五小车辆”注册登记、变更、转移、抵押、注销、补换领牌证等业务。2010年，办理“五小车辆”牌1338辆，办理驾驶证1117人，初检各类车辆8742辆。

二、驾驶员管理

1991年，全县有机动车驾驶员1780人。2005年，开始对驾驶员实行计算机信息系统管理，定期或不定期开展辖区机动车驾驶证年度体检、补证换证、驾驶证注销、消除记分等业务。2010年，审验驾驶证4300人次。

三、秩序管理

1991—2010年，组织开展“保春运”“单位内部交通安全百日竞赛活动”“摩托车专项整治活动”“客运车专项整治”“特种危险品车辆专项整治活动”“安全带专项整治行动”“酒后驾车专项整治行动”“预防道路交通事故百日决战行动”，在百日行动期间针对辖区发生的重特大事故，与县教育局、县交通局分别召开联席会议，开展校园周边交通环境整治活动，治理重点路段。完善校园周边交通安全设施，在“六一”国际儿童节和中、高考期间，学生上学放学高峰时期，加强指挥疏导，维护校园周边交通秩序。

四、事故预防

1991—2010年，实行事故预防目标任务量化分解、责任到人制度。根据支队下达的交通事故预防目标，结合上年度辖区交通事故发生的特点，把事故预防的任务下达到每个中队、每个民警，严格责任、严格考核。对交通事故多发路段增派警力，严格管理，加强疏导。严格落实首问负责制、办案责任制、错案责任追究制。两个执勤中队每周三、五晚上加班，和平中队每周二四晚上加班，重点查处酒后驾驶违法行为。大队机关民警利用空档时间周二、周四中午12:30—14:00全部上路执勤，机动查处交通违法行为。在容易引起人车争道的路口建议增设交通信号灯、示画人行横道线，在容易引发交通事故的路段、路口增设交通标牌。在部分路口、路段实行限速、禁左。发挥交通劝导员的作用，管理行人，防止因行人乱穿马路、不走人行道、不过天桥而造成的交通事故。

五、事故查处

1991—2010年，全县发生交通事故1033起，死亡人数665人。其中

2010年，全县发生交通事故逃逸案件11起，县交警大队破案11起，破案率100%。处理一般以上种类交通事故60起，死亡26人，伤66人，直接财产损失2.95万元。全队查扣交通违法行为1.69万起，罚款109.34万元，记分8983分。建立110、119、122报警服务台与120急救平台间交通事故信息通报、反馈制度，实现公安交通管理部门与消防、医疗等部门的快速反应、同步联动。

六、典型交通事故

1998年12月2日，汪某驾驶杂技团豫C·07465号东风货车行驶至国道312线2146千米+200米处时，因打瞌睡将车辆驶出路面，翻入路边农田，7人当场死亡。1999年4月5日，刘某驾驶甘L·04357号客车沿国道312线庄浪出发去金昌，翻入10米深的土崖下，致使乘坐该客车的赵某等5人当场死亡。2000年2月16日，单某驾驶甘E·03345号中巴车在国道312线从榆中往兰州方向行驶，恰遇魏某、杨某在路北送社火，汽车将两人当场轧死，在失控后撞在路边停放的货车后致4人死亡。该起事故造成6人死亡。2000年4月28日13时许，杨某驾驶甘J·02586号客车在国道312线2163千米+100米处超车，同祁某驾驶的四轮拖拉机侧撞，拖拉机失控侧翻路边农田中，致乘坐客车的6人当场死亡。2010年8月11日17时30分，黄某驾驶甘A·32841行驶至国道312线2179千米+700米处时，车辆突然驶入左道与相向行驶的甘J·23105号重型大货车迎面相撞，致甘A·32841号车上的6人当场死亡。

第八节　机　构

一、局机构

1991年，榆中县公安局增设法制股、联防股。哈岘派出所更名为上花岔派出所。1992年，成立新营、清水驿、小康营、三角城、金崖、来紫堡、连搭、和平8个户籍派出所，新增编制25名。1994年，撤销水电派出所。1995年，设立治安队、信访室。1996年，县公安局内设17个股室，辖18个派出所。1997年，设立银山派出所。1998年，成立灌区治安派出所，编制5名，2003年撤销。1998年，县公安局内部股室名称改为科室。1999年，撤销政保科、内保科、治安大队，设立国内安全保卫大队、经济案件侦查大队、禁毒大队和警务督察室。成立甘草水泥集团有限责任公司治安派出所，编制5名。2000年，成立交通治安派出所，编制8名；设立驻县烟草专卖局公安特派室。全局编制151名。2002年，增设纪委、警务督察大队、消防科，成立兰州市保安服务总公司榆中县分公司。2005年，县公安局内设职能科室42个，其中机关4个，一线17个，派出所21个，人员编制186名。2006年，成立治安大队，科级建制，核定编制20名。2010年，内设机构33个，其中政工监督室、法制室、警备保障室综合管理机构3个，指挥中心、国内安全保卫大队、治安管理大队、刑事侦查大队、经济犯罪侦查大队、禁毒大队、公共信息网络安全监察大队执法勤务机构7个，城关、高崖、甘草店、和平、夏官营、金崖、定远、青城8个镇派出所，连搭、三角城、小康营、来紫堡、马坡、上花岔、吕家岘、清水驿、新营9个乡派出所，交通、机场、龙峡、榆中钢厂4个治安派出所，共计派出所21个，看守所、拘留所监管场所2个。编制221名，实有190名。

二、局属机构

（一）榆中县公安消防大队

1991年，榆中县公安局消防股负责全县防火监督工作。同年12月，榆中县公安局消防股改为武警兰州支队榆中消防股。1997年，榆中县消防股更名为榆中县公安局消防科。2007年12月，榆中县公安消防大队成立。同年，榆中县公安消防大队综合办公楼落成，占地面积12.8亩，建筑面积3617平方米。成立榆中县专职消防队，配备队员12名，消防车1台。2010年，有东风水罐消防车2辆。

（二）榆中县公安局交警大队

1991年，榆中县公安局交警大队由兰州市公安局交警支队直接管理，负责榆中县辖区内的交通安全管理工作。2010年，有民警32人，职工1人，协警及工勤人员50人。设大队长1名，教导员1名，副大队长1名，下设综合勤务中队、事故处理中队、车管所、和平独立执勤中队、执勤中队。

（三）基层治保会

1991年，有基层治保会409个，治保人员1946人。有治保小组216个，人数745人。1995年，有基层治保会296个，治保人员1578人。有治保小组243个，人数1221人。2000年，有基层治保会265个，治保小组263个，治保人员978人。2005年，有基层治保会273个，治保小组179个，治保人员562人。2010年，有基层治保会268个，治保人员946人。有治保小组254个，治保人员670人。

（四）保安公司

2002年3月，成立兰州市保安服务总公司榆中县保安分公司。2005年，与兰州市保安服务总公司脱钩新成立榆中县保安服务公司。有保安人员203人，给企事业单位派驻保安人员187人，安装报警设备42套，培训保安人员197人。2007年，有保安员256名，建立执勤点37个，发展报警联网客户57家。2008年，在兰州市宏祥电力有限公司、兰州商学院等9家企事业单位派驻保安员，公司派驻人防的客户单位46个，派驻人员300人，建立执勤点46个。2009年，在榆中县文化馆、榆中理工学校等几家单位派驻保安员。2010年，保安公司人员编制3名，经理1名、副经理1名、办公室主任1名。有保安员150人，主要派驻在兰大榆中校区40名、西北民族大学榆中校区30名，其余人员派驻在各银行系统、政府机关、企事业单位。

第五章　司　法

第一节　人民调解

1991年，全县269个村调委会调处民事纠纷1730件，其中婚姻纠纷397件，继承纠纷62件，宅基地纠纷607件，债务纠纷29件，邻里纠纷103件，生产经营纠纷327件，其他205件，调解成功率80%。预防矛盾激化21起，避免非正常事件19起。1994年，人民调解工作围绕以预防纠纷激化为重点，专项治理多发性婚姻、宅基地等纠纷。调处民事纠纷2661件，调解成功2375件，其中婚姻纠纷249件，继承纠纷33件，赡养抚养纠纷156件，邻里纠纷348件，房屋宅基地纠纷501件，债务纠纷224件，生产经营纠纷164件，赔偿137件，其他849件。防止民间纠纷引起的自杀20起，涉及26人；防止民间纠纷转化为刑事案件45起，涉及64人。1995年，建立民事纠纷登记簿和岗位责任制，新建乡镇企业民调组织25个，在50人以上的乡镇企业组建民调组织，建成标准化民调组织22个。全年调处2480件。2001年，围绕民间纠纷的热点和难点，参与重大矛盾纠纷的调解和集中排查，调解纠纷2183件，调解成功2100件，成功率96.3%。开展集中排查4次，专项治理2次，防止群众上访事件3起，涉及50多人，制止群众性械斗6起，涉及23人。在三角城、中连川、青城、兰山、高崖5个乡镇成立民事纠纷调解中心。2004年，充实和加强全县268个村、4个居民委员会的人民调解组织，对1096名人民调解员进行集中培训考试，为考试合格人员颁发人民调解员证。2006年，全面检查验收全县301个调解组织。调解矛盾纠纷268件，调解成功263件。进行集中排查25次，开展专项治理6次，防止民事转刑事案件1件2人次。2008年，提出“公调联动联调”工作机制，使纠纷在第一时间得到调处，防止纠纷恶化。2009年，在全县39个规模以上非公企业和新经济组织建立人民调解组织。推行“法律服务工作者参与人民调解”和“人民调解口袋调、随手调”两项工作机制，向全县1200名人民调解员和乡镇干部配发“口袋调、随手调”人民调解登记簿。2010年，探索建立人民调解、司法调解、行政调解相互衔接的“三调联动”机制和“人民调解协议诉前司法确认”机制。建立律师参与重大疑难纠纷及信访处理制度。全面推行“随手调、口袋调”工作机制，建成银山、三角城、来紫堡3个司法所办公阵地。“随手调、口袋调”调处纠纷1852件，形成卷宗840件，实行诉前司法确认34件。夏官营镇人民调解委员会被评为全国模范人民调解委员会。

第二节　法律服务和援助

一、148法律服务

1999年8月，率先开通全市首家“148”法律服务电话，配专职人员4名，至年底，接收电话咨询1431人次，接待来访群众717人次，转律师承办案件29件，协办公证71件，转其他法律服务所承办案件27件。接受上门服务群众213人次，提供法律援助11件，调解民事纠纷134件，移送公、检、法及政府有关部门处理的案件68件，诉讼代理40件，代写法律文书100份，担任常年法律顾问10家，为经济纠纷当事人和顾问单位挽回经济损失108.5万元。2000年，“148”法律服务中心接收电话咨询1024人次，接待来访群众910人次，转律师承办案件23件，协办公证33件，转其他法律服务所承办的案件22件。接受上门服务群众145人次，移送公、检、法及政府有关部门处理的案件64件，诉讼代理13件，代写法律文书31份，担任常年法律顾问5家，为经济纠纷当事人和顾问单位挽回经济损失25万元。2005年，“148”法律服务专线全年接听电话514个，接待来访群众

216人次。2006年，提供法律咨询908人次，接听法律服务专线602人次，接待来访群众226人次。2008年，成立军事法律服务点，开通军地“148”法律服务咨询连线，开展咨询服务，接待军人、军属的来访，提供法律咨询和代写法律文书，对军人、军属提供法律援助。2010年，及时恢复开通“148”服务热线，做好热线接听、办理、备案工作。自热线开通以来，共接线3800人次，平均每天30人次以上。

二、法律援助

2000—2004年，148法律服务中心进行法律援助61件。2001—2003年，律师事务所进行法律援助10件。2005年7月，成立榆中县法律援助中心。各乡镇设立法律援助工作站，各行政村设立法律援助工作点，在每个村民小组设置一名法律援助工作信息员。在劳动、民政、妇联、残联等相关部门设立法律援助案件受理站。2006年，法律援助中心为老人、妇女、残疾人等社会特殊群众无偿提供法律援助25件。2008年，办理法律援助案件56件，其中民事48件，刑事8件。在全县设立基层法律援助工作站23个，初步形成法律援助工作网络。12月，配合省市法律援助中心在定远、贡井等乡镇开展全省法律援助宣传专项活动。2009年，在劳动、民政、妇联、残联等相关部门设立法律援助案件受理站，法律援助工作站达到31个。开通“法律援助便民快车道”，办理法律援助案件128件。2010年，办理法律援助案件164件，为16名五保户、残疾人提供法律援助服务，开展上门援助服务14次。

第三节　法律服务所与乡镇司法所建设

1995年，建成城关、和平2个标准化法律服务所，集中培训全县各乡镇的司法助理员。1996—1997年，在全县28个乡镇建立司法所，配备专兼职法律服务人员84名，落实岗位津贴，调入7名司法助理员，充实原有的法律服务所，在银山等5个乡镇成立法律服务所，与乡镇司法所一套人马，两块牌子。2005年，新建连搭乡司法所。2009年，新建高崖、金崖法律服务所，全县有法律服务所4个。

第四节　普法及依法治理

1991年，成立二五普法领导小组，制定适合本县的二五普法规划，发放普法教材4.7万套。举办“榆中县民主与法制知识竞赛”活动。210名科级干部参加《中华人民共和国行政诉讼法》及《中华人民共和国集会游行示威法》培训。组织学习《中华人民共和国土地管理法》《甘肃省计划生育条例》《中华人民共和国税法》等，全县召开宣传会议4350次，参加30万人次，出动宣传车辆50次，悬挂横幅标语98条，书写宣传标语1.09万条，散发宣传材料1.6万份。清查违法占地案件88起，查结77起，调解土地纠纷34起。1992年，普法内容以专业法为主，组织814名副科级以上领导干部参加普法考试，举办90个代表队360人参加的榆中县“二五”普法法律知识竞赛活动。1993年，调整金崖等11个乡镇、工商等13个县直部门、榆中县氮肥厂等4个省市驻榆单位的普法领导机构，制定《关于对全县中学生进行法制宣传教育的安排意见》，组织学习《中华人民共和国义务教育法》《中华人民共和国未成年人保护法》《全国人大关于禁毒的决定》等法律法规。1994年，全县普及学习《宪法修正案》《中华人民共和国农业法》《中华人民共和国产品质量法》等52个法律法规条例。1995年，成立“二五”普法全面验收领导小组，全面验收全县的“二五”普法工作。1996—1997年，学习宣传《中华人民共和国刑法》《中华人民共和国消费者权益保护法》等法律法规23部，出动宣传车103台次，受教育群众23.1万人，举办部门法律知识竞赛23场，参赛人员1124人，受教育群众9600人。党政机关普法率98%，企事业单位普法率90%，农村普法率65%。2001年，开展27个重点示范村、13所重点学校、3个重点企事业单位和6个重点行政单位的依法治理工作。开展“送法下乡”活动，将三角城、青城、清水驿、银山4个乡选为实施点，为农户赠送《农村法制讲话》《案例选编》各3000册。举办科级以上领导干部税收法规知识讲座，组织全县干部职工普法考试工作。2003年，调整充实榆中县依法治县工作领导小组和办公室组成人员。组织全县干部职工禁毒知识考试和“四五”普法考试，编印《中华人民共和国传染病防治法》《突发公共卫生事件应急条例》《依法防治非典型肺炎基本知识问答》等1.02万册，分发各乡镇、部门。2004年，选择公安局等25个行政机关，高崖水泥厂等13个厂（矿）企业，县一中等13所学校，定远镇安家营村等46个“民主法制示范村”作为普法依法治理示范单位。督查44个二级单位和8个学区的普法和依法治理情况。2005年，全年出动宣传车38台次，印刷、散发宣传资料1.77万份，赠送法律书籍9100册，张贴标语1683条，出黑板报57期，上街进行法律咨询12次，受教育人数5万人。2006年，举办“贯彻依法治国方略，提高领导干部依法行政能力”培训班，214名分管领导参训。2007年，组织开展大型法治宣传教育发放“五五”普法考核证8500本。2009年，开通“榆中司法网”“榆中司法短信平台”，搭建法律宣传服务平台。建成法制宣传长廊。2010年，组织开展农民工“法制宣传月”“社会治安综合治理宣传月”“中小学校园安全主题宣传月”教育活动。开展主题宣传活动165场次，制作展出农民工维权展板60块，发放维权宣传彩页1200份。建成金崖、定远民主法治乡镇2个，创建城关镇朱家湾等民主法治示范村23个，县一中、恩玲中学等法治示范学校2个、烟草公司等诚信守法企业10家，质监局等依法办事示范单位10个，评选学法用法模范公务员11名。

第五节　公证服务

1991年，公证员协助全县企事业单位和乡镇企业完成第二轮承包的收尾工作和其他合同的公证，完成全县房屋产权确权发证公证，为青城等乡镇的果园承包合同公证，全年办理公证697件，其中民事类301件，经济类396件，接待群众来访310人次。1992年，成立公证宣传领导小组。在县城广场设立咨询点，散发公证宣传资料4000份，接待咨询370人，解答公证知识70条。在县广播站开播公证专题节目。1993年，开展宣传贯彻《中华人民共和国公证暂行条例》活动。全年办理合同公证2474件，其中经济合同2250件，民事法律关系224件。1994年，制定《错案追究制》制度。1995—1998年，办理公证2994件，其中经济合同2180件，民事类814件。2000年，办理公证480件，其中民事类公证175件，经济类公证305件，拒绝不合理公证申请13件，为当事人避免可能造成的损失20万元。2001年，公证工作开展上门办证服务，介入农村产业结构调整，办理土地租用合同公证，围绕县城基础设施建设、南北两山绿化等大型项目提供招投标服务，加强与银行、农村信用社等金融部门的联系，推出商品房按揭贷款业务。同年，公证处进行机构改革，与财政脱钩，成为自收自支的事业法人。2002—2004年，办理公证案件1046件，其中经济类846件，民事类200件。2005年，在公证员队伍中开展政治思想、业务素质、职业道德教育。开展“教育规范树形象”活动，建立和规范审查、调查、审批、出证和归档等办证程序，提高办证质量，严把“五关”，即管理关、调查关、取证关、审批关、出证关。办理公证346件，其中经济类305件，民事类41件。2010年，办理公证案件642件。开展上门服务公证42次，减免公证费用21件，减免费用2.7万元。办理购房按揭贷款公证121件，办理银行借款合同公证105件。

第六节　律　师

1991年，有律师4人，担任常年法律顾问21家，为企事业单位挽回和避免经济损失85万元，完成刑事辩护44件，民事代理18件，代书247份，进行非诉讼调解8件，提出司法建议2条，解答法律咨询104件。1995年，律师工作在改革中与县财政脱钩，实行自收自支，个人收入和经济效益挂钩，实行效益工资。同年，办理案件388件，其中刑事33件，民事137件，经济192件，代书78份，解答法律咨询116人次，为受聘单位追回各种欠款680万元，挽回经济损失250万元，担任法律顾问14家。1996—1997年，律师事务所有律师4人，助理律师1人。办理案件708件，其中刑事60件，民事48件，经济38件，非诉讼28件，代写法律事务文书160份，解答法律咨询360人次。担任法律顾问40家，挽回经济损失82万元，避免损失146万元。2000年，体制转变，只有1名执业律师，1名助理，办理案件151件。2001—2005年，办理案件554件，其中刑事辩护79件，民事案件60件，经济案件3件，诉讼代理191件，非诉讼法律事务211件，法律援助10件。担任法律顾问16家，代写法律事务文书305份，挽回经济损失371万元。2009年，办理刑事、民事案件180起。2010年，全县律师参与化解重大疑难矛盾纠纷62件，其中参与人民调解45件。义务解答法律咨询1217人次，义务代写法律文书95件，提供法律服务31家。

第七节　机　构

1991年，榆中县司法局下设办公室、宣传教育股、调解股、基层工作股、律师事务所、公证处、城关法律服务所、甘草法律服务所、定远法律服务所、金崖法律服务所。1992年，撤销甘草、金崖法律服务所，成立和平、城关、定远中心法律服务所。1997年，全县23个乡镇设司法所。同年5月，律师事务所更名为兰州泾渭律师事务所。1999年，设立“148”法律服务中心。2000年，兰州泾渭律师事务所更名为甘肃栖云律师事务所。2000年，县司法局编制30名。2005年7月，成立法律援助中心。2009年，与榆中县第一人民医院联合成立甘肃栖云司法医学鉴定所。2010年8月，设立甘肃得舍律师事务所，受榆中县司法局管理。2010年底，司法局编制27名。

第六章　军　事

第一节　人民武装

一、地方武装机构

1991年，榆中县人民武装部为地方管理的副县级单位。下设办公室、军事科、政工科。1992年，增设军械科，建制为科级。1994年12月，收归军队建制，复称中国人民解放军榆中县人民武装部，隶属兰州军分区，正团建制，设军事科、政工科、后勤科。

二、武装组织

历任部长、政委名单：

部　长　冯祥柱（1991年1月—1992年3月）
于生明（1992年3月—1993年8月）
金俊才（1993年8月—1996年12月）
周福生（1997年4月—1999年12月）
周燕春（2000年1月—2000年6月，代理部长）
杨长明（2000年7月—2000年12月）
陈　涛（2001年6月—2006年2月）
郭玉林（2006年3月—2010年12月）

政　委　屈永芳（1991年1月—1999年4月）
唐平印（1999年5月—2005年2月）
刘会郎（2005年3月—2010年12月）

三、兵员征集

1991—2010年，县政府每年接到兰州市政府的征兵命令后，组织召开辖区各乡镇征兵工作会议，下达征集新兵任务数，规定完成时限，成立征兵办公室，动员适龄青年应征，在规定时限完成征兵任务。

四、国防教育

1991年起，每年组织学生、民兵预备役人员、基层武装部部长和全体机关干部职工到烈士陵园、烈士纪念馆参加爱国主义教育活动。组织干部组成宣讲组进学校、进乡村开展爱国主义教育，利用国防教育日走进县健身广场进行宣传。1992年，组织召开以国防知识竞赛为主的“八一”军事日活动。1994年5月，榆中县国防教育领导小组制定《榆中县1994—1996年全民国防教育目标及实施方法》。12月，在全县民兵中开展以“弘扬爱国主义精神，加强后备力量建设为主题的爱国主义教育活动”。同年，县国防教育中心制作图板38块，选用照片580幅，介绍国防建设的历史、外军资料以及榆中县“双拥”活动成果。1997年2月，成立榆中县国防动员委员会。

图 6-6-1　榆中县属中小学组织学生开展国防军训（2008 年 8 月 11 日摄）

第二节　兵　役

一、义务兵役

1991—1997年，义务兵征集年满18岁的男女青年，大专以上学历放宽到23~24岁。服现役的期限：陆军3年，海军、空军4年；超期服役的义务兵服现役满5年，并成为专业技术骨干的，由本人申请，经部队师以上机关批准，可改为志愿兵。1998—2010年，义务兵征集年满18岁的男女青年，大专以上学历可放宽到23~24岁。义务兵服现役期限改为2年。义务兵服现役期满，根据军队需要和本人自愿，经团级以上单位批准的，可以改为士官。

二、预备役

士兵退出现役时，符合预备役条件的，由部队确定服士兵预备役；经过考核，适合担任军官职务的，转入军官预备役。士兵预备役的年龄为18周岁至35周岁。35岁以后退出预备役。

军官退出现役时，符合服预备役条件的，转入军官预备役。预备役军官按照规定服预备役满最高年龄的，退出预备役。

第三节　民　兵

一、民兵组织

1991年，民兵组织调整以组建单位为基础，就近联片，逐步扩大。大型厂矿企业编一个营，中小型企业编一个连（排），乡编一个连（排），行政村编一个排（班）。1992年，全县有252个民兵连队，有56个连队通过检查验收。1993年，检查验收南北两山的36个连队，达标连队有25个。全县民兵工作“三落实”达标70%。1995—1996年，民兵整组重点抓民兵组织布局、编组和民兵应急分队建设。采取“小建制、大布局”的办法，最大限度地减少基干民兵“空白点”。1999年，县人武部进一步压缩基干民兵数量，调整应急分队，扩大专业技术分队。2000年，县人武部全面检查27个乡（镇）人武部建设和37名专职人武干部工作情况。2001年，榆中县民兵组织调整的重点转移到反空袭、防空袭和消除突袭后果力量上来，将原来的52个八二迫击炮连和3个八二迫无后坐力炮连，共计3084人（除保留民兵应急分队、八二迫无后坐力炮1个连外），调整组建为民兵双三七高炮、12.7高机、道路抢修、伪装防护和抢救抢修分队。2002年，调整民兵组织结构，新编民兵防空分队4个，消除突袭后果分队44个，对口专业技术分队3个。将民兵的编组布局拓展到民营集体企业，进行属地化管理。在军警学校组编120人的民兵快速反应连。2010年，榆中县民兵组织调整为保障分队、抢修分队、对口专业技术分队，民兵分队的编组管理由编兵乡镇营连担任。在甘肃省国防学校组编120人的应急分队。

二、民兵训练

1991年，上级下达榆中县民兵训练任务420名，其中干部30名，截至8月底全部完成训练。1992年，为纪念毛泽东关于民兵工作“三落实”指示发表30周年，榆中县通信方队经过3个多月的集训，参加甘肃省军区在兰州举行的民兵、预备役阅兵式，受到兰州军分区表彰。1993年，榆中县民兵示范点的10名民兵参加市上举行的射击、投弹、五千米越野式比武，取得团体总分第三名。1994年，榆中县民兵军事训练在“1镇、5乡、4厂”进行。1998年，榆中县民兵军事训练以干部训练、专业技术兵训练和应急分队训练为重点，提高民兵军事训练的正规化和规范化训练水平。1999年，榆中县重点抓好民兵应急分队、专业技术分队训练。2001年，县人武部对县水泥厂、北山水泥厂、高崖水泥厂和甘草水泥厂等单位的民兵应急分队进行带战术背景的拉动演练。各单位实到率100%。按规定时间，齐装满员完成集结和演练。2002年初，榆中县承担空中干扰设障的演示任务。人武部抽调13名军事素质过硬的退伍军人，集中进行共同科目训练和科目基础训练。8月22日，演示科目汇报表演在兰州军区靶场举行，榆中县担负的发射金箔弹空中设障科目演示汇报表演一举获得成功，受到军地各级领导的赞誉，被省军区表彰为军事科目演示先进单位。2003年9月30日，榆中县民兵应急连军事训练考核在国防教育学校、武警指挥学校举行。2004年6月18日，榆中县人民武装部在甘肃省国防教育学院组织召开纪念毛泽东发表作“三落实”讲话42周年暨军事科目汇报表演活动。民兵快速反应连表演队列、射击、擒拿术、军体拳、盾牌警棍术、民兵通信专业、侦察兵专业、武术、硬气功等科目。2010年，应急分队在甘肃省国防学校训练，聘请武警兰州市一支队官兵任教练员，民兵专业技术分队训练以专业对口保障部队挂训为主，抢修分队在警备区训练基地驻训。

第四节　人民防空建设

一、人防专业队伍的组建和培训

1995年4月和2003年3月，两次重修榆中县防空预案，对榆中县人防专业队伍的平时组建，战时扩编，专业队伍种类、任务、建制、人员编制做出相应的规定和要求，并制定保障计划。根据2003年3月重新修订的榆中县防空预案关于人防专业队伍的组建比例和建制，分别在城建（建设）下属的建筑公司，环保、化工、电信、卫生、交通运输和公安等相关单位组建抢险抢修、医疗救护、通信、消防、交通运输、治安等7种人防专业队伍。平时按城镇人口的1%，组建建制为7个分队（连）21个排，63个班组建制，编制人员300人。战时按城镇人口的3%进行扩编，全县7种专业队伍建制2个中队、7个专业分队、21个小队、63个班组编制1250人。在距兰州市区较近的和平、兰山、定远、金崖等乡镇和大中型企业组建支援兰州市区的预备专业分队，建制1个中队、5个分队、15个小队、45个班组，编制1500人。

二、人民防空工程建设

榆中县的人民防空工程建设从1992—1993年两次进行加固改造建设后，停止较大型的社会人民防空隐蔽工程建设。1993年7—9月加固改造榆中县机械厂早期工事80平方米，市人防拨工程建设经费1万元。1994年后，人防工程建设主要以平战结合和结合民用建筑修建防空地下室。至2000年，榆中县有人防工程32个，工事面积5962平方米。其中可开发利用工事6个615平方米；维护现状工事23个4943平方米；需加固改造工事3个404平方米。2003年4月，县政府印发《榆中县人民政府工程建设与易地建设收费管理办法》，从政策法规方面加强人民防空工程建设的指导。2004—2005年，西北民族大学率先在榆中县夏官营新校区建设中结合地面建筑修建简易防空地下室1.9万平方米。

三、人民防空宣传和教育

1991—2010年，宣传人民防空法律法规，结合民用建筑，修建防空地下室，贯彻“长期准备、重点建设、平战结合”的人防建设方针和以“结建”工作为重点，在广大人民群众和党的各级领导机关中，提高和平时期加强人民防空工作的重要性、长期性和紧迫性的认识。在人防教育方面，开设初级中学学生的人防知识课程。以初级中学人防教育为重点，进行学生及全民的人防知识、三防常识及现代化战争特点的教育。其中1991年7月18—24日，全县开展《中华人民共和国人民防空法条例》发布七周年宣传活动，县长赵资英作广播讲话，散发宣传材料300份，张贴标语150份，悬挂“三防”常识挂图30幅，发放“三防”常识和防空宣传材料150份，出动宣传车1辆，县城干部群众1万人接受宣传教育。1995年4月5日，县人民防空委员会下发《榆中县防空袭击预案》。7月26日—8月2日，县人防办公室在全县进行人防知识和人防政策法规宣传活动。

四、人民防空法制建设

1996年11月开始，榆中县利用新闻媒体，采取多种宣传方式，宣传《人民防空法》和人防建设法规，让人防法规宣传家喻户晓。结合依法查处违规违法事件，现场说法，就事议法，查处损害和破坏人防设施的事件。1996—2002年，查处人防违规违法事件6起。2003年5月1日起，全面检查县内民用建筑工程项目。2004—2005年，对和平开发区、夏官营大学城的工程建设项目及结合民用建筑修建防空地下室建设情况实施行政执法，对违反“结建”工作的建设单位征收易地建设费。2004年，征收易地建设费2.95万元。2005年，征收易地建设费5.5万元。

五、防空机构

（一）人民防空委员会

榆中县人民防空委员会成员平时由县委、县政府、县人民武装部及公安、消防、城建、卫生、防疫、邮电、通信、计委、道路交通等部门的主要领导成员组成。战时，成立人民防空指挥部，设总指挥1人，副总指挥若干人，下设办公室、组织指挥科、通信警报科、政工科、后勤物资保障供应科等科室，人员编制以临战形势和上级指示而定。

（二）人民防空办公室

榆中县人民防空办公室是榆中县人民防空委员会的常设办事机构，也是县政府负责全县人民防空工作的职能部门。平时，进行人民防空建设和处理日常人防业务。战时，在县人民防空委员会的领导下，开展预防空袭演练。

第七篇　农林牧业

第一章　农　业

第一节　农业区划

1991—2008年，以自然资源为依据，社会条件为基础，发展方向为主导，经济效益为目的，本着地形地貌、气候、水文、植被和人口劳动力、水利设施、农机装备、交通运输、科学技术等农业资源和社会条件的相对一致性，农业生产特点、经济结构、作物布局、经营方式、耕作制度、生产水平的类似性，农业发展途径和生产措施的相似性村的完整性，将全县农业区域划分为3个1级区，4个2级区（亚区）。

一、西南高寒二阴、半干旱林农牧区

位于榆中县西南部，马衔山、兴隆山北麓。包括银山、马坡、新营、小康营、城关、连搭、定远、和平、三角城、清水驿、甘草店、高崖12个乡镇的77个村、570个社，土地面积753.74平方千米，依其特点区内又划分为高寒二阴林农牧区和半干旱农林区。

（一）高寒二阴林农牧区

地处马衔山林区，包括银山、马坡、新营、小康营、城关、连搭、定远、和平8个乡镇的43个村、340个社，土地面积510.42平方千米。

本区海拔2000~3670米，地势高峻，山坡陡峭，相对高差500~1100米，是全县地势最高的地带。相对高差大，在气候、土壤、植被等方面差异也很大，垂直带谱十分明显。

年均气温3~7℃，其中1月平均气温-8~9℃，七月平均气温13~18℃，≥0℃的年活动积温1800~2800℃，无霜期平均日数70~130天。

年降水量450~622毫米，农作物生长期有效降水量340~520毫米，干燥度0.4~1.0。天然林、高山草甸植被覆盖率高，水分涵养较好，水土流失不大。

区内土壤主要是黑土类，肥力较高，耕性好。一般含有机质1.03%~1.63%，速效氮50.8~74.9PPM，速效磷12~19PPM。因属突出于黄土高原的石质山地，地势高，故土层浅，地性冷凉，对农作物生长有一定影响。

区内水岔沟一带埋藏有煤炭，马衔山、兴隆山蕴藏着量多质高的石灰岩，新营乡的小清水沟、魏河、大小泥窝子、马坡、银山乡蕴藏白云石，另外还有大理石、方解石、石英石等。

（二）半干旱农林区

地处高寒二阴区与川区丘陵区之间的半干旱区。包括兰山（2004年3月合并到和平镇）、定远、三角城、小康营、清水驿、甘草店、高崖、新营8个乡镇的34个村231个社。土地面积243.32平方千米，占全县面积的7.4%。

年均气温4~8℃，其中1月平均气温−7.5~4.5℃，7月平均气温16~20℃，≥0℃的年活动积温2200~3200℃。无霜期平均日数100~150天。年降水量400~500毫米，农作物生长期有效降水量300~400毫米；干燥度0.8~1.2。地表、地下水极缺，农作物和林草生长靠天然降水供给。

区内耕地14.91万亩，人均占有耕地4亩，略高于全县平均水平。土壤肥力差，与东北山区基本相似，有机质0.32%~0.64%，速效氮18.7~32.1PPM，速效磷5~13PPM。

二、中部川地丘陵、河谷粮食经济作物区

位于榆中县西南、东北两山之间的中部川地丘陵、河谷地带，包括和平、定远、连搭、城关、小康营、三角城、清水驿、甘草店、高崖和青城（位于西北黄河谷地）、来紫堡、金崖、夏官营13个乡镇的112个村、822个社、3.66万户，占全县户数的55.7%。农业户3.49万户19.89万人，占全县人口的55.3%；农业劳动力7.41万个，占全县劳动力的54.6%。土地面积843.89平方千米，人口密度每平方千米235.7人，高于全县平均密度1.2倍，是全县人口最密集的地区。依其特点，区内又划分为川地丘陵粮食作物区和川地河谷经济作物区。

（一）川地丘陵粮食作物区

地处兴隆山以北、苑川河以南的丘陵川地间隔地区。包括和平、定远、连搭、城关、小康营、三角城、清水驿、甘草店、高崖9个乡镇的76个村、592个社；土地面积444.2平方千米，人口密度每平方千米288.8人，相当于全县平均数的2.6倍。

区内既有川地，又有丘陵，是黄土被侵蚀后的残余梁峁，长期冲积、洪积而形成的次生黄土川地。地势由东南向西北倾斜，海拔1700~2000米，相对高差300米左右，耕地较平坦，耕地面积31万亩，人均耕地面积2.7亩，垦殖率46.5%。

本区历史上属兴隆、龛谷、分豁岔、麻家寺、官滩沟等自然灌区。区内有水浇地13.3万亩，占耕地面积的42.9%，占全县水浇地的59.6%。耕地占全县的27.8%，粮食产量占全县的36.7%。

区内年日照时数2666小时左右，太阳辐射量130千卡/平方厘米，有效辐射量占65%。年均气温6~9℃，其中1月平均气温-7.5~8.5℃；7月平均气温18~21℃，≥0℃的年活动积温2700~3400℃。年降水量350~450毫米，农作物生长期有效降水量 320~410毫米，年蒸发量1400毫米左右，相当于降水量的3.5倍，干燥度1.0~1.8。无霜期平均日数120~167天。从气候条件看，太阳辐射强，日照时间较长，日夜温差大，水热同季，发展农业生产条件较好。

（二）川地河谷经济作物区

地处苑川河下游谷地。包括夏官营、金崖、来紫堡和西北边缘黄河谷地的青城4个乡镇的36个村、230个社，土地面积399.7平方千米。

区内人口密度每平方千米176.6人，是全县人口第二密集区。人均耕地是全县最少的地区。

区内年日照时数2666~2700小时，太阳辐射量130千卡/平方厘米，有效辐射量占65%。年均气温7~9℃，其中1月平均气温为-7.5~8.5℃，7月平均气温19~22℃，≥0℃的年活动积温3000~3600℃。年降水量280~400毫米，农作物生长期有效降水量260~340毫米。年蒸发量1400毫米左右，相当于降水量的3.5~5倍，干燥度1.5~1.8。无霜期平均日数130~182天。太阳辐射强，日照时间长，温差大，水热同季，发展农业生产条件好，一年两熟。

区内有水浇地6.26万亩，占耕地面积的69.8%，是全县水浇地比例最大和农田灌溉条件最好的一个区。

三、东北山区干旱牧农林区

位于榆中县东北部干旱山区。包括园子岔、上花岔、哈岘、梁坪、鲁家沟、贡井、中连川、韦营、龙泉、高崖、甘草店、清水驿、夏官营、金崖、来紫堡、青城16个乡镇的74个村、589个社。土地面积1697.33平方千米，占全县面积的51.5%。

（一）耕地

区内属黄土丘陵类型，地质形成于古老岩层之上堆积成的原生黄土。耕地面积50.35万亩，占本区面积的19.8%，占全县耕地的41.9%。人均占有耕地7.3亩，相当于全县人均占有数的2.2倍。是全县耕地面积最大的一个区，农业生产潜力大。由于耕地面积大，肥源不足，加之生产资源缺乏，施用商品肥少。土壤肥力差，有机质0.32%~0.64%，速效氮18.7~32.1PPM，速效磷5~13PPM。

（二）气候

年日照时数2666小时以上，太阳辐射量大于130千卡/平方厘米，有效辐射占65%以上，年均气温4.5~8.0℃，其中1月平均气温-7~9℃，7月平均气温17~21℃，≥0℃的年活动积温2400~3400℃，无霜期平均日数100~160天，光热条件比较好。气候干燥，雨量稀少，年降水量290~360毫米，农作物生长期有效降水量270~340毫米，年蒸发量大于1400毫米，相当于年降水量的3.9~4.8倍。干燥度1.0~1.8。

（三）植被

境内地貌破碎，沟壑纵横，山大沟深，梁峁起伏。长期以来，生态破坏严重，植被覆盖率低，荒山荒坡面积大。无天然林，人工林7.39万亩，占本区面积的2.9%，荒山荒坡面积149.31万亩，占本区面积的58.6%。植被覆盖率低，生态破坏严重，水土流失厉害，年径流模数1.2万立方米/平方千米。侵蚀模数4665吨/平方千米，年侵蚀量693万吨，占全县侵蚀量的62%。

第二节　农业龙头产业

1991—2005年，榆中县建成以蔬菜保鲜、马铃薯、百合营销及乳产品加工为骨干的农业龙头企业45家，资产2.74亿元，其中无公害蔬菜生产龙头企业23家，有蔬菜保鲜库库容7.5万吨，在定远镇十字至蒋家营村4千米范围内有蔬菜保鲜库11家，其中万吨以上4家。2005年，龙头企业销售收入5.63亿元，其中种植业收入4.11亿元，乳品加工及畜牧养殖收入1.8亿元。年销售蔬菜60万吨，其中县内40万吨，外地20万吨。兰州蒋氏农产品有限公司获“甘肃省农业产业化重点龙头企业”称号。瑞泰、三鑫、京兰等6家蔬菜保鲜库获“兰州市农业产业化重点龙头企业”称号。

2006年，全县有农业龙头企业27家，资产4.2亿元，实现销售收入10亿元。其中省级农业龙头企业1家（瑞泰绿色果蔬有限公司），市级农业龙头企业1家（兰州京兰农产品开发有限公司），县级农业龙头企业25家。

2008年，全县有农业龙头企业35家，资产5.6亿元，实现销售收入12.8亿元。其中国家级农业龙头企业1家（庄园乳业有限责任公司），省级农业龙头企业2家（瑞泰绿色果蔬有限公司、兰州高原夏菜产业集团公司），市级农业龙头企业3家（兰州京兰农产品开发有限公司、榆中县农牧工商联合公司、榆中青城生猪繁育有限责任公司），县级农业龙头企业29家。

2010年，全县有农业龙头企业38家，资产6.61亿元，实现销售收入13亿元。其中国家级农业龙头企业1家（庄园乳业有限责任公司），省级农业龙头企业2家（瑞泰绿色果蔬有限公司、兰州高原夏菜产业集团公司），市级农业龙头企业8家（兰州京兰农产品开发有限公司、榆中县农牧工商联合公司、榆中青城生猪繁育有限责任公司、兰州丰盛蔬菜保鲜有限公司、兰州陇海实业有限公司、兰州茂祥蔬菜保鲜有限公司、兰州贯党农副产品有限公司，兰州玉兰果蔬保鲜有限公司），县级农业龙头企业27家。

第三节　种子示范推广与监管

一、新品种筛选与示范种植

1991—1995年，榆中县种子公司承担“甘肃省品种区域试验”“兰州市粮油作物品种试验示范推广”等课题。引进小麦、玉米、蚕豆、黄豆、油料等6类作物157个品种，在三角城、清水驿、金崖、夏官营、上庄、贡井等乡镇的15个试验点开展引种观察品种比较，示范试验，选择适宜当地种植的农作物新品种。1996—2000年，县种子公司承担“兰州市粮油新品种筛选试验”项目。筛选小麦、玉米、胡麻、油籽、蚕豆、黄豆和马铃薯等7类作物新品种。其中区域试种小麦、蚕豆、豌豆等30个品种，新品种大面积推广7类作物26个品种，小麦有高原602号、临麦30号、宁春10号等；玉米有改良中单2号、酒单系列、丹玉13号等。胡麻有天亚5号、陇亚7号等；马铃薯有陇薯系列、渭薯系列和青薯168号等；蚕豆有临蚕2号等；油籽有青油241号，大豆有汾14号，另外还在定远、金崖、和平等乡镇试验示范种植荷兰48号、荷兰83号白菜花、津杂系列黄瓜、天津实芹等芹菜品种。2001年，承担全国冬小麦北移品种筛选和全国旱地春小麦品种区域试验。在夏官营镇中河堡村示范种植彩色特质玉米5个品种，面积2亩；示范种植神舟3号玉米50亩，平均亩产598千克。种植胡麻宁亚11号80亩，平均亩产220千克；种植陇亚8号30亩，平均亩产218千克。2002年，在清水驿乡清水村示范种植玉米新品种沈单16号100亩，平均亩产815千克，示范种植金穗系列玉米新品种80亩，平均亩产700千克。2003年，在夏官营镇中河堡村种植豫玉22号玉米新品种50

亩，平均亩产695千克。2004年，在银山乡高家湾村新建南部二阴山区绿色无公害蔬菜试验示范点，示范种植菜花、笋子、甘蓝、荷兰豆等6类作物23个品种；在清水村示范种植玉米酒试20号新品种85亩，平均亩产710千克；种植玉米酒688号新品种120亩，平均亩产693千克。在城关镇峡口村、三角城乡周前村和连搭乡肖家嘴村示范种植粮饲兼用型玉米新品种中原单32号40亩和酒饲3号60亩。平均亩经济效益1600元。2005年，在清水村引种28个玉米新品种。

2006—2010年，引进330个新品种（蔬菜新品种255个），其中花椰菜76个，特色花椰菜7个，结球甘蓝49个，特色甘蓝10个，青花菜16个，高山娃娃菜25个，其他特色蔬菜72个。筛选出近100个蔬菜新品种。新品种玉米58个，分别为利马59号、龙源3号、垦玉19号、金穗8号、富农1号、金凯2号、沈单16号、武科2号、郑单958号、京科183号和先玉335号等；马铃薯9个，分别为抗疫白、陇薯3号、陇薯6号、上梁红花、富薯1号和庄薯3号等。

二、良种推广

1991—1994年，榆中县推广旱地春小麦新品种陇春8139，累计推广29.47万亩，增产粮食835万千克。1995—1997年，县种子公司承担甘肃省种子管理站主持的《优质春小麦定西35号大面积推广》项目，定西35号小麦在哈岘、贡井、中连川、新营等10个乡的56个行政村推广种植13.04万亩，平均亩产增产15%以上，增产粮食146.48万千克。1996—2005年，全县实施“种子工程”，结合农业结构调整，根据不同生态区特点，在新品种试验示范的基础上，推广“新、优、特”良种。至2005年，全县的小麦良种率上升到98%，玉米、蔬菜的良种率上升到99%以上。全县大面积推广粮油作物新品种80个，其中小麦良种高原602号种植面积11.05万亩，80101号种植面积9.01万亩，临农20号种植面积8.2万亩，定西32号种植面积7.4万亩，07802号种植面积6.5万亩，陇春10号种植面积3.8万亩，甘630号种植面积4.1万亩，青春533号种植面积5.5万亩，广临135号种植面积5.1万亩，临麦30号种植面积53万亩，高原448号种植面积19万亩，甘春20号种植面积11万亩，金穗8145号种植面积8.5万亩，定西35号种植面积13.04号种植万亩，陇春16号种植面积5.6万亩。玉米良种中单2号种植面积8.2万亩，改良中单2号种植面积28万亩，酒单系列品种种植面积21万亩，沈单10号种植面积7.8万亩，沈单16号种植面积8.5万亩，酒试20号种植面积2.3万亩，酒试688号种植面积2万亩，豫玉22号种植面积3.8万亩，金穗系列种植面积1.6万亩。胡麻良种天亚4号种植面积15.3万亩，天亚5号种植面积16.6万亩，天亚6号种植面积9.2万亩，天亚7号种植面积10.5万亩，陇亚7号种植面积11.2万亩，陇亚8号种植面积8.5万亩，宁亚10号种植面积3.8万亩，宁亚11号种植面积6.2万亩。油菜籽83—109号种植面积4.2万亩，陇油2号种植面积8.8万亩，青油241号种植面积6.5万亩，青油331号种植面积5.8万亩，秦油2号种植面积3.6万亩。蔬菜荷兰48号菜花种植面积8.3万亩，津研系列黄瓜种植面积4.6万亩，美国西芹种植面积2.2万亩。

2006—2010年，全县在粮食作物上推广优质高产新品种。小麦推广临麦30号、临麦31号、宁春4号、高原602号等新品种；玉米推广早熟品种酒单2号，中早熟品种酒单3号、酒单4号，中晚熟品种改良中单、沈单16号、豫玉22号、武科3号等新品种；蚕豆推广兰315号等新品种；马铃薯推广陇薯3号、陇薯5号、庄薯3号、新大坪等新品种。在经济作物上推广品质优、产量高、商品性好的新品种。蔬菜推广巴黎雪、青梗散花菜、西宁笋、芥蓝、西芹、上海青等新品种；胡麻推广陇亚3号、定亚4号、宁亚11号、宁亚12号等新品种。

三、良种繁育

1991年，县种子公司在北关、三角城、高墩营、双店子、中河堡、齐家坪等村建种子生产基地。1995年，全县有种子基地6个繁种农户816户，种子田3618亩，其中小麦原种田2800亩，玉米制种100亩，小麦三圃田560亩，油料种子田230亩。每年生产小麦原种70万千克，玉米2万千克，胡麻4万千克，蔬菜种子1.5万千克。1996年，县种子公司利用技术优势，集中人力物力，进行种子专业化、标准化生产。在三角城乡高墩营村、夏官营镇中河堡村、清水驿乡清水村，建成3000亩的种子繁育基地。

2000年，全县初步建立育、繁、统、供体系。种子公司辅以乡、村、户四级网络新型育、繁、统、供体系。生产过程中，种子公司提供原种，培训农户，派技术人员蹲点，现场指导。基地内采取模式管理，对种子实行保护价收购，提高农民的繁殖积极性。基地管理上采用定人、定面积、定产量、定奖罚的目标考核制度。种子作物生育期间的栽培管理上，采取同期播种，同期灌水施肥，同期收获，在抽穗后，质检人员田间检验，报废不合格的，成熟后去杂去劣，单打单收，即时晒干，防止受潮霉变。收购时，各基地统一组织农户按品种分类拉运到许家台仓库，全部上种子精选机，清除杂质及破损粒，然后包装入库。种子繁育过程中种子公司技术人员严把六关：抽穗去杂关、质量检验关、水分测定关、种子精选关、收购入库关、责任到人关，保证种子质量。2007年，榆中县种子公司不再经营种子，良种繁育工作结束。

四、种子监管

1991年，县种子公司安排1名农艺师负责种子检验工作。质检人员在作物抽穗后，田间检验基地繁殖种子纯度，保证种子生产质量，入库前进行室内检验，使种子干净度、饱满度达到国家二级以上的标准。1994年春播前，省市种子检验部门抽检所有库存种子质量，保证库存种子符合国家规定标准。夏粮收获前，邀请省市种子质检人员与公司技术人员一起田间检验所有繁种基地上的小麦、玉米、油料等作物纯度。1995年4月，县种子公司检验室通过全国种子总站达标验收。1999年5月，县种子管理站成立，种子检验工作按照国家技术监督发布的《农作物种子检验规程》，检验种子推广站进出的种子外，开始抽检市场上个体经营户经销的种子，杜绝销售或就地查报封存纯度和发芽率不合格的种子。2000—2005年，县种子管理站逐年扩大市场上种子经营户销售的种子抽检数量和种类。其中2005年，抽检辖区内58家个体种子经营户的8类作物76个品种，有5份样品不合格。依法查扣相关种子，从源头上把好种子质量关，杜绝不合格种子流入生产领域，净化种子市场。2006年，抽检玉米、小麦、胡麻、甜菜、菠菜等大包装或散装种子样品135份，其中玉米种子15

份，查扣无“三证号”的菜花、芹菜、甘蓝等蔬菜种子160袋。2007年，全县有种子经营户68家（新登记备案乡镇种子经营单位13个）。查扣假劣无三证号、标签不规范、包装过期不合格蔬菜种子500袋，查处8家无证无委托经营种子单位。2008年，抽检种子样品135份，其中玉米种子15份，小麦15份，胡麻15份，蔬菜90份；查处群众投诉种子案件12起。2009年，抽检种子样品54份，其中玉米种子25份，小麦8份，胡麻5份，蔬菜16份。查处群众投诉种子案件9起。2010年，抽检种子样品63份，其中玉米种子28份，小麦5份，胡麻3份，蚕豆2份，蔬菜25份。查处群众投诉种子案件9起。

第四节　种植业

一、粮食作物

1991年，榆中县播种粮食作物95万亩，产量11.19万吨，亩产117.74千克。1992—2000年，全县播种粮食作物92万~95.85万亩，产量9.02万~13.32万吨，亩产95.89~143千克。2000年，全县播种粮食作物90万亩，产量10.32万吨，亩产115千克。2001—2009年，全县播种粮食作物71万~94万亩，产量 9.85万~15.22万吨，亩产140~190千克。2010年，全县播种粮食作物80万亩，产量15.46万吨，亩产195千克。

（一）小麦

1. 种植面积和产量

1991—1993年，榆中县小麦种植面积保持在55.5万亩以上。1994年后，随着种植业结构的调整，川区蔬菜和山区商品马铃薯种植面积的扩大，小麦种植面积逐年缩小。2004年，小麦种植面积降至28.9万亩。2010年，全县种植小麦22.29万亩。其间，小麦产量的最高值出现在1996年，全县小麦产量7.61万吨。小麦亩产的最高值出现在2002年，亩产157.7千克。

2. 种植品种

榆中县小麦种植按种植时间分为春小麦和冬小麦。春小麦春季播种，群众称之为“火麦”，分布范围较广；冬小麦上年秋播种，产量一般高于春小麦，分布范围较小，主要分布在三角城、城关、小康营。1991年起，随着蔬菜面积的扩大，受调整茬口和安排灌水时期的影响，青城、来紫堡、金崖、夏官营、连搭等乡镇逐步扩大冬小麦种植面积。2004年，全县冬小麦占小麦播种面积的26.1%。2010年，全县冬小麦占小麦播种面积的38.46%。

1991—2010年榆中县小麦种植面积与产量统计表

表7-1-1

年度	面积（万亩）	亩产（千克）	产量（万吨）	春小麦		冬小麦	
				面积（万亩）	亩产（千克）	面积（万亩）	亩产（千克）
1991	56.33	131.29	7.4	51.22	119.36	5.11	250.87
1992	55.78	132.65	7.4	49.43	121.89	6.35	216.29
1993	56.20	133.55	7.51	48.91	116.4	7.29	248.65
1994	54.54	113.13	6.17	45.13	106.67	9.41	144.15
1995	54.13	86.11	4.66	43.78	69.89	10.35	154.76
1996	52.61	144.69	7.61	43.98	116.21	8.63	289.71
1997	51.26	117.55	6.03	43.77	98.5	7.49	228.68
1998	50.32	138.79	6.98	41.07	113.27	9.25	252.11
1999	41.54	114.07	4.74	32.92	95.25	8.62	185.95
2000	45.22	93.72	4.24	36.59	73.86	8.63	177.95
2001	41.29	140.05	5.78	33.22	116.33	8.07	237.66
2002	37.91	157.70	5.98	30.24	114.81	7.67	326.83
2003	33.05	152.88	5.05	25.29	108.86	7.76	296.3
2004	28.90	151.01	4.36	21.36	114.2	7.54	255.34

续表

年度	面积（万亩）	亩产（千克）	产量（万吨）	春小麦		冬小麦	
				面积（万亩）	亩产（千克）	面积（万亩）	亩产（千克）
2005	27.8	141.53	3.94	20.12	82.02	7.68	297.33
2006	26.25	141.71	3.72	18.44	78.58	7.81	290.54
2007	24.7	145.34	3.59	16.9	78.81	7.8	289.55
2008	22.99	154.85	3.56	13.58	90.85	9.41	246.77
2009	24.42	140.87	3.44	17.7	79.06	6.72	303.09
2010	22.29	148.05	3.3	15.94	82.68	6.35	312.84

3. 新技术推广

1991—2000年，推广带状种植技术。在青城、金崖等海拔较低、灌溉条件较好的地区大面积推广种植的基础上，扩大到夏官营、来紫堡、定远、连搭、和平、小康营、清水驿、三角城等乡镇。同时，推广小麦地膜穴播和膜侧沟播种植技术，由于技术复杂、小麦价格低、加上地膜价格上涨等因素影响，增收效益不明显，群众接受程度不高。2008—2010年，南北山区群众利用旧地膜种植穴播小麦，抗旱保温效果较好，产量高，种植面积逐年扩大。

（二）玉米

1. 种植面积和产量

1991年，榆中县种植玉米3.21万亩，产量1.09万吨，亩产338.89千克。1995年，全县种植玉米5.38万亩，产量2.14万吨，亩产397.77千克。1997年，种植玉米突破10万亩，达到11.88万亩，产量2.55万吨。1998年，种植玉米12.98万亩，产量3.1万吨。2001—2005年，全县种植玉米不足10万亩，产量2.53万~2.77万吨。2007年，种植玉米13.62万亩，产量5.37万吨，亩产394.27千克。2008年，种植玉米突破20万亩，达到21万亩，产量6.32万吨，亩产300.95千克。2010年，种植玉米29.55万亩，产量8.33万吨，亩

图 7-1-1　双垄沟地膜种植（2010 年 4 月摄）

产281.9千克。

2. 新技术推广

1991—2000年，推广条膜覆盖，也叫半膜覆盖。带宽1米，行距0.4米+0.6米，株距0.38~0.45米，亩保苗3000~3500株。每亩用0.8~0.9米宽地膜3.3~3.5千克。2001—2005年，推广全膜平铺覆盖。带宽1.2米，用宽幅1.2米超微膜平铺地面，膜面中间稍高，接茬处稍低，在靠近接茬处膜面“品”字形点种两行玉米，行距0.4米，形成0.4米+0.8米大小行，株距0.28~0.32米，亩保苗3500~4000株。每亩用1.2米宽地膜4.8千克。2005年，榆中县双垄沟地膜玉米试验种植取得成功。

2006—2010年，全县大面积推广种植双垄沟地膜玉米，政府在地膜、种子、肥料方面进行扶持。全膜双垄沟覆盖带宽1.2米，选用宽幅1.2~1.4米超微膜，用齿距为小行0.4米、大行0.8米的画行器画行，用步犁沿小行画线向中间翻耕起小弓形垄，垄高0.15~0.2米，两小弓形垄中间为0.8米的大垄，将起小垄时形成的犁沟沿土刮至大垄中间形成大弓形垄，脊高0.05米，大小弓形垄中间为播种沟，每个播种沟对应一大一小两个集雨垄面，株距0.28~0.32米，亩保苗3500~4000株。每亩地膜用量4.8~5千克。种子播种在具有地膜覆盖的播种沟内，生育期内平均土壤绝对含水量较条膜覆盖种植增加0.92个百分点，较全膜平铺覆盖种植增加0.2个百分点，玉米生长发育速度加快，正常年份与条膜覆盖相比，生育期提早10~15天，增产40%~50%，与全膜平铺覆盖相比，生育期提早3~7天，增产5%~10%。

1991—2010年榆中县玉米种植面积与产量统计表

表7-1-2

年度	面积（万亩）	产量（万吨）	亩产（千克）	地膜玉米（万亩）
1991	3.21	1.09	338.89	
1992	3.53	1.28	362.96	
1993	3.28	1.25	379.61	
1994	4.13	1.64	398.13	0.44
1995	5.38	2.14	397.77	1.13
1996	7.89	2.11	267.6	3.81
1997	11.88	2.55	214.72	0.35
1998	12.98	3.1	238.72	0.57
1999	12.28	3.59	292.21	9.63
2000	10.12	2.63	260.18	8.61
2001	9.56	2.71	283.36	7.85
2002	9.94	2.53	254.32	7.63
2003	9.85	2.77	281.34	7.17
2004	9.22	2.58	280.25	6.12
2005	8.79	2.77	315.64	3.3
2006	11.12	3	269.78	8
2007	13.62	5.37	394.27	10.7
2008	21	6.32	300.95	18.4
2009	26.39	8.06	305.42	23.1
2010	29.55	8.33	281.9	26.7

（三）马铃薯

1991年，榆中县种植马铃薯12.46万亩，产量6.6万吨，亩产529.7千克。1994年，全县种植马铃薯15.06万亩，产量10.9万吨，亩产723.77千克。同期，种植马铃薯农户自用，商品量不大。1999年，全县种植马铃薯18.19万亩，产量15.65万吨，亩产860.36千克，商品量占产量的50%。在中部川源区，推广地膜覆盖种植马铃薯技术，每亩增产250~500千克，春夏季作为蔬菜供应市场，售价可由正常收获时的0.4~0.6元/千克提高到1.6~2.0元/千克，亩增收500~1000元，每年种植面积在万亩左右。2001年，全县种植面积突破20万亩，达到20.34万亩，产量18.3万吨，亩产899.71千克。2010年，全县种植马铃薯23.29万亩，产量16.85万吨，亩产723.49千克。

1991—2010年榆中县马铃薯种植面积与产量统计表

表7-1-3

年度	面积（万亩）	产量（万吨）	亩产（千克）	商品马铃薯		地膜面积（万亩）
				万吨	%	
1991	12.46	6.6	529.7	0.22	3.3	
1992	13.07	6.9	527.93	0.38	5.5	
1993	14.01	8.25	588.87	0.27	3.3	
1994	15.06	10.9	723.77	1.22	11.2	
1995	14.52	7.95	547.52	0.09	1.1	
1996	13.06	7.5	574.27	2.25	30.0	1.77
1997	13.08	8.8	672.78	2.64	30.0	0.46
1998	13.24	11.05	834.59	3.31	30.0	0.22
1999	18.19	15.65	860.36	7.82	50.0	6.93
2000	17.57	13.9	791.12	6.95	50.0	5.01
2001	20.34	18.3	899.71	9.15	50.0	7.85

续表

年 度	面积（万亩）	产 量（万吨）	亩 产（千克）	商品马铃薯		地膜面积（万亩）
				万吨	%	
2002	20.44	17.25	843.93	13.8	80.0	7.01
2003	19.96	13.85	693.89	11.08	80.0	7.17
2004	24.04	17.7	736.27	15.04	85.0	3.12
2005	24.12	14.11	584.99	9.65	68.4	3.34
2006	23.4	12.95	553.42	10.36	80.0	2
2007	24.5	17.65	720.41	14.12	80.0	1.6
2008	23.7	19.1	805.91	13.37	70.0	1.4
2009	22.7	17.3	762.11	12.97	75.0	2.1
2010	23.29	16.85	723.49	12.97	77.0	2.58

（四）糜谷

1991年，全县种植糜谷 2.85万亩，产量1952.71吨，其中糜子 0.88万亩，产量 541.54吨；谷子1.97万亩，产量1411.17吨。1998年，全县种植糜谷1.25万亩，其中糜子0.27万亩，谷子0.98万亩。1999—2000年，受政府发展小杂粮产业政策的带动，全县种植糜谷面积扩大，其中1999年种植糜谷4.77万亩，2000年种植糜谷1.99万亩。2010年，全县种植糜谷3120亩，产量469.5吨，其中糜子2000亩，产量260吨；谷子1120亩，产量209.5吨。

1991—2010年榆中县糜谷种植面积与产量统计表

表7-1-4

年度	谷子			糜子		
	面积（万亩）	产量（吨）	亩产（千克）	面积（万亩）	产量（吨）	亩产（千克）
1991	1.97	1411.17	71.63	0.88	541.54	61.54

续表

年度	谷子			糜子		
	面积（万亩）	产量（吨）	亩产（千克）	面积（万亩）	产量（吨）	亩产（千克）
1992	1.58	1101.81	69.73	1.23	643.47	52.31
1993	1.62	1292.98	79.81	0.74	458.12	61.91
1994	1.83	1711.75	93.54	1.54	70	4.54
1995	1.56	884.99	56.73	1.03	580.85	56.39
1996	1.55	1773.28	114.41	0.29	244.4	84.28
1997	1.13	738.4	65.35	0.55	86.9	15.8
1998	0.98	756.42	77.19	0.27	132.52	49.08
1999	2.33	2341.78	100.51	2.44	2815.43	115.39
2000	0.32	280.82	87.76	1.67	891.15	53.36
2001	0.43	560.6	130.37	0.65	541.61	83.32
2002	0.6	655.3	109.22	0.47	317.1	67.35
2003	0.75	615.75	82.1	0.33	327.5	99.24
2004	0.94	395.75	42.1	0.27	184	68.15
2005	0.83	456	54.94	2.31	2543	110.08
2006	0.87	590	67.81	2.58	1245.9	48.29
2007	0.92	874	95	1.05	1780	169.52
2008	0.0183	43	234.97	0.0385	6.5	16.88
2009	0.47	117.19	24.93	0.22	65	29.55
2010	0.11	209.5	190.45	0.2	260	130

（五）豆类

1991—2010年，榆中县种植的豆类有豌豆、蚕豆（俗称大豆）、大豆

1991—2010年榆中县豆类作物种植面积与产量统计表

表7-1-5

年度	豆类			豌豆			蚕豆		
	面积（万亩）	产量（吨）	亩产（千克）	面积（万亩）	产量（吨）	亩产（千克）	面积（万亩）	产量（吨）	亩产（千克）
1991	16.8	9548.4	56.84	—	—	—	0.86	812.52	94.48
1992	16.48	9420.0	57.16	—	—	—	1.2	1010.96	84.25
1993	16.6	12604.3	75.93	—	—	—	1.2	1447.9	120.66
1994	14.04	9278.0	66.08	11.26	6546.7	58.14	1.96	1993.51	101.71
1995	14.04	3644.8	29.97	11.18	2580.9	23.08	2.43	747.81	30.77
1996	12.84	10727.2	83.55	11.29	8756.8	77.56	1.32	1600.39	121.24
1997	13.09	5987.3	45.74	11.63	4182.5	35.96	1.33	1710.57	128.61
1998	12.5	7028.3	56.23	10.05	4194.9	41.74	2.37	2776.7	117.16
1999	11.71	7417.2	63.34	10.05	5725.6	56.97	1.52	1592.3	104.76
2000	10.91	3451.7	31.64	8.13	2032.6	25	1.59	1387.4	87.26
2001	11.12	6632.6	59.65	9.98	5100.7	51.11	1.12	1477.64	131.93
2002	11.11	8368.5	75.32	9.85	6784.2	68.87	1.13	1458.3	129.05
2003	10.98	7801.08	71.04	8.25	2750.58	33.34	2.73	5050.5	185

续表

年度	豆类			豌豆			蚕豆		
	面积（万亩）	产量（吨）	亩产（千克）	面积（万亩）	产量（吨）	亩产（千克）	面积（万亩）	产量（吨）	亩产（千克）
2004	9.35	6634.6	70.96	8.13	4751.3	58.43	1.12	1693.34	151.19
2005	9.26	3407.47	36.79	8.14	1726.47	21.21	1.22	1681	137.78
2006	8.9	4411.3	49.57	7.6	3117.98	41.03	1.3	1293.3	99.48
2007	7.34	4137.8	56.37	5.79	2737.2	47.27	1.55	1400.6	90.36
2008	6.05	2927.4	48.39	4.66	1909.9	40.98	1.39	1017.5	73.20
2009	5.06	2324.0	45.93	4.72	2086.1	44.2	0.34	237.9	69.97
2010	3.69	2351.6	63.73	3.55	2189.78	61.68	0.14	161.8	115.57

(俗称黄豆)、扁豆、山黧豆（俗称马牙豆)、回回豆（俗称鹰嘴豆)、绿豆等。其中豌豆种植面积最大，主要分布在东北部半干旱山区，为当地种植的三大粮食作物之一（小麦、马铃薯、豌豆)；蚕豆分布范围较广，中部川源区、南部二阴山区、东北部半干旱山区都有种植；大豆、扁豆、绿豆种植面积较小。全县豆类种植面积逐年呈下降趋势。1991年，全县种植豆类16.8万亩，产量9548.4吨，亩产56.84千克。其中蚕豆0.86万亩，产量812.52吨，亩产94.48千克。1995年，全县种植豆类14.04万亩，产量3644.8吨，亩产29.97千克。其中豌豆11.18万亩，产量2580.9吨，亩产23.08千克；蚕豆2.43万亩，产量747.81吨，亩产30.77千克。2000年，全县种植豆类10.91万亩，产量3451.7吨，亩产31.64千克。其中豌豆8.13万亩，产量2032.6吨，亩产25千克；蚕豆1.59万亩，产量1387.4吨，亩产87.26千克。2005年，全县种植豆类9.26万亩，产量 3407.47吨，亩产36.79千克。其中豌豆8.14万亩，产量1726.47 吨，亩产21.21千克；蚕豆1.22万亩，产量1681吨，亩产137.78 千克。2010年，全县种植豆类3.69万亩，产量2351.6吨，亩产63.73千克。其中豌豆3.55万亩，产量2189.78吨，亩产61.68千克；蚕豆0.14万亩，产量161.8吨，亩产115.57千克。

二、油料作物

1991—2010年，种植的油料作物主要有胡麻和油菜籽；胡麻种植范围广，分布于全县各乡镇，油菜籽主要分布在灌溉条件较好的川区乡镇。1991年，全县种植油料作物8.59万亩，产量5521.2吨。其中胡麻6.34万亩，产量2791吨，亩产44.02千克；油菜籽1.86万亩，产量2639.54吨，亩产141.91千克。1999年，全县种植油料作物10.27万亩，是1991—2010年期间种植面积最大的一年，产量7712.49吨。其中胡麻7.78万亩，产量4972.69吨，亩产63.92千克；油菜籽2.49万亩，产量2739.8吨，亩产110.03千克。2010年，全县种植油料作物7.95万亩，产量6710吨。其中胡麻6.47万亩，产量4707.53 吨，亩产72.76千克；油菜籽1.48万亩，产量1997.21吨，亩产134.95千克。

1991—2010年榆中县油料作物种植面积与产量统计表

表7-1-6

年度	油料作物		其中			
	面积（万亩）	产量（吨）	胡麻		油菜籽	
			面积（万亩）	产量（吨）	面积（万亩）	产量（吨）
1991	8.59	5521.20	6.34	2791.00	1.86	2639.54
1992	8.94	5124.26	6.55	2737.04	2.02	2301.70
1993	8.89	6322.30	6.72	3596.66	1.82	2665.67
1994	8.54	5162.06	6.24	2534.84	2.3	2627.22
1995	9.4	3998.86	6.97	1383.43	2.43	2615.43
1996	9.69	7835.49	6.72	4310.76	2.96	3516.73
1997	9.49	6296.38	6.54	2942.12	2.95	3354.26
1998	9.24	6277.00	6.59	3604.90	2.65	2672.00
1999	10.27	7712.49	7.78	4972.69	2.49	2739.80
2000	8.15	5962.38	3.42	3030.82	2.73	2931.56
2001	9.7	7457.90	6.86	4749.40	2.84	2708.50
2002	9.12	7757.16	5.48	3933.80	3.64	3823.36
2003	9.78	9555.80	6.89	5614.30	2.87	3941.50
2004	10.22	8189.00	7.57	4742.20	2.64	3447.80
2005	10.21	9150	7.52	5387.1	2.69	3758.0
2006	10.13	7630	7.56	4013.2	2.57	3615.0
2007	9.75	7870	7.20	4318.1	2.55	3548.0
2008	9.13	7010	7.48	4987.04	1.65	2021.7
2009	8.61	6620	6.98	4676.3	1.63	1941.69
2010	7.95	6710	6.47	4707.53	1.48	1997.21

三、经济作物

（一）蔬菜

1. 种植面积和产量

1991年，全县种植蔬菜2.14万亩，产量4.21万吨。2000年，全县种植蔬菜8.74万亩，产量18.34万吨。2005年，全县种植蔬菜18.2万亩，产量38.4万吨。外销量32.83万吨，90%销往广州、深圳、福州、杭州、上海、四川等东南沿海地区，10%出口马来西亚、新加坡、日本等东南亚国家和中国香港、台湾等地区。全县各蔬菜保鲜库外销蔬菜约60万吨，其中销售周边地区20万吨。2006年后，全县蔬菜种植面积继续扩大，其中前三年每年净增2万亩，后两年每年净增1万亩。2010年，全县种植蔬菜27.11万亩，产量55.66万吨。

2. 塑料大棚和日光温室蔬菜

1991年，全县塑料大棚种植蔬菜600亩，主要种韭菜和育苗。1992年，在和平镇沈家河和祁家坡村首次引进建成高效节能日光温室10.53亩，当年种植黄瓜取得成功，亩产4250千克，亩收入1.2万元，开创冬季不用加温就能种植蔬菜的先河。同年，夏官营镇太平堡村塑料大棚韭菜成为该村主要蔬菜产业。1993年，全县建成日光温室75.5亩。1994年，建成日光温室698亩，涉及14个乡镇、55个行政村、795户。1996年，定远镇、三角城乡、来紫堡乡利用塑料大棚种植草莓。1998年，引进无前支柱二代日光温室，在8个乡镇建成8个示范点。1999年，引进的西甜瓜新品种在塑料大棚种植成功。2000年，引进高架塑料大棚，此种大棚的特点是起架高、跨度大、使用面积大、单排或无支柱，棚高3.0~3.5米，宽8米。冬季一般不加草苫，绿叶蔬菜可长年种植。2001年，全县以下汉村、詹家营村为样板推广高架塑料大棚，在三角城、青城、金崖、清水驿等乡镇建成联片高架塑料大棚示范点，当年建成高架塑料大棚1560亩。种植辣椒、番茄、黄瓜和大白菜，亩产2500千克。2002年，全县建成高效节能日光温室1.02万亩。品种由黄瓜增加到番茄、西葫芦、芹菜、茄子、食用菌、西甜瓜等，年产反季节蔬菜5.4万吨。2005—2008年，推广第三代日光温室大棚蔬菜种植。2009年3月，清水驿、连搭、夏官营、金崖、定远、来紫堡等乡镇开始兴建第四代日光温室。2010年，全县种植日光温室和大棚蔬菜2万亩，其中日光温室1.54万亩，年产蔬菜2.67万吨。主栽品种有黄瓜、西葫芦、茄子、番茄、辣椒、叶菜类、西瓜、甜瓜、韭菜、韭黄、草莓。

1991—2010年榆中县蔬菜日光温室建设情况统计表

表7-1-7

年份	新建面积（亩）	累计面积（亩）	主栽蔬菜品种	亩收入（元）
1991	0	0		
1992	10.5	10.5	黄瓜	12000
1993	65.2	75.5	黄瓜	11960
1994	622.3	698.0	黄瓜	11200
1995	1005.0	1703.0	黄瓜、西葫芦	11700
1996	540.0	2243.0	黄瓜、西葫芦	11200
1997	719.0	2962.0	黄瓜、西葫芦、番茄	9850
1998	700.0	3662.0	黄瓜、西葫芦、番茄	11600
1999	1062.0	4824.0	黄瓜、西葫芦、番茄、芹菜	10400
2000	2028.0	6852	黄瓜、西葫芦、番茄、芹菜	9980
2001	2056.7	8908.7	黄瓜、西葫芦、番茄、芹菜	8200
2002	1329	10237.7	黄瓜、西葫芦、番茄、芹菜、茄子	9850
2003	736	10973.7	黄瓜、西葫芦、番茄、芹菜、茄子	8730
2004	425	11398.7	黄瓜、西葫芦、番茄、芹菜、茄子	8960
2005	24	11422.7	黄瓜、西葫芦、番茄、芹菜、茄子	9860
2006	800	12223	黄瓜、西葫芦、番茄、辣椒、茄子	10360

续表

年份	新建面积（亩）	累计面积（亩）	主栽蔬菜品种	亩收入（元）
2007	602	12825	黄瓜、西葫芦、番茄、辣椒、茄子	10860
2008	900	13725	黄瓜、西葫芦、番茄、辣椒、茄子	11360
2009	1057.4	14782.4	黄瓜、西葫芦、番茄、辣椒、茄子	11900
2010	13904	15382	黄瓜、西葫芦、番茄、辣椒、茄子	12500

3. 无公害蔬菜基地建设

2002年，榆中县根据全国开展“无公害农产品行动计划”的要求，采集蔬菜种植区土壤样品20份、灌溉水样5个化验分析，结果表明，在取样范围内的3.5万亩蔬菜生产环境符合无公害蔬菜生产标准。同年10—12月，农技人员集中50天时间在全县开展无公害蔬菜质量标准、生产技术规程宣传和培训，重点开展花椰菜、甘蓝、芹菜和大白菜无公害生产技术专题讲座。2003年，率先在和平镇建成兰州市无公害蔬菜标准化生产示范基地，涉及农户1683户，落实无公害蔬菜4949亩，带动基地建设面积1.53万亩。同年，榆中县被国家农业部列为无公害蔬菜标准化生产示范基地创建县。2004年底，榆中县被国家农业部确定为无公害蔬菜标准化

图 7-1-2　无公害蔬菜基地（2010年6月摄）

生产示范基地县。2005年底，全县获得无公害蔬菜产品认证43个，其中绿色食品1个。2010年，全县种植无公害蔬菜27.11万亩。

4. 冷凉型蔬菜

2001—2003年，在马坡、新营、银山乡等进行绿菠菜、结球甘蓝、菜花、大白菜、芹菜、莴笋、胡萝卜、荷兰豆、蒜苗等品种试验，获得成功。菜花亩产1500~1800千克，亩收入1500~2800元；绿菠菜亩产250~500千克，亩收入750~1500元。2003年，种植冷凉型蔬菜42亩。2004年，在南部二阴高寒区发展绿色蔬菜产业，种植冷凉型蔬菜6520亩，其中菜花1474亩、菠菜2410亩、蒜苗1080亩、胡萝卜200亩、生菜50亩、荷兰豆10亩、其他蔬菜1296亩。2005年，全县种植冷凉型蔬菜1.18万亩，产量1.9万吨，实现销售收入1300万元。2010年，全县种植冷凉型蔬菜2万亩。

5. 主栽品种

1991—2010年，榆中县蔬菜主栽品种有花椰菜、西兰花、甘蓝、青笋、芹菜、大白菜、黄瓜、百合、韭菜、苴莲、西瓜等30个。

（1）百合

1991年，全县百合留床面积300亩。1992—2005年，百合种植迅速发展。主要分布在海拔1900~2200米的地区，主产区为新营、龙泉、兰山、和平、银山、马坡、园子岔乡。2000年后，部分种植大户在银山、马坡、兰山、和平等乡镇投资租地种植百合。2005年底，全县百合留床面积1.97万亩，外销产品7000吨，实现销售收入2800万元。2010年，全县百合留床面积5578亩。

县内南北两山独特的地理环境和气候资源条件，生产的百合精品率高，瓣大肉厚，洁白甘甜，清爽浓郁而享誉国内外市场，产品除供应东南沿海市场外，还销往日本、韩国、东南亚国家和中国香港、台湾等地区。榆中县的“隆山牌”百合产品被国家农业部认证为绿色产品。

（2）韭菜

榆中县韭菜种植有露地大田和塑料大棚两种。1991—2010年，韭菜主要采用塑料大棚种植。大田韭菜早春嫩叶萌发生长，收割青韭，夏季采收韭薹，冬季麦草覆盖生产韭黄。大棚韭菜冬季就可上市，价格和经济效益较大田韭菜好，深受种植户青睐。韭菜种植主要分布在夏官营镇太平堡村，金崖镇邴家湾村，来紫堡乡冯湾村、西坪村，定远镇东村，三角城乡周前村。主要销往兰州，还有部分外销到西宁、银川、乌鲁木齐市等。2005年，全县种植韭菜4200亩。2010年，全县种植韭菜2600亩。

（3）苴莲

苴莲，学名苤蓝，在和平、来紫堡、金崖、夏官营、三角城、城关、清水驿等地均有种植，数金崖镇邴家湾村的苴莲品质最好，皮薄、瓤细腻清脆可口。1950年，金崖邴家湾开始连片种植苴莲。1991年，邴家湾村种植苴莲1500亩，产量2000吨，由兰州市蔬菜公司购销，除供应市区外，还销往山西省等地1000吨。2000年后，苴莲种植区域向来紫堡、夏官营、三角城、定远等地扩大。2010年，全县种植苴莲300亩。

（4）花椰菜

榆中县是花椰菜（菜花）主产区，有春、夏、秋3个茬口，所产白花椰菜花球坚实、致密、洁白、无绒毛。2005年，全县露地花椰菜种植面积超10万亩，占全县蔬菜种植总面积的61%以上，产量17万吨，实现销售收入2.3亿元，占蔬菜产值的57.5%。花椰菜是榆中主要大宗外销蔬菜，每年6月上旬至10月下旬为花椰菜销售旺季，主要销往长江以南、中原及东部沿海地区。2010年，全县种植花椰菜8.8万亩。

（5）黄瓜

1992年前，黄瓜主要是大田种植，面积不大，主要是种植户自己食用。1992年，引进高效节能日光温室种植黄瓜技术，在和平镇沈家河种植黄瓜10.5亩取得成功。随后，黄瓜种植面积迅速扩大。2005年，全县种植黄瓜4600亩，产量2.7万吨，实现销售收入3500万元。形成和平镇沈家河、和平村，定远镇张老营、蒋家营、歇驾嘴村，来紫堡乡骆驼巷、冯湾村，夏官营镇中河堡村，三角城乡周前村，青城镇上坪、下坪、东滩、瓦窑、三合、苇茨湾村，清水驿乡赵家岔村等连片规模化黄瓜生产基地，除供应本地市场外，销往兰州市及周边城市。2010年，全县种植黄瓜

2500亩。

（6）西瓜

榆中县种植西瓜历史悠久，明清时期就种植。1985年前，主要种植旱地压砂西瓜，主要品种有兰州花皮（别名花皮瓜）、兰州白皮（别名白皮瓜）、兰州黑皮（别名黑皮瓜、黑秀皮）、菜皮西瓜。主要种植区域有清水驿乡的东古城、清水、稠泥河村，三角城乡的大兴营村，夏官营镇的郝家营，来紫堡乡的东西坪村，定远镇的蒋家营、张老营村，和平镇的祁家坡村。旱地西瓜个头大，肉质沙软、汁多，含糖量高，品质好，耐贮运。亩产3000~4000千克。1985—2000年，主要种植地膜西瓜，种植区域较广。种植的品种有金花宝（别名P2，兰州P2）、金城5号、嘉优1号（别名金城8号）、西农8号、京欣1号、金桥四号、郑杂5号（别名新早花）。1991年，全县种植西瓜2723亩，产量6800吨。2000年后，主要种植大棚西瓜，主要分布在青城镇、夏官营镇、清水驿乡。2010年，全县种植西瓜3500亩，产量1.2万吨。

（二）绿烟

绿烟是榆中县传统经济作物，明清时期就大面积种植，绿烟产品在20世纪初享誉东南沿海。1991年，榆中县种植绿烟1.58万亩，产量3425.30吨，产值685.06万元。1992年，全县种植绿烟1.84万亩，是1991—2010年20年间种植面积最大的一年，产量4808.6吨，产值1202.16万元。2000年，全县种植绿烟3250亩，产量1731吨，产值623.16万元。2010年，全县种植绿烟1373亩，产量290吨，产值147.95万元。

（三）中药材

1991—2000年，清水驿乡、小康营乡、城关镇和银山乡有零星的中药材种植，主要以党参、当归为主。2001年后，受野生中药材禁止挖掘出售的影响，榆中县药材种植快速发展，在川水地区大量种植柴胡、生地、板蓝根、黄芪和甘草。2002年，全县种植中药材2.46万亩，主要品种有柴胡、生地、板蓝根、黄芪和甘草。2005年后，川区中药材种植面积逐渐下降，山区中药材种植面积逐年扩大。

2006—2010年，中药材在各乡镇均有种植，重点分布在银山、马坡、清水驿、小康营、三角城、贡井、中连川等乡镇。品种主要有当归、党参、黄芪、柴胡、板蓝根等，年产量2000吨左右。2006年，全县种植中药材1.52万亩，产量2733吨。其中当归0.06万亩，产量82吨；党参0.29万亩，产量544.6吨；黄芪0.33万亩，产量630.6吨；柴胡0.28万亩，产量464.6吨；板蓝根0.21万亩，产量299.8吨；其他中药材0.35万亩，产量711.6吨。2010年，全县种植中药材1.26万亩，产量2176.3吨。其中当归0.02万亩，产量33.6吨；党参0.06万亩，产量69.8吨；黄芪0.19万亩，产量254.9吨；柴胡0.14万亩，产量83吨；板蓝根0.27万亩，产量401吨；其他中药材0.58万亩，产量1334吨。

（四）花卉

1991—2000年，在农家院落有零星种植，没有形成规模。2000年后，逐渐形成一定的规模，种植面积和产值呈逐年上升趋势。主要品种有仙客来、玫瑰、蝴蝶兰、凤梨、红掌、菊花、非洲菊、康乃馨、万寿菊、宝石莲灯、一品红、丽格海棠、八仙花等。主要分布在定远镇猪嘴岭村、连搭乡肖家嘴村。2006年，全县种植花卉1200亩，产值486.03万元。其中鲜切花1620.1万支，产值486.03万元；盆栽植物7.63万盆，产值22.89万元。2007年，种植花卉1446亩，产值734.69万元。2008年，种植花卉1500亩，产值2098.68万元。2009年，种植花卉1400亩，产值2202万元。2010年，种植花卉1700亩，产值2259.71万元。其中鲜切花产量5794.12万支，产值

图 7-1-3　亚盛花卉（2010 年摄）

2239.19万元；盆花6.84万盆，产值20.52万元。

第五节　施　肥

一、肥料

1991年，全县施用化学肥料3.6万吨，折纯量7402.18吨。2004年，全县施用化学肥料7.51万吨，折纯量1.94万吨，是1991—2010年化学肥料施用最多的一年。2005—2010年，施用化学肥料保持在6.33万~7.02万吨，其中2010年施用化学肥料6.56万吨，折纯量1.86万吨。

（一）氮肥

1991年，全县施用氮肥1.99万吨，折纯量4831.29吨。主要品种有碳酸氢铵、硝酸铵、尿素、氨水。1992—1997年，施用氮肥量2.2万~2.69万吨。1998年，氮肥施用量突破3万吨，达到3.03万吨，折纯量6105.03吨。1999—2001年，氮肥施用量低于3万吨。同期氨水停用。2004年，氮肥施用量是1991—2010年最大的一年，全县施用氮肥3.93万吨，折纯量1.25万吨。2007—2010年，氮肥施用量保持在3万吨左右，其中2010年，施用氮肥3.03万吨，折纯量1.06万吨。

（二）磷肥

1991—2000年，磷肥施用本县和白银市生产的普通过磷酸钙。1991年，全县施用磷肥1.46万吨，折纯量1961.71吨。1998年，施用磷肥突破2万吨，达到2.58万吨，折纯量3799.66吨。同年，县内办起小型磷肥厂22家，产品价格较低，供应本县和周边县区。2000年后，磷肥主要施用云南生产的普通过磷酸钙。2004年，全县施用磷肥2.93万吨，折纯量3772.17吨，是1991—2010年磷肥施用最多的一年。2006—2010年，施用磷肥保持在2.6万吨左右，其中2010年施用 2.67万吨，折纯量3644.1吨。

（三）钾肥

根据1987年土壤普查结果，榆中县土壤钾含量丰富，直至1996年，

1991—2010 年全县农用化肥施用量情况统计表

表 7-1-8

年份	实物量（吨）					折纯量（吨）				
	化肥使用量	其中				化肥折纯量	其中			
		氮肥	磷肥	钾肥	复合肥		氮	磷	钾	复合肥
1991	36004.86	19931.45	14584.02	266.04	1223.35	7402.18	4831.29	1961.71	60.30	560.68
1992	36641.99	22181.19	12918.17	240.90	1301.73	7089.42	4653.88	1765.44	120.15	652.07
1993	40216.01	22136.61	16351.55	176.00	1551.85	10791.00	5098.35	4825.97	117.50	751.80
1994	44264.90	22878.28	17597.94	498.70	3351.98	8928.93	5043.2	2559.45	245.26	1107.12
1995	45086.35	24356.75	17544.51	483.50	2701.59	9588.33	5861.81	2425.01	269.90	1168.61
1996	46836.16	25092.74	18750.30	586.00	2407.12	9689.46	5451.23	2892.52	260.83	1196.58
1997	49596.22	26920.79	18952.50	589.10	3139.33	10100.23	5611.86	3004.59	253.20	1376.85
1998	60285.39	30334.26	25833.10	177.00	3891.03	11349.22	6105.03	3799.66	25.20	1420.96
1999	53083.75	26035.85	22570.30	682.40	3795.20	12155.34	6938.73	3410.00	61.80	1764.81
2000	49255.09	24273.31	22179.00	781.10	3921.28	14223.87	6408.89	3378.27	192.80	848.81
2001	58107.41	29189.60	23412.50	1144.51	4360.80	12446.45	6756.60	3604.08	268.86	1816.91
2002	62378.87	30866.90	25519.80	1313.37	4678.80	14630.15	8064.18	4037.96	319.24	2208.77
2003	68614.96	33953.91	28071.70	1443.91	5145.44	16047.25	8791.20	4100.91	610.01	2545.13

续表

年份	实物量（吨）					折纯量（吨）				
	化肥使用量	其中				化肥折纯量	其中			
		氮肥	磷肥	钾肥	复合肥		氮	磷	钾	复合肥
2004	75141.43	39284.00	29312.66	1509.17	5035.6	19434.82	12498.43	3772.17	776.64	2387.58
2005										
2006	70182.2	36182.9	26725.8	1658.8	5614.7	21113.3	14266.5	3253.3	841.9	2751.6
2007	63288.8	28984.9	26698.0	1727.6	5878.5	18098.3	10809.0	3405.1	879.5	3004.6
2008	65154.0	29674.8	26757.9	1904.2	6817.2	19050.8	11259.1	3451.5	945.2	3394.9
2009	63957.4	29031.1	26363.1	1851.9	6711.3	18450.4	10785.8	3442.3	912.5	3309.9
2010	65609.8	30251.5	26692.1	1752.1	6914.1	18576.3	10629.3	3644.1	899.2	3403.7

县内没有专门的钾肥经销网点，钾肥施用量不大。1991年，全县施用钾肥266.04吨。随着日光温室和蔬菜面积扩大，农作物高产栽培技术应用，川区农田钾含量急剧下降。2005年，和平、定远、来紫堡、金崖、夏官营5个乡镇土壤速效钾的含量由1987年的180毫克/千克左右下降到60~90毫克/千克。2006—2010年，全县钾肥的施用有较大幅度的增加，每年施用量为1658.8~1904.2吨，其中2010年施用1752.1吨。同期，施用钾肥品种主要有氯化钾和硫酸钾。

（四）复合肥

1991—2005年，县内复合肥主要品种有磷酸二铵（从美国进口，农民俗称“美国磷”）、磷酸一铵（白银磷肥厂和金昌化工厂生产）。1991年，全县施用复合肥1223.35吨，折纯量560.68吨。1995年，施用复合肥2701.59吨，折纯量1168.61吨。2000年，施用复合肥3921.28吨，折纯量848.81吨。县内复合肥生产起步，相继在定远、连搭、城关、三角城、夏官营、甘草店都有混配肥厂生产复合肥，其中最大的复合肥生产企业为甘肃稀土复混肥有限责任公司。复合肥使用量逐年增加。2004年，施用复合肥5035.6吨，折纯量2387.58吨。2005年后，主要品种为三元复合肥。农资市场流通销售的品牌有沃夫特系列（山东）、史丹利系列（山东）、芭田系列（深圳）、施可丰系列（甘肃）、金正大系列（山东）和桂湖系列（成都）等。2006—2010年，全县复合肥施用量逐年增加，每年复合肥施用量为5614.7~6914.1吨，其中2010年施用量6914.1吨，折纯量3403.7吨。

（五）中微量元素肥料

1991—2000年，县内施用微肥主要有硼肥和稀土微肥，其中硼肥主要品种有硼砂、硼酸，主要用于小麦，稀土微肥主要用于马铃薯。2001—2010年，农民逐步接受中微量元素肥料，主要用于蔬菜，并且用量逐年提高。中量元素肥料品种主要有硝酸铵钙、硫酸镁等；微量元素肥料品种主要有硫酸锌、硼酸等。

（六）新型肥料

1991—2000年，榆中县用过的新型肥料有细胞分裂素类、矮壮素、三十烷醇、叶面宝、喷施宝、生命素、植物动力2003、云大—120、福乐定、天大2116等上百个品种。

二、施肥技术

1991—2000年，全县应用第二次土壤普查结果，根据作物需肥规律、土壤供肥性能、肥料效应等特点，推广初级配方施肥技术。提出“以土定产，以产定肥”的氮、磷适宜用量及比例，推广“测土配方施肥和平衡配套施肥技术”，即“测土、配方、生产、供应、施肥”的化肥使用技术体系。磷肥施用量普遍提高，土壤速效磷逐年增加，由第二次土壤普查时的15.3毫克/千克提高到2003年的34.2毫克/千克，其中来紫堡乡达到64毫克/千克。氮磷钾比例达到1∶0.53∶0.03，配合比例逐步趋向合理。2001—2005年，随着作物种植结构的调整，蔬菜面积的扩大，土壤养分状况发生变化。2003年，全县14个川区乡镇的土壤化验分析表明氮过剩，磷富裕，钾减少，提出“稳氮、控磷、补钾”的化肥使用技术体系，钾肥使用量逐年增加，氮磷钾比例1∶0.3∶0.06。2006—2010年，氮肥和磷肥用量趋于稳定，钾肥、复合肥、中微量元素肥料、新型肥料用量和品种增加。

三、施肥方法

（一）撒施

在灌溉水前，将肥料均匀地撒在地里，灌水后随着水注入土壤里，多用于小麦、胡麻、蔬菜追肥。

（二）条施

在播种前后，人工顺垄施入，一般种马铃薯多用此法。

（三）穴施

多用于玉米、马铃薯。在下种前后，人工施入（俗称抓窝粪）。

（四）喷施

多在作物生长期间，将含量微少、浓度较高的化肥兑水，喷洒于作物叶子上，通过叶面气孔吸收利用。

（五）冲施

多在植物浇水灌溉时，将肥料撒放在水里，肥料随灌溉用水注入土壤里，多用于蔬菜施肥。

第六节　农作物病虫害与防治

一、主要病虫害

（一）黏虫

1991年，榆中县发生中度黏虫危害，受害面积8万亩，每平方米虫量10~65.6头，南山地区小麦受害严重。1992年，发生中度偏轻黏虫危害，受害面积4万亩，每平方米虫量3~23头。1995年，发生中度偏重黏虫危害，受害面积2.5万亩。1998年，发生中度黏虫危害，受害面积13万亩，每平方米虫量5~20头，龙泉乡受害严重，每平方米虫量25~50头。1999年，发生中度偏重黏虫危害，受害面积8万亩，每平方米虫量10~20头。2005年，发生中度黏虫危害，受害面积3万亩，每平方米虫量8~15头，主要分布在三角城乡和城关镇。2007年，川水地区发生轻度黏虫危害，受害面积5万亩。

（二）小麦蚜虫

1992年，发生蚜虫中度偏重危害，全县小麦受害面积20万亩，每百株虫量2000~8000头。1993年，发生中度偏重危害，受害面积15万亩，每百株虫量500~5000头。1994年，发生中度偏重危害，受害面积16万亩。1995年，发生中度偏重危害，受害面积20万亩。1996年，发生中度危害，受害面积12万亩，每百株虫量1000~3000头。1997年，发生中度偏重危害，受害面积18万亩。1998年，发生中度偏重危害，受害面积15万亩，每百株虫量1500~4000头。1999年，发生中度偏重危害，受害面积12万亩，每百株虫量1000~3000头。2000年，发生中度偏重危害，受害面积20万亩，每百株虫量1000~2500头。2001年，发生中度偏重危害，受害面积25万亩，每百株虫量2000~4000头。2002年，发生中度偏重危害，受害面积23万亩。2003—2005年，发生轻度危害，受害面积不大。2006年，局部区域小麦灌浆期蚜株率80%~90%，每百株蚜虫2000~3000头，受害面积4万亩。2009—2010年，危害不严重。

（三）麦茎蜂

1991—1993年，除青城乡外的县内川区水地和南部山区小麦发生麦茎蜂危害。其中1991年受害面积18万亩，重害10万亩，蛀茎率30%~60%，三角城乡高墩营村蛀茎率最高87.58%。1992年，受害面积18万亩，重害10万亩，蛀茎率51.58%，蛀茎率最高95.36%。1993年，受害面积15万亩，其中重害10万亩，三角城乡三角城村蛀茎率最高63.04%。1994年，受害面积15万亩，其中重害4万亩。1995年，受害面积12万亩。1996—1998年，每年受害面积8万亩，蛀茎率15%~20%。1999年，受害面积7万亩。2000年，受害面积6万亩。2001年，受害面积5万亩。2002—2003年，每年受害面积3万亩。2004年，受害面积2.5万亩。2005年，受害面积2.5万亩。

（四）小麦条锈病

1991年，榆中县发生小麦条锈病中度偏重危害，受害面积16万亩，病叶始发于5月7日。1996年，发生中度危害，受害面积7万亩，病叶始发于5月下旬。1999年，发生中度偏重危害，受害面积10万亩，病叶始发于5月27日。2002年，发生中度偏重危害，受害面积26.6万亩，病叶始发于5月14日，局部大流行。2003年，发生中度偏重危害，受害面积18.5万亩，病叶始发于5月16日。2004年，发生中度偏重危害，受害面积20万亩，病叶始发于5月17日，三角城乡危害严重。2005年，发生大流行，受害面积20万亩，病叶始发于5月8日。2008年，发生中度危害，冬小麦及南山晚熟小麦病情偏重。6月中旬夏官营、三角城、城关、小康营等乡镇冬麦病田率100%，重度病叶10%~65%，未防治小麦田重度病叶90%~100%，清水驿、甘草店、高崖、新营等乡镇春麦发病，发病面积15万亩。2009年，5月上旬出现单片病叶，6月中旬冬麦区及川水地区田间病情加重，夏官营、周前病叶15%~30%，小康营、城关病叶3%~7%，普遍出现传病中心，发生面积17万亩。2010年，5月下旬出现单片病叶，6月上旬川水地区田间病情加重，6月中旬田间病叶20%~50%，重病麦田病叶70%~90%，严重田间病叶10%~30%。7月上中旬，南山晚熟麦区重度流行，发生小麦条锈病面积18万亩。

（五）小麦白粉病

1992—1995年，榆中县发生小麦白粉病中度偏重危害。1996年，小麦白粉病大流行，12万亩小麦严重受害。1997—1998年，白粉病中度偏重，南山地区重于川区，地膜小麦重于露地。2005年，白粉病中度偏重，病田率100%，病叶率30%~70%，部分麦田秆叶严重染病。2008年6月中旬，川水地区普遍发病，田间病情相对偏重，发生面积8万亩。2009年5月下旬，川水地区麦田普遍发病，发生面积6万亩。

（六）玉米叶螨

1992年，榆中县发生玉米叶螨危害面积1万亩。1994年，金崖、来紫堡局部区域危害偏重，叶片早枯。1997年，发生面积8万亩，3万亩受害严重。1999年，受害面积5万亩。2001年，发生面积8万亩。2006年，对玉米的危害偏重，发生面积9万亩。2007—2010年，轻度发生。

（七）烟青虫

1994年，金崖、来紫堡、定远一带玉米穗烟青虫蛀食率40%~80%。1996年，全县玉米产区均出现危害，北山地膜玉米田穗蛀食率50%~60%，川区重害田块每穗有3~5头幼虫取食。1998年，受害面积5万亩。2004年，受害面积8万亩。2006年，发生面积7万亩。2007年发生面积3万亩。2008年，中度发生烟青虫病害，蛀穗率20%~40%。2009年，烟青虫等玉米蛀食性害虫中度发生，蛀穗率30%~60%，发生面积8万亩。

（八）马铃薯晚疫病

1995年，全县发生马铃薯晚疫病，部分田块田间薯块感病率50%~90%。2006年，发生面积8万亩。2007年，发生面积20万亩，全县普遍偏重流行，导致植株提早大面积枯死。2008年7月下旬至8月中旬是田间病害流行高峰期，川水区病害重于山区，受病害影响马铃薯植株提早枯死，发生面积17万亩。2009年，全县马铃薯普遍发生晚疫病，发病面积17万亩。2010年，发病偏轻，感病面积8万亩。

（九）蔬菜病虫害

2000年，菜花黑腐病严重，来紫堡、金崖病株40%~70%，三角城5%~20%。2001年，黄瓜发生霜霉病偏重，菜花、甘蓝发生小菜蛾病害偏重，单株虫口数量8~15头。2002年，菜花发生黑腐病偏重，田间病株20%~30%。2003年6月上旬，菜花细菌性黑斑病、黑腐病、霜霉病、生理性水肿病及缺钙症在蔬菜产区普遍发生。芹菜斑枯病严重流行。2005年，菜花发生细菌性黑斑病偏重，清水驿、甘草店部分菜田病株70%~80%。芹菜发生斑枯病、叶斑病偏重，露地重于保护地。菜花、甘蓝、莴笋等蔬菜发生苗期根际病害偏重，其中马坡乡菜花立枯病田间发病15%~30%。2006年，蔬菜菜蚜、菜青虫及小菜蛾病害中度发生，蔬菜生理性病害加重，以立枯病为主的根部病害偏重，设施栽培蔬菜苗期根部病害普遍发生，个别温室病株10%~15%。2007年，甘蓝类蔬菜立枯病、芹菜斑枯病发生偏重。2008年，以芹菜、花椰菜为主的蔬菜立枯病发生范围扩大，病情呈加重趋势。芹菜斑枯病、甘蓝类蔬菜黑腐病发生偏重，影响到蔬菜产量和品质。以缺钙、缺硼及土壤环境不良而引起的多种生理性病害加重。2009年，菜蚜、菜青虫、小菜蛾发生偏轻，芹菜斑枯病、甘蓝类蔬菜黑腐病中度发生。2010年，白菜霜霉病发生偏重，影响到蔬菜产量和品质。

（十）鼠害

1991—2000年，鼠害较轻，全县没有发生大的鼠害。2001年，鼢鼠、黄鼠、鸣声鼠在北部干旱山区发生危害偏重，贡井乡吕家岘一带鼢鼠密度每百亩20~30只，豌豆苗被害率5%~10%。中连川鼢鼠每百亩20~40只，80%的农田有鼢鼠活动，豌豆田缺苗10%~20%；上花岔、哈岘鼢鼠密度每百亩10~30只，甘草店东岭20~40只。2006年后，鼠类危害逐渐减轻，以猫为主的天敌数量上升，农庄附近害鼠数量下降，黄鼠为山区优势鼠种，为害高峰期上夹率5%~10%，其中新营乡苟家坪村上夹率平均7.7%。

（十一）地下害虫

1997年，发生黄地老虎危害，城关镇南关、下汉每平方米虫口数量3~8头，三角城每平方米1~3头，冬小麦及冬油菜被害率10%~40%。2001

年，南部山区发生以金针虫为主的地下害虫危害，虫口数量每平方米5~15头，25%~50%的马铃薯种薯被蛀食。

（十二）蝗虫

2003年6月下旬，三角城乡高墩营村、夏官营镇夏官营村接壤地带6000亩撂荒地发生蝗虫严重危害，虫口密度每平方米40~80头，局部区域100~200头。2004—2010年，县内未发生大的蝗虫危害。

（十三）草地螟

2004年6月21日，夏官营镇、三角城乡接壤区域由西北民院征用而未利用的3000亩撂荒地草地螟幼虫发生严重危害，每平方米虫口密度50~150头，杂草繁茂、地埂、水渠等场所每平方米200头以上，2天时间杂草及荒地内树木叶片被食光。2005—2010年，县内未发生大的草地螟危害。

（十四）其他病虫害

1996年，玉米霜霉病在三角城、金崖、清水驿部分田块发病5%~50%，化家营村个别玉米田发病50%。同年6—7月，贡井、上花岔、哈岘、园子岔豌豆开花期发生银纹夜蛾、甘蓝夜蛾偏重危害，豆田每平方米幼虫8~20头，豌豆花蕾、嫩荚被大量蚕食；发生小麦红矮病，病田率30%~50%，500亩冬小麦破种。2002年，玉米细菌性茎腐病流行，田间病株10%~30%，其中甘草店镇郭家湾村部分地膜玉米田病株70%~80%。2004年，苑川河流域发生小麦不稔症。

二、病虫害防治

1991年，进行麦茎蜂综合防治示范，其中三角城乡高墩营村示范点面积0.5万亩。1992年，进行麦茎蜂连片倒茬防治示范，其中和平乡连片倒茬1300亩，三角城乡高墩营村连片示范450亩。农技中心和农机站设计研制出深耕灭茬机，7月27日在三角城乡化家营村召开深耕灭茬现场会示范推广。1993年，在三角城乡进行万亩麦茎蜂药剂防治示范，应用40%甲基异柳磷乳油，亩用量300毫升，平均防治效率64.24%。1998—1999年，美洲斑潜蝇连片治理，应用药剂1.8%虫螨克。2003年6月27日，三角城、夏官营等地蝗虫密度偏高，三角城、夏官营组织防治人员和施药器械在虫口偏高地带进行防治。投入农药1.5吨、手动喷雾器1400架次、机动喷雾器103架次，参与防蝗人员3520人次，通过防治，蝗虫密度下降70%~80%。2004年，组织实施草地螟紧急联防1次。6月23日下午开始防治，投入机动喷雾器10台，重点连片防治撂荒地。25日，对虫口高密度区第二遍喷药，以药剂（甲基1605、氧乐菊酯、敌杀死）防治为主，采用多种治理办法，发现三电支渠幼虫随水向外扩散，设立阻拦网，将幼虫拦截集中收集处理；枯草茂盛的撂荒地，在用药的同时组织人员将枯草焚烧，消灭残余幼虫。投入机动喷雾器30台次，手动喷雾器195台次，农药600千克。累计防治面积4000亩。经过防治，每平方米虫口密度由防治前的50~150头降到2~5头。2005年，组织实施小麦条锈病连片防治示范，在甘草店、三角城、城关、马坡、清水驿5个乡镇7个行政村设立5个小麦条锈病集中连片防治示范点，每点连片防治3000亩。投入粉锈宁1320千克，机动喷雾器825台次，燃油3.3吨，手动喷雾器2400架次。2008年，在三角城乡周前村开展“小麦条锈病连片防治示范”，示范区域连片防治800亩。

第七节　农用机械

一、农业机械化水平

1991年，全县机耕19.45万亩，机播7.43万亩，机收1.67万亩。1991—2000年，全县机械化作业水平逐年上升。2000年，全县机耕39.8万亩，机播14.1万亩，机收6.1万亩。2001—2005年，全县每年机耕面积约40万亩，机播面积11.1万~14.1万亩，机收面积6.1万~7万亩。2005—2006年，全县每年机耕面积约41万亩，机播面积约40万亩，机收面积约7万亩。

二、农机具

（一）种植机械

种植机械主要包括拖拉机和与其配套的农机具。

1. 拖拉机

1991年，全县有拖拉机6177台。其中大中型拖拉机512台（轮式436台，链轨式76台）；小型拖拉机5665台（其中方向盘式1802台，手扶式3863台）。1991—1994年，拖拉机总量呈稳定上升趋势，尤其是小型拖拉机上升较快。1994年，全县有拖拉机6515台，其中大中型拖拉机428台，小型拖拉机6087台。1994年后，因耕地面积减少，以及农用柴油补贴取消，拖拉机被汽车与农用运输车替代，呈逐年下降趋势。2005年，全县有拖拉机956台，其中大中型拖拉机36台，小型拖拉机920台。2006年，榆中县被中央财政列为农机购置补贴专项实施县，新购置拖拉机数量增加。2010年，全县有拖拉机1014台，其中大中型拖拉机153台，小型拖拉机861台。

1991—2010年榆中县拖拉机拥有量

表7-1-9

年度	合计（台）	大中型（台）		小型（台）	
		轮式	链轨式	方向盘式	手扶式
1991	6177	436	76	1802	3863
1992	6365	419	75	1984	3887
1993	6313	359	72	2002	3880
1994	6515	358	70	2313	3774
1995	5665	207	56	2269	3133
1996	5649	199	51	2332	3067
1997	4436	120	31	2710	1575
1998	3943	82	31	2446	1384
1999	3895	70	31	2430	1364
2000	2133	56	31	1349	697
2001	1846	53	31	1186	576

续表

年度	合计（台）	大中型（台）		小型（台）	
		轮式	链轨式	方向盘式	手扶式
2002	1345	10	31	864	440
2003	1081	6	31	714	330
2004	1023	5	31	674	313
2005	956	5	31	662	258
2006	967	8	31	674	254
2007	872	14	32	567	259
2008	917	18	32	572	295
2009	922	22	39	582	279
2010	1014	153		861	

2. 配套农机具

与拖拉机配套的农机具主要有耕地机械、整地机械、种植机械、场上作业机械（风扇）等。1991年，全县有配套犁1685部，旋耕机168部，耙48盘，播种机253台。之后，大中型配套农机具呈下降趋势，小型配套农机具呈上升趋势。2000年，全县有配套犁1663部，旋耕机215部，耙101盘，播种机277台。2010年，全县配套犁972部，旋耕机 888部，耙94盘，播种机2581台。

1991—2010年榆中县配套农机具

表7-1-10

年度	犁（部）	旋耕机（部）	耙（盘）	播种机（台）
1991	1685	168	48	253
1992	1978	176	42	271
1993	2160	168	51	265
1994	2202	159	53	256

续表

年度	犁（部）	旋耕机（部）	耙（盘）	播种机（台）
1995	2318	248	76	273
1996	2375	255	88	276
1997	2376	252	85	268
1998	1787	259	85	261
1999	1781	215	101	271
2000	1663	215	101	277
2001	1436	194	101	267
2002	1436	193	103	267
2003	1299	192	94	294
2004	1455	195	94	294
2005	1456	196	93	295
2006	1456	196	92	295
2007	2490	200	92	1329
2008	966	222	92	2446
2009	967	236	92	2481
2010	972	888	94	2581

（二）农副产品加工机械

农副产品加工机械主要包括粮食、油料、马铃薯加工机械。1991年，全县有磨面机1311台，碾米机187台，榨油机134台，马铃薯制粉机8台。2000年，全县有磨面机1324台，碾米机169台，榨油机1165台，马铃薯制粉机26台。

（三）农用运输车

农用运输车包括农用汽车、拖拉机，在农业运输作业中起主导作用。1991年，全县有农用汽车278辆，农用四轮运输车32辆，农用三轮运输车

374辆。1991—2000年，农用汽车、农用四轮运输车呈缓慢上升趋势，幅度不大，农用三轮运输车逐年迅速上升。2000年，全县有农用汽车321辆，农用四轮运输车263辆，农用三轮运输车7719辆。2010年，全县有农用汽车200辆，农用四轮运输车1612辆，农用三轮运输车1.18万辆。

1991—2010年榆中县农用运输机械拥有量

表7-1-11 单位：辆

年度	农用汽车	农用四轮运输车	农用三轮运输车	农田作业机械
1991	278	32	374	5
1992	268	49	739	7
1993	297	54	1162	
1994	298	62	1591	7
1995	308	87	2984	6
1996	316	141	3660	8
1997	319	165	4215	12
1998	314	176	5003	21
1999	315	179	5736	35
2000	321	263	7719	73
2001	309	369	8863	73
2002	308	637	9409	78
2003	310	862	1032	78（*10）
2004	327	1182	10542	78（*10）
2005	327	1266	10619	75（*10）
2006	336	1326	10782	75（*10）
2007	351	1389	10989	75（*10）

续表

年度	农用汽车	农用四轮运输车	农用三轮运输车	农田作业机械
2008	237	1452	11031	75（*10）
2009	215	1218	11782	72
2010	200	1612	11782	72

注：（*10）表示装载机10台

（四）畜牧机械

县内畜牧机械主要有饲料加工机械、铡草机、牧草收割机。1991年，全县有畜牧机械1131台，其中小型饲料加工机械1113台，铡草机12台，打浆机6台。至2005年，县内畜牧机械以小型饲料加工机械为主，当年有小型饲料加工机械1334台。2005年后，牛羊养殖场和部分农户使用铡草机，铡草机增多。2010年，全县有小型饲料加工机械1122台，铡草机298台，打浆机6台。

图 7-1-4　机械覆膜（2010 年 4 月摄）

（五）设施农业机械

2005年后，出现用于双垄沟全膜作物种植的起垄机、铺膜机，塑料大棚拉帘子的卷扬机，松土、施肥机械。2010年，全县有起垄机3100台，铺膜机230台，松土机械21台，施肥机械2581台。

三、农机监理

1991—2000年，农机监理主要负责农用拖拉机等农业机械及驾驶员的安全监督管理，其中1991年年审拖拉机5349台，审验率92.5%，农机发生重大交通事故5起，死亡5人。同期，拖拉机审验率呈逐年下降趋势。2000年，年审拖拉机1648台，审验率43.1%，农机发生重大交通事故1起，死亡1人。2001年，开始农用运输车及驾驶员监督管理。2005年11月，将农用运输车及驾驶员监督管理移交交通部门。5年累计审验农用运输车1.54万台次。2009年，年审拖拉机 685台，审验率74.3 %，换证审验拖拉机驾驶证10本。

四、农机培训

榆中县农机培训由农业机械学校承担，按照拖拉机教学规程及教学大纲要求，坚持理论与实践相结合、校内与校外培训相结合、自学与辅导相结合的方式培训。大中型拖拉机驾驶员培训4个月，小型拖拉机驾驶员培训2个月。1991—1994年，培训拖拉机驾驶员990人，其他农机人员和农民技术人员3234人次。1995年，受农用三轮运输车的冲击，学校培训走入低谷。1995—1999年，培训拖拉机驾驶员194人，其他农机人员和农民技术人员培训5893人次。2001年，农用运输车由农机部门管理，同期开展农用三轮、四轮驾驶员培训。2000—2004年，县农机学校培训农用三轮运输车驾驶员3550人，农用四轮运输车驾驶员800人，拖拉机驾驶员8人。2004年4月，停止培训。2005年11月，将农用运输车驾驶员档案移交交警部门管理。2006—2010年，培训农机人员5727人。

五、农业机械化技术推广

1994—1998年，在清水驿乡实施联合国开发计划署援华项目UNDP—CPR/91/115“中小型农机具的设计与试验”项目，示范改进S195柴油机200台，引进推广1SQ系列和1S系列深松机11台，建立试验、示范点26个，试验、示范面积4560亩，累计推广面积 5.3万亩，召开现场会16场，印发培训、宣传材料1.28万份。1999年，引进2BG（S）—6型机引注水沟播机7台，推广面积5060亩。2000年，推广2BM型膜侧播种机17台，建立试验、示范点7处，示范面积537.8亩，推广面积1.23万亩。2001—2002年，承担部列全国农牧渔业丰收计划项目——旱作区保护性耕作机械化技术，

2001年推广10.4万亩，增产小麦35.1千克/亩，玉米55.2千克/亩；2002年推广10.6万亩，增产小麦56.6千克/亩，玉米53千克/亩。2003年7月—2005年7月，在清水驿乡推广旱作节水栽培机械化技术，完成面积4.12万亩。

2006年，投资10万元，在清水驿乡建成一个280平方米机具展示厅和31平方米的信息服务室，展示的机具有播种机械18台，耕作机械11台，收获机械1台，其他机械5台。研制成功施肥起垄机，当年生产211台，推广应用于21个乡镇。2007年，建立4个机械化起垄覆膜作业示范点，完成示范面积380亩；建立4个膜侧沟播作业示范点，完成示范面积690亩（其中膜侧谷子210亩，膜侧小麦420亩，膜侧胡麻60亩）。2008年，建立2个机械化起垄覆膜作业示范点，投入起垄覆膜机5台（套），完成示范面积400亩。2009年，建立2个百亩连片机械化作业示范点，投入拖拉机5台，起垄覆膜机5台，完成示范面积240亩；投入人畜力膜侧播种机4台，示范推广面积100亩。2010年，投入起垄覆膜联合作业机组45台（套），完成双垄全膜机械化作业示范推广面积1.31万亩；投入膜侧播种机12台，完成膜侧机播示范面积1021亩。

六、农机补贴

2006年，榆中县被列为农机购置补贴专项实施县，争取当年度补贴资金50万元，补贴农机具259台（套），其中补贴拖拉机4台、种植机械51台、耕整地机械204台。2007年，补贴资金120万元，补贴农机具884台（套），其中补贴拖拉机158台、耕整地机械677台、配套农具49台。2008年，补贴资金210万元，补贴农机具1264台（套），其中补贴拖拉机158台、耕整地机械1102台，配套农具49台。2009年，补贴资金405万元，补贴购置机具2794台（套），补贴拖拉机25台、旋耕机14台、犁1台、地膜机械30台、播种机械5台、饲料加工机械358台、挤奶机3台、大棚卷帘机200台、微耕机2040台、谷物收获机械（割晒机）118台。2010年，补贴资金440万元，补贴农业机械3180台（套），其中拖拉机69台、耕整地机械2195台、种植施肥机械100台、收获机械387台、畜牧水产养殖机械190台、田间管理机械47台、设施农业机械（大棚卷帘机）192台。

第八节　农村经济管理

一、二轮土地承包

1998年8月，全县农村开始第二轮土地承包工作。以“大稳定、小调整”为基本原则，坚持以延长土地承包期为主要内容，续签“二轮承包”合同和颁发土地经营权证书。承包期从1996年1月1日起至2025年12月31日止。在遵循“大稳定”的前提下，对人地矛盾突出的地方进行“小调整”，涉及农户2.51万户，人口5.86万人。其中调减土地的人口2.07万人，调增土地的人口3.79万人，调整耕地6.25万亩，颁发甘肃省农村土地经营权证书并签订《土地承包合同书》9.07万份，占应发包农户的99%。全县应发包面积106万亩，实际发包面积99.57万亩，占应发包面积的93.9%。

二、承包合同管理

1991年，督促乡镇兑现承包合同。催交上年承包费10.52万元，清收当年承包费的80%。处理合同纠纷231起，其中有兰山花家山果园承包纠纷、野韭川村土地承包纠纷、王家湾村土地调整纠纷、三角城村岳家庄社土地纠纷。1998年，全县农村实施第二轮土地承包合同续签和土地承包经营权证书发放工作。2000年12月，鉴证连搭、定远两乡镇社员承包土地的转包、转让协议，鉴证面积347.72亩。2003年，组织干部职工集中培训《中华人民共和国农村土地承包法》1600人次，向农户发放农村土地承包法宣传材料9.3万份。2004年，检查和平、定远、连搭、来紫堡等11个乡镇征用农民集体所有土地补偿费使用情况。1999年1月1日后，征用农民集体所有土地面积8703.03亩，征地补偿费1.6亿元。经调查全县有失地农民725户3069人，主要在金崖、来紫堡、夏官营等乡镇。以打工维持生活，失地原因是酒泉钢厂榆中分厂、兰州大学、民族学院占地造成。2005年12月，县上成立“榆中县农业承包合同仲裁委员会”，仲裁委员会下设仲裁庭。同时，各乡镇成立仲裁委员会，下设仲裁庭。至年底，全县清理整顿农村土地流转面积1.28万亩，鉴证土地流转合同107宗面积3783亩。2006—2008年，仲裁审理农村土地承包纠纷57起。2009年9月，将金崖、连搭、三角城、小康营、贡井、甘草店6个乡镇确定为全县土地流转试点乡镇，推动全县土地流转向规范化、制度化、法制化发展。至2010年底，全县流转土地2.25万亩，流转用途主要是种植、养殖、农业服务和科技园区建设等。

三、农村财务管理

1991—1993年，全县12个乡成立农村合作基金会25个，融资81.42万元，累计投放资金64.67万元，实现分红4.89万元。1998年，全县开始推行村级财务公开制度和落实民主管理措施。1999年，清查农村集体资产，全县农村集体净资产（不包括土地等资源性资产和乡村集体企业占有的集体资产）1.18亿元。2000年，清理整顿农村合作基金会，全县24个农村合作基金会资产59.77万元，负债54.44万元，全部清盘、关闭。开展全县农村财务规范化管理工作，统一账簿、凭证、收费收据、审批手续、财会制度、会计档案，规范化建账。审计群众反映强烈的夏官营镇红柳沟村、三角城化家营联社的财务，挽回经济损失3.8万元。2002年9月，县政府出台《榆中县农村财务管理办法》。2003年，开始全面清理全县268个村委会的账目，实行“村账乡代理”，建立乡镇会计代理中心23个，配备代理会计44名，建立新财务管理制度6套。培训相关人员，乡、村两级财务人员取得会计证180本。至2005年，累计审计重点村社130个，审计资金4.3亿元。查出违纪资金109.3万元，移交司法机关查处10件12人次，追回集体资金50万元。审计79个村离任村干部，审计资金6538万元。培训农村财务人员及财务主管2200人次。

2006—2010年，审计城关镇金家圈村一社、北关村辖十三个组、上花乡平湾村、王湾村、三角城孙家营村二社、来紫堡乡骆驼巷村三社、定远镇定远村东社等103个村社财务，审计资金2.41亿元。专项审计23个乡镇2006年、2007年村级转移支付资金、粮食直补资金、退耕还林资金，审计资金6051万元。完成95个村2007年村干部换届离任经济责任审计，审计资金1.95亿元。排查摸底全县23个乡镇268个行政村的财务管理。推行乡镇村级财务代理中心电算化管理工作，完成4个代理中心电算化运行工作。培训乡镇代理会计、村出纳500人次。

四、农民负担监管

1992年，清理调查行政事业性收费、罚款、集资摊派、税金4个方面48项（直接负担18项、间接负担30项）农民负担。当年全县农民负担1479.95万元，人均负担39.15元。之后，县政府取消乡镇自立收费项目10个、罚款项目1个、摊派项目5个。1993年，全县推行农民负担监督卡制度，发放《农民负担管理手册》8.5万份，户均一册，杜绝监督卡外乱收费。1996年，在银山、上花岔、贡井、高崖、定远、金崖等乡（镇）建立12个农民负担固定监测点。同时，在全县范围内检查农民负担，总结减轻农民负担工作情况，纠正发现的问题。1999年，实行农民负担预决算、监督卡、专项审计三项制度。推行农民负担“一定三年不变”的管理办法，农民承担的提留统筹费，以村为单位，不超过1996—1998年三年农民人均纯收入平均数的4%，从1999年到2001年一定三年不变，全县27个乡镇预算额1170.12万元。2000年，审计来紫堡、金崖、城关等14个乡（镇）1997年至1999年度的统筹费使用情况和清理检查中小学生收费情况。2001年，开展中小学生收费、农网改造、结婚登记、农民建房、农村水费等额外负担专项治理检查。实行乡镇提留统筹费预算审批管理制度。2002年，开始农村税费改革，完成《榆中县农村税费改革试点方案》及2个说明、7个办法。方案经县委常委会讨论通过并实施。2003年，取消农业特产税。2004年，农业税税率由5%降为4%。2005年，全面取消农业税。至此，农民负担监管工作结束。

五、专业协会和合作社管理

1998—2006年，在政府引导下，开始组建农民专业合作经济组织。全县较大的协会有榆中县马铃薯营销协会、青城镇农业科技协会、榆中县养羊协会、榆中县蔬菜协会、榆中县农资协会、祁家坡蔬菜协会、猪嘴岭花卉协会、齐家坪蔬菜协会等24家农民专业合作经济组织。

2007年起，引导全县各乡镇建立农民专业合作社，发放宣传资料8000份，悬挂宣传横幅20条，建立农村专业合作社28个，加入合作社农户3000户。至2010年，全县成立农民专业合作社230家，入社社员5766人，出资额1.46亿元，培训成员和农户3608人，带动农户2.87万户。

第九节　扶贫开发

一、扶贫攻坚

1991—1993年，榆中县坚持“有水走水路，无水走旱路，水旱不通另找出路”三条路子，发扬“三苦”（领导苦抓、部门苦帮、群众苦干）“三动”（动感情、动脑筋、动真格）精神，开展扶贫攻坚。至1993年底，以农民人均纯收入300元（1990年不变价）、人均粮食300千克的标准，全县解决2.81万户16.2万贫困人口的阶段性温饱问题，剩余贫困户1.99万户9.16万人，贫困面降为23.58%。当年全县农民人均纯收入604元。1994年，县委、县政府出台《榆中县九七扶贫攻坚实施意见》，确立扶贫攻坚主战场，全县经济工作向农业倾斜，扶贫工作向南北山区倾斜；个体扶持与群体扶持结合以群体扶持为主，扶户与帮村结合以帮扶村发展集体经济为主，帮物与扶志结合以启动自身活力为主的帮扶模式。实施贫困户人均种植1亩地膜粮、户均1亩集雨节灌田、户均1亩高产田、人均1亩经济田和户均出售1头商品畜为主要内容的“五个一”温饱工程。同时，探索出一条以兴修水平梯田、打窖集雨补灌、地膜覆盖技术为主的旱作农业发展道路。1994—1998年，全县13个乡、121个村贫困人口减少1.77万户8.75万人，剩余贫困人口918户4133人，90%以上的贫困人口达到人均纯收入300元，人均占有粮食300千克，钱粮可以互补，有饭吃、有水喝、有衣穿，整体解决温饱。省上奖励榆中县扶贫资金30万元。1999—2000年，解决剩余的贫困人口，实现人均纯收入500元、人均产粮350千克的标准（1990年不变价），全县完成九七扶贫攻坚目标。同时，实施定远乡安家营村和贡井乡吕家岘村2个扶贫综合开发示范点项目，探索扶贫开发的新路子。定远乡安家营村获得全省扶贫综合开发示范点建设二等奖，省扶贫办奖励定远乡安家营村项目资金10万元。2001年起，以农民人均纯收入3年（1998—2000年）的加权平均数低于1100元（含1100元）的标准计，全县有11个乡、78个村被列为扶贫开发工作重点乡和重点村，有贫困人口2.85万户12.3万人，其中绝对贫困人口（人均纯收入625元以下）2.1万人，低收入人口（人均纯收入625~865元）10.2万人，贫困面31.3%。按照《榆中县2001—2010年农村扶贫开发规划》，贯彻“政府主导，社会动员，立足发展，坚持开发，因地制宜，综合治理，自强不息，艰苦创业”的扶贫攻坚基本方针，围绕“南牛北羊，南繁北种，南冷凉蔬菜，北商品马铃薯，全面推广地膜玉米和微脊覆膜沟播马铃薯种植等新技术”扶贫产业发展思路，实施整村推进项目。2001—2005年，全县建成整村推进项目村40个，投入“三西”专项和财政资金1600万元。2006—2010年，实施整村推进项目46个村（其中扶贫开发工作重点村31个），投入专项扶贫资金2628万元。至2010年，全县解决贫困人口2.16万户8.88万人（人均纯收入1274元以下），贫困面下降到8.85%。

二、产业培育

1991—2000年，榆中县产业培育主要是扶持农业龙头企业和协会，带动农业产业化经营。2001年后，全县产业培育扶持对象由农业龙头企业和涉农协会扩大到种养殖基地、蔬菜加工基地建设。2005年3月开始，推广双垄全膜覆盖沟播玉米种植技术和地膜马铃薯种植。2007年，在冯家湾村启动“万户科技扶贫示范工程”，培养科技示范户。至2010年，全县发放扶贫信贷资金2.2亿元、财政扶贫贴息资金370万元，其中扶持农牧工商联合公司、庄园乳业集团公司、县良种繁育场、县种鸡场、凤业养殖场、哈维思特养殖场、县养羊协会、县马铃薯营销协会建成8个种养殖基地（种植和养殖基地各4个）；推广双垄沟播地膜玉米与地膜马铃薯22.5万亩；培训科技示范户450户。

三、劳动力培训

2004年，榆中县开始劳动力培训输转工作。2004—2006年，培训输转贫困乡村劳动力23万人次，培训科技示范户和农户8万人。2007年开始，每年在贫困乡村招收1000多名“两后生”进行为期两年的技能培训，培训结束后发放中技、中专学历证书和国家中级职业上岗资格证。2007—2010年，全县培训输转贫困乡村劳动力31万人次，培训科技示范户和农户13万人次。

四、社会帮扶

1996年，榆中县开始社会帮扶工作，主要是帮助北山群众建集雨节灌工程。1996—2000年，市县和近郊三区383个单位、部门、企事业、厂矿及驻兰、驻榆部队参与全县社会帮扶工作。向北山义务运送砂石料1.23万立方米，驻兰、驻榆部队为工程建设送水375吨，省政协、中华慈善协会、德国“爱德基金会”等捐助资金195万元。2001—2005年，省、市、县三级152个帮扶单位帮扶159个贫困村，投放资金684.11万元，其中现金457.63万元，物资226.47万元。2006—2010年，全县有帮扶单位260个，其中国家级单位1个（国家台联）、省级单位4个、市级单位125个、县级单位130个，帮扶8镇14乡157个贫困村，投放帮扶资金5079.25万元（含实物折价）。援建标准化希望小学9所，修建维修学校11所，硬化和砂化村社道路235千米，新建小型桥梁1座，帮助贫困户发展种植双垄沟地膜玉米1.35万亩、中药材1.2万亩、蔬菜1.55万亩、商品洋芋9000亩，发展舍饲养羊7600只、养猪2200头、养鸡5万只，培训农民2.4万人次，输送剩余劳动力4300人次。

五、移民搬迁

1991年，榆中县向河西和县内条件较好的川区乡镇移民。至1992年底，全县向河西移民5200人，主要分布在黄花农场、青山农场等，向县内条件较好的川区乡镇移民520人。1995年，成立引大灌区榆中县移民工作站，向引大入秦灌区移民。1995—2002年，全县向永登县中川、秦川两镇移民706户2634人，分布在魏坪、南坡、元西、榆川、满家庄、华西

6个移民点。移民来自青城、城关、上花岔、园子岔、鲁家沟、梁坪、韦营、哈岘、中连川、垲坪、贡井、清水驿、新营、龙泉、马坡、金崖、甘草店、兰山、定远19个乡镇的贫困干旱山区。2002年底，将榆中引大入秦灌区移民交永登县管理。2003—2010年，县扶贫部门不再统一组织贫困干旱山区群众移民搬迁，移民搬迁主要以群众自愿为主。园子岔、上花岔、哈岘、中连川乡群众向白银市靖远县、宁夏回族自治区中卫县移民，韦营乡和夏官营镇郝家湾村向大兴营、夏官营村移民，夏官营镇彭家湾村向夏官营、裴家窑、大兴营移民，金崖镇瓦子岘村向窦家营的古窑圈移民。

第十节　机　构

一、局机构

1991年，榆中县农牧局编制30名，领导职数5名，下设党委办公室、局办公室、财务科、农业科、畜牧科、经作科、农药办公室、畜情疫病防控指挥中心。1993年7月，撤销农牧局，设立榆中县农业局和畜牧局。1996年5月，撤销县畜牧局，将人员合并到县农业局。2000年，编制28名，其中行政编制26名，事业编制2名。领导职数5名。2008年3月，更名为榆中县农牧局。2010年，县农牧局编制22名，领导职数5名，下设党委办公室、局办公室、财务科、农业科、兽医局、经作科、蔬菜产业发展中心、农村能源办公室。

二、局属机构

（一）榆中县农业技术推广中心

1991年，榆中县农业技术推广中心为农牧局所属的全额事业单位，科级建制，有职工53名，其中农艺师14名，技术员17名，工人12名。2000年，有职工56名，其中管理人员6名，专业技术人员35名，后勤人员15名。2010年，有职工49名，其中专业技术人员35名，后勤人员14名。

（二）榆中县农业区划办公室

1991—2010年，榆中县农业区划办公室为农牧局所属的全额事业单位，科级建制，编制10名，领导职数2名。

（三）榆中县农业机械管理站

1991年，榆中县农业机械管理站与农机监理站、农机学校合署办公，为农牧局所属的全额事业单位，科级建制，有职工38名。2000年，有职工35名，其中管理人员4名，专业技术人员17名，后勤人员14名。2010年，有职工35名，其中专业技术人员24名，后勤人员11名。

（四）榆中县种子管理站

1991年，榆中县种子公司有职工33名，其中农艺师3名，助理农艺师8名，技术员7名，行政人员3名，工人12名。1999年4月，榆中县种子公司更名为榆中县种子管理站。2000年，县种子管理站有职工33名，其中管理人员3名，专业技术人员11名，后勤人员11名。2010年，有职工20名，其中专业技术人员19名，后勤人员1名。

（五）榆中县农村经济管理站

1991年，榆中县农村经济管理站为农牧局所属的全额事业单位，科级建制，有职工14名，其中领导职数3名，干部8名，工人2名，临时工1名。2000年，有职工14名，其中领导职数2名，干部11名，工人1名。2010年，有职工14名，其中领导职数2名，干部10名，职工2名。

（六）榆中县农业广播学校

1991年，榆中县农业广播学校由榆中县农业技术推广中心管理，校长由农业技术推广中心主任兼任，没有具体的人员编制。1993年，确定为全额拨款事业单位，股级建制，定编5名。至2010年，有编制5名，其中专业技术人员5名。

（七）榆中县蔬菜发展中心

2007年9月，设立榆中县蔬菜发展中心，为榆中县农牧局所属的正科级事业单位。2010年，有职工5名。

（八）榆中县农村能源办公室

2009年，设立榆中县农村能源办公室，为榆中县农牧局所属的正科级事业单位。2010年，有职工5名，其中行政管理人员2名，专业技术人员3名。

三、其他机构

1991年，榆中县农建扶贫办公室编制18名，领导职数3名，为县政府直属事业单位。2002年6月，更名为榆中县扶贫开发办公室。2010年7月，与榆中县农牧局合并。

第二章　畜牧业

第一节　家　畜

一、大家畜

（一）牛

牛主要分布在南山和丘陵川水地区。品种有黄牛、牦牛、犏牛、中国荷斯坦奶牛等。1991年，全县饲养牛8735头，其中牦牛769头，分布在马衔山牧场和马坡、新营、上庄、银山乡；奶牛248头，分布在金崖、城关、和平3个乡镇。2000年，全县饲养牛9194头，其中牦牛590头，奶牛691头。2005年后，养牛业向规模化、产业化发展。2006年，全县饲养牛1.63万头，有养牛专业户153户，提供鲜奶9万吨，牛肉505吨。2010年，全县饲养牛1.6万头，其中奶牛3800头。有奶牛养殖专业户185户。专门养殖场134个，其中奶牛养殖场121个，提供鲜奶4961吨；肉牛养殖场13个，提供牛肉352吨。

图 7-2-1　奶牛养殖场（2010 年摄）

（二）马

主要分布在南山二阴地区，种源由榆

中县种马场提供。1995年，兴隆山管理局实施封山保护，限制放牧区域。1996年3月，榆中县种马场迁至三角城乡陈家庄。马除役用外，兴隆山旅游景点附近村民为游客提供骑马服务；高崖、三角城圈养马为兰州生物制药厂提供血清。

1991年，全县饲养马2680匹。1991—1999年，饲养马匹呈逐年下降趋势。1999年，全县饲养马946匹。2000年有一定幅度的上升。同年，全县饲养马1262匹。2001—2010年，饲养马匹逐年减少。2010年，全县养马315匹。

（三）驴

分布遍及全县各乡镇，重点在北山地区。品种介于凉州驴和庆阳驴之间。主要用于役用，农耕退役后用作肉品。1991年，全县养驴2.62万头。2000年，全县养驴2.3万头。2010年，全县养驴1.46万头。

（四）骡子

分布于全县各乡镇。1991年，全县饲养骡子2.44万头。1992—1996年，骡子饲养数量呈上升势头。1997年后，随着轻（小、微）型现代化农业机械和农耕机具的推广和应用，骡子饲养量逐年缩减。2000年，全县饲养骡子2.46万头。2010年，全县饲养骡子1.36万头。

二、小家畜

（一）猪

1991年，全县养猪26.23万头，出栏10.63万头。同年在定远镇歇驾嘴村建成全省第一个大型现代化养猪场——兰州猪场，占地9.74万平方米，提供英、丹、美、法系大约克、长白、杜洛克、皮特兰等瘦肉型种猪。1995年10月，榆中县开始实施商品瘦肉型猪“公司加农户”规模养殖项目，采取“优良种、暖圈棚、配合料、生干料、防好疫、半年栏”的养猪模式，提高规模养猪水平，促进瘦肉型商品猪种普及与饲养。2000年，全县养猪30.21万头，出栏14.5万头，是同期养猪最多、出栏最高的一年。同年，兰州猪场引进美国大约克、长白条和杜洛克3个品种原种猪，提高猪种品质。2010年，全县养猪21.4万头，出栏10.34万头。有规模养猪专业户280户，其中青城镇有规模养猪专业户167户。

（二）羊

1991年，全县养羊20万只，其中山羊3.25万只，兰州大尾绵羊8812只，小尾寒羊560只；出栏5.3万只。同期，绵羊在和平、兰山一带主要品种是兰州大尾羊，其他地方主要品种是土杂种羊、滩羊、新疆细毛羊和小尾寒羊；山羊主要品种是沙毛山羊和少量从陕西武功引进的沙能奶山羊。2000年，全县养羊21.2万只，其中山羊2.18万只；出栏3.85万只。2001年，市场对肉羊产品的需求量增大，品质档次也有较高的要求，开始推广肉羊养殖。2003年，榆中县畜牧兽医技术服务中心、榆中县养羊协会开始推广肉羊杂交生产技术，从甘肃农业大学试验基地永昌种羊场、兰州市畜牧兽医研究所等肉羊良种基地陆续引进道赛特、特克赛尔、萨福特、波尔山羊优良肉用种羊，作为肉羊生产的终端父本，与当地小尾寒羊、山羊科学组合杂交繁殖肉羔羊。同时，通过扶贫项目支持农户办养殖场，进行规模养殖和舍饲养殖。至2006年，全县有规模养羊场4890个。2010年，全县养羊18.57万只，出栏6.71万只，规模养羊场350个。

图 7–2–2　舍饲养羊（2010 年摄）

（三）兔子

1991—2000年，农户零星散养家兔，用来观赏和肉用。2000年后，在贡井、金崖各建起1个獭兔养殖场。至2006年，全县饲养兔子1.8万只。2009年，全县饲养獭兔6.4万只，出栏5万只。

（四）狗

1991—2000年，主要由农户零星养殖，用来看家护院和当作宠物。2000年后，在清水驿等乡镇建起专门的狗养殖场，规模养殖肉狗、藏獒、牧羊犬和宠物狗，用来出售。2010年，全县规模养狗2448只。

（五）猫

1991—2000年，农户养猫主要用来捕老鼠。同期，由于滥用灭鼠药，造成大量猫被毒死，在一些川区乡镇猫几乎绝迹，只有一些偏远山区的猫正常存在。2000年后，随着国家对灭鼠药的严格管控，猫的数量增多。2005年后，城镇居民养猫逐渐增多，主要作宠物饲养。

三、其他养殖

（一）蜂

主要分布在榆中县的南部山区新营、龙泉、马坡等乡，川区乡镇养蜂很少。主要是土法养殖，在每年的秋季榨取土蜂蜜。2005年后，随着土蜂蜜市场需求旺盛，养蜂的农户增多，规模较前一时期有所扩大。2010年，全县养蜂数百窝。

（二）鹿

1991—2000年，鹿仅有兴隆山管理局饲养。2005年后，在哈岘、贡井等乡镇办起专门的鹿养殖场。

第二节　家　禽

一、鸡

1991年，全县养鸡44.74万只，出栏25.3万只，产蛋3500吨。2000年，全县养鸡90.1万只，产蛋3000吨。2006—2010年，推广伊莎褐、罗曼、巴布考克、海兰和散养绿壳蛋鸡等蛋鸡，安卡红、良凤花、三黄鸡、青脚麻鸡、白羽乌鸡、柴鸡等肉鸡。累计养鸡359.83万只。主要饲养方式有立体笼养蛋鸡、圈（棚）平养肉鸡、山坡（草地）生态放养鸡等。2010年，全县养鸡36.26万只，出栏27.11万只，产蛋2900.8吨。农户创办的万只以上商品蛋鸡场6家，年出栏万只以上生态放养鸡农户5家。全县养鸡大户有贡井乡佐堤村吉仓合作社刘吉仓，贡井乡贡井村欣源合作社张守雄，

图 7-2-3　散养鸡（2007 年 8 月摄）

甘草店镇钱家坪村龙峡合作社杨金海，新营乡谢家营村安太合作社谢安太，城关镇兴隆山村乌鸡养殖场王海峰等。

二、大雁

2008年，甘肃陇鑫集团投资500万，在榆中县栖云北路创办“榆中县兴隆绿色大雁养殖场”，利用占地87亩的果园养殖大雁，养殖规模最大时存栏3万只，主要是对外供应大雁种苗、向酒店餐饮供应商品雁。同年，来紫堡乡骆驼巷村村民金安辉租地6亩，兴办“榆中圣丰大雁场”，从张掖引进种雁（灰雁）150只。2010年发展到6000只。

三、鹅

2000年后，县内出现一些零星鹅养殖户，用来产蛋和肉用。2009年，外地商人廖国庆在小康营乡浪街村租用场地6亩，修建鹅舍4栋27间，开挖蓄水池1个，容量180立方米；雇用工人4名，管理人员2名。创办首家大型养鹅基地，注册“榆中县七彩鹅养殖有限公司”。当年从江苏扬州购入扬州大白鹅子鹅5批1.9万只。2010年，因水源不足，养殖成本高，市场销路不畅，公司外迁。

四、鹌鹑

1996年后，金崖、城关、小康营、连搭、和平、清水驿等乡镇养殖鹌鹑，年存栏量10万只以上。

五、鸭

青城镇荷花池和个别农户有零星养殖。

六、鸽

1991—2010年，县内各乡镇均有一些鸽子养殖户，主要饲养信鸽和肉鸽，养几只到几十只，甚至一二百只不等。信鸽主要用来观赏或参加当地信鸽协会组织的比赛活动；肉鸽主要用作特色餐饮。

七、其他禽类

小康营乡徐家峡村张积武、金崖镇邴家湾村“榆中五四珍禽养殖场”的刘亚龙、金崖镇齐家坪村“榆中融海特种动物养殖场”的齐邵鹏养殖珍珠鸡等特禽，每户年存栏约千只。三角城乡接驾嘴村牛登奎、和平镇邵家泉村何正忠养殖野鸡，年存栏各千只。

第三节　渔　业

一、渔业资源概况

榆中县传统养殖的温水性鱼类有黄河鲤鱼、建鲤、草鱼、鲢、鳙、鲫鱼等。1995年后，引进彭泽鲫、白鲫、长春鳊、日本锦鲤、南方大口鲶、团头鲂、斑点叉尾鮰等，主要分布在青城和金崖镇。冷水性鱼类有虹鳟和2000年后引进的金鳟，主要集中在来紫堡乡与和平镇。1991年，全县有8家10处养殖场，至2002年规模不变。之后由于工程征用土地，大部分流水养殖池塘被征占。2005年后，存有养殖户1家（县虹鳟鱼试验场），养殖水面2.2亩。

二、鱼苗繁殖

鱼苗又称水花、夏花等。1991—1995年，青城镇人工繁殖的鱼苗有鲤鱼、鲫鱼、冷水性虹鳟鱼。1996年起，榆中县宛川水产综合养殖场开始人工孵化彭泽鲫、建鲤、日本锦鲤。4月中下旬开始采用微流水刺激亲鱼，10天后，采用背鳍基部或胸鳍基部注射促黄体释放激素类似物（LRH-A）和绒毛膜促性腺激素（HCG）的方法催产。注射激素后，将亲鱼放入产卵池，在池边打桩，扎上绳子，将用麻绳或棕皮制作的鱼巢挂在绳子上，次日大部分亲鱼可产卵。采用专池孵化，将鱼巢置于水下30~40厘米处，每天用2~3PPM浓度的孔雀石绿浸泡消毒5~10分钟，2~3天后孵出鱼苗。

三、鱼种培育

鱼苗饲养有两种方式：其一为专池培育，将鱼苗入池，先按每万尾1只蛋黄饲喂2天，后改投豆浆精养半月。之后，投喂混合饲料，养至10月鱼不再摄食，越冬。培育过程中，若鱼苗密度较高，还要适时分塘，减小密度。其二为成鱼塘套养，群众养鱼自己繁殖鱼苗普遍采用成鱼塘套养育种。培育至当年10月，出售或越冬。

虹鳟鱼苗种培育：出膜后鱼苗转入鱼苗池中，爬在池四周，靠吸收其腹部的卵黄生长，待其上浮后，先泼洒蛋黄，让其开食，逐渐投喂配合饲料并让其适应。随鱼苗的生长，增大饲料粒径，一直到鱼苗能摄食颗粒饲料。鱼苗培育过程中，随鱼苗的生长，密度越来越高，鱼苗大小参差不齐，要注意适时筛选，用不同规格的鱼筛将鱼苗筛选分塘。培养到当年10月，就可以出售。

四、成鱼饲养

（一）养殖方式

县内成鱼的养殖方式主要有池塘养鱼、流水养鱼和稻田养鱼。

1. 池塘养鱼

1991年，池塘面积2179亩。1994年，位于金崖镇的榆中宛川水产综合养殖场开挖池塘100亩，净水面70亩，有鱼苗池、鱼种池、成鱼池、亲鱼池，单个池塘面积5~7亩，深3米以上，池堤上可以行驶小型汽车，属较为标准的池塘。后来，其他池塘养鱼户学习宛川综合养殖场，相继改造养鱼池。2005年，池塘面积800亩。2009年，青城镇新开挖鱼塘80亩。2010年，青城镇新开挖鱼池15亩、改造旧池塘135亩。至2010年，全县有池塘面积895亩。池塘成鱼产量占全县水产品产量的80%。

2. 流水养鱼

榆中县虹鳟鱼的养殖采用流水养殖。第一家虹鳟鱼渔场位于来紫堡乡骆驼巷村王家沟，水源为泉水和井水，水温常年12℃。1991年，因王家沟渔场规模偏小，在和平官滩沟新建1处渔场，作为分场，占地5亩，修建鱼池1180平方米。水源为泉水和河水，泉水常年水温7℃，河水水温夏季最高18℃，泉水、河水混合后水温12℃以上，适宜虹鳟鱼生长，冬季河水水温较低，两股水混合后仅有3~4℃，生长情况较差。1991—2002年，全县有流水养殖渔场8家10处，面积10.12亩，其中1993年产量26吨，2000年产量85吨，是同期最高产量。2002—2004年，位于来紫堡乡境内的流水养殖渔场因工程建设被占用，其他7家养殖渔场相继停止饲养。2005年后，全县流水养殖有县虹鳟鱼渔场1家，面积2.2亩。

3. 稻田养鱼

1991年，县水产站在青城动员农户，在稻田里开挖鱼溜、鱼沟、鱼凼，利用稻田培育鱼种首次获得成功，平均产量30千克/亩，增产稻谷10%。由于稻田面积普遍较小、田埂窄，在稻田中开挖鱼溜、鱼沟、鱼凼较困难，没有大面积推广。2000年，榆中县承担省水产局、省渔业技术推广总站下达给兰州市的500亩稻田养鱼项目。放养模式以夏花苗种为主，其中草鱼、团头鲂占70%，鲤鱼、彭泽鲫占30%，亩投放1000~1500尾，当年发展农户210户，稻田502亩。10月20日，经对参试的25亩稻田空地放水称重测产，稻田养鱼亩产鲜鱼（鱼种）最低20千克，最高66.7千克，平均亩产30千克，增产稻谷幅度在8%~30%，平均亩增稻谷50千克。2000年后，青城镇大面积种植蔬菜，稻田面积相对减少，稻田养鱼维持在每年50亩左右。

（二）产量

1991年，全县成鱼产量171.5吨。1991年后，随着养鱼技术的提高、养殖规模的扩大和一系列高产示范项目、课题的成功实施，养鱼单产逐年提高。1997年，鱼池产量普遍达到500千克/亩。虹鳟鱼养殖在攻克传染性胰腺坏死症（IPN）及较为常见的三代虫、肝损伤等疾病后，单产逐年提高，虹鳟鱼产量在2000年达到历史最高产量85吨。2001年，全县成鱼产量达到历史最高水平430吨。2001年后，养鱼经济效益下降，青城镇群众弃鱼返田，来紫堡乡工程征占大部分冷流水养殖池塘和一些温水性鱼类养殖池塘，养殖面积和产量逐年缩小。2005年，池塘面积800亩，全县成鱼产量200吨。2010年，全县成鱼产量80吨。

第四节 饲料、饲草

一、天然草场

(一) 高山草甸草场

主要分布在西南马衔山海拔3500米以上地区。面积3.4万亩，植被覆盖率为42%~98%，年均亩产鲜草331.5千克，年产可食干草2130吨。

(二) 灌丛草甸草场

主要分布在西南马衔山海拔2800~3500米的地区。面积16.7万亩，植被覆盖度为30%~96%，年均亩产鲜草405千克，年产可食干草1.36万吨。

(三) 林间草场

主要分布在西南马衔山林间。面积26.51万亩，植被覆盖率26%~91%，年均亩产鲜草134千克，年产可食干草2.2万吨。

(四) 干旱草场

主要分布在东北山区。面积26.51万亩，植被覆盖率16%~70%，年均亩产鲜草134千克，年产可食干草3.06万吨。

(五) 荒坡、荒沟、荒滩草场

面积27.5万亩，其中分布在西南山区6万亩，丘陵山区21.5万亩，植被覆盖率30%~90%，年均亩产鲜草291.7千克，年产可饲用干草1.83万吨。

二、人工种草

1991—2010年，每年种当年生牧草4万~5万亩，主要有紫花苜蓿、红豆草、箭舌豌豆、豆青、草谷子等，亩产鲜草2687千克，折干草767.7千克，产干草3.6万吨。按生物利用率的90%计，实有可食干草3.24万吨，其中西南山区1.05万亩，实有可食干草7259.6吨；丘陵川地区1.4万亩，实有可食干草9684吨；东北山区2.24万亩，实有可食干草1.55万吨。

2000年，榆中县退耕种植优质紫花苜蓿8000亩，其中龙泉1000亩、韦营1100亩（含羊场100亩）、中连川1000亩、贡井1000亩、园子岔700

亩、哈岘1000亩、上花岔500亩、梁坪500亩、垲坪400亩、高崖800亩。同年7月8日，在北山地区“鹿角岔”地带，飞播种植多年生牧草“沙打旺”和美国“细颈冰草”1.48万亩，飞播后人工补种紫花苜蓿、柠条2000亩。2005年后，在川东山区村继续实施退耕还草项目，种紫花苜蓿1万多亩，其中韦营乡4000亩、清水驿乡（孟家山、杨家山）3000亩、高崖镇裴家岔村1000亩。

三、精料

主要有玉米、小麦、青稞、豌豆、蚕豆、大豆 、山黧豆和农副产品如胡麻饼、菜籽饼、胡麻衣子、麦麸（皮）、糠麸、豆腐渣、马铃薯淀粉渣、甜菜渣等。

四、农作物秸秆

农作物秸秆是县内家畜的重要粗饲料，主要有麦秸、玉米秸、豌豆秧、糜谷秆、高粱叶秆、马铃薯茎叶等。随着退耕还林、封山禁牧政策的实施，农作物秸秆饲料的比例不断上升。2010年，农作物秸秆晒干产量18.82万吨。1991—2005年，在川区养牛户中推广青贮（微贮、氨化）饲料的制作，在养羊等其他畜禽上应用甚少。2006—2010年，在山区养羊大户中推广青贮饲料。

1991—2010年度青贮饲料统计表

表7-2-1　　　　单位：吨

年度	合　计	其　　中			
		氨化	微贮	玉米	其他
1991	1765	—	—	1	1764
1993	3680	—	—	2380	1300
1994	3700	—	—	—	—
1995	8600	—	—	2750	5850
1996	15080	—	—	5400	9680
1999	16000	—	—	6000	10000

续表

年度	合　计	其　　中			
		氨化	微贮	玉米	其他
2000	16300	300	3260.0	12740	3560
2001	25000	—	—	10700	14300
2002	23500	100	3000	20000	3500
2003	140000	40000	80000	20000	12000
2004	40000	5000	2000	33000	7000
2005	43600	—	—	38000	5600
2006	50600	—	—	45000	5600
2007	75000	7000	—	53000	22000
2008	78000	7000	—	56000	22000
2009	73300	—	—	—	—
2010	102000	—	—	80000	22000

第五节　畜禽疫病防治

一、防疫

1991年，将猪鸡“两瘟”作为防疫的主攻方向，开展以城镇农贸集市、交通沿线村社、新老疫区、疫点为重点的春秋两季常规性防疫。禽类主要采用眼角膜吸收免疫，猪牛羊采用注射接种免疫。当年鸡新城疫防疫39.77万只、鸡痘5400只，牛炭疽防疫1.53万头，羊炭疽防疫5803只、羊痘2.16万只、羊四联9.87万只，猪瘟防疫22.01万头、猪肺病10.72万头、猪丹毒1.23万头、仔猪副伤寒1000头，兔子防疫420只。1999年起，将牲畜口蹄疫列为防疫重点。2000年，牛出败防疫1000头、炭疽2000头，羊疸防疫3万只、羊四联5万只、口蹄疫6.3万只，猪瘟防疫45万头、猪肺病10万头、猪丹毒5万头、仔猪副伤寒10万头，鸡新城疫防疫76.25万只、鸡痘1万只，禽类法氏囊或马立克防疫各1万只。2001年6月，开始实行牲畜口蹄疫全覆盖免疫。2004年11月18日，出台《榆中县重大动物疫病防治应急预案》。2010年，牛出败防疫1.6万头、羊痘防疫9.2万只、羊四联19万只、口蹄疫95.23万头（只）次，猪瘟防疫38.54万头次、猪肺病3.5万头、猪丹毒1.9万头、仔猪副伤寒5.3万头，鸡新城疫防疫152.3万只，禽类法氏囊3.5万只。

二、主要传染病

（一）炭疽

1991年7—8月，清水驿乡发生炭疽疫情，人畜同感染炭疽。7月9—18日，清水驿乡清水村村民胡某的48只绵羊群发生炭疽病，10天死亡10只，病羊肉被剥皮食用，病羊及同群羊被畜主出售、转移，造成炭疽杆菌及其芽孢污染，涉及清水驿、甘草店、三角城、和平、龙泉5个乡13户村民，37人食用死于炭疽的病羊肉，其中9人感染皮肤型炭疽。同年9月2日，高崖镇新窑湾村青糜子岔社贾某的18只绵羊突然死亡4只，经化验室确诊为炭疽病。1994年7月9日，清水驿乡赵家岔村赵某的20只羊突然死亡6只，经化验室确诊为炭疽病。1995—2010年，县内没有发生炭疽疫情。

（二）马流行性感冒

1994年1月12日，甘草店乡李家岔村发现首例马流感病畜。同年2月6日—3月7日，甘草店、清水驿、夏官营3个乡镇8个行政村1247头马类畜发病357头，发病率28.6%，死亡6头，死亡率1.7%。3月下旬，在马坡、银山2个乡发病，4月中旬病情迅速扩散蔓延，除较远的青城、哈岘、鲁家沟、梁坪乡外，其他24个乡镇的235个行政村4.13万头马类畜发病，占存栏数的74%，死亡87头，占发病数的0.2%。造成直接经济损失510万元。1995年12月—1996年10月，北山的上花岔、哈岘、园子岔、贡井、垲坪、中连川、韦营乡的18个行政村发生以马类畜呼吸道感染为特征的传染病，发病318头，发病率2.4%，死亡6头，死亡率5.3%，临床表现疑似马流行性感冒。2008年6月，和平官滩沟景区的40匹跑马发生马流感疫情，疫情持续1月左右，周边农户饲养的167匹马属动物驴骡等未发生疫情。

（三）口蹄疫

1998年11月22日，城关镇北关村村民聂某的7头猪发病，症状典型，确诊为口蹄疫；同年12月13日，城关镇南关村周某从市场购买的1头仔猪发病；15日，新营乡八门寺村王某在市场购买的1头仔猪发病；20日，三角城乡周前村裴某的1头母猪发病。县政府采取措施果断处置：封死疫点，严防扩散；捕杀并深埋处理病猪及同群猪；县乡村三级防疫人员全部投入疫点预防接种免疫工作，免疫注射猪3.35万头；加强口蹄疫疫情的监测，普查猪1.45万头；重点检查外来交易猪。1999年4月27日—10月7日，全县发生口蹄疫疫情20起，发病1824头，同群畜296头。2005年5月3日，在城关镇发现来自江苏睢宁县的6头仔猪发病，分散销售在定远、和平、金崖、来紫堡、清水驿、三角城、银山、夏官营、龙泉9个乡镇的171头同群畜，全部追踪捕杀。2007年5月12日，夏官营镇红柳沟村一奶牛养殖场发生亚洲Ⅰ型口蹄疫疫情，该场存栏奶牛39头，发病10头。本次疫情捕杀和无害化处理奶牛39头、疫点内猪32头。2010年3月12日，和平镇祁家坡村中庄社仔猪贩运户王某、来紫堡乡方家泉村风岭子养殖户孙某及金崖镇邴家湾村仔猪贩运户周某分别从巉柳高速柳沟河出口处购得来自四川省眉山市仁寿县和乐山市井砚县仔猪145头，发病70头，感染同群猪9头，死亡10头。本次输入性疫情捕杀发病及同群猪451头（其中自养306头，购进145头）。

（四）猪瘟

1998年8月6日，三角城乡詹家营村规模养殖户高某30头仔猪因腹泻治疗不愈而死亡，经省兽医总站、市畜牧站、市检疫站、县畜牧中心兽医技术人员现场病理解剖、流行病学调查、实验室诊断，确诊为非典型性猪瘟。2003年5月11日，清水驿乡赵家岔村及哈维斯特种猪场发生猪瘟疫情，死亡23头，经兽医总站实验室确诊为猪瘟。2006年后，实施猪瘟强制免疫，猪瘟疫情呈散发状态，主要为非典型性猪瘟，临床症状不典型。

第六节 动物检疫

一、肉品检疫

1991年，检疫肉品610吨，其中猪肉562吨，羊肉48吨，检出病害肉1680千克，囊虫肉100千克。城关镇、甘草店、金崖、夏官营、定远乡站负责辖区内的肉品检疫工作。1992年，城关镇市场的检疫由县动物检疫站管理。1999年，取缔城关镇6个屠宰点。同年10月，建成榆中县生猪定点屠宰场。2000年，检疫肉品1134.4吨，其中猪肉1100吨，羊肉32.4吨，其他肉2吨，检出病害肉1400千克。2000年后，在夏官营镇建立1处定点屠宰场，由夏官营镇检疫员驻场检疫。2006年，在和平镇投资2000万元，建占地20亩建筑面积6000平方米的定点屠宰场（兰州金德隆肉产品有限公司）。2008年，和平镇定点屠宰场投产，县动监所派检疫员驻场检疫。2010年，检疫屠宰生猪2.05万头，检疫屠宰禽类2.59万只，市场检疫牛羊肉3455头（只）。检出病害肉品1400千克，进行无害化处理。

二、仔猪检疫

1991年，检疫仔猪8930头。1999年，城关镇活畜市场检出10起来自外地W病仔猪，发病19头，同群277头全部捕杀处理。2000年，检疫仔猪5.2万头。2001年，城关镇活畜市场检出来自静宁 W病仔猪5头，将5头病猪及同群的36头仔猪全部捕杀。2005年，仔猪交易市场发展到7个，仔猪日交易量增加，仔猪来源除周边县市临洮外，还有来自河南、四川等省的。同年5月，城关市场检出输入性W病仔猪11头，在定远、和平、金崖、来紫堡、清水驿、银山等乡镇捕杀同群猪177头。2010年，检疫仔猪2.1万头。

三、羊检疫

羊的检疫始于1999年，当年检疫1480只。2002年，出台《动物免疫标识管理办法》，禁止没有免疫标识的羊出售、屠宰，多渠道管理使羊的检疫逐渐步入正轨，羊的年检疫量增多。2010年，检疫羊5600只。

四、大家畜检疫

1991年，市场检疫大家畜1858头。1999年，检出W病牛1头，进行捕杀处理。2000年，检疫大牲畜2300头。2010年，检疫大牲畜1373头。

五、禽类及禽蛋检疫

1991—1993年，开展活禽及禽蛋检疫工作，其中1991年检疫活禽2800只、1993年检疫活禽2.2万只。后来由于缺少检疫人员，检疫手段落后，禽类检疫标识不规范，禽及禽蛋检疫工作处于停滞状态。2004—2005年，开展上市交易活禽及禽蛋的检疫，其中2004年检疫活禽1.67万只，2005年检疫活禽2.05万只。2006年后，禽类及禽蛋检疫工作处于停滞状态。

六、奶牛检疫

1991—1996年，奶牛检疫没有发现结核病和布病，奶牛结核病和布病趋于平稳。1998年，检出结核阳性牛11头。2002年，检出结核阳性牛8头，捕杀6头。2004年，检出结核阳性牛3头，布病阳性牛10头，捕杀4头。2006年，检出布病阳性牛1头，结核病阳性牛5头。2007年，检出布病阳性牛1头，结核病阳性牛1头。2008年，检出结核病阳性5头。2009年，检出布病阳性牛9头，结核病阳性牛2头；检出阳性畜全部捕杀和无害化处理。

七、运输检疫

1991—2005年，检疫动物1.76万头（只），动物产品48.18吨，动物皮700张。2010年，运输检疫动物3790头（只）。

八、产地检疫

2004年，产地检疫在三角城乡试点，当年三角城乡产地检疫动物521头（只）。2005年，在三角城乡试点工作的基础上，选择高崖、夏官营、新营3乡镇进行产地检疫示范性推广。2009年，产地检疫在全县23个乡镇推开。2010年，全县产地检疫生猪1.83万头。

第七节 机 构

一、榆中县畜牧兽医技术服务中心

1991年，榆中县畜牧兽医技术服务中心属农牧局所属的全额事业单位，科级建制，有职工74名，其中高级兽医师1名，中级畜牧、兽医师18名，技术员11名，行政干部2名，工人12名，合同工30名。2000年，有职工44名，其中专业技术人员30名，行政干部2名，工人12名。2009年7月撤销，成立榆中县畜牧水产技术推广中心、动物卫生监督所、动物疫病预防控制中心。

二、榆中县良种繁殖场

1991年，良种场有职工25名，其中领导职数2名，一般干部3名，技术工人20名。2000年，良种场有职工23名。2010年，良种场有职工24名，其中领导职数2名，一般干部1名，技术工人21名。

三、榆中县种鸡场

1991年，榆中县种鸡场为农牧局所属的事业单位，有职工23名，其中干部2名，工人10名，合同工11名。1992年5月，定为科级建制，事业性质，实行企业化管理，核定编制16名，其中领导职数2名，干部2名，工人12名，人员经费实行差额补贴。2000年，编制16名。2010年，编制18名，其中专业技术人员6名，工人12名。

四、榆中县农牧工商联

1991年，榆中县农牧工商联属农牧局所属的差额事业单位，内部实行企业管理，有职工22名，其中干部3名，国家职工9名，合同工6名，招聘工1名，临时工3名。2001年，榆中县农牧工商联属农业局所属的差额事业单位，内部实行企业管理。2010年，有职工21名，其中专业技术人员1名，工人14名。

五、榆中县种羊场

1991年，榆中县种羊场属榆中县畜牧兽医技术服务中心。1993年，归属榆中县畜牧局。1996年，归属榆中县农牧局。2010年，榆中县种羊场有职工22名，其中专业技术人员2名，工人20名。

六、榆中县畜牧水产技术推广中心

2009年7月，榆中县畜牧水产技术推广中心成立，为农牧局所属的全额事业单位，科级建制，有职工12名，其中领导职数2名，专业技术人员6名，后勤人员4名。

七、榆中县动物卫生监督所

2009年7月，榆中县动物卫生监督所成立，为农牧局所属的全额事业单位，科级建制，有职工18名，其中领导职数2名，专业技术人员9名，后勤人员7名。

八、榆中县动物疫病预防控制中心

2009年7月，榆中县动物疫病预防控制中心成立，为农牧局所属的全额事业单位，科级建制，有职工14名，其中领导职数2名，专业技术人员7名，后勤人员5名。

第三章　林　业

第一节　植树造林

一、采种与苗木

（一）采种

榆中县内可采集的树种主要有云杉、侧柏、油松、辽东栎（青冈）、桦、榆、刺槐、臭椿、山杏、桃、核桃、酸刺、花椒、沙棘（黑刺）、柠条、毛条等。1991—2005年，全县采种8.09吨。2006—2010年，全县采种27.5吨。

（二）育苗

1991—1995年，全县育苗1924亩。1999年，国家实施西部大开发战略，全县育苗又一次兴起。2000年，全县新增育苗面积1722亩，国营育苗150亩，农户育苗1572亩。1996—2000年，育苗3558亩。2001—2005年，全县育苗4742亩。县林业系统有县苗圃1个，有育苗地273.45亩。另外，甘肃兴隆山国家级自然保护区管理局经营的苗圃有育苗地318亩。全县共有育苗地1297.95亩。2006—2010年，全县育苗2310亩，其中国营育苗376.2亩，农户育苗

图 7-3-1　苗木基地（2010年摄）

1933.8亩。

（三）主要育苗方法

1. 种子育苗

县内播种育苗主要有刺槐、国槐、臭椿、杏树、花椒、侧柏、油松、落叶松、山定子、酸梨、千头柏等树种。兴隆山自然保护区的育苗地，主要用播种育苗的方法，培育云杉、落叶松、油松小苗，年出圃针叶树苗木300万~500万株。

2. 扦插育苗

按扦插的材料可分为根插、枝插、叶插等。县内扦插育苗的主要树种是杨树类、柳树类和月季类。

3. 营养钵育苗

1995年，县苗圃、园艺场开始容器育苗，全县容器育苗树种主要有侧柏、柠条、山杏、紫穗槐、月季等。

二、造林

1991—1995年，全县造林5.77万亩，其中“四旁”零星植树392.68万株。1996—2000年，全县造林9.04万亩，其中“四旁”零星植树383.39万株。2001—2005年，全县人工造林30.08万亩，其中“四旁”零星植树306.45万株。2006—2010年，人工造林（含封山育林）面积7.57万亩，保存面积 6.07万亩，保存率80%。

（一）国有林地

1991—2010年，国有林地面积3.19万亩，占全县土地面积的0.64%，占全县林业用地面积的1.58%。

（二）集体造林

2001年，全县有集体林场288个，经营面积3.5万亩，其中有林地1.2万亩，林木蓄积1.36万立方米，从业人员432人。2005年底，全县有林地10.76万亩，疏林地2.15万亩，灌木林地26.28万亩，未成林造林地7.45万亩，苗圃地0.04万亩。2010年，全县有集体林场1个，经营面积1.34万亩，其中有林地9906亩，林木蓄积320立方米，从业人员9人。

（三）个人造林

1991—1995年，个人造林多为农户在房前屋后、田边地埂、渠沿空地，栽植一些杨、柳、榆、槐用材树或桃、杏、梨、苹果、花椒等树种。1993年，定远乡陈家沟村的王存福承包本村荒山搞绿化，栽植以落叶松为主的树种。同年，定远乡矿湾村农民金全成承包本村荒山300亩，开始植树绿化。2000年，金全成成立全县第一个个体林场。2001年3月23日，王存福被省政府评为全省国土绿化先进个人。至2005年底，全县个人承包林业用地7.38万亩，其中有林地0.47万亩，疏林地0.02万亩，灌木林地8.47万亩。荒山造林大户王存福造林4450亩，金全成造林850亩。

（四）义务植树

1991年，全县在甘草店乡车道岭和贡井林场开展义务植树，完成义务植树109万株，四旁植树81万株。县级领导办绿化点18处，造林2125亩。1992—1995年，全县完成义务植树428万株，四旁植树311.68万株。领导干部办绿化点60处，造林9130亩。1996—2000年，全县四旁植树

图 7-3-2　清水驿乡开展“军民共建国防林，构建和谐生态园”植树活动（2006 年 4 月 18 日摄）

383.39万株，义务植树585万株。县级领导办绿化点57处，造林1.49万亩。2001—2005年，全县四旁植树306.45万株，义务植树661万株。2006—2010年，义务植树和农村四旁植树570万株。建成和平牡丹园、定远西山、车道岭、金牛山4个义务植树基地。

1991—2010年榆中县人工造林、育苗、四旁植树、义务植树统计表

表7-3-1

时间		造林（亩）	育苗（亩）	四旁（零星）植树（万株）	义务植树（万株）
第八个五年计划	1991	14642	463	81	109
	1992	12800	355	78.9	105
	1993	10648	364	78.9	108
	1994	10429	386	77.53	111
	1995	9166	356	76.35	104
	小计	57685	1924	392.68	537
第九个五年计划	1996	11455	375	75.24	114
	1997	9715	360	76.76	115
	1998	10542	622	77.12	115
	1999	11066	479	76.89	114
	2000	47616	1722	77.38	127
	小计	90394	3558	383.39	585
第十个五年计划	2001	41225	1665	74.56	151
	2002	45600	1200	79.91	147
	2003	115000	1203	76.98	113
	2004	86500	1920	75	140
	2005	12500	480		110
	小计	300825	6468	306.45	661

续表

时间		造林（亩）	育苗（亩）	四旁（零星）植树（万株）	义务植树（万株）
第十一个五年计划	2006	14660	465		114
	2007	3450	495		114
	2008	27000	495		114
	2009	17500	555		114
	2010	13100	300		114
	小计	75710	2310		570

（五）重点工程

1. 三北防护林工程

至1995年，榆中县三北防护林二期工程造林15.56万亩。1996—2000年，实施三期工程，造林5.4万亩。2001—2005年，实施四期工程，造林5.2万亩。

2. 全国生态县建设工程

1999年，榆中县被确定为国家生态环境建设综合治理重点县之一。1999—2001年，完成荒山造林种草6.74万亩，封山育林9.06万亩。重点在和平、来紫堡、城关、清水驿、定远、贡井、韦营等21个乡（镇）和贡井林场、柠条场2个国营单位造林。

3. 退耕还林（草）工程

2000年，全县启动退耕还林工程试点工作，至2008年，全县完成退耕还林27.03万亩，其中退耕地造林种草10.78万亩（还林9.98万亩、还草0.8万亩），封山育林0.7万亩，荒山造林15.55万亩。

4. 天然林保护工程

2000年，榆中县全面启动天然林保护工程。工程期森林管护面积18.3万亩，封山育林1.7万亩，森林资源消耗量由1997年的1.5万立方米调减到6000立方米。同年取消商品材生产1000立方米指标。

5. 南北两山环境绿化工程

2000年3月，榆中县开始实施南北两山环境绿化工程。同年5月，成立南北两山环境绿化工程指挥部。2002年7月竣工，完成造林2.56万亩；建成水利工程7处，灌溉面积0.74万亩；建成护林站9个、防火瞭望台3个、检查站1个、林区道路59.8千米、通信中继塔2座，无线通信系统覆盖两山区域。2003年起转入管理管护。

第二节　森林管护

一、森林管护

1991年，县公安局马衔山林区派出所查处兴隆山自然保护区内案件85起，其中刑事案件5起，治安案件5起，林政案件75起。处理违法人员91人。1992—1995年，县林业局查处乱砍滥伐林木案7起。县公安局马衔山林区派出所查处兴隆山自然保护区内案件91起，其中刑事案件14起，治安案件17起，林政案件40起，打击处理违法人员115人。1996—2000年，县林业局查处乱砍滥伐林木案5起。县公安局马衔山林区派出所查处兴隆山自然保护区内案件86起，处理林政违法人员56人次。2001—2002年，县林业局查处滥伐林木案件3起，罚款1.19万元，补种树林530株。县公安局马衔山林区派出所查处兴隆山自然保护区内发生案件39起，其中刑事案件3起，治安案件23起，林政案件13起。2004年7月，县政府发布《关于对重点生态区域实行封山禁牧保护的通告》。同时印发《榆中县林木林地管护及封山禁牧办法》。2005年6月，制定《榆中县人民政府关于在重点区域封山禁牧的实施细则》。2006—2010年，兴隆山自然保护区没有发生重大的林木乱砍滥伐案件。

二、森林防火

（一）管理

1991年1月，县护林防火指挥部转发《关于转发甘肃省护林防火指挥部甘护指字〔1990〕21号文件的通知》。1992年11月20日，县护林防火指挥部下发《关于搞好今冬明春护林防火工作的安排意见》。1999年11月，榆中县公安局马衔山林区派出所与兰州市七里河区阿干林场、甘肃兴隆山国家级自然保护区管理局、兰州市公安局七里河分局阿干林区派出所共同制定《兴隆山、阿干林区护林防火联防办法》。采取多种形式，与所属乡、村宣传党和国家有关护林防火政策、法规，增强林区群众的防火意识和爱林护林的自觉性。2004年2月，兴隆山自然保护区麻家寺管理站辖区曳木岔人工油松林发生1起森林火灾，过火面积11.6亩，烧毁林龄20年的人工油松林木8201株。同年3月，兴隆山自然保护区官滩沟管理站辖区高营发生1起森林火灾，过火面积4.56亩，烧毁平均胸径5.5厘米、平均树高3米的青冈和油松34株。同年，县护林防火指挥部制定《榆中县护林防火指挥部处理森林火灾预案》。2005年，县政府印发《榆中县护林防火扑救森林火灾预案（试行）》。2006—2010年，加强护林防火宣传，全面落实防火措施。每年抽调人员，深入各乡镇检查考核上年度的护林防火工作，督促落实本年度各种预防措施，依据签订的责任书严格考核，兑现奖罚。在防火期利用广播、电视、报纸等媒体宣传森林防火工作的重要性，在进入林区的主要路口和风景旅游区，设置防火警示标牌、标语和口号，加强对入山人员的防火宣传。利用宣传车深入林区乡镇村社宣传，提高林区广大干部群众森林防火意识。此间全县没有发生大的森林火灾事故。

（二）扑救队伍建设

2000年，县南北两山环境绿化工程指挥部组建义务、临时扑火队伍14支280人。2003年，县林业局组建30人的扑火队。贡井林场组建20人的扑火队；甘草店镇车道岭林场组建11人的扑火队。2006—2010年，贡井林场组建本单位职工以及周边群众参与的扑火队伍。

（三）预防

1. 建立防火期制

马衔山林区防火期1991—2010年，每年10月至第二年5月。兴隆山林区防火区每年11月1日至第二年5月末。2月1日至4月末为森林火险期。11

月为森林防火宣传月。1月为森林防火检查月。腊月二十三日至除夕、元宵节前、清明前半月为防火险期。在防火期内，各林区都建立值班制度，全员处于戒备状态。对重点地区、主要道口重点防范。非生产人员不许进入林区。对未安排生产的山林地段，实行封山，不准进入。非封山地段实行巡山制度，入山人员必须遵守用火规定，不许在林区内打靶、演习、爆破、烧纸、放鞭炮、野炊做饭等。在林区内及其边缘禁止抽烟、烧火、烧荒、烧田埂。

2. 预防措施

各林区和林区所在村及企事业单位签订防火公约。各天然林区建起防火瞭望台（塔），以及时报火警之用。2004年，制定《榆中县护林防火指挥部处理森林火灾预案》。2005年6月7日，县政府印发《榆中县护林防火扑救森林火灾预案（试行）》。

（四）防火基础设施建设

1991—2010年，县林业局有铁锨30把，干粉灭火器10台，高压灭火水枪 3个。兴隆山管理局有护林防火物资储备库1处，150千米专用电话线路，35.3千米防火道路和4个瞭望台，森林消防车2辆，对讲机10部、望远镜13部和部分二号扑火工具。县南北两山环境绿化工程指挥部有消防车2辆，风力灭火器1台，干粉灭火器18个，铁锨50把，铁扫把60个，无线转播台2部，中继台3部，对讲机35部。贡井林场建成中转台1部，有对讲机9部，铁锨30把，干粉灭火器20台，高压灭火水枪2个，灭火服装2套。甘草店镇车道岭林场有铁锨11把。

三、林权管理

1991年，完成全县集体林地确权发证，发放林权证书287份，发证面积3.2万亩。2000年起，对退耕还林地开始颁发林权证书，至2008年，颁发林权证1.57万份，发证面积26.09万亩。

四、林木种苗检疫和林业有害生物防治

（一）检疫

1991年，榆中县有森林植物检疫人员1人。1992—1999年，检疫苗木

1170万株。2003—2005年，产地检疫1200亩，检疫苗木、花卉348.34万株。2005年，全县有专职检疫员2名，兼职检疫员10名。2006—2010年，实施产地检疫面积6545.5亩，检疫调动苗木、花卉3764.59万株，木材351.68立方米，签发检疫证书433份，签发检疫要求书33份。开展调入苗木复检工作，复检调入苗木1.22万株，木材15立方米（280根油炸杆）。

（二）病虫害防治

1991年，防治林木病虫害1.8万亩，其中黄斑星天牛防治面积6500亩，人工捕捉天牛成虫70万头，砍伐虫害木9000株。1992年，全县林木病虫害发生面积13.59万亩，黄斑星天牛造成损失77.6万元，发生面积2.89万亩，涉及7个乡38个行政村。全年砍伐虫源木80万株，防治面积1.9万亩，其中有效防治面积9500亩。1995年，防治林木病虫害2.5万亩，其中杨树蛀杆天牛1000亩，累计防治面积2.89万亩，清除虫源木56万株。1996—1999年，防治林木病虫害7.3万亩，防治黄斑星天牛2500亩，清除虫源木5.1万株。2000年，县政府出台《关于防治杨树蛀干天牛的安排意见》。全年防治林木病虫害2.5万亩次，砍伐虫源木7.7万株。2002年，县林业局制定《榆中县2002年杨树蛀干天牛工程治理基础作业设计说明书》。全县杨树蛀干天牛发生情况划分为轻度发生区、成灾区和工程治理示范区（点）3个分区。全年防治林木病虫害2万亩，清除虫源木41万株。2005年，林业有害生物发生面积2.93万亩，其中杨树天牛发生面积1.31万亩，落叶松球芽发生面积0.12万亩，经济林病虫害发生面积1.5万亩。采用化学、人工防治方法，防治杨树天牛面积1.15万亩、落叶松球芽面积0.11万亩、经济林病虫害面积1.4万亩；2006—2010年，林业有害生物发生面积6.37万亩，其中杨树天牛发生面积 2万亩，落叶松球芽发生面积1.57万亩，中华鼢鼠发生面积1.7万亩，经济林病虫害面积1.1万亩。采用化学、人工防治方法，防治杨树天牛面积2.09万亩、落叶松球芽面积1.45万亩、中华鼢鼠面积1.7万亩、经济林病虫害面积1.1万亩。

第三节 机 构

一、局机构

1991年，榆中县林业局编制12名。1996年，榆中县绿化委员会办公室挂靠在县林业局，行政编制11名。2002—2010年，县林业局内设办公室、财务股、林政股、业务股，行政编制8名。

二、局属机构

（一）榆中县林业技术推广中心

编制27名，科级建制，事业性质。

（二）榆中县林业勘察设计队

2004年3月，榆中县林业勘察设计队成立，股级建制，事业性质。

（三）榆中县森林病虫害防治检疫站

榆中县森林病虫害防治检疫站，股级建制，事业性质。

（四）榆中县苗圃

科级建制，事业性质，编制19名。

（五）榆中县贡井林场

科级建制，事业性质，编制28名。

（六）榆中县公安局森林派出所

2006年3月成立，科级建制，行政性质，编制8名。

三、其他机构

2000年4月，榆中县南北两山环境绿化工程指挥部成立，县政府直属事业单位，内设办公室、绿化科、工程科、财务室4个职能科室，编制20名。

第四章　兴隆山自然保护区

第一节　保护区环境资源

一、地质

兴隆山脉属祁连山脉向东延伸部分，地质构造介于秦岭地槽系和祁连山地槽系之间孤岛状石质山地，由兴隆山、马衔山及山间谷地组成，长约37千米，宽约17千米，形成独特的环境资源。

二、地形

地形为高山深谷，土石山梁。由马衔山和兴隆山两大山系形成南北对峙的马鞍形，呈西北—东南走向的山体，南高北低的地势，海拔为2000~3600米，主峰马衔山，海拔3670.3米，是黄土高原范围内唯一超过3600米的高峰，向东终止于浩瀚的黄土丘陵。

三、地貌

经过漫长的地质时期，因受造山运动的抬升和切割，地貌多呈“V”形陡壁深谷，沟壑纵横，山脊波浪起伏，呈锯齿状，山坡多在30度以上，河床比降大，多呈跌水，山体两侧与黄土高原镶嵌，为黄土剥蚀地貌。

四、气象

按全国自然区划气候分类，兴隆山保护区属东部季风区——高寒半湿润多雨气候。主要表现为春季多风少雨，夏季湿润凉爽，秋季温和多雨，冬季寒冷少雪，形成四季分明而独特的小气候特征。

甘肃兴隆山国家级自然保护区气象观测研究项目，从1987年1月1日开始，到2007年12月底结束，连续21年对温度、湿度、降水量、蒸发量、日照时数、气压和地温（地表0℃、地下5℃、10℃、15℃）进行观测，取得240万条基础数据，通过整理研究总结，取得一定的成果，主要有：

（一）温度

日均4.7℃/天， 范围在0.2~12.6℃；天数:125天， 范围在52~167天；年积温:14.5℃/天， 极端温:–28.0~33.6℃。

（二）湿度

年均73%，范围在64%~97%；月均73%，范围在35%~95%。

（三）降水量

年均447.2毫米，范围在349.0~684.5毫米。月均37.0 毫米，范围在2.3~96.5毫米；年、月、日极端降水量分别是684.5毫米、205.9毫米、84.3毫米。

（四）蒸发量

年均1210.3毫米，范围在1044.8~1349.2毫米；月均100.9毫米，范围在67.6~141.7毫米，日均3.3毫米。

（五）日照时数

年均4.8小时，范围在3.8~5.7小时；月均4.8小时，范围在3.8~5.9小时。

（六）地温

地面8.7℃，地下5毫米、10毫米、15毫米、20毫米分别是8.4℃、7.9℃、8.1℃、8.1℃。

（七）气象灾害

1. 霜冻

初霜冻在9月底到10月初，终霜冻在5月中、下旬。

2. 冰雹

马衔山是一个冰雹源，每年4—10月多次发生冰雹，最多是6—7月，约占50%，较多在傍晚发生。

3. 大（暴）雨

大雨多在每年4—8月发生，大雨（25.1~50毫米/日）平均每年发生1.5

次，暴雨（大于50毫米/日）每4~5年发生1次，近年由于植被恢复，发生次数呈减少趋势。

五、水文

兴隆山水系属黄河水系，发育比较健全，全区分布大小不等的河流、小溪30条，长年流水的河道有11条：兴隆山峡、徐家峡、官滩河、马莲滩、打虎岔沟、官滩沟、祁家沟、麻家寺、分豁岔、南水磨沟、水岔沟，均发源于马衔山和兴隆山系。其中最大年径流量为兴隆峡，最小年径流量为水岔沟。

第二节　林地林木资源

一、林地资源

（一）范围

根据1990年榆中县人民政府颁发的林权证、2002年公益林区划界定成果、2008年二类调查成果和《林地保护利用规划（2010—2020）》，兴隆山保护区林地范围东至小康营乡（陈沟峡、打虎岔）、新营乡（罗布沟）的耕地；南至临洮县（马衔山梁简易公路中线）；西至临洮县（后窑）、七里河区（阿干林场）交界处；北至榆中县兰山、和平、定远乡农耕地之间的全部土地，界线全长753千米，统一归兴隆山管理局经营与管理。

（二）面积

根据林权证和省林业厅与榆中县人民政府批准执行的《林地保护利用规划（2010—2020）》，2010年，兴隆山保护区林地总面积29583.6公顷，落界量算面积29580公顷。包括有林地、疏林地、灌木林地、未成林地、苗圃地、无立木林地、宜林地、林业辅助生产用地八类。其中林地28312.40公顷，占95.7%；其他土地1267.6公顷，占4.3%。全部为国有林。

1. 林地

2010年，兴隆山保护区林地面积28312.40公顷。其中有林地11347.31

公顷，占40.08%；疏林地302.64公顷，占1.07%；灌木林地11315.54公顷，占39.97%；未成林地98.84公顷，占0.35 %；苗圃地24公顷，占0.08%；无立木林地2205.53公顷，占7.79%；宜林地2996.03公顷，占10.58%；林业辅助生产用地22.51公顷，占0.08%。

2. 其他土地

2010年，兴隆山保护区其他用地1267.6公顷。其中建设用地198.44公顷，占15.65%；未利用地942.15公顷，占74.33%；水域127.01公顷，占10.02% 。

（三）林地生产力

林地生产力平均为24.99立方米/公顷。有林地生产力平均为62.26立方米/公顷，其中纯林生产力为61.95立方米/公顷，混交林生产力为63.31立方米/公顷，疏林生产力为3.87立方米/公顷。

（四）林地面积的变化

1. 经营总面积的变化

1996年，兴隆山保护区总面积33301公顷，林业用地20995.3公顷，仅占63.05%，所占比例少；2010年，兴隆山保护区总面积29580公顷，林业用地28312.4公顷，占95.71%，所占比例多。

经营总面积对照表

表7-4-1

时　间	总面积（公顷）	林业用地		其他土地	
		面积（公顷）	比例（%）	面积（公顷）	比例（%）
1996 年	33301	20995.3	63.05	12305.70	36.95
2010 年	29580	28312.4	95.71	1267.60	4.29

2. 林业用地变化

1996—2010年，兴隆山自然保护区林业用地面积增加7317.1公顷，占总面积的25.84%。其中有林地增加4481.81公顷，增长65.28%；疏林地下降222.26公顷，下降42.34%；灌木林地增加1657.74公顷，增长17.16%；未成林造林地减少1223.86公顷，减少92.53%；无立木林地减少397.87公顷，减少15.28%。

林业用地变化统计表

表7-4-2

林地类型	1996年		2010年		净增面积（公顷）
	面积(公顷)	比例(%)	面积(公顷)	比例(%)	
有林地	6865.5	32.7	11347.31	40.08	4481.81
疏林地	524.9	2.5	302.64	1.07	-222.26
灌木林地	9657.8	46.0	11315.54	39.97	1657.74
未成林地	1322.7	6.3	98.84	0.35	-1223.86
苗圃地	21	0.1	24	0.08	3
无立木林地	2603.4	12.4	2205.53	7.79	-397.87
宜林地			2996.03	10.58	2996.03
林业辅助生产用地			22.51	0.08	22.51
总计	20995.3	100	28312.4	100	7317.1

二、林木资源

（一）面积

2010年，兴隆山保护区林木总面积11745.67公顷，占总面积的39.70%。其中天然林10123.65公顷，占86.19%；人工林1622.02公顷，占林木总面积的13.81%。

（二）覆盖率

2010年，兴隆山保护区森林面积22417.78公顷，土地总面积29583.6公顷，占75.78%。

（三）蓄积量

兴隆山保护区林木有天然林和人工林两种。2010年，总蓄积量70.76万立方米，其中天然林63.12万立方米，占总蓄积的89.20%；人工林7.64万立方米，占总蓄积的10.80%。品种由乔木、疏林、散生木组成，其中乔木70.65万立方米，占总蓄积的99.83%（纯林为54.2万立方米，占乔木林蓄积的76.73%，混交林为16.44万立方米，占23.27%）；疏林1171立方米，占总蓄积的0.14%；散生木194立方米，占总蓄积的0.03%。

1. 主要树种蓄积量

兴隆山林区主要树种有云杉林、落叶松林、油松林、侧柏、杨林、桦林、栎林、针阔混交林、阔叶混交林9种。主要树种平均蓄积量60.24立方米/公顷。其中云杉林平均蓄积量最高，为156.13立方米/公顷，其他树种蓄积量依次为针阔混交林80.99立方米/公顷，落叶松林52.71立方米/公顷，阔叶混交林52.66立方米/公顷，杨林49.51立方米/公顷，桦林41.45立方米/公顷，油松林38.49立方米/公顷，侧柏14.98立方米/公顷，栎林5.20立方米/公顷。

主要树种面积与蓄积统计表

表7-4-3

面积与蓄积	合 计	云杉林	落叶松林	油松林	侧柏	杨林	桦林	栎林	针阔混交林	阔叶混交林
面积(公顷)	11745.67	1438.96	982.06	639.96	19.7	1092.62	4431.65	521.71	981.99	1637.02
比例(%)	100.00	12.25	8.36	5.45	0.17	9.30	37.73	4.44	8.36	13.94
蓄积(立方米)	707590	224660	51760	24630	295	54100	183689	2714	79536	86206
比例(%)	100.00	31.75	7.31	3.48	0.04	7.65	25.96	0.38	11.24	12.18
平均蓄积量(立方米/公顷)	60.24	156.13	52.71	38.49	14.98	49.51	41.45	5.20	80.99	52.66

2. 各林龄组蓄积量

林木按树龄长短可以划分为幼龄林、中龄林、近熟林、成熟林、过熟林五个组。兴隆山保护区各龄组平均蓄积量60.53立方米/公顷。其中近熟林平均蓄积量最高，为89.57立方米/公顷，其他林龄组平均蓄积量依次为中龄林60.28立方米/公顷，成熟林60.22立方米/公顷，过熟林55.69立方米/公顷，幼龄林38.50立方米/公顷。

各林龄组面积与蓄积统计表

表7-4-4

面积与蓄积	合 计	幼龄林	中龄林	近熟林	成熟林	过熟林
面积(公顷)	11690.57	1490.53	2909.56	1517.35	3858.10	1915.03
比例(%)	100	12.75	24.89	12.98	33.00	16.38
蓄积(立方米)	707638	57387	175377	135912	232323	106639

续表

面积与蓄积	合 计	幼龄林	中龄林	近熟林	成熟林	过熟林
比例(%)	100	8.11	24.78	19.21	32.83	15.07
平均蓄积量(立方米/公顷)	60.53	38.50	60.28	89.57	60.22	55.69

3. 按平坡（0°~5°）、缓坡（5°~14°）、斜坡（15°~24°）、陡坡（25°~34°）、急坡（35°~44°）、险坡（45°以上）划分为6个坡度。兴隆山保护区不同坡度平均蓄积量23.92立方米/公顷。其中急坡平均蓄积量最高，为40.42立方米/公顷，其他坡度平均蓄积量依次为缓坡36.91立方米/公顷，险坡28.47立方米/公顷，斜坡21.77立方米/公顷，陡坡18.82立方米/公顷，平坡1.24立方米/公顷。

坡度蓄积统计表

表7-4-5

面积与蓄积	合 计	平 坡（0°~5°）	缓 坡（5°~14°）	斜 坡（15°~24°）	陡 坡（25°~34°）	急 坡（35°~44°）	险 坡（45°以上）
面积(公顷)	29580	358.31	520.96	2855.76	18876.35	6032.88	935.74
比例(%)	100	1.21	1.76	9.65	63.81	20.40	3.16
蓄积(立方米)	707638	445	19229	62159	355308	243856	26641
比例(%)	100	0.06	2.72	8.78	50.21	34.46	3.76
平均蓄积量(立方米/公顷)	23.92	1.24	36.91	21.77	18.82	40.42	28.47

（四）生长量

根据1996年资源摸底调查研究测定的林木平均生长率3.46%、自然枯损率0.69%、净生长率2.77%计算。

1. 年生长量

1996—2010年，兴隆山自然保护区林木年生长量2.45万立方米。其中云杉年生长量5651.65立方米，杨桦年生长量8607.96立方米，其他树种生长量1.02万立方米。

2. 年枯损量

1996—2010年，兴隆山自然保护区林木年枯损量4882.70立方米。其中云杉年枯损量1198.83立方米，杨桦年生长量1712.08立方米，其他树种年生长量1971.79立方米。

3. 年净生长量

1996—2010年，兴隆山自然保护区林木年净生长量1.96万立方米。其中云杉年净生长量4452.81立方米，杨桦年净生长量6895.88立方米，其他树种年净生长量8281.31立方米。

（五）森林蓄积量变化

1. 总蓄积量变化

1996—2010年，保护区活立木总蓄积量增加25.14万立方米，增长55.09%，增长较多，增速较快，有林地蓄积增加，疏林地蓄积减少。

1996—2010年森林蓄积量增长变化统计表

表7-4-6 单位：立方米

时间	总蓄积量			有林地蓄积			疏林地蓄积			散生木蓄积		
	蓄积	增加	增长率（%）	蓄积	增加量	增长率（%）	蓄积	增加量	增长率（%）	蓄积	增加量	增长率（%）
1996年	456263	5489	1.22	441894	-2060	-0.46	13366	6703	100.60	1003	846	538.85
2008年	695353	239090	52.40	693882	251988	57.03	1277	-12089	-90.45	194	-809	-417.01
2010年	707638	12285	1.77	706467	12585	1.81	1171	-106	-8.3	194		

2. 林分蓄积量变化

1996—2010年，从保护区9种主要树种统计结果看，林木蓄积增加26.57万立方米，增长60.14%。主要树种增长快慢顺序：第一，桦林增加77145立方米；第二，针阔混交林增加67361立方米；第三，落叶松林增加51760立方米；第四，阔叶混交林增加47812立方米；第五，油松林增加24630立方米；第六，云杉林增加21547立方米；第七，栎林增加1324立方米；第八，侧柏林增加295立方米；第九，杨林减少26178立方米。

林分树种蓄积量变化统计表

表7-4-7　　单位：立方米

年份	蓄积量合计	云杉林	落叶松林	油松林	侧柏	杨林	桦林	栎林	针阔混交林	阔叶混交林
1996年	441894	203113				80278	106544	1390	12175	38394
2010年	707590	224660	51760	24630	295	54100	183689	2714	79536	86206
增加量	265696	21547	51760	24630	295	-26178	77145	1324	67361	47812

3. 各林龄组蓄积变化

1996—2010年，从保护区5种林龄组统计结果看，增加26.57万立方米，增长60.14%。保护区林龄组中增长多、变化大的顺序依次是：第一，成熟林，增长93354立方米；第二，过熟林，增长87236立方米；第三，幼龄林，增长43961立方米；第四，中龄林，增长36033立方米；第五，近熟林，增长5160立方米，增长最少变化最慢。

各龄组蓄积量变化统计表

表7-4-8　　单位：立方米

年份	合计	幼龄林	中龄林	近熟林	成熟林	过熟林
1996年	441894	13426	139344	130752	138969	19403
2010年	707638	57387	175377	135912	232323	106639
增加量	265744	43961	36033	5160	93354	87236

第三节　动物资源

一、脊椎动物

（一）分类

兴隆山分布有脊椎动物160种，隶属于5纲、23目、50科，其中鱼纲有1目、2科、2种，占总种数的1.25%；两栖纲有1目、3科、4种，占总种数的2.5%；爬行纲有1目、3科、6种，占总种数的3.75%；鸟纲有14目、

31科、123种，占总种数的76.88%；哺乳纲有6目、11科、25种，占总种数的15.62%。

鸟纲占绝对优势，哺乳纲次之，鱼纲最少，全部种类都属常年定居种。其中鸟纲留鸟41种，占鸟类总数的33.33%；夏候鸟60种，占48.78%；过路鸟11种，占8.94%；冬候鸟11种，占8.94%。

在160种脊椎动物中，药用动物30多种，毛皮兽10多种，食用动物20多种，观赏动物30种。

（二）保护动物

兴隆山保护区保护动物中有脊椎动物59种，占脊椎动物总数的36.9%。列入国家级保护动物15种，占9.4%。其中一级有4种，占2.5%；二级有11种，占6.9%。列入国际贸易公约保护动物19种，占11.9%。其中一级有1种，占0.63%；二级有15种，占9.4%；三级有3种，占1.9%。列入中日候鸟保护协定26种，占16.3%。列入中澳候鸟保护协定6种，占3.75%。

在兽类中，有5种被列为国际和国家保护动物。其中一级有马麝，二级有石貂、豹猫、狼和黄鼬等。在鸟类中，有13种被列为国际和国家保护动物。其中一级有金雕、玉带海雕、白尾海雕3种；二级有鸢、大鵟、普通鵟、草原雕、秃鹫、燕隼、红脚隼、雕鸮、纵纹腹小鸮、蓑羽鹤10种，省级保护动物6种。分布于兴隆山保护区的国家一类保护动物马麝有1000多头，是保护区的主要保护对象。

兴隆山保护区动物资源保护简表

表7-4-9

纲名	全区动物类别			国际和国家保护动物		中日候鸟保护协定	中澳候鸟保护协定
	目数	科数	种数	一级	二级		
鱼 纲	1	2	2				
两栖纲	1	3	4				
爬行纲	1	3	6				
鸟 纲	14	31	123	3	10	26	6

续表

纲名	全区动物类别			国际和国家保护动物		中日候鸟保护协定	中澳候鸟保护协定
	目数	科数	种数	一级	二级		
哺乳纲	6	11	25	1	4		
合　计	23	50	160	4	14	26	6

二、无脊椎动物

1. 无脊椎动物数量

兴隆山保护区无脊椎动物1185种，其中昆虫1048种，属于15目、155科、720属；蜘蛛87种，属于16科、44属；其他无脊椎动物50种。

兴隆山保护区昆虫、蜘蛛资源简表

表7–4–10

昆虫								蜘蛛		
目	科	属	种	其中（种）				科	属	种
				有害	比例(%)	有益	比例(%)			
15	155	720	1048	761	72.62	108	10.31	16	44	87

2. 林业有害生物调查

2003年3月12日开始，至2012年12月底结束，历时10年完成《兴隆山保护区林业有害生物调查及综合防治技术研究》项目。查明兴隆山自然保护区存在林业有害生物774种。其中节肢动物门昆虫类10目107科527属761种，蜘蛛目2科3属3种；软体动物门柄眼目2科2属3种，中腹足目1科1属1种；真螨目1科2属2种；脊椎动物啮齿目1科2属3种。2013年9月8日，通过省科技厅组织的项目成果鉴定，达到国内同类工作的“领先水平”。

3. 新纪录种

自保护区成立起，至2010年底，兴隆山保护区发现新纪录种44种。其中甘肃省新纪录种7种，兴隆山保护区新纪录种37种。

（1）甘肃省新纪录种

斯氏熊蜂、石楠线灯蛾、四斑和瓢虫、绯（综）瓣毛基蝇、阿穆尔长角蚜蝇、侧姬微蛛、半黄毛萤叶甲。

(2) 兴隆山保护区新纪录种

褐伊缘蝽、蒙新原花蝽、黄胫无齿角蝉、黑带增脉叶蝉、褐盾短头叶蝉、黄绿短头叶蝉、宽槽胫叶蝉、点线叶蝉、黑尾叶蝉、六点叶蝉、轮纹喀木虱、青海合目大蚕蛾、红尾大蚕蛾、洁白雪灯蛾、连星污灯蛾、污灯蛾、华灰夜蛾、长美红萤、黑肩毛萤叶甲、静脊茧蜂、周氏长体茧蜂、富丽熊蜂、贞洁熊蜂、科尔拟熊蜂、中国拟熊蜂、夏氏齿股蝇、多鬃巨黑蝇、宽丽蝇、铜鬃胸蚜蝇、圆斑宽扁蚜蝇、密胡邻种蝇、鲍氏刺狼蛛、拔仙豹蛛、陇县倍唇螺、石泉沙螺、留坝沙螺、卡尔冈华蜗牛。

第四节　植物资源

兴隆山有植物120科、452属、1028种，其中星叶草为国家二级保护植物，桃儿七和膜荚黄芪为国家三级保护植物；大国圆柏、紫果云杉、巴山冷杉、油松和榆中贝母5种为国内特有种，具有年代久，地域代表性强的特点。

兴隆山保护区植物科属种统计表

表7-4-11

类　群		科	属	种	
				野生	栽培
苔藓植物		23	32	49	
蕨类植物		12	19	25	
种子植物	裸子植物	3	6	9	6
	被子植物	82	395	905	34
合计		120	452	1028	

一、科、属、种组成特点

（一）科的组成特点

在120科高等植物中，有种子植物85科，占70.83%；苔藓植物23科，占19.17%；蕨类植物12科，占10%。种子植物占绝对优势。

在85科种子植物中有被子植物82科，含6属以上的17个科，占被子植物科数的20.73%。在这17个大科中，除蔷薇科、豆科、虎耳草科的少数科含有木本植物外，其他科均为草本植物，占保护区草本植物的绝大部分，其在兴隆山森林植物中起的作用很小；6属以下的65个科，占被子植物科数的79.27%，其中含1属的37科，占被子植物科数的45.12%，在该区系中起的作用更小。但木本植物的松科、桦木科、壳斗科、忍冬科、杜鹃花科、杨柳科这6科，虽然含属数较小，是保护区森林植物区系中的主要成分，构成兴隆山植被的优势科。

从科的组成看，含100种以上的仅有菊科，118种，含50~100种的有蔷薇科、豆科、毛茛科和木本科4个科、229种，含20~50种的有12个科、317种，含11~19种的有4个科、52种，含6~10种的有11个科、86种，含2~5种的有24个科、80种，含1种的有26个科、26种。

种子植物85科、401属、954种，有许多古老珍稀单科、独属、独种植物，占全国种子植物总科数的27.2%，总属数的12.3%，总种数的3.7%；苔藓23科、32属、49种；蕨类12科、19属、25种；大型真菌类19科、55属、109种。

图 7-4-1　兴隆山自然保护区（2010 年摄）

（二）属的组成特点

在452属植物中，有401属（引种植物31属）是种子植物，占88.72%；苔藓植物32属，占7.08%；蕨类植物19属，占4.20%。种子植物占绝对优势。

在种子植物中，含20种以上大属2个，占总属数的0.44%，有45种，占总种数的4.4%；含10~19种的大属12个，占总属数的2.65%，有157种，占总种数的15.27%；含6~9种的属18个，占总属数的3.98%，有128种，占总种数的12.45%；含2~5种的属134个，占总属数的29.65%，有360种，占总种数的35.02%；含1种的属218个，占总属数的48.23%，有218种，占总种数的21.21%。

属内种的组成特点和科相似，即较少的属含较多的种数，较多的属含较少的种数。

（三）种的组成特点

在1028种高等植物中种子植物954种，占92.80%；苔藓植物49种，占4.77%；蕨类植物25种，占2.43%。种子植物占绝对优势。

在种子植物中除引种的40种外，包括亚种、变种（34种）共914种。其中世界广布种492种，中国特有种417种，兴隆山特有种5种。

1. 世界广布种

兴隆山保护区有世界广布种492种，占兴隆山总种数的47.86%。其中热带亚热带区种8种，占0.78%；温带区种484种，占47.08%。包括温带亚洲型164种，东亚型110种，北温带型72种，旧大陆温带型67种，中亚、东亚、北美等71种，分别占15.95%、10.70%、7.00%、6.52%、6.91%。

2. 中国特有种

兴隆山保护区有中国特有种417种，占兴隆山总种数的40.56%。其中全国广布种10种，占 0.97%；华北植物区系种178种，占17.32%；横断山植物区系种96种，占9.34%；唐古特植物区系种49种，占4.77%；秦岭植物区系种13种，占1.27%；华中植物区系种34种，占3.31%；西北荒漠植物区系种6种，占0.58%；其他区系种31种，占3.02%。

3. 兴隆山特有种

兴隆山保护区特有植物资源5种，占兴隆山总种数的0.49%。分别是兴隆山棘豆、榆中贝母、兴隆陇芥、兴隆獐牙、兴隆山毛茛。

兴隆山植物种类多样，地理成分复杂，分布联系广泛，主要以北温带成分占绝对优势（178种）。

二、植物资源的主要用途

（一）分类

兴隆山保护区有植物1028种，有经济投资的资源植物287种，按照性质与经济开发利用价值分为15类。

植物资源分类统计表

表7–4–12

序号	性质与用途	科		种	
		代表科	数量	代表种	数量
1	森林及用材造纸等	松科	12	青海云杉	25
2	花　卉	百合科	11	紫丁香	17
3	农　药	胡桃科	5	胡　桃	6
4	有　毒	菊科	8	天仙子	8
5	工业用油脂	十字花科	15	芝麻菜	26
6	纤　维	榆科	13	马　蔺	17
7	单　宁	桦木科	13	青　杆	23
8	食　用	禾本科	7	蔺　草	28
9	食用菌	白菇科	11	羊肚菌	17
10	食用油脂	松科	8	油　松	9
11	淀　粉	禾本科	14	野燕麦	20
12	甜味食用色素	蔷薇科	4	东方草莓	11
13	蜜　源	杜鹃花科	6	百里香	7
14	香　料	豆科	6	黄蔷薇	12
15	其他		33		61
合计		166		287	

（二）用途

兴隆山保护区植物资源有两大类，分别是生态保护资源和经济开发利用。

1. 经济用途

兴隆山保护区有开发利用的植物资源287种，按经济用途分为4大类。

（1）森林花卉及用材造纸类

兴隆山保护区用来作花卉和造纸的植物资源42种，占资源植物总数的14.63%。

（2）药用类

兴隆山保护区用来作药用的植物资源75种，占资源植物总数的26.13%，比较有名和分布较多的有党参、远志、龙葵、枸杞、旋覆花、虎耳草、黄芩、水杨梅、芍药、黄芪、黄柏、川芎、羌活、麝香等。

（3）食用类

兴隆山保护区有食用的植物资源104种，占资源植物总数的36.24%，有驰名中外的兴隆山蕨菜、松花、木耳、蘑菇、野芹菜、野韭菜、水杨梅、甘肃山楂、牡丹、驴蹄草等10多种，具有较大开发利用价值的植物资源有远志、黄芩、丁香花、山梅花等。

（4）工业用类

兴隆山保护区有用来做工业原材料的植物资源66种，占资源植物总数的23%。

2. 生态保护

兴隆山有大量的植物资源，为改善生态环境、涵养水源、保持水土、调节气候等方面发挥着重要作用。利用森林，每年多涵养水源40万立方米。释放氧气和固定二氧化碳，提供新鲜空气，是兰州市的天然氧吧。将1%~2%的太阳能转化成生物能，是生物链中第一生产者和生物能量的积累者。能吸收二氧化硫、氟化氢、氯气等有害气体5000立方米。

第五节　湿地资源

一、湿地概况

兴隆山保护区湿地，由高山草甸和河道组成，面积989.12公顷，属国有；地貌属冲积平原。

（一）高山草甸湿地

在管理站管辖区内，马衔山高山草甸湿地海拔3500~3671米，北止于马衔山梁简易公路中心线，与临洮县接壤，东、南、西与管理站灌木林相交，面积364.4公顷。

马衔山高山草甸湿地属于大陆性季风型气候，年平均气温1.0℃，最高平均气温14℃，最低平均气温-14.4℃。年平均降水量600~800毫米，年均蒸发量918.6毫米。≥0℃年均积温620℃，≥10℃年均积温360℃。土壤类型包括高山草甸土和高山灌丛草甸土，泥炭约60厘米，生产泥炭500吨。

（二）河道湿地

主要由11块河流零星湿地组成。湿地的土壤由灰褐土、新积土和粟钙土组成。气候属于大陆性季风型气候，年平均气温4.7℃，最高平均气温33.6℃，最低平均气温-28.0℃。年平均降水量501.2毫米，变化范围在395.6~684.5毫米，年均蒸发量1210.3毫米。≥0℃年均积温1714.4℃，≥10℃年均积温1469.9℃。

兴隆山保护区零星湿地统计表

表7-4-13

湿地型与名称		平均海拔（米）	总面积（公顷）	植被面积（公顷）	比例（%）	所属流域（三级）	斑块数（块）
零星	官滩河	2769	16.4049	4.1015	25	兰州至下河沿	1
零星	官滩沟	1759	22.0991	7.7347	35	兰州至下河沿	1
零星	南水磨沟	2647	31.2615	10.9415	35	兰州至下河沿	1

续表

湿地型与名称		平均海拔（米）	总面积（公顷）	植被面积（公顷）	比例（%）	所属流域（三级）	斑块数（块）
零星	祁家沟	2312	13.5972	3.3993	25	兰州至下河沿	1
零星	打虎岔沟	2404	11.7841	2.946	25	兰州至下河沿	1
零星	水岔沟	2206	31.98	23.6652	74	兰州至下河沿	1
零星	麻家寺	2258	67.18	45.6824	68	兰州至下河沿	1
零星	兴隆峡	2340	94.4	45.312	48	兰州至下河沿	1
零星	徐家峡	2313	62.4	47.424	76	兰州至下河沿	1
零星	分豁岔	2287	81.6	57.12	70	兰州至下河沿	1
总　计			433	248	57.3		11

二、动物分布

湿地内分布脊椎动物12种。其中鸟类有5种：小鹏鹏、赤麻鸭、绿翅鸭、丘鹬、姬鹬，都为旅行鸟；爬行类2种：有中华大蟾蜍和中国林蛙；兽类5种：石貂、中华鼢鼠、达呼尔鼠兔、艾鼬、狼，其中石貂为国家二级保护动物，石貂和狼分别为国际贸易二级和三级保护动物。

三、植物分布

（一）马衔山高山草甸植物

有苔藓和被子植物两个门，形成高山草甸群系，分布有21科、43属、74种植物。主要有高山对叶藓、甘肃柳、坡柳、曲毛柳、小大黄、四齿无心菜、卷耳、毛果甘青乌头、条叶银莲花、乌足毛茛、云生毛茛、高原毛茛、直梗高山唐松草、矮金莲花、条裂黄堇、五脉绿绒蒿、青藏异蕊芥、毛葶苈、球序葶苈、苞序葶苈、直展葶苈、密序山嵛草、小丛红景天、长梗金腰子、密叶虎耳草、山地虎耳草、黑蕊虎、耳草、狭瓣虎耳草、爪虎耳草、簇生钉柱委陵菜、隐瓣山莓、高山绣线菊、弯耳鬼箭、米口袋状棘豆、黄花棘豆、甘青大戟、松潘棱子芹、西藏棱子芹、紫罗兰报春、尖叶龙胆、岷县龙胆、二叶獐牙菜、岷山毛建草、刺齿马先蒿、碎米蕨马先蒿、毛背毛颏、马先蒿、华马先蒿、唐古特轮、叶马先蒿、长果婆婆纳、毛果婆婆纳、长柱沙参、淡黄香青、盘花头垂菊、披针叶凤毛菊、褐花凤毛菊、弯齿凤毛菊、昂头凤毛菊、星状凤毛菊、糖芥绢毛菊、甘青剪股颖、发草、芒恰、小早熟禾、黑褐苔草、蒿草、高山蒿草、西藏蒿草、甘川灯芯草、秦陇灯芯草、展苞灯芯草、多花地杨梅、兜蕊兰，包括蒿草、苔草、虎茸草、凤毛菊和蓼属耐寒种类组成，形成稳定的原生群落。均属无保护级别植物。

（二）河道植物

分布有苔藓、蕨类和被子植物3个门、267科、331属、459种植物，形成了柳栒、柳类、柳蒿、马兰蒿类群系，重复分布在11块湿地内。其中优势树种有中华柳、中华黄花柳、齿叶黄花柳、青皂柳、水栒子、珍珠梅等。

四、湿地的功能与作用

维持生态平衡，涵养水源。通过严格保护，每年增加森林碳汇3万吨，多涵养水源80万立方米，吸收二氧化碳9万吨，释放氧气8万吨，净化空气，调节气候。

第六节　机　构

1991年，甘肃兴隆山自然保护区管理局下设办公室、计划财务科、资源管理科、科研所、派出所等科室。另设官滩沟、麻家寺、兴隆山、马衔山、上庄5个管理站，1个抚育作业队，有职工119人。2004年10月至2010年12月，兴隆山国家级自然保护区管理局内设机构7个：办公室、组织人事科、计划财务科、资源管理局科、科研所、森林公安局、护林防火办公室；基层管理站5个：兴隆山管理站、麻家寺管理站、官滩沟管理站、上庄管理站、马衔山管理站；局属产业开发机构3个：旅游管理中心、接待服务中心、产业开发中心。

第八篇　工商业

第一章　工　业

第一节　工业概况

1991年，全县有工业112家，其中县属国营工业10家，分别是县水泥厂、县农业机械厂、兰州塑料九厂、县水烟厂、县煤矿、县印刷厂、县陶瓷厂、县植物农药厂、县食品厂、县面粉厂；集体工业14家。工业总产值1.71亿元，净产值4924万元，工业实现利润529万元，年实现产品销售税金975万元。主要产品及产量：原煤2.27万吨，水泥26.08万吨，水烟丝2844吨，纸产品1.63万吨，砖2620万块，石灰6383吨。1992—2000年，榆中县工业通过改革、改组、改造和加强管理，全面提升工业的整体素质和竞争能力；通过技术改造、技术开发、技术引进，改造传统产业和发展新兴产业，推进企业技术进步，加快产业升级步伐；以园区建设为突破口，抓非公有工业；发展农副产品加工业，围绕农业办工业，办好工业促农业，推进农业产业化经营。

2002—2004年，兰州金川科技园、酒钢榆中钢铁有限公司等一批省市驻榆企业相继建成投产，驻榆工业成为县内工业的主导产业。2005年，全县工业总产值37.06亿元，其中规模以上工业产值34.56亿元，规模以下工业产值2.5亿元；驻榆工业总产值25.34亿元，占全县规模以上工业产值的73.3%；县属工业总产值11.72亿元。工业增加值6.05亿元,其中规模以上工业增加值4.71亿元，所占比重达到77.85%；规模以下工业增加值1.34亿元。主要产品及产量：生铁83.07万吨，钢材73.86万吨，水泥69.25万吨，乳制品1.66万吨，塑料制品2.26万吨，纸制品3.97万吨。同时，乡镇企业和非公有制企业快速发展。至2008年，兰州市文章工贸公司、庄园乳业、奇正藏药、鸿煜塑料制品公司、清水淀粉厂、陇山塑料制品有限责任公司等非公有制工业占主导地位。全县乡镇企业中有工业665家，形成水泥、塑编、建材、化工、冶金等支柱产业。非公有制工业产值18.85亿元，增加值4.27亿元。

2010年，全县工业总产值98.72亿元，工业增加值17.58亿元；规模以上工业产值92.13亿元，增加值15.67亿元；驻榆工业总产值73.12亿元；县属工业总产值25.6亿元。主要产品及产量：生铁93.7万吨，钢材126.2万吨，水泥106.8万吨，化肥3.35万吨，塑料制品1.53万吨，纸制品1.75万吨，乳制品4.36万吨。

第二节　国有工业改革

1991—2010年,榆中县按照国企改革方针政策，采取兼并、合并、股份制改造、破产重组、转让等形式改制国有企业。至2010年底，全县原有的国有工业全部退出生产经营活动。

一、兼并、合并

按照国企改革的方针政策，对微利、管理不善的小企业采取兼并、合并等形式改制以提高经济效益。1994年，县委、县政府决定，县水泥厂兼并县印刷厂，县煤矿合并县陶瓷厂。

二、破产重组

1997年12月，县政府对县属的兰州塑料九厂、甘肃榆中农药厂开始资产评估和破产清算，于1998年3月依法宣告破产，塑料九厂核销债务450万元。同年，依法拍卖给兰州康尔美纸业公司，并重组成立榆中县青年机械塑料厂。农药厂重组成立甘肃榆中农药有限责任公司。2007年8月，水烟厂宣布破产，核减债务1367万元，安置职工178名。2008年，由广东富海药业有限公司收购重组。2009年9月，县水泥厂宣布破产，由湖北京兰水泥集团以3800万元收购重组，所得资金全部用于安置职工。

三、股份制改革

全县国有企业实行以股份制和股份合作制改革为主的产权制度改革，逐步向现代企业制度转型。1998年6月，县委、县政府决定，县水泥厂、县农业机械厂实行产权多元化改革，改制为股份合作制企业。

四、转让

1999年，县政府将榆中县青年机械塑料厂转让，资产拍卖给兰州康尔美纸业公司。2001年，县植物农药厂因产品销路不畅停产，县政府将植物农药厂以600万元转让给江苏兴澄公司。2007年，县综合厂出让给兴隆房地产开发有限公司。同年，县机械厂土地及地上附着物转让给县城投公司，价值800万元，设备物资委托拍卖68万元，全部资产变现金868万元，用于安置职工、清偿债务。2008年，县煤矿转让给投资商杨文广，注册成立榆中兴隆煤业公司。

第三节　乡镇企业

一、企业发展概况

1991—2010年，榆中县乡镇企业主要以乡办、村办、合作、个体组成，分为农业、工业、建筑业、交通运输业、批发零售贸易业、住宿餐饮业等行业。1990年，乡镇企业产值2.23亿元。2000年，全县乡镇企业2981家，其中集体245家，私营72家，个体2664家；总产值24.17亿元，增加值4.45亿元，利税2.28亿元；从业人员4.21万人。2005年，全县乡镇企业3988家，总产值48.84亿元，增加值11.29亿元，占全县GDP的40%；缴纳县内税金1.34亿元，占全县财政总收入的38%；乡镇企业从业人员5.16万人。2010年12月，全县乡镇企业4638家，总产值85.71亿元，增加值19.82亿元，占全县GDP的40%；从业人员5.53万人。

二、主要产品

1991年，乡镇企业主要产品有水泥、石灰、石子、砂子、机制砖、瓦、油毡、水泥预制件、泡花碱、石膏板、涂料、玻璃钢制品、橱柜、装饰板、胶带、挤塑板、石棉瓦、有光纸、卫生纸、餐巾纸、纸箱、磷肥、复合肥、家具、门窗、乳制品、食用植物油、罐头、食醋、淀粉、粉丝、火腿肠、糕点、牛奶、方便面、服装、皮夹克、原煤、塑料制品、塑料编织袋、农用地膜、书本、钢材、水烟、医药、亚麻、细木工板、甘草制品、铁制农具、地毯、乙炔、氧气、氨水、硫酸、电缆、电力设备、抛光粉等70个品种。2000年，开发新产品14项，创名牌产品4项。甘草水泥集团公司的“龙峡”牌425#普通硅酸盐水泥荣获“中国乡镇企业名牌产品”称号，榆中造纸厂“兴隆”牌35克有光纸，兰州市贡马水泥有限公司425#普通硅酸盐水泥、金崖造纸厂的“宛川”牌85克油毡原纸、榆中县燕麦片厂“飞燕”牌燕麦片等产品荣获“甘肃省名牌产品”称号。

三、行业发展

（一）建材行业

1. 水泥

1991年，县内有甘草水泥厂、北山水泥厂、银山水泥厂、小康营水泥厂、新营水泥厂等企业。1996年，新营水泥厂倒闭。2009年，甘草水泥集团有限责任公司、贡马水泥有限责任公司、华康水泥厂、银山水泥厂4家水泥企业固定资产总额3.9亿元，从业人员2500人，生产水泥83.67万吨，产值2.33亿元。

图 8-1-1　兰州市甘草水泥集团有限责任公司（2010 年摄）

2. 砖瓦

1991年，县有乡办制砖企业10家、村办制砖企业23家，产量1.2亿块，产值517万元，从业人数

2687人。2005年，制砖企业41家，产量2.50亿块，产值2490万元，利润644万元，税金242万元。其中规模较大的有果园砖厂、洪亮营砖厂、和平（太平沟）砖厂、连搭（兴达）砖厂和麻家寺砖厂。2005年后，随着市场的需要，由烧结普通砖改为空心砖块。2010年，全县砖瓦产量7417块，产值750万元。

3. 石灰业

1991年，县内有石灰加工企业33家，产量9.35万吨，产值289万元。2000年，全县有石灰加工企业52家，产量12.55万吨，产值1535万元。2007年，全县有石灰加工企业82家，产量16.52万吨，产值7285万元。2008年，由于国家限制石灰加工企业发展，石灰加工企业逐年关闭。2010年，全县石灰加工企业2家，产量2.43万吨，产值1071万元。

4. 油毡

1991年，县内有油毡生产企业1家，产量25万卷，产值354万元。1995年，金崖镇金马油毡厂建成，日产能力500卷。全县油毡产量40万卷，产值865万元。2000年，全县油毡产值1169万元。2008年，因国家产业政策调整和原材料涨价等因素，金马油毡厂停产。同年，兰州雨中情防水材料有限公司开始生产防水材料。全县油毡产值145万元。2009年后，全县油毡厂全部停产。

1991—2010年榆中县建材生产情况统计表

表8-1-1

年度	水泥		砖瓦		石灰		油毡
	产量（万吨）	产值（万元）	产量（万块）	产值（万元）	产量（万吨）	产值（万元）	产值（万元）
1991	16.99	2495	12040	517	9.35	289	354
1992	27.30	4057	14059	633	10.28	278	391
1993	27.71	7497	20628	1400	9.68	457	631
1994	29.78	7540	22355	1428	9.66	545	803

续表

年度	水泥		砖瓦		石灰		油毡
	产量（万吨）	产值（万元）	产量（万块）	产值（万元）	产量（万吨）	产值（万元）	产值（万元）
1995	36.60	8883	26065	1981	12.00	571	865
1996	39.46	10240	24492	2209	12.39	589	1005
1997	40.10	9236	23520	2103	11.42	561	925
1998	43.64	7693	22000	2014	10.19	673	1021
1999	47.32	14454	23000	1436	9.35	1295	1132
2000	47.90	14653	27446	1536	12.55	1535	1169
2001	48.10	18090	25460	1341	13.60	4316	1185
2002	47.20	17963	24100	1800	14.20	4718	1176
2003	48.00	18160	23172	2100	14.80	5120	1205
2004	63.25	15645	25508	2460	16.67	6631	1240
2005	73.07	20272	25046	2490	13.27	5855	1321
2006	76.23	21148	23410	2327	14.26	6291	1720
2007	82.94	23057	21560	2150	16.52	7285	1080
2008	81.94	22779	15403	1550	6.14	2707	145
2009	83.67	23260	18714	1882	10.31	4547	停业
2010	42.34	11780	7417	750	2.43	1071	

（二）水烟

1991年，全县有水烟企业14家：青城水烟一厂和二厂、来紫堡东坪水烟厂、西坪水烟厂、桑园子水烟厂、金崖水烟厂、张家湾水烟厂、古城水烟厂、齐家坪水烟厂、过店子水烟厂、太平堡水烟厂、梁家湾水烟厂、陆家崖水烟厂、永丰水烟厂。从业人员722人，产量841吨，产值537万元。2000年，产量541吨，产值483万元。2005年，企业减少到6家，产量350吨，产值255万元。2007年后，水烟市场疲软，企业生产不景气，产量下降。2009年，乡镇水烟企业全部停产。

（三）造纸

1991年，县内有造纸企业6个，分别是兰州市榆中造纸厂、金崖造纸一厂、金崖造纸二厂、定远村造纸厂、小康营造纸厂、燕儿湾造纸厂。品种有35克有光纸、胶印书纸、报刊纸、印刷胶版纸、书写纸、凸版纸、卫生纸、油毡原纸、瓦楞纸，产量1.68万吨，产值3253.2万元。1995年，全县造纸产量1.57万吨，产值4217万元。1999年，全县造纸产量2.87万吨，产值6764万元。2000年，全县造纸产量2.05万吨，产值4818万元。2004年，金崖造纸一厂、二厂和定远村造纸厂停产关闭。同年3月，兰州市榆中造纸厂以租赁方式改制，成立兰州百美纸业有限公司。2005年，全县造纸产量7118吨，产值5889万元。2006年后，国家宏观调控，限制小型造纸厂生产，造纸企业相继关闭。2008年，兰州百美纸业有限公司停产。2009年，全县造纸产量1.22万吨，产值8670万元。

（四）化工

1. 磷肥

1991年，县内磷肥生产企业8家，生产磷肥2.22万吨，产值470.4万元。1998年，全县磷肥产量7.87万吨，产值5829万元，为历年最好水平。其中，清水驿乡建成甘肃云兰磷复肥有限责任公司，拥有先进水平的喷浆过磷酸钙生产线，年产3万吨，实现产值1126万元。企业总资产534万元，生产的过磷酸钙，经甘肃省产品质量监督检验所检验，达到国家质量统一监督检验细则要求，评为“一等品”。“云兰牌”系列肥被评为甘肃省名优产品，畅销甘肃定西、临夏及青海等地。2007年，转产复合肥。

2. 氧气、乙炔气

兰州方圆建化有限责任公司是集生产、储存、销售、运输氧气、乙炔气为一体的综合性化工企业。1991年，生产氧气、乙炔气11万瓶，产值200万元。2010年，生产氧气、乙炔气21万瓶，产值541万元。

1991—2010年榆中县乡镇企业生产情况统计表

表8-1-2

年度	造纸		水烟		磷肥		塑编		农副产品加工	饮食服务业	
	产量（吨）	产值（万元）	产量（吨）	产值（万元）	产量（吨）	产值（万元）	产量（万条）	产值（万元）	产值（万元）	企业个数（个）	产值（万元）
1991	16838	3253	841	537	22220	470			372	345	792
1992	19413	3263	1378	950	28606	954			334	355	1188
1993	22209	4633	1509	1249	37365	1004			580	292	1679
1994	19285	4899	1287	1260	43250	1239			1194	486	3233
1995	15698	4217	1163	1123	46400	1762	2400	862	1486	542	6969
1996	24557	5816	989	985	51200	2425	1551	560	1883	725	13427
1997	24863	6372	650	720	62450	4620	3010	1106	1062	675	14860
1998	25600	7021	474	952	78700	5829	3496	1352	573	681	15070
1999	28700	6764	873	774	58600	6518	4148	2104	332	693	19482
2000	20446	4818	541	483	53600	5161	9897	6325	260	712	24200
2001	10823	5132	460	347	31900	3073	8235	5842	141	710	21463
2002	9665	5098	465	161	44180	4256	7640	5670	681	689	17089
2003	11525	6098	400	262	43580	5124	7029	6372	1897	723	26478

续表

年度	造纸		水烟		磷肥		塑编		农副产品加工	饮食服务业	
	产量（吨）	产值（万元）	产量（吨）	产值（万元）	产量（吨）	产值（万元）	产量（万条）	产值（万元）	产值（万元）	企业个数（个）	产值（万元）
2004	11816	7586	320	205	65847	9271	6908	7936	2582	804	38247
2005	7118	5889	350	255	40255	8264	6479	7774	4296	826	49326
2006	14260	9411	620	516	18610	469	8036	12054	5205	860	62315
2007	16123	9996	660	498	12800	281	9907	14860	6732	910	76423
2008	15601	9672	170	175	停业		7854	11980	17600	982	84025
2009	12178	8670	66	100			7754	11786	18900	1012	94915
2010	50	34	停业				4084	6126	21900	1132	102620

3. 塑编

县内塑料编制产业始于20世纪90年代中期。1995年，塑编产量2400万条，产值862万元。2007年，塑编产量9907万条，产值1.49亿元，为历史最好水平。全县有塑编企业5家，分别是兰州鸿煜塑料制品有限公司、兰州文章工贸有限公司、永丰塑料制品有限责任公司、兰州明敏塑料编织有限公司、兰州宏源塑料制品有限责任公司。产品主销西北五省及西藏等省区。

（五）农副产品加工

1991年，县内有农副产品加工企业20家，产值371.7万元。1995年，产值1486万元。2000年，产值260万元。2010年，全县农副产品加工企业125家，产值2.2亿元。其中小麦加工企业64家，马铃薯加工企业5家，食用植物油加工企业19家，果蔬菜保鲜企业34家，其他企业3户。

第四节　乡镇企业改革

一、明晰产权

1991年，各乡镇清查企业资产，清理债权、债务，进行产权界定。产权界定由资产评估小组提出意见，共同协商，意见不一致时，由乡镇企业行政主管部门帮助解决。属国有资产的由国有资产管理部门确认，其他社会法人和单位入股的资产，由会计师事务所以及社会法人代表协商确定。凡乡村集体企业的资产，按谁投资、谁所有的原则明确产权。产权不明的，归乡村集体所有。

二、企业改制

1991年，榆中县按照《关于完善乡镇企业新一轮承包的安排意见》，承包企业275家。1992年11月，确定榆中县甘草水泥厂等3家企业为兰州市乡镇企业首批股份制试点单位。2001年，县委、县政府下发《关于进一步深化乡镇企业改革的实施意见》，乡镇企业开始改革。2001年底，全县完成141户乡镇企业改制，其中改股份制8户，产权转让22户，戴集体帽子转私营66户，租赁经营25户，承包经营13户，其他7户。2003年底，改制完成。共改制企业261户，其中股份制5户，股份合作制企业8户，租赁经营33户，出售28户，转私营企业107户，风险抵押承包73户，其他7户。

第五节　非公经济

1991年，县内非公企业很少。2001年，乡镇企业开始改制，非公企业逐步增加。至2007年，全县有非公经济组织4200家，总产值32.7亿元，非公经济增加值7.2亿元，占全县GDP的29.5%。2010年，全县有非公企业415家，个体经营者4223家。其中工业企业223家，产值500万元以上企业41家。非公经济增加值13.56亿元，产值61.06亿元。形成装备制造、塑料塑编、精铸造、乳制品、农用化肥、电信电缆、彩印包装、生物医药、蔬菜仓储保鲜、家具制造、建筑、饮料等10多个产业。代表性企业有甘肃陇鑫实业有限公司、甘肃裕兴实业集团公司、兰州庄园乳业有限公司、甘肃泛植生物科技有限公司、兰州长信电力设备有限责任公司等。

第六节　工业园区

一、和平经济开发区

1992年，榆中县在和平、来紫堡、定远三乡规划面积24平方千米的土地，建成和平经济开发区，制定完善系列招商引资优惠政策。2000年，有150家企业落户，投资2.2亿元，产值6.9亿元，上缴税金430万元。2002年，金川公司投资4.5亿元兴建金川科技园。兰州腾龙电信器材有限公司投资1000万元、甘肃金阳稀土有限公司投资310万元、和平新型建材厂投资300万元、甘肃亚兰特种药材饮片生产有限公司投资1300万元、兰州园林雕塑加工展示基地投资300万元、兰州杨森集团投资280万元的项目相继建成投产。同时，兰州商学院、陇大国际学校、兰州商学院陇桥学院、兰州外语学院、兰州交通大学博文学院等院校入驻园区。2004年，和平经济开发区内有学校、医院、工商、税务、银行、邮政、电信、公安、法庭等企事业单位180家。

图 8-1-2　和平工业园（2005年7月摄）

二、苑川钢铁化工产业园区

2006年，榆中县政府规划建设苑川钢铁化工产业园区，规划面积13平方千米，至2009年8月，有榆钢、定元农膜、鸿煜塑编、文章塑编等工商企业215家。

三、县城生物医药产业园区

2006年，县政府规划建设县城生物医药产业园区，规划面积6平方千米，建成奇正藏药榆中生产和研发基地、甘肃亚盛集团榆中生产和研发中心，引进庄园乳业等项目。

第七节　企业简介

一、钢铁企业

酒钢集团榆中钢铁有限责任公司位于金崖镇和来紫堡乡。一期项目于2002年12月开工，2003年12月投产。主要装备为两座420立方米高炉、两座40吨转炉，线、棒材生产线各1条，形成年产140万吨钢的综合生产能力。榆钢一期工程实现了原兰钢重组搬迁。2008年汶川地震后，酒钢公司向国家申报“酒钢集团支持地震灾区恢复重建项目”。2010年12月获得国家发改委核准批复，新建榆钢二期。2010年，工业产值46.1亿元。

图 8-1-3　酒钢集团榆中钢厂（2006年6月摄）

二、有色金属企业

（一）兰州金川科技园有限公司

兰州金川科技园有限公司成立于2002年，属金川集团公司的全资子公司。公司总部位于和平经济开发区。兰州金川科技园以锂离子电池及电池材料、系列高纯金属、贵金属深加工产品、银深加工产品的研发及产业化为主要发展方向。年设计生产能力6000吨四氧化三钴、4000吨电积钴、3000吨镍钴锰三元氧化物、1000吨氧化亚镍。建立“国家镍钴新材料工程技术研究中心”“高性能电池材料国家地方联合工程实验室”等国家级研究中心和实验室，形成从新产品研发、检测到工程化应用的完整的技术创新体系，具备持续开展锂离子电池材料等新材料研发及产业化的能力。

（二）兰州金川新材料科技股份有限公司

兰州金川新材料科技股份有限公司成立于2004年11月，前身为兰州金川金属材料技术有限公司，是兰州金川科技园有限公司的控股子公司，是集基础研究、产品开发、生产销售于一体的国家级高新技术企业，主要开展钴金属、二次电池及电池材料、磁性材料、锂、钴资源开发及生产销售，二次资源再生利用，进料加工，技术服务。2010年7月16日变更设立为股份有限公司。同年，工业产值21.22亿元，上缴税金6505万元。

（三）兰州金川科力远公司

公司成立于2009年12月，2010年12月投产。是兰州金川科技园有限公司与湖南科力远新能源股份有限公司共同创立的合资公司，投资规模2.5亿元，建筑面积1.5万平方米。地处和平镇兰州金川科技园区。公司拥有兰州、益阳两个生产基地。兰州基地主导镍氢新能源电池、HEV合金材料的研发生产销售，产品广泛应用于家用电器、移动电话、路灯、电动玩具、电动工具、HEV动力电池等领域。项目设计日产镍氢电池50万只，年产值2.5亿元。

三、水泥企业

（一）榆中县水泥厂

榆中县水泥厂位于小康营窑坡村陈沟峡，占地143亩，年设计生产能力12万吨。1991年，下设立窑、旋窑两条生产线，内设烘干、烧成、生料制成、包装等车间，1个化验室，1个汽车队，有职工582人。年生产水泥11.5万吨，产值2012.5万元。2009年，由于设备老化、工艺落后、高耗能、高污染、产能低、成本高、人员多、负担重，企业亏损严重，2009年9月6日，榆中县水泥厂破产。同月，以总额3800万元整体出售，所得资金用于职工安置。

（二）兰州甘草环保建材股份有限公司

该公司前身为榆中县甘草水泥厂，是兰州市甘草水泥集团有限责任公司控股，以水泥为主导产业的股份制建材企业，始建于1979年。2004年，公司有职工1600人，生产水泥45.68万吨，包装纸1.39万吨，销售收入1.69亿元。2010年，固定资产3.6亿元，占地700亩，职工1200人，是甘肃省建材行业骨干企业和全省规模最大的乡镇建材企业、甘肃省工业企业100强、甘肃省发展乡镇企业10强、甘肃省先进纳税企业、兰州市20户重点工业企业，是国家大二型工业企业。公司有两条新型干法水泥熟料生产线。主打产品32.5级复合硅酸盐水泥、42.5级普通硅酸盐水泥被国家农业部、甘肃省人民政府授予“优质产品”“名牌产品”称号，“龙峡牌”商标连续四届被甘肃省评为著名商标。

（三）兰州市贡马水泥有限责任公司

该公司前身是北山水泥厂，始建于1986年，公司位于三角城乡双店子村。2004年，投资3500万元建成日产1000吨环保节能新型干法水泥熟料生产线，淘汰高能耗高污染的立窑和中空窑生产线。2010年，固定资产1.2亿元，生产水泥36万吨，产值1.06亿元，是甘肃省建材行业骨干企业，产品通过ISO9001国际质量管理体系认证，“贡马牌”水泥先后荣获甘肃名牌产品、部优产品、国家质量认证产品等称号。

（四）甘肃京兰水泥有限公司

2009年9月在原榆中县水泥厂破产重组的基础上成立，投资6亿元，建设日产4600吨新型干法熟料水泥生产线，返聘原厂职工300人。

四、乳制品企业

兰州庄园乳业有限责任公司成立于2000年4月，属民营企业，注册资金9398万元，总资产3.4亿元，是集奶牛养殖、乳品加工、销售于一体的专业化生产企业。生产加工基地设在榆中县三角城工业园区。公司荣获国家农业部“全国第一批农产品加工示范企业”、国家、省、市三级“农业产业化重点龙头企业”“国家扶贫重点龙头企业”称号。“庄园”商标被评为甘肃省著名商标、甘肃省名牌产品。2010年，有职工586人，有2条利乐生产线、4条百利生产线、6条巴氏奶、酸奶、乳饮料生产线及1条奶粉生产线。产品5大类32个系列品种；日加工能力300吨。2010年，销售收入 3亿元，步入全国乳品行业50强。

五、塑料制品企业

（一）兰州金土地塑料制品有限公司

该公司成立于2006年，属民营企业，位于榆中宛川工业园区内，占地面积160亩，注册资金3000万元，总资产2.1亿元，固定资产9000万元，净资产8000万元。公司以农用聚乙烯地膜、塑料大棚膜、多功能日光温室棚膜为主导产品，以废旧农膜回收加工、节水PE塑管为辅助产业。有塑料加工设备156台（套），拥有农膜生产线56条，自主研发技改双层共挤双色膜生产线10条，年生产能力4万吨，拥有农膜产品专利3项，农膜产品被授予“甘肃名牌产品”和“甘肃省著名商标”。2010年，公司产销农膜1.04万吨，实现销售收入1.25亿元，实现利润562万元。

（二）兰州陇山塑料制品有限责任公司

该公司始建于1997年，是生产塑料编织袋、涂膜袋、工业包装膜的专业生产厂家，当年产品销售收入140万元。公司位于城关镇北关村。2010年，注册资本260万元，资产总额1172万元，固定资产236万元，在册职工216人。有两条生产编织袋的流水生产线，涂膜机1套、吹塑机2台、吊带机2台，能套印五种颜色编织袋的印刷机2台，柔性连续印刷机1台，自动切缝机1台，有健全的拉力、日光照射等配套试验设施。年产塑料编织袋、涂膜袋3000万条，生产工业包装膜750吨。产品销售收入4600万元。

（三）兰州鸿煜塑料制品有限责任公司

该公司成立于1995 年，属私营企业，位于金崖镇金崖村，注册资本1100万元，占地70亩。2010年，从业人员200人，有塑料包装生产设备

300台（套），年生产能力为4000万条聚丙烯塑料编织袋、6000吨农用地膜和棚膜。年销售收入3000万元。“鸿煜”牌塑料编织袋2003年被评为“兰州名品”“兰州乡镇企业名品”，2007年被甘肃省名牌战略推进委员会评为“甘肃省名牌产品”，“鸿煜”牌商标2008年被甘肃省工商行政管理局认定为“甘肃省著名商标”。

（四）兰州绿园塑业有限公司

该公司地处三角城乡三角城村，是集塑料制品加工、种植、养殖于一体的民营企业。公司占地1.76万平方米，其中建筑面积7160平方米。公司辖三角城塑料厂、榆中县绿园苗圃、榆中绿园养殖场3家企业。2010年，公司总资产2008万元，其中固定资产净值523万元，完成主营业务收入1872万元，实现利税55万元。连续多年被县委、县政府、市委、市政府、市消协、省工商局评为“诚信企业”“重合同守信用单位”“消费者信得过单位”“优秀私营企业”等。“陇上绿园”牌农用地膜被甘肃省消协评为2006年度“放心农资产品”。2006—2010年，公司成为兰州市农牧局、青海省民和县、榆中县农业技术推广中心农用地膜政府采购中标单位，榆中县农牧局推广双垄沟玉米、马铃薯种植所用农膜的定点生产企业。

（五）兰州文章工贸有限公司

该公司前身为榆中县金崖农具厂。2002年3月，成立兰州文章工贸有限公司，是集塑料编织袋生产、金属铸造于一体的多元化工业企业，坐落于榆中县金崖镇，占地面积6万多平方米，固定资产3000万元。2006年，新上树脂砂铸造生产线，年产铸件8000吨，产值5000万元。2009年5月，投资5000万元，新建年产1.5万吨重型铸件树脂砂生产线二期扩容项目，新建35亩新厂区，新建年产1.5万吨树脂砂铸件扩容生产线，2010年5月试生产。2010年，有职工400人；有塑料编织袋生产线7条，年产塑料编织袋3000万条；有铸造生产线2条，年生产铸件4000吨。全年实现销售收入6200万元，纳税130万元。公司被中国农业银行甘肃省分行评为2001年至2006年度的“AAA级信用企业”。2002年12月入选中国质量万里行委员单位及全国先进单位。2005年被兰州市委、市政府评为“市级文明单位”。2008年8月被兰州市政府评为“优秀非公有制企业”。2009年8月被省总工会评为“模范职工之家”。

六、装备制造企业

（一）榆中长虹焊接材料有限责任公司

该公司成立于2006年，是集研发、生产、销售于一体的生产技术企业，位于榆中县金崖镇桥南6–7号，占地面积150亩，注册资金500万元，主营业务是生产销售焊接材料。资产1.7亿元，职工148人。公司拥有普通焊条生产线5条，特种焊条生产线2条，实芯焊丝生产线4条，药芯焊丝生产线1条，焊剂生产线1条。年设计产能11万吨。2010年，生产焊材产品4.94万吨，产值2.18亿元，上缴税费52.14万元。“兰虹牌”焊接材料主要产品为电焊条、实芯焊丝、药芯焊丝、焊剂四大类。主导产品获得“甘肃省名牌产品”称号，J507D低尘低毒焊条获全国科学大会奖，兰虹焊材被确定为国家监督检测质量“十佳放心品牌”“中国优质名牌产品”和“中国著名品牌”。

（二）兰州宏祥电力技术开发有限责任公司

该公司成立于1993年，是集电力高科技产品科研、开发、生产、销售于一体的综合性企业，主要从事翻车机、水工、阀门研制生产。公司加工厂建在和平镇，注册资金6000万元，总资产1.6亿元，占地面积4.4万平方米，生产建筑面积2万平方米，职工180人。2000年，被认定为国家级高新技术企业。2001年，被评为中国企业形象及资质AAA级单位，被科技部确定为技术创新基金扶持企业。2006年，获得省级“企业技术中心”认定。公司产品遍及全国火电、水电、核电等行业，出口到印度、斯里兰卡、印度尼西亚等国家。

（三）甘肃省探矿机械厂

该厂地处榆中县城关镇兴隆路72号，注册资本744万元，经营地质勘探专用工具，是原国家地质矿产部研制生产各类钻杆及锁接头的定点单位，是中国矿业联合会地质与矿山装备分会会员单位、全国水井钻机情报网网员单位。拥有国内一流的钻杆生产线和锁接头连续调质生产线、中频自动控温、1250T平锻机组、200T液压平锻机组、丝扣磷化处理设备、螺纹量规专用检测设备、摩擦焊接生产线、数控螺纹加工等成套先进工艺设备，主要产品有：各类丝扣连接钻杆、坑道用摩擦焊接钻杆、绳索取芯钻杆及钻具、综合性单动双管钻具及合金钻头、金刚石钻头、锁接头、接箍、扩孔器、水龙头、垫叉、提引器、钻铤、套管及套管接箍、岩芯管及岩芯管接箍、各种打捞工具，同时生产加工各类辅助钻探设备，产品品种齐全。其中水文水井钻杆制造新技术荣获全国“星火计划”成果展览交易会金奖和全国首届科技贷款成果展览会金箭银奖；高强度人造金刚石合成工艺荣获重大科技成果三等奖；钻杆制造技术荣获甘肃省科技进步奖和星火科技奖；S75NWJ绳索取芯加厚（钻杆）荣获甘肃省优秀技术创新成果奖。

2004年11月，经甘肃省编办批准，成立“甘肃探矿机械研究开发中心”，加挂“甘肃探矿机械厂”牌子，为正县级事业单位，隶属于甘肃省地质矿产勘查开发局。2010年8月，研制出NQ等绳索取芯钻具，成功注册“甘探钻威”商标。

七、生物医药企业

（一）甘肃亚兰药业有限公司

该公司成立于2003年4月，位于和平镇工贸一条街148号。为股份制有限责任公司，注册资金2014万元，资产总额6470万元，其中固定资产3938万元。占地面积70亩，建筑面积1万平方米。员工152人，其中科技及专业人员26人。公司依托甘肃地产优势，生产甘草等中药饮片和提取物，产品经销全国并出口东南亚国家。2004年8月，成为西北地区首家通过国家药品（中药饮片）生产GMP认证企业，同年10月被授予“甘肃省农业产业化重点龙头企业”称号。2007年12月，被认定为“甘肃省中小企业技术创新先进企业”。2008年，获得中国甘草制品产业十大著名品牌称号。2010年在哈萨克斯坦共和国注册成立“甘肃亚兰药业科技有限公司”，建成年生产能力600吨的甘草酸加工厂。全年产值1.11亿元、销售收入1.05亿元。同年，“YLYY”（亚兰药业）牌商标被认定为甘肃省著名商标。

（二）甘肃陇神戎发药业股份有限公司

该公司系西北永新集团有限公司控股子公司，成立于2002年6月，注册资本6500万元，位于和平经济开发区，是集新药研发、中药加工和生产经营于一体的高新技术企业。公司拥有膜剂、滴丸剂、片剂、胶囊剂四条药品生产线和“天然药物提取”生产线，主要产品有元胡止痛滴丸、斯娜格药膜、酸枣仁油滴丸、麻杏止咳胶囊、七味温阳胶囊5个独家新药品种及消炎利胆片、复方丹参片、消栓通络片等10个国药准字号普药品种。其主打产品、国家中药保护品种元胡止痛滴丸于2004年收录于国家医保甲类目录，为中药保护品种，同时于2009年进入国家基本药物目录。2010年产值1.8亿元。公司先后荣获甘肃省科技进步二等奖、三等奖等荣誉称号，“陇神”商标被认定为“中国驰名商标”。

（三）甘肃奇正藏药有限公司

2002年，该公司落户榆中，属西藏奇正藏药股份有限公司全资子公司，是集研发、生产、销售于一体的高新技术制药企业。公司注册资本1500万元，总资产6800万元，厂区占地面积255亩，位于城关镇金家圈村。主要研发生产藏药、药材饮片，有贴膏剂、橡胶膏剂、软膏剂、中药饮片4条现代化GMP生产线，具备年生产藏药1730吨的生产能力。公司获得 63 项专利。2006年被评为甘肃省工业100强企业。2007年被评为全国、省、市三级“劳动关系和谐企业”，并获得五一劳动奖状。2008年，被认定为“甘肃省藏药工程技术中心”，荣获全总颁发的“模范职工之家”称号、“兰州市优秀非公有制企业”称号，被甘肃省科技厅认定为“甘肃省藏药工程技术中心”。2009 年，被认定为“甘肃省藏药外用制剂工程实验室”，“消痛贴膏产业化项目”获得国家工商联科技进步二等奖。

八、化工企业

（一）兰州远东化肥有限责任公司

该公司地处夏官营镇夏官营村。其前身为兰州市榆中氮肥厂。2007年9月6日与上市公司四川美丰化工股份有限公司合作，成为其旗下子公司。2010年，拥有年产合成氨6.5万吨、尿素10万吨的成套生产设备及配套设施，主要终端产品为尿素。企业在职员工539人，固定资产净值9785万元，占地面积14万平方米，生产合成氨5.07万吨，尿素8.03万吨，销售收入1.65亿元。

（二）甘肃云兰磷复肥有限责任公司

该公司1996年6月成立，为化肥生产企业，位于三角城乡下彭家营村，年产磷肥2.5万吨、复混肥0.5万吨。2009年8月，公司取得化肥经营资质。主要生产测土配方肥（小麦专用肥、玉米专用肥、土豆专用肥、菜花专用肥、芹菜专用肥等）。2010年，生产销售测土配方肥2万吨，销售额4800万元。公司被甘肃省农业节水与土壤肥料管理总站认定为测土配方定点生产企业。“云兰”牌商标被甘肃省工商行政管理局评为甘肃省著名商标。

九、矿产

榆中县煤矿位于定远水岔沟，属地方国有煤矿，年设计生产能力9万吨。1991年，矿区占地18.2万平方米，建筑面积6361平方米，有固定资产638.12万元，1个车间，4个采掘队，职工293人，年产原煤2.5万吨，产值187.5万元。2008年，榆中县煤矿拍卖给投资商杨文广，注册为榆中兴隆煤业公司。2010年，由于产能过低（年产3万吨），列入关停企业。

十、造纸企业

（一）兰州市榆中造纸厂

该厂位于三角城乡三角城村。1991年，纸张产量4000吨，产值550万元。2001年，由于无环保设施，污染严重，企业停产。2003年9月，投资商宋俊泽租赁经营造纸厂。2004年，成立兰州百美纸业有限责任公司，注册资本86万元，主要生产、销售生活用纸、其他印刷用纸及书写用纸。投资3200万元，更新设施、改造生产工艺及安装环保设施，新建7条生活用纸生产线，改造后生产能力2万吨。公司主要产品为“飞天花雨”牌生活用纸，有18个品种，产品为A级生活纸品。2008年5月主要生产设施拆除，企业停产。

（二）榆中县金崖造纸厂

该厂位于金崖镇金崖村，属乡办集体企业。1991年，占地面积1.66万平方米，建筑面积7969平方米，职工420人，生产机制纸6500吨，产值600万元。1993年，生产机制纸9500吨，产值2600万元。1999年1月，注册资本376万元，职工350人，主要生产经营机制纸，注册商标“宛川河”。2004年，因企业生产工艺落后，环保不达标等原因停产。2006年6月企业注销。

（三）榆中县金崖第二造纸厂

该厂位于金崖镇窦家营村，占地8500平方米。1991年，生产纸2000吨，产值300万元。1993年，有职工530人，固定资产1200万元，产量6500吨，产值1310万元。1999年3月，注册资本223万元。2004年，因企业生产工艺落后，环保不达标停产。

十一、水烟工业

1991年，生产水烟70万千克，产值1050万元。1994年，水烟厂出现亏损。至2006年，累计亏损773万元，资产负债率195.6%。2007年6月18日，榆中县法院立案受理县水烟厂破产案。8月1日，榆中县水烟厂宣告破产，核减债务1367万元，安置职工178名。2008年，广东富海药业有限公司收购重组，成立兰州泰和水烟有限责任公司，继续生产水烟产品。

第八节　机　构

1993年3月，成立榆中县经济贸易委员会，是县政府综合管理经济贸易工作的职能机构。委员会下设办公室、经济开发办公室、商贸处、工交处、经贸总公司，均为科级建制。1994年3月，将县工业交通局工业职能划归县经贸委。1996年6月，县政府撤销榆中县经济贸易委员会，组建榆中县经济贸易局。将榆中县外事旅游局划归县经贸局，保留榆中县旅游局牌子。榆中县城镇集体经济管理局合并到县经贸局。1998年，经济开发办公室的业务划归县计划委员会。2001年3月，榆中县旅游局划归县招商局。8月，榆中县安全生产监督管理局成立，隶属县经贸局。2002年6月，县委、县政府将榆中县经济贸易局更名为榆中县经济贸易委员会，同时将榆中县乡镇企业管理局、榆中县粮食局划归县经贸委管理。2004年5月，榆中县安全生产监督管理局单设，职能从县经贸委划出。2005年1月，县经贸委国有资产管理职能划入县财政局。2008年12月30日，成立“榆中县节能监察中心”，隶属县经贸委管理。2009年7月，县经贸委接收兰州市市场建设发展服务中心榆中所，更名为“榆中县市场建设发展服务中心”，科级建制。2010年6月，县政府组建榆中县工业和商务局，将县经济贸易委员会、非公有制经济发展服务局（县乡镇企业管理局、县中小企业局）、县粮食局、县旅游局的职责划入县工业和商务局。在工业和商务局挂非公有制经济发展服务局、粮食局、旅游局的牌子，不再保留县经济贸易委员会、县乡镇企业管理局、县中小企业局。内设机构10个。县工业和商务局（非公局、粮食局、旅游局）行政编制26名，其中局长1名，副局长3名，保留事业编制11名，机关工勤人员编制5名。

第二章　商业服务业

第一节　商品经营

一、百货

1991年，榆中县百货公司主要经营纺织、针织、百货、文化用品等。同年11月，县百货公司与城关百货商店合并。1997年，榆中县百货公司破产，人员和资产由百货大楼有限责任公司整体接收。榆中县百货大楼有限责任公司后更名为榆中县百货有限责任公司。2003年，公司部分门

图 8-2-1　榆中县百货大楼（2010 年摄）

店资产出售。同年4月，公司按商品大类实行柜组承包经营。因管理不善，经营活动陷入困境。2006年5月，百货大楼长期闲置的三、四楼资产出售，偿还银行贷款。同年10月，榆中县百货公司办公楼出售。2009年5月，公司经营管理活动停滞。

二、五金

1992年4月，榆中县城关五金交电化工商店隶属于榆中县五金交电化工公司，同年5月合并。1994年12月，县五金公司交电大楼建成营业，交电大楼建筑面积1500平方米，总投资78万元。2003年10月，交电大楼一楼、三楼、五楼房产拍卖后偿还银行贷款。2004年8月，五金交电化工公司停止经营活动，交电大楼向社会出租。2008年，公司资产总额153万元，其中固定资产87万元，流动资产17万元。公司剩余固定资产主要为交电大楼二、四楼，面积870平方米，出租经营。

三、服装

（一）兴隆市场

1991年，兴隆市场有商铺382间，其中砖混结构商铺160间，临时商铺222间，主要经营服装鞋帽。2008年4月，兴隆市场整体进行拆除改造升级，改建为兴隆商贸步行街。

（二）兴隆商贸城

2009年6月，兴隆商贸城开工建设，2010年8月，建成营业，营业面积6400平方米，商户100家，主要经营服装鞋帽，年营业额2800万元。

（三）武汉商贸城

位于兴隆商厦二楼，营业面积830平方米，2007年5月开业，专营服装。

（四）县城中心市场

2001年3月，县城中心市场建成，营业面积3000平方米，有商户128家，200人就业，主营服装鞋帽，年销售额1600万元。

四、饮食

（一）榆中县饮食服务公司

公司位于城关镇兴隆路168号，是以餐饮住宿为主的国有企业，经营方式为加工、服务、销售。1994年12月，县饮食服务公司投资364万元建成住宿及餐饮营业大楼，挂牌“榆中宾馆”，建筑面积4622平方米，分设餐厅部和客房部。2007年8月，公司资产总额1146.6万元，其中固定资产873.1万元，流动资产89.4万元，土地8.6亩折价183万元；负债总额563.8万元，净资产581.9万元。2008年5月，停业改制。2010年，在原址建成“华光广场”商业综合体。

（二）榆中县蔬菜食杂公司

榆中县蔬菜食杂公司位于城关镇文成路。1994年4月，划归市蔬菜公司，成为市管企业。2001年，公司将位于文成路的酱醋车间、蔬菜库拆除，开发建设为西关二区住宅小区。兴隆路的经营场所开发建设住宅楼和办公楼，办公楼产权转让。

（三）榆中县食品公司

榆中县食品公司位于城关镇南关村。2003年12月，公司为50名职工买断工龄。2005年，对负资产进行挂账，资产出售。2007年4月，白文祥联合公司9名职工入股23.5万元，注册成立榆中瑞丰食品有限公司。企业主营生猪屠宰业务，年均屠宰生猪2万头。2010年8月，榆中瑞丰食品有限公司将原有土地出让，在城关镇城关村征地3500平方米，搬迁重建屠宰场。建成生猪屠宰车间1幢，建筑面积330平方米，锅炉房20平方米；购置机械化生猪屠宰生产线1套，无害化处理设施1套，立式锅炉1台；硬化地坪1980平方米，围墙75米，获得国家商务部100万元的专项资金扶持。

（四）榆中县食品加工厂

榆中县食品加工厂位于夏官营镇夏官营村。1991年，在市场竞争中效益低下，资不抵债，1995年停产。

（五）陇鑫国际大酒店

2009年，甘肃兴隆房地产开发有限公司投资1.5亿元建成“陇鑫国际大酒店”暨榆中会展中心，是集办公、住宿、餐饮、会议、商务、展览、健身娱乐等为一体的综合性建筑，按照五星级酒店标准规划设计。占地

50亩，总建筑面积3.52万平方米。其中陇鑫大酒店为地下1层、地上12层的框架结构建筑，建筑面积2.59万平方米，总高50米，1~4层以各种商务配套功能为主，5~12层以标准客房、豪华套房为主；会展中心三层框架结构建筑，建筑面积9220平方米，具有会议、商务、展览、宴会、文艺演出等多项功能。

五、糖酒

1992年5月，榆中县糖酒副食公司与榆中县城关糖业烟酒商店合并。1995年11月，县糖酒副食公司投资160万元在城关镇兴隆路30号建成兴隆商厦营业大楼，建筑面积2800平方米。1997年10月，由职工个人承包柜台和门店，独立经营。2000年10月，由于职工拖欠承包费，职工承包柜台的经营方式终结。2010年，公司固定资产主要为兴隆商厦一楼4间商铺和四楼279.04平方米办公用房。

六、盐业

1991年12月，榆中县盐务管理站成立，与县糖酒副食公司合署办公。1998年11月前，榆中县盐业商品由榆中县糖酒副食公司经营。同年11月，全县实行食盐加碘，消除碘缺乏地方病，盐业经营与榆中县糖酒副食公司分离，成立榆中县盐业专营公司。1999年5月，盐业管理权限上划，成为市管企业，成立甘肃省榆中县盐务管理站，两块牌子，一套人马，承担全县盐业商品供应和市场监管职责。同年9月，改名为甘肃省榆中县盐务管理局、中盐甘肃省盐业集团榆中县盐业有限责任公司。公司成立时办公地为兴隆路30号兴隆商厦，库房及食盐加工在夏官营，2000年搬往榆中县城关镇太白东路57号。1998年，盐业销售收入188.9万元，盐产品销量2288吨，查处盐业案件36起，没收违法盐产品20吨。2002年，盐业销售收入318.4万元，盐产品销量2983吨，查处盐业案件84起，没收违法盐产品14.8吨。2010年，盐业销售收入608.7万元，盐产品销量3150吨，查处盐业案件3起，没收违法盐产品124吨。

1998—2010年盐业销售情况统计表

表8-2-1

年 度	销售收入（万元）	各类盐产品销量（吨）	其中食盐销量（吨）	查处案件（起）	没收违法盐产品（吨）
1998 年	188.9	2288	684	36	20
1999 年	197.5	2661	826	47	30
2000 年	196.0	2780	1035	138	29.8
2001 年	278.8	2798	1245	73	25.7
2002 年	318.4	2983	1601	84	14.8
2003 年	350.4	2860	2172	79	11.4
2004 年	331.5	2627	2046	48	6.3
2005 年	358.7	3001	2053	49	4.3
2006 年	406.5	3820	2238	22	3.2
2007 年	417.7	3788	2256	14	3.6
2008 年	421.5	3133	2097	7	2.6
2009 年	466.0	2790	2260	18	3.4
2010 年	608.7	3150	2201	3	124

七、烟草

（一）榆中县烟草公司

1991年，县烟草公司、县烟草专卖局办公及经营在栖云北路347号。2010年销售烟草13616箱。

（二）兰州市榆中县水烟公司

兰州市榆中县水烟公司是县属国有企业。1994年8月，榆中县水烟管理局成立，与水烟公司合署办公。办实体2个：榆中县纸箱厂、榆中县水烟公司加油站。1995年8月，水烟公司从夏官营搬至县城商业大厦3楼。2000年底，公司在册职工26人，其中行政人员2人，国企职工24人。2001年，水烟市场放开经营，外欠货款无法收回。2003年6月，县政府撤销水烟管理局。2004年，水烟公司原办公楼被拍卖偿还银行贷款，公司停止经营活动。

八、物资流通

1991年，榆中县物资局负责全县物资供应。当年，县物资局有职工50人，固定资产80万元，销售额950万元。1995年7月，撤销榆中县物资局，成立榆中县物资总公司，划归县经贸委管理，主营钢材、木材、化肥、民爆产品。2002年，县物资公司实施改革，支付工龄补偿金60万元，置换71名职工身份。2003年6月，注册成立“榆中华安民爆器材有限公司”，退出国有系列。

九、药材批发

1991年底，榆中县药材公司从业人员82人，药品销售额350万元。1996年3月，在榆中县药材公司设置成立“榆中县医药管理局”，一套人马，两个班子，公司由国有企业改制为有限责任公司，更名为“兰州榆中医药有限责任公司”。2000年，销售额500.6万元，实现利润7.03万元。榆中县食品药品监督管理局成立后，“榆中县医药管理局”即撤销。2004年4月，公司通过国家药监部门的“GSP”认证。2005年底，公司注册资本95万元，从业人员53人。2006年3月，部分职工买断工龄、内退离开公司，剩余职工38人。2010年，公司药品销售1048万元，实现利润3.1万元，账面资产486万元，从业人员36人。

十、石油销售

1991年，甘肃省石油公司榆中县公司固定资产50万元，营业网点3处，营业面积1510平方米，销售额850万元。2000年，有城关、甘草、清水、三角城、金崖等11个加油站，销售成品油4万吨，销售额1.2亿元。2001年，石油经营管理体制改革，成立中国石油天然气股份有限公司甘肃兰州销售分公司，实行产供销一体化管理，人财物统一管理，职工买断工龄。

十一、煤炭营销

2001年8月，榆中县煤炭公司进行股份制改革，对67名职工进行身份置换，发放工龄补偿金50.65万元。2002年，企业改制由14名股东现金入股54.7万元，注册成立“榆中高原煤炭有限责任公司”，为股份制企业，退出国有序列。主要经营煤炭。2007年，公司出让土地使用权后停业。

十二、服务业

（一）旅店业

1991年，全县有62家旅店、招待所。1992年，有56家旅店，从业人员311人，床位2104张。其中国营10家，从业人员159人；集体15家，从业人员94人；个体31家，从业人员58人。1996年，有旅店70家。1998年，全县有旅店73家，全年办证率和换证率100%，签订目标责任书450份，培训35次。2004年，有旅馆业（由原来的旅店业改称旅馆业）78家。2009年，有旅馆业95家，全部与公安旅馆业管理系统联网，全年传输旅客入住信息4.5万条，平均日传输149条，传输率7.65%，签订安全责任书135份，举办旅馆信息登录培训班1次。2010年，登记建档旅馆业199家，与公安旅馆业管理系统联网116家，全年传输旅客入住信息12.59万条，传输率5.4%。

（二）文化娱乐业

1992年，全县有文化娱乐场所137家，其中录像放映点15家（国营3家，集体12家），影剧院6家（国营1家，集体4家，个体1家），体育场1家，游乐场1家，歌舞厅5家（国营3家，集体2家），台球室点8个，电子游艺室6家，风景旅游点3处，气枪打靶28家，图书报刊销售点27家（国有13家，集体1家，个体13家），音像制品销售点28家（国有5家，集体14家，个体9家），有线电视台10家，共用天线14家。1996年，有文化娱乐场所（点）304家，其中歌舞厅9家，影剧院1家，录像厅9家，卡拉OK厅6家，气枪打靶2家，台球40家，电子游艺室8家，书报摊点14家，音像制品销售点9家。1999年，有文化娱乐场所172处，其中歌舞厅16家，录像放映9家，卡拉OK厅27家，台球6家，书报摊点17家，音像制品销售点37家，影剧院、体育场各1家，风景旅游点5家，武术馆1家，旱冰场1家，俱乐部2家，茶社1家，饮食服务业9家，餐饮娱乐37家，美容、理发18

家，汽车站点1家。2004年，有公共娱乐场所（由原来的文化娱乐场所改称公共娱乐场所）433处，其中歌舞厅25家，量贩KTV1家，影剧院2家，音像制品销售点93家，书报摊点40家，餐饮娱乐12家，台球3家，博物、文化场馆1家，运动场 1家，音乐茶座24家，商场超市6家，酒菜馆25家，美容、美发、理发157家，洗浴场所16家，游览场所4家，集贸市场13家，交通客运站1家，旧货市场4家。2010年，有公共娱乐场所388处，其中电子游戏厅2家，歌舞厅23家，影剧院1家，音像制品销售点57家，台球4家，书报摊点38家，餐饮娱乐8家，博物馆1家，体育场1家，音乐茶座35家，酒菜馆25家，美容、美发152家，洗浴场所1家，游览场所4家，集贸市场13家，交通客运站1家，其他33家。

十三、蔬菜保鲜

（一）兰州蒋氏农产品有限公司

兰州蒋氏农产品有限公司始建于1997年，位于定远镇蒋家营村，占地80亩，资产4000万元，有蔬菜恒温保鲜库72间，库容1.5万吨，蔬菜交易场地4万平方米。为甘肃省农业产业化重点龙头企业，是榆中县第一家从事蔬菜收购、保鲜、储藏、销售的农产品流通企业。2002年，配合市县农业部门推广无公害绿色蔬菜生产技术，引导菜农采用无公害蔬菜生产标准种植蔬菜。2003年，申报认定无公害蔬菜产地7.4万亩，形成无公害蔬菜产品集散中心。2010年，蔬菜交易量10万吨，实现交易额3.1亿元。

（二）兰州瑞泰绿色食品有限公司

兰州瑞泰绿色食品有限公司始建于2002年，位于定远镇蒋家营村，占地95亩，注册资金2500万元，固定资产5300万元，建筑面积4万平方米，有库容300吨的保鲜库63间，是集生产、加工、销售于一体的大型蔬菜果品保鲜库。收购、冷藏、加工、销售县内及周边县区、临近省份的果品、蔬菜。以高原夏菜为优势，国内销往广州、深圳、南京、杭州、上海、厦门等城市，出口马来西亚、韩国、日本、美国等国家。2010年，蔬菜吞吐量18万吨，实现交易额5.5亿元。公司获 “中国诚信企业”“2007年省级龙头企业”称号和农业部颁发的“无公害农产品产地认证”

"无公害农产品认证"证书。

第二节　供销社购销经营

一、生产资料供应

1991—1993年，全县化肥、农药、农膜等主要农业生产资料由供销社系统实行专营。县农副公司组织购进货源，调拨下放，由基层社销售供应。销售价格统一由各级物委核定，大化肥分品种由省物委核定全省统一零售价，小化肥以县为单位核定综合零售价，实行一县一价，并报请当地物价部门批准。1994—2000年，成立由公安、工商、技术监督、供销社组成的市场管理整顿领导小组、稽查队，查处无证非法经营462户，取缔83户，查收各种化肥477.6吨、农药455千克、农膜198.9千克，查扣伪劣磷肥18吨，查处私自涨价行为6起。2001—2010年，农资经营运用连锁经营的流通方式改造以化肥为主的农资经营网络。以县农资公司为龙头，基层社为依托，村级服务站为阵地，实行连锁经营，并组建配送中心统一配送物资。2010年末，全县建起直营型连锁店40个，加盟型连锁店50个，供销社农业生产资料供应总值3656.4万元，基层社、县属公司在春耕、"三夏"、秋播等农忙季节开展"农资送农家"活动，送肥、送药到农家院户、田间地头、蔬菜大棚。庄稼医院为农民提供信息服务、技术咨询、供应优良种子等服务。

二、农副产品收购

1991年，全县农副产品收购坚持"分购联销"方式，即县农副公司、基层供销社执行县社下达计划开展收购，除马铃薯、烟叶、烟秆、油料用于加工原料，零星产品自行销售外，其他大宗产品调拨给县农副公司，集中统一销售。收购物资品类主要有畜产品类：绵羊毛、山羊毛、羊绒、绵羊皮、山羊皮、牛皮、杂皮等；土产类：蜂蜜、笤帚、簸箕、竹席、草帽、木糖、背篓等；干菜调味类：葵花子、黑瓜子、红枣、苹果、粉

1991—2010年榆中县供销系统农业生产资料供应情况

表8-2-2

年份	供应总值（万元）	各种化肥									农药（吨）	农膜（吨）	中小农具（万件）	药械（件）
		总计（标吨）	大化肥（吨）				小化肥（吨）							
			尿素	二铵	硝铵	合计	碳铵	磷肥	其他肥	合计				
1991	1155.2	24281	6460	3138	2265	11863	6103	5922	393	12418	59.4	93.4	17.9	2480
1992	1117.2	22940	5361	2839	2147	10347	7988	5714	232	13934	28.7	114.8	15.3	3105
1993	1021.7	24281	4264	2313	2633	9210	6960	6368	300	13628	23.9	56.4	15	1878
1994	1234.1	26625	6860	3477	1665	12002	7088	7510	25	14623	21.8	88.4	12.2	1850
1995	1985.8	29517	6833	2739	3115	12687	9729	6140	961	16830	27	91.6	12	1500
1996	2310.6	29968	6995	3966	1993	12954	9456	5611	1947	17014	21	149	12.3	1795
1997	1922.5	23589	5586	3557	1808	10951	7595	3774	1269	12638	31.3	133.5	11.4	2136
1998	1605.3	18916	5123	1512	3191	9826	5897	2879	314	9090	18.7	38.3	10	2468
1999	1483.5	21095	5324	4230	1104	10658	6704	3405	328	10437	11.3	43.5	10.1	2035
2000	1544.9	24512	6115	3995	1736	11846	7139	5160	367	12666	15.4	104.8	9.4	465
2001	1679.8	29071	6916	4519	1483	12918	9706	5285	1162	16153	8.9	32.6	5.6	738
2002	1852.3	35983	9071	4911	2275	16257	12268	6703	755	19726	11.4	30.8	5.6	1368
2003	1419.8	26613	6277	3216	186	9679	10138	6077	719	16934	13.2	32.5	6.9	1336

续表

年份	供应总值（万元）	各种化肥									农药（吨）	农膜（吨）	中小农具（万件）	药械（件）
		总计（标吨）	大化肥（吨）				小化肥（吨）							
			尿素	二铵	硝铵	合计	碳铵	磷肥	其他肥	合计				
2004	1962.8	30874	9055	5494	214	14763	9974	5526	611	16111	7.6	13.7	4.8	639
2005	2243	28320	7461	5371		12832	7662	6931	895	15488	7.1	13.8	4.4	1138
2006	2984.6	39239	14840	6010		20850	10862	6862	665	18389	7.7	16.4	5.2	
2007	3147.9	38576	14766	5179		19945	9925	7916	790	18631	7.3	24.5	4.6	
2008	4540.3	43136	18948	6331		25279	7559	8786	1512	17857	16.84	57.72	4.26	
2009	3722.8	40761	16446	8853		25299	7923	7061	478	15462	15.9	47.6	5.49	
2010	3656.4	39303	15563	8081		23644	6157	8700	802	15659	26.33	48.1	5.44	

条等；中药材类：党参、当归、黄芪、其他野生药材；粮油类：豌豆、扁豆、蚕豆、玉米、小麦、大米、胡麻籽、油菜籽、食用植物油、马铃薯等；肉禽蛋类：生猪、活鸡、鲜蛋等；烟草类：烟叶、烟秆。1993—2010年，供销系统转换经营机制，基层门店实行承包经营。专业收购门店大部分逐年改变经营项目，收购品种逐年减少，收购量大幅度下降。经营方式由分购联销转变为自购自销。

三、废旧物资收购

1991—2005年，全县居民生活生产废品回收，主要依靠供销社专业公司的直属网点和各基层供销社下设的废品回收部收购，回收物资调拨给县再生资源回收公司（县农副公司）集中统一销售。收购品种主要是废旧钢铁、废铜、废玻璃、废纸、废纸板等。1991年，收购总额367万元，其中废钢铁862吨，废铜280吨，废旧纸板1100吨，废橡胶68吨，废玻璃1800吨。1993年，回收业务减少，经营额逐年萎缩。2004年，全县供销社回收站点有8个，回收公司1个，当年收购总额102万元，其中废钢铁342吨，废铜72吨，废旧纸板300吨，废玻璃520吨。2006—2010年，废旧物资回收经营为各单位、基层门店自购自销，专业收购门店大部分改变经营项目，收购量大幅度下降。2006年，收购总额35.4万元，其中废钢铁115.5吨，废铜35吨，废旧纸板120吨，废橡胶8吨，废玻璃250吨。2008年，收购总额15.8万元，其中废钢铁64.8吨，废旧纸板62吨，废玻璃76吨。

四、土产日杂商品销售

（一）土产品

1993年起，供销社门店实行承包经营，土产品由门店自购自销，主要品种有蜂蜜、棕类制品、竹类制品、木制把柄等。

（二）日用杂品

1991年，全县各基层供销社均设有日用杂品专业经营门店，兼营其他商品，货源主要由县农副公司组织购进，批发供应，基层社零星购进部分商品，起补充作用。供销社经营的种类主要有：日用陶瓷、铁锅、编制品、土纸、灶事用具、木器家具、农村建房用材、烟花爆竹。1993

1991—2005年榆中县供销系统农副产品收购推销情况

表8-2-3

年份	收购总额（万元）	主要品种															
		绵羊毛（吨）	蜂蜜（吨）	小麦（吨）	玉米（吨）	豌豆（吨）	油料（吨）	葵花子（吨）	粉条（吨）	烟叶（吨）	烟秆（吨）	马铃薯（吨）	食用油（吨）	中药材（吨）	苹果（吨）	小杂粮（吨）	西瓜（吨）
1991	181.6	10.7	6	13	179	31	232	13	11	125	815	236	6	18	277		
1992	182.6	10.7	6	13	179	31	232	13	11	125	815	236	6	18	277		
1993	181.5	8	4.5			224	73.5	9	13.5	68	25	125	14	14	166		
1994	185				18	63	7	7		15		266	8	2	38		
1995	198			43	36	131	29		24	12		100		1			
1996	267.2						12			17		175		3			
1997	187	0.2	1.8	32	125	35	62			61		405		2			
1998	233.2				24	67	9			48		560		4			
1999	263.6				113	173	5			68		300		3			
2000	93				215	711	30			55		85		1			
2001	79				9	16	9			19		350		1			
2002	80.5				18	26	8			39		40					

续表

年份	收购总额（万元）	主要品种															
		绵羊毛（吨）	蜂蜜（吨）	小麦（吨）	玉米（吨）	豌豆（吨）	油料（吨）	葵花子（吨）	粉条（吨）	烟叶（吨）	烟秆（吨）	马铃薯（吨）	食用油（吨）	中药材（吨）	苹果（吨）	小杂粮（吨）	西瓜（吨）
2003	92						6			36		450					
2004	81.2						4			29		750					
2005	88						2			31		708					
2006	86			120	56		32					846					
2007	104			68			18					1086				20.4	
2008	146			55	30		20					1410					100
2009	110			108	86							1100					
2010	98			153	50							860					

图 8-2-2　原贡井供销社（2010 年摄）

年，调整日用杂品经营体制，改封闭式经营为开放式经营；商品定价权下放到经营单位；日用杂品专业经营门店坚持主营方向，在经营好传统日用杂品、更新换代产品和具有连带性商品的基础上，兼营其他商品。2005年，增加日用塑料制品、钢制家具、家用电器、炊事机械等。2010年，经营日杂商品主要有日用陶瓷、铁锅、编制品、灶事用具、木器家具、农村建房用材、烟花爆竹、日用塑料制品、钢制家具等。

第三节　商业经营体制改革

一、国有商业企业经营管理体制改革

（一）批发零售企业合并

1991年11月，榆中县百货公司和榆中县城关百货商店合并经营。1992年4月，城关五金交电化工商店合并到榆中县五金交电化工公司，同

年5月，城关糖业烟酒商店合并到榆中县糖酒副食公司。同年9月，拆除城关百货商店后，原址建成百货大楼。1994年12月，县五金公司在拆除城关五金交电化工商店后，原址建设的五金公司交电大楼竣工营业。1995年11月，县糖酒副食公司在原城关糖业烟酒商店的原址建成兴隆商厦营业大楼。

（二）承包租赁经营

1991—1993年，百货公司等企业实现第二轮承包经营。承包经营期间，县饮食服务公司的8个门店实行租赁经营，食品公司下属的来紫堡等3个收购站进行拍卖。百货公司内部实行“以股承包、指标分解、分别考核、计分计奖、超奖欠罚”的内部承包经营机制。五金公司、糖酒公司、食品厂等企业推行工效挂钩，实行联销计酬、计件工资、定额管理、经济责任包干等多种形式的工资分配办法，改革企业劳动人事管理、分配制度。

（三）“国有民营”改革

1993年，县属国有商业企业市场份额减少，不再发挥流通主渠道作用，此后“边远、微利、亏损”的小型商业网点实行“国有民营”抽资承包经营，而后扩大到百货大楼、交电大楼、兴隆商厦等大楼的柜组，划小核算单位，引入个体经营机制。

（四）破产重组

1996年12月，破产清算榆中县百货公司。1998年3月，公司依法宣告破产，核销债务740万元，重组成立“榆中县百货有限责任公司”。

（五）产权制度改革

2000年，榆中县国有商业除石油公司、煤炭公司、药材公司、烟草公司、盐业公司等由省、市垂直管理外，其他企业实施退出国有序列改革。2002年，榆中县煤炭公司经资产评估、置换国有资产为社会资产，企业职工置换为自然人，部分原有职工入股组建榆中县高原煤炭股份有限责任公司，并注册挂牌。2005年，榆中县食品公司置换50名职工身份，公司资产出售给职工，由9名股东出资23.5万元组建股份制企业。2007年4

月，注册成立“榆中瑞丰食品有限公司”，退序重组。2008年5月，榆中县饮食服务公司改制，资产出让，安置职工75人。土地开发建成“华光广场”商业综合体。至2010年，县属国有商业企业中，榆中县物资公司、榆中县食品公司退出国有系列，组建股份制企业。榆中县饮食服务公司改制退出国有系列后关闭。榆中县百货有限责任公司、五金交电化工公司、糖酒副食公司处置部分资产，置换大部分职工国企职工身份。

二、供销合作联合社商业改革

（一）“四放开”“破三铁”改革试点

1991年9月，供销合作商业企业进行“四放开”（经营、价格、分配、用工）试点，在供销大楼、金崖供销社进行，经营上放开现金进货和从贸易市场进货。1992年5月，按照县委、县政府企业破“三铁”试点工作的实施意见，确定供销大楼为全县供销社系统首批试点企业，进行人事、用工、分配三项制度改革。同年7月，在供销系统推行“四放开”改革，在高崖、甘草等7个基层供销社实行工资含量和风险抵押承包试点工作。

（二）基层供销社改革

1. 抽资承包经营

1993年，县联社对基层社的收购门店、零售门店、县属公司的小型零售门店实行第一轮抽资承包经营。实行抽资承包经营，是以流动资金自筹为核心的“一抽、两保、四自、五不变”。“一抽”是抽回企业商品资金，职工承包门店，自筹资金组织货源；“两保”即保上缴承包费，保缴销售税金；“四自”是自主经营、自负盈亏、自主分配、自我约束；“五不变”即企业性质不变，服务宗旨不变，隶属关系不变，统一纳税不变，职工身份不变。对偏远不便管理、亏损严重的网点或扭亏无望的门店，把库存商品一次拍卖或由基层社抽回，然后将固定资产出租或者拍卖。1996年7月，第二轮承包由原承包人一人牵头，集体承包。城关供销社总体承包费略增加，其余门店承包费每年递增4%的幅度不变。税务部门分门店核定纳税额。第二轮承包安排基层社在册职工全部上岗。1996

年后，抽资款在第二轮承包中分年抽清。化肥、农药、农膜等主要农业生产资料坚持县公司、基层社统一经营，个人不能承包，其他商品在工商部门核定的范围内扩大品种，放开经营。工商部门办理登记、变更承包门店的营业执照、核定经营范围。自1993年7月起，承包门店177个，占基层社门店（柜组）总数199个的88.9%，抽回资金403.7万元，占应抽资金486.3万元的83%，清理处理有问题商品140万元，占库存商品的18.7%，削价处理损失金额43万元，占有问题商品的32.9%。承包合同一订三年，每轮期满后以平稳过渡的方法续签承包合同。

2. 调整基层社建置

1995年11月，将三角城供销社合并到县农副公司。1998年5月，将上花岔、小康营供销社分别合并到贡井、城关供销社。2000年3月，新营供销社合并到高崖供销社。2005年12月，来紫堡、清水驿供销社合并到金崖、甘草店供销社。

（三）社属企业改革

1991年后，县联社增设针纺、百货、副食等经营部，增加经营品种，扩大代销、展销、联销商品比例，拓宽业务渠道。1995年10月，供销大楼在经营上试行分楼层管理。1997年9月，供销大楼改分楼层管理为分柜组柜台承包，除国家和省上管理的商品价格、作价差率、收费标准以及另有规定者外，其余商品由企业自行定价，实行批量价、季节价、花色价、滞销商品处理价。批发部门在所经营商品总额不变的原则下，具体品种根据市场变化实行动态价，升降幅度1%~10%，自行确定价格。零售门店、柜组一次性销量较大的商品在零售价基础上可下浮5%，由业务、财务人员变价调整账务；门店、柜组根据市场变化，灵活作价，随时会同物价人员调整价格。2008年，供销大楼三楼、四楼整体出售，收入180万元，同时供销大楼对内部职工承包柜组重新进行调整，对部分柜组向外租赁，吸收社会人员进入大楼经营。2010年，供销大楼再次转变经营方式，引进湖北商户入驻供销大楼二楼建成供销服饰广场。租金由3.6万元提高到13万元。2010年实现销售收入318.2万元。

（四）社属企业分离

县供销联社直属农副、农资、工业品公司、再生资源回收公司，原按4个公司一套班子设置。2000年4月和2005年3月，分别将工业品、农副公司剥离，成为独立法人企业。

（五）综合性改革

1. 推行农资连锁经营

2005年底，县供销联社建立直营型连锁店15个，11个基层社的69个门店全部按连锁店的经营管理形式运转。

2. 发展专业合作社

2000年起，马坡、城关供销社建立百合种植基地2处；农副公司、连搭、甘草供销社建立马铃薯示范基地3处；夏官营、金崖、来紫堡、定远、和平供销社联合组建蔬菜产销协会；高崖供销社吸纳当地农民，组建新营兴新马铃薯专业合作社；农资公司在三角城、金崖、定远组建3个农资市场。由农资公司牵头，发展会员61个，组建榆中县农业生产资料行业协会。2008年，县属企业生资公司争取到烟花爆竹批发经营许可资质，改造仓储1000平方米，购置配送汽车3辆用于烟花爆竹经营。2010年，成立榆中县日用品配送中心，新建428平方米的商品展厅、60平方米的直营便利超市及800平方米配送仓库，有配送职工6人，配送车辆3辆，配送品种850种，配送业务覆盖全县，配送网点165家（其中直营店55家，加盟店110家），年配送额100万元以上。至2010年底，完成万村千乡市场工程便利超市建设项目268个，农贸市场建设项目3个，日用品配送中心建设项目1个，农业生产资料配送中心建设项目1个，基层社改造项目3个，村级综合服务社建设项目1个，项目总投资1004万元，其中争取国家、省、市项目建设专项资金246.5万元。有专业合作社5个，创建示范性专业合作社1个，发展社员680户，建成马铃薯种植基地3900亩，建成马铃薯淀粉生产线1条。新建综合服务社39个。

第四节　粮　食

一、粮油购销

（一）市场

1991年，县内粮食集贸市场以生产者与消费者的直接交易为主，价格由买卖双方自由协商。此外，有一些小粮商的贩运，也有粮食企业的参与，但比重都不大。集市贸易的粮食交易品种定购以外的部分常年放开；定购任务完成之后，其品种也可上市交易。1993年粮食销售价格放开。1998年后，粮食市场价低于国家保护价，主要品种都交粮食部门，集市上产销见面的渐少，一些粮贩走乡串户收购，转手卖给粮食部门或贩运大户。至2005年，城关、新营、甘草店、贡井、和平、定远、三角城、夏官营、金崖等乡镇具有粮食零售资格证的合法个体粮商29家。

（二）收购

1991年，县内执行的国家粮食定购品种有小麦、玉米，油料定购品种有油菜籽、胡麻籽，交售定购粮油实行奖售平价化肥、柴油的政策，收购公粮给农民找补统购价与比例价之间的差价。县内以销定购的粮食品种有青稞、蚕豆、豌豆、糜子、谷子、莜麦、大豆等，交售任务实行平议价、化肥差价及价外补贴政策。

1. 议价粮油

县上对定购品种在定购任务未完成之前不得收购，任务完成之后可以收购，其他品种可常年常时收购。

2. 粮油定购

1991年，全县粮食定购任务620万千克，油品任务23.3万千克。当年继续执行收购甜菜顶抵粮食定购任务办法，40千克甜菜顶抵1千克粮食定购任务。1992年4月，县内以销定购的粮食品种只保留青稞、蚕豆、豌豆，其余小杂粮退出定购，实行市场调节，其化肥差价及价外补贴取消。

1993年1月，全面放开食油购销价格，取消国家油品定购任务、定购价格以及省上对定购油品实行挂钩平价化肥的政策。平价油品油料库存属省上所有，食油调拨计划停止执行。县内收购甜菜不再顶抵粮食定购任务。挂钩化肥、柴油由实物奖售改为平议差价补贴，小麦、玉米的差价每50千克4.20元，收购时，与定购价款一并付给售粮农民。县内以销定购的青稞、蚕豆、豌豆退出定购。1994年3月，榆中县粮食定购任务580万千克，加保险系数后620万千克；市场收购645万千克；油品收购任务必保数为18万千克，加保险系数后为23.3万千克。7月，定购粮只保留小麦、玉米两个品种。当年，由于山区粮食减产，川水地每亩再交3千克贡献粮，共60万千克。1995年3月，将粮食定购和油品收购必保数层层分解到农户。市场收购下达到村社，可不再向农户分配。农业税折征粮食，不准以任何理由向农民收取代金。油品只收油料，并不退返油饼。从夏粮收购开始，除农业税外的定购粮食，一律实行价外加价，每50千克2.50元，粮肥挂钩不兑现实物，给补贴1元，在粮食收购时随定购价款一并兑付给农民。1996年7月，定购中的公粮全部收小麦，购粮原则上收小麦和玉米，比例为8:2。粮食定购和油品收购计划完成之前，其他单位和个人不得到农村直接采购粮油。1997年，实行粮食保护价政策。由于市场粮价高，全县没有保护价收购量。根据灾情，县政府调整定购任务，将兰山、龙泉、韦营、中连川、贡井、园子岔、上花岔、哈岘、梁坪、鲁家沟、垲坪11个乡的购粮全部减免。1998年，农业税一律折征实物，不准以资代粮。1999年8月，定购和保护价收购范围缩小，任务调减。兰山、银山、马坡、上庄、新营、龙泉、梁坪、鲁家沟8个整乡及定远、和平、高崖、甘草店、清水驿、小康营、城关、连搭等乡镇的42个山区村退出定购和保护价收购范围，其农业税征收代金。全县粮食定购任务由580万千克调减为365万千克。2000年8月，小麦为定购和保护价收购的唯一品种，玉米退出，全县定购任务未变。2003年，未退出定购地区的农业税及其附加，按照“粮钱两便、农民自愿”的原则，可征实物，也可征代金。2004年1月，取消小麦定购和保护价收购，市场全面放开。由政府储备粮调控、企业自主经营的格局初步形成。之后，粮食局组织企业负责人走出去，与安徽、四川等产区建立粮食购销合作关系，确保县内有足够的粮源，保障粮油供需安全。

（三）销售

1. 城镇居民粮油

全县城镇居民粮油实行凭粮证或粮票供应。每户一本粮证，成人按劳别分等、儿童按年龄分等定量供应。每年都要进行整顿，核实每户的人数、工种、定量，要求人、粮、户口、工资对口，多供的扣回，少供的补足。1991年，人均月定量水平15.05千克。1993年1月，食油销售放开，价格随行就市，居民粮证共结存食油7.8万千克，停止供应。粮票购粮不再带油。4月，粮食销售放开，又出现集中购买结存粮的现象，仍有217.1万千克结存粮停供。同时，粮票停止流通，不再凭粮票供应。粮油销售放开后，价格持续上涨，粮源趋紧。年底，就开始平抑粮油价格。1994年6月，政府对居民口粮采取限价措施。1995年5月，城镇居民实行“一凭二限二定”供应办法。一凭：凭粮证及供应信誉卡买粮；限量：居民10千克，有粮户关系的大中专学生及城镇救济对象15千克；限期：当月有效。定价：特一粉每500克1.00元，特二粉0.88元，标准粉0.57元，食油销价不超过3.30元。定店：在发放信誉卡的粮店购买。同时，政府对议价粮采取限价调控措施。对凭信誉卡限量定价供应的面粉，粮食部门实行保质、保量、保价、保退、保换的五保信誉服务档。1996年下半年，居民定量由10千克调减为7.5千克。供应随行就市。1997年，市镇供应出现多渠道经营态势，粮食局动员广大职工，开展全员推销，推销面粉250万千克，油品12.8万千克。

2. 农村返销粮

1991年，县政府对农村缺粮户用平价粮以比例销价安排回销粮134.4万千克。年终，市政府下拨捐赠救灾粮票11.8万千克，以统销价购买，品种以大米为主，也可折合供应小麦、玉米。1992年，回销粮改用新调整的统销价，回销130.9万千克。1993年，粮食销价放开后，回销粮减少，逐渐变为救灾性质，由民政部门用救灾款支付部分或全部粮款后，粮食部门有偿或无偿供应给受灾农民。1994年底，给青城乡红岘、改地、金崖乡豆家岘、韦营乡孙家岔、武家窑及其他乡镇的受灾村4653人发放救灾粮75.8万千克。1995年9月，安排救灾粮358.9万千克。1996年，接新安排救灾粮148.4万千克，绝大部分是议价粮，品种有小麦、玉米。

1991—2005年农村粮油实际购销情况统计表

表8-2-4 单位：万千克

年度	粮食			油品	
	定购	保护价收购	回销	定购	收购
1991	621.2		134.4	23.65	
1992	598.5		130.9	22.72	
1993	607.3			定购取消	43.4
1994	541.3		39.8		81.53
1995	580		344.9		19.05
1996	586		148.4		25.08
1997	580				1.77
1998	580	553.6			34.93
1999	436.2	109.6			11
2000	104.6	114.6	65.4		0.6
2001	242.6	150	206.8		0.26
2002	130.7	338			0.13
2003	111.5	555.3			0.03
2004	定购、保护价收购取消				114.99
2005			80.5		

2000年，全县安排救灾粮65.4万千克。2001年，全县供应农村救灾粮206.8万千克，其中特储粮供应97.5万千克，定购粮供应109.3万千克。

2005年，救灾粮供应面粉，民政局拨付救灾粮款后，面粉厂组织加工，购销企业将面粉送到乡镇，由乡镇负责发放。供应优粉2万袋50万千克，折合小麦80.5万千克。

3. 军供粮油

1991年，全县驻军的粮油供应由许家台粮库承担，内设专用军粮库房，柜台由专人兼管。军粮凭军粮供应证和价购粮票供应，实行统销价和提货制，由部队到许家台粮库购买。品种有大豆、特二粉、杂优晚籼米和二级精炼油。1994年，改革军粮供应体制，实行差价补贴，专户管理。大米、大豆由省上统一采购，小麦粉、食油等由市粮食局采购，按原统销价调拨供应，其差价由中央和省级财政分担，后由中央财政承担。1997年起，大豆、食油改按市场价供应。1998年起，供应品种为特二粉、杂优晚籼米。2000年1月，县军粮供应站成立，并于次年3月正式挂牌。2001年，军粮调整为特一粉、特粳米。实行送货制，电话预约后，由军供站送粮油到军营。2005年后，榆中县军粮供应站供应驻榆军队及武警部队。

4. 退耕还林粮

2000年11月，全县开始供应退耕还林粮，粮源为企业周转粮，县内占70%，市上拉运30%，供应品种小麦占80%，玉米占20%。4年中，全县退耕10万亩，供应退耕还林粮1347.5万千克，其中本县企业周转粮供应765.4万千克。2004年10月，因国家政策变化而中止，改补现金。

5. 以工代赈粮

1991年，全县安排以工代赈粮233.5万千克，其中大米102万千克，玉米131.5万千克，用于水利、乡村道路、林业建设和中低产田改造等配套建设。1993年11月，全县以工代赈粮245万千克，粮源从永昌、金昌调入，采取财政拨款、建设单位核发购粮券、粮食部门凭券兑付的方式。吴家岔、曹家窑、马莲沟江河治理与水毁修复工程供粮8万千克，小水利建设工程供粮150万千克，夏方公路续建工程供粮87万千克。

1991—2010年全县粮食销售统计表

表8-2-5　　　　单位：万千克

年度	非农业销售					农业销售			合计
	城镇口粮		工商业用粮		财政供应	平价	议价	救灾粮	
	平价	议价	平价	议价					
1991	737.8	7.6	30.6	21.9	26.1	242.9	32.2	134.4	1099.1
1992	366.5	19	13.3	4.3	29.4	215.9	75.5	130.9	723.9
1993	596.4	114.3	12.1	22	32.2		28.1		805.1
1994	433.2		2.7		52.7	103.9		39.8	592.5
1995	507.1		12.3		51.2	690.2		344.9	1260.8
1996	248.2	203.9			57.2		484.2	148.4	993.5
1997	260.1	152.5			34.5		489.8		936.9
1998	44.2	32.5		1.6	15.8		199.9		294
1999	54.9				16	12.8			83.7
2000	13.2		13.1		42	73.1		65.4	141.4
2001	18.7		31.7		65.6	264.5		206.8	380.5
2002	4.6		5.4		90.3	210.6			310.9

续表

年度	非农业销售					农业销售			合计
	城镇口粮		工商业用粮		财政供应	平价	议价	救灾粮	
	平价	议价	平价	议价					
2003	25.9		5.6		144.7	505.3			681.5
2004	55.5		107.2		222.4	121.4			506.5
2005	按新的统计制度，销售不分对象								858.4
2006									2353.3
2007									2264.1
2008									3054.7
2009									2121.5
2010									842.4

注：按统计口径，上表中数据为纯销售，不包括调拨、行业内外企业销售、以工代赈粮、储备粮轮换及陈化粮等。1991—1993年度分“平价销售”“议价销售”，1996—1998年度分“政策性销售”“市场销售”，其余年度合并统计。2005年后，销售放开，不再分农业销售与非农业销售。合计中不包括救灾粮。

6. 其他用粮

酿造业原料　1991年，全县供应酿造业原料用粮12.7万千克。1992年，一季度供应2.7万千克。同年4月，改为议价供应。

饮食业粮油　1991年，全县供应饮食业用粮油16.4万千克。1992年，供应粮油10.6万千克。1993年1月，油品改为议价供应。同年4月，粮食改为议价供应。

菜农口粮　1991年，菜农口粮一律改为比例价供应。当年全县菜农5401人，供应口粮108.5万千克。1992年，供应85万千克。1993年4月，粮食销售放开，菜农开始供议价粮。

二、粮油储运

（一）仓储设施

1991年，全县18个储粮单位有仓库91幢，总仓容8477.5万千克。1992—1993年，贡井、哈岘、韦营的6孔土窑洞仓报废，仓容减少53万千克。1994年，城关拆除房式仓1幢，仓容减少105万千克。1996年，连搭建成房式仓1幢，仓容增加60万千克。2001年，城关拆除房式仓3幢，砖圆仓2座，仓容减少300万千克。2003年，和平的1幢房式仓拍卖转让，仓容减少92.5万千克；夏官营、金崖、上花岔各有1幢库房报废，仓容减少60万千克。2004年，新营将2幢简易仓改建为1幢房式仓，仓容减少10万千克。2005年，城关建成房式仓1幢，仓容增加50万千克。2005年底，全县18个储粮单位有仓库76幢，总仓容7967万千克。

（二）粮油调运

1992年，全县粮食系统有载重东风货车5辆，其中4辆组成粮食局车队，由储运股管理，另有客货车6辆，总运力40吨。1993年，储备粮计划管理，其他粮食的调拨采取签约方式，由产销双方商定。1995年，粮食局车队解散，车辆划拨给企业使用。1998年后，运量减少，车辆报废或卖出，剩3辆客货车。2004年，粮食经营市场化，收购多采取下乡入户方式，销售转为送货上门，企业陆续购置客货车，共10辆。县内粮油运输由企业自行解决，大宗运输一般是雇用车辆。

三、粮食流通体制改革

（一）购销体制

1991年，榆中县粮食购销体制由统购统销改为定购统销与议购议销并行。由于平价粮收支倒挂，购销价格倒挂，政府为保证粮食供需平衡，用“议转平”的方式调节。当年，菜农和农村回销实行比例价，购销价格拉平；城镇居民和军供实行统销价，价格倒挂。同年3月，取消糕点等食品业用粮平价供应。1992年4月，提高粮油购销价格，实现购销同价，取消酿造业平价供应。1993年1月，全县食油购销价格放开。4月，粮食销售市场放开，取消城镇居民、菜农和农村返销粮平价供应，粮票、居民粮证结余粮油不再流通，平价只保证军供。此后，定购与议价经营并行，实行粮食市场调节政策。粮油价格进入顺价时期，财政补贴减少。1995年，城镇居民口粮限价、限量供应，并动用储备粮平抑粮价。1996年6月，粮价放开。1997年，榆中粮食减产，县政府实行国家定购和保护价收购，粮食阶段性供大于求。1999年，部分乡镇和一些山区村退出定购和保护价收购，定购任务减少。收购是指令性的，定购价比保护价高，保护价比市场价高，没有费用补贴，企业敞开收购。而销售是强制性的，市场粮价一降再降，企业顺价销售。收购量大增，销售量锐减，储粮多、亏损大。全县仓库爆满，粮食无法以推陈储新的方式进行轮换。2000年11月，榆中县执行退耕还林政策，退耕农户粮食供应价格高于成本价；之后，又对陈化粮进行拍卖。全县粮食库存下降，经营状况好转。2004年1月，粮食收购市场放开，取消定购和保护价收购，种粮农民直接补贴。全县企业周转粮转换成商品粮。全县粮食商品化，经营市场化。

（二）储备体制

粮食储备分为国家粮食储备、地方粮食储备和群众储备。

1. 国家储备

1990年12月，榆中县开始储存国家储备粮。中央财政负责费用补贴，粮权属中央，省上负责管理，任何部门和单位无权动用。2000年底，全县所存中央储备粮实现垂直管理。2002年5月，特储退出。2005年12月，许家台粮库获中央储备粮代储资格。

2. 地方储备

1993年6月，许家台粮库和甘草粮库开始承储地方储备粮。1994年3月，全县基层粮管所和重点粮站均有储存。1995年后，粮源紧张，县内储量下降，粮管所和粮站不再储存。2002年2月，许家台粮库、甘草粮库获省储承储资格。5月，只保留许家台粮库一个储存点。2005年底，全县建立新的粮食储备体系。

3. 群众储粮

为防灾备荒，县上鼓励农户储粮。正常情况下存有1年的口粮。

（三）企业自身改革

1995年，粮食企业改革主要是用工制度改革。全县粮食企业的干部、固定工、合同制职工全部实行劳动合同制，职工与单位签订劳动合同，25年以上工龄签无固定期限合同，15年以上工龄签10年期合同，5年以上工龄签5年期合同，5年以下工龄的签3年期合同，劳动部门鉴证。合同期满，根据工作实际续签。1996年，许家台粮食工商企业合并。1998年又分设。1998年初，企业内部改革，11名粮食职工与企业解除劳动关系，按每年600元发补偿金，自谋职业。1998年5月，县属国有粮食企业深化改革，转换经营机制，经营性业务从企业分离出来，划转资产、负债和资本金。职工下岗分流，企业人员减少一半。政府建立再就业服务中心，对下岗人员发放基本生活费，资金财政供给三分之一，社会统筹三分之一，企业负担三分之一。定员定岗分流安置富余人员，从事附营业务。1999年，改革资金没有来源，分流不到位，许多企业无法分离。有门市部的单位安置富余人员经营，每间门市部2~4人。夏官营粮管所分流18人，城关中心粮管所分流36人，甘草粮库分流25人。

四、价格

（一）价格管理

1991—1992年，平价粮油的购销价格由国务院和省政府制定，或授权物价主管部门与粮食主管部门下达执行。1993年，粮油销售价格放开。

议价粮油的价格基本由市场形成。特殊情况下，由政府制定限价。1996年5月，县内粮食定购价实行省政府统一定价。粮食部门比照本地价格确定县区的销售价格。1998年，粮油实行顺价销售，销价由企业根据库存成本加合理费用和最低利润确定。政府以及物价、粮食部门不规定统一销价。2004年，粮食收购价格放开，由企业自主定价。

（二）价格种类

1. 定购价

1991年，定购价又称比例价，由30%原统购价、70%原超购价合成。1992年，国家提高定购粮收购价格，称定购价。1993年1月，油料定购价取消。实行粮食省长负责制后，定购价改为省政府制定。1998年，市场粮价高于保护价时，参照市场粮价确定；市场粮价低于保护价时，按照不低于保护价确定。定购价随市场价起落而调整。14年间，由低走高，又由高回落。2004年1月，取消粮食定购价。

2. 保护价

市场粮价高于保护价时，按市场价收购；市场粮价低于保护价时，按保护价收购。保护价是保障农民在出售粮食时，能够弥补生产成本，并得到适当的收益，在粮食丰收粮价下跌时起作用。1993年销售放开后，粮价上涨。1994年，农业遭受旱、雹、洪灾。1995年，全县大旱，粮价涨至高峰。1996年后，粮价回落。1999年合并。2004年1月取消粮食保护价。

3. 统销价

1991—1993年，全县连年提高统销价，三次给职工增发粮价补贴，将暗补改为明补。1991年，城镇居民和军供按统销价销售；菜农粮油和农村回销粮按比例价销售，购销同价。1992年4月，城镇居民实行购销同价，定购价即为统销价，比例价不再执行。1993年1月，城镇居民油品统销价取消。同年4月，城镇居民粮食统销价取消。

4. 市场价

1993年后，议价经营环境较为宽松。1995年后，粮价持续上涨，政府采取行政干预措施，议价粮油实行差率控制。县内购销粮食购销差率

1991—2010年粮食主要品种市场购销价格表

表8-2-6 　　　　　　　　　　　　　　　　　　　　单位：元/50千克

年度	小麦		玉米		莜麦		荞麦	
	购价	销价	购价	销价	购价	销价	购价	销价
1991	36~40		37.00		47.00			
1992	35~40	41~43		30.00				
1993	36~40	41~52			52.00	62.00		
1994	40~60	50~67.5	46.5~50	47.50			38~50	55.00
1995	60~97.5	75~100	53.5~80	75.00			45~48	57.00
1996	75~97.5	85~105	51.5~75	70~80			58.5~60	60~93
1997	64~77	75~100	46~57	55~60			50~60	60~70
1998	60~70	71~78	52~59	56.5~62	60~78		55.00	67.00
1999	55~64	72.5~82	40~52.5	43~60	60~67.5	85~90	55.00	
2000	55~60	68~77.5	40~46.5	42.5~54	65~67.5	75~80	46.00	56.00
2001	48~55	55~78	47.5~54	50~55	65~67.5	66~80	42~45	46~60
2002	49~55	53~56	46~50	47~53	67.5~70	70~83	40~43	
2003	50~53	53~65	47~53	50~55	70~75	80~95	40~45	45~47.5

续表

年度	小麦		玉米		莜麦		荞麦	
	购价	销价	购价	销价	购价	销价	购价	销价
2004	70~77.5	72.5~81	56~65	58~68	70~80	73~100	50~60	55~65
2005	72~80.5	75~86	54~62	55~65	81.00	80~110		
2006	69~80	77~80	60~68	65~73				
2007	76~83	80~96	63~72	67~78				
2008	80~95	90~105	65~78	75~90	150	196~200		
2009	87~100	90~105	60~90	66~95	175	225		
2010	87~125	95~135	84~105	87.5~110	200	250		

不超过10%，油品不超过9%；外地调进粮食差率不超过8%，油品不超过7%。1996年下半年，取消限制，市场粮价下降。2004年1月，定购价和保护价取消后，除军供粮以外，全县其他粮油购销价格都归于市场价。

（三）价格调整

1991年3月1日，全县调整比例销售价。每50千克中等小麦25.1元，玉米17.3元。粳米（标二）40.9元，籼米（标二）35.5元。菜农粮油和农村回销粮按比例价供应，实行购销同价。同年5月1日，调整粮油统销价格。原粮、油品、油料及大米全省一价：每50千克中等小麦调为22元，玉米调为15元；菜籽油调为208元，胡麻油调为214元；油菜籽、胡麻籽调为70元；籼米（标二）调为26元，粳米（标二）调为33元，糯米（标二）调为35元。面粉榆中统销价，标准粉调为27元，特二粉调为32元，特一粉调为36元，玉米粉调为16元；另有46个粮油品种及副产品都提高统销价。1992年4月1日，调整粮食定购价格。榆中县管理的品种，每50千克中等价小麦31.1元，玉米20.6元，籼稻26元，粳稻33.5元，糯稻33.7元；县内以销定购的青稞为27.9元，蚕豆29.3元，麻豌豆28.2元，白豌豆29元。同时，调整粮食统销价格，统销价与定购价为同一价格，粮食购销价格拉平。县内品种青稞、蚕豆和豌豆均达到购销同价。面粉改为全省一价：标准粉为40元，特二粉为47元，特一粉为54元，玉米粉为24元。1993年1月1日，食油购销价格全面放开，油品油料收购放开，销售放开，价格随行就市。4月1日，粮食销售放开，价格随行就市。12月，全县按如下标准控制粮油销价：每50千克标粉57元，特二粉64元，优粉66元，油品330元。1994年6月，调整粮食定购价格，每50千克中等小麦调为49元，玉米调为41元。1995年5月1日，县政府实行限价限量供应措施。每50千克标准粉57元，特二粉88元，特一粉100元。限量以外的议价面粉零售，实行最高限价，标准粉110元，特二粉120元，特一粉130元。对议购粮油中的小麦、玉米、大米、菜籽油、胡麻油等品种实行差率控制。个体经营的议价粮油销售价格不能高于国有企业的价格。1996年7月，粮食购销价格提高。定购价每50千克小麦71元，玉米57元，平均提高41.9%。全县面粉销售执行统一价格，标准粉115元，特二粉127元，特一粉135元。同年11月15日，取消最高限价，改为购销差率控制。1997年，全县实行粮食保护价制度，每50千克中等价小麦64元，玉米51元。1998年7月，粮食定购价格回落。小麦定购价格调为68元。11月，玉米定购价调为55元。1999年7月，小麦定购价每50千克调为63元。小麦保护价与定购价并轨，执行同一价格。12月，玉米定购价与保护价并轨，每50千克中等玉米收购价格统一调整为43元。2000年8月，每50千克中等小麦定购价与保护价调整为55元。2002年7月，每50千克中等小麦定购价与保护价调整为53元。2003年底，粮油价格恢复性上涨。2004年，粮食收购价格放开，粮价由市场形成。

五、粮油加工

（一）面粉加工

1991年，县面粉厂实行价拨加工，日产面粉100吨。全年总产量3.18万吨。面粉加工以特二粉为主，绝大部分供应兰州市。1992年，面粉厂实现利润89万元，当年与辽宁盘山县统一物资公司联办稻谷加工业务，各投资20万元，在厂内新建一条稻谷加工生产线，生产能力为日加工大米20吨。同时，投资40.1万元，建成玉米联产车间，日处理玉米50吨。1993年4月，粮食销售放开，外地面粉拥入榆中市场，县面粉厂生产量减少，年产量下降53.6%。同年，面粉厂产量5830吨，出现亏损。1995年，扩大小杂粮生产，尝试玉米精加工，生产的金黍米在西北地区粮油产品评比会上获得小杂粮产品第一名。1996年12月，面粉厂并入许家台粮库。1998年，面粉厂处于停产状态。同年12月，与许家台粮库分离。外地面粉逐步占领县内市场。1999年，亏损90.3万元。2000年，加工面粉85吨。2001年6月，大型设备改造为日产25吨的小型设备，小批量加工生产，供应市场。2003年，面粉厂通过QS认证，取得工业产品生产许可证；2005年，通过企业管理A级认证，并获得计量C标。2006年，面粉厂停业。

1991—2010年，县内农村面粉加工以村为单位，用电磨加工，前期为人工清粮、手工上料，后期为机械清粮、全自动上料。

（二）饲料加工

1991年4月，县饲料公司运行之后，将饲料加工厂划归饲料公司管理。1996年12月，饲料公司及所属加工厂并入许家台粮库。1998年12月，又恢复原建制。2001年5月，饲料公司及所属加工厂与面粉厂合并，三个牌子一套班子。

1991年，饲料加工量5774吨，利润6.4万元。销售由基层粮食购销企业代理，实行调拨结算支付手续费的办法。饲料原料分平价、议价两种。平价原料玉米、麸皮、黑粉、油饼等，按计划下达指标，由许家台粮库价拨供给，鱼粉、骨粉、石粉等微量原料由省饲料公司采购后分配厂家。平价饲料按计划供应。议价原料自由购进，根据市场需要生产和销售。饲料加工厂生产的饲料有产奶牛料、蛋鸡料、育肥猪料、牲畜料、生猪料等6 类12种，配方由市饲料公司制定。1992年，饲料产量5970吨，利润15万元，均为最高年份。1993年4月，粮食销售放开后，饲料原料全部改为议价。饲料公司扩大兴隆市场饲料销售门市部，并在新营、高崖、甘草、和平、定远、连搭、夏官营、金崖、来紫堡等粮食企业及齐家坪村设立10个饲料销售网点，开展饲料销售业务。1995年，饲料产品的粗细度、均匀度达到部颁标准。1996年，饲料产量持续下滑，经营出现亏损，一些销售网点陆续撤销。2000年，产量150吨。2002年，饲料公司资不抵债，停产。

1991—2000年，县内农村饲料加工主要设备为小型粉碎机，由个体经营户经营。2000年后，大多数养殖户自购饲料加工设备，自行加工。

（三）油品加工

1991年，许家台粮库设榨油车间一处，配有ZX·10–1型螺旋榨油机，日加工油料5吨，实行承包经营，年产油品200吨。1994年，城关、上花粮管所购置小型榨油机，开办榨油坊，夏官营粮管所与私人联办油坊，主要从事油品加工兑换业务。1996年，城关、夏官营粮管所的油坊停办。同年4月，榆中县植物油厂竣工，投入试产。生产设施有预榨车间、浸出车间、精炼车间，配有鄂州粮机厂生产的成套榨油设备，自制4个大型储油罐，日处理油籽30吨，可生产国家一级油。当年加工油品605吨。1997年初，许家台粮库榨油车间停产。之后，由于市场油料价格下降，榆中县植物油库库存油品积压，处于半停产状态。2000年，油厂职工分流安置到其他企业。2005年，上花粮管所的油坊仍有加工。2006年后，国有的油品加工停产。

1991—2010年，县内农村的植物油品加工主要由个体榨油坊承担，采用机械榨油，新营、高崖、龙泉等地有少量的土榨油坊。油品主要有胡麻油和菜籽油。

第五节　个体私营市场

1991年后，县内个体、私营商业发展迅速，成为全县商贸流通的主要力量。1993年，投资1000万元，新建县城兴隆市场、一悟路农贸市场、贡井农贸市场、和平一条街市场，改建甘草店、新营等市场，全县市场达到13个，交易点15个。1995年，个体私营企业完成社会消费品零售额7958万元。1998年9月，县委、县政府出台《关于加快发展非公有制经济的决定》，实行“四放宽”（即放宽经济主体、放宽经营范围、放宽经营方式、放宽登记注册条件）、“五不限”（即不限速度，不限比例，不限规模，不限场地，不限地域），为全县个体私营经济的发展创造条件。2000年，个体私营企业社会消费品零售额2.49亿元。2005年，个体私营企业社会消费品零售额5.05亿元。2010年，社会消费品零售额10.97亿元，外贸出口503万元。

一、综合性商场

（一）华东超市

2003年9月，华东超市开业，营业面积1100平方米，年销售额1500万元。

（二）凯尔亮超市

2009年5月，凯尔亮超市开业，营业面积1000平方米，经营商品10个大类，1万个品种，年销售额800万元。

二、专业性市场

（一）榆中县一悟路蔬菜市场

1991年4月，榆中县一悟路蔬菜市场建成，占地5600平方米，建筑面积4200平方米，有商户200家，年交易额5000万元，是县城唯一的蔬菜肉食、调味品、水产品专业交易市场。

（二）兰州大青山蔬菜瓜果批发市场

2010年1月，兰州大青山蔬菜瓜果批发市场建成，占地230亩，建筑面积3.75万平方米，库房1600间，冷藏库5000平方米，交易大棚6000平方米，吞吐量2万吨，日交易额1500万元。2010年，市场蔬菜瓜果交易170万吨，交易额31.5亿元，其中蔬菜90万吨。

（三）定远蔬菜冷藏保鲜基地

1997年，兰州蒋氏农产品有限公司在定远镇建成全县第一座蔬菜保鲜库。至2010年，全县以定远镇为中心，建成33家蔬菜保鲜库，带动贮存、保鲜、加工、包装、运输、餐饮、劳务等相关产业发展，成为甘肃省“西菜东调，北菜南运”最大的集散交易销售中心。

三、城乡集贸市场

2000年后，集贸市场建设向农村延伸。全县新建和改建县城蔬菜批发市场、兴隆步行街、甘草集贸市场、贡井吕家岘农贸市场、韦营农贸市场、中连川撒拉沟市场、上花农贸市场、园子农贸市场、银山农贸市场、青城农贸市场、夏官营大学城商贸综合市场、金崖农贸市场、和平综合市场、新营农贸市场等22个农村集贸市场。

第六节 惠农商业政策

一、“万村千乡”工程

2006年，榆中县被国家商务部列为“万村千乡”市场工程建设试点县，榆中县农业生产资料公司列为“万村千乡”市场工程建设试点企业，承担“万村千乡”市场工程建设任务。国家补贴资金标准为省级店（营业面积40~80平方米）补贴6000元，兰州市标准化示范店（营业面积80平方米以上）补贴2万元。由县农业生产资料公司垫资实施工程改造，经省市主管部门验收合格后按标准对试点企业进行资金补贴。2006—2010年，投资500万元新建许家台农资配送中心，面积3500平方米。投资760万元，新建三角城商贸中心，面积1600平方米。

二、“家电下乡”

2009年2月1日，榆中县“家电下乡”推广工作开始。农民在家电下乡指定销售网点购买家电下乡产品，财政对农民消费者给予销售价格13%的补贴。家电下乡产品为彩电、冰箱、冰柜、洗衣机、手机、电磁炉、电脑、空调、热水器等。“家电下乡”活动期间，全县65家商业网点参与销售，累计销售“家电下乡”商品1.62万台，销售额3550万元，发放补贴 461.5万元。

第七节 机 构

一、局机构

1991年，榆中县商业局对外加挂榆中县酒类专卖事业管理局牌子。有职工16名，其中领导职数3名。下属商贸企业有县百货公司、县糖酒副食公司、县五金交电化公司、县饮食服务公司、县食品公司、县蔬菜公司、县城关百货商店、城关五交化商店、城关糖业烟酒商店、县食品加工厂、县城关中西药店。1993年3月，榆中县商业局与榆中县经济技术开发办公室合并，成立榆中县经济贸易委员会。将商业局下属企业划归县经济贸易委员会管理。1996年5月，撤销榆中县经济贸易委员会，成立榆中县经济贸易局。2000年，编制30名，其中行政编制27名，事业编制3名。领导职数4名。2002年6月，榆中县经济贸易局更名为榆中县经济贸易委员会。2010年6月，组建榆中县工业和商务局，编制31名，其中行政编制26名，工勤编制5名。领导职数4名。

二、局属机构

（一）管理机构

1991年，榆中县粮食局内设人秘股、农村购销股、市镇供应股、储运股、财会股、统计股、议价股、饲料股。全县粮食系统在职职工452名，其中局机关有职工31名，工业企业有职工116名，商业企业有职工305名。1995年5月，粮食局行政编制8名，其中领导职数3名。2002年，县经贸委员会管理粮食局。2005年，全系统在册职工477名，其中机关有职工9名，工业企业有职工84名，商业企业有职工384名。2010年5月，粮食局内设办公室、购销科、储运科、财统科。6月，县粮食局机构人员整合划入县工业和商务局。在工业和商务局挂县粮食局的牌子。

（二）基层机构

1991年，榆中县粮食局所属基层商业企业有许家台粮库、城关、高崖、甘草、夏官营、定远、贡井、上花、青城粮管所及9个粮站，所属工业有面粉厂、饲料加工厂。同年4月，设县粮油议购议销公司、县饲料公司。饲料加工厂划归饲料公司管理。12月，城关粮管所改为城关中心粮管所，甘草粮管所改为甘草粮库。1993年10月，许家台粮库被国家粮食储备局命名为甘肃榆中国家粮食储备库。1994年10月，设连搭粮站。1996年12月，许家台粮库、县面粉厂、县饲料公司（含饲料加工厂）合并，称许家台粮库。1998年12月，许家台粮库仓厂分立，恢复原建制。同年6月，县粮油议购议销公司改为县粮油购销公司。2001年3月，青城粮管所改为青城粮站，隶属上花粮管所。6月，县面粉厂与县饲料公司及所属饲料加工厂合并。2003年3月，撤销和平粮站。7月，县粮油购销公司停业。2010年，全县国有粮食企业机构有城关中心粮管所（下设银山粮站）、甘草粮库（下设高崖粮站、新营粮站、韦营粮站）、定远粮管所（下设连搭粮站、夏官营粮站、金崖粮站、来紫堡粮站）、上花粮管所（下设贡井粮站、园子粮站、中连川粮站、哈岘粮站、青城粮站）。

（三）事业机构

2000年1月，设军粮供应站，自收自支事业单位。8月，核定编制4名，其中领导职数1名。2008年10月，军粮供应站下设榆中方鑫粮店，面向社会供应粮油、食杂及用品。2010年，编制8名，其中领导职数1名。

三、其他机构

1991年，县供销合作联社辖农副产品购销公司、农业生产资料公司、工业品购销公司、供销大楼和17个基层供销合作社，有职工780名，其中县联社事业编制4名，领导职数2名。2010年，供销社系统有供销总公司、农副公司、农资公司、回收公司、工业品公司、供销大楼6个社属企业，12个基层供销社，96处经营网点，197个门店柜组，在册职工232名，其中联社事业编制6名，领导职数2名。

第九篇 财政 税务 金融 保险

第一章 财 政

第一节 财政体制改革

一、市对县分税制财政体制改革

1994年1月1日起，国家实行分税制财政体制管理。

（一）市县共享收入

营业税为市县共享收入，以1993年基数返还县，增量部分市县五五分成；增值税县征收的25%部分留给县，三资企业缴纳增值税的25%部分，超过上一年基数的，全额返还县。

（二）县级收入

营业税的50%，增值税的25%，县属企业所得税，县级征收的个人所得税，城镇土地使用税留市部分的10%，印花税的10%，农牧业税，农林特产税，耕地占用税，契税，屠宰税，遗产和赠予税，城建税的70%，国有土地使用权有偿出让收入、固定资产投资方向调节税留市部分的50%，省级下划的烟酒专项收入和其他收入。房产税和车船税的全部。

（三）县财政支出

县级自筹的基本建设支出，企业挖潜改造支出，科技三项费用，农林水事业费，小型农田水利和水土保持经费，县级工业、交通、商业部门事业费，文教科学卫生事业费，其他部门事业费，抚恤和社会福利救济事业费，城市维护费支出，行政管理费公检法司支出，价格补贴支出，教育费附加支出，县级负担的各类借款和还本付息支出,县级其他支出等。特大自然灾害救济款、特大抗旱和防汛经费、支援不发达地区发展资金以及中央、省的其他专项拨款，由省财政专项拨付或划转。

（四）市对县确定的返还基数

以1993年财政决算数为基础，把县财政上划收入与市财政下划收入相抵后的差额，确定为市对县的税收返还基数。以后年度上划中央和省市级收入达不到基数的，相应扣减给县的税收返还基数。1994年，兰州市对榆中县确定税收返还基数1639万元。从当年起中央税收的增长返还部分（即增长率的1:0.3部分）市与县五五分成。

（五）上解、补助及结算

1994年，市财政确定榆中县的一般上解为184万元,一般补助为69万元，城镇土地使用税的95%、印花税的90%、资源税的85%、固定资产投资方调节税的75%年底决算时统一结算上解。

二、分税制财税体制的补充和完善

2002年、2003年，市财政调整和完善市对榆中县的财税体制，重新划分增值税、营业税、所得税等税种的分享比例。

（一）县级固定收入

城建税、房产税、资源税、印花税、城镇土地使用税、车船使用和牌照税、土地增值税、农业税、牧业税、农林特产税、耕地占用税、县级征收的契税，县级企业计划亏损补贴，县级国有资产经营收益，纳入预算管理的行政性收费收入、罚没收入、探矿权、采矿权使用费收入、专项收入和其他收入等。

（二）市与县共享收入

增值税、营业税（不含金融、保险、电信、邮政营业税）、企业所得税（不含省下划的电力、烟草企业所得税留市部分）、个人所得税（不含银行储蓄存款利息所得税）、固定资产投资方向调节税。

（三）增值税的分享比例

2003年调整体制后，2003—2007年中央分享75%，省级分享17.5%，留县7.5%。营业税的分享范围与比例，1994年市与县各分享50%，2003年调整为省财政分享30%，市不参与分成，全部留县。企业所得税的分享范围与比例，2002年中央与地方按5:5分成，地方部分全部留县。2003年后，中央、省、市、县按6:2:1:1分成。个人所得税的分享范围与比例，2003年后，中央、省、市、县按6:2:1:1分成（不含银行储蓄存款利息所得税）。固定资产投资方向调节税1994—1997年省、市、县按5:2.5:2.5分成，1998年至暂停征收期间的清欠收入，省、市、县按2:4:4分成。

三、省对直管县财政管理体制改革

2007年，省财政推行省直管县财政体制改革，榆中县被确定为省财政首批16个试点县之一。省财政确定，原市级分享的金融保险营业税、企业所得税、个人所得税、排污费等收入全部下划县级，市级不再参与试点县收入分享。市级分入下划后，榆中县以2006年上解市财政税收收入461万元为基数，以后年度定额上解市财政。2009年1月1日起，进一步调整和完善省对直管县财政管理体制。主要涉及增值税、金融保险营业税和资源税3个税种的收入分享范围和比例，将增值税原省级分享部分的7.5%下划县级，金融营业税的全部和资源税的50%上划省级。

（一）县级财政固定收入

税收收入包括城市维护建设税、房产税、印花税、城镇土地使用税、土地增值税、车船税、耕地占用税、契税、烟叶税。非税收入包括专项收入、纳入预算管理的行政性收费收入、罚没收入、县国有资本经营收入、县国有资源（资产）有偿使用收入和其他收入等。

（二）省与县共享收入

省与县共享收入包括增值税地方留成部分、营业税、企业所得税地方留成部分、个人所得税地方留成部分、资源税、固定资产投资方向调节税。增值税按属地征收，中央分享75%，省级分享10%，县分享15%。金融保险业营业税省级分享100%，市、县不参与分享。一般营业税按属地征收，省级分享30%，县分享70%。企业所得税按属地征收，中央分享60%，省级分享20%，县分享20%。个人所得税按属地征收，中央分享60%，省级分享20%，县分享20%。资源税按属地征收，省级分享50%，县分享50%。

第二节　财税制度改革

一、财政转移支付制度改革

（一）“两税”（增值税和营业税）返还基数

1994年，兰州市确定榆中县“两税”返还基数是1639万元。1994—2002年，县上划中央税收的增长返还部分（即增长率的1:0.3部分），市与县五五分成。2003年后,上划中央“两税”增长率，全部返还县财政。

（二）过渡期转移支付补助

1996年，市财政补助榆中县过渡期转移支付补助2030万元，经过三次调整，至2005年达到3100万元。

（三）工资性转移支付补助

1999年和2001年，国家对职工工资进行调整，实行艰苦边远地区津贴政策等。1999年，市财政确定榆中县的增资补助是483万元（半年），2004年增加至4277万元。其中调整工资标准补助3424万元，艰苦边远地区津贴补助853万元。

（四）所得税返还补助

2002年起，以2001年决算数为补助基数，以后年度凡收入达不到基数的，相应扣减补助基数。2002年确定的补助基数为1386万元（其中企业所得税返还基数755万元，个人所得税返还基数631万元）。

（五）调整体制税收返还

以2002年决算为基数，县上划省、市级收入与省、市级下划县收入相抵后核定县级净上划省、市级收入，并以此作为以后年度市对县的返还基数。2003年，兰州市确定榆中县的调整体制税收返还基数为787万元。

（六）农村税费改革转移支付补助

2002年，兰州市确定榆中县的补助为1183万元，2004年因农业税降低1%征收增加补助206万元，2005年全面取消农牧业税后又增加补助

1016万元，达到2405万元。2007年，将农村五保户供养纳入社会保障，核减补助19万元后为2386万元。

（七）撤乡并镇补助

省上对2000—2003年撤并乡镇的县，按实际撤并乡镇个数和一定标准给予一次性补助，补助分3年到位。2005年补助榆中县93万元。

（八）乡镇办公费补助

2005年起，省财政给每个乡镇补助10万元。2006年起，省、市财政增加补助100万元（省财政补助60万元，市财政补助40万元），即每年补助榆中县230万元。

二、集中收付制度改革

2001年1月起，县级财政全额供给单位职工工资、离退休人员离退休费由县财政统管，确定建设银行榆中支行代发。2004年1月起，又将乡镇财政全额供给单位职工工资、离退休人员离退休费纳入管理，确定榆中县农村信用合作联合社代发。至此，榆中县财政全额供给人员的工资全部实现财政统管银行代发。

三、农村税费改革

1991—2000年，县内农业税（公粮和协议购粮）按照国家指定的价格收取代金，在收取农业费的同时收取乡统筹费、村提留、农村教育集资等费用。2001年，榆中县进行农村税费改革试点，取消乡统筹费、农村教育集资等行政事业性收费和政府性基金、集资，取消屠宰税。试点方案和配套措施按照确定的税率测算农业、牧业、农业特产税额以及筹集酬劳上限和以资代劳工价标准。在保证农民减负20%以上的目标下，界定农民减负标准是改革后农业税、牧业税、农业特产税及农税附加总和，不得超过1999年农业税、农业特产税、牧业税和屠宰税、1997年乡统筹、村提留六项指标的总和，并确保下降一定幅度。2001年后，逐步取消统一规定的劳动积累工和义务工。2002年，农业税计税面积102.79万亩。2003年，计税面积102.36万亩，减少4209.13亩。2004年1月起，农业税税率降低1个百分点，即按6%税率计征。减征农业税139万元，停征牧业税，取消农业特产税。向全县93189户种粮农户发放粮食直补资金193.04万元。全县人均减负16.3元，按大、小口径计算减负率分别为35%和26%。2005年，全面取消农业税，当年减征农业税802万元，亩均减免8.7元，人均减免20.8元，保留税种为耕地占用税、契税。发放粮食直补资金和农机具补贴260万元。2010年，发放粮食直补资金401.76万元，农资综合补贴2403.19万元，农机具补贴440万元。

四、社会保障制度改革

（一）养老保险制度改革

1. 城镇职工养老保险制度改革

1994—1999年，养老保险基金的管理与企业劳动制度改革相配套，由市一级统筹管理。1998年开始，统一交费比例，即企业交费过渡到20%，个人交费比例统一为4%，行政事业单位合同制工人也相应执行。1999年个人交费比例提高到5%。2001年企业交费比例为20%，个人交费比例为5%，后每两年个人交费比例提高1个百分点，到2007年达到8%。

2001年4月1日起，社会保险基金开始由地税部门组织征收。2005年底参保职工8900人。2001—2005年，养老保险基金收入5760万元，支出5820万元（历年累计结余支出60万元），保证1864名离退休职工的养老金发放。2006—2010年，收入1.79亿元，支出1.63亿元，保证2634名离退休职工的养老金发放。其间每年上调企业离退休养老金10%，养老保险基金管理实行现收现付制。

2. 建立新型农村养老保险制度

2009年12月，榆中县被国务院确定为全省首批新农保试点县之一，农民群众积极参保，完成省上下达的目标任务。至2010年12月，全县应保25万人，参保24.3万人（其中参保交费18.97万人，60周岁以上领取每月55元养老金的为5.32万人），参保率97.18%，财政新农保专户累计筹集资金9077万元，全年累计支付3708万元。

（二）失业保险制度改革

2000年4月1日起，失业保险金由地税部门征收，实行属地化管理。

榆中县农村税费改革后税收及减负情况对比表

表9-1-1

三定情况			负担情况								减负情况					
面积（亩）	常产（千克）	税收（元）	改革前负担情况（元）			改革后负担情况（元）					大口径		小口径		人均（元）	亩均（元）
			负担总额	人均	亩均	负担总额			人均	亩均	减负额（元）	减负率（%）	减负额（元）	减负率（%）		
						合计	正税	附加								
988426	125.4	9543642	17921853	46.2	18.1	11650177	9708780	1941396	29.9	11.8	6271676	35	4126388	26	16.3	6.3

至2005年，榆中县参保职工1.1万人。2001—2005年，失业保险基金累计收入657万元，累计支出625万元。2006—2010年，累计收入1481万元，累计支出623万元。2010年，每月发放365元。

（三）医疗保险制度改革

1. 城镇职工医疗保险制度改革

2001年7月，制定《榆中县城镇职工基本医疗保险暂行办法》，对原有的医疗保障制度进行改革。全县实行统一的筹资比例，按本单位在职职工的上年度基本工资总额的4%缴纳；职工个人按本人上年度基本工资收入的2%缴纳。建立基本医疗保险统筹基金和个人账户，职工个人缴纳的2%基本医疗保险金额计入个人账户，用人单位缴纳的基本医疗保险费按不同年龄段计入个人账户。基本医疗保险基金统一纳入“财政医疗基金专户”管理，专款专用。2001—2005年，基本医疗保险基金累计收入1778万元，累计支出1359万元。2005年，参保1231人。实际享受8517人，最高保额5万元。2006—2010年，累计收入6663万元，累计支出5626万元，县财政每年预算安排公务员医疗补助和大额互补医疗保险资金98万元，最高保额25.6万元。2010年，全县有1.9万人参保。

2. 城镇居民医疗保险制度改革

2007年，实行城镇居民医疗保险，由各级财政补助每人每年100元和个人负担每人每年80元。至2010年12月，累计收入1463万元，累计支出401万元。全县参保2.48万人，累计住院报销9873人次。并实行城镇居民特困医疗救助政策，其间累计支付城镇居民医疗救助费269万元。

3. 新型农村合作医疗保险制度改革

2006年，新型农村合作医疗保险开始实行。资金筹集由各级财政每人每年补助130元，农民个人交费由初期每人每年10元提高到2010年的30元。全县农业人口9.33万户、38.51万人。2010年12月，参保9.27万户、36.79万人，分别占应参保的99.33%和95.53%。至2010年12月，累计收入1.36亿元，累计支出1.42亿元（其中含上解市财政新农保专户211万元）。农村合作医疗保险农村居民住院报销比例由期初最高50%提高到65%，并对参保农民每两年进行一次免费健康体检，对因病致贫困难户实行农村特困医疗救助，其间财政累计支付农村医疗救助1341万元。

（四）建立城乡最低生活保障制度

1. 建立城镇居民最低生活保障制度

1999年，榆中县对保障对象、保障标准和运行机制等做了明确规定。资金实行专户管理，专款专用，每年财政预算列支20万元。2001—2005年，累计支出低保金1607万元，累计支付19.28万人次。2009年，通过财政“一卡通”专户拨付。2006—2010年，累计支付4352万元，累计发放24.98万人次，月平均差额补助165.34元，还增加一次性物价补贴和取暖费补助。

2. 建立农民最低生活保障制度

2007年，榆中县开始实施农村低保政策。农村低保对象分孤寡老人、重病和重残户、计划生育对象、优抚对象和其他特困户四个类别。2006—2010年，财政累计拨付低保金6210万元，享受人数43910人，还增加一次性物价补贴和取暖费补助。财政对低保资金实行“一卡通”专户运行，每季度发放一次，基本做到应保尽保。

（五）下岗职工基本生活保障和再就业制度改革与管理

下岗职工生活费的经费来源主要由省、市、县财政负担1/3、企业负担1/3、社会统筹负担1/3，社会统筹的1/3主要由失业保险基金来承担。2001—2005年，县内国有企业下岗职工只有县煤矿1家进入再就业中心，每年按进入中心人数拨付兑现下岗职工基本生活费，每两个月拨付一次。累计拨付下岗职工基本生活费251万元，累计发放4399人次。再就业资金主要争取省市支持，其间，上级财政下达再就业资金193万元，修建劳动力市场服务中心297平方米，其他主要用于再就业培训、职业介绍以及社会保险补贴等。2006—2010年，重点解决职业培训、职业介绍、社会保险、公益性岗位职业鉴定等补贴，累计支出3757万元，享受就业优惠政策的人数3.55万人次。

第三节　财政收支

一、财政收入

1991—1995年，榆中县完成地区性财政收入（含上划中央、省、市收入和县内国家直接征收的收入）1.6724亿元，由1990年的2144万元增加到1995年的4620万元，年均增长23.1%。1996—2000年，完成地区性财政收入（含上划中央、省、市收入）3.38亿元，其中2000年8838万元，年均递增13.91%。2001—2005年，完成地区性财政收入（含上划中央、省、市收入）7.33亿元，其中2005年收入21471万元，年均增长28.58%。2006—2010年，完成地区性财政收入20.84亿元，年均增长36.87%。

（一）一般预算收入

一般预算收入按预算科目分为农业各税、工商税、企业所得税、行政性收费收入、罚没收入、国有土地出让金收入（2000年调整为基金预算收入）、专项收入（包括城市教育费附加、排污费收入）七大类。1991—1995年，榆中县完成一般预算收入（不含上划中央、省、市收入）1.21亿元，1991—1993年执行的是“收入定额留用”体制，收入年均增长15.78%。1994年，开始执行分税制财政体制，当年完成一般预算收入2006万元。1991—1995年，完成一般预算收入1.21亿元。1996—2000年，完成一般预算收入（不含上划中央、省、市收入，下同）1.66亿元，由1995年的1925万元增加到2000年的4470万元，年均增长26.44%。2001—2005年，完成一般预算收入3.12亿元，由2000年的4470万元增加到2005年的7700万元，年均增长14.45%。2006—2010年，完成一般预算收入8.05亿元，由2006年的9936万元增加到2010年的2.16亿元。

1. 农业各税

（1）农业税

1991—1995年，征收农业税1112万元，由1990年的151万元增加到

1995年的296万元。1996—2000年，征收2043万元，其中1997年征收428万元。2001—2005年，征收2922.1万元。2002年税费改革后，农业税增收较多，当年征收入库969万元，为历年最高。2004年，农业税征收率降低1个百分点，下降到802.9万元。2005年取消农业税。

（2）契税

1994—1995年，征收契税8万元。1996—2000年，征收221万元，2001—2003年，征收587.4万元。

（3）牧业税

榆中县牧业税主要税源为羊、牛和马，主要分布在南北两山，面向每家每户征收。1994年征收3万元。1996—2000年，征收56万元。2001—2003年，征收4.2万元。2004年取消牧业税。

（4）耕地占用税

1991—1995年，征收耕地占用税257万元。1995年征收65万元。1996—2000年，征收478万元。2001—2005年，征收416.5万元。

（5）农林特产税

1991—1995年，征收农林特产税109万元。1996—2000年，征收885万元。1998年征收232万元，为历年最多。

（6）农业特产税

2001年1月1日起，将食用百合纳入园艺产品类品目，开征农业特产税，征收税率定为7%，花用百合按花卉的税目税率征收。2001年，农业特产税入库240万元。2001—2003年，征收248万元。2004年取消农业特产税。

2. 工商税收

1991—1995年，完成工商税1.38亿元。1996—2002年，完成工商税收2.78亿元。2005年，完成工商税收5493万元。

3. 企业收入

1991年，国有企业上缴利润1万元，此后无此收入。1991—1995年，征收国有企业所得税425万元，其中1995年征收191万元。1996—2000年，

1991—2005年地区性财政收入统计表

表9-1-2　　单位：万元

预算科目	合计	1991	1992	1993	1994	1995	1996	1997	1998	1999	2000	2001	2002	2003	2004	2005
一、工商税收	41610	2033	2253	2936	1442	1342	1503	1768	2050	2403	3101	3947	3523	3657	4147	5505
产品税	2177	626	715	836												
增值税	11306	501	659	1057	582	609	631	696	776	829	941	1079	1051	365	632	898
营业税	14405	601	573	533	516	302	411	483	527	571	924	1055	1194	2005	2450	2260
企业所得税	997	151	165	348	142	191	182	251	303	460	497	755	377	32	15	12
城乡个体工商业户所得税	103	26	32	45												
个人所得税	2193				44	73	93	107	192	191	394	619	313	71	40	56
个人收入调节税	4	1	1	2												
私营企业所得税	18	5	9	4												
城市维护建设税	2884	66	46	57	64	53	53	79	77	92	141	181	265	486	503	721
车船使用税	344	7	6	11	16	13	14	13	15	15	16	19	35	109	31	24
房产税	2272	19	18	24	23	39	52	66	99	139	118	174	236	461	174	630
屠宰税	4	1					1		1	1						
资源税	990	1		1	42	32	42	32	27	30	33	33	30	94	155	438
城镇土地使用税	343	14	5		4	6	6	6	5	7	9	9	7	10	71	184
国有企业奖金税	8	1	2	5												

续表

预算科目	合计	1991	1992	1993	1994	1995	1996	1997	1998	1999	2000	2001	2002	2003	2004	2005
国有企业工资调节税	4			4												
集体企业奖金税	3		3													
投资方向调节税	131					7	8	21	17	57	14	7				
印花税	528	10	15	7	8	15	10	14	11	11	14	16	15	24	76	282
车购税及滞罚等收入	12	3	4	2	1	2										
二、农牧业税类	9196	181	243	259	405	401	573	643	754	1013	701	748	1088	1064	829	294
农业税	1112	161	183	191	281	296	473	433	420	393	342	191	969	928	641	
牧业税	3				3			6	11	12	12	12	16	15		
农林特产税	1241	3	4	6	63	33	39	173	231	212	229	240	6	2		
耕地占用税	1150	17	56	62	57	65	56	26	46	285	64	253	23	25	98	17
契税	816				1	7	5	5	46	111	54	52	74	94	90	277
三、行政性收费	2770							80	142	154	269	267	269	397	520	672
四、国有企业上缴利润类	1	1														
五、专款收入	3351	43	51	64	96	113	126	0	158	158	249	271	437	576	464	545
排污费收入	682	14	19	22	29	20	31		42	54	54	60	80	90	79	88
教育费附加收入	2608	29	32	42	67	93	95		116	104	195	211	357	486	355	426
探矿、采矿及价款收入	61														30	31

续表

预算科目	合计	1991	1992	1993	1994	1995	1996	1997	1998	1999	2000	2001	2002	2003	2004	2005
六、其他收入	2936	32	36	41	63	69	72	134	159	219	150	128	340	349	460	684
其他收入	229	13	4	23	32		8	41	15	32				14	15	32
其他罚没收入	2580	1	23	1	3	14	64	93	144	187	150	128	340	335	445	652
工商罚没收入	1	1														
政法罚没收入	106	16	9	17	23	41										
行政性收费收入	1				1											
有价证券利息收入	2				2											
物价罚没收入	4	1				3										
追回赃物变价款收入	13				2	11										
七、国有企业承包收入退库类	–1	–1														
财政一般预算收入合计	59863	2289	2583	3300	2006	1925	2274	2625	3263	3947	4470	5361	5657	6043	6420	7700
地方收入比上年增长%	160.52	6.76	12.84	27.76	–39.21	–4.04	18.12	15.44	24.3	20.96	13.25	19.93	5.52	12.72	6.23	19.94
八、体制内上划中央收入	44084	0	0	0	1828	1972	2109	2321	2606	2830	2940	3266	3855	4288	6666	9403
增值税	3575				1746	1829	1894	2087	2329	2487	2822	3239	3152	3651	6322	8969
消费税	1489				82	143	215	234	277	343	118	27	8	16	8	18
个人所得税	1313												313	429	238	333
企业所得税	731												382	192	87	70

续表

预算科目	合计	1991	1992	1993	1994	1995	1996	1997	1998	1999	2000	2001	2002	2003	2004	2005
排污费	24														11	13
九、体制内上划省级收入	1070	0	0	0	0	22	133	138	118	130	148	165	197	1935	2644	3250
增值税														852	1475	2098
营业税														876	1050	1005
个人所得税														143	79	111
企业所得税													5	64	29	23
城市维护建设税	402					22	21	34	33	40	60	78	114			
资源税	532						98	76	64	69	77	77	71			
土地使用税	47						6	6	5	7	8	8	7			
排污费	24														11	13
投资方向调节税	65						8	22	16	14	3	2				
十、体制内上划市级收入	5715	0	0	0	0	302	411	483	527	571	924	1055	1194	103	66	79
营业税	5467					302	411	483	527	571	924	1055	1194			
个人所得税	166													71	40	55
企业所得税	59													32	15	12
土地使用税	23														11	12
财政一般预算大口径收入合计	118542	2289	2583	3300	3834	4221	4927	5567	6514	7478	8482	9847	10903	12369	15796	20432

2006—2010年财政一般预算收入统计表

表9-1-3

单位：万元

预算科目	合计	2006	2007	2008	2009	2010
一般预算收入合计	80537	9936	13354	15995	19701	21551
一、税收收入	61825	7407	10612	12935	13908	16963
1. 增值税	11302	1049	1904	2029	3174	3146
2. 营业税	22184	2525	3239	4701	5251	6468
3. 企业所得税	3141	73	874	1386	114	694
4. 个人所得税	557	38	111	106	112	190
5. 资源税	1469	371	286	435	170	207
6. 城市维护建设税	8093	1151	1672	1800	1801	1669
7. 房产税	4533	881	1135	747	823	947
8. 印花税	2282	223	324	504	741	490
9. 城镇土地使用税	2193	264	446	637	392	454
10. 土地增值税	449	10	17	28	30	364
11. 车船税	893	22	29	91	278	473
12. 耕地占用税	1410	308	226	37	486	353

续表

预算科目	合计	2006	2007	2008	2009	2010
13. 契税	3310	486	349	434	536	1505
14. 烟叶税	9	6				3
二、非税收入	18712	2529	2742	3060	5793	4588
1. 专项收入	5628	888	1109	1149	1274	1208
排污费收入	407	77	72	81	91	86
教育费附加收入	5075	780	1002	1030	1166	1097
探矿权采矿权使用费及价款收入	146	31	35	38	17	25
2. 行政性收费收入	5263	871	1004	1159	1128	1101
3. 罚没收入	3001	731	529	389	394	958
4. 国有资本经营收入	3961		11	35	2965	950
5. 国有资源（资产）有偿使用收入	584		89	92	32	371
6. 其他收入	275	39		236		

1991—2010年榆中县非税收入统计表

表9–1–4

单位：万元

预算科目	1991	1992	1993	1994	1995	1996	1997	1998	1999	2000	2001	2002	2003	2004	2005	2006	2007	2008	2009	2010
一、纳入预算管理的非税收入	75	87	105	160	185	198	214	459	531	668	666	1046	1124	1444	1901	2529	2742	3060	5793	4588
1. 专项收入	43	51	64	96	116	126		158	158	249	271	437	578	464	545	888	1109	1149	1274	1208
2. 行政性收费收入				1			80	142	154	269	267	269	402	520	672	871	1004	1159	1128	1101
3. 罚没收入	19	32	18	26	58	64	93	144	187	150	128	340	130	445	652	731	529	389	394	958
4. 国有资本经营收入																	11	35	2965	950
5. 国有资源（资产）有偿使用收入																	89	92	32	371
6. 其他收入	13	4	23	37	11	8	41	15	32				14	15	32	39		236		
二、纳入财政专户管理的非税收入	837	766	487	648	897	2907	2817	2933	1809	2117	3440	3887	3768	3743	5468	4906	7768	9001	6015	6780

注：非税收入在2007年前称为预算外资金收入。

征收企业所得税1693万元，其中2005年征收497万元。2001—2005年，征收企业所得税425万元。

4. 行政性收费

1997年，榆中县将行政性收费收入纳入一般预算科目。当年收入79万元，2000年增加到269万元，年均增长80.17%。4年累计完成644万元。2003年和2004年先后对14户单位的20个收费项目由预算外管理纳入预算内管理。2001—2005年，完成行政性收费2125万元，其中2001年收入267万元，2005年收入62万元。

5. 其他收入

1991—2005年,完成罚没收入2875万元。2003—2005年，财政国库存款付利息后利息收入61万元。

6. 专款收入

1997年，将教育费附加和排污费收入纳入基金预算管理，1998年纳入一般预算管理。2004年后增加探矿、采矿及矿价收入。1991—2005年，完成专款收入3351万元。

（二）基金收入

基金预算收入分为农村教育费附加收入、地方税费附加收入、国有土地出让金收入三类。1997—2005年，完成基金收入3043万元，其中1996—2000年，完成基金收入1769万元，2000年基金收入599万元。2006—2010年，完成基金收入3.1亿元，其中2010年基金收入2.43亿元。

（三）预算外资金收入

1991—1995年，完成预算外资金收入3634.4万元，占一般预算收入的30.29%，其中地方财政收入（农牧业税附加）174万元，行政事业单位收入2763.1万元，国有企业及主管部门收入693.9万元。1996—2000年，完成预算外资金（除三电等7户水管单位的事业性收费变更为经营性收费）收入1.26亿元，占地方财政收入的42.6%，其中行政事业性收费收入1.1亿元，政府性基金收入50万元，乡镇自筹、统筹资金收入726万元，其他收入805万元。2001—2005年，完成预算外资金收入2.03亿元，其中行政事业性收费收入1.79亿元，政府性基金收入10万元，乡镇自筹、统筹资金收入431万元，其他收入1998万元。

二、财政支出

1991—1995年，财政支出2.46亿元。1996—2000年，财政支出5.6亿元，其中2000年财政支出1.39亿元。2001—2005年，财政支出规模逐年增大，特别是2003年、2004年和2005年财政支出比2000年分别增加1.12亿元、1.36亿元和1.81亿元。2006—2010年，财政支出44.75亿元，其中2008年、2009年、2010年财政支出分别为8.57亿元、11.78亿元和14.09亿元，年均增加支出近3亿元。

财政支出主要有一般预算支出和其他支出两大项。一般预算支出项目包括一般公共服务、国防、公共安全、教育、科学技术、文化体育与传媒、社会保障和就业、医疗卫生、环境保护、城乡社区服务、农林水事务、交通运输等23项。1991—2005年，榆中县财政一般预算支出为20.47亿元。县财政一般预算支出规模逐年增大，特别是从1998年突破亿元大关后，7年内连跨两个亿元台阶。2005年，一般预算支出3.2亿元。2006—2010年，一般预算支出41.14亿元，其中2008年，一般预算支出8.44亿元；2009年，一般预算支出10.85亿元；2010年，一般预算支出11.65亿元。

（一）农业支出

1991—1995年,农业支出1841万元。1996—2000年，农业支出4581.1万元，其中2000年为756万元，较1996年增加131万元。2001—2005年，农业支出6345万元，其中2005年为1522万元，较2000年增加756万元,增长1倍。2006—2010年，农业支出5.95亿元，其中人员经费支出1.13亿元，公用经费支出1105万元，支农专项支出4.71亿元。

（二）基本建设和企业挖潜改造支出

1. 基本建设支出

1991—2005年，基本建设投资支出1.11亿元，均为专项支出。其中农业方面基本建设支出1018万元，林业方面支出1478万元，水利方面支出

1991—2005年财政支出汇总表

表9-1-5

单位：万元

预算科目	合计	1991	1992	1993	1994	1995	1996	1997	1998	1999	2000	2001	2002	2003	2004	2005
基本建设支出	11107	45	15	67	138	63	156	213	83	472	1063	1646	1027	3170	1951	998
企业挖潜改造资金	1865	39	44	45	10	30	16	140	99	4	227	630	309	68	80	124
支援农村生产支出	1841	264	438	257	418	464										
科技三项费用	1082								51	7	143	144	175	176	189	197
农林水气事业费	1935	266	326	354	475	514										
农业支出	10637						625	944	1074	893	756	718	1335	1056	1714	1522
林业支出	2970						88	93	110	107	160	172	381	366	641	852
水利和气象支出	8718						744	484	412	799	642	746	771	1007	1295	1818
工业交通等部门的事业费	327	4	4	5	6	6	12	9	8	12	6	3		13	101	138
城镇青年就业经费	14	7	6	1												
文教卫生事业费	11337	1423	1735	1997	3024	3158										
文体广播事业费	5511						268	281	295	343	429	494	668	793	861	1079
教育事业费	64149						2812	3286	3916	4707	4909	6857	7508	8165	10376	11613
科学事业费	127	3	3	3	3	3	3	8	43	50		1	1	1	1	4
卫生经费	7285						480	442	486	541	529	708	772	919	993	1415
其他部门的事业费	3979	92	104	168	126	96	111	123	163	155	189	319	407	478	557	891

续表

预算科目	合计	1991	1992	1993	1994	1995	1996	1997	1998	1999	2000	2001	2002	2003	2004	2005
抚恤和社会福利救济费	7386	92	135	143	164	480	1032	289	176	291	285	1025	531	957	760	1026
行政事业单位离退休经费	348						28	25	28	29	31	39	40	43	43	42
社会保障补助支出	681									65	147	62	59	188	90	70
行政管理费	25556	527	612	651	939	1008	1153	1179	1332	1533	1739	2426	2799	3149	2984	3525
武装警察部队支出	5															5
公检法司支出	7137	138	147	178	248	308	319	323	397	430	489	622	680	861	937	1060
城市维护费	4198	88	102	101	103	134	164	95	157	218	188	366	279	594	604	1005
政策性补贴支出	393	26	27		1		18	54	54	63	53			23	38	36
支援不发达地区支出	12268	42	74	71	53		486	973	1221	743	1091	1003	1604	1625	1449	1833
海域开发建设和场地使用费支出	5														5	
专款支出	4382	67	59	65	136	151	188	0	309	397	289	271	354	587	671	838
其中排污费支出	723	13	15	17	21	29	21		52	62	67	65	80	94	80	107
教育费附加支出	3590	54	44	48	115	122	167		257	335	222	205	269	493	565	694
矿产资源补偿费支出	19											1	5		6	7
探矿权采矿权及价款支出	50														20	30
其他支出	9429	163	259	469	126	222	598	444	500	707	535	387	1109	822	1145	1943
农业综合开发支出	41					41										
支出合计	204713	3286	4090	4575	5970	6678	9301	9405	10914	12566	13900	18639	20809	25061	27485	32034

2006—2010年财政一般预算支出汇总表

表 9-1-6　　　　单位:万元

预　算　科　目	合计	2006	2007	2008	2009	2010
本年支出合计	411389	43757	58262	84415	108499	116456
一、一般公共服务	43961	6118	8148	9037	9556	11102
二、外交	0		0	0	0	0
三、国防	152	42	53	53	2	2
四、公共安全	15485	1777	2247	3039	3700	4722
五、教育	125889	15516	20136	27236	30214	32787
六、科学技术	2232	414	467	475	425	451
七、文化体育与传媒	5627	460	1128	1572	1231	1236
八、社会保障和就业	35089	2488	3263	4544	11252	13542
九、医疗卫生	35767	2761	5392	7318	10230	10066
十、环境保护	13437	567	765	2642	4450	5013
十一、城乡社区事务	14932	1697	2755	3705	4009	2766
十二、农林水事务	73953	9026	9277	13054	20748	21848
十三、交通运输	12159	362	212	3408	4515	3662
十四、资源勘探电力信息等事务	7561	158	919	629	3705	2150
十五、商业服务业等事务	2608	42	63	92	884	1527
十六、金融监管等事务支出	0					0
十七、地震灾后恢复重建支出	38					38
十八、国土资源气象等事务	13711	1837	2415	6662	816	1981
十九、住房保障支出	4295				2085	2210
二十、粮油物资储备管理事务	391	70	60	78	80	103
二十一、预备费	0					
二十二、国债还本付息支出	8				8	0
二十三、其他支出	4094	422	962	871	589	1250

1628万元，教育方面支出856万元，卫生方面支出771万元，计生方面支出15万元，交通方面支出145万元，城建方面支出10万元，文体广播支出369万元，公检法司方面支出587万元，其他方面支出4230万元。2006—2010年，基本建设累计支出7.89亿元。其中一般公共服务8590万元，公共安全1311.5万元，教育4402万元，科学技术151万元，文化体育与传媒470.3万元，社会保障和就业566.1万元，医疗卫生3899.6万元，环境保护7078万元，城乡社区事务7933.6万元，农林水事务13950.6万元；交通运输9660.5万元，工业商业金融等事务659.5万元，其他支出10645.3万元，采掘电力信息等事务5717.3万元，粮油物资等管理事务1187.5万元，商业服务业等事务1448.4万元，国土资源气象等1108万元，住房支出135万元。

2. 企业挖潜改造支出

1991—1995年，企业挖潜改造资金支出168万元。1996—2000年，企业挖潜改造资金支出486万元。2001—2005年，企业挖潜改造资金支出1211万元。2006—2010年,支出792.9万元。

（三）城市维护建设资金支出

1991—1995年，城市维护建设资金支出总计528.2万元，由1991年的87.5万元增加到1995年的134万元。1996—2000年，用于城市建设和维护的资金645万元。2001—2005年，城市维护费支出2848万元，其中2005年支出1005万元。

（四）公安、安全、司法、检察支出

1991—1995年，支出公检法司经费1019万元。2001—2005年，公检法司支出4160万元，其中2000年为489万元，较1995年增加1831万元，增长58.8%。2006—2010年，公检法司支出1.41亿元。

（五）文教、科学、卫生事业费

1991—2005年，支出88409万元，占同期财政总支出的43.19%。其中，1994年和1995年增长较快，分别比1993年增支1027万元和1161万元，增长51.2%和57.9%；2000年支出5867万元，占同期财政总支出的42.2%；2005年支出1411万元，占同期财政总支出的44.05%。2006—2010年，支出16.95亿元，占同期财政总支出的41.21%，其中2010年支出4.45亿元，占同期财政总支出的38.21%。

（六）抚恤和社会福利救济费

1991—1995年，抚恤和社会福利救济费支出1014万元，其中1995年支出480万元。1996—2000年，支出2073万元。2001—2005年，支出4299万元。2006—2010年，支出2052万元。

（七） 基金支出

1996年，在一般预算支出中设立基金预算支出项目。基金预算支出包括一般公共服务支出、教育、文化体育与传媒、其他支出四大类。1996—2000年，支出基金712万元。2006—2010年,支出基金1051.6万元。

（八）社会保障资金支出

社会保障支出包括养老保险基金、失业保险金、医疗卫生、社会保障补助等支出。

1. 养老保险基金支出

1999—2000年，养老保险支出158.4万元，保证1319人离退休职工养老保险及2户110人国有企业下岗职工基本生活。2001—2005年，发放企业离退休人员养老金支出5820万元，9.68万人次。2006—2010年，支出1.63亿元，享受人员2634人，每年上调企业离退休养老金10%。

2. 失业保险金支出

1999年起，实行失业保险制度。2001—2005年,失业保险金支出625万元，支付1.6万人次失业人员失业金、4399人次下岗职工生活费、1043人次失业人员培训费以及下岗职工安置补偿等。2006—2010年，支出1685万元。

3. 医疗卫生支出

2001—2005年，医疗卫生支出3812万元。

4. 社会保障补助支出

2001—2005年,社会保障补助支出406万元。

第四节 财政管理

一、预算管理

1991—2010年，县级拨款的单位，编制财务计划和经费预算，经过审批后，进行拨款，专款专用。预算管理分全额和差额预算管理。县内机关单位以全额预算管理为主。差额预算管理是预算单位业务收入抵补支出后，其费用支出大于收入的差额，由国家预算拨款补助，收入大于支出的余额，上缴国家预算。

二、预算外资金管理

1991—1996年，预算外资金收入按照“核定收支计划，收入全额上缴，支出统筹安排，超收合理分成”的管理办法，鼓励单位增收节支，解决业务经费不足的问题。对非财政补助事业单位的预算外资金核定收入与支出促使其自求平衡，自我发展。1997—2004年，预算外资金收入按不同行业、不同比例实行政府统筹。具体是：全额拨款单位按65%统筹；县属各学校预算外资金按25%统筹；县委党校、教育局、师范（电大部分）、县农机站扣除上交省、市各种费用后按25%统筹；县医院、中医院按10%统筹。对超收部分按40%上交县财政，60%拨付各执收单位使用。2005年，取消预算外资金政府统筹。对财政全额供给单位，抵顶预算内安排的公用经费；卫生差补单位用于改善医疗设施和基础建设；县属学校全部用于弥补教育经费不足。2006年，预算外资金收入纳入非税收入管理。

三、罚没收入管理

1991—2000年，罚没收入管理实行由执法单位将执法人员收取的罚没款集中收入单位银行账户，通过单位银行账户上缴国库。2001年8月，榆中县各执法单位将应交财政的罚没款清理后全额上缴财政，同时注销在银行开设的罚没款暂存户。同年9月1日起，实行新的罚款收缴办法。

2006年，罚没收入纳入非税收入管理。

四、票据管理

1991—2000年，榆中县实行经国家和省两级批准的行政事业收费，向县物价财政部门申办甘肃省行政事业性收费许可证和票据准购证，按批准的项目和标准亮证执收，并使用财政部门统一印制的收费票据。收费票据实行交（验）旧领新制度，并报送票据使用情况表。年终对本年度已领用收费票据进行清理登记，未启用票据结转下年继续使用，通过稽查、日常监督、专项检查、年度审验以及临时抽查等措施，促使各项收费及时、足额上缴国库或财政专户。

五、会计管理

1991年1月，县财政局设立会计管理股，配备专职人员，对会计人员进行培养和管理。1994年组织财会人员参加全国财经法规会计知识大赛，3人获得财政部奖励，21人获得财政厅奖励。1996年，成立由财政、国税、地税、审计、工商等部门组成的整顿会计工作秩序领导小组，检查整顿全县独立核算的169户行政事业单位、国有企业、集体企业，其中行政事业单位96户（含预算外4户），占56.80%；国有工商企业18户，占10.65%；集体企业55户（城镇集体13户、乡镇企业25户、供销企业17户），占32.55%。同年起，对会计人员从新会计知识、财经法规、会计电算化、会计证考试等方面进行培训。至2000年，新会计知识、财务会计法规培训864人次；电算培训770人次，会计证考前培训342人次；全科考试合格112人次，占应考人数的32.75%。2006—2010年，举办培训班53期5198人次。其中举办会计继续教育培训班37期，培训3541人次；继续教育网上远程培训770人次，举办《财政违法行为处罚处分条例》培训班1期，培训 67人；举办农村财会人员财政支农政策培训12期，培训632人；举办分行业基层财务人员财会业务知识培训3期，培训188人。2010年底，全县行政事业单位、社会团体、金融企业、国有工商企业、集体企业、民营企业、个体工商户等持有会计证1030人，占总在岗人数的67.3%。

六、政府采购与社会集团购买力管理

2001年6月，榆中县成立政府采购工作领导小组，下设办公室，具体负责编制政府采购预算和计划，组织协调政府采购业务，管理政府采购资金，确定采购方式，收集、统计、分析政府采购信息，监督管理政府采购。2001年，对城镇职工基本医疗保险的开户和县城冬季联片供暖用煤进行公开招标采购。2004年，榆中县调整公务用车核定编制标准，按照标准，对行政事业单位的车辆采购严格控制审查，报省、市审批采购。2001—2005年，采取公开招标和询价方式，对38项货物进行政府采购。按市场价需要3388.9万元，招标采购2993万元，节约395.9万元，节约率11.7%。2006年，政府采购项目邀请纪检委全程监督，将公开招标项目在《甘肃日报》《兰州日报》和甘肃政府采购网刊登采购信息，发售招标文件。2008年，对全县政府采购执行情况进行专项检查整改。2009年，建立政府采购评审专家库，吸纳各类专家40多人，规范政府采购项目评审程序。政府采购范围从县直部门拓展到乡镇、农村基层，从预算内安排资金，拓展到各种财政性资金。2006—2010年，采购货物193项，预算1.57亿元，采购1.42亿元，节约1543万元，节约率为9.8%。

七、专户储存

1991年，预算外资金专户储存的行政事业单位24户，储存资金151万元，国有企业主管部门3户，储存资金2.6万元。参与融通资金99万元，用于旅行社、五金公司、百货公司、金崖造纸厂、印刷厂、综合厂、小康营水泥厂等单位，缓解资金周转困难，扶持企业生产。1992年，行政事业单位和企业主管部门的预算外资金按照“计划管理、财政审批、银行监督”的原则，全额纳入财政专户储存，实行“收支两条线”的管理办法。1997年，县财政局在县建设银行、工商银行、农业银行、中心信用社分别开设4个预算外资金存款账户，进行专户储存管理和核算。1991—2005年，累计储存 4.13亿元，其中行政事业单位2.88亿元，自收自支单位7616.4万元，其他（代管单位）4966.3万元。至2005年末，财政专户结存余额为496.7万元。2008年，预算外收支及票据业务由非税收入管理局管理。

八、乡镇财政管理

1991—1993年，对原有15个乡镇财政所实行“划分收支，定收定支，收入全部上解，支出全部下划，超收分成，一年一定”的包干体制。1994年后，27个乡镇成立财政所（兰山乡没有成立财政所），实行“划分收支，定收定支，定额上解（补贴），超收全留，短收不补，三年一定”的包干体制。新体制中规定的管理办法是：包干体制除政策性补贴由县财政补助外，零星增支由乡镇财政所统筹安排，收入全部上解，支出全部下划，年终决算统一结算。1997年1月1日，执行“划分税种、定收定支，核定基数，逐年递增上解，递减补助，结余留用，超支不补”的分税制财政管理体制。针对南北山区设立乡级国库条件不成熟的状况，从1997年起暂按“同一体制两种办法”的管理办法过渡，设立国库的14个乡镇实行分税制体制，县、乡分别计算收入，安排各自的支出。未设国库的也实行分税制体制，收入由县财政按月考核，支出由县财政按收入、支出进度逐月拨付，年终结算。2002年，全县撤销乡镇国库，对各乡镇财政实行税收全额上解县级国库，资金由县财政下划乡镇，年终按照“三保一挂”（保证财政收入稳定增长，保证职工工资和重点支出到位，保证财政收支平衡）进行目标考核。2004年开始，乡镇各单位的支出由县财政进行预算，支出水平和县级单位实行同一标准。对乡镇机关干部、农村中小学教师工资及离退休人员的离退休费实行财政统管，银行代发，对乡镇卫生院经费按进度拨付卫生局，由县卫生局下拨各乡镇卫生院。2005年，农业税取消，乡镇没有下达收入任务。

九、国有企业财务管理

1995年，纳入财政管理的预算内国有企业共13户。其中工交7户，商业6户。资产总额1.18亿元，其中固定资产5675.8万元，流动资产6115.8万元。负债总额8277.6万元，其中流动负债7225.4万元，长期负债1052.2万元。净资产总额3514万元，其中实收资本2611.3万元（国有资本2611.3万元），资本公积1348.8万元，盈余公积294.6万元，未分配利润-740.7万元。2000年，纳入财政管理的预算内国有企业38户，其中工交企业3户，商业企业5户，粮食企业14户，基层供销社16户。资产总额2.16亿元，其中工交企业3054.2万元，商业企业1782.1万元，粮食企业1.42亿元，供销社2545.2万元；负债总额1.9亿元，其中工交企业1835.4万元，商业企业1321.5万元，粮食企业1.46亿元，供销社1317.7万元；净资产总额2526.6万元，其中工交企业1218.8万元，商业企业460.6万元，粮食企业-380.3万元，供销社1227.5万元；亏损总额达771.7万元，其中工交企业66.3万元，商业企业16万元，粮食企业693.2万元，供销社盈利3.8万元。2005年，纳入预算管理的预算内国有企业21户，其中盈利3户，亏损 18户；职工人数1149人，其中从业职工人数981人，下岗职工人数168人。资产总额 1.36亿元，其中固定资产4201万元，其他资产9374万元。负债总额1.68亿元，其中流动负债1.52亿元，长期负债1654万元。净资产3252万元，其中实收资本2541万元（国有资本2427万元，个人资本114万元）。资本公积2945万元，盈余公积83万元，未分配利润-8821万元。纳入汇总的工业企业2户，商贸企业7户，粮食企业10户，交通运输企业1户，股份合作制企业2户，集体企业1户。2010年，纳入县国有企业决算汇总的企业2户。粮食企业纳入决算汇总的6户，纳入县集体企业决算汇总的企业15户。

第五节 机 构

一、局机构

1991年，榆中县财政局内设办公室、人监股、行财股、农财股、农税股、企财股、统评股、预算外资金管理股、会计股、榆中县会计学会，职工47名。 2000年，编制46名，其中行政编制40名，事业编制6名。2010年，县财政局内设办公室、预算股、国库股、行政政法股、教科文股、农财股、综合股、会计股、企财股、社保股、农税股。行政编制32名，其中领导职数4名。机关工勤人员编制6名。

二、局属机构

（一）榆中县政府采购办公室

2000年11月，榆中县政府采购办公室成立，科级建制，领导职数2名，与所属事业机构县政府采购中心两块牌子，一套人马。

（二）榆中县国有资产管理局

2000年11月，榆中县国有资产管理局成立。归口县财政局管理，科级建制，核定领导职数2名。人员财政局内部调剂。2002年，机构撤销，职能划入县财政局。2005年，在县财政局加挂榆中县国有资产管理局牌子。2010年，核定为科级建制，领导职数1名。人员编制在县财政局机关调剂。其中局长1名，副局长1名。

（三）榆中县农业综合开发办公室

2005年，榆中县农业综合开发办公室成立，科级建制，未配置人员编制，工作业务由局内设机构农财股承担。2010年，领导职数2名，其中主任1名，副主任1名。

（四）榆中县财政监督检查局

2010年，榆中县财政监督检查局成立，科级建制，人员编制在县财政局机关调剂。领导职数2名，其中局长1名，副局长1名。

（五）榆中县非税收入管理局

2008年8月，榆中县非税收入管理局成立，归口县财政局管理。2010年，编制 5名，其中行政管理人员1名，专业技术人员4名。

（六）乡镇财政所

1994年，全县28个乡镇建有乡镇财政所。2005年，乡镇财政所并入乡镇“经济发展中心”。2010年，恢复成立乡镇财政所，事业性质，副科级建制，核定事业编制88名，实行乡镇政府和县财政局双重管理，以乡镇管理为主。

第二章　税　务

第一节　国家税务

一、税收

1991年，榆中县税务局完成税收208万元。1994年1月，实行分税制，根据事权与财权相结合的原则，按税种划分中央与地方的收入，将维护国家权益、实施宏观调控必需的税种划为中央税；同经济发展直接相关的主要税种划为中央与地方共享税；适合地方征管的税种划为地方税。1995年，国税收入2753万元。2005年，国税收入1.28亿元，首次突破亿元。2007年，国税收入3.02亿元（包括免抵调增值税和车购税），比上年同期增长99.68%，增收1.51亿元。2010年，国税收入2.41亿元。

二、税种

1991年，县税务局开征的主税种有增值税、营业税、产品税、企业所得税、个人所得税、城市维护建设税、印花税、资源税、车船使用税、房产税、屠宰税、土地使用税、固定资产投资方向调节税、建筑税、国家能源交通重点建设、国家预算调节基金等。1992年，取消建筑税、屠宰税。1993年，开征集体企业所得税、个体所得

图 9-2-1　榆中县国家税务局办税服务厅（2010 年摄）

税、私营企业所得税、个人收入调节税、投资方向调节税、城建税、工资调节基金、国有企业所得税、能源交通调节基金、粮补基金、教育费附加等。1994年1月，按税种划分中央与地方的收入。县国税局征收的税种有增值税、消费税、企业所得税、个人所得税、车船税、特产税、资源税、中央国有企业所得税。1999年11月，开征个人储蓄存款利息所得税。2002年1月1日起，新办企业所得税由国税部门征收。2008年10月起，储蓄存款利息所得暂免征收个人所得税。2009年1月，在全县范围内实施增值税转型改革。2010年，县国税征收的税种主要有增值税、消费税、企业所得税、车辆购置附加税。

三、税务稽查

1991—1993年，县税务局稽查队承担税收检查和涉税案件的查处工作。1994年分税制改革后，稽查工作逐步由收入型向执法型转变，稽查范围由原来的全面检查转变为重点稽查、专项稽查和专案稽查。2005年后，逐年加大专项税务稽查力度。2006年，检查企业97户次，占应检查户309户的31.4%，查处有问题户37户，占检查户的38%。查补增值税36.85万元，加处罚款18.25万元，加收滞纳金2.07万元，总计57.17万元。2008年，检查企业49户。查补税款50.7万元，罚款19.7万元，加收滞纳金8.4万元，共计78.8万元。同年，开展滞留票核查、税负率低于预警标准下限企业的核查、零负申报企业的核查、销售收入大于千万税负率小于0.1%的企业核查、“双定户”发票验票为定额三倍的纳税人核查、连续整百申报的查账征收户的核查、长期亏损企业的核查等专项核查工作。加强重点行业纳税评估，开展评估质量复查工作，并建立水泥行业税收管理办法。全年评估有问题18户，评估增加税款400万元，其中增值税389.3万元，所得税10.5万元，加收滞纳金0.2万元。2010年，检查企业20户，其中有问题户数19户，无问题户数1户。查补增值税税款193.93万元，企业所得税税款78万元，罚款1.72万元，加收滞纳金9.4万元，共计查补税款283.08万元。

四、税法宣传

1991—1992年，县国税局开展形式多样的税收宣传活动，在各办税场所公开栏内张贴税收优惠政策，利用当月的报缴期采取面对面宣传。1993年，将每年的4月确定为税法宣传月，4月的第一个公休日为税法宣传日。1994年后，在税法宣传月集中宣传税法知识和新出台的税收政策。2010年，税收宣传与落实税收优惠政策相结合，宣传落实增值税转型等结构性减税政策、企业所得税优惠政策和西部大开发、资源综合利用等税收优惠政策。

五、机构

1991年，榆中县税务局内设办公室、人事股、征管股、税政股、计会股。有正式职工114人，助征员6人。下辖青城、上花、贡井、金崖、夏官营、甘草、高崖、新营、马坡、定远、城关、市场12个基层税所和1个驻水烟公司征收组。1994年8月，机构分设。县国家税务局有干部86人，工人3人，助征员8人。内设办公室、税政管理科、计划财务科、征收管理科、发票管理科、人事监察科；下辖稽查分局和上花、城关、市场、金崖、定远、甘草、马坡、新营、高崖、夏官营、贡井、青城12个税务所，1个税务咨询所和驻水烟公司征收组。1995年8月，成立和平税务所。1996年8月，成立榆中县税务师事务所。1997年，撤销夏官营、定远、贡井、新营税务所及驻水烟公司征收组。2008年，撤销青城税务所，管辖区域的税收征管业务并入城关税务分局，实施巡回征收管理，原设置的派出机构税务所调整为税务分局，设置甘肃省榆中县国家税务局稽查局。2010年，榆中县国家税务局有办公室、政策法规科、收入核算科、纳税服务科、征收管理科、人事教育科、监察室、办税服务厅8个内设机构，稽查局1个直属机构、信息中心1个事业单位和城关税务分局、甘草税务分局、高崖税务分局、和平税务分局、金崖税务分局、马坡税务分局6个派出机构。

第二节　地方税务

一、税种税率

（一）营业税

1994年，国家进行税制改革，颁布新的《中华人民共和国营业税暂行条例》，营业税的税率按照营业税税目税率表执行。

（二）城市维护建设税

城市维护建设税以纳税人实际缴纳的增值税、消费税、营业税税额为计税依据，按纳税人所在地设置三档差别比例税率：纳税人所在地在市区的，税率7%；纳税人所在地在县城、镇的，税率5%；纳税人所在地不在市区、县城或镇的，税率1%。

（三）企业所得税

企业所得税法定税率为33%，考虑到执行33%的比例税率后，一些利润较低或规模较小企业税收负担将会增加的实际情况，在制定比例税的同时，设置两档优惠税率，即年应纳税所得额在3万元（含3万元）以下的，减按18%的税率计算缴纳，年应纳税所得额超过3万元至10万元（含10万元）的，减按27%的税率计算缴纳。

（四）个人所得税

工资、薪金所得税率5%~45%；个体工商业户的生产、经营所得按年征收，使用5%~35%的五级超额累进税率；稿酬所得适用比例税率，税率20%，并按应纳税款减征30%；特许权使用费所得，利息、股息、红利所得，财产租赁所得，财产转让所得，偶然所得和其他所得，适用20%的比例税率。

（五）城镇土地使用税

城镇土地使用税实行等级幅度税额标准。每平方米应税土地的年税额标准：县城、建制镇、工矿区每年0.2~4元。

（六）耕地占用税

每平方米应税土地的税额标准：以县级行政区域为单位，人均耕地在1亩以下的地区2~10元；人均耕地在1~2亩的地区1.6~8元；人均耕地在2~3亩的地区1.3~6.5元；人均耕地超过3亩的地区1~5元。人均耕地特别少的地区，可在50%幅度内适当提高税额标准。

（七）土地增值税

县内实行四级超率累进税率：增值额不超过扣除项目金额50%的部分，税率30%；增值额超过扣除项目金额50%~100%的部分，税率40%；增值额超过扣除项目金额100%~200%的部分，税率50%；增值额超过扣除项目金额200%的部分，税率60%。

（八）房产税

房产税征收标准从价或从租两种情况：从价计征的，其计税依据为房产原值一次减去10%~30%后的余值；从租计征的（即房产出租的），以房产租金收入为计税依据。房产税税率采用比例税率。按照房产余值计征的，年税率1.2%；按房产租金收入计征的，年税率12%。

（九）车船使用税

车船使用税的税额标准分为车辆税额标准和船舶税额标准两类：车辆年税额标准。乘人汽车每辆60~320元；载货汽车每净吨位16~60元；摩托车每辆20~80元；非机动车每辆1.2~32元。具体的税额标准由各地在此幅度内确定。船舶年税额标准，机动船每净吨位1.2~5元；非机动船每载重吨位0.6~1.4元。

（十）车辆购置税

车辆购置税实行比例税率，税率10%。

（十一）印花税

印花税按不同的应税凭证，确定税目和税率。购销合同、建筑安装工程承包合同和技术合同分别按购销金额、承包金额和合同所载金额计税，税率0.3‰；加工承揽合同、建设工程勘察设计合同、货物运输合同、产权转移书据和记载资金的账簿分别按加工承揽收入、收取费用、运输费用和所载金额计税，税率0.5‰；财产租赁合同、财产保险合同和仓储保管合同分别按租赁金额、保险费收入和仓储保管费用计税，税率1‰；借款合同按借款金额计税，税率0.05‰；营业账簿中的其他账簿、权利许可证照按件贴花，税率每件5元；股票交易按成交价格计税，税率4‰（B股3‰）。

（十二）契税

契税实行3%~5%的幅度比例税率。

（十三）教育费附加

教育费附加以单位和个人实际缴纳的增值税、营业税、消费税为计征依据，附加率3%，分别与增值税、营业税、消费税同时缴纳，对从事卷烟和烟叶生产的单位，减半征收。

（十四）农业税

平均税率为常年产量的15.5%。2005年，全县取消农业税。

（十五）屠宰税

屠宰税按收购或屠宰应税牲畜单位数量定额征收。定额税负生猪每头10~20元，羊每只5~10元、牛、马、驴、骡、骆驼每头（匹、峰）20~30元。2002年5月1日起，榆中县取消屠宰税。

（十六）筵席税

1994年税制改革后，下放此税的管理权限。2002年取消。

（十七）固定资产投资方向调节税

税目包括基本建设项目和更新改造项目，税率分别为0.5%、15%和30%。2000年1月暂停征收。

二、税费收入

1994年，全县地税收入729万元。2010年，全县地税收入2.11亿元，年均增长23.4%。

三、税务稽查

1994年7月，榆中县地方税务局成立稽查队。开展纳税检查，调查处理税务违法案件，检查、监督税收法规的贯彻执行情况。1995年1月，名称变更为榆中县地方税务局稽查分局。1999年1月，名称变更为榆中县地方税务局稽查局，稽查管理模式实行选案、检查、审理、执行“四分离制度”。2000年，建立涉税犯罪协作机制，与公安部门联合，成立打击涉税犯罪领导小组和办公室。2005年10月，实行“一级稽查”模式。2010年，名称变更为兰州市地方税务局稽查局榆中县稽查分局，加强税收征管，贯彻税收政策，依法治税，查处偷税、抗税、骗税案件。

四、征收管理

1994年，榆中县地税局开始承担县内地方税种的征收任务。2000年，强化税收征管，登记率、申报率、入库率等管理项目水平提高。2001年，加大对零散税源的代征代扣措施，完善代扣代缴制度，开展企业所得税汇算清缴、房产税、印花税专项检查、发票专项检查和营业税普查等专项工作，防止零散税源流失。2005年，对辖区管户进行一次全面清理，重新登记，认真清理漏征漏管户，对纳税户缴税情况进行重新核对，摸清一些难征易漏小税种，做到数字清、底子明，实现税收征管精细化。2006年，成立由县政府县长任组长的全县综合治税领导小组，建立起“政府领导、部门配合、税务主管、司法保障、社会参与”的全县社会综合治税机制。2009年，以新征管系统上线运行为契机，加强户籍管理，完成1200户纳税人的数据录入工作。抓住薄弱环节，重点普查房产、土地、车辆等税收情况，健全征管资料。2010年，集中对全县纳税户进行清查，对征管数据进行清理，通过数据清查和国地税管户比对，摸清全局管户底数。全年修改信息2104条、重新录入2441户，录入征管软件总户数3771户。强化重点企业、重点行业税源监控，对主营业务收入在500万元以上以及上一年度缴纳地方税收收入在20万元以上的21户企业进行重点监控，对缴纳地方税收收入在15万元以上的40户企业进行一般监控。成立法院驻地税局税收执行工作室，强化全县综合治税网络体系建设。

五、税制改革

（一）个人所得税改革

1994年1月起，将个人所得税、个人收入调节税和个人城乡工商业户所得税合并为统一的个人所得税。1999年8月，开征个人存款利息所得税。起征点月收入800元。2006年，将起征点调整为月收入1600元。2008年3月起，将起征点调整为月收入2000元。

图 9–2–2　宣传税收政策（2010 年摄）

（二）车船税改革

2007年起，实施车船税暂行条例，征收车船税，并废止原车辆使用牌照税暂行条例和车船使用税暂行条例。

（三）统一内外资企业所得税制度

2008年起，实施的企业所得税法及其实施条例实现四个统一，即内外资企业适用统一的企业所得税法，统一并降低企业所得税税率为25%，统一和规范税前扣除办法和标准，统一税收优惠政策，建立产业优惠为主、区域优惠为辅的税收优惠体系。

六、机构

1994年8月，成立榆中县地方税务局，由兰州市地方税务局垂直管理。县局内设人事教育监察股、计划财务股、税政股、农税股、征管股、办公室、稽查队和城关、定远、夏官营、上花、马坡、金崖、高崖、甘草、贡井、青城、和平11个基层税务所。全局有职工48人。1995年3月，榆中县地税局稽查局成立。2006年3月，成立榆中县地方税务局征收分局。同年，在机构改革中撤销基层税务所，成立监察科、征收分局、管理分局、基金征收管理分局和发票管理分局。2010年机构改革后，有办公室、人事教育监察科、计划财务科、征管和纳税服务科、税政科5个内设机构，稽查分局、社会保险费征收管理分局、发票管理分局、征收分

1991—2010 年榆中县税收入库统计表（含国税、地税）

表 9-2-1　　　　单位：万元

年度	增值税	消费税	营业税	产品税	企业所得税	个人所得税	城市维护建设税	印花税	契税	耕地占用税	土地增值税	资源税	车船使用税	房产税	固投税	屠宰税	土地使用税	税收合计
1991	501		601	629	156	26	66	10				1	7	20		1	29	2047
1992	659		573	719	173	32	46	15					6	18			11	2252
1993	1058		577	838	351	45	57	7				1	12	24			10	2980
1994	2329	82	882		342	56	64	8				42	8	23	10		8	3854
1995	2441	143	605		490	76	75	14				108	7	39	15		11	4024
1996	2527	215	821		252	93	76	11				141	14	52	16		12	4230
1997	2784	234	1046		303	107	112	14				108	14	66	43		11	4842
1998	3105	277	1171		347	192	110	11				91	15	99	33	1	10	5462
1999	3316	343	1249		482	192	132	11				98	15	139	71	1	14	6063
2000	3763	118	1979		531	577	201	14				110	16	118	18			7445
2001	4348	27	2226		784	973	259	16				110	19	174	9		17	8962
2002	4238	8	2505		840	1985	379	15				101	35	236			14	10356
2003	4858	16	3212		402	1089	486	24				93	109	461			10	10760
2004	8449	9	3875		334	816	503	76				155	31	174			71	14493
2005	12125	18	3650		262	1019	721	282				438	24	630			184	19353
2006	14018	16	4107		740	932	1151	223			10	371	22	881			264	22735

续表

年度	增值税	消费税	营业税	产品税	企业所得税	个人所得税	城市维护建设税	印花税	契税	耕地占用税	土地增值税	资源税	车船使用税	房产税	固投税	屠宰税	土地使用税	税收合计
2007	25393	8	4628		4372	1203	1672	324	349	226	16	285	29	1135			445	40085
2008	27048	3	6716		6932	1045	1800	504	434	37	28	435	91	747			637	46457
2009	21160	3	8104		574	824	1801	741	537	486	30	340	278	822			392	36092
2010	20974	1	11888		3473	1056	1669	490	1505	353	364	414	473	947			454	44061
合计	165094	1521	60415	2186	22140	12338	11380	2810	2825	1102	448	3442	1225	6805	215	3	2604	296553

局、城关管理一分局、城关管理二分局、甘草管理分局、夏官营管理分局、金崖管理分局、定远管理分局、和平管理分局11个直属单位，有干部职工66人。

第三章　金　融

第一节　中国人民银行榆中县支行

一、现金投放回笼

1991年，中国人民银行榆中县支行投放现金2.29亿元，其中工资性支出6922万元，农副产品采购支出1544万元，储蓄支出611万元；回笼现金2亿元，其中商品销售收入5247万元，储蓄回笼2838万元。2000年，投放现金24.2亿元，其中工资性支出4.76亿元，农副产品采购支出7814万元，储蓄支出11.43亿元；回笼现金21.75亿元，其中商品销售收入2.78亿元，储蓄回笼11.85亿元。2005年，投放现金48.48亿元，其中工资性支出7.85亿元，农副产品采购支出1.17亿元，储蓄支出28.31亿元；回笼现金44.66亿元，其中商品销售收入4.73亿元，储蓄回笼26.55亿元。2005年后，不再开展相关工作。

1991—2005年中国人民银行榆中县支行现金投放回笼情况

表9-3-1　　单位：万元

年份	现金回笼			现金投放			
	总额	其中		总额	其中		
		商品销售收入	储蓄回笼		工资性支出	农副产品采购支出	储蓄支出
1991	20007	5247	2838	22864	6922	1544	611
1992	25418	9610	9710	30644	8137	1910	8727

续表

年份	现金回笼			现金投放			
	总额	其中		总额	其中		
		商品销售收入	储蓄回笼		工资性支出	农副产品采购支出	储蓄支出
1993	34823	12346	14540	38665	8315	1740	13476
1994	45045	14573	20318	47238	11693	1391	17810
1995	61212	16883	29814	62819	12788	2247	25510
1996	71470	17889	34706	75846	14589	2147	31221
1997	96718	14485	48894	104687	15281	3015	45043
1998	155739	20821	81204	168079	28740	6464	81832
1999	182076	19996	98085	205130	36966	6017	92305
2000	217493	27841	118524	242013	47588	7814	114307
2001	253873	28437	145529	286032	54385	11548	137567
2002	284607	28900	164715	308880	69173	13743	151650
2003	364685	41758	216306	388345	86681	15852	201650
2004	458485	35218	303615	473877	75949	15125	275159
2005	446562	47332	265539	484803	78464	11754	283134

二、存贷款

1991年，榆中县银行业金融机构各项存款余额2.53亿元，其中企业存款4559万元，财政性存款2202万元，储蓄存款1.34亿元；各项贷款余额1.96亿元，其中短期贷款3186万元，中长期贷款7087万元，农业贷款4046万元，其他贷款153万元。2000年，全县银行业金融机构各项存款余额12.29亿元，其中企业存款2.18亿元，财政性存款637万元，储蓄存款9.1亿元；各项贷款余额10.55亿元，其中短期贷款8.53亿元，中长期贷款2亿元，农业贷款2.22亿元，其他贷款2.28亿元。2010年，全县银行业金融机构各项存款余额82.15亿元，其中企业存款10.09亿元，财政性存款4680万元，储蓄存款49.14亿元；各项贷款余额40.83亿元，其中短期贷款22.56亿元，中长期贷款18.22亿元，农业贷款23.44亿元。

1991—2010年榆中县银行业金融机构各项存款

表9-3-2 单位：万元

年份	各项存款余额	其中		
		企业存款	财政性存款	储蓄存款
1991	25333	4559	2202	13448
1992	27087	4143	821	16941
1993	33142	3909	514	21352
1994	37579	7460	594	28574
1995	52573	11426	976	38863
1996	70560	18865	588	49631
1997	79794	17992	924	58432
1998	94605	15666	525	71582
1999	109521	109521	689	79824
2000	122886	21768	637	90993
2001	141456	26025	1074	104499
2002	167675	32414	977	119384
2003	202298	44651	951	139294
2004	210561	43964	1964	143729
2005	224732	34081	1164	170966
2006	298244	60421	1982	203961
2007	394458	110882	4205	230639
2008	462471	90002	1423	306396
2009	631306	97425	1757	396151
2010	821530	100905	4680	491398

1991—2010年榆中县银行业金融机构各项贷款情况

表9-3-3 单位：万元

年度	各项贷款余额	其中			
		短期贷款	中长期贷款	农业贷款	其他贷款
1991	19595	3186	7087	4046	153
1992	25359	3856	10321	4941	145
1993	30622	4212	10401	6859	178
1994	39930	4770	10355	4403	1449
1995	48710	37014	9711	5426	1860
1996	65002	41207	11811	6235	11859
1997	74063	50416	14330	5966	10873
1998	86072	61887	16826	10843	16550
1999	94408	69198	18025	14033	19392
2000	105509	85318	19966	22230	22839
2001	122258	87313	28897	21264	36551
2002	125391	88711	36560	22490	39052
2003	160825	123045	37215	27255	42616
2004	167403	132859	25725	31697	37132
2005	165153	139223	25930	31984	42430
2006	177925	136448	41477	83749	
2007	189653	156689	32834	95569	
2008	184517	161156	23362	117277	
2009	321628	283674	37453	166548	
2010	408265	225575	182189	234444	

三、保费收支

1991年，榆中县保险业金融机构保费收入216万元，支出96万元。2000年，全县保险业金融机构保费收入1833万元，支出789万元。2010年，全县保险业金融机构保费收入6172万元，支出2581万元。

1991—2010年榆中县保险业金融机构保费收入、支出情况

表9-3-4

年份	保费收入（万元）	赔款支出（万元）	保险深度（%）	保险深度（元/人）
1991	216	96	0.95	5.33
1992	273	127	1.03	6.68
1993	328	189	0.99	8.01
1994	414	213	0.98	10.08
1995	480	265	0.93	11.59
1996	764	369	1.35	18.24
1997	1057	549	1.7	25.04
1998	1354	727	2.02	31.85
1999	1687	757	2.33	39.43
2000	1833	789	2.28	43
2001	2337	919	2.57	53.32
2002	2051	1021	1.92	4842
2003	2712	1133	1.64	2712
2004	3098	589	2.85	7314
2005	3105	749	2.07	73.6
2006	3726	1004	1.77	87.9
2007	3823	1156	1.47	89.6
2008	4306	1396	1.44	100.26

续表

年份	保费收入（万元）	赔款支出（万元）	保险深度（%）	保险深度（元/人）
2009	4738	1479	1.48	110.3
2010	6172	2581	1.51	142.5

四、机构

1991年，中国人民银行榆中县支行内设人秘股、计划资金股、金管股、会计国库股、货币发行股、保卫股。县支行上级主管部门为中国人民银行兰州市分行。1996年，县农村信用联社与县农行脱钩，人行榆中县支行成立农管股，监管农村信用社业务经营状况。1998年，中国人民银行榆中县支行上级主管部门变更为中国人民银行兰州中心支行。2000年，中国人民银行榆中县支行发行库撤销，同时撤销货币发行股、保卫股。2004年3月，甘肃省银行业监督管理局榆中办事处成立，县支行撤销金管股、农管股。2006—2010年，中国人民银行榆中县支行内设办公室、综合业务股、国库会计股，主要负责落实货币政策、维护辖区内金融稳

图 9-3-1　中国人民银行榆中县支行（2010 年摄）

定、提供金融服务。主要业务包括经理国库、支付结算（人民币结算账户开立）、清算、反洗钱、货币信贷、金融研究、金融统计、金融稳定、金融消费权益保护等。

第二节　商业银行

一、中国工商银行股份有限公司榆中支行

（一）存贷款

2000年末，储蓄存款余额1.52亿元，各项贷款余额1.05亿元。2006年末，各项存款余额2.31亿元，其中储蓄存款余额1.92亿元，对公存款余额3928万元。2010年末，各项存款余额3.9亿元，其中储蓄存款余额3.28亿元，对公存款余额6248万元。各项存款年均增幅17.17%，其中储蓄存款年均增幅17.66%，对公存款年均增幅14.77%。

2006—2010年中国工商银行股份有限公司榆中支行各项存款余额表

表9-3-5　单位：万元

序号	年份	各项存款余额	储蓄存款	对公存款
1	2006	23140	19212	3928
2	2007	24606	20809	3797
3	2008	29925	24816	5109
4	2009	35112	29702	5410
5	2010	39031	32783	6248

2006年末，各项贷款余额30万元。2010年末，各项贷款余额3690万元，年均增幅30.5%。贷款全部为个人住房贷款，无其他种类贷款。

2006—2010年中国工商银行股份有限公司榆中支行各项贷款余额表

表9-3-6 单位：万元

序号	年份	各项贷款余额	个人住房贷款	备注
1	2006	30	30	
2	2007	10	10	
3	2008	150	150	
4	2009	1734	1734	
5	2010	3690	3690	

（二）金融管理

2006年，中国工商银行股份有限公司榆中支行开始办理个人信贷业务，其余信贷业务均由中国工商银行股份有限公司兰州东岗支行统一办理。同时，加强信贷风险管理，从严控制不良贷款，使不良贷款率始终控制在规定范围之内。资金规模管理由中国工商银行总行统一安排，并严格执行。执行中国人民银行发布的各项存贷款、各档次基准利率，加强利率管理工作，开展利率执行情况检查，促进利率政策规范执行。加大利率政策培训和宣传力度，提升员工利率政策执行水平。2006—2010年，现金管理资金规模增至7300万元。法人理财业务从无到有，创收能力增强。贵金属重点业务实现突破，代理销售收入增加。

（三）机构

1991年，中国工商银行股份有限公司榆中支行内设办公室、人事科、保卫科、计划科、信贷科、储蓄科和会计科。有营业室和兴隆路、广场、一悟路、夏官营4个储蓄所及夏官营分理处、兰州第六办事处和城市信用社等营业网点。1993年，内设机构增设出纳科。1995年，增设栖云南路、西关新村两个营业网点。1997年，内设机构调整为办公室、保卫科、资金营运科、储蓄科、会计科。2001年，营业网点调整为营业室和兴隆路、广场、夏官营3个储蓄所。2002年4月，榆中支行由一级支行降格为二级支行，隶属关系变更为中国工商银行股份有限公司兰州东岗支行管辖的二级支行，设榆中支行营业室，其他两个网点广场支行和夏官营支行由榆中支行营业室托管。在职职工38人。2010年，在职职工29人，营业网点有营业室、广场支行和夏官营支行。

二、中国农业银行榆中县支行

（一）存贷款业务

1995年末，各项存款余额2.29亿元，各项贷款余额1.79亿元，业务种类主要为存贷款，代收代付国债资金、金融债券等。2000年末，各项存款余额4.91亿元，各项贷款余额3.92亿元。全行主要开办存款、贷款、结算、代理、信用卡等业务，运行“新一代”综合应用系统全国联网。与证券公司、保险公司、基金管理公司联合开通银证通、银保通、基金代销等新业务，为广大投资者提供及时、安全、快捷的投资理财咨询服务；小额质押贷款、住房按揭贷款、个人经营性贷款等11个业务品种，能够满足广大客户的消费需求。2005年，农行县支行在加快自身业务发展的同时，集中资金和规模向重点区域、重点客户、重点行业、重点项目投放，支持以日光温室、百合种植、鲜花栽培、奶牛养殖等为重点的特色农业，采取小额扶贫信贷等形式扶持当地农户脱贫致富。至2005年9月，累计投放扶贫贷款2亿元，各项存款余额8.16亿元，各项贷款余额6.67亿元。全行装有4台自动取款机为客户提供24小时服务。2010年末，各项存款余额14.66亿元，各项贷款余额3.92亿元，业务主要种类为存贷款，代收代付国债资金、金融债券、保险等。

（二）机构

1991年，中国农业银行榆中县支行设办公室、计划科、会计科、人事科、保卫科、监察室、存款科、工会、党办、思政办、农业信贷科、工商信贷科、稽核审计科、信用合作社14个机构。基层室所20个，人员145人。信用社机构县联社1个，信用社27个，进城站1个，分社12个，人员181人。1995年，中国农业银行榆中县支行机关内设机构8个，对外营业网点21个，在册职工150人。2000年，中国农业银行榆中县支行机关内设机构4个，对外营业网点19个，在册职工105人。2005年，对外营业网点10个，在册职工101人。2010年，内设机构4个，对外营业网点10个，在册职工102人。

三、中国建设银行股份有限公司榆中县支行

（一）业务

1991年，中国建设银行榆中县支行支持三电工程建设、县煤矿挖潜改造等地方企业发展。1992年，开办房地产金融业务。1995年，向兰州市化肥厂贷款2600万元，向榆中县水泥厂贷款4000万元，对一批地方微小企业进行信贷支持。2004年后，支持县城道路扩建、城市供水、住宅小区建设等城市基础设施建设。为国有企业、事业单位和民营、私营企业提供理财、结算、中介和代发工资业务等；经办宝兰铁路复线第十七工程局、第四工程局、第一工程局、第十八工程局4个项目部4.2亿元的金融服务；经办巉柳高速公路、武警七支队、平凉公路总段、甘南公路总段、张掖公路总段5个项目部近7.5亿元的金融服务；为兰州金川科技园落户榆中提供金融支持。榆中支行所辖营业网点进行投资扩建，配备现代化办公设备，业务经营科学化、电算化、网络化。

2000—2010年中国建设银行存、贷款统计表

表9-3-7　　单位：亿元

年份	2000	2001	2002	2003	2004	2005	2006	2007	2008	2009	2010
存款	5.1	5	4.8	4.7	4.8	4.9	5	5.5	6	7	5.7
贷款	0.6	0.7	0.9	1	1.1	1.3	1.2	1.4	1.6	1.8	1.9

（二）机构

1991年，中国建设银行榆中县支行设营业网点2个，有职工15人。1994—2003年，有营业网点3个。1993—1995年，职工19人。1996年，更名为中国建设银行榆中县支行，有职工24人。2005年，更名为中国建设银行股份有限公司榆中县支行，职工18人。内设办公室、营业部和客户部，有营业网点2个（汽车站储蓄所与和平分理处）。2006—2009年，有营业网点3个，职工18人。2010年，有营业网点1个，职工18人。

四、中国农业发展银行榆中县支行

（一）存贷款业务

1996年12月—2000年12月，中国农业发展银行榆中县支行各项贷款余额1.08亿元，累计发放9469万元，累计收回7913万元，存款余额201万元。2001年1月—2005年12月，各项贷款余额1.24亿元，累计发放4.25亿元，累计收回9154万元，存款余额1045万元；2006—2010年12月，各项贷款余额4.58亿元，累计发放7.26亿元，累计收回3.92亿元，存款余额7413万元。

（二）金融服务

至2010年，农业发展银行榆中县支行承担县内2户国有粮食购销企业和5户农业产业化龙头企业的信贷资金供应与管理工作。落实国家粮棉油购销政策和相关经济、金融政策。支持榆中县以“畜牧养殖、高原夏菜”及乳业发展的特色产业，支持公路、风电、电网改造、水电、天然气管道、农田水利、病险水库除险加固、灌区节水改造、农业生态环境建设、农村饮水工程、灾后恢复重建等方面的项目。

（三）机构

1996年12月，农业发展银行榆中县支行成立，隶属中国农业发展银行甘肃省分行营业部，内设办公室、信贷业务部、会计结算部三个职能部门，有职工20人。2010年，有职工17人。

五、兰州银行榆中支行

（一）存贷款业务

2008年12月末，兰州银行榆中支行各项存款余额1.52亿元。其中对公存款7768.61万元，占存款余额的54.6%；储蓄存款5826.46万元。累计投放贷款1.08亿元。2010年12月末，兰州银行榆中支行各项存款余额7.16亿元，较年初增加2.45亿元。其中对公存款余额4.87亿元，占存款余额的68%；个人存款余额2.28亿元，占存款余额的32%。2009—2010年，各项存款平均增速为47.82%，占榆中县存款市场份额的8.8%。各项贷款余额2.35亿元，其中公司类贷款1.35亿元，占贷款余额的57.29%；个人类贷款

9775.22万元，占贷款余额的41.52%。2010年，累计投放贷款2亿元。

（二）机构

2007年12月，兰州银行榆中支行成立，是兰州银行下设的第一家县域支行，有职工7人。2010年，兰州银行榆中支行有营业网点1家，职工16人。

六、甘肃榆中农村合作银行

（一）业务

1991—2010年，榆中农村合作银行从事的业务有吸收公众存款；发放短期、中期和长期贷款；办理国内结算；办理票据承兑与贴现；代理发行、代理兑付、承销政府债券；买卖政府债券、金融债券；从事同业拆借；代理收付款项及代理保险；提供保管箱服务；经中国银行业监督管理委员会批准的其他业务。1997年，存款余额2.45亿元，贷款余额1.63亿元。2010年，存款余额47.21亿元，贷款余额29.4亿元。

1997—2010年甘肃榆中农村合作银行存贷款统计表

表9-3-8 单位：万元

年份	存款	贷款	年份	存款	贷款
1997	24525.47	16331.7	2004	66444.64	69184.63
1998	28329.54	20900.78	2005	81382	85547
1999	31748.27	24343.75	2006	122061.51	104685.97
2000	33243.69	27571.93	2007	161028.45	119462.5
2001	37243.86	32923.8	2008	206444.75	143389.92
2002	48433.77	40376.65	2009	322571.98	236150.37
2003	56998.79	54529.66	2010	472076.63	293987.28

（二）机构

1991—1996年，甘肃榆中农村合作银行归中国农业银行管理，为信合股。1996年，榆中县农村信用合作联社成立。至年底，全社辖二级法人社29个，员工228人。2000年，营业网点增至42个，员工214人。2005

年，辖营业网点43个，员工236人。2007年，榆中县农村信用合作联社改制，成立甘肃榆中农村合作银行，全行辖营业网点43个，员工274人。2010年，营业网点43个，员工322人。

图 9-3-2　榆中农村合作银行（2010 年摄）

七、中国邮政储蓄银行股份有限公司榆中县支行

2008年3月，中国邮政储蓄银行股份有限公司榆中县支行成立。年底，个人储蓄余额5500万元，公司存款余额250万元，贷款余额560万元。2009年，个人储蓄余额6500万元，公司存款余额650万元，贷款余额860万元。2010年，个人储蓄余额7100万元，公司存款余额820万元，贷款余额1850万元。

第四章 保 险

第一节 中国人民财产保险股份有限公司榆中支公司

1991—1995年，中国人民保险股份有限公司榆中公司主要承办简易人生、子女备用金、美满婚姻、独生子女保险、各类养老保险、车辆保险、财产保险、责任保险等。1996年，产寿分家，中国人民财产保险股份有限公司榆中支公司成立，主办财险业务，承办车辆保险、财产保险、责任保险、信用保险、保证保险等。2006年增加交通强制保险业务。2007年增加能繁母猪保险业务。2008年增加奶牛保险业务。

第二节 中国太平洋财产保险股份有限公司榆中支公司

1996年11月，中国太平洋财产保险股份有限公司榆中支公司成立。主要承办人民币和外币的各种财产保险业务，包括：财产损失保险、责任保险、信用保险等保险业务；办理各种法定财产保险业务；与国内外保险公司及有关机构建立代理关系与业务往来关系；代理外国保险机构办理对损失的鉴定和理赔业务及其委托的有关事宜；与中国太平洋股份人寿保险股份有限公司分支机构建立代理关系和业务往来关系；经批准参加国际保险活动，经中国保险监督管理委员会批准的其他业务。

1996—2006年，从业人员8人。2007—2010年，从业人员12人。

1991—2010年中国人民财产保险股份有限公司榆中支公司保费收入及支出表

表9-4-1

单位名称	年份	保费（万元）	赔款（万元）	险种	备注
中国人民保险股份有限公司	1991	308	124	简易人生、子女备用金、美满婚姻、独生子女保险、各类养老保险、车辆保险、财产保险、责任保险等	
	1992	360	144		
	1993	490	196		
	1994	570	228		
	1995	670	268		
	1996	506	202		6月，财寿分家
中国人民财产保险股份有限公司榆中支公司	1997	553	221.2	车辆保险、财产保险、责任保险、信用保险、保证保险等	财险
	1998	580	232		财险
	1999	533	213		财险
	2000	540	216		财险
	2001	589	236		财险
	2002	610	244		财险

续表

单位名称	年份	保费（万元）	赔款（万元）	险种	备注
中国人民财产保险股份有限公司榆中支公司	2003	650	260		财险
	2004	696	348		财险
	2005	761	380		财险
	2006	812	406	交强险	财险
	2007	888	445	能繁母猪保险	财险
	2008	1070	535	奶牛保险	财险
	2009	1300	650		财险
	2010	1600	800		财险

1996—2010年中国太平洋财产保险股份有限公司榆中支公司保费收入、支出表

表9-4-2 单位：万元

年份	收入	支出
1996	150	108
1997	200	146
1998	230	161
1999	260	195
2000	300	216
2001	353	255
2002	395	316
2003	440	334
2004	492	378
2005	430	301
2006	355	255
2007	405	285
2008	450	333
2009	612	380
2010	934	480

第三节　中国太平洋人寿保险股份有限公司榆中支公司

2000年7月，中国太平洋人寿保险股份有限公司榆中支公司成立，主要负责客户保全服务、理赔服务和营销员的契约管理；个险营销部主要负责营销人员的管理培训和业务推动；服务营销部主要负责续期客户服务，包括“孤儿单”客户后续服务和信息咨询，代理营销员10人。保费收入20万元。2010年，代理营销员260人，保费收入1750万元。

第四节　中华联合财产保险股份有限公司榆中县支公司

2006年1月，中华联合财产保险股份有限公司榆中县支公司成立。业务涉及普通民众的机动车辆保险、家庭财产保险、人身意外保险、健康医疗保险，政府政策性保险以及各类企业的财产保险、责任保险（包括各类职业责任保险）、货物运输保险、团体人身伤害及医疗保险等。中华联合财产保险公司主要以车辆保险为主，同年保费收入122.7万元，赔款支付16.8万元。2007年，保费收入177.9万元，其中非车险保费23.9万元，机动车险保费145.80万元，人身险保费3.8万元，交强险保费4.4万元，累计支付赔款12.3万元，赔付率6.8%。2008年，保费收入406.72万元，支出各项赔款9.6万元，赔付率5.8%，其中车险保费收入139万元，占比84.2%，非车险保费收入26万元，占比15.8%。2009年，保费收入420万元，市场占有率为30%以上，赔款支出240万元，赔付率27.8%。2010年，保费收入750万元，同比增长60%，净利润153.73万元，综合赔付率76.65%。

第五节　中国人寿保险股份有限公司榆中县支公司

1998年1月，中国人寿保险股份有限公司榆中县支公司成立，员工11人，营销员40人。2010年，员工12人，营销员150人。公司经营人寿保险、健康保险、意外伤害保险等各类人身保险业务；国家法律法规允许的或国务院批准的资金运用业务；人身保险服务，保险咨询、代理服务；国家保险监督管理部门批准的其他业务（依法需经批准的项目，经相关部门批准方可开展经营活动）。1998年1月—2001年2月，保费年收入1200万元，理赔年支出180万元。2001年3月—2007年7月，保费年收入2200万元，理赔年支出220万元。2007年8月—2010年12月，保费年收入2100万元，理赔年支出210万元。

第十篇　经济管理

第一章 物价管理

第一节 物价管理与调控

一、价格控制

1991年，对由企业定价的39种工业品、9种农副产品按1990年规定实行差率控制外，其他品种由企业自主定价。4月，取消水泥价格“双轨制”，实行计划内外统一价格。1994年3月，从事生产、经营的国有、集体、私营企业和个体工商户实行明码标价。5月，监审20种居民生活必需品和服务价格。9月，对纳入价格监审范围的大肉、蔬菜、牛肉面、大饼、蒸馍实行最高限价，大田蔬菜在批发价基础上加50%~60%的批零差率制定参考零售价。1995年2月，大化肥价格改为一县一价。价格在省定调拨基础上加7%的经营差率和合理运杂费核定，小化肥零售价格由物价部门在出厂价基础上加不超过10%的经营差率和合理运杂费核定。7月，增加食醋、蔬菜为监审品种。当年物价上涨指数控制在15%以内。1996年11月，取消特一粉等面粉最高限价，改按差率控制。1997年7月，督促药品经营单位建立物价台账、明码标价等制度。1999年10月，核定物业管理服务综合收费最高每平方米每月0.20元。12月，编制农村电网建设改造工程、农电体制改革和城乡同网同价方案。化肥价格改为企业自主定价。2000年，全县辖区内电价实现城乡同网同价，城乡居民照明电价为0.39元/千瓦·时。2001年，核定公交车起始票价为0.50元。2004年初，化肥价格涨幅过猛，采取差率作价控制涨价，尿素、磷酸二铵按进销差率不超过8%，碳铵等化肥按进销差率不超过12%，再加运杂费核定零售价格。6月，尿素、二铵进销差率压缩为7%。2006—2010年，全县居民消费价格总水平涨幅控制在3%左右。

二、行政事业性收费管理

1991年，全县有行政事业收费执收单位45个，收费项目161个，标准1040个。1993年，取消农村宅基地有偿使用费等行政事业性收费项目。同年12月，全县取消乱收费项目33项。1995年起，向教育部门、学校和卫生院、乡（镇）经委颁发行政事业性收费许可证。1999年3月，取消涉企的行政事业性收费项目27项。2001年，学校向学生发学生收费卡。9月，推行涉农收费公示制度。2002年8月，督促收费单位在经营或收费场所公示规定的价格和收费标准。气象有偿服务费、人才流动服务、水利工程水费等5项行政事业性收费转为经营性收费，行政事业性收费持证单位缩减为243个。

2003年4月，免收下岗失业人员再就业劳务服务费等11项费用，减半收取职业技能培训等14项费用。7—12月，核定符合政策规定的涉农收费54项。2004年8月，社会团体收费退出行政事业性收费管理序列，社团提供服务的收费仍按经营性收费管理。9月，核定行政机关和事业单位符合政策规定的收费262项。12月，行政事业性收费、经营性收费及政府定价、政府指导价的重要商品价格，推行价格、收费公示制度。2005年，实行行政审批制度改革，清理取消收费项目68项，行政事业性持证单位缩减为169个。2006—2010年，取消、暂停、降低40多项行政事业性收费。开展涉农、涉企、教育、医药、电力等价费专项检查，完善“一证一书一卡”制度。对个体工商户实行缴费明白卡制度，发放缴费明白卡7000张。

三、经营性收费管理

1997年7月，向社会团体、律师事务所、审计事务所、会计事务所、民办医疗机构、对外提供医疗服务的职工医院、个体诊所、公用电话、各类公司、各类经营性收费，颁发甘肃省经营性收费许可证，并进行年审。1998年7月，向美容、美发、洗染、洗浴等行业颁发甘肃省经营性收费许可证。1999年3月，取消涉企经营性收费项目3项。2000年，对汽车修理业核发甘肃省经营性收费许可证。2001年11月，要求游泳馆、茶馆、咖啡屋、酒城、电影院等经营单位必须申办甘肃省经营性收费许可证，服务项目、收费标准报县物价、文化部门备案。2003—2004年，取消对美容、美发、洗染、洗浴、照相、广告等行业经营性收费许可证的管理。2004—2005年，取消对个体诊所、村卫生所收费许可证的管理，村卫生所药品及医疗服务收费统一纳入乡镇卫生院实行一体化管理，注销个体、村办卫生所收费许可证300个。

四、落实企业定价权

1991年，放开服装和鞋帽价格。9月，放开价格试点。试点商业零售单位经营的除国家定价的重要工业品63种、重要农副产品和凭证凭票供应的粮油及其制品45个品种、实行差率控制的中药材9个种类及兼营的生产资料外，其余价格一律放开，由企业按商品价值和市场供求自主定价。1992年，放开轻、重工业产品价格；谷子、糜子等产品退出国家定购，购销价格放开；放开羊毛购销价格，菜籽油销售价格；放开理发、洗染行业收费标准，由企业自行定价。原属由县以上管理的价格，下放给企业定价的61类292个品种。国家管理价格的农产品29种，县属全民、集体及乡镇企业产品价格全部放开。年底，由国家定价的生产资料约30%，日用消费品不足10%。向县内全民、集体和私营工商企业颁发企业定价资格认可证640本。1993年初，放开宾馆、饭店、招待所收费标准和平价挂面等粮食制品价格。2001年4月开始，对凡有定调价业务的生产、流通企业实行企业定价资格认可证制度。由物价部门向其颁发企业定价资格认可证。2003年，根据行政审批制度改革的要求，取消企业定价资格认可证的管理。

五、餐饮、娱乐、修理业价格管理

1992年8月，放开饮食业毛利率，除部分品种由国家规定价格外，其余由企业自主定价。1996年5月，饮食业按照分等定级、优质优价的原则，区别不同等级实行毛利率和加价率管理，县物价会同工商、经贸部门对全县饮食业评等定级。2001年4月，严格饮食业价格管理，对不参加评等定级的餐饮门点，按普通级对待。1996—2004年底，全县评出餐饮业甲级店2个、乙级店51个、丙级店43个、普通店81个。

六、价格监督检查

1991年后，对行政事业性收费许可证、甘肃省经营性收费许可证进行年审。2002年开始，全县农村中小学实行“一费制”收费办法。2002年，开通“12358”价格举报投诉电话，受理群众对行政事业单位、经营单位、收费及价格的投诉举报。2006—2010年，重点检查县级30多家医疗机构、50多家乡镇卫生院、70多家医疗保险定点药店，医疗服务收费均未突破《县级医疗机构服务收费标准》规定的价格。2007—2010年，在春秋季开学后，派出检查组，对全县的城镇、农村中小学收费进行抽查，检查县属中小学和农村中小学276次。

七、价格事务工作

1993年起，开展价格咨询、仲裁、资产评估等价格事务服务工作，主要为公安、检察院、法院扣押、追缴、没收的价格不明涉案物品进行价格鉴定。2002年，明确价格认证中心为榆中县行政区域内价格鉴证专门机构。2003—2005年，办理价格鉴证149件，涉案标的146万元。2006—2010年，开展“价格服务进万家”活动，推进价格服务进社区、进医院、进学校、进农户、进景区、进企业、进商场、进重点工程，设立社区价格服务站79个、价费公示牌66块，聘请监督员32名，开展社区价格服务20多次，发放公示册等价格资料4.2万份。组织人员到32家企业开展缴费登记卡回访，受理举报和咨询45件。

八、物价计量信得过活动

1991—2004年，物价部门动员、鼓励经营单位参加“物价计量信得过”竞赛活动，派人指导、帮助申请参加竞赛活动的单位建立健全物价管理制度，提高其价格决策水平和遵守国家价格计量政策的自觉性。2004年12月，全县评出县级“物价计量信得过”单位4个，获得市级“物价计量信得过”单位4个，获得省级“物价计量信得过”单位4个。

第二节　机　构

1996年9月，榆中县物价委员会更名为榆中县物价局，与县计划委员会职能合并，保留物价局牌子。下设物价检查所、价格认证中心。2002年8月，机构改革，物价局编制3名，物价检查所编制5名。2005—2010年，物价局编制8名，其中物价检查所5名。

第二章　质量技术监督

第一节　质量监管

1991—2007年，摸底建档食品加工企业36户，全县工业企业造册建档61户。委托检验送样150批次，专项检查生产许可证15户，建档3户，检查眼镜行业5户。组织开展农资、种子、化肥、农药生产、食品加工制造、建材、土冶炼、集贸市场、餐饮业等部门行业的专项治理，重点监督粮、油、肉、酱油、醋、奶制品、豆制品、白酒、饮料、化妆品、种子、化肥、农药、农用地膜、硅铁、农机汽车配件、“地条钢”、井盖、水泥制品、塑编袋、钢铝门窗、防水卷材、螺纹钢等23类产品。2008—2010年，县政府将产品质量安全监管工作纳入目标考核。下发《产品质量安全监管网络实施意见》，在全县23个乡镇设置产品质量安全监管站，完善乡镇“一专三员”（产品质量专干、监管员、协管员和村、社区一级信息员）工作责任制度。企业实行许可证管理，完善基础管理数据库。加强产品质量全过程监管，辖区内企业全备案、产品全登记、检验全记录。

第二节　标准化管理

1999年，全县有产品350种，建立91个标准，其中国家标准45个、行业标准29个、地方标准2个、企业标准15个。1999年后，工业企业标准化工作在消灭无标生产的基础上，启动新一轮工业企业产品技术标准摸底建档工作，帮助工业企业建立健全产品技术标准，鼓励采用国际标准；指导工业企业依据标准组织生产和检验，督促企业产品上档次、管理上台阶。同时，开展农业标准化工作，与农业部门衔接，配合全县开展无公害蔬菜标准示范基地推广工作。至2010年，建成国家级结球甘蓝农业标准化示范区1个，省级西兰花、菜花农业标准化示范区1个，升级无公害芹菜标准化示范区1个。榆中县结球甘蓝、菜花、大白菜获得中华人民共和国农产品地理标志。帮助名园会所、石源山庄、栖云庄园等餐饮单位实行服务业标准化管理。

第三节　机构代码管理

2007年，完成代码换证200户，新办证121户，代码年检864户，清理沉淀数据库100个，代码数据变更率76%。2009年，代码录入1746户，办证593户，发放IC卡106张，年检712户，代码数据更新率82%。2010年，代码数据总量1949户，办理代码换证264户，新办代码308户，注销145户，变更68户，代码年检858户，发放IC卡162张，建立电子档案1330户，更新率77.63%。

第四节　计　量

1991年起，县质量技术监督检测部门开展集中整治，监督检查农产品收购、燃油加油机、医用三源、眼镜制配用计量器具以及城乡主要计量集贸市场、超市在用衡器。同年，检定修理计量器具460台，完成工商企业、卫生机构计量确认2户，监督检查生产企业户60批次、商业企业112户420批次，强检计量器具68户。1995年，检定修理计量器具460台，完成工商企业、卫生机构计量确认1户，监督检查生产企业120户430批次、商业企业123户500批次，强检计量器具88户。2000年，检定修理计量器具600台，完成工商企业、卫生机构计量确认3户，监督检查生产企业132户200批次、商业企业138户450批次，强检计量器具123户。2005年，检定修理计量器具870台，完成工商企业、卫生机构计量确认1户，监督检查生产企业126户300批次、商业企业140户320批次，强检计量器具107户。2010年，检定强检工作计量器具3111台，其中抽查检验定量包装产（商）品186批次，衡器2215台，血压计80台，压力表511台，天平55台，砝码50套，燃油加油机200台，砖瓦送检23批次，煤质送检7批次，水表3057台。

第五节　特种设备管理

2001年，榆中县劳动局特种设备（锅炉、压力容器、压力管道、电梯、起重机械、客运索道、大型游乐设施等）监管职责划归榆中县技术监督局。2001—2005年，开展在用生产、生活锅炉安全运行专项检查，整治取缔土锅炉3台。开展压力容器、起重机械等特种设备安全监察工作，集中治理“四无一未”（无证制造、无证修理、无证使用、无证操作和未定期检验）行为，消除特种设备违法使用所带来的安全隐患。查处特种设备安全隐患8处，取缔无证充装液化气点1户。2006—2008年，与全县8大类、134户、1112台特种设备使用单位签订《特种设备使用管理安全责任承诺书》，建立完善动态监管体系、安全责任体系、应急救援体系，消除特种设备安全隐患。2009年，检查特种设备使用单位39家88台特种设备。其中起重机机械7台、压力容器74台、锅炉1台、电梯2部、大型游乐设施4部。监督检查48家企业183台特种设备，出动人员150人次，下达整改通知书66份。2010年，加强事故多发设备和薄弱环节的监管，重点做好特种设备隐患治理，查处各种违法行为，实现“零事故”

运行目标。

第六节　食品监督管理

2005年1月1日，食品加工企业卫生监管职责划归质量技术监督部门，28大类、525种食品纳入市场准入管理。2005—2010年，组织开展乳制品生产企业、豆制品加工企业、肉制品企业等专项整治。先后组织召开全县食品企业管理人员、技术人员和小作坊负责人参加的食品安全会议，采取以会代训的方式，对与会人员进行《中华人民共和国食品安全法》《食品安全法实施条例》等法律法规及《甘肃省食品生产小作坊质量安全监督管理暂行办法》《甘肃省质量技术监督系统食品生产企业监督检查实施办法》宣传培训，涉及企业、作坊覆盖面100%。“三鹿”奶粉事件发生后，启动驻厂监管机制，并及时组织开展乳制品专项检查，发现“三鹿”问题乳粉131袋，全部就地封存。

图 10-2-1　在县城中心广场举行“3·15”宣传咨询活动（2007 年 3 月 15 日摄）

第七节　行政执法

2007年，开展专项治理13次，捣毁制假售假窝点3处，涉及假冒伪劣不合格产（商）品货值46.7万元，查处特大案件1起，重大案件9起，较大案件6起，一般案件11起，现场处罚5起，罚没款24.92万元。2009年，查处质量技术监督违法案件56起、货值68.3万元。其中特大案件1起，重大案件8起，较大案件22起，一般案件25起。2010年，重点加强对农资、建材、食品和家电下乡产品等领域的监督检查和专项整治。开展打击制售“黑心棉”违法行为的专项行动和农药打假专项整治行动。

第八节　机　构

1991年，榆中县质量技术监督局隶属县计划经济委员会管理，编制11名，其中计量所6名。1996年9月，县级机构改革后，保留榆中县质量技术监督局牌子。2001年5月，榆中县质量技术监督局划转到甘肃省兰州市技术监督局，实行垂直管理。2004年，编制17名，其中行政编制10名，事业编制5名，行政工勤编制2名，内设办公室、质监科、标准科、代码室、特监科、稽查队和检测所。

第三章　统　计

第一节　农业统计

1991—2010年，农村社会经济调查实行全面报表制度。定期报表有春秋播面积、上半年农作物播种面积及夏收产量预计、农村自然灾害情况、全年农作物播种面积、蔬菜、花卉、中药材生产情况、全年农作物产量预计、农林牧渔业生产电讯季报、乡镇统计网络建设等报表，其中自然灾害、农林牧渔业生产电讯季报为季度报表，其余为一次性定期报表。农业年报有农村基层组织和乡村建设情况、农村社会发展情况、农村从业人员资源及分布、西部开发生态建设情况、耕地状况平衡统计、种植业生产情况、园地变动及生产情况、林业生产情况、畜牧业生产经营情况、畜牧业调查表、渔业生产情况、农村电气水利情况、农业统计参数调查表、农业生产中间消耗情况、农村自然灾害情况、现价农林牧渔业总产值、可比价农林牧渔业总产值、90不变价农林牧渔业总产值、农林牧渔业中间消耗、农林牧渔业增加值、县卡、乡卡等报表。涉及23个乡镇、268个行政村、1619个村民小组的所有农户。

第二节　工业统计

一、规模以上工业统计

1991—2004年，工业统计范围主要分为乡及乡以上工业企业，村及

1993—2010年榆中县规模以上工业主要经济指标完成情况统计表

表10-3-1

单位:万元

	企业个数	工业总产值	增加值	重工业	轻工业	国有	集体	股份制	其他	私营企业
1991		17062								
1992		21922								
1993		29822				1660	270			
1994		42770				1460	334			
1995		60949				1569	370			
1996		82682	17525			1677	417			
1997		115337	20580			1382				
1998		119801	19600			118	7162	1688	599	
1999		93569	21200			186	8008	2152	865	
2000		98186	27000			2200	10350	2788	839	
2001		108400				8290	45715	9289		6195
2002		121000				8129	48353	10160		8662
2003		117440				8393	55691	11832		9706
2004		246140				115935	53429	34301		14134
2005		370660				21949	3550	305183		13336
2006	40	410167	74067	71028	3039	3065	2536	66406	2060	

续表

	企业个数	工业总产值	增加值	重工业	轻工业	国有	集体	股份制	其他	私营企业
2008	30	747593	119203	107026	12178	28020		86385	4798	
2009	30	677571	114193	96507	17686	16265		93584	4344	34194
2010	32	921250	156671	136291	20381	42192		112909	1570	35094

村以上工业企业。2005年，工业统计范围主要分为规模以上和规模以下工业企业。2006年，规模以上工业统计范围为全部国有和年主营业务收入500万元以上的非国有工业法人企业。2007—2010年，统计范围变更为辖区内年主营业务收入500万元及以上的工业法人单位，采取全面调查的方法，按经济类型和工业行业大类进行统计。规模以上工业统计报表分月报、季报和年报，月报有财务状况、工业产销总值及主要产品产量、地区工业增加值及其增长速度3种报表；季报有主要工业产品销售库存订货、工业企业生产经营及景气状况调查2种报表；年报有调查单位基本情况、规模以上工业法人单位财务状况（非成本费用调查）、规模以上工业法人单位成本费用、规模以上工业法人单位产品生产销售库存情况、规模以上工业法人单位主要工业产品生产能力、信息化情况6种报表。2006—2007年，县内规模以上工业统计涉及城关、金崖、和平、甘草店、定远、高崖、三角城、清水驿、银山9个乡镇。2008年，有10个企业达不到规模以上标准退库，高崖镇随之退出，涉及乡镇减为8个。2010年，新增2家规模以上工业，涉及乡镇没有变化。

二、工业抽样调查

（一）规模以下工业抽样调查

规模以下工业统计实行季度抽样调查，调查范围（抽样框）为辖区内年产品销售收入500万元以下的非国有工业企业和全部个体经营工业单位。调查主要内容为企业详细名称、地址、企业法人代码、登记注册类型、人员及生产经营状况等；个体经营工业单位的基本情况、人员及生产经营状况等。调查分年季和定期两种。2006—2010年，县内规模以下工业抽样调查涉及11个国家样本。

（二）工业生产者价格调查

工业生产者价格调查分工业生产者购进价格调查和工业生产者出厂价格调查两种。工业生产者价格调查采取重点调查与典型调查的方法。规模以上企业采用重点调查方法，规模以下企业采用典型调查方法。2006—2009年，榆中县工业生产者价格调查涉及16个企业，2010年调整为13个企业。

第三节　商贸统计

商贸统计涉及行业主要是批发、零售、住宿和餐饮4个行业，按报表报告期分为年度报表和定期报表。基本调查方法是对限额以上法人单位和个体经营户实施全数调查。2006—2008年，统计范围为年主营业务收入2000万元以上和从业人员20人及以上的批发业、年主营业务收入500万元及以上和从业人员60人及以上零售业、星级宾馆和饭店、年主营业务收入为200万元及以上和从业人员40人及以上的餐饮业法人单位。2009—2010年统计范围变更为年主营业务收入2000万元及以上的批发业、年主营业务收入500万元及以上的零售业、年主营业务收入200万元及以上的住宿和餐饮业法人单位。对限额以下法人单位和个体经营户实施抽样调查，每个行业各抽6家法人企业和6家个体经营户。对其他行业法人单位附营的限额以上批发、零售、住宿和餐饮业产业活动单位、连锁经营企业实行全数调查。2006—2009年，榆中县没有批发、零售、住宿和餐饮业限上单位，商贸统计涉及4个行业的限下抽样调查。2010年，有1家批发企业、2家零售企业被纳入商贸统计。

1993—2010年榆中县社会商品零售总额统计表

表10-3-2　　单位：万元

指标名称	社会商品零售总额	批发和零售	限下及个体户	住宿和餐饮	限下及个体户
1993	15161	11183		1879	
1994	18563	12351		2487	
1995	22487	15730		2781	
1996	24815	16240		2754	
1997	26693	17378		3420	

续表

指标名称	社会商品零售总额	批发和零售	限下及个体户	住宿和餐饮	限下及个体户
1998	29600	19473		3951	
1999	35800	26594		5765.2	
2000	39005	28640.1		6482.9	
2001	43029	21570		7657	
2002	47320	23677		8756	
2003	51000	38888		12112	
2004	56356	43104		13252	
2005	62252	46313		15939	
2006	69067	51358	51358	17709	
2007	76215	56070	56070	20145	
2008	85002	62276	62276	22726	
2009	95262	69711	69711	25551	
2010	109682	82095	80554	27587	

第四节　普　查

一、人口普查

（一）第五次全国人口普查

第五次全国人口普查的标准时间是2000年11月1日零时。经普查，榆中县共登记家庭户、集体户102494户（不含全户外出、全户暂住），全县户籍人口425311人。人口密度平均每平方千米125.85人，比1990年新增5.57人。从总户数、总人口的变化看，总户数比第四次人口普查增加

17636户。

（二）第六次全国人口普查

2010年，榆中县开展第六次全国人口普查。普查时点为2010年11月1日零时。全县抽调普查人员2404人，登记常住人口437163人。

二、农业普查

（一）第一次全国农业普查

1996年，榆中县开展第一次全国农业普查，普查时点为1996年12月31日。普查对象为全县辖区内的农村住户、城镇农业生产经营户、农业生产经营单位、村民委员会和乡镇人民政府。组织动员普查员、普查指导员2018人，普查对象涉及26个乡镇、272个村（居）委会、1617个村民小组、86239户农户和407家乡镇企业。全县耕地面积1116300亩（其中山地816100亩、川地300200亩），有效灌溉面积253791亩，播种面积1069397亩。

（二）第二次全国农业普查

2006年，榆中县开展第二次全国农业普查，普查时点为2006年12月31日，时期资料为2006年度。普查对象为全县辖区内的农村住户、城镇农业生产经营户、农业生产经营单位、村民委员会和乡镇人民政府。组织动员普查员、普查指导员2492人，普查对象涉及23个乡镇、272个村（居）委会、1617个村民小组、93800户农户和14家非住户类农业生产和农业服务业单位。

三、经济普查

（一）第一次全国经济普查

2004年，榆中县开展第一次全国经济普查。全县抽调普查人员640名。经普查，全县有法人单位1167家、产业活动单位2103家。

（二）第二次全国经济普查

2008年，榆中县开展第二次全国经济普查。全县抽调普查指导员342人，普查员287人。经普查，全县有法人单位1256家、产业活动单位1095家、个体经营户6963户，分别比一普增长7.6%、0.83%和0.1%。

第五节　固定资产投资统计

1997—2010年，固定资产投资统计的内容包括城镇建设项目投资、农村非农户建设项目投资。城镇和农村建设项目投资统计范围为：城镇和农村各种登记注册类型的企业、事业、行政单位及个体户进行的计划投资50万元及50万元以上的建设项目，包括原来的城镇基本建设项目、更新改造项目、其他投资项目、城镇和工矿区私人建房项目、集体和私营个体等投资项目，以及农村非农户投资项目。城镇固定资产投资包括房地产开发投资。房地产开发投资统计范围包括房地产开发经营、房地产物业管理、中介服务和其他房地产业企业生产经营状况。其中房地产物业管理、中介服务和其他房地产业企业生产经营状况属于甘肃省统计调查的内容。

1997—2010年榆中县全社会固定资产投资统计表

表10-3-3　　　　单位：万元

指标名称	全社会固定资产完成额	城镇固定资产	房地产	基建投资
1997	6650			3750
1998	6650			4300
1999	6650			10500
2000	6650			10700
2001	35000			
2002	45000			
2003	56500		5300	
2004	62600		300	
2005	89539	53153	236	

续表

指标名称	全社会固定资产完成额	城镇固定资产	房地产	基建投资
2006	126180	104317	1131	
2007	156819	110969	4970	
2008	192722	145876	11087	
2009	254830	175130	15642	
2010	336755	262028	23305	

第六节　住户调查

一、农村住户调查

2003年，榆中县农村住户调查开始试点。2004年1月，进入常规调查。2004—2005年，农村住户调查涉及20个调查点的200户常规调查户，其中国家点8个80户，地方点12个120户。调查点每5年轮换一次。

2004—2010年榆中县农民人均纯收入统计表

表10-3-4　　单位：元

指标名称	全年总收入	全年总支出	生活消费支出	农民人均纯收入
2004	2860	2679	1878	1965
2005	2982	3025	2134	2084
2006	2860	2679	1878	1965
2007	2982	3025	2143	2084
2008	3597	3783	2525	2393
2009	4102	4240	2848	2748
2010	4686	4855	3171	3156

二、城镇住户调查

2005年3月，榆中县城镇住户调查开始试点。2006年1月，正式进入常规调查。常规调查户抽选分两步进行，第一步进行一次性大样本调查；第二步从大样本中抽出一个小样本，作为常规调查户，开展记账工作。大样本调查有300户，每三年进行一次；常规调查户有50户，每年按小于1/10的量从大样本中进行轮换。

2006—2010年榆中县城镇居民收入支出统计表

表10-3-5 单位：元

指标名称	家庭总收入	人均可支配收入	家庭总支出	人均消费支出	食品支出
2006	5381	5157	4698	4026	1352
2007	6218	5856	5245	4523	1560
2008	7213	6712	6777	5153	1846
2009	8174	7586	6537	5273	2030
2010	9264	8663	7584	6302	2404

第七节　统计服务

1991年后，每年向社会印发《榆中县统计提要》，按月编发全县主要经济指标完成情况表，定期发布统计信息。2006年，编印出版《榆中县解放五十五年发展纪略》，向社会发行500册。至2010年，形成调研分析材料460篇，被省、市刊物和网络采用300篇。

第八节　机　构

1991—2007年，榆中县统计局行政编制11名，其中领导职数3名。2008年，成立榆中县普查中心，隶属县统计局，核定事业编制2名。2010年，重新核定统计局行政编制8名（其中领导职数3名）、事业编制3名，机关工勤人员2名。

第四章　审计监督

第一节　国家审计

1991—2005年，审计项目900个，查出违纪违规资金4544.68万元，纠正管理不规范资金2556.36万元，归还原资金渠道59.63万元。向司法机关移送违法处罚案件线索7件，建议给予行政处分7人。2008年，审计项目（单位）67项，审减基建项目资金60万元，查出违纪违规资金40万元，纠正管理不规范资金281万元，提出整改建议39条。2010年，审计项目（单位）154项，审减基建项目资金391.32万元，查出违纪违规资金13.69万元，纠正管理不规范资金1077.5万元，向纪检监察部门移送案件1件。

第二节　内部审计

1991年，榆中县建立税务、农业、水电、粮食、供销、文教卫生等14家部门或单位的内部审计机构。1995年4月，调整整顿全县内部审计工作，重新建立起金融、行政、事业、商业4个行业共15家部门（单位）的内部审计机构。1991—1999年，金融、税务、行政、事业等行业15家内审机构审计418个单位（项目），查处损失浪费资金1.4万元，促进增收节支65万元，纠正违纪资金666.53万元。

2005年，国家银监会在人民银行榆中支行内设“中国银行业监督委员会甘肃监管局榆中监管办事处”，工作人员3名，直接受银监会甘肃监管局领导，是独立监督指导全县银行系统业务工作总的内部审计机构。农业银行榆中支行、工商银行榆中支行、县信用联社内部审计机构，设稽核科，人员3~4人。2005年，建设银行榆中支行内部审计机构撤销，稽核工作由市支行管理。

第三节　社会审计

1993年，成立榆中县审计事务所，事业性质，科级建制，经费自收自支，隶属县审计局，定编9人。1995年底，审计事务所事业人员增加1人。1997年4月，从业人员6人。1999年10月，榆中县审计事务所脱钩改制，更名为甘肃榆中诚信会计师事务所有限公司。2000年3月开业，注册资金30万元，从业人员12人。2003年4月，甘肃榆中诚信会计师事务所有限公司注销。2003年4月，注册成立兰州鑫信会计师事务所（合伙制企业），注册资金10万元，人员10名。2003—2010年，完成审验项目1703项，其中审计1219项，注册验资484项；审计费收入488.96万元。2010年，从业人员8名。

第四节　机　构

一、局机构

1991年，榆中县审计局定编18人。内设工交、商粮、行政事业、法规4个股和办公室，实行“股长主审责任制”。1992年1月，县审计局内设机构调整为两股1室（行政事业股、企业股和办公室）。1995年，县审计局定编人数18名。2002年，县审计局内设3个机构（业务办公室、行政办公室、任期经济责任审计办公室），定编人数12名。2010年，县审计局定编人数18名，内设五个机构（办公室、财政审计股、行政事业股、项目投资股、经济责任股)。

二、局属机构

2003年3月，成立榆中县经济责任审计局，科级建制，事业性质，增加事业编制4个，领导职数增加1名，隶属县审计局领导。

第五章　工商行政管理

第一节　市场规范

1991年，榆中县工商部门查处违法违章经济案件4起，没收销货款0.13万元；没收假冒水烟丝5200千克，标价3.64万元；没收、查扣假酒4619瓶，标价1.86万元；查处违法木材9.24立方米，松椽405根；征收市场、个体管理费45.58万元。1993年，查处过期变质奶粉710袋，“三无”食品3482袋（盒），过期罐头705瓶，过期变质调料165袋，饮料282瓶，麦乳精210袋，假劣酒79瓶，标价5.68万元，收缴罚款0.13万元。征收市场、个体管理费72.18万元。1995年，查处假冒伪劣商品总标价7.7万元，查处其他案件2起，涉及金额4.5万元。征收市场、个体管理费84.82万元。1997年，查处6万多元的标价商品，对生产资料、文化、石油、饮料市场进行专项治理7次，与国营集体化肥生产企业签订不生产不出售假冒伪劣商品的责任书23份；与200户个体工商户签订不生产不销售“假冒伪劣”商品目标责任书。查处违法违章经济案件10起。征收市场、个体管理费145.39万元。2000年，查处违法违章案件69起，涉案金额28.9万元，罚没款3.78万元。查处烟酒、百货、药品、粮油、化肥、化工等假冒伪劣商品标价9万元。征收市场、个体管理费165.35万元。2005年，查处违法违章案件235起，罚没款9.7万元。检查134户农资经营单位、128户农机配件经营门店、122户农药经营单位，查扣非法农药2456瓶（袋），案值1.45万元。检查食品经营单位5380户次，查出问题食品1685千克，案值1.47万元。查处食品违法违章案件67起，罚没款1.64万元，征收市场管理、个体管理费用196.4万元。2007年，查处“蒙马”“蒙奶”等7个品种的“问题奶”450件，标价6750元，不合格及假冒“金土地”“剑南春”等品牌白酒47件；“三无”、二次打码、过期、标示不清食品标价2100元。查获问题农药876袋。查结经济违法违章案件478件，罚没款5.98万元，吊销企业营业执照64家。2010年，查处案件132件，罚没款41.03万元。捣毁传销窝点1个，遣散传销人员55人。检查经营户7103户，没收不合格食品272千克，取缔无照经营户38户。推行“经营资格和监督信息公示牌”420户。创建食品示范乡镇3个，培育“兰州市食品药品安全消费企业（门店）”2家。二次认证“食品示范店”258户，对不符合示范店要求的30户给予撤销整改处理。

第二节　市场开拓

1991年，全县综合型、专业型市场6个，交易点14处，市场建筑面积1.88万平方米，市场成交额1247万元。1993年，全县启动使用市场8个，交易点13处，市场成交额1716.5万元。1995年，新建上花、中连川交易点，硬化新营市场地面3000平方米，甘草店农贸市场的改建主体竣工；维修城关、甘草店、贡井牲畜市场，市场成交额4000万元。1997年，扩建高崖市场，新建甘草店蔬菜批发市场和县城旧家具市场，来紫堡蔬菜储运批发市场开工建设。办理企业动产不动产贷款抵押登记70家。1999年5月，北关农贸市场建成使用。全年市场成交额9000万元。办理企业贷款抵押登记135起。2002—2006年，办理抵押物登记336份，抵押总价值14.27亿元，担保主债权4.13亿元。2007年，招商引资达成项目投资协议1000万元，培训非公有制从业者1000人次。2010年，办理股权出质登记4户，股权出质额8000万元，担保债权总额4000万元。跟踪服务重大项目57个，调研重点企业16户，完成招商引资项目1个，引资5000万元。为67户重点企业选派行政指导协调员，为3户重大建设项目选派联络员，为重点商场、超市和市场派驻10名消费维权服务员。

第三节 企业登记

1991年，新核准登记企业85户，全县企业1078户，从业人员25573人，注册资金18301万元。注册登记公司27户，其中新办2户。新发展个体工商户459户，从业人员793人，个体工商户总数1979户，从业人员4074人，注册资金537.44万元。核准登记私营企业30户，从业人员771人，注册资金388.75万元。收取企业登记费、个体登记费3.66万元。1993—1995年，登记个体工商户1885户，新核准登记私营企业50户，登记注册私营企业187户，新核准登记工商企业384户，收取企业登记费、个体登记费35.32万元。至1995年底，全县有工商企业1375户。1999—2005年，登记注册私营企业385户，收取企业登记费、个体登记费98.15万元。至2005年底，全县有企业1173家，个体户3689户。2010年，登记企业250户，个体工商户1304户。个体工商户验照录入 5741户；年检企业1083户。对已取得合法资格的110户农民专业合作社、中介机构等农村经纪人备案，备案经纪执业人员261人。

第四节 商标广告管理

1991—1995年，核转注册商标14件，注册商标36件。1996年，注册商标3件，续展商标1件，办理广告业务6宗。1997—1998年，完成商标验证38户，户外广告登记2户，收缴非法广告印刷品6100份，条幅50副，取缔非法广告宣传15起。2001年，查处商标侵权案件，没收伪劣白酒7153千克，标价4.9万元；酒类包装装潢及商标标示1031件（套），标价1.55万元。2003—2004年，完成13户商标印制单位、3户广告经营单位的验证审查工作。全县有广告经营企业3户，注册商标76件。登记户外广告13起、临时广告10起。查处伪造“甘”字牌水烟商标标示案1件，没收、销毁143件假冒标示。下发限期整改户外广告通知书34份，对县城内擅自发布户外广告的两家企业罚款3800元。2007年，帮助农民申请注册“条城龙”等农副产品商标12件。建立商标标识出入库制度及商标标识出入库登记台账，废弃标识登记台账及废弃标识销毁制度等。检查电视台、药店、医疗机构、美容院、超市等广告经营主体55家。处罚违法广告宣传主体9家，收缴宣传册、画300份，涉及27类药品。监测广告241期。2009年，扶持、鼓励涉农企业、农户积极申请注册地理商标，努力打造品牌农业。开通商标查询系统，指导2户企业办理商标注册工作。2010年，开展商标服务进乡镇、进企业、进农村专业合作社活动。帮助企业新注册商标58件，推荐并通过甘肃省著名商标6件。

第五节　合同管理和仲裁工作

1991年，检查49户企业经济合同1350份，标的金额15.13万元；鉴证经济合同38份，标的金额937万元；监督合同当事人履行合同62份，标的金额2005万元，清理企业债务8万元。发放合同示范文本216本。审结经济合同纠纷案件5起，争议金额17万元。申报命名22户企业为1990年度“重合同、守信用”先进单位，全县“重合同、守信用”企业26户。1992—1995年，检查经济合同5031份，标的金额7.06亿元。监督当事人履行合同135份，标的金额3922万元；监督合同当事人履行合同112份，标的金额2813万元；发放经济合同示范文本4044本。至1995年，全县“重合同、守信用”企业增加到38户。1996—2001年，检查283户企业的经济合同签订履行情况，检查经济合同3954份，监督经济合同当事人履行合同76份，标的金额2142万元。鉴证经济合同465份，标的金额10.79亿元。至2001年，全县有“重合同、守信用”企业43户，其中省级28户，市级5

户，县级10户。2002—2005年，检查企业250户，检查经济合同1791份，标的金额12.8亿元。鉴证合同610份，标的金额4.95亿元。至2005年，全县“重合同、守信用”企业31户，其中省级14户，市级5户，县级12户。2009年，推行发放合同示范文本150份。2010年，全县有“守合同重信用”企业33户，其中省级14户，市级5户，县级14户。

第六节　保护消费者权益

1991年，利用“3·15国际消费者权益日”活动，现场投诉、咨询服务、举办假冒伪劣商品展览。受理投诉91件，为消费者挽回经济损失1.1万元，接待来信来访286件次。处理退回假冒伪劣商品49件。1995年，组织开展“3·15国际消费者权益日”活动，现场展示“三无”“假冒”商品，印发“两法”宣传材料3000份。受理消费者投诉168人次，接待来信来访84人次，为消费者挽回经济损失1.5万元。1997年，开展“讲诚信反欺诈”宣传月活动，处理投诉65起，为消费者挽回经济损失3万元。2000年，受理消费者投诉95起，接待来信来访72人次，为消费者挽回经济损失3.2万元。2004年，开展12315维权进农村、进乡镇、进集市的“三贴进”服务，增加维权联络站数量，加强对联络站工作人员的培训和工作指导，

图 10-5-1　县消费者协会、工商局等 13 家单位在县城健身广场举办宣传活动（2010 年 3 月 15 日摄）

畅通投诉举报渠道，受理申诉75件，举报11件。2005年，受理消费者申诉、举报、建议案件126件，为消费者挽回损失12.56万元。2006年，在榆中县第六中学设立“青少年维权岗”、在华东超市设立“百城万店无假货”示范岗。全年受理消费者投诉39起、调解成功39起，举报51起，查处51起，罚款3000元。2008年，将“一会两站”目标责任列入县政府对各基层政府的目标考核项目中，促进维权工作。全年处理省局12315下派的申诉案件70件，举报案件86件，咨询7条。2010年，围绕“消费与服务”年，举行万人签名活动，发放宣传材料6.8万份，受理咨询65条，受理申诉3件，集中销毁7个大类26个品种、标价5.6万元的假冒伪劣产品。受理并登记申诉9件，接到12315中心下派的申诉及举报103件，建议5件，按时办结，为消费者挽回经济损失5.66万元。

第七节　机　构

1991年，榆中县工商行政管理局编制91名，内设财务科、办公室、消保股、经济检查股、个体股、企业股，派出机构有城关、甘草店、定远、夏官营、贡井、新营6个工商所。1995年，榆中县工商行政管理局为兰州市工商局派出机构，编制91名，科级建制。下辖城关、马坡、夏官营、定远、甘草店、新营、贡井、和平8个工商所和1个经济检查大队。1996年，市场办管脱钩。7月，成立“市场建设服务中心”。2001年，榆中县工商局上划到甘肃省工商局统一管理。2004年，榆中县工商行政管理局机关内设机构5个（办公室、法规科、消费者权益保护科、登记注册监督管理科、市场监督管理科），工商所6个（甘草、贡井、夏官营、城关、兴隆山景区、和平开发区）；经济检查分局1个。县个体劳动者协会、县私营企业协会、县消费者权益保护协会3个协会挂靠工商局设立。2005年，县工商局设立经检监察室，科级建制。2009年，县工商局撤销贡井工商所，城关工商所改设为城关分局，和平开发区工商所改设为和平分局。2010年，成立大青山物流中心分局。2010年，县工商局机关内设机构5个：办公室、法规科、消费者权益保护科、登记注册监督管理科、市场监督管理科；派出机构6个：和平、城关、大青山物流中心3个分局，兴隆山景区、夏官营、甘草3个工商所；直属机构1个：经济检查分局。

第十一篇　文　化　旅　游　体　育

第一章　文物古迹

第一节　文　物

1991年，榆中县博物馆收藏文物13类2874件，其中国家一级文物27件，二级文物40件，三级文物818件，一般文物1989件。2000年后，县博物馆对收藏文物重新登记确认。至2005年底，馆藏文物3222件，其中国家一级文物31件，二级文物87件，三级文物338件，一般文物2766件。2010年底，榆中县博物馆馆藏文物3375件，包括古生物化石、石骨器、陶器、瓷器、铜器、铁器、金银玉器、志谱、古字画、石雕、碑拓、古钱币等，其中国家一级文物31件，二级文物87件，三级文物338件，一般文物2919件。

一、历史文物

（一）古生物化石

1991年，收藏的化石有象牙、犀牛、鹿、猪、马等动物化石11种50件。2005年，有象牙、犀牛角、鹿角化石及骨珠、骨针等40件。2010年，有象牙、犀牛角、鹿角化石及骨珠、骨针等31件。

（二）陶器

1991年，收藏的陶器有马家窑和齐家文化类型的红泥细陶、彩陶1600件，汉代以来的灰陶罐、灰陶灶165件。2005—2010年，陶器有马家窑类型、半山类型、马厂类型和齐家文化类型彩陶、夹沙陶、红陶及汉代灰陶罐、灰陶灶1270件。

（三）石骨器

1991年，收藏有石刀、石斧、石凿、石制纺轮和护腕等石器300件，骨针、骨锥和骨耳坠等骨器10件。2005年，收藏石器有石刀、石斧、石凿、石纺轮、泰山石等223件。2010年，馆藏石器229件，为石刀、带孔石斧、石锛、石凿、石壁、护腕、纺轮。还有新石器时代颜料研磨器，由石窝和石棒组成，用来研磨颜料，供彩绘陶器之用。

（四）瓷器

1991年，收藏瓷器75件；2005年，收藏瓷器125件；2010年，收藏瓷器124件。多系唐至明清瓷器，其品种有白瓷、绿釉瓷、豆青瓷、黑瓷、青花瓷等。较珍贵的有唐代“白瓷大碗”、宋代“豆青釉荷叶瓷盖罐”、元代“四喜黑瓷瓮”、明代“成仙青花瓷瓶”、清代乾隆“李白醉酒绿釉瓷笔洗”等。

（五）铜器

1991年，收藏铜器20件；2005年，收藏铜器50件；2010年，收藏铜器48件。其中较珍贵的有“商周铜锛”“明代兽面纹铜簋”、宋代铜镜、“明旋风炮”“明马上佛郎机铳筒”等。

（六）铁器

收藏铁器10件，其中较珍贵的有“汉铁铧”“七星剑”等。

（七）金银玉器

1991年，收藏金器2件，玉器80件；2005年，收藏金银玉器27件；2010年，收藏金银玉器25件。其中以“玉腕饰、青玉瑗、明卷草纹金杯、唐嵌宝石金戒指、唐龙纹圆金牌”较为罕见。

（八）玺印

收藏宋石印章1枚，印章为长方体，正面阴刻九叠篆文“射洪县主簿张关防”，印文有边框，钮部内凹，长9.5厘米，宽4.7厘米，厚1.5厘米。宋代铜质方印1枚，夏官营勇士城出土，梯形钮，钮中有一孔，印面阳刻篆文“谨封”。

（九）石雕、石画、玻璃画

1. 石雕

收藏“清石刻八仙人物条屏”中的四仙，分别是蓝采和、吕洞宾、韩湘子、何仙姑。

2. 石画

收藏的石画六条屏，石质，有木框。画面主题为彩画，表现福、禄、寿、喜内容，上部为人物故事，下部为诗句。背面上部为人物故事，下部为诗句，中间表现青山绿水，用色浓艳，线条流畅。属明代祝寿供品。

3. 玻璃画

收藏的清福禄寿人物玻璃画八条屏，玻璃质。屏呈长方形，共八条，画面以福禄寿为主题，下浮雕莲花纹，四周镶雕刻木框。画面上部为八仙人物，下部为吉祥花草和供器，中间及两边为福禄寿内容，其余为传统的福禄寿人物画，画上人物神态各异，衣饰华丽，线条流畅，用红、蓝、绿、白着色，色彩浓艳。

（十）志谱、字画

1. 志谱

1991年，收藏有像谱、家谱7套14件。2010年，有志谱、家谱、像谱4套，其中以明代洪熙年间始绘的方氏像谱最为珍贵。明方氏像谱，纸质，折叶包背装，手写本。收录从明代洪武年间至清初的方氏历代祖先事迹，内有明洪武、洪熙年间的圣旨真迹两道以及方氏历代先祖画像和生平简历等，保存完整，极为珍贵。

2. 字画

1991年，收藏有字画700幅；2005年，有字画173幅；2010年，有字画133幅。名家作品有元代赵孟頫的《秋郊饮马图》，此画上有明代著名书法家、古字画鉴藏家李应桢题写的跋。除此，还藏有明清以来甘肃、兰州、榆中地方名家的作品真迹，如刘尔炘、唐琏、范振绪、程焱、窦秉璋、岳世英、高炳辰等人的作品。

（十一）古货币

收藏有秦半两、汉五铢、新莽一刀平五千金错刀、新莽契刀五百和唐宋至清代古币911件，其中北宋至清代每个年号的铜币齐全，并有新莽铜制钱范2块，陶制钱范3块。最为珍贵的有新莽一刀平五千等。金错刀币整体如刀状，首呈圆形，内有方孔，上下错金“一刀”字样，刀身上有“平五千”字样，制作精良，钱文俊美，书法也臻上乘。

（十二）其他文物

收藏有古七弦琴、象牙笏板、刺绣、三品诰命夫人寿衣、蒋公楼桌椅等文物200多件。

二、革命文物

1991年，榆中县收藏有抗日战争和解放战争时期革命烈士的遗物枪支、子弹、书籍、书信、照片、衣物等革命文物256件。2005年，收藏革命文物14件。2010年，馆藏革命文物74件。

三、文物保护

1993年，祁家崖湾遗址、魏家湾遗址、大坪遗址、窑坡遗址、分豁岔遗址、唐家峡遗址、湖滩遗址、东滩戏楼古建筑、青城书院建筑群、城隍庙献殿建筑群、三圣庙建筑群、周家祠堂建筑群、蒋公楼、烈士陵园、尖山禅堂洞石窟被县政府公布为县级文物保护单位。2003年，重新划定全县28个省、县级文物保护单位的保护范围和建设控制地带，由县政府公布实施。同年，筹资16万元维修青城高家祠堂，维修后的高家祠堂被省政府公布为省级文物保护单位。2004年，筹资4万元维修上庄尖山禅堂洞石窟。筹资10万元维修连搭村百子宫文昌阁。同年，垲坪滩旧石器时代遗址、连搭村百子宫文昌阁、青城古建筑群、张一悟故居被县政府公布为县级文物保护单位。

2005年后，健全县、乡镇、村三级文物保护网络，将文物保护经费纳入财政预算。每年开展春秋两季文物安全检查考核，实行文保经费与文保工作表现相挂钩的激励机制。宣传《中华人民共和国文物保护法》，营造全社会参与文物保护工作的氛围。2007年9月，开始第三次全国文物普查，榆中县复查文物点221处，发现消失文物点31处，新发现文物点117处，普查行程2.4万千米，覆盖全县23个乡镇、268个行政村。发现单体文物1561个，测得GPS点858个，手工制图650张，拍摄照片1000张，粘贴照片975张，采集标本371件，编写其他资料437份。2008年4月，县政

图 11-1-1　兴隆山烈士陵园无名烈士纪念碑（2010 年摄）

府公布第四批县级文物保护单位13处。至2010年底，全县发现和保护起来的文物点307处，其中全国重点文物保护单位1处，即明肃王墓；省级文物保护单位7处，即马家岴遗址、兴隆山卧桥、夏官营古城（勇士城）、郭家湾遗址、红寺遗址、方家沟遗址、高家祠堂；县级文物保护单位37处，即白虎山古墓群、张一悟墓、黄猴洞石刻、矿湾千年古柏树、祁家崖湾遗址、魏家湾遗址、大坪遗址、窑坡遗址、分豁岔遗址、唐家峡遗址、湖滩遗址、东滩遗址、青城书院、青城城隍庙献殿、三圣庙、周家祠堂、蒋公楼、烈士陵园、尖山大佛寺、朱家湾砖雕墓、垲坪滩遗址、张一悟故居、连搭文昌阁、青城古建筑群、乔家营第一野战军指挥部旧址、金崖镇古建筑群、金崖驿站、永丰金氏家祠、郑家祠堂、张氏家祠、金崖金氏家祠、金崖白马庙、金崖雷祖庙、金崖水烟手工作坊、黄家祠堂、谈氏家祠、朱家沟回民小学（中共榆中县委旧址）。

第二节　非物质文化遗产

一、非物质文化遗产普查

2006年，榆中县开始普查非物质文化遗产。榆中县非物质文化遗产按地域分为三部分：以北山为代表的黄土窑洞文化，具有典型的黄河文化特质；以南部马衔山为代表的二阴地带文化，有蒙古族鞑靼文化的特征；以条川道为代表的南北融合文化，是榆中农耕时代文化的集散地。

按种类分，有剪纸、刺绣、皮影、木偶、造纸、泥塑、面花、民间绘画等民间制作工艺和技能；有秦腔、眉户、皮影戏、泥头子（木偶）、青城小调等地方戏曲；有和平太符灯舞、马衔山原生态秧歌、马衔山鞑靼鼓舞、高崖“乱劈柴”鼓舞、甘草店马社火、青城“棒棒鼓”、榆中民歌、榆中道教音乐、榆中小曲等民间音乐舞蹈；有“七月官神”、云雾山庙会、甘草店泰山庙会、青城隍爷出巡风俗、汉族及回族婚丧礼仪等民俗文化；有民间文学、民间歌谣、民间谚语、民间故事等口述文学。2007年，县政府首批公布100个非遗保护项目，其中“南山柳条编制技艺”等14项为市级保护项目，“马衔山原生态秧歌”等7项为省级保护项目。同年，“榆中古建模型”列入榆中县首批非遗项目，入选兰州市和甘肃省非遗项目名录。“榆中古建模型”的省级传承人丁武明，先后完成天安门、乾清宫、天坛、西安钟楼、黄鹤楼、滕王阁、兴隆山卧桥等作品20余件。至2010年，公布省级保护项目7项，市级14项，县级100项。

二、非物质文化遗产

（一）和平太符灯舞

太符灯舞是一种流传在民间的社火队表演形式。太符又称“虎符”，是古代君主传达命令或征调军队用的一种信物。一只铜铸的老虎，被一分两半，一半留在皇帝手中，一半发给地方官吏或统兵将帅。太符灯舞中的表演者一手持符，一手持灯。其所持符下部为一底部平坦的铁铸碟形器物，上部则为一壶盖状铁器。两个碟形器物上下合扣，代表“令”，蕴含驱除邪恶、保佑平安、吉祥如意的朴素愿望。花灯是一个六面体灯笼，上大下小，敞口。上部隆起，形成穹顶，穹顶四角饰以四朵彩色纸花。高一尺五，内置石蜡。手柄下设有机关，安有套珠，表演时，按动机关，花灯便迅速转动。花灯三面画有封神故事，另三面书有“天增岁月人增寿”等祝词。社火队表演时，演员们身穿红、黑两种颜色的长袍，头束“扎巾”，下颌戴着留开嘴的“张口胡子”。其戏装底色为龙形图案，压白边条，紧袖黑靠。腰间束一黄缎带并挽一绣球，头上还有两朵云头形成纸花。太符灯舞的角色分为红、黑两种，红角色画红妆，黑角色画

2009 年榆中县非物质文化遗产普查工作资源目录清单

表 11-1-1

序 号	资源类别	资源名称	分布区域	传承人情况（人）	濒危状况	入选各级名录情况			
						国家级	省 级	市 级	县 级
1	民间文学	大石马和小石马	榆中南山	1	是				
2	民间文学	金龙池	榆中南山	1	是				
3	民间文学	金香炉	榆中南山	1	是				
4	民间文学	寒山雪	榆中南山	1	是				
5	民间文学	洗山雨	榆中南山	1	是				
6	民间文学	禹王石的传说	榆中南山	1	是				
7	民间文学	白樱桃的传说	兴隆山	1	是				
8	民间文学	滴泪亭	兴隆山	1	是				
9	民间文学	二公祠	兴隆山	1	是				
10	民间文学	面壁石	兴隆山	1	是				
11	民间文学	云龙桥	兴隆山	1	是				
12	民间文学	石狮和樵夫	兴隆山	1	是				
13	民间文学	太白泉的传说	兴隆山	1	是				
14	民间文学	兴隆“示雨茶”	兴隆山	1	是				

续表

序号	资源类别	资源名称	分布区域	传承人情况（人）	濒危状况	入选各级名录情况			
						国家级	省级	市级	县级
15	民间文学	肃王墓的传说	全县境内	1	是				
16	民间文学	国画师张大千的传说	兴隆山	1	是				
17	民间文学	谋事大爷	全县境内	1	是				
18	民间文学	谎张三	全县境内	1	是				
19	民间文学	夜梦先生	全县境内	1	是				
20	民间文学	棺材头上的蟒	榆中南山	1	是				
21	民间文学	社火里彩船的传说	榆中南山	1	是				
22	民间文学	马党参的传说	榆中南山	1	是				
23	民间文学	荞麦秆的传说	榆中南山	1	是				
24	民间文学	白肚腰鸦儿	榆中南山	1	是				
25	民间文学	“心不甘”的传说	全县境内	1	是				
26	民间文学	喜鹊哥	榆中南山		是				
27	民间文学	黑野狐	全县境内	1	是				
28	民间文学	锅漏	全县境内	1	是				

续表

序号	资源类别	资源名称	分布区域	传承人情况（人）	濒危状况	入选各级名录情况			
						国家级	省级	市级	县级
29	民间文学	蚂蚁写字	全县境内	1	是				
30	民间文学	猫儿和狗	全县境内	1	是				
31	民间文学	四弦子琴	全县境内	1	是				
32	民间文学	忘恩背义	全县境内	1	是				
33	民间文学	娇娇女	全县境内	1	是				
34	民间文学	韩三郎	全县境内	1	是				
35	民间文学	南桥担水	榆中南山	1	是				
36	民间文学	石郎官人	全县境内	1	是				
37	民间文学	黑头虫儿	全县境内	1	是				
38	民间文学	谚语	全县境内	1	是				
39	民间文学	俗语	全县境内	1	是				
40	民间美术	榆中张氏彩绘技艺	榆中城关	1	是				
41	民间美术	青城剪纸技艺	榆中青城	1	是				
42	民间美术	青城刺绣技艺	榆中青城	1	是				

续表

序号	资源类别	资源名称	分布区域	传承人情况（人）	濒危状况	入选各级名录情况			
						国家级	省级	市级	县级
43	民间美术	榆中拓片技艺	榆中城关	1	是				
44	民间美术	古建筑模型技艺	苑川河流域	1	是		√		
45	民间音乐	榆中民歌	全县境内	1	是				
46	民间音乐	榆中小曲	全县境内	1	是			√	
47	民间舞蹈	榆中社火	全县境内	1	是				
48	民间舞蹈	龙灯	全县境内	1	是				
49	民间舞蹈	彩旗	全县境内	1	是				
50	民间舞蹈	春官衙役	全县境内	1	是				
51	民间舞蹈	锣鼓	全县境内	1	是				
52	民间舞蹈	花灯	全县境内	1	是				
53	民间舞蹈	旱船	全县境内	1	是				
54	民间舞蹈	狮舞	全县境内	1	是				
55	民间舞蹈	后台	全县境内	1	是				
56	民间舞蹈	榆中筒子鼓舞	全县境内	1	是				

续表

序号	资源类别	资源名称	分布区域	传承人情况（人）	濒危状况	入选各级名录情况			
						国家级	省级	市级	县级
57	民间舞蹈	旱船表演、制作技艺	全县境内	1	是				
58	民间舞蹈	榆中马衔山原生态秧歌	榆中南山	1	是		√		
59	民间舞蹈	马社火表演、制作技艺	全县境内	1	是				
60	民间舞蹈	青城道台狮子表演制作技艺	榆中青城	1	是		√		
61	民间舞蹈	棒棒鼓表演制作技艺	榆中青城	1	是				
62	民间舞蹈	和平太符灯舞	和平、兰山	1	是			√	
63	戏曲	榆中皮影戏	全县境内	1	是			√	
64	戏曲	榆中木偶戏	榆中山区	1	是			√	
65	戏曲	西厢小调	榆中青城	1	是		√		
66	戏曲	兰山鼓子	榆中南山	1	是			√	
67	体育竞技	刘仁武术表演技艺	全县境内	1	是				
68	民间手工技艺	青城水车	榆中青城	1	是				
69	民间手工技艺	民间风匣制作技艺	全县境内	1	是				

续表

序号	资源类别	资源名称	分布区域	传承人情况（人）	濒危状况	入选各级名录情况			
						国家级	省级	市级	县级
70	民间手工技艺	民间家具制作技艺	全县境内	1	是				
71	民间手工技艺	木犁制作技艺	全县境内	1	是				
72	民间手工技艺	榆中传统农具制作技艺	全县境内	1	是				
73	民间手工技艺	民间土坯制作技艺	全县境内	1	是				
74	民间手工技艺	干旱山区水窖制作技艺	榆中北山	1	是				
75	民间手工技艺	朱氏木匠技艺	榆中城关	1	是				
76	民间手工技艺	榆中农村麦垛技艺	全县境内	1	是				
77	民间手工技艺	榆中水烟制作技艺	苑川河流域	1	是		√		
78	民间手工技艺	城关李氏皮鼓鞔具制作技艺	全县境内	1	是			√	
79	民间手工技艺	民间土榨油技艺	全县境内	1	是				

续表

序号	资源类别	资源名称	分布区域	传承人情况（人）	濒危状况	入选各级名录情况			
						国家级	省级	市级	县级
80	民间手工技艺	南山白氏纸扎技艺	榆中南山	1	是			√	
81	民间手工技艺	北山毡匠技艺	榆中北山	1	是				
82	民间手工技艺	青城民间手工纺织技艺	榆中青城	1	是				
83	民间手工技艺	南山柳条编织技艺	榆中南山	1	是				
84	民间手工技艺	棺椁制作技艺	全县境内	1	是				
85	民间手工技艺	石磨制作技艺	全县境内	1	是				
86	民间手工技艺	石碾制作技艺	全县境内	1	是				
87	生产商贸习俗	和平紫斑牡丹栽培技艺	全县境内	1	是			√	
88	生产商贸习俗	北山羔子皮制作技艺	榆中北山	1	是				
89	消费习俗	青城老醋制作工艺	榆中青城	1	是				

续表

序号	资源类别	资源名称	分布区域	传承人情况（人）	濒危状况	入选各级名录情况			
						国家级	省级	市级	县级
90	消费习俗	青城软儿梨储艺	榆中青城	1	是				
91	消费习俗	青城长面（干面）制作技艺	榆中青城	1	是				
92	消费习俗	榆中浆水面制作技艺	全县境内	1	否				
93	消费习俗	榆中北山船馍馍制作技艺	榆中北山	1	否				
94	消费习俗	北山洋芋食用方法	榆中北山	1	否				
95	消费习俗	榆中臊子面制作技艺	全县境内	1	否				
96	消费习俗	北山山羊绒制作技艺	榆中北山	1	是				
97	消费习俗	榆中皮袄手工缝制技艺	全县境内	1	是				
98	人生礼俗	榆中传统人生礼俗	全县境内	1	是			√	
99	人生礼俗	榆中传统婚嫁礼仪	全县境内	1	是				
100	人生礼俗	榆中传统丧葬礼仪	全县境内	1	是				
101	民间信仰	兴隆山道士刘一明	兴隆山	1	是				
102	民间信仰	兴隆山道院	兴隆山	1	是				
103	民间信仰	苑川七月官神	金崖等乡镇	1	是		√		

续表

序号	资源类别	资源名称	分布区域	传承人情况（人）	濒危状况	入选各级名录情况			
						国家级	省级	市级	县级
104	民间信仰	兴隆山六月六庙会	榆中南山	1	是				
105	民间信仰	甘草泰山庙会	甘草、高崖	1	是				
106	民间信仰	龙泉寺庙会	榆中南山	1	是				
107	民间信仰	夏官营老碗会	苑川河流域	1	否				
108	传统医药	兰州金忠奎与接骨续筋丹	榆中县城	1	是				
109	民间文学	青城传说故事	榆中青城	1	否			√	
110	民间文学	兴隆山传说故事	榆中城关	1	否		√		
111	体育竞技	通备披挂拳	榆中城关	1	否		√		
112	民间手工技艺	汉毡居羊毛地毯传统手工制作技艺	榆中定远	1	否			√	
113	民间手工技艺	陆氏旱船制作及表演技艺	榆中金崖	1	否			√	

注："资源类别"按照"民间文学、民间音乐、民间舞蹈、戏曲、民间美术、民间手工技艺、生产商贸习俗、消费习俗、人生礼俗、民间信仰、体育竞技、传统医药"十二个类别填写；"入选各级名录情况"在对应表格里打"√"。

黑妆，采用戏剧中“二花脸”的画法。脸谱图案为“太极图”形，眉上画的是变形的太极图。演员上场后，右手执太符代表威猛和正气；左手执花灯，代表喜庆和祝福。身体前倾，做出弓箭步的动作，然后在吸腿跳步之时，向内旋半拍，脚触地的瞬间，右手的“虎令”从体前上举，左手的花灯同时向后远伸，右手“虎令”摇动。此动作向东南西北方各做一次，称之为“破四门”。

太符灯舞的活动时间一般从每年的腊月初开始，先进行道具制作和组合排练。正月初一在村庙“点蜡上香”，祈祷新的一年里“五谷丰登、人畜平安”，然后正式开始在附近串村表演，至正月十五结束。太符灯舞借用《封神演义》里的人物，与当地春节社火里的“花灯”相融合，植入“驱除邪魔、保佑平安”的朴素愿望。

（二）苑川七月官神

“七月官神”是榆中县源自明朝的乡村文化活动。传说明肃王朱楧以民间宗教活动为掩护，练兵习武，“七月官神”由此发展演变而来。寄托着老百姓祈盼国泰民安、风调雨顺的美好愿望。活动从七月初十至八月初十，为期一个月。活动范围包括苑川河两岸的夏官营镇、金崖镇、来紫堡乡以及所属的36个村社。

七月官神的仪式：

传牌　传牌是“七月官神”的第一个仪式，从农历七月初一开始。牌上内容为发神的具体时间。

曳神　即“请神”，俗称“起爷”。每年农历七月初十由夏官营镇过店子村的青年羊皮鼓队抬着香炉，邀请师公子前来寺隆沟老庙发神“起爷”，请“白马爷”和“八蜡爷”出庙。巫师身穿由各色花布缀织成的百家衣，手持钺斧，跪在神前，点刀刺额，大开“彩门”，然后挥动钺斧，大喝一声：“哎嗨！龙天踩路。”鸣炮三声，鼓乐齐奏，神轿缓缓起动。旗牌前导，后面是两面开道锣，还有万民伞、金瓜“钺斧”、朝天镫。两个小孩背着黄巾包裹的印盒，印盒里放着“白马天子”和“八蜡田祖”在人间行使权力的官印。队尾是抬着白马、八蜡两神的绿呢大轿。

抢庙　将两位尊神抬至“歇马殿”前。师公子高喊：“白马天子到啦！”站在师公两旁的神头就齐声附和：“众弟子接您老人家着哩！”遂边迎边退。师公子率众神头往返三次。

图 11-1-2　苑川七月官神（2008 年 9 月摄）

安神　师公子和众人将两位尊神迎进殿内后，神头随师公子先跪于门槛外，师公子唱道：“进去神门一盏灯，一位和尚两位僧。罗汉不是真罗汉，剃发尽净交愿心。”之后进得庙内，焚香化表，躬身唱道：“进去炉口一炷香，贪财出家度温良。头发削在金盆里，脚踩莲花拜四方。”旋即跪倒在地又唱：“十二大院戴红案，善男信女尽来全。每日星辰念一遍，大慈大悲的观世音菩萨啊——”众神头等随即齐喊：“嗷——大慈大悲的观世音菩萨啊！”遂跪地叩头，焚香化表，安神结束。

秉烛　夜幕降临时，秉烛开始。大殿内灯火通明，师公子掌鼓于大殿二位官神的面前，从三皇五帝说到现在的历史，以及当地的人情风俗、田园风光等，依次进行祝颂。且以手中的羊皮鼓轻敲伴奏，唱段、道白相间进行。

带签　师公子露着膀子，站于桌上，将竹签从臂上或额头穿过，转四角，给众人观看，以示“取血敬神”的虔诚之意。

献祭　从早五点到九点，师公子先为官神做法事，村里当祭人把给官神准备的鸡和羊献上。

鞑靼神　俗称“跳大神”，这种动作带有蒙古族舞蹈和摔跤的影子。传说与成吉思汗西征时在苑川一带扎营有关。师公子通过这种舞蹈形式为民祈福。

破羊盘　4点左右，师公子又聚到“歇马殿”，开始“破羊盘”，师公子象征性地削下几片羊肉、鸡肉抛向火盆，然后把献的祭品分成几大块，师公子和当祭人有权分到羊腿，剩下的再分成大致相等的份子，分给各家各户。

送神　活动结束后，村里响起铁炮，告诉人们官神要走了，同时下一村村民听到炮声就前来迎神。在“官神场”师公子带领浩荡的队伍，抬着“白马爷”和“八蜡爷”走向另一个村庄，整个活动结束后再被送回“白马庙”等待下一年的出巡。

2007年，苑川七月官神被列为甘肃省非物质文化遗产保护项目。

（三）马衔山原生态秧歌

马衔山原生态秧歌源于明代。起先角色都由青年男性扮演，表演时穿蒙古族的服装。清代以后，变异为纯粹的民间艺术。是当地风土人情及百姓心声的再现。

马衔山原生态秧歌主要分布在银山、马坡、新营3个乡的80多个村落。山民们在上山打柴、放牧和耕作时创作出优美动听的山歌和秧歌曲调，平日在山野、田间和炕头传唱，到新春佳节闹社火时，组成秧歌队进行演唱。表演时，姑娘头戴假发套，吊一个独辫，身穿红绸袄、黑马夹，腰系彩裙，足穿绣鞋，左手持彩灯，右手持舞扇；妖婆身穿大花袄、灯笼裤，系围裙，左臂挽一个柳条筐篮，

图 11-1-3　马衔山原生态秧歌舞（2010 年 2 月摄）

右手持棒槌。随着太平鼓的节奏起舞，主要舞步是十字步、撒金钱、鹞子翻身；演唱的曲目主要有《鸦片烟》《十劝人心》《姐儿怀胎》《孟姜女哭长城》《织手巾》《绣荷包》《倒扳桨》《出闺花》等50多种曲牌。如《鸦片烟》曲调中所唱的：“清朝家十三省，种植鸦片成了风，吃坏了多少好少年，吃倒了多少有钱汉。”是鸦片毒害中国人民的真实写照。队伍行进中，边走边唱，边唱边舞，以唱为主，唱舞结合。表演过程主要分为“过街”和“跑场”两部分，“过街”是秧歌队在行进或进入场地前的舞蹈；“跑场”是演出的高潮部分，借鉴或模拟古代战阵、仪仗队、生产活动、生活用品、吉祥图案及动植物形象等。主要伴奏乐器有二胡、板胡、竹笛等。道具大多为劳动工具和日常生活用品，如棒槌、烟袋、扇子、手帕等，体现了马衔山原生态秧歌来自于平民百姓，是群众自娱的一种舞蹈艺术。

（四）青城道台狮子

道台狮子是清同治年间由山东艺人传入青城的。同治十一年（1872），有一伙山东籍艺人，在省城院门搭起柴山玩狮子，表演时，身穿红色衣裤、头戴猴相面具的艺人一不小心从柴山顶部跌到广场中央旗斗内，负责治安的官员恐其技艺高超惹出祸端，将这些艺人逐出兰州。他们连夜乘竹筏，顺水而下流落到一条城，住在长寿巷，与该巷练武同行飞腿张三、铁臂刘元、铁爪李二以及滕万和等结为朋友。一来二去将其玩狮技艺传给他们，并把玩狮道具留在长寿巷，后回山东。事隔几年后，有位姓张的道台流落青城，对玩狮极感兴趣，出资组织人员依其套路创新规范，舞狮者技艺逐年提高。后人为纪念张道台的功德，便将这种玩狮子的形式称为道台狮子。

道台狮子的角色有“猴子”“猩猩”和“狮子”。“猴子”穿红上衣、红裤子，腰间系黄带子；“猩猩”反穿皮褂子，下穿绿裤子。“猴子”和“猩猩”所戴的面具用纸、锦制成。表演时“猴子”用棍棒，“猩猩”手拿拂尘与蒲扇。道台狮子有四种表演方式，即柴山、一字大板桥、翻天印和五攥梅。柴山表演道具为长凳，将长凳搭起，每层一对，

2010年兰州市非物质文化遗产代表性项目传承人一览表

表 11-1-2

所属县区		姓名	性别	民族	出生年月日	文化程度	荣誉称号	项目名称	居住地址
榆中县（21人）	1	王文太	男	汉	1952年6月13日	小学		青城道台狮子（省级）	青城镇新民村455号
	2	丁永明	男	汉	1948年7月4日	小学		马衔山秧歌（省级）	马坡乡上庄村丁家壑岘社1号
	3	吴定元	男	汉	1939年12月1日	高小		青城小调（省级）	青城镇城河村375号
	4	李德森	男	汉	1953年10月18日	高中		兰州青城水烟制作技艺（省级）	城关镇兴隆路207号302室
	5	王希光	男	汉	1942年8月15日	初中	全国先进文化站长	榆中苑川七月官神（省级）	金崖镇邴家湾村234号
	6	丁武明	男	汉	1955年3月7日	大专		榆中古建筑模型制作技艺（省级）	夏官营镇红柳沟村三社
	7	魏孔荣	男	汉	1950年8月12日	初中		兰州鼓子（榆中）	和平镇范家营村三社
	8	张成龙	男	汉	1988年11月18日	高中		榆中太符灯舞	和平镇马家山村崔家岭社32号
	9	魏延新	男	汉	1942年8月	小学		李氏皮鼓与铙具制作技艺	城关镇城关村
	10	梁利广	男	汉	1973年12月18日	高中		榆中木偶戏	城关镇栖云南路92号502室
	11	赵祥斌	男	汉	1969年7月7日	中专		榆中皮影戏	城关镇栖云南路88号
	12	白爱花	女	汉	1956年4月3日	高中		榆中纸扎技艺	小康营乡浪街村浪街社148号

续表

所属县区		姓名	性别	民族	出生年月日	文化程度	荣誉称号	项目名称	居住地址
榆中县（21人）	13	杨发胜	男	汉	1961年12月13日	大专		榆中汉族人生礼仪	城关镇一悟路5号302室
	14	高启康	男	汉	1936年1月12日	高小		青城小调	青城镇城河村25号
	15	李璟	男	汉	1981年11月15日	本科		榆中小曲	新营乡新营村阳屲社35号
	16	陈富飞	男	汉	1969年2月20日	大专		榆中和平牡丹栽培技艺	和平镇和平村和平社110号
	17	顾炳梅	女	汉	1978年11月29日	高中		青城传说故事	青城镇瓦窑村103号
	18	王作文	男	汉	1948年1月20日	中专		兴隆山传说故事（省级）	城关镇文成路文成小学家属楼
	19	李永胜	男	汉	1967年2月3日	中专	武术工作先进个人	通备劈挂拳一路（省级）	城关镇一悟路38号301室
	20	张力新	男	汉	1958年1月25日	大专		汉毡居羊毛地毯传统手工制作技艺	城关区东岗西路637号603室
	21	陆鹏飞	男	汉	1945年3月11日	高中		陆氏旱船制作及表演技艺	金崖镇陆家崖村陆家崖社

层数一般为奇数，最高21层。最下面一层是一对大崇凳，顶上放一条凳，相连两层凳的方向是垂直的。表演开始，“猴子”和“猩猩”在柴山四周的场地戏耍，所用的拳路是六合拳。“猴子”手执木棍，长五六尺，“猩猩”左手拿扇，右手拿拂尘。戏耍动作有“蝎子走路”“螃蟹走路”“蜘蛛捞蛋”等，而后共同上山，途中相互嬉戏。到山顶后，“猴子”在横凳上直立，做动作，然后倒立，“猩猩”挂在凳子下做各种惊险动作。柴山表演的高潮是“猩猩”将“狮子”请上山。在山顶，“狮子”直立于横凳上做动作，“猴子”“猩猩”在横凳两端表演。下山时，“狮子”先下，“猴子”“猩猩”随后，下的同时拆凳子向下扔，下面有人接应。柴山拆下后，就将凳子两竖一横连接摆在街道中，玩一字大板桥。翻天印表演道具为方桌，最下面九张，向上依次减少一张，到第九层后在上面再倒放一张，四腿朝天。翻天印地上的表演过程和动作与柴山大同小异，但上印时动作更为玄妙。高潮部分仍在印顶，“狮子”站在朝天的四条桌腿上各戏耍一段，“猩猩”在桌腿中间作陪衬。“狮子”换脚的动作之快之险，令观者提心吊胆。翻天印表演后方桌随即拆除，摆成五攥梅。此时的表演以“狮子”为主，最典型的动作为“窝里藏身十八滚”，“猴子”和“猩猩”作陪衬。2007年，道台狮子被列为甘肃省非物质文化遗产。

第三节　古墓葬

一、定远墓群

位于定远镇定远村南300米处，面积5850平方米，暴露多座墓葬，形制、葬式不详，出土20余件彩陶器。清理汉墓20余座，分竖穴土坑和砖室墓两种。土坑墓规模小，多单人葬；砖室墓分前、后两室，前室覆斗顶，后室券顶，多为夫妇合葬，间有多人葬。出土灰陶罐、绿釉陶壶、陶灶、陶仓、盘、碟、碗等器物200件。

二、施家坪魏晋墓

位于金崖镇齐家坪至来紫堡乡施家坪长约8千米的台地上。1989年12月，施家坪村发现古墓1座，兰州市博物馆派人清理。为砖室券顶墓，墓为东偏向10度。门道长1米，宽0.8米，高1.3米。前室东西长3米，南北宽2.5米，高3.2米。前后室之间的甬道长0.8米，宽0.78米，高1.43厘米，后室东西长3.1米，高2.5米。南北两壁呈弧形，前宽1.5米，底宽1.55米，中部宽1.7米。随葬品有陶质瓮、樽、杯、盏等10余件及金铂、石炭精饰品、五铢钱等。从墓室结构及出土物判断，为魏晋时期墓葬。

三、连搭乡新庄岭宋金墓

位于连搭乡魏家沟村新庄岭。2000年，修巉柳高速路时发现。该墓系宋金时期仿木结构砖雕墓，墓室呈方形，2.28米见方，八卦拱形顶，顶高2.8米，墓室雕刻以动物、花卉图案为主，具有较高的艺术价值。葬有4具尸骨，出土玉佩、玉钗各1件。

四、寺隆沟明墓

位于金崖镇寺隆沟村东30米。暴露砖室墓1座，墓向南。墓室面积60平方米，有前、后二室，室前两壁带耳室。墓遭严重破坏，随葬品被盗。

第四节　古建筑

一、兴隆山古建筑群

兴隆山位于榆中县西南，由马衔山北延的东西两条支脉组成，东曰兴隆，西曰栖云。宋代始有道教建筑。清乾隆四十四年（1779），山西曲沃道士刘一明募化钱粮，重建宫观，兴建混元阁、雷祖殿、斗母宫、二仙洞、白云窝、丘祖堂等建筑。1965年，兴隆山尚存古建筑70座。1966年后，大多数古迹被毁。

（一）兴隆山握桥

位于兴隆山东山山麓，省级文物保护单位。云龙桥横跨兴隆峡，过桥可登东山。清乾隆二十八年（1763），由知县唐鸣钟创建，故称唐公桥。清嘉庆九年（1804），知县李醇和重建，为木结构桥，被洪水冲毁。光绪二十六年（1900），知县陈昌重修。桥制式为廊式伸臂木梁桥，木梁自两岸以一定的角度向河心层层挑出，最后以平梁衔接两端，桥形中部平、两端斜，形成无墩拱桥。建桥廊9间，两端各建3间重檐桥亭1座。桥身长27米，高6米，宽3米。9间桥廊为中部平廊5间，两端斜廊各2间。桥柱间饰雀替，柱根饰金瓜吊瓦，先后取名迎善桥、飞龙桥、云龙桥。

（二）喜松亭

位于兴隆山东山腰。民国三十七年（1948），西北行辕主任张治中建。该亭建于石砌高台上，台高约1.5米，亭为六角盔顶，木结构为六角攒尖，亭檐下施一步棋，檐枋中设抹角梁，用以承托一角角梁，角梁末端设垂柱，垂柱将重拱要头、挑尖梁、角梁连为一体，金桁上安装花架椽，花架椽头相交于亭顶吊锤，上述构件共同构成喜松亭的骨架，普通木望板，灰泥苫背，布青瓦。亭顶弧线如盔，立柱下端为坐凳式栏板。

（三）太白楼

太白楼因泉而得名。太白泉位于兴隆山二仙台斜上方山湾中。此泉清澈见底，泉上建太白楼。此楼两层，底层为泉水所居，泉水由山体石缝中溢出，泉旁有于右任书“太白泉”三字石碑，1966年后被毁。第二层为太白楼，1985年增建，剖五间建制，青瓦九脊歇山顶，檐下施五踩斗拱十七攒。枋间饰荷叶隔架墩，通间雀替，红柱明廊，恢宏壮观。太白楼内供奉太白神像。

（四）大佛殿

清嘉庆年间建在兴隆山半山腰，1966年后被毁，1989年重建大佛殿7开间，平面呈凸字形，正厅7间，中间3间向前凸出1间，辟为前厅。前厅3间无墙，为透风檐廊，枋间施木雕荷叶隔架墩，小额枋下施透雕云纹通雀替，平板枋上施七踩三翘斗拱二十八攒，翘角施吊锤，正厅7间全装修隔扇门。正厅为塑花九脊歇山顶，前厅为五脊庑殿顶，草泥苫背琉璃瓦屋面。民国二十八年（1939）五月，为了防止日本侵略者劫持成吉思汗灵柩，分裂蒙汉关系，重庆政府将祀奉于内蒙古伊金霍洛旗的成吉思汗灵柩移到榆中县兴隆山大佛殿，停厝长达10年。

（五）祖师殿

位于兴隆山二仙台下部，建于清乾隆年间，毁于1966年以后，现建筑为1980年后重建。建筑就势而建，依崖悬立，为二层结构，其中一层为明厅，其梁、柱皆明，明间为通道，其余各面均作将军靠围栏。正殿设在二层，由左后外设扶梯登二层，平台上为一座三楹前出檐歇山顶大殿，该殿前檐柱裸明，与柱前平台一起，形成宽敞的前厅，金柱以内四面全板装修，正面12扇槅扇门，左右两山面及后檐为直棂隔扇窗，窗下砌海棠心槛墙。

（六）蒋公楼

蒋公楼位于兴隆山西山，占地面积1466平方米，建筑面积1037平方米，系县级文物保护单位。建于1942年，是当时国民党甘肃省政府为迎接蒋介石来兰专门设计修建的。整体建筑包括主楼、哨楼、防空洞、厕所、警卫连连部等。主楼坐西向东，面宽13.3米，进深15米，高9.5米，分上下两层，每层6间，建筑面积400平方米，上下层木梯相连，室内铺设木质地板。砖木结构，人字梁屋顶。1988年因遭雷击，屋面及墙体部分受损，1989年修复。

二、青城镇古建筑群

青城古称条城，位于榆中县北部，留有古建筑49处，其中四合院45处、戏楼1处、祠堂1处、献殿1处、书院1处；明代建筑1处、清代建筑33处、民国建筑15处。古建筑占地面积2万平方米，现存面积9282平方米。2003年，青城镇古建筑群被县政府公布为文物保护单位。

（一）东滩戏楼

东滩戏楼位于青城镇东滩村西北200米处，建于清乾隆十六年（1751），坐北朝南，面宽15米，进深12米，高9米，建筑面积208平方米。九梁架歇山式屋顶，占地面积2400平方米。

（二）城隍庙献殿

城隍庙献殿位于青城镇政府东南120米处。占地面积8500平方米。建于清嘉庆十七年（1812），坐南向北。原建筑群自北向南依次为献殿、过殿和前殿，各殿间东西两侧均有回廊，现仅存献殿。献殿面阔三间三门9.7米，进深三间11.4米，其中前廊深3.4米，殿内深8米。殿高7米，建筑面积137平方米。每门均宽2.45米，高3米。

（三）青城书院

青城书院位于青城镇政府东南500米处。建于清道光十四年（1834），由当时金县绅士顾名、张锦芳、刘世保首倡捐建。建筑群分为前院、后院、后花园三组，坐北向南，占地面积4400平方米，建筑面积237平方米。中为讲堂，后为正厅，前为二门，大门门前为照壁，左右厦俱为斋房。大门为清大木结构小式做法，筒瓦五脊悬山顶，面阔三间9.1米，进深4.3米，前檐出挑，设一步棋、挑檐枋，并设垂花吊柱，立面安装六扇全板大门。柱间饰雀替，门廊内悬挂“青城书院”横匾一块，廊两侧墙内嵌古碑两通。书院二门面阔三间8.5米，进深3.5米，明间为通道，两次间槛墙座底，墙上全板装修，安装棋盘心支摘窗，屋面为卷棚双坡墁砖顶。书院讲堂为筒瓦单脊悬山顶，檐下饰一斗三升斗拱十攒。

图 11-1-4　青城书院（2008 年摄）

（四）高家祠堂

高家祠堂位于青城镇政府东南1000米处的城河村，建于清乾隆五十年（1785），建筑坐南朝北，占地面积2000平方米，建筑面积221平方米。自南而北依次为正殿（带两耳房）、厢房、过庭和前殿（带两耳房）。祠堂四周壁合，无院墙。2003年进行维修。甘肃省人民政府公布为省级文物保护单位。

三、金崖镇古建筑群

金崖镇古建筑群位于苑川河中段，留有家祠8处、驿站1处、水烟手工作坊1处、寺庙7处、古建四合院49处。2008年，榆中县人民政府公布为县级文物保护单位。

（一）家祠

1. 永丰村金氏家祠

永丰村金氏家祠始建于清光绪二十九年（1903），金造创修。原有门楼3间、东西厢房各7间、过厅3间、大殿3间。现存3间门楼，系三架梁结构建筑。屋内中檩楷书“协镇甘肃永昌等处地方副将金造创修光绪癸卯桐月吉旦候铨主簿五品军功金绪金运督工”字样。

2. 周家祠堂

周家祠堂位于邴家湾村，始建于清代，为周世俊家祠。占地面积1440平方米，建筑面积403平方米，砖木结构建筑，祠院呈长方形，东西宽30米，南北长48米，坐北朝南。自南向北依次为山门、前院厢房、过殿及厢房、后院厢房、后殿。建筑群以过殿为界分前后两院，由拱形门连接。2000年3月，山门毁于火灾。前院厢房，建筑面积28平方米，东西对称，南北排列，各3间，面阔7米，进深4米，高3.5米，歇山顶，三架梁结构；过殿，建筑面积80平方米，面阔3间，进深7米，高6.5米，双扇开门，门宽1.4米，高2.5米，七架梁，原有壁画，已毁；过殿厢房，建筑面积22.5平方米，各4间，面阔9米，进深2.5米，高3米，歇山顶。后院厢房，建筑面积45平方米，各3间，面阔9米，进深5米，高4米，歇山顶，三架梁；后殿，建筑面积100平方米，面阔9米，进深9米（前廊深3米、殿内深6米），高6.5米，双扇开门，门宽1.4米，高2.5米，硬山顶，七架梁。

3. 郑家祠堂

郑家祠堂位于邴家湾村，始建于清末，民国三年（1914）重修。占地面积260平方米，建筑面积146.5平方米，自南向北依次为山门、厢房、大殿，保存完整。门宽2.5米，进深4.3米；厢房东西对称，面阔5间13.3

米，进深3.3米；大殿面阔3间8米，进深6米。

4. 张氏家祠

张氏家祠位于张家湾村，占地面积336.6平方米。同治年间重修，现存大殿3间，五架梁结构，硬山式建筑。

5. 金氏家祠

金氏家祠位于金崖村前庄巷。占地面积260平方米，现存建筑大殿3间，五架梁结构，硬山式建筑。

6. 岳家家祠

岳家家祠始建于清末，现存大殿3间9米，进深4.5米，硬山式建筑。

（二）水烟手工作坊

水烟手工作坊，位于金崖镇古城村，原沈秀峰私家烟坊，中华人民共和国成立后，以党费的形式捐给中组部，交由县水烟厂经营。四合院式建筑，保存较完整。占地面积3814.2平方米，建筑面积1512.2平方米。厢房40间，其中手工车间15间，配料车间1间，压捆车间8间，库房16间。过厅连南北厢房，系前五后四土木结构建筑，用料粗大结实，东侧高墙开多处炮眼。院西北侧厢房前有一地洞，弯曲通向厢房，洞口长3米，宽1.5米，距地表2.5米。此为榆中县唯一保存完整的水烟手工作坊。

（三）驿站

金崖驿站位于金崖镇金崖村，建于清代光绪九年（1883），是兰州市唯一一处保存完好的古驿站。占地面积518.7平方米，建筑面积356.7平方米，现存北房3间，面宽12.3米，进深7.8米（其中前廊2.1米），九架梁结构，东西厢房已毁。北房系土木结构建筑，木立柱前廊，梁与柱、梁与檩之间结构精巧，卯榫严密。

（四）寺庙

1. 三圣庙

三圣庙位于金崖村，始建于清光绪二年（1876）。占地面积1064平方米，建筑面积411平方米。坐北朝南，砖木结构。自南而北依次为戏楼、厢房、中殿、后殿。为县级文物保护单位。

戏楼，二层楼阁式，清光绪十二年（1886）修，民国时修耳房，建筑面积104平方米，面阔9.5米，进深11米（前台深5米，后台深6米），高9.3米（台高2.3米，台口高5米，楼顶高2米）。

图 11-1-5　金崖三圣庙（2009 年 9 月摄）

厢房，建筑面积45平方米，东西各5间，左右对称，南北排列，面宽15米，进深2.5米，高3米，三架梁结构，歇山式屋顶。

中殿，清光绪三十一年（1905）修，又称献殿，建筑面积71.5平方米，进深5.5米，宽10米，高9米，双扇开门，门宽1.4米，高2.5米，硬山式屋顶，五架梁结构。

后殿，清光绪二年（1876）修，建筑面积110平方米，进深10米，宽10米，高9米，双扇开门，门宽1.4米，高2.5米，硬山式屋顶，九架梁结构。

2. 白马庙

白马庙位于寺隆沟村，始建于清代，民国初年重修。现存大殿3间，面宽6米，进深3米，坐北朝南，硬山式屋顶。

3. 雷祖庙

雷祖庙位于金崖村，始建于清代，占地面积312平方米，坐北朝南。内有两组建筑：一组为大殿、厢房，大殿3间面宽9米，进深8米，高8米，五架梁结构，悬山式屋顶；东西两侧为厢房，坡式屋顶，进深3米，宽9米；另一组为阁楼，进深4米，宽6米。

4. 关帝庙

关帝庙位于张家湾村，始建于清代。占地面积400平方米，现存大殿3间，面宽9米，进深3米，坐北朝南，硬山式屋顶。

（五）古民居

金崖镇有保存完好的古民居49院，其中岳家巷村26院、永丰村12院、齐家坪村6院、邴家湾村2院、寺隆沟村1院、窦家营村1院、梁家湾村1院；三堂三厦建筑38院、三堂五厦建筑7院、三堂七厦建筑1院、三堂九厦建筑1院、三堂十一厦建筑1院、五堂五厦建筑1院。49处四合院规模不一，各具特色，建筑用料考究，木刻精美，砖雕壁画造型各异。四合院占地面积14574.8平方米，建筑面积4962.9平方米。

四、来紫堡乡古建筑

（一）萃英寺

萃英寺位于黄家庄村，始建于清代。原建筑规模较大，现存大殿3间，面宽10米，进深8米，坐北朝南，悬山式屋顶，五架梁结构。

（二）龙王庙

龙王庙位于黄家庄村上伍营，始建于清代。占地面积323平方米，坐北朝南，中轴线自南而北依次为大殿、厢房和后殿。大殿面宽3间10米，进深7米，高8米；厢房面宽3间4米，进深3.2米，已翻建；后殿面宽3间10米，进深7米。

（三）娘娘庙

娘娘庙位于黄家庄村施家巷，始建于清光绪年间。占地面积440平方米，坐东朝西，1994年修复。现存大殿3间，面宽11米，进深10.4米，高8米，悬山式屋顶，五架梁结构。

（四）黄家祠堂

黄家祠堂位于黄家庄村，占地面积430.1平方米。现存大殿3间，木立柱走廊，大殿前廊东西两壁砖雕黄飞虎画像。

（五）谈氏家祠

谈氏家祠位于黄家庄村，占地面积294.8平方米。自南而北依次为门楼、小厢房、厢房、大殿、大殿厢房。其中门楼面阔3间，悬山式屋顶，七架梁结构，木刻砖雕精美；大殿3间，两坡水悬山式建筑；厢房20间，东西对称，各10间。

五、连搭村百子宫文昌阁

百子宫文昌阁位于连搭乡连搭村，始建于清乾隆年间，建筑面积50

图 11-1-6　连搭村百子宫文昌阁（2009 年 9 月）

平方米。楼檐四阁木雕月、云、水、花图案，楼面铺设古制青瓦，顶边为吉祥飞鸟。2004年，榆中县人民政府公布为县级文物保护单位。

六、新营乡古建筑

古建筑位于新营乡南端的沿川湖畔。相传建于唐代，清乾隆年间和同治年间两度被烧毁，后又建，再度被毁。2005年，兰州正和房地产公司出资重建，新建的平西龙王庙占地3亩，墙里墙外精砖装饰，宇里宇外五彩绘壁。刚进平西龙王庙是火神殿，两侧有左钟右鼓，钟楼鼓牌，南北厢房。往里是平西龙王大殿。南北是山神土地。整个庙宇雕梁画栋，飞檐翘角，既典雅又庄重，既肃穆又宁静。庙外有元初赵孟頫书写的《道德经》影壁墙，东北角有“正清和”戏楼，气势宏伟，金碧辉煌，与西面的沿川湖建筑群的代表作品之一的四明厅相对应，两翼回廊，与重檐飞撑戏楼相连，组成占地80亩的广场，成为当地一大胜景。2009年9月，榆中首届民俗文化节在此举行。

图 11-1-7　平西龙王庙（2009 年 9 月）

第五节　墓志　碑记

一、墓志

（一）明代墓志

明故兵马指挥陈公墓志铭

赐进士出身、前光禄大夫柱国太子太保、都察院左都御史、致仕金城彭泽撰

赐进士出身、奉直大夫知兰州事、前工部郎中仁寿刘瑜书

公初名文，字焕章，后更名闻，字闻道，世为凤阳寿州人。祖考讳德，字志本。妣钱氏。洪武间随外祖张公万七调戍甘州右护卫，寻调汉中宁羌卫。公之祖占籍金县烽火里，遂为金人。厥考讳璟，字廷器。母高氏生公，甫三岁，父早逝。高氏年二十四孀居，苦节抚而教之。年十一岁，补邑庠生，即知遵慈训，奋志问学，必期有成，且克敦孝养不敢违逆。弱冠补廪膳生。每乡举辄居首选，卒不利于场屋。应弘治甲寅贡为太学生，历督（都）察院事。母高氏以寿终，葬如礼。服阕，谒选吏部，考居前列，授南京中兵马司指挥，阶承直郎，历任三载，直而不阿，恪以官箴自守□。以老疾归田里，教子训孙，日以诗酒为乐。甫二载以疾卒于家，实正德戊寅正月二十有三日也。距生于景泰壬申九月十七日，得年六十有七。公娶李氏，子男三：曰情、曰怀、曰怡。丁氏、杜氏、王氏则其子妇也。孙男三：继祖、继先、继贤。孙女五，皆幼。李公先卒，继娶王氏以卒□□年二月八日，卜葬于城北清河之浒，盖新茔也。

呜呼！泽自为郡庠生，即为所知爱重，以姻党，每以兄呼之，累同应乡试，受教居多。爰以□病，乞恩归田，方拟白首相从共娱暮景，讵意遽至此也哉！追忆四十余年故□之情，虽不忍铭，亦不能已于言也。爰叙其行而为之铭曰：少失所怙，恃有慈氏。恪遵慈训，可励厥志。方

跻仕途，慈以先世。解绂归田，方切殒涕。云胡不遗，竟俾赍志。我铭诸幽，有朋之谊。是继是承，嗟嗟来裔。

正德十四年岁次己卯春二月吉旦

（二）清代墓志

恩师刘老夫子号悟元之塔

恩师刘老夫子，山西人也。讳一明，号悟元子，又号素朴散人，□□□□□□□□□□□□□广记□□□□□□□□□□□□□理无不□□□悟，年□二十，即□□□□□□访名师至甘肃□□□□□龛谷老人指示性命大略入正门。迟滞一十三□□汉□又逢□□□□□仙留丈人，按其药火细微。于是有为无无，前后一以贯通□□□□自得二师真传，遂托医道，混俗和光，云游四方。行□□川，见其地云□□，埋名晦迹，易形变像，如愚如痴，日夜不寐。锻炼精神二年有余，渐有知者传扬。于是南游过秦州，入栈道至□□□□山，开□接众，以□□鸡麻峪河，修桥补路。磨砺身心，岩居穴处，与虎豹为邻、魍魉为伴，生死不计，辛苦不知。工毕回凤，因见常往道路□□□去凤四十二□□，随处济人。旋至榆中，访秦李二仙古迹于栖云山，见其山青（清）水秀，藏风聚气，喜而居之。其山乃古刹之地，荒废已久，仅有□□□□□□□□重为开造，满山庙基，一概重建复旧；又将兴龙东山残败诸殿，亦皆修补光彩。二山庙宇三十余处，皆焕然一新。师居栖云四十余年，□夜则著释经书，百般辛苦，人所不堪，师晏如也。注著经书凡二十五种，皆□十方大力，已经刊刻行世□，于是远近学人，常来求教□□师，来者不拒，往者不追。因人指教，量材开导。聪慧者亦其要领，鲁钝者引入正门。不论贤愚，皆知存诚去妄，改过自新，受其□□□多因其□。众门人感戴恩惠，嘱予作志。予不敢辞，谨述师之始终行藏，以垂后云。赞曰：

幼喜清闲，长闻道□。混俗和光，□□□□。明其□□，□守位□。启后绍前，独弦绝□。平治路途，施舍药料。婆心常存，慈光普照。内外兼修，行藏入妙。四十年来，苦辛□□。功完行满，□□召□。（以

下字被磨光看不清）

□□□□□丁丑秋八月吉日

刘老夫子赞并塔铭

以灵悟彻太元，一志掀翻后先。混俗和光住世，逍遥自在随缘。栖隐云山演道，阐真四十余年。三教圣人秘（密）旨，洋洋发泄精研。劈邪扶正功大，警俗度迷愿坚。有功不自居德，功德洵无际边。行完名注紫府，传诰顺时承天。羽化金蝉脱壳，崇山筑塔长眠。噫！道气长存于宇宙，慈云普覆于大千。其塔铭曰：

巍巍宝塔，体象（像）玲珑。前后朗彻，内外圆通。天地化育，无始无终。虚实完毕，不色不空。寥寥独立，寂寂山中。包罗万象，三十六宫。仪耸崆而同华岳，世瞻仰而并衡嵩。

大清道光元年岁在辛巳正月初六日

沐恩弟子唐琏敬题

（三）民国墓志

高公炳辰墓志铭

公讳炳辰，字显庭，世居皋兰县东北乡青城镇。高氏系出渤海，其上世年湮不可考，□□□□□□始迁居青城。子姓繁衍，号称望族。曾祖廉，以少子鸿儒成进士，官礼部主事，诰封奉直大夫。祖翔翰，貤封奉直大夫。父丕仪，诰封奉直大夫。母李氏，诰封宜人。兄韵琇，入泮早逝。以胞叔丕新无子，公兼祧焉。

少聪颖学书，落笔不凡。既长，美容止善，笔札兼工绘事，以诸生受知于湖南余公尔田，襄佐县幕。自是学益进、字日工，书名鹊起，学子争摹之。光绪丁酉举于乡，赴春官不第，改就教职。时乡先达张壮勤公堇少保，拱翼京畿，公翱（遨）游其间，颇为器许。庚子之役，都门变起，即旋乡设帐里门。部铨宁夏教谕，以亲老道远，遂舍去。二亲殁，祭奠以礼。服阕，由举人考职州同，签分陕西，历署华州州判、富平、美原县佐，咸有名迹。辛亥改革，家毁于劫。用君平术猎食于长安市。张公凤岗闻其名，搬置幕府。得与宋芝田先生游，多见前贤事迹，书与画所得益深。民国二年，任命长武县知事。时兵燹后凋敝甚，公劝农兴学，极意抚循，地方赖以安。期满回籍，兰山道尹孔公，以书画见口，委以幕职，并充宁夏、武威禁烟局长。时年逾花甲，精神矍铄，往往以书画寄意。岁甲子，乞办靖邑禁烟，欲为买山计。期将满，竟终于靖远榷舍。

公书法王、赵，韶秀绵丽；画宗王、黄，笔意洒脱，中含萧疏澹远之致。斗字尺幅，人尤重之。

妻李氏，舅女也。性柔婉，事舅姑惟谨。无子，又娶于兰，曰张氏，生子二：长寿田，次寿同。寿同以师范毕业前一岁卒。长孙长生，亦先公一月殇。女二：长螟蛉，适王，次为李出，适魏，均早逝。

公距生于咸丰十一年九月初一日吉时，卒于民国十三年夏正八月二十六日辰时，享年六十有五。以今岁乙丑三月二十七日，卜葬于镇南庙儿坪新茔。癸酉，丁趾寿田致书，乞余志墓，因叙颠末如此。

铭曰：笔之妙，墨之精。娱晚岁，蜚英声。蕴为烟云兮水秀沙明，瞻彼南原兮郁郁佳城。

六等嘉禾章清赐进士出身刑部主事特授湖南麻阳县知事愚甥济甫杨巨川撰文

二等嘉禾章清赐进士出身翰林院庶吉士署理甘肃肃州道道尹姻弟子衡甫罗经权书丹

中华民国十四年夏正三月二十七日勒

例封朝议大夫张公善征墓志铭

公姓张氏，讳余庆，字善征，世为金县马衔山农人。兵燹后，谱牒散失。其可考者，自王父讳登周公始，考讳建成，始迁居县城内西街做小贸易。性介直，好交友。虽藜藿不充，不肯于人。

同治三年，贼口陷城，身殉焉。生有二子，公其长也，时年十七，幼慧而羸弱。父以负贩馀赀供脩脯，期其大成。乃猝遭世乱，膺凶祸，奉母挈幼弟，逃奔于栖云山右之大口山，为人佣耕牧，以养母与弟。及五年，大饥，乡人饿殍相枕藉。公绝粒已三日，独行山谷间，睹窖粟，仓卒无能多携，乃结鹑衣之两袖，盛数升负归。其地距家稍远，再约邻人以囊往，则已颗粒无存。噫！岂他人取之欤？抑天偶示奇迹，以活公欤？公既藉以稍苏，嗣假微资，负粮于马营，昼伏夜行，驰驱烽火之中。野菜粃杂以自啗，而以食食老母弱弟，以脱于险难。至十年，军事甫靖，葛观察来县，办粮台，委公担任会计，于是复还旧居。始聚,娶王太恭人，亦为弟纳妇焉。

公性极孝，母尝婴寒疾，视医药，衣不解带者月余。友爱弟，凡学工、经商，百计为曲成。后弟能自立，不恤兄，亦毫无芥蒂。生平抱瓮忘饥，浑浑落落，人或谤詈构害，不嗔怒，亦不报复。遇事绝无争竞心，而亦不忍人之有争竞。戚族或有讼斗，排解而平息者不知凡几。

公生长兵戈饥馑之中，奋勤克自树立。中年后，境稍裕，不喜与福（富）贵家往来。喜读书人，值寒士，辄解衣推食。晚景无怀益淡泊，妻贤子孝，耄耋康强。日婆娑青山绿水间，寻故旧以话桑麻。世事之陵谷沧桑，一不关心。子舆氏所谓生于忧患。非耶！乘化归尽，其又奚悲？

卒于乙丑年二月二十六日，距生于道光二十六年九月吉日，享寿八十岁。生子男三：继祖，光绪丁酉科举人，礼部主事；承祖，六品军功；奉祖，师范毕业。生二女，适柯、适梁。孙男四：长孙种德，武昌高等师范毕业生；次树德、成德、恒德，幼读。孙女四。曾孙怀清。

卜以乙丑年闰四月初四日，葬于城南庚山甲向。新茔之兆铭曰：

始忧患，终安乐。孝弟根，荣不落。抱瓮忘饥，怀慕浑噩。吁嗟呼！仁风渺兮，族里焉诧。树佳城之华表兮，俟照来而化鹤。

王太恭人于庚午年二月十四日终于兰州，享年八十一岁。

前内阁即补侍读秦州任承允撰文

前山西补用州判金县岳世英篆盖

前廪膳生陇西王炎炳书丹

二、碑记

（一）明代碑记

嘉靖皇帝诰封刘得进碑

刘得进，年陆拾壹岁，系陕西临洮府兰州卫金县人。正德柒年，管带舍人，跟总制都御史彭泽四川征剿。捌年德阳县仙鹤池斩首叁颗，西河沟斩首叁颗。拾年升本卫右所，署百户。本年跟参将鲁经征西宁卫、隆长吉儿、竹林等处，斩首叁颗，升本卫所，实授百户，今授昭信校尉。父刘文赠昭信校尉，实授百户。母满氏封太安人，妻蒲氏封安人。

嘉靖拾壹年贰月贰拾日立

金邑庠后学生萧霞篆

白水县铁笔生冯朝镌石

龙泉寺碑

肃府令旨

嘉靖三十九年十月内，于纪善所抄出该承奉司启据。看守本寺杨喇嘛藏卜等乞讨苫寺常住田地□□□□□□□□令旨，准给常输田地四十亩，敬此。续于嘉靖四十四年十一月内。亦据焚修官李琦、杨藏卜启前事于□门副□□□□□□□□令旨，准给常输田地九十三亩，敬此。共计苫寺地一顷三十三亩，永为本寺，焚修香火之资。承奉司□□□□□□□□□□□敬依内事理，今刻于碑,永为遵守，传之于后世云。执照敬此，资免其纳租。承奉司给贴四十亩，以为永远香火之令旨。赐给本寺迄西荒地，启准奉。

隆庆二年三月二十九日本寺焚修官李琦

（二）清代碑记

重修金县学宫碑记

榆中文庙自前明重修以来，迄今逾数百年，阙后虽间有补葺，亦□□□□□颓，官兹土者陈、孟、宋、邱诸公先后继美，念学宫□□□□□□材之地，非巍焕无以壮其观，非杰清无以昭其敬。原听其□□□□□□绸缪，甚非所以崇斯道、振人文也。乃各捐清俸以为倡。犹□□□

□□□设法以成功焉。余承命诏邑，诸生阙事，刻期鸠工□□□□□□闻晷。太学生杨守魁等勤力经营，自大成殿至棂星门□□□□□□□祠及前后垣墉，亦无不踵事整饬。惟泮池前旧用木栅□□□□□□□门分中左右而三，恢宏坚固，大觉焕然改观，亦可以□宫□□□□□□□欲贞石，庶足表贤邑侯与诸生甚重至圣先师之诚意，此作兴文教而又以为后来者劝。

兰州府狄道州知州、前知金县事、军功加一级随带□□□□□□

巩昌府洮州分府、前知金县事、军功加一级随带□□□□□□

进士出身文林郎、知金县事，加二级军功，加一级随带□□□□□□

分发江西试用知县、改补金县儒学教谕、管训导事□□□□□

金县典史、加一级□□□□□

陕西固原镇□□、金县营把总□□□

乾隆四十年岁次丙申□□□

一条城士庶德行碑

今夫气运修明，斯群英奋起；善良荟萃，斯士庶平康。如我条城者，地介偏隅，居民无多，而风雨时锡和甘，土田半属膏腴。且地域接兰山之脉，河通星海之源，以故说礼敦诗，强半文章之选；张弓挟矢，大都熊罴之材。人文蔚起，风俗敦茂。即居乡士庶，率多公平方正之人。

迩来税局之设，为害斯甚。惋惜者久之，但苦于裁撤之无从。己巳冬，有三圣宫社长顾永泰、高其华、魏登泮、王者馨、杨顺耀等，素行耿直，古道照人。痛积弊之相沿，意欲扫除其祸端，质之邑众，而皆以为可。于是齐赴三圣宫，同心发愿，演戏献牲时，即敦请士庶滕善国(以下18人名略）诸公，姿性各异，习尚异殊。或仁厚而慈祥可风，或明敏而烛照无遗，或娴韬略而矜强干，或修品格而立楷模，或铸史熔经，摘文林之藻绘；或犁云锄雨，乐稼圃之逍遥；或易事通功，持筹握算，缙货殖之传，而窃比于计然范蠡之遗风。涉世持身，各树一帜，而当善事为前，要无不同心而共济。所以一膺众命，慨然身任其事，急公如私，不敢告劳。遂赴省，以是邑偏枯等情，呈请各宪大人蒙恩裁撤，批结存案。嗣后杨顺伦面恳沈太尊出示一则，另有碑记可考。时当事已告竣，社长等以为诸公之力，乃同声固逊，不敢居功。佥曰：“实赖神功默佑耳。”

于戏！圣帝读《麟经》（《春秋》之别名）一部，定汉鼎三分。浊醪火化，德配离宫。赤兔风行，灵应天驷。塑像于狄青城外，显圣在万历年间。当年之忠义常昭，今日之英灵尚在。秉烛窥偏承之弊，凤眼独睁。竖刀断无妄之灾，蚕眉双锁。池殃顿炽，灭烈焰以恩波。民羸谁怜，驮穷军于泥马。人力也？而实神功焉！兹欲勒石以传后，余不禁笔歌墨舞，为之铺叙其实迹。而特叹诸公不矜不伐之德，俾后之流览斯文者，知我条人材（才）辈出，将来未可艾也已。

儒学增广生员高攀桂敬撰

国子监太学生李公善书丹

国子监太学生顾永盛题

(以下张锦芳等54人名略)

嘉庆十五年岁在上章敦牂皋月吉日立

一条城裁撤税局永免偏枯碑

盖闻陈于《禹贡》者，赋有九等，掌于大宰者，赋有九名，此不易之征，遂以开千古税敛之原矣。我国家取民有制地丁正赋而外，必于关津隘口立税局，以稽行商之货贿者。夫固为不刊之会典，而于乡曲无关焉。

如我一条城者，县属皋金，河分南北。力农者无不思国课之早完，然究非通都大邑之地，又非熙来攘往之区，以故皇清定鼎以来，并未设立税局，征收土物。而今裁撤之说奚从哉？抑知事非无因，而端为有。

自乾隆五十二年，前府宪丁缘条邑种植黄烟，始私设税局，后因以为例，而其弊益深。数年来沿门征索，暮夜追呼，而鸡犬为之不宁，甚至家丁依势而作威，书役借端以滋事。识者叹已往之受害，而忧将来之流毒。于是有以痛呈偏枯情形，相议者曰：“吾邑人烟虽繁，犹是一偏处耳。何黄烟之兴，不自条城享其利？而税局之设，偏于条城贻其忧。幸逢各宪大人视民如子，兴利除害。父母其孔迩乎，曷弗薄言往诉耶？”

适有三圣宫社长顾永泰、高其华等焚香祈祝于圣帝前，同心发愿，共捐资财，请免偏枯，惟神是赖。然不得人以任之，尤恐其鲜克有济。爰举士庶滕善国、杨顺伦、顾永午、滕大兴、李泗等，以首其事。遂叩呈督宪松辕下，批发道宪严查案议详。道宪即饬署府宪张，查明一条城设立税局原（缘）由，限日详覆。复委候补知县田亲赴一条城，查明偏枯情形禀复。始知一条城设立税局，既未奉有部文，亦未详明各衙门存案。斯税非自昔有，立判私收弊端。详情永革立案，刻即裁撤税局。

是一条城小民偏枯之忧，一朝尽去，而各宪大人咸和之德，再世难逢。但恐各宪大人一旦高升，后任府署仍因旧弊。一经复设税局，而穷僻乡愚，无凭分诉，终有负于各宪大人为民除害之至意。首事者又复叩祈宪府沈，俯赐明示，俾万民咸知，一条城永无私税。虽有假差派之名，以厌饕餮之欲者，亦不能欺吾父老子弟矣。将见隆恩之著，偕皓月以常明；偏枯之除，与泰山而并永。

于戏！由举事之时，迨卒事之日不过月余，而乐二天之戴者，免二税之惨，虽云人力，而亦不尽人力也。所以，勒石以志裁撤之恩，至速而易者，殆无不可，以见神功之浩荡也云尔。

兰州府皋兰儒学生员顾青云敬书

兰州府金县儒学增广生员李振西敬撰

兰州府金县儒学增广生员高云程题额

嘉庆十五年岁次庚午月吉日立

金县太白泉神庙碑记

陇西诸郡，居积高之区，难于雨，所在多祀泉神，然其称太白者何哉？昔人言："武功太白，去天三百。金星之精，配华作镇。"其山灵，故其泉亦灵，祷雨辄应，载在祀典。

秦陇皆金方，于是陇西泉神之祠，亦无不以太白名者，盖神之也。

金县旧有太白泉，著灵于兴隆山中，其来已久。癸酉岁，民祷雨于此，挈瓶取水有应，（奔）走相告，以为雨且立至，已而果然。因督司捐廉，以新祠宇而答灵贶，守（斯）土者，请为文以记之。予惟水之德及人最广，出高而施下为天泽，尤于泉乎是赖。然秦陇间水性，古称其甘最，而稽淤滞而杂，盖地脉使然。兹泉则澄澈，内镜明激弗渝，湛湛若凝。非太白之神肸蚃，昭假实式凭之，奚以所在崇祀勿替也？

且图籍所载，泉之在陇西者，最著莫若皋兰之红泥、长城之白道、巩昌之九泉。而予莅任以来，又循访疏浚，得何家山、老龙泉诸胜，祷靡弗应，若左券焉！益信名山巨岭、穹岩邃谷之中，其雄秀处必有源，其泉且必灵。类皆有神呵护于其间，而世人往往弗之知。即知之，其灵或不著由于人。心不诚，不足以感召神庥，故泉闷其灵，神弗福耳。若兹泉之祀而祷，祷而应，其灵昭昭。若是神之贶，亦民之虔也。故著之，以为治民事神者劝。

钦命兵部尚书兼都察院右都御史总署陕甘等处地方军务

兼理粮食管巡抚事兼理茶马加三级那彦成撰并书

嘉庆岁次癸酉八月

重修金县文庙碑记

奥稽金县文庙之建创于宋元之际，至大定二年规模始备。逮乎前明，以迄本朝，继而修者代不乏人，载在碑碣，兹不复赘。

壬申，余承乏是邑。甫下车，躬先谒庙，见□□圣像之剥蚀，殿陛之倾圮，窃恻然者久之。释□毕，爰集诸生而询焉，佥曰：“吾邑自创建文庙以来，迄今四百余载。虽历年间修理，要皆出于捐助，不过略加补葺而已。缘金邑地瘠士贫，募捐非易。是以因循至今，而颓塌益甚。”余曰：“文庙为一方兴起人文之地，而顾听其杌陧而不之建，守兹土者之责也。”于是酌材量工，思为捐修之计。奈功费浩繁，非涓埃所能补益。因此，实情面求，并具文详情，仰蒙上宪，体皇上崇儒重道之□。新委员查验，即发给帑金。俾余监修，余承命黾勉，从事无废不兴，无坠不举。自大成殿三祠两庑，明伦堂以及戟门斋房，泮壁宫墙，罔不巍然改观，焕然维新矣。又敬一亭，旧在学署后壁。诸生弗□，随时景仰，似非所以昭圣训也。因于明伦堂西偏，另建三楹，移之碑碣其中，俾将朝夕而瞻诵焉。是役也，以癸酉四月诹吉，至十月落成，凡七阅月而竣。

爰将始末勒诸贞珉，以俟后之君子有所考稽。而因时缮修，用以昭永远而垂不朽。是又劝于将来。

嘉庆甲戌春三月之吉

金县知县魏塘陆泳祺撰并书

滕公浩然功德碑

盖闻功莫先于裕国，德莫重于利民。此固服官者身任其责，而士君子尤加意焉！

如我条城东滩，地界黄河，水灾数被。自乾隆年间筑堤防患，屡筑屡崩。至嘉庆十三年，河水泛滥，浸及故墟，庐舍尽成草泽，菑畲半属涂泥，田无可耕，赋从何出？一滩之黎庶，几几无以为生者，盖数十载矣。

时道光五年春，李法贤、李淑德、张缉绅、宋之彦、滕易成、魏法武等，齐集龙王庙公议修堤，非得一素行服众为之督工，难与图成。有直庵滕翁者，性本和平，心尤公正，处己曾未絜长较短，为人恒多排难解纷，闾里乡党咸敬服焉！爰举公为总理，滩之人齐心协力，不三年而上坝、中坝、下坝已皆次第而成。虽众姓之胼胝，实公一人之经理居多，而公犹监工修补，不以耄期倦勤，俾有基勿坏，而其心始慰。

行见井里，依然桑田如故矣！上而国课可完，下而民生攸赖，功莫大焉！德莫厚焉！因勒石建碑，以垂诸不朽云。

特授平凉县教谕庚午科举人赵连魁敬题并书

道光岁次庚寅年丁亥月吉日立

条邑铁笔匠人滕继茂

青城书院碑

特授皋兰县、金县正堂龚、谢为据呈出示晓谕，以垂之久远事。据皋金二邑绅士顾名、张锦芳、刘世保、高鸣桂等呈，前奉恩主取养人材(才)之义，于皋金二县所辖一条城地方，设立青城书院一处。计上厅三楹，两厦各三间；屏门一道，两厦各三间；讲堂三楹，两厦各五间；二门连厦共三楹，两厦又各三间；大门三楹，照墙一座。置买市房一处，大门一间，计房一十八间，随市价取租。以上共费制钱二千一百千有零。

已劝捐共得制钱三千一百千有零。除费过，下剩钱一千一百千有零，交首事顾永发、白玉堂、韩瑛、张春芳经理生息，每年不过得息一百千之谱。而经费不及，合众商议，有关帝庙买卖人捐助香火，按往年情愿加捐一倍，移入书院，以为脩金膏火之资。永为定规，不至（致）废弛。但恐日久生弊，尚乞恩主大发明示，剀切晓谕，刊使石立案。庶几书院不废，而恩主德教，亦历久不磨矣。除呈请金县主外，理合呈明恩主存案示谕名等，不胜恳切之至等情。前来查建立青城书院，俾士子赴院肄业，原冀英俊蓁盛，文风蔚起诚为美举。其关帝庙社众，在于捐助香火内，每年加倍捐资，添作书院脩金膏火，均属可嘉。第恐日久旷废，合行出示晓谕。为此示仰经理首事顾永发等知悉，自示之后，尔等即照议定章程，将收取房租地价及社内铺户。按照烟担货物多寡捐资，务必妥为经理，勿得始勤终怠，有负众姓醵金捐输之意。勉之慎之，禀遵，特示。

道光十二年三月二十四日

创建青城书院碑记

青城故无书院，书院之设自道光辛卯始。辛卯之岁何以有书院？青城界皋、金之偏隅，地狭民稠，人文较著。然以其民稠也，而奋斗功名者夥矣！而以其地狭也，则有志未逮者以复不少。国家轻徭薄赋，杂税不及乡曲。青城故偏隅，农耕士读久安无事之。

夫自乾隆五十年间，首府以水烟之故税及于是。初亦抑末，后乃于物无不及焉。民力于是乎大惫，而士气亦为之不振。杨顺伦、顾永泰等以水烟、土产他物，已税自兰靖等情，□恳制宪恩准，概行裁撤，永禁复设，通谕在案。十数年来，民气和而颂声作，衣食足而礼义兴。其间成进士、擢巍科者指不胜屈，而每岁文武之入泮者无论矣。

兹乃于道光己丑，蠹役污吏蒙官作弊，托稽查透漏之名，而复设税于兹。合邑惊慌，复痛恳府县豁免如前。民乃欢欣鼓舞，各出其所免之课，以为府县作养人才之具，书院于是乎立。计所费制钱，两千壹佰千有奇，大半出于种卖水烟之家；而又虞脩金膏火历久不给，情愿于每年出境烟担货物捐银壹分，永为定规。呈恳两县详请各衙门立案，以垂永远。有通谕告示勒石可凭，此书院之所由设也。后之司教养之责者，宜何如之劝勉也！邑之经理其事者，宜何如其慎守也！名系邑人，实与张文圃、解元韩君瑛等倡率其事。故特详其颠末，以俟来者。是为记。

庚辰科进士本院主讲顾名撰文

金县学生员本院肄业张青莲书丹

道光十二年八月二十四日立

刘硕庵公碑记

长安刘公讳述宽，字硕庵，以俊士于咸丰丁巳尉于金，政有贤声，士民至今颂之。同治甲子，逆贼构乱。公守御兼施，力竭势危，于城陷之先，手刃其德配孟孺人并子侄细弱，徐著朝衣出，与贼遇，厉声肆骂，遂及害。呜呼！刘公可谓杀身成仁也，其事烈而其情尤惨。当公就义后，贼随退。金人具棺以葬公，并为立主，附于栖云山之二公祠，惟其德配以次。时值风鹤，草木皆兵，不暇成殓，仅葬焉！本年公犹子来金招魂，奉其忠骸东归于陕，其德配以次为葬不能分辨，故乃安之。而岁远时更，虑为左右侵占或被牛羊践踏，用以综核四至，并历叙其死难原委，为将来国乘之考云。是为记。

皖桐吴耀堂拜撰

光绪三年秋季吉日立石

（三）民国碑记

榆中县知识青年志愿从军题名碑

三十三年夏，湘豫战不利，朝野倡议建军，盟友督战尤力。秋冬之交，攻陷桂、柳，窥滇、筑，陪都震恐，委座乃号召知识青年投笔建军，纷起云涌，全国景从。吾榆人口八万，配赋六十，而应召入伍者，凡一百五十又二名，类皆里中出类拔萃、忠勇有为之士。回忆抗战以还，我士林之效命疆场，为国捐躯者，固不乏人。维□方人士之缘法，为奸纵欲，自适畏难，避害趋利忘义，曾不肯捐丝粟之力，以赴公家之急者，以所在多有。独我从军青年起而矫之。躬覆□危，了无难色，浩然轻生而无所顾悸。君子之道，莫大乎以忠诚为天下倡，其斯之谓欤！爰刊其名于石，以作纪念。庶几懦者以此有勇，怯夫以此有斗志，而世人之专计功利、避事自安者，当亦知所自勉矣！

第六节　历史文化名镇

一、青城镇

青城又名“一条城”，相传唐朝修筑垄沟堡（旧城）。北宋仁宗年间，西夏王李元昊叛乱，时任秦州刺史狄青为防止西夏入侵，增筑新城堡。因为新城东西长，南北狭，故称“一条城”或“条城”。后来为纪念狄青，将“一条城”叫作青城。它是古丝绸之路上的水旱码头和商贸中心，被誉为“黄河千年古镇”。全镇有一个省级文物保护单位——高家祠堂，有3个县级文物保护单位：青城隍庙、青城书院、二龙山戏楼，有45处保存较完整的明清时期的古民居四合院，有400多株百年古树。兰州青城水烟制作技艺、道台狮子、西厢调等被列入甘肃省非物质文化遗产名录。2006年，被甘肃省建设厅、文物局命名为“甘肃历史文化名镇”。2007年，被建设部、国家文物局命名为“中国历史文化名镇”。2010年，被住房和城乡建设部和国家旅游局评为“国家特色景观旅游名镇”。

二、金崖镇

金崖镇地处黄河一级流域苑川河中下游的榆中川西部，自古为苑川河流域政治、经济、文化中心所在，有“龙马之沃土”的美誉，钟灵毓秀、人杰地灵，具有深厚的历史文化底蕴和深邃的人文内涵。有“七月官神”“水烟文化”“丝路古驿”“祠堂宗庙、丰广书院、古民居、古商会和红色遗址遗迹等一批历史文化遗产辉耀苑川。其中，三圣庙、周家祠堂、金崖驿站、福元泰烟坊（皋榆工委协军团旧址）、金崖古民居群为县级文物保护单位；“七月官神”为甘肃省非物质文化遗产。2010年，被住房和城乡建设部、国家文物局授予第五批“中国历史文化名镇”称号。

第二章　文化事业

第一节　文化建设

一、基础设施建设

（一）县级文化设施

1992—1994年，投资190万元，建成面积1960平方米的文化宫；投资92.5万元，建成面积1000平方米的新华书店营业楼；投资4.8万元，建成150平方米的县博物馆标准化文物库房；投资110万元，建成面积3100平方米的县影剧院。2003年，投资500万元，建成5734平方米的县文化中心大楼，其中一、六、七层由县文化馆使用，建筑面积2434平方米；二、三层由县图书馆使用，建筑面积1500平方米；四、五层由县博物馆使用，建筑面积1800平方米。

图 11-2-1　村民在清水驿乡文化站学习（2010 年 10 月摄）

（二）乡镇文化站

1991年，金崖镇文化站站长王希光被文化部评为全国先进文化站长。1994年，甘草店、清水驿、三角城、夏官营、定远文化站列入甘肃省丝绸之路文化长廊项目进行建设。1998年，金崖、定远、三角城、小康营、新营建成兰州市农村示范性文化站。同年，三角城乡被评为“兰州市文化先进乡镇”。1998年后，每年安排5~7个乡镇建成标准化文化站。2003年，全县23个乡镇建成标准化文化站。2006年，全县乡镇文化站有房屋8005平方米。2008—2009年，投资288万元，其中中央财政240万元，县财政补贴48万元，新建高崖、夏官营、贡井、中连川、城关、和平、青城、哈岘、马坡、上花岔、园子岔、甘草店12个乡镇综合文化站，建成房屋3600平方米。2009—2010年，为定远、清水驿、夏官营、高崖、贡井、中连川6个乡镇文化站配发电脑、音箱、电视、桌椅等设施设备。

（三）村文化活动室

1991年，定远镇定远村村民杨德全投资5万元，建成定远村文化活动室，免费为群众提供书籍借阅和报刊阅览服务。同年，来紫堡乡施家坪村民施宪章投资2.8万元，建成施家坪文化活动室。2001—2004年，全县建成村级文化室82个。2005年，甘草店镇果园村、三角城乡周前村被新闻出版总署列为甘肃省和兰州市“农家书屋”建设试点村，投资10万元，各办村级图书阅览室1个，每村配发书架2个、桌椅1套，图书421册。2006年，在定远镇猪嘴岭、来紫堡乡冯湾、金崖镇邴家湾等16个行政村建成图书阅览室，每村配发图书4000册。2007年，建成贡井乡吕家岘村、定远镇定远村、来紫堡乡黄家庄村、大水洞村4个图书阅览室，每村配发图书1500册，电脑1台、投影设备1部。

图 11-2-2　连搭乡群众文化演出（2004 年 10 月摄）

2008年，建成城关镇大营村等90家图书阅览室，每村配发图书1402册、音像制品117张，订阅报纸7种、期刊10种。2009年，建成城关镇北关村等100家图书阅览室，每村配发图书1514册、音像制品121张，订阅报纸6种、期刊13种。同年，投资110万元，在268个行政村建成信息资源文化共享工程，为每个村配置投影机及投影幕、DVD影碟机各1套。2010年，建成甘草店镇浣涝村等51家图书阅览室，每村配发书柜3组、图书1543册、音像制品118张、订阅报纸6种、期刊16种。榆中县获得2005—2007年度、2008年度、2009年度甘肃省“农家书屋”建设先进集体。

二、市场规范

（一）文化市场

1991年，全县文化娱乐场所有录像厅、气枪、台球、卡拉OK歌舞厅。1998年，全县有歌舞厅43家，台球7家，录像厅4家，书报刊7家。2001年，全县有网吧29家。2005年，全县有文化经营场所、娱乐场所48家，音像制品75家，网吧30家、印刷厂26家。2010年，全县有文化市场经营场所142家，其中娱乐场所12家，互联网上网服务场所44家，图书54家，音像制品出租及零售店32家。主要分布于城关、和平、夏官营、定远、来紫堡等乡镇。

（二）文化稽查

1991年10月，给录像（音）带经营户重新核发甘肃省出版物经营许可证。1992年起，每年更换甘肃省出版物经营许可证。1996年8月，给邮电系统图书报刊销售网点核发办理出版物经营许可证。1997年，查处非法出版物254件，录像带165盒，光盘89张，无证经营63家，行政处罚4家，罚款260元。2003年，稽查队刘金鹏被评为甘肃省“扫黄”“打非”先进个人。2004年，稽查队王晓燕被评为甘肃省“扫黄”“打非”先进个人。2005年9月，省、市新闻出版局和榆中县文体局在县电影院门前联合开展“打击盗版　从我做起”万人签名活动。2008—2010年，榆中县文化市场行政执法大队开展“扫黄”“打非”、校园周边专项整治等行动，取缔无照经营娱乐场所4家，查处违规经营网吧13家，清理非法出版物和淫秽书刊5000册，收缴盗版及淫秽光盘1万张。

第二节　文学创作

一、诗词歌赋

1991—2010年，程胜凤的《感谢生活》《山路》《向往水的女人》《写往故乡的信》《兰花》《女儿花》等40多首诗歌发表于《飞天》《甘肃日报》《诗歌月刊》等报刊。彭巨彦的《革命先驱张一悟》《想起老家的小曲儿》《黄河里的羊皮筏子》等20余首现代诗发表于《甘肃日报》《兰州日报》等报刊。尤效清的《马铃薯花盛开的老家》《春风暖透的温室》《我的女人》等现代诗发表于《飞天》《甘肃日报》等报刊。颜俊的《无风的正午》《你的根》《昨夜的雨》等10多首诗发表于《飞天》《甘肃日报》等报刊。沈振新、孙清祖、张尚祖、杨秀珍（古风）、张永胜、牛学银、石正明、黄治文创作的70多首现代诗发表于《飞天》《甘肃日报》《甘肃农民报》《兰州日报》《兰州晚报》《金城》等报刊。榆中籍军旅诗人堆雪（原名王国民）在《诗刊》《星星》《飞天》《诗歌月刊》《人民日报》《文艺报》等处发表诗歌、散文诗数百首，著有诗歌、散文诗合集《灵魂北上》《风向北吹》等，获第十一届全军文艺奖，第十一、十二届昆仑文艺奖，《西北军事文学》第二届优秀诗人奖。蒋杰在《诗刊》《星星》《解放军报》等报刊发表诗歌作品数百首，出版诗集《南北风》。

在此期间，一些外地诗人留下众多记述榆中风景名胜、旅游、农业和城镇建设方面的诗词歌赋。甘肃省诗词学会会长张克复写过《和平牡丹园》《游官滩沟》等诗词。甘肃省诗词学会会长袁第锐写过《薇乐花园赋》。江西兴国女诗人阮莲芬写过《榆中牡丹》《鹧鸪天·咏和平牡丹园》《薇乐花园四咏》等诗词。还有广西恭城女诗人张嘉花、湖南益阳人曹向荣、山东蓬莱人赵幼诚、甘肃会宁人刑杨伯、山东临清人郭子栋、甘肃武山人杨允文等人写过有关榆中的诗词。

2006年，《我爱家乡榆中美》VCD典藏版MTV出版发行，收录《榆中，我为你喝彩》《我爱家乡榆中美》《高原明珠兴隆山》《一朵牡丹开心里》《陇右名山》《爱你啊，榆中》《榆中人家》《兴隆山风光实在美》《你的名字，你的容颜》《美丽榆中欢迎你》《北山之歌》《青城古镇》《榆中好》《榆中小唱》《兴隆山畔高歌》《榆中　我魂牵梦绕的家园》等16首MTV。

二、小说散文

1991—2010年，丁师浩、金吉泰、杨显惠、邴克兴、陆文虎、王作文、金培贤、张立新、彭巨彦、李刚、金耀东、许锋、金雷泉、高国宴、许曙明、岳兴文、金凯、梁卫忠、裴绍宏、曾耘黎、赵军、李培洁、陆燕舞、李红、董国彦、周廷海等人创作的小说、散文500余篇相继发表，刊登于《人民日报》《大公报》《甘肃日报》《甘肃农民报》《羊城晚报》《兰州日报》《兰州晚报》《广州日报》《中华散文》《作品》《中国作家》《飞天》《杂文选刊》《小小说》等省内外报刊。《金吉泰儿童文学精品集（小说卷)》、金雷泉的小说集《千里送鞋》、高国宴的中篇小说集《香河水》先后出版。杨显惠所著的纪实小说《定西孤儿院纪事》《夹边沟记事》由花城出版社出版。许锋先后出版散文集《城市行者》、长篇小说《新闻记者》、杂文集《信马由缰》、短篇小说集《感情浅，舔一舔》、小小说集《预言家》、散文集《心灵北疆》等著作。散文《兴隆红叶情》《大城与小城》《一棵树》《离乡》等在《人民日报》《大公报》等报刊发表，其中《兴隆红叶情》入选京津沪等地实验中学语文教材、多种版本的语文教学参考书及中考语文试题。许曙明先后发表文学作品200余篇，获文学奖20余次。其中散文《渡》1995年获得第三届“金城文艺奖”。著有散文集《走向蔚蓝》《走过高原》。张立新著有长篇小说集《把我喜欢的女孩逗哭》，长篇报告文学《天堂里也有车来人往》。

三、童话寓言

1991—2010年，金吉泰的童话集《戴金戒指的小猴子》《田园童话》

《金吉泰儿童文学精品集（童话卷）》和金雷泉的《西部寓言故事画卷》《闪电寓言》等相继出版。金雷泉的30余篇寓言作品分别入选《中国网络寓言精选》《2006年中国寓言精选》《中国迷你文学1000篇》《月亮挂在树梢上》《芸芸众生相》等文学选集。

四、影视作品

1995年，由彭巨彦撰稿的电视专题片《血沃黄土地》在兰州电视台播出，并获省委宣传部举办的“爱我中华，兴我中华”大型征文活动一等奖。至2010年，白宗忠创作10多部电影文学剧本、200多集电视剧。其中电影文学剧本《拴桩户》在中国文联和北京《新剧本》联合举办的“相约2000大型电视电影剧本征文活动”中获三等奖；《绿绿的树》被中国电影集团公司投资搬上银幕，在中央电视台电影频道《迎接党的十六大优秀电影展播》栏目中播出，并获“甘肃电影锦鸡优秀编剧奖”；以反腐倡廉为主题的《暖秋》由山西电影制片厂等单位投资拍摄，作为“保持共产党员先进性”教育活动形象化教材在全国上映，并获第十一届中国电影华表奖提名；《向我看齐》由中国电影集团公司和兰州电影制片厂拍摄，多次在央视电影频道播出；歌颂改革开放的63集电视剧《换头亲》，被甘肃省委宣传部列为“2006年度重点文艺创作项目”。由榆中县委党史办、兰州市委党史办主创、投资，杨毓荣、高国宴、张永胜编剧，兰州电影制片厂摄制的电影《陇上英烈张一悟》于2001年8月首映，25日晚在甘肃电视台卫视频道首播，后由中央电视台电影频道和山东卫视播放。由高国宴编剧的电视短剧《午夜铃声》《陌生的短信》《人言可畏》《上学路上》于2008年由兰州电影制片厂拍摄完成。张立新与他人合作完成30集电视剧《神舟》、中国“两弹一星”题材电视剧《中华魂》、电视纪录片《谁与问天》《铸梦天梯》。

五、小戏小品

1991年5月，丁述学创作的小戏《老鼠告状》在兰州市小戏小品剧本评奖中获优秀作品奖。1993年，彭巨彦的故事《一箭双雕》在兰州市第六届“故事、小品”调演中获创作一等奖，并参加甘肃省第六届故事、小品、相声作品研讨会。2007—2010年，县内小戏小品创作活跃，100余人次参加兰州市小戏小品培训班，创作小戏小品剧本120部，其中彭巨彦、王希光、李红、梁卫忠、裴绍宏、高国宴、李永湖、曾耘黎、滕迎春等人的30多部作品入选《兰州市小戏小品选编》。彭巨彦创作的话剧小品《传家宝》发表于中国剧协主办的《戏剧园地》杂志。金吉泰编创的小品《锄禾日当午》、裴绍宏编创的小戏《带着婆婆改嫁》在2007年榆中县承办的兰州市第二届农民艺术节上被搬上舞台。

六、陆文虎与钱锺书研究

陆文虎，中国文学艺术界联合会全国委员会委员，中国作家协会全国委员会委员，中国人民对外友好协会全国理事会理事。曾任中宣部“五个一工程”奖、文化部文华奖、中国作家协会茅盾文学奖、鲁迅文学奖、冯牧文学奖、中国戏剧家协会曹禺戏剧奖评委。撰写《围城内外》《钱锺书的文学世界》等专著，主编《钱锺书研究》《钱锺书研究采辑》等著作。2006年，被全国政协教科文卫体委员会等九家单位评为“十大中国教育英才”。2008年，被全国政协教科文卫体委员会等九家单位评为“十大中国魅力英才”。

七、文学作品选辑

（一）诗

游兴隆山

张克复

陇右名山紫气氤，天骄倚戟厝元神。

松涛阵阵龙兴雨，翠峤重重花邑尘。

藏秀谷中听鸟语，白云窝里悟玄真。

踏青游客迷归路，无限风光永驻春。

黄河（节选）

堆雪

我眼中咆哮而去的白天和黑夜

我胸中汹涌而来的绿草和黄金

我炎帝的龙袍黄帝的内经
我泥沙俱下的泪水和表情

我奔流不止的青春光阴
我万马齐喑的血脉呼吸
当我手执铜壶烫暖一河热泪
谁是你醉而不归的舟子

……

我的黑发白发三千丈的黄河
我的飞流直下三千尺的黄河
我的铁马冰河入梦来的黄河
我的轻舟已过万重山的黄河
我的带走我的照片带不走我容颜的黄河
我的带走我的歌声带不走我情感的黄河
海水日升　淹不住我心中的落日
江河日下　埋不掉我眼里的红尘

……

我的风风雨雨生生死死的船工号子
我的热热闹闹轰轰烈烈的万家灯火
我的汹涌澎湃酣畅淋漓的心血
我的叮叮当当铿铿锵锵的骨骼

山丹丹开花红艳艳　艳了你水做的峰峦涛筑的山坡
天上星星一点点　一点就点燃了你九曲十八弯的脉搏
举杯消愁愁更愁
抽刀断水水更流的黄河啊

当我头顶烈日脚踏寒霜哼起那支儿歌

您　就是我以梦为马的祖国

（原载《星星》诗刊2001年第1期头题。2009年入选“庆祝中华人民共和国成立60周年经典诗歌朗诵专集《祖国啊，亲爱的祖国》）

十月　站在季节里

程胜凤

十月　站在风中
母亲总要让我如期看到
她用为我纳鞋底的心情串起的红辣椒
而我也总能让母亲收到
门前那一树红叶

十月　站在雨中
我很少想到父亲
因为父亲在十月不再赤脚走路
因为父亲说女孩子认识自己的名字就够了
使我十月的月亮
总是潮湿

十月　站在季节里
总跟节日连在一起
总跟湿透的幸福连在一起
总跟土地的墒情连在一起

（原载《飞天》2003年1月号）

洋芋花盛开的老家

尤效清

洋芋——
我刚喊了一声　就有

白白胖胖的庄稼娃
在深秋的田野里
打着滚儿　蹦出来

由一把老镢头引路
它们回家
喊一声爹呀　唤一声娘
山庄上的月儿
又圆又亮

洋芋花盛开的老家
你不能奢望太多
把清水挑满　把灶火烧旺
炊烟袅袅　飘来土色土香
院窖里储存着四季的口粮

在方格纸上作诗　就像
刨开黄土窝窝种洋芋
一颗一颗　我种下朴实无华的文字
能不能开花结果
成为乡亲的精神食粮

（原载《飞天》2006年5月号）

靠　近

蒋　杰

京哈高速
与一辆甘A的大货车
擦肩而过

情不自禁挥起左手
直到已经离去很远 很远
直到看不见

趴在窗口
忽然想起家乡
父母
以及一切与甘肃有关的话题
在东北
家乡的一切
忽然靠近了我
像春天来了

（原载《诗刊》2009年7月下半月刊，总第573期）

（二）词

鹧鸪天·咏和平牡丹园

阮莲芬

花蕊临风吐玉珠，紫泥沁覆润如酥。
丛丛国色萌春苑，缕缕天香入草庐。
人觅韵，燕携雏，吟眸尽向锦屏舒。
世间纵有丹青手，难绘群芳锦绣图。

（三）赋

薇乐花园赋

袁第锐

夫处闹市而思静谧，居仙境而慕红尘者，古今固不乏人。安得如陶令所谓结庐在人境，而无车马喧，山气日夕佳，飞鸟相与还。萃仙境与红尘于其地，融自然与现代文明为一体者乎？诚如是，则居室之能事尽矣。然而遍观海内，类者渺然。若必求之，其兰州之薇乐花园耶！予观乎薇乐之为地也，东接兴隆，南峙宝顶，北带黄河，西控西坪。生成于水火既济之乡，坐落乎日月和明之域。惊奇石之遄临，迓娲皇而驻足。坦荡修平，琼楼矗簇。参差有序，超凡脱俗。万象宏开，神清气淑。

纡回曲径，树嘉木以成荫；动合天心，依爻象而布局。潺潺流水，喻百载之人生；奕奕灵龟，涵千秋之易数。南湖北泊，缘一脉以相通；紫陌红尘，共涟漪而竞馥。有亭翼然，秉乎天赋。掬马衔灵秀之精英，挹大河奔腾之豪情。若夫大地阳回，人天情洽。园柳初黄，雷惊雨霎。王右军临池书罢，不必笼鹅；苏学士浅水探春，无烦鸭试。听半夜之蛙鸣，莫问公私；诧一茎之叶绽，悠分红绿。莲开子午，乍引鱼鹰。月隐东南，遽藏修竹。艺梧桐而引凤，岂惧秋来；资菊蕊以流金，何惭傲物。既而朔风凛冽，万里冰封，独喜电暖生春，百家和燠。望连山之蜡象，纵归藏而勿屈。听腊鼓之频催，悟造化之鸿律。

癸未五月永川袁第锐撰时年八十有一

（原载《诗刊》2009年第14期）

南河赋

牛学银

室藏盆花，陋室雅馨，城设林园，龛谷可名。南河者，非南天之河，榆塞松溪也。欣逢盛世，政民协建，筹修公园。填塞荒沟，疏浚河床，细裁金县隅渠，砼砾砌岸，岸植花槐垂柳，素岩围栏，三载余而工。时辛卯仲夏，斯文以志。

通揽其境，南望寒山，祥云缭绕峰雪；北眺峦花，蓝天庇佑苍野。白虎西卧，金凤东旋，祁连余脉，轴贯两岸，五桥横陈，通达玉界，融雪涓流，北转西斜，穿兴隆，润阡陌，下苑川，壮黄河。千秋动静，水逝而岩岸驻，一刻怀绪，春至则木叶活。

内察其置，德化大成。八蟾吐雾，龙骨立于牌门，左设棋院，暗布平沙落雁；将帅帷幄，运筹义勇雄兵。汉界楚河，残局求取平和；云霞氤氲，智慧而论《棋经》。大师对弈，开园兴盛，玄机暗藏，棋局人生，胜思他人过错，败虑己怀浮轻，殚精竭虑，方可稳中求胜。

右建武园，尚武纪略，怀旧以念先贤，标新而从后勇。天佑日月星辰，地开伏羲八卦，人蓄精气神魂。运筹太极，一气两仪，文通武备，三节四平，攻防技击，五弓六合，修心入圣，八门九宫。美名郭狮，名扬济南，兰山兴国，勇战古城，武源流长，人杰地灵。

隔岸远观戏苑，状如宝瓶，五鼋负柱，九龙吐珠。飞檐回廊，环拱楼台。片刻凝望，恍惚戏楼喧闹，钟磬丝竹，高下悠扬，脸谱变幻，水袖曼舞，车行马嘶，将出相入。方寸之地，万水千山；瞬息一刻，百年沧桑。观角听戏，已度古人忧乐；

察史为人，尽知今生得失。

趋步细品农家，庭堂四合，小桥流水，砖雕木刻，窗明几净，雅古朴拙。又借他山之石，白玉精雕，龙凤呈祥，碧石砌阶，平步青云，红岩嵌道，静若哨兵，黑崖立壁，中设迷宫。奇花异卉，竹喧松静，马兰含笑，萱草葱茏，田歌轻幽，静谧怡人。

呜呼！南河虽小，尽蕴德化之美，文强心智，武健体骼，戏悟人生。苏子曰：清风明月，取之无尽，用之不竭。客思：美化环境，万众共适，造景若此，独具匠心。设若近接握桥，远达苑川，鳞次栉比，波光粼粼，参差十万人家，乐业安居，陇右名山臻秀矣。

（四）散文

兴隆红叶情

许　锋

在城市，大抵是寻不到红叶的。到了晚秋时候，城市的树们开始焦躁不安，像幽怨的妇人，面无激情。叶子开始无奈地脱落，然后被路人踩着，被很快地扫掉。那叶子是橘黄的，斑驳的，脉络模糊。像是去妆的女子，苍白无力。

于是你看秋天的树，连同叶子，都被人们漠视了。树下不再有情侣们的呢喃，不再有孩子们的欢笑。倘若有人仍然站在树下，仍然对着树干发呆，那也许能引起不大不小的围观。

城市的树们因此是悲哀的，城市树们的叶子因此也是悲哀的，不比乡下的树，不比原始的森林。

在这个季节，我突然发现了离兰州不远的兴隆山的红叶。漫山遍野，灿烂夺目，在蒙蒙细雨的掩映下，像一幅泼墨的山水画，镶嵌在山体上，并且呈现突兀状。那红是大气的，具有山的奔放的秉性；又是含蓄的，似乎被压抑，等候着迸裂的时刻。这个时候，红叶是可爱的。

小桥流水人家，这样的景致在城市我更觉得是一种幻觉，有幻觉其实也是难得。但在这里却很实在，有桥有水，至于人家，便是清扫梯道的山姑了。红叶便是在这个时候，轻轻地拂动着，你的目光随着，你的心情随着，你的思绪也随着，甚至在红叶们跌落的那一瞬间，你的心也猛地一坠。

红叶们是令人肃然起敬的，尤其在微冷的山间，在有些萧瑟的深秋，它们活着，活泼地活着；它们笑着，灿烂地笑着；它们既陪衬着山影的苍茫，又主宰着生命的本色，因此它们是有理由骄傲的。

站在树的脚下，以仰望的姿态，你会发现红叶是那样的鲜嫩，细细的雨珠随着轻微的山风不停地落下，文弱和温柔的感觉会马上在脸上洋溢开来，如果你忍不住想去触摸，你大概要落一身雨了，或者你还没有爬上树，红叶们便萧萧而下了，于是便很后悔。其实再美丽的东西攥在手心里，也会黯然失色，红叶的美丽就在于仰望。山峡、涧谷，或者在路旁，远远地看着，远远地静视，或者是透过车窗，在一首悠扬舒缓的音乐中，认真地望一望，你的心灵大约会平静许多。

红叶们的精神是积极的，张扬的，不做作，不掩饰，不虚伪，不欲擒故纵。这样的景物，也难寻了。只有在大山里，在没有污染没有浮躁没有物欲的纯净的自然中，她才会真实地存在。

红叶就是这样一种感觉，远观时美丽无比，近看时娇柔可爱，我甚至不知道红叶的真实的名字，不知道生长红叶的树们的真实的名字，可这些很重要吗？就像街头款款而行的女子，倘若你知道她从哪里来，到哪里去，知道她的脆弱，她的瑕疵，那么，你的目光是不是会游离？

我说，要是阳台上有这样一树红叶，那该多好。友人说，离开这里，红叶都会死掉，即使不死，那红色也是掺杂着另外的成分，像城市的女人的脸，被化学的东西淹没了。

离开时，我捡了两片刚坠落的红叶，一圈是鲜红的血的颜色，中间是深厚的黄，茎像一根细微的红烛，我想女儿看到，一定会发出惊讶的叫声。在城市，她也许永远都看不到真实的红，真实的黄。她的眼睛被捂得严严的。

(原载2002年1月17日《人民日报》大地版。此文入选京津沪实验中学语文教材、多种版本的语文教学参考书、各地中考语文试题，被多种语文学术期刊引用)

像古人一样恋爱吧

古　风

古时候，没有电话，也没有短信。当我想你的时候，就翻过两座山头，去牵你的手。

古时候，没有电视，也没有电影院。阳光明媚的日子，我们就找个安静的地方坐着，挑一本你我都喜欢的书，我念给你听。

古时候，没有网络，也没有E—mail。对你的情思，我就写在纸上，装进信封里寄到你的手中，你读时还能闻到我的墨香。

古时候，没有博客，也没有QQ。我们的爱，无须晒给谁看，你看我时的眼神，就让我坚信我们甜美的未来。

古时候，很简单的世界，很简单的人，很简单的爱。

（原载2010年9月1日《羊城晚报》，2010年第20期《读者》转载）

（五）小说

广东红（小小说）（节选）

彭巨彦

镇子是个老镇，蛰在黄河与南山之间的麓地上，高高低低的四合院，隐在一棵棵蓬松的香椿树下，看上去静谧而又古朴。

这天早上，镇中周家烟坊的大车门里，传来一阵清晰的马蹄声。

出了镇子的石板路，马车拐向了去下湾村的官道。官道是土路，马蹄清脆的嘚嘚嘚声一下子变得沉闷了起来。一旁的黄河依然不紧不慢地流着,几只野鸭子在一抹石罅浅湾里闲散地游动着，不时斜了脑袋，好奇地注视着岸上的这一行人。

周把式走在马车前面，身子一晃一闪，步子透着一股沉稳结实。出了烟坊大门，周把式就暗暗将那个拳头般大的秤砣藏在了袖筒里。每年收烟叶，周把式都格外小心。有的烟农心太狠，恨不得将烟叶子放进黄河里去泡一通。真正的好烟叶子，抓在手里攥一会，再猛然松开手，凑上耳朵去，就能听见烟叶子咯叭叭地响着，有黏性，那是烟叶子身上含膘水的缘故。打水多的烟叶子，松开手，烟叶子缩成一疙瘩，捏得劲大，水就会从指缝里流出来。叶子太湿，自然卖不了好价钱。那时候，急了眼的烟农会猛不防扑上来。周把式袖里的家伙，就是以防不测。

果然有了事情。

正午十分，一个哑巴烟农的烟叶子，显然打多了水，烟叶已有了霉变，黑塌塌的惹眼。抬秤的伙计们也看出了端倪，停了手，征询的目光投向了周把式。周把式头一偏，伙计们便呼啦啦转向了另一户烟农。就在这时，哑巴端着一柄寒光闪闪的削烟铲，两眼血红，怪叫着冲了上来。

周把式本能地一扬臂，秤砣迅疾顺到了手心里。正在这时，一个女人突然飞扑过来，趴在地上，死死抱住哑巴的双腿。女人看上去瘦小单薄，形容枯槁，一脸病态，但显然使了死力气，让哑巴动弹不得。周把式突然想起，这个女人正是哑巴的媳妇。去年，好像也在这个时节，黄河洪水冲下一个女人，哑巴跳进黄河里施救。后来得知，原来女人得了怪症，无法医治，跳河解脱，不料被哑巴救起。哑巴人哑心善，当即把三垧肥沃的土地当给了周家烟坊，筹钱给女人治病。想到这里，周把式叹口气，从怀里掏出五块大洋，塞到了女人手里。在场的人们都愣住了，哑巴的一车烟叶子连着卖三回也挣不到那些大洋。哑巴扔了烟铲，扑腾跪在地上，嘴里呜里哇啦不知喊些啥话。周把式弯腰扶起哑巴，指着哑巴的烟叶子说，赶快拉回家晾了，还能弄些烟渣子换粮食吃。

临近傍晚，烟叶子装满了三马车，周把式心里长舒一口气，这些烟叶子，厚度、色泽、大小，成色比往年好了许多，回到烟坊，老掌柜的肯定要给他偏饭吃。心里正想着，不经意间，一阵诱人的酒香，竟从黄河边的梨园里袅袅地飘过来，吸了一天烟叶子辛辣的气味，浓郁的酒味和梨树上酡红的果子透出的甜味混合在一块，风一样撩拨弥漫在四周，分外的清晰，由不得叫人顿生迷醉。身旁的伙计们已经挤眉弄眼，相互提了嗓子虚咳起来。

一伙人都有意无意地观察着周把式。赶头挂车的马夫眼尖，窥见周把式的下巴颏儿朝酒馆那边微微一偏，手中的红缨穗的鞭鞘儿早憋了劲等待，陡然甩出脆亮的叭儿声。驾辕的白头大马耳朵一支棱，跟着脖颈一扬，马车瞬间咕噜噜驶进了梨园。

大坛子白酒、喷香的猪头肉，临了还喝了一碗消食败火的谷芽茶，一行人酒足饭饱后，才心满意足地往镇子里赶。

但是，返回的路上没注意，一团黑云从南山后涌过来，顷刻间，电闪雷鸣，暴雨倾盆。满满当当三马车烟叶，当场被淋成了落汤鸡。回到烟坊后，周把式后悔不已，羞愧难当，自觉没法向老东家交代，就装病待在家中躲避。谁料，第二天一大早，老掌柜竟然像没有发生任何事情一样，提着三封点心前来探视，丝毫不提及烟叶遭水淋之事。

周把式被老东家的诚心感动，悄然返回烟坊，心疼地抓起一把昨夜被雨浇透的烟叶，使劲攥在手里，不知所措。正在这时，周把式忽然发现，自己指缝里竟然涌出一缕缕暗红色的烟汁，凑上鼻子闻闻，居然还有一股甜丝丝的味道，像是昨天傍晚梨园里飘出的那股奇异的香味。周把式不敢相信自己的嗅觉，眯眼闭气，隔一会，再闻，还是那股浓郁的香甜味道。周把式顿然明白过来，赶紧来到镇中大十字，买了两大筐脸腮酡红的果梨，倒进了烟叶里。昨夜下雨的时候，马车正走在官道上。官道两旁全是齐腰粗的高大梨树，枝头上，黄身子红脸蛋的果梨正等着人们去采摘。雨水带着熟透的梨味，浸进烟叶里，烟叶才有了那股扑鼻的香味。周把式顿时为自己的这一发现惊喜不已，赶紧打发伙计去下湾村，叫那个提了烟铲拼命的哑巴把烟叶送到烟坊里。周把式配料时，有意加大黄芪、香草等剂量，烧熟胡麻油，拌在一起，连着焖了三天三夜。压捆推丝时，烟推刨里跃出了黄灿灿的烟丝，细细长长，散发着一股奇异的香味。

老镇运送水烟，靠的是羊皮筏子。周把式怕这些精心炮制的水烟被河水打湿，装船前，特意将粗麻纸在新鲜的猪血里浸泡腌制一遍，把一块块水烟包裹得严严实实。即便这样，烟丝的香味还是透了出来，老远就能闻见。果然，这批烟丝到了广东后，一下变成了抢手货，色泽鲜亮、烟气和顺。更叫人始料未及的是，这一批曾被雨水淋过的兰州水烟，进入潮湿的广东后，原本金黄的烟丝竟然奇异地变成了鲜艳润泽的红色，味道更加的馥郁芬芳，广东的烟客们不约而同地起名叫“广东红”。

古镇的周家烟坊里，“广东红”水烟由此而生，招摇过市，盛极一时。

翌年，生意如日中天的周家烟坊里，又多了两个人。一个是哑巴，驾了驴车从黄河沿到烟坊里不停地往来驮水，到了收烟叶的时候，便跟了周把式去抬烟。另一个是哑巴的病女人，在烟坊的后院里当锅婆娘，劈柴烧火，擀饭熬粥，个把月的时间，竟然面色红润，体态丰腴，嘴角上时不时挂着一抹甜蜜的笑意。

……

（六）小戏

大学生村官的婚事（现代小戏曲）（节选）

裴绍宏

时 间：当代，初春

地 点：西北，高家湾村

人 物：高 山——26岁，村主任，大学生村官

陈 娟——25岁，高山的大学女友

老支书——50来岁，村支书

陈 母——50来岁，陈娟的母亲

【幕启，背景是“高家湾村新农村建设5年规划”效果图。图中有蓝天白云、青山绿水、农家小洋楼、希望小学、健身广场等，水泥道路通向山外。台上摆放电脑桌、沙发、茶几、饮水机等。

【高山夹着一卷图纸资料，兴冲冲上。

高 山：（唱）高家湾自古穷山岗，

祖祖辈辈叮当响，

山里孩子性格刚强，

立志要走出这穷山岗。
两年前大学毕业回到家乡，
老支书推荐我当选村主任，
女友陈娟是死活不让，
怨我把当初诺言抛耳旁。
两年来起早贪黑实在忙，
无暇到城里把她探望，
不知她心里究竟咋想，
把我还放不放在心上？

高　山：（自言自语地）唉！不想这些了，还是忙正事吧。（转身来到电脑前，坐下来，翻开图纸，操作电脑）

【老支书兴奋地急上。

老支书：高山，告诉你一个好消息，刚才乡政府来电话了，说市上组织了一个村干部培训班，我看你去最合适，明天就要报到，你抓紧准备准备吧！

高　山：（回转起身）大叔，我这还有一大摊子事，我怕是抽不出身！我看还是您去好，这一阵子把您老人家也忙得够呛，您乘这个机会也到城里享几天清福吧！

老支书：（责怪地）哎——看你这年轻人说的，我都快奔六十的人了，黄瓜打驴呢——半截子趱掉了。这次机会难得，咱们全县一共才十个名额，给咱村分配了一个。我看就你去，一来长长见识，二来可以抽时间陪陪陈娟。等这一阵子忙过，赶“五一”前我给你们张罗着把喜事办了！

高　山：（摇头叹气）唉——谁知道这事还成不成呢？

老支书：（一愣）咋了？你俩不是相好都几年了？

高　山：（叹气）唉——一言难尽啊！
（唱）陈娟是个孝顺好姑娘，
本约定在城里比翼齐双，
我却在家乡把村官来当，
违背诺言早把她心儿伤。

老支书：（皱眉、点头）噢——怪不得这些日子我看你心事重重的，原来是这样——
（唱）只怪我当初劝你留在家乡，
耽误你前程还把婚事搅黄。

高　山：（唱）听老支书言我实在难当，

当村官建家乡是我愿望。

老支书：（唱）假如我当初不把你拦挡，

你早该进洞房当上新郎。

高　山：（唱）老支书莫将此话再讲，

牛郎织女无缘亦难成双。

老支书：（唱）假如你和陈娟不能成双，

我就是那罪人王母娘娘。

高　山：（唱）只要咱村改变了模样，

不愁没有爱山的姑娘。

……

（此剧本在第三届“和谐兰州杯”庆祝中华人民共和国成立六十周年小戏小品剧本征稿大赛中获优秀奖）

（七）童话寓言

戴金戒指的小猴子

金吉泰

白发老奶奶病危了，她颤颤索索取出一枚黄亮的金戒指，当着亲属的面，招手叫过来伺候她多天的猴子，拉过它长满毛的小手，在左手无名指上缠些布条，再把金戒指给它戴上去。接着老奶奶就过世了。

先是这位老奶奶的腿生了病，她的几个儿子、女儿、儿媳妇都离开了她。大家都说妈妈是大家的，大家均摊养活、治病才合理，你们不管，我当然也不管!

村上的几个青年男女看不过，便跑来帮忙，生火、做饭、煎药、扫屋子……日子一长他们也烦了，几个人便到山林里去请猴子帮忙。

猴子可闲着没事，听这几个青年说要给一个老太婆请服务员，猴子他就一口答应下来。猴子高高兴兴跟着青年们来到老太太的屋里。

猴子把一个橘子连皮放到老奶奶的嘴上。不行不行，青年们教猴子怎么洗手，橘子要剥皮、西瓜要切开、马铃薯要煮熟。同时教他使用打火机、生火、用抹布垫着锅耳提锅的方法。猴子很怕火，又怕锅烫手，又不会拿筷子，但他很灵性，不几天，便统统学会了。从此，这只猴子就帮老奶奶生火、煮饭、煎药、用筷子喂饭、用勺子灌药、洗脸、搔痒，闲下来就蹲坐在老奶奶的枕头边，给她讲森林里的一些有趣的事，讲着讲着，老奶奶摸着它长黄毛的圆头，眼睛里流出两串清水来，这是为什么，猴子不明白。

老奶奶这一天终于离开人世了。临终前就给猴子赠了这枚金戒指。猴子很伤心，见人们和老奶奶的子女把她装进木匣子，抬到山上埋在土里。猴子一惊：这样埋住，不是就永远见不到她老人家了吗?便伏下身子去刨土，它要把老奶奶挖出来。挖着，它嫌左手指上的金戒指累赘，便用右手捋下来扔远。

人们拉住猴子，说坟墓是不能刨的，如想念她老人家，只能在坟头上看一看。

老奶奶的几个子女却为猴子抛弃了的那枚金戒指打起架来，最后还告到法庭上。

法庭先传猴子。猴子被传到法庭。庭长问他真的放弃了老奶奶赠给他的金戒指了吗?猴子伸出小小的左手说：“我的手指这么细小，戴那累赘干啥?不要了，不要了!”

法庭便依照国家《遗产法》的条文，把这枚金戒指分割给老奶奶的众子女。猴子走出法庭，仍到山上老奶奶的坟头，蹲坐在那块巨石上，定定地朝新坟墓望着。

手机真烦

金雷泉

张处长退休了，便没有什么重要事情可干了，一个人静静地呆坐到中午，才打开了手机。

墨绿色的小手机平常可把张处长整苦了。每天手机激昂的和弦音乐响个不停，大事小事找个没完。有些干脆没事，只是问个好、套个近乎。吃饭、睡觉、开会、娱乐……都没个安静时间，真烦人。可又不能关掉，有些事只有自己指示了才能办，有时自己的顶头上司还要安排和指示。

现在，手机开了，反正也没事，就让它像往常那样响个不停吧。眼下有的是充裕时间。

怪怪怪，一个多小时过去了，怎么还不响?张处长拿起手机瞧了瞧，没有未接电话，又不放心地查查未接电话，确确实实没有。

本想安安静静地看看书，休息休息，可手机不响内心里又有点不舒服。平常怕手机响，现在又特别想让它响。张处长眯着眼睛坐在沙发上，回忆着平常交往的人：办公室主任大陆、办事员小刘，还有张经理、王胖老板，以及干女儿……平常总爱给他打电话，有时一天就打好几个电话。声音甜得要淌蜜，话语多得如拉丝。今天怎么了?

突然，熟悉的和弦音乐响了，他疾步走过去，稳了稳，拿起手机拉长了声音，“喂，找谁呀?”电话里传来清纯甜美的小姑娘声音，处长精神一振。“什么?快交话费!”处长的脸变白了，原来是电信局催交话费的客服人员打来的。

张处长气恨恨地关掉手机，扔在了茶几上，心想：这手机真让人心烦。

（获第六届金江寓言文学奖）

（八）影视剧本

陇上英烈张一悟（节选）

杨毓荣　高国宴　张永胜

1. 兰州街头　夜　外

一双皮靴走在路上。

张一悟警觉地注意到身后跟来的脚步声，他突然返身向来时的路走去，与跟踪的宣侠父擦肩而过。

宣侠父迟疑着是否继续跟上。

张一悟急匆匆地拐进一个小胡同。

2. 兰州街道一拐角　夜　外

宣侠父一身戎装走到一卖热冬果梨的摊前。

正在吃热冬果梨的钱崝泉见到宣侠父后，向他使了一个眼色。

小贩：“长官，来一碗热冬果梨吧?”宣侠父摇摇头，径直朝前走去。

钱崝泉付完钱后尾随宣侠父离去。

3. 张一悟家　夜　内

张一悟在屋子里来回踱步。

张一悟的妻子傅永芳怯怯地看了一眼张一悟，欲言又止。她一边干着家务，一边不时地看看自己的丈夫。

傅永芳仿佛自言自语地：“其实爸说的话，仔细想想，也是对的。”

张一悟看了看妻子叹了口气，没有说话。

傅永芳：“其实可以和爸好好说一说，解释一下。”

张一悟摇了摇头：“早点休息吧。”

4. 小仓子8号　夜　外

宣侠父与钱崝泉先后来到张一悟家门外，二人看了一下门牌。

门牌上写着：小仓子8号。

二人警觉地环视着周围。

5. 张一悟家　夜　内

“嘭嘭，嘭嘭嘭。”

敲门声打断了正在写东西的张一悟，他急忙将桌上的纸藏了起来，拉开床上的被子，将外衣脱下来，披在身上。

傅永芳似懂非懂地看着丈夫。

“嘭嘭，嘭嘭嘭。”外面的敲门声又响起，张一悟将灯芯捻小后向门外走去。

6. 张一悟家院子　夜　外

张一悟迟疑了一下，打开了院门。宣侠父与钱峭泉先后走了进来。

当各自相互打量对方的时候，钱峭泉警觉地将院门关上，宣侠父已径直向屋里走去。

张一悟：“你们……”

钱峭泉反客为主，示意进屋子里说话。于是二人随宣侠父向屋子里走去。

7. 张一悟家　夜　内

三人先后进屋，宣侠父与钱峭泉环视房内。

宣侠父：“下午听了张先生的演讲，特来拜访。”

张一悟观察着二人，没有说话，走到傅永芳面前给妻子使了一个眼色。傅永芳转身走出了房间。

张一悟给来人倒了两杯茶。

钱峭泉推开茶杯：“能借口凉水喝吗?”

张一悟看了看二人，佯装糊涂：“这里有茶水。”

宣侠父与钱峭泉对视了一下，二人互相打量着对方。

张一悟走出了房间。

宣侠父与钱峭泉望着出去的张一悟对视了一下，二人仔细地观察着房子。

张一悟手里拿着两个碗返回房间，他倒了两碗水放到桌子上。

张一悟：“请二位喝水。”

钱峭泉端起桌上一碗水倒在地上。

张一悟不露声色：“老总，一碗水来之不易啊!”

钱峭泉：“父望子成龙。”

张一悟：“龙跃入清泉。”

宣侠父上前一步：“张先生，请问府上还有何人?”

张一悟伸开二指摇了摇：“胡虏未灭，何以为家。”

宣侠父：“革命……”

张一悟应道："尚未成功，同志仍需努力!"

二人激动地握手。

钱峭泉："一悟同志，我叫钱峭泉，这位是宣侠父同志。"

宣侠父："张先生是否毕业于武昌高师?"

张一悟："是，也曾在北京大学预科班读书。"

宣侠父："你可认识守常先生?"

张一悟知道对方为了谨慎，他笑着点了点头："守常是李大钊先生的字。"

宣侠父："总算找到你了，我们随国民军来兰州前就已接到北方区委的通知，大钊同志要我与你接头，商议建立甘肃党组织之事，我们一直在找你。"说着从枪套里拿出一封信交给张一悟，"这是李大钊先生写给你的信。"

张一悟急忙打开信仔细地阅读着。

张一悟："如今各地共产党组织相继建立，工作迅速开展了起来，在甘肃，也有一大批有志之士，他们急切希望有组织依托。据此形势，我认为在甘肃建党的客观条件已经成熟。"

宣侠父："我同意你的观点。"

张一悟与宣、钱二人对视了一下，将信往煤油灯上点燃……

音乐声中一组镜头：

礼堂内张一悟振臂演讲，学生群情激奋。

校园内，张一悟在学生中走动，指点，女学生有的在相互剪辫子，有的在读书。

教室内，黑板上写着"阶级矛盾""阶级关系""劳资关系"等，张一悟正在讲课，学生们神情专注。

……

10. 张一悟家　夜　内

钱峭泉拿出一张纸念道："现在我宣布：中国共产党甘肃特别支部正式成立，张一悟同志为支部书记，宣侠父、钱峭泉为支部委员。"

宣侠父、张一悟肃立，听完后，二人将手掌拍到一起。

张一悟："当年在学校时李大钊先生曾对我说，青年人要敢于背叛旧世界，创造新的生活，创造新的世界! 作为有文化的青年一代，应当勇敢地站出来，团结广大劳工，走俄国十月革命的道路，推翻帝国主义的压迫，推翻陈旧腐朽的社会制度，为在中国实现英特纳雄耐尔而奋斗。"

钱峭泉："李先生说得很对！眼下全国革命情绪高涨，推翻旧制度，推翻帝国主义在中国的压迫，创造新世界，我们青年人应首当其冲!”

张一悟：“目前，国共合作，共同开展国民革命的形势很有利。但是，我们特支刚刚成立，党员只有几个人，我们的队伍很弱小。因此，积极发展党员，壮大党的组织，有计划地动员国民党左派和进步官兵，团结各界人士，应当是特支的首要任务。”

钱皜泉：“从眼前周围的人来看，道升巷69号‘兰州中外大药房’的老板娘秦仪贞，性格刚毅，为人热情，拥护社会变革，思想觉悟比较高，我看可以首先作为组织发展的对象之一，今后联络工作，她那儿也是一个便利之所。”

张一悟和宣侠父点了点头。

钱皜泉：“对了！”钱皜泉起身说，“我看还有省立一中生物教师王陶、女师教员谈仲瑜、韩玉贞，思想也比较成熟，也可以考虑重点培养。今后，特支应把培养积极分子和壮大组织作为重点工作来抓，只有这样，才能适应革命斗争的迫切需要。”

张一悟、宣侠父表示赞成。

绿绿的树（节选）

白宗忠

001　去官树乡的沙土公路旁边的田地里　　1998年秋日

两个用旧线衣胡乱蒙着脸的男子隐藏在田地里的土坎后面，不时翘首张望。

男子甲焦急地：“怎么还不来？”

男子乙：“急什么呀，肯定要来。再等一会儿！”边看一眼路口。

二人准备抽烟，突然响起汽车声（画外音）

“来了！”男子甲兴奋得跳起来。

男子乙忙拉男子甲蛰藏起来。二人的四只眼睛紧紧盯着路口处。

002　柏油路与沙土路交界的路口处　同时

一辆公共车停在路口处。

高山花下车，拐向沙土路，向官树村走来。

003　沙土公路旁边的田地土坎后/沙土公路上　稍后

隐藏在土坎后的两个男子窥视着高山花越走越接近他们，突然跳起来，堵在高山花面前。

男子甲耍无赖，喝问：“树婆娘，去哪里？”

高山花先是吓得后退几步，接着稳定下来，严厉地：“去哪里，用不着你们管!”边往前冲。

二人忙拦住高山花。

男子甲：“是不是又去县上告状?”

高山花怒目而视：“……”

男子甲：“怎么不说话?”

男子乙：“哑了吗?”

高山花又往前冲，二人又拦住她。在撕扯中，高山花被摔倒在路上。男子甲趁机从高山花衣兜里掏出几页白纸。高山花急忙夺纸，男子甲急忙闪开，边打开白纸看，见上面写着（特写）：

上访信

亲爱的市、县领导……

男子甲：“我们就知道你又去县上告状。你这个树婆娘，告状专业户……”

高山花猛扑过去夺上访信。二人又将她摔倒在地。

男子甲撕碎信，扔在路上：“再告不告?”

高山花怒不可遏地：“告！告！只要官司不赢，一直告!”

二人又踢打高山花。高山花越发凶狠地还击……

……

056　村委会院里　日

一群村民站在院子里吵吵嚷嚷地要求承包荒山，种树育苗。

刘锁子站在门前一声不吱。

哼主任：“哼哼哼，老支书，我家也想承包?”

哈文书：“哈哈哈，老支书，我家也想承包?”

刘锁子：“大家不要吵，既然大家都要承包荒山植树造林，这符合党中央开发西部战略决策，我坚决支持!”

众人拍起手来。

忽然，刘三娃站出来：“大家静一静，法律白条的事怎么办?”

众人都看着刘锁子。

刘锁子不吱声。

哼主任：“哼哼哼，刘书记，法院的判决，还是执行吧?”

哈文书：“哈哈哈，我也认为应该执行！这符合党的政策!”

高山花：“有大家的态度，有老支书的态度我就心满意足了。这钱应该投入到生态建设中去！种树离不开水，水资源的开发一家一户又完不成，拿这钱打机井!”

大家热烈地拍起手来。

这时，姚生明拿着文件跑进来喊：“好消息!”边穿过人伙大声说，“县上刚来的文件，同意把官树乡确定为县上的树苗基地!”

都高兴起来。

麻头发农民：“这下可有大钱挣了!”

女拖拉机手：“我再种两亩柏树苗!”

刘发财：“我准备种三亩槐树!”

姚生明：“这是上级对官树乡的大力支持。我们还要争取成为市上的、省上的树苗基地，为西部大开发做贡献。那时候，你们家家都像高山花，都成了树婆娘、树男人……”

都笑起来。

姚生明指着文件：“还有，县上批准高山花为全县的植树造林和保护生态环境的劳动模范!”

众人拍起手来……

高山花笑了……

（九）民间文学

榆中兴隆山的香麝

谷米般大小的一丁点儿东西，毫不起眼，放在屋子的墙角里，却立马能消散脏气，甚至，苍蝇蚊子都不敢飞进来。这种东西，就叫麝香。

自然界里的野生香麝，一般很难见到。兰州一带，只有兴隆山才有。兴隆山的密林中，一只极为灵巧敏捷的影子一闪，旋即便不见了踪影，速度之快，就在眼帘瞬间的闭合间。熟悉兴隆山的人都知道，那个影子，就是香麝。

兴隆山的香麝，其实就是指林麝，当地老百姓称香子。香子是麝属中体型最小的一种。麝香出自雄麝。雄麝上犬齿发达，向后下方弯曲，伸出唇外；腹部有麝香囊；四肢细长，后肢长于前肢；体毛粗硬，呈橄榄褐色，并杂以橘红色；下颌、喉部、颈下以至前胸间为界限分明的白色或橘黄色，臀部毛色近黑色。

兴隆山的香麝，还有一段动人的传说。

据说，兴隆山的香麝，来自甘肃西部的祁连山。有一年，祁连山野山火突起燃烧，林中飞禽走兽四下逃散。一只怀孕的雌性香麝，沿着逶迤的祁连山脉，昼伏夜行，一直向东，来到了榆中境内的马衔山。

香麝翻山越岭，长途奔波，又困又乏，疲惫难耐，刚到马衔山的金龙池旁边，就一头栽倒，昏死过去。金龙池，在马衔山西坡，周广数里，灌木丛生，泥泞不能近，盛夏结冰。不一会，风起雪落，逐渐埋了香麝。恰巧，当地的龛谷老人路过金龙池，将昏迷的香麝带到了龛谷峡里。龛谷老人是整个马衔山一带最有名气的道医。自幼修行，熟读道经；尝遍百草，悬壶济世。远近的人们，都叫他龛谷老儿。

龛谷峡在马衔山的东南方向，与兴隆山为同一山系。峡内有从悬崖峭壁上飞泻而出的天生井，有自然形成的石马勺，有凭空而出的黑鹰窝，有温暖舒适的黄猴洞。龛谷老儿将香麝安置到黄猴洞内，采来黑鹰窝旁边的草药，取了天生井的泉水，放在石马勺里煮好，喂给香麝。不一会儿，香麝就睁开眼睛，眨巴几下，猛然打个激灵站了起来，朝着龛谷老儿点一下头，跑出黄猴洞，转眼消失在兴隆山的莽莽密林之中。

兴隆山是马衔山的组成部分。马衔山为黄土高原的最高峰，山体呈西北东南延伸。在马衔山最高峰的两翼，有两座山岭猛然南下，一条叫分水岭，连接着兴隆山西山山峦；另一条叫大山头，延伸至兴隆山东山山峦。两条分水岭，如同马衔山前伸的两条臂膀，也造就了兴隆东西两山的最高峰，西山为羊寨北的后山峰；东山即是丁家豁岘北的九子峰。远远看去，兴隆山遥遥相对的两座山峰，犹似马衔山北下前伸竖直的两根手指，直插蓝天碧空。香麝选择了兴隆山西山栖云山上一处阳坡的灌木丛中，衔来枯枝衰草，筑巢垒窝，产下了一雌一雄两只羔麝。离香麝窝不远，有个不大的石洞，叫自在窝。住在自在窝里的人，正是龛谷老儿的真传弟子、自号悟元子的刘一明道士。刘一明按照龛谷老儿的嘱咐，悉心照料。香麝一家三口喝的水，都是刘一明徒步从龛谷峡背过来的。

刘一明原本是山西人，远在清代乾隆时期。刘一明十五岁时，得了一场重病，四处求医，越治越重，万念俱灰，离家出走。不料在兴隆山恰遇龛谷老儿。龛谷老儿一眼看出病因，巧用兴隆山上的草药，沉疴尽除。刘一明遂拜龛谷老儿为师，驻留兴隆山，一年四季求经问道、修建道观、采药治病。香麝窝和自在窝离得很近。香麝白天蜗居，照看着两只幼麝，直到傍晚才走出麝窝，去寻觅草食。刘一明白天采药，夜来回洞，暗自照管着一双幼麝，提防幼麝被其他迅猛禽兽伤害。香麝有东山吃草、西山屙粪的习惯。常去吃草的地方，在东山的百草坪。刘一明采药的地方，也在百草坪上。有天傍晚，夕阳将天空染得一片橘红。刘一明在离百草坪不远的九子峰的一处石罅上，发现了一株野党参。搭眼望去，山风中，暗紫色的茎干带着一身绒绒的糙毛，开着乳白色的五边角花，枝蔓顺着石壁攀缘而上，随风摆动，甚至能看清楚花朵中间的菊花心。刘一明大喜过望，顾不得危险，三下两下，盘上石罅，取下腰间别着的药铲，急不可耐地去挖那株罕见的野党参。不料想，刘一明用力过猛，脚下使劲，将一块石头踩落下去，忽听石罅下一声惨叫。刘一明循声望去，只见有个影子倏地一闪，旋即不见了踪影。

刘一明采了野党参，回到石罅下，发现了一摊鲜红的血迹。吃惊之余，借着夕阳余晖，循着点点滴滴的血迹，刘一明发现，血迹一直到了西山的自在窝旁。刘一明猛然间意识到了什么，情知不好，三步并作两步，赶紧来到香麝窝旁，果然，香麝的一条腿露出白森森的骨头。不知道是疼痛还是伤心的缘故，香麝的眼睛里，有两行泪水正在悄然流出。香麝身旁，一双幼麝紧紧依偎着，也眼泪巴巴、不知所措地望着香麝。

刘一明大惊失色，连忙跑上前去，脱下衣服，撕扯成布条，又掉头飞快从自在窝取来止血止疼的草药，敷在香麝的伤口处。这些草药，是刘一明采来兴隆山当地的三七、侧柏叶、一枝蒿、紫衣地丁混合配制的，疗效屡试不爽。果然，没出三天，香麝的伤口明显好转。从此，刘一明每天抹黑往返东山和西山之间，专门为香麝去采柴胡的叶、羌活的根、大黄的茎、山梅的花。鲜嫩的山野青草，一把一把喂到香麝嘴里。香麝的奶水没有受到影响。机灵的幼麝，也在母麝充足的哺乳中，显出了活蹦乱跳的天性。

从此以后，刘一明从香麝身上发现了一个神奇的现象，只要循着香麝的踪迹，刘一明总能采到一些罕见的草药。香麝尾巴短，裸露无毛，能分泌乳白色液体，麝将分泌物擦于树干、树桩等处，作为标识。有时候，自在窝洞口，还会莫名其妙地出现一把把生长在密林深处、平常难以采挖的草药。

因了毚谷老儿和香麝的暗中帮助，刘一明弄清了整个兴隆山上数不清楚的野生药种。同时，兴隆山的香麝，早已经繁衍出许多幼麝，成群结伙地出没于马衔山和兴隆山一带。有一次，刘一明爬到兴隆山一处叫舍身崖的地方采药，不料脚下踩空，从山崖上摔落下来，顿时昏迷过去。正在这时，一只雄麝从半山飞跃过来，围着昏迷不醒的刘一明转了两圈，之后朝着西山方向嘶鸣一声，突然身子一缩，低了头，拼足气力，箭样地撞向了石崖。

不知道过了多久，刘一明渐渐苏醒过来。石崖下微风阵阵，飘来缕缕奇香，沁人心脾。刘一明贪婪地吸着这奇特的香气，身上的伤痛正被逐渐趋散。顺着香气寻觅，刘一明忽然发现，一只成年的雄麝，正熟睡在他的身边。雄麝的额头上，一缕暗红的血迹早已凝固。而雄麝的肚腹下，有香气正是从那里发出，袅袅飘散。刘一明这才回过神来，知道是雄麝舍身救他。雄麝只有死后，才能从香囊里涌流出一种分泌物，叫作“麝香”。

麝香主治中风痰厥、神志昏迷、心腹暴痛、恶疮肿毒、跌打损伤等症。

兴隆山的香麝昼伏夜行，以草为食。性情比小绵羊还要柔弱。一般情况下，香麝常常站在山坡上，听着，望着。一有风吹草动，迅即飞跑，一眨眼，就无影无踪了。香麝的肚脐特别大。一见太阳就张开，从中散发出一种异常的香味。招惹得虫儿、蛾儿、蚊儿、蝇儿，纷纷飞来，趴在肚脐上，吮吸香气。这时，香麝陡地把肚脐一合，就把那许许多多的虫蛾蚊蝇包了进去。久而久之，这肚脐就成了一个大包。

刘一明被香麝舍身施救后，更加苦研草药，四处访道，设坛传教，著书立说，最后成为全真道龙门派第十一代宗师。而马衔山附近的人们，则一直把山林里的香麝视为“神鹿”。

（彭巨彦根据民间传说整理）

（十）楹联

文化中心联

衔山耸峻黄河绕流丝绸古道说新事
盛境飘祥四野扶翠锦绣诗篇润情怀

南河桥牌坊联

雪岭雄黄河险群峦列戟榆关龙虎象
蒙恬勇大汉骄彭总运筹铁马威武师

纵目衔山长云难遮千年雪
濯缨碧水清气总送百啭莺

敷仁万物和为贵

喻义八方教在先

成吉思汗文物陈列馆联

铁骑任纵横一代武功成大统
威名震欧亚千秋盛业说元朝
（邓宝珊撰）

兴隆山关帝阁联

客至空林连芳草
门通幽静归白云

翠柏赤松月明瑶岛三千界
琳宫贝阙花落玉楼十二重

千秋浩气忠义祭天地
万古文光春秋赞神贤

三官阁门联

天官地官水官只在心官不昧；
降福赐福获福还须积福为先。

第三节　美术　摄影

一、书法

1991—2010年，榆中县书法界较著名者有桑作楷、王巨洲、冯岩、王得诚、陈学士、张有为、杨晓刚、赵资进、陈建国、杨树湖、沈文清、任生玉、柯彬、邴如宏、张伟德、罗自忠、梁文芳（梁山谷）等，作品在省内外参展并获奖。其中桑作楷书法诸体兼擅，尤精草书，作品曾参加全国第三、四届书法篆刻展和日本“中国现代书画家作品展”。应江苏美术出版社之邀，编辑出版《萧娴书法选集》。出版有《桑作楷书法集》。张有为的作品先后参加中国书法家协会“小榄杯”全国县镇书法大赛、中国书坛第五届新人新作展、“走进青海”全国书法大赛、首届西部书法作品展，入编《甘肃书法集》。2008年楷书书写《论语》全文，刻石镶嵌于兰州文庙。陈学士在省内外报刊上发表书法作品70多幅，有作品被韶山毛泽东研究馆、美国国会图书馆亚洲部收藏。大草毛泽东词《沁园春·雪》被中国历史博物馆收藏。两幅书法作品入展中国书法家协会举办的纪念毛泽东110周年诞辰展览。杨树湖的钢笔书法作品入选《第五届中国硬笔书法大展》；毛笔书法作品入选第四届中国艺术节美术、书法、摄影作品联展，《西部魂》美术、书法、陶艺作品联展。数幅作品刊登于《甘肃日报》《兰州日报》等报刊。邴如宏的书法作品多次入选国家、省级书法展并获奖，载入《世纪之辰情系奥运中华书画艺术俄国行作品集》《千家书法大观》《第二届中国榜书大展作品集》《中国书法选集》等。部分作品被雷锋纪念馆、毛泽东诗词书法学会、彭德怀纪念馆收藏。被中国文联授予“海峡两岸德艺双馨艺术家”称号。

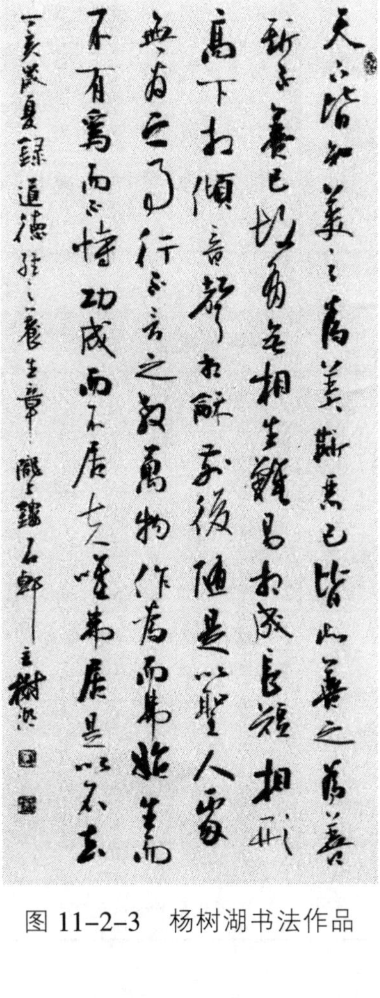

图 11-2-3　杨树湖书法作品

二、绘画

1991—2010年，榆中县的吴定川、白剑泽、梁玉龙、邴光全、李常洲、毛富贵、魏存国、白毅志、关玉林、李贵平、孙兆文等人的绘画作品参加省市或全国性的展览，并获奖。其中吴定川的作品多次

1991—2010年榆中籍人士著作录

表11-2-1

序号	书名	出版社	编(著)者	出版时间
1	围城内外	解放军文艺出版社	陆文虎	1991 年
	钱锺书的文学世界	解放军文艺出版社		1992 年
	钱锺书研究采辑	生活 读书 新知三联书店		1992 年
2	敦煌学述论	甘肃教育出版社	刘进宝	1991 年
	敦煌文书与唐史研究	台湾新文丰出版社		2000 年
	敦煌学通论	甘肃教育出版社		2002 年
	唐宋之际归义军经济史研究	中国社会科学出版社		2007 年
	丝绸之路敦煌研究	新疆人民出版社		2010 年
	转型期的敦煌学	上海古籍出版社		2007 年
	百年敦煌学：历史、现状、趋势	甘肃人民出版社		2009 年
3	丝路情	敦煌文艺出版社	汉尚烈	1993 年
	花雨洒金城	广西民族出版社		1996 年
4	兴隆山	甘肃人民出版社	张文玲	1993 年
	道学家刘一明			1997 年
5	中小学生实用字形字典	甘肃少儿出版社	周明乾	1993 年
6	风雨征程五十年	甘肃人民出版社	司国权	1994 年
7	《候鸟保护神——窦振威科普文集》	甘肃民族出版社	窦振威	1994 年
8	洋芋花	陕西人民教育出版社	张永胜	1994 年
	爱情舞步	敦煌文艺出版社		1995 年
	情感影碟	兰州大学出版社		1997 年
	张永胜抒情诗选	敦煌文艺出版社		1999 年

续表

序号	书名	出版社	编(著)者	出版时间
9	杨炯云诗集	兰州大学出版社	杨炯云	1997 年
10	从医心悟	香港天马图书有限公司	华占海	1998 年
11	戴金戒指的小猴子	甘肃少儿出版社	金吉泰	1994 年
	甘肃文坛百人轶闻趣事录			1999 年
	田园童话			2007 年
	金吉泰儿童文学精品集(小说卷)			2009 年
	金吉泰儿童文学精品集(童话卷)			2009 年
12	飞龙针法	中医古籍出版社	李长俊	1994 年
13	中俄关系史略	甘肃文化出版社	王希隆	1995 年
	新疆文献四种辑注考述	甘肃文化出版社		1995 年
	各民族共创中华 东北内蒙卷　上册	甘肃文化出版社		1999 年
	积石山的沧桑——保安族马正云先生家庭实录	云南大学出版社		2002 年
	蒙古、安多和死城哈喇浩特简略本译本	兰州大学出版社		2002 年
	西北少数民族史研究	民族出版社		2003 年
	哈萨克跨国民族社会文化比较研究	民族出版社		2006 年
	还读我书楼文存	读书生活新知三联书店		2010 年
14	走向未来	甘肃文化出版社	许曙明	1999 年
	走向草原	甘肃人民美术出版社		2005 年
15	天降大任	甘肃文化出版社	沈振新	2001 年

续表

序号	书名	出版社	编(著)者	出版时间
16	王执绪诗词选	甘肃教育出版社	王执绪	2001年
17	吴定川花鸟画集	甘肃人民美术出版社	吴定川	2002年
	中国画名家——吴定川系列花鸟画集	文化艺术出版社		2009年
	中国画名家——吴定川花鸟小品集	文化艺术出版社		2010年
18	凝聚心香	中国文联出版社	金福祥	2005年
19	春风来敲门	作家出版社	孙清祖	2004年
20	西部寓言故事画卷	甘肃美术出版社	金雷泉	2004年
	闪电寓言			2008年
	千里送鞋			2009年
21	城市行者	兰州大学出版社	许　锋	1998年
	信马由缰	兰州大学出版社		2003年
	新闻记者	敦煌文艺出版社		2004年
	心灵北疆	甘肃人民美术出版社		2005年
	感情浅 舔一舔	大众文艺出版社		2007年
22	把我喜欢的女孩逗哭	知识出版社	张立新（北　方）	2004年
	天堂里也有车来人往	京华出版社		2003年
23	王得诚诗联书法选	黄河艺术出版社	王得诚	2009年
24	珍爱自然——赵成军摄影作品集Ⅰ、Ⅱ	香港文化出版社	赵成军	2010年
25	冯岩草书千字文	甘肃人民美术出版社	冯　岩	2010年
26	香河水	中国戏剧出版社	高国宴	2010年
27	李国潘书法集	文化艺术出版社	李国潘	2010年

参加国内外展览并获奖，作品被人民大会堂等多家收藏机构收藏。作品入选《当代中国美术家作品集》等多种大型画集，入编《当代中国美术家》《美术家传》等。出版有《吴定川花鸟画选》《吴定川花鸟画集》《吴定川花鸟扇面画集》《吴定川写意花鸟画集》《丹青吟·吴定川题画诗选集》《生命缘·吴定川题十二生肖诗选集》等专集。梁玉龙的作品多次在国内外大展中展出、获奖，并在美、法、韩、澳大利亚、日本、新加坡等国与香港、台湾地区参展或收藏。邴光全、李常洲等人的作品散见于《中国书画报》《飞天》《党的建设》《甘肃美术家》等报刊。

三、摄影

1991—2010年，周赋实、窦泽忠、许鹏刚、赵成军、张永平、陈旭东、马子平、梁迎春等榆中县人的摄影作品在省内外参展，其中窦泽忠、许鹏刚、赵成军是中国摄影家协会会员。周赋实在部队期间从事军事电影和纪录片的拍摄工作。转业回地方后，创作的大量摄影作品被省、市报刊发表和展览展出，其摄影作品成为榆中县首次参加省级摄影展的作品。窦泽忠的作品《古道今游》入选“第十八届全国摄影艺术展览”，被评为中国优秀摄影作品。参与主办的《“民百杯”全国摄影万幅作品入选展》创吉尼斯世界纪录。被中国新闻摄影学会评选为“中国百佳新闻摄影记者”。《红二方面军指挥部》入选由中国文联和中国摄影家协会举办的“纪念红军长征胜利70周年”全国摄影作品展览。赵成军结集出版个人摄影作品集《珍爱自然》2辑。从事摄影的还有陶平、刘发真、魏存德、马经川、王在军、魏孔铭、周厚春、汉生华、赵成福、蒋婷霞、李明、杨发胜、周雷等人，作品在省、市展出中入展。

第四节　地方文化

一、群众文化

1991—1995年，县内群众文化主要有节庆日军民联欢活动。1992年，开展健身操、交谊舞及“丝路节歌”演唱等活动，迎接首届中国丝绸之路节。1993年，举行毛泽东同志光辉业绩展、毛泽东诗词书画展、诗歌朗诵会、文艺演唱会和电影展映等活动，纪念毛泽东同志100周年诞辰。1994年起，元宵节选调社火队进县城表演，当年榆中龙灯队参加“第四届中国艺术节”演出。1996年开始，开展文化、科技、卫生“三下乡”活动。1997年，喜迎香港回归和党的十五大召开，县内节庆日无空白，月月有活动，组织参加甘肃省首届群星艺术节和兰州市业余歌手大奖赛，戴有俊的独唱《再见了大别山》《我爱五指山》获奖。同年起，在春节期间除社火调演，还组织武术表演、象棋比赛和灯谜竞猜等活动。1999年，举办庆祝中华人民共和国成立50周年暨喜迎澳门回归文艺晚会，组建榆中县“夕阳红”中老年秧歌队。2000年，中国艺术家协会采风团来榆中慰问演出，刘兰芳、侯耀文、张保和等著名演员参加演出。2003年春节期间举办县城灯展和焰火活动。同年，组织“奋进的榆中”大型文艺采风演出活动。2004年，举办“兴隆山六月六”山会，参加“兰州市首届农民艺术节”。2005年，举办“首届榆中牡丹节”和“首届青城古镇民俗

图 11-2-4　县城社火调演（2010 年摄）

文化旅游节”等文化活动。2007年9月7日，以“迎奥运、促和谐”为主题的兰州市第二届农民艺术节在榆中县举办。活动内容有“欢乐榆中”广场民间文艺展示，兰州市农民歌舞会演，农民书画交流展，农村题材影片展映，农民摄影作品展，“和谐兰州杯”新农村小戏、小品大奖赛，秦腔大戏台走进新农村巡演等，以及农民篮球、象棋、拔河、传统武术、大众体育等比赛活动。在农民歌舞会演中，县内的20多支表演队表演“七月官神”“太符灯舞”“马衔山原生态秧歌”“铁芯子”“马社火”“乱劈柴鼓舞”“英雄鼓舞”等非物质文化遗产项目及秧歌节目。2008—2010年，举办改革开放30周年图片展，推出榆中县书画、摄影作品展览，先后在兰州和榆中展出。

二、戏曲演出

1991年1月，县文工团参加兰州市戏曲青年演员大奖赛。张红梅、何红霞、穆鹏飞、赵青云、包玉江、周建民等获奖。同年7月，为庆祝中国共产党成立70周年，文工团自编一台现代节目，8月，在兰州新声剧场演出一个月。1992年5月，丁述学创作的秦腔快板《抓男丁》、戏曲小品《解绳》参加县计划生育演讲会演出。同月，舞蹈《飞越大渡河》参加纪念毛泽东《在延安文艺座谈会上的讲话》发表50周年——兰州“黄河之春”演唱会。6月，县文工团联合兰州市商业网点改造开发公司为首届“中国丝绸之路节”义演22场。9月，县文工团节目《黄河之水天上来》参加首届“中国丝绸之路节”开幕式演出。1993年10月，县文工团参加兰州市青年演员大奖赛，梁利广、段淑琴、谢小霞、雷艳萍、孙兆举、何红霞、杨玉珍参赛并获奖。1994年8月，县文工团参加第四届中国艺术节“陇原风”广场文艺演出，榆中的龙灯表演在中央电视台12频道专题播出。1995年，县文工团梁利广、赵青云参加甘肃省青年演员戏曲大奖赛并获奖。同年，榆中籍歌手丁毅成功主演歌剧《图兰朵》。后受著名指挥家西蒙·杨（SIMON YONG）的欣赏，开始步入国际乐坛，成为悉尼国家歌剧院首席男高音，国际歌剧舞台上最受欢迎的歌剧艺术家之一。主演的世界著名歌剧有《茶花女》《托斯卡》《弄臣》《浮士德》《乡村骑士》《卡门》《诺尔玛》等。1996年8月，县文工团参加兰州市青年演员大奖赛，梁利广、段淑琴、赵青云、蔡天华获等次奖。邴小玲、何红霞、金世成、周惠花、李家兵等获优秀奖、伴奏奖。1997年11月8日，县文工团举行建团45周年暨“秦音厅”剧场落成庆典演出。1998年11月，县文工团举行秦腔演出活动，演出2个月，观众3万人。1999年3月，县文工团排演历史剧《春江月》《清风亭》。5月，参加兰州市庆祝中华人民共和国成立50周年文艺调演。1999年12月，由清水驿乡陶永忠赞助，县文工团和县文化馆联合举办全县秦腔业余演员大奖赛，21名秦腔爱好者参赛。2000年7月1日，县文工团举办香港回归3周年庆典演出活动。11月，为纪念单克民70周年诞辰，演出60场。2001年3月，县文工团新排剧目《生死牌》《慈母泪》。6月，创编《夸兰州》《夸榆中》《飞越大渡河》等文艺节目，举行庆祝建党80周年演出。7月，在首届“兴隆之夏旅游节”文艺演出中，县文工团演出群口快板《夸榆中》，兰州电视台实况转播。2002年6月，县文工团举办建团50周年暨兴隆艺校创建15周年庆典演出。12月，举办庆祝党的十六大召开专场演出。2005年9月，梁利广主演的《三拷吉平》参加甘肃省生角演员大奖赛并获二等奖。2006—2010年，县内举办“龙潮杯”秦腔清唱大奖赛三届，“沿川湖杯”陇原秦腔清唱大奖赛四届。

三、广场舞

1991—2000 年，榆中县群众性的广场舞逐渐兴起。广场舞表演者以中老年妇女为主。2000年后，随着乡村文化活动广场的建设和普及，广场舞成为一种特殊的社会文化现象，逐步登

图 11-2-5　广场舞（2010 年摄）

上文艺舞台。

第五节　图　书

一、图书收藏

1991年，榆中县图书馆馆藏图书5万册。其中马克思、恩格斯、列宁、斯大林、毛泽东等经典著作类1625册，哲学类730册，社会科学类2.65万册，文艺类1.24万册，自然科学类6266册，工具书407册，外文书38册，10余种历年报纸合订本5030册，10余种期刊装订本1295册（套）。1994年3月，注销无价值图书1.41万册。2000—2005年，接受中央文明办、文化部、财政部、甘肃省文化厅、甘肃省人民出版社及香港汉荣书局石汉基先生赠书2万余册。2005年底，馆藏图书1320种、8.14万册，其中图书4.56万册，报刊合订本200种、1.38万册，古籍7000册，榆中籍人士作品376册，个人捐赠图书288册。在已登记注册的图书中，其中马克思、恩格斯、列宁、斯大林、毛泽东、邓小平著作1677册，哲学类799册，社会科学类2.5万册，自然科学类7920册，综合性图书667册，工具书800册，外文书200册。2006年，成立兰州市文学艺术界联合会会员作品特藏室，首期收藏138种、380册，接收“放歌榆中”采风团赠送图书80册及个人赠书30册。2007年，订购报刊89种，收集地方文献资料90册，接收宣传部移交图书1000册。2008年，订阅报刊98种，其中报纸26种，期刊72种。2010年底，馆藏图书7万册，其中线装古籍图书6000册，地方文献70种、500册，珍藏品有《古今图书集成》精装本82册，影印《二十四史》3套，兴隆山道士刘一明的著作刻本和《钢鉴易知录》《了凡钢鉴》《随园全集》《第一才子书》等。

二、图书借阅

1991—2004年8月，馆藏图书借阅工作因办公场地频繁变动，没有正常开展。2004年9月，县文化中心落成，设立成人阅览室、少儿阅览室、电子阅览室、借阅室、自学室，有阅览座席150个。2006年，接待借阅读者5000人次，借阅图书1.2万册；接待阅览读者2.3万人，阅览图书4.5万册。办理借书证118个，接待咨询服务并为读者查找资料百余人次。同年8月起，调整开放时间，每周二至周日全天开放。2007年，接待借阅读者4800人，借阅图书1.34万册；接待阅览读者2.6万人，阅览图书5.8万册。2009年，接待借阅读者5000人，借阅图书1.4万册，办理借书证65个；接待阅览读者3万人，接待咨询百人次。2010年，接待读者2.5万人次。

三、图书发行

1991年起，榆中县新华书店承担着全县中小学教材的发行工作。1992年，开设榆中县教育书店，负责全县中小学教育读物的征订发行。1993年，自筹资金120多万元在原址修葺营业楼及仓储房。1994年，书店销售额250万元。2000年7月，与县教育局达成协议，收回全县教辅读物的发行权，向部分学区送书上门，下设教材发行网点7个。2001年，为榆中县恩玲中学联系捐赠图书1万册，码洋20万元。2006年，帮助榆中一中省级示范学校验收达标，与各出版社联系，以低价购得出版社库存图书码洋20多万元，派专人指导建立学校图书室。为连搭中学、赵家岔小学、大营小学、东湾小学等农村中小学捐赠书架、图书，价值5万元。2008年，销售额1120万元。2009年，销售额1088万元。2010年，榆中县新华书店更名为甘肃新华书店集团榆中新华书店有限责任公司，当年销售额1234万元。

四、保存《四库全书》

1966年10月，经中央有关部门批准，由辽宁省组织专列，将存放于沈阳故宫文溯阁的《四库全书》运至甘肃省兰州市永登县连城鲁土司衙门大经堂存放。后来有关专家认为，永登连城地处大通河边，气候潮湿，大经堂又是土木结构，易发火灾，交通不便。省上选址，在榆中县甘草店镇项家堡村的木林沟，依山新建战备书库。1970年初，省财政拨款17.5万元开工新建书库。主体建筑分为地上、地下两层，平时存放在地上一层，战时使用升降设备迅速转移到地下。离书库不远处，凭借山势修筑一座几十米深的防空洞，以保障人员安全。至年底，占地30亩、建筑面积2400多平方米的战备书库建成。1971年6月，文溯阁《四库全书》搬至此处存放。1999年6月，文化部组织离退休老专家工作组来书库考察《四库全书》存放情况，没有发现潮湿、发霉和长毛现象，也无虫蛀、指印、唾液、灰尘、污浊空气等污染。2005年7月，兰州市九州台藏书楼建成，文溯阁《四库全书》从榆中县甘草店搬出。

第六节　广播影视

一、广播

（一）无线广播

1991年，建成哈岘、上花、贡井3个调频广播站。1992年，建成园子、韦营、垲坪、中连川4个调频广播站。1993年，建成马坡、连搭、定远3个调频广播站。1994年，建成三角城、小康营、兰山3个调频广播站。1995年，建成上庄、新营、高崖3个调频广播站。1999年，榆中县发展“村村通”工程，拓展农村广播覆盖面。2001年，恢复开通100瓦调频广播，向县城及川区乡镇发送中央、省台和榆中自办等广播节目。2002年，将县城有线广播改为调频广播，调频广播音箱数量增加到20只。2003年，县城调频广播音箱增加到40只。2004年，白虎山差转台恢复开通启动1000瓦调频广播发射机，向全县发射广播节目，覆盖全县80%的地区。2005年底，完成兰州广播电台1000瓦调频广播发射机的安装调试，兰州人民广播电台节目通过有线接收、无线发射的方式传向榆中大地。县城调频音箱增加到90只，建成43个村村通广播电视站，安装高音喇叭，白虎山广播电视转播台发射2套调频广播节目，全县85%以上的地区可收听到本县自办广播节目。2006年起，转播《中国之声》一套节目。2007年，实施农村中央广播无线覆盖工程，更新改造供电线路、广播发射设备。同年起转播《兰州新闻综合》一套节目、《兰州生活文艺》一套节目和

《甘肃乡村之音》一套节目。2008年，建成广播自助播出音频工作站。2010年起，转播《甘肃新闻综合》一套节目。

（二）有线广播

1991年，有线广播出现滑坡，农村通广播率降至50%。14个乡镇有线广播处于瘫痪，5个乡镇广播停播率30%，9个乡镇广播停播率50%，全县小喇叭入户率10%。1993年，155个村恢复广播，村通广播率上升到57.6%，广播覆盖农户43106户，入户率53.8%。1995年之后，受电视冲击，有线广播难以维持。2002年，全县有线广播停播。

（三）自办节目

1991年，开设《新闻》《学科学》《为您服务》《文学节目》等栏目。1994年，新开设《对农村广播》《法律常识》《听众信箱》《评论》《热门话题》《经济信息》等栏目，开办《建国四十五周年》《人民代表大会制度四十五周年》《基层党组织建设》《社会治安综合治理》《计划生育》《企业与厂长》等专题节目，配合相关部门举办“广厦杯”“‘两西’农业建设成就”“团的建设”“龙峡杯”“农行杯”等有奖征文活动。1995年后，新增《庆“七一”迎香港回归》《学习贯彻十五大精神》专题栏目。1999—2001年9月，自办广播节目停播。2001年10月，恢复广播，播出时间为早、晚各1次，县广播站安装100瓦的发射设备，向县城周边发射节目。2002年，对广播运行机制和节目播出进行调整和改版，设立《榆中新闻》《热点报道》《经济桥》《榆中大发展》《听众来信》《希望的田野》《经济科技社会新闻》《黄金旋律》《人口与计划生育》等16个大栏目，22个小栏目。《新闻专题》《经济科技社会新闻》每天各播出1次，共30分钟。举办“诚信纳税”“甘草水泥”等4个有奖征文活动，播出稿件80篇。2003年，新增《健康教育》《关注非典》等9个栏目。改为早、午、晚3次，每天50分钟，现场直播报道全县的重大活动。2004年，开设《项目建设在榆中》《关注“三农”》等栏目，报道全县“普通话大赛”“文明进万家”“四五”普法等知识竞赛和“双培双带”“双明星”“四联四包”活动。2005年，举办“插上飞翔的翅膀”“发展杯”“人口杯”等有奖征文活动，播出稿件126篇。2006年，新开设《回顾“十五”展望“十一五”》《走进榆中》等栏目。2007年，新开设《金话筒评书》《学习天地》《聚焦行风政风》《创业之歌》等栏目，举办“就业杯交通安全杯”等有奖征文活动。2008年，开设《少儿之声》栏目，举办“教育发展杯”“绿化杯”“纪念改革开放30周年”等有奖征文活动。2010年，推出《百姓之声》《红歌大家唱》和《百花园》栏目。全年播出稿件129组、1210篇，专题类57组。向省市电台、报刊选送稿件21篇。在省市广电系统优秀广播节目评选中，获得省级三等奖1件、市级二等奖2件。

二、电影

1991年，榆中县在县城有乙级影剧院1家，全年放映电影150场，观众8万人。在夏官营有1家农村影剧院，放映爱国主义教育片和故事片。1992—1997年，受电影市场滑坡的大环境影响，农村放映队逐渐瘫痪。1998年，县电影公司恢复8个放映队，在农村机关、学校、厂矿企业放映。2001年，全县农村放映队恢复到16个，实施“2131”工程放映活动。2001—2010年，榆中县在农村放映电影4000场。

三、电视

（一）无线电视

1991年，全县主要接收白虎山差转台发射的电视信号，北山的7个乡镇能收看到白银、定西台电视节目，龙泉、高崖、新营、甘草店、清水驿、小康营、上庄等乡镇可以收看定西台电视节目，金崖、来紫堡、和平能收看甘肃电视台的电视节目。1993年10月，白虎山差转台向全县转播中央1台、中央2台、甘肃台和兰州台4套电视节目。1994年，榆中县建成以白虎山差转台为中心（包括甘草差转台等9座小功率卫星地面收转站，总功率450W）的无线电视覆盖网，全县电视覆盖率达到70%，30万人能收看电视节目。1997年，白虎山差转台转播中央1台、甘肃台、兰州台电视节目。2004年10月，增加自办节目榆中电视新闻。2005年，建起23个乡镇广播电视站、136个“村村通”电视站点，全县能收看中央1台、甘肃卫视、兰州综合、榆中新闻4套电视节目，全县电视覆盖率90%以上。2006—2010年，投资88万元，安装1千瓦发射机2台，转发中央1台和中央7台节目信号；安装50瓦发射机3台，转发兰州新闻综合节目、榆中新闻综合、甘肃电视节目信号。

（二）有线电视

1994年10月18日，县城开通有线电视，收看16套高清晰电视节目，当年发展用户1000户。1996年10月，甘草店有线电视开播，发展用户200户。同年，在县城发展有线用户1500户。1997年，建成清水驿乡、定远镇、和平镇、来紫堡乡的方家泉、金崖镇的齐家坪5个有线电视站。1998年，县城有线电视用户发展到4500户，有线电视覆盖面36%，节目增加到22套。2001年，新增中央新闻、中央11台、中央12台、北京台等6套电视节目频道，电视节目增加到28套。2002年，县城有线电视网向周边扩展延伸。2003年，实施“市县通”工程，县城用户可收看50套高清晰有线电视节目，有线电视用户发展到5500户。2004年，县有线电视台实施“县乡通”工程，将网络向交通比较便利、经济条件较好、群众积极性高的川区乡镇扩展延伸。2005年，实现县乡联网，将有线电视节目送到农村，县城有线电视用户发展到7000户，农村有线电视用户发展到3000户。2006—2010年，发展农村有线电视用户1.32万户、县城有线电视用户1412户。

（三）自办节目

1994年10月，榆中县开始自办电视节目，设立《榆中要闻》《专题》《点歌台》《文艺》等5个栏目。1995—2002年，榆中有线电视增设《庆七一、迎回归》《有线周闻》等新栏目，制作《走进榆中》电视专题片，举办“生态环境”“学行为规范，树公仆形象”等有奖征文活动，年均制作播出《榆中要闻》50组、320条。2003—2008年，改版《榆中新闻》栏目，由每周1组改为每周3组，一般新闻3日内播出，重要新闻当日播出。新增设《榆中风情》《乡镇访谈》《法制园地》《小城镇建设》《关注三农》《明日之星》《空中画廊》《田野春光》《为民读报》《金县绝活》《百姓家园》《周末大舞台》等栏目，年均播出新闻160组、

1289条，专题148个。年均向省市电视台报送新闻238条，播出189条。摄制《榆中行》《中国共产党在榆中八十年》《榆中人》《榆中空战觅踪》《李自成归隐榆中》《大耳朵阳光村》《外籍教师阿玛亚学书法》《和谐亮点打造美丽榆中》《春雨润叶花更红》《树党员形象，育时代英才》等电视专题片。先后举办春节文艺晚会、中小学生歌舞大奖赛、迎新春农民文化活动展播、秦腔大赛、全县电视歌手大奖赛、街舞大赛、迎奥运、创建文明城市文艺演出、纪念改革开放30周年文艺晚会等活动。与省市电视台联办"零距离——和谐送春风""和谐建社区，健康迎奥运""欢乐家庭总动员""想唱就唱，走进榆中""走进生活——公益、爱心社区行百姓家庭厨艺大赛"等活动。2009年，新开设《百姓空间》《周末大舞台》等栏目。2010年，推出《史话榆中》《文化长廊》《绿色家园》等节目。对《榆中新闻》《榆中广播电视台台标》《百姓空间》等9个栏目片头进行改版。完成12组《榆中风情》的拍摄播放，其中首次播放《空中看榆中》航拍资料。完成《百日攻坚抓项目》《惠民政策心连心》等系列报道。摄制播出《一心为民的好书记》《兴隆山下映和谐、双拥花开别样红》《着力构建"一专三员"监管网络，全力保障农村食品药品安全》等专题片30部。

四、广播电视网络建设

1991年，榆中县广播电视信息网络传播主要依靠白虎山小功率无线发射和县至乡有线广播传播，县城通过音箱全覆盖。1993年，白虎山架设起自立发射塔，安装大功率广播电视发射设备，向全县转播中央、省、市3套电视节目，1套调频广播节目，广播电视覆盖率60%以上。1994年，建成榆中县有线电视台，在县城架设20千米有线干线。1995—1998年，县城4000户居民可收看20套以上高清晰度的有线电视节目。1999年，实施广播电视"村村通"工程，榆中南北两山建起10个乡镇广播电视站，136个行政村广播电视点，转播中央1台、甘肃卫视2套电视节目。2003年，实施"市县通"工程，市县实现光缆大联网，有线电视节目由原来的20套增加到50套。2004—2007年，实施"县乡通"工程，建成县城至定远、和平、金崖、来紫堡、城关、夏官营、三角城、清水驿、甘草店、高崖、小康营、连搭等10条、450千米的光缆干线，600千米的电缆干线，12个乡镇、48个行政村、2.5万户群众可收看50套以上的有线电视节目。2008年，实施农村中央广播电视节目大功率无线覆盖工程，更新改造增加白虎山转播台发射设备，向全县大功率发射中央1台、中央7台、甘肃卫视、兰州台、榆中自办节目5套电视节目和中央、市、县3套调频广播节目，全县广播电视综合覆盖率95%以上。开通古窑圈、王家营、下彭家营等12个有线电视点，架设光缆干线45.5千米。2009—2010年，重点发展三角城、小康营、洪亮营、上彭家营、南北关等村社的有线电视用户。架设、地埋电缆37.27千米、光缆32.9千米，设立光发射机8台，光节点16个，安装终端1490个。

第七节　文艺团体

一、苑川文学社

1991年，金吉泰任苑川文学社社长，有会员36人。1996年3月，召开第三届理事会，选举王作文为社长，彭巨彦为常务副社长兼秘书长，王希光、金耀东为副社长，新增会员42人。2004年4月，召开第四届理事会，修改章程，增补理事9人，名誉社长丁述学，增选张文玲、白宗忠、金培贤为副社长，曾耘黎、高国宴为副秘书长。新增会员16人，在册会员120人。2006年后，以苑川文学社为龙头，每年组织2次以诗歌、散文、小说、戏剧创作为内容的文学创作培训班，邀请省市各大报刊的编辑和省内知名作家授课。至2010年，举办专题讲习班、笔会、文学沙龙、座谈会、采风、文企联姻等活动130次，先后邀请省、市作家、诗人、编辑进行文学讲座。文学社会员中，有10人结集出版作品，涵盖小说、散文、诗歌、报告文学、儿童文学、民间故事、寓言等多种文学体裁。发表文学作品4000篇（首），不少作品在《飞天》《甘肃日报》《甘肃农民报》

《兰州日报》《兰州晚报》《兰州晨报》等报刊发表并获奖。20名会员相继加入甘肃省作家协会、兰州市作家协会。

二、兴隆书画学会

2005年6月，兴隆书画学会更名为榆中书画院。至2010年，创作的书法作品800余幅、绘画作品1000余幅参加全国、省、市书画展览，其中300余幅书画作品获奖。有会员100名。

三、“八面风”书画沙龙

2003年10月，李明、张德胜、柯彬、戴雨峰、白毅志、赵军、张有为、孙兆文、康士平、陈亮、王海林11名青年书画爱好者自发组织成立“八面风”书画沙龙。定期举办笔会、展览，组织观摩、邀请名家点评等活动。至2010年底，有多幅作品参加全国、省、市书协、美协举办的展览，16幅作品发表于《书法报》《书法导报》《甘肃文艺》等专业报刊。有6人被吸收为甘肃省书法家协会会员，1人被吸收为甘肃省美术家协会会员，8人被吸收为兰州市书法家协会会员。

四、榆中县摄影学会

1996年5月，选举产生第二届理事会，发展会员14名。2004年3月，第三届理事会新入会员7名，共有会员47名。学会自筹资金开展资料搜集、拍摄制作、理论研讨等活动。学会自成立后，会员的摄影艺术作品在《甘肃日报》《甘肃画报》《兰州日报》《春华秋实》《中国文化报》《甘肃旅游》《摄影与摄像杂志》《飞天》等报刊发表300多幅。作品入选全国及省、市各种艺术展览300多幅，其中获金奖1幅、二等奖10幅，三等奖7幅，优秀奖和鼓励奖50多幅。学会举办艺术展览20多次，摄影培训辅导班8期，培养学员100名。

五、老年书画协会

2000年7月，榆中县老年书画协会成立。2010年底，发展会员100人，其中省级书协会员12人，省级美协会员10人。协会成立后，开展点评作品、切磋技艺、书画示范、现场笔会、理论学习、辅导讲座等活动。定期举办老年书画展览，参加省内外举行的书画展并获奖。

第八节　机　构

一、局机构

（一）榆中县文化广播事业管理局

1991年，设榆中县文化广播事业管理局，领导职数3名，下辖榆中县文化馆、电影公司、广播站、文工团四个科级事业单位。1996年5月，撤销榆中县文化广播事业管理局。

（二）榆中县文体局

1996年5月，设立榆中县文体局，下辖榆中县文化馆、电影公司、广播站、文工团四个科级事业单位。2010年7月，实施机构改革，撤销榆中县文体局。

（三）榆中县广播电视局

1996年5月，设立榆中县广播电视局，有人员36名，领导职数3名，下辖办公室、计财室、新闻部、播音制作部、专题部、编辑部、外宣办、稽查队、工程技术部、客户服务部、白虎山转播台。2002年6月，设立榆中县广播电影电视局，人员共76名，其中机关编制28名，电影公司编制28名，有线台编制20名，领导职数4名。2008年，新设立榆中广播电视台和榆中县广播电视网络传播公司，有人员70名，副高级职称3名，中级职称6名。2010年7月，机构改革，撤销榆中县广播电影电视局。

（四）榆中县文化体育广播影视局

2010年7月，设立榆中县文化体育广播影视局，编制63名，领导职数6名，下辖榆中县广播电视台、榆中县文化中心（文化馆、图书馆、博物馆）、榆中县秦剧团。

二、文化单位

（一）文化馆

1991年，文化馆编制12名，与图书馆合署办公，属榆中县文化广播事业管理局所辖的事业单位。1996年5月后，属榆中县文体局所辖。2000年3月，文化馆合并到文化中心。2004年9月，文化中心大楼落成，六、七层为文化馆，建筑面积2000平方米。2010年，文化馆编制12名。副高职称1名，中级职称2名。内设美术部、摄影部、文艺部、培训部、资源开发部和办公室。下辖兴隆书画学会、榆中摄影学会、苑川文学社、兴隆文化研究会。

图 11-2-6　榆中县图书馆阅览室（2010年摄）

（二）图书馆

1991年，图书馆编制6名，与文化馆合署办公，属榆中县文化广播事业管理局所辖的事业单位。1996年5月后，属榆中县文体局所辖。2000年3月，图书馆合并到文化中心。2004年9月，文化中心大楼落成，二、三层为图书馆，建筑面积1500平方米。2010年，图书馆编制6名，内设采编室、成人阅览室、少儿阅览室、电子阅览室、地方文献室、捐赠图书室、特藏室、自学室、读者工作室。

（三）博物馆

1991年8月，博物馆与文化馆分设，属榆中县文化广播事业管理局所辖的科级事业单位，编制6名。1996年5月后，属榆中县文体局所辖。2000年3月，博物馆合并到文化中心。2004年9月，文化中心大楼落成，四、五层为博物馆，建筑面积1800平方米。2005—2010年，博物馆编制6名，内设库房保管部、文物陈展部、田野文物部、古建文物部、安全保卫部和办公室。

(四) 文化中心

2000年3月，文化馆、图书馆、博物馆合并，统称文化中心，有编制24名，属榆中县文体局所辖的事业单位。

(五) 文工团

1991年，榆中县文工团有人员28名，属榆中县文化广播事业管理局所辖的事业单位。1996年5月后，属榆中县文体局所辖。2008年8月，撤销榆中县文工团，成立榆中县秦剧团，核定编制26名。2010年，在职人员22名。县秦剧团被共青团兰州市委授予“共青团号”、被甘肃省文化厅授予“送文化下乡先进单位”称号。

(六) 有线电视台

1994年10月，成立“榆中县有线电视台”，与县文广局合署办公，文广局长兼任有线台台长。核定编制15名。下设采编播出部、工程技术部、计划财务部。1996年5月后，属榆中县广播电视局所辖的事业单位。2002年6月后，属榆中县广播电影电视局辖。2007年9月，核定自收自支事业编制23名。

(七) 广播站

1991年5月20日，广播站加挂榆中县广播电视局的牌子，局站合一。2010年7月，划归榆中县文化体育广播影视局管辖。

(八) 文化稽查队

1991年，成立榆中县文化稽查队，负责全县文化市场管理，编制4名，属榆中县文化广播事业管理局所辖。1996年5月后，属榆中县文体局辖。2002年6月后，属榆中县广播电影电视局辖。2008年6月，组建榆中县文化市场行政执法大队，替代原文化稽查队。

(九) 电影公司

1991年，榆中县电影公司编制28名，为自收自支的科级事业单位。1996年7月，划归榆中县文体局管理。2002年6月，划归榆中县广播电影电视局管理。2010年7月，隶属于榆中县文化体育广播影视局，在职职工13名，聘用公益电影放映员15名。

（十）新华书店

榆中县新华书店是全县唯一一家国有书店，承担着全县中小学师生的教材教辅发行工作。1993年，筹资120万元在原址修葺营业楼及仓储房。2010年，更名为甘肃新华书店集团榆中新华书店有限责任公司，隶属于甘肃新华书店集团兰州分公司。

图 11–2–7　榆中县新华书店（2010 年摄）

第三章 旅 游

第一节 旅游资源

县内有国家级自然保护区和4A级旅游风景区兴隆山；有国家历史文化名镇青城镇和金崖镇；有国家文物保护单位明肃王墓，省级文物保护单位马家峃遗址、方家沟遗址、郭家湾遗址、红寺遗址、兴隆山握桥、夏官营古城、高家祠堂7处，县级文物保护单位37处；有不可移动文物点307处，其中古遗址147处，古墓葬26处，古建筑89处，石碑石刻石窟子4处，近现代文物41处；有甘肃省爱国主义教育基地兴隆山革命烈士陵园和张一悟纪念馆。主要风景区有兴隆山、马衔山、石门度假村、官滩沟、青城小三峡、徐家峡、万眼泉、和平牡丹园等。

第二节 景 区

一、兴隆山景区

兴隆山风景区位于兰州市东南45千米处，距县城6千米。南接临洮县，西临七里河区。景区保护面积2.8万亩，兴隆山东山最高峰九子坪海拔3137米；西山栖云山，最高峰位于羊寨北，海拔3251.2米。

（一）植被及珍奇动植物

兴隆山植被呈垂直带状分布。从山下向山巅依次是：2000~2300米为温带落叶阔叶林，有白桦、红桦、糙皮桦、杨树、辽东栎；2300~2800米为温带常绿针叶林，乔木主要是云杉；2700~3000米主要是寒温性灌木林，以高山柳、杜鹃、沙棘为主；3000米以上为高山草甸。有国家二级保护植物星叶草、三级保护植物桃儿七、膜荚黄芪等；珍稀保护动物有国家一级保护动物金雕，国家二级保护动物鸢、雕、鹫、蓑衣鹤、锦鸡、石貂、马麝等13种。

图 11-3-1 “陇右第一名山”兴隆山（2010 年 6 月摄）

（二）名人遗踪

传说宋徽宗政和年间（1111—1117），谏议大夫李元、衡山道士秦保言在此修行羽化成仙。清乾隆时，山西曲沃人刘一明在山上修行，自号“悟元子”。先后在狄道、兰州等地募款，并在金县（榆中）把总林启明的支持下，于乾隆四十四年（1779）兴修庙宇，历时十余年，在兴隆山建成殿宇楼台亭阁62座。明清以来，游览兴隆山的名人有明兵部员外郎杨继盛，清刑部主事晋员外郎吴可读，清陕甘总督那彦成、左宗棠、魏光焘、毛庆藩，甘肃布政使岑春煊、按察使何福堃。民国有：蒋介石、宋美龄、于右任、华莱士（美国副总统）、蒋经国、张治中、邵力子、罗家伦、张大千、班禅额尔德尼·确吉坚赞。中华人民共和国成立后游览的名人有胡志明（越共中央主席）、朱德、彭德怀、陈毅、邓小平、董必武、陆定一、薄一波、赵紫阳、胡耀邦、杨静仁、万里、郝建秀、朱穆之、赵朴初等。

（三）主要景点

兴隆山有东西二山，习惯称东山为兴隆山、西山为栖云山。现有云龙桥、滴泪亭、牡丹亭、落霞亭、怡心亭、喜松亭、朱德纪念亭、关帝阁、菩萨阁、岳祖阁、混元阁、抚云阁、菩萨殿、黑虎殿、七真殿、大佛殿、圣母殿、山神洞、朝阳洞、二仙洞、三圣洞、太白泉、玉液泉、蒋公楼、人工湖、宾馆、游乐场、滑雪场、攀岩广场、千米栈道等景点。

二、马衔山景区

马衔山景区位于县城西南25千米处，面积398公顷。马衔山原名空头山，后因“山有野马数群，土人围之，马皆化为石”的传说故事改名马衔山。相传汉武帝西巡时来过此地。马衔山属祁连山余脉马衔山系，主峰海拔3670米，山顶如平川，宽8~10千米，长40~50千米。

（一）金龙池

马衔山山腰有清泉两眼，称大、小金龙池，位于马衔山中部南坡凹陷处，池深1.2米左右，池口1米见方，池水自石下暗道向南100多米处流出地面。

（二）衔山风光

马衔山属高寒阴湿地区，地貌景物奇特。榆中八景之一的“寒山积雪”即指此。马衔山山顶相对低洼处，冻胀的土丘形态奇异，斜立巨石如柱如笋。海拔3500米以上，有古代冰缘遗迹，在阴坡和山顶上有距今3000年、厚达10米的冻土层，是考察冰川冻土地貌的重要地点。马衔山植被垂直性分布明显，每年盛夏可见到山顶白雪飘、山腰百花艳、山下绿波荡的奇妙景观，真可谓“一日历四季，十里不同天”，有大石马、小石马、金龙池等景点。

三、官滩沟景区

官滩沟森林公园位于和平镇南部，距和平镇10千米，为甘肃兴隆山国家级自然保护区的一部分。官滩沟景区为明代肃王牧马苑旧址，旧称“肃府官滩”，现留有“牧马官滩”界牌一座。官滩沟森林公园内森林茂密，生物种群丰富，生态资源环境良好。森林覆盖率86.2%，垂直分布有阔叶混交林、针叶林、高山灌丛和高山草甸。是兰州市郊区重要的生态休闲乐园。官滩沟森林公园东沟地形为两山夹一沟，谷底南高北低，坡度较缓，长约2.3千米、宽200~600米不等；西沟与东沟相同，沟口进入后约有1.3千米长的一段森林防火通道。官滩沟森林公园东西沟泉流众多，潺潺流出的山泉如丝如链，形成别具特色的滴水崖瀑布，令游人流连忘返，是兰州市民的避暑胜地之一。

四、青城景区

位于兰州黄河下游50千米处，主要有条城城隍庙、普济寺、青城书院、高家祠堂、明清民宅一条街、小河人工湖、十里河堤、千亩鱼塘水上钓鱼游乐场、二龙山、隍爷庙、武侯庙等景观。自然景观有黄河小三峡（大峡、小峡、乌金峡）全长14千米。两岸奇山怪石林立，陡峭险峻，风景优美。青城又称条城，土地肥沃，环境优美，一派田园风光，是人们度假休闲的理想之地。青城古镇桃红柳绿、瓜果飘香、风摆荷叶、鱼肥稻黄，素有“陇上小江南”的美誉。“青城书院”“六德书院”等教育机构，培养出罗经权、高鸿儒、杨巨川等11名进士和张锦芳等29名举人以及高炳辰、李干臣、李公善等名人。2007年，被中华人民共和国建设部命名为中国历史文化名镇。2010年，被住房和城乡建设部及国家旅游局公布为全国特色景观旅游名镇。

（一）古建筑群

青城镇有古建筑49处，其中四合院45处，戏楼1处、祠堂1处、献殿1处、书院1处。分布于城河、青城和新民三村的45处四合院是明、清、民国时期的旧居，建筑总面积2万平方米，现存房屋505间，面积9282平方米。其中明代建筑1处，清代建筑33处，民国建筑15处。

（二）黄崖山

黄崖山位于青城镇三合村黄崖口南面山上，整座山崖为黄色，故名黄崖山，山崖下有庙，供奉黄崖娘娘、观音及伟人；黄崖滴水为青城八景之一。

（三）黄河鸟岛

青城黄河吊桥下游5千米处，有一河中岛，面积约45亩，长年有多种鸟类栖息，称为鸟岛。

（四）百亩荷池

位于东滩。盛夏季节，水面的荷花随风摇曳，阵阵清香扑面。每逢节假日，都市的垂钓爱好者成群结伙，在荷池边垂钓，享受大自然的恩赐。

（五）大峡风光

1999年，建成大峡水电站，形成高峡平湖的景观，使水上旅游变为现实。乘游艇徜徉其间，沿途的景点天桥、煮锅、月亮石、大照壁、诸葛祭天等风光美不胜收，让游客体味大自然的神奇造化。

（六）青城水车

青城水车，又名天车，翻车，高约10米，始建于明嘉靖年间，至今400多年历史。最初是兰州段续引入首创，传入青城，风行一时。

（七）千亩稻田

青城自古以来，利用得天独厚的黄河水资源种植水稻。至2010年，稻田种植规模发展为千亩以上。青青的稻苗给青城披上一层绿装。夏日的傍晚，清风阵阵、蛙声一片。漫步田间，能感受到浓浓的江南水乡的情韵。

五、金崖景区

（一）金崖古镇

金崖镇位于榆中县川西部，苑川河中下游。2010年12月，被国家住房建设部命名为中国历史文化名镇。金崖古民居群为省级文物保护单位。古民居多以四合院为主，保存相对完好，是兰州地区古民居最集中、建筑形式最丰富的地区之一。2010年，存四合院49处。其规模不一，建筑各具特色：有砖雕院门，也有六柱大门；有一门一院或两门一院；有砖雕照壁和壁画；还有在堂屋之上建二层楼阁。四合院形式多样，布局各异，建筑用料考究，木刻精美绝伦，砖雕壁画造型各异，极具观赏和研究价值。境内有三圣庙、周家祠堂、金家祠堂、张家祠堂、岳飞庙、尚古城福元泰烟坊等20多处古迹和皋榆工委协军团、六十三军政治部、金崖党支部、工委等红色遗址。

（二）肃王墓

来紫堡平顶峰下的明肃王墓有十一家坟墓，埋葬着庄王朱楧、康王朱瞻焰、简王朱禄埤、恭王朱贡琮、靖王朱真淤、定王朱弼桄、昭王朱缙炯、怀王朱绅堵、懿王朱横、末代肃王朱识鋐和宪王朱绅尧的妻子薛夫人。这处明肃王墓陵寝，其形式和十三陵的墓室一样，也是一进三室，左右有两个耳室。肃王墓用青砖箍起，整个体积和空间却比十三陵小得多。

六、二龙山（石门度假村）景区

二龙山位于连搭乡麻家寺村，坐落于兴隆山自然保护区西麓，是独具特色的休闲旅游自然风景区、国家一级水源保护区。占地540亩，山顶最高处海拔3200米，距麻家寺村2.8千米，距兰州市东岗镇28千米。二龙山四季景色宜人、流光溢彩。犹如两条巨龙逶迤起伏，环抱着风景区的山山水水。一年四季春雾、夏翠、秋红、冬雪，景色各异，变幻无穷。二龙山曾举办过多届冰灯展览和冰雪节。

七、小康营三峡

小康营三峡位于榆中县城南，由唐家峡、徐家峡、龛谷峡三峡组成。

（一）唐家峡

唐家峡位于县城南5千米处的小康营乡唐家峡村，长约5千米，面积约10平方千米。山势嵯峨，险比崆峒。内有卧虎石、鲁班石、石鼓石等奇石，还有石门坎、月牙崖、别有天、仙人居、指路峰、一夫关、笔驾峰、上天门、藏龙洞、九子坪等奇峰险岭和溶洞深谷景观。

（二）龛谷峡

龛谷峡位于县城南8千米处的小康营乡窑坡村，西与唐家峡相连，顺峡南行，谷深崖险，满目青翠，有天生井、黄猴洞等景观和古迹。石堡子东南北三面悬崖绝壁，地势险要，系新石器时代齐家文化遗址，堡垣为宋城遗址；黄猴洞在石堡子半山崖，洞壁有朱书“黄猴洞”三个大字；天生井深不见底，丢石闻声，不绝于耳。

（三）徐家峡

徐家峡位于县城南3千米处的小康营乡徐家峡村，与兴隆山一山之隔。徐家峡分西南两沟，均长约5千米，占地20平方千米，西沟与兴隆山东山相连，南沟东与唐家峡西岭相接。徐家峡两沟以自然风光为主。另有兴源寺、瞭望台可供游人上香、观景。

（四）鲁班石

在龛谷峡和唐家峡的峡谷中，各有一块方形巨石，此二石人们称之为鲁班石。据民间传说，鲁班要在“兰州咽喉”的桑园峡建一座桥，需要大量的石头，便搜山采石，一直寻到唐家峡和龛谷峡的山上，突然脚下一闪，扁担被折断了，两块巨石从山上滚下来落入谷底，一块落入唐家峡，一块落入龛谷峡。鲁班来到山下的唐家峡，看到破裂的石块，气得瘫坐在地上，屁股坐下的痕印至今还在。从此以后，当地人们把这两块巨石叫鲁班石。

八、和平牡丹园

和平牡丹园位于和平镇和平村，西距兰州市8千米，东距县城30千米。被誉为中国三大牡丹基因库之一，是与河南洛阳、山东菏泽齐名的中国三大牡丹生产基地之一。1967年，陈德忠开始兴建牡丹园。历时十余年，引进牡丹品种280个，繁殖苗木13万株，种植面积130亩，比较珍贵的品种有姚黄、豆绿、粉红、白玉、银山、金麟、魏紫、首案红、状元红、葛巾紫、醉杨妃、蓝宝石、玉容丹心、昆仑夜光、乌龙卧墨池等，有观赏花草520种。经过杂交、繁育，培育出富有自己特色的紫斑牡丹。经甘肃省花卉协会和有关专家鉴定，“书生捧墨”“北国风光”“大漠风云”“兴隆瑞雪”“天山日出”“月照昆仑”“麦积烟云”“天山侠女”“陇原壮士”等35个紫斑牡丹新品种为优良品种。

1999年12月，国家林业局、中国花卉协会命名和平牡丹园为“全国花卉生产示范基地”。中央电视台、甘肃电视台等媒体先后多次介绍陈德忠和平牡丹园的情况。2010年，和平牡丹园总面积3000亩，其中花圃苗地700亩，荒山造林2300亩，引种和栽培各种野生植物650种、1200多个品种，栽种树木50万株，资产总值2400万元。形成集科研、生产、教育、游览为一体的综合基地。

1990年起，和平牡丹园开始举办一年一度的甘肃兰州牡丹花会，至2004年，成功举办15届牡丹花会，接待60多万名国内外游人，其中意大利、日本、英国、德国、法国、加拿大和美国的专家学者在考察牡丹园后，还把新培育的紫斑牡丹带往欧美和日本栽植。

九、石源山庄

位于兰州市和平经济开发区，占地面积30亩，总投资额1.2亿元。景区汇集全国各地上千种的奇石、名石。艺术长廊内有不事雕琢的观赏石、有奇形怪状的造型石，有美在似与不似之间的纹理石，有晶莹剔透的矿物晶体，有奇特的化石和陨石。景区仿园林式风格，依山傍水而建，亭台楼阁、错落其间；奇石峭岩，相映成趣；草木花藤、争奇斗艳；飞瀑清潭、水声叮咚。1.3万平方米的精巧建筑，内置精彩纷呈之各色馆阁：有老北京式的四合院——拙院、福院；有古朴、庄重的中式别墅——融院、璞院；还有现代感十足、洋气尽显的西式别墅——欧源。院内塑有和平观音圣像，千佛殿内有五大佛、八大观音、1008个开光观音圣像，由阿旺活佛等高僧大德精心装藏加持，意在祈福太平盛世、构建和谐社会。

景区有可满足不同客人需要的商务套房、豪华套房及标准客房供选择。有布置典雅的中餐厅、西餐厅、会议厅、多功能厅。有可供赏鱼的葫芦潭、健身房、休闲茶居、娱乐室。2006年以来，景区先后被兰州市人民政府评为“花园式单位”，被甘肃省消费协会评为“消费者最满意的休闲场所”，被兰州市南北两山指挥部和兰州市旅游局评为“十大魅力山庄”，被国家旅游局评为“国家AAA级旅游景区”。

十、万眼泉

万眼泉位于来紫堡乡冯湾村的一个砂板岩山崖上。这里泉眼遍布于山体南北及东西下部，砂板岩状如一长排房屋，有“屋檐”突出，“檐”下凹进如洞窟的石龛，在“屋檐”和石龛里，千丝万缕的泉水像细线，像檐水，像串珠，在500米的“屋檐”下叮咚作响，犹若琴瑟。砂板岩流滴千万年，便结晶成玲珑剔透、洞眼空灵的吸水假山石。进入隆冬季节，万眼泉就有另一番罕见的景象，那些在春夏秋季鲜活流动的水帘滴珠，被大自然冰点以下的魔力塑造成无数条冰凌、冰柱、冰线和冰瀑，千姿百态，令人惊异。

十一、云雾山

云雾山位于和平镇高营村大池泉。此山得“云雾”之名缘于山顶上有云就起雾，方圆百里大雾弥漫，将有大雨来临之势。当地流传着“云雾山上起了云，不是雨来就是风来”的传说。每到夏秋之季，流水潺潺，草长莺飞，其景色完全可以和官滩沟相媲美。明清以来，当地善男信女集资修建道观一座，内有三宵娘娘殿、关帝庙。在半山修建了三圣殿和祖师殿。每到初一、十五，信徒焚香礼拜求卦，应验者颇多。每年农历五月十三日，是关圣大帝三鼓斩蔡阳祭刀之日，人们都要在关帝庙举行庙会。

十二、榆中县博物馆

2010年，馆藏文物3182件，其中国家一级文物39件，二级文物7件，三级文物338件。馆内珍藏着马家窑、半山、马厂类型的彩陶器，尤其以半山类型的彩陶器最为精美，还有数十万年前的古生物化石，新石器时代石骨器，各类青铜器、铁器、金银玉器、石碑、石刻、丝织品、古字画、志谱、古钱币及近现代文物等。

十三、成吉思汗文物陈列馆

民国二十六年（1937）卢沟桥事变后，抗日战争全面爆发，中国北方的大部分领土被日军占领，文物、古迹受到严重破坏。民国二十七年（1938）末，投降日军的德穆楚克栋鲁布密谋，要将鄂尔多斯的成吉思汗灵柩、苏律定神物劫走，民国政府为了防止成吉思汗灵柩陷于异族之手，将成吉思汗灵柩和苏律定神物安放在兴隆山大佛殿里。

民国二十八年（1939）农历七月初一，成灵移厝兴隆山。民国三十八年（1949）农历七月初六日，成灵被马步芳迁往青海塔尔寺。成灵暂厝兴隆山历时10年。为了纪念成灵曾移厝兴隆山这一历史活动，加强蒙汉民族间的团结和友谊，给兴隆山风景旅游区增添新的人文景观和观赏内容，榆中县在原停厝成灵的大佛殿遗址上修建成吉思汗文物陈列馆。

陈列馆的建筑风格及彩绘采取传统的古典庙堂样式，砖混结构。主厅坐北向南，由三间正殿和左右两间展览厅组成，建筑面积312平方米。陈列馆正厅中央端坐着成吉思汗塑像，穿过两侧的雕花园门，左右展厅各有一个蒙古包，蒙古包内分别陈列成吉思汗及其妃子的灵宫，苏律定、马鞍、剑、矛、奶油等文物。与成吉思汗有关的历史文献也陈列在左、右展厅里。陈列馆门厦左右两旁的厅柱上，分别悬挂着邓宝珊和阎锡山于民国二十八年（1939）成灵西厝过程中题写的对联，对联由甘肃省著名书法家赵正（黎泉）书写。

1991年6月26日，举行成吉思汗文物陈列馆开馆典礼仪式。全国人大常委会副委员长费孝通题写陈列馆馆名，全国政协副主席赵朴初、国家民委主任洛布桑、内蒙古自治区主席布赫分别题写“大雄宝殿”“一代天骄”和“民族精英”的匾额。省委书记顾金池为陈列馆题词：“弘扬民族文化、加强民族团结”。

十四、红色景点

（一）兴隆山烈士陵园

1988年10月，建成烈士陵园。烈士陵园位于县城西南12千米处的兴隆山卧龙湾，距兰州市区50千米，距兴隆山云龙桥4.5千米，建筑面积2668平方米，自然林区和绿化面积1072平方米。

陵园背倚卧龙山，前临兴隆山，坐西向东，随地势次递上升，东低西高，大致呈阶梯状。

陵园主要由桥厅、游廊、牌坊门、花坛、纪念碑、墓群和纪念亭等几部分组成。

图 11-3-2　兴隆山烈士陵园（2010 年摄）

烈士纪念碑为棱台体，高25.7米，顶端镶嵌着一颗夺目的大五角红星。碑面白色，棱黄色，正面写有“革命烈士永垂不朽”八个红色大字。

纪念碑后为墓群。墓群以踏步台阶分为南、北两片，安葬着解放兰州战役中壮烈牺牲的912家烈士遗骨。另外，还安葬有中华人民共和国成立后牺牲的赵维军、郭有珍和方正堂烈士的遗骨。

（二）张一悟纪念馆

榆中县委党史办于2008年筹建张一悟纪念馆，并于2009年7月1日向社会免费开放。纪念馆包括主展区1处，副展区3处。

主展区位于榆中县城兴隆路277号。展出“张一悟光辉的一生”和“榆中县革命斗争史”两个专题，陈展物品有革命者用过的书籍、物品以及抗战和解放战争时期县内发生的一些重大革命事件的文物。

副展区包括张一悟故居、张一悟铜像和张一悟纪念亭3处。张一悟故居位于榆中县城关镇北关村1号，主要是“张一悟和他的家庭”展览，陈展物品有张一悟住过的房屋、用过的物品以及大量的珍贵图片。张一悟铜像位于一悟小学院内，这里以“情寄先烈继往开来”主题展览为主。陈展物品有张一悟子女送给学校张一悟生前用过的书籍、张一悟关心青年和爱护青年的图片、文献资料，展示了张一悟学而不厌、诲人不倦的治学精神及心系家乡教育事业、关怀青年成长的情怀。张一悟纪念亭和纪念碑位于兴隆山烈士陵园内。张一悟纪念馆是榆中县党史教育基地。

十五、金牛山生态园

金牛山生态园是一座集旅游、观赏于一体的综合性园林。位于县城以北1.5千米处，占地245亩，整个山体360亩，景点包括集散广场（佛手广场）、卧牛寺、金牛山文化休闲院、三面观音雕塑广场等四个建筑群落；在山脚、山腰及东西两端修筑分别用于车行、消防、游览的三条道路，完善雨污水、绿化上水、供电和照明等管线；局部点缀佛手雕塑、心经石、卧牛石雕、童子拜观音、成佛图、十二生肖等雕塑小品等。金牛山生态园的建筑采用明清建筑风格，结合榆中县当地的木工手艺，形成地方建筑特色；栏杆、广场及游览道路等均采用花岗岩、青石板、雨花石等石材制作、铺装，具有现代建设气息；生态园的景观布置既有序连接，又各具特点，整体体现自然人文的景观风貌，局部又具有休闲、健身、亲水、亲绿等鲜明主题，整个公园通过雕塑造型、建筑语言、景区划分、刻石铭文、彩画装饰给游人以文化的气息，突出“人与自然”的契合，形成“一轴三路六景区”的自然人文生态园林景观风貌。“一轴”即沿天然形成的卧牛形状山体顶部山脊线为景观轴线，“三路”即山脚、山腰布置的两条环山道路和山顶游览道路，“六景区”分别为山门石牌楼、集散广场、卧牛寺、文化休闲院、观音广场、后山林荫道。

十六、南河公园

南河自然主题公园以南河水带为轴线，东起南关桥，西至环城西路，以“一轴、两带、五景区”进行空间规划布局。一轴是指以南河水体造景为景观轴；两带是指以河道两岸区域为空间的生态带；五景区是指南侧的生态健身区、农家乐景观区，北侧的儿童娱乐区、文体活动区和特色水景区。南河两岸主要以景观桥和亲水步道连接，并架设两座车行桥，三座步行桥。河道水体造景工程主要有小品雕塑、人文石花、特色喷泉、亮化美景和水体循环等分项工程组成。已完成棋院、武苑、戏苑、农家乐、人行吊桥、人行景观桥、卧桥、河道整治、儿童娱乐小广场、文化体育广场及相关配套设施建设。

十七、官磨滩

“官磨滩”以清代一位杜姓人家在此修建水磨提供军粮而得名，距县城10千米。官磨滩环境幽雅，景色宜人，交通便利，信息畅通，以其真山、真水、清净的自然环境营造出一种返璞归真的乡村情趣。古朴典雅独具风格的奇特建筑群体，体现了传统与现代、人文与自然的和谐统一，充满了恬静、清幽的诱人魅力。清晨薄雾飘飘，日暮炊烟袅袅，月夜闻犬吠、黎明听鸡叫……勾勒出一幅世外桃源的美丽画卷。春观杨柳吐翠、夏赏群花争妍、秋看红叶染霜、冬眺衔山积雪。可以感受大自然的美丽，享受农家小院的宁静，品尝山珍野味的清香。

十八、沿川湖

沿川（原名为源川）湖位于新营乡境内，占地1500多亩。由谢家营的贾家庄、罗景的苟家河滩、寨子的黎家庄三个自然村形成，三面环山，湖西有五台山，东有蝴蝶山，后有魏家河，前有水库，是榆中南山一块地势平坦的盆地。2007年开始，贾仲瑚投资建成以道路为骨架、文化活动场地为中心、生态绿化建设为支撑的沿川生态文化旅游度假村。其中绿化广场占地100亩，栽植景观苗木18万株；文化广场占地80亩，建成庙宇、戏楼、四合院、长廊、饮食广场、小商品交易市场、停车场等。

十九、兴隆山村

兴隆山村位于榆中城关镇西南部，东与南坡湾村接壤，西南部紧靠兴隆山，北与朱家湾村相望，距县城5千米。兴隆山村原名峡口村，2008年更名为兴隆山村。同年7月，兴隆山村被列为兰州市新农村建设示范村、榆中县城乡一体化试点村。依托兴隆山风景区，以明清时期北方民居风格为主体，结合苏州园林设计理念，将全村建成布局合理、设施齐全、环境优美的花园式“农家乐”旅游村，积极发展“康居+旅游+庭院”经济。至2010年底，全村建成农家乐小院118户，分配88户。20余户开始经营农家乐。

二十、菜籽山村

菜籽山村位于和平镇南部，东与定远镇相邻，西与七里河区接壤，距兰州市约16千米。菜籽山村自然资源丰富，森林茂密，是兰州市郊区的森林氧吧。穿行于乡间小道，野鸡、野兔、松鼠等野生动物不时掠过，小鸟在枝头欢唱。农家院内种植牡丹、芍药、郁金香、荷包花、丁香等花卉，呈现出一派祥和优美的山乡田园风景。菜籽山村风景秀丽，泉水潺潺、清爽宜人，是旅游避暑的最佳选择，素有小“香格里拉”之称。建成农家乐73户，从业人员200人，年收入300万元。其中以杨府大院和大缸农家乐最有特色。旅游区开展以“吃农家饭，住农家院，干农家活，享农家乐”为主的农村生活活动，成为知名的集旅游、观光、休闲、娱乐于一体的度假村。2009年10月，菜籽山村获“兰州最美丽乡村”称号。

第三节　旅游活动及收入

一、旅游活动

（一）牡丹花会

1991—2004年，和平牡丹园在每年5月举办牡丹园花会。年接待游客10万人。2005年5月，县委、县政府主办以“邀四方宾朋，赏高原牡丹，迎锦凤筑巢，塑榆中形象”为主题的和平牡丹节。接待游客15万人次，实现门票收入20万元。

（二）青城民俗文化旅游节

2005年9月17—19日，县政府、市文化出版局和市旅游局联合举办青城镇首届民俗文化旅游节。节会期间，开展农民文艺节目演出、中秋民俗活动、古建民居欣赏、民俗文化展览等活动。此后逐年举办。

（三）兴隆山六月六山会

1991—2010年，兴隆山道教协会每年农历六月初六举行道事活动，设坛扬幡、弘法诵经、致祭各路神仙。县内及周边县市的群众走出家门、扶老携幼、呼朋唤友、结伴出游；青年男女梳妆打扮，借山会交友相亲、恳情约会。善男信女上山焚香敬神、求签问卦、祈子还愿；搭台邀请剧团戏班和民间艺人等演出秦腔剧目、鼓子弹唱、木偶、皮影、杂耍、武术等；表演民间竞技、游艺、游戏、山歌小曲、对歌等。来自陕西、四川、宁夏、青海和兰州等地的游客、善男信女、道士、僧人等云集山会，上香朝神、献供还愿。其间有各种风味小吃及野味、山珍供游人品尝。

（四）兴隆山红叶节

2005年10月1—7日，榆中举办首届金秋红叶节。兴隆山景区为打造自然与人文完美统一的旅游精品，至2010年，共举办四届红叶节。节会期间，举办赏红叶、登山、摄影、广场舞比赛、攀岩和文艺演出等活动。

（五）兴隆山滑雪节

2005年12月18日—2006年2月18日，县政府、市旅游局共同主办首届兴隆山冰雪旅游节。主要有激情滑雪、雪地骑马、快乐雪园、马拉爬犁等活动。节会期间接待游客50万人次，实现旅游收入200万元。此后，逐年举办。

二、旅游收入

1991年，榆中县旅游景区（点）接待游客16万人次，旅游总收入320万元。2000年，接待游客18万人次，旅游总收入620万元。2006年，接待游客40万人次，旅游总收入1200万元。2008年，接待游客53万人次，旅游总收入1700万元。2010年，接待游客73万人次，旅游总收入2550万元。

第四节　机　构

一、局机构

1991—2002年7月，设榆中县外事旅游局。2002年8月，成立榆中县旅游局。2010年5月，旅游局撤销，职能并入工业和商务局。

二、其他机构

（一）兴隆山旅游管理中心

兴隆山旅游管理中心的前身是榆中县旅行社，1989年9月1日划归兴隆山旅游管理处。2005年8月，更名为兴隆山旅游管理中心。科级建制，企业性质，独立核算，自负盈亏。是经营旅游业务的经济实体和管理机构，隶属甘肃兴隆山国家级自然保护区管理局。

（二）石门工人度假村

石门工人度假村的前身是1987年2月成立的石门度假村，科级建制，企业性质。1994年8月—2010年，由兰州市总工会接管经营。

第四章　体　育

第一节　群众体育

一、全民健身

1991年起，榆中县每年开展以学生、妇女、职工、农民、老年人等人群参加的健身活动20次以上。元旦环城赛、中小学生田径运动会、干部职工篮球赛、中小学生篮球赛、妇女秧歌比赛、社区运动会、迷你马拉松、兴隆山登山比赛、社火成为榆中县传统赛事活动。各乡镇、企事业单位每年开展群众体育活动30多场次，参加人数3万人次。2006年2月，举办榆中县“中国体育彩票杯”中国象棋比赛。2007年，举办榆中县“双拥杯”军地篮球赛。2008年，以“全民健身与奥运同行”为主题，开展榆中县“全民健身与奥运同行——迎奥运”系列活动，项目设置分学生组、职工组、社区组。举办“全民健身与奥运同行”2008名中小学生中长跑比赛、“奥运年”榆中妇女健身展示活动。县文体局被省体育局授予“全民健身活动先进单位”“全省社会体育指导员培训工作先进单位”称号。

图 11-4-1　金崖镇文体活动（1993 年摄）

2009年，群众体育以“庆祝中华人民共和国成立60周年”为主题，先后举办全县“庆元旦”冬季环城赛跑、健身秧歌舞比赛、教职工篮球、象棋、乒乓球、跳绳、跳棋等系列群体活动。承办兰州市六运会武术比赛项目。同年，县文体局获省体育局颁发的“全民健身活动优秀组织奖”，县文体局局长李学玲被国家体育总局授予“全国群众体育工作先进个人”称号。2010年，举办庆祝第二个“全民健身日”武术演练活动。组织60余名武术爱好者在新营乡开展“全民健身进农村”武术演练活动。举办榆中县“建设杯”综合运动会，来自全县的600多名运动员参加男子篮球、乒乓球、羽毛球、中国象棋、武术等五个项目的比赛。象棋比赛中，特邀象棋大师李家华、协会象棋大师何刚、梁军、乐家厚等在体育馆、南河棋院进行表演。组队参加全民健身兰州市领导干部乒乓球比赛。同年，协同兰州市体育局到三角城乡接驾嘴等村开展第三次国民体质监测，对300余名28~69岁的抽样人群进行体质检测和问卷调查。县文体局被省体育局授予“全省社会体育指导员管理先进单位”称号，获“全省全民健身活动优秀组织奖”。2006—2010年，培训和审批三级社会体育指导员873名，推荐优秀社会体育指导员参加省市培训，1人获国家级、6人获一级、27人获二级资质。至2010年底，全县拥有三级以上社会体育指导员917名。

二、学校体育

1991—2005年，全县各中小学贯彻落实《全民健身条例》《学校体育工作条例》《学生体质健康标准》，有计划、有组织、经常性开展小型多样的单项体育比赛活动，“两操两课两活动”形成制度，保证学生每天一小时的体育活动。2006年，举办庆元旦中小学生中长跑比赛，县内13所小学、9所初级中学、5所高级中学414名男女运动员参赛4个项目；举办中小学生田径运动会，44所中小学校的760人参加比赛；举办“青春风采”百人自编韵律操比赛，11所中小学校的1100名中小学生参加比赛；举办中学生篮球比赛，21所中学的代表队参加比赛；举办中小学生乒乓球比赛，16所中小学的160名运动员参加比赛。同年，县三中被市体育局授予“学校体育先进单位”称号。2007年，举办中小学生篮球比赛，24所初、高级中学及小学的代表队参加比赛；举办“体验奥运放飞梦想——全民健身与奥运同行”榆中县中小学生乒乓球比赛，来自15所中小学的120名运动员参加比赛。2008年，举办“阳光体育与奥运同行”冬季长跑比赛，县城8所中小学的2008名运动员参赛；举办“庆五四·迎奥运”榆中县中小学生街舞大赛，13支代表队的117名运动员参赛。2009年，县一悟小学被市体育局评为“群众体育先进集体”。至2010年，连续5年举办全县中小学生田径运动会。

三、农村体育

1991年起，各乡镇开展运动会和表演活动。每年一届的“百万农民健身活动”覆盖全县各地、涉及众多群众。2004年，甘草店镇获“中国亿万农民健身活动先进乡镇”称号。2006年，甘草店镇、夏官营镇、清水驿乡被市体育局授予“兰州市群众体育先进集体”。2007年，榆中县承办并参加兰州市第二届农民艺术节体育比赛，获集体项目一等奖。2008年，举办“迎奥运新农村杯”农民篮球赛。小康营乡被省体育局评为“百万农民健身活动先进集体”。2009年，高崖镇、夏官营镇被市体育局评为“群众体育先进集体”。至2010年，县文体局连续3年开展“送体育下村镇活动”，先后在金崖、三角城等乡镇组织开展全民健身项目表演及篮球、拔河、大众趣味体育项目比赛、科学健身知识及《全民健身条例》宣传、赠送体育器材等活动。

四、职工体育

1991—2005年，县直机关、企事业单位职工体育活动项目主要有篮球、乒乓球、羽毛球、象棋等。机关、厂矿、企事业单位组建篮球、乒乓球和象棋代表队，开展业余训练。县人大、县人事局、县广电局、县建设局、县委党校、县发改委等单位的篮球代表队，利用周末在县委党校球场、县体育中心球场开展训练和比赛。2006年，举办“双拥杯”职工运动会、教职工篮球比赛。2007年，举办“庆七一·迎奥运”干部职工越野赛，县属党政机关、企事业和学校等49个单位1200人参赛。2008年，举办榆中县“奥运年”干部职工拔河赛，县农业局举办首届农业系统职工运动会，县城建局举办城建系统职工综合性运动会，县劳保局举办职工综合性运动会，县工商局举办职工综合性运动会，县老干局举办离退休干部职工运动会。2008年起，连续3年举办全县干部职工篮球联赛。

图 11-4-2　“兴隆杯”军地篮球友谊赛
（2008 年 7 月摄）

五、社区体育

2006年，举办榆中县第三届“体彩杯”社区运动会暨第五届“金龙池杯”围棋比赛，4个社区150名运动员参加3人篮球、男女乒乓球、象棋、1分钟跳绳4个项目的角逐。同年，兴隆路社区被市体育局授予“社区体育先进集体”称号。2007年，举办榆中县第四届“体彩杯”社区运动会，4个社区的158名运动员参加乒乓球、曲线带球跑、2分钟单人跳绳、25米往返跑、30米穿针引线跑5个项目的比赛。2008年、2009年，一悟路社区被市体育局评为“群众体育先进集体”。2009年，文成路社区被省体育局授予“全省优秀健身站点”称号。

六、老年体育

1999年，在县城南关桥头建成老干部活动中心，面积960平方米，设有会议室、棋牌室、乒乓球室、健身室等，每天参加活动的老年人约70人。有标准门球场1处，门球队2支，其中老干部活动中心1支、省探矿厂1支。多次与兰州市有关单位切磋技艺，开展比赛活动。县上每年举办的环城赛、社区运动会、春节文体活动展演、广场文艺周、迷你马拉松赛、兴隆山登山比赛、健身操展演、象棋、武术比赛等活动都设有老年项目。2006年，举行全县老年人健身展示活动，24个健身晨练点的800名队员进行表演。2009年，举办广场文艺周老年健身操展示活动。同年，组织代表队参加兰州市第五届老年人运动会，获“体育道德风尚奖”。

第二节　竞技体育

一、篮球

2006年，县一中男女篮球队参加兰州市中学生篮球比赛，男、女组分别获得第二名。2009年，县一中男女篮球队参加兰州市第六届运动会篮球比赛，男子篮球队获金牌，女子篮球队获银牌。2009年，在新落成的体育馆承办全国男篮甲A四强对抗赛。2010年，承办全国女篮四强对抗赛。同年，县一中男女队参加兰州市中学生篮球比赛，均获第二名。

二、田径

2008年，县七中等5所学校参加兰州市第三十六届环城赛，恩玲、七中分获中学男、女组第二名。2009年，在兰州市三十七届环城赛上，龙泉中学获中学女子组团体第二名。在兰州市第六届运动会田径比赛中，榆中县选手取得优异成绩。2010年，在兰州市三十八届环城赛中，连搭中学获中学女子组团体第二名，龙泉中学获中学女子组团体第三名。

三、武术

榆中县武术拳种流派多，分布广。流传最广的主要有八门拳，在清末时由武术家郭永忠传入榆中；通背拳，由武术家刘仁（刘靖国）于20世纪60年代传入榆中；此外还有太极拳、大成拳、少林拳、形意拳等拳种。1991年后，县内武术事业不断发展壮大，参与国内外赛事活动频繁并屡获佳绩。1993年7月，在兴隆山举办武术表演。1995年7月，6人参加在武威市举行的甘肃省武术比赛。1997年5月，县武术协会承办兰州市武术比赛。1998年7月，参加在定西市举办的全省武术比赛；10月，县武协接待日本片野裕、长谷川等人，举办首届榆中县武术比赛。1999年5月，榆中县承办兰州市武术比赛。2009年7月，参加甘肃省武术比赛及交流大会，1人获男子C组传统武术一等奖，1人获男子C组传统武术二等奖，1人获男子B组传统武术短器械一等奖、1人获男子B组传统武术拳术二等奖，1人获男子B组传统武术三等奖，1人获男子A组传统武术长器械棍术三等奖，1人获男子B组传统武术长器械二等奖。2010年6月，县武协参加天水“伏羲文化旅游节武术表演”大会。

第三节　体育设施

2003年，榆中县建成占地83亩的体育中心。2004年，全县有体育场地410个，其中标准体育场地348个，非标准体育场地62个，面积75.89万平方米。2006年，全县23个乡镇建成23处篮球场，面积1.58万平方米，每处配备篮球架1副，乒乓球台1副。2007年，投资1200万元，建成建筑面积3400平方米的榆中县体育馆。同年，在各社区、乡镇建成45处乒乓球活动室，面积2700平方米。全县23个乡镇实施“一乡一站”建设项目，各乡镇建成1000平方米以上的室外文化健身广场、100平方米的室内活动室，总面积5.89万平方米。至2009年，县城建成健身路径15条15处，总面积1万平方米。

第四节　业余体育训练

1991年起，建立以县业余体校为总校、各训练点学校为分校的业余训练模式，主要训练项目有田径、武术、篮球。2006年，县业余体校组队训练并参加兰州市中小学生田径运动会。2007年，县文体局命名县一中、县六中、一悟小学等12所训练点学校，制定制度和考核办法，开展学校体育业余训练工作。同年，召开全县体育业余训练工作会。组队参加兰州市中小学生田径运动会，41人次获得前六名。2008年，召开业余训练工作会，对业余训练成绩突出的县一中、县九中、一悟小学等学校及范希龙等15名优秀教练员进行表彰奖励。组队参加兰州市小学生篮球比赛，文成小学获得女子组冠军。选派县九中、体校队参加兰州市中小学生乒乓球比赛。选派文成小学、县九中、县六中3所学校参加兰州市中国象棋、围棋比赛，文成小学获得中国象棋小学组团体第一名，县九中获中学组团体第二名。组队参加兰州市中小学生女子垒球比赛，一悟小学获小学组第三名。2009年，组队参加兰州市第六届运动会，获金牌23枚、银牌13枚、铜牌14枚，3人达到国家二级运动员标准。2010年，在县一悟小学、文成小学、县九中、县二中、县四中建成5所足球业余训练点学校。同年，文成小学、一悟小学、县九中组队参加兰州市篮球、象棋、乒乓球等项目的比赛。

第五节　体育机构

一、局机构

1991年，榆中县体育运动委员会编制5名，领导职数2名，配有正、副主任各1名。1996年6月，县体委与县文化局合并，成立榆中县文化体育局。

二、体育社团

（一）榆中县武术协会

1983年8月，榆中县武术协会成立，设主席1名，副主席2名，秘书长1名，副秘书长1名。1992年10月，换届选举产生第二届武术协会，其中名誉主席3名，顾问2名，主席1名，副主席11名，秘书长1名，副秘书长3名。1995年10月，换届选举产生第三届武术协会，其中名誉主席4名，顾问2名，主席1名，副主席15名，秘书长1名（兼），副秘书长4名。2008年

2月，换届选举产生第四届武术协会，其中顾问1名，主席1名，副主席5名，秘书长1名，副秘书长3名。同时在县民政局进行社团注册登记。2010年10月，换届选举产生第五届武术协会，其中顾问4名，名誉主席4名，主席1名，副主席2名，秘书长1名，副秘书长6名。

（二）榆中县甘草店“夕阳红”老年活动中心

2010年1月，榆中县甘草店“夕阳红”老年活动中心注册成立，设名誉主任1名，主任1名，常务副主任1名，外事联络1名，协调组织甘草店镇老年人的文体活动。

（三）榆中县篮球运动协会

2010年1月，榆中县篮球运动协会注册成立，设名誉主席1名，主席1名，副主席17名，秘书长1名，副秘书长5名，协调组织篮球项目的训练与比赛活动。

第十二篇　教　育
卫　生

第一章 教 育

第一节 教育体制改革

一、管理体制改革

1996年，榆中县制定《榆中县中小学内部管理体制改革试行办法》，实行校长负责制、教职工聘任制、校内结构工资制为内容的“三制”改革。2001年，出台《榆中县中小学内部管理体制改革试行办法实施细则》，在县属中小学、乡办中学、九年制学校、中心校推行，加快全县“三制”改革的步伐。2002—2003年，县委、县政府出台《榆中县关于实行“以县为主”农村义务教育管理体制的意见》，实行政府负责、分级管理、以县为主的农村义务教育管理体制，理顺人事管理、工资发放、公用经费筹措等工作，教职工工资实现全县统一发放。2006—2010年，建立以政府为主、社会各界及私人参与相结合的办学体制。基础教育主要由政府来办，鼓励企事业单位和其他社会力量兴办职业教育和学前教育。

二、教育结构改革

1998年5月，县政府印发《关于调整学校布局的意见》，调整中小学布局。1999年，全县普及九年义务教育并通过国家验收。2000年开始，加快发展和普及高中阶段教育。同年8月，榆中县职业技术学校、榆中师范、电大榆中工作站“三校合一”，建成榆中县职业技术教育中心。当年，县城高中、初中、小学形成“222”式布局。农村2万人以上乡（镇）设1所九年制学校和1所初中；0.8万至2万人的乡（镇）设1所初中；0.8万人以下的乡（镇）一般只设1所九年制学校。小学设置基本达到1村1校或

1村1教学点，学校布局趋于合理。小学适龄儿童入学率为99.84%，初中适龄少年入学率为96.8%，残疾少年入学率为86.5%，高中阶段入学率为48.4%。全县小学教师2565名，学历达标率99.4%；初中教师1130名，学历达标率83.5%；高中教师112名，学历达标率51.9%。至2010年底，全县有学校290所，其中职业培训中心1所（含师范高中部、职教、电大三部分）；普通中学28所，其中，高级中学2所、完全中学4所、独立初中17所、九年制学校5所；小学232所，在校学生27457人；幼儿园29所，在园（班）幼儿5165人。有教职工4448人，其中专任教师4303人。

第二节　普通教育

一、幼儿教育

1991年，集体、民办幼儿园陆续建立，全县有幼儿园4所，在园（班）幼儿4429人。2005年，全县有幼儿园11所，在园（班）幼儿4573人。2008年，全县有幼儿园12所，在园（班）幼儿3996人。2009年，全县有幼儿园24所，在园（班）幼儿4805人。2010年，全县有幼儿园29所，在园（班）幼儿5165人。

图 12-1-1　和平蓓蕾幼儿园

2010年榆中县幼儿园基本情况一览表

表12-1-1

类型	幼儿园	地址	级(个)	班(个)	教工(人)	幼儿(人)
县属	县幼儿园	城关镇文成中路	3	15	49	561
民办	栖云幼儿园	城关镇栖云北路329号	3	7	9	195
	城关幼儿园	城关镇文成路90号	3	8	15	286
	北关幼儿园	城关镇栖云北路42号	3	12	20	430
	南关幼儿园	城关镇南关村	3	3	4	54
	城关镇新苗幼儿园	城关镇兴隆山村	3	3	5	86
	城关镇苗苗幼儿园	城关镇梦馨苑小区	3	3	3	61
	城关镇小星星幼儿园	城关镇鑫泉丽都小区	3	3	3	17
	北苑幼儿园	城关镇栖云北路186号	3	4	8	130
	夏官营镇中心幼儿园	夏官营镇夏官营村	3	6	10	196
	金崖镇新田育苗幼儿园	金崖镇邴家湾村	3	3	3	84
	金崖镇舒蕾幼儿园	金崖镇金崖村	3	3	3	72
	和平蓓蕾幼儿园	和平镇和平村	3	3	7	77
	和平镇阳光幼儿园	和平镇袁家营村	3	4	12	150
	三角城乡中心幼儿园	三角城乡三角城村	3	3	5	80
	三角城乡丁官营幼儿园	三角城乡丁官营村	3	3	4	83
	三角城乡双店子幼儿园	三角城乡双店子村	3	3	3	58
	三角城周前艺术幼儿园	三角城乡周前村	3	6	11	245
	三角城下彭家营幼儿园	三角城乡下彭家营村	3	3	3	44
	清水驿乡中心幼儿园	清水驿乡清水驿村	3	3	3	123
	清水驿乡东古城幼儿园	清水驿乡东古城村	3	3	2	49

续表

类型	幼儿园	地址	级（个）	班（个）	教工（人）	幼儿（人）
民办	方家泉幼儿园	来紫堡乡方家泉村四社	3	3	5	58
	来紫堡乡桑园子新昕幼儿园	来紫堡乡桑园子村	3	3	5	42
	连搭乡育英幼儿园	连搭乡乔家营村	3	3	10	90
	连搭乡童乐幼儿园	连搭乡麻家寺村	3	3	10	133
	连搭乡红蜻蜓幼儿园	连搭乡麻启营村	3	3	5	60
	定远镇中心幼儿园	定远镇定远村	3	5	7	232
	青城镇万民艺术幼儿园	青城镇大园子村	3	3	3	68
	韦营乡爱心幼儿园	韦营乡孙家岔村	2	2	2	45

二、小学教育

1991年，榆中县小学标准化建设工程启动。文成小学、锦绣小学、三角城小学、甘草店小学等13所小学率先实现办学条件、学校管理、师资水平和教学质量的标准化，建成首批标准化小学。是年，全县有完全小学251所（其中附设初中班压缩为47所），非完全小学130所，在校学生48154人。1995年，全县小学教育突出抓师资达标，抓标准化建设，抓教学领域改革，办学条件得到改善，建成标准化小学47所。2000年，全县有小学232所，非完全小学120所，在校学生47348人。2003年，县委、县政府出台《关于实行“以县为主”农村义务教育管理体制的意见》，建立和完善政府负责、分级管理、以县为主的农村义务教育管理体制。2010年，全县有完全小学183所，非完全小学44所，九年制学校5所，小学在校学生27457人。

图 12-1-2　一悟小学（2010 年摄）

1991—2010年榆中县农村小学撤并情况一览表

表12-1-2

序号	撤销学校名称	所在乡镇	建校时间	撤并时间	学生去向
1	金家圈小学	城关镇	1939 年	2010 年	一悟小学
2	树梓沟小学	高崖镇	1953 年	2009 年	大营川教学点
3	新窑坡教学点	高崖镇	1964 年	2007 年	高崖小学
4	小营子教学点	高崖镇	1976 年	2010 年	大营川教学点
5	马家集教学点	高崖镇	1924 年	2006 年	高崖小学
6	裴家岔教学点	高崖镇	1957 年	2007 年	大营川教学点
7	李家岔教学点	甘草店镇	1932 年	2009 年	甘草店小学
8	项家堡教学点	甘草店镇	1938 年	2008 年	甘草店小学
9	中河堡小学	夏官营镇	1950 年	2008 年	红柳沟小学
10	彭家湾小学	夏官营镇	1936 年	2010 年	红柳沟小学
11	裴家窑教学点	夏官营镇	1945 年	2008 年	红柳沟小学
12	豆家岘教学点	金崖镇	1957 年	2007 年	金崖小学
13	牙儿沟教学点	金崖镇	1962 年	2008 年	肖家嘴学校
14	蔡家场教学点	金崖镇	1975 年	2007 年	胡家营学校
15	红旗教学点	金崖镇	1963 年	2006 年	梁坪学校
16	偏头沟教学点	金崖镇	1963 年	2006 年	梁坪学校
17	白石台教学点	金崖镇	1958 年	2007 年	梁坪学校
18	常家沟教学点	金崖镇	1964 年	2006 年	梁坪学校
19	大池泉教学点	和平镇	1986 年	2006 年	高营小学
20	火家源教学点	和平镇	1988 年	2006 年	和平小学
21	上河教学点	和平镇	1958 年	2006 年	祁家坡小学

续表

序号	撤销学校名称	所在乡镇	建校时间	撤并时间	学生去向
22	汪家坪教学点	和平镇	1964 年	2006 年	祁家坡小学
23	党家山教学点	和平镇	1953 年	2006 年	祁家坡小学
24	徐家营教学点	和平镇	1995 年	2008 年	和平小学
25	袁家营教学点	和平镇	1991 年	2007 年	柳沟店小学
26	柳沟河教学点	和平镇	1995 年	2007 年	柳沟店小学
27	菜籽山教学点	和平镇	1999 年	2007 年	菜籽山小学
28	魏家圈小学	三角城乡	1950 年	2009 年	三角城小学
29	王家营小学	三角城乡	1960 年	2008 年	三角城小学
30	庙王营教学点	三角城乡	1972 年	2006 年	孙家营小学
31	敬家山教学点	三角城乡	1958 年	2010 年	清水小学
32	龚家屲教学点	三角城乡	1966 年	2006 年	大坡坪学校
33	南北关小学	小康营乡	1964 年	2008 年	小康营学校
34	小康营小学	小康营乡	1934 年	2010 年	小康营学校
35	窑坡小学	小康营乡	1964 年	2008 年	小康营学校
36	李家营小学	小康营乡	1918 年	2008 年	彭家营小学
37	洪亮营小学	小康营乡	1964 年	2006 年	王保营小学
38	庙儿沟教学点	小康营乡	1963 年	2010 年	徐家峡小学
39	岘坪小学	清水驿乡	1946 年	2010 年	清水驿小学
40	红坪小学	清水驿乡	1969 年	2009 年	清水驿小学
41	苟家岔小学	清水驿乡	1963 年	2010 年	清水驿小学
42	大水洞教学点	来紫堡乡	1955 年	2010 年	桑园子学校
43	圈湾子教学点	来紫堡乡	1963 年	2006 年	响水学校

续表

序号	撤销学校名称	所在乡镇	建校时间	撤并时间	学生去向
44	张家坪小学	连搭乡	1948 年	2010 年	连搭小学
45	马莲山教学点	连搭乡	1952 年	2009 年	石头沟学校
46	大柳树教学点	连搭乡	1958 年	2009 年	孙家坡学校
47	咬家河教学点	连搭乡	1956 年	2009 年	孙家坡学校
48	张老营小学	定远镇	1950 年	2010 年	定远小学
49	董家湾教学点	定远镇	1951 年	2009 年	歇驾嘴小学
50	矿湾教学点	定远镇	1935 年	2007 年	水岔沟小学
51	木石岴教学点	定远镇	1953 年	2010 年	陈家沟小学
52	太平沟小学	马坡乡	1945 年	2009 年	张家寺小学
53	窑沟教学点	马坡乡	1952 年	2009 年	马坡小学
54	谢家营小学	新营乡	1922 年	2009 年	沿川小学
55	魏家河滩小学	新营乡	1937 年	2009 年	黄坪学校
56	庙湾教学点	新营乡	1968 年	2007 年	祁家河小学
57	下堡子教学点	新营乡	1964 年	2006 年	新营小学
58	西番岔教学点	新营乡	1978 年	2007 年	沿川小学
59	寨子教学点	新营乡	1978 年	2008 年	沿川小学
60	马家岴教学点	新营乡	1958 年	2007 年	沿川小学
61	洞口小学	龙泉乡	1972 年	2009 年	高崖小学
62	大坪教学点	龙泉乡	1964 年	2009 年	水坡小学
63	水泉湾教学点	龙泉乡	1963 年	2006 年	水坡小学
64	张家窑教学点	龙泉乡	1954 年	2008 年	水坡小学
65	杨岘小学	哈岘乡	1952 年	2008 年	哈岘小学

续表

序号	撤销学校名称	所在乡镇	建校时间	撤并时间	学生去向
66	黑庄岘教学点	哈岘乡	1964 年	2009 年	仁和小学
67	双沟教学点	哈岘乡	1964 年	2009 年	哈岘小学
68	扁豆岘教学点	哈岘乡	1966 年	2008 年	纪儿小学
69	黑庄沟教学点	哈岘乡	1964 年	2006 年	纪儿小学
70	双池教学点	哈岘乡	1972 年	2009 年	纪儿小学
71	大岔小学	上花岔乡	1934 年	2010 年	上花学校
72	下沟小学	上花岔乡	1950 年	2007 年	红旗小学
73	大庆小学	上花岔乡	1950 年	2010 年	上花学校
74	双窑沟教学点	上花岔乡	1953 年	2010 年	平湾学校
75	石圈子教学点	上花岔乡	1950 年	2006 年	红旗小学
76	合理教学点	上花岔乡	1948 年	2009 年	上花学校
77	庙花教学点	上花岔乡	1957 年	2009 年	平湾学校
78	李家山小学	园子岔乡	1958 年	2009 年	魏家台小学
79	青年教学点	园子岔乡	1972 年	2009 年	甜水岔小学
80	园子岔教学点	园子岔乡	1970 年	2010 年	小岔小学
81	小岔岭教学点	园子岔乡	1952 年	2009 年	向阳小学
82	李家圈教学点	园子岔乡	1963 年	2008 年	向阳小学
83	堡子山教学点	园子岔乡	1968 年	2008 年	小岔小学
84	高崖头教学点	园子岔乡	1972 年	2008 年	向阳小学
85	大岘教学点	园子岔乡	1958 年	2010 年	绊马岔小学
86	芦子岔教学点	园子岔乡	1974 年	2006 年	绊马岔小学
87	窄沟教学点	园子岔乡	1970 年	2009 年	绊马岔小学

续表

序号	撤销学校名称	所在乡镇	建校时间	撤并时间	学生去向
88	疙瘩教学点	园子岔乡	1975 年	2009 年	魏家台小学
89	崖头岭教学点	贡井乡	1958 年	2009 年	吕家岘小学
90	鲁家沟教学点	贡井乡	1958 年	2007 年	吕家岘小学
91	野韭川小学	中连川乡	1951 年	2009 年	撒拉沟小学
92	张家圈教学点	中连川乡	1965 年	2009 年	撒拉沟小学
93	武家窑小学	韦营乡	1950 年	2010 年	韦营学校
94	董湾教学点	韦营乡	1961 年	2008 年	韦营学校

2010年榆中县小学基本情况一览表

表12-1-3

学区	学校	地址	级（个）	班（个）	教工（人）	学生（人）
县属	文成小学	城关镇文成路 92 号	6	45	106	2549
	一悟小学	城关镇栖云北路 184 号	6	42	104	2180
城关	杨家庄学校	城关镇杨家庄村	6	6	13	86
	兴隆学校	城关镇峡口村	6	6	16	122
	朱家湾小学	城关镇朱家湾村	6	6	11	86
	东湾小学	城关镇东湾村	6	6	8	60
	下汉学校	城关镇下汉村	5	5	8	44

续表

学区	学校	地址	级（个）	班（个）	教工（人）	学生（人）
城关	南坡湾学校	城关镇南坡湾村	6	6	10	90
	清溪学校	城关镇分豁岔村	6	6	9	80
	上蒲家学校	城关镇上蒲家村	6	6	9	82
	李家庄学校	城关镇李家庄村	6	6	14	36
	大营学校	城关镇大营村	6	6	14	155
高崖	高崖小学	高崖镇高崖村	6	11	27	388
	大营川小学	高崖镇李家磨村	6	6	16	153
	关门口小学	高崖镇关门口村	6	6	8	62
	砂河小学	高崖镇砂河村	6	6	7	56
	马家嘴小学	高崖镇马家嘴村	6	6	8	74
甘草店	甘草店镇中心小学	甘草店镇西村	6	13	31	459
	浣涝小学	甘草店镇浣涝村	6	6	6	44
	唐家岔小学	甘草店镇唐家岔村	5	5	6	35
	南阳小学	甘草店镇车道岭村	6	6	7	41
	东岭小学	甘草店镇蔡家沟村	5	5	8	42
	咸水岔小学	甘草店镇咸水岔村	6	6	8	36
	锦绣明德小学	甘草店镇果园村	6	6	10	95
	三墩营小学	甘草店镇三墩营村	6	6	10	68
	钱家坪小学	甘草店镇钱家坪村	5	5	9	59
	小石峡小学	甘草店镇钱家坪村	5	5	6	46
	郭家湾小学	甘草店镇郭家湾村	3	3	2	8
夏官营	夏官营美丰实验学校	夏官营镇夏官营村	6	13	35	450
	高家崖小学	夏官营镇高家崖村	6	6	11	98

续表

学区	学校	地址	级(个)	班(个)	教工(人)	学生(人)
夏官营	红柳沟学校	夏官营镇红柳沟村	6	6	13	119
	太平堡小学	夏官营镇太平堡村	6	6	11	114
	过店子学校	夏官营镇过店子村	6	6	13	159
金崖	梁坪学校	金崖镇大涝池村	3	3	6	8
	金崖明德小学	金崖镇金崖村	6	9	27	346
	永丰学校	金崖镇永丰村	2	2	6	23
	梁家湾学校	金崖镇梁家湾村	6	6	9	62
	齐家坪学校	金崖镇齐家坪村	6	6	11	112
	陆家崖学校	金崖镇陆家崖村	6	6	11	112
	张家湾学校	金崖镇张家湾村	6	6	9	70
	窦家营学校	金崖镇窦家营村	6	6	9	66
	寺隆沟学校	金崖镇寺隆沟村	6	6	10	117
	邴家湾学校	金崖镇邴家湾村	6	7	14	213
	岳家巷学校	金崖镇古城村	6	7	12	213
	大涝池教学点	金崖镇大涝池村	2	2	2	2
和平	柳沟店小学	和平镇袁家营村	6	14	29	675
	沈家河小学	和平镇沈家河村	6	6	12	209
	高营小学	和平镇高营村	6	6	11	128
	和平小学	和平镇和平村	6	10	22	322
	菜籽山小学	和平镇菜籽山村	6	6	9	103
	祁家坡小学	和平镇祁家坡村	6	10	19	273
	菜籽山教学点	和平镇菜籽山村	1	1	1	5
	范家营小学	和平镇范家营村	6	6	8	72

续表

学区	学校	地址	级（个）	班（个）	教工（人）	学生（人）
和平	路口小学	和平镇路口村	6	6	8	116
	马家山小学	和平镇马家山村	6	6	7	85
	豆家山小学	和平镇豆家山村	6	6	7	65
	郭家寺小学	和平镇直沟门村	6	6	7	92
	甘肃陇大国际学校	和平镇高新开发区牡丹园路	6	10	—	205
三角城	三角城小学	三角城乡三角城村	6	9	20	292
	詹家营学校	三角城乡詹家营村	6	6	9	82
	大兴营学校	三角城乡大兴营村	6	6	8	69
	双店子学校	三角城乡双店子村	6	6	12	153
	化家营学校	三角城乡化家营村	6	6	10	90
	周前学校	三角城乡周前村	6	6	15	176
	孙家营小学	三角城乡孙家营村	6	6	8	54
	丁官营学校	三角城乡丁官营村	6	6	13	139
	大坡坪学校	三角城乡龚家岴村	6	6	8	44
	高墩营学校	三角城乡高墩营村	6	7	13	215
	接驾嘴学校	三角城乡接驾嘴村	5	5	8	61
	下彭家营学校	三角城乡下彭家营村	6	6	9	106
小康营	小康营学校	小康营乡小康营村	6	7	22	344
	泉头小学	小康营乡红寺村	6	6	10	144
	永红小学	小康营乡永红村	6	6	10	97
	徐家峡小学	小康营乡徐家峡村	6	6	12	116
	樊家山小学	小康营乡樊家山村	6	6	10	98
	浪街小学	小康营乡浪街村	6	6	10	98

续表

学区	学校	地址	级（个）	班（个）	教工（人）	学生（人）
小康营	深沟小学	小康营乡深沟村	6	6	8	42
	郭家营小学	小康营乡郭家营村	6	6	10	124
	孟家庄小学	小康营乡孟家庄村	6	6	11	81
	王保营小学	小康营乡王保营村	6	6	13	160
	彭家营小学	小康营乡上彭家营村	6	6	12	140
	杨家新庄小学	小康营乡翟家湾村	2	2	9	15
	唐家峡教学点	小康营乡小康营村	1	1	1	5
清水	清水驿小学	清水驿乡清水村	6	11	26	353
	太子营小学	清水驿乡太子营村	3	3	4	11
	天池峡福和希望小学	清水驿乡天池峡村	6	6	12	66
	稠泥河学校	清水驿乡稠泥河村	3	3	6	8
	王家湾学校	清水驿乡王家湾村	6	6	11	54
	赵家岔小学	清水驿乡赵家岔村	6	6	9	69
	方家沟小学	清水驿乡方家沟村	6	6	8	104
	杨河小学	清水驿乡杨河村	2	2	2	10
	苏堡学校	清水驿乡苏堡村	6	6	8	63
	孟家山学校	清水驿乡孟家山村	2	2	2	6
	杨家山小学	清水驿乡杨家山村	3	2	2	5
	柳树湾小学	清水驿乡柳树湾村	6	6	9	61
	建家营学校	清水驿乡建家营村	6	6	10	67
	东古城小学	清水驿乡东古城村	6	6	10	131
来紫堡	萃英学校	来紫堡乡黄家庄村	6	8	19	245
	桑园子学校	来紫堡乡桑园子村	6	6	16	185

续表

学区	学校	地址	级（个）	班（个）	教工（人）	学生（人）
来紫堡	李家庄学校	来紫堡乡冯家湾村	6	8	18	226
	骆驼巷学校	来紫堡乡骆驼巷村	6	8	19	196
	响水学校	来紫堡乡西坪村	6	6	14	182
	方家泉学校	来紫堡乡方家泉村	6	6	14	142
	刘家坪小学	来紫堡乡黄家庄村	2	2	5	6
	庆丰学校	来紫堡乡火家店村	6	6	10	69
连搭	麻家寺学校	连搭乡麻家寺村	6	6	11	162
	连搭小学	连搭乡连搭村	6	6	17	133
	魏家营小学	连搭乡魏家营村	6	6	9	63
	秦启营学校	连搭乡秦启营村	6	6	10	117
	朱家沟回民学校	连搭乡朱家沟村	6	6	8	77
	石头沟学校	连搭乡石头沟村	6	6	11	106
	肖家嘴小学	连搭乡肖家嘴村	6	6	8	101
	寇家沟小学	连搭乡寇家沟村	6	6	9	57
	朱典营小学	连搭乡朱典营村	6	6	8	84
	乔家营学校	连搭乡乔家营村	6	6	8	98
	孙家坡学校	连搭乡孙家坡村	6	6	10	137
	马家山小学	连搭乡马家山村	6	6	9	77
	胡家营学校	连搭乡胡家营村	6	6	9	148
	金家营学校	连搭乡金家营村	6	6	9	144
	麻启营学校	连搭乡麻启营村	6	6	7	45
	国强光彩小学	连搭乡魏家沟村	6	6	8	72
	薛家营小学	连搭乡薛家营村	2	2	2	21

续表

学区	学校	地址	级（个）	班（个）	教工（人）	学生（人）
连搭	尤阜山小学	连搭乡秦启营村	2	2	2	16
	夹巷山小学	连搭乡魏家沟村	2	2	1	3
	地沿坪小学	连搭乡金家营村	3	3	2	32
	野鸡沟学校	连搭乡朱家沟村	2	2	2	17
定远	定远小学	定远镇定远村	6	12	26	409
	蒋家营小学	定远镇蒋家营村	6	7	15	213
	安家营小学	定远镇安家营村	6	6	7	56
	水岔沟小学	定远镇水岔沟村	6	6	6	70
	陈家沟小学	定远镇陈家沟村	6	6	5	24
	丁家沟小学	定远镇陈家沟村	6	6	5	27
	邓家营小学	定远镇邓家营村	6	6	9	95
	猪嘴岭小学	定远镇猪嘴岭村	6	6	8	64
	歇驾嘴小学	定远镇歇驾嘴村	6	6	12	228
	中良光彩小学	定远镇转嘴子村	6	6	6	47
青城	青城小学	青城镇城河村	6	12	20	301
	峡口小学	青城镇苇茨湾村	5	5	5	28
	改地小学	青城镇改地村	1	1	2	3
	瓦窑小学	青城镇瓦窑村	6	6	12	90
	上坪小学	青城镇上坪村	6	6	9	100
	下坪小学	青城镇下坪村	6	6	11	180
	东滩小学	青城镇东滩村	6	6	11	121
	红湾小学	青城镇红湾村	6	6	9	63
	大园子小学	青城镇大园子村	1	1	8	9

续表

学区	学校	地址	级（个）	班（个）	教工（人）	学生（人）
青城	建亭小学	青城镇建亭村	6	6	9	135
	地湾小学	青城镇三合村	1	1	2	5
	黄崖口小学	青城镇三合村	4	3	2	16
	仁和小学	青城镇瓦窑村	2	2	2	13
马坡	上庄学校	马坡乡马莲滩村	6	6	14	196
	马坡小学	马坡乡马坡村	6	6	13	130
	河湾小学	马坡乡河湾村	6	6	9	124
	羊寨学校	马坡乡羊下村	6	7	13	195
	张家寺学校	马坡乡张家寺村	6	6	9	99
	上庄小学	马坡乡上庄村	6	6	10	122
	尖山子小学	马坡乡尖山村	3	3	5	27
	白堡学校	马坡乡白堡村	6	6	8	98
	旧庄沟小学	马坡乡旧庄沟村	6	6	9	85
	阳屲小学	马坡乡阳屲村	6	6	9	87
银山	孙家湾小学	银山乡孙家湾村	6	6	13	98
	打磨沟小学	银山乡打磨沟村	6	6	8	95
	高家湾小学	银山乡高家湾村大庄社	6	6	8	105
	小水子小学	银山乡小水子村	6	6	10	168
	大滩小学	银山乡大滩村	6	6	7	72
	茨坪小学	银山乡茨坪村	2	2	2	11
新营	黄坪学校	新营乡黄坪村	6	6	11	185
	新营小学	新营乡新营村	6	6	14	203
	沿川小学	新营乡谢家营村	6	6	13	212

续表

学区	学校	地址	级（个）	班（个）	教工（人）	学生（人）
新营	祁家河小学	新营乡祁家河村	6	6	13	185
	刘家湾小学	新营乡刘家湾村	6	6	8	51
	红土坡小学	新营乡红土坡村	6	6	9	85
	八门寺小学	新营乡八门寺村	6	6	8	99
	杨家营小学	新营乡杨家营村	3	3	3	25
	桦岭小学	新营乡桦岭村	6	6	8	72
	金城希望小学	新营乡窝子湾村	6	6	7	56
	清水沟小学	新营乡清水沟村	6	6	7	70
龙泉	银川小学	龙泉乡银川村	6	6	14	127
	水坡小学	龙泉乡水坡村	6	6	16	226
	武庄小学	龙泉乡武庄村	6	6	9	87
	花寨子小学	龙泉乡花寨子村	6	6	8	96
	泥滩小学	龙泉乡泥滩村	6	6	8	91
	小川子小学	龙泉乡小川子村	6	6	6	79
	骡子滩小学	龙泉乡骡子滩村	6	6	7	68
哈岘	宣家岔小学	哈岘乡宣家岔村	1	1	1	2
	哈岘小学	哈岘乡哈岘村	6	10	39	223
	仁和小学	哈岘乡仁和村	2	1	1	2
	甲地小学	哈岘乡柳树村	2	1	1	10
	纪儿小学	哈岘乡纪儿村	1	1	1	3
	东湾小学	哈岘乡张湾村	2	1	1	6
	雁字小学	哈岘乡柳树村	2	1	1	7
上花岔	上花学校	上花岔乡上花岔村	6	9	29	380

续表

学区	学校	地址	级（个）	班（个）	教工（人）	学生（人）
上花岔	红旗小学	上花岔乡百禄村	2	2	4	24
	平湾小学	上花岔乡平湾村	3	2	2	15
	和平小学	上花岔乡黑虎村	2	1	1	12
	王湾小学	上花岔乡王湾村	2	1	1	10
园子岔	小岔小学	园子岔乡小岔村	6	6	16	216
	青年沟小学	园子岔乡万羊村	2	2	2	5
	甜水岔小学	园子岔乡青碾村	6	4	7	28
	柏木沟小学	园子岔乡柏木村	6	5	7	47
	金家营小学	园子岔乡金营村	5	4	4	23
	向阳小学	园子岔乡万羊村	3	3	3	10
	魏家台小学	园子岔乡金营村	6	6	8	90
	绊马岔小学	园子岔乡大岘村	6	6	7	55
贡井	套岔岘小学	贡井乡套岔岘村	2	2	3	8
	吕家岘小学	贡井乡吕家岘村	6	6	15	158
	贡井小学	贡井乡贡井村	6	6	7	69
	大坪小学	贡井乡大坪村	6	6	7	52
	石台小学	贡井乡石台村	6	4	4	30
	育红小学	贡井乡地湾村	6	6	7	63
	古坝小学	贡井乡古坝村	6	6	6	44
	周家岘小学	贡井乡佐堤村	4	3	3	14
中连川	垲坪学校	中连川乡刘家岘村	6	6	10	128
	高窑沟小学	中连川乡高窑沟村	6	6	19	102
	鞑靼窑小学	中连川乡鞑靼窑村	6	6	8	81

续表

学区	学校	地址	级(个)	班(个)	教工(人)	学生(人)
中连川	大湾小学	中连川乡大湾村	6	6	7	38
	撒拉沟小学	中连川乡撒拉沟村	6	6	9	110
	中庄窠小学	中连川乡中庄窠村	6	6	7	51
	博达希望小学	中连川乡中连川村	6	6	7	53
	当庄小学	中连川乡鞑靼窑村	1	1	1	5
	高家渠小学	中连川乡高家渠村	6	6	5	54
	占泉湾小学	中连川乡黄蒿湾村	6	6	5	52
	垲坪滩小学	中连川乡垲坪村	6	4	5	55
	水岔小学	中连川乡陡泉湾村	2	1	1	6
	关庄小学	中连川乡垲坪村	2	1	1	6
韦营	韦营学校	韦营乡孙家岔村	2	4	10	141
	孙家岔小学	韦营乡孙家岔村	4	4	6	39
	全家岔小学	韦营乡全家岔村	3	3	3	16
	黄家岔小学	韦营乡黄家岔村	4	4	5	21
	洞子坪小学	韦营乡郭家沟村	3	2	3	16
	李家坪小学	韦营乡李家坪村	4	4	4	32
	营川小学	韦营乡韦家营村	4	3	4	25
	肖家山小学	韦营乡孙家岔村	3	3	3	10

三、中学教育

（一）学校

1.初级中学　1991年，全县有初级中学20所，附设初中班的小学28所。1993年，县上提出“摘帽子、脱鞋子”，即小学所设的初中班和小学分离，各乡镇办好一所独立初中。1998年8月，榆中六中改为独立初中，高中学生合并到恩玲中学，恩玲中学初中学生划拨到六中和九中。1999年9月，将原城关镇南关学校改建为一所独立初中，更名为榆中县第九中学。2005年，全县有独立初中22所，其中县城2所，九年制学校8所，十二年制学校1所。2010年，全县有独立初中17所，九年制学校5所。

2. 完全中学　1991年，全县设完全中学10所，农业中学1所，学生总数2.19万人，教职工1152人。2005年，全县有完全中学5所，十二年制学校1所，学生7347人，教职工453人。2010年，全县有完全中学4所，学生4475人。

3. 高级中学　1997年，香港爱心人士朱恩馀、谢玲玲捐资500万元，兴建榆中县恩玲高级中学。1998年8月，榆中一中的初中部划拨到榆中九中，一中成为独立高级中学。2003年8月，县职教中心停招师范生，开始招收普通高中生。2005年12月，全县有独立高中3所（含职教中心高中部），教职工462人，教学班127个，在校学生9208人。2010年，全县有独立高中3所（含职教中心高中部），教职工490人，教学班125个，在校学生7994人。

图 12-1-3　榆中县恩玲中学（2004 年摄）

2010年榆中县中学基本情况一览表

表12-1-4

类型	学校名称	所在地址	级数（个）	班数（个）	教工（人）	学生（人）
县属	第一中学	城关镇兴隆路 270 号	3	48	189	3060
	第二中学	三角城乡大兴营村	6	36	131	1994
	第三中学	高崖镇高崖村 64 号	3	24	76	1448
	第四中学	贡井乡吕家岘村吕家岘街 8 号	3	19	78	810
	第五中学	定远镇定远村东街 26 号	6	28	96	1058
	第六中学	城关镇栖云北路 307 号	3	38	129	2503
	第七中学	甘草店镇西街 139 号	6	29	106	1253
	恩玲中学	城关镇栖云北路 270 号	3	48	191	3184
	第九中学	城关镇栖云南路 264 号	3	32	112	2178
	榆中师范	城关镇栖云北路 599 号	3	29	110	1750
完全中学	东滩中学	青城镇东滩村	4	8	35	220
乡镇初级中学	夏官营初级中学	夏官营镇夏官营村	2	8	34	273
	金崖中学	金崖镇金崖村	3	21	85	970
	和平中学	和平镇袁家营村	3	18	71	902
	兰山初级中学	和平镇范家营村	3	7	26	326
	三角城中学	三角城乡三角城村	3	14	57	584
	清水驿初级中学	清水驿乡清水村	3	18	62	676
	来紫堡中学	来紫堡乡骆驼巷村	3	9	36	373
	连搭中学	连搭乡麻启营村	3	18	59	866
	青城中学	青城镇城河村	3	6	28	275
	马坡中学	马坡乡马坡村	3	13	40	669
	银山初级中学	银山乡孙家湾村	3	9	28	407

续表

类型	学校名称	所在地址	级数（个）	班数（个）	教工（人）	学生（人）
	新营中学	新营乡新营村	3	14	45	637
	园子初级中学	园子岔乡小岔村	3	6	26	341
九年一贯制	小康营学校	小康营乡小康营村	3	20	72	987
	麻家寺学校	连搭乡麻家寺村	3	7	26	244
	上花学校	上花岔乡上花岔村	3	8	25	389
	垲坪学校	中连川乡刘家岘村	3	3	10	173
	韦营学校	韦营乡孙家岔村	3	6	20	224

2006—2010年榆中县农村中学撤并情况一览表

表12–1–5

序号	撤销学校名称	所在乡镇	建校时间	撤并时间	学生去向
1	刘家营学校	小康营乡	1969 年	2006 年	小康营中学
2	梁坪学校	金崖镇	1958 年	2007 年	金崖中学
3	萃英学校	来紫堡乡	1968 年	2008 年	来紫堡中学
4	哈岘初中	哈岘乡	1968 年	2008 年	第四中学
5	中连川初中	中连川乡	1969 年	2010 年	第四中学
6	龙泉中学	龙泉乡	1967 年	2010 年	第三中学

1991—2010年榆中县大中专学校录取学生汇总表

表12-1-6　　单位：人

年度	大学	高中中专	初中中专
1991	129	64	265
1992	137	176	247
1993	185	151	194
1994	212	145	305
1995	179	121	300
1996	186	116	341
1997	269	106	240
1998	319	113	250
1999	465	82	400
2000	635	31	966
2001	934		714
2002	1248		730
2003	1410		501
2004	1661		525
2005	1791		743
2006	1902		688
2007	1826		708
2008	2273		545
2009	2884		498
2010	3067		513

1993—2010 年榆中县学校、教职工、学生数一览表

表 12-1-7

项目		单位	1993	1994	1995	1996	1997	1998	1999	2000	2001	2002	2003	2004	2005	2006	2007	2008	2009	2010
学校数		所	387	387	387	388	392	424	376	420	408	403	394	394	386	364	348	334	329	306
其中	完全中学	所	7	7	7	7	8	6	7	5	5	5	5	5	5	5	5	5	5	5
	独立高中	所	1	1	1	1	1	1	1	2	2	2	2	2	2	2	2	2	2	2
	初中	所	24	24	24	40	22	33	22	30	31	31	31	31	31	29	28	26	26	25
	小学	所	355	355	355	340	336	374	346	372	357	352	343	343	336	300	301	288	270	243
	幼儿园	所	—	—	—	—	—	—	—	10	12	12	12	12	11	11	11	12	24	29
教职员工		人	4198	4523	4258	3883	3883	4155	4247	4219	4245	4347	4347	4348	4367	4420	4478	4460	4418	4448
其中	高中专任教师	人	203	214	214	198	204	241	326	400	306	360	412	443	518	683	622	627	608	597
	初中专任教师	人	1021	1028	1078	1005	1066	1066	1078	1106	1155	1234	1246	1280	1256	1090	1259	1269	1286	1289
	小学专任教师	人	2581	2610	2618	2357	2373	2496	2558	2423	2421	2437	2415	2328	2316	2333	2339	2306	2273	2320
	其他	人	393	401	348	293	240	352	285	290	363	316	274	297	277	314	258	258	251	242
高中在校学生		人	2679	2631	2615	3811	3540	3231	4072	4690	5540	6568	7545	8989	10752	11662	11345	10881	10155	10490
高中毕业学生		人	1095	1068	1015	760	996	1128	1168	1165	1263	1908	1856	2366	2764	3678	3590	3511	3311	3277
初中在校学生		人	18960	18614	18514	19279	19705	19744	20604	21777	22770	24339	25779	25416	23887	22622	21430	20967	20029	18243
初中毕业学生		人	5130	5560	6171	5647	5818	6312	6509	6083	6339	7730	7356	8800	8562	8501	8170	6958	7074	6977
小学在校学生		人	48498	49734	49430	52980	55066	55004	54249	51949	49626	47378	44001	41036	38440	37938	85693	32036	29164	27457
小学毕业学生		人	6669	6569	6615	7041	7254	7160	8730	9156	8778	9200	9188	7138	7083	7410	7053	6149	5186	5176

第三节　中等师范教育

一、学校设置

1991年，榆中师范学校位于三角城乡白虎山麓，占地26.4万平方米，校舍面积1.1万平方米。学校有实验仪器2240件，图书馆藏有图书9615册，电教器材有收录机、放像机、电影放映机等29件，微机10台，美术专用教室2个，音乐教室2个，电子琴房1个，体育场面积3.6万平方米，学校有农林场300亩。学校设置普师班和民师班，其中当年招收普师班2个，招收学生89人；民师班2个，招收学生77人。1997年，县委、县政府决定将榆中师范学校迁到县城。1998年4月25日动工修建。2000年建成。新校址占地4.66万平方米，建筑面积1.64万平方米，其中综合教学楼1幢6480平方米，职教综合楼1幢2639平方米，学生公寓楼2幢7321平方米。2003年师范生停招。1991—2006年，榆中师范毕业学生2400名，其中普师班毕业1613名，民师班毕业787名。

二、教学

（一）学制与课程

1991—2006年，榆中师范普师班学制四年，民师班学制两年。学校执行全国中等师范学校统一的教学计划。开设的课程有思想政治、语文及小学教材教法、数学及小学教材教法、物理、化学、生物（含少儿生理卫生）、信息技术教育、教育技术基础、历史、地理、教育学、心理学、小学自然常识教材教法、体育、音乐、美术及教学法、教育实习。

（二）教学管理

榆中师范教育教学工作面向小学教育，建立以课堂教学为主、第二课堂活动为辅、加强教育实习“三位一体”的教学管理体系，突出师范的专业性。有计划地让学生试讲，增加锻炼机会，提高学生参与教学过程的组织活动能力。在考试方面，学校重视教学的评价和学生的能力测试。建立必修课、选修课、活动课、教育实践有机结合的教学模式。

(三) 教育实习

学生教育实习集中6周时间，分散在榆中、皋兰两县20多所小学进行。实习内容包括教学、班主任工作、少先队工作、课外辅导和家访等工作。学校制定《实习工作条例》，对教育实习的目的要求、内容、组织领导、成绩考核、指导教师职责、实习生守则均有明确规定，指导教师负责组织听课、编写教案、讲授、评论、批改作业、评定试卷，开展班主任工作和少先队工作。实习结束时，教师指导学生写出个人实习总结，并由实习学校的校长、师生评议，写出鉴定。评定内容包括实习成绩、运用普通话能力和实际工作能力等内容。

三、生源与毕业分配

(一) 生源

1991—2006年，榆中师范普师班招收榆中和皋兰两县初中毕业生，民师班招收榆中和皋兰两县具有高中文化程度，并在1984年以前从事教育教学工作的民办教师。

招生由兰州市招生办和县招生办统一负责组织报名、预选、命题、考试、评卷、音美体加试、体检和录取，学校负责面试及最后审查。

(二) 分配

毕业生由生源地县教育局根据需要分配到本县小学、幼儿园任教，也有少部分分配到县行政部门。分配时，要求毕业生按规定的服务期限执教。2003—2006年的师范毕业生到兰州教育学院学习两年，毕业后统一参加县人事局、教育局组织的文化课考试、体检，成绩合格者分配工作。

1991—2006年榆中师范学校毕业生统计表

表12-1-8　　　　单位：人

届别	毕业人数		备注
	普师班	民师班	
1991	255		普师班 158 人，计划内普师自费生 40 人，计划外普师自费生 57 人。
1992	165	101	
1993	158	80	普师班皋兰县 39 人
1994	121	60	普师班皋兰县 20 人
1995	89	80	民师班皋兰县 2 人
1996	140	120	普师班皋兰县 7 人，民师班皋兰县 4 人。
1997	78	133	
1998	82	151	
1999	80	62	
2000	87		
2001	80		
2002	82		
2003	77		
2004	28		
2005	49		
2006	42		
小计	1613	787	
合计	2400		普师班皋兰县 66 人，民师班皋兰县 6 人。

第四节　职业技术教育

1991年6月，三角城农业中学更名为榆中县农职业中学。1992年12月，榆中县农职业中学归属县教委主管，科级建制。1994年，设有4个专业、84名学生。1995年6月，榆中农职业中学搬迁到榆中二中，实行“一套班子、两块牌子、两套人马”的管理格局。1996年，榆中县农职业中学更名为榆中县职业技术学校。1997年，达到甘肃省合格职业学校C级标准。1998年，达到市级“五四”工程示范学校。1999年，通过市级示范性职业技术学校的验收。2000年，增为7个专业，有13个教学班540名学生。同年8月，将榆中县职业技术学校、榆中师范学校、电大榆中工作站“三校合一”，建成榆中县职业教育中心（简称职教中心）。2005年底，职业高中有教学班6个，学生226人。2006年，榆中县职教中心与上海寅丰服装有限公司、苏州达方电子有限公司等联办，与广州、深圳、上海、天津等地企业建立劳务关系，并签订劳务合同书。与白银职业技术学院、甘肃省商校联合办学，开设机电一体化、会计电算化、计算机等11个专业14个班，招收学生429名。2007年，增设烹饪、装潢、焊接3个专业。给县城初中和各乡镇初中分别划定5%和20%的职教入学指标，将职教升学率纳入年底目标管理考核体系。在职教招生工作中，尝试“零学费”招生。县职校招收学生640名，向兰州女子职业学校推介学生212名，向广东英德职业技术学校、浙江吉利汽车工业学校、山东青岛博海职业学校等职业学校推介学生260名，总计1112人。2008年，兰州市榆中县理工职业学校通过验收和审批，并与兰州文科职业学校联合办学，全县1154名学生享受每人每年1500元的生活补助费，共发放专项经费147.6万元。2010年，全县初、高中毕业生步入职业院校就读的学生1922人，其中县职业学校秋季招生623人，县理工职业学校招生340人。

第五节　成人教育

一、扫盲教育

1991年，榆中县集中力量在山区15个乡兴办农民夜校，学习人数469名。另外，对居住分散和家庭拖累大的2287人实行包教的办法落实扫盲。1994年10月，全县15~45周岁青壮年人口中的非文盲率99.7%，超国务院确定的目标4.7%。1995年，县政府落实农民人均0.10元的扫盲、成教经费。1996年，全县28个乡镇初步建立农民文化技术学校。同年，全县有2400人参加扫盲学习，扫除文盲1654人，其中女1091人。1997年，全县269个行政村有一半建成村级农技校教学点，有2500人参加扫盲学习，扫除文盲1790人，其中女1214人。1998年，全县集中办扫盲班269个，有3860人参加扫盲学习，扫除文盲1858人，其中女1173人；提高班258个，有4593人参加提高学习。1999年9月，榆中县扫盲工作通过国家验收。

二、成人高等教育

（一）广播电视大学

1. 组织管理

1988年5月，甘肃广播电视大学兰州市分校榆中工作站成立。先后在县工会、一悟学校、南关学校、县人武部等处办学。2000年6月迁入榆中师范。9月与榆中师范、职业技术学校合并，成立榆中县职业教育中心。对外保留原“电大兰州分校榆中工作站”的牌子。工作站设教学处、教材处、培训处、总务处、教务处、办公室六处。专职教师15人，外聘教师42人。

2. 专业设置

1995年9月—2004年7月，开设财务会计、法律、小学师资教育（文史方向）等专业，招收学员380名。2001年3月，举办汉语言文学（师范类）、教育管理、法学、英语（教育专业）等本科专业和教育管理、护理学、法学、计算机应用、英语等专科专业。2010年秋季班开办汉语言文学（师范方向）、英语（教育方向）、法学、金融等本科专业及法学、会计学、汉语言等专科专业，在校学生130人，其中本科41人。至2010年底，广播电视大学榆中工作站先后开办行政管理、法学、英语、汉语言(师范)、会计学等本科教学班48个，汉语言文学（师范)、审计类财务会计、机电工程、临床医学、护理学等大专教学班53个，幼儿师范、财务会计等专业电视中专班5个。

（二）高等教育自学考试

1991年，榆中县高等教育自学考试开设18个专业。至同年10月，全县累计报考1455人次，毕业206人。2002年起，榆中县社会开考专业全部执行新的专业考试计划。2005年，考生采用电子考籍档案。2006年，1354人次（2725科次）参加自学考试；2007年，有939人次（1989科次）参加自学考试；2008年，有710人次（1542科次）参加自学考试；2009年，有530人次（1249科次）参加自学考试；2010年，有700人次（2123科次）参加自学考试。

（三）进修

1991年，有300名教师取得本科、专科学历。教师进修学习主要由甘肃省教育学院、兰州市教育学院、西北师范大学等院校承担。进修教师待遇与在职教师相同。进修毕业后，原则上回原单位任教。2005—2010年，1122名教师通过各大院校在职学习，提升自身学历，其中2005年取得本科学历150人，2006年取得本科学历203人，2007年取得本科学历204人，2008年取得本科学历168人，取得研究生学历2人，2009年取得本科学历209人，2010年取得本科学历186人。

第六节　师　资

一、教师资格认定

1997年，县教育局对全县1994年1月1日前在编的教师，包括1984年底以前在册的民办教师，进行教师资格认定工作，其中认定幼儿园教师资格40人，小学教师资格2492人，初级中学教师资格856人，由县教育局审核后报兰州市教育局认定高级中学教师资格303人。2002年，分三批进行教师资格认定，第一批认定1994年1月1日以后补充到全县教师队伍中的师范教育类专业毕业生782人具有教师资格，其中幼儿园教师4人，小学教师507人，退休教师4人，中学教师267人。第二批认定1994年1月1日以后补充到全县教师队伍中的非师范教育类毕业生178人具有教师资格，其中小学、幼儿园教师10人，中学教师168人。第三批认定教师资格通过考试获取。符合教师法规定学历且自愿申请的社会人员，初审报名380人，经体检，补修教育学、心理学课程，通过普通话水平、教育教学能力测试后，275人取得教师资格证书，其中58人取得幼儿园教师资格证书，217人取得小学教师资格证书。2003—2010年，共认定教师资格529人，其中幼儿园教师100人，小学教师429人。

二、教师聘任

（一）民办教师

1991年，全县有小学民办教师1554人，其中专任教师1496人；中学民办教师244人，其中专任教师191人（初中183人，高中8人）。1994年，全县有小学民办教师828人；中学民办教师65人。1996年底，全县所有民办教师除辞退的外，其余全部转为公办教师。

（二）聘用教师

2002年，县上聘用大学本科毕业生9名，专科毕业生80名。经过考试，择优聘用106名中师毕业生和具有专科以上学历的社会青年。2003

年，聘用大学本科毕业生19名，专科毕业生133名。2004—2010年，聘用411名本科毕业生，经过考试聘用476名专科毕业生。

三、业绩考核

1991年起，根据教师教学科研工作特点，各学校建立专业技术人员业务考核档案，从德、能、勤、绩等方面制定适合本校实际的定量和定性考核办法。各校成立年度考核小组，实行民主评议，将考核结果作为职务评聘依据。2001年，对4099名专业人员中的4049名进行工作考核，良好以上人员占30.5%。2002年，对专业技术人员年度考核的程序、标准等提出新要求，对4144名中小学专业技术人员进行年度考核，优秀463人，占11%；良好788名，占19%。2005年，经过对4287名专业技术人员考核，优秀410名，占9.6%；良好794名，占18.5%。2010年，经过对4484名专业技术人员考核，优秀698名，占15.6%。

四、职称评定

1991年以后，教师专业技术职务评聘制度化，每年评定一次，初级职称由县上组织评定，中、高级职称由县上确定名额，审核后上报省职改办审批。

五、教师培训

1991—1996年，教师培训主要是委托榆中师范培训民办教师转正人员。至1996年，培训民办教师转正人员435名。1999年，基本形成教师函授班和大中专自学考试为主体的教师培训体系。2004年，对和平、定远、连搭、夏官营、金崖、来紫堡6个教育办的103名中小学教师的现代信息技术教育和校本培训进行考试认定，颁发培训合格证。完成中学6个片492人、小学9个片1297人的新课程校本培训任务。组织基础教育课程改革管理培训，全县校领导307人参加培训。2006年，培训教师3464人次，其中组织小学校长、教导主任、骨干教师、新教师1389人参加30课时的暑假师德集中培训、20课时的校本师德培训，1949名中学教师参加20课时的校本师德培训，126名新任教师参加岗前培训宣誓活动。2007年，邀请丁益祥、田玉等4名全国特级教师做现场观摩课和教学讲座7次；邀请当代著名教育改革家魏书生为全县中层以上的学校领导、教育局机关干部、部分班主任和语文教师作教育教学管理报告。组织3813名中小学教师参加校本培训、2754名中小学教师参加暑期远程教育培训、2607名中小学班主任参加岗位培训、573名高中教师参加新课程学科培训、435名中小学校长和教师参加中英项目省级培训、144名中小学教师参加新课改省级延伸培训、100名中小学班主任参加教育部万名中小学班主任国家级远程教育培训。2008年，邀请蒋宏函等7位专家作学术报告，全县所有高中教师聆听。10月，邀请人大附中副校长陈世昆、淄博市特级教师王玉强、国家心理咨询师翟召博3人作“课程改革、教师专业化、教育发展”专题报告，县属学校的领导、教师和乡镇教育办主任500人参加学术报告会。2009年，培训教师9155人次。2010年，培训教师6097人次，其中组织全县700名校长、骨干教师、中心教研组成员参加校本课程开发技能和综合实践课设计培训；198名教师参加中小学县级骨干教师培训；283名教师参加高一起始年级新课程培训；580名教师参加教育技术培训；4212名专任教师参加校本培训。

六、教师待遇与社会地位

1991—2010年，县委、县政府对在教育工作中做出突出成绩的优秀教师、先进工作者、先进集体给予表彰奖励。1991年，表彰先进集体6个，优秀知识分子5名，先进个人93名。1994年，表彰先进集体10个，优秀教育工作者30名，优秀教师170名。2000年，表彰先进集体10个，优秀教师90名，优秀教育工作者10名。2006年，表彰奖励先进个人150人，先进集体20个，投入奖励资金6.5万元，其中颁发个人奖金4.5万元。2010年，表彰奖励先进个人260人，先进集体20个，投入奖励资金30万元，其中颁发个人奖金26万元。

第七节 学校建设

一、“两基”达标

1996年，出台《榆中县普及九年义务教育规划》，在20世纪末实现榆中县基本普及九年义务教育和基本扫除青壮年文盲（简称“两基”）。1996—1998年，全县为“两基”工程投入资金8897.6万元，其中争取国家、省、市投入专项资金2100万元，争取世界银行“贫三”项目贷款(含内配资金）1833.6万元，争取国家义务教育项目资金2084万元，征收职工、农村教育费附加1630万元，干部群众集资、有识之士捐款和帮扶单位援助1250万元。1999年，榆中县“两基”工程通过国家验收，少年儿童入学率、巩固率，15周岁、17周岁人口义务教育完成率，少、青、壮年脱盲率，生均建筑面积、活动面积，生均图书和教育质量6项重点指标均达到或超过国家规定的标准。

二、危房维修

1991年，全县维修校舍1.74万平方米。改建校舍1.08万平方米。总计排除危房2.82万平方米，维修围墙5031平方米，校门23座，铺水泥和砖地面2.5万平方米。1996—1999年7月，在全县7所完全中学、21所初中、8所九年制学校、232所完全小学中，新建和重建校舍84所；建成标准化小学140所；“贫三”和“三片”项目学校66所；县属薄弱初中改造3所。其间，全县新建校舍16.39万平方米，维修校舍5.32万平方米，建、修校门193个，修建围墙4.38万平方米，新建旗台173个，修建绿化带453条，粉刷墙面34.72万平方米，制作顶棚14.95万平方米，修建厕所1.02万平方米，修建辅助用房1.15万平方米。通过维修改造，在完全小学以上学校中，校舍全部是楼房或大部分为楼房的共65所，楼房总面积12.43万平方米，占校舍总面积的38%；完全小学中砖混和砖木结构的校舍占到同类学校校舍总面积的93%。2005年，全县排除危房1.11万平方米。

三、新建校舍

1991年，投资89万元，新建榆中县第一栋太阳能教学楼——东滩中学教学楼，建筑面积2724.4平方米。1992年，投资85万元，新建榆中县一悟小学，建成三层教学楼1栋及辅助用房2026.5平方米。1994年6月—1995年8月，投资241万元，建成5510平方米的文成小学教学楼。1996年5月—1997年8月，投资860万元，建成恩玲高级中学，校舍面积1.2万平方米，其中教学办公综合楼1幢6397平方米，学生宿舍楼1栋4367平方米；辅助用房1221平方米。1996年，启动“贫三项目”工程。至1998年，全县19所学校项目工程总投资1093.1万元，其中世行贷款358.8万元，内配资金639.3万元，新建教学楼10栋、1.86万平方米，砖木平房5185平方米，总建筑面积2.38万平方米。

1998年，榆中县“义务教育工程”开始实施，项目学校共28所，其中初中8所，小学20所。总建筑面积3.01万平方米，其中小学1.74万平方米，初中1.28万平方米。

2000年，榆中六中投资200万元，新建建筑面积233.95平方米的综合实验楼。榆中师范投资900万元迁入新址，新建成建筑面积6428平方米的五层教学楼和可容纳864人的3021平方米学生公寓楼等辅助用房。2001年，建成榆中县青少年学生校外活动中心暨体育接待中心综合楼5732平方米，榆中七中综合实验楼2413.5平方米，榆中师范学校综合实验楼2639.2平方米，建成高崖大营川小学、韦营营川小学、新营窝子湾小学砖混砖木结构平房2348平方米。2002年，榆中九中投资190万元，新建五层砖混综合实验楼3872平方米。实施第一期“中小学危房改造工程”项目学校8所，投入资金284.28万元，新建校舍6199平方米。2003年，恩玲中学投资530万元扩建校舍，建成框架图书实验楼6500平方米。榆中六中投资216万元，建成学生公寓楼3950.6平方米。投资260万元，建成来紫堡初中、连搭初中、清水初中3栋综合实验楼。实施8所援建项目学校土建工程，总投资403万元，新建校舍6914平方米。同期，榆中一中投资1427万元，新建校舍1.88万平方米。2004年，榆中县恩玲中学自筹资金395万元，新建砖混结构学生公寓楼2093平方米。实施第二期“中小学危房改造工程”项目建设学校11所，投入资金826.98万元，建成校舍1.43万平方米。

2005年，实施“3311”工程，即新建30所项目学校、新建3万平方米校舍、争取1000万元以上的专项资金、排除1万平方米危房。34个学校落实建设项目，包括22所危改项目学校、2所高中建设项目学校、4所“两基”攻坚补助项目学校、2所寄宿制学校建设项目。投资2323万元，建成校舍3.63万平方米，排除危房1.11万平方米。其中砖混结构楼房2.92万平方米，砖混结构平房0.71万平方米。2006年，投资1733.5万元，新建校舍2.35万平方米。2007年，投资2422万元，新建校舍2.32万平方米。2008年，投资3331.3万元，新建校舍3.05万平方米。2009年，投资5113.2万元，新建校舍4.14万平方米。2010年，投资5253.2万元，新建校舍4.23万平方米。

四、集资建校

1991年，集资304.7万元，建成标准化小学13所。1992年底，建成标准化小学28所。三角城乡三角城村八社农民魏洁恒，先后捐款17万元，修建魏家圈小学教学楼、教师办公室及其他用房14间，省长贾志杰为其题词“惠及桑梓”。1995年秋—1999年7月，全县集资捐款4240.03万元。其中乡政府、村委会自筹1735.8万元（包括农村教育费附加1073.7万元），群众集资481.2万元、个人捐资712.82万元，单位捐赠381.32万元，学校预算外投入489.97万元，义务工折价250.7万元，捐赠实物折价160.82万元，其他项目投入27.4万元。甘草水泥集团公司董事长吕全福为教育投入100万元，陇鑫实业有限责任公司经理李海珊捐资70万元，农民企业家朱杰先后给三中、高崖小学捐资20万元，郭万强为邓家营学校捐资11.5万元，秦启营砖厂经理张忠义捐款7万元，兰州供电局扶贫办为水岔沟等小学捐款89万元，高崖水泥厂为高崖小学捐款15万元，兰州东郊市场个体协会捐款18万元，农民企业家周文章捐资3万元、吕维亮捐资1万元。小康营乡刘家营村刘翻身捐款1万元。上庄村委会、翟家湾村委会干部人均捐资100元。哈岘乡党委、政府于1998年9月10日在兰州召开的扶贫工作联谊会上争取资金48万元。中连川乡争取资金173万元。青城乡想方设法集资抓学校建设，东滩中学书记张成龙争取资金89万元，建成当时东滩中学太阳能教学楼。全县干部教职工在1994年5月至1999年7月的63个月中，每月缴纳占月收入2%的职工教育费附加，人均800元，再加上1998年人均捐款600元、1999年捐赠图书200元，每人捐款1600元，总计捐款1280万元。2005年，金崖镇齐家坪村金俊建为村小学捐资3万元。

五、引进资金

1994年，从省老少边困地区教育发展基金会引资20万元，迁建韦营初级中学。1996年，从香港善源基金会引资500万元，新建恩玲高级中学。1998年，引进资金20万元，翻建天池峡福和希望小学。引资10万元，修建“若叶友好小学”。1999年，引资130.63万元，新建学校11所。其中中华全国台联80万元，修建黄家岔、小水子等8所学校。2000年，引资24.9万元，新建红柳沟小学教学楼。2001年，引资18万元，修建金城希望小学。2003年，引资133万元，修建关门口、浪街等6所学校。2004年，引资262.8万元，修建6所学校。2005年，引资90万元，修建孟家庄、下汉小学和梁坪学校。

六、电化教学

1991年，榆中电教大楼建成使用，机房2间30平方米，多功能大厅1间112平方米，小电教室1间60平方米。设备有录音机2台，摄像机1台，配套录像机7台，录像带1080盒，18~22英寸彩电6台，单频道50瓦电视差转机1台，覆盖半径15千米。1993年6月8日，榆中教育电视台建成并投入使用。除转播中国教育电视节目外，还在自办节目中播出本县教育新闻，并从中央教育电视节目中复制出相关的教学资料，利用18个播放点进行转播。榆中县电教馆录制录像磁带1200课时，复制录像磁带1600课时，播放录像片1000课时，摄制并编排榆中县集资办学专题片和教育专题片，购置价值24万元的电教设备。1994年3月起，榆中县教育电视台播放《初中物理实验》《初中化学实验》等多种教学录像片。同时，还播放汉语言、数学、英语等专业的开考课程和辅导资料。2002年，中欧项目启动，榆中县建立19个教师学习资源中心，项目为各资源中心配备34英寸彩电19台，DVD19台、数码照相机19台、DPS电源19台、教学光盘2983盘。2003年，榆中县教育电视台停播。电化教育作为一项教育技术，全面并入信息技术教育范畴。

七、信息技术教育

榆中县信息技术教育起始于20世纪90年代。1997年，省项目办为榆中县配发惠普586计算机1台、得实牌打印机1台、上海施乐牌复印机1台、上海理光牌传真机1台。同年，文成小学利用社会力量集资购置兼容机22台，信息技术教育进课堂。1998年，县二中被定为“初中渗透职业教育因素科研项目”实施学校，建成多媒体局域联网电脑教室1个，配备专业教师2名，对初三学生进行“微型计算机应用”技术教育。1999年，文成小学集资购置一体机1台、电脑72台，建起微机室，2~6年级开设电脑课教学，时有专业教师3名。2001年，恩玲中学购置80台微机，建起2个微机室及多媒体电教室；来紫堡初中购置31台电脑建起微机室；金崖初中购置27台586型电脑；三角城初中购置奔3型电脑31台及语音设备，建起微机室，开设电脑课。2001年6月，榆中县出台《榆中县普及信息技术教育实施“校校通工程”规划》。同年7月，县教育局下发《2001年榆中县中小学普及信息技术教育实施“校校通工程”计划的通知》和《关于组织实施西部中小学现代远程教育项目的通知》。一中、恩玲、六中、九中、县职教中心等5所学校实施“校校通工程”。当年年底完成计算机教室的设备安装、运行、调试以及局域网建设，90名专业教师参加省级项目办的培训。2001年起，县政府连续5年在城市教育附加或职工教育费附加中每年单列20万元，用于中小学信息技术教育建设，实施“校校通工程”。同年10月，中欧甘肃基础教育项目在榆中建立19个教师学习资源中心，为33所中学配备卫星地面接收设备，并配备多媒体教学设备。2004年，国家实施农村中小学远程教育工程，榆中县采用“三种模式”（建立教学光盘播放系统、农村小学卫星教学收视系统、农村初中计算机教室）。项目学校共186所，其中模式一项目学校72所，覆盖学生2595名；

模式二项目学校81所，覆盖学生1万名；模式三项目学校33所，覆盖学生2.43万名。2005年，为186所学校配备电脑1203台，34英寸彩色电视机30台，DVD播放机186台，卫星数字电视接受设备114套，黑白激光打印机114台，投影设备33套，电脑桌1122张，教学光盘75种、5.72万张，电子教室系统33套，教学资源库33套，备课办公系统114套。建成计算机教室86个，多媒体教室9个，课件制作室6个，数字网络室11个，72所学校开设计算机教学必修课。年底，全县37所中学有电视机99台（其中自筹73台）、计算机2870台（其中自筹1716台）、计算机教室47个、语音室5个、多功能教室43个、电子备课室13个。

2006—2008年，全县信息技术教育重点加强师资力量培训、信息技术与学科整合以及信息技术资源建设，更新信息技术设备。至2009年初，全县304所中小学配备计算机3563台（生机比16:1），其中200所完全小学有计算机1121台（生机比24:1），3所九年制学校有计算机78台（生机比19:1），21所独立初中有计算机1152台（生机比13:1），2所独立高中有计算机564台（生机比10:1），6所完全中学有计算机445台（生机比12:1），1所职业中学有计算机203台（生机比8:1）。218所中小学开设信息技术课程，110所学校接入互联网，完全小学及以上规模的学校建有地面卫星接收小站。

第八节　教育教学研究

一、研究机构

（一）榆中县教育教学研究室

1991年，榆中县教育局教育教学研究室，科级建制，编制15名。2010年，有教研人员8名，其中中学高级教师5名，中学一级教师2名，幼儿园一级教师1名。教研室主要开展探索教学规律，研究教材教法，总结教学经验，传播教改信息，推动课改试验进程。

(二)乡镇学区教研室

2010年，全县23个乡镇学区设立教研室。乡镇教研室由乡（镇）政府领导，业务上由县教育局教研室管理和指导。

(三)县属中小学教研室、教研组

2010年，县属中小学设有教研室和各学科教研组，教研组长由本专业骨干教师担任，学校教研员均为兼职。有政治、语文、数学、物理、化学、历史、地理、英语、生物、音体美等学科教研组。

二、研究项目

(一)JP实验

1986年8月—1998年7月，县内先后有20所学校参与第一周期实验和第二周期实验。开展教学、教研活动，探索符合榆中地区小学教育教学改革、提高教学质量的方法。

(二)《美好的植物世界》教材实验

省教科所选定榆中县三角城小学和双店子小学为实验学校。1993年7月开始，1993年12月结束，实验肯定教材的优点，提出修改建议。

(三)活动类课程实验

1996—1998年，榆中县有5所中小学参与实验。内容以科技、体育、艺术为主，体现学生参与的自主性、选择性，体现学生活动的趣味性和实践性。

(四)新课程改革试验

2003年秋季，榆中县九年义务教育一年级和七年级开始新课程实验。2005年，一至三年级和七至九年级试用新课程教材。

(五)学校专项课题研究

2003年10月，榆中县一中申报全国教育科学“十五”规划教育部重点课题《西部学困生的成因、特点及对策》。同年12月，该课题获全国教育规划领导小组批准。2005年，《探究学困生心理障碍，促进学生学习健康发展》《关于学困生成因的调查报告》《学困生对家庭、学校管理的认识调查》《西部学困生认识特点问卷调查》5个课题获奖。兰州市重点课题《英语学习困难现象的预测与矫正》《高中政治研究性学习的探索》《影响高中数学教学过程的主要因素研究》通过专家鉴定。县级课题《小学信息技术教学和语文教学的整合》通过县教研部门鉴定。2006—2010年，一些课题在榆中县立项实施，其中榆中县一中立项并实施《创建和谐育人环境和促进学生全面发展的研究》《关于大班额下的作业处理问题的校本研究》《新课程理念下教师教学方式和学生学习方式转变的研究》等课题。

三、教研刊物

（一）县级教刊

1994年8月，创办《教研园地》，向全县教师征稿，每期发行80本。1996年8月停刊。2001年4月，与市教科所合办《兰州教育》榆中专辑，每期发行400本。一年一期，共4期。2004年6月停办。2010年1月，《榆中教育》双月刊创刊发行，分为小学版和中学版，每年各发行6期。

（二）校级教刊

1. 县一中教刊

县一中教学研究会于2002年10月创办《教育科研通讯》。每年4期、每期100本、年发行量400本，至2010年底共发行32期。2008—2010年，发行《论文汇编》二辑（2008年第一辑、2010年第二辑），收集论文256篇。

2. 恩玲中学教刊

恩玲中学于2009年6月创办《恩玲教研》，创刊年发行量400本，至2010年底共发行4期。编撰《论文汇编》三辑，收集教师优秀论文104篇。

3. 县九中教刊

榆中县九中2009年10月收集教师优秀论文59篇，结集《教育教学论文专辑》。

（三）校刊

随着素质教育和新课程改革的推进，县内许多学校通过工会、团委、学生会等组织，成立文学社团，自办并定期发行校刊。一些学校的校刊也以一定篇幅刊登教师教育教学方面的文章和信息。榆中县一中的《栖山雨》（1999年1月创刊）、恩玲中学的《晨韵》（1999年9月创刊）、榆中师范的《栖云》（2006年4月创刊）、榆中县九中的《田园》（2003年5月创刊）、榆中县六中的《心泉》（原名《优秀作文选》，1999年10月创刊）、榆中县七中的《甘露》（2006年10月创刊）、小康营中学的《扬帆》（2010年6月创刊）、清水学校的《青青草》（2002年5月创刊）、榆中县二中的《苑川河》、榆中四中的《碧野》（2005年6月创刊）、三角城中学的《新月》、连搭中学的《涓流》等校刊均图文并茂，各具特色。

四、素质教育

1998年9月，县政府转发《兰州市人民政府关于印发〈兰州市中小学实施素质教育试行规定〉的通知》，县教育局结合县情，调整现行义务教育阶段小学语文、数学和初中语文、数学、物理、化学、英语等7门学科的教学内容及教学要求，调整幅度占总量的10%~15%。转发《关于严格执行〈甘肃省全日制中小学课程方案〉的意见》《关于加强实验课教学的通知》《各科教学常规》等文件，开展学常规用常规大检查，纠正违反常规管理的行为。同时，开展“百名学科带头人”“百名优秀教师”评选活动，并进行一年一度小学毕业考试、初中“三合一”会考、高考的质量分析，成立县教研协会，健全县教研室、学区、学校三级教研网络，开创“教研兴教”的素质教育新途径。

第九节　教育督导

1991—1995年，开展以检查学校布局调整、学校管理、学校政治思想工作、校舍建设、教学仪器设备配套及师资建设为内容的督导评估活动。1995年12月，县政府教育督导室被甘肃省教育委员会评为甘肃省教育督导先进集体。1996年起,教育督导工作发挥教育督导的管理、评价、指导、激励、反馈功能，为县政府实施的基本普及九年义务教育、基本扫除青壮年文盲工程建言献策。1999年9月，榆中县如期实现“两基”达标。2000—2005年，县政府教育督导室对全县16个乡镇所属的240多所学校进行以“抓三点、促两全、保提高”为督导内容的教育综合督导评估，对全县12所幼儿园进行“四互一促”专项督导评估。结合在乡镇区域开展学校综合督导的实际，总结形成“六、三、三”式教育综合督导模式。制定《榆中县乡（镇）人民政府教育工作督导评估方案》《榆中县中小学德育工作督导评估方案》《榆中县幼儿园素质教育督导评估方案》《榆中县中小学实施素质教育工作督导评估方案》。开展教育经费投入、学校收费、学生流失、治安安全、布局调整等教育热点难点问题的教育专项督导和调查研究，总结经验形成建议，为政府和教育行政部门解决教育问题提供决策咨询。

第十节　机　构

一、局机构

1996年5月，榆中县教育委员会恢复为榆中县教育局。局机关行政编制7名，其中局长1名，副局长3名。后勤事业编制1名。教育局内设机构为2室4股，办公室、党委办公室，人事股、教育股、基建安全股、财务会计股。所属事业机构：教育督导室、教育教学研究室、招生办公室、勤工俭学办公室（下属教育装备服务站）、校外教育办公室。2010年底，县教育局内设机构分别为办公室、党组办公室、人事股、计财股、教育股、成职教股、基建股；下属事业机构5个，分别为教育督导室、教育教学研究室、招生办公室、勤工俭学办公室、校外教育办公室。

二、基层教育机构

学区（乡镇教办）　1993年，学区配备人员一般为3~5名，分别为校长1名、书记1名（有的学区由校长兼任）、会计1名、教研员1名、文书1名（有的学区督导员、教研员和文书由1人兼职）。学区成立学区委员会，成员由乡办中学校长、中心小学校长、较大小学校长或教导主任等组成，讨论决策学区重大事宜，体现民主管理。2003年12月12日，县政府下发《榆中县关于实行“以县为主”农村义务教育管理体制的意见》中规定：乡（镇）教育工作由乡（镇）长直接负责，乡（镇）可确定1名分管领导，协助乡（镇）长管理教育工作。乡（镇）设教育办公室，接受县教育局和乡（镇）政府的双重领导，以教育局为主。教育办公室一般安排2~4人（人口在1.5万以下为2人，1.5~2.5万为3人，2.5万以上为4人），具体管理小学教育教学业务工作。乡（镇）中学教育教学业务工作直接由县教育局负责。乡（镇）教育办主任由教育局聘任。2008年，恢复为学区。

第十一节　学校选介

一、小学选介

（一）县属小学

1. 文成小学

县属六年制完全小学，其前身为始建于1905年的金县小学堂。占地面积1.51万平方米，建筑面积9156平方米。1990年建成兰州市第一批标准化小学。1999年，建成兰州市首批“542工程”示范性小学，设有文成家长学校、文成少年军校、文成少儿活动中心等。学校各办公室接通10M移动光纤，为每个教室配备多媒体电子白板。2010年，学校有教学班45个，学生2549名，教职工106人，有省级骨干教师2人、教学能手4人；市级骨干教师21人、教学能手3人、新秀12人；县级骨干教师41人，新秀23人。学校先后被命名为全国青少年文明礼仪教育示范基地、全国少年儿童信息研究基地、兰州市首批“爱生学校”项目建设学校；获得全国“双有”主题教育先进集体、省级优秀家长学校、兰州市教育系统先进集体称号。

2. 一悟小学

县属六年制完全小学，其前身是榆中县第一区北关完小。1951年，为纪念甘肃最早的共产党员张一悟（城关镇北关村人），经省委、省政府批准，更名为“榆中县一悟小学”。学校占地面积2.75万平方米，确权土地8504平方米，其他为租赁城关镇北关村民土地。2010年，有教学综合楼3幢，建筑面积9097平方米；在校学生2180多人，教学班42个，教职工104人。学校先后获兰州市文明单位、兰州市“做一个有道德的人”示范点、兰州市教育系统先进集体、兰州市教育质量优秀奖、兰州市语言文字规范化示范学校、兰州市绿化模范单位、兰州市少先大队优秀集体、兰州市示范家长学校、兰州市特色课外活动学校、兰州市艺术教育先进集体。被命名为“中国少年儿童信息研究基地”“中国科学院科普基地”“兰州市小公民道德建设基地”。

（二）乡镇中心校

1. 兴隆小学

城关镇中心校，始建于1956年，位于陇右名山——兴隆山脚下。1992年建成兰州市三级三类标准化小学，2001年晋升兰州市三级二类标准化学校，2003年新选校址。2004年晋升兰州市二级二类标准化学校。2010年，有教学班6个，学生122人。专任教师16人。市级骨干教师1人，县级骨干教师3人。

2. 定远小学

六年制寄宿制完全小学。始建于1938年，2007年搬迁至新址。2008年晋升为兰州市二级二类标准化小学。2010年，学校占地面积1.04万平方米，建筑面积4085平方米，体育场地6000平方米，绿化面积1300平方米，图书1.3万册。12个教学班，学生409人，教师26人。学校先后被评为兰州市课外活动先进学校、兰州市语言文字规范化示范学校、榆中县“五化三园”学校。

3. 甘草店镇中心小学

六年制寄宿制完全小学，始建于1913年。1990年建成兰州市三级三类标准化小学。2003年更名为甘草店镇中心小学。2008年成立“留守儿童之家”，活动室面积80平方米。2010年晋升为兰州市二级一类标准化小学。学校占地面积8800平方米，建筑面积4808平方米，绿化面积800平方米，图书2万册。有学生459人，教学班13个，教师31人。

4. 高崖小学

始建于1924年。占地面积9356平方米，建筑面积2686平方米。1991年建成兰州市三级三类标准化小学。2010年，学校有教学班11个，学生388人，教师27人。学校先后获榆中县教育质量优秀奖、小学生田径运动会团体第三名、新世纪杯全国少儿文学书画大赛集体三等奖。被确定为榆中县语言文字规范化示范学校。

5. 吕家岘小学

始建于1951年。1999年建成兰州市二级三类标准化小学。2004年晋升为二级二类标准化小学。2010年，学校占地面积5100平方米，建筑面积880平方米。有教学班6个，学生158人，教师15人。学校先后获榆中县小学教育质量优秀奖、兰州市小学教育质量优秀奖、兰州市小学生自编操表演赛三等奖。

6. 榆中县哈岘小学

始建于1944年。2009年改建为一所全日制寄宿学校。校园占地面积1万平方米，校舍建筑面积1926平方米。2010年，有教学班10个，在校生223人，教职工39人。学校多次获榆中县小学教学质量优秀奖和“兰州市教育系统先进集体”称号。

7. 柳沟店小学

始建于民国十五年（1926），初为私塾。民国三十年（1941）改为小学，称皋兰县东乡初期国民小学。1950年改为公立学校，易名皋兰县柳沟店初级小学。1962年更名为榆中县柳沟店小学。1994年搬迁重建。1997年建成兰州市三级三类标准化小学。2000年晋升为三级二类标准化小学。2003年晋升为二级二类标准化小学。2010年，学校占地面积1万平方米，建筑面积1824平方米，绿化面积380平方米。有14个教学班，学生675人，教师29人。学校先后获全国“心中有祖国，心中有他人”主题教育活动优秀集体，兰州市第二届中小学生学校剧、话本剧大赛二等奖，兰州市校外办课活动先进学校，被县委、县政府授予“教育系统先进集体”称号。被确定为全国教育科学“十一五”规划课题实验学校，兰州市语言文字规范化示范学校。

8. 金崖明德小学

位于金崖镇金崖村，其前身为光绪七年（1881）建立的丰广书院。2007年1月更名为“榆中县金崖明德小学”。2010年，学校占地面积9041平方米，建筑面积3877平方米。在校学生346人，教学班9个，教职工27人。学校先后被评为榆中县教育系统先进单位、兰州市语言文字规范化示范学校。获榆中县小学教育质量优秀奖、榆中县小学校本课程展示评比三等奖、全国明德项目教育甲等奖。

9. 萃英学校

始建于民国三十六年（1947）。1951年被列为县重点小学。1968年改名为萃英学校。位于陇海铁路之侧，夏方公路穿村而过。2008年12月被评为“五化三园”达标学校。2010年，学校占地面积1.06万平方米，建筑面积2388平方米。设有8个教学班，学生245人，教师19人。图书室藏书5000册。拥有图书阅览室、体育器材室、多媒体教室、少先队活动室、医疗保健室、电脑室等专用教室，有计算机10台。学校获榆中县中小学大课间自编操二中片区银奖。

10. 连搭小学

位于榆中县连搭乡连搭村，312国道旁，始建于1936年，改扩建于2008年。2010年，学校占地面积9540.1平方米，绿化面积1200平方米，校舍建筑面积2335平方米，学生活动场地2500平方米。图书室藏书5000册。设有体育器材室、音乐室、图书室、美术室、远程教育室、多媒体室、卫生保健室。有教学班6个，学生133人。专任教师17人，其中市级骨干教师2人，县级骨干教师5人，校级骨干教师7人；获市、县级优秀教师5人，乡级优秀教师8人。学校多次获榆中县教育质量优秀奖，先后被评为兰州市校外活动示范性小学、兰州市语言文字规范化示范学校。

11. 银川小学

始建于1957年8月。1973年更名为银川小学。1994年建成兰州市三级三类标准化小学。1998年晋升为三级二类标准化小学。2010年，学校占地面积7000平方米，建筑面积729平方米，运动场地3800平方米，图书室藏书2620册。有教学班6个，学生127人，教师14人。学校先后获榆中县教育质量进步奖、教育系统先进集体、榆中县小学教育质量优秀奖。

12. 青城小学

地处古镇青城境内崇兰山下，其前身为清道光十一年（1831）开设的青城书院。1904年更名为“皋榆联立高等学堂”，1931年更名为“皋榆联立青城小学校”，1938年更名为榆中县青城小学。学校占地面积2.2万平方米。1999年10月建成三层双面教学楼1座，建筑面积为700平方米。2007年获县教育局小学教育质量优秀奖。2010年，设12个教学班，在校学生301人，专业教师20人。

13. 清水驿小学

前身为创建于清光绪三十三年（1907）的清水高等小学堂。民国二十七年（1938）更名为清水乡中心小学。1985年更名为清水驿乡中心小学。1996年建成兰州市三级三类标准化小学。2010年学校占地面积8000平方米，建筑面积1354平方米，绿化面积800平方米。有教学班11个，学生353人，教师26人。学校先后获兰州市教学质量优秀奖、榆中县中欧甘肃基础教育项目实施成果展示三等奖，被评为共青团中央“双有”主题活动先进集体、兰州市校外教育先进学校、兰州市优秀家长学校、甘肃省优秀红旗少先大队。

14.三角城小学

始建于民国二十五年（1936）。1952年改名为榆中县三角城小学。1990年5月建成兰州市首批标准化小学，1992年晋升为三级二类标准化小学。2010年，学校占地面积1.2万平方米，校舍建筑面积1987平方米，绿化面积2560平方米。设有教学班9个，学生292人，专任教师20人，其中小学高级教师8人，小学一级教师12人。学校先后被评为兰州市特色课外活动学校、兰州市语言文字规范化示范学校、兰州市农村中小学现代远程教育工程教学应用示范校、榆中县文明单位、榆中县“五化三园”学校”。多次获兰州市教育质量优秀奖、榆中县教育质量优秀奖、榆中县教育系统先进单位称号。

15. 上花学校

始建于1951年。由原上花岔小学和上花岔中学整合建成。1998年建成兰州市三级三类标准化小学。2001年晋升为三级二类标准化小学。2004年晋升为二级二类标准化小学。2010年9月，投资400万元，整合上花岔小学和上花岔中学建成上花学校，为九年寄宿制学校。占地面积2.26万平方米，建筑面积3880平方米。小学设有9个教学班，学生380人，教师29人。藏书1.2万册。学校先后获榆中县教育系统先进单位称号、县小学教学质量优秀奖。

16. 韦营学校

位于韦营乡孙家岔村。学校始建于1968年。占地面积1万平方米，建筑面积2154平方米，服务半径10千米，覆盖全乡7个行政村、35个自然社。小学设有4个教学班，在校学生141人。有教学及教学辅助用房647平方米，生活用房1123平方米，学生食堂230.5平方米，行政办公用房384平方米，运动场地3700平方米。

17. 夏官营美丰实验学校

始建于1919年。1994年建成兰州市三级三类标准化小学。2003年晋升为三级二类标准化小学。2010年，设有13个教学班，在校学生450人，教职工35人。学校总占地面积1.9万平方米，建筑面积3533平方米。学校先后获榆中县小学教学质量优秀奖、兰州市教育质量优秀奖，被评为榆中县教育系统先进集体、榆中县“五化三园”学校、兰州市课外活动先进学校、兰州市优秀家长学校、兰州市语言文字规范化示范学校、全国“双有”活动先进集体、兰州市阳光体育示范学校。

18. 小康营学校

始建于民国九年（1920）。2010年与小康营中学合并调整为九年制学校。同年，小学有教学班27个，学生344人，教职工22人。学校占地面积4.16万平方米，校舍建筑面积7846.8平方米，绿化面积3200平方米，运动场地1.08万平方米。建有教学楼1栋、学生宿舍楼2栋。藏书2.76万册。

19. 新营小学

始建于民国十五年（1926）。原名西关小学。1969年，更名为新营小学。位于新营乡新营村阳㠫社。1999年建成兰州市三级三类标准化小学。2002年晋升为三级二类标准化小学。2010年，学校占地总面积1.4万平方米，校舍建筑面积2165平方米，绿化面积2000平方米。有教学班6个，学生203人，教师14人。

20. 孙家湾小学

其前身为民国三十二年（1943）皋兰县第二中心国民小学。1999年建成兰州市三级三类标准化小学。2002年12月晋升为兰州市二级二类标准化小学。2010年，学校占地面积5135.5平方米。有教学班6个，学生98人，教师13人。学校先后被评为榆中县教育系统先进集体、小学教学质量优秀单位、榆中县“五化三园”学校。

21. 小岔小学

始建于民国三十七年（1948）。1950年更名为小岔小学。1995年建成兰州市三级三类标准化小学。2005年3月整体搬迁新建。2010年，学校占地面积1.34万平方米，校舍建筑面积1180平方米，绿化面积2246平方米。有教学班6个，学生216人，教职工16人。

22. 高窑沟小学

校址位于高窑沟村高窑沟社，1998年迁至孟家岘社。2010年，学校占地面积5200平方米，建筑面积830平方米。有教职工19人，教学班6个，学生102人。

23. 马坡小学

始建于民国十七年（1928）。1958年更名为马坡小学。1996年建成兰州市三级三类标准化小学。2000年晋升为兰州市三级二类标准化小学。2010年，学校占地面积5600平方米，建筑面积814平方米，绿化面积320平方米。服务范围包括马坡、窑沟2个行政村。全校设教学班6个，学生130人，教师13人。学校先后多次获榆中县教育系统先进集体、榆中县教学质量优秀奖等荣誉。

二、县属中学

（一）榆中县第一中学

创建于1943年，前身为“榆中县立初级中学”。1999年改为独立高中，2000年被评为兰州市示范性高中，2004年被评为甘肃省示范性普通高中。2010年，学校占地面积5.34万平方米，建筑面积4万平方米，设有48个教学班，在校学生3060人，教职工189人，其中高级教师50人，中级教师96人。国家级优秀教师1人、全国教育科研优秀教师10人、省级园丁6人、省级骨干教师5人、省级青年教学能手1人，其中7人取得硕士学位，23人攻读研究生学历。学校建有完整的校园网络系统、网上阅卷系统、办公系统、全覆盖电子监控系统，以及开放式图书室、阅览室、电子图书室、数理化仿真实验室、录播教室、天文台、气象观测站、生态展馆等。拥有物理实验室7个，化学实验室4个，生物实验室3个，地理教室1个。建成通用技术实验室6个，分别为砖雕、剪纸刺绣、车床操作、机器人操作、汽车模拟驾驶和航模实验室。教室、实验室、会议室共配置投影设备70套，另有200座会议厅1个，468座报告厅1个，800座综合大厅1个。有纸质图书8.95万册，电子图书25万册，每年订阅报刊220种以上。体育器材80多种，1996年被国家体委评为“全国百名优秀体育传统项目学校”。2009年被中国教育学会中育研究中心、美国国际学生交流基金会确定为“中美高中生交流基地学校”。

（二）榆中县恩玲高级中学

由香港善源基金会朱恩馀、谢玲玲夫妇捐资500万元于1996年6月动工建设，1997年8月建成县属重点高中。至2010年，香港善源基金会先后为学校投资1600万元。属市级示范性中学和市级校园文化示范校。占地面积5.7万平方米，建筑面积4.3万平方米，绿化面积2万平方米。建有综合教学楼1幢、图书实验楼1幢、餐饮中心1幢、学生公寓楼4幢，另有300米标准运动塑胶场地和篮球塑胶场地。图书馆、阅览室、资料室藏书4万多册。校内有现代信息技术专用教室、备课教室、美术教室、音乐教室、各类实验室、图书室、阅览室、校园广播站等及可容纳667人集开会、报告、演出、多媒体教学于一体的多功能大礼堂。学校运用校园网联通教室、教研室、办公室实施网络教育，建成拥有230台计算机的高标准“信息中心”。学校有教学班48个，在校学生3184人，教职工191人。教师中具有硕士研究生学历13人，在读硕士研究生8人，教师本科学历为99.9%。高级教师34人，一级教师81人，全国劳模1人，省级优秀教师4人，市、县级骨干教师38人。学校先后被评为兰州市教育系统先进集体、兰州市“三五、四五”普法依法治理先进单位、甘肃省校务公开民主管理先进单位、市级文明单位、市级花园式单位、兰州市教育系统和谐校园、兰州市优秀家长学校、兰州市公民道德教育实践示范点。校刊《晨韵》在“第四届全国中小学优秀校内报刊评选活动”中获最佳校刊一等奖，在“第五届全国中小学优秀校内报刊评选活动”中获最佳校刊特等奖。2010年，爱心摄影协会学生摄影作品参加全国中小学生“飞天杯”摄影大赛，获艺术教育“集体成果三等奖”。

（三）榆中县职业教育中心

前身为榆中师范学校，位于榆中县城北榆兰公路左侧，占地面积4.5万平方米，校舍建筑面积2.28万平方米，校园绿化面积7395.75平方米，运动场地1.86万平方米，有普通教室43间、7783平方米，实验室、电教室，图书室、阅览室、教师办公室4281平方米，行政办公室2325平方米，学生宿舍6645.6平方米，食堂1724.5平方米，厕所622平方米。固定资产总价值1714万元，教学仪器设备价值180万元，图书馆藏书1.38万册，电子图书1950册，各类中外文期刊21种。2000年8月，榆中师范、电大兰州分校榆中工作站和榆中县职业技术学校合并，成立榆中县职业教育中心。2002年8月，开始招收高中学生。2010年，学校有教职工110人。设29个教学班。在校高中学生1750人。学校先后被授予县级“文明单位”和市级“文明单位”称号。

（四）榆中县第二中学

创办于1956年，1958年更名为榆中县第二中学。1990年由夏官营镇郝家营迁至三角城乡大兴营村。学校占地5.2万平方米，建筑面积1.58万平方米，活动场地2万平方米。学校拥有全县唯一的标准草坪足球场和400米标准跑道。可容纳1600名学生住宿。2010年，学校有36个教学班，学生1994人，教职工131人。学校先后获得兰州市普通高中教育质量优秀奖、榆中县教育质量优秀奖、榆中县初中教育质量优秀奖和榆中县教育系统先进单位、兰州市教育系统先进集体称号。

（五）榆中县第三中学

县属独立初级中学，学校始建于1958年，位于高崖镇。学校占地面积3.89万平方米，建筑面积1.56万平方米，绿化面积8500平方米。2001年建成兰州市“标准化初级中学”，甘肃省“交通安全文明学校”、榆中县“文明单位”。2010年，学校有24个教学班，学生1448人，教职工76人，其中副高级教师8人，一级教师24人，市、县级骨干教师15人。学校先后获省、市、县教育系统先进集体、兰州市和谐校园、绿化达标单位、兰州市教育质量优秀奖、榆中县教育质量优秀奖、甘肃省“职工之家”等荣誉称号。

（六）榆中县第四中学

始建于1958年，位于贡井乡吕家岘村，是北山地区唯一一所县属中学。1999年通过省级两基达标验收。2001年建成兰州市标准化学校。2002年，建成兰州市标准化初中。学校占地面积3.59万平方米，建筑面积1.17万平方米。2010年，学校有多媒体教室15个、微机室2个、图书阅览室2个、省级标准化实验室4个。教学楼、综合实验楼、学生公寓楼4幢大楼均为太阳能取暖。教学班19个，在校学生810人，教职工78人，专任教师中高级教师8人，中级教师20人。学校先后获榆中县教育系统先进集体、兰州市教育系统先进集体、榆中县初中教学质量优秀奖、学校建设发展奖。

（七）榆中县第五中学

位于定远镇定远村，是一所县属完全中学。始建于1956年9月。1971年更名为榆中县第五中学。学校占地面积5.07万平方米，校园绿化面积

1.14万平方米，学生活动场地9730平方米。建筑面积1.77万平方米，其中建有教学楼、综合实验楼和餐饮中心大楼各1幢，学生宿舍楼两幢。物理、化学实验室各3个，生物实验室1个，物理、化学和地理实验室器材设备均按三类标准配齐。图书室面积96平方米，阅览室面积72平方米，藏书2.6万册。体育、音乐、美术器材均按三类标准配齐。2010年，学校有教学班28个，学生1058人，教职工96人，其中专任教师90人。省级优秀教师1人，市、县级优秀教师23人，骨干教师16人；高级教师13人，一级教师34人。学校先后被省、市、县评为交通安全文明学校、兰州市标准化初级中学、特色课外活动学校、县级文明单位。

（八）榆中县第六中学

前身为1984年8月建成的榆中县城关中学。1990年9月更名为榆中县第六中学。1998年8月改制为初级中学。校园占地面积2.2万平方米，主体建筑有教学楼、综合实验楼、学生宿舍楼、学生餐饮楼各1幢，建筑面积1.6万平方米。有理、化、生实验室6个，地理实验室1个，语音室1个；计算机教室2个，学生用电脑120台；图书室2个，阅览室2个，藏书5.6万册。操场占地1.2万平方米，铺设300米标准跑道，建有篮球、羽毛球、乒乓球等场地。2000年创建为兰州市首批示范性中学。2005年创建为市级文明单位。2006年创建为兰州市语言文字规范化示范学校。2010年，有教学班38个，学生2503人，教职工129人。学校连续多年获榆中县教育质量优秀奖、兰州市教育质量优秀奖，被评为榆中县教育系统先进集体，兰州市百所示范性、标准化初中建设先进集体，兰州市教育系统先进集体，甘肃省“园丁奖”先进集体。

（九）榆中县第七中学

创办于1958年9月，1994年8月将甘草中学更名为榆中县第七中学，改乡办为县办，隶属县教育局。学校占地面积3.73万平方米。建筑面积1.65万平方米，绿化面积3885平方米。图书室藏书2.81万册。2010年，学校有教学班29个，学生1253人，教职工106人，其中专任教师91人，高级教师18人，一级教师41人，市、县、校级骨干教师24人。学校建有2414

平方米的综合实验楼，5803平方米的学生公寓楼，1020平方米的多功能演播大厅和师生餐厅，4745平方米的框架双面四层教学楼。学校先后获“甘肃省中小学教育装备教学工作先进集体”“兰州市第36届元旦环城赛团体总分第三名”“兰州市绿化达标单位”称号。

（十）榆中县第九中学

属市级示范性初中，1999年8月建校。2002年，建成兰州市标准化初级中学。2005年建成兰州市示范性中学。学校占地面积4.25万平方米，建筑面积1.54万平方米，绿化面积8079平方米，体育用地面积1.85万平方米，图书室藏书4.82万册。2010年，学校有教学班32个，在校学生2178人，教职工112人。学校承担多项省、市、县课题的研究，有30余项省、市、县课题结题并获奖。学校教研室开发的校本教材《梓里拾珍》《养成教育读本》分别获兰州市中小学校本课程评比二、三等奖，校刊《田园》获“第四届全国中小学优秀校内报刊评选一等奖”。学校先后获国家及省、市、县各项殊荣138项。2010年，获榆中县教育教学质量进步奖、兰州市初中教育质量评估一等奖及“榆中县教育系统先进单位”“甘肃省教育系统先进集体”称号。

第十二节　驻榆院校

1991年起，省内部分大中专院校陆续入驻榆中，或在榆中新建分校。至2010年，驻榆院校有：兰州大学榆中分校、西北民族大学榆中校区、兰州商学院榆中校区、兰州商学院陇桥学院、兰州交通大学博文学院、兰州外国语职业学院、兰州资源环境职业技术学院附设中专、武警指挥学院兰州分院、甘肃陇大国际学校、甘肃省兰州科技外语学校、甘肃银行学校、甘肃省水利水电学校等。

一、兰州大学榆中分校

1999年，兰州大学榆中校区落户夏官营，校区总占地面积5392.33亩，其中建设用地2353.03亩，绿化用地3039.3亩。完成投资17亿元，建筑面积57万平方米，绿化面积78万平方米，是兰州大学5个教学园区中规模最大的校区。兰州大学榆中分校以本科教育教学为主，包括部分科学研究、研究生培养和大学科技园的多功能综合性园区。2010年，兰州大学榆中分校有26个学院、64个本科专业，在校学生1.2万人。

二、西北民族大学榆中校区

地处夏官营镇，始建于2004年，占地2444亩，其中教育建设用地1386亩，绿化用地1058亩。投资7.2亿元完成总建筑面积37.2万平方米，完成单体建筑43栋，其中教学楼8栋，学生宿舍17栋，体育场、篮球馆、乒乓球羽毛球馆、武术健身馆各1栋，办公楼1栋，教工公寓楼及临时工宿舍楼各1栋，学生食堂2栋，公用及附属工程5项。2010年，西北民族大学榆中校区开设专业37个，在校学生1.1万人。

三、兰州商学院榆中校区

位于和平镇，2004年3月动工新建，2008年9月投入使用，占地700亩，校舍建筑面积38.56万平方米，图书馆藏有纸质图书110万册、各类电子资源5950GB，是甘肃省重要的经济管理类文献资料信息中心。学校面向全国招生。2010年，有全日制在校硕士研究生1000余人，本科生1.8万人。有16个二级学院，2个省级人文社会科学重点研究基地，16个研究所(中心)。有教职员工1300人，其中专任教师930人。

四、兰州商学院陇桥学院

位于和平镇，2000年3月经甘肃省教育厅批准成立，是国家教育部第一批确认的全日制普通本科层次独立学院。学院坐落于和平经济开发区。校园面积41.7万平方米（625.63亩），建筑面积18万平方米，绿化面积14万平方米。建有7898平方米的综合体育馆，2386平方米的多功能学术报告厅，拥有1300多台教学用计算机、200间多媒体教室及16个独具特色的教学实验室。图书馆电子阅览室2间，藏书1044万余册（含电子图书133.2GB）。学院设有8个系、4个教学部、47个本科专业。学院有教职工912人，全日制在校本科生1.2万人。

五、兰州交通大学博文学院

位于和平镇，是经甘肃省教育厅批准成立的兰州交通大学二级学院，2004年被教育部确认为甘肃省首批独立学院，属于本科层次的普通高等学校。学院面向全国20多个省、市、自治区招生。设有土木工程系、工程管理系、电信工程系、机电工程系、经济管理系、信息管理系、外国语系、艺术设计系8个系、30个本科专业。有教师626人，学生9514人。

六、甘肃省水利水电学校

位于和平镇。是甘肃省唯一一所培养水利水电中等职业技术人才的工科类学校。学校成立于1956年，隶属于甘肃省教育厅领导，占地120亩，是国家中等职业教育改革发展示范学校、国家级重点中专和全国水利职业教育示范学校。学校在校学生4900人，其中中专生3100人，高等成人教育学生1800人。学校开设水利水电工程技术、工程测量等10多个专业，现有教职工168人。

七、兰州外语职业学院

位于和平镇。是一所经国家教育部备案、甘肃省人民政府批准成立的普通高等院校。创建于1998年，占地面积600多亩，建筑总面积13.5万平方米，在校学生8700人、教师501人。学院设有7个教学单位，开设31个专业（方向），形成以外语类专业为主体、计算机应用类与管理类专业为两翼的专业体系。

八、甘肃银行学校

位于榆中县城关镇。原为中国人民银行部属中专学校，筹建于1979年，1983年首届招生，为甘肃省教育厅直属管理普通中专，是一所以金融专业为主的财经类省部级重点中专学校，面向全省招生。学校占地面积80亩，规划面积180亩，固定资产3000多万元，建筑面积5万平方米，图书馆藏书8万册。设有金融、电算化会计等6个普通中专专业，还与西安交通大学等高校联合办学，开展“3+1”和“3+2”高职、成人本科和专科教育。有学生1700人。

第二章　卫　生

第一节　卫生体制改革

一、城镇职工医疗保险制度改革

2001年7月，制定《榆中县城镇职工基本医疗保险暂行办法》，对原有的医疗保障制度进行改革。按照“先启动、后扩面、允许过渡、逐步规范”的原则，先从县级行政事业单位入手，逐步扩大到乡（镇）行政事业单位、国有企业和集体企业。榆中县实行统一的筹资比例，即用人单位按本单位在职职工的上年度基本工资总额的4%缴纳；职工个人按本人上年度基本工资收入的2%缴纳。2001—2004年，执行由用人单位职工工资中代为扣缴。建立基本医疗保险统筹基金和个人账户，职工个人缴纳的2%基本医疗保险金额计入个人账户，用人单位缴纳的基本医疗保险费按不同年龄段计入个人账户。在职职工以本人年度工资收入为基数计算，45岁以下含45岁的按0.5%计入；46岁至退休的按1%计入；职工自批准退休的次月起，本人不再缴纳，按上年度全县人均缴费工资的3%计入个人账户；用人单位缴纳的基本医疗保险费剩余部分，用于建立基本医疗保险统筹基金。2005年开始，财政供给的行政事业单位改由县财政统一在统发工资中代为扣缴，其他单位仍由用人单位从职工工资中代为扣缴。基本医疗保险基金统一纳入“财政医疗基金专户”管理，专款专用，使用时由县医疗保险局每月提出用款计划，经县财政局审核后拨付到医疗保险局，按规定划拨和管理使用。

2001—2005年，基本医疗保险基金收入1778万元，支出1359万元。

2005年，参保1.22万人，实际享受8517人，最高保额5万元。2006—2010年，收入6663万元，支出5626万元，县财政每年预算安排公务员医疗补助和大额互补医疗保险资金98万元，最高保额25.6万元。2010年，全县参保人数1.9万人。

二、城镇居民医疗保险制度改革

2007年，实行城镇居民医疗保险，财政补助每人每年100元、个人缴费每人每年80元。至2010年12月，收入1463万元，支出401万元。全县参保2.48万人，住院报销9873人次。同时，实行城镇居民特困医疗救助政策，其间支付城镇居民医疗救助费269万元。

三、新型农村合作医疗保险制度改革

2005年10月，榆中县被确定为全省第三批新型农村合作医疗试点县，当年参合农民33.34万人，参合率86%。同年12月，成立榆中县新型农村合作医疗管理局。2006年起，全面实行新型农村合作医疗保险。资金筹集由财政补助每人每年130元，农民个人缴费每人每年10元。2010年12月，参保农户36.79万人，参保率95.53%，每人每年缴费30元。至2010年12月，收入1.36亿元，支出1.42亿元。

第二节　疾病防治

一、免疫规划

1992年6月1日，启动实施《世界银行贷款榆中县结核病控制项目实施方案》，简称卫生Ⅴ项目。1996年1月21日，榆中县被列为世界银行贷款卫生Ⅶ项目计划免疫贷款县。2002年1月，榆中县卫生防疫信息系统疾病报告子系统开通。6月，榆中县被列入中华人民共和国政府与国际免疫联盟（GAVI）理事会/全球儿童疫苗基金合作项目（简称GAVI项目），该项目执行期五年，至2007年5月结束。2003年5月，县防疫站局域网络建立。2004年6月，集中两月时间，对2002年1月1日以后出生未接种乙肝疫苗或未按接种程序完成乙肝疫苗全程接种的所有儿童（包括流动儿童）进行查漏补种。2005年12月，20个乡镇卫生院传染病网络直报系统开通。2006年4 5月，全县开展乙脑疫苗免疫接种，接种适龄儿童2.58万人。2006年11月，开展入托、入学儿童预防接种证查验，累计补证1344人，补种疫苗20剂次。2007年5月，在城关、金崖、马坡3个乡镇开展乙肝血清流行病学调查。调查378人，其中表面抗原阳性8人，阳性率2.12%，抗体阳性201人，抗体保护率53.17%。2007年9月，全县儿童预防接种信息管理系统开始运行。2008年7月1日起，扩大国家免疫规划覆盖全县所有适龄儿童。9—10月，开展项目结余资金乙肝疫苗查漏补种工作第一、第二轮接种，配发乙肝疫苗880人份，其中第一轮接种2286人次，第二轮接种354人次。10月，在全县范围内对15岁以下儿童开展麻疹疫苗强化免疫。接种人数7.07万名，接种率为99.61%。同年，榆中县被确定为“水痘疾病负担研究项目实施县”。榆中县对312例食用“三鹿”牌等受污染婴幼儿配方奶粉所致泌尿系统疾病的婴幼儿进行流行病学调查工作。2009年1月1日起，在全县开展国家扩大免疫规划疫苗接种工作。扩大免疫规划的疫苗有A群流脑疫苗、A+C群流脑疫苗、乙脑疫苗、麻风疫苗、麻腮疫苗。2010年3月，全县开展15岁以下人群乙肝疫苗接种工作，第一针次接种6780人，接种率100%；第二针次接种2700人，接种率100%。

二、传染病防治

1991—2000年，全县传染病发病位次依次为病毒性肝炎、细菌性痢疾和肺结核。2000年后，性病发病逐年上升。2006年，全年未发生甲类传染病。报告乙类传染病7种1767例，报告总发病率为418.7/10万，报告死亡病例2例。按病种分：发病率最高者为乙肝，其次是肺结核，菌痢占第三位。2007年5月，“甘肃省边远地区肺结核病人管理研究课题”在夏官营、清水驿、三角城、和平、马坡、连搭6乡镇实施。6月，确定县一院等27个接种门诊、周前村卫生所等267个预防接种点、刘兴发等326名预防接种人员为榆中县预防接种单位和接种人员，并获得资质认证。2008年4月21日，榆中县与全国同步实行传染病自动预警。5月6日，榆中县报告首例手足口病例，当年全县报告手足口病94例，其中县域内报告19例，县域外报告75例。7月，县政府重新调整并制定《榆中县突发公共卫生事件应急预案》。县卫生局成立榆中县突发公共卫生事件医疗救护、卫生防疫防病应急领导小组。县疾控中心调整和充实卫生应急队伍，制定《榆中县疾病预防控制中心突发公共卫生事件应急预案》，成立应急处置领导小组。当年，全县接到并处理突发疫情11起，其中水痘疫情5起，报告病例52例；风疹疫情6起，报告病例30例。接到疫情报告后，县疾控中心迅速组织相关专业人员赶赴现场进行流行病学调查与处理，同时针对突发疫情的流行特征提出相应的预防控制措施，主要包括对患病学生进行隔离治疗，学校实行晨检制度。2009年4月，榆中县被确定为国家级艾滋病哨点监测，监测对象为吸毒人群，同时建立全国艾滋病哨点监测系统。4月21日，在北山5乡（贡井、哈岘、上花岔、园子岔、中连川）进行结核病免费筛查，筛查现场同时开展传染病防控宣传、咨询，发放宣传材料2000份，布置宣传结核病、艾滋病、手足口病展板20块，横幅2条，筛检70人次，检出8人为肺结核疑似病人。6月，榆中县开展疾控机构进医院试点工作。县一院、二院、三院、中医院为试点单位，成立公共卫生科。8月28日晚8时50分左右，县疾控中心接到市疾控中心反馈，榆中一患者呈甲型H1N1流感阳性。县疾控中心开展患者密切接触者的流行病学调查工作。共调查301人，采样59份，确诊病例47例，对病人进行医院隔离治疗，于9月12日痊愈解除隔离。至11月8日，和平地区共采集87份疑似甲型H1N1流感病例咽拭子标本，确诊甲型H1N1流感病例62例，阳性率71.26%。累计诊治流感样病例561例。患者于11月25日全部治愈。同年，全县重点人群接种第一批甲型H1N1流感疫苗1.24万支。2010年4月16日，县幼儿园出现首例手足口病例，分别于5月14日、5月25日、6月23日对县幼儿园、城关幼儿园与周前艺术幼儿园采取全园和部分班级停课2周的措施，以保护周边易感人群。至12月31日，报告的187例病例全部治愈，实验室病毒分离结果显示毒株均为CoxAl6型，无EV71感染。全县无重症病例及死亡病例发生。

三、地方病防治

榆中县属地方病重病区，主要有碘缺乏病、地方性氟中毒、布鲁氏杆菌病、麻风病等4种，分布在全县的23个乡（镇）、268个行政村、1619个自然村。全县历史地方病患病人数5821人，其中碘缺乏病3702人（甲状腺肿3573人，克汀病129人），地方性氟中毒1955人（氟斑牙1839人，氟骨症116人），布鲁氏杆菌病143人，麻风病21人。受威胁人口43.17万人。

（一）碘缺乏病（简称地甲病）

1991年5月，由卫生部地病司牵头，山西、甘肃省地方病防治领导小组办公室对榆中县碘缺乏病防治工作进行考核，认定各种指标均达到国家标准，合格率100%。抽查253人，查出生理性甲状腺肿大41人，占17%；病理性甲状腺肿大2人，占0.7%。碘盐销售点6个，居民户26户，食盐加碘合格率100%。1992年10月，榆中县被省政府地方病防治领导小组评为“地方病防治先进集体”。1995年，全县普及食用碘盐。1999年12月，省地方病领导小组等七厅（委）对榆中县实现消除碘缺乏病阶段目标进行评估，抽检盐样252份，其中批发点25份，合格率100%；销售点25份，合格率96%；居民户202份，合格186份，合格率92.08%。2006年，检查205人，检出Ⅰ度甲状腺肿大9人，甲状腺肿大率为4.39%。同时在抽检儿童中对7、8、9岁三个年龄组采集65名儿童尿样进行尿碘检测。检测结果尿碘<50微克/升的4份，占6.15%；<100微克/升的9份，占13.85%；100微克/升以上的38份，占58.46%；300微克/升以上的14份，占21.54%，尿碘中位数179.46微克/升。2008年，对8~10岁学校儿童进行甲状腺肿大、尿碘营养水平及儿童家庭碘盐调查、监测。抽取5所小学的209名儿童进行监测，检出甲状腺肿大6例，甲状腺肿大率占2.8%，儿童家庭碘盐样209份，合格208份，碘盐合格率占99.5%，尿样70份，尿碘范围69.18~509.11微克/升，尿碘中位数203.68微克/升。2009年，开展居民户碘盐监测，对清水驿、小康营、新营、上花岔、中连川、城关、金崖、甘草店、和平9个乡镇36个行政村的288个居民户家庭食用盐采样进行定量分析，监测碘盐含量。检出合格碘盐279份，合格率占96.6%；不合格9份，占

1995—2005年榆中县传染病报告发病统计表

表12-2-1

	菌痢/10万		病毒性肝炎/10万		伤寒/10万		麻疹/10万		百日咳/10万		流脑/10万		猩红热/10万		脊髓灰质炎/10万		破伤风		梅毒/10万		淋病/10万		总发病/10万	
1995	344	81.72	597	141.82	2	0.47	60	14.25			1	0.24	2	0.47	1	0.26					3	0.71	1009	239.73
	(2)		(1)		(6)		(3)				(7)		(5)		(7)						(4)			
	此5年中，1991年总发病1274例，发病率320.89/10万。病毒性肝炎发病834例，发病率210.06/10万；肺结核未统计在内。																							
2000	540	125.93	1142	266.32			12	2.80			1	0.23	2	1.17	164	38.25	1	0.23	4		8		1877	437.72
	(2)		(1)				(4)				(8)		(6)		(3)		(8)		(7)		(5)			
	此5年中，1999年总发病2504例，发病率583.94/10万。其中病毒性肝炎发病1393例，发病率324.85/10万；菌痢发病765例，发病率178.41/10万；肺结核发病320例，发病率74.62/10万;1998年次之。																							
2005	419	99.31	741	175.63			17	4.03	1	0.23			7	1.66	352	83.43			40	9.48	7	1.66	1584	375.44
	(2)		(1)				(5)		(7)				(6)		(3)				(4)		(6)			
	此5年中，2001年总发病1928例，发病率455.03/10万。其中病毒性肝炎发病1202例，发病率283.68/10万;菌痢发病497例,发病率117.30/10万；肺结核发病180例，发病率42.48/10万；梅毒发病14例，淋病9例，艾滋病也有报告，2004年次之，但性病呈上升趋势。																							

3.1%；非碘盐1份，占0.34%。半定量检测居民户盐样360份，合格率100%。对哈岘、水坡、定远等5所小学的400名儿童进行甲状腺肿大检查，检出甲状腺肿大者9名，甲状腺肿大率2.25%。2010年，在榆中县23个乡（镇）中抽取碘缺乏病疫情较重的青城、马坡、连搭3个乡（镇）作为项目单位，开展碘缺乏病的危害和流行现状、碘缺乏病防治工作现状、碘缺乏病健康教育等相关内容的宣传学习。同年9月，市疾病预防控制中心组织对3个乡镇小学五年级学生进行碘缺乏病知识知晓效果评价调查。开展学生甲状腺肿大监测，检查5所小学8~10岁年龄段儿童212名，共检出甲状腺Ⅰ度肿大6例，肿大率2.83%。开展碘盐监测，采集5所小学学生家庭食盐样207份，合格203份，合格率98.1%；尿碘检测采集5所小学学生尿样64份，尿碘范围68.7~616.3微克/升，尿碘中位数223.3微克/升。

（二）地方性氟中毒（简称地氟病）

1991年，全县确诊的氟骨症患者116人，氟斑牙患者1839人。经过多年的改水降氟，氟中毒患者逐年减少。2006年7—8月，全县开展水源水氟摸底调查。高崖、银山、夏官营、金崖等17个乡镇采集水源水样104份，水样含氟值0.12~1.71微克/升。达到生活饮用水标准氟含量<1.0微克/升的水样89个，占被监测水样的85.6%，超过生活饮用水标准氟含量≥1.0微克/升的水样15个，占被监测水样的14.4%。高氟水源为地下井水，主要分布于龙泉、高崖地区。采集高崖、甘草店、金崖等7个乡镇处理后的水样141个，水样含氟值0.12~0.63微克/升，达到生活饮用水标准。

（三）布鲁氏杆菌病（简称布病）

1991年8月，对48例布病患者用抗生素和止痛药物治疗，好转率90%以上，经过和平、城关、马坡3乡（镇）流行病学调查，未发现新发病人。2005年底，全县布病患者22例，分布于贡井、园子岔等13个乡镇。2006年，开展布病监测，对和平、定远镇4个村2197人进行流行病学调查，未见阳性体征者。布病血清监测采集其他人群200份，其中牛、羊、生猪屠宰工9人，牛、羊养殖人员40人，兽医2人，其他一般人群149人，检出阳性血清7份。2008年，开展布病监测，对袁家营、沈家河、蒋家营、张老营2123人开展流行病学调查工作，采集血清106份，其中特殊人群血清28份，包括种畜厂职工、庄园乳业职工、奶牛养殖人员。一般人群78份。对现存22例慢性布病患者予以访视登记，并对密切接触人群进行访视，未见有阳性体征者。2009年，开展布病防治流行病学调查工作，在袁家营、张老营2村调查1013人，采集特殊人群血清60份（包括种畜厂职工、庄园乳业职工、奶牛养殖人员）。对现存22例慢性布病患者予以访视登记，并对密切接触人群进行访视，未见有阳性体征者。2010年，全县有慢性布病患者23例，进行调查访视和家庭密切接触人员调查，未见相关临床症状及阳性体征。

（四）麻风病（俗称癞子病）

1991年，全县麻风病患者19例。2005年底，全县治愈患者5例，未治愈患者1例。2008年，对1例麻风病患者进行全程督导化疗，对于已治愈存活的3例麻风病人予以观察及家庭密切接触者调查，均未见阳性体征。2010年，对中连川乡1例治愈麻风病病人监测及家庭密切接触人群进行调查，未见相关可疑症状者。

四、非典防治

2003年4月，国内部分城市发生传染性非典型肺炎疫情，榆中县三次调整升格防控领导小组，成立由县委书记任组长、县长任副组长、分管卫生副县长任总指挥的防控指挥系统。各级医疗卫生单位均成立发热监测门诊。榆中县第一人民医院抽调医护人员成立抗击非典医疗队、设置留验病房，负责全县从疫区返回人员及发热病人的接送及留验观察工作。县防疫站专购特制全套防护服50套，特制口罩500个，特制防护眼镜30副，向全县免费发放消毒液10吨，体温表200支。乡、村、社普遍设立监控岗，预防性消毒，交通路口设卡，对外来人员严密监控，各卫生医疗单位处于待命状态，全民参与程度前所未有，至全国疫情扑灭，榆中县未出现疫情。6月，中共兰州市委组织部授予榆中县第一人民医院党支部“抗击非典先进基层党组织”称号；10月，省人事厅、卫生厅授予榆中县第一人民医院“全省抗击非典先进集体”称号。

第三节　妇幼保健

一、新法接生

1991—2010年，全县对乡村妇幼保健产科接生人员进行业务培训，对广大妇女尤其是孕产妇进行保健知识宣传教育，新法接生在农村得到普及，全县孕产妇安全分娩母子健康水平得到提高。1991年，农村新法接生率98%以上。2010年，农村新法接生率100%。

二、儿童保健

1992—1998年，全县体检散居儿童4.94万人，疾病查出率59.85%~78.1%。1999—2005年，体检5.41万人，疾病查出率48.6%~68.7%。1999年，全县托幼机构25所，入托儿童2500人。2001年起，榆中县开展儿童铜、锌、钙、镁、铁五种微量元素测定，至2005年共测定3450名儿童。2005年底，全县托幼机构发展到43所，其中县办1所，集体8所，校办2所，个体31所，部队1所，分布在县城及川区8个乡（镇），入托儿童3293人，教师173人。入托体检由2003年的1814人次上升到2005年的2078人次。至2010年底，全县托幼机构发展到55所，教师194名，教师体检率98.6%。幼儿入托体检4237人次，中重度营养不良4.99%，贫血发病率17.84%。对体检中查出的健康问题及时进行健康指导和适宜处理。

三、妇女病防治

1990—1998年，全县普查妇女病15.04万人次，普查率65%，患病人数4.45万人，患病率29.6%，主要疾病以生殖系统炎症为主，治疗率82%。1999—2002年，8.17万名育龄妇女接受妇女病普查，患病率38%。对查出疾病者利用救助药品和自费药品进行治疗。2005年，妇女病普查率77.8%。2006—2010年，开展妇女常见病、多发病防治和治疗知识的宣传，抽调专业技术人员，配合银山、中连川、青城、连搭、三角城、马坡、园子岔等乡镇卫生院免费开展妇女病常规普查诊治工作。2010年，妇女病普查率44.8%，妇女病检出率53.0%。

第四节　医　疗

一、中医

1991年，县中医院门诊设内科、肝肾病专科、妇儿科、骨伤科、皮肤科、针灸理疗科等。农村卫生院、医疗站均以中医为主。2009年，开展推广地产中草药临床运用，遴选产量较大的地产中草药30种，拟定常见病中医方剂10个，由乡村医生辨证施治，为群众提供中医药服务。2010年，榆中县3家综合医院及21家乡镇卫生院均开设中医科室，设立中药房，配备常用器具和中药饮片、中成药，开展针灸、按摩、拔罐、刮痧、养生保健等中医药服务。和平中心卫生院创建为中医药特色中心卫生院，1人被评选为国家级基层优秀中医，2人被评选为省级乡村名中医，2人被评选为市级乡村名中医。

二、西医

（一）内科

1991年，内科开展休克型肺炎、肺部感染并肺水肿、结核性包裹性胸膜炎、脑梗死、心房纤颤、心衰、毒痢、脑水肿、休克、呼吸衰竭、感染性休克抢救、结核性脑膜炎、内科高频通气等业务。1995年，开展硝酸甘油静滴治疗心肌梗死。1996年，开展白血病及肺癌的临床化疗。1998年，应用脐血治疗再生障碍性贫血。2003年，开展血液灌流抢救各种中毒；内窥镜下食道支架安装及异物取除。2004年，开展超声引导下肝脏穿刺、应用呼吸机抢救呼吸衰竭、急性心肌梗死静脉溶栓治疗、应用血液灌流治疗急性中毒和精神分裂症。2008年，开展心包穿刺术、内镜下钛夹止血术、胃癌、结肠癌化疗、贲门癌术后吻合狭窄用新扩张器扩张术、内镜下注射止血术。2009年，开展血液透析治疗肾功能不全、血液灌流治疗急性中毒、胃肠吻合器在胃肠道手术中的应用，单腔锁穿管胸、腹腔留置术熟练使用于肺癌、胃癌、肝硬化所致的顽固性胸腹水的治疗，慢性乙肝、丙肝的抗病毒治疗。

（二）脑系科

1991年，脑系科开展的项目有脑内血肿消除术、颞叶深部肿瘤及硬脊膜膨出修补等手术，收治脑血栓、脑出血、癫痫持续状的患者、中重度颅外伤患者。1995年，开展脑脓肿及胆脂瘤切除术、椎颅引流术、颅内血肿清除术、慢性硬膜下血肿清除术。2008年，开展“左下肢深静脉血栓形成”用患肢肢体静脉“尿激酶”溶栓配合腹壁下“低分子肝素”注射治疗。2009年，开展脑血栓病人“巴曲酶”联合“依达拉奉”治疗。

（三）普外科

1991年，普外科开展输尿管绞痛并结石的药物治疗及手术半开放式取石术、肾积水切除、肝胆系统“鲁瓦氏”手术、前列腺切除术、用速奇伤口黏合胶带替代伤口缝合。1992年，开展肺段病灶切除术，肝脏内肝管切开取石术、输尿管高位切开取石术、小儿膀胱内切开取石术。1994年，开展胰腺尾部肿瘤切除术、食道中上段肿瘤手术。1995年，开展食道下端肿瘤切除、颈部巨大甲状腺瘤、胰腺瘤、巨大肾积水等手术。1996年，开展直肠癌根治术。1997年，外科食道癌、贲门癌行多脏器切除，胃癌根治术，右半结肠癌切除清扫术，左半结肠癌切除清扫术，直肠癌根治术，胃癌、膀胱肿瘤切除术，肾输尿管膀胱切开取石术，各种外伤引起的脏器破裂修补、切除、吻合术，出血性坏死性胰腺炎切开引流术。1998年，开展开胸全胃切除术、结肠癌左半结肠切除术、肝癌切除术，胸肺部外科手术，单纯肺叶切除，肛肠手术。2006年，开展腹腔镜微创胆结石切除术134例、微创妇科手术5例，填补全县医院微创手术的空白。2009年，与放射科合作完成榆中县首例胆管癌经皮肝穿刺胆管引流。2010年，开展吻合器在胃肠道手术中的应用，进行保肛手术、腹腔镜肾盂管成形术、补片行腹股沟疝无张力修补术、食道中上段食管癌根治术、胰十二指肠切除术、经皮肺穿刺活检，与放射科联合开展下肢静脉造影及下肢静脉溶栓治疗、新化疗方案治疗胃癌、血液透析、左髂静脉卡压综合征患者成功实施左下肢静脉造影+球囊扩张成形术+置管溶栓术介入治疗、胃镜下食管胃底静脉曲张破裂套扎术、肺栓塞介入治疗。

（四）骨科

1991年，骨科开展手术治疗胸椎结核并截瘫，胫骨下端软骨瘤切除术、胸椎高位结核手术治疗，股骨颈经皮固定术，股骨颈骨折、股骨头置换术，下胫腓关节融合术，大面积皮肤感染应用祛腐散、生肌橡皮粉，脊柱骨折哈氏棒内固定术，踝关节畸形矫形、融合术，股四头肌成形术，先天性髋关节脱位二次手术复位，并指、多指畸形矫形术。1994年，首次独立成功进行人工股骨头置换术。2000年，开展月骨脱位切开复位术，陈旧性桡骨小头脱位环状韧带重建术，肱骨骨不连内固定髂骨植骨术，股骨胫骨折内固定带旋髂深动静脉蒂髂骨块植骨术，急性脑膜下血肿清除去骨瓣减压术，股骨颈粉碎性骨折移位的切开复位钢针内固定带旋髂深动静脉蒂的髂骨块移植术，股骨上端骨脓肿刮除术，尺骨上段大段粉碎性骨折切开复位改良张力带钢丝内固定术，肱骨骨折骨不连接切开复位角翼钢板内固定髂骨块植骨术，足背、手部大片软组织缺损带血管蒂的桥式皮瓣和腹壁皮瓣转移术，陈旧性桡骨小头脱位切开复位环状韧带重建术，陈旧性月骨脱位切开复位术，髂骨软骨瘤切除术，大龄先天性肌性斜颈矫形术。2002年，开展胸段椎管内脊膜瘤切除术、后路切开复位螺丝钉内固定治疗肩胛盂粉碎骨折。2006年，开展肱骨髁上粉碎性骨折“Y”型钢板内固定术3例，髋臼成形术1例。2007年，完成膝关节置换术1例。2009年，开展臭氧治疗椎间盘疾患。2010年，开展双侧全髋关节置换术、次全全膝关节置换术、股骨近端肿瘤切除半髋关节置换术。

（五）妇产科

1991年，妇产科开展子宫下段肌瘤手术，人工破膜及静脉推注安定加速第一产程，静滴催产素降低滞产，恶性葡萄胎化疗。2003年，成功抢救羊水栓塞、宫角妊娠破裂患者各1例。2004年，利用笑气进行无痛分娩、无痛人流，同时开展宫腔镜检查。2006年，开展阴式子宫全切加阴道前后壁修补术2例。2007年，成功抢救1例子宫内翻失血性休克患者、1

例剖腹产术后连续抽搐5小时的产后子痫患者。2009年，实施阴式子宫切除微创手术。2010年，开展妇科腹腔镜子宫肌瘤剔除术、阴式子宫全切加阴道前后壁修补术、子宫内膜癌根治术、卵巢癌肿瘤细胞减灭术加化疗。

（六）儿科

1991年，开展小儿肺炎、小儿肠炎治疗，用654-2、丹参、维生素E、东莨菪碱、地塞米松等治疗新生儿硬肿症取得成功。2002年，应用恒温箱治疗新生儿硬肿症93例。2003年，应用恒温箱加蓝光照射治疗新生儿硬肿症、黄疸。2006年11月，正式使用新生儿ICU病房。至年底，抢救新生儿重症患儿30人。2007年，开设新生儿重症监护室，收住患儿260例。开展新生儿经皮黄疸测定和微量元素测定。2009年，开展新生儿静脉采血、输血、生化检验，儿科穿刺应用留置针，新生儿缺血缺氧脑病的治疗采用脑活素，新生儿脐部护理。2010年，开展盐酸纳洛酮及多巴胺通过微量泵静脉滴注治疗新生儿呼吸衰竭、心力衰竭，瘢痕挛缩造成肘、腋窝、腘窝畸形，松解后行全厚皮移植及皮瓣转移术。

（七）五官科

1991年，县第一人民医院设有五官科，主治医师1人，医师3人，护士1人，病床13张。1995年，开展大舌根瘤切除术。1996年，开展耳郭血管瘤结扎术。2004年，开展微波治疗鼻、肥大性鼻炎、咽炎。2005年，开展液氮冷冻疗法治疗视网膜脱离，网膜脱离、巩膜缩短电凝封洞术、鼻腔泪囊吻合术、青光眼巩膜下咬切减压术，同种异体角膜移植手术，单眼皮人做美容手术——何兹氏手术，电测听，验光，白内障摘除术，唇外翻矫正术。2006年，开展内窥镜检查189例，利用眼科手术显微镜独立开展白内障人工晶体植入术20例，新式斜视矫正术1例，内窥镜下上颌窦根治术6例。2007年，开展显微镜下人工晶体植入术20例，新式斜视矫正术、内窥镜下上颌窦手术。2009年，开展耳鼻喉微创手术。

三、中西医结合

1991—2010年，县一院、县二院以西医为主，增设中医、针灸、按摩和中药房。县中医院也增设放射、检验等科室，应用西药治病、输液、打针、麻醉。痔瘘科运用西医手术方法和中医三黄膏、生肌膏、消肿膏结合，针灸、理疗、按摩科运用电针疗法、梅花针疗法和红外线、紫外线等治疗相结合，人工按摩和电疗、光疗、水蜡疗等项目结合，都取得了良好疗效。

四、护理

1991年，全县有护理人员148名，其中主管护师2人、护师12人、护士74人、护理员60人。2005年，全县有护理人员258人，其中主管护师38人，护师45人，护士175人。2006—2010年，全县医疗机构通过考录、招聘等形式引进护理人员。2010年，榆中县在册护士386人，其中副主任护师1人，主管护师74人，护师62人，护士（助产士）249人。

五、基础设施建设

1991年，县二院投资65万元建成2100平方米三层门诊综合大楼。1992年11月，投资26万元建成县一院建筑面积1242平方米的传染科楼，增设传染科并开始接诊。1999年，县一院投资350万元，新建5255平方米的住院部大楼，2000年12月建成并投入使用。2003年，县一院投资150万元建成1215平方米传染病区。2004年，县三院投资931万元建成3570平方米门诊大楼、4600平方米住院部大楼。2007年，县一院投资2100万元建成11.4万平方米的门诊外科综合楼。

第五节　业务院所

一、县属医院

（一）榆中县第一人民医院

始建于1945年，是全县唯一一所集医疗、教学、科研、康复、急救、预防保健于一体的二级综合性医院。1991年，有职工207人，其中医疗卫生技术人员173人，建筑面积1.18万平方米，病床180张，设37个科室。2010年，医院占地面积2.66万平方米，业务用房建筑面积2.15万平方米，

图 12-2-1　建设中的县第一人民医院门诊外科综合楼（2009 年摄）

开放床位380张。有内、外、妇、儿、感染、中医、五官、骨科、脑系科、口腔科、检验科、放射科、急诊科、药剂科、社区服务科等临床、医技、管理等科室24个。全院有正式职工267人，住院病人9669人次，门诊24.81万人次，急诊5331人次，门诊观察2.37万人次，业务收入3996万元。

（二）榆中县第二人民医院

位于高崖镇。1991年，医院占地面积1.2万平方米，建筑面积4300平方米，有职工65人，病床50张，设21个科室。2010年，有职工93人，其中卫技人员68人，设置医疗科室21个，设床位54张，门诊病人2.6万人次，住院病人1425人次，业务收入415万元。新购置彩超1台。

（三）榆中县第三人民医院

前身是成立于1958的和平卫生院。1991年，更名为和平中心卫生院。年门诊病人4000人，住院人数150人。2004年10月，晋升为榆中县第三人民医院。2010年，门诊就诊4.85万人次，门诊观察9515人次，住院2939人次，手术713台。业务收入1320万元。购置新型彩超、电脑验光仪、角膜曲率仪、眼科离子导入治疗仪和快速消毒锅、新生儿听力筛查仪和新生儿胆红素检测仪。骨科首次开展颈椎滑脱颈椎前路减压钢板内固定术、骨盆半环骨折切开复位内固定术等骨科疑难手术，成功实施榆中县首例全髋关节和全膝关节置换手术。成功开展关节镜下滑膜切除、游离体摘除等手术。

（四）榆中县中医院

1991年，有职工50人，病床50张，设14个科室，医院占地5994平方米，有业务用房2060平方米。2010年，全院有职工170人，其中招聘人员60人，专业技术人员137人（副高10人，中级31人，助理57人）。有中医人才30人，编制床位160张，实际开放床位100张，开设科室22个。全年收住病人3262人次，门诊5.25万人次，全年业务收入1018.2万元，中医药治疗率59%，中药参与治疗率68%。医院开设专科有中医骨伤科、中医消化科；优势病种为麻痹病、氟骨症、乳痈、胃溃疡、胃胀、低血压。

图 12-2-2　榆中县中医院门诊大楼（2004 年摄）

二、乡镇卫生院

1999年12月，撤销鲁家沟乡卫生院，并入贡井卫生院。2001年，投资80万元建成定远卫生院门诊住院综合大楼。2004年，投资300万元翻建和维修贡井、连搭、龙泉、中连川、韦营、甘草店、夏官营、哈岘、上花、三角城、银山等卫生院业务用房。同年，新营卫生院从旧址迁至新营街道，新建房屋560平方米，其中业务用房400平方米；清水驿乡卫生院从原址搬入原乡政府院内。2004年4月，撤销兰山、上庄、垲坪、梁坪4所乡镇卫生院，分别并入和平、马坡、中连川、金崖卫生院。10月，和平中心卫生院晋升为榆中县第三人民医院（同时承担乡镇卫生院职能）。2005年4月，对全县卫生院重新划分定位，将定远、贡井、甘草店、银山卫生院改为中心卫生院，城关、三角城、小康营、连搭、清水驿、韦营、中连川、园子、上花、哈岘、青城、龙泉、来紫堡、金崖、夏官营、新营、马坡17所卫生院为乡镇卫生院。2005年，争取国债项目资金425万元，12所乡镇卫生院进行基础设施建设和设备配置。年底，全县5所中心卫生院和17所乡镇卫生院共有卫生技术人员234人，病床290张。除哈岘、马坡2所卫生院无X光机（哈岘X光机已报废）外，其余均能透视拍片。定远中心卫生院能开展下腹部手术、骨科内外固定术、妇产科顺产接生、剖宫产、常见病的化验检查。2006年，中央专项资金支持345万元，市县配套113.65万元，完成马坡、清水驿、龙泉、园子岔、青城、甘草店、小康营、贡井、中连川、新营、韦营、连搭12个乡镇卫生院国债项目建设工程。2007年，投资150万元新建贡井中心卫生院，建成1150平方米的门诊综合楼和感染病区，建成生活用房278平方米。2008年，投资130万元，整体搬迁来紫堡卫生院，新建1250平方米的三层砖混结构门诊综合楼。同年，国债资金支持383万元，地方配套63万元，完成城关、定远、高崖、哈岘、和平、金崖、上花岔、夏官营8所乡镇卫生院国债项目建设。2009年，投资124万元，实施甘草店、贡井中心卫生院建设项目，新建住院及辅助设施1030平方米。2010年，投资330万元，改造和新建定远、夏官营、甘草店、贡井卫生院业务用房和辅助设施2983平方米。同年，全县有乡镇卫生院23所（包括县第二人民医院和县第三人民医院），人员819人，床位586 张，建筑面积4.88万平方米。

三、村卫生所

1997年起，榆中县进行村卫生所标准化建设。2002年，榆中县在部分乡镇部分村开始“乡村卫生机构一体化管理”试点工作，由卫生院对村卫生所进行统一管理，不再由乡村医生个人承包。2003年，全县全面展开“乡村卫生机构一体化管理”工作，撤销乡村所有个体诊所，并入各村卫生所。2004年，上级卫生行政部门对全县乡村医生重新考核注册，270人取得乡村医生执业证书。至2005年底，全县有村卫生所248所，其中标准化村卫生所132所。厂矿、学校医务室11家。2009年，对全县乡村医生重新考核注册，533人取得乡村医生执业证书。至2010年底，全县有标准化村卫生所268所，厂矿、学校医务室10个。

2010年榆中县各乡镇卫生院基本情况一览表

表12-2-2

乡镇	人员（人）	床位（张）	建筑面积（平方米）	所辖村（个）	服务人口（人）
和平中心卫生院	186	120	15338	13	28582
城关镇卫生院	32	16	1200	14	25203
金崖卫生院	38	42	4500	14	24978
青城镇卫生院	25	10	1535	14	20919
来紫堡乡卫生院	26	16	2010	10	20480
定远中心卫生院	40	28	1300	12	17952
连搭乡卫生院	36	17	1210	18	32423
夏官营卫生院	32	17	1896	8	16362
三角城乡卫生院	31	18	1384	13	26074
小康营乡卫生院	29	35	1235	17	27344
清水驿乡卫生院	25	19	910	16	21214
甘草中心卫生院	32	35	2439	13	16715
高崖镇卫生院	93	54	4550	11	11293
新营乡卫生院	17	9	729	13	4452
龙泉乡卫生院	21	17	785	12	10911
马坡乡卫生院	30	21	1000	15	16676
银山中心卫生院	36	50	1570	8	9298
贡井中心卫生院	27	15	1835	9	8093
中连川乡卫生院	19	12	937	12	10219
韦营乡卫生院	18	9	850	7	6123
哈岘卫生院	7	8	650	7	5141
上花卫生院	12	9	700	6	7016
园子卫生院	7	9	240	6	8340

四、个体诊所

2002年，开始实行“乡村卫生机构一体化管理”，逐步撤并乡村个体诊所，并入村卫生所。至2003年9月，现存个体诊所全部撤并，人员一部

1991—2010年榆中县个体医疗机构、床位、人员情况表

表12-2-3

年度	机构数（个）	床位数（张）	人员数（人）
1991	55	110	106
1992	55	110	106
1993	54	108	104
1994	52	104	99
1995	54	108	101
1996	52	104	99
1997	50	100	96
1998	47	94	91
1999	47	94	91
2000	48	96	93
2001	50	100	97
2002	52	104	101
2003	51	102	100
2004	53	106	102
2005	55	110	105
2006	55	110	102
2007	55	110	105
2008	57	114	109
2009	60	120	115
2010	61	122	117

分进入乡镇卫生院，一部分进入村卫生所，一部分开办农村药店。至2010年底，全县有个体诊所53家，全部分布于县城。

第六节 卫生监督

一、食品卫生监督

1991年9月，在县农贸市场、定远、夏官营、甘草店等饮食摊点进行食品卫生大检查，责令停业整顿者2户，警告并限期改进者9户。同年，对全县牛肉面馆进行整顿，对3个乡镇4家个体户购进的14.4吨变质食品进行查处。1996年，在甘草店、高崖、新营、清水驿、夏官营、三角城、和平、定远、连搭、兴隆山、县城等地开展食品卫生法宣传，发放资料5500份。1999年，全县有食品生产经营网点1376户，从业人员2017人。体检查出“五病”患者29人，全部调离。全年监督7276户次，监督频率8次。2005年，全县共有食品生产经营网点1561户，其中餐饮行业520户，副食品批零经营576户，乳品加工3户，豆制品加工22户，冷饮加工5户，糕点加工24户，熟肉制品加工16户，其他359户。学校集体食堂76户，共有从业人员3352人。体检3252人，体检率97%；年内应培训从业人员1998人，培训率99.85%；查出“五病”患者46人，全部调离；全年监督9569户次，监督频率7次。对违法行为给予卫生行政处罚152户，责令停业2户，销毁过期变质食品405.50千克。2007年，行政处罚25户，罚款12户，罚金6380元。没收销毁过期变质及三无食品13户238.17千克。2008年，发现“五病”患者7人，全部调离。其中生产加工企业116户，持有效卫生许可证103户，持证率88.8%；从业人员373人，持有效健康证355人，持证率95.2%；餐饮业1001户（大型餐饮业28户，中小型餐饮业857户，大中专院校、中小学校、幼儿园集体食堂116户），持有卫生许可证934户，持证率93.3%；从业人员4066人，持有效健康证3926人，持证率96.5%；副食经营2490户，持有卫生许可证2166户，持证率87%；从业人员2684人，持有效健康证2389人，持证率89%。2009年，发现“五病”患者15人，全部调离。2010年，监督检查食品网点4625户次，出动监督员2859人次，车辆308台次，对全县辖区内宾馆、饭店、学校食堂和农家乐等餐饮经营单位的餐饮服务许可证、卫生条件、卫生防护设施、食品存放库房卫生、进货台账、索证索票和从业人员健康培训合格证等进行监督检查与整治。达到量化分级管理的餐饮单位共866户，其中A级1户，B级6户，C级859户，餐饮业食品卫生监督量化分级管理实施率100%。

二、公共场所卫生监督

1991年，监督检测国营、集体和个体公共场所268户次，采样112份，合格83份，合格率74.11%。2005年，检查公共场所176户，发放卫生许可证138户，从业人员420人，健康证持有率81.5%，“五病”调离率100%。2008年，监督检查公共场所430户，其中住宿113户，沐浴25户，文化娱乐41户，美容美发250户，有卫生许可证312户，持证率72.5%；从业人员678人，持有效健康证513人，持证率75.6%。2010年，出动卫生监督员182人次，监督检查公共场所381户，持有卫生许可证373户，持证率97.9%，监督频次953户次；共有从业人员454人，持有效健康证435人，持证率95.8%。其中对87户住宿场所进行量化分级管理（A级1家、B级6家、C级64家、不予评定16家），量化分级率91.5%、游泳场所2家（C级1家，不予评定1家）。

三、学校卫生监督

1992年，健康体检二中、七中学生2027名，肝功化验1596人，查出乙肝表面抗原阳性者58人，阳性率3.63%。1996年，健康检查一悟、文成、麻家寺、秦启营、双店子、二中、省供销学校的3567名学生。2005年，监督检查和专项监督检查辖区内所有的大中小学日常卫生。针对各学校食品卫生、饮用水卫生存在的问题，提出整改意见。2008年，检查各级各类学校314所，监督检查学校食堂97户，副食经营23户，持有卫生许可证117户，持证率97.5%；从业人员490人，持有效健康证447人，持证率91.2%。督促10名供管水从业人员办理健康证，4所学校蓄水池周围进行植树绿化。8所学校建立医务室，持有医疗机构执业许可证7所，医生8人，持证7人；护士6人，持证5人。2010年，有学校食堂88户，全部持有餐饮服务许可证；从业人员220人，持有效健康证213人，持证率95.5%。检查学校及托幼园所295所，监督覆盖率87.5%，年监督频次895户次。其中学校237所，托幼机构58所。出动执法人员242人次，出动监督车辆105台次，下达整改意见书25份。

四、职业卫生监督

1996年起，对全县25个粉尘点进行监测，实际监测点21个，合格18个，合格率85.71%。2004年，全县508家企业中，接触职业危害从业人员1265人。对不符合《中华人民共和国职业病防治法》卫生要求的企业提出监督整改意见。2005年，全年监督检查各厂矿企业55家，责令改进生产工艺，配备防护设备，给职工配备防护用品，制定职业危害应急救援预案等。2006年，监督检查企业23家，企业职工2855人，其中接触职业危害人数483人。对不符合职业卫生要求的企业提出卫生监督整改意见20家。同年开展以“保护劳动者身体健康权益，构建和谐社会”为主题的《中华人民共和国职业病防治法》宣传活动，发放宣传材料500份。2007年，兰州远东化肥有限责任公司组织职工在榆中县疾病预防控制中心进行职业病健康检查，兰州长信电力设备有限公司组织职工在省人民医院进行职业病健康检查。2008年，监督检查厂矿企业55家，填写调查情况表40份，接触职业危害因素工人583人。2009年，检查厂矿企业25家，填写调查情况表20份，职工总数5512人，接触职业危害从业人员2911人。2010年，全县有接触职业危害因素企业26家，接触职业危害从业人员2000人。同年4月，开展以“工作、健康、和谐”为主题的职业病防治宣传活动。

五、医疗卫生监督

2004年，监督医疗机构143户，药店71户，其中坐堂行医36户，无诊疗活动的35户，兽药店8户，其中有4户出售人用药品。2005年，制定

《榆中县打击非法行医专项行动实施方案》，重点打击无证的黑诊所、医疗机构聘用非卫生人员、出租承包科室、地下性病诊所、用B超给胎儿做性别鉴定等非法行为。检查医疗机构281个，药店209个，计生机构24个。行政处罚20起，其中无证擅自开展诊疗活动的18起，超范围执业的1起，无证游医2起，没收非法所得801元，没收药品38种，罚款1620元。2006年，查处非法行医案件13起，取缔无证行医5起，行政处罚13起，没收非法所得46.90元，没收药品1箱，价值406.20元，没收医疗器械16种，处罚金3030元，提出并下达整改意见书48份。办理发放医疗卫生机构执业许可证23家。2007年，监督检查医疗机构227家，药店156家。查处非法行医案件6起，罚款1350元，没收药品2箱，价值499元。处理群众举报投诉案件18起。2008年，监督检查从事放射诊疗活动的医疗机构26家，其中县级医疗机构6家，乡镇卫生院20家。2010年，监督检查医疗机构307户，监督覆盖率84.8%，年监督频次682户次；出动监督人员398人次，出动车辆98台次，责令5家无证行医户停止执业。

六、生活饮用水卫生监督

1993年，检测甘草店、清水驿、三角城、县城、连搭、定远、和平等地的水源水样12份，提供水质依据。2004年，监督检查全县3家自来水公司、2家淡化站。全年监督监测水样84份，合格74份，合格率88.10%。2005年，4家水厂均办理供水卫生许可证。同年，监测4家水厂水样7份，全部合格；抽检管网末梢水样60份，合格56份；其他生活饮用水9份，全部合格。监督检查直接从事供管水人员的健康状况，供管水人员36人，办理健康证31人，对检查不合格者进行调离。2008年，监督检查供水网点119户，供管水人员142人。其中集中式供水单位7户，4户持有供水卫生许可证；供管水人员30人，26人持有效健康证；二次供水4户，2户持有二次供水卫生许可证；供管水人员4人，2人持有效健康证；自备水源供水108户，均无卫生许可证；供管水人员108人，均无健康证。对不符合供水卫生要求的单位，针对存在问题均提出相应的整改意见。2010年，监督检查供水单位8家，监督覆盖率100%，监督频次24户次，出动执法人员48人次，出动车辆18台次。持有卫生许可证7家，持证率87.5%；共有从业人员39人，持有效健康证35人，持证率89.7%。监督检查二次供水单位5户，办理卫生许可证3户，持证率33.3%；从业人员4人，持有效健康证2人，持证率50%。对8家集中式供水单位的出厂水和末梢水进行监测，检测样品10份，合格10份。抽样检测全县23个乡镇的51个村卫生所所在地的居民生活饮用水，合格39份，合格率76.4%。

七、化妆品卫生监督

2004年，全面监督检查县内化妆品经营网点3次。2005年，监督检查县内的化妆品经营市场、美容美发店、药店，检查化妆品超市、专卖店7个、美容美发店96户。查处部分化妆品过期，撤柜销毁。

第七节　爱国卫生

一、农村改厕

2001年起，县爱卫办实施农村改厕示范项目，当年清水驿乡改建“通风改良式”厕所40座。2002年，在城关镇李家庄村修建“通风改良式”厕所100座。2003年，在连搭乡石头沟村改建“改良型双瓮式”厕所6座。2004年，榆中县被列为甘肃省/联合国儿童基金会儿童环境与环境卫生项目扩展县，在连搭乡石头沟村和定远镇猪嘴岭村改建“改良型双瓮式”和“粪尿分集式”厕所300座。同年10月，兰州市农村改厕技术培训现场观摩会在榆中县召开。2005年4月，榆中县被确定为全省农村改厕项目县，在连搭、定远、青城3个乡镇建造“改良型双瓮式”和“粪尿分集式”厕所550座。2006年，县财政投入资金20万元，改建农村户厕2000座。2007年5月，甘肃省爱国卫生运动委员会命名榆中县南关村、北关村、城关村、下汉村为“甘肃省卫生村”。2008年4月9日，召开全县爱国卫生工作暨农村改厕项目启动会，表彰奖励在农村改厕工作中涌现出的先进集体12个和先进工作者12名。2009年11月20日，榆中县爱国卫生运动委员会命名和平、夏官营为“榆中县卫生镇”，猪嘴岭、肖家嘴、高墩营、高家崖为“榆中县卫生村”，县水利局、县林业局、栖云北路居委会、城关幼儿园为“榆中县卫生单位”，兴隆家园为“榆中县卫生小区”。至2010年12月，全县改厕4.74万户，农村卫生厕所普及率50.2%，其中无害化卫生厕所1.82万座，普及率19.3%。

二、消灭“四害”

1991年起，县爱卫会每年安排开展“除四害”工作，并于1992年、1994年、1997年、2004年、2005年在县城集中开展灭鼠防病活动，防止以鼠类为媒介的传染病暴发流行。2006年后，全县鼠害得到控制，不再开展大规模的集中灭鼠活动。

第八节　健康教育

一、城市健康教育

2008年，将健康教育列为社区卫生服务机构“六位一体”职能，社区医护人员通过家庭病床、门诊咨询、妇幼保健、老年保健等日常诊疗服务，开展形式多样的健康教育活动。城关镇社区卫生服务中心在4个社区建立健康教育咨询室，设立健康教育宣传牌，定期开展健康教育宣讲活动。至2010年，榆中县城乡、社区健康教育逐步走向社会化、大众化和规范化，与公共卫生、慢性病、常见病、多发病及重大疾病的防治工作相结合。通过开展“世界无烟日”主题宣传活动、创建无烟草广告城市、公共场所控烟、全社会关注控烟等活动，创建17家县级无烟单位，1家市级无烟学校，申报2家省级无烟单位。

二、农村健康教育

2008年后，榆中县从农村实际出发，因地制宜开展农村健康教育工作，建立农村健康教育网络，培训家庭保健员，创建健康教育示范点、健康教育示范村，推行“改水——改厕——健康教育三位一体”工作模式。在“3·14”结核病防治日、世界卫生日、世界艾滋病日等宣传日及重点疾病的流行季节，通过广播、电视、网络、报刊等形式普及卫生知识和防病知识，及时向社会和公众传播相关信息；在县有线电视台开辟健康教育专栏，每周播出1次；举办健康教育与卫生防病专业培训班，印制《居民健康知识和健康行为》小册子，制作宣传单、宣传板，发放宣传资料、健康教育光碟，邀请中央、省、市有关健康教育专家举办健康教育知识讲座；利用农历传统“六月六”庙会日，开展“健康血压”为主题的宣传活动，向群众分发《健康生活》专刊；开展亿万农民健康教育促进行动暨“健康面对面·乡村行”活动，组织开展医疗义诊健康咨询和健康教育专家宣讲活动。

第九节　食品药品监督管理

一、药品监督管理

（一）农村药品“两网”建设

2003年7月，榆中县被省药监局确定为全省农村药品“两网”建设试点县。2004年6月，兰州地区农村药品监管和供应“两网”建设现场会在榆中县召开。在23个乡镇聘任义务协查员30名，在268个行政村确定村卫生所负责人担任的义务信息员256名，协助包片执法人员开展工作。至2010年底，验收通过新开农村零售药店188家，验收同意23家乡镇卫生院准予为辖区内村卫生所代购药品。零售药店村级覆盖率60%，乡镇覆盖率95%。

（二）药品经营和使用提升

2004年开始，县内所有药品经营企业全面实施GPS认证工作，强制淘汰12家药品零售企业。2005年7月，县药监局在全县医疗机构中开展规范化药房达标创建验收工作。至2010年底，所有县属医疗机构和乡镇卫生院均取得兰州市“规范化药房建设达标单位”称号。

（三）药品企业管理

2006年9月，县内有药品经营企业168家，25%分布在县城，其余分布在各乡镇和村社。其中药品批发企业1家，药品零售企业167家。2010年，县内有药品经营企业227家，其中药品批发企业1家，药品零售企业226家。兰州榆中医药有限责任公司是县内唯一合法的药品批发企业，其前身是“榆中县药材公司”。

（四）药品日常监督管理

2003—2010年，对药品经营使用单位日常监管每周3天，监督检查面每年在90%以上，其中乡以上涉药单位每年检查2次以上，乡以下每年检查1次以上，发现和查处药品违法活动。县药监局查处案件238起，罚没款30.43万元，取缔无证经营户28家，受理举报42起。

二、食品综合协调监管

2007年，全县23个乡镇确定乡镇食品药品监管专干23名，食品药品安全联络员、村级食品药品安全协管员、食品药品安全信息员各268名，形成“一专三员”监管体系。开展农村群聚宴席登记备案和应对食品安全应急事件。2008年10月，“三鹿奶粉”事件发生后，各乡镇在第一时间开展大规模的清查行动，下架停售“问题奶粉”。同年，榆中县被国家食品药品监督管理局确定为第二批国家食品安全示范县。2009年6月，在全市推行榆中县“一专三员”的做法。2010年8月，甘肃日报社、新华社等媒体对榆中县开展“一专三员”工作的做法及成效进行专题报道。

三、食品药品安全宣传

2001年12月开始，县药监局利用广播、电视、报纸、横幅、宣传车、宣传画等形式，开展《中华人民共和国药品管理法》宣传。2002—2010年，每年“3·15”在县城中心广场通过悬挂横幅、公布举报电话、展示假劣药品、发放宣传材料、现场提供安全用药咨询等方式开展宣传。印发调查表8万份、食品安全知识宣传手册9000本。

第十节 机 构

一、局机构

（一）榆中县卫生局

1991年，县卫生局有职工13人，下设办公室、医政股、人秘股、计财股、党委办公室、药品监督检验所。2010年12月，榆中县卫生局行政编制9名，后勤事业编制2名，事业编制5名，实有卫生行政管理人员8名，行政工人3名，专业技术人员5名。卫生局内设机构有办公室、业务股、计财股和健康教育所4个职能股室。

（二）榆中县食品药品监督管理局

2001年12月29日，“兰州市药品监督管理局榆中县分局”挂牌成立，为兰州市药品监督管理局派出机构，负责全县药品市场的监督管理。单位编制9名，其中行政编制8名、事业编制1名。领导职数2名。内设文秘、政策法规、流通监管、医疗机构监管、医疗器械监管、特殊药品监管等岗位。2005年1月，更名为“榆中县食品药品监督管理局”，为兰州市食品药品监督管理局直属机构。在原职责的基础上增加安全综合监督、组织协调、依法查处食品药品大案要案的职责。2006—2010年，人员、机构、编制未发生变化。

二、局属机构

（一）榆中县疾病预防控制中心

1992年8月，撤销榆中县防病保健中心，恢复榆中县卫生防疫站，科级建制，事业性质。编制45名，领导职数3名。内设办公室、防疫科、防痨科、地病科、检验科、卫生科、门诊部8个科室。2004年2月，撤销榆中县卫生防疫站，成立榆中县疾病预防控制中心，科级建制，事业性质，编制28名，领导职数3名，内设办公室等10个科室。机构分设后，将卫生监督职能划归榆中县卫生局卫生监督所。

(二）榆中县卫生局卫生监督所

2004年2月，成立榆中县卫生局卫生监督所，隶属于县卫生局。2004年3月1日—2010年，榆中县卫生局卫生监督所行使卫生监督职能。

(三）榆中县妇幼保健所

1992年8月，恢复“榆中县妇幼保健所”，工作人员15人，其中主治医师（主管）2人，医（技）师6人，设产科观察床8张。1998年9月被联合国儿童基金会、世界卫生组织、卫生部评为“爱婴医院”。2005年工作人员增加到29人，其中卫生技术人员共25人，占全部人员的86%。卫生技术人员中副高职务3人，中级职务8人，初级12人。内设妇保、儿保、综合门诊、合管四个科室。

(四）榆中县健康教育所

1991年，榆中县健康教育所有专兼职人员4人。内设办公室和宣教室。2005年4月，各乡镇政府成立乡镇健康教育所，配兼职人员1至2人，有专门的办公室。2010年，全县从事健康教育专兼职人员311人，其中县级20人，乡级23人，村级268人。

(五）榆中县红十字会

1990年10月，成立榆中县红十字会。1999年10月28日，榆中县红十字会第一次会员大会通过《榆中县红十字会章程》，由分管副县长任会长，卫生局局长任副会长，办公室设在县卫生局。

(六）榆中县爱卫办

1991—2003年，榆中县爱卫办设在卫生局，核定爱卫办副主任1名，与卫生局合署办公。2003年5月，将爱卫办机构单设，调整为县政府直属事业单位，核定编制4名。设主任1名，副主任1名。2010年8月，爱卫办合并到县卫生局。

第十三篇　科　技

第一章　社会科学

第一节　敦煌学和少数民族史研究

榆中籍学者刘进宝、王希隆多年从事敦煌学和少数民族史研究，取得丰硕的成果。

刘进宝长期从事敦煌学研究，著有《敦煌学述论》《敦煌文书与唐史研究》《敦煌学通论》《丝绸之路敦煌研究》《敦煌学术史：事件、人物与著述》等。主编《转型期的敦煌学》《百年敦煌学：历史、现状、趋势》等。在《历史研究》《中国史研究》《文史》《中华文史论丛》等刊物发表论文多篇。主持并完成两项国家社科基金项目和教育部、省社科项目。研究成果《唐宋之际归义军经济史研究》《敦煌学通论》《丝绸之路敦煌研究》曾获江苏省社科二、三等奖。

王希隆长期从事中国少数民族史、中俄关系史、古籍研究与整理。1991—2010年，在兰州大学学报、中国边疆史地研究、中国史研究等学术刊物上发表有关中国少数民族史、中俄关系史、古籍研究与整理方面的论文89篇，其中《清代维吾尔人地区的军政制度研究》系列论文获得1997年甘肃省高等学校社科成果一等奖。完成的专著、译著、文献校注有《清代西北屯田研究》（获得1991年甘肃省委、省政府第二届优秀图书奖），《哈萨克跨国民族社会文化比较研究》（获2007年甘肃省社科成果三等奖）、《蒙古、安多和死城哈喇浩特简略本译本》《蒙古、安多和死城哈喇浩特完整本译本》《醒回篇校注》《新疆文献四种辑注考述》等。

第二节　少数民族语言和地方方言研究

榆中籍学者丁师浩、高葆泰、何全江从事民族语言和地方方言研究，在相关领域取得多项成果和著述。

丁师浩长期从事少数民族语言编辑、翻译业务。译著长篇小说《故事的乌塔》《青史演义》（上、下册，合译）、《元朝开国演义》（上、下册）、《命运》；汉文翻译国内蒙古文诗集《狂欢之歌》《生命的礼花》(均获全国翻译奖)、《命运之马》《那仁汗传》等作品数十篇；汉文翻译蒙古人民共和国著名作家仁钦的专著《蒙古文学史》及蒙古诗人僧格等多位诗人的优秀诗篇（其中包括蒙古人民共和国国歌）；编辑《西北民族关系史》《蒙古族通史》（上、中、下册）、《中国少数民族语言简志丛书》《中国少数民族知识丛书》《藏族史略》《中国少数民族文化大辞典》等。

高葆泰从事现代汉语与汉语方言的教学和科研工作40年。出版专著《兰州方言音系》，获宁夏社科优秀著作一等奖，合作出版《银川方言志》《银川话音档》，获宁夏社科优秀著作二等奖。发表《兰州音系略说》《宁夏方言的语音特点和分区》《贺兰音略》等论文40余篇。担任国家社科“七五”规划重点项目、国家“八五”规划重点图书《普通话基础方言基本词汇集》（五卷本）编委，提供兰州、银川的音系与基本词汇。修订专著《榆中方言简志》一书。

何全江长期从事维吾尔语言教学和研究工作。在《西北民族学院学报》《教学与研究》上发表《维吾尔语格位体系之形成》《维吾尔古典诗歌“格则勒”初探》《维吾尔古典诗歌嬗变撮要等论文》。与人合编《中华民族风俗辞典》一书，编译注释有《汉语语法》《汉文文选》等教材。

第三节 地方志编研

一、地方志编纂

1991年6月，编写完成《榆中县水利志》《榆中县粮食志》《榆中县卫生志》《榆中县工商志》《榆中县民政志》《榆中县劳动志》《榆中县气象志》《榆中县法院志》等部门志21部，县委办、人大办、政府办、政协办、县妇联、团委、林业局、教育局、文化局等部门完成部门志资料长串。同年9月，开始总纂《榆中县志》稿。1999年2月通过终审，交付甘肃人民出版社。2001年12月出版发行，被评为甘肃省地方志一等奖。同期，榆中籍人士傅克廉主编完成《中国科学院上海技术物理研究所志》。至2005年，《榆中县武术志》《榆中县军事志》《榆中县人事志》内部准印，《榆中县宗教志》完成初稿。2006—2010年，县志办与教育局、财政局、清水驿乡政府共同编写出版《榆中县教育志》《榆中县财政志》《清水驿乡志》。完成《榆中县志（1991—2010卷）》资料的收集。

二、地方历史研究

1991年起，县党史、地方志办公室倡导一些专业人员和史志爱好者从不同侧面研究县史县情。县政协文史委员会编印《榆中记事》第一、二集和《榆中文史资料（4）》，收录《榆中地名的来历》《西秦国的兴衰》《话说榆中的营、堡、墩》《明肃王墓在榆中的变迁》《榆中自然灾害史略》《兰州榆中方言与吴方言》《兰州要地苑川》《三十年代金崖镇风貌和商业》等文章208篇，从多个角度对县史县情进行研究和考证。县民政局编印《榆中县地名录》。张文玲编著《兴隆山》（1993年甘肃人民出版社出版，1996年被市社科院评为兰州市社会科学最高成果奖）。1996年，西北师大历史系教授陈守忠撰写《榆中县历史沿革考》，地理系教授王宗元完成《榆中县志》中《地质》《地貌》等志稿。西北师大地理系教授师守祥和王维范等编写《榆中地理》（1998年香港天马图书有限公司出版)。同期，党史办编辑《历史的足迹》（1998年12月甘肃文化出版社出版)、《榆中解放五十年》（1999年10月甘肃人民出版社出版)。2003年，县党史办完成《甘肃史话丛书　榆中史话》（2004年甘肃文化出版社出版，2007年被市社会科学院评为社科类一等奖)。2005年，县统计局编印《榆中解放五十五年》（内部准印)，着重用数字记述1949—2005年榆中的发展变化。县集雨办编印《榆中集雨节灌农业》，三电编写《榆中大地银丝带》，司国权编著《风雨征程五十年》等史志资料。周学海等多方搜集研究整理金崖的历史和现状，编辑完成《兰州历史文化名镇史话丛书　金崖史话》（2009年12月甘肃文化出版社出版)。

三、旧志校注

2007—2010年，县地方志办公室从中国科学院图书情报处、国家图书馆、甘肃省图书馆等征集来《金县志》（康熙二十六年)、《金县志》（道光二十四年）和《金县新志稿》（光绪三十四年）原稿复印件，认真研读、细心查阅，结集完成《金县志集校》校注，交付中国文史出版社出版。并完成民国《重修榆中县志》的初校。青城镇政府影印《青城记》。

四、古籍整理

1991年后，张文玲编著《道学家刘一明》（1997年12月甘肃人民出版社出版，获甘肃省史志学会文史类一等奖)，该书从生平事略、道门生涯、著作梗概、道学思想、主要贡献等方面记述刘一明的一生和学术著作。2003年，孙永乐整理出版《素朴师云游记》《〈栖云笔记〉评注》(2010年12月交付社会科学文献出版社出版）《刘一明年谱》等著作。榆中籍（新营人）王在华编著《现代易学》《变数易》（2010年12月交付中国文史出版社出版)。青城镇政府多方搜集影印《青城诗抄》。

五、机构

1991年，榆中县志编纂委员会办公室编制10名。1994年，人员参照公务员管理，实行职级工资。1996年3月机构改革，撤销地方志办公室，人员分流。2006年6月，恢复地方志办公室，与党史办公室合署办公，编制4名。

第二章　自然科学

一、科技管理

1998年5月，榆中县成立科教兴县领导小组。2000年5月，成立科技兴农和科技兴工领导小组。2003年6月，成立知识产权局。1998—2002年，陆续建成23个乡镇科技文化站。在此期间，制定出台《关于加强科技工作的意见》《榆中县科学技术发展基金管理（暂行）办法》《关于加强科学技术普及工作的意见》《榆中县科技项目管理办法》《榆中县科技三项费使用管理办法》《榆中县人民政府关于加强院地院企科技合作的意见》《榆中县专利工作试点实施方案》《榆中县农业科技发展纲要》《推进高新技术产业化和区域科技创新体系规划》《农村基础设施和新农村建设规划》《教育事业发展规划》《农村经济发展和优势特色农产品产业化规划》《榆中县学习贯彻〈国家知识产权战略纲要〉实施方案》《榆中县科技特派员基层创业行动实施意见》《榆中县实施〈全民科学素质行动计划纲要〉的工作方案》《榆中县创新型科技人才队伍建设规划（2010—2020）》《榆中县“新农村建设人才保障工程”实施方案》《榆中县科技技术奖励办法》《榆中县科技特派员基层创业行动实施意见》《榆中县农业科技发展纲要》等科技政策法规，加强科技管理工作。

二、科技投入

1991年起，榆中县逐年加大科技经费投入。1998年起，县财政将科技三项费按本级财政预算支出的1%列入财政预算科目，并逐年增加。2001—2010年，全县投入科技经费2288.3万元，列科技项目276项。其中获得国家科技经费投入124万元，省级科技经费投入119万元，市级科技三项经费投入316.3万元，县财政投入科技经费1391万元，其他18万元。

三、科技活动

1991年8月，国家科委副主任韩德乾来榆中县视察集雨节灌。1994年5月，全国地膜小麦观摩现场会在榆中县连搭乡石头沟村召开。2001年9月，榆中通过国家级科技进步先进县考核验收。2003年9月，全市农村乡土人才开发现场会在青城镇召开。2004年4月，县政府与中科院兰州分院召开院地院企科技合作座谈会。2005年10月，榆中县南部二阴地区建成1万亩冷凉型蔬菜生产基地，全县建成18万亩“高原夏菜”生产基地。同年12月，全县23个乡镇均建成乡镇科技文化站。2006年3月，榆中无公害蔬菜基地登上全国“示范榜”。7月，全省旱作农业现场会在榆中县召开。同月，榆中县高寒冷凉地区优质蔬菜生产技术试验示范项目通过科技成果鉴定验收。高原夏菜生产技术推广及产业开发被国家科技部、财政部列为富民强县工程项目。12月，榆中县玉米综合增产技术集成示范推广项目通过鉴定验收。榆中县洋芋营销协会获2006年全国科普“惠农兴村”先进集体、2006年兰州市农村科普工作先进集体；县农技中心高级农艺师张成荣获2006年兰州市农村科普工作先进个人。2007年4月，榆中县全膜双垄集雨沟播技术在全省推广。甘肃省“万户科技扶贫示范工程”启动仪式在来紫堡乡冯家湾村举行。6月，中科院农业科技院专家组调研榆中农业科技发展情况。12月，中央人民广播电台《新闻与报纸摘要》节目头条消息报道榆中县连搭乡石头沟村全膜覆盖双垄沟播玉米的情况。2008年10月，榆中县科技局与甘肃农业大学专家教授召开院地科技合作会议。2009年2月20日，省科技厅厅长张天理、副厅长赵旭东一行调研榆中县全膜双垄沟播机具研发生产推广使用情况。5月8日，受国家科技部、财政部委托，甘肃省科技厅、财政厅组织专家验收榆中县高原夏菜生产技术推广及产业开发项目。5月25日，榆中县召开科学技术大会，表彰奖励2007—2008年科学技术进步奖。8月，山东寿光市一边倒果树研究所所长蔡英明教授到小康营乡洪亮营村授课。9月，荷兰农业专家杰拉德·欧曼到榆中县传授蔬菜种植技术。2010年1月，住房和城乡建设部科学技术司工程师郭粱雨博士调研榆中“秸秆气化炉”项目。3月，榆中县农业科技特派员李斌、牛建彪、杨海兴、李建平、钱续5人被兰州市农业委员会、兰州市科学技术局评为2009年度“优秀农业科技特派员”。县科技局、人事局、农牧局对杨海兴等10名优秀农业科技特派员进行表彰奖励。4月，市科技局副局长梁贵江、甘肃农业大学食品科学与工程学院副院长杨富民教授调研榆中县落实蔬菜剩余物综合利用重大科技项目。5月，邀请蔬菜种植专家李廷群在连搭乡肖家嘴村举办妇女农科技术培训班。6月，三角城乡高墩营村被农业部确定为首批蔬菜“五化”（种植规模化、生产标准化、处理商品化、销售品牌化和经营产业化）标准园。

四、科技成果

2001—2005年，榆中县实施国家省市县列科技项目273项，其中国家列3项，省列19项，市列32项，县列219项。获得国家专利38项，省级科技成果奖3项，市级科技成果奖14项。亚盛高科技农业示范园区、兰州庄园乳品有限责任公司、兰州同健生物科技股份有限公司等承担的27项重点科技项目通过鉴定或验收。旱作农业、金鳟鱼养殖获农业部“农牧渔业丰收三等奖”，榆中县无公害农产品示范基地被农业部评为“全国无公害农产品生产示范基地县达标单位”。生物活性乳制品研发、西甜瓜反季节种植、双垄面集雨沟播栽培技术、生态节水管材、高保温保湿强除草地膜、无氯硫酸钾新型肥料、生物微肥、生物酪蛋白研发、苑川小流域治理等13项取得省部级科技成果证书。旱作农业、生物酪蛋白、双垄面集雨沟播栽培技术、金鳟鱼养殖4项达到国内领先水平，无氯硫酸钾新型肥料、生物微肥生物活性乳制品的研发、西甜瓜反季节种植等15项达到省内先进水平。2006—2010年，全县实施科技项目193项，其中省级17项，市级33项，县级143项。酪蛋白分离技术、环保型木材黏合剂、马铃薯主要病虫害综合防治技术研究与示范推广、高保温保湿强除草地膜分别由中科院兰州分院、甘肃省农业科学研究院和甘肃同健科技公司、榆中县农业技术推广中心、定元公司共同组织实施。庄园公司与甘肃省畜产品工程技术中心合作完成百合奶生产；百美纸业公司与北京化工学院合作完成亚氨法造纸废液净化处理；宏祥电力与兰州理工大学研究解决电力阀门设备的技术难题并取得成果；“兰州大学——金川公司金属化合物联合实验室”成立，双方在多项科研合作项目中取得成果。2008年8月，县科技局组织申报的《鳊鲆金鳟鱼生物学特性及其产品开发技术研究》《半干旱区生态农业发展模式试验示范》《榆中县高寒冷凉地区优质蔬菜生产技术试验示范》三项科技成果，获2008年兰州市科技进步三等奖。榆中县“双垄全膜覆盖沟播栽培”旱作农业新技术达到国际领先水平。

五、知识产权

2003—2010年，榆中县科技局、工商局、公安局、法院、技术监督局、文体局等单位先后派人参加省市知识产权培训班，参与知识产权的执法和保护。在干法水泥、超宽超薄地膜、生物活性乳、生物酪蛋白、高保温高保湿强除草农用地膜、生态节水管材等14项新技术的引进开发生产中取得进展。2003—2010年，获得专利34项。

六、机构

（一）榆中县科技局

1993年，榆中县科学技术委员会改为榆中县科学技术局，核定行政编制5名，事业编制1名，设正副局长各1名。2003年6月，榆中县科学技术局与榆中县科学技术协会合署办公，一套人马，两块牌子。同年6月，成立榆中县知识产权局，科级建制，隶属科技局管理。2006年，榆中县科学技术局与榆中县科学技术协会机构分设。榆中县科学技术局核定行政编制5名，事业编制1名，设正、副局长各1名。2010年7月机构改革后，榆中县科学技术局职能归属榆中县发展和改革局，编制和人员合并到榆中县发展和改革局，保留榆中县科学技术局牌子。

（二）榆中县知识产权局

2003年6月，成立榆中县知识产权局，配置1名副局长。

第三章 气象服务

第一节 气象设施

一、地面设施

（一）人工观测仪器

1991—2010年，榆中县气象站人工观测仪器有干湿球温度表、最高（低）温度表、高原动槽式水银气压表、雨量器、温度计、湿度计、气压计、虹吸式雨量计、地面温度表、地面最高（低）温度表、5~20厘米曲管地温表、40~320厘米直管地温表、暗筒日照计和冻土器。

（二）自动观测仪器

1998—2001年，榆中县气象站是全国5个自动气象站试验站之一，使用芬兰的Milos500型自动观测仪器，开展空气温度、湿度、气压、风向、风速、降水6个遥测项目对比实验。

2003年，使用国产Ⅰ型自动观测仪器，在Milos500型的基础上增加超声波蒸发传感器。

2003年12月，安装使用国产的直接辐射表、总辐射表、反射表、净全辐射表等辐射自动观测仪。

2004年1月1日起，榆中县气象站以自动站为主，编发气象电码。

2005年1月1日起，榆中县气象站自动站正式投入单轨业务运行。

2008年4月1日起，启用SL2-1新型雨量传感器。

二、高空设施

2000年7月1日起，开展高空探测工作，有701型二次测风雷达和707

型一次测风雷达各1部。

三、其他设施

1999年，建成121天气预报播发系统。

2000年，建成电视天气预报制作系统。

2001年，建成地面气象卫星接收站。使用气象信息分析处理系统(MICAPS)。

2001年3月8日，人工影响天气归气象局管理，从农牧局接受炮点14个、防雹高炮14门、电台12部。同年，增加人工增雨车1辆、1部流动增雨火箭；新建园子岔、清水驿炮点，配备高炮和电台；建成园子岔、兴隆山2个三要素自动气象站，连搭、甘草店、夏官营3个单要素自动气象站；建立2个雹雨分测仪和5个测雹板组成的评估监测系统。2003年2月，建立应用卫星气象资料、雷达信息、实时监测县级人影指挥系统。

2004年12月，建成通讯广域网（DDN），实现气象信息自动传输，开通全省气象系统IP电话。2005年，在广域网的基础上建立全国气象部门互通邮件的Lotus Notes网。

第二节　综合观测系统

一、地面观测

（一）站点分布

至2005年12月，榆中县有6个气象站，11个气象哨。其中榆中县气象站是国家基准气候站；园子岔、兴隆山是三要素自动观测点；连搭、甘草店、夏官营为单要素自动观测点；青城、韦营、垲坪、马坡、上花岔、新营、贡井、高崖、梁坪、定远、金崖为人工观测雨量点，形成完善的观测网络体系。

2009年，完成原区域站系统软件升级和7个2要素（夏官营、小康营、清水驿、甘草店、连搭、高崖、定远），3个5要素（马坡、贡井、园子岔）区域自动站的建设任务。

（二）观测任务

1991—1995年，每天观测4次，观测时间定于2、8、14、20时，观测项目有云、能见度、空气温度和湿度、降水、风向、风速、气压、地面及浅层地温、雪深雪压、冻土、小型蒸发、日照与天气现象。

1996年1月1日，调整为24次观测，每小时观测1次。同时增加E-601型蒸发和直管地温观测。开始使用AHDM测报软件。

2004年1月1日，启用地面气象测报业务软件（OSSMO）；开始拍发气候月报，参加全球交换；增加拍发2、8、14、20时定时绘图天气观测报告和5、11、17、23时补充定时绘图天气观测报告，每个正点自动向兰州气象中心台上传实时资料；气象旬（月）报由原来3—11月上旬拍发改为全年拍发。2005—2010年，观测任务保持不变。

二、高空观测

2000年7月1日，榆中县开始高空气象观测。每天观测3次：1时15分、7时15分、19时15分。1时15分单独测风，观测高空各层的风向风速。7时15分、19时15分高空综合探测，观测高空各层的风向、风速、温度、湿度、气压5个要素。每日拍发3次高空资料报，每月拍发1次高空气候月报，参加国际交换。2005—2010年，高空观测项目不变。

三、辐射观测

辐射观测从2004年1月1日实施。观测的项目为太阳直接辐射、总辐射、反射辐射、散射辐射、净全辐射、大气浑浊度、辐射作用层。辐射记录采集由地面气象测报业务软件（OSSMO）完成，实现自动化处理。2005—2010年，辐射观测项目保持不变。

四、农业气象观测

观测项目：冬小麦、马铃薯发育期；作物生长期内的降水量、积温；作物生长地段、固定地段和旱地的土壤含水率。每年的3月上旬—11月上旬在气象旬（月）报中编发农业气象情报。

第三节　天气预报

一、短期天气预报

短期天气预报时段24~72小时。内容包括云天状况、降水量级、最高（低）温度、最多风向、平均风力和冰雹、寒潮等灾害性天气，根据测站各气象要素的连续变化、地面气象卫星接受系统提供的动态云图、地面和高空各层资料、数值预报产品及兰州中心气象台的指导预报，经过市县两级会商而制作。1991—2000年，主要通过广播公开发布，由天气警报系统向县委、县政府、农牧、防汛等部门和单位服务。

2001年，121自动答询系统建成，随时提供天气预报信息。2001年7月1日，榆中电视台开办天气预报节目。2009年，完成乡镇26个电子显示屏的安装，制定电子显示屏气象预报预警信息发布制度和工作流程，充实服务内容。

二、中期天气预报

中期天气预报的时段为1个月到1年。主要预报月降水量、月平均温度、冷空气活动次数、干旱，还有干旱情况分析、年度气候评价、特殊事件气象条件分析、全县雨（雪）情通报、墒情、农业情报等内容。随季节的不同预报项目有一定的变化，3—5月增加春季第一场透雨出现时间和晚霜冻结束时间，7—8月增加高温天气出现天数，10月增加初霜冻出现时间预测。中期天气预报常以气象服务材料的形式通过传真、电话、汇报等方式送达服务单位，供党政领导、有关部门指挥决策农业生产时参考。

第四节 机 构

1991年，设榆中县气象局，由气象部门直接领导，辖地面测报股、农气股、预报股、科技服务股。1996年1月1日，榆中县气象站更名为榆中国家基准气候站，保留榆中县气象局行政名称。1999年，榆中县气象局由主管机构和榆中县人民政府双重领导。2001年7月，成立高空观测股、预报人影股、办公室，保留地面测报股、科技服务股，撤销农气股、预报股。2010年，榆中县气象局有编制19名，领导职数2名。

第四章　地震监测与预防

第一节　地震台网建设

一、微观观测

1991—2001年6月，榆中县使用FD-125室内氡钍分析器，人工在泉点处取水样，进行室内模拟数据的测试，每天人工测试主样、副样两个平行样。取样点位于县城西南兴隆山断层附近的谢家岔，泉点海拔3300米，平均水位0.24米，水温2℃。2001年7月，改为数字化自动测氡仪。采用仪器SD3A-自动测氡仪。在泉点处导引泉水进入自动测氡仪脱气，然后进入氡探头到闪烁室，进行24小时不间断测试，微型电脑采集器执行全天整点逐时值采集数据，UN系列数字通讯设备采用三部电台遥测后进入县地震局微机中进行测试数据资料的收集与处理。2002年，更换为数字化水氧观测。2007年，将台站迁至距泉点1千米的谢家岔沟内的山洞里。新建微观观测台距县城5千米，距公路3千米，海拔2232米。山体由浅变质火山岩与浅变质碎屑岩构成，呈东西走向。2008年7月，安装海泰德公司研制的数字化短周期测震仪。2009年9月，安装中国地震局地震预测研究所生产的SSQ-2I型数字化水平摆倾斜仪。2010年9月，建成二层业务观测室，成为有测震、水化、形变、电磁一体的兴隆山综合地震观测台。

二、宏观观测

1991年，全县有15处宏观观测点，其中水位、水温、水质观测点13处，动物习性观测点2处。城关镇设宏观观测点4处，分别是朱家湾水井、峡口谢家岔泉、甘肃兴隆奶牛场、榆中县鸡场。马坡乡设宏观观测点2

1991—2005 年榆中境内市、县宏观观测网点基本情况表

表 13–4–1

地点	所在乡镇	测报员姓名	始测时间（年）	观测项目	观测方式	资料报送	资料使用	备注
朱家湾水井	城关镇	杨生泮	1983	水位，色，味	测绳，目测	信件，电话	良好	市级
上街水井	新营乡	史忠发	1983	水位，水温，水质	测绳，目测	信件，电话	良好	市级
咸水岔前湾井	甘草店	张全民	2002	水位，色，味	测绳，目测	信件，电话	良好	市级
县鸡场	城关镇	岳建文	1983	动物习性	观察	电话	良好	市级
甘肃兴隆奶牛场	城关镇	杨正江	2003	动物习性	观察	电话	良好	市级
谢家岔泉	城关镇	白存德	1985	水位，气压，气温	仪器监测	遥测	良好	市级
水坡井	龙泉乡	赵宗武	1983	水位，水温，水质	测绳，目测	信件，电话	良好	县级
李家岔泉	龙泉乡	孙海全	2003	水位，色，味	测绳，目测	信件，电话	良好	县级
李家磨井	高崖镇	张进元	1976	水位，水温，水质	测绳，目测	信件，电话	良好	县级
稠泥河井	清水驿乡	王汉新	2003	水位，色，味	测绳，目测	信件，电话	良好	县级
麻家寺泉	连搭乡	彭巨仁	2004	水质，色，味	测绳，目测	电话	良好	县级
阴山村泉	马坡乡	赵相满	1983	水位，水温，水质	观察	信件，电话	良好	县级
董家湾井	定远镇	石怀秀	2004	水位，色，味	测绳，目测	信件，电话	无反应	2005 年停测
上沟大口井	定远镇	李法海	1976	水位，水温，水质	测绳，目测	信件，电话	井水平	2003 年停测
马坡泉	马坡乡	王继忠	1983	水位，色，味	测绳，目测	信件，电话	无反应	1995 年停测

2010 年榆中境内市、县宏观观测网点基本情况表

表 13-4-2

地点	所在乡镇	测报员姓名	始测时间	观测项目	观测方式	资料报送	资料使用	备注
朱家湾水井	城关镇	余　娟	1983	水位，色，味	测绳，目测	信件，电话	良好	市级
咸水岔村水井	甘草店镇	张全民	2002	水位，色，味	测绳，目测	信件，电话	良好	市级
谢家岔泉	城关镇	赵孝林	1985	水位，气压，气温	仪器监测	遥测	良好	市级
水坡水井	龙泉乡	赵宗武	1983	水位，水温，水质	测绳，目测	信件，电话	良好	县级
李家岔泉	龙泉乡	孙海全	2003	水位，色，味	测绳，目测	信件，电话	良好	县级
李家磨水井	高崖镇	张进元	1976	水位，水温，水质	测绳，目测	信件，电话	良好	县级
稠泥河水井	清水驿乡	王汉新	2003	水位，色，味	测绳，目测	信件，电话	良好	县级
县鸡场	城关镇	岳建文	1983	动物习性	观察	电话	良好	市级
县奶牛场	城关镇	积全福	2009	动物习性	观察	电话	良好	市级

榆中境内数字强震动速报台网基本情况

表 13–4–3

台网名称	所在乡镇	观测项目	观测室	仪器型号	高程（米）	台址位置	
						纬度	经度
银山邮电所	银山乡	强震动烈度	改建	数字化	2338	35.8292°	103.8861°
兴隆山峡口	城关镇	强震动烈度	新建	数字化	2190	35.872°	103.1632°
小康营邮电所	小康营乡	强震动烈度	改建	数字化	2020	35.7825°	104.1475°
白虎山生态园	三角城乡	强震动烈度	改建	数字化	1850	35.8833°	104.1500°
夏官营中学	夏官营镇	强震动烈度	新建	数字化	1720	35.9370°	104.1881°
甘肃六九二仓库	清水驿乡	强震动烈度	改建	数字化	1800	35.8361°	104.2269°
金崖村委会	金崖镇	强震动烈度	改建	数字化	1600	36.0181°	104.9556°
定远邮电所	定远镇	强震动烈度	改建	数字化	1740	35.9433°	104.0061°
麻家寺护林站	连搭乡	强震动烈度	改建	数字化	2100	35.8828°	104.2867°
和平牡丹园	和平镇	强震动烈度	新建	数字化	1786	35.9800°	103.4769°

图 13-4-1　沙帽山地裂缝（2005 年摄）

处，分别是阳屲村泉和马坡泉。甘草店、清水驿、连搭、定远4个乡镇设宏观观测点5处，分别是咸水岔前湾井、稠泥河井、麻家寺泉、董家湾井、上河大口井。新营、龙泉、高崖3个乡镇设宏观观测点4处，分别是上街水井、水坡井、李家岔泉、李家磨井。1995年，马坡泉因水位变化不明显停测。2003年，因上河大口井水位变化不明显停测。2005年，董家湾井因水位变化不明显停测。

2010年，全县有9处宏观观测点，水位、水温、水质观测点7处，动物习性观测点2处。城关镇设宏观观测点4处，分别是朱家湾水井、峡口谢家岔泉、榆中县奶牛场、榆中县鸡场。甘草店、清水驿、高崖、龙泉设宏观观测点5处，分别是咸水岔前湾井、稠泥河井、李家磨井、李家岔泉、水坡井。

三、强震速报台

2004年，榆中县争取建立10个数字强震动烈度速报台网项目，投资金额100万元。经甘肃省地震局、兰州市地震局专家考查论证，新建观测台网4个：兴隆山速报台、和平牡丹园速报台、夏官营中学速报台、定远邮电所速报台；利用榆中县邮电局下属邮电所房屋2处，建成小康营邮电所速报台、银山邮电所速报台；利用当地旧建筑改造后使用4个：麻家寺护林站速报台、清水亚麻仓库速报台、白虎山生态园速报台、金崖村委会速报台。同年9月开工，2005年10月建成。

四、“三网一员”建设

2005年，榆中县制定群测群防工作措施，推进地震宏观观测网、地震灾情速报网、地震知识宣传网建设和配备防震减灾助理员“三网一员”

建设，推行地震灾害速报员制度，开展地下水、动植物、气象、气候等地震宏观异常观察。全县确定乡镇防震减灾助理员23名，防震减灾灾情速报员536名，构成全县群测群防“三网一员”的地震宏观监测网络。2006—2010年，县地震局定期开展乡镇防震减灾助理员和防震减灾灾情速报员业务培训。防震减灾灾情速报员将收集到的相关信息向所在乡镇上报，乡镇防震减灾助理员将所在乡镇的相关信息向县地震局上报。

第二节 防震减灾

一、监测预报

1991年，开始采用每周会商、半年会商、临时会商制度。每周星期三，榆中县地震局组织全体业务人员，由本周值班监测水氡资料的业务人员，根据一周内微观监测资料变化情况和各宏观点上报资料变化情况，向全体业务人员讲述资料的变化情况，并且拿出自己的周会商意见，提交周会商会，经全体业务人员讨论，最后形成一周的会商结论上报兰州市地震局监测预报处。半年会商在7月和12月进行，县地震局各宏观监测人员介绍监测资料变化情况和具体地震趋势意见，结合县地震局微观监测水氡资料的变化情况，形成半年县内及邻近县区的震情趋势会商意见。在县内各宏观网点出现大的异常资料变化或各乡镇助理员及群众反映的各种宏观异常现象，县地震局的微观水氡资料出现大的突跳（突升，突降）以及有感地震发生后，紧急临时会商。2006年起采用月会商、半年会商、临时会商制度，每年向兰州市地震局提供月会商意见12份，提交年度会商意见报告2份。

二、震害防御

1991年，榆中县的抗震设防烈度VII度，50年超越概率10%风险水准下的地震动峰值加速度0.15g，特征周期 0.40秒。提倡新建或改建建筑物要选有利的抗震场地和地基；选轻质材料，减少荷载；选好的结构体系进行抗震设防；强调整体要布局合理、均匀、规则。2000年开始地震安全性评价与抗震设防工作宣传、人员培训，学习有关法律、法规、条例、规定，调查县内开展的建设工程项目类型、场地地质构造、建设规模、建筑类型以及地震安全性评价与抗震设防分类、地震动参数的使用等工作。2001年，按照《中华人民共和国防震减灾法》和榆中县政府办公室《关于将建设工程场地地震安全性评价的审批依法纳入基本建设管理程序的通知》管理建筑物抗震设防工作。抗震设防要求审批纳入基本建设管理程序。同年，榆中县地震局组建防震减灾执法队伍，每年定期、不定期对榆中县辖区内的各类在建工程进行抗震设防要求的执法检查。2006年开始，每年为农村建房工匠进行为期一天的农村民居危房抗震加固、农村民居的抗震设防等相关地震安全民居建房的培训。2007年8月，榆中县将建设工程地震安全性评价和抗震设防要求审批纳入到规划许可证征询意见表中。2009年，榆中县校舍安全工程建设严格执行新抗震设防标准，开展地震安评和科学选址工作，标准不低于重点设防类标准，新抗震设防标准在当地国家规定的烈度基础上提高1度设防。2006—2010年，全县办理新建、改建、扩建的各类建筑物、构筑物的建设工程抗震设防要求审批事项，主要分布在县城、和平镇、定远镇、金崖镇、夏官营镇、三角城乡等乡镇。

三、地震应急与救援

1991年，榆中县人民政府印发《关于加强破坏性地震减灾工作的实施方案》。榆中县人民政府分别在1995年8月、1998年5月、2001年6月、2005年10月、2008年5月修订完善《榆中县破坏性地震应急预案》。县上成立榆中县防震减灾工作领导小组（指挥部），组长由县长兼任，副组长由副县长或武装部长兼任，成员由县属各部门、各单位负责人组成，办公室设在地震局，办公室主任由县地震局主要领导兼任。各乡镇、各部门制定本部门、本乡镇的应急预案。至2010年12月，全县抗震救灾领导小组成员单位上报地震应急预案30个，乡镇政府制定上报地震应急预案23个，学校制定上报地震应急预案12个。医院制定上报地震应急预案7个。企、事业单位制定上报地震应急预案8个。

四、防震减灾宣传

1991—2010年，榆中县采取广播、电视、散发地震科普知识以及防震减灾法律法规、震害防御相关科技知识报纸杂志、宣传单、宣传册、地震知识竞赛、地震夏令营活动、防震减灾法规图片展示、横幅、标语、地震知识讲座、放录像、录音，利用每年“3·1”宣传日、“3·26”国际减灾日、“7·28”唐山地震纪念日、科教兴县宣传周、科技三下乡等形式在县城广场、中小学校、各乡镇进行防震减灾宣传工作，增强全县社会和民众防震减灾意识和能力。1991年7月28日，在县城花园周边挂地震科普知识挂图进行宣传，发放地震知识报、宣传单、地秘杂志500份，向社会各界人员讲解地震科普知识。1998年，先后三次由县防震减灾领导小组办公室牵头，利用“3·1”宣传日，“7·28”唐山大地震纪念日和科技兴县宣传周活动，在县城广场进行重点宣传，散发省、市、县地震部门编印的宣传材料1.25万份（册），在县统办大楼门口举办宣传专栏2期，县广播电视局、县有线电视台播放《中华人民共和国防震减灾法》《甘肃省防震减灾条例》，宣传防震减灾法律法规。9月10日，参加“兰州市中学生防震减灾知识竞赛”，宗双鹰获二等奖，齐植平、魏艳萍、袁维娜获三等奖，县地震办获组织奖。2010年，在《防震减灾法》颁布纪念日、“5·12”汶川大地震纪念日、“7·28”唐山地震纪念日、“4·14”玉树地震纪念日等纪念日在县城主要街道、健身广场、中心广场等场地悬挂横幅，放置展板图片，开展宣传活动，散发宣传资料1.5万份。

第三节　机　构

1991年，设榆中县地震办公室，编制5名。1996年6月，将榆中县地震办公室划归榆中县科学技术局，编制6名，其中领导职数1名。2002年6月12日，将榆中县地震办公室更名榆中县地震局，属县政府直属事业单位，内设四个职能股（室），编制6名，其中领导职数2名。2010年，榆中县地震局有编制6名，其中领导职数2名。

第十四篇　社　会

第一章　人　口

第二章　民　族

第三章　宗　教

第四章　人民生活

第五章　民　俗

第六章　社会保障

第七章　精神文明建设

第一章　人　口

第一节　人口状况

一、人口分布

1991—2010年，全县人口主要分布在川塬河谷地区的城关、小康营、连搭、定远、和平、来紫堡、金崖、夏官营、三角城、清水驿、甘草店、高崖、青城等乡镇，占总人口的72.98%，人口相对集中、密度大；南部高寒二阴山区的新营、马坡、银山等乡，占总人口的10.58%，人口密度小；北部干旱山区的龙泉、韦营、中连川、贡井、哈岘、上花岔、园子岔等乡，占总人口的13.46%，人口相对稀少、密度小。

二、人口总量

1990年7月1日零时，进行第四次全国人口普查。全县有84858户397105人，其中男性204366人，女性192739人，性别比106.03。2000年11月1日零时，进行第五次全国人口普查，全县有102494户415513人，其中男性215551人，女性199962人，性别比107.80。2010年，进行第六次全国人口普查，全县有105915户，常住人口437163人，其中男性223861人，女性213302人，性别比104.95。

三、人口构成

（一）年龄构成

第四次人口普查，0~14岁的人口108550人，占总人口的27.34%，15~64岁的人口270088人，占总人口的68.01%，65岁及以上人口18467人，占总人口的4.65%。第五次人口普查，0~14岁的人口103418人，占总人口的

24.89%，15~64岁的人口287565人，占总人口的69.21%，65岁及以上人口24530人，占总人口的5.90%。第六次人口普查，0~14岁的人口61243人，占14.01%；15~64岁的人口339882人，占77.75%；65岁及以上人口36038人，占8.24%。

2010年榆中县百岁老人名单

表14-1-1

序号	姓　名	性别	出生年月	身份证号	户籍门牌号
1	杨玉秀	女	1908 年 1 月	620123080104322	连搭乡金家营村 195 号
2	赵玉青	女	1908 年 2 月	620123190802061725	三角城乡大兴营村
3	张正忠	男	1909 年 2 月	620123090204741	龙泉乡水坡村
4	陈宗兰	女	1909 年 2 月	62012319090213272	小康营乡郭家营村 303 号
5	晏秀英	女	1909 年 4 月	62012319090401572X	新营乡杨家营村 31 号
6	任淑珍	女	1909 年 8 月		城关镇北关村 194 号

（二）文化构成

第四次人口普查，全县具有小学和小学以上文化程度264126人，占总人口的66.51%，其中具有大学本科文化程度（包括毕业和在校生）240人，占总人口的0.06%；大专文化程度984人，占总人口的0.25%；中专文化程度4053人，占总人口的1.02%；高中文化程度24581人，占总人口的6.19%；初中文化程度86839人，占总人口的21.87%；小学文化程度147429人，占总人口的37.13%。全县6周岁包括6周岁以上不识字或识字很少的人口有82502人，占总人口的20.78%。

第五次人口普查，全县具有小学和小学文化程度335425人，占总人口的80.73%；具有大专以上文化程度4225人，占总人口的1.02%；接受高中教育（含中专）36727人，占总人口的8.84%；接受初中教育的133936人，占总人口的32.23%；接受小学教育160537人，占总人口的38.64%。文盲人口40913人，占总人口的9.85%。第六次人口普查常住人口中，具有大学（大专以上）文化程度的人口70682人，占总人口的16.17%；具有高中（含中专）文化程度的人口50703人，占总人口的11.60%；具有初中文化程度的人口147859人，占总人口的33.82%；具有小学文化程度的人口117771人，占总人口的26.94%；文盲人口24161人，占总人口的5.57%。

（三）民族构成

第四次人口普查，全县有汉、回等13个民族。汉族393788人，占总人口的99.16%，少数民族3317人，占总人口的0.84%。第五次人口普查，汉族411778人，占总人口的99.10%，其他民族3735人，占总人口的0.9%。第六次人口普查，汉族423579人，占总人口的96.89%；少数民族13584人[①]，占总人口的3.11%。

（四）姓氏构成

2010年，全县户籍人口425525人，有587个姓氏，其中1万人以上的姓有张、王、李、刘、杨、金、马、魏、周9个姓氏；5000~10000人的姓有陈、赵、白、高、丁、蒋、岳、郭、孙、梁、陆11个姓氏；1000~5000人的姓有胡、牛、宋、徐、许、黄、谈、罗、滕、安、冯、吴、何、彭、郑、蔡、范、石、钱、曹、祁、施、朱、吕、董、汉、沈、袁、郝、杜、窦、侯、陶、裴、豆、康、曾、方、邴、肖、贾、苏、寇、火、邸、任、邵、颜、唐、韦、田51个姓氏；100~1000人的姓有代、韩、谢、牟、付、常、汪、余、闫、潘、齐、水、乔、崔、龚、程、敬、哈、戴、史、冒、柳、蒲、孟、焦、谭、米、包、桑、尤、漆、景、项、单、姚、顾、严、薛、樊、司、毛、翟、苟、洪、车、未、费、季、邓、姜、邢、咬、宣、席、房、雒、柴、叶、林、关、兰、雷、甘、缪、段、骆、黎、芦、麻、卢、傅、盛、贺、葛、宿、边、倪、万、强、于、宗、师、巩、蓝、闵、尚、秦、晏、姬、尹、仲、候、禄、夏、路、蔺、庄、庞、妥、隆、党101个姓氏；100人以下的姓有阎、华、温、瓦、南、古、靳、文、鲁、瞿、卜、线、苗、詹、冉、他、钟、邹、孔、赛、逯、褚、海、饶、冶、

①第六次全国人口普查，榆中少数民族人口数字包括驻榆大中专院校的学生和居住半年以上的务工经商人员。

柯、龙、展、成、左、申、舒、达、寻、伏、巨、符、辛、基、仇、和、喇、茜、雍、俞、宁、聂、紫、乃、梅、熊、向、穆、拓、狄、邱、廖、支、欧、连、霍、童、花、解、虎、桓、殷、江、胥、燕、祝、负、录、曲、章、简、葸、时、管、要、屠、莫、屈、茹、郅、郗、鲍、剡、尉、徒、来、鱼、权、年、甄、纪、国、汤、卓、缑、后、全、羊、荆、颉、鲜、惠、毕、洛、廉、满、耿、腾、艾、蒙、伍、卞、卫、明、封、普、柏、萧、铁、原、宫、庙、慕、易、殊、牙、郁、郜、丑、冷、娄、戈、栾、池、畅、郎、东、仁、仙、令、刑、彦、戚、折、沙、浦、脱、薛、卯、厚、回、孛、恒、於、荣、藤、凌、区、把、效、板、谯、门、位、佐、刁、员、善、居、巴、弓、晁、本、栗、涂、游、税、芮、薄、贵、锁、阿、乜、买、云、佘、倾、冀、刚、县、口、喜、姥、宏、宪、开、摆、晋、柴、桂、浪、炳、盖、禹、索、臧、衡、鄂、释、阮、阴、鞠、井、亢、仝、仰、仵、但、保、元、充、冲、凡、勒、勾、化、占、印、卿、咸、商、喻、坚、多、奂、妙、巫、帅、思、愚、慈、户、昌、朵、查、楼、汶、淡、潭、濮、班、皮、矫、褚、种、移、稍、苓、茂、荔、藩、谌、谷、赖、蹇、运、那、郇、铙、镡、闻、革、韵、丘、伊、优、佴、侍、信、兆、光、公、冠、凤、刀、劾、匡、千、厉、叩、台、塔、增、头、完、官、宛、宴、富、寥、将、尕、巍、希、帕、帽、平、庆、应、庹、延、形、德、念、忽、怡、所、扈、才、扎、扬、接、撒、撤、曼、望、木、杓、査、格、桥、梨、楚、榭、槐、歹、殳、民、汝、滑、牒、独、玄、环、琦、甫、由、疗、乩、皇、盘、禾、稀、穷、窠、第、粟、红、纳、绕、翁、翰、要、能、腊、芝、芳、苌、茅、莆、菜、蔚、蕾、虞、覃、览、誉、记、谬、贝、贡、赏、赤、逮、邬、郈、郄、郤、长、闰、闾、阳、陕、院、隗、雅、雇、靖、顿、颛、魁、鹿、麦、黄等415个姓氏。

第二节　计生管理

一、人口目标管理

1991年，制定《榆中县计划生育工作管理办法》，实行人口和计划生育目标责任考核制，对完不成目标任务的乡镇追究党政一把手的责任。建立婚姻登记会审制度，推行《生育节育合同制》，计划生育工作纳入综合管理。1992年，制定《全县计划生育工作考核细则和奖罚办法》，实行“一票否决”制。1993年，推行“七簿、一卡、一套表”（人口登记簿、生育节育管理簿、环情服务登记簿、孕情服务登记簿、社会抚养费征收登记簿、独生子女父母领证登记簿、流出（流入）人口登记簿，已婚育龄妇女卡，计划生育统计报表）管理；加强网络建设，强化组织机构。1998年，制定《榆中县干部职工和流动人口计划生育工作管理暂行规定》，抓好干部职工思想教育、奖惩、措施落实和统计监督；县计生委、公安局、民政、财政、卫生等部门共同实施人口计划生育管理工作。2005年，将落实计划生育优先优惠政策纳入部门目标管理责任书，在部门工作中体现计划生育利益导向，制定并落实计划生育奖励优惠政策。2006—2008年，以创建“国家级计划生育优质服务先进单位”为目标，按照“领导重视好、政策导向好、依法行政好、服务质量好、民主管理好、队伍作风好”的“六好”标准，加快基层基础设施建设，加强基础管理和优质服务。2009年，探索建立健全统筹解决人口问题的新机制，在全县开展计划生育利益导向、农村计划生育家庭养老保障、

图 14-1-1　榆中县计划生育形势分析会在定远镇召开（2006 年 9 月 20 日摄）

计划生育依法行政和计划生育村民自治试点工作。2010年，推进宣传教育，利益导向，优质服务，流动人口服务管理工作。

二、生育管理

1991—2010年，榆中县对生育一个女孩的农村夫妇，有计划地安排生育二孩。农村夫妇生育二孩，按照政策年限，由夫妻申请，乡村逐级审查上报，经县人口和计划生育局核准公示无异议后批复，下发准生证，夫妻凭准生证享受婚育知识咨询、孕情查询等生殖保健服务。非农业人口生育二孩，由夫妻申请，单位审查上报县人口和计划生育局审核，市人口和计划生育委员会批准。全县审批农村二胎生育指标8231例，非农业人口二胎生育指标55例。1997年9月，将计划内生育第二个子女的间隔期限由5年改为4年。2005年11月，取消生育间隔规定。

三、节育管理

1991年，主要以行政推动、突击活动为主，集中乡（镇）干部，每月利用5~7天时间，落实“四项手术”（结扎、放环、人流、引产），当年落实“四项手术”4232例。1992年，开始实行“一票否决制”。1993年开始，招聘临时人员组成专业计生队伍，常年开展计划生育工作。1997年，乡镇成立计划生育工作站，每个工作站配备副科级站长1名，招聘技术人员1名，开展放环、查环业务。1998年，计生工作实现“三为主”(以宣传教育为主、避孕为主、经常性工作为主)。2004年，开展创建全国、全省计划生育优质服务县活动。对乡镇计划生育服务所进行改造，配备显微镜、B超等设备，公开从有医疗卫生资格的大中专院校毕业生中选拔人员充实到服务所，建立和完善节育管理，环孕情服务等统计台账，开展知情选择、优质服务、妇女病普查等业务工作，开始落实计划生育优先优惠政策，逐步实现利益导向机制。2010年，全县已婚育龄妇女综合节育率87%。

四、流动人口管理

1991年，全县流动人口的计划生育管理由榆中县流动人口办公室负责，建立干部职工、流动人口计划生育档案。1997年，流动人口计划生育工作实行目标责任制管理，县与乡、乡与村层层签订目标管理责任书，年终统一考核。2001年，建立计生、公安、工商、建设、教育、卫生、民政和社保等部门协调配合工作机制，落实流动人口综合治理工作措施。2005年，开始办理流动人口婚育证明、实行查证验证管理。2007—2010年，实行“以房管人、免费服务、区域协作、两地互通、信息支持”的流动人口服务与管理模式，将流动人口信息融入PADIS系统（国家人口宏观管理与决策信息系统）和GPL系统（甘肃省全员流动人口管理信息系统）。建立健全流动人口与户籍人口同等的计划生育奖励帮扶政策，对流入重点对象，在本县按时参加环孕情检查的，每人每次给2元补助或相当于2元的生活用品，为流入人口在就医、就业福利、子女入学、入托等方面提供方便，帮助流出人口家庭留守的老人、子女解决生产生活困难和问题。

五、社会抚养费管理

1991年，对农村生育女孩后间隔不够和生育男孩后再生育的，按不同标准由乡（镇）人民政府、街道办事处负责征收超生子女社会抚养费。对城镇党员、干部超生的家庭，除征收超生子女社会抚养费外，给予本人党、政纪处分。2005年11月，社会抚养费的征收标准，分别以当事人居住地上一年城镇居民年人均可支配收入和农村居民人均纯收入作为计征基数，确定征收数额。干部职工社会抚养费征收标准以当事人工资总额为计征标准征收。由县人口和计划生育局与乡（镇）政府依法征收。2007年后，社会抚养费的管理实行“收支两条线”，征费上缴县非税局专户，纳入县级财政预算管理。

第三节　计生宣传服务

一、宣传教育

1993年起，向农户发放计划生育政策法规、生殖保健、优生优育、避孕节育、致富信息等为主要内容的“计划生育宣传服务袋”。1997年，设立乡、村婚育学校，每季度对新婚夫妇进行培训教育。1998年，开展“婚育新风进万家”活动，在元旦、春节期间，组织开展人口与计划生育宣传月、服务月活动，免费检查妇女病，发放避孕药具以及宣传资料。2003年，开展“关爱女孩行动”，宣传生育节育、优生优育、奖励优惠等政策。2004年后，通过张贴生殖健康挂图、发放宣传品、入户宣传培训、咨询服务等方式，开展生殖健康知识普及。2008年，规范宣传阵地，全县基本实现乡有“国策牌”，村有“国策壁”“国策墙”，组有宣传标语，户有宣传品。2009年，开展“抓典型建机制年”活动。

二、技术服务

（一）避孕节育

1991年，对生育一孩的育龄妇女实行放环，生育二孩的实行结扎，县乡技术人员开展避孕手术、药具、咨询等服务。1997年，增加实施皮下埋植服务。2002年4月，对常住农村人口和流入的农村人口中实行计划生育的育龄夫妻免费提供5项技术服务。2005年，县计生服务站上门开展避孕节育知情选择咨询服务3.37万人次。各乡（镇）服务所开始独立开展放、取环等服务。2006年，建立避孕药具免费发放、市场零售供应、性保健用品等避孕药具监督管理制度。2010年，全县设立固定药具发放点301个，指定兼职药具发放员。

（二）优生优育

1991年，对独生子女免费进行健康检查。禁止近亲及患有遗传性疾病、医学上认为不应结婚的人员结婚。对生育过缺陷儿的孕妇，动员做早期诊断；对已结婚的精神病患者，劝其做绝育手术。发放准生证时开展孕前健康优生优育培训班，县计划生育指导站门诊开展优生优育门诊。2001年6月，实施出生缺陷干预工程。2004年起，向所有新婚期和持生育指标的育龄妇女免费发放叶酸片，实施出生缺陷一级干预，当年向3500名待孕、现孕妇女发放服用斯利安。同年，生育证更换为生育保健服务证，育龄夫妇免费接受孕前健康检查和咨询。至2010年底，全县累计发放叶酸3561人，干预率80%。

（三）生殖健康

1991年，开展妇女病普查诊治工作。1997年，计划生育服务所成立后，县乡服务站（所）抽调专业技术人员，开展生殖健康门诊服务。2001年开始，每年开展妇科病检查人数不低于30%，三年普查一次。2004年后，妇女病普查纳入人口和计划生育目标责任考核。2008年，县计划生育服务站开展“优质服务万家行”生殖健康活动。2010年，向育龄妇女发放“阳光计生服务卡”，持卡在县内计划生育技术服务机构免费享受生殖保健咨询、妇科检查等服务。2001—2010年，全县开展妇女病普查24.1万人次，查出患病妇女7.2万人次，治疗5万人次。

（四）环孕情服务

1996年开始，每季度开展一次环孕情服务。2005年，调整为对重点服务对象每季度进行1次环孕情服务，对一般服务对象每年开展2次环孕情服务，并对接受环孕情服务的对象每次发放2元的补助。

第四节　利益导向机制

一、升学奖励政策

2005年5月，出台《两户[①]子女升学奖励实施办法》，规定其子女在本

---

①两户：独生子女领证户和农村二女结扎户。

县初中升高中加10分；在全国普通高考中，报考省内大学时增加10分投档；每年发放子女成才奖励资金10万元，给予100名被录取大专以上院校的学生每人1000元。2005—2010年，为2200名“两户”子女落实升学加分政策。

二、独生子女领证户和农村二女结扎户奖励政策

1991—2005年，领取独生子女父母光荣证的机关、企事业单位工作人员，自领证之日起至独生子女14周岁，夫妻双方享受每月5元的独生子女父母奖励费。2005年后，自领证之日起至独生子女16周岁，夫妻双方享受每月不低于10元的独生子女父母奖励费。2009年后，农村和无业、下岗职工享受每月不低于20元的独生子女父母奖励费。干部职工在退休时享受1000元的一次性奖励。

2003年1月1日起，为农村独生子女领证户和二女结扎户夫妻双方一次性办理不低于600元的养老保险或者养老储蓄。2005年，一次性对二女结扎户办理600元养老储蓄。2005年后，对当年二女结扎户办理800元养老储蓄。2006年后，对当年二女结扎户给予3000元一次性奖励金。

三、奖励扶助

2004年2月，开始实施奖励扶助政策。2004—2008年，奖励扶助金每人每年600元；2009年，增加到每人每年720元。2010年底，全县享受奖励扶助政策对象累计6158人次，发放奖励金396.66万元。

四、特别扶助

2007年，对失独家庭每年扶助1200元；对独生子女伤残家庭每年扶助960元。至2010年底，全县累计扶助233人次，发放扶助金25.42万元。

图 14–1–2　榆中县“关爱女孩”演讲竞赛（2006 年 7 月摄）

五、特困救助

2004年2月，对独生子女领证户和二女结扎户中因父母、子女死亡或伤残后丧失劳动力等原因导致的计划生育特殊困难家庭户给予救助。至2010年，全县救助692户，发放救助金74.2万元。

第五节　机　构

一、局（委）机构

1991年，榆中县计划生育委员会编制9名，领导职数3名。1997年7月，榆中县计划生育委员会更名为榆中县计划生育局。2005年1月，政府机构改革中更名为榆中县人口和计划生育局。2010年，榆中县人口和计划生育局编制14名，领导职数3名。

二、局属机构

1991年1月，榆中县计划生育服务站属榆中县计划生育委员会所辖的事业单位，编制6名。2000年1月，编制22名，其中全额财政事业人员14名，自收自支人员8名。至2010年，编制没有变化。

三、其他机构

1991年5月，成立榆中县计划生育协会，协会会长由县政府分管领导兼任，下设办公室，地点设在榆中县人口和计划生育局，具体工作由协会秘书长主持。

第二章　民　族

第一节　民族状况

1991年，榆中县有11个少数民族，3360人，其中回族占97.05%，藏族占0.74%，东乡族占0.57%，满族占0.42%，土族占0.3%，撒拉族占0.39%，蒙古族占0.18%，苗族占0.15%，不足0.1%的少数民族有维吾尔族、白族、朝鲜族。2005年，全县有12个少数民族，3979人，其中回族占96.98%，藏族占0.68%，东乡族占0.48%，撒拉族占0.45%，裕固族占0.38%，满族占0.35%，蒙古族占0.2%，土家族占0.15%，不足0.1%的少数民族有苗族、白族、朝鲜族、土族。2010年，榆中县有21个少数民族，4440人（不包括大中专院校学生），其中回族占93.47%，藏族占2.03%，满族占0.97%，东乡族占1.01%，土族占0.65%，黎族占0.54%，土家族占0.2%，蒙古族占0.18%，苗族占0.18%，维吾尔族占0.14%，裕固族占0.14%，壮族占0.11%，不足0.1%的少数民族有朝鲜族、撒拉族、瑶族、傣族、傈僳族、畲族、拉祜族、锡伯族、保安族。

第二节　民族经济

1991年，榆中县有回族、藏族、撒拉族、东乡族、蒙古族等11个少数民族，主要居住在连搭、小康营、城关、甘草4个乡镇。2000年，朱家沟村500名劳动力从事以“牛肉拉面”为主的餐饮业，年收入350万元，

1991—2010年榆中县主要少数民族人口统计表（节选）

表14-2-1　　单位：人

时间	回族	藏族	维吾尔族	苗族	白族	朝鲜族	满族	东乡族	土族	撒拉族	土家族	裕固族	蒙古族
1991年	3261	25	3	5	2	2	14	19	10	13			6
1992年	3311	26	2	4	3	2	14	18	8	15		3	7
1998年	3561	26	3	3	4	3	13	18	5	17		4	8
2002年	3709	27	3	5	4	3	14	19	3	18	6	7	8
2005年	3859	27		4	3	3	14	19	3	18	6	15	8

上缴利税30万元。同时，发展养殖专业户20户，肉牛存栏170头，奶牛存栏80头，羊存栏500只，养殖业投资280万元，年收入40万元。2004年，扶持连搭乡朱家沟村少数民族发展养殖业。朱家沟村肉牛养殖加工场项目占地面积5000平方米，投资450万元。存栏肉牛300头，采用公司+农户模式，发展养牛专业户300户，年产值620万元，利润37万元。同年全村人均纯收入2060元，比周边村社人均高出200元。2005年，投资80万元建设肉牛圈1000平方米，饲料库房200平方米，其他用房200平方米，发展养殖专业户50户。2006年，为连搭乡朱家沟村发展养殖，安排中央财政少数民族发展资金10万元，修建圈舍250平方米。2008年，为连搭乡朱家沟村肉兔养殖，安排中央财政少数民族发展资金7万元。

第三章 宗 教

第一节 教派及活动场所

1991年，榆中县有信仰道教、伊斯兰教、基督教、天主教群众4921人，有宗教活动场所19处，其中道教活动场所1处，信教群众500人；伊斯兰教活动场所12处，信教群众3211人；基督教活动场所5处，信教群众1100人；天主教活动场所1处，信教群众110人。2005年，全县有信仰道教、佛教、伊斯兰教、基督教、天主教群众2.05万人。有宗教活动场所37处，其中道教活动场所7处，信教群众5900人；佛教活动场所4处，信教群众5200人；伊斯兰教活动场所15处，信教群众3840人；基督教活动场所10处，信教群众5400人；天主教活动场所1处，信教群众150人。2010年，全县有信仰道教、佛教、伊斯兰教、基督教和天主教群众2.05万人，其中信仰道教群众5908人，信仰佛教群众5200人，信仰伊斯兰教群众3840人，信仰基督教群众5400人，信仰天主教群众150人。有县级宗教团体4个，分别是道教协会、佛教协会、伊斯兰教协会、基督教三自爱国运动委员会。政府批准登记的宗教活动场所43处。

一、道教

1991年，榆中县有信仰道教群众500人，批准登记设立的道教活动场所2处。1994年，批准登记设立和平乡大池泉云雾山关帝殿、官滩沟菩萨殿，连搭乡麻家寺村龙王庙，龙泉乡骡子滩村龙泉寺，和平乡和平村牡丹园宫观。2002年，批准登记设立来紫堡乡冯湾村万眼泉王母宫，占地面积1320平方米，建筑面积315平方米。2009年，批准登记设立谢家营村新营龙王庙，占地面积1600平方米，建筑面积680平方米。2010年，全县有道教活动场所9处，信教群众5908人，其中道士118人，居士5790人。

2010年榆中县登记设立道教活动场所统计表

表14-3-1

场所名称	批准登记设立时间	占地面积（平方米）	建筑面积（平方米）	地　址
兴隆山道观	1987 年	20001	9950	榆中县兴隆山
青城城隍庙	1988 年	1333	110	青城乡青城村
云雾山关帝殿	1994 年	1320	290	和平乡大池泉
官滩沟菩萨殿	1994 年	1466	147	和平乡官滩沟
麻家寺龙王庙	1994 年	1600	189	连搭乡麻家寺村
龙泉乡龙泉寺	1994 年	2666	160	龙泉乡骡子滩村
牡丹园宫观	1994 年	6666	467	和平乡和平村
万眼泉王母宫	2002 年	1320	315	来紫堡乡冯湾村
新营龙王庙	2009 年	1600	680	新营乡谢家营村

二、佛教

1991年，全县信仰佛教的人很少，无批准登记的佛教活动场所。1994年，批准登记设立城关镇城关村兴国寺，占地面积2000平方米，建筑面积600平方米。1999年，批准登记设立来紫堡乡郭家庄村紫云寺，占地面积1333平方米，建筑面积135平方米。2002年，批准登记设立定远乡矿湾村龙泉寺，占地面积933平方米，建筑面积95平方米。2008年，批准登记设立城关镇金家圈村卧牛寺，占地面积3551.2平方米，建筑面积1231平方米。2010年，批准登记设立和平镇官滩沟吉祥寺。吉祥寺占地面积1200平方米，建筑面积600平方米。

2010年榆中县登记设立佛教活动场所统计表

表14-3-2

场所名称	批准登记设立时间	占地面积(平方米)	建筑面积(平方米)	地　址
兴国寺	1994 年	2000	600	城关镇城关村
紫云寺	1999 年	1333	135	来紫堡乡郭家庄村
普济寺	2000 年	266	158	青城乡青城村
兴源寺	2000 年	4305	373.3	小康营乡徐家峡村
龙泉寺	2002 年	933	95	定远乡矿湾村
卧牛寺	2008 年	3551.2	1231	城关镇金家圈村
吉祥寺	2010 年	1200	600	和平镇官滩沟

三、伊斯兰教

1991年，榆中县有信仰伊斯兰教的群众3211人，伊斯兰教活动场所8处。1994年，批准登记设立连搭乡朱家沟村阳屲庄西清真寺、麻家寺村清真寺、小康营乡深沟村黑土滩清真寺、小康营乡南北关村尕七队清真寺。2001年，批准登记设立连搭乡朱家沟村野鸡沟下清真寺，占地面积666.7平方米，建筑面积230平方米。2010年，批准登记设立连搭乡金家营村地沿坪清真寺，占地面积324平方米，建筑面积138平方米。

2010年榆中县登记设立伊斯兰教活动场所统计表

表14-3-3

场所名称	批准登记设立时间	占地面积(平方米)	建筑面积(平方米)	地　址
朱家沟清真寺	1987 年	1333	213	连搭乡朱家沟村
野鸡沟清真寺	1987 年	866	170	连搭乡朱家沟村
阳屲庄东清真寺	1987 年	2466	170	连搭乡朱家沟村
阳屲庄西清真寺	1994 年	666.7	210	连搭乡朱家沟村

续表

场所名称	批准登记设立时间	占地面积（平方米）	建筑面积（平方米）	地　址
城关清真寺	1987 年	1015	352	城关镇北关村
新窑湾清真寺	1987 年	666	115	小康营乡徐家峡村
大壑岘清真寺	1987 年	1333	216	小康营乡深沟子村
甘草店清真寺	1987 年	666.7	87	甘草店乡西村
巴巴爷拱北清真寺	1987 年	200	105	马坡乡三伏
姬陆家清真寺	1987 年	666.7	182	连搭乡朱家沟村
王太爷拱北	1987 年	200	280	马坡乡河湾村
黑土滩清真寺	1994 年	400	179	小康营乡深沟村
尕七队清真寺	1994 年	666.7	129	小康营乡南北关村
麻家寺清真寺	1994 年	460	105	连搭乡麻家寺村
野鸡沟下清真寺	2001 年	666.7	230	连搭乡朱家沟村
地沿坪清真寺	2010 年	324	138	连搭乡金家营村

四、基督教

1991年，榆中县有基督教信教群众1100人，活动场所5处。1994年，青城乡上坪村、金崖乡寺隆沟村、高崖镇湖滩村、贡井乡吕家岘村新建基督教聚会点。2005—2010年，全县有基督教信教群众5400人，活动场所10处。

2010年榆中县登记设立基督教活动场所统计表

表14-3-4

场所名称	批准登记设立时间	占地面积（平方米）	建筑面积（平方米）	地　址
柳沟店基督教聚会点	1987 年	133	50	和平乡柳沟店
祁家坡教堂	1987 年	1666.7	160	和平乡祁家坡村

续表

场所名称	批准登记设立时间	占地面积（平方米）	建筑面积（平方米）	地　址
大兴营基督教堂	1987 年	866.7	160	三角城乡大兴营村
城关教堂	1987 年	666.7	600	城关镇杨家庄村
李家营教堂点	1987 年	—	—	小康营乡李家营村
青城基督教聚会点	1994 年	350	260	青城乡上坪村
寺隆沟基督教聚会点	1994 年	333	130	金崖乡寺隆沟村
高崖基督教聚会点	1994 年	—	—	高崖镇湖滩村
贡井基督教聚会点	1994 年	600	58	贡井乡吕家岘村
马坡教堂	2000 年	666.7	90	马坡乡窑沟村

五、天主教

1991—2010年，榆中县有天主教活动场所1处，即葛家湾天主教堂，1987年批准登记设立，位于定远乡邓家营村，占地面积800平方米，建筑面积480平方米。1991年，有信教群众110人。2010年，有信教群众150人。

第二节　机　构

1991年，榆中县民族宗教事务科是县政府办公室内设机构。1996年10月撤销。1998年11月，恢复民族宗教机构，在县政府办公室加挂“榆中县人民政府民族宗教事务科”牌子。2003年6月，更名为榆中县人民政府民族宗教办公室。2005年6月，更名为榆中县民族宗教事务局，与县政府办公室合署办公。2006年，县民族宗教事务局编制3名，其中正、副局长各1名。2010年，与县委统战部合署办公。

第四章　人民生活

第一节　人民收入

一、农民收入

1991年，榆中县农民全年人均总收入659元，其中第一产业收入439元，第二产业收入53元，第三产业收入114元，其他非生产性收入53元。农民人均纯收入446元，其中生产经营收入394元，非生产性收入52元。2010年，榆中县农民人均总收入4686元，其中工资性收入1437元，第一产业收入2685元，第三产业收入208元，财产性、转移性收入356元。农民人均纯收入3156元，其中工资性收入1437元，家庭经营收入1371元，财产转移性收入348元。

二、农民消费

1991年，榆中县农民全年人均总支出606元，其中家庭经管费用支出180元，生活消费支出409元，其他支出17元。2010年，榆中县农民全年人均总支出4855元，其中家庭经管费用支出1372元，生活消费支出3171元，其他支出312元。

三、城镇居民收入

2006年，榆中县城镇居民家庭人均总收入5381元，人均可支配收入5157元，其中工资性收入3579元，经营净收入197元，财产性收入85元，转移性收入1520元。2010年，榆中县城镇居民家庭人均总收入9264元，人均可支配收入8663元，其中工资性收入6600元，经营净收入435元，财产性收入22元，转移性收入2206元。

1991—2010年榆中县农民人均年收入和消费表

表14-4-1

项目	单位	1991	1993	1994	1995	1996	1997	1998	1999	2000	2001	2002	2003	2004	2005
一、全年总收入	元	659	949	1012	1353	1702	1489	1551	1674	1856	1926	2058	2233	2470	2656
1.第一产业收入	元	439	631	617	966	1231	1069	1113	996	914	884	860	1074	1285	1408
2.第二产业收入	元	53	45	120	118	112	160	158	364	580	631	742	704	719	746
3.第三产业收入	元	114	203	241	201	269	248	266	286	305	295	295	358	336	351
4.其他非生产性收入	元	53	70	34	68	90	12	14	28	57	116	161	97	130	151
二、全年总支出	元	606	1031	1100	1475	1803	1327	1247	995	1918	1822	1858	2106	2296	2503
1.家庭经管费用支出	元	180	345	281	367	519	284	—	248	—	297	328	369	447	588
2.生活消费支出	元	409	686	819	1028	1183	990	—	704	—	1393	1393	1511	1667	1754
3.其他支出	元	17	-	-	80	101	53	—	43	—	132	137	226	182	161
农民人均纯收入	元	446	604	731	935	1111	1116.7	1198	1352	1381	1506	1597	1684	1776	1866
其中 生产经营收入	元	394	534	697	850	1018	1069.7	1156	1128	1112	1286	1295	1454	1531	1720
非生产性收入	元	52	70	34	85	93	47	42	224	269	220	302	230	245	146

续表

	单位	2006	2007	2008	2009	2010
全年总收入	元	2860	2982	3597	4120	4686
一、工资性收入	元	808	890	1047	1309	1437
二、家庭经营收入	元	1872	1904	2323	2548	2893
1.第一产业收入	元	1774	1835	2194	2363	2685
2.第二产业收入	元	5	2	3	0	0
3.第三产业收入	元	93	67	126	185	208
三、财产性、转移性收入	元	180	188	227	263	356
全年总支出	元	2679	3025	3783	4240	4855
一、家庭经营费用支出	元	764	781	1085	1218	1372
二、生活消费性支出	元	1878	2134	2525	2848	3171
三、其他支出	元	37	110	173	174	312
全县农民人均纯收入	元	1965	2084	2393	2748	3156
其中工资性收入	元	808	890	1047	1309	1437
家庭经营纯收入	元	988	1008	1121	1184	1371
财政转移性收入	元	169	186	225	255	348
财产性纯收入	元	–	–	–	–	–
转移性纯收入	元	–	–	–	–	–

注：2006 年统计指标变化

四、城镇居民消费

2006年，榆中县城镇居民全年人均总支出4698元，其中消费性支出4026元，购房与建房支出152元，转移性支出335元，财产性支出20元，社会保障支出165元。2010年，榆中县城镇居民全年人均家庭总支出7583元。其中消费性支出6302元，转移性支出753元，社会保障支出528元。

2006—2010年榆中县城镇居民消费调查资料统计表

表14-4-2　　　　单位：元

年度	年人均可支配收入	年人均消费性支出	食品支出	恩格尔系数	衣着支出	居住支出	家庭设备及用品	医疗保健	交通通信	教育文化娱乐
2006	5157	4026	—	—	—	—	—	—	—	—
2007	5856	4523	—	—	—	—	—	—	—	—
2008	6712	5153	1846	35.82	563	836	261	371	442	686
2009	7586	5273	2030	38.50	656	662	381	413	448	518
2010	8663	6302	2404	38.15	845	870	340	467	592	589

第二节　衣食住行

一、衣饰

1991年，榆中县人民衣着服饰以自己或者裁缝铺制作为主，县城及乡镇裁缝铺较多。1995年后，衣饰逐渐向成衣化、高档化、品牌化发展，裁缝铺大多改卖成衣，仅留少数加工或者缝改裤口。农村男子以中山装、军便服、西装和夹克衫、休闲装、皮夹克为主，女子以大兜襟、西装、运动装、休闲装、毛衣、大衣为主；城区男子流行不同档次的西装、夹克、牛仔服、T恤，女性衣裙款式繁多，色彩艳丽。老年人多穿中山装、军便服、马甲、夹克衫、休闲服等，童装品种多样，款式齐全。市面上春秋有羊毛衫、羊绒衫、各式针织衫；夏有T恤、短袖衬衣；冬有保暖内衣、各式羽绒服、皮装等。鞋类有各式皮鞋、旅游鞋、运动鞋、布鞋、凉鞋。戴帽者渐少，秋冬季中老年多戴针织帽、礼帽、布帽；夏季中青年女士多戴各式遮阳帽，兼备装饰作用。春秋季节青年女性戴丝巾。中青年女性佩戴耳环、戒指、手镯、手链、项链等饰品。

二、饮食

1991—2010年，榆中城乡人民饮食差别逐渐缩小，主食均以面粉、大米为主，饮食结构逐步由温饱型向营养保健型发展。食品消费中，肉、蛋、牛奶、蔬菜、水产品、豆制品、杂粮比重上升，主食消费下降。农村群众早餐主要在家吃，城区和乡镇上班族与学生普遍在早餐店和饮食摊点就餐，多为牛肉面、豆浆、牛奶、稀饭、油条、包子、馅饼、蒸馍、夹菜荷叶饼、烤肠、鸡蛋等；县城或者乡镇中学门前多有早餐流动摊点，主要供应大饼、馒头、油饼、油条、菜合、夹菜荷叶饼、烤肠、鸡蛋、稀饭、牛奶、豆浆等。午餐、晚餐多为炒菜米饭、面条、面片、拉条子、臊子面、一锅子面、炸酱面、水饺等。夏季城乡多食凉面、浆水面消暑。南北山区农民仍保留烧连毛浆水的习惯，一年四季都能吃上浆水面。山区和川区群众仍保留冬季腌酸、咸菜的习惯。家庭主食以面食为主，其中臊子面颇有特色，还有“雀儿舌头”（把面切成鸟儿舌头的形状）、面片子、拉条子、“锅盔”（烤制的大饼）、“鏊锅子”（用铁鏊子烙熟的食物）、饼子等。食俗还有节气的讲究，如春节要炸“油饼子”“油果子”“馓子”，清明节蒸“献盘”、煮甜醅子，端午节蒸“黏糕”、包“粽子”，中秋节做“月饼”等。

糁饭　榆中农家较普遍的一种面食。做糁饭时，用手把面粉慢慢撒进沸水锅里，并用木制叉子不停地搅动，防止面结疙瘩和焦煳。等面成糊状煮熟后，配菜肴食用。

浆水面　浆水多以莲花菜、芹菜、苦苦菜榨取。将菜洗净煮熟，连汤带菜盛入缸、盆内，然后加少量浆水头子，盖严缸、盆口，1~3天后有酸味时浆水就做成了。面条煮熟后浇上浆水食用。在南北山区，一年四季都能吃上浆水面。

凉面　用灰水和面、擀开、切成长条，大火煮熟后，用凉开水过凉，浇上香油拌匀。吃时将卤汤、油泼辣子、芥末、蒜泥等作料调入食用。

臊子面　将揉好的面团擀薄，切成长条，均匀分把。臊子汤料用肉丁、洋芋丁、红萝卜丁、豆腐丁及黄花菜、菠菜、木耳、粉条、鸡蛋等调配而成。食用时面分把下锅，捞出后浇上臊子汤，再辅以油泼辣子等作料。

酸汤面　在开水里调入适量的醋、盐、油葱花，制成酸汤。面条煮熟后，浇上酸汤食用。

揪面片　将面和匀醒好后，切成一寸宽的长条，然后拉薄，快速揪成小片，丢入沸水锅内，打上鸡蛋，调入西红柿、菠菜等。

拉条子　将面和匀醒好后，切成一指宽的条，拉薄拉细下入沸水锅内，煮熟后捞入碗里，调上醋、卤子汤或与热菜干拌。

和田面棋花　在白面中掺和二三成豆面，揉光擀好后，切成菱形小块，把切好的小面片下锅，调入浆水，泼上葱花。吃时按各自口味，调上油泼辣子或蒜泥。

拌面汤　一种简易的农家饭。将面粉徐徐掺水，搅拌或用手揉搓成小疙瘩，在沸水里煮熟后，调入菠菜、西红柿食用。

烫面饼　将白面用开水调和揉好，擀成薄片，抹上食油，撒上苦豆粉，卷好再擀成薄饼，放入擦上油的锅内煎烙，出锅趁热吃味道最好。

甜醅子　用莜麦做的口味最佳，小麦、青稞也可制作。先将莜麦浇上少许水，手搓去皮，入沸水煮至将熟，捞出晾温，拌入适量的甜醅曲，盛入小口容器中封口，温度保持在32~35℃，使其发酵，3天左右温度渐低，即可食用，其味醇香甜美。

酿皮子　用食碱或蓬灰水和白面精揉，置凉水中搓洗；洗出面筋，将面筋上笼摊平蒸为蜂窝状，在平底圆盘蒸笼内抹食用油，盛半厘米厚淀粉浆蒸熟，凉后切成条状，加入面筋块和蒜泥、油泼辣子、芥末、醋等作料食用。

凉粉　将淀粉撒入有盐和明矾的开水中，成糊状后烧煮数分钟，熟后盛入瓷盆中凉透，其色洁白透明，光滑柔润。切成条状或块状，盛入碗碟内，调上辣子油、蒜泥等作料食用。

水饺　用白面搓成棒状，分段擀成面皮，把肉、韭黄或韭菜、萝卜、芹菜等切碎，搅拌成馅，包成多种样式，下锅煮熟后分捞到碗里，配以油辣子、蒜泥、香油等调味品食用。

韭菜合子　一种以韭菜为馅料的半圆状饼子。把洗净的韭菜切碎调入花椒、熟油、盐等作料，以发酵好的面擀做面皮，把韭菜包合成半圆状，在平底锅上抹上食油，用温火烤熟食用。另外，用番瓜做的叫番瓜合子，用炒熟的面加糖做的叫糖合子，用猪油做的叫猪油合子。

花馍馍　专门用于喜事，如迎娶、出嫁、迁居、贺寿、满月等。先将发酵好的精面团揉匀揉光，擀成圆形皮，抹上清油、姜黄，折叠成层，切成块，卷成花状，上笼蒸，根据大小定时间火候。

大馍馍　也叫馒头。馒头上的陪花做法如花馍馍，用于喜事时，用红色、黄色、绿色等食用颜料点花，以示喜庆。用于祭奠或者丧事时不点花，以示庄重。

黏糕　端午节做的一种风味食品。把糯米洗净后浸泡数小时，放入盆中，将大红枣、葡萄干、花生仁、红绿丝、核桃仁等分层放入糯米中，纱布包裹后放入锅中蒸熟，晾凉后即成。

月饼　中秋节做的一种特色食品。把发酵好的面团擀成一片片的薄片，涂抹上食用油、姜黄、红曲、胡麻、玫瑰花、白糖或红糖等，一层层叠在一起，卷成半球状，捏一些小动物和花型粘在表面做点缀。这种月饼也叫千层饼。

县内面食做法种类还很多，如抄疙瘩、搅团、油饼、油果、扁豆面等。

三、居住

（一）农村住房

1991—2000年，出现建房热。川区农民拆除原来的土窑、草棚、土木结构的旧房子，修建半砖木或砖木结构的新房子，新建房大多用块石或水泥砌筑墙基，用砖块砌墙，也有里面用胡墼外面贴一层砖的。条件好的用松木做大梁、檩条、椽子，条件差一些的有用柳木、白杨或其他杂木做大梁、檩条、椽子的。屋面用机瓦或者小瓦防水，门窗用木料，窗户大多抛弃老式的贴纸窗，改用玻璃窗。前墙面用水刷石做成菱形、圆形或者不同花形装饰。地面用青砖铺成或用水泥抹面，也有用三合土夯实的。南北山区的农民用玻璃门窗更换土窑原来的土木门窗，使窑内光线更好。2000年后，农村再次掀起建新房热。川区新建房屋墙体一砖到顶，屋顶现浇或用预制板，多为平顶，少数是瓦面。小二楼开始出现，房门大多为双扇对开或四扇双开木制门，窗户多为铝合金材料。墙面均用水泥抹光，内墙面喷涂料或油漆，外墙面粘贴瓷砖。屋内有吊顶、吸顶灯，地面有瓷砖、地板等。南北山区大多数人家搬出窑洞，住进新建的砖木或砖混结构的住房。

（二）城镇住房

1991—1995年，县城干部职工住房为简易楼房，也有四合院。面积多为60平方米。1995—2000年，拆除平房修建楼房，部分干部职工住进小区。住宅小区水、电、暖设施配套齐全，面积多为80~100平方米。2000年后，6层以上楼房逐渐增多。室内均配置电话、电视、电冰箱、洗衣机、沙发等。

四、出行

1991年，农民多以自行车出行，近距离以步行为主。2000年后，条件好的开始使用摩托车、三马子（三轮农用车）。县城开通城郊公交车，三迪（三轮机动客运车）出租车和“招手停”（小型客运车）也多了起来。2010年，摩托车、轻便电动车较普遍，私家小汽车逐年增多。

第五章　民　俗

第一节　节　日

一、农历节日

元宵节　农历正月十五日是元宵节，民间有吃元宵的习俗。元宵一般由糯米制成，或实心，或带馅。馅有豆沙、白糖、山楂等，煮、煎、蒸、炸皆可。元宵节这天晚上还要在山梁或大门口燃起火堆，灯笼高挂，整夜不熄。在县城或乡镇还举办灯会、社火表演。正月十五日晚上是社火表演的最后一天，有“歇将”“歇身”的仪式。

二月二　农历二月初二这天一大早，在南部山区，大多数人家便在打谷场或院子里画仓子。一般由长辈进行，有的用灶灰，有的用谷糠，画好后抓些五谷杂粮放在仓子里。画仓子的习俗是祷告新的一年五谷丰登，粮食满仓。20世纪90年代后，这种习俗渐渐淡化。但人们在这天吃炒豆子的习俗一直流传下来。大人、小孩都会在口袋里装上炒熟的豆子，互相馈赠、分享。

清明节　每到清明节临近，人们便开始纷纷准备回家烧香祭祖。清明烧纸是一件大事，一般以家族的形式进行。在清明的前三天，家族的人定好时间并通知各处的族人，按预约时间聚到一起。纸钱大多为亲手印制，这样更能体现对亲人的怀念，也有买的成品。祭品有糖果、点心、烟酒，纸做的楼房、家用电器、衣服等。在坟前，先由德高望重的族人在坟的后土焚香化表，之后，按照已逝亲人的辈分，依次献祭，最后烧纸钱。有的焚香祷告，絮叨一年来家族的变迁，祈求先人保佑生者平安。

祭奠完毕后，要给坟上添新土。

端午节　端午节这天，人们打扫干净庭院，大人、小孩早早出门，到路旁或河堤折沙柳或柳树枝，带回来插到自家的大门、房门，甚至牲畜的圈门上。然后吃黏糕和瓤饭。一般北部山区吃瓤饭，在碗底铺上红枣、葡萄干、花生仁、葵花仁、蜂蜜等作料，然后将八成熟的大米舀到碗里在火上蒸烂。南部山区和川区则以黏糕为主，做法基本和瓤饭差不多，所不同的是黏糕要用糯米，蒸烂倒扣在盘子或盆子里，用刀切割成块，用碟子盛到餐桌上，色香味俱佳。

中秋节　中秋节来临之时，在外工作或打工的人一般都要赶回家，中秋团圆，因事不能回家的也要在当天打电话报平安。中秋节这天，各家各户都要蒸月饼。月饼中间添加核桃、杏仁、瓜子、花生、松仁、葡萄干、桂圆肉、百合、莲子等。月饼的样式很多，有船形、馒头形等，一些人家还会用整个蒸笼蒸大月饼，直径60~80厘米。傍晚，一家人坐在院子中间吃团圆饭。月亮上来时，主人在庭院的正中摆上香案，献上月饼、水果，焚香祷告，多为出门在外的亲人祈福、求平安，然后吃水果、喝酒、聊天、看电视。

祭祖节　农历十月初一，称“十月一”，又称“祭祖节”。人们怕冥间的祖先缺衣少穿，祭祀时把冥衣（用纸张裁剪粘贴而成的衣服）焚烧给祖先，叫作“送寒衣”。一些在外工作难以回家的人，则更多的是将冥纸封在一个纸袋之中，写上收者和送者的名字以及相应称呼，在掌灯时分焚烧在十字路口。

腊八节　腊月初八，古代称为“腊日”，俗称“腊八节”。这天家家户户都做腊八粥，祭祀祖先。腊八粥的主料有白米、黄米、粱谷米等，添加核桃、杏仁、瓜子、花生、松仁、葡萄干、桂圆肉、百合、莲子、红枣等，长时间熬煮而成。

小年　腊月二十三，又称“小年”，是祭灶的日子。民间流传着“二十三，打发灶王爷上了天”的俗语。这天，家里的主妇要彻底打扫家里的卫生，特别是厨房的卫生。之后便开始蒸献盘（馒头），一般十到十二个。下午五点左右，各家各户开始打发灶王爷。由主人在灶王像前的桌案上供放献盘、糖果、清水、料豆、秣草。其中，后三样是为灶王升天的坐骑备的料。然后将原先张贴在灶间墙上的灶王像小心取下，和黄表一起焚化塞进灶眼里，同时还要焚香祷告，要灶王到上界后多说好话，把吉祥降到家人头上。

除夕　按照风俗，春节从年三十的下午就开始了。三十下午三点以后，家家户户开始净院。四到五点，开始贴对联、门神、门钱或在窗户上贴窗花。接下来请神，一般为祖先和福禄寿三大财神的神位，由黄纸叠成箭牌形状，在上面写上“奉请×氏门中三代祖宗之神位”“奉请福禄寿三大财神之神位”，神龛设置在堂屋的桌子中间，前面摆放上丰盛的祭品，很多人家还要在福禄寿三大财神的神位下压上钞票，十元或百元不等，寓意来年财源滚滚。做完这一切后，开始放炮，各家各户的炮声此起彼伏，大有争先竞赛的味道。接着焚香，分别是先人、财神、土地神、门外的神。给先人烧纸，一般采用路祭的方式。然后燃放花炮。开始吃团圆饭，看春节联欢晚会，给年幼的孩子发“压岁钱”。除夕夜的灯火一直到初三都通宵不熄，俗称“光年”。除夕夜全家人都要通宵守夜，直至凌晨，意为“守岁”，第二天便是大年初一，待到日出之时，各家各户将自家圈养的牛羊等牲畜赶出门，在它们的头上系上彩绸，驱赶到路头，面朝西，意为迎喜神，并且越早越好，据说最早接到的才是真神，一些地方又将迎喜神叫作“抢路头”。家里的大人、小孩还要串门，互相祝贺。

二、公历节日

元旦、三八妇女节、植树节、五一劳动节、五四青年节、六一儿童节、七一建党节、八一建军节、教师节、十一国庆节，与全国相同。

第二节　俗　语

人穷精神短，马瘦脊梁高。

心比天高，命比纸薄。

各说各的心上的，老和尚念经上的。

人比人了没活头，驴比骡子没驮头。

尿泡打人，虽然不疼，臊气子难闻。

前檐里的水不往后檐里流。

众人的老子没人管。

天旱刮怪风，人穷唱怪声。

穷得老不得，老了了不得。

铁匠短一寸，忙往火里送。木匠短一寸，干把眼睛瞪。

三个叫驴不吃草，三个光棍不说好。

带话了带多哩，带东西带少哩。

有气的风匣，没在吧嗒。

浇花要浇根，交人要交心。

听话听音，锣鼓听声。

山不转水转，房不转磨转。

善有善报，恶有恶报，不是不报，时节未到，时节一到，一切全报。

吃不穷，穿不穷，计划不到一辈子穷。

人活脸，树活皮，人不要脸了赛过驴。

娘老子的心在儿女上，儿女的心在石头上。

马王爷不管驴的事。

穷懒，穷懒，越穷越懒。懒馋，懒馋，越懒越馋。

瓜子儿不饱是人的心。

宁听骡马吃草，不听愚人说话。

看娃娃了个家的心疼，看东西了旁人的好。

随乡入乡，草帽子戴上。

事不平了人管哩，路不平了人铲哩。

借别人的灵堂，哭自己的愁肠。

穷欢乐，富忧愁，背善鬼起来了栽跟头。

缸口上不把，缸底上把是迟了。

亲戚望得亲戚富，亲房望得亲房穷。

儿是娘身一块肉，儿行千里母担忧。

置牲口护粮，娶媳妇盖房。

久旱有久雨，久病无孝子。

有牙齿的没锅盔，有锅盔的没牙齿。

蒸不上馒头了蒸气哩。

打是心疼骂是爱，不打不骂是祸害。

不吃苦中苦，难为人上人。

猪肥了腰粗，钱多了气粗。

十个正说的，辩不过一个胡说的。

住上三年挪不动，跑上三年一条棍。

一句好话三冬暖，一句坏话六月寒。

六月的天，娃娃的脸，说变就变。

堵住黄河的水，堵不住众人的嘴。

吃五谷生百病。

一只羊有一只羊的草山哩。

一辈亲，两辈远，三辈出来问不喘。

人离乡是贱了，货离乡是贵了。

打大的是孝子，惯大的是逆子。

金窝窝，银窝窝，不如乡里的土窝窝。

聪明人不可细提，糊涂人棒打不醒。

好死不如赖活着，阳间世上且磨着。

留得青山在，不怕没柴烧。
软处好取土，盛水好和泥。
没有金刚钻，不揽瓷器活。
有钱不夸富，有权不显贵。
红花虽好，还要绿叶扶哩。
说谎不收费，吹牛不上税。
勤剃头，勤洗脸，虽是病汉看不显。
一家之计在于和，一生之计在于勤。
远水难救近火，远亲不如近邻。
有田不种仓库虚，有书不读子孙愚。
儿孙自有儿孙福，莫为儿孙做马牛。
扑到怀里的雀儿子捏不死。
人恨人是干恨哩，天恨人是要命哩。
唱戏的凭的嗓子，钉鞋的凭的掌子。
手心手背都是肉，割去那边一样疼。
惜衣的有衣穿，惜饭的有饭吃。
不走的路都要走三趟哩。
日头从家家门上过哩，家家门上有个塌窖哩。
独柴不着，独人不活。
干活的人不受气，受气的人不干活。
没娃娃的夸干净，没老子的夸孝顺。
一天游四方，一晚上借油补裤裆。
不吃凉粉了把板凳挪开。
打破碟子说碟子，打破碗说碗。
会怨了怨自己，不会怨了怨旁人。
会看的看门道，不会看的看热闹。
听着吃饭往前一窜，听着做活往后一挪。
十个指头有长短，山中树木有高低。

外头挣了个枣儿钱，屋里丢了个袄儿钱。

泥里娃娃泥里滚。

铁打的衙门，流水的官。

打黑牛了惊黄牛哩。

宁死个做官的老子，不死个叫花子娘。

好上十次记不下，恶上一次记在心。

要打当面锣，莫敲背后鼓。

天下只有走不完的路，没有算不清的账。

好死的女子不见面，歹死的媳妇子眼睛里转。

五年的胳膊十年的腿，二十年练不好一张嘴。

踮踮脚儿装大汉哩。

犁地要桄子哩，唱戏要嗓子哩。

厨子老了卖饭哩，脚户老了开店哩，唱戏的老了胡转哩。

婆婆的嘴馋了，媳妇子的耳软了。

吃罢饭了记起盐了，打罢仗了记起拳了。

碟碟大扣碗哩，碗大扣碟碟哩。

转的转，干的干，转的给干的找麻烦。

事到头，自不由。

庄稼人不离地头，买卖人不离市口。

第三节　新语汇

一、农业类

母亲水窖——是中国妇女发展基金会实施的慈善项目，重点帮助西部地区妇女摆脱因缺水带来的贫困和落后，建集雨水窖。

集雨面——为收集雨水而用水泥硬化的地面。

以工代赈——是指政府投资建设基础设施工程，受赈济者参加工程建设获得劳务报酬，以此取代直接救济的一种扶持政策。

高原夏菜——是利用西北高原夏季凉爽、日照充足、昼夜温差大等气候特点，在高海拔地区生产的优质蔬菜。

双垄沟种植——是“全膜双垄沟播技术”的简称，经榆中县农技部门多年研究、推广的一项集覆盖抑蒸、垄沟集雨、垄沟种植技术于一体的新型抗旱耕作技术。

地膜种植——是一种具有增温、保水、保肥、改善土壤理化性质、提高土壤肥力、抑制杂草生长、减轻病害作用的农业栽培技术。

铁耧——种植小麦等农作物的机械，相对于原先的木制耧而言。

微耕机——用于耕地、播种的一种小型机械。

二、商业类

超市——以顾客自选方式经营食品、家庭日用品为主的综合性零售商场。

旧货市场——以废旧物品交易为主的市场。

购物广场——大型商场。

量贩——根据需要多少而消费。

三、生活用品类

电脑——即计算机，根据一系列指令来对数据进行处理的机器。

笔记本（电脑）——又称手提电脑或膝上电脑，是一种可携带的小型电脑。

U盘——即USB盘的简称，是一种移动存储设备。

MP3——一种便携式音乐播放器。

MP4——是一种集音频、视频、图片浏览、电子书、收音机等为一体的多功能液晶播放器。

空调——即空气调节器，是一种对空间区域（一般为密闭）内空气的温度、湿度、洁净度和空气流速等参数进行调节，以满足人体舒适要求的电器。

加湿器——一种增加房间湿度的家用电器。

饮水机——是将桶装纯净水（或矿泉水）升温或降温并方便人们饮用的装置。

大哥大——一款手提电话的俗称，流行于手提电话面世初期。

手机——手持式移动电话机。

小灵通——无线市话电话机。

大灵通——以 SCDMA无线技术作为接入手段的移动电话。

传呼机——用户佩带的无线电接收机，分为两类：数字寻呼机和中文寻呼机。

背投电视——背后投影的电视机。用假借投影和反射原理，将屏幕和投影系统置于一体的电视显像系统。

数码相机——利用电子传感器把光学影像转换成电子数据的照相机。

宽带——一般是以拨号上网速率的上限256Kbps为分界，将256Kbps之上的接入方式归类于“宽带”。

电甩子——遥控器。

挂暖——悬挂在墙壁上的暖气片。

太阳能热水器——用太阳能将水加热，以满足生产生活使用热水的装置。

四、交通类

高速公路——专供汽车分道高速行驶并全程控制出入的公路。

三马子——在农村使用的一种轻型三轮机动车。

蛋蛋子——小型载客面包车。

三迪——一种用于载客的轻型三轮机动车。

电动车——以电力为能源的车子，一般可分为电动自行车、电动摩托车、电踏板车（一种小型摩托车），多为女士使用。

招手停——招手即停、可随时随地上下车的一种公交模式。

绿桑——外表是绿色的桑塔纳出租车。

打的——乘坐出租车。

无人售票车——没有售票员，乘客自己打乘车卡或投币的公交车。

五、通信类

QQ——腾讯QQ的简称，是一款基于互联网的即时通信软件。

虚拟世界——运用电脑技术、互联网技术、卫星技术和人类的意识潜能开发，形成独立于现实世界的一种状态。

上网——指操作电子计算机或者手机进入互联网，在网络上进行信息搜索、查询、交流或者玩游戏等。

包夜——整夜在网吧上网或录像厅看影片。

聊天——通过电脑网络，在虚拟的世界里和别人交流。

短信——利用手机彼此传送的信息。

信骚扰——利用手机向对方传送广告或垃圾信息。

网友——通过上网结交的朋友。

六、居住类

小区——是指以住宅为主并配套有相应公用设施的居住区。

商品房——指房地产开发经营商出售的房屋。

房贷——指银行向借款人发放的用于购买自用普通住房的贷款。

二手房——指业主已经在房地产市场上购买、住过后出售的自用房。

廉租房——指政府出资建房，租赁给困难户、无房户使用的住房。

新农村——统一规划、统一设计、统一建造的农村居住点。

七、服饰类

T恤——英文“T-shirt”的音译名，是夏季人们常穿的一种休闲服饰。

凉拖——和凉鞋具有相同功用的外穿拖鞋。

裙裤——像裤子一样具有下裆，裤下口较宽，外观形似裙子，是裤子与裙子的一种结合体。它保留了裤子的优点，又具有裙子的飘逸和宽松舒适。

七分裤——“七分”表示裤子的长度是标准裤长的70%。

沙滩裤——一种比较宽大的男士短裤。

睡衣——睡觉时穿的质地柔软的衣服。

吊带——夏季穿的服饰，无肩袖，由两条带子挎在肩膀上。

八、休闲娱乐类

酒吧——是酒馆的代名词，“吧”即英文bar，是新型的休闲、娱乐场所。

网吧——是向社会公众开放的营利性上网服务场所，社会公众可利用网吧内的计算机及上网接入设备等进行网页浏览、学习、网游、聊天、视频、听音乐或其他活动。

卡拉OK——在电视荧幕上同步播放节拍提示的歌词，参与者边看歌词边持麦克风唱歌的一种休闲娱乐的方式。现多叫KTV。

农家乐——是农民向城市现代人提供的一种回归自然从而获得身心放松、愉悦精神的休闲旅游方式。农家乐的业主一般利用当地的农产品进行加工，满足客人的需要，成本较低，消费不高。

移动通信彩铃——传统单一的手机铃声设定为流行歌曲或音乐。

移动通信彩信——手机上可传输的彩色图片。

电玩——大型电子游戏。

网游——即网络游戏。

挖坑、斗地主、扬沙子、干瞪眼、双扣——不同的纸牌游戏。

移动通信博客——博客（Blog）是一种简易的个人信息发布方式。

移动通信伊妹儿——英文E-mail的译音，意为电子邮件。

移动通信黑客——黑客最早源自英文 hacker，原指热心于计算机技术，水平高超的电脑专家，尤其是程序设计人员。后来，黑客一词已被用于泛指那些专门利用电脑搞破坏或恶作剧的人。对这些人的正确英文叫法是 Cracker，有人翻译成“骇客”。

呼啦圈——一种圈形健身器材，主要进行腰部运动。

滑板车——一类运动型新产品，是一种简单的省力运动机械，为青少年所热衷。

九、餐饮类

自助餐——在大型商务活动中尤为多见，由就餐者自主地选择食物、饮料。

绿色食品——无污染的安全、优质、营养类食品的总称。

有机食品——国际上对无污染天然食品统一的提法。

热狗——英语hot dog的直译。中间夹有热香肠、酸菜、芥末油的面包。

无公害蔬菜——指蔬菜中有害物质如农药残留、重金属、亚硝酸盐等的含量，控制在国家规定的允许范围内，食用后对人体健康不造成危害的蔬菜。

小肥牛——将小肥牛肉经过排酸冷冻加工，刨肉成片，直接放入小火锅里涮食，蘸小料食用的一种火锅。

涮火锅——是以锅为器具，将水或汤烧开，涮煮肉类、海鲜、蔬菜、豆制品、菌菇、蛋制品等食物，蘸上调味料一起食用的烹调方式。

方便面——一种在短时间内用热水泡开即可食用的方便食品。

快餐——预先做好能迅速提供食用的饭食，常见快餐有汉堡、盒饭等。

埋单——消费后结账、交费。

十、教育类

学困生——除学习差的学生外，还包括残疾学生和特殊学生。

教育储蓄——银行专为教育投资设立的一项储蓄，相对其他储蓄利率较高，且不扣利息税。

新文盲——缺乏现代技术的人，特别是缺乏计算机知识和外语知识的人。

大学城——高等学府集中于一定区域的地方。

家教——在家庭或出租房进行的校外教育。

两免一补——是对农村义务教育阶段学生“免学费、免课本费、补助寄宿生生活费”的一项资助政策。

新课程——相对于传统教育教学提出的一种适应时代发展需求的新理念下的教学。

十一、日常用语类

阳光得很——风光，好看，精神好。

唱歌——撒尿的另一种说法，多在熟悉场合用的一种调侃口头语。

宰——让别人请客或多收客人的钱。

暖——为祝贺别人，一起吃饭或饮酒。

酷毙了、帅呆了——非常好看。

架口正——有派头，厉害，有架子。

话吧、酒吧、茶屋、网吧——专门聊天、谈心、品茶、喝酒、玩电脑的地方。

好拽——很霸道。

莎莎——美女。

瓜皮、半汤、愣头青——傻瓜。

牙牙子——娘娘腔。

潮了——疯了。

美眉——美女。

棒槌——傻子。

浪——逛。

帅哥——俊男。

牛板筋——犟。

票票——钱。

有病——认为别人言语或行为不正常。

十二、口头禅类

我捣哩——我打呢。

你这个半蔫汉——贬指“智力不正常”。

猛得很——厉害。

放血——教训或请客。

狂得很——自大、傲气。

脑子断弦——脑子不好使。

姿势得很——很好看。

把你踏到响炮子呢——打死。

扁一顿——打一顿。

冰冰的了——死了或完了，泡汤了。

酷头——很独特的发型。

鸟事——没有的事，很小的事情。

靓得很——漂亮得很。

现世宝——丢人现眼。

搅屎棒子——形容爱掺和事。

亮豁——好。

拔个包子——亲嘴。

磨磨子——做事不快，不利索。

草包——干什么都不行，没有能耐。

满福得很——好得很。

十三、新称谓类

秀——英文show的译音，意为展示、表现出来。

粉丝——英文fans的译音，表示追随者、崇拜者。

PK——比赛双方进行对决。

月嫂——专门伺候产妇月子的行业人员。

白领——泛指在企事业单位从事脑力劳动的员工。

蓝领——被称为白领的相对一族，指的是以体力劳动为主的工资收入者。

金领——月薪在1万元以上，公司的管理人员、高级知识从业人员。

钟点工——按钟点付钱的工人，多从事家政服务工作，也叫小时工。

驴友——指结伴参加自助旅行，进行探险、爬山、穿越等户外活动的爱好者。

拼一族——一种新型“拼消费”的人群，体现简约、时尚理念，如拼车、拼房、拼班、拼卡、拼饭等。

丁克一族——夫妻双方均有收入，但不要孩子，主张摆脱传统婚姻中传宗接代的观念，倾向于过有质量的、自由自在的“两人世界”生活。

月光族——指每月赚的钱还没到下个月初就被全部用光、花光的一群人。

啃老族——主动放弃就业机会，赋闲在家，衣食住行全靠父母的人群。

房奴——城镇抵押贷款购房，造成居民家庭生活的长期压力，影响正常消费，使得家庭生活质量下降的人群。

春运——以春节为界，节前15天，节后25天，共40天，由国家发改委统一发布、每年起止时间略有变化，铁道部、交通部、民航总局按此进行专门运输安排的全国性交通运输高峰。

黄金周——特指五一劳动节、十一国庆节、春节三个为期一周的假期。

网民——经常上网的人员。

打工族——指二十世纪八十年代后出现的一个区别于农民、国企职工、公务员、商人等职业群体的新型人群。主要从一个地方到另外一个地方务工的人员，利用自身某方面的特长和能力与企业老板、机关、政府等建立劳动关系的人。

收银员——商场超市内收款的人。

十四、新行业组织类

网校——电脑网校（http://www.edupc.cn），是由中国认证信息网在中国区域承办的电脑资格证教育培训机构。

驾校——培训机动车驾驶技术的学校，学员通过考试获得机动车驾驶证。

搬家公司——专门从事家庭搬迁的行业机构。

家政公司——一种专门为居民服务的机构，它的主要业务为居民提供卫生清洁、照顾病人或小孩等家庭服务。

人才市场——人才和用人单位进行双向选择交流的场所。

婚庆公司——婚礼庆典及全程策划服务的公司。

宠物医院——专门为宠物提供医疗服务的场所，等同于动物医院。

汽车美容——针对汽车各部位不同材质，采用不同性质的护理用品及施工工艺，对汽车进行保养护理。

中介——协助企业或个人促销，提供专业咨询、评估、代理服务的中间人或机构，使产品最终到购买者，如房屋中介等。

传销——是指组织者或经营者发展人员，要求被发展人员以交纳一定费用为条件取得加入资格等方式牟取非法利益，扰乱经济秩序，影响社会稳定的行为。

第四节　新时尚

一、定居城镇

因经商、随家人“农转非”，随子女进城帮忙带孩子，接学生上下学、养老、升学、务工、陪读等定居城镇。租房住或买房住或与子女同住。

二、车队迎亲

1991年后，婚嫁迎亲用小轿车，开始时一般有1~2辆，主要载新娘和娶亲的几个人，后面有大轿子车载喜客。2000年后，娶亲车有8~10辆、

10~20辆的，车的档次逐渐提高。婚车用花、彩色气球装饰，用“百年好合”“永结同心”等吉祥语覆盖车牌。还有专门的摄像车、拉嫁妆的专用车。

三、婚纱留影

结婚时拍婚纱照。新郎、新娘专门化妆，着婚装，摆姿势，换背景，拍组照。制成影册，留作纪念。

四、生日新潮

父母为孩子过生日，吃生日蛋糕，吹蜡烛，唱生日歌。青少年中流行起过生日的时尚，过生日者邀请同学好友聚会。给老人过生日，子女聚在一起，为老人买新衣服，定购生日蛋糕，届时老人坐在桌子上座正中，儿女亲人说些吉祥话表达感恩及祝福之意，有时亲友们也会前来贺寿。有的人家选择在酒店包席为老人祝寿。

五、暖房

房屋建成或装修完毕将入住时举行搬迁新居的仪式，亲朋好友前来贺喜，燃放爆竹，送上礼物或礼金，俗称“暖房”，主人摆设宴席，招待宾客。

六、谢师宴

子女考上大学后，父母在家或酒店宴请老师、亲朋好友，学生感谢老师的培养之情和父母的养育之恩，宣誓今后的理想和抱负。亲朋好友送上祝福和寄语，外家亲戚为学生披红挂彩。

七、暖车

2000年后，经济条件好的人家开始购置车辆，亲朋好友前来放鞭炮、搭红以示祝贺。车主设宴款待。

八、网购

2005年前后，有些时尚的年轻人开始从电视网络上购物，物品有服饰、日用品、电器等，既获得物美价廉的商品，又享受快递带来的方便服务。

图 14-5-1　三角城乡高墩营村农民广场舞（2010年 6 月摄）

九、广场舞

融自娱性与表演性于一体，以集体舞为主要表演形式，以居民娱乐和健身为目的的舞蹈。富有韵律，节奏感强，简单易学，参与者多为中老年人，其中又以大妈居多。

第六章　社会保障

第一节　劳动就业

一、用工制度改革和再就业

（一）用工制度改革

1992年，用工形式（主要以固定工为主，辅之以临时工、合同工、转换工、季节工等）向择优上岗、全员劳动合同制度转变。劳动、工资、保险三大制度配套改革。出台《全民所有制企业转换经营机制条例》《榆中县国营企业劳动制度改革的实施意见》等政策和措施。打破职工“身份”界线，实行聘用制，建立“优胜劣汰、双向选择”的竞争机制，推行择优上岗和合同化管理，改革传统指令性调配办法，劳动部门从宏观上对职工总量控制，企业在国家指导下自主用工。1993年，以落实“两权”为突破口，取消指令性计划。1994年，废止传统沿用的计划体制，打破全县职工流动的所有制界限，劳动领域全面改革，企业招工、培训的方式和数量由企业自主决定。1995年，制定《榆中县实行全员劳动合同制的实施方案》，县内企业全面推行劳动合同制。1997年，成立企业解困机构。1998年，落实“劳动者自主择业、市场调节就业、政府促进就业”的方针，引导劳动者转变就业观念，鼓励失业下岗人员自主择业、创办便民经济实体和到非公有制企业就业，建立企业再就业服务中心。1999—2003年，发展城镇第三产业和社区便民服务项目，鼓励非公有制企业吸收下岗职工和失业人员。劳动部门提供全面的、全方位的服务，以培训促就业，形成下岗—培训—上岗的流转模式，提高下岗失业人员的就业技能和就业率。2003年，县政府成立“就业协调委员会”和“再就业工作领导小组”，出台意见、方案和暂行办法，劳动部门牵头，组织输转城乡剩余劳动力。投资135万元建成300平方米的榆中县人力资源市场，建立4个社区劳动保障工作服务站。2005年，与兰州市中心劳动力市场信息监测中心联网。发放《再就业优惠证》，协同有关部门为下岗失业人员减免税费，落实再就业扶持政策。政府提供贴息小额贷款，鼓励下岗失业人员创办便民服务经济实体。

（二）就业和再就业

1995年，城镇劳动力增加，国有企业生产经营困难职工富余，待业人员难以安置。1998年，引导下岗失业人员从事食品加工、小吃店、家电维修、洗衣、理发、服装剪裁、汽车修理等个体经营项目，486人就业。至2005年6月，开发保安、绿化、环卫、维修、托幼等公益性岗位，发展劳服企业，兴办社区服务网点，安置611名失业人员再就业。2006年，兴办社区服务网点4处，开发公益性岗位112个，建立再就业基地和创业园区3个，安置失业人员1230人。2007年，开发公益性岗位，安置困难就业人员213人；新建1个再就业基地，安置下岗失业人员45人。2008年，争取再就业补助资金584.39万元，开发社会公益性岗位1284个，推荐21名下岗失业人员申请小额担保贷款10笔120万元，解决17户零就业家庭成员就业。2009年，开展“春风行动”就业援助月，大中专生就业服务、民营企业招聘等就业服务系列活动，促进就业。2010年，开发绿化、保洁、保安、交通协管、综合治理等公益性岗位，安置583名下岗职工再就业。

二、职业介绍和就业培训

（一）职业介绍

1991—1993年，县劳动部门组织待业青年、下岗失业人员、技校毕业学生等进行体检、培训、考试，录取后分配到企业。1993年，取消指令性计划，实行企业自主用工制度，当年企业自主招工649人。同年，成立“榆中县劳务市场”。1994年后，用工单位通过劳务市场和劳务办发布招工简章，由劳务办和劳务市场作为第三者，组织人员和用工单位直接洽谈。1997年，建立28个乡镇劳动工作服务站。1998年，建立企业再就业服务中心。1999年，建成职业介绍信息网。2004年，建成榆中县人力资源市场。2005年10月，建成局域网。11月，成立榆中县职业介绍事务所。2003—2005年，榆中县人力资源市场登记招聘人数4221名，登记求职1996名，免费职业指导1725名，介绍就业502名。2006—2010年，开展就业援助月、招聘周、用工洽谈会等活动，为1513人介绍职业。

（二）再就业培训

2001—2005年，1318名下岗失业人员参加再就业培训，再就业率50%，其中参加创业培训395名。2006—2010年，参加职业培训2.47万人，其中技能培训2.4万人，创业培训730人。

三、劳动工资

（一）工资制度改革

1991年，劳动部门实行工资等级制度，同年推行工效挂钩和工资总额包干的管理办法，建立企业正常的升级运行机制，对企业有结余指标且符合3%晋级标准的187名职工审批奖励工资，跨年度冻结指标。1993年，建立多元化的工资分配机制。劳动部门管总不管分，因厂因企业分类调控，改变传统的行政指令性的劳动计划体制，弹性调控工资总量，间接调控职工人数。1994年，实行企业自主决定工资总额和内部分配方式。1995年，全县企业实行弹性工资计划管理，因企制宜，核定效益，测算确定各企业工资总额和工资含量比例，确定全县弹性工资计划基数。1996年后，改进弹性工资计划，国有、集体企业实行工效挂钩、工资总额包干。2004年，完善企业工资宏观调控体系，加大企业工资决定机制。

（二）工资分配

1991年，厂矿企业推行计件和定额工资，商业系统推行含量工资。1992年，厂矿企业推行岗位工资；商业系统推行联销计酬，按劳动贡献发放工资奖金，拉开分配差距。打破“大锅饭”和“平均主义”的工资制度。1993年，实行“按劳分配”原则，企业采取符合自身特点的工资分配形式，突破原有的等级工资制，建立多元化的工资分配机制。

1994—1997年，国有、集体企业贯彻“效率优先，兼顾公平”的原则，改进弹性工资计划，实行工效挂钩、工资总额包干等办法。1997年，开始实施最低工资保障标准，全县各企业建立起多元化的工资分配制度。1999年后，逐渐加大对企业支付工资行为的监察力度，保证最低工资保障标准的实施，执行正常的工资晋升、转正定级、知老补助等项目的审核审批。2004年，建立收入能高能低，按劳动、资本、技术和管理等生产要素的贡献与收益等多种方式并存的分配制度。在县水泥厂和饮食服务公司进行工资集体协商和以岗位工资制为主的企业内部工资分配制度的试点，加大企业对工资决定机制的改革力度。

1991—2010年，全县企业主要工资形式有计件工资、定额工资、岗位工资、岗位技能工资、含量工资、包干工资、效益工资、最低保障工资、奖励工资和各种津贴等辅助工资。

四、劳动争议仲裁

1991—2009年，县劳动争议仲裁委员会的两项重要职能为劳动争议案件审理和劳动合同鉴证。2005年，受理劳动争议案件136起，结案136件。2006—2010年，受理劳动争议案件90起，按期结案率100%。

（一）劳动合同管理

1991—1995年，榆中县实行全员劳动合同制。1996—2000年，完善劳动合同管理，理顺劳动关系，建立合同期满预警制度，实施动态管理。2001—2005年，依法做好劳动合同的鉴证、变更、解除和终止工作。2006—2010年，提高劳动合同签订率，完善劳动关系三方协调机制，解决企业工资拖欠问题。其中2010年，全县建筑、制造、采矿、住宿和餐饮服务等招用农民工较多的行业开展“春暖行动”活动，责令补签劳动合同3600份。

（二）劳动合同鉴证

1992年起执行《劳动合同鉴证实施办法》，依法做好劳动合同的签订、变更、解除和终止工作。至2009年，鉴证劳动合同6.5万人次。

五、职业技能开发与鉴定

(一) 职业技能开发

1991年，建成榆中县就业培训中心，完成教学器材和师资配备，按照“先培训，后就业”的方针，与19个单位签订定向培训合同，为县供销社和百货公司举办首次中级技术培训。1997年，职业技能培训许可证制度初步开展，新就业人员和特殊工种持证上岗率100%。1998年，实施《中华人民共和国职业教育法》和《社会力量办学条例》，建立职业技能开发审批制度。整顿全县社会培训机构，推行招生广告审查和培训办班许可证制度。同年审批3家社会力量办学单位。2002年审批3家社会力量办学单位。2003—2005年，推行职业资格证书制度，落实就业准入制度。2006年，培训计算机操作及创业培训人员2158人。2007年，整合全县职业教育资源，开展职业技能培训工作。2010年，开展计算机基础操作、物业管理、家政服务等专业的培训，合格者颁发甘肃省职业技能培训证书。

(二) 职业技能鉴定

1998年开始，榆中县为服装设计制定工、家用电子产品维修工进行职业技能鉴定。2001年6月，为商品营业员、计算机系统操作工（含文字录入）、中式烹调师、美发师、美容师等进行职业技能鉴定。2003年，在职工中分别推行持证上岗和考核晋级制度。职业技能合格者统一核发技术等级证书，并晋升工资。至2005年，全县职业技能鉴定513人，其中中级职称478人，初级职称35人。2006—2007年，鉴定计算机操作员161人。2008年，职业技能鉴定364人，其中初级职称160人，中级职称204人。2009—2010年，职业技能鉴定383人。

图 14-6-1　榆中县沼气生产职业技能鉴定培训（2007 年摄）

（三）技校招生

1991—1998年，县劳动部门负责技校招生工作。招生学校主要是省内技工学校。技工学校的招生对象是城镇户口、身体健康、年龄在15~22周岁，具有初、高中毕业文化程度和同等学力的未婚青年。

六、劳动保障监察

1993年，劳动部门增加劳动保障监察工作。劳动保障监察的方式主要有劳动用工年检、举报专查、专项检查、日常巡查等。1995年，6人参加劳动保障监察员资格培训。1998年开始，监督检查非国有企业劳动保障情况（包括有用工的个体工商户）。2008年开始，实行A、B、C、D四种等级劳动保障年检制度。2009年起，全县推进用工管理“网格化、网络化”建设，将全县划分为21个网格，配备44名专职协管员，实行网格区域内企业用工网络化管理，查处农民工工资保证金征缴和拖欠农民工工资行为。至2010年，监察用人单位5565次，其中劳动用工年检4265次，查处违纪违法行为731起，责令补签、续签劳动合同1.66万人次，补办劳动用工手续587人次，清理欠缴社会保险费217.23万元。接待举报1100起，符合规定受理347起，结案率100%。

七、劳务输出

1991—2010年，县就业部门在北京、天津、广东、青岛、新疆等10多个省市建立39个劳务输转基地；累计输转城乡剩余劳动力117.68万人次，其中有组织输出13.68万人次；2005—2010年，累计创劳务收入25.9亿元。

图 14-6-2　榆中县“两后生”外出就业
（2008 年 6 月 9 日摄）

第二节　安全生产

一、劳动安全监察

1991年，全县开展职业安全监察、矿山安全监察、职业卫生监察(包括矿山)、锅炉和压力容器、电梯、防爆电器等特种设备监察。2003年，关闭、取缔一批非法开采的小煤窑。2006年，检查非煤矿山65户次，查出隐患问题364条，发出整改指令书77份，限期整改。2007年，全县关闭不具备安全生产条件的煤矿1户、非煤矿山的企业18户、取缔危险化学品非法经营场所3处；发出隐患整改指令书120份，督促企业整改隐患538条，对28户危险化学品生产经营企业进行安全评估、评价。2008年，摸底调查全县范围内的烟花爆竹经营户，组织经营户安全培训，符合条件的颁发安全经营许可证，发证286户。2009年，关闭不具备安全生产条件的非煤企业4户、液化气瓶收储点1户；开展安全质量标准化工作，在非煤、危化等重点行业19户中开展试点工作。2010年，检查县煤矿14次，查出隐患18条，整改17条；检查非煤矿山64户次，下达整改指令书37份，查出隐患问题210条，整改200条；检查32处重大危险源、95户危化生产经营单位和180户烟花爆竹经营单位，下达整改指令书62份，查出隐患274条，整改268条。检查全县23个乡镇的99户农药经营户，查出高毒农药经营户1户，查扣高毒农药1200瓶（盒）。检查地面企业74户，查出隐患187条，整改180条。

二、工伤事故

1991—2001年，全县发生死亡工伤事故3起，死亡4人。2004年1月，县级劳动能力鉴定委员会取消，其职能转移到省、市级劳动保障部门。2006—2010年，查处20起事故，依法处理事故责任人50人，收缴罚款87.6万元。

三、特殊设备管理

2001年，全县有锅炉122台，压力容器23台（件）。查处事故隐患30起；培训管理人员和操作工人，其中培训管理干部130名、司炉工258名、水处理工75名；对锅炉、压力容器进行定检、登记、注册和建档发证。2002年，此职能划入县质量技术监督局。

第三节　社会养老保险

一、城镇社会养老保险

1991年，制定实施《榆中地区国营企业离、退休费用社会统筹方案》，解决国营企业离、退休人员老有所养的问题。1995年，改革劳动保险制度，扩大参保覆盖面。县辖38户企业的2565名固定职工、33户企事业单位的168名临时工和110户企事业单位的3065名合同制工人参加养老保险。年底，收缴职工养老金370万元。1998年，收缴养老保险金710万元。2005年，保险基金改由县地税局征收，劳动部门负责发放。城镇经济组织及其从业人员纳入养老保险范畴。当年新增36户、331人，全年收缴养老保险金602万元。至2005年6月，全县养老保险参保单位172户，职工6607人；为1818名离退休人员发放养老金665万元。2010年，参保人员1.06万人，其中新增参保人员1246人，清欠300万元，征收养老保险费4716万元，给2629名企业离退休人员按时发放养老金4173.5万元。

二、农村社会养老保险

1994年4月，县民政局启动农村社会养老保险业务，有28个乡镇、269个行政村、5957名村民参加农村社会养老保险。2005年6月，收缴养老保险金170.6万元。2005—2008年，到龄退保58人，支付5.75万元。2008年，启动村干部养老保险，791名村干部参加养老保险工作，至此，全县6690人参加农村社会养老保险。

第四节 职工失业保险

1991年，榆中县缴纳待业失业保险金的比例由企业、事业按职工工资总额的1%调整成2%；职工个人由每人每月0.5元调整成工资总额的1%。

一、待业失业保险基金征缴

1991年，缴纳待业失业保险基金5.2万元。1995年，投保单位115户5888人，收缴失业保险金20万元。1998年，130个单位6252人参加失业保险，收缴失业金30万元。2005年6月，失业保险参保单位179户，参保职工1.10万人，收缴失业金119.77万元。2006—2008年，参保人数稳定在1.17万人，缴纳796.7万元。2010年，失业保险参保人数1.19万人，其中新增缴费243人，收缴失业金294万元。

二、失业保险金的发放

1997年4月，榆中县开始发放失业保险金，首次为榆中县百货公司、塑料厂、农药厂3家破产企业的432名职工发放生活救济金和门诊医疗费72.23万元。2001年12月，兰州市蔬菜公司榆中县分公司31名失业人员享受失业保险金待遇，失业保险金按月发放，每月180元，医疗补助费每月10元，随失业保险金一并发放，包干使用。2004年10月，提高失业保险金的发放标准，由180元提高到205元。至2005年底，全县向县物资公司、县植物农药厂、县百货公司、糖酒公司、食品公司、农机公司、煤矿等单位的541名失业人员发放失业保险金和门诊医疗费211.99万元。2007年9月，失业保险金标准由每人每月205元提高到260元。2008年9月，提高到350元。2006—2008年，向1471名失业人员发放失业金293.45万元。2010年，向9037名失业人员发放失业金354.5万元。

第五节　医疗保险

2001年7月，启动城镇职工基本医疗保险工作，当年参保7100人，其中企业参保2100人；收缴个人医保资金72万元，其中企业缴款16万元，财政支付39.2万元。2002年，参保8300人，其中企业参保3498人；收缴个人医保资金242万元，其中企业缴款74万元，财政支付73万元。2003年，出台灵活就业人员基本医疗保险、困难企业退休人员医疗救助办法。2005年，参保1.22万人，其中企业参保3290人；收缴个人医保金598万元，其中企业缴款82万元，财政支付319.7万元。2006年，启动工伤保险。2007年7月，启动榆中县城镇居民基本医疗保险和生育保险。2008年1月，开展城镇职工大额医疗补助保险和公务员医疗补助。同年，全县依法破产企业退休人员纳入城镇基本医疗保险范畴。在政策层面实现城镇人员医疗保险的全覆盖。同年，生育保险参保人数6936人，征缴生育保险基金21.76万元；城镇职工基本医疗保险参保人数1.52万人，征缴基金1164万元；工伤保险参保人数1852人，征缴工伤基金28.48万元。2010年，城镇职工基本医疗保险收入1581.42万元（统筹基金655.98万元，个人账户925.44万元）；支出1125.92万元（统筹基金474万元，个人账户651.92万元）；当年结余455.5万元（统筹基金181.98万元，个人账户273.52万元）；累计结余2894.32万元（统筹基金1344.57万元，个人账户1548.75万元）。城镇居民基本医疗保险收入604.33万元（政府补助441.6万元，个人缴纳160.11万元，其他2.62万元）；支出145.89万元；当年结余458.44万元，累计结余1061.63万元。征缴生育保险基金25.6万元，支出31.4万元。征缴工伤保险基金95.9万元。

第六节 机 构

一、局机构

（一）榆中县劳动和社会保障局

1997年，成立劳动监察室，核定行政编制3名。1999年，成立劳动监察中队。2000年，榆中县劳动局编制16名，其中行政编制15名，事业编制1名，在职人数15名，领导职数4名，工勤人员3名。2002年6月，县劳动局改称县劳动和社会保障局，统筹管理全县就业、社保、医保、劳动工资、劳动争议仲裁、劳务输转、劳动监察等劳动保障工作。同年，劳动和社会保障局核定行政编制11名，事业编制2名。2005年，增加行政编制3名。2010年9月，榆中县劳动和社会保障局并入新成立的榆中县人力资源和社会保障局。

（二）榆中县安全生产监督管理局

1991年10月，设“榆中县矿山安全监察室”。2001年8月，安全生产综合管理职能划出劳动部门，成立榆中县安全生产监督管理局，科级建制，隶属县经济贸易局管理，核定编制5名，其中行政编制4名，后勤事业编制1名。2005年1月，安监局成为县政府工作部门，增加编制2名。2008年5月，成立榆中县安全生产监察大队，事业性质，科级建制，隶属县安监局领导。2010年，安全生产监督管理局编制7名，其中行政编制6名，工勤人员1名。领导职数2名。

二、局属机构

（一）榆中县就业服务局

1990年，榆中县劳动服务公司更名为榆中县就业服务局，事业单位，科级建制，隶属于县劳动局。2010年9月，核定榆中县就业服务局编制10名，财政全额拨款单位，隶属于榆中县人力资源和社会保障局。

（二）榆中县社会保险事业管理局

1991年11月4日，榆中县社会劳动保险所更名为榆中县社会保险事业管理局，科级建制，事业性质。2005年7月，县社保局增加3名事业编制。2010年9月，县社保局编制13名，领导职数2名，其中局长1名，副局长1名。

（三）榆中县医疗保险管理局

2001年7月，成立榆中县医疗保险局。科级建制，事业性质。核定医疗保险局事业编制8名。其中领导职数2名，干部5名，工人（驾驶员）1名。2010年9月，榆中县医疗保险管理局编制11名，财政全额拨付，隶属于榆中县人力资源和社会保障局。

第七章　精神文明建设

第一节　思想道德建设

1991—1992年，在农村开展“十星级文明农户”创建活动，评选“十星”文明农户1432户。1996—2000年，全县每年开展十佳公仆、十佳文明市民、十佳职工、十佳卫士、十佳白衣天使、十佳园丁、十佳中小学生、十佳服务明星及百名小康带头人创建活动，评出“十佳”先进个人480名、小康带头人600名。2001—2002年，全县开展十佳优秀公仆、十佳杰出企业者、十佳“三爱”农民、十佳致富带头人、十佳孝敬好儿媳创建活动，评出“十佳”先进个人100名。2004年，全县开展“文明进万家”有奖知识大赛。决出一等奖6名，二等奖12名，三等奖18名和优胜奖36名。2005年，在中小学开展未成年人系列道德实践活动，县委、县政府表彰奖励50名“美德少年”。同年，全县开展“学、德、富、乐、美”“五进农家”创建活动。县委、县政府表彰奖励全县100户“五进农家”模范家庭。2006年，开展“公民道德实践月”“做人民满意的公务员”“创建文明机关、当好人民公仆”“共铸诚信”等活动。同时，落实全县未成年人思想道德建设14项重点专项工作任务，构建学校、社会、家庭“三位一体”教育网络。组建家庭教育讲师团，创建示范家长学校，成立家庭教育指导中心。组织开展“争做合格父母、培养合格人才”、争创“五好家庭”和评选“美德少年”等系列家庭教育实践活动。县城学校开展“整治城市环境、建设美好家园”“改陋习、树新风”“五城同创、青年先行”“我与全家同创城”“做文明小公民”等为主题的道德教育和道德实践活动。在全县城乡开展“爱书家庭”“巾帼文明示范岗”“送温暖”“志愿者”“手拉手”“青年文明号”等道德实践活动。全县评选出100户“‘五进农家’模范家庭”、10户“文明经营户”。2007年，全县开展“知荣辱、树新风、建和谐、促发展”主题教育活动，推动社会主义荣辱观进校园、进教材、进课堂、进社区、进农村、进家庭、进机关、进单位、进军营。在县城中心广场向过往群众发放《公民道德教育读本》《兰州市“三管九不”市民行为规范》等宣传资料3000份。2009年，全县5900人开展便民利民服务、环境卫生整治等一系列志愿者活动。表彰奖励全县34户“和谐家庭”示范户、10名“好婆婆”、10名“好儿媳”。组织123个单位3.6万人参加“向国旗敬礼、做一个有道德的人”网上签名寄语活动。推出“张一悟光辉的一生”展览。开展榆中县首届“十大道德模范”评选活动。县一悟小学被授予兰州市“做一个有道德的人”示范点。县文明办获得全市未成年人思想道德建设先进单位称号。2010年，开展“十佳创业者”“十佳婆媳”“十佳道德少年”“十佳白衣天使”“十佳职工”评选活动。小康营乡洪亮营村党支部书记洪玉线的先进事迹，在省市各大媒体深入报道，制作电视专题片，刻录光盘660张，开展先进事迹专场、巡回报告会。组织开展“讲文明、重礼仪、告别不文明行为”“做一个有道德的人”“做人民满意的公务员”“文明城市、志愿服务”“低碳生活从我做起”“我们的节日”“全民读书”等多项主题教育和志愿者活动。

图 14-7-1　榆中县开展未成年人思想道德建设活动（2005 年 5 月 30 日摄）

第二节　文明创建活动

1991—1992年，全县创建市级文明单位11个，县级文明单位100个。1993—1996年，榆中县连续四年被兰州市评为“精神文明先进县”。2005年，创建全国文明村镇1个，省级文明乡镇1个，市级文明乡镇5个，市级文明村21个。至年底创建全国文明单位1个，省级文明单位5个，市级文明单位32个。2006年，建成创建全国文明村镇先进村镇1个，市级文明乡镇4个，市级文明村18个。县级文明乡镇3个，市级文明村7个，县级文明村30个。2007年，建成创建全国文明村镇先进村镇1个，市级文明乡镇5个，市级文明村25个。2008年，建成全国文明单位1个，省级文明单位4个，省级文明行业1个，市级文明单位31个，县级文明单位59个。同年，和平镇、青城镇创建成全国文明村镇。2009年，创建市级文明单位4个、文明乡镇2个、文明村4个。2010年，全县创建省级精神文明建设工作先进单位3个，省级文明乡镇1个，省级文明村1个，县级文明单位13个，县级文明村16个。

图 14-7-2　榆中县召开创建文明城市工作会议

（2009 年 11 月 22 日摄）

第三节 机 构

1991年，榆中县精神文明建设委员会下设办公室。1996年5月，职能并入县委办公室，保留牌子。2002年6月—2010年，县文明办与县委宣传部合署办公，核定主任1名，副主任1名。

第十五篇　人　物

第一章　人物传

第二章　荣　誉

第三章　列表人物

第一章　人物传

人物传收录了前志中没有征集到的人物梁济瀍、范铭、沈矶法、李润琴、施国祯、汉汝泽、唐代培、金玉振、唐谦、郭维屏、金天华、陆泰安、周桐贵、赵维军，前志中记述不准确的丁益三和刘仁，1991—2010年去世的副县级或副高级职称以上领导干部和科技人员以及对当地经济、文化、社会有较大贡献的人士。

梁济瀍（生卒年不详）　字静峰，榆中县和平镇路口村人。幼年慕段坚学问，遂立志肄业。乾隆六年（1741）中举，十年（1745）中进士。选为翰林院庶吉士。散馆授刑部主事。谨缮履历呈御览，谨奏迁云南司郎中。在刑部二十年，“检稽疑狱，多有平反”。后因眼疾归里，主讲兰山书院。著有《皋兰梁氏宗谱稿》，撰有《兰州试资银颂德记》《修学社碑记》等。

范铭（生卒年不详）　字新斋，榆中县和平镇徐家营村人。青年从军。清咸丰元年（1851），受朝廷调迁，率陕西督标兵从征江南，因屡立战功，授哈拉库图守备。同治元年（1862），随总督沈兆霖平定陕甘回民起事，以功晋升泾州都司。同治二年（1863），反清军穆三等部进围平凉、庆阳府，范铭率泾州兵随将军和英增援。至古城堡，和英战死，清军大败，因罪削职。同治三年（1864），随陕西提督雷正绾收复平凉，因力战立功，官复原职。不久擢升为参将。同治五年（1866），又晋升为副将。同治七年（1868），率领所部攻克渭源官堡寨，狄道大小南川，斩首数千级，擢升总兵，加授提督衔。同治九年（1870），范铭率军驻扎在秀口关、酒店子、木寨岭，与反清军在剌麻口交战。军中断粮七日，士兵哗变，无法制止，被革职听候处理。陕甘总督左宗棠让其率领振武二营跟从王德榜军队效力。因招降耿德胜乱兵三千人有功，左宗棠上奏朝廷，恢复原职，并授以记名提督。左宗棠收复新疆战役中，率领恪靖、白马二营驻防巴里坤。清光绪六年（1880），随军凯旋。后归家务农，十余年后卒于家。

沈矶法（1879—1953）　字定卿，榆中县三角城乡大兴营村人。小时读过两三年私塾，后务农学木匠。粗通英语会话，认识英文药名，喜读中外史地书籍。17岁时，拜英籍牧师贝理特为师，在兰州福音堂药房当学徒，并受洗礼入教。后去四川教会医院实习进修，掌握了药方调配、制取蒸馏水和小手术等技术，回兰后予其工作人员待遇。光绪三十四年（1908），创办“诚信医局”，配制出售白膏药、杀虫散、止肚散、止痛水等，并开展拔牙、割脓包、种牛痘等小手术业务。民国七年（1918），改医局为“诚信大药房”，生产销售西药并治病。1945年参与决策和筹划建立西北基督教联合会灵修院。

中华人民共和国成立后，沈矶法代表宗教界出席甘肃各界人民代表会议。1950年参与兰州中华基督教“三自”爱国会的筹建。其一生信仰基督教，40岁被推选为长老，直至终老。倾注毕生精力，热心于教会事务及教育、慈善事业，参与华英小学、中学的筹建和管理，协助金品三建设博德恩医院，参加华洋义赈会的救灾工作，支持中国的传教活动，参加平凉、天水、甘谷、武威、临洮等地教会的重大活动，促成灵修院的建立，担任兰州基督教会长30余年。

李润琴（1885—1964）　曾用名李舜吾，化名李又治，榆中县青城镇人，无党派爱国民主人士。幼时熟读四书五经，考取秀才。后求学兰山书院，勤学好问，精长文赋，月考均为超卷得奖银，自维生计，学有所成。光绪二十三年（1897），科考中举。曾任典史，在甘肃布政使衙门任职。1921年，马福祥将军赴绥远任都统，其任副都统，兼军务处长、警备司令部军需事宜。后任宁夏护军使，授陆军中将。1932年任宁夏护军使兼宁夏将军马福祥驻北平办事处处长。1947年辞职回乡。中华人民共和国成立后，先后在甘肃省参事室、甘肃省爱国民主人士办公室任职，为甘肃省政协委员。1955年被甘肃省人民政府聘为甘肃省文史馆馆员，撰写《马福祥在宁夏、绥远经历略》等文史资料。

施国祯（1885—1963） 字周丞，榆中县来紫堡乡黄家庄村人。1917年，北京法政大学政治经济系毕业。中华人民共和国成立前，历任甘肃公立法政专门学校校长、甘肃教育会会长、西北银行讲习所所长、兰州中山大学教授、皋兰县兴文社主管、甘肃学院教授等职。其间，曾任兴文社国文专修馆馆长、全陇希社立国文专修馆馆长等职。1940年后在家务农。1950年当选为甘肃省各界人民代表会议代表。1953年被聘为甘肃省文史馆馆员。

汉汝泽（1889—1966） 字润生，榆中县城关镇下汉村人。1921年在北京高等师范学堂毕业后随陕甘教育考察团赴南方诸省考察教育，回甘肃后即受聘于省立一中任国文讲席。1928年调任平凉师范校长。1930年回兰任兰州农校校长。1931年秋参加“文官考试”，次年春即被任命为甘肃宁县县长。就任后，不习惯官场的活动，辞职回家。不久，被聘任为青海中学校长，后又被聘为宁夏师范兼宁夏中学校长。抗日战争爆发后回到兰州，被兰州师范聘为主任讲习。1951年离开师范教学岗位，回到榆中，被县政府聘为榆中县各族各界人民代表。1954年被聘为甘肃省文史馆馆员。

丁益三（1896—1937） 原名丁尚谦，号毚谷，字逸山、炳青。 榆中县三角城乡丁官营村人。1911年考入甘肃省立第一中学。1916年从省立一中毕业后以优异成绩考入北京大学。1919年5月，巴黎和会的消息传到中国，丁益三参加五四运动，并与在京的榆中青年张一悟、张亚衡代表甘肃籍旅京学生到段祺瑞官邸递交请愿书，事后他们被在京的甘肃籍学生誉为“榆中三杰”。五四运动后丁益三去日本留学。1922年从日本早稻田大学毕业。1923年在兰州市东岗镇创办西北第一家罐头加工厂。省政府邀请他担任甘肃省农业改进所所长，其间积极推进甘肃的耕作技术和食品加工技术，在继承中国传统食品制作技术的基础上，吸收

现代食品制造工艺的优点，撰写《农艺》一书，详细介绍曲种、干鲜果品等71种常用食品的选料、制作工艺。同时，丁益三写成评论集《文艺》一书。1926年经组织同意，丁益三加入国民党，尔后秘密加入中国共产党。1927年2月，丁益三参加了甘肃特支领导的皖江会馆斗争，与宣侠父、钱崝泉、张一悟等人揭露国民党右派田昆山的种种罪行，得到与会两百多人一致拥护，同意对国民党甘肃临时党部执行委员会进行改选，取得皖江会馆斗争的胜利。被选为国民党甘肃临时党部执行委员会9个执行委员之一。1928年2月，丁益三被捕。关押一年多与外界失去联系。在监狱中，丁益三遭受敌人"压杠子""坐老虎凳""揭背花"等酷刑，被打断三根肋骨，但他坚贞不屈。1931年2月被保外就医。1932年辗转江苏、上海、江西等地继续从事革命活动。1936年因病返回兰州。1937年9月10日因狱中留下的伤病复发去逝。

唐代培（1902—1956） 原籍四川省北川县小坝乡大梁村人。年少时因家境贫寒无力求学，只读两年书。12岁起，一边卖馍贩猪，一边投师学医。1927年在家乡参加中国工农红军，担任军医。1935年6月在四川省北川县加入中国共产党。1936年下半年随部参加长征，担任该部管粮长。8月随部队向西挺进，途经甘肃岷县、通渭至会宁县境时，突发高烧、眼患重疾，寄居临时医院治疗，与部队失去联系。在追寻部队中，迷路至榆中县高崖镇李家磨大营村，在一座古庙投宿养病。病愈后，流落到当地。一边为群众治病，一边寻找组织。1949年8月，解放军进驻甘草店后，积极组织群众支前。1949年8月16日，榆中解放。10月，甘草区设李家磨乡，唐代培被任命为第一任乡长。1951年4月调任甘草区区长。超负荷的工作，使他的身体日见衰弱。1952年8月，县委调唐代培任卫生科科长，主管全县的卫生工作。他呕心沥血、任劳任怨，勤奋工作，终因积劳成疾，于1956年4月23日去世。

邢培仁（1903—1993） 字德武，榆中县连搭乡马家峃村人。1921年毕业于甘肃省立第一中学，在榆中县任小学教员。1927年应拉卜楞藏民文化促进会会长黄正清之邀，赴夏河县创办拉卜楞藏民小学。1931年将拉卜楞藏民初级小学与中山小学合办，改建夏河县立第一完全小学，邢培仁任督学。1935年改任教育主任。1945年春，黄正清提名邢培仁任甘肃省立夏河县拉卜楞中心学校校长。1949年9月到粮食系统工作。1957年被评为粮食系统先进工作者。1961年病退。1978年按离休对待。

杨国祯（1903—1992） 字筱舟，榆中县青城镇人。甘肃学院法律系毕业，中国国民党革命委员会委员。民国时期，历任甘肃学院教员，甘肃省建设厅秘书，甘肃省会宁县、秦安县县长，甘肃省财政厅主任秘书等职。中华人民共和国成立后，任甘肃省人民政府财政厅秘书室主任。1987年12月被聘任为甘肃省文史研究馆馆员，进行文史研究，著有《兰州语》等书稿，撰写《〈周南〉〈召南〉研究》《先父杨巨川公事略》等文史资料。其精于书法，民国三十年（1941）三月，张大千第二次来兰州，应杨国祯所求，作画两幅相赠，而杨国祯亦书一对联回赠。他的书法作品被中央文史研究馆和山东、广西、北京、广东、江苏等省、市、区文史研究馆、画院收藏。

刘仁（1906—1976） 字靖国，榆中县小康营乡刘家营人。1922年毕业于兰州农校。1924年考入国立江西南昌师范。1926年到吉鸿昌部队任连长、副营长、营长等职，并担任武术教官。1939年到阎锡山部队任团长。1941年回兰州，被国民党当局以“共产党嫌疑”逮捕。不久保释出狱，任甘肃国术馆教官，后又到志果中学任武术教员。1948年参加西北五省区武术表演，获“银盾奖”。1952年任甘肃省体育运动委员会武术教员。1954年带领甘肃武术队参加全国武术表演大会，他表演了“八势剑”。1961年因历史问题被下放回原籍劳动，1971年被错误地定为“历史反革命罪”判刑15年。1975年特赦出狱。1981年被平反，宣布无罪。刘仁自幼酷爱武术，对刀、枪、棍、剑、拳等都有研究，擅长“八势剑、劈挂刀”，独创“靖国翻子”徒手短打拳术。

金玉振（1907—1984）字醒如，榆中县金崖镇寺隆沟村人，中国书协甘肃分会会员，兰州市文联委员，兰州飞天书画学会顾问，兰州市政协委员。少年读私塾。1949年后在西北军区公共卫生学校、兰州市卫生局、兰州市第三人民医院任文书。1972年退休。1983年，市政协为金玉振举办了真草隶篆百幅精品个人书展。其楷书作品在市文联举办的书法、美术、摄影展中获一等奖。1962年，书写的毛泽东诗词21首《大楷字帖》被甘肃教育出版社出版发行。1981年，《大中小楷字帖》被甘肃教育出版社出版发行。1982年，《袖珍古诗小楷字帖》《唐诗大楷字帖》被甘肃教育出版社出版发行。其中，《唐诗大楷字帖》被评为甘肃省优秀图书。

窦志安（1909—1994） 原名窦振华，又名窦铸亚，金崖镇窦家营村人。1926年参加国民革命军，在第二集团军北路军十一师骑兵团任文书，并加入共产主义青年团。1927年春随军至西安，同其他革命志士一起组织“兄弟真理会”。1928年留第四路军指挥部做文书录事工作，后调入总司令部秘书厅做译电工作。在驻开封期间组织青年学生参加“革命真理研究会”。1931年随军转入晋南，因策动该军一个旅起义，事发后被以共产党分子的罪名通缉，返回西北，入陕军杨渠统旅任上尉参谋。1932年秋在甘肃陇西、临洮、兰州等地，联络团结革命志士，共同组织“西北民众抗日反蒋联合军总部”。1935年辗转至北平国民革命军第二十九军永定门外仓库工作，同年加入中国共产党，担任党支部书记。1936年受中共北方局委派，前往东北军驻陕、甘地区第一二九师做上层统战工作。抗日战争爆发后，随军在甘肃固原（现宁夏）、平凉、庆阳等地活动，任陇东抗日救国总会主任委员兼人民武装部部长，后任东北军师政治部主任，因抗日有功受到两次嘉奖。不久，前往延安抗日军政大学学习。同年10月，党组织派他以八路军总部高级参议名义，到兰州八路军办事处协助谢觉哉工作，同时担任中共甘肃工委军事部长。1941年调往陕、甘、宁地区，先后在边区保安处、财政厅、盐务总局任职。1948年，按照甘肃工委书记孙作宾及陈成义传达的西北局决定，从事国统区革命活动并参加皋榆工委的领导工作，先后组织成

立洮衔工委、华家岭解放委员会、华支纵队、支前委员会等组织。中华人民共和国成立后，先后任兰州市军事管制委员会委员、甘肃省复员委员会委员兼秘书长。1950年任甘肃省军区人民武装部副部长兼甘肃省复员委员会秘书长。1953年任甘肃省优抚局局长、党组成员。1964年任甘肃省武都专员公署副专员、党组副书记。1977年被选为政协甘肃省第四届委员会常务委员。1983年离休。

沈滋兰（1910—1999） 女，字润轩，又名慈爱，榆中县三角城乡大兴营村人，中国国民党革命委员会成员。1910年5月出生于一个基督教徒和西药店经营者家庭。1935年毕业于北京师范大学地理系。1940年8月任兰州女子职业学校校长，改选新校址，组建兰州女子中学（现兰州市第二十七中学前身）。她亲自筹款，勘察校址，选定南门外杏花村（现为力行新村）附近土地，聘请兴隆营运公司工程师任震英设计。学校占地150亩，修建教学楼1幢，礼堂1座，平房宿舍1院，教学辅助平房45间。筹集捐款购买椅子600余把，布置礼堂，使之成为当时兰州市建筑最好、设备齐全的礼堂。中华人民共和国成立后，先后担任兰州市第一中学、兰州市女子中学、兰州市第三十三中学地理教师。任民革甘肃省委常委，省政协第四、五届常委，省妇联委员，全国第二次妇女代表大会代表，中国地理学会兰州分会理事等职，也是甘肃幼儿教育最早的创始人之一。从教30多年，一直讲授中学地理课，教学经验丰富，著有《中学地理教具制作与使用》一书，其中《黑板底图的画法及使用》《两半球仪、褶皱、断层的教具制作》等文章，受到地理界的重视和好评。展出自制地理教具40多种，对推动全省地理教师制作教具有一定影响。编撰《甘肃女子学校办学概况》《甘肃省女子升学简况》等历史资料。

窦存库（1910—1995） 又名金德义，榆中县连搭乡麻家寺村人，初中文化。1948年加入中国共产党，同年7月在陇东边区教导队参加革命工作。1949年9月任中共皋兰县委检查团团长。1959年5月任皋兰县石洞公社党委书记。1961年11月任中共皋兰县委监察委员会书记。1962年3月任皋兰县委常委。1975年11月任皋兰县城镇街道办事处书记。1981年离休。

鲁瑞林（1912—1999） 原籍临夏，1928年随父迁居榆中县马坡乡马坡村。宁都起义加入红军，次年加入中国共产党。抗战时期，先后任国民革命军第八路军一二九师三八六旅七七二团政治部组织股长，三八六旅政治部组织科长，一二九师政治部组织科长，晋冀豫军区先遣支队副司令员，太行军区第五军分区副司令员、政委，第三军分区司令员兼抗日决死纵队副司令员。参加指挥娘子关、七亘村、响堂铺、百团大战、围困蟠龙等重大战役，指挥所部与日军进行英勇战斗。解放战争中，任中国人民解放军十八兵团六十二军政委。1950年初任西康省政府副主席。1952年任西南军区公安司令员，西南军区副参谋长。1955年授少将军衔，后任中共云南省委书记、中共贵州省委第一书记、广州军区副司令员。荣获二级八一勋章、一级独立自由勋章、一级解放勋章、一级红星功勋荣誉章。

刘亚之（1911—2005）榆中县新营乡清水沟村人。1935年毕业于甘肃省立第一农业学校高级林科，后在陕西林业局举办的林业训练班学习。1937年春，在“沿黄造林”工程处青城段参加固岸造林，并在甘肃省立第一苗圃、兰州市中山林林园管理处、甘肃省农业改进所、临洮农校任教。1942年，被省农业改进所聘任为林业工程师，承担北山绿化的重任。他采用“V”型水平沟，提高了林木成活率。1949年后辞去工程师工作，在雁滩乡当“农民”。1950年在自家果园反复摸索研究创造出“一开二缓三短剪”的苹果矮壮修剪法。通过新法修剪的苹果树结果多、个大、糖分多。20世纪60年代初，中国果树所及西北农学院等高等院所专家教授考察后，肯定矮壮修剪成果，并做出科学评价。他被称为全国苹果四派之一的“刘派”，与辽宁、青岛、河南三派代表人物，果树专家一道应邀在唐山全国果树会上作示范表演。北方十几个省的地方官员、技术员、果农数百批来果园考察取经，美国、日本、苏联、波兰、匈牙利等10多个国家的专家学者也来参观。1964年，中科院副院长竺可桢来园考察。

1978年，他作为兰州市唯一一名代表，出席全国第一届科学大会。他的矮化修剪技术，在会上荣获“科学进步奖”。同时还被选为甘肃省人大代表，兰州市人大常委、市政协委员、市科协副主席、省园艺学会副理事长、市林学会、园艺学会、花卉学会名誉会长、顾问等。编著的《苹果树矮化修剪技术》一书，由甘肃省人民出版社再版三次。先后在全国、省、市专业刊物上发表《苹果矮化修剪技术的现状与展望》等10多篇学术论文。其事迹收入《兰州市科技群团志》《陇上精英谱》《绿色的丰碑——兰州农苑名人见访录》等。

李甲中（1911—2000） 原名李家忠，字厚庵，笔名李问俗，榆中县新营乡寨子村人。毕业于兰州师范，曾任皋兰县小学、临夏师范学校教员。中华人民共和国成立前，曾任临夏、甘谷等县金库经理、农业银行陇西办事处主任。中华人民共和国成立后，曾任国立西北人民图书馆（甘肃省图书馆）编辑、总务、阅览组总务。1992年参加陇西李氏文化研究会的创办和建设，他第一个提出“李氏文化”称谓，被推选为甘肃陇西李氏文化研究总会理事，陇西历史文化研究会副会长。1993年1月被聘为甘肃省文史馆馆员，撰写有《三陇李氏渊源考略》《中华李氏渊源考》《杨巨川及其诗文》《西北名流水梓》等文史资料，并与他人合编出版《甘肃中部干旱地区物产资源资料汇编》等书。80多岁时参加了中国民主促进会，任兰州市民主促进会教育委员会副主任，多次作为特邀代表出席省人代会。

唐谦（1912—1938） 字益智，榆中县清水驿乡清水村人。1931年在甘肃学院读书。1933年考入黄埔军校第十期骑兵科，1937年毕业，在陆军六师三十六团二营任排长。参加“台儿庄战役”，因其作战勇敢，指挥得当，连长阵亡后，被提升为连长。1938年，在“保卫大武汉”战役中为国捐躯，年仅26岁。被国民政府追任为烈士。1940年，国民党榆中县政府在清水驿乡为唐谦举行隆重的公祭仪式，向家属赠送“英烈

可风”的牌匾。

郭维屏（1912—1972） 榆中县城关镇下汉村人。1934年到朱绍良部当兵，历任营部、团部文书，后得朱绍良赏识，送去中央陆军军官学校培训学习，毕业于黄埔五期，正值抗日战争爆发分到105师任上尉连长，忻口会战中任中央新编97师少校营长，荣获抗战二级勋章。中条山会战中，到整编165师任中校团长，战斗中头部受重伤，转至西安治疗，荣获抗战一级勋章。稍好转后回老家继续疗伤。一年后伤治愈，遂到榆中县师官区（相当于现在的人武部）参加征兵工作。解放战争期间任119军警卫营营长。扶眉战役中，被解放军俘虏。后解甲归田，回家务农。

金天华（1913—1983） 化名锦天花、天花，榆中县金崖镇金崖村人。1929年投军。1930年秋转投杨虎城部。1931年初被分配到陕西省政府警卫团干训队。同年3月，由汪锋、王占鳌介绍加入中国共产党。1932年2月被调往新建的中国工农红军陕甘游击队第一步兵大队第一中队第一分队。先后参加攻打陕西省旬邑职田镇、阳坡头、耀县照金民团、旬邑县城、马栏镇等战斗，因作战勇敢，升任中队长。7月下旬，组织派金天华到三原县武字区组建游击队。8月1日，武字区游击队改组为“渭北游击队”，金天华任政委。10月上旬，根据中共渭北特委指示，黄子文和金天华带领渭北游击队到武字区、肃字区、富平县、耀县、照金等地开展武装斗争。12月中旬任中共三原中心军委组织委员。12月下旬任渭北游击队政委，之后配合红二十六军作战。1933年1月向中共陕西省委呈报《关于红二十六军庙湾战斗情况的报告》。3月中旬，金天华建起心字区游击队。8月，渭北革命根据地失守，为躲避国民党通缉追捕，返回家乡。抗日战争爆发后，在西北公路管理局工作。1949年7月，华亭县安口镇解放，金天华任华亭县安口镇军管会副主任。1950年1月任华亭县法院副院长。1953年任青藏公路工程局办公室副主任。1955年获得三级八一勋章。1964年，金天华参与编写《西北红军战史》。1982年组织批准他享受离休干部待遇。

常文魁（1913—2008）榆中县高崖镇砂河村人。1948年2月加入中国共产党。1948年11月任中共新营支部书记。1950年4—10月任新营区副区长。1952年10月任榆中县人民法院副院长。1956年1月任榆中县县长。1982年1月离休。

陆善亭（1913—2004）曾用名陆庆林，榆中县金崖镇古城村人。1940年从北平大学农学院毕业后回到兰州，进入雁滩农业改进所工作。

同年6月由郑重远、罗扬实介绍加入中国共产党。甘肃工委被破坏后，他掩护和协助原甘肃特支书记张一悟在兰州继续坚持革命活动。1947年2月重新与罗扬实取得联系，在兰州各校积极开展活动。1948年担任皋榆工委东区工委书记。1949年7月西区工委遭敌人破坏后，他同罗扬实立即通知东区工委的同志紧急疏散隐蔽，并赶往金崖工委，向陆长林（金崖工委书记）、陆治安、杨春霖等报告西区工委被破坏的情况，传达皋榆工委关于紧急疏散隐蔽的指示。金崖工委立即行动，疏散共产党员和进步青年，避免敌人的进一步破坏。兰州战役前夕，任“皋榆工委协军团”副团长，负责张贴标语，宣传党的政策，安定民心，帮助解放军征购粮草，组织群众圆满完成支前任务。兰州解放后，被任命为接收兰州市各公立小学的军事代表，后任兰州市人民政府教育科长、党组成员兼支部委员。1950年6月被派往中央党校学习。此后历任甘肃省委宣传部文教处、甘肃省委文教部高教处副处长，西北师范大学地理系党总支副书记、总支书记。1983年10月离休。

岳郁洲（1914—1993）榆中县金崖镇古城村人。1947年由罗扬实、金巨盈介绍加入中国共产党，从事党的地下工作。1949年8月参加“皋榆工委协军团”，深入农户宣传党的政策，筹集粮草，支援前线。兰州解放后，被分配到榆中县公安局工作，任股长。1951年带领公安部队围剿白土窑的土匪，在临洮驻军的配合下擒获匪徒，完成剿匪任务。同年，调定西地区公安处工作，任科员。1952年调任甘肃省劳改二支队五大队指导员。1953年调甘肃省公安厅任科员。1956年调往玉门组织服刑人员开垦荒山，建饮马劳改农场，多次被评为先进工作者，受到嘉奖。1961年调新疆墨玉县和平乡开垦和改造戈壁荒滩，任卡瓦克劳改农场场长。1963年调新疆于田劳改农场任劳教股长。1977年离休。

金焯三（1915—1992）榆中县金崖镇金崖村人，肄业于兰州大学。1937年10月加入中国共产党。1947年根据党组织的指示，竞选为金崖镇镇长，用公开身份掩护地下党开展工作。翌年7月，中共陇右工委游击队袭击水家坡乡公所和天兰铁路第八分段警察后，国民党第九专署保安队和定西专员公署所辖四县自卫队到水家坡清乡，金焯三设计“调虎离山”，支开榆中县县长董鉴赢带领的自卫队，但他本人被国民党榆中县当局扣押。县城一个姓张的表叔以铺面作保，让金焯三回金崖移交镇长手续。回到金崖后，根据党组织的指示，离开金崖去延安，先在中央党校学习，后回到华池县元城子的甘肃工委工作。1949年8月随解放大军西进。8月26日凌晨，金焯三等三人组成的先遣队在陈成义率领下，最先进入兰州市区，接管旧政权。1949年后，先后任甘肃省文教厅人事科长、省文化局社会文化科科长、西北民族学院系主任，后调省政协工作至离休。

郑得堃（1915—2002）榆中县金崖镇邴家湾村人。4岁丧母，11岁丧继母，备尝艰辛。1932年，榆中籍共产党员陆长林向他介绍日本侵华形势和中国共产党的抗日救亡主张，引导他走上革命道路。1937年，甘肃工委派他参加兰州书报社的书报销售，先后在兰州、金家崖、萃英寺、夏官营、甘草店、什川等地和定西、陇西、漳县、岷县等县销售延安出版的《解放》和重庆出版的《新华日报》。1938年8月加入中国共产党。1939年2月，党组织派他到榆中县城开设“新隆书报社”，因书报销售红火而引起国民党当局的注意。6月，书报社被榆中县当局查封，他被武装押送驱逐出榆中县城。之后，他协助王泽喜开展党的活动，担

任郦家湾支部组织委员。同年底，甘肃工委又派他主持兰州书报社的工作。1940年9月，党组织派他到条城（青城镇）工作，他出卖自家田地建立起“榆中条城兴生棉毛纺织社”，并以此为掩护，建起地下交通站。1941年7月，王泽喜在去条城途中的齐岘沟被捕，最终使纺织社在1942年底关闭。1941年7月，中央农委派出开展国际交通线的王实先安排他到什川建立纺织社，作为党组织的活动点。1948年中共皋榆工委成立。他任郦家湾支部书记，和周培亮等积极开展支部工作，发展丁耀发、马启后、金自泰等加入中国共产党，在人民解放军解放兰州时，组织群众开展支前工作。

中华人民共和国成立后，郑得堃先后在中共兰州市委、兰州市劳改队、甘肃劳改三支队（饮马农场）工作，1961年去新疆工作。1983年9月参加伍修权、王定国在兰州八路军办事处纪念馆召开的座谈会。1993年，中央司法部为他颁发司法行政一级金星奖章。1995年颁发荣誉奖章。1999年，新疆维吾尔自治区党委、自治区人民政府给他颁发“新疆各族人民永远记住您”匾牌。

周彦杰（1916—1999） 榆中县金崖镇郦家湾村人。1937年经郑重远介绍加入中国共产党。随后发展陆英才、王秉义、周培江3名党员，成立了榆中县农村第一个党支部——金崖党支部，周彦杰任副书记。1938年5月前往抗日军政大学学习。毕业后，到三五九旅七一九团二营五连一排任副排长。不久，随部队到山东和日寇作战。1940年8月20日随部队参加了百团大战。1943年，康生把甘肃地下党诬陷为“红旗党”，周彦杰被逮捕，撤销其营特派员职务。1943年下半年被平反，恢复名誉。此后，参加三五九旅在南泥湾的大生产运动。1943年底在执行任务中被炮弹炸伤。解放战争时期，周彦杰从事军事后勤工作，先后任茶房兵工厂党支部书记、政治协理员、大光纺织厂党支部书记、政治指导员等职。中华人民共和国成立后，任西北军械部政治处保卫股长，后调到炮兵司令部保卫科任副科长。1953年转业，历任西安七八五

厂计划科科长，基建办公室主任，天津七一五厂副厂长，成都九一三厂副厂长等职。1962年回乡后，担任邴家湾大队党支部副书记。

陆润林（1916—1998） 榆中县金崖镇古城村人。1930年春考入甘肃省立第一中学（现兰州市一中）。1936年中学毕业后考入国立北平师范大学数学系。1940年毕业于西北联大。先后在西北联大、西北师院、国立长春大学数学系任教，并担任长春大学数学系系主任及代理学院院务职务。1946年加入中国共产党。1949年接管西北大学和西北医学院。之后，随解放大军来到兰州，参加接管兰州市各高等院校、省图书馆、省科学教育馆（现博物馆）的工作。

1949年至1990年，陆润林在兰州大学任教和从事学校管理工作，先后担任兰州大学教授、校务委员会第一副主席、副教务长、教务长、数学系主任、兰州大学党委副书记兼副校长、兰州大学顾问等职务，兼任中国数学学会理事、中国高等教育管理研究会理事和甘肃省数学协会理事长、甘肃省科学协会常委、甘肃省高教管理研究会理事长等职务，担任《科学与研究》主编、《数学教学研究》名誉主编。翻译和撰写了《射流工程学》，负责编纂《甘肃教育年鉴》《兰州大学校史》《甘肃教育名人录》《甘肃高等学校简史》等书籍，发表30多篇高等数学教研论文。其中不少论文荣获国家教委和有关部门颁发的优秀论文成果奖。10余项科研成果被有关单位和部门采用，并获得省科技成果奖。

1991年离休后，担任甘肃联合大学名誉校长、中国高教管理研究会理事、甘肃省地方志编委会委员、兰州大学关心下一代委员会会长等职务。曾任甘肃省和兰州市第一届人大代表和兰州市第一届教育工会主席职务。

裴斐（1917—2010）原名裴登盛，榆中县三角城乡周前村人。1937年考入西北公路局学习汽车维修。1938年7月加入中国共产党。1940年6月到西安八路军办事处学习，同年9月到达延安，10月到中共中央党校学习。1942年调到西北公校学习。1943年9月在该校校务处生产股工作。

1946年4月到十八军分区政治部秘书科任干事。1947年7月到东北民主联军八纵二十四师四〇五团政治处任特派员。1948年4月调任一三五师政治部军法干事。1949年3月任一三五师政治部保卫科营级干事。1949年10月调四十五军训练三团政治处。1950年8月调回一三五师政治部，同年12月到广州空军十八师学习。1951年5月到中国人民解放军第三航校学习。1952年任广州空军十八师政治协理员。1953年1月任该师政治部军法处副处长。1958年5月转业至开封仪表厂，任动力车间支部书记。1960年任厂工会副主席。1963年1月调任化工部十一建公司工会副主席。1966年3月下放到化建“五七”农场劳动。1975年1月任化建公司工会主席。

傅唯一（1917—1993）榆中县三角城乡傅家塔营村人。1937年参加八路军，1938年加入中国共产党。抗日战争时期，1937年在八路军卫生学校学习三年，后任晋察冀军区卫生部医生，白求恩卫生学校医生，军区卫生部干部科员、巡视员、部员，冀东军区十七军分区卫生处长。解放战争时期，任冀东纵队十三旅卫生处长，冀察热辽军区卫生部医政处长兼医院管理局副局长、局长，平津前线整训军卫生部长，第四野战军后勤部卫生部防疫处长。中华人民共和国成立后，历任中国人民解放军二十一兵团卫生部长，荆江分洪卫生部长，湖南省卫生厅长，甘肃省卫生厅长，甘肃省政府文化教育组长，甘肃省民政厅长，甘肃省卫生厅长、顾问，中共甘肃省顾问委员会委员。

司国权（1917—2008） 化名李英泰，榆中县小康营乡徐家峡村人。1936年7月考入兰州师范学校。1937年7月加入“甘肃青年抗战团”。同年10月加入中国共产党。同牛元滋、蒋统华、汉尚忠组建城关党支部，任组织委员。他们到街头讲演、下乡宣传、出版《抗战周报》，排练演出抗战话剧《平津的失陷》。1938年，由张一悟介绍

并资助奔赴延安，编入抗大四大队。1939年6月分配到晋察冀军区抗大二分校任连队副指导员、组织干事、留守处指导员等职。1942年调冀中回民支队任司令部政治协理员、干事、二大队总支书记。1944年春调任回民支队后勤部政治委员。1946年春调中央西北局，派往甘肃徽县做地下工作。同年冬，任徽县工委委员。1948年春任两当县特派员。1949年春任两当县工委书记。1949年8月16日后被任命为榆中县县长（未到任）。1949年12月被任命为两当县委书记。1950年春调任天水地委组织部干部科长，10月任徽县县委副书记兼县长。1955年8月调任甘肃省委党校教育长、政治经济学教研室主任。1957年被错划为右派。1963年彻底平反，任甘肃省委党校哲学教研室主任。1971年12月调一机部兰州工程处任党委书记兼革委会主任。1976年4月调任曙光机械厂（现真空设备厂）党委副书记。1978年11月被任命为省委党校副校长。1984年3月调任西北师院检查整党和清查“三种人”工作组长。1985年任编写陕甘宁边区党史资料领导小组成员。著有《风雨征程五十年》。

陆泰安（1917—1980）　榆中县金崖镇人。毕业于甘肃省立农业学校。1949年前曾任甘肃临潭、岷县合作指导处指导员、主任指导员、国立西北图书馆编辑等职。中华人民共和国成立后任西北人民图书馆馆长。1953年，西北人民图书馆改名甘肃省图书馆后，陆泰安任甘肃省图书馆馆长，还担任甘肃省图书馆学会会长、甘肃省历史学会理事等职。著述有《西北地志书》(稿本)、《关于西北地方文献的几个问题》(与人合著,发表于《图书馆学通识》1980年第二期)、《西北地方文献的发掘、整理与利用》(与人合著,发表于《图书评分》1980年第三期)、《丝绸之路资料叙录引言》(与人合著,刊于《图书与情报》1981年第一期)、《西北地方文献录》(与人合辑)、《对省、市(区)公共图书馆工作中几个问题的探讨》(与人合著,刊于《图书与情报》1986年4期)。

贾联美（1918—1998）　榆中县三角城乡双店子村人。1949年初在陆长林的帮助下，接受革命真理，秘密完成党的地下工作。同年8月被任命为榆中县三角城乡支前主任。解放军到达榆中后，他积极筹粮、草、柴等军需物资供应前线。8月16日后任榆中县三角城乡乡长。1952年加入中国共产党。1953年任榆中农会主任、副县长。1962年2月任榆中县副县长。1968年3月任榆中县革命委员会副主任。1970年12月任中共皋兰县委常委、县革委会副主任。1973年调兰州市蔬菜公司工作。

杨静仁（1918—2001） 回族，榆中县连搭乡朱家沟村人。就读于兰州市第四小学和甘肃省立第一中学。青年时代追求进步，在八路军驻兰州办事处和中共甘肃工委的影响下，接受了马克思主义。1937年秋，杨静仁加入中国共产党，任中共兰州回民特别支部宣传委员。在中共甘肃工委的领导下，他利用伊斯兰教学会和回民教育促进会，在回民中开展抗日、民主宣传教育活动。1939年国民党发动反共高潮后，他受到国民党特务的严密监视，中共甘肃工委决定他撤离甘肃去延安。1941年3月到达延安，在陕北公学民族部学习，担任第一班党支部书记。1941年8月，杨静仁到回民骑兵团任党代表和团政委。1945—1949年，历任陇东外情组副组长，中共西北局统战部民族科科长、机关游击队队长，陕甘宁边区政府民族委员会委员，西北军政委员会委员。1949年3月，他被调到北平，任中国人民政治协商会议筹委会委员、筹委会党组干事会干事。他作为少数民族代表，参加第一届全国政协会议。之后，他参与筹建中央民委的工作。中华人民共和国成立后，杨静仁历任共青团中央委员会委员，全国青联副主席，中共中央统战部四处处长，中国伊斯兰教协会副会长，中央民族事务委员会委员兼办公厅主任。1954年任中央民族事务委员会副主任和中央民族政策研究室副主任。同年，他赴西康藏区和凉山彝族地区进行调查，撰写《关于西康省藏族自治区基本情况的报告》。1958年，他到宁夏等地调查宗教问题，提出改革宗教制度的重要建议。他还负责中国伊斯兰教协会的筹备工作。1960年初，杨静仁带领工作队到西藏协助西藏工委进行工作。9月，杨静仁到宁夏回族自治区工作，先后担任自治区政府主席、党委第一书记、军区政委，西北局书记处书记。1975年，杨静仁担任宁夏回族自治区党委和革委会的领导工

作，并任自治区第三届政协主席。粉碎“四人帮”后，在中国共产党第十一次全国代表大会上，杨静仁当选为中央委员，以后又连续当选为党的第十二届、十三届中央委员。1978年3月，他被任命为国家民族事务委员会主任、党组书记，以后又兼任中央统战部副部长。在第五届全国政协会议上，他当选为全国政协副主席。1980年9月，他被任命为国务院副总理，主管民族和政法工作。1982年，杨静仁担任中央统战部部长兼国家民委主任，中共中央对台工作领导小组成员。1983年又当选为第六届全国政协副主席。1986年1月，杨静仁主动从中央统战部部长和国家民委主任的岗位上退下来，以后又连续当选为第七、第八届全国政协副主席。

岳维峻（1920—1994） 榆中县金崖镇古城村人，中共党员。1934年毕业于兰州中学附小。1938年5月由八路军驻兰州办事处谢觉哉介绍，到延安陕北公学学习。1939年陕北公学毕业后，被分配到一二九师政治部青年科工作。参加反击日本侵略军在华中平原进行扫荡和著名的“百团大战”。1942年任一二九师合作总社政治指导员。同年8月转业到晋冀豫边区政府工商管理局干部科任科长。1946年抗日战争胜利后，到六沟煤矿公司、峰峰煤矿公司学习煤矿管理，任经理处长。1950年任燃料工业部煤矿总局经理处长。1954年任燃料工业部财务司、分配司副司长。1961年任国家经济委员会燃料动力局副局长。1971年任新疆重工业局核心领导小组副组长。1978年任国家经济委员会能源管理局局长。1981年任国家经济委员会党组成员。1982年任国务院能源基地规划办公室副主任。1985年离休。

李成奎（1921—2005） 榆中县青城镇人。1940年前后，帮助梁提多在附近学校推销进步书刊。1941年，李成奎为党的地下组织提供食宿和资助。1949年加入中国共产党。同年8月，中国人民解放军进军兰州，李成奎组织先进青年168人，设立接待站6处，为解放军筹集面粉6.8万余斤，烧柴2万余斤。8月16日榆中解放后，李成奎

任二区（青城区）副区长、区长。在定西干校培训后被输送到铁道部工程局，任铁路建设银行主任。后调任甘肃省外贸厅永昌野牲饲养厂厂长、甘肃省畜产进出口公司兰州购销站经理、畜产品加工厂厂长、甘肃省供销社战备仓库书记、主任职务。1979年离休。

郑得童（1922—2002）曾用名郑向如、化名王大宾、柏庵、王见、田应蛟、郭林等，榆中县金崖镇邴家湾村人。1937年积极宣传抗日救亡运动。1938年8月加入中国共产党，任中共邴家湾支部宣传委员。1940年夏掩护和协助王泽喜、郑得堃建立条城交通站。1941年秋协助来甘开辟第三国际交通线的王实先开展活动。1947年10月专职做党的机关工作。1948年5月前往边区，打通皋榆工委和甘肃工委之间的交通线。后任皋榆工委综合总支组织委员。1949年4月先后任省工委干部学校教员、队长。同年8月调军事管制委员会军事处工作。后任甘肃军区军政干校一队队长。1950年调任第一野战军第二兵团兼甘肃军区卫生部政治干事。1952年调任西北军政委员会重工业局统计科长。1954年被任命为冶金部西安办事处工会主席、秘书科长、人保科长、运输科长、材料科长、计划科长、办公室主任等。1968年被分配到白银有色金属公司工作。1983年离休，享受司局级干部待遇。

孙智泰（1923—2011）榆中县三角城乡大兴营村人。1947年毕业于国立西北农专，先后在甘肃省农业改进所河西区农场、中国人民解放军三军后勤部、甘肃省病虫防治站、省农业试验总场、省农科院工作。历任农科院副院长、顾问、植物保护研究员等职务，曾兼任甘肃省政协第四、五、六届委员，中国植保学会理事，省农学会第三届副理事长，省植保学会第二、三届理事长，省农委科学技术顾问，《植物保护》杂志编委。孙智泰在农业科研方面主要搞小麦腥黑穗病、飞线虫病、红矮病的试验研究。腥黑穗病的研究查明甘肃该病主要为网腥黑粉菌，由种子和粪土带菌传播，经筛选推广适用农药等防治措施后复查病情，平均发病率由中华人民共和国成立初期的18.3%降低到1955年的

1.23%，每年可挽回小麦损失12亿千克。线虫病的防治首次在国内试用白砒拌种获得特效，解决了当时该病的化学防治问题，在20世纪50年代有效地控制了小麦粒线虫病及其随发的蜜穗病和卷曲病。红矮病的研究首次证明该病是由叶蝉传播的一种新的小麦病毒病，搞清叶蝉和病害的发生规律，提出防治措施，在20世纪60年代初即控制陇东南小麦濒临绝收的局面。1956年被省农垦局系统及甘肃省评为先进工作者，在全省先进工作者大会上被选为“全国农业劳模”。1957年2月参加全国首届农业劳模大会。主编的《甘肃省农业科技志》1994年获省农业厅“技术改进二等奖”。孙智泰业余喜爱书法与诗词，书法作品曾在省内外有关书法展览上展出并获奖。1990年离休。离休后为甘肃省老年书法研究会会员。他的诗词习作233篇汇编成《短笛横吹》诗稿集，有部分诗词被《植物保护》《甘肃农民报》《中华老人诗词选集》《全国老干部诗词书画大观》等书刊选用。

丁兆清（1923—1999）　榆中县夏官营镇人。曾任兰州师专音乐系主任、副教授、中国音乐家协会会员、甘肃省音乐协会理事、副主席、中国音乐家协会儿童音协理事、教育委员会理事、兰州市音乐家协会名誉主席、甘肃省教育委员会学校艺术教育指导委员会副主任。1949年后从事音乐教学工作。创作歌曲《火车穿过十里山》《婚姻自主歌》《桃花雨》等100多首。《陇原儿女学大寨》被国务院文化小组收入《战地新歌》一书。1985年出版《少年儿童歌曲集》，其中《铃铛树》《陇原儿女奔四化》《甘肃好联歌》等获甘肃省优秀歌曲一、二等奖，《教师之歌》曾在甘肃广播电台《每周一歌》栏目播出。在《人民日报》《甘肃日报》和《中国音乐》等报刊上发表《关于音乐的四点呼吁》《“花儿”的兴盛和启示》《重视音乐教育，促进精神文明》《要重视民族民间音乐教育》等10多篇论文。甘肃省电视台为他摄制专题片《为了孩子们》，其事迹收入《中国音乐家和音乐人才辞典》。

周桐贵（1925—1969）　榆中县连搭乡薛家营村人。1942年考入甘肃工业职业学校学习纺织专业。1944年加入青年军二〇六师六一六营六连。

抗战胜利后，返校转入土木工程专业学习，后辍学去麻家寺小学当教员。1949年8月参加中国人民解放军，被派到甘肃军区军政干校学习。1950年春被分配到庆阳军分区文工队任宣传员。1951年在兰州军区后勤部担任设计员，荣立三等功，并被评为特等模范。1953年调甘肃军区体育队。后调兰州军区后勤部。1960年转业到兰州军区后勤部工程团任第二大队大队长。1969年7月在陕西省富平县的国防施工中，为救山洞内施工的一名工人，被埋进山洞，光荣牺牲，时年44岁。被追认为革命烈士。

潘立才（1926—2000）　榆中县城关镇人，中共党员。1944年考入甘肃省立兰州高级工业职业学校。1945年5月参加革命工作，先后在省工业厅、省交通厅任科员、副科长、科长、处长、省轮胎厂厂长，省交通厅交通物资供应公司经理。1986年离休。

高同德（1928—2008）　榆中县高崖镇李家磨村人。1948年加入中国人民解放军第一野战军十九兵团六十四军一九一师五七一团二营五连，任副班长。1950年入朝参战，在“马良山战役”中冲锋陷阵，头、臂受伤，被志愿军五七一团授记三等功一次，朝鲜人民军授予纪念章一枚。1953年转业到兰州铁路局建设集团有限责任公司。

丁师浩（1929—2005）　榆中县三角城乡丁官营村人。1948年7月毕业于兰州西北中学。1949年2月到兰州靖远路小学任教。1949年8月考入西北民族大学。1953年毕业后分配到西北民委工作。1954年调中央民族出版社从事编辑、翻译工作。任中央民族出版社高级编审、中国作家协会会员、中国翻译家协会会员，兼《丝绸之路丛书》常务编委，《世界名人辞典》（当代文化卷）特约编委，《中国少数民族传统文化大百科全书》编委。1954年至1979年，担任历届全国人大、全国政协等全国性会议中央文件的翻译。著有中篇小说《我的姑姑》、散文《红太阳照亮了百科沟》等。译著有长篇小说《故事的乌塔》《青史演义》《元朝开国演义》《命运》。汉语翻译国内蒙古文诗集《狂欢之歌》《生命的礼花》《命运之马》等作品数十篇。汉文翻译蒙古国著名作家仁钦的专著《蒙古文学史》及蒙古僧格等十多位诗人的优秀诗篇数十首。编辑《西藏王臣记》《佛教史大宝藏论》《中国民族史》《成吉思汗》《费孝通文集》《任建新文集》《西北民族关系史》《蒙古族通史》《中国少数民族语言简志丛书》《中国少数民族知识丛书》《藏族史略》《中国少数民族文化大辞典》。

陈积玉（？—2008） 榆中县三角城乡三角城村人。1949年8月参加革命工作。后到兰州市公安局工作，先后任民警、办事员、科员、政治协理员、科长、政治指导员，并在中央民警干校学习深造。其间，加入中国共产党。1966年5月调中共兰州市委办公厅任科级干事。1969年11月至1981年6月，先后任兰州卷烟厂革委会常委、副主任，技改副厂长，党委委员兼工会主任，共青团委书记。1981年6月至1994年8月，在甘肃省轻纺工业厅工作，历任甘肃省工艺美术公司、旅游产品生产供应公司副经理、党委委员，甘肃省工艺美术研究所代理所长、党委副书记，兰州呢绒厂厂长、党委书记，甘肃省轻纺工业厅办公室主任、厅直机关党委委员、厅办公室党支部书记等职。1994年8月离休。

徐尚和（1933—2004） 榆中县小康营乡上彭家营村人，中共党员。1950年8月参加工作。1951年起先后在榆中县人民政府文教科、中共榆中县委宣传部、中共定西地委组织部任科员、干事。1954年3月起先后任共青团榆中县委书记，中共临洮县委生产合作部部长。1958年8月至1959年8月在中共甘肃省委党校学习。1961年12月起历任中共临洮地委农村部科长、中共甘肃省委农村部干事、省委办公厅专职秘书、平凉地委书记，甘肃省政协秘书长等职。

高葆泰（1933—2001） 榆中县夏官营镇夏官营村人。宁夏大学西北方言研究所所长，教授，中国语言学会理事，中国应用语言学会理事，宁夏语言学会会长，宁夏语言文字工作委员会委员，宁夏方言志编审委员会主任。从事现代汉语与汉语方言的教学与科研工作40年，培养硕士研究生4名。出版《语法修辞六讲》和《兰州方言音系》两部专著（均获宁夏社科优秀著作一等奖），合作出版《银川方言志》《银川话音档》（获宁夏社科优秀著作二等奖）等著作。发表《兰州音系略说》《宁夏方言的语音特点和分区》《贺兰音略》（均获宁夏社科优秀论文二等奖）等论文40篇。另外，曾担任国家社科“七五”规划重点项目、国家“八五”规划重点图书《普通话基础方言基本词汇集》（五卷本）编委，调查提供兰州、银川的音系与基本词汇。该书出版后先后获中国辞书一等奖和国家图书二等奖。修订专著《榆中方言简志》一书。1960年5月，被评为宁夏文教先进工作者。1984年12月被授予宁夏有突出贡献的科技专家称号。1988年9月被评为宁夏民族团结进步先进个人。1992年10月被评为享受国务院特殊津贴专家。

窦实（1936—1999）　榆中县金崖镇窦家营村人。中国民主促进会会员、中国摄影家协会理事、中国摄影函授学院甘肃分院院长、甘肃省中老年摄影艺术家协会主席、甘肃省广告协会顾问。摄影作品《初试》《新矿工》《沙漠水库》《十月红》《腾格之舟》等800多幅作品在国内外展出、发表、出版、获奖，部分作品被北京人民美术出版社、中国摄影出版社、上海文艺出版社、中国外文出版社、商务印书馆出版。《中国风光》《中国》（外文版）、《摄影作品选》等大型作品集选编了他的作品。有专集《凉州画集》《丝路风情·窦实作品选》《祁连积雪·窦实摄影集》（甘肃省人民出版社）、《中国·甘肃·河西走廊》（香港版）。国家领导人方毅曾为他的书赠“苑新姿”。《人民日报》《文汇报》《中国摄影》《中国摄影报》、香港《文汇报》、中央电视台等十多家报刊、电台、电视台先后介绍他和他的作品。中国省长代表团赴美国访问时把他的作品《沙漠水库》作为礼品赠送给美国友人，甘肃省政府代表团把他的作品《揽月》作为礼品赠送给亚运会。他本人被收入《中国摄影家辞典》《中国摄影大辞典》《中国文化人物志》。

沈克勇（1937—2001）　榆中县三角城乡大兴营村人。全国劳模、全国优秀教师、兰州市特殊教育的开拓者。1937年7月4日生于兰州，幼时因病双目失明。1952年到北京启明瞽目院五年级就读，1955年7月中学毕

业后考入中国盲人训练班，1957年毕业回兰。1958年参加兰州市盲校创建筹备组并担任负责人，主持招生和教学工作。同年9月15日学校建成，首批招收盲人学员10余人，年龄8至14岁不等，开设语文、数学及音乐课程，由他一人教授。因盲人教学的特殊性，他编制儿歌、自制插字盒、计数器、软硬尺等专用教具，手把手地教学；录制音乐磁带，讲解世界名曲，利用业余时间为孩子教授口琴、笛子、二胡等乐器，组织文艺演出，提高学生的艺术修养。因在特教领域的突出成绩，1959年出席全国群英会，受到周总理接见。

1989年获全国优秀教师奖章。1991获全国教育系统劳动模范称号并被授予人民教师奖章。1995年入选大型典籍《中国当代教育科研成果大奖》并获颁荣誉证书。从参加工作起共获3次全国、3次省级、8次市级优秀教师、先进工作者、劳动模范等称号。

赵维军（1964—1986） 榆中县鲁家沟乡人。1985年1月入伍。1986年随部队赴云南老山参战，任副班长。在战斗中，他5次向党支部递交入党申请书，多次要求到最危险艰苦的哨位去。阵地设障17次、排雷41颗，抢修电话线路59次。1986年7月24日，坚守哨位的赵维军因山体滑坡被塌方泥土带下山沟，不幸触响地雷炸成重伤，抢救无效牺牲，年仅22岁。集团军党委为他追记一等功，团党委追认他为中共正式党员。

洪玉线（1964—2010） 榆中县小康营乡洪亮营村人，中共党员。2004年任小康营乡洪亮营村委会主任，2008年任洪亮营村党支部书记，被市政府评为“农村优秀实用人才”。2010年3月6日因劳累过度突发心脏病倒在蔬菜大棚里，经抢救无效去世，年仅46岁。2010年5月，中共榆中县委追授洪玉线“一心为民的好支书”称号。

第二章 荣 誉

1991—2010 年，县内获得国家部委及以上荣誉 21 人，获奖 26 项；获得省级和省级部门荣誉 59 人，获奖 108 项；获得市委、市政府表彰奖励 14 人，获奖 20 项。

一、国家或部委获奖人员

见表 15–2–1。

二、省级或省级部门获奖人员

见表 15–2–2。

三、市级获奖人员

见表 15–2–3。

国家或部委获奖人员表

表 15-2-1

姓名	性别	民族	出生年	籍贯	获奖时所在单位	获奖名称	授奖时间	授予单位
李生民	男	汉	1944	三角城乡周前村	榆中县农技中心	国家科技进步三等奖	1992	国家科委
						农业技术突出贡献先进个人	1998	国务院
吕全福	男	汉	1937	甘草店镇西村	甘草水泥集团有限责任公司	劳动模范	1992	农业部
白忠垣	男	汉	1941	园子岔乡万羊村	榆中县园子教育办	优秀教师	1993	国家教委、人事部 全国教育工会
杨富荣	男	汉	1943	龙泉乡张家窑村	榆中县委	百名人民公仆、全国百名优秀县委书记	1994 1995	中央组织部
陆中海	男	汉	1953	金崖镇陆家崖村	榆中县金崖中心卫生院	优秀乡村医生	1993	卫生部医政司 中国农村卫生协会
高积泰	男	汉	1939	夏官营镇高家崖村	榆中县教育局	优秀教育工会工作者	1996	中国教育工会全国委员会
孙殿福	男	汉	1949	韦营乡孙家岔村	榆中县纪委	先进纪委书记	1996	中纪委
宋锡珩	男	汉	1942	哈岘乡仁和村	榆中县恩玲中学	优秀教师	1998	国家教委、人事部 全国教育工会
张淑玲	女	汉	1974	高崖镇树梓沟村	龙泉学区	百名好军嫂、三八红旗手	2003 2004	解放军总政治部 全国妇联
金玉花	女	汉	1968	金崖镇金崖村	榆中县妇幼保健所	优秀乡村医生	2003	中国农村卫生协会
杨海兴	男	汉	1971	清水驿乡	榆中县农业技术推广中心	农牧渔业丰收三等奖	2005	农业部
						三农科技服务金桥奖	2010	中国技术市场协会
汉　敏	男	汉	1964	城关镇下汉村	榆中县计生局	婚育新风进万家活动先进个人	2005	中宣部等十部委

续表

姓名	性别	民族	出生年	籍贯	获奖时所在单位	获奖名称	授奖时间	授予单位
李海珊	男	汉	1945	城关镇北关村	甘肃陇鑫实业集团有限公司	劳动模范	2005	国务院
钱　续	男	汉	1963	三角城乡高墩营村	榆中县畜牧兽医技术服务中心	科学技术进步奖三等奖	2007	中国农业科学院
白仁彩	男	汉	1962	哈岘乡仁和村	榆中县农业技术推广中心	“金大地”杯科学施肥知识大奖赛优秀奖	2007	全国农业技术推广服务中心
牛建彪	男	汉	1960	三角城乡接驾嘴村	榆中县农业技术推广中心	测土配方施肥工作先进个人	2007	农业部
						粮食生产先进工作者	2007	农业部
						优秀科技特派员	2009	科技部
						农业技术推广成果奖	2010	农业部
周学海	男	汉	1966	连搭乡连搭村	榆中县委党史办	党史工作先进个人	2008	中央党史研究室
赵　凡	男	汉	1963	新营乡八门寺村	榆中县农业技术推广中心	土壤肥料检测工作先进个人	2009	全国农业技术推广服务中心
付小兰	女	汉	1964	三角城乡丁官营村	榆中县人口和计划生育局	计划生育协会先进个人	2010	中国计划生育协会
杨桂元	女	汉	1974	甘草镇浣涝村	榆中县计划生育服务站	计划生育科技大练兵活动先进个人	2010	国家人口和计划生育委员会
周致文	男	汉	1945	青城镇青城村	甘肃裕兴建筑实业集团有限公司	优秀乡镇企业家	2007	农业部

省级或省级部门获奖人员表

表 15-2-2

姓名	性别	民族	出生年	籍贯	获奖时所在单位	获奖名称	授奖时间	授予单位
黄　德	男	汉	1962	小康营乡南北关村	榆中县人口和计划生育局	1990 年度计划生育综合考核优秀工作者	1991	甘肃省计划生育委员会
						全省计划生育系统抗击非典先进个人	2003	甘肃省委宣传部、甘肃省计划生育委员会
						甘肃省农村部分计划生育家庭奖励扶助制度和“少生快富”工程试点工作先进个人	2007	甘肃省人口委、甘肃省财政厅、甘肃省扶贫办
刘兴山	男	汉	1939	三角城乡大兴营村	榆中县防疫站	先进工作者	1991	甘肃省卫生厅
						先进个人	1995	甘肃省结核病控制项目领导小组
丁淑芳	女	汉	1942	城关镇北关村	榆中县文成小学	甘肃省“园丁奖”优秀教师	1991	甘肃省委、甘肃省人民政府
王在雄	男	汉	1947	新营镇谢家营村	榆中县新营教育办	甘肃省“园丁奖”优秀教师	1992	甘肃省委、甘肃省人民政府
祁桂芳	女	汉	1947	三角城乡双店村	榆中县文成小学	甘肃省“园丁奖”优秀教师	1992	甘肃省委、甘肃省人民政府
牛俊海	男	汉	1948	高崖镇高崖村	榆中县高崖教育办	甘肃省“园丁奖”优秀教师	1992	甘肃省委、甘肃省人民政府
张友菊	女	汉	1943	清水驿乡杨河村	榆中县文成小学	甘肃省“园丁奖”优秀班主任	1993	甘肃省委、甘肃省人民政府
金维经	男	汉	1945	金崖镇寺隆沟村	榆中县金崖教育办	甘肃省“园丁奖”优秀教师	1994	甘肃省委、甘肃省人民政府
孙尚谋	男	汉	1941	韦营乡孙家岔村	榆中县韦营教育办	甘肃省“园丁奖”优秀教师	1994	甘肃省委、甘肃省人民政府

续表

姓名	性别	民族	出生年	籍贯	获奖时所在单位	获奖名称	授奖时间	授予单位
高生军	男	汉	1966	青城镇城河村	榆中六中	第四次人口普查先进个人	1991	甘肃省第四次人口普查领导小组办公室
郭万源	男	汉	1940	城关镇上蒲家村	榆中县教育局	甘肃省“园丁奖”优秀教师	1995	甘肃省委、甘肃省人民政府
白海隆	男	汉	1943	上花岔乡上花村	榆中县上花教育办	甘肃省“园丁奖”优秀教师	1995	甘肃省委、甘肃省人民政府
岳应昌	男	汉	1941	金崖镇古城村	榆中县金崖教育办	甘肃省“园丁奖”优秀教师	1996	甘肃省委、甘肃省人民政府
王　杰	男	汉	1946	高崖镇树梓沟村	榆中三中	甘肃省“园丁奖”优秀教师	1996	甘肃省委、甘肃省人民政府
金作福	男	汉	1945	城关镇东湾村	榆中县精神文明办公室	精神文明工作先进个人	1996	甘肃省委、甘肃省人民政府
岳廷琦	男	汉	1958	榆中	榆中县劳动局	全省安全生产先进工作者	1997	甘肃省安全生产委员会
张　彦	男	汉	1967	连搭乡寇家沟村	榆中县三角城乡卫生院	实现全省儿童计划免疫“第三个85%”目标先进个人	1997	甘肃省卫生厅
白瑜厚	男	汉	1966	哈岘乡仁和村	榆中县恩玲中学	甘肃省“园丁奖”优秀教师	1998	甘肃省委、甘肃省人民政府
张文玲	男	汉	1948	连搭乡秦启营村	榆中县委党史办	修志工作先进个人	2001	甘肃省地方志办公室
李长春	男	汉	1962	银山乡小水子村	榆中县计划生育局	第五次人口普查先进个人	2002	甘肃省第五次人口普查、领导小组办公室、甘肃省人事厅
徐　睿	女	汉	1963	甘肃秦安	榆中县畜牧兽医技术服务中心	甘肃省农牧渔业丰收奖二等奖	2006	甘肃省农牧厅
						甘肃省科学技术进步奖三等奖	2007	甘肃省人民政府
						甘肃省农牧渔业丰收奖二等奖	2010	甘肃省农牧厅

续表

姓名	性别	民族	出生年	籍贯	获奖时所在单位	获奖名称	授奖时间	授予单位
马义成	男	汉	1963	连搭乡朱家沟村	榆中县农业技术推广中心	农业技术推广先进工作者	2005	甘肃省农牧厅
						甘肃省农牧渔业丰收二等奖、三等奖	2006—2010	甘肃省农牧厅
						甘肃省科学技术进步三等奖	2008	甘肃省人民政府
牛建彪	男	汉	1960	三角城乡接驾嘴村	榆中县农业技术推广中心	十佳土肥站长	2005	甘肃省农牧厅
						甘肃省农牧厅农牧渔业丰收一等奖、二等奖、三等奖	2006—2010	甘肃省农牧厅
						甘肃省科技进步一等奖、三等奖	2007、2009	甘肃省人民政府
						农业技术推广标兵	2008	甘肃省农牧厅
杨海兴	男	汉	1971	清水驿乡	榆中县农业技术推广中心	农业技术推广先进工作者	2005	甘肃省农牧厅
						甘肃省农牧渔业丰收一等奖、二等奖、三等奖	2005—2009	甘肃省农牧厅
						甘肃省科技进步三等奖	2008	甘肃省人民政府

续表

姓名	性别	民族	出生年	籍贯	获奖时所在单位	获奖名称	授奖时间	授予单位
李锦龙	男	汉	1972	哈岘乡柳树村	动物卫生监督所	动物检疫、防疫监督工作先进个人	2005	甘肃省动物检疫总站、甘肃省兽医卫生兽药监督管理所
						兽医先进工作者	2007	甘肃省兽医局
						药饲料监察工作先进个人	2010	
何彩云	女	汉	1963	城关镇	榆中县畜牧中心	动物检疫、防疫监督先进个人	2005	甘肃省兽医卫生监督管理所、甘肃省动物检疫总站
						甘肃省农牧渔业丰收奖三等奖	2007	甘肃省农牧厅
					榆中县动物疫控中心	甘肃省农牧渔业丰收奖二等奖	2010	甘肃省农牧厅
刘新民	男	汉	1959	新营乡新营村	榆中县农业机械管理站	甘肃省农牧渔业丰收奖三等奖	2005	甘肃省农牧厅
宋锡菊	女	汉	1971	哈岘乡纪尔村	榆中县农业机械管理站	甘肃省农牧渔业丰收奖	2005	甘肃省农牧厅
金鸿玉	男	汉	1951	金崖镇金崖村	兰州鸿玉塑料制品有限公司	优秀企业家	2005	甘肃省人民政府
牛盛模	男	汉	1964	榆中	榆中县种鸡场	甘肃省农牧渔业丰收奖二等奖	2006	甘肃省农牧厅
李长嵛	男	汉	1959	哈岘乡柳树村	榆中县畜牧兽医技术服务中心	动物疫情报告工作先进个人	2006	甘肃省动物防疫总站
						兽医工作先进个人	2007	甘肃省兽医局

续表

姓名	性别	民族	出生年	籍贯	获奖时所在单位	获奖名称	授奖时间	授予单位
牛芬菊	女	汉	1971	三角城乡接驾嘴村	榆中县农业技术推广中心	甘肃农资杯测土配方施肥竞赛三等奖	2006	甘肃省农牧厅
						甘肃省科技进步二等奖	2008	甘肃省人民政府
						甘肃省科技进步三等奖	2010	
						甘肃省农牧渔业丰收一等奖	2008	甘肃省农牧厅
						甘肃省农牧渔业丰收二等奖	2010	
						农业技术推广先进个人称号	2010	甘肃省农技推广总站
赵　凡	男	汉	1963	新营乡八门寺村	榆中县农业技术推广中心	甘肃省农牧渔业丰收二等奖	2006	甘肃省农牧厅
						甘肃省科技进步奖三等奖	2007	甘肃省人民政府
李建平	男	汉	1964	榆中	榆中县农业机械管理站	农机培训先进工作者	2006	甘肃省农业机械管理局
						保护性耕作技术推广先进个人	2007	甘肃省农业机械管理局
						农业技术推广标兵	2008	甘肃省农牧厅
汉　敏	男	汉	1964	城关镇下汉村	榆中县人口和计划生育局	婚育新风进万家活动先进个人	2007	甘肃省委宣传部等十部门
郭正昆	男	汉	1963	甘草店镇果园村	榆中县农业技术推广中心	农技推广先进个人	2007	甘肃省农技推广总站
						甘肃省农牧渔业丰收奖一等奖	2008	甘肃省农牧厅
						甘肃省农牧渔业丰收奖三等奖	2009	甘肃省农牧厅
魏邦香	女	汉	1969	哈岘乡柳树村	榆中县畜牧中心	兽医工作先进工作者	2007	甘肃省兽医局
						甘肃省农牧渔业丰收奖三等奖	2007	甘肃省农牧厅

续表

姓名	性别	民族	出生年	籍贯	获奖时所在单位	获奖名称	授奖时间	授予单位
张　雷	男	汉	1963	甘草店镇三墩营村	榆中县农业技术推广中心	甘肃省科学技术进步一等奖、二等奖、三等奖	2007—2010	甘肃省人民政府
						甘肃省农牧渔业丰收奖一等奖、二等奖	2008 2010	甘肃省农牧厅
钱　续	男	汉	1963	三角城乡高墩营村	榆中县畜牧兽医技术服务中心	甘肃省农牧渔业丰收奖二等奖、三等奖	2007 2008	甘肃省农牧厅
						甘肃省科学技术进步奖二等奖	2009	甘肃省人民政府
						甘肃省渔业技术推广工作先进个人	2010	甘肃省农牧厅
赵成宝	男	汉	1966	城关镇	榆中县畜牧水产技术推广中心	甘肃省畜牧科技推广先进工作者	2007 2010	甘肃省农牧厅
金海林	男	汉	1966	来紫堡乡冯湾村	榆中县畜牧兽医技术服务中心	甘肃省农牧渔业丰收奖二等奖、三等奖	2007 2008	甘肃省农牧厅
						甘肃省科学技术进步奖二等奖	2009	甘肃省人民政府
						甘肃省农牧渔业丰收奖二等奖	2010	甘肃省农牧厅
白仁彩	男	汉	1962	哈岘乡仁和村	榆中县农业技术推广中心	甘肃省农牧渔业丰收奖二等奖	2007 2010	甘肃省农牧厅
						甘肃省科技进步三等奖	2008	甘肃省人民政府
项国锋	男	汉	1977	甘草店镇项家堡村	高崖镇人民政府	第二次全国农业普查先进个人	2008	甘肃省第二次全国农业普查领导小组办公室、甘肃省人事厅

续表

姓名	性别	民族	出生年	籍贯	获奖时所在单位	获奖名称	授奖时间	授予单位
卢海强	男	汉	1963	小康营乡李家营村	高崖镇人民政府	第二次全国农业普查先进个人	2008	甘肃省第二次全国农业普查领导小组办公室、甘肃省人事厅
白本弟	男	汉	1971	上花岔乡	夏官营镇人民政府	第二次全国农业普查先进个人	2008	甘肃省第二次全国农业普查领导小组办公室、甘肃省人事厅
李小燕	女	汉	1976	清水驿乡	榆中县农业技术推广中心	甘肃省农牧渔业丰收一等奖	2008 2009	甘肃省农牧厅
陈政仁	男	汉	1974	清水驿乡	榆中县农业技术推广中心	甘肃省农牧渔业丰收一等奖、二等奖、三等奖	2008—2010	甘肃省农牧厅
牟晓云	男	汉	1960	榆中	榆中县煤矿	甘肃省煤炭安全生产先进个人	2009	甘肃省煤炭安全生产监督管理局
周　强	男	汉	1971	连搭乡薛家营村	榆中县计划生育服务站	微笑列车项目先进个人	2009	甘肃省卫生厅、甘肃省计划生育委员会
陆中海	男	汉	1953	金崖镇陆家崖村	榆中县金崖中心卫生院	甘肃省乡村名中医	2009	甘肃省卫生厅、甘肃省人社厅
						优秀乡村医务工作者	2009	甘肃省卫生厅
邴明弟	男	汉	1965	韦营乡韦家营村	榆中县新营镇卫生院	优秀乡村医务工作者	2009	甘肃省卫生厅
李胜克	男	汉	1973	河南郏县	榆中县农业技术推广中心	农技推广先进个人	2010	甘肃省农业技术推广总站
房　玲	女	汉	1982	金崖镇窦家营村	高崖镇人民政府	第二次全国农业普查先进个人	2010	甘肃省第二次全国农业普查领导小组办公室、甘肃省人事厅

续表

姓名	性别	民族	出生年	籍贯	获奖时所在单位	获奖名称	授奖时间	授予单位
刘正云	男	汉	1966	夏官营镇过店子村	夏官营镇人民政府	第二次全国农业普查先进个人	2008	甘肃省第二次全国农业普查领导小组办公室、甘肃省人事厅
罗永成	男	汉	1969	高崖镇树梓沟村	榆中县妇幼保健所	妇幼保健先进个人	2010	甘肃省卫生厅
宋天明	男	汉	1961	榆中	榆中县动物卫生监督所	动物卫生监督兽药饲料监察工作先进个人	2010	甘肃省兽医局
刘　渊	男	汉	1965	夏官营镇高家崖村	榆中县动物疫控中心	甘肃省农牧渔业丰收二等奖	2010	甘肃省农牧厅
杨桂元	女	汉	1974	甘草店镇浣涝村	榆中县计划生育服务站	计划生育科技大练兵检验专业三等奖	2010	甘肃省人口和计划生育委员会
司玉涛	男	汉	1963	小康营乡徐家峡村	榆中县经合局	招商引资先进个人	2010	甘肃省人民政府

市级获奖人员表

表 15-2-3

姓名	性别	民族	出生年	籍贯	获奖时所在单位	获奖名称	授奖时间	授予单位
黄　德	男	汉	1962	小康营乡南北关村	榆中县计划生育局	1990 年计划生育工作先进个人	1991	兰州市委、兰州市人民政府
						1994 年全市计划生育先进工作者	1995	兰州市委、兰州市人民政府
						2004 年度人口和计划生育先进工作者	2005	兰州市委、兰州市人民政府
张文玲	男	汉	1948	连搭乡秦启营村	榆中县委党史办	修志工作先进个人	1999	兰州市人民政府
周学海	男	汉	1966	连搭乡连搭村	榆中县委党史办	修志工作先进个人	1999	兰州市人民政府
张　磊	男	汉	1980	三角城乡三角城村	上花岔乡人民政府	人口和计划生育先进工作者	2004	兰州市委、兰州市人民政府
张　雷	男	汉	1963	甘草店镇三墩营村	榆中县农业技术推广中心	兰州市第四、第五批专业技术拔尖人才	2004 2008	兰州市委、兰州市人民政府
周文章	男	汉	1945	金崖镇邴家湾村	兰州文章工贸有限公司	优秀企业家	2005	兰州市委、兰州市人民政府
高晓荣	男	汉	1976	清水驿乡天池峡村	高崖镇人民政府	第一次全国经济普查先进个人	2005	兰州市第一次全国经济普查领导小组办公室

续表

姓名	性别	民族	出生年	籍贯	获奖时所在单位	获奖名称	授奖时间	授予单位
牛建彪	男	汉	1960	三角城乡接驾嘴村	榆中县农业技术推广中心	创建全国文明城市“百佳服务明星”	2007	兰州市委、兰州市人民政府
						兰州市第五批专业技术拔尖人才		
						兰州市领军人才		
牛芬菊	女	汉	1971	三角城乡接驾嘴村	榆中县农业技术推广中心	兰州市科技进步奖二等奖	2008	兰州市人民政府
马义成	男	汉	1963	连搭乡朱家沟村	榆中县农业技术推广中心	兰州市科学技术进步奖三等奖	2008 2010	兰州市人民政府
杨海兴	男	汉	1971	清水驿乡	榆中县农业技术推广中心	兰州市科学技术进步奖三等奖	2008	兰州市人民政府
						兰州市科技进步奖二等奖	2010	兰州市人民政府
白仁彩	男	汉	1962	哈岘乡仁和村	榆中县农业技术推广中心	兰州市科技进步三等奖	2008 2010	兰州市人民政府
魏邦香	女	汉	1969	哈岘乡柳树村	榆中县畜牧中心	兰州市劳动模范	2009	兰州市委、兰州市人民政府
刘　渊	男	汉	1965	夏官营镇高家崖村	榆中县动物疫控中心	兰州市科技进步奖三等奖	2010	兰州市人民政府

第三章　列表人物

一、老红军和西路军流落人员

至2010年，榆中籍和流落在榆中的红军40名，其中健在的有魏周存、杨荣贵和陆标，其他人员去世。

榆中籍老红军及流落在榆中的西路军战士人员表

表 15-3-1

姓　名	性别	出生年	籍　贯	简　历
刘正贤	女		四川万县	1935 年参加长征。1936 年 10 月参加西征，在河西走廊一带被打散，流落于榆中县小康营乡刘家营村。中华人民共和国成立后积极参加减租减息、土改和农业合作社的管理工作，并组织流落于榆中县的西路军战士相互走动和交流。1961 年，因病去世。
葛贤辅	男		安徽金寨	担任过红军大学特科学校教导员和高级指挥科的指导员，在西路军总政治部任地方工作科科长。西路军在河西失利后，与部队失联，流落到榆中县北山。中华人民共和国成立后任甘肃兰州炼油厂顾问。
潘成福	男		四川	1936 年 10 月参加西征。1937 年 2 月在河西走廊被国民党军队俘虏，后逃脱。流落到和平镇官滩沟村。1986 年去世，享年 80 岁。

续表

姓　名	性别	出生年	籍　贯	简　历
窦时寻	男	1895	城关镇城关村	在前志人物中已收录
林占魁	男	1898	小康营乡上彭家营村	1918年被抓兵，先后在国民党四十九师、三十军九十旅一八〇团当兵。1930年参加红军。1934年调四方面军总部地方工作部任副队长。1932年10月随部西征转战。1935年3月参加红四方面军长征。1937年3月在肃南康隆寺战斗中与部队失散，流落到张掖小满乡拉长工11年。中华人民共和国成立后曾任村干部。1960年去世。
唐代培	男	1902	四川北川县	见人物传
李文兵	男	1902	四川	1932年加入红四方面军。1935年8月随红军长征。1936年10月参加西征。1937年3月兵败后，流落到定远公社八队。后在歇驾嘴村入赘安家。1962年5月因病去世。
向道理	男	1904	四川	在红四方面军中任兵工厂枪械修理班班长。1936年冬在红军西征期间与国民党军队的战斗中，与部队失去联系，与妻子刘秀英带着儿子流落到榆中，在北关三队落户。1960年去世。
刘秀英	女	1904	四川	在红四方面军中任托儿所班长。1936年冬在红军西征途中，刘秀英和一班战士在托儿所看护红军战士的120名孩子。与国民党军队的战斗中，刘秀英与部队失去联系，流落到榆中，在北关三队落户。1979年去世。
郤光德	男	1906	安徽鲁安	1929年参加红军，为红四方面军第十师三十六团战士。1935年参加长征。1936年10月会宁会师后奉命西征，同年12月在古浪战斗中负伤离队。流落到榆中县新营乡清水沟村。1984年去世。
徐承俊	男	1909	和平镇袁家营村	在前志人物中已收录
靳　虎	男	1911	城关镇李家庄村	在前志人物中已收录
鲁瑞林	男	1911	临夏	见人物传

续表

姓　名	性别	出生年	籍　贯	简　历
徐富家	男	1912	和平镇袁家营村	1931 年 12 月 15 日在红五军团司令部通讯连任一排排长，代理副连长。1932 年 2 月卜旬参加赣州战役。1934 年 10 月参加长征。1935 年春天被敌人飞机炸伤，留在箭楼镇养伤。1937 年秋天回到家乡。1998 年去世。
何青海	男	1912	四川南部	1932 年参加红军，为红九军八十一团二营五连战士。1935 年参加长征，1936 年 10 月会宁会师后，随部队编为西路军西征河西。1936 年因病在甘肃古浪住院失散。流落在定远镇安家营村。1995 年去世。
魏周存	男	1913	上花岔乡百碌村	1936 年 8 月参加红军。抗战时期，参加了平型关战役。1946 年 5 月任特种纵队炮兵连连长。1948 年 11 月参加淮海战役，并升任副营长。渡江战役开始，魏周存指挥炮二团三营重创英国军舰“紫石英”号。1950 年 10 月任海军厦门要塞筹备处作战科长。1966 年 3 月离职休养。
卢玉喜	男	1913	园子岔乡柏木村	1936 年参加红军。1937 年 9 月参加平型关战役。1938 年在战斗中摔伤腰部。1945 年因残疾退伍，安置在延安甘沟驿。1960 年回原籍参加生产劳动。1993 年去世。
张桂英	女	1913	四川达县	1934 年 8 月参加红军，被分配在红军女兵独立团当战士。1935 年 10 月参加长征。红军会宁会师后参加西征。1936 年底，西征军在高台战役中失败，与部队失散，流落到小康营乡徐家峡村。2000 年 12 月去世。
明在洲	男	1914	四川巴中	1932 年 10 月参加红军，在红四军政治部任职。1935 年 5 月参加长征。1936 年 10 月参加西征，在红九军二六四团任副排长。参加了一条山、沙涡子等战斗,负伤被俘。1936 年底获释，在水岔沟煤矿背煤。中华人民共和国成立后，定居定远镇水岔沟村。
王开武	男	1916	四川阆中	1933 年参加红军。1935 年 3 月参加长征。1936 年 10 月参加西征。在红罗铺战斗中受伤，与部队失去联系，流落到小康营乡孟家庄村。2003 年 5 月去世。
张显明	女	1916	四川通江	1931 年 1 月参加红军。1934 年 12 月参加长征。因病与部队失去联系，流落到连搭乡朱家沟村。1998 年 8 月去世。
张梅英	女	1916	四川巴中	1933 年 4 月参加红军。1935 年参加长征。1936 年 10 月参加西征。1937 年在甘肃高台战斗中失利离开部队。中华人民共和国成立后生活在新营乡八门寺村。1988 年去世。

续表

姓　名	性别	出生年	籍　贯	简　历
李大祥	男	1916	四川巴中	1933年参加红军。1935年参加长征。1936年10月随部队奉命西征。1937年1月在甘肃高台战斗中失利离开部队，流落到新营乡新营村第三生产队。1986年6月去世。
蒋学敏	男	1916	江苏南京	1928年参加革命。1932年战斗中被俘，后获释。1944年8月加入八路军。1946年1月在支队任医生。1949年6月在陕西泾阳修石湾战斗中负伤，被确定为二等九级残废。1951年11月转业到榆中县，被安置在小康营乡郭家营村卫生站工作。1976年去世。
刘子厚	男	1918	高崖镇砂河村	1935年8月参加红军。1938年10月至1944年10月参加抗日战争。1944年10月回延安。1945年1月在抗日军政大学学习。1946年1月至1949年11月参加解放战争。1956年被授予“独立自由”勋章。1957年7月任北京军区育英学校校务处主任。同年，被授予三级“八一”勋章、三级“解放”勋章，被确定为二等四级残废军人。1965年任太原市第八中学荣誉校长。1981年去世。
阎树民	男	1918	四川通江	1934年10月参加红军。1936年10月随部队进军会宁途中受伤，流落到园子岔乡万羊村。2000年2月去世。
张希和	女	1918	四川通江	1933年参加红军。1935年3月参加长征。1936年10月随部队西征。1937年初，张希和与部队失散，流落到榆中。1995年6月去世。
胡登顺	男	1918	四川宝兴	1933年参加红军。1935年参加长征，1936年10月随部队西征。1936年11月在甘肃古浪战斗中失利离开部队，流落到高崖镇小营子村。1988年5月去世。
赵顺福	男	1919	四川安县	1932年参加红军。1936年与国民党鲁大昌部作战被俘，随后释放，流落到清水驿乡。1947年到甘草店镇生活。1996年5月去世。
刘进生	女	1919	四川宣汉	1933年参加红军。1935年3月开始长征。1936年10月被分配在西征军第四军，刘进生在战斗中被俘，后逃脱，流落到三角城乡丁官营村。2001年6月去世。

续表

姓名	性别	出生年	籍贯	简历
杨绍玉	男	1920	四川巴中	1934年参加红军。1935年参加长征。1936年底编入西路军。在二十里铺受伤和部队失去联系，流落到榆中县和平镇。1948年定居在和平镇高营村。1991年去世。
高在有	男	1920	四川芦山	1935年2月参加红军。1936年10月上旬西渡黄河参加西征。1937年在沙河堡战斗中负重伤，从战地医院离队，后落户中连川乡中连川村。1993年9月去世。
向有才	男	1920	四川万源	1934年参加红军。1935年参加长征。1936年10月随部队西征。11月在甘肃古浪土门子战斗中与部队失散，流落在小康营乡深沟子村。
魏德胜	男	1921	园子岔乡金营村	1936年9月参加红军。抗战时期，参加了对日作战。1945年8月任连长。1948年到延安学习，后参加平津战役。北平解放后，调到华北步兵学校学习。1949年12月后毕业任纠察大队二区队队长，后改任通讯连连长。1950年与部队失去联系，回家务农。2000年12月去世。
景廷兴	男	1921	四川梓潼	1934年4月参加红军。1935年参加长征。1936年10月参加西征。1936年11月在一条山战役中与部队失散。1939年流落到榆中蒋家营村。1949年定居在榆中县定远镇蒋家营村。1994年去世。
张清莲	女	1921	四川通江	1933年参加红军童子军。长征后随队编入西路军。1937年1月西路军在高台失利，张清莲流落到榆中。2010年4月去世。
王天保	男	1922	四川南部	1935年参加红四方面军，同年参加长征。1936年10月被编入西路军。1937年在青海省老鸦峡战斗中与部队失散，后辗转到榆中县清水驿、甘草店等地。晚年生活在甘草店镇唐家岔村。1998年2月去世。
杨荣贵	男	1923	四川巴中	1935年参加红军。1936年10月，杨荣贵被鲁大昌部抓获，后逃脱，在胡家营村落脚，后到魏家沟村。
刘青元	男	1924	四川阆中	1934年参加红军。1936年冬参加腊子口战役。1937年在青海省老鸦峡战斗中与部队失去联系。1949年8月定居于甘草店镇浣涝村。1997年去世。

续表

姓名	性别	出生年月	籍贯	简历
陆　标	男	1924	三角城乡三角城村	1936年参加红军。解放战争时期，参加辽沈战役。东北解放后去苏联留学，学习航空管理。回国后，长期在东北航校从事后勤管理工作。1955年被授予上校军衔。1976年在辽宁省大连市棒棰岛疗养院工作，任副院长。1978年离休。

二、党政干部

收集到1991—2010年榆中籍或在榆中任职的副县级以上党政机关领导人员181名。

表 15-3-2

姓名	性别	出生年	籍贯	工作单位	职务
王执绪	男		甘草店镇	政协安宁区委员会	主席
金杰泉	男		金崖镇金崖村	敦煌县人民政府	副县长
蒋应涛	男		金崖镇金崖村	国家审计署驻兰办一处	处长
孙文汉	男	1928	三角城乡大兴营村	江苏省扬中市人大常委会	副主任
岳峰	男	1929	金崖镇齐家坪村	新疆博州卫生局	局长
杨托木	男	1929	清水驿乡红坪村	四川省雅安市地税局	局长
李登泮	男	1931	小康营乡上彭家营村	政协榆中县委员会	主席
魏清山	男	1934	什川镇北庄村	榆中县纪律检查委员会	书记
李得元	男	1935	夏官营镇夏官营村	榆中县人大常委会	主任
杨汉林	男	1940	清水驿乡苏堡村	政协皋兰县委员会	主席
赵建才	男	1940	小康营乡南北关村	榆中县人大常委会	副主任
王维烈	男	1940	三角城乡双店子村	政协榆中县委员会	主席
丁进魁	男	1941	中连川乡大湾村	政协榆中县委员会	副主席
孙克举	男	1941	三角城乡孙家营村	甘肃省委党校	组织员
牛馥联	男	1941	三角城乡接驾嘴村	榆中县人大常委会	副主任
刘东清	男	1943	清水驿乡清水村	金塔县委	常委
杨富荣	男	1943	龙泉乡张家窑村	榆中县人大常委会	主任
沈克放	男	1944	三角城乡大兴营村	甘肃省地矿局	政治部副主任兼宣传处长
金作福	男	1945	城关镇东湾村	政协榆中县委员会	副主席
刘大孝	男	1946	马坡乡河湾村	榆中县人大常委会	副主任
金吉庆	男	1946	城关镇金家圈村	祁连山自然保护区管理局	副局长
张文麟	男	1946	来紫堡乡火家店村	兰州市总工会外企私企工会	主席
李成	男	1946	来紫堡乡	南京海关监察管理处	处长
金得玉	男	1947	城关镇东湾村	榆中县人大常委会	副主任
赵资英	男	1947	连搭乡肖家嘴村	兰州市规划局	党组书记

续表

姓 名	性别	出生年	籍　贯	工作单位	职 务
郝志招	男	1947	夏官营镇郝家湾村	兰州市环卫处	处　长
夏之鸿	男	1947	新营乡杨家营村	政协武威市委员会	主　席
梁延堂	男	1948	贡井乡套岔岘村	兰石厂离退休办公室工会	主　席
梁祖斌	男	1948	贡井乡套岔岘村	兰州大学一分部综合办	主　任
李　胜	男	1948	来紫堡乡东坪村	南京海关	副关长
丁得信	男	1949	甘草店镇钱家坪村	七里河区人大常委会	副主任
孙殿福	男	1949	韦营乡孙家岔村	政协榆中县委员会	主　席
杨义林	男	1949	和平镇高营村	兰州市检察院民刑处	处　长
张宗奎	男	1949	连搭乡石头沟村	兰州市人大常委会	副主任
邵维国	男	1949	韦营乡黄家岔村	金昌市农业局	局　长
贾兆华	男	1949	三角城乡双店子村	兰州市财政局	纪检组长
钱其帅	男	1949	三角城乡高墩营村	榆中县人大常委会	主　任
程正明	男	1949	三角城乡三角城村	甘肃省政府	省长助理
万世文	男	1950	龙泉乡银川村	兰州市人大常委会法工委	主　任
岳存孝	男	1950	清水驿乡柳树湾村	榆中县人大常委会	副主任
金永忠	男	1950	园子岔乡金营村	兰州市政协法制委员会	主　任
黎正华	男	1950	高崖镇砂河村	政协榆中县委员会	副主席
马得屏	男	1951	高崖镇马家嘴村	榆中县人大常委会	副主任
李友军	男	1951	三角城乡化家营村	政协甘肃省委员会	处　长
陈志刚	男	1951	夏官营镇过店子村	兰州市中级人民法院刑二庭	庭　长
徐守刚	男	1951	和平镇高营村	兰州市农牧局	副局长
梁祖选	男	1951	韦营乡孙家岔村	甘肃省教育厅	督导室主任
曾效先	男	1951	青城镇青城村	白龙江林业局	局　长

续表

姓 名	性别	出生年	籍 贯	工作单位	职 务
滕兴科	男	1951	青城镇下坪村	兰州市委党建领导小组	副组长
魏孔荣	男	1951	哈岘乡宣家岔村	青海省劳动厅政治处	处 长
魏其璞	男	1951	贡井乡吕家岘村	政协榆中县委员会	副主席
丁述学	男	1952	马坡乡上庄村	政协榆中县委员会	副主席
王俊定	男	1952	清水驿乡太子营村	兰州市土地执法检查大队	大队长
刘 英	女	1952	夏官营镇过店子村	兰州市人口和计划生育委员会	副主任
孙永谋	男	1952	三角城乡大兴营村	甘肃省煤炭局	处 长
张生财	男	1952	青城镇三合村	政协白银市委员会	主 席
张生彦	男	1952	定远镇安家营村	兰州市纪委纠风办	副主任
金优和	男	1952	金崖镇永丰村	兰州市检察院	副检察长
哈全玉	男	1952	夏官营镇郝家湾村	兰州市人大常委会	主 任
高世成	男	1952	甘草店镇车道岭村	甘肃省残联	副理事长
梁祖贵	男	1952	贡井乡套岔岘村	甘肃省事业单位管理局	局 长
蒋应满	男	1952	定远镇歇驾嘴村	甘肃省检察院预审处	处 长
魏晋龙	男	1952	哈岘乡纪尔村	靖远矿务局	处 长
张维民	男	1952	清水驿乡清水村	兰州市司法局	副局长
冯德三	男	1953	来紫堡乡冯湾村	榆中县人大常委会	主 任
朱建新	男	1953	上海市闵行区	政协榆中县委员会	副主席
白文科	男	1953	哈岘乡纪尔村	政协白银市委员会	副主席
张正华	男	1953	贡井乡贡井村	兰州市教育局	党组书记
张兴照	男	1953	园子岔乡小岔村	甘肃省信访局	局 长
张润苍	男	1953	青城镇新民村	白银市白银区人大常委会	主 任

续表

姓 名	性别	出生年	籍　贯	工作单位	职 务
魏邦新	男	1953	哈岘乡仁和村	政协兰州市委员会	副主席
刘佩智	男	1953	三角城乡高墩营村	政协成都市委员会	主　席、党组书记
孙积林	男	1954	高崖镇小营子村	兰州市高新开发区税务局	局　长
李庭孝	男	1954	三角城乡化家营村	兰州市农产品质量检测中心	主　任
金永财	男	1954	园子岔乡金营村	西安市老干局	处　长
金培平	男	1954	城关镇金家圈村	皋兰县检察院	检察长
高长林	男	1954	夏官营镇夏官营村	兰州市总工会	副主席
唐延生	男	1954	和平镇祁家坡村	兰州市残联	理事长
黄宗利	男	1954	来紫堡乡黄家庄村	政协榆中县委员会	主　席
马富强	男	1955	连搭乡连搭村	兰州市财政局综合处	处　长
梁玉文	男	1955	新营乡八门寺村	甘肃省农科所	副所长
刘玉山	男	1955	夏官营镇太平堡村	酒泉市人民政府	副市长
安富科	男	1955	静宁县	榆中县三电管理处	副主任
李　炳	男	1955	青城镇大园子村	甘肃省农业机械局	处　长
杨增福	男	1955	新营乡罗景村	甘肃省公安厅	副处长
张克尧	男	1955	哈岘乡纪尔村	兰州市地震局	局　长
金有成	男	1955	金崖镇金崖村	甘肃省地税局一处	处　长
金自生	男	1955	园子岔乡金营村	甘肃省国土资源厅	处　长
周尚华	男	1955	贡井乡贡井村	榆中县人大常委会	副主任
贾忠南	男	1955	新营乡谢家营村	兰州市中级人民法院	纪检组长
梁延堂	男	1955	金崖镇大涝池村	兰州市城市学院组织部	部　长
滕亚莲	女	1955	青城镇下坪村	白银市建设局	副局长
蔡　宁	男	1955	甘草店镇东村	甘肃省人民检察院	检察长

续表

姓 名	性别	出生年	籍　贯	工作单位	职 务
魏致海	男	1955	哈岘乡张湾村	青海省政府办公厅	主　任
周建湖	男	1955	金崖镇大耳朵村	西固区人大常委会	副主任
张元虎	男	1956	园子岔乡金营村	玉门石油管理局	处　长
石卫东	男	1956	来紫堡乡东坪村	甘肃省人民政府	副秘书长
陈卫东	男	1956	甘草店镇西村	兰州市财政局	局　长
岳光武	男	1956	连搭乡朱典营村	榆中县人大常委会	副主任
郑化平	男	1956	银山乡打磨沟村	甘肃省科技厅	副厅长
骆治荣	男	1956	榆中县	新疆农五师九十团林业站	站　长
骆得功	男	1956	韦营乡李家坪村	定西市植保站	站　长
戴吉群	男	1956	清水驿乡太子营村	兰州市依法治市领导小组办公室	副主任
魏其奎	男	1956	青城镇东滩村	金昌市人民政府	副市长
金应旭	男	1956	城关镇金家圈村	红古区人大常委会	副主任
安世才	男	1957	城关镇南坡湾村	甘肃省农机推广站	站　长
邴积才	男	1957	夏官营镇中河堡村	甘肃省森林病虫害检疫站	副站长
张克源	男	1957	连搭乡肖家嘴村	甘肃省农业厅农经处	处　长
张建仁	男	1957	青城镇改地村	白银市技术监督局	副局长
金存智	男	1957	马坡乡河湾村	临夏州水电局	局　长
赵菊珍	女	1957	夏官营镇过店子村	榆中县人大常委会	副主任
高兴贵	男	1957	上花岔乡百碌村	兰州市审计局	局　长
寇效忠	男	1957	韦营乡黄家岔村	宁夏自治区水利厅科教处	处　长
魏志乐	男	1957	青城镇瓦窑村	兰州市人民政府	副市长
王维中	男	1957	小康营乡上彭家营村	榆中县人大常委会	副主任
沈　军	男	1958	三角城乡大兴营村	甘肃省工商局	处　长
魏福域	男	1958	哈岘乡仁和村	武威市委政法委	副书记
石怀安	男	1958	来紫堡乡东坪村	兰州市劳动局	副局长

续表

姓 名	性别	出生年	籍 贯	工作单位	职 务
张富奎	男	1958	青城镇建亭村	甘肃省工业和信息化委员会	副主任
刘明忠	男	1959	甘草店镇东村	新兴际华集团有限公司	党委书记、董事长
李兰生	男	1959	青城镇红湾村	甘肃省法制办行政一处	处 长
张积俊	男	1959	小康营乡徐家峡村	和平镇人民政府	人大主席(副县)
蒋应琴	女	1960	金崖镇金崖村	政协榆中县委员会	副主席
刘正堂	男	1960	青城镇新民村	政协榆中县委员会	副主席
李元生	男	1960	青城镇红湾村	皋兰县委组织部	县委常委、组织部长
金永骞	男	1960	园子乡金营村	白银市民政局	副局长
曾效勇	男	1960	青城镇青城村	兰州市司法局	局 长
李建明	男	1961	青城镇三合村	白银市粮食局	局 长
张玉虎	男	1961	中连川乡大湾村	甘肃省邮政管理局	副局长
金祥明	男	1961	上花岔乡大岔村	兰州市委办公厅	市委常委、秘书长
郑元平	男	1961	城关镇南坡湾村	榆中县人民政府	副县长
贾才茂	男	1961	高崖镇新窑坡村	甘肃省老干局	处 长
蔡泽雄	男	1961	甘草店镇蔡家沟村	榆中县人民政府	副县长
尤占海	男	1962	连搭乡秦启营村	永登县委	副书记
白宗清	男	1962	哈岘乡哈岘村	金昌市经济开发区	主 任
李得亮	男	1962	定远镇邓家营村	榆中县人民政府	副县长
李子明	男	1962	青城镇红湾村	甘肃省旅游局	处 长
陈卫中	男	1963	甘草店镇西村	甘肃省外事办	副主任
金安重	男	1962	金崖镇寺隆沟村	七里河区纪委	区委常委、纪委书记
蒲元亮	男	1962	城关镇李家庄村	甘肃省公路局	副处长
魏立平	男	1962	城关镇大营村	甘肃省委党校	主 任
张 瑾	男	1962	榆中县	兰州市审计局	调研员

续表

姓名	性别	出生年	籍贯	工作单位	职务
滕耀文	男	1962	上花岔乡百碌村	兰州市食品和药品监督管理局	党组书记、局长
王进雄	男	1963	甘草店镇果园村	青海省发改委	副主任
王治科	男	1963	韦营乡全家岔村	甘肃省地质勘测队	主任
齐军	男	1963	榆中县	夏河县人民政府	副县长
李城德	男	1963	榆中县	甘肃省种子管理站	副站长
张卫东	男	1963	小康营乡孟家山村	和平镇人民政府	镇长（副县级）
陆文军	男	1963	金崖镇陆家崖村	定西市旅游局	局长
魏晋和	男	1963	哈岘乡纪尔村	皋兰县人民政府	副县长
马得科	男	1964	高崖镇马家嘴村	甘肃省运输管理局	副局长
张大胜	男	1964	连搭乡连搭村	和平镇人民政府	党委书记（副县级）
周大亨	男	1964	高崖镇树梓沟村	兰州市总工会机关党总支	副书记
魏秀龙	男	1964	青城镇下坪村	兰州市安宁区人民政府	副区长
韦青祥	男	1965	甘草店镇咸水岔村	兰州市人民政府	副秘书长
孙富显	男	1965	三角城乡孙家营村	西北电力管理局	处长
裴万江	男	1965	夏官营镇红柳沟村	榆中县人民政府	副县长
杜富祖	男	1966	清水驿乡天池峡村	兰州市水保站	站长
张毅	男	1966	连搭乡寇家沟村	兰州市城中村改造办公室	副主任
张栋梁	男	1966	贡井乡大坪村	兰州市政府政务大厅	副主任
魏万宏	男	1966	皋兰县什川镇	榆中县纪律检查委员会	县委常委、纪委书记
陆贺本	男	1967	连搭乡魏家沟村	国家工商总局商标局	副局长
高生军	男	1967	青城镇城河村	兰州市政府督查室	副主任
杨富军	男	1967	青城镇新民村	渭源县委	副书记
吴志宏	男	1967	新营乡刘家湾村	甘肃省委老干局办公室	副主任

续表

姓 名	性别	出生年	籍 贯	工作单位	职 务
吴俏燕	女	1967	新营乡刘家湾村	甘肃省中医学院	宣传部长
宋锦荣	男	1967	连搭乡魏家沟村	安宁区委政法委	书 记
高 英	男	1967	青城镇城河村	白银市人民政府	秘书长
常千宗	男	1967	新营乡窝子湾村	皋兰县纪律检察委员会	县委常委、纪委书记
丁小蔚	女	1968	三角城乡大兴营村	榆中县委宣传部	县委常委、宣传部长
朱红艳	女	1969	来紫堡乡西坪村	民勤县人民政府	副县长
陈 云	男	1969	小康营乡窑坡村	兰州市两山指挥部	办公室主任
赵同庆	男	1969	连搭乡魏家营村	红古区委组织部	区委常委、组织部长
金雷泉	男	1969	金崖镇金崖村	和平镇人民政府	镇 长（副县级）
周永祥	男	1969	青城镇青城村	甘肃省高级人民法院法官处	处 长
骆得瑞	男	1971	韦营乡李家坪村	甘肃省测绘局	副局长
周 斌	男	1971	清水驿乡方家沟村	外交部人事处	处 长
张红桢	男	1971	青城镇建亭村	兰州市审计局	纪检组长
骆得福	男	1972	韦营乡李家坪村	甘肃省地质局张掖 145 队	副主任
蒋睿智	男	1973	定远镇蒋家营村	榆中县人民政府	副县长
范世泽	男	1972	和平镇和平村	甘肃省委老干部工作局办公室	副主任

三、科技人员

收集到1991—2010年副高级以上科技人员56名。

表15-3-3

姓 名	性别	出生年	籍 贯	工 作 单 位	职务（职称）
金文纲	男		城关镇金家圈村	兰化研究院	研究员
沈颖兰	女	1932	三角城乡大兴营村	中科院兰州化学物理研究所	副研究员
许新典	男	1936	清水驿乡东古城村	宁夏建筑工程学校	高级工程师
蒋生佛	男	1938	定远镇蒋家营村	榆中县畜牧中心	高级兽医师
刘公展	男	1938	小康营乡刘家营村	甘肃省第七建筑公司	主任工程师
岳光明	男	1943	金崖镇古城村	榆中县农技中心	高级农艺师
李生民	男	1944	三角城乡周前村	榆中县农技中心	高级农艺师
刘裕国	男	1944	榆中县	榆中县种鸡场	高级畜牧师
周建林	男	1950	金崖镇大耳朵村	兰州铁道设计院	处 长
李 森	男	1950	来紫堡乡	中铁第一铁路勘察设计院	高级工程师
王克俭	男	1951	夏官营镇	兰州工业学院	高级工程师
金 炯	男	1952	城关镇金家圈村	中科院兰州沙漠研究所	研究员
张秀芳	女	1955	金崖镇张家湾村	甘肃省城乡工业设计院	高级工程师
汪玉民	男	1955	金崖镇张家湾村	兰州工业研究院	院 长
张海富	男	1956	园子岔乡万羊村	陕西省长庆石油勘探局	主 任
金俊银	男	1957	金崖镇瓦子岘村	最高法院运用法律研究所	研究员
李茂哉	男	1958	三角城乡大兴营村	甘肃省林业科学研究所	高级工程师
丁世成	男	1958	三角城乡丁官营村	榆中县农业技术推广中心	高级农艺师
项安民	男	1959	小康营乡洪亮营村	榆中县农机管理站	高级工程师
刘新民	男	1959	新营乡新营村	榆中县农业机械管理站	高级工程师
魏 军	男	1959	小康营乡孟家庄村	榆中县林业技术推广中心	高级工程师
常志远	男	1960	高崖镇砂河村	中石化西北股份有限公司	总工程师

续表

姓 名	性别	出生年	籍 贯	工 作 单 位	职务（职称）
陆杰仁	男	1960	金崖镇陆家崖村	兰州市园林设计院	副院长
白喜彩	男	1961	哈岘乡仁和村	兰州兽医研究所	副处长
滕文川	男	1961	园子岔乡小岔村	甘肃省冶金设计院	副院长
陆立银	男	1962	高崖镇湖滩村	甘肃农业科学院马铃薯研究所	研究员
谈克平	男	1962	城关镇大营村	甘肃省森林病虫害防治检疫站	党委书记、正高级工程师
岳翠绿	女	1962	金崖镇古城村	榆中县种子管理站	高级农艺师
甘少明	男	1962	韦营乡李家坪村	榆中县良种场	高级农艺师
孟好毓	男	1962	中连川乡高窑沟村	榆中县农业技术推广中心	高级农艺师
王治科	男	1963	韦营乡全家岔村	甘肃省地质勘测队	主 任
裴古安	男	1963	夏官营镇红柳沟村	甘肃省交通规划勘察设计院	董事长
陈子辉	男	1963	三角城乡孙家营村	甘肃省冶金设计院	院 长
李学军	男	1963	小康营乡孟家庄村	榆中县林业技术推广中心	高级工程师
马义成	男	1963	连搭乡朱家沟村	榆中县农业技术推广中心	高级农艺师
郭正昆	男	1963	甘草店镇果园村	榆中县农业技术推广中心	高级农艺师
岳建文	男	1963	金崖镇古城村	榆中县种鸡场	高级兽医师
梁建军	男	1963	金崖镇梁家湾村	榆中县农业技术推广中心	高级农艺师
赵 凡	男	1963	新营乡八门寺村	榆中县农业技术推广中心	高级农艺师
钱 续	男	1963	三角城乡高墩营村	榆中县畜牧兽医技术服务中心	高级工程师
张成荣	男	1963	新营乡新营村	榆中县农业技术推广中心	高级农艺师
李 波	男	1964	青城镇大园子村	甘肃省教科所	所 长
魏其岩	男	1965	青城镇瓦窑村	广东大亚湾核电站	高级工程师
姬全福	男	1965	城关镇南坡湾村	榆中县种畜引进繁殖场	高级兽医师

续表

姓 名	性别	出生年	籍 贯	工 作 单 位	职务（职称）
张光全	男	1966	马坡乡窑沟村	榆中县农业技术推广中心	高级农艺师
丁 燕	男	1967	城关镇大营村	中科院兰州化物所	副教授
张俊彦	男	1968	金崖镇张家湾村	中科院兰州化物所	教 授
方红霞	女	1968	定远镇定远村	榆中县林业技术推广中心	高级工程师
周逢满	男	1969	来紫堡乡桑园子村	榆中县林业技术推广中心	高级工程师
王万鹏	男	1971	夏官营镇夏官营村	兰州市南北两山绿化指挥部	高级工程师
杨海兴	男	1971	清水驿乡	榆中县农业技术推广中心	高级农艺师
牛芬菊	女	1971	三角城乡接驾嘴村	榆中县农业技术推广中心	高级农艺师
王琼英	女	1971	清水驿乡王家湾村	榆中县林业技术推广中心	高级工程师
戴 玲	女	1972	清水驿乡太子营村	兰空设计院	高级工程师
张 伟	男	1973	榆中县	香港华艺设计（深圳）有限公司	高级工程师
李扬曦	男	1982	榆中县	国家计算机网络技术应急管理中心	高级工程师

四、医药卫生人员

收集到1991—2010年副高级以上医药卫生人员62名。

表15-3-4

姓 名	性别	出生年	籍 贯	工 作 单 位	职务（职称）
沈克惠	男	1930	三角城乡大兴营村	甘肃省人民医院	主任医师
刘兴山	男	1939	三角城乡大兴营村	榆中县防疫站	副主任医师
李秉刚	男	1940	兰州市	榆中县第一人民医院	副主任医师
孙永兵	男	1941	三角城乡大兴营村	榆中县计划生育服务站	副主任医师
高正星	男	1941	夏官营镇红柳沟村	榆中县中医院	副主任医师
蒋延年	男	1941	定远镇蒋家营村	榆中县第一人民医院	副主任医师
华占海	男	1942	高崖镇大营川村	榆中县中医院	副主任医师
田 秀	女	1944	临洮县新添镇	榆中县第一人民医院	副主任医师
张尔金	男	1944	三角城乡周前村	榆中县第一人民医院	副主任医师
张 文	男	1946	金崖镇张家湾村	金崖卫生院	副主任医师
李生地	男	1947	韦营乡李家坪村	榆中县中医院	副主任医师
胡文山	男	1947	榆中县	榆中县定远卫生院	副主任医师
郝效武	男	1947	小康营乡	榆中县疾控中心	副主任护师
晏有明	男	1948	城关镇朱家湾村	榆中县妇幼保健所	副主任医师
黄宗春	男	1950	来紫堡乡黄家庄村	榆中县第一人民医院	副主任医师
王耀星	男	1950	甘草店镇西村	定西市人民医院	副院长
李 忠	男	1950	新营乡	榆中县疾控中心	副主任药师
张玉忠	男	1951	贡井乡崖头岭村	甘肃省肿瘤医院	副院长
陶花兰	女	1951	连搭乡连搭村	榆中县卫生局	副主任中药师
郭子荣	男	1952	三角城乡化家营村	榆中县第一人民医院	主任医师

续表

姓名	性别	出生年	籍贯	工作单位	职务（职称）
段玉珍	女	1952	山西临汾	榆中县妇幼保健所	副主任医师
李庭仁	男	1953	三角城乡化家营村	榆中县第一人民医院	副主任医师
沈明谦	男	1953	三角城乡大兴营村	兰州大学第一附属医院	主任医师
金龙俊	男	1953	城关镇金家圈村	上海市黄浦区肿瘤防治医院	教授
魏其恩	男	1953	榆中县	定西市人民医院	副院长
贾兆和	男	1953	榆中县	榆中县人民医院	副主任医师
黄月琴	女	1954	榆中县	榆中县中医院内科	副主任医师
许新陇	女	1954	城关镇南坡湾村	山东省栖霞市中医院	副主任医师
孙运达	男	1954	三角城乡大兴营村	兰州市卫生学校	副主任医师
关惠民	男	1954	青城镇苇茨湾村	榆中县疾控中心	副主任医师
谭新民	男	1954	城关镇	榆中县第一人民医院	副主任医师
周逢彩	男	1955	来紫堡乡大水洞村	兰州市第二人民医院	书记
张振国	男	1955	新营乡寨子村	榆中县第一人民医院	副主任医师
李建国	男	1955	青城镇上坪村	榆中县第一人民医院	副主任医师
汪希菊	女	1955	夏官营镇夏官营村	榆中县妇幼保健所	副主任医师
丁秀梅	女	1956	清水驿乡太子营村	榆中县妇幼保健所	副主任医师
刘兴发	男	1956	中连川乡中连川村	榆中县第一人民医院	副主任医师
岳明星	男	1956	金崖镇齐家坪村	榆中县第一人民医院	副主任医师
刘德莲	女	1956	甘草店镇郭家湾村	榆中县第一人民医院	副主任医师
王兴林	男	1957	青城镇瓦窑村	榆中县中医院	副主任医师
李浩鹏	男	1957	园子岔乡小岔村	西安市交大第二附属医院	教授、博士生导师
胡志芳	女	1958	清水驿乡赵家岔村	榆中县中医院	副主任护师
王得斌	男	1958	城关镇	榆中县第二人民医院	副主任医师
白爱梅	女	1958	城关镇	榆中县中医院	副主任医师

续表

姓 名	性别	出生年	籍 贯	工 作 单 位	职务（职称）
程正义	男	1959	三角城乡三角城村	榆中县第一人民医院	副主任医师
宋敢梅	女	1961	夏官营镇过店子村	榆中县妇幼保健所	副主任医师
刘生保	男	1962	来紫堡乡冯湾村	榆中县中医院	副主任医师
许珍梅	女	1962	城关镇	榆中县第一人民医院	副主任检验师
丁延虹	男	1963	夏官营镇红柳沟村	兰州市第一人民医院	主任医师
张世磊	男	1963	定远镇定远村	榆中县中医院	副主任医师
赵卿昌	男	1964	清水驿乡赵家岔村	榆中县中医院	副主任医师
王永斌	男	1964	清水驿乡清水村	兰州肺科医院	主治医师
吴永寿	男	1965	小康营乡浪街村	榆中县中医院	副主任医师
陆芳兰	女	1965	连搭乡魏家沟村	榆中县第一人民医院	副主任医师
李兴勇	男	1966	青城镇城河村	白银市人民医院	院 长
张小莉	女	1966	青城镇建亭村	榆中县中医院	副主任医师
于 飞	男	1968	甘肃灵台	榆中县第一人民医院	副主任医师
段旺吉	男	1969	甘肃秦安	榆中县疾控中心	副主任医师
吴国成	男	1970	清水驿乡建营村	榆中县中医院	副主任医师
马国勇	男	1970	小康营乡南北关村	榆中县第一人民医院	副主任医师
范文高	男	1970	三角城乡龚家岻村	榆中县第一人民医院	副主任医师
李春荟	女	1971	青城镇东滩村	榆中县第一人民医院	副主任药师

五、经济管理人员

收集到1991—2010年副高级以上经济管理人员84名。

表15-3-5

姓名	性别	出生年	籍贯	工作单位	职务
付成江	男		连搭乡魏家沟村	兰州市铁路工行	办公室主任
张孝军	男		连搭乡魏家沟村	农行城关区分行	行　长
许鸿林	男	1937	三角城乡许家窑村	农行白银市支行	副行长
金志俊	男	1937	城关镇金家圈村	石油部石油司	教　授
马登洲	男	1940	甘草店镇西村	中国石油兰州销售公司	总支书记
邴耀彩	男	1942	清水驿乡太子营村	甘肃省老龄委员会基金会	秘书长
岳思让	男	1942	金崖镇古城村	兰州服装厂	书　记
岳永伟	男	1944	金崖镇古城村	兰州春秋医药公司	经　理
金吉庆	男	1946	城关镇金家圈村	祁连山自然保护区	副局长
陆立荣	男	1947	金崖镇陆家崖村	兰州市市政工程公司	副经理
邴为谦	男	1947	青城镇	甘肃省保育院	书　记
赵兰英	女	1947	中连川乡中连川村	甘肃省信托投资公司	董事长
张玉麟	男	1947	高崖镇树梓沟村	祁连山永登水泥厂	党委书记
徐兆刚	男	1948	小康营乡上彭家营村	甘肃省工艺美术公司	经　理
唐致英	男	1949	和平镇窦家山村	西北铝加工厂财务处	处　长
梁全有	男	1949	金崖镇梁家湾村	新疆鹿溪苑宾馆	总经理
金虎泰	男	1949	金崖镇永丰村	兰铁嘉峪关机务段	党委书记
梁成斌	男	1949	甘草店镇东村	甘肃省建一公司	项目部经理
胥　钢	男	1949	三角城乡大兴营村	新疆昌吉电信实业公司	总经理
刘明岳	男	1950	夏官营镇高家崖村	兰州阳光炭素有限公司	总经理
徐兆坤	男	1951	小康营乡上彭家营村	甘肃银星集团监事会	主　席
白如元	男	1951	韦营乡黄家岔村	兰州市石油化工机械厂	副厂长
牛承禹	男	1952	马坡乡上羊村	白银二十一冶冶金建筑公司	处　长
孙兴华	男	1952	三角城乡大兴营村	兰州市铁路局电子计算中心	处　长

续表

姓 名	性别	出生年	籍 贯	工 作 单 位	职 务
梁延喜	男	1952	贡井乡套岔岘村	兰州市政开发集团有限公司	董事长
岳常水	男	1952	金崖镇古城村	兰州钢厂兰泰公司	书 记
赵宗富	男	1952	中连川乡中连川村	人行兰州市支行	处 长
邴耀臻	男	1952	清水驿乡太子营村	兰州市中级人民法院	高级法官
高保泰	男	1953	小康营乡李家营村	拉萨市房地产总公司	经 理
曾希荣	男	1953	三角城乡双店子村	山西省太原西山煤电集团公司	董事长
康厚新	男	1953	定远镇定远村	人行兰州市中心支行	主 任
杨清江	男	1953	甘草店镇涝村	兰州铁路局建筑工程公司	总经理
杨国财	男	1953	青城镇青城村	中国贸易促进会甘肃分会	秘书长
魏周财	男	1954	园子岔乡金营村	农行兰州市支行	书 记
李长富	男	1954	青城镇红湾村	北京市城建二公司	保卫部长
甘成文	男	1955	韦营乡李家坪村	兰州市七里河区电信局	局 长
白宗江	男	1955	上花岔乡上花岔村	山西省太原市第三工程处	副处长
赵顺谦	男	1955	龙泉乡武庄村	兰州市福乐泉饮食公司	经 理
汉尚元	男	1955	城关镇南坡湾村	白银有色金属公司	副处长
滕兴师	男	1955	青城镇下坪村	兰州市天然气公司	总经理
曾振江	男	1957	哈岘乡张湾村	兰州市兰山公园管理处	副处长
杨清亮	男	1957	哈岘乡杨岘村	兰炼公司	副厂长
吴 吉	男	1957	青城镇新民村	甘肃省建总公司	组织部长
金祥学	男	1958	上花岔乡大岔村	兰州市食品工业公司	总经理
陶君道	男	1959	连搭乡连搭村	人行兰州市中心支行	副行长
白文耀	男	1959	哈岘乡纪尔村	甘肃省农业发展银行	处 长
梁延春	男	1959	城关镇北关村	宁夏电力局	处 长
李栋林	男	1959	青城镇红湾村	白银公司动力厂	厂 长

续表

姓 名	性别	出生年	籍 贯	工 作 单 位	职 务
陆晓民	男	1960	连搭乡石头沟村	兰州同健生物科技股份公司	总经理
张发海	男	1960	哈岘乡张湾村	兰州房地产公司	副经理
刘自学	男	1960	韦营乡孙家岔村	农业部克涝沃集团	总经理
祁大康	男	1961	高崖镇小营子村	兰州赛亚汽车有限公司	总经理
周启旺	男	1961	哈岘乡柳树村	白银有色金属公司	处 长
代积文	男	1962	清水驿乡红坪村	西固长业房地产开发公司	董事长
梁祖栋	男	1962	清水驿乡天池峡村	农行兰州市支行	行 长
祁大庆	男	1962	高崖镇	兰州赛弛公司	总经理
汉晓军	男	1962	城关镇兴隆山村	中国石油西北销售公司	处 长
苏志锋	男	1962	青城镇瓦窑村	长庆油田采油厂	厂 长
李生清	男	1962	甘草店镇咸水岔村	人行甘肃省分行办公室	主 任
祁瑞国	男	1963	清水驿乡清水村	兰州市电信传输局	处 长
张建军	男	1963	哈岘乡哈岘村	兰化公司环保处	处 长
裴古安	男	1963	夏官营镇红柳沟村	甘肃省交通规划勘察设计院	董事长
刘 研	女	1963	夏官营镇太平堡村	甘肃远大石化发展公司	经 理
汉宁明	男	1963	城关镇上汉村	窑街煤电公司	副总经理
钱其飞	男	1964	三角城乡高墩营村	甘肃裕兴公司	经 理
梁宗吉	男	1964	金崖镇梁家湾村	甘肃省移动公司审计处	处 长
常志达	男	1965	高崖镇砂河村	酒钢公司	矿 长
许登学	男	1965	三角城乡孙家营村	甘肃省广电局定西微波台	台 长
袁维红	男	1966	和平镇高营村	兰州石油技术化工学院基建处	处 长
李生钱	男	1966	甘草店镇咸水岔村	兰州市水利厅	项目经理
骆天章	男	1967	韦营乡李家坪村	甘肃省邮电建设公司工程处	副经理

续表

姓名	性别	出生年	籍　贯	工作单位	职务
程效国	男	1967	夏官营镇夏官营村	八盘峡电厂	厂　长
孙　涛	男	1967	三角城乡大兴营村	中国东方航空公司甘肃分公司	副总经理
刘守德	男	1967	马坡乡马坡村	甘肃省西北石油总公司	主　任
张成松	男	1967	青城镇大园子村	青海海东市电力局	局　长
金安才	男	1968	来紫堡乡骆驼巷村	甘肃省水利厅地质建设公司	副经理
刘义军	男	1968	贡井乡吕家岘村	中联煤炭有限公司国际部	副主任
辛建中	男	1968	甘草店镇东村	兰州石化总厂	厂长助理
徐兆文	男	1969	小康营乡上彭家营村	同健生物制品公司分公司	经　理
李彦虎	男	1969	韦营乡武家窑村	酒钢矿务公司	经　理
梁占西	男	1969	龙泉乡武庄村	兰州石油公司	经　理
贾仲湖	男	1969	新营乡谢家营村	兰州正和房地产开发有限公司	董事长
杨文俊	男	1969	青城镇青城村	兰州市政管理处	经　理
罗　刚	男	1977	新营乡罗景村	华光置业公司	董事长

六、县外文教工作者

收集到1991—2010年副高级以上县外工作的榆中籍文化教育工作者45名。

表 15-3-6

姓名	性别	出生年	籍贯	工作单位	职务
周顺柱	男	1929	来紫堡乡桑园子村	兰州教育学院	副教授
刘公望	男	1943	小康营乡刘家营村	兰州商学院	副教授
陆全育	男	1936	金崖镇陆家崖村	兰州交通大学	教　授
杨文豹	男	1941	榆中县	兰州理工大学人文学院	副教授
黄　琛	男	1943	小康营乡翟家湾村	甘肃省畜牧学校	党委书记
魏孔文	男	1943	园子岔乡青碾村	北京煤炭大学	教　授
李映喜	男	1943	三角城乡化家营村	甘肃日报社	副社长
张巨林	男	1943	青城镇下坪村	内蒙古财经学院	副院长
沈克慈	女	1939	三角城乡大兴营村	陕西省第二商贸学校	高级讲师
魏邦达	男	1947	哈岘乡柳树村	甘肃省煤炭大学	副校长
金汝成	男	1947	青城镇青城村	兰州理工大学	教　授
孙永乐	男	1949	三角城乡大兴营村	兰州卫生学校	高级讲师
张兆魁	男	1950	青城镇瓦窑村	兰州市二十二中学	校　长
王清贵	男	1950	甘草店镇郭家湾村	西北师范大学	处　长
魏海明	男	1951	园子岔乡小岔村	兰州石化职业技术学院	副院长
蒋玉华	男	1951	龙泉乡水坡村	兰州市外国语高级中学	教　授
李保亮	男	1951	青城镇瓦窑村	兰州日报社	总编辑
董世英	男	1952	和平镇高营村	兰州市第八中学	副校长
李正强	男	1953	园子岔乡小岔村	兰州人民广播电台	高级编辑
李友太	男	1953	三角城乡化家营村	兰州市西北中学	副书记
李贵福	男	1953	新营乡寨子村	兰州人民广播电台	主任编辑

续表

姓名	性别	出生年	籍贯	工作单位	职务
窦国武	男	1954	龙泉乡银川村	西北师范大学	教授
赵祥义	男	1954	龙泉乡水坡村	兰州石油学校	教授
樊尚元	男	1954	清水驿乡王家湾村	兰州一中	中学高级教师
魏邦龙	男	1957	哈岘乡仁和村	兰州城市学院	教授
王生荣	男	1957	中连川乡黄蒿湾村	甘肃省农业大学	教授、博士生导师
白虎志	男	1959	哈岘乡仁和村	兰州园艺学校	副教授
张守润	男	1960	青城镇三合村	甘肃省农业职业技术学院	副院长
刘进宝	男	1961	甘草店镇西村	武汉大学	副校长
金生鋐	男	1961	城关镇金家圈村	南京师范大学	教授
白天志	男	1962	哈岘乡仁和村	兰州城市学院	纪委书记
丁虹	女	1963	三角城乡丁官营村	陕西师范大学历史系	总支书记
吴建民	男	1963	青城镇青城村	北京师大附小	校长
张红谋	男	1963	夏官营镇中和堡村	甘肃日报社发行处	处长
安文芝	女	1964	连搭乡秦启营村	兰州农业学校	副教授
刘宗平	男	1964	哈岘乡宣家岔村	扬州大学	教授
滕元文	男	1965	哈岘乡柳树村	浙江大学	教授
张文兴	男	1965	青城镇大园子村	兰州市旅游职业中学	副校长
杨永发	男	1965	新营乡罗景村	兰州市城市学院	副教授
魏志刚	男	1967	青城镇瓦窑村	兰州城市建设学校	校长
罗桂保	男	1967	青城镇青城村	兰州城市学院	副教授
张俊彦	男	1968	金崖镇张家湾村	中科院兰州化物所	教授
周永花	女	1969	青城镇青城村	兰州城市建设学校	高级讲师
齐建辉	男	1969	连搭乡石头沟村	西北师范大学	副教授
陈强	男	1959	清水驿乡红坪村	兰州大学	副教授

七、县内文教工作者

收集到1991—2010年县内工作的副高级以上文化教育工作者423名。

表15-3-7

姓 名	性别	出生年	籍贯	学历	职称	评定时间	工作单位
蒋宜文	男	1942	定远镇	本科	中学高级	1990	榆中县一中
牛镜宵	男	1941	三角城乡	专科	高级讲师	1991	榆中县师范
崔山岷	男	1946	甘草店镇	专科	中学高级	1991	榆中县一中
陈佩虞	男	1937	三角城乡	专科	中学高级	1992	三角城中学
王重贤	男	1941	小康营乡	本科	中学高级	1992	榆中县一中
刘宗寿	男	1942	夏官营镇	本科	中学高级	1992	榆中县一中
牛卫东	男	1943	陕西户县	本科	中学高级	1992	榆中县一中
胡积祥	男	1940	连搭乡	专科	中学高级	1993	榆中县六中
梁祖配	男	1947	清水驿乡	本科	中学高级	1993	县教育局
戴述贤	男	1948	甘草店镇	专科	中学高级	1993	县教育局
魏正春	男	1956	城关镇	本科	中学高级	1993	榆中县一中
胡承义	男	1934	清水驿乡	专科	中学高级	1994	东古城学校
孙永乐	男	1938	三角城乡	本科	中学高级	1994	榆中县六中
罗瀛寿	男	1935	酒泉市	本科	中学高级	1995	县农职中学
吕福江	男	1936	城关镇	专科	中学高级	1995	榆中县一中
滕明忠	男	1940	青城镇	本科	中学高级	1995	榆中县一中
王兆麒	男	1940	青城镇	中师	中学高级	1995	青城学区
李登明	男	1947	三角城乡	本科	中学高级	1995	榆中县一中
魏重廉	男	1947	高崖镇	本科	中学高级	1995	榆中县七中
郭　堂	男	1953	来紫堡乡	本科	中学高级	1995	榆中县师范
石天才	男	1940	小康营乡	专科	中学高级	1996	榆中县六中
梁玉梅	女	1941	临洮县	专科	中学高级	1996	榆中县六中
金发兴	男	1943	连搭乡	本科	高级讲师	1996	榆中县师范
晏仲生	男	1944	临洮县	本科	中学高级	1996	榆中县一中

续表

姓 名	性别	出生年	籍贯	学历	职称	评定时间	工作单位
许朝云	男	1944	龙泉乡	中专	中学高级	1996	恩玲中学
李玉怀	男	1948	上花岔乡	专科	中学高级	1996	恩玲中学
罗俊智	男	1937	连搭乡	专科	中学高级	1997	榆中县六中
牛永旺	男	1939	定远镇	本科	高级讲师	1997	县委党校
钱文茂	男	1939	甘草店镇	专科	中学高级	1997	榆中县一中
刘　俊	男	1940	高崖镇	中师	中学高级	1997	榆中县一中
岳永祥	男	1943	城关镇	专科	高级讲师	1997	榆中县师范
李　珪	男	1943	三角城乡	本科	中学高级	1997	三角城中学
尤著杰	男	1957	连搭乡	专科	中学高级	1997	麻家寺学校
张秀兰	女	1958	连搭乡	专科	中学高级	1997	连搭中学
魏兴桂	女	1958	皋兰县	本科	中学高级	1997	榆中县六中
王国福	男	1964	马坡乡	本科	中学高级	1997	榆中县一中
项世英	男	1940	甘草店镇	专科	中学高级	1998	县教育局
高发云	男	1943	城关镇	专科	中学高级	1998	小康营中学
董天智	男	1945	城关镇	本科	中学高级	1998	榆中县九中
张生智	男	1946	三角城乡	本科	高级讲师	1998	榆中县师范
郑廷佑	男	1948	新营乡	本科	中学高级	1998	县教育局
岳树义	男	1949	三角城乡	本科	高级讲师	1998	榆中县师范
王俊祥	男	1949	清水驿乡	本科	中学高级	1998	榆中县师范
高自忠	男	1953	甘草店镇	本科	高级讲师	1998	县委党校
张守智	男	1957	连搭乡	专科	中学高级	1998	麻家寺学校
陈建军	男	1960	连搭乡	专科	中学高级	1998	连搭中学
陈效鹏	男	1961	夏官营镇	本科	中学高级	1998	榆中县一中
吕铭德	男	1963	贡井乡	本科	中学高级	1998	榆中县一中
咬克喜	男	1963	连搭乡	本科	中学高级	1998	榆中县一中
杨学忠	男	1964	和平镇	本科	中学高级	1998	榆中县五中

续表

姓 名	性别	出生年	籍贯	学历	职称	评定时间	工作单位
魏振林	男	1944	哈岘乡	本科	中学高级	1999	榆中县六中
陈效忠	男	1946	小康营乡	专科	高级讲师	1999	榆中县师范
白爱明	男	1948	上花岔乡	专科	中学高级	1999	恩玲中学
祁文舟	男	1948	城关镇	专科	中学高级	1999	县教育局
刘玉山	男	1954	来紫堡乡	本科	中学高级	1999	榆中县一中
张文才	男	1943	甘草店镇	中师	中学高级	2000	榆中县七中
罗兴华	男	1946	青城镇	中师	中学高级	2000	青城中学
王　杰	男	1946	高崖镇	专科	中学高级	2000	榆中县三中
蔺世清	男	1947	龙泉乡	本科	高级讲师	2000	榆中县师范
何振铎	男	1947	定远镇	专科	中学高级	2000	县教育局
杨国义	男	1948	青城镇	中师	中学高级	2000	青城中学
刘得斗	男	1948	甘草店镇	专科	中学高级	2000	县教育局
杨玉兰	女	1949	高崖镇	本科	中学高级	2000	榆中县一中
钱秀全	男	1949	三角城乡	专科	中学高级	2000	榆中县二中
白文天	男	1949	哈岘乡	专科	中学高级	2000	榆中县师范
金树山	男	1949	上花岔乡	专科	中学高级	2000	榆中县五中
王培生	男	1949	清水驿乡	本科	中学高级	2000	苏堡小学
刘兴耀	男	1949	三角城乡	专科	中学高级	2000	榆中县二中
白惠志	男	1949	哈岘乡	专科	中学高级	2000	榆中县五中
魏永翠	女	1950	城关镇	本科	中学高级	2000	榆中县一中
古延华	男	1950	甘草店镇	专科	中学高级	2000	县教育局
方学忠	男	1951	三角城乡	本科	中学高级	2000	榆中县一中
刘永德	男	1952	和平镇	专科	中学高级	2000	榆中县六中
王文奎	男	1953	青城镇	专科	中学高级	2000	青城中学
张兴荣	男	1953	中连川乡	本科	中学高级	2000	榆中县四中

续表

姓 名	性别	出生年	籍贯	学历	职称	评定时间	工作单位
李德宝	男	1954	上花岔乡	专科	中学高级	2000	上花中学
张树云	女	1955	兰州市城关区	专科	中学高级	2000	县教育局
陈　棠	女	1955	兰州城关区	专科	中学高级	2000	榆中县九中
刘九刚	男	1955	连搭乡	本科	中学高级	2000	榆中县师范
袁世成	男	1956	龙泉乡	本科	中学高级	2000	榆中县师范
陶学道	男	1956	连搭乡	本科	中学高级	2000	榆中县师范
白录明	男	1957	上花岔乡	本科	中学高级	2000	恩玲中学
杨瑞林	男	1957	中连川乡	专科	中学高级	2000	恩玲中学
张世福	男	1957	龙泉乡	本科	中学高级	2000	榆中县三中
杨国禄	男	1958	银山乡	本科	中学高级	2000	恩玲中学
白承志	男	1959	哈岘乡	本科	中学高级	2000	恩玲中学
李志宏	男	1962	园子岔乡	本科	中学高级	2000	榆中县一中
牟正祥	男	1962	和平镇	本科	中学高级	2000	榆中县六中
胡承武	男	1963	连搭乡	本科	中学高级	2000	麻家寺学校
安文盛	男	1964	马坡乡	本科	高级讲师	2000	榆中县师范
杜裕祖	男	1964	清水驿乡	本科	高级讲师	2000	榆中县师范
陈希良	男	1965	城关镇	本科	中学高级	2000	榆中县一中
李文忠	男	1942	城关镇	本科	中学高级	2001	榆中县一中
陈进明	男	1943	小康营乡	本科	中学高级	2001	榆中县一中
张品华	男	1947	甘草店镇	专科	中学高级	2001	榆中县一中
刘学兰	女	1948	城关镇	专科肄业	中学高级	2001	榆中县六中
杨青林	女	1948	甘草店镇	本科	中学高级	2001	榆中县九中
谈应瑜	男	1949	连搭乡	专科	中学高级	2001	榆中县一中
梁成显	女	1949	龙泉乡	专科	中学高级	2001	榆中县九中
刘晓岚	女	1949	陕西华阴	本科	中学高级	2001	榆中县九中
李友柏	男	1949	城关镇	专科	中学高级	2001	榆中县一中

续表

姓 名	性别	出生年	籍贯	学历	职称	评定时间	工作单位
孙峻岩	男	1950	三角城乡	本科	中学高级	2001	榆中县一中
李景常	男	1950	定远镇	专科	中学高级	2001	榆中县五中
郭莲英	女	1951	甘草店镇	专科	中学高级	2001	榆中县七中
金生荣	男	1951	城关镇	专科	中学高级	2001	榆中县一中
孙尚福	男	1951	韦营乡	专科	中学高级	2001	韦营学区
滕汉臻	男	1951	青城镇	专科	中学高级	2001	东滩中学
李有源	男	1952	清水驿乡	专科	中学高级	2001	榆中县七中
王佩来	男	1953	金崖镇	专科	高级讲师	2001	榆中县师范
刘自立	男	1953	韦营乡	本科	中学高级	2001	榆中县七中
罗彦频	男	1953	中连川乡	专科	中学高级	2001	县幼儿园
张孝民	男	1953	连搭乡	本科	中学高级	2001	和平学区
杨满远	男	1953	新营乡	专科	中学高级	2001	榆中县三中
梁香兰	女	1955	甘草店镇	中师	中学高级	2001	榆中县六中
张学林	男	1955	哈岘乡	专科	中学高级	2001	榆中县一中
窦玉玲	女	1956	夏官营镇	本科	中学高级	2001	榆中县一中
马正丞	男	1958	中连川乡	本科	中学高级	2001	榆中县一中
彭巨彦	男	1960	三角城乡	本科	副研究员	2001	榆中县文化馆
白仁志	男	1961	哈岘乡	本科	中学高级	2001	榆中县一中
李廷位	男	1962	城关镇	本科	中学高级	2001	县教育局
张少华	男	1963	来紫堡乡	本科	中学高级	2001	榆中县二中
罗旭俊	男	1963	甘草店镇	本科	中学高级	2001	榆中县一中
袁苍荣	男	1964	来紫堡乡	本科	中学高级	2001	榆中县一中
金贵元	男	1964	贡井乡	本科	中学高级	2001	恩玲中学
蒋应科	男	1965	定远镇	本科	高级讲师	2001	榆中县师范
陆建军	男	1965	连搭乡	本科	中学高级	2001	榆中县一中
杨培兵	男	1965	甘草店镇	本科	中学高级	2001	榆中县九中

续表

姓 名	性别	出生年	籍贯	学历	职称	评定时间	工作单位
高集翰	男	1942	青城镇	中师	中学高级	2002	青城学区
范生源	男	1944	贡井乡	中师	中学高级	2002	榆中县六中
裴万强	男	1946	夏官营镇	专科	中学高级	2002	榆中县二中
张炳林	男	1946	青城镇	中师	中学高级	2002	东滩中学
袁理荣	男	1946	来紫堡乡	专科	中学高级	2002	定远学区
白宗忠	男	1947	上花岔乡	本科	主任编辑	2002	县广电局
吴锦秀	女	1947	上海虹口	专科	中学高级	2002	榆中县六中
袁 渊	女	1947	来紫堡乡	中师	中学高级	2002	榆中县六中
白进志	男	1948	哈岘乡	初中	中学高级	2002	恩玲中学
李国文	男	1948	青城镇	中师	中学高级	2002	东滩中学
邢克刚	男	1948	三角城乡	专科	中学高级	2002	恩玲中学
范正海	男	1949	城关镇	专科	中学高级	2002	榆中县九中
胡玉祥	男	1950	定西市安定区	专科	中学高级	2002	榆中县五中
陈凤英	女	1951	马坡乡	中师	中学高级	2002	榆中县九中
柴建国	男	1951	兰州市	专科	中学高级	2002	榆中县五中
何世林	男	1952	新营乡	本科	中学高级	2002	榆中县三中
张兴武	男	1953	青城镇	专科	中学高级	2002	东滩中学
杨子信	男	1954	贡井乡	专科	高级讲师	2002	榆中县师范
丁维忠	男	1954	银山乡	专科	中学高级	2002	县教育局
刘世海	男	1954	连搭乡	高中	中学高级	2002	麻家寺学校
许新陆	男	1954	清水驿乡	专科	中学高级	2002	清水中学
蔡希强	男	1955	甘草店镇	专科	中学高级	2002	榆中县七中
李子龙	男	1955	青城镇	专科	中学高级	2002	东滩中学
李玉全	男	1956	清水驿乡	专科	中学高级	2002	县教育局
王积英	男	1957	甘草店镇	专科	中学高级	2002	县教育局
金杰军	男	1958	金崖镇	本科	中学高级	2002	榆中县一中

续表

姓 名	性别	出生年	籍贯	学历	职称	评定时间	工作单位
张国彦	男	1958	青城镇	本科	中学高级	2002	榆中县一中
张敏文	男	1958	青城镇	专科	中学高级	2002	东滩中学
舒建平	男	1962	甘草店镇	本科	中学高级	2002	榆中县一中
曾斗云	男	1963	城关镇	本科	中学高级	2002	榆中县五中
李 明	男	1963	三角城乡	本科	中学高级	2002	榆中县一中
白军志	男	1963	哈岘乡	本科	中学高级	2002	榆中县九中
张正程	男	1964	马坡乡	本科	高级讲师	2002	榆中县师范
闫忠诚	男	1964	连搭乡	本科	中学高级	2002	榆中县五中
丁四清	男	1965	夏官营镇	本科	中学高级	2002	榆中县师范
吴 狄	男	1966	辽宁海城	本科	中学高级	2002	恩玲中学
蒋应汉	男	1966	清水驿乡	本科	中学高级	2002	榆中县一中
张荣良	男	1966	贡井乡	本科	中学高级	2002	榆中县一中
蒋宜斌	男	1966	连搭乡	本科	中学高级	2002	榆中县一中
白宗俭	男	1967	上花岔乡	本科	中学高级	2002	榆中县一中
曹银治	男	1967	银山乡	本科	中学高级	2002	来紫堡学区
张承荣	男	1948	和平镇	专科	中学高级	2003	和平中学
蔡国瑞	男	1949	马坡乡	专科	中学高级	2003	榆中县二中
金义文	男	1950	三角城乡	专科	中学高级	2003	詹家营小学
裴万祯	男	1950	夏官营镇	专科	中学高级	2003	夏官营中学
李友诚	男	1950	三角城乡	专科	中学高级	2003	榆中县三中
张化平	男	1951	马坡乡	本科	主任编辑	2003	县广电局
刘宗元	男	1951	夏官营镇	中师	中学高级	2003	榆中县二中
芦生旺	男	1953	园子岔乡	专科	中学高级	2003	恩玲中学
颜彩盛	男	1953	甘草店镇	专科	中学高级	2003	榆中县七中
赵新荣	男	1954	新营乡	专科	中学高级	2003	榆中县三中
彭克安	男	1955	三角城乡	本科	中学高级	2003	榆中县一中

续表

姓 名	性别	出生年	籍贯	学历	职称	评定时间	工作单位
王明海	男	1955	小康营乡	专科	中学高级	2003	和平中学
魏存斌	男	1955	贡井乡	专科	中学高级	2003	和平中学
许维昶	男	1955	韦营乡	本科	中学高级	2003	榆中县师范
李登平	男	1956	三角城乡	专科	中学高级	2003	榆中县一中
张玉忠	男	1956	青城镇	专科	中学高级	2003	青城学区
张克傧	男	1956	马坡乡	专科	中学高级	2003	马坡小学
张仲伟	男	1957	城关镇	本科	中学高级	2003	榆中县一中
李成坤	男	1957	三角城乡	专科	中学高级	2003	榆中县九中
朱自芬	男	1958	甘草店镇	本科	高级讲师	2003	县委党校
张云慧	男	1959	青城镇	专科	中学高级	2003	东滩中学
罗成昌	男	1960	金崖镇	本科	中学高级	2003	恩玲中学
丁俊义	男	1962	小康营乡	本科	中学高级	2003	小康营中学
刘国福	男	1962	小康营乡	本科	中学高级	2003	榆中县一中
魏兴文	男	1962	来紫堡乡	本科	中学高级	2003	榆中县一中
陈英军	女	1963	夏官营镇	本科	中学高级	2003	榆中县九中
丁喜忠	男	1963	夏官营镇	本科	中学高级	2003	榆中县二中
王素青	男	1963	甘草店镇	本科	中学高级	2003	榆中县六中
冯效刚	男	1963	城关镇	本科	中学高级	2003	榆中县六中
魏习武	男	1964	城关镇	本科	高级讲师	2003	榆中县师范
岳兴旺	男	1964	金崖镇	本科	中学高级	2003	榆中县一中
岳宝田	男	1964	金崖镇	本科	中学高级	2003	岳家巷学校
张德有	男	1964	青城镇	本科	中学高级	2003	榆中县六中
金玉诚	男	1964	贡井乡	本科	中学高级	2003	恩玲中学
杨正仁	男	1964	哈岘乡	本科	中学高级	2003	榆中县一中
李其山	男	1964	园子岔乡	本科	中学高级	2003	恩玲中学
蔡积荣	男	1965	夏官营镇	本科	高级讲师	2003	榆中县师范

续表

姓 名	性别	出生年	籍贯	学历	职称	评定时间	工作单位
张功平	男	1965	连搭乡	本科	中学高级	2003	职教中心
高有德	男	1965	青城镇	本科	中学高级	2003	榆中县师范
邸富实	男	1966	来紫堡乡	本科	中学高级	2003	恩玲中学
陈建军	男	1966	夏官营镇	本科	中学高级	2003	榆中县一中
白瑜厚	男	1966	哈岘乡	本科	中学高级	2003	恩玲中学
陶克道	男	1966	连搭乡	本科	中学高级	2003	恩玲中学
范文忠	男	1967	贡井乡	本科	中学高级	2003	榆中县三中
金培国	男	1943	城关镇	专科	中学高级	2004	职教中心
杨景春	男	1947	三角城乡	本科	中学高级	2004	榆中县师范
杨福清	男	1952	连搭乡	专科	中学高级	2004	和平中学
蒋宜利	男	1955	定远镇	专科	中学高级	2004	榆中县七中
金发辉	男	1957	连搭乡	专科	中学高级	2004	县教育局
郝彦麟	男	1959	高崖镇	本科	中学高级	2004	榆中县九中
方世宏	男	1959	来紫堡乡	专科	中学高级	2004	定远学区
李万平	男	1960	银山乡	本科	高级讲师	2004	县委党校
马正堂	男	1960	中连川乡	专科	中学高级	2004	和平中学
陆立清	男	1961	连搭乡	本科	中学高级	2004	榆中县七中
张小青	女	1963	甘草店镇	本科	中学高级	2004	榆中县七中
胡成义	男	1965	连搭乡	本科	高级讲师	2004	榆中县师范
金巨强	男	1948	金崖镇	专科	中学高级	2005	榆中县师范
金维璞	男	1951	来紫堡乡	专科	中学高级	2005	来紫堡中学
白维富	男	1954	小康营乡	本科	高级讲师	2005	县委党校
刘大炜	男	1958	马坡乡	专科	中学高级	2005	城关学区
唐维贤	男	1958	和平镇	专科	中学高级	2005	和平学区
李正学	男	1961	园子岔乡	专科	中学高级	2005	恩玲中学
马兆平	男	1961	甘草店镇	本科	中学高级	2005	职教中心

续表

姓 名	性别	出生年	籍贯	学历	职称	评定时间	工作单位
郭玉鑫	男	1962	来紫堡乡	专科	中学高级	2005	来紫堡学区
郝玉彦	男	1963	夏官营镇	本科	中学高级	2005	县教育局
高致文	男	1963	哈岘乡	专科	中学高级	2005	文成小学
兰俊凯	男	1963	清水驿乡	本科	中学高级	2005	清水学区
许安波	男	1964	三角城乡	本科	中学高级	2005	金崖中学
魏直玉	男	1965	皋兰县	本科	高级讲师	2005	榆中县师范
闵秀英	女	1967	银山乡	本科	中学高级	2005	县教育局
陈肃兰	女	1967	安徽灵壁	本科	中学高级	2005	榆中县七中
徐燿凡	男	1947	韦营乡	专科	中学高级	2006	韦营中学
刘贵祖	男	1950	哈岘乡	专科	中学高级	2006	哈岘学区
蔡俊义	男	1951	甘草店镇	专科	高级讲师	2006	榆中县师范
高正延	男	1952	中连川乡	专科	中学高级	2006	中连川学区
魏志红	男	1952	青城镇	专科	中学高级	2006	青城中学
李万和	男	1954	银山乡	专科	中学高级	2006	银山学区
黄应顺	男	1954	来紫堡乡	专科	中学高级	2006	一悟小学
张润忠	男	1955	青城镇	本科	中学高级	2006	青城中学
魏致清	男	1955	青城镇	本科	中学高级	2006	青城中学
赵资林	男	1957	夏官营镇	本科	中学高级	2006	金崖中学
李玉春	男	1959	夏官营镇	本科	高级工程师	2006	县广电局
白奋彩	男	1959	哈岘乡	专科	中学高级	2006	榆中县六中
郭彦龙	男	1959	韦营乡	专科	中学高级	2006	韦营学区
金强生	男	1960	金崖镇	本科	中学高级	2006	榆中县九中
黄　锋	男	1960	小康营乡	本科	中学高级	2006	榆中县二中
韩善有	男	1961	上花岔乡	本科	中学高级	2006	榆中县五中
张建军	男	1961	甘草店镇	专科	中学高级	2006	榆中县七中
高成荣	男	1961	新营乡	本科	中学高级	2006	榆中县九中

续表

姓 名	性别	出生年	籍贯	学历	职称	评定时间	工作单位
杜发林	男	1962	清水驿乡	本科	中学高级	2006	榆中县六中
张有环	男	1962	小康营乡	本科	中学高级	2006	恩玲中学
金国林	男	1962	龙泉乡	本科	中学高级	2006	小康营中学
刘海清	男	1962	韦营乡	本科	中学高级	2006	韦营学区
张成林	男	1963	连搭乡	本科	中学高级	2006	榆中县一中
周文教	男	1963	来紫堡乡	本科	中学高级	2006	恩玲中学
马良彪	男	1963	新营乡	本科	中学高级	2006	小康营中学
张加波	男	1963	来紫堡乡	专科	中学高级	2006	萃英小学
许登伟	男	1963	三角城乡	本科	中学高级	2006	榆中县七中
陶立贤	男	1963	连搭乡	本科	中学高级	2006	教育局
陆德明	男	1964	金崖镇	本科	中学高级	2006	榆中县三中
白世明	男	1964	上花岔乡	本科	中学高级	2006	榆中县五中
张集千	男	1964	哈岘乡	本科	中学高级	2006	榆中县六中
梁晓明	男	1964	金崖镇	本科	中学高级	2006	县教育局
张正成	男	1965	连搭乡	本科	中学高级	2006	榆中县一中
樊培如	男	1965	城关镇	本科	中学高级	2006	榆中县一中
赵福林	男	1965	清水驿乡	本科	中学高级	2006	榆中县三中
桑军芳	女	1965	高崖镇	本科	中学高级	2006	恩玲中学
彭淑慧	女	1965	三角城乡	本科	中学高级	2006	榆中县九中
张正成	男	1965	连搭乡	本科	中学高级	2006	榆中县一中
郭子森	男	1966	新营乡	本科	中学高级	2006	榆中县一中
牛安泰	男	1966	甘草店镇	本科	中学高级	2006	榆中县七中
金文君	女	1966	城关镇	本科	中学高级	2006	榆中县六中
金成功	男	1966	城关镇	本科	中学高级	2006	榆中县二中
邸兴龙	男	1967	来紫堡乡	本科	中学高级	2006	榆中县一中
马永发	男	1967	高崖镇	本科	中学高级	2006	职教中心

续表

姓 名	性别	出生年	籍贯	学历	职称	评定时间	工作单位
高国祥	男	1967	甘草店镇	本科	中学高级	2006	榆中县七中
陈效荣	男	1967	连搭乡	专科	中学高级	2006	夏官营中学
谈敦强	男	1967	连搭乡	本科	中学高级	2006	金崖学区
陈爱明	男	1967	马坡乡	本科	中学高级	2006	县教育局
施绍伟	男	1968	来紫堡乡	本科	中学高级	2006	职教中心
张应钧	男	1968	龙泉乡	本科	中学高级	2006	榆中县一中
胡思宝	男	1968	连搭乡	本科	中学高级	2006	恩玲中学
汪立军	男	1968	和平镇	本科	中学高级	2006	和平中学
杨进林	男	1968	马坡乡	本科	中学高级	2006	县教育局
许慧敏	女	1968	清水驿乡	本科	中学高级	2006	榆中县一中
牟飞燕	女	1969	城关镇	本科	中学高级	2006	榆中县一中
曾朝军	男	1969	白银市	本科	中学高级	2006	和平学区
魏永胜	男	1970	中连川乡	本科	中学高级	2006	恩玲中学
李正发	男	1950	高崖镇	专科	中学高级	2007	榆中县六中
郝荣膺	男	1950	夏官营镇	专科	中学高级	2007	金崖中学
张志中	男	1951	高崖镇	专科	中学高级	2007	榆中县三中
朱克诚	男	1956	连搭乡	专科	中学高级	2007	榆中县九中
李 昱	男	1956	新营乡	中师	中学高级	2007	上庄中学
豆吉林	男	1958	连搭乡	专科	中学高级	2007	连搭中学
崔凤辉	男	1959	中连川乡	专科	中学高级	2007	榆中县四中
金祥政	男	1961	上花岔乡	专科	中学高级	2007	榆中县五中
李迎春	男	1961	河南西平	专科	中学高级	2007	夏官营中学
白宗林	男	1961	上花岔乡	专科	中学高级	2007	上花学区
杨生玉	男	1962	高崖镇	本科	中学高级	2007	榆中县一中
曾荣花	女	1962	青城镇	本科	中学高级	2007	榆中县一中
丁书和	男	1962	夏官营镇	本科	中学高级	2007	榆中县一中

续表

姓 名	性别	出生年	籍贯	学历	职称	评定时间	工作单位
侯双林	男	1962	金崖镇	本科	中学高级	2007	榆中县六中
刘学军	男	1962	小康营乡	本科	中学高级	2007	小康营中学
朱继千	男	1962	青城镇	专科	中学高级	2007	青城中学
石永惠	女	1963	来紫堡乡	本科	中学高级	2007	榆中县一中
许曙强	男	1963	三角城乡	本科	中学高级	2007	榆中县一中
王爱军	男	1963	小康营乡	本科	中学高级	2007	小康营中学
唐致文	男	1963	和平镇	专科	中学高级	2007	和平学区
邴如良	男	1964	高崖镇	本科	中学高级	2007	职教中心
李建新	男	1964	金崖镇	本科	中学高级	2007	榆中县二中
王俊渊	男	1965	小康营乡	本科	中学高级	2007	职教中心
刘海英	女	1965	来紫堡乡	本科	中学高级	2007	榆中县一中
梁延守	男	1965	金崖镇	本科	中学高级	2007	榆中县一中
梁祖兰	女	1965	清水驿乡	本科	中学高级	2007	榆中县六中
刘小英	女	1965	夏官营镇	本科	中学高级	2007	榆中县六中
闫世玉	男	1965	夏官营镇	本科	中学高级	2007	榆中县七中
丁学峰	男	1965	清水驿乡	本科	中学高级	2007	榆中县七中
滕玉秀	女	1965	青城镇	本科	中学高级	2007	恩玲中学
丁海玉	女	1965	夏官营镇	本科	中学高级	2007	县教育局
金永河	男	1965	园子岔乡	本科	中学高级	2007	恩玲中学
梁吉成	男	1966	金崖镇	本科	中学高级	2007	榆中县二中
蔡伟贞	男	1966	皋兰石洞	本科	中学高级	2007	恩玲中学
魏万生	男	1966	上花岔乡	本科	中学高级	2007	三角城学区
陈豪民	男	1966	龙泉乡	本科	中学高级	2007	县教育局
孙广胜	男	1967	高崖镇	本科	高级讲师	2007	县委党校
杨俊霞	女	1967	高崖镇	本科	中学高级	2007	榆中县一中
杨见潮	男	1967	马坡乡	本科	中学高级	2007	榆中县六中

续表

姓 名	性别	出生年	籍贯	学历	职称	评定时间	工作单位
岳 玲	女	1967	金崖镇	本科	中学高级	2007	榆中县九中
赵秀萍	女	1967	马坡乡	本科	中学高级	2007	县教育局
刘俊芳	女	1968	高崖镇	本科	中学高级	2007	职教中心
金延宏	男	1968	金崖镇	本科	中学高级	2007	榆中县一中
邸兆武	男	1968	来紫堡乡	本科	中学高级	2007	县教育局
魏存兴	男	1969	哈岘乡	本科	中学高级	2007	县教育局
洪 云	男	1969	小康营乡	本科	中学高级	2007	恩玲中学
狄生权	男	1969	白银平川	本科	中学高级	2007	和平中学
金兴来	男	1969	园子岔乡	本科	中学高级	2007	园子学区
宋 勇	男	1970	甘草店镇	本科	中学高级	2007	职教中心
张天宝	男	1970	甘草店镇	本科	中学高级	2007	榆中县六中
赵希军	男	1971	马坡乡	本科	中学高级	2007	榆中县九中
金巨成	男	1948	上花岔乡	专科	中学高级	2008	平湾小学
沈永寿	男	1949	金崖镇	专科	中学高级	2008	金崖小学
关 琏	男	1949	青城镇	中师	中学高级	2008	青城中学
李葆珺	男	1951	青城镇	专科	中学高级	2008	青城学区
杨国治	男	1951	青城镇	高中	中学高级	2008	青城中学
火克堂	男	1954	定远镇	专科	中学高级	2008	一悟小学
李 萍	女	1955	上海市	本科	中学高级	2008	榆中县九中
施殿兴	男	1956	连搭乡	专科	中学高级	2008	连搭中学
齐桂英	女	1956	连搭乡	专科	中学高级	2008	青城学区
蒋贵荣	男	1957	定远镇	专科	中学高级	2008	榆中县九中
白全武	男	1960	上花岔乡	专科	中学高级	2008	上花学区
汪向东	男	1962	甘草店镇	本科	中学高级	2008	榆中县一中
豆淑红	女	1963	金崖镇	本科	高级讲师	2008	县委党校
牛邦举	男	1963	连搭乡	本科	中学高级	2008	榆中县一中

续表

姓 名	性别	出生年	籍贯	学历	职称	评定时间	工作单位
刘裕峰	男	1963	夏官营镇	本科	中学高级	2008	榆中县九中
李东一	男	1964	甘草店镇	本科	中学高级	2008	榆中县一中
金吉和	男	1964	金崖镇	本科	中学高级	2008	榆中县六中
段兰敏	女	1964	河北石家庄	本科	中学高级	2008	榆中县六中
金杰仓	男	1964	金崖镇	本科	中学高级	2008	恩玲中学
魏孔泉	男	1965	甘草店镇	本科	中学高级	2008	榆中县七中
陶学道	男	1966	连搭乡	本科	中学高级	2008	恩玲中学
岳林军	男	1966	金崖镇	本科	中学高级	2008	三角城中学
祁元元	男	1966	小康营乡	本科	中学高级	2008	小康营学区
蔡裕发	男	1968	甘草店镇	本科	高级讲师	2008	榆中县师范
王振中	男	1969	甘草店镇	本科	中学高级	2008	职教中心
刘宏鹏	男	1970	夏官营镇	本科	中学高级	2008	榆中县五中
张秀学	男	1970	上花岔乡	本科	中学高级	2008	恩玲中学
李　琦	女	1972	清水驿乡	本科	高级讲师	2008	榆中县师范
赵和祥	男	1952	韦营乡	中师	中学高级	2009	兰山中学
方定勤	男	1954	和平镇	专科	中学高级	2009	定远学区
张润湖	男	1955	新营乡	专科	中学高级	2009	杨家营小学
黄守存	男	1955	来紫堡乡	专科	中学高级	2009	来紫堡学区
朱继惠	男	1955	哈岘乡	专科	中学高级	2009	哈岘学区
张廷强	男	1957	甘草店镇	中师	中学高级	2009	清水学区
白春堂	男	1958	马坡乡	本科	主任编辑	2009	县广电局
陆银本	男	1959	金崖镇	专科	中学高级	2009	金崖中学
沈延明	男	1960	和平镇	中师	中学高级	2009	韦营中学
李正清	男	1962	中连川乡	专科	中学高级	2009	榆中县四中
丁书同	男	1963	夏官营镇	本科	中学高级	2009	三角城中学
张继青	男	1963	清水驿乡	专科	中学高级	2009	清水中学

续表

姓 名	性别	出生年	籍贯	学历	职称	评定时间	工作单位
沈爱玲	女	1964	三角城乡	本科	中学高级	2009	榆中县二中
陆建荣	男	1965	金崖镇	本科	中学高级	2009	金崖中学
陈绪学	男	1965	上花岔乡	专科	中学高级	2009	小康营中学
李福财	男	1965	园子岔乡	本科	中学高级	2009	园子中学
丁以心	男	1966	夏官营镇	本科	中学高级	2009	恩玲中学
武鸿钧	男	1966	小康营乡	本科	中学高级	2009	小康营中学
赵宗武	男	1966	龙泉乡	本科	中学高级	2009	龙泉学区
许银成	男	1966	清水驿乡	本科	中学高级	2009	清水中学
蔡玉霞	女	1968	夏官营镇	专科	中学高级	2009	连搭中学
李得玉	男	1969	哈岘乡	本科	中学高级	2009	榆中县四中
王育林	男	1969	新营乡	本科	中学高级	2009	榆中县五中
刘成祖	男	1969	哈岘乡	本科	中学高级	2009	榆中县七中
安谈鹏	男	1969	马坡乡	本科	中学高级	2009	马坡小学
陈文江	男	1969	清水驿乡	本科	中学高级	2009	龙泉学区
吴明礼	男	1969	清水驿乡	本科	中学高级	2009	过店子小学
梁艳青	女	1971	三角城乡	本科	高级讲师	2009	县委党校
薛俊雄	男	1971	韦营乡	本科	中学高级	2009	职教中心
金安瑛	女	1971	金崖镇	本科	中学高级	2009	榆中县二中
梁宗泽	男	1971	三角城乡	本科	中学高级	2009	榆中县二中
金彦青	女	1972	金崖镇	本科	中学高级	2009	榆中县三中
徐　源	男	1973	小康营乡	本科	中学高级	2009	小康营学区
张玉亨	男	1951	青城镇	中师	中学高级	2010	青城学区
高玉祥	男	1953	韦营乡	大专	中学高级	2010	韦营学区
陆立成	男	1954	连搭乡	大专	中学高级	2010	连搭学区
岳希国	男	1955	金崖镇	专科	中学高级	2010	金崖学区
曾效成	男	1955	青城镇	中师	中学高级	2010	青城学区

续表

姓 名	性别	出生年	籍贯	学历	职称	评定时间	工作单位
李秀玲	女	1958	青城镇	中师	中学高级	2010	青城学区
魏博武	男	1961	园子岔乡	本科	中学高级	2010	园子学区
闫 梅	女	1962	夏官营镇	大专	中学高级	2010	县教育局
李德红	男	1963	来紫堡乡	大专	中学高级	2010	来紫堡学区
祁德忠	男	1964	三角城乡	本科	中学高级	2010	县教育局
白俊恩	男	1966	上花岔乡	本科	中学高级	2010	青城学区
宋姿远	女	1967	中连川乡	本科	中学高级	2010	一悟小学
金杰雄	男	1968	金崖镇	本科	中学高级	2010	金崖学区
豆志玲	女	1968	连搭乡	本科	中学高级	2010	连搭学区
白宗珍	男	1970	上花岔乡	本科	中学高级	2010	和平学区

《榆中县志（1991—2010）》编修情况表

篇名	章节	提供资料单位	编写人
概述	概述		周学海
大事记	大事记	县委办、人大办、政府办、政协办、宣传部	张德馨
第一篇　建置区划	第一章政区、第二章乡镇	国土局、民政局、区划办、23个乡镇	沈明江
第二篇　环境	第一章自然资源、第二章气候与水文、第三章国土规划与利用、第四章环境保护、第五章城乡规划与建设	国土局、气象局、环保局、住建局 、规划局、执法局	沈明江
第三篇　基础设施	第一章水利设施、第二章电力、第三章交通、第四章邮政通信	水务局、三电管理处兰州供电公司、县农电局、交通局、邮政局、电信局、移动公司、联通公司	沈明江
第四篇　政治	第一章中国共产党榆中县委员会、第二章榆中县人民代表大会、第三章榆中县人民政府	县委办、组织部、纪委、宣传部、统战部、老干局、档案局、人大办、政府办、发改局、民政局、人事局	高春玲
第五篇 政协　民主党派　群团	第一章政协榆中县委员会、第二章民主党派榆中组织、第三章人民团体与群众组织	政协办、民革、民盟、民建、民主促进会、农工党、九三学社榆中总支、工会、妇联、团委、工商联、科协、残联	高春玲
第六篇　政法　军事	第一章政法工作、第二章审判、第三章检察、第四章公安、第五章司法、第六章军事	政法委、法院、检察院、公安局、消防大队、交警大队、司法局、武装部、人防办	高春玲
第七篇　农林牧业	第一章农业、第二章畜牧业、第四章兴隆山自然保护区	农牧局、扶贫办、兴隆山国家级自然保护区管理局	沈明江
	第三章林业	林业局	杨见澍
第八篇　工商业	第一章工业	工信局	杨见澍

续表

篇名	章节	提供资料单位	编写人
第八篇 工商业	第二章商业服务业	工业和信息化局、供销联社、粮食局	石伟倩
第九篇 财政 税务 金融 保险	第一章财政、第二章税务、第三章金融、第四章保险	财政局、国税局、地税局、人行榆中县支行、工行榆中支行、农行榆中支行、农发行榆中支行、兰州银行榆中支行、合行榆中支行、邮政储蓄银行榆中支行、中保财险榆中支公司、太保财险榆中支公司、太保寿险榆中支公司、中华联合财产保险榆中支公司、中保人寿榆中支公司	石伟倩
第十篇 经济管理	第一章物价管理、第二章质量技术监督、第三章统计、第四章审计监督、第五章工商行政管理	物价局、质监局、统计局、审计局、工商局	杨见澍
第十一篇 文化 旅游 体育	第一章文物古迹、第二章文化事业、第四章体育	文广局、文化馆、博物馆	裴绍宏
	第三章旅游	旅游局	杨见澍
第十二篇 教育 卫生	第一章教育、第二章卫生	教育局 卫生局	裴绍宏
第十三篇 科技	第一章社会科学、第二章自然科学、第三章气象服务、第四章地震监测与预防	地方志办、科技局、科协、气象局、地震局	沈明江
第十四篇 社会	第一章人口、第二章民族、第三章宗教、第四章人民生活、第五章民俗、第六章社会保障、第七章精神文明建设	统计局、公安局、卫计局、民宗局、地方志办、人社局、文明办、县政协、农业局	桑菊兰
第十五篇 人物	第一章人物传、第二章荣誉、第三章列表人物		

索　引

为了便于查阅，本志设置索引，本索引涉及第一篇至第十五篇内容。内容分地名、机构、人名、表格。

一、地　名

（一）历史地名

一画

三画

四画

五画

六画

七画

八画

九画

十画

（二）现代地名

四画

五画

六画

七画

八画

九画

十画

十一画

十二画

十三画

二、机　构

四画

六画

七画

九画

十画

十一画

十二画

十三画

三、人　名

七画

十画

十一画

四、表　格

后　记

1996 年 6 月，榆中县进行机构改革，县地方志编纂委员会和办公室被撤销，人员分流，县志的收尾和修改出版由县委党史办组织完成。1999 年，县党史办启动县志修订工作。经过三年的不懈努力，2001 年 12 月，首轮《榆中县志》出版发行。后地方志工作处于停止状态。2005 年，省、市发出续修地方志工作的通知。县党史办报请县委、县政府恢复榆中县地方志编纂委员会和办公室。3 月 31 日，县政府发出《关于认真搞好地方志续修工作的通知》（榆政发〔2005〕22 号），对续修县志工作进行安排部署。4 月 20 日，县委、县政府决定成立榆中县地方志编纂委员会。县机构编制委员会发出《关于恢复榆中县地方志办公室的通知》（榆机编办发〔2005〕1 号），决定恢复县地方志办公室，与县党史办合署办公，一套人马，两块牌子，从乡镇事业编制中调剂 4 名。县党史办按照县委要求，通过考试从基层选拔了 4 名编辑，开始前期工作。

2006 年 12 月 27 日，县委、县政府召开全县地方志工作会议，安排部署二轮续志工作。县党史办拟定《榆中县志（1991—2005）》初步篇目后，开始指导各部门、乡镇查阅档案，访问知情人，搜集整理资料。2007 年 5 月，党史办根据征集到的部分资料，安排人员开始编写资料长串。12 月，原主任和一位参与过首轮修志的编辑退休，两位选调的干部先后调走，新补充的干部不熟悉业务，修志工作难以为继。县党史办报请县政府分管领导同意后，决定一边指导部门、乡镇、村编辑出版志书，积累续志资料，一边通过实践培养修志骨干，为续修县志积蓄力量。

2008年至2017年，县党史办紧紧围绕县委、县政府中心工作，坚守为党编好史、为人民修好志的崇高职责，付出了艰辛努力，做了大量工作，推出了一系列史志成果。先后组织编纂出版了《榆中县财政志》《榆中县教育志》《榆中县军事志》《榆中县武术志》等专业志，《清水驿乡志》《和平镇志》等乡镇志，《东古城村志》《南坡湾村志》等村志，《北关村史》《水泉湾村史》等村史，兰州历史文化名镇史话丛书《金崖史话》《清水驿史话》《和平史话》和《兰州史话丛书·榆中史话》，编辑出版《高擎党徽的人们 榆中人物选辑》《中国共产党甘肃省榆中县组织史资料（1937—2012）》《中国共产党榆中大事记》《榆中改革与发展》和《组织斗争》《红军精神在榆中》《兰州战役在榆中》等党史书籍，创造性地编纂出版了甘肃省第一本工具型地情资料专辑《榆中县乡镇村概览》《金城村史·榆中卷》，指导完成了《三堡拾遗》和《多彩人生》等资料。同时经过10年不懈的努力，完成了清康熙二十六年（1687）《金县志》、道光二十二年（1842）《重修金县志》、光绪三十四年（1908）《金县新志稿》和民国二十七年（1938）《重修榆中县志》的校注出版。从2011年开始连续不断地编纂出版《榆中年鉴》。这些史、志、鉴资料的编纂出版，既丰富了榆中史志资料，为县志续修积累了丰富的资料，同时培养出了一批修志骨干，为续修县志奠定了坚实的基础。其间，于2011年和2016年又两次征集完善资料，经请示县政府分管领导同意，将县志续修年限下延至2010年。

2016年7月，县党史办开始编修《榆中县志（1991—2010）》，编纂人员认真学习修志文件，反复阅读学习《榆中县志》和部分省市县续修志书，学习志书的编纂方法和行文规范。同时专门请原兰州市地方志办公室副主任、史志专家邓明对编修人员进行了专业培训。聘请一轮志书副主编、原县党史办退休编辑汉光科全程指导编修。为了保证续修工作顺利进行，修出一部精志、名志，县党史办成立了以主任周学海为组长，县志编委沈明江、杨见澍，史志专家汉光科，编辑高春玲，史志爱好者裴绍宏为组员的攻坚小组，开始编写资料长串。其间，根据社会和行业的发展变化，重新拟定了篇目，按照新篇目撰写资料长串。经过一年半的努力，2018年1月完成了资料长串。在此基础上不断修改完善，同年6月完成了初稿。初审后报送省志办市县志指导处、市志办和县志各编委进行复审。12月20日，省、市、县联合召开了《榆中县志（1991—2010）》送审稿评审会，与会领导、专家、编委对县志送审稿给予了充分肯定，认为基本达到了县志编纂出版要求，同时又提出了一些建设性修改意见。县党史办成立由周学海、沈明江、高春玲、裴绍宏组成的修改小组，按照修改建议和意见认真修改、调整篇目、补充资料。2019年2月5日，修改完成，报送兰州市地方志编纂委员会终审。市政府成立《榆中县志（1991—2010）》终审委员会，组织终审。4月26日，市地方志办召开了终审会。会议认为县志稿质量完全符合志书出版的标准，在细微处修改润色后送甘肃文化出版社出版。

在县志编修中，周学海任主编，主要负责篇目谋划修订、统稿、指导编辑，协调编修工作，同时完成了概述和部分章节、封面和彩插图片的征集和编排；沈明江任常务副主编，具体负责谋划、制定、修改完善篇目，统稿、指导编辑编修志稿，同时承担第一篇建置区划、第二篇环境、第三篇基础设施、第七篇农林牧业（第一、二、四章）、第十一篇文化旅游体育第一章文物古迹、第十三篇科技的撰写，在篇目调整后又主动补写了一些章节；高春玲担任副主编，主要承担第四篇政治、第五篇政协民主党派群团、第六篇政法军事的撰写，同时参与志稿的统稿和修改；杨见澍承担第七篇农林牧业第三章林业、第八篇工商业第一章工业、第十篇经济管理、第十一篇文化旅游体育中第三章旅游的撰写；桑菊兰承担第十四篇社会、第十五篇人物的撰写；裴绍宏承担第十一篇文化旅游体育第二章文化事业、第四章体育，第十二篇教育卫生第一章教育、

第二章卫生的撰写，参与统稿和修改；石伟倩承担第八篇工商业第二章商业服务业、第九篇财政税务金融保险的撰写；张德馨承担大事记的编修。同时在编修过程中，周学海、张德馨、石伟倩、豆巨霞、羊国俊等在完成自己承担的工作外，尽量承担办公室、财务、驻村帮扶等工作，为其他人编修志书创造条件，留足时间。

三年多来，各编辑先后到30多个部门和乡镇查阅补充资料，召开座谈会20余次，走访知情人20多人，记录、摘抄、复印各类材料200多万字，搜集整理图片1000余幅。办公室召开编委会12次，业务编修会60多次，专心致志编辑每一篇志稿。3个春秋、1000多个日日夜夜，编辑人员伏案累牍，不厌其烦地修改补充，终于完成了这部志书。

在编辑过程中，沈明江反复学习借鉴其他志书优点，结合社会经济和行业发展变化，提出了许多建设性的意见，并不断修改篇目，调整章节，补充资料，使篇目更趋完善，章节更趋合理，资料更加充实。

初稿完成后，邀请县人大常委会原主任冯德三、黄宗利，副主任岳存孝为顾问。复审中请金耀东、牟正祥、白雯河、杨见润、金祥安、牛学银、张永平等试读了志稿,提出了较好的意见和建议。

县委、县政府高度重视县志编修工作。县地方志编委会主任、县长王林，常务副县长蒋睿智、副县长刘燕霞及时听取汇报，组织召开各种会议，从人力财力进行协调，及时解决了聘请人员经费和志书出版印刷费；县委常委、县委组织部长席应奇、王文平多次听取汇报，帮助解决人员问题；县委常委、县委办主任张宗福、县人大副主任杨锡辉、县政府办主任杜永鹰、县财政局长王廷宏等及时帮助协调；省志办市县志指导处处长陈谦帮助提供参考志书，协调及时评审；市志办主任高生军及时协调复审和终审，史志专家邓明帮助校修碑文……志书出版过程中，文化出版社高级编辑周桂珍抱着对家乡榆中的深情厚谊和对编辑工作的高度责任感和敬业精神，认真校改，一丝不苟，在此一并感谢！

《榆中县志（1991—2010）》历经13年，三次征集资料，三年辛勤编修，精雕细琢，这是所有编修人员和关心支持编修工作人士共同劳动的产物，是集体智慧的结晶。在此，对所有支持帮助县志编修工作的各级领导、各界人士、各有关部门、乡镇、单位一并表示衷心的感谢。尽管我们尽了最大努力，但限于资料短缺和水平，书中错误遗漏在所难免，欢迎广大读者批评指正，以便在以后的续志中得以纠正和补充。

编 者

2019年9月